Max Seiffert

Sammelbände der Internationalen Musikgesellschaft

Neunter Jahrgang 1907 - 1908

Max Seiffert

Sammelbände der Internationalen Musikgesellschaft
Neunter Jahrgang 1907 - 1908

ISBN/EAN: 9783742890429

Hergestellt in Europa, USA, Kanada, Australien, Japan

Cover: Foto ©Thomas Meinert / pixelio.de

Manufactured and distributed by brebook publishing software (www.brebook.com)

Max Seiffert

Sammelbände der Internationalen Musikgesellschaft

SAMMELBÄNDE

DER

INTERNATIONALEN MUSIK-GESELLSCHAFT

(E. V.)

Neunter Jahrgang 1907—1908

Herausgegeben von

Max Seiffert

LEIPZIG
DRUCK UND VERLAG VON BREITKOPF & HÄRTEL

INHALT.

Aubry, Pierre (Paris).   Seite

    Iter Hispanicum. III. Les Cantigas de Santa Maria de don Alfonso el Sabio 32
    IV. Notes sur le chant mozarabe 157
    V. Folk-lore musical d'Espagne 175

Bernoulli, E. (Zürich).
    Zu Runge's Textausgaben mittelalterlicher Monodien 438

Calmus, Georgy (Berlin).
    Drei satirisch-kritische Aufsätze von Addison über die italienische Oper in England (London 1710) 131, 448

Calvocoressi, M.-D. (Paris).
    Esquisse d'une esthétique de la musique à programme 424

Chilesotti, Oscar (Bassano).
    Notes sur le guitariste Robert de Visée 62

Clay, Felix (Limpsfield).
    The origin of the Aesthetic Emotion 282

Dodge, Janet (London).
    Ornamentation as indicated by Signs in Lute Tablature 318

Einstein, Alfred (München).
    Italienische Musiker am Hofe der Neuburger Wittelsbacher (1614 bis 1716) 336

Goldschmidt, Hugo (Berlin).
    Claudio Monteverdi's Oper: Il ritorno d'Ulisse in patria 570

Jónsson, Finnur (Kopenhagen).
    Das Harfenspiel des Nordens in alter Zeit 530

Kinkeldey, Otto (Berlin).
    Luzzasco Luzzaschi's Solo-Madrigale mit Klavierbegleitung . . . 538

Koczirż, Adolf (Wien).
    Zur Geschichte des Luython'schen Klavizimbels 565

Leichtentritt, Hugo (Berlin).
    Hugo Riemann, Handbuch der Musikgeschichte, Zweiter Band, 1. Teil, besprochen 621

Moos, Paul (Ulm a. D.).
 Eine populäre Musikästhetik (Besprechung von William Wolf) . . 291
Nagel, Wilibald (Darmstadt).
 Kleine Mitteilungen zur Musikgeschichte aus Augsburger Akten . 145
Norlind, Tobias (Tomelilla).
 Vor 1700 gedruckte Musikalien in den schwedischen Bibliotheken 196, 448
Pasini, Francesco (Milano).
 Prolegomènes à une étude sur les sources de l'Histoire musicale de l'ancienne Egypte 51
Piovano, Francesco (Rome).
 Un opéra inconnu de Gluck 231, 448
Riemann, Hugo (Leipzig).
 Die Metrophonie der Papadiken als Lösung der Rätsel der byzantinischen Neumenschrift 1, 309
 — Der strophische Bau der Tractus-Melodien 183
Ruelle, Ch. Em. (Paris).
 La Solmisation chez les anciens Grecs 512
Sachs, Curt (Berlin).
 Über eine bosnische Doppelflöte 313
Schiedermair, Ludwig (Marburg).
 Die Blütezeit der Öttingen-Wallerstein'schen Hofkapelle 83
Seiffert, Max (Berlin).
 Die Chorbibliothek der St. Michaelisschule in Lüneburg zu Seb. Bach's Zeit 593
Strangways, A. H. Fox (Wellington College).
 The Hindu scale 449
Ulrich, Bernhard (Berlin).
 Die »Pythagorischen Schmids-Füncklein« . . 75
Werner, Arno (Bitterfeld).
 Die sächsischen Kantoreien (Ein Wort zur Abwehr). Gegen Joh. Rautenstrauch 628
Kleine Mitteilungen. Ein unbekannter Brief J. G. Walther's, 155.
 — Ein Brief Joachim à Burck, 309. — Ein Dokument über die Einführung der »Concerten-Music« in Wittenberg, 310. — Nachrichten über Joh. Samuel Schein 634

QUARTERLY MAGAZINE
OF THE
INTERNATIONAL MUSICAL SOCIETY
(INTERNATIONALE MUSIKGESELLSCHAFT)

YEAR IX   *   PART 1

OCTOBER—DECEMBER 1907

CONTENTS

	Page
HUGO RIEMANN (Leipzig). The metrophony (interval-singing) of the Papadikai as solution of the Byzantine neumes	1
PIERRE AUBRY (Paris). A Journey in Spain to collect ancient musical manuscripts (Part 3). The song-collection of King Alfonso X of Castile	32
FRANCESCO PASINI (Milan). Remarks towards the musical history of ancient Egypt	51
OSCAR CHILESOTTI (Bassano). Notes on the XVII cent. Guitarrist Robert de Visée	62
BERNHARD ULRICH (Berlin). "Sparks from a Pythagoras smithy" (string music)	75
LUDWIG SCHIEDERMAIR (Marburg). Court-music at Oettingen-Wallerstein	83
GEORGY CALMUS (Berlin). Three papers on the opera from Addison's "Spectator"	131
WILIBALD NAGEL (Darmstadt). From the "Minnesinger-records" of Augsburg	145
Sundry Communications	155

LEIPZIG
BREITKOPF & HÄRTEL, PUBLISHERS AND PRINTERS
1907.

Die Metrophonie der Papadiken
als Lösung der Rätsel der byzantinischen Neumenschrift.

Von

Hugo Riemann.
(Leipzig.)

Ein Vierteljahrhundert ist verstrichen, seit W. v. Christ meine Studie ›Die Μαρτυρίαι der byzantinischen liturgischen Notation‹ in der Münchener Akademie der Wissenschaften gelesen (gedruckt in deren Sitzungsberichten 1882). Seit dieser langen Zeit habe ich immer von neuem Versuche gemacht, herauszubekommen, wie denn eigentlich der Wortsinn der Papadiken, der zahlreichen erhaltenen Notenfibeln für die Berufssänger der griechischen Liturgie des späteren Mittelalters verstanden werden muß; denn daß hinter dem scheinbaren Wortsinne derselben noch etwas Besonderes stecke, das den Nonsens einer unbegreiflichen Verschwendung von Zeichen, die nichts bedeuten, in eine wohldurchdachte planvolle Disposition verwandelt, stand für mich von anfang an fest. Aber es hat doch manches Hundert Stunden vergeblicher Bemühungen, manches Heft Schreib- und Notenpapier gekostet, bis ich endlich bestimmt erkannte, wo des Rätsels Lösung zu suchen war. Die Unterlagen für meine Versuche waren freilich bis zum Erscheinen der Phototypen in Fleischer's Neumenstudien III (1904) sehr spärliche und fragwürdige. Es sei deshalb vor allem konstatiert, daß erst die durch Fleischer geschaffene Möglichkeit, mit einer größeren Zahl absolut verläßlicher Reproduktionen zu experimentieren, meine Hoffnung, den Schlüssel für die Lesung der Melodien zu finden, soweit erstarken ließ, daß ich nun streng methodisch vorging, mit den Martyrien als Stützpunkt und dem durch die Papadiken unzweideutig gegebenen Sinne der Einzelzeichen Schritt für Schritt zur Enträtselung der Zeichenkombinationen vordrang, so daß schließlich auch die Sätze der Papadiken, welche Erklärungen sein sollen, aber bislang statt dessen nur Rätsel aufgaben, ebenfalls zu wirklichen Erklärungen wurden. Ich habe bereits im 2. Halbbande meines Handbuchs der Musikgeschichte und in meiner Besprechung von H. Gaisser's Studie über die Osterhirmen des griechischen Offiziums (Zeitschr. d. IMG. VII, S. 18 ff.) der Ansicht bestimmten Ausdruck gegeben, daß es weder Fleischer noch Gaisser gelungen ist, den Wortlaut der Papadiken restlos befriedigend auszulegen, und dort auch schon in der Hauptsache zutreffend angedeutet, in welcher Richtung der Weg zur Wahrheit zu suchen ist. Doch fehlten mir damals noch einige Glieder meiner Kette von Schlüssen, und stießen meine Versuche der Übertragung ganzer Gesänge daher noch auf Hindernisse, welche mir sagten, daß ich einige Kombinationen doch noch nicht richtig verstand. Ich bitte deshalb heute, wo auch diese letzten Hindernisse beseitigt sind, meine dort gegebenen Übertragungen als nicht geschehen zu betrachten und zu den sonstigen mißglückten Experimenten zu rechnen. Dieselben sind zwar bezüglich der veränderten Deutung der Intervallkombinationen insofern auf dem rechten Wege, als sie jedes notierte Intervallzeichen auch seiner Tonbedeutung nach zur Geltung zu bringen suchen, also mit der Idee, daß ein Teil derselben völlig überflüssig, weil nichts bedeutend sei, radikal brechen; aber ich habe, da sonst unmögliche Tonlagen sich ergaben und ich den Rückweg zu den Martyrien nicht finden konnte, hie und da zu dem Notmittel gegriffen, einzelne Zeichen als andere ihnen ähnliche andern Sinnes zu lesen (z. B. Kuphisma [steigende Sekunde] statt Chamile [fallende Quinte]), überhaupt die Annahme von Undeutlichkeiten oder Fehlern der Notierung zur Gewinnnng eines passabeln Resultates zu Hilfe zu ziehen. Alle solche Winkelzüge sind heute überflüssig. Die Notierungen sind durchaus korrekt und auffallend akkurat in der Unterscheidung der räumlichen Disposition der Zeichen, wo dieselbe für die Bedeutung in betracht kommt, und man braucht denselben nur volles Vertrauen zu schenken, um überall glatt durchzukommen.

Erfreulicherweise hat sich herausgestellt, daß doch Fleischer's Übertragungen in der Hauptsache richtig sind; doch geben sie freilich nur ein kahles Gerüst, ein fleischloses Gerippe der Melodien, indem sie die reichen Melismen entweder ganz abstreifen oder doch so stark reduzieren, daß von den um den Holzreifen gewundenen Blumen nur die dürren Stengel übrig geblieben sind. Fleischer hat aber doch in der Tat durch Festhalten des scheinbaren Wortsinnes der Papadiken das leitende Prinzip der Metrophonie, der Zählweise der Zeichenfolgen aufgedeckt; nur ist dabei alles unter den Tisch gefallen, was nicht »gezählt« wird, und deshalb statt blühenden melodischen Lebens und schmiegsamen Ausdrucks eine fast syllabische Deklamation mit auffallend vielen Sprüngen herausgekommen. Da nicht nur Gaisser (*Les »heirmoi« de Pâques dans l'Office grec*, 1905), sondern auch P. J. Thibaut (*Origine byzantine de la Notation neumatique de l'Église latine*, 1907) und P. J. B. Rebours (*Traité de Psaltique, Théorie et Praxis du Chant de l'église grecque*, 1906)[1] dieselbe

---

[1] Auch von der soeben erschienenen Arbeit Gastoué's im *Mercure musical* (Sept. 1907) gilt dasselbe.

Deutung des Wortsinns ihren Ausführungen und Übertragungen zu Grunde legen, keiner der genannten Repräsentanten der Fachgelehrsamkeit auf dem Gebiete der griechischen Liturgie also trotz meiner Hinweise die Möglichkeit einer andern Deutung zu ahnen scheint, so kommt meine detaillierte Darstellung der Metrophonie auch heute noch nicht zu spät und bringt etwas Neues, die lange gesuchte Lösung eines Problems.

Der von mir in die Überschrift gestellte Ausdruck μετροφωνία tritt in dem phototypierten Teile des Cod. Chrysander (Fleischer, Neumenstudien III) mehrere Male auffällig hervor (S. 14, 16, 33 [Metrophonie des Gregorios Mpuni]). Das Lexikon des Philoxenes definiert Metrophonie als καταμέτρησις τῶν φθόγγων τῶν χαράκτηρων τῆς ποσότητος ὅταν ἐδοκίμαζον οἱ παλαιοὶ ἐκκλησιαστικοὶ μουσικοὶ τὸ μουσικὸν θέμα καὶ ἔψαλλον αὐτὸ μόνον μὲ τὰ ἔμφωνα σημεῖα τῆς ποσότητος ἄνευ τῆς τροπικῆς αὐτῶν ποιότητος'; was nichts weiter besagt, als daß Metrophonie die abstrakte Lehre von der Intervallbedeutung der Tonzeichen ist, ohne Bezugnahme auf die einzelnen Tonarten (also ohne Unterscheidung der Lage der Halbtöne). Die Metrophonie des Gregorios Mpuni belegt auch hinlänglich, daß dieselben Zeichen unterschiedslos große oder kleine Intervalle bedeuten. Wörtlich heißt Metrophonie »Intervallsingen« und bedeutet zunächst nichts weiter als die Einübung der Intervallbedeutung der verschiedenen Zeichenkombinationen; denn μετρεῖσθαι ist der Terminus der Papadiken für die Bestimmung des Abstandes der einander folgenden Töne, aber mit der wichtigen Einschränkung, daß durchaus nicht alle Töne »gezählt« werden, vielmehr eine ziemlich erhebliche Anzahl derselben als nebensächlicher Zierat, als Ausschmückung, für dieses Zählen der Abstände nicht in Betracht kommen. Das aber ist gerade der springende Punkt der ganzen Frage, das eigentliche Problem der byzantinischen Neumenschrift. Diese ist ja ähnlich wie die Zeichenschrift des Hermannus Contractus (1013—54) durchaus eine Intervallnotierung, d. h. die einzelnen Tonzeichen bedeuten nicht an sich Töne bestimmter Höhe, sondern zeigen nur an, um wieviel Stufen jeder neue Ton höher oder tiefer liegt als der vorausgehende, unterscheiden aber nicht einmal die durch die Halbton- oder Ganztonstufen bedingten Größenunterschiede dieser Schritte der Melodie; diese Notierung würde deshalb in noch höherem Maße als die des Hermannus Gefahr laufen, durch ein einziges verschriebenes oder auch nur undeutlich geschriebenes Zeichen die ganze Melodie aus dem Geleise zu bringen, wenn nicht in kurzen Abständen (stets zu Anfang und Ende jedes Gesanges, aber meist auch zu Ende jeder Distinktion) durch die Martyrien die absolute Tonhöhe festgestellt wäre, so daß das Einschleichen eines Fehlers in die Notierung sich durch Erreichung eines falschen Schlußtons sofort verrät. Weiter ist aber durch die in Frage stehende Vereinfachung der Zählweise der Intervalle (eben die Metrophonie) die Gefahr des Sichverlaufens durch falsches Lesen ganz bedeutend verringert.

»Nicht gezählt« werden nach den übereinstimmenden Bestimmungen der Papadiken vor allem die Intervallzeichen, welche unter dem Ison, dem Zeichen der Wiederholung des vorausgegangenen Tones (bezw. zu Anfang: des der Martyrie entsprechenden Tones) auftreten. Dieselben »werden durch das Ison ἄφωνα, wie das Ison selbst ebenfalls ἄφωνον ist«. Wie seltsam, daß keiner von denen, welche sich mit den byzantinischen Neumen beschäftigt haben, sofort begriffen hat, daß ἄφωνον nicht bedeuten kann, daß das Zeichen überhaupt bedeutungslos wird, da bezüglich des Ison doch die ganz bestimmte Erklärung gegeben wird: »οὐχ ὅτι φωνὴν οὐκ ἔχει · φωνεῖται μὲν οὐ μετρεῖται δέ«, d. h.: gesungen wird es natürlich, aber nicht gezählt. Das Ison geben auch in der Tat alle Übersetzer mit dem Tone, den es bedeutet, wieder, lassen dagegen die durch das Ison zu ἄφωνα gemachten, den untergeschriebenen Zeichen entsprechenden Töne einfach weg! Nun werden aber auch noch ἄφωνα nach dem Wortlaut der Papadiken Zeichen steigender Intervalle, wenn sie vertikal unter Zeichen fallender Intervalle stehen, z. B. das Oligon (steigende Sekunde) unter dem Elaphron (fallende Terz), desgleichen ferner das Zeichen des Sekundschritts vor einem Zeichen des Terzschrittes oder Quintschrittes gleicher Richtung, wenn sie horizontal hintereinander gestellt sind (oder das zweite hinten unter das erste). Alle die durch solche Stellung zu ἄφωνα gewordenen Töne lassen sämtliche bisherigen Übersetzer der byzantinischen Neumen in der Übertragung unberücksichtigt. Gemeint ist aber in allen diesen Fällen immer wieder: „φωνοῦνται μὲν οὐ μετροῦνται δέ", d. h. sie bedeuten natürlich Töne, da sie sonst nicht geschrieben werden würden, aber sie kommen für die Metrophonie nicht in Betracht.

Man wird nicht fehl gehen, wenn man in diesen vielen nichtgezählten (nach- und vorschlagenden) Tönen einen Rest altgriechischer Musikpraxis sieht; diese Art der Unterscheidung von Haupttönen und Nebentönen entstammt wohl der antiken Verzierung des Unisono von Gesang und Instrumentenspiel durch Schalttöne (κροῦσις ὑπὸ τὴν ᾠδήν, ὑπὲρ ἔξωθεν, ὑπὲρ ἔσωθεν, vgl. mein Handbuch der Musikgeschichte I, S. 120). Die Papadiken gebrauchen auch bezeichnender Weise für solches Unterordnen nicht gezählter Töne die Ausdrücke ὑποτάσσεσθαι und κυριεύεσθαι [κυριάζεσθαι]; ersterer bezieht sich auf die nicht gezählten Nebentöne, letzterer auf die allein gezählten Haupttöne.

Die recht große Zahl der überhaupt in der byzantinischen Notenschrift zur Verwendung kommenden Zeichen wird durch die Papadiken zunächst in zwei Hauptgruppen geschieden, nämlich die eigentlichen Tonzeichen (φωναί, ἔμφωνα) und die ganz allgemein als ἄφωνα bezeichneten großen Zeichen (μεγάλα σημάδια, μεγάλαι ὑποστάσεις); die letzteren geben nur die Art des Vortrags der durch die Zeichen der ersten Gruppe bereits vollständig bestimmten Melodiebewegung an und haben selbst keine Tonbedeutung, welche zu der Melodie noch weitere Töne hinzubrächte. Stumm sind sie freilich auch nicht, aber ihre Tonbedeutung deckt sich mit derjenigen der φωναί (εἰσὶ δὲ ταῦτα διὰ μόνης τῆς χειρονομίας κείμενα καὶ οὐ διὰ φωνῆς· ἄφωνα γάρ εἰσι). Es gibt daher wohl Notierungen, in denen diese meist längere Tongruppen in kleinere Gruppen zerlegenden, bezw. sie als »syllabae« abendländischer Neumen-Terminologie zusammenfassenden Zeichen ganz weggelassen sind (besonders Schulbeispiele), aber niemals Notierungen, in denen sie allein angewandt wären. Die großen Hypostasen sind gewöhnlich rot den stets schwarzen Intervallzeichen über- oder untergeschrieben; doch erscheinen auch die Zeichen Diple, Kratema, Piasma, Aporrhoe, Kratema hyporrhoon, Apoderma (Apodoma), Bareia, Psephiston und Tzakisma meistens schwarz, also als Bestandteil der Hauptnotierung. Von diesen ist das Apodoma durch sein regelmäßiges Auftreten unter dem letzten Tonzeichen als wichtigstes Schlußzeichen, zweifellos mit dem Sinne unserer Fermate legitimiert (auch bei Philoxenes so erklärt). In beschränktem Maße sind als Zeichen längerer Tondauer (ἡμισυμεγάλαι ἀργίαι, »halbe Rasten«) durch die Papadiken herausgehoben das Kratema (»Festhalten«), die Diple (»doppelte«) und das sogar stets unter den φωναί aufgezählte verdoppelte Zeichen der fallenden Sekunde, des Apostrophos (οἱ δύο ἀπόστροφοι οἱ σύνδεσμοι), in welchem die Verdoppelung die Intervallbedeutung nicht ändert, sondern nur wie bei Bivirga und Distropha der abendländischen Neumen eine Hemmung der Bewegung (Dehnung) anzeigt (auch das Ison erscheint in gleichem Sinne öfters verdoppelt).

Die Mehrzahl der großen Hypostasen ist jünger als die Intervallzeichen, und einige von ihnen sind offenbar in ähnlicher Absicht hinzugefügt wie die Romanusbuchstaben mancher St. Gallener Neumen-Handschriften, so besonders das Gorgon (schnell, leicht) und Argon (langsam, schwer); sie bedeuten wohl ebenso wie die Romanusbuchstaben den **beginnenden Verfall des Verständnisses der Gesetze, nach denen der Rhythmus der Gesänge aus dem Text abzuleiten ist.** Bareia und Psephiston dienen dagegen nur der Zerlegung längerer Tonreihen in kleinere Gruppen, indem sie sich auffällig zwischen dieselben schieben, ohne selbst sonst irgend etwas zu bedeuten.

Unter den schwarzen Zeichen der Hauptnotierung tritt auch oft das τρομικόν auf, in welchem wir wohl die tremula der abendländischen Neumen sehen dürfen, und zwar wie es scheint, regelmäßig unter einem Spitzentone, nach welchem nach unten gewendet wird. Ob dasselbe eine Art Triller oder nur ein vibrato des Tones fordert, wird sich wohl nicht mehr eruieren lassen. Ich gebe es mit ⸳ über der Note wieder.

Das völlig dieselbe Form wie der Epiphonus der abendländischen Neumen zeigende Häkchen (ein nach rechts gewendetes Hörnchen), das überaus häufig anderen Zeichen übergeschrieben (!) auftritt, aber von den Papadiken mit keinem Worte erwähnt wird, wohl darum, weil es nicht gezählt wird, ist vielleicht als übergeschriebene nicht zählende Nebenform der Petasthe anzusehen und bedeutet daher die leicht nachschlagende (liqueszente) Obersekunde (Plica ascendens).

Am wichtigsten für die Erschließung der Melodien des griechischen Kirchengesangs sind natürlich die eigentlichen Tonzeichen (φωναί), diejenigen, welche gesungen werden (φωνοῦνται, ψάλλονται) und nur je nach ihrer Stellung bald gezählt, bald nicht gezählt werden (ἄφωνα werden). Die Mehrzahl derselben sind sogenannte σώματα (Körper), nur vier von ihnen heißen πνεύματα (Geister). Hier ist zunächst anzumerken, daß die noch von Fleischer und Thibaut festgehaltene Ansicht, daß ein Pneuma niemals allein auftreten könne, sondern stets der Vorausschickung eines Soma bedürfe, auf einem Mißverständnis beruht, das wohl Kiesewetter (Die Musik der neueren Griechen, S. 11) verschuldet hat. Die Papadiken wissen von einer solchen Bestimmung nichts, und die Denkmäler strafen dieselbe Lügen. Allerdings ist das Kentema alleinstehend selten (Cod. Chrys.-Fl. S. 23 mehrfach) und wird meist durch zwei übereinandergestellte (summierte) Zeichen der Sekunde vertreten, aber besonders Elaphron und Hypsele kommen sehr oft als selbständige Zeichen vor. Der Irrtum beruht natürlich auf dem Mißverstehen der Bestimmungen über aphon werdende Somata vor Pneumata. Dieser Gesichtspunkt ist also ein für allemal ganz auszuschalten; eine solche Bestimmung existiert nicht. Dagegen sei noch einmal bestimmt hervorgehoben, daß alle Somata Sekundschritte sind, die den eigentlichen Körper der Melodie bilden, alle Pneumata dagegen (wo sie nicht durch vorgestellte Somata in Sekundschritte zerlegt werden) Sprünge, die der Melodie Schwung und Energie geben. Alle Intervalle, für welche selbständige Einzelzeichen fehlen, werden durch Kombination mehrerer Zeichen gefordert, wobei aber streng unterschieden wird, ob die Zeichen senkrecht übereinander stehen oder aber eines dem andern horizontal folgt; nur im ersteren Falle findet Summierung zu einem Schritt statt (z. B.: Sekunde + Terz = Quarte, Sekunde + Quinte = Sexte, Sekunde + Terz + Quinte = Oktave). Gerade über diese Art der Übereinanderstellung von Zeichen gleicher Richtung verlieren aber die Papadiken kein Wort, sondern beschränken sich darauf, ihre Bedeutung durch beigeschriebene Intervallzahlen in den tabellarischen Zusammenstellungen der Kombinationen kenntlich zu machen. (α = Sekunde, β = Terz, γ = Quarte, δ = Quinte, ε = Sexte,

; = Septime, ⁑ = Oktave usw.). Nur für das Ison in seiner den Zählwert des untergeschriebenen Intervallzeichens aufhebenden Bedeutung fällt einmal der Terminus für diese Art der Stellung (ὅταν ἄνωθεν αὐτῶν τεθῶσιν). Die sehr wichtige Bestimmung, daß von zwei Intervallzeichen gegensätzlicher Bedeutung bei solcher senkrechten Übereinanderstellung das untere seinen Zählwert verliert, ist in allen Papadiken sehr mißverständlich abgefaßt. Die von Fleischer exzerpierte Papadike von Messina sagt (ähnlich mit belanglosen Abweichungen alle anderen):

(S. 19) »πρόσχες οὖν ὅτι πᾶσαι αἱ ἀνιοῦσαι φωναὶ ὑποτάσσονται ὑπὸ τῶν κατιουσῶν καὶ κυριάζονται [ὡς] ὑπὸ τοῦ ἴσου«.

Das hier geklammerte ὡς fehlt in allen Papadiken, ist aber gemeint, wie die nachfolgenden Intervallkombinationen mit ihren Zählwerten beweisen. Daß aber nicht nur steigende Intervalle in senkrechter Stellung unter fallenden, sondern ebenso auch fallende unter steigenden ihren Zählwert verlieren, ist gar nicht erwähnt. Zwar kommt diese Kombination selten vor, aber wo sie vorkommt, ergibt die Übertragung diesen Sinn (vgl. Cod. Chrys.-Fl., S. 32 Elaphron unter Oligon, öfter auch Apostrophos unter Oligon oder Oxeia). Dagegen kann ich für Fleischer's Behauptung, daß ein fallendes Zeichen unter dem Ison seinen Zählwert behalte, keine Anhaltspunkte finden.

Belanglos ist die Bemerkung des Cod. Chrysander, daß das Doppelkentema weder Soma noch Pneuma sei, desgleichen die anschließende (die auch andere Papadiken haben), daß auch die Aporrhoe weder Soma noch Pneuma sei. Da die Aporrhoe ein angehängter Schleifer ist (zwei Sekundschritte nach unten), kann sie freilich nicht allein auftreten; für die δύο κεντήματα erweisen die Denkmäler allerdings ähnlich wie für das einfache κέντημα, daß es selten als selbständiges Zeichen auftritt (aber auch Kuphisma und Pelasthon sind selten) — vielleicht hat dieser Umstand auf die Definition geführt, die übrigens für die Entzifferung gänzlich bedeutungslos ist.

Von der senkrechten Übereinanderstellung wird in den Papadiken durch Erklärungen und tabellarische Übersichten der Zählwerte der Intervallkombinationen streng unterschieden die horizontale Nebeneinanderstellung, bei welcher jedes Zeichen (auch nach dem Ison) seinen Sonderzählwert für die Metrophonie behält. Nur für Zeichen gleicher Richtung gilt aber diese Bestimmung nicht allgemein, vielmehr schreiben alle Papadiken ausdrücklich vor, daß ein Soma vor einem Pneuma gleicher Richtung seinen Zählwert verliert. Am kürzesten definiert Cod. Chrys.:

»τὰ σώματα ὑποτάσσονται ὑπὸ τῶν αὐτῶν πνευμάτων γενόμενα ἄφωνα, ὅταν ἔμπροσθεν αὐτῶν τεθῶσιν«.

Die Papadike von Messina umständlicher:

»Ὑποτάσσουσι (so wohl besser [wie nachher] statt ὑποτάσσονται) δὲ καὶ τὰ ἀνίοντα πνεύματα ἤτοι τὸ κέντημα καὶ ἡ ὑφηλὴ τὰ ἀνίοντα σώματα ἤτοι τὸ ὀλίγον, τὴν ὀξείαν καὶ τὴν πετασθήν (man beachte das Fehlen der δύο κεντήματα, des κούφισμα und des πελασθόν), ὅταν ἔμπροσθεν αὐτῶν τεθῶσι ἢ ὑποκάτω (!). Ὁμοίως καὶ τὰ κατίοντα πνεύματα ὑποτάσσουσι (!) τὰ τούτων σώματα« usw.

Die von Gardthausen (Beiträge zur griechischen Paläographie. 1880) mitgeteilte Papadike wieder anders:

»Ὑποτάσσονται δὲ καὶ τὰ ἀνίοντα σώματα (folgt Aufzählung) εἰς (!) τὰ ἀνίοντα πνεύματα... ὅταν ἔμπροσθεν αὐτῶν ἢ ὑποκάτωθεν αὐτῶν... καὶ τὰ κατίοντα σώματα... εἰς τὰ κατίοντα πνεύματα«.

Das Schwanken des Ausdrucks (ὑποτάσσονται ὑπό, ὑποτάσσουσι, ὑποτάσσονται εἰς) beweist hier das allmähliche Schwinden des Verständnisses für den eigentlichen Sinn der ὑπόταξις; auch wäre die Definition der Papadike von Messina und der Gardthausen'schen leicht dahin mißzuverstehen, daß die entweder vorangestellten oder aber hinten untergestellten (!) σώματα zu ἄφωνα würden, wenn nicht die anschließenden Tabellen auswiesen, daß es sich in beiden Fällen um Voranstellung des σῶμα handelt, bei der nur zur Ersparung von Raum auch das Pneuma dem Ende des Soma untergeschrieben werden kann. Es ergibt sich also, daß z. B. die Kombinationen von ὀξεία, δύο κεντήματα und κέντημα ganz verschiedenes bedeuten, je nachdem die Zeichen senkrecht unter einander ἄνωθεν) oder nebeneinander (ἔμπροσθεν oder ὑποκάτωθεν) gestellt sind:

÷ einfach summiert 2 Sekunden + Terz = Quinte, z. B. nach *c* nur *g*.
⊣ die Quarte zerlegt in drei Sekundschritte, z. B. nach *c*: *d e f*.
⊓ - - - -
⌐ ein Quartschritt mit folgendem Sekundschritt, z. B. nach *c*: *f g*.

Es leuchtet ein, daß eine sehr große Akkuratesse der Kopisten dazu gehörte, diese Fälle zu unterscheiden, und es ist zu bewundern, wie akkurat tatsächlich diese Fälle unterschieden werden. Wichtig für die Entzifferung ist noch die Aussage des Cod. Chrysander (Fl., S. 6), daß ausgenommen in Verbindung mit dem Piasma als Seisma die beiden Töne der Aporrhoe und des Kratema hyporrhoon zählen (μετρουμένων ἐν αὐτῷ τῶν δύο κατιουσῶν φωνῶν). Bemerkt sei auch, daß die Aporrhoe nicht nur die Form der abendländischen Plica descendens hat, sondern fast mit demselben Wortlaute beschrieben wird, wie der Pseudo-Aristoteles der frankonischen Zeit die Plica definiert (Coussemaker, S. 273: *fit in voce per compositionem epiglotti cum repercussione gutturis subtiliter inclusa*«; Cod. Chrys., Fl. S. 5: „τοῦ φάρυγγος σύντομος κίνησις εὐήχως καὶ ἐμμελῶς τὴν φωνὴν ἀποπτύουσα').

Der Hauptunterschied, welchen die veränderte Deutung der Termini ὑποτάττεσθαι (κυριεύεσθαι) und ἄφωνα γίγνεσθαι gegenüber den Übertragungen Fleischer's, Gaisser's, Thibaut's und Rebours' ergibt, ist wie gesagt ein sehr bedeutender Zuwachs an Melismen, durch welche die Melodieführung erst wirklich melodisch wird und die vermißte Verwandtschaft des Stils der byzantinischen Kirchengesänge mit dem der abendländischen deutlich hervortritt. Ich werde weiterhin zeigen, daß ganz ebenso wie im gregorianischen Gesange je nach der Silbenzahl und den Sinnakzenten dieselbe Melodiephrase charakteristische Abänderungen erfährt. Auch die Gliederung der Texte in Distinktionen, welche eine zweitaktige (vierhebige) Grundlage nahe legen, ist ganz dem entsprechend, was ich am gregorianischen Gesange nachgewiesen habe, hier aber in sehr vielen Fällen durch die eingezeichneten Martyrien sogar direkt gefordert. Ich bin daher fest überzeugt, daß ein und dasselbe Prinzip hier wie dort den Rhythmus im Detail bestimmt, und übertrage dementsprechend die folgenden Proben der neuen Deutung. Zunächst mag das Τὴν παγκόσμιον δόξαν des Cod. Chrysander (Fleischer, Faksimile S. 46) den Unterschied meiner Übertragung gegenüber der Fleischer's vorführen, zugleich als Beleg, wie doch Fleischer in der Tat das Melodiegerüst der gezählten Intervalle richtig herausgestellt hat (ein paar Kleinigkeiten, die auch zu seinem Programm nicht stimmen, merke ich besonders an).

Beispiel I.

a) ist nicht Summierung, sondern Zerlegung; **b)** τρομικόν (Tremula) schwarz untergeschrieben; **c)** zwei fallende Sekundschritte, nicht Terzschritt; **d)** das Textwort τὸ von Fleischer übersehen; **e)** die zwei herabgehenden Sekundschritte der Aporrhoe als Terzschritt übertragen; **f)** Aporrhoe richtig übertragen; **g)** erst Sekundschritt dann Terzschritt, da das Oligon vorangeht; **h)** Übertragungsfehler Fleischers; **i)** Fleischer ignoriert das Ison nach dem Apostrophos.

Man wird nicht nur im Figurenwerk, sondern auch in den Hauptmelodielinien der Distinktionen eine große Ähnlichkeit und innere Verwandtschaft mit den weiterhin folgenden Beispielen im ersten Kirchentone finden (auch noch mit anderen des Kekragerion z. B. S. 41—43 des Faksimile). In diesen Übereinstimmungen sehe ich aber nicht einen Beweis der Zusammengehörigkeit, sondern nur die Dokumentierung eines ausgeprägten eigenartigen Stils. Die zum Teil sehr reichen Melismen, deren Ausführung wohl mit freier Handhabung des Taktes vorgestellt werden darf (auch dann setzen sie noch respektable Gesangskünstler voraus), lassen in meiner Einordnung in den Takt deutlich einfache Grundformen erkennen, welche sie umranken. Man lese Fleischer's Melodiegerüst nach meiner Taktordnung, um die Wahrheit dieser Behauptung einzusehen.

Daß wir nunmehr wirklich auf dem Wege sind, die Gesänge der griechischen Kirche in direkten Kontakt mit den abendländischen zu bringen, mag zunächst noch das Πᾶσα πνοή des Cod. Chrysander zeigen, dessen melodische Verwandtschaft mit dem *Te Deum* sofort auffallen muß:

Ich gehe nun zu dem Nachweise über, daß die Kompositionstechnik der Melodien des Kekragerion tatsächlich dieselbe ist wie die der gregorianischen Gesänge, und zwar wähle ich dazu sechs Gesänge aus dem letzten Teil der Faksimilien in Fleischer's Neumenstudien (S. 50—56). Dieselben sind zwar sehr ungleicher Länge (A 18, C 14, B 12, F 11, D und E nur 5 Distinktionen), aber alle sechs mit denselben vier Melodiephrasen gearbeitet: die erste steigt von *d* zu *a* empor; die zweite legt in derselben Zeit (2 Takte) den Weg von *d* bis hinauf zu *a* und wieder herunter nach *d* zurück; die dritte senkt sich von *a* nach *d* herab; die vierte hält *a* als Hauptlage fest, geht aber zur Steigerung des Ausdrucks in mehreren Fällen bis zum Umfange des Oktavschritts *d—d'* (ἀνέστη), während ihre einfachste Form nur eine Terz Umfang zeigt (τὸ μέγα ἔλεος). Ich gebe zunächst die 6 Gesänge taktweise übereinandergestellt, zur bequemen Vergleichung der Übereinstimmungen und Abweichungen.

Beispiel III.

NB. Τάξις ἔμπροσθεν statt ἄνωθεν (Fehler der Handschrift).

NB. Ms. Oligon statt Oligon mit Kentema (Fehler des Manuskripts, vom Miniator angedeutet).

Nun ersehe man aber aus der Zusammenstellung der Varianten, welche je nach der Silbenzahl und den Akzentansprüchen des jedesmaligen Textes entstehen, wieweit schließlich die Abweichungen gehen können, ohne daß die Annahme weiterer Grundformen hinlänglich motiviert erscheint. Die in einzelnen Fällen sehr tonreichen Melismen sind keineswegs die stärksten Veränderungen, sondern umranken — wenigstens bei meiner Art der Ableitung der Taktordnung aus dem Text — deutlich die Melodieführung der einfachsten Formen (vgl. I n, II d). Viel stärkere Änderungen bedingen hinzukommende oder wegfallende Auftakte (I f, I h, I k, I m, I n, I o, II e) und die Absicht besonderen Ausdrucks (IV g bis u). In einigen Fällen wird es dadurch sogar zweifelhaft, zu welcher Grundform die Umgestaltung zu stellen ist (vgl. II i und III r). Die Geschmeidigkeit, mit welcher dabei die Melodieführung nicht nur einer guten Deklamation der Worte, sondern auch dem Satzsinne gerecht wird, ist in der Tat bewundernswürdig. Auf die einzelnen Varianten der vier Melodieglieder erklärend einzugehen, ist wohl nicht nötig. Durch die Nummerierung der einzelnen Distinktionen in den sechs Gesängen, auf welche bei jeder Variante durch Buchstaben und Nummer verwiesen ist, habe ich dafür gesorgt, daß jedermann sich bequem Rechenschaft geben kann, wie im Einzelfalle die Textunterlage auf die Melodiephrase modifizierend eingewirkt hat:

I.

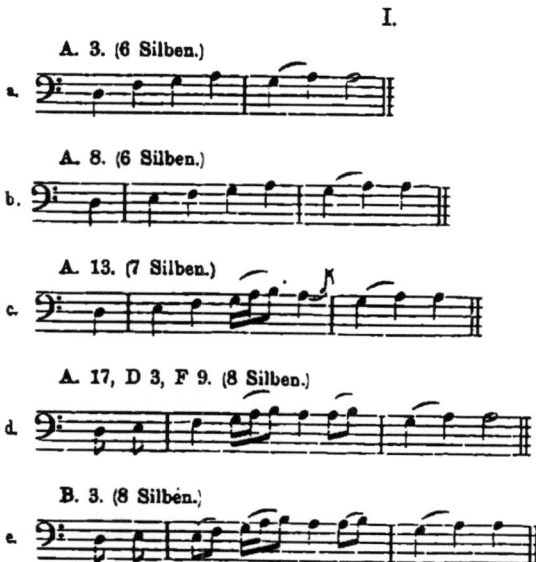

f. B. 5. (12 Silben.) NB. Im MS. fehlt das Kentema über dem Oligon.

g. F. 3. (10 Silben.)

h. C. 8. (8 Silben.)

i. E. 3. (8 Silben.)

k. C. 1. (6 Silben.) NB.

l. D. 1. (7 Silben.)

m. E. 1. (9 Silben.)

n. A. 1. (9 Silben.)

o. F. 1. (6 Silben.)

NB. Vgl. hiermit die Anfangsphrase des 2. Versus des Tractus »De profundis clamavi« (Dom. in LXX).

Si in - i - qui - ta - tes ob - ser - va - be - ris

oder den Anfang des 1. Versus des Tractus »Veni sponsa Christe«. Gerade die Tractus-Melodien sind besonders geeignet, enge Zusammenhänge zwischen griechischer und römischer Kirchenmusik aufzudecken, wie eine Spezialstudie im nächsten Kirchenmusikalischen Jahrbuch zeigen wird.

F. 8. (7 Silben.) Vgl. Anmerkung.

Anmerkung. IVs und IIIm (A 11—12) sind offenbar so wie hier dargestellt erfunden und nachträglich anders geteilt. Das gleiche gilt für F 8—9 (IV n und I d). Auch D 4 (III i), E 4 (III k) und B 10 (IV t) sind sicher erst nachträglich in zwei Distinktionen zerlegt worden.

Jedenfalls sind die Ergebnisse dieser Untersuchung geeignet, meine Theorie des Rhythmus der gregorianischen Gesänge zu stützen, da deren Anwendung auf diese griechischen Gesänge so überraschend gute Resultate gibt. Versucht man es statt dessen mit dem Gleichwert aller Töne, so zerfließen sofort alle Melodien ins Formlose wie die gregorianischen und verschwinden alle Anhaltspunkte für das Erkennen der Zusammengehörigkeit. Es sei aber wiederholt darauf hingewiesen, daß hier die Abteilung der Distinktionen durch eingezeichnete Martyrien oder (in den beiden Faksimiles bei Gaisser) durch trennende Punkte im Text bestimmt angezeigt ist und in zahlreichen Fällen syllabischer Komposition 8 bis 6silbiger Textteile in kaum zu umgehender Weise eine solche zweitaktige (vierhebige) Grundlage offen zu Tage tritt (vgl. Beisp. I die Distinktionen 11, 13, 14, 19; II Dist. 6; III A 2, 3, 4; B 1, 8, 9; D 1; F 4; Beisp. IV A 2, 4; B a 1, 2; C b 5; D 5, 6; E 4). Wer sich nicht halsstarrig der Wahrheit verschließen will, muß aus solchen einfachsten Fällen Lehren für die komplizierteren ziehen. Ich hoffe, daß besonders die Tabelle Beisp. IV manchen Ungläubigen überzeugen wird.

Über Gaisser's Restaurationsversuche der Osterhirmen denke ich heute noch viel härter als damals, als ich sie in der Zeitschrift der IMG. besprach (1906). Es ist mir jetzt ganz unverständlich, wie er seine Übertragungen auch nur in losem Zusammenhang mit den faksimilierten Handschriften bringen will (Barber. graec. III, 20 und Palat. 243), die übrigens gegeneinander selbst so stark differieren, daß man sie überhaupt als verschiedene Kompositionen derselben Texte ansehen muß. Ich gebe hier schließlich die Stücke (Ode 3—7; von der letzten fehlen einige Schlußnoten), soweit sie Gaisser's Faksimiles zugänglich machen, und zwar, soweit sie in beiden Faksimiles vertreten sind, doppelt. Die Übertragung stößt auf keinerlei Hindernisse, sobald man die Vorschriften der Papadiken anwendet, wie ich sie erklärt habe. Auch hier zeigt sich, und zwar in beiden Kompositionen, dieselbe freie Umbildung der Phrasen durch die jedesmalige Textunterlage; auch hier wird der Bau der Melodien übersichtlich und erscheint folgerecht, wenn man zweitaktige (vierhebige) Grundlagen für jede Distinktion annimmt. Daß die sämtlichen Oden desselben Kanons dieselbe Anzahl selbständiger Melodieglieder haben, ist ja nach den bekannten Erklärungen des Verhältnisses zum Hirmos bestimmt anzunehmen (vgl. Christ, »Über die Bedeutung von Hirmos, Troparion und Kanon«, Sitz.-Ber. d. Kgl. bayr. Akad. d. Wissenschaft. 1870), wird aber durch die Übertragung in erfreulicher Weise bestätigt.

V.

Natürlich werde ich, sobald sich mir Gelegenheit dazu ergibt, nach den entwickelten neuen Gesichtspunkten andere griechische liturgische Gesänge untersuchen, begnüge mich aber für diesmal mit dem bisher bereits durch Faksimilierung zugänglich gemachten Materiale. Zur bequemeren Herstellung im Druck habe ich die zur Illustrierung meiner Aufweisungen erwünschten Tonzeichen selbst hier ans Ende verwiesen in Gestalt eines Schlüssels, der zugleich in knapper Form den neuen Inhalt des Aufsatzes zusammenfaßt.

Schlüssel für die Lösung der byzantinischen Neumen.

A. Einfache Zeichen.

— Oligon
⌒ Oxeia
⌣ Petasthe
" Dyo Kentemata
⌐ Pelasthon
⌣ Kuphisma
⌣ (Epiphonos, Plica ascendens)
} eine Sekunde steigend

) Apostrophos
„ Dyo Apostrophoi
} eine Sekunde fallend

⌐ Kentema, eine Terz steigend
⌒ Elaphron, eine Terz fallend
⌐ Aporrhoe, eine Terz stufenweise fallend (Plica descendens)
⌐ Hypsele, eine Quinte steigend
⌐ Chamile, eine Quinte fallend

B. Kombinationen zur Bezeichnung von Intervallen, für welche besondere Zeichen fehlen, überhaupt mit der Bedeutung der Summierung (τάξις ἄνωθεν, vertikale Übereinanderstellung).

NB. Die minder gebräuchlichen sind weggelassen.

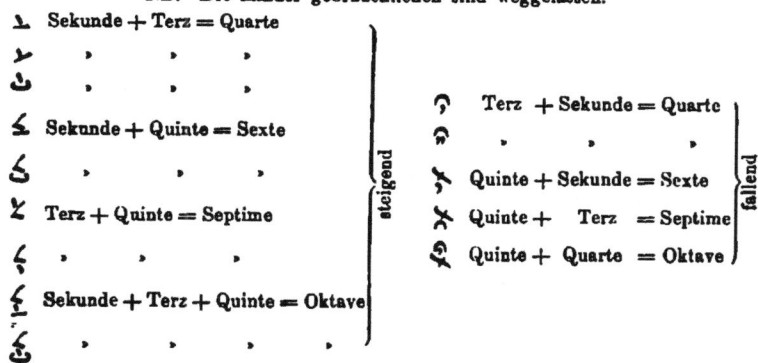

C. Kombination widersprechender Intervallzeichen in vertikaler Übereinanderstellung, wobei das untere Zeichen für die Metrophonie seinen Zählwert verliert, d. h. Nachschlageton wird (Hypotaxis bei τάξις ἄνωθεν).

a. Das Ison (Zeichen der Wiederholung des vorhergehenden Tons) über Intervallzeichen.

⌣ Ansatz im Einklang mit nachschlagender Obersekunde.
⌣ „ „ „ „ „ „
⌣ „ „ „ „ „ Oberquinte.
⌣ „ „ „ „ „ Unterterz usw.

b. Zeichen fallender Intervalle über solchen steigender und umgekehrt (selten).

⌐ Unterterz mit Nachschlagen von deren Obersekunde.
⌐ Untersekunde mit Nachschlagen von deren Obersekunde.
⌐ „ „ „ „ „ „
⌐ Obersekunde mit Nachschlagen von deren Untersekunde.

D. **Kombination eines Soma (Sekundschritts) mit nachschlagendem Pneuma** (Terzschritt, Quintschritt) **gleicher Richtung mit Voranstellung des ersteren** (horizontal, τάξις ἔμπροσθεν) **oder Hintenunterstellung des letzteren** (ὑποκάτωθεν), wobei der größere Schritt (den das Pneuma fordert) in zwei kleinere zerlegt wird (entsprechend der Intervallbedeutung des vorangestellten Soma).

    steigender Terzschritt zerlegt in zwei Sekundschritte.
      »   »   »   »   »   »
      »   »   »   »   »   »
      »   »   »   »   »   »
      »   »   »   »   »   »
    NB. Quartschritt zerlegt in Terzschritt + Sekundschritt ⎫ (nicht ganz logisch,
    NB.   »   »   »   »   »   ⎬ aber durch die Tabellen verbürgt).
    Quintschritt zerlegt in Sekundschritt + Quartschritt.
      »   »   »   »   »
    Quintschritt zerlegt in zwei Terzschritte.
    fallende Terz zerlegt in zwei Sekundschritte.
    fallender Quintschritt zerlegt in Sekunde + Quarte.
    fallende Quarte zerlegt in drei Sekundschritte (scheint nicht vorzukommen).

E. **Jede Kombination widersprechender Zeichen** beläßt dem einzelnen Zeichen seine Bedeutung, wenn das erste horizontal vor das zweite (ἔμπροσθεν) oder das zweite dem ersten hinten unter geschrieben ist (ὑποκάτωθεν).

    Einklang mit folgender Obersekunde (das zweite Zeichen zählt für den Fortgang.
    Einklang mit zuerst nachschlagender (nicht zählender) Obersekunde, die aber repetiert wird und daher dann doch zählt (z. B. nach d: $d\,e\,e$).
    Einsatz mit dem Einklang und nachschlagender Obersekunde (die nicht zählt), aber folgender Oberterz, die zählt (z. B. nach d: $d\,e\,f$).
    ebenso.
    Einsatz mit dem Einklang und nachschlagender Untersekunde (die nicht zählt), aber folgender Unterterz, die zählt (z. B. nach d: $d\,c\,h$).

F. Besondere Einzelheiten.

    Das gewöhnlich einem Spitzentone untergeschriebene Tromikon, in seiner Form der Aporrhoe nahe verwandt, bedeutet aber nur eine für die Metrophonie nicht zählende Manier (Bebung), z. B. nach c: $d\,e\,d\,c$.
    Die Aporrhoe zählt (auch als Kratema hyporrhoon) z. B. nach h: $e\,d\,c\,h$, nur nicht in Verbindung mit dem Piasma als sogenanntes Seisma, ist aber jedenfalls doch auch dann in gleicher Form zu singen (Schleifer abwärts).
    Bareia, welches die Papadiken nicht erklären, ist kein Tonzeichen, obgleich es fast immer schwarz auftritt, dient vielmehr wie die gegenteilige Form:

⌐ Psephiston nur dem Zwecke, längere Zeichenreihen in kleinere Gruppen engerer Zusammengehörigkeit zu scheiden. Beide erscheinen besonders auch häufig zwischen Soma und Pneuma gleicher Richtung, wo die Zeichen beide ihren Zählwert behalten sollen (also um zu verhüten, daß das kleinere Intervall nur als Anweisung für eine Zerlegung des größeren verstanden wird), sind **Trennungszeichen**. Das oben unter A an letzter Stelle unter den steigenden Intervallen angeführte Häkchen:
⌣ (Epiphonos) wird, obgleich es ganz außerordentlich häufig ist, doch in den Papadiken überhaupt nicht erklärt, ja nicht genannt, gehört aber sogar dem älteren Bestande der hagiopolitischen Notierung an. Dasselbe ist eine Nebenform der Petasthe, welche nicht zählt, sondern nur die liqueszente (leicht nachgeschleifte) Obersekunde bedeutet.

Über die Martyrien ist neues nicht zu sagen, wohl aber zu konstatieren, daß die durch sie angezeigten Finaltöne, sofern sie nicht mit dem Zusatz πλ (πλαγιός) auftreten (wie z. B. zu Anfang des Lehrgedichts des Gregorios Mpuni) in der Tat mit Fleischer als *a h c d'* und nicht als *d e f g* zu deuten sind. Nur bei dieser Deutung ergeben sich durchweg singbare Lagen mit der ausgesprochenen Mittellage *d—d'* oder *e—e'*, welche auch im Altertum die normale war.

Die hemisy-megalai Argiai scheinen besonders dazu dienen zu sollen, daß bei längeren Melismen über einer Silbe schneller erkennbar wird, welche Töne Stützpunkte für die Teilung in kleinere Gruppen bilden, besonders Kratema und Diple heben augenscheinlich Nebenschwerpunkte hervor und sind in meinen Übertragungen in diesem Sinne zu deuten versucht. Vielleicht wird man, um auch diesen Zeichen und desgleichen dem Gorgon, Argon usw. ganz gerecht zu werden, dazu kommen, außer **Nachschlägen** auch **Vorschläge** in größerer Zahl anzunehmen, welche das rhythmische Bild der Übertragung noch mehr komplizieren; das melodische und auch das metrische (die Taktordnung) dürfte aber selbst ohne solche Berücksichtigung der roten Zeichen feststehen. Daß Zeichen wie Uranisma, Thematismos eso und Thematismos oxo, Thes kai apothes, Kylisma, Ekstrepton usw. tatsächlich nur eine Anzahl Einzelzeichen zu stereotypen Gruppen bequem fürs Auge zusammenschließen, erweisen die Resultate der Übertragung bestimmt. Das Ekstrepton scheint verhüten zu sollen, daß τάξις ἄνωθεν angenommen wird, wo die Zerlegung in Einzelschritte gemeint ist. Mögen auch bezüglich der großen Hypostasen noch manche Detailstudien erübrigen (durch Zusammenstellung möglichst vieler Fälle ihres Vorkommens), ein eigentliches Problem bilden sie nicht mehr, da sie an der Melodieführung und auch an der Taktordnung nichts Wesentliches ändern. Sie spielen etwa die Rolle wie in einigen Handschriften die der Notierung des Hermannus Contractus übergeschriebenen abendländischen Neumae compositae.

Iter Hispanicum.
Notices et extraits de manuscrits de musique ancienne
conservés
dans les bibliothèques d'Espagne
par
Pierre Aubry.
(Paris.)

III. Les Cantigas de Santa Maria de don Alfonso el Sabio.

Les *Cantigas de Santa Maria*, communément attribuées au roi Alphonse le Sage, tiennent dans l'histoire littéraire et musicale de l'Espagne au moyen âge la même place que les *Miracles de Notre Dame* du pieux trouvère Gautier de Coincy dans la lyrique française du même temps. Toutefois, l'histoire de la musique reçoit des *Cantigas* une contribution considérable, que les quelques douzaines de mélodies, intercalées dans l'œuvre de Gautier de Coincy, ne sauraient égaler: l'ensemble des manuscrits, qui constituent le chansonnier galicien, ne contient pas moins de quatre cent vingt-cinq mélodies. Nous voudrions signaler ici l'intérêt qu'offre aux études de musicologie médiévale ce beau monument de l'inspiration religieuse au treizième siècle et donner en même temps quelques extraits, auxquels l'éloignement des documents et la difficulté d'y accéder vaudront, croyons-nous, bon accueil.

Le poète qui sans doute aussi composa, comme la plupart des troubadours et des trouvères, les mélodies de ses chansons, fut l'un des plus hauts personnages de son siècle: Alphonse X régna sur la Castille entre les années 1252 et 1284. Savant, poète, historien, législateur, musicien peut-être, il avait toutes les qualités qui font honneur à la nature humaine, mais, lacune fâcheuse dans un royal cerveau, il lui manqua toujours le sens des affaires du gouvernement. Sa volonté était en retard sur son imagination, et, à part quelques succès d'armes contre les musulmans, la prise de Xeres et de Nebrija, la conquête des Algarves (1257), qui marquèrent le début de son règne, ses entreprises furent rarement heureuses. Il se perdait, rêveur couronné, dans les plus hautes spéculations intellectuelles, mais sans jamais en aucune chose apercevoir la solution pratique. C'est ainsi que durant vingt ans de sa vie, de 1257 à 1275, bien que n'ayant jamais paru en Allemagne il se para du vain titre de *roi des Romains*, tandis que son compétiteur au Saint Empire, Richard de Cornouailles, mis en minorité cependant dans le collège des électeurs, avait estimé d'une meilleure politique d'aller se faire sacrer à Aix-la Chapelle. Alphonse X n'eut point un sort meilleur en s'occupant des affaires intérieures du royaume: on sait quels furent ses démêlés avec les *ricos hombres* et l'aristocratie de Castille, quelle lutte atroce entre son second fils, don Sanche, et les infants de la Cerda, fils de son fils aîné, héritier présomptif de la couronne, empoisonna jusqu'à sa mort ses dernières années. Mais à côté de ces faiblesses, qui diminuent le souverain, l'homme est admirable. Le savant fait traduire de l'arabe, en 1246, les traités des lapidaires; il termine en 1279 un travail sur les formes du ciel. Son goût pour les sciences juridiques se traduit par l'*Espejo de todos los derechos* et surtout par le code célèbre des *Siete Partidas*, dont la rédaction se place entre les années 1256 et 1263. Poète, on lui doit l'admirable recueil des *Cantigas* et aussi des poésies profanes en grand nombre. Bref, Alphonse X, que ses contemporains surnommèrent *el Sabio*, le savant plutôt que le sage, nous paraît un exemple achevé de ce que peut produire l'intelligence la plus haute, quand le bon sens fait défaut. Il est fâcheux pour la mémoire de ce souverain que les événements, au lieu de le porter au trône de Castille, ne l'aient point laissé à côté: il eût été une des illustrations de son époque.

Le recueil des *Cantigas* suffirait en effet à consacrer la réputation d'un poète. Au milieu du dix-neuvième siècle, M. Soriano Fuertes a contesté l'attribution de ces *Cantigas* au roi Alphonse X. Il donne de son scepticisme une raison médiocre et une autre un peu meilleure. La première se fonde sur le nombre des occupations du souverain, trop grand pour que celui-ci ait pu trouver les loisirs nécessaires à la composition d'un aussi vaste recueil: il y a quelque puérilité à raisonner de la sorte. La seconde estime qu'il est au moins étrange de la part d'Alphonse X, qui fut un actif promoteur de la littérature en langue castillane, d'avoir justement adopté le galicien pour versifier ses légendes pieuses. Son rôle, d'après Fuertes, aurait été seulement celui d'un rhapsode, il aurait recueilli et retouché un ensemble de compositions plus anciennes[1].

Les savants éditeurs de l'Académie de Madrid sont d'un autre sentiment[2]. Pour eux, l'attribution des *Cantigas de Santa Maria* au roi Alphonse X ne saurait être mise en doute. Cette certitude résulte de la préface en vers qui ouvre le manuscrit dit de Tolède. On peut croire en effet qu'Alphonse avait dès sa jeunesse commencé à mettre sous une forme poétique les légendes mariales auxquelles il était, comme les populations chrétiennes de l'Espagne, pieusement attaché. Mais il ne les

---

[1] Fuertes (Mariano Soriano). — *Historia de la musica española desde la venida de los Fenicios hasta el año de 1850*. Madrid. 1855. 4 vol. in-8. — A la fin du premier volume, on trouvera quelques mélodies des *cantigas* assez fâcheusement transcrites.

[2] *Cantigas de Santa Maria de don Alfonso el Sabio*, las publica la real Academia Española. Madrid. 1889. 2 vol. in-4.

réunit en un chansonnier sacré qu'après l'année 1257, après son élection au Saint Empire, car dans la préface du manuscrit de Tolède, nous lisons au milieu des titres énumérés du royal trouvère:

> Beger, Medina prendeu,
> et Alcala d'outra vez;
> e que *dos Romaños Rey*
> e per dereit e sennor.

Or, seul des souverains d'Espagne, Alphonse X put porter ce titre pompeux et inutile. D'autre part, nous savons qu'en 1275, après l'humiliante entrevue de Beaucaire, le roi de Castille, cédant aux instances de Grégoire X, abandonna ses prétentions sur l'empire d'Allemagne. C'est donc entre ces deux dates, entre 1257 et 1275, qu'il faut placer la rédaction définitive du recueil des *Cantigas*.

La grande publication des *Cantigas* par l'Académie royale de Madrid rend inutile ici toute étude qui n'aurait pas le côté musicologique pour principal objet, mais en revanche une étude musicale de ce chansonnier, si succinte soit-elle, est d'autant plus opportune que les éditeurs l'ont délibérément, semble-t-il, négligée.

Les sources de l'examen musicologique que nous nous proposons de faire des *Cantigas* sont, avec le manuscrit de Tolède, les deux manuscrits de l'Escorial.

Le plus ancien et aussi le plus précieux est le manuscrit, qui appartenait anciennement à la *libreria* de la cathédrale de Tolède et qui en 1869, sur un décret du gouvernement, fut transféré à la Bibliothèque Nationale de Madrid (No. 10069). Il mesure 0,31 c. $\times$ 0,21 c. et se compose de 160 folios de parchemin. Ecrit sur deux colonnes. A diverses pièces sont jointes des corrections que les paléographes espagnols attribuent au royal poète [1]).

En ce qui concerne la notation musicale des cent chansons qui y sont contenues et qui, vraisemblablement, constituent le noyau original des *Cantigas*, le manuscrit de Tolède représente ce stade d'incertitudes et d'hésitations dans la signification des valeurs de durée, qui est commun à presque tous nos chansonniers français du treizième siècle. On arrive même à cette pire éventualité que très souvent, lorsqu'une même distinction mélodique revient deux fois par la répétition d'un même membre de phrase dans une strophe, cette distinction n'est que rarement dans les deux cas identique à elle-même: telle note qui ici était brève devient longue, telle ligature est remplacée par une autre d'un même nombre de notes, mais de forme différente.

Mais la notation du manuscrit de Tolède présente une particularité singulière: la note *longa* (■), qui est l'élément fondamental de la graphie

---

1) Riaño, *ouvr. cité*, p. 48.

des chansonniers français et provençaux, n'y paraît point ordinairement. Elle est remplacée par la *brevis* (∎) et la *brevis* par la *semibrevis*. Il en résulte que les rythmes ïambiques et trochaïques des 1-2⁰ modes mensuralistes, marqués habituellement par l'alternance de la longue et de la brève, sont ici représentés par la brève et la semi-brève. La comparaison d'une pièce du manuscrit de Tolède avec la pièce correspondante de l'un quelconque des mss. de l'Escorial nous fait voir l'équivalence suivante:

Escorial ∎ ∎ ∎ ∎ ∎ etc. = Tolède ∎ ♦ ∎ ♦ ∎ etc.

On sait déjà que le manuscrit de Tolède est le plus ancien recueil des *Cantigas*. Il est antérieur à 1275. Il n'en est donc que plus étrange de voir cet emploi isolé de la semi-brève.

Il semble que les valeurs des notes dans les ligatures doivent être en conséquence proportionnellement diminuées: la ligature descendante de deux notes avec propriété et perfection (▝∎) par exemple vaudra, non plus une brève suivie d'une longue ou comme en certains cas deux brèves, mais une semi-brève suivie d'une brève ou même deux semi-brèves.

Nous ne connaissons point d'autres exemples authentiques de ce système de notation. Toutefois nous avons tenté, mais sans grande confiance, la traduction de deux pièces de ce chansonnier.

III¹).

Madrid, Bibl. Nat. 10069.

A-le-gri-a! A-le-gri-a fa-ça-mos la to-da-vi-a. Mui grand a-le-gri-a

---

1) Cette pièce, qui est donnée en appendice dans l'édition de l'Académie royale, se trouve seulement dans le ms. de Tolède. Ce n'est point un chant à la Vierge, mais une *cantiga de las fiestas de nuestro Señor Jesu Christo*. Le chiffre III se réfère à la numérotation des pièces de l'appendice. Les chiffres romains en tête de nos extraits sont ceux qui sont affectés aux mêmes pièces dans l'édition de l'Académie espagnole.

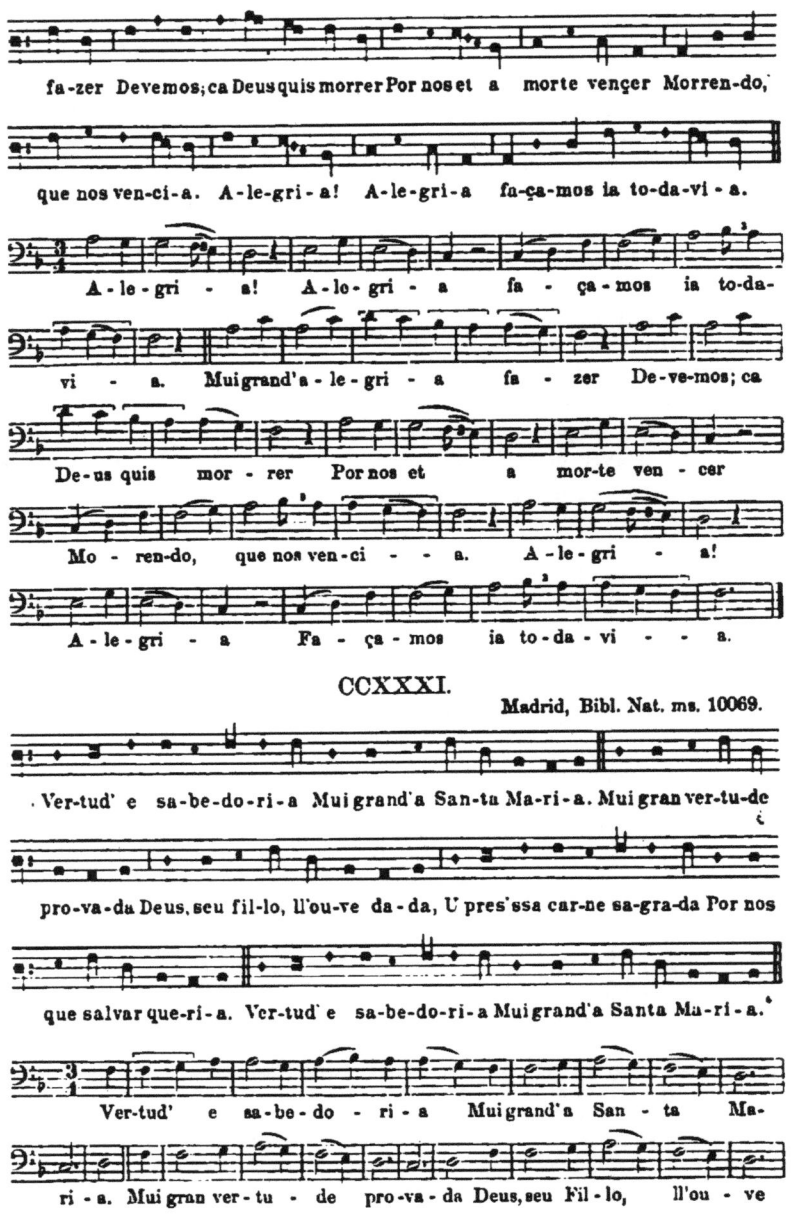

CCXXXI.

Madrid, Bibl. Nat. ms. 10069.

...m é te looz te santa ...

...anta maria
...la to
...a. mostra nos uia pera teus
... nos guia. a ueer faze
los criados. que perter foran
per pecados. entender te que
mui culpados. son. mas per ti
son perdoados. da culpauia. que
lles faria fazer folia. mais
... ...anta maria

...mostrar nos deues carreira. por
gaar en toda maneira. a sen par
lus e uerdadeira. que nu diz nos
poses sen lleixar. ca dos aui a ouuir
ra. a quen pos ti diz e pauia.
Santa maria ...ar ben nos
pos ó teu siso. mais ca tin pa
raiso. u des ten sempre goyo nso.
pera quen ést ent quiso. e prazer
mui. se te prazia. que foss a mi
al mental conpania. Santa maria

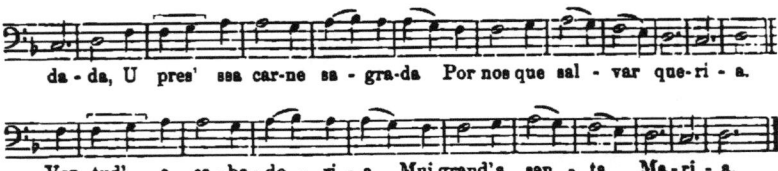

da - da, U pres' ssa car-ne sa - gra-da Por nos que sal - var que-ri - a.

Ver-tud' e sa-be-do - ri - a Mui grand'a san - ta Ma-ri - a.

Au contraire du précédent, les deux manuscrits de l'Escorial ont un caractère mensuraliste très marqué, mais avant d'examiner ce trait particulier, disons quelques mots de leur physionomie générale [1]).

Le premier (j. b. 2) est le plus complet au point de vue du texte. Il a servi de base à l'édition de l'Académie royale. C'est à lui aussi que nous empruntons les exemples qui vont suivre. Il se compose de 361 folios de parchemin, écrits sur deux colonnes, et mesure 0,40 c. $\times$ 0,27 c. Ce codex appartient à la fin du treizième siècle.

Le second (T. j. 1) se composait vraisemblablement de deux volumes: le premier seul subsiste. Ecrit vers le même temps que le précédent, il contient seulement 193 *cantigas*. 256 fol. de parchemin. 0,48 $\times$ 0,32. Il est particulièrement précieux par le nombre et la beauté des miniatures et, à ce point de vue, il faut signaler l'importante contribution que ce manuscrit apporte à l'histoire de l'instrumentation. Nous renvoyons pour cela, sinon à l'original lui-même, du moins aux planches de l'ouvrage de don F. Aznar, *Indumentaria Española*, publié à Madrid en 1880. Riaño, *ouvr. cité*, en reproduit quelques-unes, p. 108 et ss. Enfin on consultera utilement le petit livre de F. Pedrell, *Organografia musical antigua española*, paru dans la *Collection des Manuels Gili*, série artistique. (Barcelone, 1901).

Revenons à nos recueils de l'Escorial. Ils nous intéressent, disons-nous plus haut, par l'extrême netteté de la graphie musicale, qui distingue soigneusement les longues des brèves et par là, permet d'entrevoir avec quelque clarté le rôle des modes rythmiques dans la composition mélodique du treizième siècle [2]).

Les formules ïambiques et trochaïques des 1—2 modes sont en majorité: ou par anacrouse

---

1) Riaño, *ouvr. cité*, p. 49.
2) Voir notre brochure *La Rythmique musicale des troubadours et des trouvères*, (Paris, Champion, 1907) où l'on trouvera exposés les principes généraux de cette interprétation. Le ms. fr. 846 de la Bibliothèque Nationale de Paris est le chansonnier français dont la notation rappelle le mieux celle des mss. d'Alphonse le Sage.

La résolution en ses deux parties égales d'une longue imparfaite pliquée, suivie d'une brève, fait alterner souvent des suites de trois notes brèves dans une mélodie construite sur un rythme trochaïque pur, soit le schéma

Nous noterons de même que parfois, ainsi qu'il arrive dans le recueil de Motets français de Montpellier, une ligature de deux notes avec propriété et perfection, au lieu de signifier une brève suivie d'une longue, doit se transcrire par deux brèves quand elle se trouve elle-même devant une brève.

L'*estribillo* de la pièce

     Ben pode santa Maria
     guarir de toda poçon, *etc.*[1]

nous montrera l'application de ces deux cas.

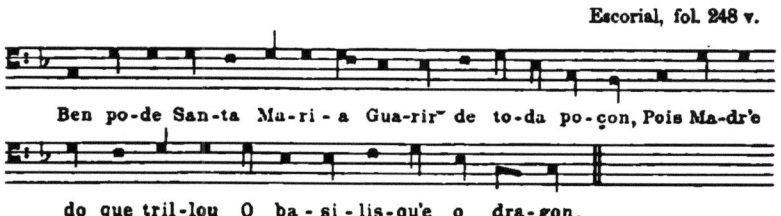

Nous proposons la traduction suivante :

Les rythmes anapesto-dactyliques des 3—4 modes se rencontrent fréquemment aussi sans donner lieu à des remarques particulières. On les trouvera employés dans les exemples que nous citons plus loin.

Nous serons ici d'autant plus bref sur la question de la tonalité dans les *Cantigas* d'Alphonse le Sage que le sujet est plus complexe et risquerait de nous entraîner hors des limites que nous nous sommes assig-

---

[1] Ed. de l'Acad. roy. esp. no. CLXXXIX, p. 267.

nées. On en peut dire la même chose que de toutes les mélodies appartenant à l'art des troubadours et des trouvères. Nous sommes à ce point de vue dans une époque de transition. La notion de la modalité grégorienne s'obscurcit, la tonalité moderne est en germe, peut même parfois inspirer une composition en tout ou en partie, mais n'a point encore pris d'elle-même une conscience suffisante pour être érigée en un système défini. Il s'ensuit une confusion inextricable, au milieu de laquelle il apparaît pourtant avec quelque certitude que, de l'ancienne théorie, deux modes sont surtout restés en faveur au treizième siècle: le *protos* (finale *ré* ou transposée sur *la*), et le *tetrardos* (finale *sol*). Encore faut-il remarquer que le *tetrardos* est parfois écrit avec *si?*, ce qui en fait un mode de *ré* avec la même altération. La pièce *Alegria* du manuscrit de Tolède est un exemple de majeur, ici dans le ton de *fa*.

La versification des *Cantigas* est infiniment souple et variée: depuis le vers de quatre syllabes jusqu'à celui de dix-sept, on trouve la représentation de tous les types intermédiaires. La mélodie, qui s'y adapte, traduit musicalement ces rythmes poétiques et de la sorte, à côté de courtes phrases mélodiques, nous avons, accompagnant les vers un peu longs, de grandes et belles périodes dans lesquelles disparaît la carrure ordinaire de ces chansons pour faire place au vrai style de la déclamation lyrique.

Quelle que réelle que soit l'influence française des troubadours et des trouvères sur l'esthétique des *Cantigas*, Alphonse X conserve néanmoins à ses compositions un caractère indigène accentué et c'est surtout dans la construction de la strophe musicale que cette physionomie particulière apparaît. Nous allons l'esquisser rapidement.

La strophe musicale des troubadours et des trouvères se compose essentiellement, on le sait, des éléments suivants:

1° Une double phrase mélodique (A B) répétée deux fois (A B + A B). Il y a, certes, des exceptions: ainsi la phrase peut être tripartite (A B C) ou même composée d'un seul membre, qui se répète un certain nombre de fois (A + A + A + A . . .).

2° Une *cauda*, qui est comme le développement ou la continuation de l'idée musicale exprimée dans la première partie de la strophe. La forme en est indifférente et absolument variable.

La strophe musicale d'Alphonse le Sage est comprise autrement: son sort est lié à l'*estribillo*. On donne ce nom à un refrain qui paraît d'abord en tête de la pièce et qui revient ensuite à la fin de chaque strophe. Musicalement son importance est grande, car le plus souvent, la mélodie de l'*estribillo* remonte dans l'intérieur de la strophe, dont les derniers vers sont alors assujettis à répéter la mesure des vers de l'*estribillo*, ou refrain. Seul, le début de la strophe est indépendant et libre dans sa versification et dans sa mélodie. Encore que très habituel dans le système des *Cantigas*, ce procédé n'est pourtant pas général. Il peut arriver que l'*estribillo* s'ajuste simplement à la fin de la strophe sans influer sur sa construction rythmique, ni sur sa composition mélodique.

Si donc, nous décomposons en un schéma les éléments qui entrent dans la construction musicale d'une pièce des *Cantigas*, nous nous trouverons en présence de deux cas:

I. — La mélodie de l'*estribillo* remonte dans la structure de la strophe. On a alors les éléments suivants:
1º l'*estribillo*,
2º la partie indépendante de la strophe,
3º la partie de la strophe assujettie à l'*estribillo*,
4º l'*estribillo*.

Les strophes suivantes sont identiquement construites avec les éléments 2, 3 et 4 et ainsi de suite jusqu'à la fin de la pièce. Voir dans nos extraits les pièces XXXII, XXXIIII, LXXVII, etc.

II. — L'*estribillo* se juxtapose simplement à la strophe. Nous distinguerons simplement dans ce cas:
1º l'*estribillo*,
2º la strophe proprement dite,
3º l'*estribillo*.

Les strophes qui suivent la première sont formées des éléments 2 et 3. Appartient à ce type la pièce X de nos extraits.

Cette structure mélodique est-elle originale dans l'œuvre d'Alphonse le Sage? Nous avons dit plus haut qu'elle différenciait les *Cantigas* des compositions des troubadours et des trouvères; mais le poète a pu avoir d'autres modèles devant les yeux, le moyen âge a connu d'autres formes musicales que les chansons courtoises, les estampies ou les pastourelles. En parlant du *volumen discantuum* de la cathédrale de Tolède nous avons énuméré *organum, conductus, motets*, nous avons enfin relevé dans le tableau comparatif du recueil de Tolède avec l'*Antiphonaire de Pierre de Médicis* de Florence, un genre de composition qui se trouve seulement dans ce dernier recueil, les *rondelli*. Or, ces pièces latines, d'origine française et même parisienne, ont pu parvenir aisément à la connaissance du roi de Castille: nous savons qu'un manuscrit parisien apparenté de près à l'*Antiphonaire de Pierre de Médicis* était venu vers ce même temps à la cathédrale de Tolède. Au hasard, nous prenons un des rondeaux du recueil de Florence et nous le reproduisons de suite en transcription.

Florence, Laurent. XIX, 1. fol. 463 v.

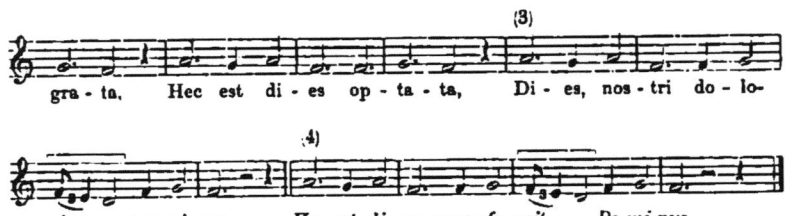

II. Dies purgans peccata,
   hec est dies optata,
   dies purgans humanum facinus,
   hec est dies quam fecit Dominus.

III. Est rumphea sublata,
   hec est dies optata,
   uires frangit hostis serpentinus,
   hec est dies quam fecit Dominus.

On retrouve dans cette pièce et dans toutes les autres de même forme les éléments constitutifs de la strophe musicale des *Cantigas*, telle qu'elle nous apparaît, lorsque, ainsi que nous l'avons analysée plus haut, l'*estribillo* remonte dans la structure de la strophe.

Ce moule est assez caractéristique, pour qu'il nous soit permis de conclure à l'imitation consciente par Alphonse X d'une forme usuelle dans la musique française, mais développée dans les *Cantigas* et devenue en quelque sorte partie intégrante de la lyrique galicienne. Les quelques pièces qui vont suivre, en original et en transcription, permettront de vérifier nos observations et, nous le désirons aussi, d'en faire naître de nouvelles.

X.

Sen-nor en tol-ler coi-tas et do-o-res. Ro-sa das ro-sas et fror das fro-res, Do-na das do-nas, sen-nor das sen-no-res.

Ro-sa das ro-sas et fror das fro-res, Do-na das do-nas, sen-nor das sen-no-res. Ro-sa de bel-dad e de pa-re-cer, Et fror d'a-le-gri-a e de pra-zer. Do-na en mui pi-a-do-sa se-er, Sen-nor en tol-ler coi-tas et do-o-res. Ro-sa das ro-sas et fror das fro-res, Do-na das do-nas, sen-nor das sen-no-res.

XXXII.

Escorial fol. 47 v.

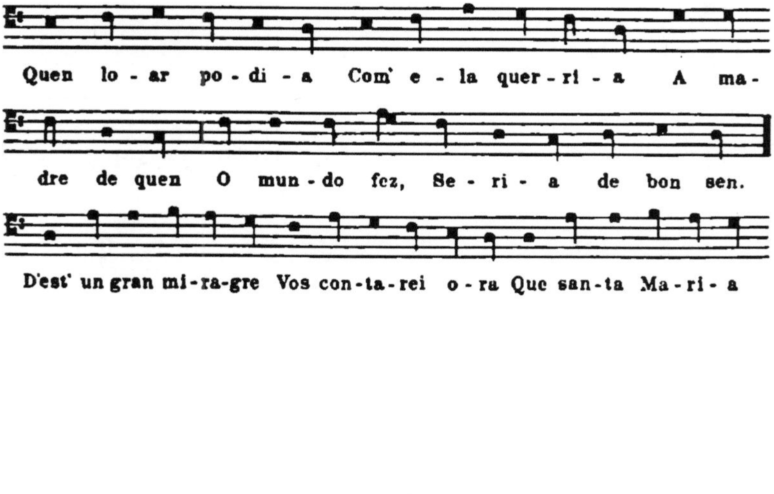

Quen lo-ar po-di-a Com' e-la quer-ri-a A ma-dre de quen O mun-do fez, Se-ri-a de bon sen.

D'est' un gran mi-ra-gre Vos con-ta-rei o-ra Que san-ta Ma-ri-a

XXXIV.

fol. 57 r.

Gran de-reit' e que fill' o De-mo por es-car-men-to Quen contra San-ta Ma-ri-a Fil-la a-tre-ve-men-to. Por-en di-rei un mi-ra-gre Que foi gran ver-da-de, Que fez en Cons-tan-ti-no-ble, Na ri-ca ci-da-de, A Vir-gen madre de Deus, Por dar en-ten-di-men-to Que quen con-tra e-la vay, Pal-la e con-tra ven-to. Gran de-reit' e que fill' o De-mo por es-car-men-to Quen con-tra San-ta Ma-ri-a Fil-la a-tre-ve-men-to.

Gran de-reit' e que fill' o De-mo por es-car-men-to Quen con-tra San-ta Ma-ri-a Fil-la a-tre-ve-men-to. Por-en di-rei un mi-ra-gre Que foi gran ver-da-de, Que fez en Cons-tan-ti-no-ble, Na ri-ca ci-da-

de, A Virgen madre de Deus, Por dar entendimento Que quen contra ela vay, Palla e contra vento. Gran de-reit' e que fill' o Demo por escarmento Quen contra Santa Maria Fil-la atrevemento.

LXXVII.

Escorial, fol. 113 v.

Da que Deus ma-mou leite do seu peito, Non e maravilla de säar contreito. D'esto fez Santa Maria miragre fremoso En a sa y-grei' en Lugo, grand' e piadoso, Por hũa moller que avia tolleito O mais de seu corp' e de mal en-colleito. Da que Deus ma-mou leite do seu peito, Non e maravilla de säar contreito.

C.

Escorial, fol. 144 v.

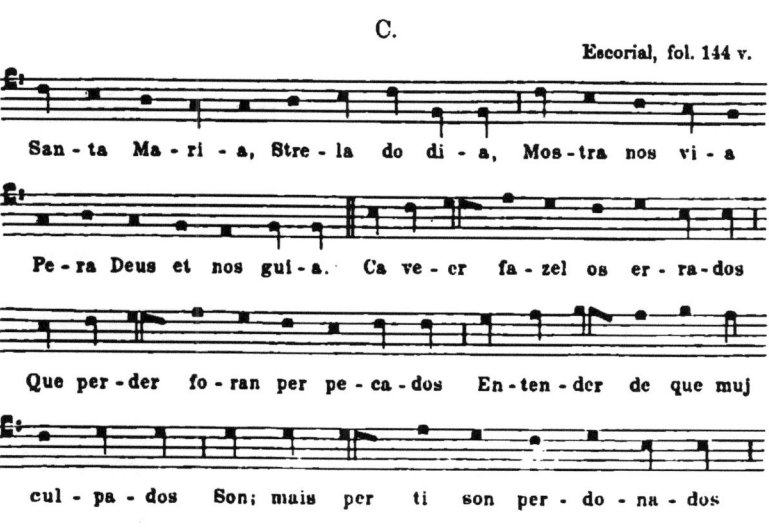

CXIX.

Escorial, fol. 168 v.

D'un o-me, que de di-a-bos hũ-a gran con-pan-na
Le-va-van, pe-ra pe-na-ren con os des-cre-u-dos.
Co-mo so-mos per con-sel-lo do de-mo per-du-dos,
As-si so-mos pe-lo da Vir-gen tost' a-cor-ru-dos.

CXXIV.

Escorial, fol. 174 v.

O que po-la Vir-gen lei-xa O de que gran sa-bor a, Sem-pre a-qui lle de-mos-tra O ben que pois lle fa-ra. E d'est' un mui gran mi-ra-gre Vos con-ta-rei, que o-y. Di-zer a-os que o vi-ron Et o con-ta-ron as-si Co-mo vos eu con-tar que-ro. Et, se-gun com' a-pren-di, De-mos-trou San-ta Ma-ri-a En a ter-ra que es-ta. O que po-la Vir-gen lei-xa O de que gran sa-bor a Sem-pre a-qui lle de-mos-tra O ben que pois lle fa-ra.

Prolegomènes à une étude sur les sources de l'Histoire musicale de l'ancienne Egypte.[1])

Par

Francesco Pasini.

(Milano.)

Je n'entreprendrai pas de débrouiller le fatras que nous ont laissé les écrivains grecs dans leurs écrits sur l'Egypte: fatras de légendes obscures, de récits merveilleux colportés par les commis voyageurs de l'époque et divulgués dans les romans historiques d'Hécatée d'Abdera et d'Hellenikos de Lesbos. Aussi bien ni Hérodote, ni Diodore de Sicile dont Pline le naturaliste faisait si grand cas, ne sont remontés bien haut dans les annales des Egyptiens et, abstraction faite de leurs observations personnelles, ils n'ont rapporté que des histoires fabuleuses. Hérodote surtout semble avoir recueilli tout ce que les prêtres de basse classe et les sacristains des temples —

---

[1] Un ouvrage sur les sources de l'histoire musicale de l'ancienne Egypte est en préparation.

aussi menteurs que ceux qui, de nos jours, importunent les visiteurs de nos églises — ont bien voulu lui raconter. D'ailleurs l'Egypte, l'Indestructible, a exercé sur l'esprit des Grecs un attrait mystérieux... D'imagination sensible, ils se prêtaient mieux que personne à être suggestionnés; et les auteurs grecs sont vraiment atteints d'égyptomanie. Mon Dieu, n'avons-nous pas vu, de nos jours encore, des écrivains — j'en citerai un seul Villoteau — être suggestionnés à leur tour et, sur la foi de ces mêmes auteurs grecs, ne mettre aucune borne à leur admiration? Et cet excellent Fétis, dont la naïveté va, vraiment, quelquefois un peu loin, ne s'est-il pas imaginé d'avoir retrouvé — à l'aide d'une toute vieille flûte avariée du musée égyptien de Florence — le système musical complet de l'ancienne Egypte et la notation même des Egyptiens?[1]) Oui, oui, je sais bien; il n'y a que la foi qui sauve: et je ne dis pas qu'en face d'un passé si formidable l'intuition et un peu de la divination d'un Champollion par exemple, ne soient d'un secours inestimable. Mais prenons y garde! cette intuition et cette divination là s'appellent Génie.... ayons le sens critique. Gardons-nous du froid scepticisme et de la naïve crédulité: »inter utrumque tene: medio tutissimus ibis«...

Nous n'accorderons que peu de crédit aux renseignements de source grecque. Sans aucun scrupule, par exemple! nous laisserons de côté les divagations mythologiques où — avec un luxe de contradictions dont nous n'avons pas à nous étonner puisque nous connaissons la manière de ces compilateurs dépourvus de sens critique — sont reproduites les idées des Egyptiens sur l'origine de leur musique. Car enfin, qu'est-ce que ça peut bien nous faire que ce soit Thot, le grand Hermes Trismégiste des Grecs — ou Osiris, ou Horus, ou encore Harderis ou quelques autres qui aient apporté la musique à l'Egypte? Questions oiseuses, du moins pour le moment. Quand nous en aurons déduit que les Egyptiens considéraient leur musique comme un don du ciel en serons-nous plus avancés?

L'Egyptomanie des Grecs est un produit de leur admiration sans bornes pour la culture égyptienne et puis, peut-être bien encore, une des formes de leur vanité: la vanité du roturier enrichi qui se donne des ancêtres. Les Grecs »parvenus« firent venir leurs dieux et leurs lois[2]); le blé[3]) et l'olivier[4]) de la vieille Egypte[5]): Danaüs, Inachus, Cecrops[6]) Diphues et les prêtresses de Dodone[7]) les apportèrent des bords du Nil sur le continent grec. Mais cette égyptomanie est surtout l'exagération d'un sentiment: le sentiment que leur culture nationale n'était pas un produit autochtone mais bien un produit importé. Les légendes où vivent et agissent leurs héros mythiques, celle de Cadmus par exemple, ne témoignent-elles pas que les premiers immigrants qui abordèrent aux rivages de Grèce furent des marins

---

1 Hist. génér. de la Musique (1869) t. I, p. 222. 399.
2 Athen. libr. 13. Suidas in Ἡφαιστῷ. — Schol. Aristoph. in Plut. T. — Justin. lib. 2, cap. VI. — Marm. Oxon. epoch. 3. — Aelian. Var. hist. lib. 3, cap. 38.
3 Schol. Tzetz. ad Hesiod. oper V, 32. — Cicer. de legib., libr. 2, cap. 25, t. 3.
4) Syncell.
5. Cast. apud Euseb. chron. lib. I, Syncell. — Pausan. lib. 8, cap. 3.
6 Plat. in Tim. t. 3. — Theop. ap. Euseb. praep. evang. lib. 10, cap. 10. — Diod. Sicul. lib. I.
7 Herod. I, II, 171. — Pausan. I, III, cap. 22 — et I, IV, cap. 33. 35, VIII, cap. 2.

venus de la Phénicie, de l'Egypte et de l'Asie mineure? Ce furent ces marins, Ioniens, Cariens, Lyciens, Dardaniens, Lelèges, Tyrrènes, Crétois qui apportèrent à leurs frères de Grèce, pêle-mêle avec des marchandises, les arts, les idées et les inventions d'Orient servant ainsi d'intermédiaires entre les Hellènes et la civilisation orientale. Les Grecs avant leur contact avec l'Egypte étaient des barbares . . . Je dirai où j'en veux venir. On a cherché dans l'hybride liturgie des Coptes le système musical antique des Egyptiens; à mon avis, c'est bien plutôt en Grèce et dans la lyre heptacorde d'Hermes-Orphée, avec ses deux tetracordes doriens ré, do, si ?, la   la, sol, fa, mi[1]), qu'on pourrait le retrouver, — si on le retrouve jamais quelque part. Car enfin la musique des Grecs n'est pas née au pied de l'Olympe: elle leur est venue d'Orient par la mer. Elle a grandi sous deux influences opposées: l'influence asiatique, l'influence égyptienne ensuite, d'abord l'aulos puis la lyre.

Durant la première époque de culture grecque, l'époque mycénienne, Argos — l'»ionienne Argos« — est le centre musical et le rendez-vous des corporations d'aulètes phrygiens. L'époque mycénienne tout entière est dominée par l'influence asiatique[2]: l'aulos règne dans les cultes orgiaques, l'aulodie seule est cultivée. Aussi bien un passage d'Alexandre Polyhistor, rapporté par Plutarque[3] s'accorde avec cette donnée archéologique. Après avoir dit que Terpandre imita Orphée, mais qu'Orphée ne fut l'imitateur de personne Plutarque, sur la foi de Polyhistor ajoute: «car autrefois il n'y avait encore rien d'autre que des compositions aulodiques». Et vraiment, l'apparition de la lyre en Grèce a dû frapper bien vivement les imaginations populaires! Car la légende rapporte, de cet instrument, des choses merveilleuses: aux sons de la lyre les bêtes féroces deviennent douces et inoffensives, les hommes les plus barbares se civilisent et les pierres mêmes s'émeuvent; la nature tout entière frémit et chante . . . C'est donc que l'apparition de la lyre sur le continent grec a fait époque. Et Plutarque ne pense pas autre chose quand il rapporte qu'Orphée ne fut l'imitateur de personne: la tradition, en effet, ne lui trouvait aucun modèle ni sur le continent grec, ni dans les îles, car la lyre représente une culture supérieure qui apparaît avec Apollon. — La seconde période de culture grecque est apollinienne et dorienne.

L'Initié des temples d'Egypte Orphée[4], la lyre, Apollon: nous tenons le fil qui nous ramène vers l'Egypte. — L'élément national apollinien, que les Grecs appellent dorien est d'origine étrangère: Apollon vient des bords du Nil; c'est l'Horus d'Edfou[5]. Il est le représentant de la doctrine égyptienne de l'immortalité de l'âme et du libre arbitre humain[6], doctrine dont la haute valeur civilisatrice n'échappe à personne. Apollon représente, en Grèce, la culture égyptienne. — Et le fait que l'influence de l'Egypte, — influence décisive pour la culture grecque, — n'ait réussi à prendre le pas sur la

[1] Deux textes grecs anonymes (Ruelle) = I 1899.
[2] cf. Schliemann et le résultat des fouilles de Mykenae, Tyrins, Oichomenos etc.
[3] De Musikâ = V.
[4] Du phénicien aour rophae = qui guérit par la lumière.
[5] L'Apollonis magna des Grecs. — Horus est également un des surnoms d'Apollon.
[6] cf. La théorie de la métempsychose de Pythagore. — Le respect de la femme prêché par les prêtres d'Apollon est également une des caractéristiques de la culture égyptienne.

culture asiatique que relativement assez tard, ne doit pas nous étonner car, si l'Egypte a été une école supérieure ouverte à tous les peuples, la supériorité même de cette école rendait difficile à des peuples peu évolus la compréhension de sa haute signification morale [1]).

Aussi bien le culte d'Apollon n'a pu s'établir sans lutte sur le continent grec: il heurtait trop par son austérité l'esprit ionien imprégné des tendances asiatiques. Babylone et l'Egypte se retrouvaient de nouveau en présence, sur terrain grec, avec leur antagonisme profond, irréconciliable [2]). La légende va nous montrer Orphée déchiré par les bacchantes... Pour que Delphes devint le centre, l'$Ὄμφαλοσ$ de l'Hellade, il ne fallut rien moins que l'invasion des hordes doriennes. Les Doriens, — moins bien doués, certes, que les Ioniens — devaient être, de par leur tendance conservatrice, les soutiens naturels d'Apollon et de son culte. Ils ne furent, aussi bien, qu'un instrument entre les mains des prêtres d'Apollon; et l'élément dorien n'est élément national qu'en tant qu'il s'est développé sous influence de Delphes dont le sanctuaire Pythien deviendra le centre, le »nombril« de la fédération Hellénique. La culture grecque se développera sous la surveillance conservatrice — la $Χαμαιεῦναι$ — du sacerdoce apollinien soumis

---

1) Je ne trouve pas d'autre explication à ce fait si ce n'est peut-être l'aversion des Ioniens pr. l'austérité dorienne. — Car les Egyptiens qu'on a voulu dépeindre comme un peuple casanier et peureux de la mer n'étaient ni l'un ni l'autre. Les Pharaons de l'ancien empire connaissaient pr. les avoir explorées une grande partie des côtes de la Méditerranée »la très verte«ᵃ). — Leurs rapports avec les peuplades du littoral et des îles étaient fréquents et l'Egypte entretenait un commerce actif avec »les gens de derrière«, — les Ioniens — les Haoui-nibou des papyri — de la mer Egée par l'entremise desquels les Egyptiens recevaient l'ambre de la Baltique et l'étain. (ved. sur les routes commerciales qui conduisent en Egypte: Buechsenschuetz p. 435.) — Et puis le renom de richesse du Delta y attirait sans cesse des bandes de ces Haoui-nibou, incorrigibles rôdeursᵇ).

a) Papyrus hiératique de Berlin p. 58. — Les formules des Pyramides (Teti, Papi, Mirniri). — Papyrus de Berlin no. I, t. 120; 34 Pleyte-Rossi: Papyrus de Turin pl. 88, I. 9—10; pl. 89, I, 1—2.

b) Traces de prisonniers égeens à Heracleopolis. — Soukhkarî IIe dynastie = Lepsius, Denkm. II, 150a 1—8. — Chabas (études sur l'antiq. hist. Paris 1873. — Dümichen, inscript. hist. — Brugsch, de Rougé: revue archéol. 1867. — Lauth ägypt. Text. aus der Zeit Miniphteh. = Zeitschrift d. MG. 1867, p. 652. (ved Rosellini monum. civ. CXXIV, — CXXXIV. — Champollion. monum. pl. CCXXII. — Odyssée = XIV, 262—265, et la description des Thèbes. — Lauth, Homer und Aegypten.

2) L'Histoire de la double influence de l'Asie d'une part et de l'Egypte de l'autre sur l'esprit grec; de la rivalité ionienne et dorienne, est aussi l'histoire de l'Hellade. Delphes, dans l'intérêt de l'unité nationale, aura beau admettre Dionysos dans son sanctuaire, l'aulos dans le culte d'Apollon; après la guerre sacrée l'aulos pourra se faire entendre, aux jeux olympiques, à côté de la cithare: malgré tout, la lutte ne cessera jamais. Qu'on ouvre un ouvrage grec sur la théorie, la pratique ou l'esthétique de la musique, que l'auteur soit Athénée ou Plutarque, Platon ou Aristote; qu'on lise une comédie qu'elle soit d'Aristophane ou de Phérécrate, cet antagonisme s'y révèle toujours. L'élément national dorien est toujours en lutte avec l'élément asiatique: phrygien et lydien; la lyre conteste encore la première place à l'aulosᵃ); le principe apollonien s'élève sans cesse contre le principe dionysiaque.

a) Aristote. Politique. —
Platon. République. entre autres »$Λύραϑροι, ἠνέγκω, καὶ κιϑάρα λείπεται$«. —

lui-même, fortement, aux influences d'Egypte [1]. — Et d'abord les prêtres d'Apollon de Delphes, autour desquels se presse l'élite intellectuelle de la nation, monopolisent les arts. Les poètes des hymnes sacrés, comme les statuaires, forment des corporations religieuses; l'art est hiératique; le caprice individuel — comme en Egypte rigoureusement banni. Les premiers éléments et le caractère de cet art hiératique sont égyptiens: l'architecture du temple dorien et la plastique — le ξόανον d'Apollon, Pythien par exemple [2], nous montrent cette origine égyptienne initiale. Et pourquoi ne la trouverions-nous pas dans la musique aussi, cette origine égyptienne? Pourquoi la musique qui, dans l'idéal du gouvernement théocratique de Delphes, forme, avec les autres arts, un tout parfait, une unité merveilleuse et un instrument politique et social puissant, pourquoi la musique devrait-elle seule faire exception? Vraiment est-ce une hypothèse trop hardie de vouloir la chercher, cette origine, dans la lyre heptacorde d'Hermes qu'Orphée [3]) reçut, avec l'initiation, des temples de l'Egypte? La légende d'ailleurs — les légendes nous sont précieuses — ne fait-elle pas venir la lyre d'Egypte quand elle nous raconte qu'Hermes la créa avec la carapace d'une tortue qu'il trouva sous ses pas après une crue du Nil? La construction de la lyre nous fait penser aux mystères de l'initiation des temples égyptiens: la Χελώνη représente, comme symbole d'Aphrodite Ourania, la voûte céleste [4]; les 7 cordes nous reportent au nombre 7 des planètes [5]), aux 7 génies de la vision d'Hermes, aux 7 voy-

---

1) Orphée, Terpandre puis Thales, Solon, Pythagore séjournent dans les temples d'Egypte. — Sur les 7 sages en Egypte cf. Lepsius, Chronol. der Aegypt. Einleit. p. 41. — L'admiration que l'élite intellectuelle des Grecs tribute à l'antiquité égyptienne est approuvée par l'oracle de Delphes. L'Egypte est synonyme de science et de sagesse: Delphes considère Esope comme initié Egyptien, et il se trouve que la tradition a eu raison. ved. Zündel = revue archéol. 2e sér. III, p. 354—369. — Dans le papyrus démotique de Leyde, la fable du lion et du rat. I. 384. pl. XVIII. — I, 11—34. — Leemans, monum. Aegypt. t. I, pl. CCXXIII. — ved. Zeitschr. 1879, p. 92—93. —
2) Diod. Sicul. I, 98. —
3) Peu importe que le nom d'Orphée appartienne à un individu ou soit l'étiquette collective que la tradition aurait attachée à une corporation de citharodes. — Aristote doutait de son existence — ved. licer. de nat. deor. Cibr. I, cap. 38, t. II, p. 429. — ved. Nicomaque de Ger. (Ruelle,-fragments. § I. Harmoniques de Bryenne p. 365. — p. 363. — 361. — Aratus, Phénomènes.
4) La lyre répondait chez les initiés à une conception plus vaste que celle attachée à la représentation immédiate de l'instrument. La lyre symbolisait l'ordre dans l'univers comme le luth 5 dans les idéogrammes hiéroglyphiques en symbolisait la beauté. — D'ailleurs les premiers instruments à cordes de l'antiquité furent conçus dans une pensée symbolique. Le »Tschin« des Chinois, par exemple, dont les parois représentent le ciel et la terre, est monté de 5 cordes qui correspondent aux 5 éléments...: Je ne puis m'empêcher de remarquer que la forme de la lyre rappelle le diadème à cornes de vache, d'Isis. —
5) »Les différentes formules de la gamme céleste, harmonie des sphères, correspondent aux différentes échelles de la lyre qui furent en usage jusqu'au Ier siècle de notre ère. L'Histoire de ces divagations éclaire et complète l'histoire imparfaitement connue de la gamme hellénique qui se confond avec celle de la Lyre«. — cf. Ruelle, dans les documents du congrès internat. de Paris (Paris 1900)... cf. F. Quintilianus = de instit. oratoria. ch. XI. — »Musicen cum divinarum etiam rerum cognitione esse conjunctam«... »qum Pythagoras atque eum secuti, acceptam sine dubbio antiquitus opinionem, vulgaverint. mundum ipsum ejus ratione esse compositum quam postea sit lyra imitata«. — »nec illa modo contenti dissimilium concordia, quam vo-

elles[1] évocatives de Thot-Hermes et des prêtres égyptiens, à ce nombre 7 [2]) toujours, consacré à Horus-Apollon en Egypte comme en Grèce. — Aussi bien la tradition de Delphes[3]) veut qu'Orphée — qui, ainsi qu'Olen[4]), Philamon, Chrysothemis appartenait à ces confréries de citharodes mentionnés déjà — ait visité l'Egypte, qu'il y ait été initié aux mystères qu'il introduisit, dans la suite, en Grèce. — Et la supériorité des instruments à cordes sur l'aulos orgiaque prêchée par Delphes, ne la retrouvons-nous pas cent fois affirmée, graphiquement, sur les peintures des hypogées d'Egypte? La notation musicale grecque, elle-même, — qui, comme l'écriture se sera développée dans les sanctuaires d'Apollon — ne nous montre-t-elle pas, dans la notation instrumentale, à côté des lettres phéniciennes, des vestiges d'un alphabet plus ancien qui semble dérivé de signes hiératiques égyptiens? Et cette notation instrumentale archaïque ne semble-t-elle pas avoir été conçue pour des instruments »magadisants« tels que les harpes égyptiennes? Enfin, l'immutabilité même à laquelle fut condamnée la musique ne nous fait-elle pas penser à l'immutabilité hiératique de l'art égyptien?

* * *

Si les Egyptiens ne nous ont laissé sur leur musique aucun traité écrit — les fouilles du moins, n'en ont jusqu'ici ramené aucun au jour — leurs nécropoles, par contre, nous offrent une foule de scènes et de représentations musicales, peintes ou gravées, accompagnées de hiéroglyphes. Ces représentations ont la valeur absolue d'un document. Le souci de l'exactitude y est poussé aussi loin que possible: car dessin, paroles, tout ce que composaient les peintres et les sculpteurs dans les tombes avait une intention magique[5]) et la moindre inexactitude les eût rendus sans valeur. On sait que, pour les Egyptiens, la mort n'était que le commencement d'une seconde vie en tout semblable à la vie terrestre: mêmes besoins physiques et moraux, mêmes plaisirs et mêmes divertissements. Pour que le double ne manquât de rien, en cas d'oubli de la part des parents ou des congrégations chargées, par des sacrifices, de subvenir à ses besoins, on reproduisait sur les parois de la chapelle funéraire l'image des choses nécessaires à sa seconde existence dans les champs d'Ialou«: le semage, le labourage, la récolte et l'élevage du bétail pour qu'il se nourisse; tous les corps de métier pour qu'il s'habille, se loge, se meuble, s'orne et se défende; des esclaves pour qu'il soit servi; de la musique et de la danse pour que son cœur se réjouisse. — Et voilà que ce monde d'hommes et de choses tracé sur le mur s'animait de la même vie du double à qui il était intimement et inséparablement lié. L'intention magique de ces représentations nous est donc un garant de leur fidélité

---

cant ἀγνοεῖν sonum quoque his montibus dederunt« etc. ved. Nicomaque de Gerasa = manual harmonique Ruelle, § 10 sqq. — et fragment 1, 2 sqq. — Ruelle, deux textes grecs anonymes I, 2 sqq.

1. Nicomaque de Gerasa, op. cit. Ruelle fragm. V, 3 sqq.
2. ibid. fragm. VI.
3. Sur les rapports d'Orphée et d'Hésiode avec Delphes cf. Kortegarn. Tabula Archelai 1862.
4. Olen pourrait bien, après tout, n'être qu'un personnage mythique, car son nom signifie »l'être universel«. Apollon a la même racine ap olen = »père universel« — Apollon était adoré en Thrace sous le nom d'Olen. —
5. Maspero.

représentative et, le caprice du dessinateur n'y entrant pour rien, les peintures des nécropoles offrent une base sérieuse à l'étude. Et c'est tant mieux! puisque ces peintures représentent l'unique document — ou presque — que nous possédions sur la musique de l'ancienne Egypte. Il n'y a pas à se faire d'illusions: peintures, statuettes, inscriptions; quelques instruments, et pas toujours en assez bon état; de ci, de là dans les papyri quelques indications ayant trait, indirectement, à la musique: voilà tous les documents qui sont à notre disposition. — C'est peu: et c'est pourtant beaucoup si on veut s'en servir sérieusement — ce qui n'est pas toujours si simple! car, dans la classification de ces matériaux et pour ce qui regarde les instruments surtout, il faudra tenir compte des différentes époques et faire une distinction entre les instruments d'origine nationale et ceux que le commerce et la conquête ont successivement apportés à l'Egypte.

Pour ce qui est de la Chronologie, les rares auteurs qui se sont occupés de la musique de l'Egypte n'en ont pas assez tenu compte. Je sais bien que quand on observe une culture de si loin — il s'agit de quelques milliers d'années — les différentes époques dont elle est formée ne ressortent pas toujours avec la netteté désirable. Mais, en ceci, l'histoire de la musique doit suivre l'histoire politique, l'archéologie et la philologie pas à pas: le musicologue ne doit plus se borner à une simple énumération. Et puis les temps semblent être venus, enfin, de reléguer les auteurs grecs au second plan et de travailler d'une façon plus critique, et surtout plus moderne, sur les documents originaux que les fouilles ramènent à la lumière du jour. On trouvera, sans doute, que c'est bien du travail pour un résultat hypothétique... peut-être! mais qui sait? Le vieux monde oriental a joué un trop grand rôle dans l'histoire de l'humanité pour qu'on puisse l'ignorer; et ceux qui sautent à pieds joints par-dessus la civilisation-mère égyptienne, et ceux qui font commencer l'histoire de l'esprit humain avec la sainte Hellade oublient que la culture hellénique n'est qu'un anneau — merveilleux c'est vrai! — d'une longue chaine dont le commencement se perd dans la nuit des temps. Et puis est-on bien au clair avec les origines de la culture musicale des Hellènes? qu'on y prenne garde! L'Egypte y tient une grande place. Et encore, a-t-on débrouillé le fil si emmêlé des légendes grecques? et pourquoi en trancherait-on, découragés, le nœud? Le grand sphinx de Gizeh est toujours debout à la limite du désert: il se tait encore, mais il pourra parler . . .

Pour les instruments dont les peintures murales des nécropoles nous offrent les reproductions il faudra distinguer, de ceux importés, ceux qui appartiennent en propre à la culture égyptienne. Bien avant l'invasion des »Shaousou« — les Hyksos des Grecs dont l'histoire n'a pas su reconnaitre encore la race, mais originaires d'Asie certainement - - et des peuplades qui les suivirent, des infiltrations sémitiques s'étaient produites en Egypte par l'immigration pacifique dans le delta de populations asiatiques. Les étrangers, d'ailleurs, étaient bien reçus en Egypte; ils y acquéraient des immeubles et des terres[1]), y parvenaient même aux honneurs[2]) et le harem de Pharaon renfermait nombre de princesses lybiques, nubiennes ou asiatiques. Une de

---

[1] Bezold-Budge: The Tell-El-Amarna tablets, no. 5, p. 13. t. 30—34.
[2] Itèle de Ben-Azana — cf. Sayce corresp. between Palestine a. Egypt dans Records of the Past. 2nd Ser. t. V, p. qq. note I. — Mariette, Abydos t. II, pl. 50. — Catalog. génér. des monum. d'Abydos no. 1136, p. 422—423. —

celles-ci, Giloukhipa, épouse d'Amenothes III, arriva en Egypte avec plus de 300 femmes à son service [1])! Avec les conquêtes thébaines le nombre des étrangers s'accroît démesurément, car les pharaons conquérants importent des milliers de prisonniers après chaque campagne et, vers la fin de l'empire thébain surtout, les relations amicales d'Amenhotep IV avec Babylone et le Mitanî, puis les luttes avec l'Asie et les conquêtes des princes des 19° et 20° dynasties produisirent en Egypte un fort courant sémitique, une manie sémitisante qui se montre dans la littérature et dans la vie de tous les jours. Les snobs de l'époque donnaient volontiers des noms sémites même aux instruments de musique nationaux [2]). Aussi bien aux temps de la 18° dynastie les vaisseaux des Phéniciens et les caravanes remplissaient les marchés égyptiens de marchandises asiatiques [3]) et un certain nombre d'instruments à cordes et plusieurs espèces de flûtes ont des noms tirés d'un dialecte sémitique, ce qui ne peut laisser aucun doute à l'égard de leur origine [4]). La liste des objets offerts au temple d'Amon thébain mentionne, parmi d'autres objets, des bois de harpe ornés de têtes d'Astarté de provenance syrienne [5]).

Les peintures murales des nécropoles ne nous donnent pas seulement une représentation graphique des différents instruments musicaux en usage chez les Egyptiens: elles commentent encore, avec un réalisme saisissant, toute leur pratique musicale. La musique s'y montre dans les diverses circonstances de la vie: et dans la vie publique comme dans la vie privée. Les musiciens sont des prêtres et des esclaves; des »chanteuses d'Amon« et des servantes; des danseuses. Les instruments se produisent en solo et en concert; ils accompagnent la voix et la danse; instruments, chants et danses se produisent simultanément. Le rythme est marqué par le battement des mains ou par des instruments à percussion. Ce sont des panégyries, musique sacrée en tête, processions de prêtres portant la »barî« sacrée suivis d'un cortège de femmes sautant, dansant, chantant et battant le tambourin; c'est le repas funèbre avec ses danses et le harpiste sacré qui donne au mort le dernier adieu: »Qu'il y ait du chant et de la musique devant toi . . .«[6]); ce sont des concerts d'instruments seuls qui égayent un repas ou qui distrayent une grande dame pendant sa toilette; ce sont des danseuses faisant diverses figures avec les pas qu'elles dansent en caractères hiéroglyphiques [7]). D'autres fois c'est un berger qui joue de la flûte à son chien; une nourrice qui allaite l'enfant aux sons de la harpe et du chant; des muletiers qui conduisent leurs ânes en chantant »on lie qui s'écarte du rang, on bat qui se

---

1) Brugsch, Über ein merkwürdig. hist. Denkm. dans la Zeitschr. 1880, p. 81—87. — Evette-Tatûm-hipa und Gilu-hipa, p. 113. — Winkler; Ermann; Zeitschr. p. 114—115 et t. 28 p. 112. —

2) cf. entre autres: Bondi, dem Hebräisch-Phönik. Sprachzweige angehörige Lehnwörter, p. 24 sqq. — Erman, Aegypt. v. aegyptisch. Leben p. 681—682 etc.

3) Sir John Bowering assure avoir trouvé dans les pyramides des vases le porcelaine portant des inscriptions de poètes chinois et ayant contenu des parfums. Après tout ce ne serait pas impossible; il convient toutefois d'attendre des preuves convaincantes. —

4) Papyrus Anastasi no. IV, pl. XII, I sqq.

5) Prisse, hist. de l'Art égyptien I, II, pl. 95. —

6) Chant d'Antouf — trad. Maspero.

7) Champollion — Beni Hassan.

roule à terre — hue donc ....«¹⟩; ou le battage et le foulage des blés par des bœufs, le conducteur fredonne«. Battez pour vous (bis) — ô bœufs! — Battez pour vous (bis) — des boisseaux pour vos maîtres«!²⟩

Les instruments à cordes prédominent sur les instruments à vent et la perfection de leur construction nous prouve l'instinct musical des Egyptiens. La harpe — bonît — est l'instrument sacré et national. — Ce n'est pas l'endroit ici d'étudier les nombreuses espèces de harpes qu'on rencontre sur les monuments: il y en a de curvilignes et de triangulaires, des petites, des moyennes et des grandes; elles sont montées de 3, 4, 5 jusqu'à 22 cordes; elles se jouent debout et assis; les petites harpes montées de 3 et 4 cordes, et qui servaient probablement à accentuer certaines notes, l'exécutant les tenait sur l'épaule. — Les cithares qui se jouent avec ou sans plectrum, sont montées de 5, 7, 8, 10, 13 et même 18 cordes. — Dans la famille des cithares peut trouver également sa place un instrument qui tient de la harpe et de la lyre. Il est formé d'une grande cuiller de bois fortement recourbé: sur la partie renflée et creuse qui forme la table d'harmonie est tendue une peau de bœuf; cet instrument est monté de 4 et 5 cordes. — Les cordes sont en boyau de chat ou de monton. — Le luth — »Naofir, Nofir« — est l'instrument des danseuses: il est muni d'un manche plus ou moins long avec des cases pour les doigts. Les monuments présentent différentes variétés de cet instrument. Il est monté de 2 et 3 cordes et se joue avec un plectre.

Le grand nombre de cordes des harpes égyptiennes a fait croire à Fétis qu'elles devaient être accordées chromatiquement³⟩. Fétis veut absolument établir une identité entre le système musical des Arabes et celui de l'ancienne Egypte: et c'est pitié de voir le mal qu'il se donne! — Les harpes et les cithares montées de nombreuses cordes se jouaient, probablement, en octaves comme la magadis grecque.

Les instruments à vent représentés dans les scènes musicales des nécropoles sont peu nombreux. La flûte traversière — sebe, sebi —; la flûte droite — mem, mam — à 3, 4, 5, 6 trous; la double flûte avec les deux tuyaux d'égale longueur; des petites flûtes; une espèce de conque que je ne puis identifier⁴⟩ (peut-être la vasca tibia des latins?) et c'est tout. — La trompette droite se retrouve surtout dans les scènes militaires et guerrières où Pharaon paraît accompagné d'un corps de musique composé de flûtes, tambours et trompettes. —

En général, les instruments à percussion ont, en Egypte, un sens plus ou moins magique, plus ou moins sacré: ils chassent les mauvais esprits et »le serpent Apôpi«. — Les danseuses et les pleureuses, dans les funérailles, battent d'un tambourin rectangulaire ou rond; les soldats, dans les scènes guerrières, frappent à coups de poing sur un tambour ovale. D'autres instruments à percussion sont: les crotales — muit⁵⟩ — deux tiges, de métal ou de bois recourbées à leur sommité, et qu'on frappe l'une contre l'autre; les castagnettes qui se jouent placées sous l'aisselle; les cimbales faites d'un

---

1) Trad. Maspero.
2) Beni-Hassan, Champollion. —
3) Dans le sens moderne du mot, s'entend. — cf. Hist. génlr. de la musique T. I, p. 242 sqq. —
4) Rosselini, monum. civ. t. II. pl. V, no. 5.
5) cf. les contes du papyrus Westcar II. — Heft VI.

alliage de cuivre et d'argent; le sistre — sšst[1]) — et le fouet bruyant, la monaît. Ce dernier est un instrument sacré que les »Hâthor« agitent pendant les cérémonies sacrées. Le sistre est également un instrument magique: on l'agite pendant les sacrifices et devant le dieu pour chasser les esprits mauvais; »ahi«, »ahit« est le titre de ceux qui battent le sistre ou agitent la monaît[2]). — Pharaon partageait les prérogatives divines; les femmes faisaient résonner le sistre, les crotales et les castagnettes devant lui: «nous jouons la 𓏅 devant ton beau visage, la 𓏅 et la 𓏅» ainsi chantent les princesses à Aménophis III[3]).

Pharaon entretenait des troupes de musiciens et de musiciennes, de chanteuses et de danseuses qui abrégeaient ses heures d'ennui. Il avait ses maîtres de chapelle et ses maîtresses de ballet qui — comme à la cour de Byzance — réglaient les formules de chant et de récitatif, la mimique qui accompagnait l'entrée et la sortie des hauts personnages[4]); qui pourvoyaient à ses divertissements. Les Mastabas nous parlent d'une dame Râhonem »directrice des joueuses de tambourin et des chanteuses«; de »Snofrouinofir, Râmiriphtah, Râmiknon« chefs des musiciens de sa majesté«[5]). — Les musiciens de sa Majesté devaient être nombreux à en juger par quelques chiffres du papyrus hiératique de Turin: »l'aliment des chanteurs de Pharaon: pains 5000, 1900, 3000; poissons 5000, 1900 etc.« — Les grands seigneurs et les hauts personnages suivaient, naturellement, l'exemple de la cour; ils réglaient leurs divertissements sur ceux du Roi et, dans les temples, le dieu avait également ses musiciennes, ses chanteuses et ses danseuses réunies sous l'autorité de plusieurs supérieures[6]). Les chanteuses et danseuses d'Amon ou d'autres divinités et les corporations féminines avaient, en général, des mœurs très dissolues[7]): les vignettes du papyrus érotique de Turin[8]), à elles seules, pourraient nous en convaincre.

La musique semble avoir fait partie de toute bonne éducation, mais je ne sais jusqu'à quel point la musique a pu être pratiquée par les personnages des hautes classes: l'étude exacte des monuments pourra, peut-être, nous apprendre quelque chose à cet égard. Les musiciens, les peintres, les sculpteurs étaient des artisans comme les cordonniers, les pêcheurs, les bateliers et le métier passait généralement de père en fils. A l'exemple des

---

1) Papyrus Westcar II (Heft VI).
2. cf. de Iside et Osiride § 63. — aussi l'inscription de Denderah. — Les reliefs d'Ipsambul (Lepsius, Denkm. III, 189, b).
3) Thèbes.
4) »Ils entendirent dans la chambre un bruit de paroles, de chant, de musique et de danse, de tout ce qui sert, enfin, à fêter un roi...« Papyrus Westcar II, Hft. VI. aussi = Pierret, recueil des inscriptions inédites t. II, page 25. 1. 5. — »Il entre au milieu des paroles élogieuses et sort au milieu des chants...«
5) Mariette, les Mastabas. p. 138 sqq. — E. et J. de Rougé, inscript. pl. III et IV. — Papyrus Hood (Brit. Mus.).
6) la directrice en chef était généralement la veuve d'un roi ou d'un grand prêtre. cf. Maspero- les momies royales de Deir-el-Bahari dans les mem. de la mission franc. au Caire. t. I, 575—580. —
7) ved. Mariette, catalog. des monum. d'Abydos-nécropole des chanteuses p. 440. — Maspero = la statuette de la dame Toni au Louvre, dans la Nature année 23, t. II, p. 211. —
8) p. 203 sqq. —

autres artisans, les musiciens étaient réunis en corporations et on payait leur concours pour les fêtes et les funérailles. Dans la constitution féodale de l'Egypte l'homme isolé, »l'homme sans maître« devenait le jouet de tous: le chef de la corporation [1]) était un protecteur officiel et, vis à vis du gouvernement, responsable, car les Pharaons pour garder en Egypte les artisans habiles avaient promulgué des lois sévères contre l'émigration [2]). Les artisans pouvaient, cependant, parcourir librement l'Egypte entière; c'est ainsi que le papyrus Westcar nous montre, dans un conte, une troupe de musiciennes et danseuses ambulantes qui »remontent en dansant vers le Nord«. —

Quelques papyri nous ont conservé des hymnes aux dieux qui se chantaient accompagnés de la harpe et au rythme des mains [3]); les éloges funèbres se chantaient aussi »J'ai entendu les éloges poétiques d'Imhotpou et de Hardidif qu'on chante en des chants...«: ainsi prélude le harpiste de la tombe d'Antouf [4]. — De jolies romances d'amour — qui disait que les Egyptiens étaient froids même en amour? — se trouvent dans le papyrus Harris 500 [5]); et les chansons de métier, chansons populaires recueillies de ci de là dans les hypogées sont assez nombreuses. Elles se chantaient sur des airs connus transmis d'âge en âge, avec de légères variantes. — C'est la chanson du foulage, des blés avec son bis caractéristique, reproduite plus haut; c'est la chanson des nourrices, celle des muletiers et du berger; celle du coupage des blés, du nettoyage des canaux et cent autres [6]). — Tantôt elles se chantent aux sons de la flûte, d'autre fois c'est la harpe qui en accompagne le refrain, ou, encore, elles sont fredonnées au rythme des mains. — Ces chansons de métier sont identiques quant à l'esprit à celles que nous retrouvons chez les Grecs; leur rythme devait être l'auxiliaire du travail.

Aucun document musical noté n'a été, jusqu'ici, trouvé dans les monuments d'Egypte, et, vraiment, il n'y a pas lieu de trop s'en étonner puisque nous ne possédons encore que quelques misérables débris de la musique des Hellènes! Si les Egyptiens ont eu une notation musicale, les fouilles, un

---

1) Mariette, catalog. génér. des monum. d'Abydos. — Bouriant, petits monum. et petits textes. recueil t. VII. —

2) cf. Maspero, les contes populaires, 2e edit. p. 109 sqq. — Chabas, voyage d'un Egyptien p. 332 sqq. ved. le traité de Ramses II et Khiti (revue archéol. 2e ser. t. IV, p. 268.

3) Papyrus Sallier II. — Papyrus Anastasi VII. — cf. select papyri t. I, pl. XXI, L 6 pl. 23. — ibid. pl. CXXXIV, 139. — on a commencé à te chanter sur la harpe — on se chante au rythme des mains...« (Hymne au Nil).

4) ved. Stern, Das Lied des Harfners, in Zeitschr. 1873, p. 58—63, 72—73. — Records of the Past, Ie ser. t. VI, p. 127—130. — Maspero, études égypt. 172—177, — cf. aussi: Champol. mon. Egypt. et Nub. pl. CCLXI; Rosellini, mon. civ. pl. XCVII, XCV, nos 3—4, XCVI. no I. — Dümichen, Histor. Inschrift. t. II, pl. XL—XLa; Benedite, in mémoires miss. franc. t. V, pl. II, p. 504—510. — 529—531, pl. IV. — dans le tombeau de nofir hotpou les filles ou parentes du mort se joignent au harpiste ou le remplacent; c'est qu'elles appartenaient à une famille sacerdotale où étaient des chanteuses d'un dieu. —

5) Maspero, étud. égypt. t. I, p. 238, 239. — Erman, Aegypten p. 520. —

6) cf. Brugsch, Die aegypt. Gräberwelt; Dümichen, Resultate. — Maspero, études égyptiennes, t. II. — Lepsius, Denkmäler. — Mariette, les Mastabas. — etc.

jour ou l'autre, nous l'apprendrons; en attendant travaillons sur ce que nous avons avec un peu d'amour, avec un peu d'enthousiasme ... si la matière est ingrate, la Victoire n'en sera que plus belle.

Notes sur le guitariste Robert De Visée.

Par

Oscar Chilesotti.

(Bassano.)

J'ai cherché en vain des documents sur la vie de cet habile joueur de guitare, qui était en même temps un ingénieux compositeur pour son instrument; le peu que je pourrai dire à son égard se trouve dans la dédicace et la préface de son premier ouvrage. Fétis cependant, en citant ses publications, ajoute que De Visée fut l'élève de Francesco Corbetta, qui naquit à Pavie en 1630 environ, qui laissa une grande renommée comme guitariste en Italie, en Espagne et en Angleterre, et qui s'établit à Paris vers l'an 1660. Quant à ses publications il est à remarquer que De Visée a fait imprimer à Paris trois livres de musique pour la guitare en 1682, 1686 et 1689. Je possède et j'ai étudié ces derniers jours, faute de mieux, le premier, qui porte le titre:

Liure de guittarre
Dediée au roy
composé par Robert De Visée
gravé par Hierosme Bonneüil
Se vend a Paris

Chez le dit Bonneüil proche la halle aux Cuirs vers les S. S. Innocens et Chez Nicolas Cheron faiseur d'Instrument de Musique au bout de la rue d'Auphine a lantrée du faubourg St. Germain.

Avec Privilege du Roy.

Par l'«*Extrait du Privilege du Roy*», qui assurait à l'auteur la propriété et la vente de son ouvrage pendant six ans, nous apprenons que celui-ci «*fut achevé d'imprimer le 25 juillet 1682*». La dédicace de son livre que De Visée a faite à Louis XIV, nous révèle la position que le guitariste, déjà célèbre, s'était acquise à la cour, où le roi s'amusait quelque fois à pincer de la guitare — c'est là un détail curieux et peut-être ignoré jusqu' aujourd'hui:

«Sire

Tout qui est approuvé par Vostre Majesté, est si seur de l'Aprobation du reste des Hommes, et son goust decide si souverainement du merite de touttes sortes d'Ouvrages, que je croirois faire tort au public, si je differois davantage à mettre au Jour un petit recüeil de pieces de Guittare, que j'ay composées, et qui ont eû le bonheur de ne vous pas déplaire, Elles sont l'Ouvrage de plusieurs années, et je n'ose presque douter de leur heureux Succés, quand ie songe qu'elles ont eu plusieurs fois la gloire d'Amuser V: M: dans les heures de ce precieux loisir, Ou elle se délasse de ses Augustes travaux et des ses grandes occupations qui reglent aujourd'huy le destin de toutte l'Europe; J'ose mesme esperer, Sire, qu'elle voudra bien leur accorder, l'honneur de sa protection; puisque je l'ay veüe moimesme ne pas dédaigner quelque fois l'Exercice de nostre Art, et toucher la Guittare de cette mesme main, qui donne l'ordre pour les batailles, qui a tant cueilly de palmes, et qui impose des loix a toutte la terre; je me flatte d'autant plus d'obtenir cette faveur, que V: M: m'a déja comblé de ses graces, par le choix qu'elle a fait de moy pour divertir quelque fois Monseigneur le Dauphin: Que je serois heureux, si par mes veilles et par mon assiduité au travail, je pouvois a la fin me rendre un peu moins Indigne de tant de bontés, et de l'honneur que j'ay eû d'aprocher du plus grand Monarque de l'Univers et du plus fameux des Conquerants: C'est le seul souhait qui me reste a faire, dans la passion extreme que j'ay de montrer, si je puis, a tout le monde, avec combien de respect, de soumission et de reconnoissance je suis

Sire
 De Vostre Majesté
le tres humble, tres Obeissant et tres fidel Serviteur et Sujet R. de Visée.»

Des intentions artistiques de l'auteur nous avons connaissance par l'*Advis* qui vient ensuite, et dans lequel on doit prêter attention à l'idée que De Visée avait conçue sur la manière de composer pour son instrument, «*où il faut satisfaire l'oreille préférablement à tout*»:

Advis.

«Tant de gens se sont appliqués à la Guittare, et en ont donné des pieces au public que je ne sçai si je pourai en faisant Imprimer les miennes, offrir quelque nouveauté au goust des curieux; Cependant je n'ai travaillé que pour cela, et pour i reussir, je me suis attaché au chant le plus que j'ai pû pour les rendre au moins naturelles, me connoissant trop bien pour pretendre me distinguer par la force de ma composition j'ai tasché de me conformer au goust des habiles gens, en donnant a mes pieces, autant que ma foiblesse me la pû permettre le tour de celles de l'Inimitable Monsieur de Lulli: je suis persuadé, que ce n'est qu'en le suivant de bien loing, que mes pièces ont eû le bonheur d'estre escoutées favorablement de sa Majesté et de toutte sa cour Cette approbation qui m'est si glorieuse, me fait esperer, que mon Livre trouvera quelsques protecteurs. Aureste comme mes amis ont trouvé que le chant de mes piéces avoit quelque agreément, Ils m'ont obligé d'en mettre une partie en Musique pour la satisfaction de ceux qui voudront les joüer sur le Clavecin, le Violon, et autres instruments. Ils les trouveront a la fin du Livre Scavoir la basse et le dessus, Et je prie ceux qui scaurons bien la composition, et qui ne connoistreront pas la Guittare, de n'estro point scandaliser, s'ils trouvent que je m'escarte quelque ois des regles, c'est l'Instrument qui le veut, et Il faut satisfaire l'Oreille preferablement a tout,» etc.

C'est en effet dans ce premier livre qu'il satisfait l'oreille par une mélodie simple sans être vulgaire, souvent gracieuse, et par une harmonie relativement pleine, en égard à la pauvreté de moyens de son instrument, et même trop pleine, comme je l'expliquerai plus bas, assez variée dans les modulations et parfois presque d'une certaine hardiesse pour son temps. On doit toutefois déplorer l'abus du pincé renversé, que l'auteur qualifie du nom de *tremblement*, et le tintamarre, quoique spécial à la guitare, des *batteries*, ou accords frappés en glissant, qui présentent le grave défaut d'altérer la marche régulière de l'harmonie, parce que bien souvent ces accords n'ont pas les justes basses comme sons fondamentaux, tandis que pour l'effet particulier de l'instrument il suffit que l'ensemble sonore de l'accord dérive des différents sons des cordes, glissées rapidement avec le pouce de bas en haut[1], ou avec l'index de haut en bas[1]. Il en résulte trop souvent cette *râclerie* qui, bien qu'étant caractéristique de la guitare, finit par ennuyer: dans ce sens l'harmonie de De Visée est trop pleine.

La tablature dont il se sert n'est pas trop commode à lire; cependant après un peu d'exercice elle devient assez facile. Dans un petit tableau, qui précède la musique, l'auteur montre l'interprétation de sa tablature et l'exécution de celle-ci sur l'instrument en ce qui regarde les ligatures (*cheutes* de bas en haut, et *tirades* de haut en bas), les *tremblements*, qui, à mon avis, sont le pincé renversé *(Pralltriller)*, les *martellements*, que j'interprète comme des *trilles*, les *miolements*, que je crois un effet de *tremolo* obtenu par l'oscillation de la main droite sur les cordes (ces deux derniers genres d'agréments sont rarement employés); il donne aussi les signes du pincé que l'on doit exécuter avec le pouce, l'index et le médius, de la *tenue* des sons par la main gauche, et enfin de l'arpège de deux ou trois notes, à peu près semblable à celui des *batteries*, mais produit en pinçant rapidement et successivement les cordes avec deux ou trois doigts. Dans mes transcriptions je n'ai pas tenu en considération cette

---

1. J'ai noté dans ma transcription les *batteries* de cette manière:

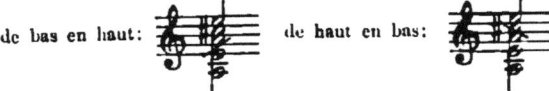

de bas en haut: de haut en bas:

dernière façon d'exécuter quelques passages de musique pour la guitare, puisqu'il s'agit d'un effet qu'on doit certainement regarder comme l'un des moins agréables sur l'instrument, et qui d'ailleurs est employé bien rarement.

Le premier livre de guitare composé par De Visée contient quelques *Suites de pièces*, presque toutes de danse, dans des tonalités différentes, qui sont toujours déterminées par un *Prélude*. Ces suites cependant ne possèdent pas toutes des qualités suffisantes à les rendre intéressantes de nos jours; c'est pour cela qu'un choix s'imposait: après une attentive lecture de toutes les suites, j'ai pu trouver quelques petits exemples de toutes ces formes spéciales de composition assez importants pour pouvoir les republier dans notre notation. Parmi ceux-ci il faut remarquer, comme un ouvrage développé avec le plus grand soin par le guitariste, le *Tombeau* (Marche funèbre, ou Complainte?) que l'ancien élève de Francesco Corbetta composa pour la mort de son maître; ce morceau est bien difficile à interpréter sur la guitare et par un curieux hasard il commence de la même manière que la marche funèbre de la symphonie héroïque de Beethoven. Presque toute la musique que De Visée a mise dans son premier livre de guitare est écrite dans la tablature sur l'accord ordinaire:

Mais les dernières pièces sont composées sur un accord différent imaginé par l'auteur comme suit:

C'est-à-dire, en partant de la corde moyenne:

Ce système pour ceux qui devaient lire et jouer sur la tablature ne donnait aucun embarras ni pour l'oeil ni pour la main; mais il n'ajoute pas de nouvelles ressources pour l'instrument: au contraire il en borne l'usage à la seule tonalité de l'accord résultant des cordes à vide. L'auteur s'en servit pour pouvoir dire dans l'*Advis* au lecteur: «J'ai trouvé un accord nouveau».

En faisant la traduction de la musique mise en tablature sur cette base, j'ai transposé le ton du *sol* au *ré*, car la mélodie dans la tonalité de *sol* était un peu trop aiguë; d'ailleurs il est clair que pour adapter les cordes de l'instrument à ce nouvel accord il fallait les baisser, c'est-à-dire qu'on ne devait maintenir inaltéré que le son de la chanterelle, puisque cette corde se serait cassée si on l'avait haussée jusqu'au *sol*, octave de la troisième corde. Et la tonalité de *mi* aurait porté trop de dièses dans la transcription. En me tenant au ton de *ré* j'ai adapté presque complètement pour la guitare moderne les pièces 10, 11 et 12.

Ne nous faisons pas d'illusions sur la valeur de l'ouvrage de De Visée; ses pièces sont des bagatelles, quoiqu'il n'y manque pas une certaine grâce naïve, trop naïve même; mais je pense que dans l'histoire de l'art il ne faut rien négliger. De plus: de la nombreuse famille des instruments à pincer, qui ont eu un passé assez brillant, la guitare seule a survécu. Il ne nuit donc pas de la rappeler en nous reportant à l'époque où l'instrument prenait un caractère tout particulier, qui ne manquait pas de cachet artistique. En outre la musique de De Visée nous donne des exemples authentiques des danses qui étaient en usage dans la seconde moitié du XVIIe siècle.

Quant à l'effet que cette musique doit produire, j'avertis qu'il faut prendre garde que du temps de De Visée les deux cordes basses de la guitare étaient doubles et accordées en octave, et que l'on employait souvent doubles la deuxième et la troisième à l'unisson:

Le lecteur verra la difficulté de quelques positions de la main gauche sur la guitare, positions qui sont désormais oubliées par les quelques amateurs qui jouent encore de cet instrument; cependant elles ne sont difficiles que pour l'oeil, parce qu'il s'agit d'accords dans des tons peu naturels pour la guitare.

Vers la fin de son livre l'auteur présente, comme il l'avait dit dans l'*Advis*, quelques-unes de ses mélodies dans la réduction instrumentale, avec le dessus en clef de *sol* et la basse en clef de *fa;* mais cette musique est si pauvre et insignifiante que ce n'est pas la peine d'en tenir compte.

Par conséquent De Visée doit être seulement considéré au point de vue du guitariste compositeur. Si de son vivant son génie jouit d'une grande renommée, de nos jours ses compositions nous montrent des détails qui méritent notre attention pour apprécier dans toute son étendue l'évolution de la musique moderne.

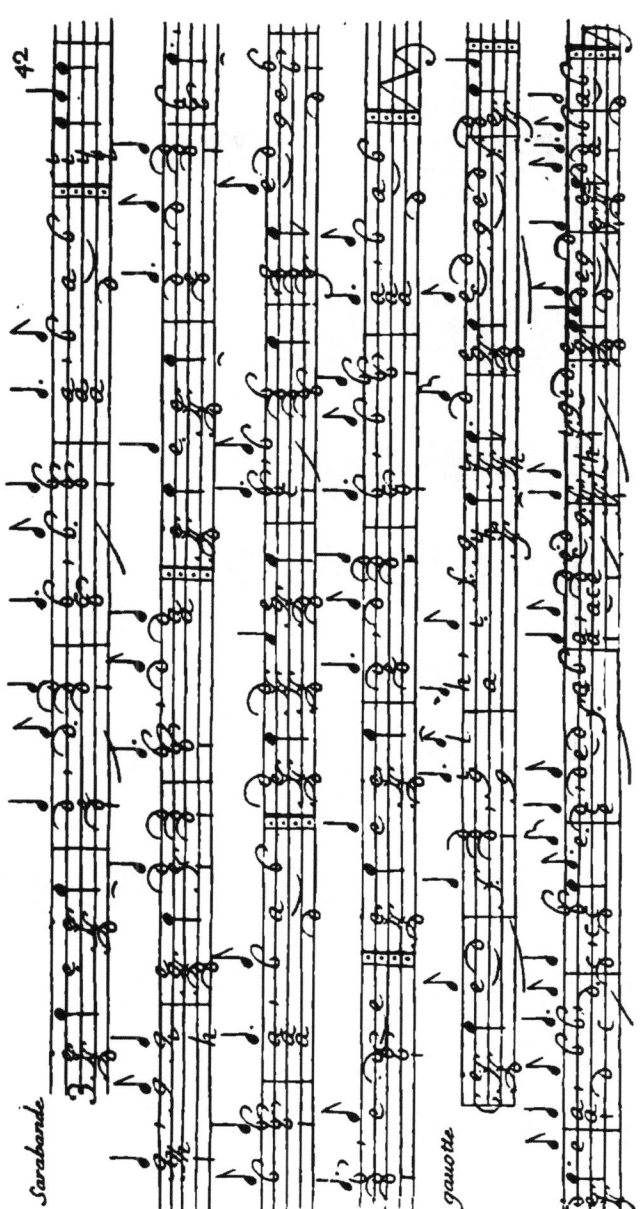

Menuet rondeau.

Bourée.

Prelude.

Allemande
Tombeau de Mr. Francisque Corbet.

6.

Iª volta   IIª volta

(Jeu de doubles cordes en octave dans le texte pour avoir la double résonnance des notes de l'accord.)

Sarabande.
(Cfr. Facsimile.)

Sarabande.

10.

(sic)

Gigue.

11.

Sarabande.

Die „Pythagorischen Schmids-Füncklein".

Von
Bernhard Ulrich.
(Aus dem musikwissenschaftlichen Seminar der Universität Berlin.)

Von den deutschen Suitenwerken am Ende des 17. Jahrhunderts, die unter dem Einflusse der Lully'schen Opern- und Ballettmusik entstanden sind, scheinen nach einer Bemerkung J. A. Schmicrer's in seinem *Zodiacus* I (1698) sich drei einer besonderen Beliebtheit erfreut zu haben. Schmierer sagt nämlich, der geneigte Musikfreund möge sich betreffs der Ausführungsart seiner Suiten an die Vorschriften der »berühmten Auctoribus der Pythagorischen Schmids-Fincklein, *Journal du primtemps*, wie auch deß Balletischen Bluem-Bunds, etc.« halten. Von diesen drei Werken waren uns bisher Fischer's *Journal du primtemps* und Muffat's *Florilegium* I — denn nichts anderes ist unter dem »Balletischen Bluem-Bund« zu verstehen — bekannt, beide aus dem Jahre 1695. Beide Werke und ebenfalls Schmierer's *Zodiacus* I sind uns durch Neudrucke[1] wieder zugänglich gemacht worden.

Von den »Pythagorischen Schmids-Fincklein« aber schienen keine Exemplare mehr auffindbar zu sein. Studien in den Besoldungsbüchern[2] des Kurfürstl. Bayrischen Hofes, speziell der Hofkapelle, die ich in bezug auf die drei anonymen Münchener Liederbücher aus derselben Zeit anstellte, brachten mich auf ihre Spur. Rupert Ignaz Mayr, ein Mitglied der Kurfürstl. Kapelle, ist ihr Verfasser. Ein einziges vollständiges Exemplar (auch in Eitner's Quellenlexikon verzeichnet) in fünf Stimmbüchern befindet sich in der Hof- und Staatsbibliothek zu München. Die Stimmbücher tragen die Bezeichnungen: *Violino Primo — Violino Secundo — Alto, Viola da Braccio — Basso di Viola — Continuo*. Jedes Buch enthält den vollständigen Titel, die Widmung an den Kurfürsten von Bayern, die Vorrede an den geneigten etc. Music-Freund, ad *Zoilum* und die Kurtzen Erläuterungen, etlicher Zeichen und Wörter etc.« Dem Titelblatt des *Violino Primo* ist ein Stich vorgesetzt, welcher den merkwürdigen Titel unseres Werkes erklärt. Er stellt Pythagoras in einer Schmiede dar, wie er auf die Klänge jener drei sagenhaften Hämmer horcht, die den Durdreiklang ergaben und deren Gewicht sich wie 4 zu 5 zu 6 verhielt. Unsere Suiten sind also Funken, die bei jenem bedeutungsvollen Vorgange unter den Hämmern hervorsprühten.

Der Titel des Werkes lautet:

»Pythagorische
Schmids-Fincklein,
Bestehend
In unterschidlichen Arien, Sonatinen, Ouverturen, Allemanden, Couranten, Gavotten, Sarabanden, Giquen, Menueten, etc.
Mit 4. Instrumenten und beygefügten General-Baß,

---

[1] Denkmäler deutsch. Tonkunst X. Jgg. 1902 und Denkmäler der Tonkunst in Österreich I. u. II. Jgg. 1894—95.
[2] Kreisarchiv in Landshut.

Bey
Tafel-Musiken, Comœdien, Serenaten und andern fröhlichen
Zusammenkunfften
zu gebrauchen
Dem
Durchleuchtigsten Fürsten und Herrn,
Hn. Maximilian Emanuel,
In Ober- und Nider-Bayern, auch der Obern Pfaltz Herzogen, Pfaltz-
grafen bey Rhein, deß Heil. Römischen Reichs Ertz-Truchsessen und Chur-
Fürsten, Land-Grafen zu Leuchtenberg, etc.
unterthänigst dedicirt und componiert
von
Rupert: Ignatien Mayr, höchstgedacht Sr. Chur-Fürstl. Durchl.
Violinisten und Hof-Musico.
Violino-Primo
In Verlegung deß Authoris
Gedruckt zu Augspurg, bey Jacob Koppmayer, Stadt-Buchdruckern 1692.«

Biographisches über R. J. Mayr finden wir in Walther's Lexikon 1732, in Gerber's Lexikon der Tonkünstler 1792 (von Fétis übernommen) und in den Monatsheften für Musikgeschichte XV. Bd.: »Archivarische Studien im Archiv von Eichstaedt in Bayern« von R. Schlecht, der wesentlich Neues bringt und auf den Eitner's Artikel »Mayr« im Quellenlexikon fußt. Letzthin wurde Mayr von Sandberger in seiner Kerlausgabe[1]) erwähnt. Den Artikel bei Eitner kann ich in folgenden Punkten berichtigen und ergänzen: Nach Ausweis der Besoldungsbücher des Bayr. Hofes wurde Mayr nicht 1692, sondern schon 1685 Violinist in der Hofkapelle des Kurfürsten Max. Emanuel, auf dessen Kosten er in Gemeinschaft mit den drei Söhnen des Violinisten Joh. Kasp. Teibner zuvor in Paris studierte, wodurch der französische Instrumentalstil, dem Steffani ohnehin schon huldigte, 1685 nach München gebracht wurde (Sandberger). 1690 oder 1691 scheint Mayr, da die Hofkapelle bedeutend verkleinert wurde, entlassen worden zu sein. Er wurde aber 1692 wieder aufgenommen (Besoldungsbücher) und im Laufe dieses Jahres zum Hofmusikus ernannt (Titel der P. Sch.-F.). Wann Mayr am Passauer Hofe, dem G. Muffat bis 1704 diente, tätig war, ließ sich nicht ermitteln.

Mayr hat geistliche Vokalwerke, darunter Stücke für P. Fr. Lang's »*Theatrum*«, Opern (Singspiele) und Instrumentalwerke komponiert[2]). Unter diesen befindet sich ein Suitenwerk, das 1678 in Regensburg erschien und den Titel führt: »*Arion sacer, à 4. Strom. c Basso Continuo*, von 30. Stucken, Sinfonien, Allemanden, Couranten, Sarabanden, Giquen, etc.« Es enthält (M. f. M. XV. Band):

Sinfonia 1. *Jephtias lugens*. Aria, Curante, Balet, Curante, Sarabande.
Sinfonia 2. *Joseph amissus*. Allemande, Curante, Gavotte, Sarabande, Gique.

[1]) Denkmäler der Tonkunst in Bayern. II. Jahrg. S. XXIV.
[2]) Die »Pyth. Schmids-Füncklein« enthalten ein Verzeichnis seiner bis 1692 erschienenen Werke. Andere Werke in M. f. M. XV. Bd. Archivarische Studien von R. Schlecht.

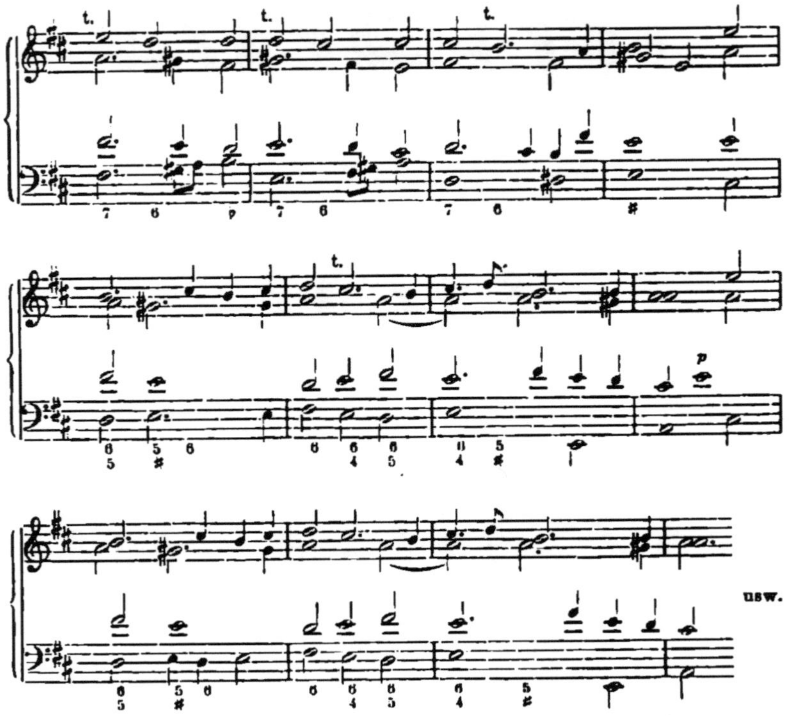

Dann bringt Mayr in dem Prelude der 5. Suite ein Beispiel für die venezianische Sinfonie nach der charakterisierenden Seite hin, deren Kennzeichen der sprunghafte Wechsel zwischen Adagio- und Allegrosätzchen mit starker Steigerung auf den Schluß zu ist. Die Kombination Adagio-Allegro erscheint hier viermal. Hinzu gesellen sich Echowirkungen. Unter Beibehaltung des Allegrothemas mit seinen aufwärts rollenden Sechszehntelfiguren verändert sich das Adagio bei jeder erneuten Wiederkehr.

Prelude der 5. Suite.

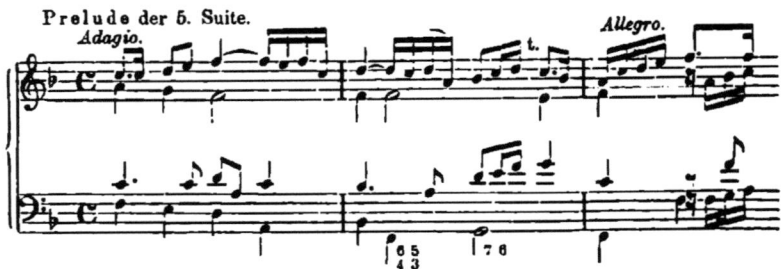

Einer Seltenheit begegnen wir in der Passagaglia als der Einleitung zur 7. Suite, die Mayr in großartigen Dimensionen auf dem Allerweltsthema b-a-g-f aufführt. In seiner Ausdehnung kommt dieser Satz der lang ausgesponnenen Passagaglia in Lully »Armide« gleich. Ihre Wirkung wird erhöht durch die Einschaltung eines tiefernsten Adagios vor dem energisch einsetzenden, kurzen Schlußallegro.

Aus der Passagaglia der 7. Suite.

J. C. F. Fischer in seinem »*Journal du printemps*« scheint nicht unbeeinflußt von diesem Stücke geblieben zu sein, doch erreicht er seine Größe nicht. Äußerlich dokumentieren zwei resp. drei — denn auch die Sinfonie der 3. Suite ist hierher zu rechnen — französische Ouvertüren das Werk als zur Muffat'schen Periode gehörig. Die genannte Sinfonie unterscheidet sich nur dadurch von dem gebräuchlichen Ouvertürentypus, daß sie ein zweiteiliges Allegro besitzt, zwar so, daß der 2. Teil, im Charakter dem ersten gleich, das Fugenthema des 1. Teils in der Umkehrung bringt. — Unter den kleineren Formen bemerken wir als Unika ein Spaniolet und eine Ritirata, jenes ein lastendes Grave, das durch die laufenden Sechzehntelfiguren des Basses, im 2. Teil von der Viol. I übernommen, gemildert wird, die Ritirata ein graziös hinkendes Stückchen, ausgezeichnet durch ein paar weite Melodiesprünge der Viol. I. Hier und da verleugnet Mayr das charakteristische Tempo einzelner Typen: er bringt z. B. eine Sarabande und eine Allemande im Allegro und eine Courante als Grave. Zu welchen Wirkungen das führt, erfährt man, wenn man die Allemande der 4. Suite mit der Allemande der 6. vergleicht: dort ein ernst anhebendes Adagio, das sich im ferneren Verlauf durch gewichtige Sequenzen, an die Graveteile französischer Ouvertüren anklingend, hindurchwindet, hier ein leicht dahin huschendes Allegro.

Allemande der 4. Suite.
Adagio.

Allemande der 6. Suite.

Mayr bevorzugt fröhliche, oft ausgelassene Stimmungen und verwendet deshalb am liebsten die Durtonarten und das Allegro. Seine Musik nimmt eine Mittelstellung zwischen Muffat einerseits und Fischer-Schmierer andererseits mit Hinneigung zu ersterem ein. Es liegt ihm, wie nach ihm Muffat, viel daran, auch die Mittelstimmen vor allem in rhythmischer Hinsicht selbständig zu gestalten, um nicht in Homophonie zu geraten, er gelangt dadurch zu einer ziemlichen Kompliziertheit der Satzweise. Er vermeidet die stereotypen Terzengänge, wie sie später Fischer oft gebrauchte, durch Kreuzung der Stimmen. Chormäßig behandelt er die Instrumente in der Sarabande der 6. Suite, wo die Violine II. und der Basso di Viola kleine von der Violine I. und der Viola vorgetragene Motive echomäßig wiederholen. — Endlich finden wir bei Mayr einige Stücke echt volkstümlichen Gepräges (Gavotte der 3. Suite), wodurch er Schmierer zum Vorbild geworden zu sein scheint.

Programmatische Überschriften, wie wir sie bei Erlebach zuerst finden, hat er seinen Stücken nicht gegeben. Er hat sie aber, wie es nach ihm Muffat ausdrücklich tat, nicht nur als Konzertmusik gedacht, sondern auch für »Comoedien«, wie der Titel angibt, d. h. jedenfalls für Balettaufführungen bestimmt.

Die Blütezeit der Öttingen-Wallerstein'schen Hofkapelle[1]).
Ein Beitrag zur Geschichte der deutschen Adelskapellen.
Von
Ludwig Schiedermair.
(Marburg.)

Zur Entwicklung und Förderung der Instrumentalmusik des 18. Jahrhunderts haben die Adelskapellen viel beigetragen. Von Corelli bis Dittersdorf und Gyrowetz herauf läßt sich eine Reihe bedeutender Musiker namhaft machen, die in solchen Kapellen wirkten. Das gute Beispiel, das die Höfe der großen, regierenden Fürsten in der Pflege und im Ausbau eigener Kapellen gaben, ermunterte und spornte die Adelskreise an, es jenen gleichzutun. Auf den Einfluß, den der österreichische Adel auf die Pflege der Instrumentalmusik ausgeübt hat, ist wiederholt hingewiesen worden[2], ebenso auf die Musiker, die an den Höfen der Schwarzenberg, Auersperg, Kinsky, Lobkowitz, Lichtenstein, Batthyanyi, Erdödy usw. Anstellung und Beachtung ihrer Bestrebungen fanden. Auch das Verdienst, das dem böhmischen Adel, den Morzin's, Netolitzky's, Pachta's, Wrtby's, usw. im besonderen zukommt, ist nicht in Vergessenheit geraten[3]). In Deutschland teilten sich *collegia musica* bürgerlicher Kreise mit den fürstlichen wie adeligen Kapellen in die Aufgabe, Instrumentalmusik aufzuführen. An solchen Kapellen und Kapellmusiken, die von deutschen Fürsten und Aristokraten gehalten wurden, kennen wir[4]) z. B. für die Jahre 1782/83 eine stattliche Zahl. Im Süden kam besonders die Mannheimer Hofkapelle[5]) zu Bedeutung. Aber auch kleinere Kapellen genossen hier Ansehen, wie die »Anspachische Kapelle«, die »Thurn und Taxis'sche Kammermusik zu Regensburg«, die fürstlich Öttingen-Wallerstein'sche Hofkapelle.

Den Zeitgenossen war die Öttingen-Wallerstein'sche Hofkapelle wohl bekannt. S. Freiherr von S. (= Schad?) spricht in Wieland's »Deutschem Merkur«[6]) in seinem Aufsatze »Etwas von der musikalischen Edukation« von der »vortrefflichen Kapelle« in Wallerstein. Mozart reiste am 26. Ok-

---

1) Dem Verfasser obliegt die Pflicht, S. Durchl. Fürst Karl zu Öttingen-Öttingen und Öttingen-Wallerstein, deutschem Standesherrn, für die liberale Benutzung der Archivalien und Bestände in Wallerstein und Maihingen seinen Dank auszusprechen. Desgleichen ist der Herren: Bibliothekar Dr. Grupp in Maihingen, Archivar Dr. Diemand in Wallerstein, Pfarrer Bachschmid in Wallerstein zu gedenken, die den Verfasser aufs freundlichste in seinen Nachforschungen unterstützten.
2) Hanslick, »Geschichte des Concertwesens in Wien«, S. 36 ff. — Jahn, »Mozart«, Bd. 1, S. 821 ff., Bd. 2, S. 47 f. — Thayer, »Beethoven«, B. 2, S. 275.
3) Vgl. auch R. Batka, »Die Musik in Böhmen«, S. 30 f.
4) Forkel, »Musikalischer Almanach für Deutschland auf das Jahr 1783«.
5) S. Hugo Riemann's Einleitung zu den »Sinfonien der Pfalzbayerischen Schule« in den »Denkm. d. Tonkunst i. Bayern«, 3. Jahrg., Bd. 1.
6) 1776, 4. Viertelj. S. 212 ff.

tober 1777 in Begleitung seiner Mutter von Augsburg nach Hohenaltheim[1]), einem der Lustschlösser der Fürsten von Öttingen-Wallerstein, wohl mit der Absicht, sich dort hören zu lassen. Schubart besuchte den Wallerstein'schen Hof, »dessen Kapelle damals sehr glänzend war«[2]), und urteilt in seiner »Ästhetik der Tonkunst«[3]) über das Wallensteiner Musikleben:

»Seitdem dieses uralte gräfliche Haus in den Fürstenstand erhoben wurde, seitdem blüht die Musik daselbst in einem vorzüglichen Grade. Ja, der dort herrschende Ton hat ganz etwas Originelles, ein gewisses Etwas, das aus welschem und deutschem Geschmack, mit Kaprisen durchwürzt, zusammengesetzt ist.«

In der »Musikalischen Realzeitung« vom Jahre 1788[4]) wird berichtet:

»Wir machen diese Nachricht aus zwei Gründen: 1. Die Musik am Wallersteinschen Hofe gehört unter die guten Musiken, 2. ist über diese Kapelle noch gar keine (?) Nachricht bekannt.«

Karl Heinr. Ritter von Lang erzählt in seinen »Memoiren«[5]), daß die Kapelle des Fürsten damals »in großem Rufe stand«.

Mit der allmählichen Auflösung der Wallerstein'schen Kapelle, die in den ersten Jahren des 19. Jahrhunderts infolge der ungünstigen Verhältnisse des Hofes eingeleitet wurde, gerieten auch ihre Leistungen, ihr Ruf in Vergessenheit. Die auf die Musiker sich beziehenden Schriftstücke wanderten in das fürstliche Archiv nach Wallerstein, der große Musikalienbestand kam, soweit er noch nicht veräußert war[6]), im Laufe der Jahre in die Bibliothek nach Maihingen[7]). Zwar fand die Wallerstein'sche Kapelle später öfters z. B. in Biographien Mozart's[8]), Haydn's[9]) kurze Erwähnung, jedoch kam es, abgesehen von einer kurzen Studie D. Mettenleitner's[10]) und einem gutgemeinten,

---

1) Jahn, a. a. O. Bd. 1, S. 416/17.
2) »Leben und Gesinnungen«, 1791, Bd. 2, S. 92.
3) S. 173.
4) S. 52/53.
5) Braunschweig, 1842, Bd. 1, S. 219.
6) Daß Musikalienverkäufe stattfanden, geht z. B. aus einem Inserat hervor, das Hofrat von Belli am 9. November 1791 im »Öttingschen Wochenblatt« (Bibl. Maihingen) erließ und das folgenden Inhalt hatte: »Montags den 11. December und die darauffolgenden Tage, jederzeit Nachmittags, wird hier in der schwarzen Ochsenwirtschaft ein ansehnlicher Vorrath von Musikalien, meistens Trios und Quartetten auch Sonaten und Divertimenti, von den besten Meistern, als Abel, Boccherini, Bach, Benda, Cramer, Cambini, Deller, Ditters, Feldmayer, Galuppi, Graff, Gassmann, Giardini, Haydn, Pleyel, Riegel, Riepel, Rosetti, Reicha, Stad, Schmitt, Stamitz (!), Schlecht, Schwindel, Vanhall, Vachon, Wineberger, Wolf, Zommermann, und andere mehr... durch eine fürstliche Regierungs-Kommission öffentlich versteigert werden...«
7) Ich möchte nicht die Gelegenheit vorübergehen lassen, ohne dem Wunsche Ausdruck zu verleihen, es möchten die Musikalien der Bibl. von einem Fachmann katalogisiert werden. Die zahlreichen Doubletten könnten zu Tauschzwecken u. dgl. ausgenützt werden.
8) Jahn, a. a. O. Bd. 1, p. 416/17.
9) C. F. Pohl, »Joseph Haydn«, Bd. 2, p. 241.
10) »Orlando di Lasso — Registratur f. d. Gesch. der Musik in Bayern...« Brixen 1868, 1. Heft, p. 32 ff.

aber ohne Kritik geschriebenen Aufsatz von Fr. Weinberger[1]), zu keiner zusammenfassenden Darstellung. Im Folgenden soll nun versucht werden. ein Bild der Entwicklung dieser Hofkapelle und ihrer Blütezeit zu geben[2]).

Die Blütezeit der Wallerstein'schen Hofkapelle fällt in die zweite Hälfte des 18. Jahrhunderts und beginnt mit dem Regierungsantritt Kraft Ernst's im Jahre 1773. Doch schon vorher unter der Regierung des Grafen Philipp Karl, des Vaters Kraft Ernst's, gab es am Öttingen-Wallerstein'schen Hofe Musiker, die Anstellung und Verwendung gefunden hatten, wenngleich sie auch noch nicht zu einer organisierten Kapelle vereinigt waren. Am 10. Februar 1747 wird von Wien nach Wallerstein gemeldet[3]), »daß der bisher in Diensten des Grafen von Öttingen-Wallerstein gestandene Waldhornist Christoph Fritsch wegen seiner schlechten Aufführung arretiert wurde«. Unterm 2. Dezember 1748 wird der Waldhornist Andreas Eder wegen seiner »geleisteten guten Dienste« aus der Livrée entlassen und ihm ein monatliches Gehalt von 20 fl. bewilligt[4]). Unterm 29. April 1751 wird dem Friedrich Damnich aus Ofen, »bei uns in das 5. Jahr als Waldhornist«, bestätigt, daß er sich fromm, treu und nüchtern betragen und, um »sein Glück weiters zu suchen«, seine Entlassung erbeten habe[5]). Im selben Jahre, am 19. Mai, erhält der Musikus Jgnazius Klauseck die Entlassung, da er sein »Glück weiters suchen wolle«. Dieser Klauseck aus »Rackonitz in Böhmen«, der »schon an verschiedenen Höfen als Musikus in Diensten gestanden«, war am 19. Juni 1747 mit einer jährlichen Besoldung von 300 fl. und 100 fl. Tischgeld aufgenommen worden[6]). Im Jahre 1752 (12. April) finden Johannes Türrschmied und Joseph Fritsch als »*Primario*« und »*Secundario*« Aufnahme[7]). Am 9. März 1754 ergeht von Wallerstein an Holzbauer in Mannheim die Anfrage, ob der »überschickte, junge Mensch Pokorny«, der hier »bei meiner Musik von nöten wäre«, die Rückreise antreten könnte[8]). Über Zweck und Erfolg des Aufenthalts Pokorny's in Mannheim unterrichtet uns ein an den Grafen am 4. Februar 1754 gerichteter Brief, der auf die musikalischen Verhältnisse Mannheims Streiflichter wirft[9]). Diesem Pokorny wird am

---

1) Im Mss. (ö. B. VIII, fol. 2° in der Bibl. Maih. (= Maihingen).
2) Eine Würdigung der für Wallerstein komponierten und hier aufgeführten Stücke bleibt einer speziellen Untersuchung vorbehalten.
3) Archiv Wallerstein (= A. Wall.).
4) ebenda.
5) ebenda.
6) ebenda.   7) ebenda.
8) ebenda.
9) ebenda. Der Brief soll im Anhang mitgeteilt werden, da in ihm von Künstlern wie Stamitz, Richter, Holzbauer die Rede ist. Die schlechte Stilisierung dürfte dem Absender nicht übel vermerkt werden.

22. November 1754 die Versicherung gegeben, daß er nach »Absterben des nunmehrigen Chorregenten Schreiber« die Chorregentenstelle zu Wallerstein erhalte. Am 28. September 1758 bekommt er eine Zulage in Naturalien. Am 12. Mai 1766 reicht er ein abermaliges Gesuch um Ernennung zum Chorregenten ein[1]). Der Waldhornist Bernard Raab wird am 16. März 1763 verabschiedet, und in seinem Abgangszeugnis ausdrücklich bemerkt, daß »wir vollkommen mit ihm zufrieden gewesen und daher denselben gerne länger bei Uns in Diensten hätten behalten mögen.«[2]). Im nämlichen Jahre scheint sich auch der Fagottist Ritter, ein Sohn des churpfälzischen Hofmusikers Heinrich Ritter, in Wallerstein aufgehalten zu haben[3]).

Graf Philipp Karl war ein Freund der Musik. Dies dürfte auch die große Anzahl von Kompositionen erweisen, die ihm gewidmet wurden. Nicht nur Musiker zweiten Ranges, wie z. B. der Hoforganist Michl in München, oder der Musikdirektor Schmied in Augsburg, sondern auch Meister von Bedeutung wie Jomelli wandten sich an ihn[4]). Auch scheint Philipp Karl Gastspiele begünstigt zu haben. Der herzoglich württembergische Kammermusikus Glantz erhält am 11. April 1753 die Erlaubnis, 4 Wochen nach Wallerstein zu geben[5]). Gelegentlich der Anwesenheit des Kaisers Franz I. und seiner Söhne Joseph und Leopold in Wallerstein im Jahre 1764 ließ Philipp Karl bei der Tafel »Waldhörner und Clarinetten« spielen[6]). Daß Philipp Karl der Musik zugetan war, dürfte ferner daraus hervorgehen, daß er seine beiden Söhne Kraft Ernst und Ludwig auf der Ritterakademie zu Wien auch in der Musik unterweisen ließ[7]).

Im Jahre 1766 starb Graf Philipp Karl. Die Gräfin Witwe Juliane Charlotte übernahm für den minderjährigen Kraft Ernst die Regierung. Unter ihrer Herrschaft blieb es in der Hofmusik beim alten. Doch suchte die energische Frau die Mißstände, die unter den Musikern ein-

---

1) A. Wall.
2) ebenda.
3) ebenda.
4) ebenda, der Brief ist datiert, Louisbourg, 5. Mai 1761.
5) ebenda.
6) Diemand, »Anwesenheit des Kaisers Franz I.... zu Wallerstein im Jahre 1764« im Unterhaltungsbl. der Augsb. Postz. 1899, Nr. 100.
7) A. Wall., Am 27. Oktober 1764 schreibt der »Klaviermeister« Urbani in Wien: »Quittung über 29 fl. 2 kr., welche ich Endsunterzeichneter von den zwei jungen H. Grafen von Ö. W. für die durch drei Monate gegebenen 42 Lektionen, dann für ein Concert wie auch für verschiedene Präludien und Piecen /und zwar für die 42 Lektionen 24 fl. 44 kr., für das Concert 1 fl. 24 kr., für die Präludien 1 fl. 12 k., für die Piecen 1 fl. 42 kr./ baar und richtig empfangen habe.«

rissen, zu beseitigen. Unterm 12. November 1768 wird folgender Erlaß ausgegeben:

»Da der mit herrschaftl. Erlaubnis schon vor zwei Jahren nach Wien gegangene Kammermusikus Widmann diese ganze Zeit über nichts von sich hören lassen, sondern auch allbereit 8 Monate über dessen gehabten Urlaub verstrichen sind, ohne daß er bisher noch um Verlängerung des ihm gestatteten Termins gebetten hätte ... also wird dessen Ehefrau bedeitten, daß die ihrem Mann zur Zeit noch belassenen 250 fl. Jahresgehalt auf nächstkommendes Weihnachtsquartal pro rata zum letztenmale werde ausbezahlt werden.«

Zur Befriedigung der Gläubiger erhält die »mit zwei ohnmündigen Kindern ohne Brot und Mittel« zurückgelassene Frau am 11. Januar 1769 »die Hälfte von ihres Mannes Jahrgehalt« ausbezahlt[1]). Am 27. September 1769 wird dem bereits erwähnten Pokorny ein weiterer Urlaub auf ein Jahr bewilligt. Als aber Pokorny am 28. Januar 1770 von Regensburg aus schreibt:

»... da ich am hiesigen fürstlichen Hofe erst 3 Jahre zurückgelegt, habe ich mir ebenfalls nicht getraut um eine fortdauernde Gnade einzulangen ...«

und um Unterstützung seiner Frau und seiner 4 Kinder bittet, erfolgt am 22. März kurzer Hand seine Entlassung: »... da derselbe wirklich f. Taxische Dienste genommen ...«[2]).

Inzwischen hatte Kraft Ernst[3]) die Universität Straßburg besucht und jahrelang Reisen durch Frankreich, Italien und England gemacht. Der junge Fürst war ein Mann »mit außergewöhnlichen Verstandesgaben und einem reichen vielseitigen Wissen«[4]), von einer »an Goethe erinnernden Art der Empfindung und des Geschmacks«[5]). Die Musikpflege im Vaterhause, der musikalische Unterricht in Wien, die Korrespondenz mit Beecké, auf die noch zurückzukommen ist, vor allem aber die ausgedehnten Reisen, auf denen er mit Künstlern zusammentraf[6]), hatten seine Vorliebe für die Musik gesteigert und ihm Urteilsfähigkeit und Geschmack in musikalischen Fragen verschafft. Die zahlreichen Musikkapellen, die

---

1) A. Wall.
2) ebenda. Über seinen Aufenthaltsort in Regensburg s. D. Mettenleitner »Musikgesch. der Stadt Regensburg«, S. 276/77.
3) Eine Biographie des Fürsten, die viel des Anziehenden böte, ist noch nicht geschrieben. Einzelne Bemerkungen und Hinweise finden sich in »Memoiren des K. H. Ritter von Lang«, a. a. O. Bd. I, S. 57. — Wilh. Frhr. Löffelholz v. Kolberg »Öttingana«, S. 220 f. — G. Böhm, »Ludwig Wekherlin«, 1893 S. 178. — Allg. deutsche Biogr. — G. Grupp, »Der deutsche Volks- und Stammescharakter in Sitte und Vergangenheit«, 1906, S. 93.
4) Löffelholz, a. a. O. S. 221.
5) Grupp, a. a. O. S. 93.
6) So lud er z. B. in Neapel Mozart zu sich Jahn, a. a. O. Bd. I, S. 416).

er auf seinen Reisen kennen lernte, hatten wohl in ihm den Plan reifen lassen, auch eine eigene Kapelle mit künstlerischen Prinzipien zu gründen. Als er am 3. August 1773 die Regierung übernahm und am 25. März 1774 von Kaiser Joseph II. in den Fürstenstand erhoben wurde, ging er daran, seinen Plan in die Tat umzusetzen.

Kaum hatte Kraft Ernst die Regierung übernommen, als sich auch schon eine Umwälzung in der Wallersteiner Hofmusik vollzog. Die Zahl der Musiker wird bedeutend vermehrt, zu den Bläsern, die bisher in der Kapelle vorherrschten, werden nun die Streicher in ausgiebiger Weise herangezogen. Der Fürst begnügte sich jedoch nicht damit, eine größere, tüchtige Kapelle zusammengestellt zu haben, sondern sein Bestreben ging vielmehr dahin, auch Musiker von Ruf in seine Kapelle zu bringen. Während an den Kapellen der österreichischen Adeligen häufig nur ein Fachmann vorhanden war, dem die Musiker unterstanden, war Kraft Ernst, dem vielleicht die Organisation der Mannheimer Hofkapelle vorgeschwebt haben mag, bemüht, auch in das Orchester für die ersten Stimmen ausgezeichnete Vertreter der einzelnen Instrumente zu gewinnen, gegenüber denen die Musiker in der »Livree« zurückstehen mußten. Im Jahre 1774 finden wir bereits verschiedene Instrumentalisten von Ruf verzeichnet, die Kraft Ernst für seine Kapelle engagiert hatte: Nisle, Janitsch, Reicha, Fiala, Rosetti, denen sich noch andere tüchtige Fachleute anschlossen.

Johann Nisle, ein Schüler des seiner Zeit berühmten Rudolph, war als Hornist der württembergischen Hofkapelle angestellt. Schubart fällt über ihn folgendes Urteil[1]):

»... Nisle's Kompositionen sind ärmlich, weil er den Satz nicht versteht. Inzwischen muß man doch bekennen, daß er im Second-Horn schwerlich seines Gleichen hat. Seine Doppelzunge, seine Tonschwellung, die Leichtigkeit, womit er das Contra C hascht, sein leichtes Spiel der Töne, und namentlich sein Portamento erheben ihn zu einem Flügelmann unter den Waldhornisten.«

Im »Etat von 1767« wird Nisle mit 400 fl. Besoldung genannt, 1771/72 mit 600 fl.[2]). Am 1. Oktober 1773 erfolgte seine Anstellung in Wallerstein als »Kammermusikus« mit 216 fl. Gehalt, zu dem ein Jahr später noch Naturalien kamen. Um seine Schulden in Ludwigsburg tilgen zu können, erhielt er am 11. Oktober 1773 400 fl. Doch scheint ihm seine neue Stellung und das Leben in Wallerstein wenig gefallen zu haben. Denn bereits am 30. Mai des nächsten Jahres reicht er ein Bittgesuch um Entlassung ein, mit der Begründung, daß seine Kameraden »ihn bei

---

1) »Aesthetik der Tonkunst«, a. a. O. S. 161.
2) Sittard, »Zur Geschichte der Musik u. des Theaters am Württ. Hofe«, Bd. II, S. 195, 204.

jeder Gelegenheit zu verläumden suchen« und daß er mit dem ausgesetzten Gehalt nicht auskommen könne. Doch Nisle blieb. Am 6. März 1775 sendet er dem Fürsten ein »Promemoria«, worin er seinen Herrn anfleht, ihn wegen seiner Schulden in Württemberg in Schutz zu nehmen. Zwei Jahre später fordert er aufs neue seine Entlassung, die ihm nun unterm 9. Dezember auch gewährt wird. Seine Frau ließ er in Wallerstein zurück[1]).

Der aus »Böhmen«[2]) gebürtige Violinist Anton Janitsch begegnet uns in den Akten zuerst im Jahre 1774. Am 5. Juli schickt er an den Fürsten ein auch von seiner Braut Theresia Foraing unterzeichnetes Bittgesuch um Erteilung des Heiratskonsenses[3]). Am 20. Dezember 1774 werden ihm »statt des bisherigen Offiziantentisches« 100 fl. Kostgeld und 50 fl. Weingeld bewilligt[4]). Obwohl ihm der Fürst Urlaub zu Reisen[5]) erteilte und so die Gelegenheit zu weiterem Verdienst geben wollte, konnte er sich aus seinen traurigen Verhältnissen nicht herausreißen. In lustigem Treiben häufte er Schulden auf Schulden und borgte schließlich sogar die Lebensmittel. Zahlreiche Bittgesuche geben hierüber Aufschluß[6]). Auswärtige Gläubiger konnten nur dadurch zu ihrem Gelde kommen, daß sie sich wiederholt und dringend an den Fürsten selbst wandten[7]). 1779 flüchtete Janitsch aus Wallerstein[8]) und ging auf Konzertreisen[9]). 1782 bittet er um Wiederaufnahme in den fürstlichen Dienst,

---

1) A. Wall. Eitner »Quellenlexikon...« ist hienach zu ergänzen. An Kompositionen besitzt die Bibl. Maih.: 2 *Concertans pour Clarecin et Cors*, Mss.

2) Die Heiratsmatrikel der Pfarrei Wallerstein (= Pf. Wall.) bezeichnet ihn eigens »*ex Bohemia*«. Auch Dlabacz »Allg. hist. Künstlerlex. f. Böhmen«, 1815, nennt ihn einen »böhmischen Tonkünstler«.

3) A. Wall. 4) ebenda.

5) In einem Schreiben der fürstl. Räte nach Augsburg (A. Wall.) vom 19. Aug. 1776 heißt es z. B.: »... da aber gedachter Janitsch mit herrschaftlicher Erlaubnis sich wirklich auf Reisen befindet und in diesem Jahre dem Vernehmen nach nicht wiederum retournieren wird...«. Über den Aufenthalt J.' im Sept. 1776 in Frankfurt a. M. s. Israel, »Frankfurter Concertchronik« 1876, S. 59.

6) A. Wall. und Bibl. Maih.; als Beispiel möge ein Schriftstück aus dem Jahre 1783 (17. Sept.) im Anhang mitgeteilt werden.

7) So schreibt der Bürgermeister der »Reichsstadt Augsburg« wiederholt an den Fürsten (1776/77), um für den Schuhmacher Lingauer einen Betrag von 8 fl. zu erlangen.

8) A. Wall. Beecké schrieb am 19. Mai 1779 an den Fürsten von Wien: »... Mad. Janitsch m'a ecrit une lettre lamentable avec une incluse pour son cher mari. a mon retour de Baden j'ai envoie chez lui pour le faire venir, mais il a dit a mon domestique: er hätte jetzt nicht Zeit; er möchte auch mein Geschwätz nicht anhören, ich würde ihn so nur aushänden ... a dit au Baron de Suiten, daß er sich um seine Schulden nicht wieder annehme«.

9) In Forkel's »Musik. Almanach f. Deutschl. auf das J. 1782« heißt es S. 97: »J., ehemals in Ö.'Diensten zu W., reisst aber jetzt mehrenteils herum«.

die ihm auch wirklich gewährt wird. Aber auch jetzt besserten sich seine Verhältnisse nicht. Die nachgesuchte Entlassung wird ihm Anfang Juli 1785 genehmigt, jedoch nur unter der Bedingung, daß er vor seinem Abzug seine Schulden bezahle. Allein Janitsch scheint nicht in der Lage gewesen zu sein, seine Gläubiger zu befriedigen, da er es vorzog, allein abzureisen und seine Familie in Elend zurückzulassen[1]). Sein Reiseziel dürfte Pressburg gewesen sein. Bereits am 22. Oktober wird aber dem Fürsten gemeldet, daß Janitsch schon »6 Wochen krank darniederliege und von einem darauf ausgebrochenen Fieber nunmehr befallen und dabei noch ohne einen Kreuzer Geldes sei«[2]).

Schubart urteilt über Janitsch in ungemein günstiger Weise[3]):

»... Ein sehr guter, gründlicher und angenehmer Geiger. Sein Solo ist stark, an schwierigen Sätzen reich und sein Vortrag überhaupt hat volle Deutlichkeit, auch im Sturme der Phantasie wird er nicht aus den Ufern des Taktes getrieben ... Sein Strich ist durchschneidend und seine Stellung einnehmend und schön. Es gibt wenig Geiger, welche im Solo und in der Begleitung so gleich stark wären ...«

Auch Kraft Ernst scheint auf Janitsch etwas gehalten zu haben, da er ihn trotz seiner heimlichen Flucht wieder aufnahm[4]).

---

1) A. Wall., Von Hohenaltheim (30. Aug. 1785) schickt der Fürst an den Agenten v. Stubenrauch in Wien folgendes bemerkenswerte Schreiben:

»Bereits vor 6 Jahren hat ein bei mir in Diensten gestandener Musikus Anton Janitsch contrahierter Schulden wegen das Mittel ergriffen, heimlich und ohne Abschied sich von hier zu entfernen und bei dem Herrn Grafen Palfy in Wien sich zu engagieren. Vor 3 Jahren, da er mit einem durch Liederlichkeiten geschwächten Körper und von allen Mitteln entblößt, nebst Weib und Kindern aus eigenem Antrieb wieder hierherkam, ließ ich mich dennoch aus Mitleiden bewegen, ihn neuerdings in meine Dienste zu nehmen, ließ ihn nicht nur mit Kleidern und Meublen auf meine Kosten versehen, sondern ihm auch, seitdem eine Besoldung genießen, bei welcher er, wenn er seiner Zusage zufolge, wie andere ordentliche Leute gelebt hätte, ganz gut hätte bestehen können; besonders da ich ihm auch noch bisweilen zu seinem Provit Reisen zu machen erlaubte und ihm in seiner Abwesenheit auch immerhin seine Besoldung verabreichen ließ. Eben dieser Mensch hat nun seit Anfang vorigen Monats Juli meine Dienste wieder quittiert, obwohl nicht heimlich, sondern ich erteilte ihm seine gesuchte Entlassung, aber mit dem ausdrücklichen Beding, daß er zuvor seine hier in Wallerstein gemachten Schulden bezahlen solle. Janitsch entschuldigte sich, daß er es in Zeit von 5 Wochen anher schicken, inzwischen aber sein Weib und Kinder hier lassen, auch seine Effekten von Wallerstein nicht eher abfordern würde, als bis er seine Verbindlichkeit erfüllt hätte. Die 5 Wochen sind nun schon seit dem 9. Aug. zu Ende und Janitsch hat die zu Zahlung seiner Creditoren erforderlichen 266 fl. 28 kr. noch nicht geschickt. ... so sind diese Leute und selbst das Weib an mich gekommen, um die Verfügung treffen zu lassen, daß doch diese ihre Lage dem Herrn Fürsten Koasat Kowitsch zu Preßburg, bei welchem der Janitsch anjetzt in Diensten sein soll, gemeldet und derselbe wenn er anders an seinem neuen Diener Wohlgefallen findet und ihn zu behalten gedenket, bewegt werden möchte, des Janitschen Weib und Kinder aus dem Elend zu ziehen ...«

2) A. Wall.

3) a. a. O. S. 175.

4) An Kompositionen verwahrt die Bibl. Maih.: ein »Quattro« für Fl., Viol., Viola, Basso. Mss. Über die weiteren Schicksale Janitsch's vgl. »Allg. musik. Zeitung«, Bd. XIV, Intell. Blatt S. 34.

Ebenfalls aus Böhmen stammte Joseph Reicha[1]. Mit ihm hatte Kraft Ernst einen schätzbaren Cellisten gewonnen. Bereits 1774 treffen wir Reicha in Wallerstein, wo ihm am 20. Dezember »statt des bisherigen Offiziantentisches« 100 fl. Kostgeld und 50 fl. Weingeld gewährt werden[2]. 1776 befand er sich mit Janitsch auf Konzertreisen[3]. Am 19. Januar 1779 verheiratete er sich mit Lucie Certelet aus Metz[4], am 14. Juli desselben Jahres werden ihm »als eine Vergütung für Holz und Quartier« jährlich 20 fl. zugelegt und seiner Gattin, »solange selbige an dem Ort unseres Hoflagers sich aufhalten und zum Arbeiten für unsere gel. Tochter sich gebrauchen lassen wird«, jährlich 75 fl. ausgesetzt[5]. 1785 schied Reicha von Wallerstein. Am 16. April 1785 wird dem »in kurkölnische Dienste tretenden Musikus Reicha« »der Nachsteuer freie Abzug« gestattet[6]. Am 28. Juni dieses Jahres avanciert Reicha in Bonn vom Konzertmeister zum Konzertdirektor. 1789 dirigierte er im neuen kurfürstlichen Nationaltheater jenes Orchester, in dem wir Beethoven als Bratschenspieler begegnen[7]. Nach dem Tode Reicha's nimmt dessen Witwe die Beziehungen zum Wallerstein'schen Hofe wieder auf. Unterm 25. April 1799 wird ihr eine lebenslängliche Pension von jährlich 150 fl. ausgesetzt. Aber bereits am 14. Juni 1801 starb sie[8].

Einen weiteren böhmischen Musiker hatte die Wallerstein'sche Kapelle in dem Oboisten Josef Fiala[9]. Nach einer abenteuerlichen Jugendzeit in böhmischen Adelskapellen[10] finden wir ihn 1774 in Wallerstein. Am 20. Dezember werden ihm ebenso wie Janitsch und Reicha »statt des bisherigen Offiziantentisches« 100 fl. Kostgeld und 50 fl. Weingeld bewilligt[11]. Zwei Jahre später (24. Okt.) verurteilt ihn der Fürst wegen eines Sitt-

---

1) In der Heiratsmatrikel (Pf. Wall.) wird er »ex urbe Klattau in Bohemia« bezeichnet. Umfangreiche Recherchen, die durch den Magistrat in Prag freundlichst angestellt wurden, erwiesen, daß R. in Prag nicht geboren sein kann.

2) A. Wall.

3) Beecké schreibt am 2. Okt. 1776 von Wien (A. Wall.): »Reicha et Janitsch m'ont ecrit de Francfort, qu'ils contoient aller a Saxe Gotha et Leipzig, ou je leurs dois adresser mes lettres, il me semblent que leurs profit est assés mediocre, mais jusqu'apresent ils se sont tirés d'affaire.« S. hierzu auch Israel, a. a. O. S. 59.

4) Pf. Wall.

5) A. Wall.

6) ebenda.

7) Thayer, »Beethoven's Leben ...« Bd. I, p. 157. Zu Reicha's Aufenthalt in Bonn, wo ihn nach 1790 eine tückische Krankheit befiel, s. Reichardt's »Musikal. Monatsschrift«, 1792, S. 56. Kompositionen im Mss. in Bibl. Maih.

8) A. Wall.

9) S. über ihn Dlabacz, a. a. O., 1, S. 392.

10) ebenda.

11) A. Wall.

lichkeitsvergehens zu einer Geldstrafe von 20 fl.[1]). Im Jahre 1777 bemüht sich Fiala, in die Münchener Hofkapelle zu kommen. Unterm 17. Mai fragt der Münchener Intendant Graf Seeau beim Fürsten an, »ob er (Fiala) die Erlaubnis habe, sich in fremde Dienste zu begeben«, und fügt hinzu, daß der Kurfürst ein »besonderes Wohlgefallen an seinem Talente habe«[2]). Am 4. August wird die Anstellung Fiala's in der Münchener Hofkapelle mit einem jährlichen Gehalt von 500 fl. zur Tatsache[3]).

Kraft Ernst war sich wohl bewußt, sein Orchester nur dann auf eine künstlerische Höhe bringen zu können, wenn er einen Musiker von Bedeutung an die Spitze stellte. Beecké, dem er seine besondere Gunst zuwandte, und der die Kapelle hätte führen können, befand sich damals auf ausgedehnten Reisen, die nur vorübergehend durch einen Aufenthalt in Wallerstein unterbrochen wurden. Mit der Wahl des jungen Anton Rosetti[4]) hatte nun Kraft Ernst einen ungemein glücklichen Griff getan und für eine gedeihliche Entwicklung seiner Kapelle gesorgt. Ob und wann Rosetti, den Lang[5]) als einen »schwächlichen, kleinen, hageren und kindlich guten Mann« schildert, den Titel eines Kapellmeisters erhielt, läßt sich nicht feststellen. Wie Janitsch und Reicha ist auch er bereits 1774 in Wallerstein. Am 3. Oktober dieses Jahres schreibt er an den Fürsten einen langen Brief, in dem er um Bezahlung seiner Schulden von 209 fl. bittet, da er besonders »Wäsch und Kleidung« habe anschaffen müssen[6]). Am 23. Oktober des nächsten Jahres kommt er um Gehaltserhöhung ein, da er mit dem bisherigen Gehalt nicht auskommen könne[7]). 1776 siedelt Kraft Ernst nach Metz über[8]). Vor seiner Abreise macht er über Rosetti noch folgende Bemerkung[9]):

»Rosetti hat eine Zulage, welche mitsamt der Besoldung nur solange dauert, bis daß der Chor Regentendienst vakant wird, er hätte auch nicht 75 fl. erhalten, wenn es mir nicht um seine Gläubiger zu thun wäre.«

---

1) A. Wall. In den Gerichtsakten wird er genannt: »aus Lochowitz in Böhmen, 26 Jahre alt, ledig und ohne Vermögen . . .«
2) ebenda.
3) Kreisarchiv München. Kompositionen im Druck (op. 1) und Mss. in Bibl. Maih.
4) Über seine Jugend s. Dlabacz, a. a. O. 2, S. 935.
5) a. a. O., 1, S. 219.
6) A. Wall.
7) ebenda.
8) A. Wall., »Mein gar zu hartes Unglück (= der Tod seiner ersten Gemahlin, geb. Prinzessin von T. und Taxis) geht mir viel zu nahe, als daß ich länger im Stande mich befinde, bei meinen ohne dem zerrütteten Finanzen Etat mich hier aufzuhalten: mein Herz sucht die Stille . . .«
9) A. Wall.

Am 28. Januar 1777 heiratet Rosetti Rosina Neherin, die Tochter des *senatoris et hospitis ad Aquila*, die ihm bereits am 17. April das erste Töchterchen schenkt[1]. Nun war es ihm darum zu tun, in geordnete Verhältnisse zu kommen. Unterm 1. Juli 1777 überreicht er dem Fürsten ein Schreiben, in dem er ein Arrangement zur Bezahlung seiner Schulden vorlegt[2]. Ein Gnadenbeweis des Fürsten wird ihm am 9. Dezember dieses Jahres zu teil, indem dieser »unserm Hofmusikus Anton Rosetti« die Besoldung des abgegangenen Nisle überweist[3].

Wie den anderen Mitgliedern der Hofmusik, so erteilte Kraft Ernst auch Rosetti Urlaub zu Konzertreisen. Auf einer dieser Reisen, die nach Übersiedlung des Fürsten nach Metz umso leichter unternommen werden konnten, müßte nach Pohl[4] Rosetti auch nach Esterház gekommen und in die dortige Kapelle aufgenommen worden sein. Im »Verzeichnis der Mitglieder der fürstlich Esterházischen Musikkapelle« wird ein Antonio Rosetti in den Jahren 1776—81 als »Violinist« aufgeführt. Entweder liegt hier wiederum eine Verwechslung mit einem anderen Rosetti vor, oder Rosetti müßte auch in Esterház sich engagieren und dann beurlauben haben lassen, um wieder nach Wallerstein zurückzukehren, wäre aber in den Listen in Esterház weitergeführt worden. Über seinen Aufenthalt in Wallerstein in den Jahren 1777—1781 unterrichten die oben angeführten Daten nach 1776 sowie die auf einzelnen Kompositionen[5] angebrachten Bemerkungen über die Entstehungszeit der Stücke. Im Januar 1782 treffen wir Rosetti in Paris[6].

Das Pariser Musikleben machte auf Rosetti Eindruck. Er lernte die dortigen Orchester kennen und ist begeistert von den Gluck'schen Reformopern. In drei bemerkenswerten Briefen berichtet er seinem Herrn von seinem Tun und Treiben[7].

Auch im Jahre 1783 unternahm Rosetti Konzertreisen. Im März befindet er sich in »Anspach«, im Dezember in »Maynz«. Von »Anspach« aus bittet er den Fürsten um Reiseaufschub, da er »durch besondere Gnadenbezeugungen S. D. Herrn Markgrafen aufgehalten«[8]. Von »Maynz«

---

1) Pf. Wall.
2) A. Wall.
3) ebenda.
4) a. a. O. 2, S. 104, 372.
5) Auf einer Sinfonie in g findet sich die Bemerkung: »März 1781 in Wallerstein«; auf einer solchen in d heißt es: »composto n. m. d'Aprile 1780 à Wallerstein«, auf einem Oboenkonzert: »fatto n. m. Febr. 1778 à Wallerstein«, auf einem Hornkonzert: »... mese Juglio 1779 à Wallerstein«.
6) Die Angabe Fétis' (*Biographie universelle des Musiciens*, Bd. 7) von dem Aufenthalt Rosetti's in Paris stimmt mit den Akten (A. Wall) überein.
7) A. Wall., Personalakt. Dieselben sollen im Anhang folgen.
8) A. Wall.

aus schreibt er an den Fürsten, daß er mit Hoppius angekommen sei und beide »durch gütige Verwendung des Herrn Hauptmann Beecké und Herrn Grafen v. Hatzfeld bei dem churf. Hofe sowohl vorzügliche Gnaden, als bei hiesigen gesammten Noblesse ausgezeichnetste Ehrenbezeugungen genießen . . . .«[1]).

Rosetti's Klagen über seine ungünstige Vermögenslage, seine Bitten um »Verstärkung seines Gehalts« verstummten nicht. Der Fürst scheint ihn mit dem Hinweis auf den Erlös der Konzertreisen abgewiesen zu haben. Denn Rosetti schreibt am 19. Mai 1786 an Kraft Ernst[2]):

»Wirklich hab ich vom Ausland, wie es meine Briefe beweisen 3286 fl. für meine Arbeiten hereingezogen und ungeachtet dessen doch auch letztere Jahre von dem Heuratgut meines Weibes 500 fl. zusetzen müssen . . .«

Eine weitere Bittschrift reicht Rosetti am 2. April 1788 ein[3]). Der »unterthänigste Knecht Rosetti« fleht den Fürsten an, ihm eine Besoldungszulage zu gewähren, da »dringend die Creditoren jetzt ihre Befriedigung suchen, da sie durch die mich ergriffene Krankheit einen Verzögerungstermin wider ihren Willen gestatten mußten«. Resigniert fügt Rosetti hinzu:

»Zu meiner Genesung fühl ich sogar mehr Bedürfnisse, worunter jenes das bedeutendste und für mich ohnmöglichste ist, welches Herr Hofrath Schäffer in Anbetracht der Schwäche meines Unterleibs verordnete: fleißig zu reithen — aber mit was ein Pferd zu kaufen und zu unterhalten?«

Kraft Ernst antwortete auf diese Bittgesuche damit, daß er Rosetti gegen eine Obligation mit 5% Verzinsung 500 fl. borgte[4]). Doch Rosetti's Verhältnisse scheinen sich zusehends verschlechtert zu haben. Denn bereits am 1. Februar 1789 übersendet er dem Fürsten eine »Erinnerung des vorigen Monats Dezember u. überreichten Promemoria«, worin es heißt[5]):

». . . so flehe ich nochmals um schleunige Hilfe — Bis dat, qui cito dat. Jeder Tag Aufschub bringt mich der Schande, einigen hiesigen Bürgern preisgegeben zu sein und meinen in kurzer Zeit unausbleiblichen Verderben näher. Mit letztverflossenem Jahre ist meine letzte Quelle versügt, das war der Rest des Vermögens meines Weibs — er ist zugesetzt. — Kränklich, zwischen 4 Mauern fühlt dieser sein Elend, sonderheitlich aber Nahrungssorgen weit peinlicher, als jener in freier Luft — und nun ein Blick in die Zukunft! ein Vater, der seinen Kindern gern Vater wäre, — nicht sein kann! ich mals nicht aus, das Gemälde von meiner künftigen Aussicht: man könnte mich für einen Lügner oder Heuchler halten und ich bin wahrlich keines von beiden . . .«

1 A. Wall.
2 ebenda.
3 ebenda.
4 ebenda.
5 ebenda.

Dann bittet Rosetti, »die 402 fl. monatweis, wie die übrigen Musici beziehen« zu dürfen. Denn »bisher bezog ich monatlich 18 fl. das übrige meist von Halbjahr zu Halbjahr«. Als dieser Notschrei des Künstlers ungehört blieb, bemühte er sich, von Wallerstein fortzukommen. Der Fürst scheint von diesen Bemühungen Kenntnis erlangt zu haben, da er durch Beecké die seiner Zeit für die Reise erhaltenen 20 Louisdors sowie die 500 fl. zurückfordern ließ. In dieser Angelegenheit schreibt Rosetti am 8. Juni an den Fürsten, daß er diese Gelder nicht bar zurückzahlen müsse, denn »16 Jahre hindurch habe ich die besten Jahre meines Lebens bei einem jährlichen Gehalt von 402 fl. E. D. gewidmet[1] . . .«. Bereits am 20. Juni dürfte Rosetti Wallerstein verlassen haben[2]. Sein Ziel war Ludwigslust, wo er in der Hofkapelle des Herzogs von Mecklenburg-Schwerin mit einem Gehalt von 1100 Reichstalern und weiteren Vorteilen Aufnahme fand[3]. Kraft Ernst war über das Ausscheiden Rosetti's aus seiner Kapelle, dessen Bedeutung ihm sicherlich nicht verborgen geblieben war, erzürnt, umso mehr, als auch andere Mitglieder der Kapelle nun ihre Blicke nach Ludwigslust richteten und dort mit Hilfe ihres früheren Kollegen anzukommen hofften[4]. Am 10. November sendet Herzog Friedrich Franz von Mecklenburg-Schwerin an den Fürsten einen etwas boshaft gehaltenen Brief, in dem es heißt:

». . . Freilich ist es immer unangenehm, gute Subjekte aus seinem Dienste zu verliehren, . . . aber äußerst hart wäre es, wenn man Leute von ihrer Glücksverbesserung abhalten wollte. Aus angeführten Gründen werden E. L. es keineswegs mißbilligen, wenn ich den Kapellmeister Rosetti, da er von mir völlig unschuldig befunden worden ist, vielmehr zu protegieren, als ihn durch unverdiente Vorwürfe mißmutig zu machen, für dienlich finde . . .«[5].

Kraft Ernst wollte antworten, aber schließlich schrieb er auf sein Briefkonzept: »cessat«[6].

---

1) A. Wall.

2) In der »Musik. Realzeit.«, 1789, S. 254, heißt es: ». . . Unser verdienstlicher fürstl. Ö. W. Kapellmeister Rosetti ist Montag den 20. Juni von Wallerstein nach seinem neuen Bestimmungsort abgereist . . .«

3) ebenda, »Er ist von dem Herzog von Mecklenburg-Schwerin mit einem Gehalt von 1100 Reichsthaler als Kapellmeister angestellt worden und erhält außer diesem noch ein sehr schönes Haus und Garten, Fourage für 2 Pferde u. dgl., so daß er sich im Ganzen auf 3000 fl. stehet . . .«

4) In einem Briefkonzept des Fürsten (18. Okt. 1789, A. Wall.) heißt es: ». . . so empfindlich ist es mir, zu erfahren, daß Rosetti es sich zum Geschäfte macht, auch andere Leute aus meiner Kapelle zu debauchieren, wovon das Entlassungsgesuch meines Fagottisten Hoppius ein Beweis ist . . .«.

5) A. Wall.

6) ebenda.

Über die Dirigententätigkeit Rosetti's in Wallerstein urteilt Schubart, der die Kapelle selbst hörte[1]):

»Zum Ruhme des Wallersteiner Orchesters verdient noch angemerkt zu werden, daß hier das musikalische Kolorit viel genauer bestimmt worden ist, als in irgend einem andern Orchester. Die feinsten und oft unmerklichsten Abstufungen des Tons hat besonders Rosetti mit pedantischer Gewissenhaftigkeit angemerkt.«

Durch seine Kompositionen verschönerte Rosetti manche Feste und Erinnerungstage in Wallerstein und auf den Schlössern des Fürsten[2]). Auswärtige Musiker, Virtuosen und Musikliebhaber fanden den Weg zu Rosetti auch nach Wallerstein, um dem Meister ihre Bewunderung für seine Kompositionen zum Ausdruck zu bringen und Konzerte oder Gelegenheitsstücke von ihm zu erhalten[3]). Von dem Ansehen, das Rosetti genoß, übertrug sich ein Teil auch auf die Kapelle, in der er wirkte.

Die Wallerstein'sche Kapelle blühte unter Kraft Ernst immer mehr auf. Außer einem Rosetti, außer Künstlern wie Janitsch, Reicha, Nisle, kamen auch andere geschätzte Musiker nach Wallerstein. Der Oboist Marci Berwein[4]) dürfte bereits 1776 in der Kapelle angestellt gewesen sein. Denn am 7. September 1781 meldet der Aktuar Ludwig[5]):

»... Demnach sich die beiden Musici Perwein und Meltel seit verflossenen Montag den 3. ds. abwesend befinden, und dadurch den begründeten Verdacht einer heimlichen Entweichung erregt haben, so hat man heute ihre Zimmer öffnen lassen ...«

Und zur Verantwortung gezogen, mochte Berwein wohl jenen allerdings undatierten Brief[6]) geschrieben haben, in dem er sich über die Behandlung, die ihm zu teil wird, beklagt und erwähnt, daß er bereits »im fünften Jahr hier« ist. Berwein bezog einen monatlichen Betrag von 25 fl.[7]). Wie die meisten Hofmusiker in Wallerstein, geriet auch er bald in Schulden, die nach einer Aufstellung vom Jahre 1786 : 859 fl. 45 kr. betrugen[8]). Wie viele seiner Kollegen entzog auch er sich durch einen heimlichen Abzug seinen Gläubigern und nahm auch noch Instrumente mit. Am 17. Oktober läßt der Fürst einen Verhaftungsbefehl

---

[1]) a. a. O., S. 176.
[2]) Die Mss. befinden sich in der Bibl. Maih.
[3]) Von den an Rosetti gerichteten Briefen (A. Wall.) mögen die wichtigsten im Anhang wiedergegeben werden, da sie uns einerseits den Komponisten näherbringen, andererseits Einzelheiten aus der damaligen Musikpraxis vermitteln.
[4]) Jahn, a. a. O. I, S. 416 druckt: Perwein.
[5]) A. Wall.
[6]) ebenda. Der Brief soll im Anhang folgen.
[7]) A. Wall.
[8]) ebenda. In der Schuldenaufstellung heißt es u. a.: »... Maria Anna Ruppin pro satisfactione et alimentatione prolis — 650 fl. ...«.

ergehen und nach Straßburg senden, »den dasigen Magistrat oder das Kapitel oder wo er in Diensten ist«[1]).

Ebenso wie Berwein konnte auch der Violinist Georg Feldmair[2]) seine drückenden Schulden nicht loswerden. Die Anwesenheit Feldmair's in der Wallersteinschen Hofkapelle läßt sich zuerst im Jahre 1781, wo er am 23. November in die »ediktsmäßige Strafe der Hurrerei« von 20 fl. verurteilt wird, nachweisen[3]). Am 20. April 1784 heiratet Feldmair die Monica Kekhuterin[4]). Unterm 10. November 1786 wird ihm »zu seiner bisherigen Besoldung von jährlich 334 fl. eine Zulage von jährlich 100 fl.« bewilligt, jedoch nur unter der Bedingung, daß dafür »dessen Ehefrau bei der Kirchenmusik« mitzusingen habe. Eine weitere Zulage von jährlich 30 fl. erhält Feldmair unterm 18. September 1793[5]). Trotz der Erhöhungen seines Gehalts und der Zuwendung verschiedener Unterstützungen geriet aber Feldmair immer tiefer in Schulden. Bittgesuche um Bittgesuche richtet er an den Fürsten[6]). In welcher Not er sich mit seiner Familie oft befand, zeigt der Bericht eines Hofbeamten vom 9. Oktober 1795[7]).

»... Ohne Geld borgt dem Feldmayr kein Mensch, da er gestern nichts mit den Seinen gegessen hatte, habe ich wenigstens gesorgt, daß er sich diesen Mittag sättigen könne ...«

Am 29. Januar 1796 übernahm der Fürst die Garantie für 600 fl., da sich Feldmair nicht anders »von seiner drückenden Schuldenlast« befreien könne[8]). Durch eine Reise nach Donauwörth wollte Feldmair 1797 seine Lage verbessern, kontrahierte aber hier nur noch neue Schulden[9]). Am 6. Juni 1800 meldet der Adlerwirt von Wallerstein[10]):

»Da der treu- und ehrlose Feldmayer seine ganze Familie zurückgelassen und diese seit seines Austritts mir allein aufgehalset ...«

Feldmair war ein ungemein fleißiger Komponist. Er schrieb für kirchliche wie weltliche Feste und Erinnerungstage zahlreiche Kompositionen[11]). Seine Kantaten scheinen am Hofe ebenso beifällig aufgenommen worden zu sein wie seine Suiten für Blasmusik oder seine Konzerte für einzelne Solisten der Kapelle. Nach der »Allg. musik. Realzeitung« vom Jahre

---

1) A. Wall.
2) Feldmair wurde am 17. Dezember 1756 zu Pfaffenhofen a. Ilm geboren. (Taufmatrikel der Pfarrei Pfaffenhofen, Bd. XXVIII, S. 669. Eitner a. a. O. ist hiernach zu berichtigen.)
3) A. Wall.
4) Pf. Wall.
5) A. Wall. 6) ebenda.
7) ebenda. 8) ebenda.
9) ebenda. 10) ebenda.
11) Die Mss. in der Bibl. Maih.

1788[1]) scheint er neben Rosetti auch öfters das Orchester geleitet zu haben, und nach dem Abgang Rosetti's dürfte ihm während der Abwesenheit Beecké's die Leitung der Kapelle vorzugsweise übertragen worden sein.

Neben Reicha besaß die Kapelle noch einen guten Cellisten in dem aus Mergentheim gebürtigen Paul Winneberger[2]. Im Januar 1782 war er bereits in Wallerstein tätig, wie der Vermerk eines Oboenkonzerts zeigt[3]. Auch außerhalb des Wallersteiner Hofes schätzte man Winneberger als einen tüchtigen Musiker. Am 15. Dezember 1783 erhält er von Ludwigslust aus ein vorteilhaftes Angebot, in die dortige Kapelle zu kommen, da »man einen guten Violincellisten« brauche, der »gut accompagniert und zugleich Solo spielt«[4]. Nach dem Abgang Reicha's wird ihm unterm 10. November 1786 zu seinem jährlichen Gehalt von 144 fl. eine Zulage von 156 fl. gewährt, zu der dann am 28. Februar 1792 eine weitere von jährlich 100 fl. kommt[5]. Ein schweres Leiden nötigte ihn im Jahre 1791, sich in Würzburg einer Operation zu unterziehen. Dem Fürsten geht ein Bericht zu, daß »das Bein von sein Fuß war so angefressen, daß man es mit dem Finger hat zerreiben können und ist wie Staub geworden«[6]. Wann Winneberger Wallerstein verließ, konnte aktenmäßig nicht festgestellt werden. Gerber[7]) läßt ihn 1800 am französischen Theater in Hamburg tätig sein. Von den mit Daten versehenen Kompositionen Winneberger's tragen einige die Jahreszahl 1794. Stücke, die später datiert sind, fehlen.

Wie die meisten der kompositorisch tätigen Hofmusiker in Wallerstein, schrieb auch Winneberger für die Festlichkeiten des fürstlichen Hauses Musikstücke. Doch scheinen diese nicht dem Geschmack des Fürsten und der Hofgesellschaft entsprochen zu haben. Denn in einem undatierten Briefe an Beecké beklagt sich Winneberger[8]):

»... Schon lange wars mir Trost, daß man mich auswärts schätzet und war mein Ersatz für die schiefen Gesichter mit denen hier meinen Genie Kindern begegnet wird ...«

Um dieselbe Zeit, als Feldmair und Winneberger in Wallerstein Aufnahme fanden, vielleicht auch schon etwas früher, wurden für die Kapelle

---

1 a. a. O., S. 52/53.
2) Nach der Matrikel der k. Pfarrei Mergentheim wurde Winneberger in Mergentheim am 7. Oktober 1758 als der Sohn des Gipsators J. Mich. W. und dessen Ehefrau Maria Magdalena geboren.
3 Bibl. Maih.
4) A. Wall. Vgl. hierzu »Allg. musikal. Zeitung«, Bd. II, S. 413.
5) A. Wall.
6) ebenda.
7 a. a. O.
8 A. Wall. Kompositionen im Mss. in Bibl. Maih.

zwei Waldhornisten engagiert: Josef Nagel und Franz Zwierzina. Seit dem Ausscheiden Nisle's fehlte den Hornisten in der Kapelle eine führende Kraft. Eine solche hatte nun Kraft Ernst in Nagel gewonnen[1]). Aber auch den als *Secundarius* geschätzten Zwierzina[2]) ließ er sich nicht entgehen. Die beiden aus Böhmen stammenden Hornisten richten am 2. Februar 1780, wohl als Antwort auf eine Anfrage des Fürsten oder seines Wiener Agenten, an Kraft Ernst ein Schreiben, in dem sie versichern, daß sie mit dem ausgesetzten Gehalt von 350 fl. und 50 fl. Kleidergeld »fohl gommen zufriden siend und niemahls mehr begeren wehrden«[3]). Am 22. August 1793 kommen die beiden Musiker um eine Zulage ein, da sie schon 13 Jahre im Dienste stünden und sich »die Anzahl unserer Familien vergrößert« hätte[4]). Nagel hatte am 28. Mai 1782 Christina Prechtlerin als Gattin heimgeführt, die ihm bis zum Jahre 1793 fünf Kinder schenkte[5]). Zwierzina heiratete am 7. Januar 1783 Antonia Riegerin, nach deren Tod am 17. Januar 1785 Rosalia Bolsterin, die ihm bis 1793 vier Kinder gebar[6]). Nagel schickt dem Fürsten am 10. Juli 1799 ein Gesuch um Unterstützung wegen der »allgemeinen enormen Teuerung«[7]). Am 16. Juni 1802 ereilte ihn der Tod[8]). Zwierzina fleht den Fürsten am 27. September 1798 um eine Unterstützung an, am 28. August 1800 um Genehmigung eines Urlaubs zu einer Reise. Auch als die Kapelle unter der Ungunst der Verhältnisse dem Verfall und der Auflösung entgegenging, blieb Zwierzina in Wallerstein, wo er am 8. April 1825 im 74. Jahre seines Lebens starb[9]).

Ein Klarinettist von Weltruf zog in die Wallersteiner Kapelle mit dem Böhmen Josef Beer ein[10]). Seine Anwesenheit in Wallerstein läßt sich zuerst im Jahre 1787 nachweisen, wo er am 6. Mai einen Revers unterschreibt, daß er aus Dankbarkeit dafür, daß »S. D. mich mit Aufwendung ansehnlicher Unkosten zur Erweiterung meiner musikalischen Kenntnisse . . nach Würzburg abzuschicken geruhet . . .« ohne die höchste

---

1) Vgl. Dlabacz, a. a. O. 2, p. 365. Hier heißt es: »... N. ein guter Waldhornist ... Die zwei berühmten Virtuosen Kawka und Lasser rühmen seine musikalischen Verdienste ...«
2) Vgl. ebenda 3, S. 444/45.
3) A. Wall.
4 ebenda.
5) Pf. Wall. In der Heiratsmatrikel heißt es: »Nagel *Bohemus de Roßi*«.
6) ebenda. In der ersten Heiratsmatrikel wird Zwierzina »*de Krast in Bohemia*« bezeichnet.
7) A. Wall.
8) Pf. Wall. In der Sterbematrikel steht der Zusatz: »... im 50. Jahr«.
9 ebenda.
10. S. Reichardt's »Musikal. Almanach«, 1796, »Allg. musik. Zeitung«. 1799, Bd. I, S. 548, 622, Gerber, a. a. O., Wurzbach, »Biogr. Lexikon des Kaisertums Österreich« 1868, »La grande Encyclopédie«, Paris.

Einwilligung keine andere Dienste annehme[1]. Enge Freundschaft scheint diesen Musiker mit dem Cellisten Friedrich Witt[2] verbunden zu haben. Letzterer war in der Kapelle am 21. Januar 1790 mit einem Gehalt von 300 fl. angestellt worden[3]. Gemeinschaftlich unternahmen Beer und Witt 1794 und 1796 Konzertreisen nach Potsdam und Wien, wo Beer die Konzerte seines Freundes blies. Beer's Spiel gefiel ungemein, und Witt stellt ihm das Zeugnis aus, daß er »wie ein Gott« geblasen habe[4]. 1794 dürften die beiden Musiker, wie der Brief Türrschmied's zeigt[5], noch in Wallerstein'schen Diensten gestanden haben. Die Angabe Gerber's[6], daß Witt ein Schüler Rosetti's gewesen sei, läßt sich aktenmäßig nicht belegen.

Die Wallersteiner Kapelle wurde seit dem Regierungsantritt Kraft Ernst' noch durch eine Reihe von Musikern verstärkt, die teilweise Fachleute waren, teilweise aber auch, wie es in den Adelskapellen damals häufig vorkam, zugleich Livréedienste leisteten. Unter den Fachleuten ist der Violinist J. Anton Hutti zu nennen. Wir treffen ihn 1767 in der herzogl. württemberg. Hofkapelle, wo er ein Gehalt von 300 fl. bezog, das 4 Jahre später sich auf 600 fl. belief[7]. Am 1. November 1773 wird Hutti in Wallerstein mit einem Gehalt von 200 fl. und 50 fl. Kleidergeld angestellt, und ihm am 20. Dezember 1774 »statt des bisherigen Offiziantentisches« ein jährliches Kostgeld von 100 fl. und ein Weingeld von 50 fl. bewilligt[8]. Am 20. Januar 1785 starb Hutti in Wallerstein[9].

---

1) A. Wall.

2) Wann Witt in Hallenbergstetten geboren wurde, läßt sich nicht mit Sicherheit feststellen, da nach den Taufmatrikeln zwei Söhne des Kantors Joh. Caspar Witt den Vornamen: Friedrich tragen:
Jeremias Friedrich Witt, geb. 8. Nov. 1770.
Georg » » » 15. Jan. 1773.

3) A. Wall.

4) ebenda. Witt schreibt Juli 1796 von Wien an einen Bekannten in Wallerstein: ». . . wir leben hier (in Wien) recht vergnügt, und wer sollte es hier nicht sein? da Vergnügen von aller erklecklichen Art im Überfluß da ist, so gar Morgens um 7 Uhr ist alle Sonnabend im Augarten Concert, vorgestern legte ich dort eine Sinfonie auf und Bär blies ein Concert von mir, vermutlich muß es der Directeur schon ausposaunt haben, denn es war Wranizci, Girowez und unser Vatter Haydn dabei . . . Der Bähr hatte sich durch meine 2 Quartetten, die er beim Wranizel blies in einen solchen Ruf gesetzt, daß jedermann begierig war ihn zu hören . . . ich freute mich königlich auch hier auf der musikalischen Hohenschule Beifall einzuernten. Bär blies wie ein Gott . . .«

5) Türrschmied schreibt am 24. März 1794 von Potsdam aus an Beecké (A. Wall.):
». . . Die Herren Witt und Bähr sind hier, werden aber diese Nacht von hier abreisen, ich muß Ihnen unter uns gestehen, daß Sie bei einen jeden sehr vill Beyfall gefunden haben man betrauert nur daß die Herren so nach Hause Eylen, Witt seine Sinfonien haben sehr gefallen und Eben so dem Bähr sein Blaßen, und da wir schon einen Bähren haben so gebe daß ein hübsches gespann dann unser Clarinettist ist von Herzen schlecht, und Witt wäre so ein Mann der uns Blaßern allen helfen könnte . . .«

6) a. a. O.

7) Sittard, a. a. O. 2, S. 195. 204.

8) A. Wall.

9) Pf. Wall.

Auch als Komponist war Hutti hervorgetreten[1]). Als einen weiteren Violinisten in der Kapelle lernen wir Franz Xaver Hammer kennen. Sein Vater war der Bediente und spätere »Kammermusikus« Anton Hammer, der am 23. Dezember 1808 im 87. Lebensjahre nach 65jähriger dem fürstlichen Hause geleisteter Dienstzeit starb[2]). Franz Xaver Hammer war in Wallerstein aufgewachsen[3]) und dürfte später den Unterricht des bekannten Mannheimer Fränzl genossen haben[4]). In jungen Jahren unternahm er Konzertreisen. Am 10. März 1785 schreibt er seinem Herrn nach Wallerstein, daß er in Mainz vor dem Kurfürsten ein Konzert von Rosetti gespielt habe und die dortigen Musiker den »Ton seiner Violine« gelobt hätten. Zugleich berichtet er von dem außerordentlichen Erfolg, den Beecké in Mainz erzielt hatte[5]):

»Am nemblichen Tag als ich bei Hof spielte, wurte von H. Hauptman Becké seyn neue Sinfoni aufgefürt, welche auserordentlichen Beifall erhalten, der Cur Fürst hatte große Freit daran, auch hatte H. Haubtman auf drei Clafier ein Concerdant gemacht, dergleichen von Schönheit nicht viel gehört worden.«

Im März 1789 befand sich Hammer wieder in Wallerstein[6]). Am 28. Februar 1792 erhält er eine Besoldungszulage von 100 fl., am 17. März 1802 eine weitere von 50 fl.[7]). Wiederholt wurde Hammer in unerquickliche Verhandlungen hineingezogen. Von einer Zahlung der »Fornikationsstrafe« sucht er dadurch loszukommen, daß er dem Fürsten gegenüber betont, er habe schon »manche auswärtige Anträge« ausgeschlagen[8]). Am 15. Juli 1794 geht Hammer mit Barbara Binderinn die Ehe ein[9]). Nach dem Tode Beecké's wurde er 1803 (10. März) zum provisorischen, 1805 (5. April) zum wirklichen »Direktor der Hofmusik« ernannt[10]). Wie Hammer aus einer Musikerfamilie stammte, so wurde der Violinist

1) In der Bibl. Maih. ein »Concerto in a dur« für die Violino princ., accompagnato à 2 Viol., 2 Viole, Basso, 2 Ob., 2 Corni, Mss.:

Allegro moderato.

2) A. Wall. und Pf. Wall.
3) A. Wall.
4) So berichtet Weinberger, der noch manche Einzelheiten aus der Tradition schöpfen konnte, a. a. O.
5) A. Wall.
6) ebenda.
7) ebenda.
8) ebenda.
9) Pf. Wall.
10) A. Wall.

Sebastian Albrecht Link der Begründer einer solchen. Seine Ernennung zum »Kammermusikus« mit einem Gehalt von 250 fl. ist vom 11. Juni 1751 datiert[1]). Am 29. Juli 1766 bittet er um eine Gehaltserhöhung, da er schon 20 Jahre, anfangs in der Livrée, dem Hause diene, die jungen Grafen in der Musik unterrichte und außerdem sich nicht »an fremden Höfen produzieren« könne, um Geld zu verdienen[2]). Ein weiteres Gesuch richtet er im Jahre 1782 an Kraft Ernst, worin es heißt,[3]) daß er 30 Jahre dem Hause gedient habe und »während dieser Zeit nach Italien, um in der Musik mich besser zu qualifizieren, verschickt worden sei. So wie in der Zwischenzeit sich der gusto geändert hat, ich hingegen solchen sowohl anzunehmen, als auch mich in der Komposition zu perfektionieren mir angelegenst sein lassen werde«. Link starb 1803[4]). Seine drei Söhne Karl Albrecht, Xaver und Marcus Anton leisteten der Hofkapelle ebenfalls als Violinspieler gute Dienste[5]). Als weitere Mitglieder der Streichergruppe der Kapelle sind anzuführen: J. F. Höfler[6]), Franz Dietmann[7]), Michael Catenatti[8]) und J. Zehentner[9]). Zu diesen kamen bei der Aufführung von Kompositionen, zu denen die Blasinstrumente nur teilweise oder gar nicht herangezogen wurden, auch die Mitglieder der Bläsergruppe, soweit diese auch auf Streichinstrumenten ausgebildet waren.

Als Vertreter der Blasinstrumente sind während der Regierungszeit Kraft Ernst' noch aufzuzählen: Alois und Wilhelm Ernst[10]), (1. und

---

1) A. Wall.
2) ebenda.
3) ebenda.
4) ebenda.
5) ebenda und Pf. Wall.
6) = Violinist, geb. 22. Nov. 1775 zu Wallerstein (Pf. Wall.).
7) = Violinist, geb. 16. Juli 1765 zu Wallerstein (Pf. Wall.).
8) = Violaspieler (Weinberger, a. a. O.). In einem Briefe des C. an den Fürsten vom 17. Nov. 1810 (A. Wall.) heißt es:
». . . Ich weihte dem f. Hause ein Leben von anno 1756 bis nach Absterben S. Excell. Philipp Carl zuerst als Musikus und dann als hochf. Agent am churb. Hofe in München . . .«
9) = Kontrabaßspieler (Mettenleitner, »Orlando di Lasso« a. a. O., S. 33. Weinberger a. a. O.. In den Akten (A. Wall.) ist am 15. Juni 1793 von dem »gegangenen« Z. die Rede.
10) Am 15. März 1789 bittet Alois E. statt des Offiziantentisches um Kostgeld, am 13. Dezember desselben Jahres um eine Zulage. Unterm 13. Juli 1794 gibt er seine Besoldung an: 268 fl. Gehalt, 150 fl. Kost- und Weingeld, 50 fl. Kleidergeld. Am 12. Sept. 1800 werden ihm die von dem »verstorbenen Hofmusikus Dürrschmied genossenen Naturalien (6 Klafter Holz, 200 Wellen und 2 Malter Getreide)« zugewiesen. Auch den Niedergang der Kapelle erlebte er. Am 9. Jan. 1814 starb er. (A. Wall. und Pf. Wall.). — Wilhelm E. wurde in Wallerstein am 22. Feb. 1769 geboren (Pf. Wall.).

2. Flöte, **Gottfried Clier**[1]) **Xaver Fürall**[2]), **Michael Weinhöppel**[3]), **J. L. Koeber**[4]), und **J. Adam Walter**[5]) (Oboe), **Michael Fürst**[6]) und **Verlen**[7]) (Klarinette), **Anton Böck**[8]), **Christof Hoppius**[9]) und **Franz Meisriemle**[10]) (Fagott), **Johannes Türrschmied**[11]) (Horn).

1) Clier (wie er seinen Namen selbst schreibt) hatte eine Besoldung von: 295 fl. Gehalt, 6 fl. Lichtergeld, 75 fl. Zulage, und 6 Malter Getreide. 1785 heiratet er die Hofratswitwe Wachter. Am 18. Dezember 1799 gibt er »auf dem Sterbebette« seine Schulden an: 485 fl. 4 Heller. (A. Wall.). Am 8. Jan. 1800 starb er im »43. Jahre« (Pf. Wall.).

2. Am 20. Dez. 1774 erhält F. statt »des bisherigen Officiantentisches« ein jährl. Kostgeld von 100 fl. sowie ein jährl. Weingeld von 50 fl. (A. Wall.). Nach Weinberger (a. a. O.) wäre er bis 1779 in der Kapelle gewesen.

3) W. bittet am 7. April 1789, »aus der Livrée zu kommen« (A. Wall.). Am 12. Mai desselben Jahres heiratet er Elisabeth Florin (Pf. Wall.). Wie er selbst in einem Briefe schreibt, war er seit dem Jahre 1778 in fürstl. Diensten und 1791 zum Kammermusikus befördert worden. Am 13. März 1794 erhält er eine Besoldungszulage von jährl. 50 fl., am 19. Febr. 1797 eine weitere von jährl. 75 fl., im April 1800 »für den verstorbenen Klier« 6 Malter Getreide (A. Wall). Er starb am 22. Juni 1840 in Wallerstein (Pf. Wall.). Von seinen 10 Kindern ergriffen **Josef** (geb. 26. Juli 1792 zu Wallerstein), **Johann** (geb. 9. Jan. 1794 zu Wallerstein) und **Michael** (geb. 13. Nov. 1796 zu Wallerstein) den Beruf ihres Vaters (Pf. Wall.).

4) Am 16. Juli 1798 werden dem Kammermusikus K. jährlich 150 fl. bewilligt. Am 26. Sept. desselben Jahres bittet er den Fürsten, seinen »Schwager Wineberger« auf der Reise »nach dem nördl. Deutschland« begleiten zu dürfen (A. Wall.).

5) Am 15. Sept. 1799 wird der »seit einiger Zeit bei unserem Orchester praktizierende Oboist W.« aus Ansbach als Kammermusikus mit 250 fl. angestellt (A. Wall.).

6) In den Akten (A. Wall.) findet sich am 15. Dez. 1778 eine Bitte des Clarinettisten F. um Heiratsbewilligung.

7) Aus den Akten läßt sich seine Anwesenheit in Wallerstein nicht nachweisen; jedoch erwähnen ihnen Mettenleitner, a. a. O. S. 33 und Weinberger (a. a. O.) für die Jahre 1791/92.

8) B. richtet am 17. Okt. 1780 von Kirchheim ein Schreiben an die Intendanz, der Fürst, der »Schützer der Musik« möge für die »zu nehmende Reiße in die Nieder Landen« seinen Platz »biß künftiges Frühjahr« unbesetzt lassen (A. Wall.).

9) H. dürfte 1783 in der Kapelle angestellt worden sein. Am 15. Dez. 1789 wird ihm auf seinen Wunsch die Entlassung erteilt, damit er dem »erhaltenen Ruf in die herz. Mecklenburg-Schwerinischen Dienste« Folge leisten könne. Gleichzeitig wird ihm bestätigt, daß er sich »während seiner 6jährigen Dienstzeit« zur Zufriedenheit betragen habe. Doch schon am 30. März 1790 läuft von Ludwiglust an den Fürsten ein Gesuch H.' um Wiederaufnahme mit 600 fl. Gehalt ein. Der Bitte wird entsprochen (A. Wall.).

10) Der Name dieses Musikers ist verschieden angegeben. Dlabacz (a. a. O. druckt »Meisriemer« und läßt ihn 1784 in der Wallerstein'schen Kapelle angestellt sein. Weinberger (a. a. O.) nennt ihn »Meisriemel«. In den Akten (Pf. Wall.) heißt er »Meisriemle«, wird zuerst im August 1789 genannt, wo ihm am 18. eine Tochter geboren wird, und ist am 11. Aug. 1814 als verstorben bezeichnet.

11) T. »aus Böhmen gebürtig«, kam, wie bereits oben erwähnt wurde, am 12. April 1752 in die Kapelle und erhielt ein monatl. Gehalt von 18 fl. Am 9. Juni 1770

Eine viel verwendbare Kraft hatte die Kapelle in dem Livréebedienten Josef Hiebesch[1], der im Mai 1800 zum »Hofmusikus« ernannt wurde[2]. Über seine vielseitige Tätigkeit im Orchester schreibt er selbst[3]:

»... daß ich Concerte auf dem Waldhorn und beim Orchester den Contrabaß, V. Cello und Violin zu spielen im stande bin, was gewiß kein andrer sich rühmen kann ...«

»Zur Bezeugung unserer gn. Zufriedenheit mit seinem Fleiß, den er auf den Unterricht der Prinzen auf dem Klavier verwendet«, erhält er unterm 4. Mai 1802 eine monatliche Zulage von 6 fl.[4]. Auch versuchte sich Hiebesch in der Komposition[5].

Einige andere Musiker waren noch in der Kapelle beschäftigt, deren in den Akten nur kurz Erwähnung getan wird: Gottlieb Marquart[6], Meltel[7], Wölfle[8] und Czerwenka[9].

Da sich Kraft Ernst nicht zu musikdramatischen Aufführungen verstieg, brauchte er auch kein ständiges Sängermaterial. Für die Interpretation von Sologesängen und Solostellen in Kantaten, zur Aufführung von Tonwerken in der Kirche standen Maria Cr. Estner[10], sowie

---

schreibt er von Schloß Trugenhofen aus, daß er sich »schon in dem 4. Jahr an dem hochf. Thurn-Taxischen Hof als Waldhornist« befinde, und stellt die Anfrage, ob er »wiederumb antreten solle«. Hierauf wird ihm eröffnet, daß er bei Bedarf Mitteilung erhält. 1799 läßt sich sein Aufenthalt in Wallerstein aus den Akten wieder nachweisen. Am 4. Juli 1801 schreibt seine Tochter Theresia: »... daß vor einem Jahre mein Vater gestorben ...« (A. Wall.).

1) H. wurde am 10. Nov. 1768 zu Birkhausen (bei Wallerstein) geboren (Taufmatr. der Pf. Birkhausen).
2) A. Wall.
3) ebenda.
4) ebenda.
5) Mss. in der Bibl. Maih.
6) M. wird am 20. Febr. 1774 als Kammermusikus mit einem jährl. Gehalt von 200 fl. aufgenommen (A. Wall.).
7) M. war im Mai 1777 bereits in Wallerstein. Am 7. Sept. 1781 spricht der Aktuar Ludwig dem Fürsten den Verdacht aus, daß M. mit Perwein heimlich entwichen sei (A. Wall.).
8. In den Akten ist im Jahre 1780 von dem »echapierten Musikus W.« die Rede A. Wall.).
9, Unterm 12. August 1781 werden »dem unlängst aufgenommenen Musiko Cz. neben seiner Geldbesoldung 4 Malter Getreid« angewiesen. Am 14. Sept. desselben Jahres reicht Cz. sein Entlassungsgesuch ein mit der Begründung, daß ihn seine Ehefrau, »welche sich in hiesigen Landen gar nicht eingewöhnen kann, ... täglich und stündlich quälet ...« (A. Wall.).
10) E. wurde am 1. April 1772 zu Marktoffingen geboren und starb am 1. Aug. 1790 (Tauf- u. Sterbematr. der Pfarrei Marktoffingen). Über ihre schöne Stimme sowie über ihre Beziehungen zu Kraft Ernst berichtet Weinberger a. a. O. in poetischer Weise.

Franziska und Margaretha Steinheber[1]) zur Verfügung, zu denen bei größeren Darbietungen sangeskundige Hofmusiker und Beamte traten.

Kraft Ernst ließ seine Kapelle bald in Wallerstein, bald auf seinen Lustschlössern spielen. Wie schon öfters erwähnt, boten Familienfeste, politische und kirchliche Gedenktage besondere Gelegenheit zu Musikaufführungen. Aber auch sonst, wenn Kraft Ernst nach den Geschäften des Tages Erholung und Anregung suchte oder wenn Gäste beim Fürsten sich einfanden, brachte die Kapelle durch ihre Vorträge Abwechslung in das Einerlei des Hoflebens. Wie in den meisten Adelskapellen der damaligen Zeit, so machte sich auch in der Wallersteiner Kapelle das Bestreben geltend, möglichst viele Novitäten zu bringen. Auch hier tritt jener fortschrittliche Geist zutage, der stets das »Modernste« zu bieten trachtete. Daher erklärt sich auch die starke Produktivität der kompositorisch tätigen Hofmusiker, daher die Fülle von Instrumentalmusik aus jenen Wallersteiner Tagen, die zwar, wie bereits erwähnt, nicht mehr vollständig, doch in respektabler Anzahl auf uns gekommen ist. Durchstöbern wir heute die Musikaliensammlung der Maihinger Bibliothek, so finden wir aus jener Zeit nicht allein die Werke einheimischer Kräfte, sondern auch zahlreiche Instrumentalmusik anerkannter Meister der Mannheimer und Wiener Schule: Johann Stamitz, Richter, Filtz, Toeschi, Karl Stamitz[2]), Anton Stamitz, Holzbauer, Leopold Mozart, Jos. Haydn u. a. Daneben sind aber auch norddeutsche Musiker vertreten: Phil. Em. Bach, Franz Benda u. a. Der Verbrauch an Symphonien, Konzerten, Quartetten, Partien war eben auch in Wallerstein damals ein starker.

Von besonderem Interesse sind die Beziehungen Haydn's zum Wallersteiner Hofe. Am 3. Dezember (1781) richtete Haydn von Wien aus an Kraft Ernst jenen musikgeschichtlich denkwürdigen Brief, in dem er »gantz neue à quadro für 2 violin, Alto, violoncelle concertante« zur Subskription anbietet und von diesen bemerkt: »sie sind auf eine ganz neu Besondre Art, denn zeit 10 Jahren, habe Keine geschrieben«[3]). Am 24. Dezember bestellt der Fürst die »neuen à quadro« und reklamiert sie am 18. Februar 1782, da »bis jetzo weder eine Antwort, noch etwas von den erwarteten

---

[1] Franziska St. kommt am 16. Jan. 1796 um eine Besoldung als Sopranistin ein, da sie »alle Musikdienste sowohl in der Kirche, als bei Hofe ganz allein nach Kräften« bereits 2 Jahre versehe (A. Wall.). — Margaretha St. erhält ab 17. Juli 1779 ein jährl. Gehalt von 15 fl. zugesprochen (A. Wall.).

[2] Die Bibl. Maih. besitzt einen Brief dieses Komponisten an Kraft Ernst, der im Anhang mitgeteilt wird.

[3] Bibl. Maih. S. hierzu den trefflichen Aufsatz Ad. Sandberger's in der »Altbayr. Monatsschr.«, 1900, S. 41 ff. »Zur Geschichte des Haydn'schen Streichquartetts«, wo der Brief vollständig abgedruckt ist.

Musikalien zugekommen ist«¹). Die Verhandlungen mit Haydn wegen neuer Kompositionen dauerten fort. Am 29. November 1789 sendet Haydn von Esterhaz an den Agenten des Fürsten, v. Müller, einen Brief, in dem er sich entschuldigt, daß er von den 3 Symphonien nicht die »reinste Partitur«, sondern nur eine »unleserliche Spart« einschicken könne, »da ich fast den ganzen Sommer hindurch solche hefftige Augenschmerzen hatte, daß ich leyder ganz außer stand war nur ainen Spart zu machen«²). Am 9. Dezember desselben Jahres fragt Müller beim Fürsten an, »was für ein Douceur E. D. dem Herrn Haiden zu machen gedenken«, und am 9. Februar des nächsten Jahres schreibt derselbe nach Wallerstein:

»... n'aiant chargé du present à donner à Monsieur de Haiden, et aiant appris, que celui ci se trouvroit à Esterhaz, je lui ai écrit, pourqu'il m'assigne une personne, à qui je pourrois confier la Tabattiere d'or avec les 50 Ducats, affin qu'ils lui parviennent. Je l'ai en meme tems recherché au Nom de Votre Altesse de composer encore trois autres Symphonies, dont Vous souhaiterez recevoir même la Sparte, et lui ai proposé de faire un tour à Wallerstein aux fraix de Votre Altesse, qui souhaiteroit faire la connoissance personelle...«³)

Der Wunsch des Fürsten scheint in Erfüllung gegangen zu sein. Freilich kam es nicht zu einem längeren Aufenthalte Haydn's in Wallerstein, da der Meister auf der Reise nach London begriffen war. Daß die Reiseroute aber über Wallerstein ging, geht aus einem undatierten Briefe des Fürsten an Müller hervor, der zugleich dartut, wie sehr Kraft Ernst für die Kompositionen Haydn's eingenommen war:

»... Daß Ihr älterer Bruder das Präsent für Haidn empfangen, hat mir derselbe gemeldet. Doch nun wäre ich begierig zu wissen, ob Haidn damit zufrieden gewesen und ob er sich entschlossen hat, mir wieder etliche neue Symphonien samt den Sparten zu überschicken. Er ist neulich hier, jedoch nur auf der Flucht durchpassiert, will aber bei seiner Rückkehr von England sich länger aufhalten, überhaupt bitte ich Sie, mein lieber Herr Hofagent, mit ihrer gewöhnlichen Pünktlichkeit mir alles was von Haidn neu im Stich und Schrift herauskommt, zu schicken, besonders auch diejenigen Parthien, die Herr von Kees besitzt. Sodann wünsche ich mir ein Verzeichnis nebst einer Preiß Note, erstens von allen Haidnschen Opern, Oratorien, Kantaten, Arien und Kirchenmusik...«⁴).

Wie auf dem Gebiete der Symphonie und des Konzerts, so mußten die einheimischen Kräfte in Wallerstein auch auf dem der Kirchenmusik, des Lieds, der Klaviermusik mit auswärtigen Meistern in Konkurrenz treten. Müller schreibt von Wien am 9. Dezember 1789 nach Wallerstein:

---

1) Bibl. Maih. Abgedruckt im Wortlaut bei Sandberger, a. a. O. S. 41/42.
2) Bibl. Maih. Abgedruckt bei Sandberger, a. a. O. S. 42/43.
3) A. Wall. Vgl. hiezu den Brief H.'s vom 14. März 1790 Karajan, »J. Haydn in London«. Beilage .
4) A. Wall. Eine genauere Angabe der Reiseroute von München bis Bonn fehlt bei Karajan, a. a. O. S. 22.

»... Weiter haben mir E. D. aufgetragen Ihrer Hofkapelle Kirchen musikalien wie auch einige Stücke von Mozart und Koczoloch zu verschaffen, von ersterer Gattung sind die vornehmern Meister Reutter, Grau von Berlin, Bonno, Haiden beide, Leopold Hofmann, Albrechtsberger, worüber ich mir dero weitere Befehle ausbitte ....« [1]).

Die Klaviermusik kam am Hofe zu besonderer Bedeutung, als Beecké von seinen Reisen nach Wallerstein zurückkehrte und die künstlerische Oberleitung über die Kapelle übernahm.

Jgnatz von Beecké wurde als der zweite Sohn des Präsenzmeisters des Ritterstifts[2]) J. Theodor Beecké aus Westfalen und dessen Gattin M. J. Margaretha, geb. Wesselberger am 28. Oktober 1733 zu Wimpfen im Tal geboren[3]). Beecké widmete sich der militärischen Laufbahn. 1759 erfolgte seine Ernennung vom Fähnrich zum Leutnant[4] im Württemberg. Kreisdragonerregiment Prinz Friedrich (Öttingen-Wallerstein'sche Kompagnie)[5]). Die Familie Beecké stand schon damals mit dem Hause Wallerstein in Verbindung. Der junge Beecké kam Ende 1759 oder Anfang 1760 nach Wallerstein, wie aus einem Dankschreiben des Präsenzmeisters an Philipp Karl hervorgeht[6]):

›Was E. hochgr. Excellenz in hochdero an mich gn. erlassenen Schreiben von meines Sohnes belobter Aufführung zu melden geruheten, solches ist mir um so angenehmer gewesen, je größer seine Schuldigkeit ist, die von hoch demselben in so großer maaß empfangenen Gnaden, für welche wir niemals genugsamen Dank erstatten können, durch seine geringen Dienste zu demerieren ...‹

Besondere Freundschaft dürfte Beecké mit dem Thronfolger Kraft Ernst verbunden haben. Eine rege Korrespondenz[7]) hielt, auch als Kraft Ernst oder Beecké selbst auf Reisen sich befanden, die gegenseitigen Beziehungen aufrecht[8]). Beecké berichtet dem jungen Grafen von dem Pariser Musikleben, macht Vorschläge, wie eine gute Kapelle einzurichten sei, und erzählt von dem Schicksal seiner Oper, deren Text Quinault's *Roland* bildete. Durch die ausgedehnten Reisen dürfte Beecké trotz der Unterstützungen, die ihm zu teil wurden, in Schulden geraten

---

1) A. Wall.
2) Zur Geschichte dieses Stifts vgl. auch H. Bochmer, ›Die Reform des Ritterstifts St. Peter zu Wimpfen im Thal‹ im Arch. f. hess. Gesch., IV, S. 283 ff.
3) Eine Kopie der Taufmatrikel in A. Wall.
4) A. Wall.
5) Kgl. Staatsfilialarchiv Ludwigsburg. Vgl. auch ›Beiträge zur Kenntnis der natürl. und politischen Verfassung des Öttingischen Vaterlands‹, Öttingen 1786, S. 52.
6. A. Wall.
7) ebenda.
8) Diejenigen Stellen der Briefe ‹ebenda›, die von Musik handeln oder sich auf wichtige persönliche Verhältnisse des Absenders beziehen, sollen im Anhang mitgeteilt werden.

sein. Ein Aktenstück, ausgefertigt am 13. Oktober 1772 in Wallerstein, meldet [1]):

»... Demnach der Herr Ignatius Becke ... in solche Mißzahlungs-Umstände verfallen, daß, aller angewendeten Zwangs-Mittel ungeachtet ein geringer Posten von 12 kr. nicht von ihm herausgepreßet werden konnte .... also ist zur Sicherheit der gutherzigen Gläubiger auf amtlichen Befehl ... das fahrende Vermögen, aus Abgang eines liegenden zu dem Ende in nachstehendes Verzeichnis [2]) gebracht worden, damit die sich vorfindende Habsäligkeiten ohne weiteres subhastieret und so weit der Erlös zureichet, hievon die Creditorschaft befriediget werden möge ...«

Als Hauptmann wird Beecké in dem eben erwähnten Aktenstück vom 13. Oktober 1772 genannt. In einem Briefe vom 23. Nov. 1770[3]) unterschreibt er sich als »*capitain*«. Sein Hauptmannspatent ist dagegen erst vom 26. März 1783 datiert[4]).

Als Kraft Ernst die Regierung übernahm, scheinen sich die Verhältnisse Beecké's gebessert zu haben. Beecké unternimmt nun aufs neue ausgedehnte Reisen, über deren Verlauf er dem Fürsten berichtet. März und April 1774 befindet er sich in Wien, wo er sich für die Musik Cimarosa's begeistert[5]) und auf der Suche nach geeigneten Kräften für die fürstliche Kapelle ist[6]). Wien ist wiederum sein Reiseziel in den Jahren 1775[7]) und 1776. Von den Berichten des Jahres 1776 (12. Aug. bis 7. Dez.) ist die Mitteilung Beecké's vom 15. Okt. von besonderer Bedeutung[8]):

»... *Gluck a mon opera ... il veut donner mon opera sur mon nom et le sien, parce qu'il le veut arranger après un nouveau Poeme de Roland, dans le quel on a redigé les 5. actes de Quinaut en trois. Je le laisse faire et je changerai ce qu'il voudra ...*«

Auch in den Jahren 1779 und 1780 weilte Beecké in Wien[9]). Am 13. Juni 1780 erlebte im k. k. Hofburgtheater sein Singspiel »Claudine

---

1) A. Wall.
2) ebenda. In demselben werden u. a. folgende für Beecké charakteristische Posten aufgeführt: »dem Hirschwirt Winter for Brantwein 800 fl. 9 kr., der Barb. Geilhoferin für Limburger Käs 499 fl. 23 kr., der Perücke des Herrn Notarii unfreundlich begegnet 900 fl. 3 kr., den Schlafrock des ehrsamen David Hirschhorn gemißbandelt 1 kr. 4 Heller ...«
3) A. Wall.
4) K. St. F. Arch. Ludwigsburg.
5) s. Anhang.
6) ebenda.
7) ebenda.
8) A. Wall. Vgl. hierzu Marx. »Gluck und die Oper«. II. S. 156 ff.
9) A. Wall. Die Briefe tragen die Daten: 23. Januar, 19. Mai. 26. Mai (»... Hors la Composition de Hayden. Il n'y a rien de bon en Musique dans ce pays-ci, qui puisse nous convenir. Il y a cependant un nomé Rhigini dont la Composition me plait beaucoup. Je lui ai demandé une symphonie ou plutôt une grande serenade a grand orguestro qui est bien interessante ...«) 2. Juni, 7. Juni 1780.

von Villa Bella« (Text von Goethe) die Erstaufführung¹). In den nächsten zehn Jahren treffen wir Beecké in Mannheim, Aschaffenburg, Mainz und in der Rheingegend, wo er an den dortigen Höfen als Komponist wie als Klavierspieler sich betätigt²). In Mannheim kamen im Jahre 1782 seine »Operetten«: »Die Jubelhochzeit« (9. Juni) und »Die Weinlese« (10. Dezember) zur ersten Aufführung³). Mitteilungen über Musikaufführungen u. dgl. sind in den Briefen Beecké's aus den Jahren 1780 bis 1790 nur mehr spärlich zu finden. In einem Briefe vom 3. Okt. 1783 kritisiert er die Aschaffenburger Hofkapelle:

»... il y a ici une excellente flute, un Excellent violon, les hobois mediocres, les clarinettes bonnes, la Contre-Baße sure et bonne, les cors de chasse mediocres, le Baßon maurais depuis que Pfeiffer, qui a voulu entrer au service de votre Altesse, est parti. L'ensemble de l'orquestre est bon, ce qui manque ce sont les nuances ...«

Aus derselben Stadt berichtet er am 2. Sept. 1786:

»... demain on donnera la première Representation de la nouvelle operette, que j'ai fait, malgré que j'ai encore beaucoup a desirer quant a l'execution...«

Wiederum aus Aschaffenburg schreibt er am 29. Aug. 1788:

»... Mardi prochain on donnera Armida de Righini. on doute si les opera Italiens feront fortune dans ce pays ...«

1. Archiv der Gen. Int. der k. k. Hoftheater. Rollenbesetzung:

Don Gonzalo	Herr Fischer
Donna Claudine	Mlle Weber
Sibylla	» Brenner
Camilla	» Teyber
Don Sebastian	Herr Günther
Don Petro	» Sonter
Crugantino	» Domer
Basko	» Schmidt

2) Die Briefe an Kraft Ernst (A. Wall.) tragen die Daten:

Mannheim, 20. 2. 83.	Aschaffenburg, 7. 7. 85.
» 17. 4. 85.	» 12. 9. 85.
Mainz, 29. 4. 84.	» 14. 10. 85.
» 27. 10. 84.	» 13. 7. 86.
» 19. 11. 84.	» 30. 7. 86.
» 29. 3. 85.	» 18. 8. 86.
Bonn, 5. 6. 85.	» 2. 9. 86.
Dieburg, 16. 5. 86.	» 17. 9. 86.
Mannheim, 30. 5. 86.	» 18. 10. 86.
Mainz, 20. 6. 86.	» 7. 7. 87.
» 5. 7. 88.	» 22. 7. 88.
Metz, 7. 9. 90.	» 29. 8. 88.
Dieburg, 8. 9. 90.	» 31. 10. 88.
Frankfurt, 28. 9. 90.	» 3. 8. 90.
Aschaffenburg, 4. 9. 83.	» 6. 8. 90.
» 3. 10. 83.	» 1. 9. 90.
» 6. 11. 83.	» 2. 9. 90.

3. Friedr. Walter, »Archiv und Bibliothek des großh. Hof- und Nationaltheaters in Mannheim«, Bd. II, S. 396 und 415. Über die »Weinlese« s. auch V. f. M., Bd. V, S. 251.

und am 1. Sept. 1790:

»... *l'abbé Vogler a été deux jours ici il veut aller a Darmstadt, Carlsruh, et Munic, et je ne doute pas, que dans son passage il menaçe votre Altesse de sa visite...*«

Aus Frankfurt berichtet er am 28. Sept. 1790:

»... *Samedi prochain la trouppe de Mayence donneront pour la troisième fois Tarare, musique de Salieri, que je suis tres Curieux d'entendre*...«

Im nächsten Monat spielte er hier mit Mozart, der mit ihm schon öfters zusammengetroffen war, ein »Klavierkonzert zu vier Händen«[1]. Im Jahre 1791 finden wir Beecké in Berlin, wo er als Komponist wie als Klavierspieler erfolgreich auftritt[2]. Von Berlin aus schickt er dem Fürsten am 7. Januar einen Brief, in dem er sich über Sacchini's »Ödipus« ausläßt, für des dortigen Kapellmeisters Felice Allessandri »Ulisse« eintritt und über die Hofkapelle urteilt[3]):

»... *le second jour on a donné l'opera d'Oedipe, musique de Sachini, quoiqu'il n'y avoit pas de chanteuses et chanteurs de la premiere force, quelques ans meme assés mediocres, il y a en beaucoup d'ensemble, et surtout les choeurs assés bien remplis. les decorations etoient bien belles, ainsi que la garderobe, et le costume bien exacte. l'orguestre n'est pas de plus brillant en detail, mais il va bien, ... Aujourdhui il y a opera ou on commenca par l'opera d'Ulißc, musique d'Allessandri, et dans quelques semaines on donnera Dario, du meme autheur, qui n'a pu encore finir son ouvrage, ayant eté empeché par une forte maladie... Allessandri a fait de la belle musique. J'etois etonné, qu'il ne se servoit pas plus des instruments a vent. Je n'ai pas entendu un seul arie obligé avec de instruments concertants. Je ne trouverai pas nos haubois, notre flute, et notre Clarinette... mais tant le reste vaut mieux, malgré qu'ils n'ont pas nos nuances et notre precision*...«

Im Juni desselben Jahres ist Beecké in Paris, im Juli in Drieburg[4]. Im Juni 1792 wurde Beecké unter Verleihung des Titels eines Majors in den Ruhestand versetzt[5]. Die Erzählung Lang's[6], daß Beecké die Offizierstelle als »*titulum mensae*« gehabt habe, gewinnt an Wahrscheinlichkeit, wenn wir die stattliche Anzahl der von Beecké unternommenen, größeren Reisen überblicken, während deren er dem militärischen Dienst entzogen war. Mit der Pensionierung im Jahre 1792 war er nun aller militärischen Verpflichtungen enthoben. Im Juni erfolgte die Pensionierung, am 17. Juli wird ihm in Wallerstein ein »Anwartsdekret« auf eines »unserer Oberämter« ausgestellt[7]. Aber erst unterm 1. Mai 1797

---

[1] Jahn, a. a. O. I, S. 168, 416/17, II. S. 536.
[2] Mettenleitner, a. a. O., S. 40.
[3] A. Wall.
[4] ebenda.
[5] K. St. F. Arch. Ludwigsburg
[6] a. a. O. 1, S. 219.
[7] A. Wall.

wird ihm auf wiederholtes dringendes Bitten die »Oberamtsstelle zu Hochhaus« mit »derselben anklebenden Besoldung, Accidentien und Emolumenten« verliehen, »da sich der Fall ergeben hat, wo wir das unserm Major von Beecké zu Bezeigung unserer gn. Zufriedenheit mit seinen uns und unserem Hause geleisteten vieljährigen und ausgezeichnetsten Diensten ... erteilte gn. Anwartschaftsdekret auf eines unserer ötting. Oberämter realisieren können ...«[1]. Am 3. Oktober 1799 bewirbt sich Beecké um die Oberamtmannstelle zu Harburg[2]. Unterm 31. März 1800 wird ihm die Oberamtmannstelle zu Allerheim übertragen[3].

Auch nach 1792 konnte Beecké größere Reisen machen. Jetzt aber beschreibt er dem Fürsten nicht mehr Musikaufführungen oder teilt ihm die Eindrücke mit, die er beim Hören neuer Werke gewonnen, sondern seine Auseinandersetzungen gelten nunmehr allein wichtigen politischen Ereignissen[4]. In den letzten Jahren scheint er kränklich geworden zu sein. Wiederholt spricht er in den Briefen von Bädern, die er zur Förderung seines Gesundheitszustandes nehmen müsse. Aber auch jetzt verließ ihn sein guter Humor nicht. In einem Briefe aus Stuttgart (19. 1. 95) heißt es[5]:

»... Ich bin krank, und an Leib und Seele leidend. Die Mittags-Taffelstunde schlägt, nicht aber jene meines Appetits. adjeu ...«

Von Tisching aus bemerkt er (24. 8. 95)[6].:

---

1) A. Wall.
2. ebenda.
3) ebenda.
4) Die Briefe (A. Wall.) sind datiert:

Wien, 4. 3. 93.
» 21. 4. 93.
» 1. 5. 93.
» 10. 5. 93.
» 8. 6. 93.
Louisbourg, 25. 8. 94.
Stuttgart, 19. 1. 95.
Frankfurt, 24. 4. 95.
» 26. 4. 95.
Tisching, 24. 8. 95.
Wimpfen, 29. 9. 95.
Heilbronn, 2. 10. 95.
» 6. 10. 95.
» 7. 10. 95.
» 8. 10. 95.
Wimpfen, 9. 10. 95.
Heilbronn, 10. 10. 95.
» 13. 10. 95.
» 15. 10. 95.
Wimpfen, 16. 10. 95.
» 18. 10. 95.

Wimpfen, 21. 10. 95.
» 23. 10. 95.
» 25. 10. 95.
» 26. 10. 95.
» 27. 10. 95.
» 30. 10. 95.
» 15. 11. 95.
» 25. 11. 95.
» 28. 11. 95.
Stuttgart, 28. 6. 96.
» 2. 7. 96.
Aschaffenburg. 16. 7. 96.
Oetting, 24. 7. 98.
Boll, 22. 7. 99.
Schwaningen, 14. 7. 1800.
Triesdorf, 18. 7. 1800.
» 22. 11. 1800.
» 29. 11. 1800.
» 6. 12. 1800.
» 31. 12. 1800.
Tischingen, 19. 10. 1801.

5. A. Wall.
6) ebenda.

»... daß lange Warten hat mir doch letzt nicht gantz gut gethan, ein alter Kerl wie ich, muß in der Ordnung bleiben ...«

Nach 1801 hören seine Reisen auf. In Wallerstein verschied er am 2. Januar 1803 »gegen 1 Uhr Mitternacht«[1]). Hier in Wallerstein wurde er auch auf Kosten des Fürsten[2]) »*magna cum pompa*«[3]) beerdigt[4]).

Zeitgenössische Schriftsteller fanden für Beecké Worte der Anerkennung. In dem Aufsatz »Etwas von der musikalischen Edukation« in Wieland's »Deutschem Merkur vom Jahre 1776« heißt es über seine Klaviermusik[5]):

»... Ist jemand, der des Hauptmann von Beecke Musik nicht kennt, der schaffe sich solche; wenn er anders sie auszuführen entweder selbst im Stande ist, oder sie von andern spielen zu hören Gelegenheit hat; denn sie erfordert Meistershand und die geringste Nachsicht kann und muß bei ihrer Ausführung nicht stattfinden. Sie ist meistens im theatralischen Geschmack und dieserwegen auffallend. Man glaubt sich oft mitten auf die Bühne versetzt; und in seinen vortrefflichen Concerten, die er auch mit vollkommenem Geschmack und Empfindung vorzutragen weiß, vertritt die Hauptstimme den menschlichen Gesang, ohne die höchsten Fähigkeiten und den ganzen Umfang des Instruments zu vermissen ...«

Eine hohe Meinung von Beecké hatte Schubart. Dieser schreibt über den Wallersteiner Musiker:

»Er gehört nicht nur unter die besten Flügelspieler, sondern auch unter die vorzüglichsten und originellsten Componisten. Seine Hand ist klein und brillant; sein Vortrag deutlich und rund; seine Phantasie reich und glänzend und — was ihm am meisten ehrt, seine Spielart selbst geschaffen. Er hat im Klavier eine Schule gebildet, die man die Beeckische nennt. Der Charakter dieser Schule ist eigentümlicher Fingersatz, kurzes, etwas affektiertes Fortrücken der Faust, deutlicher Vortrag, spielender Witz in den Passaggen und sonderlich ein herrlicher Pralltriller. In diesem Stil sind auch Beeckes Klavierstücke geschrieben. Er hat noch das Besondere, daß alle seine Sätze ein gewisses Gemälde von Empfindungen darstellen, deren Charakter sich nicht leicht verkennen lässt. Man weiß ganz genau, in welcher Herzstellung Beecke war, als er dies oder jenes Produkt aufsetzte; so getreu bleibt er der herrschenden Empfindung. Seine Konzerte sind nicht sonderlich schwer, aber ungemein lieblich und schmeichelnd für das Ohr. Seine Klaviersonaten gehören unter die besten dieser Art, die wir besitzen; sie sind reich an hervorstechenden, meist ganz neuen Wendungen. Seine Modulationen eben nicht kühn, aber doch oft sehr überraschend. Er hütet sich mit ängstlicher

---

1) Pf. Wall.
2) A. Wall.
3) Pf. Wall.
4) Die Grabstätte ist auf dem jetzigen Friedhofe in Wallerstein nicht mehr aufzufinden. Auch die Grabstätten der in Wallerstein verstorbenen Hofmusiker sind verschwunden. Dagegen sind noch Schattenrißbilder einzelner Musiker in Schloß Baldern (Württemberg) vorhanden.
5) 4. Vierteljahr, S. 212 f.

Gewissenhaftigkeit vor Rosalien; daher sind seine Übergänge so gefällig. Seine Kompositionen für andere Instrumente haben ein ganz eigentümliches Kolorit. Der Umriß ist aufs Genaueste angegeben, und die Instrumente bringen eine so kräftige Karnation und liebliche Farbenmischung hervor, daß man sie nicht ohne Wonnegefühl hören kann. Beecke hat auch manches für Gesang geschrieben; doch zeichnet er sich hierin nicht so sehr aus, wie in Instrumentalsachen. Er künstelt die Empfindungen heraus, und legt oft mehr oder weniger in den Gesang, als wirklich darin liegt . . .« [1]).

Auch in Schubart's »Leben und Gesinnungen« wird Beecké hervorgehoben:

»... Beecke ist bekanntlich der Anführer einer ganz eignen Manier, den Flügel zu spielen. Er selbst hat alle Eigenschaften des musikalischen Genies — Schöpfergeist, Feuer, Fülle und Ausdruck. Sein Auge flammt, wenn er spielt, seine Faust ist klein und schimmernd und der Charakter seiner Spielart hat viel Einfalt, Bestimmtheit und Würde. Er ließ von den besten Musikern des Hofs einige seiner neuesten Kompositionen vortragen, wovon jede ein einziger, gut ausgeführter Herzensgedanke zu sein schien. Man weiß sogleich, was Beecke empfand, als er sein Stück niederschrieb, daher sind seine Kompositionen nicht von Kaprisen scheckicht, gleich einer Harlekinsjake, sondern das Horazische »*Simplex et unum*« ist allenthalben seine Leuchte. Große harmonische Tiefe findet man bei ihm nicht; der Pedant könnte ihm sogar manchen Fehler vorwerfen, aber Geniezüge ersetzen diesen Mangel desto reichlicher . . .« [2]).

Weniger begeistert, aber doch immerhin anerkennend äußert sich die »Allgemeine musikalische Zeitung« über Beecké [3]). Gerber nennt ihn einen »vortrefflichen Dilettanten« und zählt seine Werke auf, die »so viel Wirkung tun sollen« [4]).

Beecké war ein fruchtbarer Komponist [5]), der nicht nur zahlreiche Stücke für Klavier und Gesang, sondern auch für Instrumentalmusik schrieb. Ebenso wie die Symphonien Rosetti's fanden auch einige Beecké's außerhalb Wallersteins Beifall. An Stärke der Begabung kam Beecké freilich jenem nicht gleich. Die Verleger scheinen nicht allzu gerne an die Veröffentlichung seiner Kompositionen gegangen zu sein [6]).

1) »Aesthetik der Tonkunst«, a. a. O. S. 173 f.
2) a. a. O. II, S. 92 ff.
3) a. a. O. II, S. 186 ff.
4) a. a. O. II, S. 307 f.
5) Die meisten Stücke im Mss. in Bibl. Maih.
6) Dies geht z. B. aus einem Briefe hervor, den die »Gombart'sche Musikhandlung« in Augsburg am 19. April 1803 nach Wallerstein richtet (A. Wall.). In diesem Briefe heißt es u. a.:

»... Vor etlichen Jahren übersandte Herr Major von Beecké das gleiche Verzeichniss, offerierte uns diese Manuscripten blos zum Verlegen, dagegen er sich nur einige Exemplare der ersten Abdrücke davon vorbehielt, wir konnten aber seinen Wünschen, ohne uns zu schaden, leider nicht entsprechen. Wir haben zwar einige Werke Lieder von seiner Composition nach seinem Wunsche verlegt, davon er uns eine Anzahl Exemplare gegen baar abzunehmen versprach, allein nach jnliegender Nota ist uns der nunmehr Seel. Major von Beecké noch netto 31,52 kr. schuldig geblieben . . .«

Am Hofe war Beecké eine beliebte Persönlichkeit. Sein lustiges Wesen, das uns auch in seinen Briefen entgegentritt, half ihm über manche Bitternisse des Lebens glücklich hinweg. Durch seinen Tod erlitt die Kapelle einen schweren Verlust. Dieser machte sich um so empfindlicher fühlbar, als bereits einige Monate vorher, am 6. Oktober 1802, Kraft Ernst, der Begründer und Beschützer der Kapelle, gestorben war. Für die Kapelle kamen nun schwere Zeiten. Die Blütezeit des Wallersteiner Musiklebens war vorbei.

Nach dem Tode Kraft Ernst's übernahm dessen Gattin Wilhelmine Friederike die vormundschaftliche Regierung für ihren minderjährigen Sohn Ludwig. Die Verhältnisse des fürstlichen Hauses gestalteten sich nun immer schwieriger. Im Jahre 1806 erfolgte die Mediatisierung des Landes. Dieser Schlag traf auch die Kapelle. Am 13. Oktober 1807 ergeht von Wilhelmine Friederike die Weisung:

»... daß der gesamten Hofmusik, mit Ausnahme des in der Livrée stehenden Personals der Auftrag erteilt wird, sich in Zeit eines Jahres um andere Dienste umzusehen, indem die Umstände Reduktion erheischen...«[1]).

Am 18. September 1810 folgte ein neuer Erlaß:

»... Unseren Hofmusicis haben wir schon seit längerer Zeit aufgetragen, sich um andere Dienste umzusehen. Mehrere derselben haben dieses jedoch fruchtlos gethan. Wenn wir nun gleich nicht gemeint sind, das bei unserer Hofmusik angestellte Personal ganz brodlos zu machen, so kann man uns bei den so sehr veränderten Verhältnissen unseres Hauses doch auch nicht zumuthen, dasselbe fortan mit seinem vollen Gehalte beizubehalten. In Anbetracht dessen haben wir beschlossen, Unsere Hofmusik vom 1. des künftigen Monats angefangen, auf $^3/_4$ ihrer Besoldung herabzusetzen...«[2]).

Noch deutlicher zeigt ein Erlaß vom 30. Sept. 1812, daß die allmähliche Auflösung der Kapelle beschlossene Sache war:

»... Die notorische durch momentane Ereignisse herbeigeführte Lage der Finanzen hatte die aufgelöste Vormundschaft auf den Entschluß geführt, bei sich ergebenden Vakaturen keine Wiederbesetzung zu decretieren und durch diese Massregel die Administrationsauslagen möglichst zu vermeiden ...«[3]).

In diesen schlimmen Tagen mochte dem Hofe wohl ein Anerbieten willkommen sein, das der »Weimar'sche Kapellmeister« Franz von Destouches an den Fürsten stellte. In einem Briefe vom 27. Sept. 1814 erklärte sich Destouches bereit, »unentgeltlich oder für einige 100 fl. jährlich« die Kapellmeisterstelle in Wallerstein zu übernehmen[4]).

1. A. Wall.
2. ebenda.
3) Bibl. Maih.
4) Bibl. Maih., s. zu D.' Tätigkeit in Weimar die Briefe Schiller's an Goethe vom 20. Jan. 1802 und vom 3. Aug. 1804, sowie die Goethe's an den Herzog Carl August vom 25. Febr. 1809 und etwa 20. Nov. 1809.

Nach dem Tode Beecké's war, wie schon oben erwähnt wurde, Hammer anfangs zum provisorischen, dann zum wirklichen Direktor der Hofmusik ernannt worden. Wie die Jntendanz, an.deren Spitze nun ein Beamter stand, unterm 11. April 1814 rühmend hervorhebt, war Hammer »derjenige, der allein das fürstliche Orchester im Gange erhält« ¹). Dieser Hammer wurde nun dem neuen Kapellmeister unterstellt. Wie eilig der Hof es hatte, Destouches als unbezahlten Leiter der Kapelle zu gewinnen, geht daraus hervor, daß bereits am 28. September, einen Tag nach Eingang des Briefes, die Ernennung Detouches' zum fürstlichen Kapellmeister erfolgte²). Und auf Wunsch wird dem neuen Kapellmeister bereits 4 Tage später sogar »die Uniform eines Jntendanten« verliehen³). Am 25. Mai 1815 bewilligt ihm der Fürst wegen seiner »ganz uneignützigen Dienste«, durch die er »unser höchstes Wohlwollen und gnädigste Zufriedenheit sich erworben hat«, den »Genuß des Offiziantentisches«⁴).

Destouches scheint es bei der Annahme der Stelle in Wallerstein vornehmlich um Titel und Uniform zu tun gewesen zu sein. Nach einjährigem Aufenthalte in Wallerstein kommt er beim Fürsten um Urlaub ein (6. Sept. 15), da »ich willens bin, künftige Woche eine musikalische Kunstreise nach Stuttgart, Mannheim, Frankfurt über Würzburg anzutreten, um einige Theater und wieder neue Musik zu hören«⁵). Der Urlaub wird ihm gewährt. Auch im Jahre 1816 befand sich Destouches auf Reisen⁶). Sein Gesuch um Verlängerung des Urlaubs wird aber jetzt von der Hofkammer energisch abgewiesen und hiezu bemerkt: » ... im vorigen Jahre erlaubte sich derselbe seinen Urlaub bis in den Monat Februar auszudehnen ...«⁷). Trotzdem kam Destouches nicht zurück. Nun riß dem Fürsten die Geduld, und er verfügte kurzer Hand am 17. Dezember (1816) die Entlassung Destouches'⁸).

Die Kapelle war im Laufe der letzten Jahre immer mehr herabgekommen. Als Anfang 1817 von der Intendanz ein Gutachten eingefordert wird, ob die von dem Kammermusikus C. Andreas Göpfert in

---

1) Bibl. Maih.
2) ebenda.
3) ebenda.
4) ebenda.
5) ebenda.
6) Die Reisebriefe Destouches' (A. Wall.) sollen im Anhang der Mehrzahl nach wiedergegeben werden, da sie manche wertvolle Einzelheiten enthalten.
7) Bibl. Maih.
8) ebenda. Die Bibliothek besitzt von D. zwei Kirchenkompositionen: *Agnus Dei* à Sopr. Alto, 2 Ten., 2 B., Str. 2 Fl., 2 Ob., 2 Clarinetti, 2 Fag., 2 Corni, Timp. (Mss.); *Tantum ergo* à Sopr. Alto, Ten. Baßo è Organo (Mss.).

Sachsen-Meiningen¹) angebotenen Musikalien für »Harmoniemusik« gekauft werden sollen, schreibt diese:

»... Von den hier verzeichneten Musikalien ist der Kapelle keines notwendig. Die 9, 10, 11, 12 und 13 stimmigen Parthien sind zwar von großem Effekte, allein das Orchester kann dieselben aus Abgang von Clarinettisten (!) nicht besetzen...«²).

Und am 17. Januar 1818 klagt dieselbe Intendanz:

»... Es kann hier keine Ouverture gegeben werden, ohne den Kontrabassisten Hetsch von Nördlingen kommen zu lassen...«³).

Der Fürst scheint nun eingesehen zu haben, daß die Kapelle jetzt entweder vollständig aufgelöst oder neu organisiert werden müsse. An Stelle des entlassenen Destouches⁴) wurde am 6. Mai 1817 als »2. (Gesangs)-direktor« Johann Amon an die Wallersteiner Kapelle berufen⁵), der am 26. April 1817 von Nördlingen aus an den Fürsten ein längeres Schreiben gerichtet hatte⁶):

»... Ich für meinen Teil aber muß auf diesen Titel und Rang (= eines Klaviermeisters) feierlichst Verzicht leisten, indem ich mich durch die Annahme desselben nicht nur an meinen vierjährigen Lehrern in der Komposition und Execution, einem Sacchini, Vogler und Punto etc. in Paris so wie meinem eigenen durch längere Übung während meines Aufenthalts in Paris, Wien und Berlin in künstlerischem Verein und freundschaftlichen Umgang mit Haydn, Mozart, Reicha, Righini, Beecké etc. ausgebildeten und durch eine Menge gedruckter und ungedruckter Werke begründeten musikalischen Ruf, sondern auch an den vorbenannten und so vielen anderen verehrungswürdigen Gönnern und Freunden schwer versündigen würde...«

In demselben Schreiben erwähnt Amon von seinen Kompositionen⁷) »80 im Druck erschienene Werke... verschiedene Opern, Kantaten, Melodramas, Gelegenheitsstücke«, ferner daß er früher Rufe »nach Fünfkirchen mit 1500 fl., nach Wiesbaden mit 1200 fl.« erhalten habe. Als Gage erhält Amon in Wallerstein jährlich 600 fl. und eine Naturalienzulage zugesichert⁸). Seine Tätigkeit in Wallerstein erstreckte sich auf

---

1) G. empfiehlt in seinem Briefe vom 25. Februar 1817 (Bibl. Maih.) von seinen Arrangements: Haydn's »Schöpfung«, Paer's »Sargino«, Mozart's »Zauberflöte«, Winter's »Unterbrochenes Opferfest«, und bemerkt hierzu:
»... Da ich seit etlichen 20 Jahren Musik mit dem größten Eifer studiere, auch 1½ Jahr des unsterblichen W. A. Mozarts Unterricht im höheren Wissenschaftl. der Theorie der Musik genoß, fühlte ich immer große Vorliebe für Harmoniemusik blasende Instrumente, deswegen mir auch mein großer Lehrer Mozart seine Partituren sämtlicher Opern übergab, mit dem Auftrag, solche dafür zu setzen...«

2) Bibl. Maih.
3) ebenda.
4) Nach dem Abgang Destouches' erkundigt sich der Münchener Hofmusikus Held nach der Besoldung der erledigten Kapellmeisterstelle (Bibl. Maih.).
5) ebenda.   6) ebenda.
7) Im Druck (op. 30, 60, 84, 87, 110) und Mss. ebenda.
8) A. Wall. und ebenda.

die Leitung einer »Singschule», die gegründet wurde[1]). Als am 23. Juli 1818 Hammer starb[2]) wurde Amon auch die Leitung der »Quartettschule«[3]) übertragen und am 25. August der Titel eines Kapellmeisters verlichen[4]). Nachdem der Fürst in Amon einen tüchtigen Leiter seiner Hofmusik gewonnen hatte, versuchte er auch eine Organisation der Kapelle. Auf seinen Befehl (vom 17. Jan. 1818) legte die Intendanz, an deren Spitze

---

1, In einer Verfügung vom 3. Mai 1817 (Bibl. Maih.) heißt es, daß die »Singschule« nicht nur Sänger und Sängerinnen ausbilden, sondern auch vorzüglich »die ersten Anfänger in die Kenntnis der Noten und das Verhältnis des Taktes« einweihen solle. Am 30. November 1817 (ebenda) schickt Amon einen Bericht »über den Fortgang des Singinstituts« ein, in dem es heißt: »... Bishero habe ich meinen Eleven ein Patrem von Allegri ohne Begleitung und eine Meße von Mozart mit Begleitung einstudiert ...«

2) ebenda.

3) Wegen der Quartettschule ergeht am 28. September 1817 ein scharfer Erlaß des Fürsten an Hammer, dem vorgeworfen wird, daß »die Simphonien von Mozart und Beethoven usw. noch nie *en quartett* probiert worden«. Nun schickt Hammer regelmäßig das Programm ein (ebenda):

7. Juli:	2 Trio	Viotti.	8. Juli:	Viol. Quart.	Pleyel.
	Quartett	Rosetti.		Ob. »	Wanhal.
	»	Amon.		Horn »	Pleyel.
	Viol. Variat.	Spohr.		Concert. Trio	Viotti.
	2 Quartette	Bleyl.		Viol. Quart.	Amon.
	»			» »	Rosetti.
	Hornquart.	Rosetti.			
	2 Quartette	Amon.			
11. Juli:	Ob. Quart.	Viola.	18. Juli:	Trio	Viotti.
	Horn »	Pleyel.		Fag. Quart.	Witt.
	Viol. »	Amon.		Viol. Trio concert	Amon.
	» »	Pleyel.		Viol. Quart.	Mozart.
	» »	Amon.		Concert. Trio	Viotti.
30. Sept.:	Symph.	Mozart.	5. Okt.:	Symph. (cm.)	Haydn.
	»	Haydn.		Horn Quart.	Amon.
	Viol. Trio	Viotti.		Symph. (dis)	Haydn.
				Horn Quart.	Kunze.
10. Okt.:	Symph. (c)	Haydn.	14. Nov.:	Quart.	Haydn.
	Quart.	Kromer.		»	»
	»	Bleyl.		»	Viotti.
	Symph. (c m.)	Haydn.			
18. Nov.:	(Feldmayr)	Ouvert. aus Sultan Wampum.	21. Nov.:	Beecké Haydn Amon	Quart. » Symph.
	Haydn	Quart. (es).			
	»	» (d).			
27. Nov.:	Haydn	Quart.	28. Nov.:	Kuffner	Viol. Qu.
	Pleyel	Concert. für 2 Viol.		Dam Kuffner Haydn	Fag. Trio. Viol. Qu. » »
	Punto	Quart.			
	Beecké	»			
2. Dez.:	Kuffner	Quart.	2. Dez.:	Kuffner Amon	Quart. Serenade concert.
	»	»			
	Kostboll	Ob. Quart.		Kuffner	Quart.
	Kromer	Quart.			
9. Dez.:	Bobrer	Viol. Var.			
	Kuffner	» Quart.			

4) A. Wall.

nun der kunstsinnige Rat Kohler stand, ein Verzeichnis von Musikern vor, »welche zu einem guten Orchester nach Verschiedenheit ihrer Instrumente erforderlich sind«[1]). Deutlich gab die Intendanz hiebei dem Fürsten zu verstehen, daß es mit dem Sparen in der Kapelle nicht so wie zuletzt weitergehen könne. Denn »es ist nun einmal nicht möglich, in den Künsten mittelmäßiges zu leisten, ohne in den Ungeschmack und in die Gemeinheit zu versinken«[2]). Am 28. August 1818 stellte Fürst Ludwig einen neuen Erlaß für die Organisation der Kapelle aus, in dem namentlich die Pflichten der Musiker festgelegt waren[3]) ».... sich selbst in ihrer Kunst sorgfältig zu üben, mit dem Geiste der Zeit voranzuschreiten und zu stets höherer Vollkommenheit in ihrem Fache sich emporzuschwingen ....«. Da der Fürst aber nur mit dem vorhandenen Personal, in das der Tod im Laufe der Jahre manche Lücke gerissen hatte, rechnete, konnte eine Neubelebung der Hofkapelle nicht in die Wege geleitet werden. Wie aus dem Verzeichnis vom 17. Januar 1818 ersichtlich ist[4]), waren damals außer Hoppius, Hiebesch, den Zwierzinas, Links und Weinhöppels, die teilweise die Glanzzeit der Kapelle noch miterlebt hatten, später auch andere Stellen mitversehen mußten, nur mehr musikalische Bediente und Kanzlisten in der Kapelle beschäftigt. Immer mehr verkleinerte sich die Kapelle. 1821 hörten die Hofkonzerte auf[5]). Am 29. März 1825 starb Amon[6]). Die Kapellmeisterstelle wurde nun im Nebenamt dem Wallersteiner Chorregenten J. Michael Mettenleitner[7]) verliehen[8]). Die früher in der Kapelle tätigen Hofangestellten fanden am Hofe als Musiker keine Verwendung mehr, trugen aber fernerhin durch ihre musikalischen Kenntnisse zur Hebung einer Privat-Musikgesellschaft bei, die 1833 unter dem Namen »Harmonie« aufs neue ins Leben trat[9]).

In den ersten Jahrzehnten des 19. Jahrhunderts waren die Adelskapellen großenteils verschwunden. Hätte Fürst Ludwig die Organisation seiner Kapelle nicht blos auf dem Papier, sondern unter Aufwendung größerer Geldmittel auch wirklich vollzogen, so wäre es doch höchst fraglich geblieben, ob sich dadurch die Wallersteiner Hofkapelle zu neuer Blüte erhoben hätte. Eine neue Zeit war herangebrochen, in der durch die Zentralisierung der Musikpflege ein reiches und ausgedehntes Musikleben an kleineren Orten vernichtet wurde.

1) Bibl. Maih.
2) ebenda.
3) ebenda.
4) ebenda.
5) Mettenleitner, a. a. O., S. 37 und Weinberger, a. a. O.
6) Pf. Wall. Als Todesursache wird »Lungensucht« genannt.
7) s. Mettenleitner »Musikgeschichte der Stadt Regensburg« a. a. O. S. 182.
8) Weinberger, a. a. O.
9) ebenda.

Anhang.

Ein Brief Franz Pokorny's.

»Berichte zum erstemahl, daß ich mit der Composit: glücklich furt fore, meiner Fleiß wohl anwenten Tuhe, wan nur der Capelmeister die Lection um etwas lenger mochet, daß sie nicht so kurtz wäre: als forigen unsern Hof Caplan Hiesigner seyn heilige Mees- und daß geschieht nur in 2 oder 3 Tagen einmahl, ich muß selber daß beste dun, den Fleiß wohl an wenten, daß ich meinem gnedigsten Herrn Grafen contentir, zum zweiten, was daß Beste und vor mich nüzilchste sey, die opera von Jumeli, die ist wunderschön. do kann ich von dem Geschmag und Cantabilidet etwaß nodwendig ver waßen, was Efegt (= Effekt) in der Composition giebt ich gegeich auch mit in orchester- und 4 mahl ist erst produziert worden, ursach, der große Keit ist zurückge holten, zum 3ten ich kenne den Holtzbaur, Stamitz, Richter gar zu gutt, sie hoben die nemliche Theori, was ich beyn Ripel gelernt habe, allein sie schreiben schon lange zeit, haben die Practic- wo ich eben durch die Tögliche Fleiß den Rechten grund Satz selbst suchen mueß, an bey melde daß in Monheim deßer zn leben sey, ich hitte mich von alle gesellschaften, undt könt glaub wohl nicht mit mein geld auß komen, zu der große noth den Monath Februari das ich nor auß kumen undt mich furt bringen, won ich auß dem Haus nicht gehe kostet mich Stags 50 X holtz und zimer ist seher deßer und die reiß hat mich 28 fl. gekostet, biß ich nocher zimer bekomen habe, bin ich im Wirthaus gewesen 8 Tägen hab zalen müßen 11 fl. Die H. Musici die Viele Ehr von H. grafen empfangen haben, hatt mir keiner von alle das gwartier ongeboden, biß ich zimer bekumen hött: es gehet ihn nicht gor zu gutt won einer draußen sey ich worth mit schmerzen biß widrum heist, daß ich nocher Wallerstein soll, dan won ich selber nit auß meiner über legung etwas begreyfet- und die fundamenta vorher nicht gehabt hötte, in Monheim höd ich 2 Jahr gebraucht biß ich es Bekommen hötte, Der H: Capelmeister hatt wenig miehe mit mier er sagt freillich ich hött die Fundam: aber ich möcht doch haben, daß er Bessere Fleiß mit mier zubringet, won ich nur die octav und in Decima wenig Begriffen habe doß hast die Fugen wo ich wirgclich angefanget habe, so Bin ich zufriden verlang nichts mcher, daß wör biß den 20 Marti glaub ich daß ich wollte wieder nocher Haus gehen (woblen einige haben und zwar der Richter, ich solt in monheim bleiben biß noch Ostern, er wil zum Grafen mit mier,, mit dene Concerten wo der H: Graf angefremdt habe 6 von den Walthorn) und ich wolt nit gern haben, ich beth er ihm solt mithaben, er verlanget 4 Ducaten für eins, hatt erst einzigen gemoht vers Prim wo ich schon gemeldet habe dem H: Witemon, und 6 Sinfonie hab ich obschreiben loßen von Richter. Bogen kostet 10 X. und der Stamitz hat die ganze zeit nix alß 1 Sinfonie gemacht, und Regalpapier der gekost Kies von dem großen 32 fl. wons oustendig sey, so bitte Recht gehorsam hoch gebohren: H:, daß sie son mier etwaß melden, wegen der nothwendigkeit und bitte um forzeiung daß ich ihne in Comediere mit so schlechte schrieft, womit verbleibe mein

                                               hoch-gebohrn: H:

Monheim, den 4. Februari   gehorsamster Diener
       1754.   Frantz Pokorny.
bitte daß Concert d. Josep, Walthornist zu geben.

Ein Brief Anton Janitsch'.

Votre Alteße et Trés gracieux Maittre

Esperant que Son Alteße voudra bien recevoir d'un Oeuil favorable, La trés Humble p:ier dout j'ai L'honeur de Lui fair, ayant reçû des Lettres de mon frere. Lequel me Marque que L'on Deßire ardament de mávoir à Berlin cette yverts, peut entreprendre. Les Concerts, ce qui me rapporterais, beaucoup dárgens, et étant tres persuader que Son Alteße ne sopose pas au bonheur de ces Sujets, je Limplore donc tres humblement, et, La Supplie Trés Respectueusement de Voulloir bien M'accorder La permißion d'y, aller, fair un tour pour quelque mois, et de pouvoir profitter de cette occaßion favorable qui ce preßente pour moy; affin que je puiße un peut me remettre, et amaßer quelque Sois; je promets Son Alteße que je neceßerai de lui étre attaché, et de lui en marquer außi mon zele et ma recconnoißance, lui aßurant que je ne L'Iuportunerai plus de si tot, je tacherais par cette méme occaßion de me proccurer außi un bon Violon; j'y reitere encore ure trés humble prier, en Suppliant Son Altesse et Trés Grascieux Maittre, de maccorder La grace d'un petit avancement de peut de choße affin que je puiße mediocrement fair mon Voyage, ce que je demande Remboursser, à mon retour car ne pouvant pas priver ma famille; d'un

obole pendent Lespare de mon abscence, jespere et attant tous de Leffets, et des graces, de Son Alteße, et espere obtenir sa permißion Ayant L'honneur detre avec Le plus profond Respect et attaschement,
De Votre Alteße et Tres sereniſsime Maittre

De Hohenaltheim Le 17 Septembre 1783

Le plus humble et obeisant serviteur Janitsch.

Drei Briefe Anton Rosetti's.

Paris 15. January 1782.

»... So sehr ich immer wünsche von meinen hiesigen Umständen E. hochf. D. weithere unterthänigste Nachricht erteilen zu können, so viel fande ich Ursache solche wegen immer anhaltenden Unpäßlichkeiten ließ jetzo zu verschieben. Mein Cörper ist durch die neulich genommene allzustarke Medizin dergestalt geschwächt: daß ich mich in Genießung Speise und Trankes nicht genug zu hüten vermag. Meistens bin ich 2 Tage krank und den dritten bin ich vielleicht im Stande meinen Verrichtungen nachzugehen. Das derangiert mir öfters meinen Plan in Ansehung der mir höchst nötigen Beiwohnung der Opern, Specktakl und Concerten sowohl als auch in Betreff meiner Jnteresse, weil ich in derlei Umständen außer Stande bin zu arbeiten.

Sonst sehe ich alle meine Wünsche vollkommen erfüllt! mir fehlt es nicht an hinlängliche Bekanntschaften in den ersten Häusern, meine Musique wird mehr geschätzt als von 10 andern weitwürdigern Meistern; ich selbst bin überall vom Prinzen bis zum Musiker geliebt; mein Talent hat alle Gelegenheit sich durch die Verschiedenheit der hiesigen Musique beßer zu bilden; ich sehe die große große Welt und ohngeachtet der Verlegenheit, in die mich meine kränkliche Umstände versetzen, sehe ich doch zum Voraus meine Rechnung so gemacht: daß ich mit Ehren hier abziehen und mit Ehren in Wallerstein erscheinen kann.

Das beste und stärkste Orchester ist bey dem Prinz v. Guiemené, es besteht aus den allerersten Meistern von Paris! lauter ausgesuchte Concertisten, so, daß die Wahl ordentlich schwer fällt. Im ganzen ist ihre Execution sehr rasch und richtig, jedoch in ab- und zunehmung des Gefühls bei einzelnen Notten, in sanften Außdrücken und in der Einheit muß ich das Wallersteinsche Orchester weith vorziehen.

Das Concert Spirituel ist brausend und rauschend, für einen Fremden mehr erschröcklich als einnehmend. Für dieses arbeite ich wirklich an einer starken Sinfonie.

Das Concert des Amateurs existiert nicht mehr, es soll das beste gewesen sein. Im Concert d'Emulation habe man viel schönes dagegen gegeben, es ist klein aber gut, hier allein bestrebt man sich Außdrücke zu suchen. Hayden ist ihr Abgott. Andere Privat Concerten bedeuten nicht viel, außgenommen bey Baron de Bagge! hier ist die Musikalische Schule! Alle Fremden halten hier ihre Probe, wer da gefällt, hat sein renomé in Paris gemacht, so auch das Gegenteil.

Glucks beide Iphygenien sind bezaubernd wenn man sie sieht, und Pizzini scheint ein Kind gegen Gluck zu sein. Gretry erhält sein renomé noch am vorzüglichsten im Italienischen Theater, ich habe ganz schöne Operetten von ihm gesehen...«

Paris, le 5 Mars 1782.

»... Ich unterfange mich E. hochfürstl. Durchlaucht unterthänigst zu berichten: daß /: da das Concert Spirituel mit Anfang April sich endiget, u. ich meine Sachen zu besagter Zeit ziemlich werde gemacht haben, auch die Herrschaften meistens aufs Land gehen :/ ich trachten werde, mit Ende April, längstens Anfang Maj nach Wallerstein zurückzukehren; wenn mir anders E. Hochfürstl. Durchlaucht, solange die gnädigste Erlaubnis zu ertheilen geruhen wollen, um welches ich unterthänigst bitte.

Ich habe alle Opern und Concerte beigewohnt und thue es wirklich noch, wenn ich etwas für mein Fach und Absehen merke und ich glaube, ja ich fühle es sehr wohl es nicht umsonst gesehen zu haben. Durch mein Talent habe ich es Paris mir und E. Hochfürstl. Durchl. sehr viel Ehre erworben, ich halte mich daher wohl versichert: daß mich E. Durchl. bei meiner Ankunft mit ebensoviel Hulden und Gnaden empfangen werden, als von welchen ich mir zu schmeicheln hatte, wie ich höchstdieselbe verliesse.

6 Sinf: u. noch etliche andere Stücke habe ich unter unterthänigster Dedication an E. hochf. Durchl. hier stechen lassen, die wirklich fertig sind u. von welcher ich ein Exemplar durch den Gärtner Grieß Höchstdenenselben zuschicken werde, so wie ich von meinen hiesigen Arbeiten das meiste, wenigstens das beste nach Hauß bringen werde.

Von Musik anderer Meister habe nichts erhebliches um zu kaufen gefunden, außer ein Pastoral Motett von Goßeck, das sehr schön ist; aber man kann es nicht haben; es ist ein originall an den Directeur du Concert Spirituel verkauft worden. Sinfonien hört man keine als von Hayden und — /: wenn ich's sagen darf :/ von Rosetti! — Hin und wieder noch von Dittern ...«

Paris, le 12. Avril 1782.
»... E. hochf. D. werden die 6 gestochenen Sinfonien von mir, unter unterthänigster Dedication an Höchstdieselbe empfangen haben. Will aber annebst gehorsam beifügen: daß die 3 stärksten erst künftigen Winter durch den Directeur du Concert Spirituel gestochen werden, und ich alle meine hiesige Auflagen so wie verschiedene andere Musique der besten Meister, selbst zu überreichen die höchste Gnade haben werde.

Die Musique fängt an bei annahenden schönen Tagen sich ganz zu verliehren, und da ich in diesem Fache meinen Zweck in ziemlichen Grade erreicht habe: so ist jetzt meine Beschäftigung mein ausstehendes Geld einzusammeln und bei meinen Bekanntschaften Abschied zu nehmen. Ich gedenke den 24. oder 25. dieses Monats noch hier abzugehen und Anfang May die Gnade zu haben E. h. D. für die mir gn. erlaubte Reise den u. Dank mündlich abstatten zu können ...«

Zehn Briefe an Anton Rosetti.

HochEdelgebohrner Herr
Hochgeschätzter Freund und Gönner!

Schon lange sehe denen mir allhier gütigst versprochenen Oboe Concerten entgegen. Da ich nun aber dero milde Hand biß daher noch immer zu meinen großen Leidwesen verschloßen sehen müßen; also habe Ew. HochEdelgeb: hierdurch nochmals ganz gehorsam bitten wollen, mir die besondere Freundschaft zu erweisen, und mir die schon von dero Mitt-Collegen Hn. Viola verfertigten Concerten, wo von Sie noch die Partituren wie Sie mir allhier sagten haben, vor Geld und gute Wort mit der nechsten Gelegenheit anhero zu senden, dieweil ich Tagtägl: von unsern Hn. Cavaliern immer auf diesen Instrument zu blasen geplagt werde. In Fall das Fagott Concert welches Sie erst vor kurzen Hn. Hautboist Walther geschicket auf die Oboe aplicable zu machen wäre, so wolte mir solches auch mit zu übersenden bitten, zugleich aber auch um Verfertigung 3 neuer Oboe Conc: mit schönen Rondeaux und Melodischen Adagio unverzügl: in Arbeit zu nehmen Dieselben hiermit ganz gehorsam gegen die Bezahlung ersuchet haben. Von dero billig denckenden Caracter gegen Ihre Freunde und Mitt-Collegen worunter ich mir auch schmeigle von Ew. HochEdelgeb: gezehlet zu werden, bin ich schon zum Voraus überzeuget, daß Sie vor dero Bemühung ein billiges fordern werden, als welche Freundschaft und mir hiedurch zugebende große Gefälligkeit ich mit allen ersinnl: gehorsamen Dank erkennen werde. In Anhoffnung baldig geneigter Willfahrung meiner Bitte habe die Ehre unter Vermeldung meines ergebl. Compl: an Herrn Reicha mit wahrer Hochachtung zu verharren: Onolzbach, d. 22. Nov. 1775.

Ew. HochEdelgeb:
ganz gehorsamer Freund
und Diener
Joh. Fried. Kiesewetter.

Die 3. neuen Conc: dürfen in C.F.B. gesezet werden.

P. S.

Herrn Hauptman Beecke und H. Janitsch bitte mein gehor. Compl: zu vermelden, leztern sagend, daß es mir leid seyn solte, wan ich mich wegen des von mir habenden Concerts, welches nicht mein sondern nach Würzburg gehören, durch H. von Freudenberg HochFreyHerrl: Gnaden an Ihro Durchl. dero gndgsten Fürsten wenden müste; dahero ich um die nächst baldige Übersendung ersagten Conc. denselben nochmals ersuchen ließe.

Nota.

Solten H: Viola oder dessen Collega mit mir einen Conc: Tausch einzugehen gefällig seyn, so bin erböthig, denenselben rechte schöne und neue Conc: mit Rondeaux, welche erst kürzl: von Würzburg und Caßel erhalten, gegen andere dergl: zu verwechseln, und konten solche etwan Ihren gleich mit beygeschloßen werden.

Monsieur

Auf dero Verehrtestes vom 14ten dieses füge ich in Rückantwort an, daß mein Hochwürdiger gdr. Reichs-Prälat, dem ich selbes zu selbstiger Einsicht überreichet habe, der Gesinnung wäre, 1 Dutzet Sinf. für Zahlung 12 Ducaten käuflich zu übernehmen.

Die Concertante betreffend wären ebenfalls gefällig das Duzet aber auch nicht anderst als um ob Beschriebenen Sinf. Preis, und es dürften keine anderen, den für das Violin Hauptsächlich gesetzte Seyn, auch erbethe ich mir /: wen dieselbe die Concertantestücke so überliessen /: Bis den 17ten des folgenden eines zur Probe, ob wir füglich es produciren könten, gehorsamst aus. und gesichere dieselbe, daß, wenn solches, da es Hiesigen ortes Keine Maister gibt, nicht aufgeführt werden Könte, es um so gewieser unabgeschriebener wieder ihnen Behändiget werden müße, in dem Gegentheil aber sogleich die Paare Bezahlung sowohl für dieses Stücke als deren 11 übrigen nachgehens mir einzuschickenden erfolgen solle.

Wenn dieselbe mir ein nicht gar zu schwer gesetztes Violin Concerto à 6 fl. Beylegen wollten, entgegnete mir ein wahres Freindstück.

Aus diesen hier angeschriebenen Thematen werden dieselbe ersehen, ob es ihr Composition, und welche wir dahier haben.

übrigens Laße ich denselben selbst über schon Componirte, oder ältere Stücke mir zu übermachen, den ich weiß, daß selbe dennoch sehr gut sind, und Hofe sie werden mir nicht die Schuld Beymeßen, daß ihr Ansatz so gering gemacht worden, es ist eben dahier kein Hof, und ich müße Jahr und Tag predigen, Bis ich dahier den Köpfen den werth guter Stücke Begreiflich machen Könnte.

Ich empfehle mich zu derselben von mir ganz Besonders Hochgeschäzten Patrocinunz, und Bin /:

Monsieur

Schußenried.
d. 26ten Feb.
1778.

Votre Tres humble Serviteur
Maximilian v. Kaltenbacher.
F: U: C. e Practique.

N.Sch: H: RegierungsKanzlisten Eisel Bitte unbekanter weis mein empfehl und Danksagung zu machen.

N: B: Ich Bitte legen sie mir auch ein violino Solo Bey.

Monsieur
Monsieur Tres honore Ami!

Den Erlaß so Viel ich meine Vom 26ten des dahingewichenen erhielt ich nicht nur richtig, sondern laß ihn auch um so freudiger, da er mir dero so schätzbare Ankunft vorsagte: gleich selbigen Tage überreichte ich selben noch den Händen meines gdsten. Herrns, und auch Höchstderselbe Bezeugte darüber ein wahres Vergnügen, Kommen Sie mithin, kommen Sie so bald sie können, ich waiß Sie werden ein Gast, ein nicht genugsam zu verehrender Gast seyn, und ich Bin so wie allzeit mit freundschäftlichstem geblüthe, und aller Hochachtung:

Monsieur
Monsieur Tres honore Ami

Schußenried,
d. 8ten des Mayes
1778

wahraufrichtiger Diener
Max: v. Kaltenbacher
F: U: C: und Registrator

N: Schr: Aber noch eins, ich Bitt. ich Bitt Sie recht sehr schicken Sie mir doch so Bald möglich jene Solo, die sie Iu dem 2ten Briefe angezogen, und wird es ihnen wohl auf ein Concertante ankomen, ich Versicher, es muß solches ihnen Bezahlet werden. Vergeßen Sie mich nicht, und Leben Sie recht wohl.

Monsieur
Tres honore Mon chere Ami.

Ich danke ihnen für die 2 überschikte Violino Solo, und füge nur so viel in Eyl an, daß wir dahier die Concertant schwerlich werden Produciren könne: zuvor einmal müßen Sie exerciert werden, und sollten diese nicht von uns gemacht werden könne, so will ich mir alle Mühe geben, in dasiger Gegend selbe so, wie Sie angeschlagen sind, anzubringe. So viel indeßen in Eil, künftig Posttäge das mehrere, über dies, und das übrige. in Eyl.

Monsieur
Tres honore Mon chere Ami

Schussenried
d. 24tn July
1778.

votre tres humble Serviteur
obs. Max. v. Kalten-
-bacher Rgstr.

Monsieur! mon très chere Ami!

Die 2 unter dem 11ten July an mich erlassene Concertante, so wir wegen dem Schweren Satz auch auf die vorgeschriebene Weise ohne sehr grose, und Lange Übung /: die aber aus Mangel der Zeit nicht geschehen Kan /: nicht wohl Produciren Können, muß ich ihnen mit vielem Mißvergnügen wieder zurückschicken.

Von diesen /: ich darf es Eidlich Betheuren :/ ist nicht eine Note abgeschrieben worden: sind Sie mithin über mich nicht Böse, ehnder Kunte ich ihnen nicht zuschreiben.

Für das Violino Concert, welches ich mir sehr bald einzuhändigen Bitte, empfangen Sie hier 9 fl. Geldtes, auch verdanke ich ihnen den Antrag desselben und nochmal die 2 Violino Solo.

In der Ungewißheit, ob dieses Requiem von ihnen dasjenige, oder nicht sey, so Sie auf das Ableiben Sr. Durchlaucht der Fürstin von Oetting Hochseel: Angedenkens gefertiget haben, zeichne ich hier das deselben Anfangsthema hier nieder, und Bitte in Bälde desswegen mich zu verständigen: das Benedictus, auch Agnus Dei mangelt uns.

Requiem adagio Con Sordini. Sigre Rosetti.

Leben sie indeßen recht wohl, Ja auf das Beste, und Bleiben Sie mein Freund, ich Bin unzielsetzlich mit der ausgeschiedensten Verehrung

Monsieur

Schussenriedt
den 14ten des August
1778

Votre tres humble et
obeißant Serviteur
Maximilian v. Kalten-
-Bacher Registrateur.

HochEdelgebohrner Herr,
Insonders Hochgeehrtester Herr,

Meine Tochter hat durch die gütige Verwendung des verstorbenen Herrn Secretaire Brand, und seiner vornehmen Verwandschaft zu Wallerstein das Glück gehabt, die Orig¹ Partitur einer von Ew. HochEdelgeb: mit dem Ihnen eigenen trefflichen Geschmack und herrlichen Gesang componirten Italiän. Soprano Aria, mit einem obligaten fagott, zu erhalten. Diese schöne Aria, die bey allen, die sie bisher gehört haben, den Vorzug vor vielen andern Arien der berühmtesten Componisten mit Recht erhalten, hat bey meiner Tochter und mir den Wunsch erregt, daß wir so glückl. seyn mögten, noch eine, aber starke Arie di Bravura von Ew. HochEdelgeb. anmuthigen, die Herzen an sich reißenden Composition zu überkommen, und die Orig¹ Partitur davon zu besitzen. Meine Tochter ist imstande alle, mithin auch die stärksten Bravour Arien, deren sie eine zieml: Anzahl von verschiedenen deutschen und ausländ: Meistern besitzt, mit allen Cadenzen und Passages zu singen, nur müßen sie nicht über das hohe c gehen, denn nur bis an diesen Thon reicht die helle Stimme meiner Tochter. Ich nehme mir demnach die Freyheit, Namens meiner sich gehorsamst empfelenden Tochter, Ew. HochEdelgeb. derselben eine mit starken Passages und doppelten Cadenzen versehene Soprano Aria di Bravura, die neben denen zum Accompagnement gehörigen Instrumenten, entwoder mit einem obligaten Fagott alleine, oder nobst diesem auch zugleich mit einer concertirenden Fleute Traversiese, und doppelten Cadenzen ausgeschmückt seyn möge, gütigst zu componiren. Da ich weiß, daß die Musik-Meistern wie die Poeten, jezuweilen durch ein Glaß guten Wein, einige Begoisterung erhalten: so lege ich blos zu diesem Endzweck etwas weniges, mit der ergebensten Bitte bey, daß Ew. HochEdelgeb. diese Kleinigkeit geneigtest anzunehmen, und aus Complaisance für ein junges Frauenzimmer, die ihr größtes Vergnügen an der Musik findet, meiner obigen Bitte, wegen Componirung einer Bravur Aria, die dero berühmten Namens würdig ist, Plaz zu geben belieben mögten. Ich sehe dieserwegen dero willfährig geneigten Antwort entgegen, und verharre mit vollkommenster Hochachtnng,

Ew. HochEdelgeb.

Ansbach,
d. 4. Juny
1780.

gehorsamster Diener
Loesch
Conseiller Secretaire intime
de S. AS. Msgrs le Marggrave
Regnant de Brandeb.

Hochedel gebornen insonders
Hochwerhtgeschetzter Herr

Ihr Talend verdients von der ganzen welt bewundert zu werden, und das es auch von allen liebhabern billig bewundert wird, habe ich das glück sie durch den ruf zu kennen. Daher auß innerlicher hochschetzung und als Verehrer des Horns, welches ich zu meinem gewerbe gewählet, angetrieben, verlange, weil es die gelegenheit verhindert persönlich, doch schriftlich bekantschaft mit Ihnen zu machen. sie haben Ührr Herrn ponto sechs quatuor gesetzet wenn ich selbe um einen billigen Preis haben könte, in welchem Falle Ich mein ehrenwort von mir gäbe jede Bedingung heillig zu halten mich verbinde. In Hoffnung dieser gefälligkeit, die ich in der Zukunft suchen werde zu verdienen erwarte ich auf jeden fall eine ihrem vortreflichen Talent gemäse andwort. und verbleibe

München, d. 16. July 1780.

ir gehorsamer Diener
Franz Lang. der ältere. hoff
waldhornist, wonhaft in der
brangerstraß.

Fulda 9. february 1781.

HochEdler:
Insonders Hoch zu ehrender Herr.

Ich nehme mir die freyheit an Sie zu schreiben, obschon ich mich der Ehre nicht Rühmen kann, sie bersönlich zu Kennen; durch ein Duett Concert für zwey Walthorn, und etlichen Parthien auf Blaß Instrumenten, welche mir Gelegenheitlich in die Hände Kamen, Habe ich Dero Nahmen und unvergleichliche Setzart kennen Lernen, Ich muß gestehen, daß, seitdem mir Ihre Composition bekannt ist, ich fast nichts anders hören noch spielen mögte. noch eines oder Edliche Duett-Concerte für walthorn wünschte Ich zu Haben, Sie werden doch gewiß deren mehrer haben gemacht, welche Ihnen Von einem oder dem andern Großen Herrn od. reichen Cavalier schon bezahlt sind. die Sie mir um Einen Leidlichen Preis über-Lassen Konten, Wenn einmal Ir Gusto Hier mehr Bekannt wird, so bin ich Vielleicht auch im Stande für den Hof. oder etliche reiche Liebhaber, Hier die es Gut bezahlen, Von Ihrer VnVergleichlichen, und unVerbesserlichen arbeit zu beschreiben, in erwartung Einer Baltigen antwort, Verbleibe ich mit besonderer HochSchätzung

Euer Hochedl:

ergebenster Diener
Franciscus Kulmberger. fürstlich
Fuldischer Hofwalthornist.

PS: Hierbey folgt ein Thema waß ich schon Habe Von ihrer arbeit Duett Concert

Fulda 26. May 1781.
Hochedller
Insonders Hochzuehrender Herr

Die 2 Duet Concerte Habe ich den 24. May richtig erhalten, soweit ein gesehen, das ich nicht zweifle das sie gut sein werden, aber die Horn wegen denen Viellen Semidoni sein wenig schwer, sonsten weren sie nicht zu schwer den mir haben an unsern Hof gar Keine Music Kener Von herschaften, Hier bey die 2 accordirte Ducaten folgen, Ich hof das sie Es Richtig erhalten haben, sie haben mir die Zeit zu Lang gemacht mit dießen 2 Concerteu, Ich Vermeintte ich beKume Keine Von ihnen, had getauert bey zwey Monad, untter deßen habe ich mir 5 Parthien beschrieben, dießes hätte ich ihnen auch überlaßen Kenen, wen ich entter die Music bekumen hötte. Ich habe noch Keinen breis Von ihren Quintetten gehabt, wan sie mir in ihren Ersten Schreibens den breis beigesetzt hötten, so were es in einem hingangen. Da haben sie sich selbsten ein Carolin gestattet, Nebst hötten sie einige stück zur Probe mitgeschckt, so hötten mirs Gleich bey der fürstliche Dafel geblasen und gerühmt daß dieße stück Von ihnen zur probe mit geschickt hötten, so hötte der fürst: Gnaden mir Befehl gegeben zu beschreiben, Nun Kann ich der mahl nicht, bis andere mahl werde ichs an Mercken, wan mir widerum Nöttig sein, sie wertten die HöflichKeit haben wan ich begehre, etwas schönes über machen. Ich

Verbleibe mit besonder Hochschätzung Euer hochedle
ergebenster Diener
Franziscus Kulmberger
Hofwalthornist.

Ich hofe sie werden es Richtig erhalten 2 Ducad: ich Recomandire mich nochMahls:

---

25. April 1786 Fulda
Wohl Edle, Insonders HochgeEhrter
Herr Patron

Ich erhinere mich noch in ihren letzten Nota, wob Bey geschloßen Brief mit überschicke, sie wohlen uns diose Benente stück überschicken so Halt es nun möglig sein Kann. Die Parthien mit 5 Bögan Bestehen solle, und die Parthie zu 3 fl: also schicken sie uns 3 Larthie Suma Macht es 9 fl; Reinisch, wan aber Eine Parthie darbey ist mit 2 fagotten, ist uns noch angenehmer, Nur daß sie gutt ins Gehör gehn, weillen Mür an unsern Hof Keine Kener Von der Nobles haben, nebst mit Dis-horn und B Clarinetten gesetzt sein, werde diese stück Beyfahl findten, woran ich ihrer unVergleichliche setz Kunst nicht zweifl, wob uns schon Vielles Von Ihr sachen Bekant ist, so werden mir mehrers Verschreiben, nur daß Einige ist zu Betauern, daß sie so weit Entfehrnt Von uns sein, daß das Porto die Music Theyer macht, also Vor Bezahlung Haben sie Keine sorge zu Tragen, mir Erwartten mit Vergnügen dieße Tafl stück so Balt es Nur sein Kan, mit Sparda,: oder Copirt, die Nur nicht Künstlich, Bloß Ins gehör, In deßen Habe ich die Ehre unter VollKomener Hochachtung

Euer Hoch Edl.
ergebenster Diener
Franz Garisch Kulmberger
Hofwalthornist.

P. S: Herr Patron die stück adresiren sie nur an unserm Hof Charnetisten Hendl. Ich Bin Nicht Vor alzeit in fuld, ich Kente Grad nicht dasein, Hat nichts zu sagen die Zahlung wird Richtig folgen adie: NB: halten sie uns nur nicht lang jetz ist die Zeit; daß unser Herr gern aufs Land gehet dan und wan,
P.S: hier folgen Themata, die mir schon haben mit Nahmen Rosetti, sein auch unVergleichlig, Vielles Beyfahl gefunden an unsern Hof:

Ein Brief M. Berweins.

»... Meine schulden Hawen mich genöthiget zu dem Dechant Meiner Mutter bruder Mich zu begewen, ich hatte erlaubuns genomen, awer ich hab genau gewust das ich Keine bekom, ich bin schon im fünften Jahr hier, und Hab nicht einmal zwey Monath Erlaubuns bekomen, bis samstag Werd ich schon Widerum erscheinen, zu Vor Werth ich den herrn Reicha Elnen brief zu schikben, um mir ein guttes Worth einzulegen, dan Ich Werth doch So Vill bekomen das ich mir dann dies Jahr kein gleid und keine Wasch schaffen, dann gleider kann ich mir vor 12 fl. nicht schaffen, und wenn ich Wieder auf borg heraus nem,

So Werth ich noch Erger Kolmtreth, man hat Mich So Ein Jahr her gehalten als Wie einen Tampor. Wo Ville nach Wallerstein gegangen sind und hawen keine Erlaubuns genomen, und Ist Keine Meldung geschehen, awer wenn ich alle Trey wochen ein mahl … da ist alles außgewest, und hab ich erlaubuns genomen, So bin Ich zu Von Recht aussgemacht worden, ich hatte Sogar erlaubuns nemen Sollen Wan Ich auf Döging bin, Wann ich auß meinen schulden bin. So werth Ich doch auch erlaubuns erhalten, wie andere, dessuntwegen war ich So Trauer imer, und bey einem Musikus erfordert freud und ein aufgeraumtes gemüth. ich bitt Um Verzeihung und Verbleib gehorsamster Diener

Marci Berwein.«

Ein Brief Carl Stamitz'.

Alteße Serenißime!
Monseigneur!

Je vous prie de vouloir bien m'excußer de la liberté que je prends de vous importuner, en même tems außi je vous demande mille pardonne de ma Si long Silence depuis l'année 1774 de ne plus m'informer des vos ordres mais je voulais toujours l'epargner jusqu'apréßent pour pouvoir préßenter außi quelques Musiques Vocales de ma composition, et je Suplie tres humblement de me daigner en les vouloir bien accepter.

Monseigneur! Lorsque Les occupations plus importantes de Votre Alteße Serenißime ne permeteront préßque de pouvoir penser aux autres petits affaires, jéspero Monseigneur! vous me permeterez bien d'oßer vous Souvenir à la promeße donc que Votre Alteße Serenißime m'a daigner d'aßurer par Monsieur Le Capitain de Becké quant à L'anné 1774 de Strasbourg où j'ai eü l'honneur d'envoyer et présenter une grande quantité de la Musique differents de ma Composition à Elle.

Votre alteße Serenißime m'honnoroit de l'accepter et de m'envoyer dix Louis à Compte par Monsieur Le Capitaine de Becké Luisque depuis cet tems que je n'ai plus fait aucun mention, oßerai-je bien Suplier aprésent de vouloir Songer à moi pour le reste de me l'envoyer außitot quant il vous plaira pour que je l'aurai encore pendant mes Sesjours en ce pay ci Lorsqu'il me faut bientôt retourner à Berlin.

J'ai l'honner de me recomander dans vos bonnes graces et auguste Protection. et Suis avec Respect le plus profond!

Monseigneur!
De Votre Alteße Serenißime!

à graiz en Volgtlandt ce 23 Juillet 1791
Le plus humble et plus obeißant Serviteur Charles Stamitz Compositeur de la Chambre de Sa M. le Roy de Pruße

P.S. Si Votre Alteße Serenißime Souhaitera de m'envoyer la gratification par le Chariot des postes, je vous prie de faire ecrire la deßus de l'Envelope par Reichenbach en Volgtland, où le plus Court do me l'envoyer par une letre de change payable à Leipzig.

Aus den Briefen J. von Beecké's an Fürst Kraft Ernst.

Paris, 1. Mai 1769[1]: »… a l'opera on a remis Omphale, avec une nouvelle Music, qui sera donné Marty, prochain la premiere fois. Les Italiennes n'ont pas de nouvelles pieces. on continua toujours le Deserteur; tout le monde convient que c'est mauvais, mais en attendant on va le voir …«

Wallerst. 23. 11. 1770: »… j'ai fait voir les 2. premiers actes de mon opera a Gluck, a Haße. leurs approbation m'a engagé de le finir, et la fin m'a entraîné de faire un voyage à Paris, pour en tenter l'execution pour la quelle un peu d'amour-propro m'a animé et prevenu favorablement, peutetre à sort. mais je m'en tiens au proverbe »Chi non rissica non rossica« … J'ai obtenu la Permission d'Entreprendre, mon voyage encore dans ce mois et A.S.E. Mad. la Comtesse a ajouté a cette bonté, celle, de ne pas me fixer aucun terme por mon retour, jusqu'à ce que j'y trouverai ma Convenience, ou jusqu'à ce qu'elle me rappellera … Entre autres raisons qui me le faut regretter, c'est l'application de Mad. la Comtessa Sophie, ma digne Ecoliere, tant pour le chant, que pour le clavecin. elle a toujours fait voir du gout, meme du genie pour le dernier, mais depuis peu de temps, en perdant peu a peu le Prejugé, qu'elle avoit, de trouver ridicule qu'il fallut mettre del'ame ou d'Expression en chantant. ce qui m'a couté un peu de

---

[1] Für das Jahr 1766 s. Sammelb. der I. M. G. 8, S. 455.

Pelue au commencement, pour l'en faire revenir mais depuis peu de temps — dis je-elle est assés devenue maitresse de sa voix pour eu savoir developper les organes, savoir donner les nuances, et chanter avec beaucoup de gout. elle a fait encore hier grand Plaisir dans un air de Majo ...«

Wallerst. 11. 6. 1770: »... J'ai fait un agrable séjour a Vienne; a mon Retour S. E. Mad. la Comtessa m'a permis d'aller pour 4. jours chez le Margrave d'Anspac, d'ou je suis revenue il y a peu de Jours ...«.

Wallerst. 21. 2. 1771: »... et quoique mon opera m'etait fort a cœur, ayant rencontré generalement l'approbation de Connoisseurs a Mannheim, qui me pressoient tous de faire l'impossible pour en tenter l'Execution, j'ai pris la dessus mon Parthie en grand Capitaine et après un sejour de quelques semaines que j'ai passé a Mannheim et aux Environs, d'Heilbron, je m'en suis retourné a Wallerstein par Anspac ...«

Wallerst. 6. 11. 1771: »... il est sure que S. A. le Maregrave a tant de bontés pour moi, qu'il merite meme que je lui fasse le sacrifice de mon opera, sans cela j'aurai vendu ma derniere nippe pour pouvoir aller a Paris, et tender l'aventure de mon Roland et de mon angelique... Nous avons donné Musique au Prince de la Tour avec notre pauvre orguestre, qui vous a fait de l'honneur et a fait plaisir a ceux qui l'ont Ecoutés il y avait longtemps que nous n'avions par fait grande Music ... Mad. la Comtessa Sophie a jouée un Concert sur mon Pianoforte, que j'ai acheté pour 60 ducats.«

Wallerst. 14. 3. 1772: »... Vous avez raisonné, e Monseigneur, en Connoisseur sur la difference du spectacle a Paris. Sur ce qui regarde la Music et que vous vous etez rangé du cote de l'Italie ... le genre de Gretri, et Phillidor est assurement le meilleure. on m'a toujours dit a Paris, que Castor et Pollux etoit le chef d'œuvre de Rameau. Je n'étois jamais assés heureux de l'avoir entendu. — Quant a l'Esquissé que vous me Donnés, Monseigneur, de votre future orguestre, je serai bien charmé de pouvoir lui etre de quelque utilité. d'abord s'agit d'avoir peu de monde, mais des bons sujets, pas un seul inutile, nous ne voulons pas de grandes talents, mais des sujets qui ont de la Disposition, et l'age d'en acquerir. Je connois deux orguestres assés mediocres qui se sont formés sous moi. il faut a Monseigneur un bon violon, qui puisse jouer de concerts, je ne demande pour le reste que de joueurs d'orguestre des bons lecteurs, qui ayent de l'ame. les hobois et les Corps sont l'ame de l'orguestre, et pour des bons hobois nous aurons de la difficulté ...«

Navarre 8. 10. 1772: »... M. de Schaden vous dira les nouvelles, que j'ai mandé touchant mon opera. on nous a ecrit hier de Paris, que l'opera Athele de Pouthieu n'avoit pas reussit ...

Navarre 15. 10. 1772: »... le lendemain du Jours de l'opera j'ai resté encore a Mannheim pour enteuter l'academie de Musique. Mr. Bach jouit un Concert sur le claveçin. Je n'en etois pas si edifié que de son opera. mais j'ai entendu deux chanteuses, l'une de 15, l'autre de 16 ans, Mesdemoiselles Danzi et Strasser, qui m'ont etoufé tant pour la force de la voix, que pour leurs maniere de chanter et surtout pour leurs gosiers ...«

Paris 1. 2. 1773: ».... en attendant on a remis Castor et Pollux, dont le spectacle fait toujours plaisir. il y a memo quelques bons morceaux de Musique. Athele de Ponthieu n'a point fait de merveille, il y avoit cependant beaucoup de spectacle et des beaux balletts, surtout un Combat de deux chevaliers si bien Donné, que la plupart de monde alloit a l'opera pour voir ce combat ... J'ai fait une Symphonie pour ce concert qui sera executé aujourd'hui lundi ...«

Paris 12. 4. 1773: »... et s'il mon opera convient il sera donné pour le mariage de M. de Comte d'Artois. Voici come distribués les Roles principaux:

    le Role d'Angelique ... Madelle Beaumenil
    »   de Themire ... » Rosalie
    »   de Belise ..... Mad. l'arrivée
    »   Roland ..... M. .
    »   Medor ...... M. le gros ...«

Paris 28. 5. 1773: »... j'ai dans ce moment beaucoup a faire avec mon opera ... J'ai joué du claveçin, et je n'ai rien joué que sur de themes, que l'on m'avait donné J'ai eu le bonheur de reussir beaucoup ...«

Wimpfen 30. 7. 1773: »... J'ai quitté la france pour accelerer mon retonr a Wallerstein ... des qu'il etoit decidé, que mon opera ne fut pas donné pour les fetes du comte d'Artois ...

Vienna, 18. März 1774: »... il y a quelques jours que j'ai entendu a Laxenburg jouer la musique des Horaces et Curiaces, j'en ai d'abord comandé une copie, pour votre altesse, il en vaut la peine, car la musique est bien belle...«

Wien, 22. April 1774: »... il y a ici un Joueur de flute, qui fut recomandé a votre Altesse par Mad. de Furstenberg, sous le nom de Schmid, elle s'etoit trompé, car il s'appelle Hirsch ... M. Vinturini haubois de l'orguestre d'ici, veut me faire entendre un haubois, jeun home dont ai entendre dire du bien...«

Wien, 10. Sept. 1775: »... j'ai vu hier la premiere fois l'opera Comique francais representé a Schönbrun. Ils avaient debité par Zemira et Azor... j'ai vu hier le Deserteur, le spectacle seroit fort bon s'il y avoit des voix et un meilleur orchestre ...«

Briefe Franz v. Destouches'.

Frankfurt den 24. Dez. 1815.

Wohlgeboren
besonders hochzuverehrender Herr Kammerrath!

Es ist mir recht herzlich leid, daß ich ohn maß meines Versprechens meine Rückreise nach Wallerstein noch nicht antreten konnte. Die Ursache dessen ist, daß ich das Glück habe, allenthalben so gut aufgenommen wurde. Nach einer Krankheit in Mannheim, [in] der ich 14 Tag zubrachte. Als ich in Darmstadt ankam, wurde soeben die Oper Cordes von Spondini gegeben. Über daß Theater u. Orchester bin ich nicht im stande, Ihnen hierüber zu schreiben. Von da ist Stuttgardt noch sehr weit zurück. Es ist der größte Genuß, den man dort von Kunst hören kann. Der Großherzog, selbst ein großer Kenner der Musik, dirigiert daß Orchester selbst in Proben mit der größten Genauigkeit und Einsicht. Er nahm mich sehr gnädig auf und gab mir dadurch einen Beweiß, daß Er mir mehrere Compositionen von Vogler, die gar nicht bekannt sind, hören ließ ... Ich reißte nun mit einer guten Gelegenheit nach Frankfurt ab. Und bin dort sehr gut aufgenommen worden. Werde nächste Woche ein Konzert geben und stehe mit der Theaterdirektion in Unterhandlung mit meinen Kompositionen. Wenn meine Geschäfte zu Ende sind, werde ich sogleich, über Würzburg nach dem lieben Wallerstein, wo ich mich sehr sehne, meine Rückreise antreten. Ich habe hier in Frankfurt sehr viele Bekanntschaften gemacht, und man hat mir die besten Atressen nach Mainz, Cölln bis nach Holland angebotten, mache aber keinen Gebrauch davon, und halte mich sehr streng an mein gegebenes Ehrenwort, welches ich meinem gnädigsten Fürsten, wo ich Sie bitte mich zu Gnaden zu empfehlen, gegeben habe. Nach allen Zeitungsnachrichten befinden sich wohl Euer Wohlgeboren noch in Stuttgardt. Wie groß würde meine Freude sein, wenn ich daß Vergnügen hätte, Sie biß Neujahr in Wallerstein zu sehen. Und dann werde ich sogleich mit dem größten Eifer unsere Winter Konzerte anfangen. Ich habe auch sehr schönes ganz Neues sowohl für den Gesang, als Instrumental Musik bekommen. Und die Konzerte sollen so brillant werden, daß selbe mit jedem in der größten Stadt zum Muster können aufgestellt werden. Was daß Orchester in Frankfurt betrifft, so ist selbes sehr gut, aber die Sänger.. besonders Tenor und die Chöre.

.....   Destouches.

Wohlgebohrn hochzuverehrender Herr Kammer Consulent.

Gemäß der Zeitungen, mit der ich auch von unserem Durchlauchtigsten Fürsten Herrn Bruder hier erfahren habe, befinden Sie sich noch zu Stutgart. Ich hoffe, daß Euer Wohlgebohren meinen Brief von Frankfurt erhalten haben, wo ich sehr gut aufgenommen wurde und durch die Bekanntschaft des sehr braven Musikdirektors Schmid Gelegenheit gefunden habe, das meine Theater Compositionen allgemein bekannt werden. Ich gab in dem schönen Museum mit allgemeinen Beifahl ein Konzert. Bin nun in Würzburg, wo ich in der schönen Hofkapelle meine Messe aufführen werde und Mittwoch im Theater ein großes Konzert gebe. Und dann sogleich geraden Weg nach unserem lieben Wallerstein reise. Ich kann E. Wohlgebohrn nicht genug beschreiben, wie sehr ich mich zu Hause sehne, und meine Freude, wenn ich daß Vergnügen habe, unsern Durchlauchtigsten Fürsten und E. Wohlgebohren wieder zu sehen. Von Musikdirektor Hammer habe ich hier einen Brief erhalten, welches mir sehr leid war, da Er war, wie er mir geschrieben hat, sehr krank. Doch geht es wieder beßer. Dießen beizelegten Brief bitte ich Sie hochfürstl. Durchl. nebst meinem unterthänigsten Respekt zu übergeben.

Hier in Würzburg ist noch ein sehr gutes Orchester, sowie auch mehrere Sänger. Der Kapellmeister Witt ist gar ein lieber gefälliger Mann. Er wird mir sein schönes Oratorium geben, welches eine treffliche Composition ist. Ich muß gestehen, ich habe auf meiner Reise sehr viele angenehme Bekanntschaften gemacht, und verschiedene schöne Sachen gehört. Nur ist es mir herzlich leid, daß es längere Zeit dauerte. Und ich habe doch sehr geeilt.

. . . . .
v. Destouches.
Würzburg, den 4. Jan. 1816.

Gotha, den 20. Sept. 1816.
Euer Wohlgebohren

Durch H. Musikdirektor Hammer werden E. Wohlgeb. erfahren haben, daß ich meinen ganzen Reiß Plan geändert habe und solches mir in gewisser Hinsicht sehr lieb war, weil zu einer solchen Reise ich mehr Zeit mußte haben, Gestern hatte ich daß Vergnügen den Großherzog von Weimar hier in Gotha zu sprechen. Er wird ein bar Tage hier bleiben und dann nach Weimar reisen, wo ich Ihm dann sogleich folgen werde. Ich hatte daß Glück von ihm außerordentlich angenehm aufgenohmen zu werden, ich möchte ja sogleich nach Weimar kommen. Und es hatte ihn gefreut, mich zu sehen. Er hat sich auch nach unserem Fürsten erkundigt. Ich erzählte ihm von unserer schönen altdeutschen Gallerie, er war sehr aufmerksam darüber und sagte ich wäre doch sehr begierig diese Gallerie zu sehen, es kann sich schicken, daß ich einmal ihren Fürsten besuche, welches mich sehr freuen soll. Von Güthe erzählte Er mir, daß dieser in Weimar ist, er wolle nach Wiesbaden reisen, bei Langensalza zerbrach die Wagen Deichsel und er hielt dieses für kein gutes Zeichen und kehrte wieder zurück nach Weimar. In Meiningen habe ich mich einige Wochen aufgehalten. Die Capell ist dort sehr gut und führte mehrere Compositionen von mir auf und gab auch mein Singspiel, da soeben die National Schauspieler von Bamberg da waren. Ich erhielt sehr vielen Beifahl. Diese Gesellschaft hat eine sehr gute Oper die beste außer München im ganzen Königreich. So angenehm es in Hinsicht der Kunst, und dem Geschmack in Sachsen ist, besonders der Ton und die Art der Menschen, so könnte es mir doch in D. immer zu leben, nicht mehr gefahlen; auch haben die Zeiten des Kriegs daß Land in den Wohlstand nicht mehr als es war, gebracht. Die Lebens Mittel daß Bier das Wein alles ist schlecht, auch daß Klima, E. Wohlgeb. wissen daß so gut wie ich da Sie selbst mehrere Jahre dagewesen sind.

Es soll mich sehr freuen, wenn Ihr Wunsch einer Reise nach dem Rhein ... in Erfüllung ist gegangen, denn dort ist daß wahre Land, wo man daß Leben genießt. Von Weimar aus, wo ich meine Angelegenheiten mit dem Großherzog in Ordnung gebracht, werde ich Ihnen so gleich schreiben und viel wie möglich meine Abreise von dort nach Wallerstein beschleunigen, ersuche Sie daher mich Seiner Durchl. unserm gn. Fürsten zu Gnaden zu empfehlen.

. . . Auch habe ich das Vergnügen Ihnen zu berichten, daß hier ein sehr gutes und schönes Theater, welches bloß Liebhaber gebaut haben, ist. Die Direktion hat der ruhelose bekannte Hunnius. Er hat 2 sehr artige und wirklich schöne Töchter und noch ein bar Schauspieler und geben Sie kleine Opern, Schauspiele und Lustspiele, wo auch Liebhaber mitspielen. Dieser Künstler würde nicht abgeneigt sein, unter gewissen Bedingungen nach Wallerstein zu gehen, diesen Winter und wir würden durch diese Adquisition manchen angenehmen Abend zubringen. Ihr Spiel ist nicht gemein, ist mit Kunst sehr verbunden, die Auswahl der kleinen Opern und Stücke ist sehr geschmackvoll und man schätzt sie sehr und erhalten allen Beifahl. Das Ganze erhält blos eine Gesellschaft von Theaterliebhabern. Der Herzog gibt keinen Kreuzer dazu, sehr sonderbahr — — —

. . . . .
Destouches.

Euer Wohlgebohren

Ich hoffe, daß E. Wohlgeb. meinen Brief aus Gotha erhalten haben werden. Wo ich Ihnen die Nachricht ertheilte, daß sich hier der so rühmlich bekannte Sänger und Schauspieler Hunnius mit seiner liebenswürdigen Familie befindet und zu allgemeiner Zufriedenheit kleine artige Operetten und Lustspiele aufführt ... Und ich bin gewiß überzeugt daß Wallerstein in Hinsicht der Kunst noch gewiß nicht keine solche brave Künstler und in Rücksicht aller Ehren, betragen gehabt hat. Da mein Aufenthalt allen Anschein nach in Weimar längstens 14 Tage sein wird, so haben E. W. die Güte mir sobald als möglich darüber zu schreiben.

Gotha, 21. Sept. 1816.
Destouches.

Weimar 25. Okt. 1816.

Wohlgebohren.

Soeben erhalte ich [das] Schreiben, ... ist es sogleich zu beantworten. In der Hoffnung aber daß Sie mein Schreiben richtig erhalten haben, wo ich die Ehre hatte Ihnen zu berichten, daß ich nächste Woche mein Abschieds-Konzert gebe und dann biß den 6. Nov. von hier gerade ohne mich wo aufzuhalten nach Wallerstein abreisen werde. Daß ich als Mann von Wort mein Wort nicht halten konnte, ist der Großherzog schuld.

Destouches.

Weimar, den 25. Okt. 1816.

Wohlgeboren

Ich kam soeben vom Tische von H. Geheimen Rath v. Göthe, als ich Ihr Schreiben erhielt. Nach allem Anschein nach müßten E. W. mein Schreiben noch nicht erhalten haben, wo ich sehr höflich um Verlängerung meines Urlaubs gebetten habe. Ich habe die Ehre, E. W. zu berichten, daß ich auf allgemeines Verlangen der hohen Herrschaften und meiner zahlreichen Freunde nächste Woche mein Abschiedskonzert gebe. Und biß den 6. Nov. von hier gerade nach Wallerstein abreisen werde, um auch dort, so wie hier alle meine Angelegenheiten in Ordnung zu bringen ...

v. Destouches.

Weimar, den 2. Nov. 1816.

Wohlgebohren

Ich habe die Ehre Ihnen die Anzeige zu machen, daß ich gestern mit allen Beifahl mein Abschiedskonzert gab. Und biß den 6. Nov. dieses von hier abreisen werde, obwohl ich gleich nicht ganz wohl bin. Werde nicht ermangeln, meine Reise zu beschleinigen um daß Vergnügen zu haben, Wallerstein wieder zu sehen. Mein Aufenthalt hier in Weimar wird mir so lange ich lebe, unvergeßlich bleiben, weil ich mich ganz überzeugt habe, daß mich die Menschen hier sehr lieben und schätzen. ... hatte ich die Freude von Jena die Wallersteiner hier im Erbprinzen zu treffen, ich führte sie in daß Theater und erfuhr zu meiner Freude, daß sich alles wohl befindet.

Destouches.

Wohlgebohren.

Das Schreiben vom 31. Oktober habe ich richtig erhalten und habe daher die Ehre der fürstl. Ötting. Wallerst. Intendance zu benachrichtigen, daß ich alle sehr vorteilhafte Einladungen ausgeschlagen habe. weil ich nicht so glücklich war den Urlaub biß Anfangs December zu erhalten, auf welche Forderung ich zwar keine Ansprüche machen konnte, weil die Zeit von meinem Urlaub schon verflossen ist. Ich daher an der H. Konsulenten Kohler schrieb und ihm die gedruckte Anzeige von meinem hier gegebenem Konzerte; welches den 1. Nov. war, überschickte. Da ich hier in Weimar nicht als ein Fremder zu betrachten bin; so vergingen noch einige Tage des Anstands wegen, um meine Abschiedsbesuche zu machen. Ich war also fest entschlossen, den 6. Nov. abzureisen, aber da ich mich schon mehrere Tage immer nicht wohl befunden habe, und ich wirklich heute einen Arzt angenohmmen habe und Medicin brauche. So ersuche ich die fürstl. Ötting. Wallerstein. Hofmusik Intendance ... zu berichten, ... Ich hoffe in 8 Tagen die Beßerung meiner Gesundheit und dann abzureisen.

Weimar, den 8. Nov. 1816. Destouches.

Weimar den 29. Nov. 1816.

Wohlgebohren

Da es mir meine Gesundheitsumstände erlauben und ich mit dem Großherzog meine Angelegenheiten in Ordnung gebracht habe, so habe ich die Ehre E. W. zu berichten, daß ich nicht säumen werde bis den 2. Dez. abzureisen, ich habe hier nur noch eine Geldanweisung für meine Compositionen vom Großherzog zu erhalten. Den Tag meiner Ankunft in Wallerstein kann ich aber noch nicht genau bestimmen, weil oft eine solche Reise von Umständen abhängt, ...

Destouches.

Drei satirisch-kritische Aufsätze von Addison über die italienische Oper in England (London 1710)

Übersetzt, mit Anmerkungen versehen und besprochen

von

Georgy Calmus.

(Aus dem musikwissenschaftlichen Seminar der Universität Berlin.)

Addison's »moralische Wochenschrift« *The Spectator* (Zuschauer), in der die drei hier folgenden Aufsätze erschienen sind, ist in neuerer Zeit einerseits als musikwissenschaftliche Quelle, andrerseits in ihrem Einfluß auf die musikalischen periodischen Schriften des 18. Jahrhunderts wenig gar oder nicht beachtet worden. Der *Spectator* rief in der Zeit von 1714—1800 in Deutschland über 500 Zeitschriften ähnlicher Art hervor[1], doch dürfte es wenig bekannt sein, daß auch Scheibe's »kritischer Musikus« (1738, 2. Aufl. 1745) ebenso wie Marpurg's »kritischer Musikus an der Spree« 1749—50, zu dieser Gefolgschaft des *Spectator* zu zählen sind. Beide Werke entsprechen in der Anlage vollkommen dem englischen Vorbild, nur legen sie den Schwerpunkt nicht wie die übrigen Nachahmungen auf allgemein sittliche, sondern auf musikalische Fragen und Interessen. Genau nach dem Vorbild schiebt Marpurg in seine Abhandlungen eine Menge fingierter Briefe ein, die ihm angeblich aus dem Leserkreis zugegangen sind, und in denen einerseits die Ansichten des Herausgebers bekämpft werden, andrerseits auf noch nicht besprochene Schäden aufmerksam gemacht wird. Marpurg ahmt meist den spöttischen, satirischen Ton Addison's nach, während Scheibe erregt und gereizt seine Kritik ausübt. Reichel[2] weist darauf hin, daß Scheibe's Urteile ganz abhängig von Gottsched's Ansichten seien, die dieser in seiner Zeitschrift »Die vernünftigen Tadlerinnen« (1725) ausspricht, übersieht aber, daß Gottsched einer der größten Anhänger Addison's war und die »vernünftigen Tadlerinnen« unter die ersten Nachahmungen des *Spectator* gehören.

Die drei hier folgenden Aufsätze mögen zeigen, daß Addison's Zeitschrift auch als musikgeschichtliche Quelle nicht übersehen werden darf. Sie erschienen zum erstenmal in deutscher Sprache in der 1739—43 von Frau Gottsched besorgten, ersten vollständigen deutschen Übersetzung des *Spectator*. Frühere französische und deutsche Herausgeber scheinen daraus immer nur eine Auswahl von Artikeln gegeben zu haben; denn Frau Gottsched schreibt in ihrem Vorwort, daß es der Leser gewiß Dank wissen würde, »daß wir ihm die sinnreichsten und lustigsten Spöttereyen, nicht vorenthalten haben.« zumal über das ungereimte Wesen der Opern, nicht vorenthalten haben.«

Scheibe: Kritischer Musikus. 1745. ⎫
Marpurg: Kritischer Musikus a. d. Spree ⎪ beziehen sich sehr häufig auf diese
Burney: *General History of Music* v. IV ⎬ Artikel.
Hawkins: *General History of . . . music* v. V ⎭

Chrysander: Händel-Biographie, streift sie einigemal, ohne sie wörtlich anzuführen.
Romain Rolland: *Histoire de l'opéra en Europe avant Lully et Scarlatti* 1895, zitiert öfters den hier an zweiter Stelle folgenden Artikel über das Recitativ.

---

[1] Scherer, Geschichte der deutschen Literatur. S. 371.
[2] Reichel, »Gottsched und Johann Adolph Scheibe«. Sammelbände der IMG. 1901, S. 654 ff.

Macaulay: *Life and Writings of Addison.* 1843.
Augustin: Beiträge zum Zuschauer und Plauderer. Berlin 1866. } übergehen sie
Maschmeier: Addison's Beiträge zu den moralischen Wochen- } ganz.
schriften. Berlin 1872

Im März und April des Jahres 1710 veröffentlichte Addison, der ja so häufig das Theater zur Zielscheibe seines Spottes wählte, im *Spectator* die drei hier folgenden satirisch-kritischen Aufsätze über die italienische Oper in England. Damit begannen jene unaufhörlichen schriftlichen Angriffe auf die *opera seria*, die bekanntlich 1728, neun Jahre nach Addison's Tode, zuletzt durch den Erfolg der *Beggar's Opera*, zur gänzlichen Niederlage der italienischen Oper führten. Da im Spätherbst 1710 Händel nach London kam und nun die *opera seria* durch ihn sowie durch seine späteren Mitarbeiter und Nebenbuhler Bononcini und Ariosti zunächst Zeiten des höchsten Glanzes erleben sollte, so ist es ein merkwürdiges Zusammentreffen, daß sowohl der vorläufige Sieg wie die Niederlage der italienischen Oper in England im selben Jahr sich begannen vorzubereiten. Außer diesem mehr lokalen Interesse haben die Addison'schen Artikel noch von einem anderen Standpunkt historischen Wert. Die italienische Oper, die bald nach ihrem Erscheinen in Italien selbst den verschiedentlichsten Beurteilungen unterworfen gewesen war[1], die in Frankreich im ersten Anfang des 18. Jahrhunderts bereits Streitschriften hervorgerufen hatte ähnlich denen der späteren Buffonisten und Antibuffonisten[2], wurde durch Addison's Artikel nun auch in England, wohin sie ungefähr 1705 importiert worden war, einer eingehenden, hauptsächlich durch nationale Gründe bestimmten und nebenbei höchst witzigen Kritik unterworfen. Marcello's Spottschrift »*Il teatro alla moda*« erschien dann erst zehn Jahre später, und Addison's großer Verehrer Voltaire schrieb seine verschiedenen Abhandlungen über »*le beau monstre de l'opéra*«, wie er das Musikdrama gelegentlich nennt[3], erst in den dreißiger bis fünfziger Jahren des 18. Jahrhunderts.

Ehe auf die Aufsätze näher eingegangen wird, sollen sie zunächst selbst folgen.

---

[1] Doni: *Trattato della musica scenica*, Kap. 12 verurteilt bereits die übertriebenen Koloraturen in den Opern und weist auf Peri's *Euridice* als vollendet ausdrucksvollen und doch einfachen Sprechgesang hin.

[2] Vgl. Raguenet: *Paralele des Italiens et des Français* Paris 1702, der sehr zu Gunsten der Italiener spricht und die Antwort von Vieuville 1705. Beide übersetzt von Mattheson: *Critica musica* I S. 287 ff. Vgl. auch Romain Rolland: *L'histoire de l'opéra* Kap. 1.

[3] Voltaire: *Réponse à M. De La Lindelle.* *Œuvres complètes* v. IV p. 197.

The Spectator N. 18[1])

Mittwoch, den 21. März (1710)

Equitis quoque jam migravit aure voluptas
Omnis ad incertos oculos et gaudia vana. Horat.

Es ist meine Absicht, in diesen Blättern der Nachwelt einen getreuen Bericht über die italienische Oper und ihre allmähliche Fortentwicklung, die sie auf der englischen Bühne nahm, zu überliefern; denn es ist keine Frage, daß unsere Nachkommen sehr begierig sein werden, die Ursache kennen zu lernen, warum ihre Vorfahren im eigenen Lande zusammenzusitzen pflegten, um ein ganzes Stück in einer Sprache mit anzuhören, die sie nicht verstanden.

Arsinoe[2]) war die erste Oper, die uns den Geschmack für italienische Musik beibrachte. Der große Erfolg, den diese Oper hatte, rief einige Versuche hervor[3]), Stücke nach italienischem Muster zu schreiben, die eine natürlichere und vernünftigere Unterhaltung boten als jene, die man in den aufgeputzten Nichtigkeiten dieser Nation antrifft. Das beunruhigte die Dichterlinge und Spielleute der Stadt, die gewöhnt waren, mit geringerer Ware zu handeln, und deshalb eine feste Regel aufstellten, die bis auf den heutigen Tag als solche anerkannt wird, «daß nichts fähig sei, gut in Musik gesetzt zu werden, das nicht Unsinn sei».

Kaum war diese Richtschnur angenommen, als wir sofort begannen, italienische Opern zu übersetzen, und da keine Gefahr bestand, den Sinn jener außergewöhnlichen Stücke zu entstellen, so konnten unsere Autoren oft Worte nach eigenem Gutdünken einfügen, die dem Sinn jener Zeilen, die sie vorgaben zu übersetzen, ganz fremd waren. So wurde die berühmte Arie in *Camilla*:

Barbara si t'intendo,
»Grausames Weib, ja, ich kenne deine Absicht«,

die den Zorn des gekränkten Liebhabers ausdrückt, in jenen englischen Klagegesang übersetzt:

»Schwach ist des Liebenden Hoffnung«,

und es war belustigend genug mit anzusehen, wie die gebildetsten Mitglieder der englischen Nation eine Musik, die den Ausdruck der Wut und des Zorns trug, schmachtend und gerührt anhörte[4]).

1) Hurd: *Addison's works* v. II p. 268 ff.

2) *Arsinoe, Königin von Cypern*, Musik von Clayton, Text eine englische Übersetzung nach Tomaso Stanzani's gleichnamigem Stück, wurde 1705 zum erstenmal in London aufgeführt. Clayton hatte sich längere Zeit in Italien aufgehalten und von dort eine Menge Opern-Partituren mitgebracht. Burney und Hawkins urteilen gleich schlecht über seine Musik. Daß er doch Erfolg hatte, bezeugt neben Addison die Sammlung der *Songs* aus der Oper *Arsinoe*, die Walsh noch im selben Jahr herausgab. (Vgl. Hawkins: *General history* V, 135 und Chrysander: *Händel* I, 266 f.)

3) Es waren dies nach Chrysander (I, 271) schwache Schäferspiele von schwachen Komponisten.

4) Die betreffende Arie beginnt mit dem fanfarenartigen Anruf:

Es creignete sich auch häufig, daß der Sinn richtig übersetzt war, aber die nötige Umstellung der Worte, die aus dem Satz der einen Sprache in zu dem die englischen Worte: *Frail are a lover's hopes* dem Sinn nach nicht im geringsten passen. Die Oper heißt: *Camilla, Regina de Volsci* von Marc Antonio Bononcini, 1697 für Wien komponiert, Text von Silvio Stampiglia. Wurde in vielen italienischen Städten gegeben, hatte aber ihren größten Erfolg in London, wo sie in vier Jahren 64 mal aufgeführt wurde in einer Übersetzung von Owen Mac Swiney (Burney IV 210, Chrysander I 267). — Hawkins (v. V. p. 150) wundert sich über den großen Erfolg der *Camilla*, da dies Stück eines der ersten kindischen Versuche Bononcini's gewesen sei, — er war damals erst 16 Jahre alt — was man besonders an der Kürze und Faßlichkeit der Arien ersehen könne. Vielleicht hat aber gerade die leichte Faßlichkeit der meist sehr ansprechenden Gesänge diese Beliebtheit hervorgerufen. Beweise dafür sind, daß Walsh die Arien mit dem englischen Text herausgab, und daß der zweite Gesang »*O Nymph of race divine*« — »*Se Ninfa o Dea tu sei*«, in die englische Volks- und Tanzliedersammlung »*The Dancing Master*« aufgenommen wurde. (In der Ausgabe von 1719 p. 137 mit den Vorschriften zu einer Art *contre-danse*.) — Eine ganze Reihe drastischer Beispiele für sinnlose englische Übersetzungen aus den italienischen Opern der damaligen Zeit teilt Hawkins mit, (v. V p. 149f.) leider ohne die Originale daneben zu stellen. Aus der *Camilla* Ms. Dresden) sollen hier noch zwei charakteristische Übertragungen folgen:

Bella vittoria, per te il mio core	*Love leads to battle who dares appose him,*
tutto valore riporterà.	*The Rebell squadrons his presence fly.*
Più d'ogni stella	*See how the hero*
ponno i suoi lumi,	*drives all before him,*
e più de Numi	*Armed with lightning*
La sua bellà.	*shot from her eyes.*
Schöner Sieg, für dich wird mein Herz	Liebe führt zum Kampf
alle Tapferkeit wiedererlangen.	wer sich ihr zu widersetzen wagt,
Mehr als alle Sterne	die rebellischen Scharen fliehen seine Gegenwart,
beherrschen mich ihre Augen,	Sieh wie der Held alles vor sich hertreibt,
und mehr als die Götter	Gewaffnet mit Blitzen
ihre Schönheit.	Von ihren Augen geschossen.

In dem folgenden Musikbeispiel wird die gedrückte Stimmung der Heldin durch abgerissene, von häufigen Pausen unterbrochene Phrasen ausgedrückt, die zu den fröhlichen Worten der Übersetzung wenig passen.

den der anderen übertragen waren, die Musik zu der einen Sprache ganz ungereimt erscheinen ließ, während sie zu der anderen ganz natürlich klang. Ich erinnere mich eines italienischen Verses, der Wort für Wort so lautete:

»Und wandte meinen Zorn in Mitleid«,

der nun, des englischen Reimes wegen, so übersetzt wurde:

»Und in Mitleid wandte sich mein Zorn«.

Auf diese Weise kamen die sanften Noten, die im italienischen auf das Wort *Mitleid* fielen, auf das Wort *Zorn* im englischen, und die wilden Töne, die auf *Zorn* im Original erklangen, sollten in der Übersetzung *Mitleid* bedeuten. Eben so oft ereignete es sich, daß die schönsten Stellen eines Liedes auf die allerunbedeutendsten Worte des Satzes fielen. Ich habe das Wort *und* durch die ganze Skala verfolgen hören, bin mit manchem melodischen *das* unterhalten worden und hörte die reizendsten Verzierungen, Triller und Variationen auf *denn*, *für* und *von* angewendet, zur ewigen Ehre dieser englischen Partikel.

Der nächste Schritt zu unserer Vervollkommnung war die Einführung italienischer Sänger in unsere Oper, die ihren Part in ihrer eigenen Sprache sangen, während zur selben Zeit unsere Landsleute den ihren in unserer Sprache ausführten[1]). Der König oder Held des Stückes sprach gewöhnlich italienisch, und seine Sklaven antworteten ihm auf englisch. Der Liebhaber schmeichelte und gewann das Herz seiner Prinzessin in einer Sprache, die sie nicht verstand. Man könnte denken, daß es schwierig gewesen sein müßte, Zwiegespräche auf diese Weise zu führen, ohne einen Dolmetscher zwischen den Personen, die sich unterhielten; aber dieser Zustand der englischen Bühne dauerte ungefähr drei Jahre.

Endlich wurden es die Zuhörer müde, nur die Hälfte der Oper zu verstehen, und um ihnen die Anstrengung des Denkens ganz zu ersparen, ist es jetzt so eingerichtet, daß die ganze Oper in einer unbekannten Sprache aufgeführt wird[2]). Nun verstehen wir überhaupt nicht mehr die Sprache unserer eigenen Bühne, dergestalt, daß ich oft gefürchtet habe, wenn ich unsere italienischen Schauspieler in der Hitze der Aufführung plappern sah, sie gäben uns Spottnamen und sprächen schlecht über uns; aber ich hoffe, da wir ihnen ein so großes Vertrauen entgegenbringen, so werden sie uns nichts Böses ins Gesicht sagen, trotzdem sie es ebenso sicher wie hinter unserm Rücken tun könnten. Gleichzeitig kann ich nicht umhin zu denken, wie leicht ein Historiker, der zwei oder drei Jahrhunderte später schreibt und den Geschmack seiner weisen Voreltern nicht kennt, zu folgender Überlegung kommen könnte: »Im Beginn des achtzehnten Jahrhunderts verstand man die italienische Sprache so gut in England, daß die Opern auf der öffentlichen Bühne nur in dieser Zunge aufgeführt wurden.«

Man weiß kaum, wie man bei der Widerlegung einer Torheit, die sich

---

1) Der Kastrat Nicolini kam 1708 nach London. Als englische Sängerin wird eine Mrs. Tofts gerühmt, die z. B. die Partie der *Camilla* sang. Durch die häufigen Vorstellungen derselben Oper litt ihr Verstand, und zuletzt bildete sie sich ein, selbst Königin der Volsker zu sein. Auch darüber machte Addison gelegentlich im »Tatler« spöttische Bemerkungen. (Hurd, v. II p. 2; vgl. auch Hawkins v. V p. 152.

2) Die erste ganz italienisch gesungene Oper war *Almahide*, Januar 1710. Dichter und Komponist unbekannt (Burney v. IV p. 211.

einem beim ersten Blick zeigt, ernst bleiben soll. Es erfordert kein großes Maß von Vernunft, um das Lächerliche einer so ungeheuerlichen Praktik einzusehen; aber was noch viel erstaunlicher ist: es ist nicht der Geschmack des gemeinen Volkes, sondern von Personen der höchsten Bildung, der sie bei uns eingeführt hat.

Wenn die Italiener eine größere Gabe für die Musik besitzen als die Engländer, so haben die Engländer eine größere Gabe für andere Darstellungen von weit höherer Art, die imstande sind, der Seele eine weit edlere Unterhaltung zu schaffen. Würde man es für möglich halten, (zu einer Zeit, da ein Autor lebte, der fähig war *Phaedra* und *Hippolitus* zu schreiben), daß ein Volk so töricht von der italienischen Oper eingenommen sein könnte, daß es kaum jeden dritten Tag jenen wundervollen Tragödien zuhören mag?[1]) Musik ist gewiß eine sehr angenehme Unterhaltung, aber wenn sie ganz und gar Besitz von unseren Ohren ergreifen wollte, wenn sie uns unfähig machen würde, der Vernunft zuzuhören, wenn sie Künste verdrängen würde, die weit mehr zur Vervollkommnung der menschlichen Natur beitragen, so würde ich gestehen, ich würde ihr keine bessere Stellung anweisen, als Plato es getan hat, der sie aus seinem Staat verbannte.

Augenblicklich sind unsere Begriffe von Musik so außerordentlich unsicher, daß wir gar nicht wissen, was wir daran so lieben; wir sind im allgemeinen entzückt von allem, das nicht englisch ist: wenn es nur ein ausländisches Erzeugnis ist, sei es italienisch, französisch oder deutsch, so ist es immer dasselbe. Kurz, unsere englische Musik ist ganz ausgerottet und noch nichts an deren Stelle gepflanzt.

Wenn ein königlicher Palast bis auf den Grund abgebrannt ist, so hat jedermann das Recht, einen Plan für einen neuen zu entwerfen, und wenn dieser auch nur mittelmäßig ausgeführt ist, so kann er doch einige Winke enthalten, die einem guten Architekten von Nutzen sein können. Ich werde mir auf den folgenden Blättern dieselbe Freiheit nehmen und meine Meinung über das Wesen der Musik äußern, die ich aber unentschieden lasse, damit sie von denen, die Meister in der Kunst sind, erwogen werden mögen.

II.

Spectator N. 29.[2])

Dienstag, den 3. April (1710).

— *Sermo lingua concinnus utraque*
Suavior: ut Chio nota si commista Falerni est. Horat.

Nichts hat unser englisches Publikum mehr in Verwirrung gesetzt, als das italienische Rezitativ bei seinem ersten Erscheinen auf der Bühne. Man war aufs höchste überrascht zu hören, daß Generäle ihre Befehle sangen und Damen ihre Wünsche in Musik äußerten. Unsere Landsleute konnten nicht umhin zu lachen, wenn sie einen Liebhaber einen Liebesbrief singen hörten und selbst die Überschrift eines Briefes in Musik gesetzt war. Der berühmte Schnitzer in einem alten Stück: *Es tritt auf, ein König und zwei*

---

[1] Jener gerühmte Autor war ein Freund von Addison, Edmund Smith. Burney sagt, diese beiden Stücke seien immer vom Publikum vernachlässigt worden, auch wenn keine Oper gleichzeitig aufgeführt wurde. (Burney: v. IV p. 227 und Hettner; Literaturgeschichte des 18. Jahrh. v. I p. 229.)

[2] Hurd: a. a. O. v. II p. 288.

Geiger solo, war nun keine Ungereimtheit mehr, seitdem es für einen Helden in der Wüste oder für eine Dame in ihrem Gemach unmöglich war, irgend etwas zu sprechen, ohne von musikalischen Instrumenten begleitet zu werden.

Aber trotzdem diese italienische Methode, im Rezitativ zu sprechen, beim ersten Anhören befremden mag, finde ich sie doch richtiger als jene, die unsere englische Oper vor dieser Neuerung beherrschte, da der Übergang von einem Lied zu rezitativischer Musik viel natürlicher ist, als das Fortschreiten vom Gesang zum gewöhnlichen Sprechton, wie es die herrschende Regel in Purcell's Opern war.

Der einzige Fehler, den ich in unserer gegenwärtigen Praxis finde, ist die Art des Gebrauchs von italienischem Rezitativ mit englischen Worten. Um dieser Sache auf den Grund zu gehen, muß ich bemerken, daß der Tonfall oder (wie die Franzosen es nennen) der *accent* einer jeden Nation beim gewöhnlichen Sprechen ganz verschieden ist von dem eines jeden anderen Volkes; wie wir es selbst bei den Wallisern und Schotten sehen können, deren Grenzen uns so nahe sind. Unter Tonfall oder *accent* verstehe ich nicht die Aussprache jedes einzelnen Wortes, sondern den Klang des ganzen Satzes. So ist es etwas ganz Alltägliches, daß ein Engländer, der ein französisches Trauerspiel hört, sich darüber beklagt, daß die Schauspieler darin alle in demselben Tonfall sprechen, und der daher sehr richtig seine eigenen Landsleute vorzieht, ohne zu bedenken, daß ein Ausländer sich ebenso über den Tonfall eines englischen Schauspielers beklagt.

Aus diesem Grunde sollte die Rezitativmusik in jeder Sprache ebenso verschieden sein, wie es der *accent* jeder Sprache ist; denn sonst wird das, was ganz richtig in einer Sprache Leidenschaft ausdrückt, in der anderen nicht passen. Jeder, der lange in Italien war, weiß sehr wohl, daß die Kadenzen im Rezitativ eine entfernte Ähnlichkeit mit dem Tonfall ihrer Stimmen bei gewöhnlicher Unterhaltung haben; oder um es genauer zu sagen, die Akzente ihrer eigenen Sprache sind nur musikalischer und singender gemacht.

So sind die Noten, die in italienischer Musik (wenn man sie so nennen will) eine Frage oder Bewunderung ausdrücken, und die ihren Akzenten in einem Gespräch bei ähnlicher Gelegenheit gleichen, dem gewöhnlichen Ton einer englischen Stimme, die erzürnt ist, nicht unähnlich; so zwar, daß ich oft bemerkte, wie unser Publikum das, was auf der Bühne vorging, ganz falsch auffaßte und erwartete, daß der Held seinen Diener totschlagen würde, wenn er ihm eine Frage gestellt hatte, oder annahm, er stritte sich mit seinem Freund, wenn er ihm einen guten Morgen bot.

Aus diesem Grunde können die italienischen Künstler mit unseren englischen Musikern weder in der Bewunderung von Purcell's Kompositionen übereinstimmen, noch finden, daß seine Melodien so wundervoll seinen Worten angepaßt sind; weil beide Nationen dieselbe Leidenschaft nicht immer in denselben Tönen ausdrücken.

Ich bin daher ganz bescheiden der Meinung, daß ein englischer Komponist dem italienischen Rezitativ nicht zu sklavisch folgen, sondern nur von einigen hübschen Wendungen Gebrauch machen sollte, in Übereinstimmung mit seiner eigenen Sprache. Er mag daraus all jene einschmeichelnde Weichheit und die »hinsterbenden Schlüsse«[1] (wie Shakespeare sie nennt) nachahmen,

---

1. *dying falls.*

aber soll sich trotzdem erinnern, daß er sich einer englischen Zuhörerschaft anzupassen hat, daß er beim Nachempfinden des Tonfalls unserer Stimmen bei gewöhnlicher Unterhaltung dieselbe Aufmerksamkeit auf die Akzente seiner eigenen Sprache habe, wie jene Leute, die er beteuert nachzuahmen, sie für die ihre haben. Es ist beobachtet worden, daß verschiedene Singvögel unseres Landes lernen, ihre Stimmen süßer klingen zu lassen und die Rauheit ihrer natürlichen Töne zu mildern, indem sie bei jenen übten, die aus wärmeren Himmelsstrichen kamen. In derselben Weise würde ich es der italienischen Oper erlauben, unserer englischen Musik so viel Anmut zu leihen, als sie nur mag, und sie sanfter zu machen, niemals aber, sie ganz zu vernichten und zu zerstören. Laßt den Einfluß so stark sein, wie er will, aber laßt den Kern immer englisch bleiben. Ein Komponist sollte seine Musik dem Geist des Volkes anpassen und bedenken, daß die Feinheit des Gehörs und der Geschmack der Harmonie von jenen Tönen gebildet werden, die jedes Land im Überfluß besitzt: kurz gesagt, daß die Musik von relativer Natur ist, und was dem einen Ohr als Harmonie erscheint, Dissonanz für ein anderes sein kann.

Dieselben Beobachtungen, die ich bei dem rezitativischen Teil der Musik machte, können für alle unsere Gesänge und Lieder im ganzen dienen.

Signor Baptist Lully hat in dieser Hinsicht wie ein Mann von Verstand gehandelt. Er fand die französische Musik außerordentlich mangelhaft und oft sehr barbarisch vor: nichtsdestoweniger, da er den Geist des Volkes, die Art ihrer Sprache und sein voreingenommenes Gehör, mit dem er zu rechnen hatte, kannte, beabsichtigte er nicht, die französische Musik auszurotten und an deren Stelle die italienische zu pflanzen, sondern er veredelte und verfeinerte sie durch ungezählte Wendungen und Modulationen, die er von der italienischen borgte. Dadurch ist jetzt die französische Musik in ihrer Art vollendet; und wenn du sagst, sie ist nicht so gut wie die italienische, so meinst du nur, daß sie dir nicht so gut gefällt; denn es gibt kaum einen Franzosen, der sich nicht wundern würde zu hören, daß du der italienischen einen solchen Vorzug gewährst. Die Musik der Franzosen ist in der Tat sehr genau ihrer Aussprache und ihrem Akzent angepaßt, ebenso wie die ganze Oper dem Geist eines so fröhlichen, heiteren Volkes schmeichelt. Der Chor, mit dem jene Oper reichlich versehen ist, gibt dem Publikum häufige Gelegenheit, mit den Sängern in das Konzert einzustimmen. Diese Neigung der Zuhörer, mit dem Schauspieler mitzusingen, herrscht dort so, daß ich manchmal bemerkt habe, daß der Darsteller auf der Bühne während eines berühmten Gesanges nicht mehr zu tun hat, als der Prediger in einer Pfarrkirche, der nur dazu ist, um den Psalm anzufangen und nachher in die Musik der Versammlung mit hineingezogen wird. Jeder Schauspieler, der auf die Bühne kommt, ist ein Stutzer. Die Königinnen und Heldinnen sind so geschminkt, daß sie so rot und kirschenwangig wie Milchmädchen aussehen. Die Hirten gehen alle in gestickten Röcken und passen besser auf einen Ball als unsere englischen Tanzmeister. Ich habe ein paar Flußgötter in roten Strümpfen erscheinen sehen, und Alpheus, anstatt daß sein Kopf mit Schilfgras und Binsen bedeckt war, machte seine Liebeserklärung in einer schönen, langgeknüpften Perrücke und einem Federbusch, aber mit einer Stimme so voller Bebungen und Triller, daß ich das Quaken eines ländlichen Sumpfes für eine viel angenehmere Musik gehalten hätte.

Ich erinnere mich, daß die letzte Oper, die ich in jener heiteren Nation sah, der Raub der Proserpina war[1]), in der Pluto, um eine noch verführerischere Figur zu machen, sich in eine französische Kutsche gesetzt hatte und Ascalaphus mit sich brachte wie seinen Kammerdiener. Das nennen wir Narrheit und Ungereimtheit; aber die Franzosen finden es lustig und artig.

Ich will zu dem, was ich hier erörtert habe, nur noch hinzufügen, daß Musik, Baukunst und Malerei, ebenso wie Dichtung und Redekunst ihre Gesetze und Regeln vom gesunden Menschenverstand und dem Geschmack der Menschen ableiten sollen und nicht von den Grundsätzen jener Künste selbst; mit anderen Worten, der Geschmack ist nicht der Kunst anzupassen, sondern die Kunst dem Geschmack. Musik ist nicht bestimmt, nur chromatischen Ohren zu gefallen, sondern allen, die fähig sind, rauhe von angenehmen Tönen zu unterscheiden. Ein Mensch mit gesundem Gehör ist Richter darüber, ob eine Leidenschaft in richtigen Tönen ausgedrückt wird, und ob die Melodie jener Töne mehr oder weniger angenehm ist.

III.

The Spectator N. 13[2]).

Donnerstag, d. 15. März (1710).

Dic mihi, si fueras Leo, qualis eris? Martial.

Nichts hat in den letzten Jahren mehr zur Belustigung der ganzen Stadt beigetragen, als der Kampf Signor Nicolini's mit einem Löwen in *Haymarket*[3]), der sehr häufig aufgeführt wurde, zur allgemeinen Befriedigung vieler Leute von vornehmer Abkunft und guter Erziehung im Königreich Großbritannien. Beim ersten Gerücht über diesen beabsichtigten Kampf wurde im Vertrauen versichert, und wird noch jetzt von vielen Besuchern der beiden Galerien geglaubt, daß jeden Abend zur Oper ein zahmer Löwe aus dem Tower geschickt würde, um von Hydaspes getötet zu werden. Diese Nachricht, obwohl ganz grundlos, herrschte so allgemein in den oberen Regionen des Theaters, daß einige der hervorragendsten Politiker in diesen Abteilungen flüsternd verbreiteten, daß der Löwe ein leiblicher Vetter jenes Tigers wäre, der in König Wilhelm's Tagen erschienen sei, und daß die Bühne während der ganzen Spielzeit auf öffentliche Kosten mit Löwen versorgt werden würde. Sehr verschieden waren die Mutmaßungen über die Behandlung, die der Löwe von der Hand Signor Nicolini's erfahren würde. Einige vermuteten, daß er ihn vermittelst des Rezitativs unterwerfen würde, so wie Orpheus wilde Bestien zu behandeln pflegte, und ihn dann aufs Haupt schlagen; andere bildeten sich ein, daß der Löwe nicht wagen würde, den Helden mit seinen Pranken zu berühren, wegen des Glaubens, daß ein Löwe keine Jungfrau verletzt; mehrere, die vorgaben, die Oper in Italien gesehen zu haben, hatten ihre Freunde belehrt, daß der Löwe seinen Part deutsch vortrüge und zwei- oder dreimal zu einem Baß brüllen würde, ehe er Hydaspes zu Füßen fiele. Um eine Sachlage aufzuklären, über die so

---

1) Wahrscheinlich die Oper von Quinault-Lully 1680 zuerst aufgeführt (Clément et Larousse).

2. Hurd v. II p. 259.

3) In der Oper *Hydaspes*, Musik von Francesco Mancini. Burney gibt als Datum der Erstaufführung den 23. Mai 1710 an. Nach Addison's Bericht muß sie früher angesetzt werden (vgl. Burney v. IV p. 212.

verschieden berichtet wurde, habe ich es mir zur Aufgabe gemacht, zu prüfen, ob der Löwe wirklich wild ist, wie er zu sein scheint, oder nur eine Nachahmung.

Aber ehe ich meine Entdeckungen mitteile, muß ich dem Leser erzählen, daß ich im letzten Winter bei meinen Gängen hinter der Szene, als ich an irgend etwas dachte, plötzlich gegen ein ungeheures Tier stieß, das mich außerordentlich erschreckte und sich bei näherer Betrachtung als ein kriechender Löwe auswies. Als der Löwe sah, daß ich sehr überrascht war, sagte er mit sanfter Stimme, daß ich bitte bei ihm vorbeigehen möchte, »denn«, meinte er, »ich beabsichtige nicht, irgend jemand zu verletzen«. Ich dankte ihm recht freundlich und ging an ihm vorbei. Ein Weilchen später sah ich ihn auf die Bühne springen und seine Rolle mit großem Beifall spielen. Es ist von Verschiedenen beobachtet worden, daß der Löwe seit seinem ersten Auftreten seine Art zu spielen zwei- oder dreimal geändert hat, was aber nicht weiter befremden wird, wenn ich dem Leser erzähle, daß der Löwe vor dem Publikum drei verschiedene Male gewechselt hat. Der erste Löwe war ein Lichtputzer, der, ein Bursch von eigensinnigem, cholerischen Temperament, seine Rolle übertrieb und nicht zugeben wollte, so leicht getötet zu werden, als er müßte; nebenbei wurde beobachtet, daß er jedesmal, wenn er aus dem Löwen herauskam, immer grober wurde, und als er in gewöhnlicher Unterhaltung Worte fallen ließ, wie: er habe nicht so gut gefochten, als er könne, und daß er es bei der Rauferei gelitten hätte, auf den Rücken geworfen zu werden, und daß er mit M. Nicolini, um was er wolle, ohne seine Löwenhaut kämpfen wolle, hielt man es für besser, ihn zu verabschieden: und wirklich glaubt man bis auf den heutigen Tag, daß, wenn er die Bühne noch einmal betreten hätte, er sicher Unheil angerichtet haben würde. Außerdem wandte man gegen den ersten Löwen ein, daß er sich so hoch auf seine Hinterpfoten erhoben habe und in so aufrechter Stellung einhergeschritten sei, daß er mehr wie ein alter Mann, als wie ein Löwe ausgesehen hätte.

Der zweite Löwe war von Beruf Schneider, der zum Theater gehörte, und hatte den Charakter eines milden, friedvollen Mannes seines Standes. War der frühere zu wild, so war dieser zu schafig in seiner Rolle, und zwar so sehr, daß er nach einem kurzen, bescheidenen Gang auf der Bühne bei der ersten Berührung des Hydaspes niederfiel, ohne sich mit ihm zu balgen und ihm Gelegenheit zu geben, seine verschiedenen italienischen Griffe zu zeigen. Es wird allerdings gesagt, daß er ihm einmal einen Riß in sein fleischfarbenes Wams gemacht habe; das tat er aber nur, um sich in seinem Beruf als Schneider Arbeit zu schaffen. Ich muß nicht vergessen, daß es dieser zweite Löwe war, der mich mit so viel Menschenfreundlichkeit hinter der Szene behandelt hatte.

Augenblicklich ist der auftretende Löwe, wie ich unterrichtet wurde, ein Herr vom Lande, der es zu seinem Vergnügen tut, aber wünscht, daß sein Name verschwiegen werde. Er sagt sehr hübsch zu seiner eigenen Entschuldigung, daß er nicht für den Gewinn spielt; daß er damit einem unschuldigen Vergnügen fröhnt, und daß es besser sei, einen Abend auf diese Weise zu verbringen, als mit Spielen und Trinken; zu gleicher Zeit sagt er mit liebenswürdigem Spott auf sich selbst, daß, wenn sein Name bekannt werden würde, die böse Welt ihn »den Esel in der Haut des Löwen« nennen möchte. Das Temperament dieses Herren ist von so glücklicher Mischung von mild und cholerisch, daß er seine beiden Vorgänger aussticht und eine größere Zuschauermenge herangezogen hat, als man sich seit Menschengedenken erinnern kann.

Ich kann meine Geschichte nicht schließen, ohne noch von einer unbegründeten Erzählung Notiz zu nehmen, die sich zum Nachteil eines Herrn erhoben hat, zu dessen Bewunderern ich gehöre; daß nämlich Signor Nicolini und der Löwe friedlich zusammen gesehen sein sollen, wie sie miteinander Pfeife rauchten; damit würden ihre Feinde zu verstehen geben, daß sie auf der Bühne nur einen Scheinkampf aufführten; aber bei genauerer Nachfrage finde ich, daß, wenn irgend welche Vertraulichkeiten zwischen ihnen vorgekommen sein sollten, dies nicht eher geschah, als nachdem der Kampf vorbei war, nachdem der Löwe für tot angesehen war, gemäß den Forderungen des Dramas. Nebenbei gesagt wird dies jeden Tag in *Westminster Hall* geübt, wo man nichts Alltäglicheres sehen kann, als zwei Advokaten, die sich im Gerichtshof in Stücke zerrissen haben und, sobald sie draußen sind, sich umarmen.

Ich würde auf keinen Fall in irgendeinem Teil dieser Erzählung daran denken, über Signor Nicolini zu berichten, der, indem er diese Rolle spielt, nur dem verdorbenen Geschmack seiner Zuhörer Rechnung trägt; er weiß sehr wohl, daß der Löwe sehr viel mehr Bewunderer hat, als er selbst; ebenso wie von der berühmten Reiterstatue auf dem Pont Neuf gesagt wird, daß mehr Leute hingehen, um das Pferd zu sehen, als den König, der darauf sitzt. Im Gegenteil, es erregt meinen gerechten Unwillen, eine Person, deren Darstellung den Königen Majestät, den Helden Entschlossenheit und Sanftheit den Liebhabern gibt, so von der Höhe ihrer Kunst sinken und zum Charakter eines Londoner Lehrburschen herabgezogen zu sehen. Ich habe oft gewünscht, daß unsere Tragöden diesen großen Meister nachahmen möchten. Könnten sie denselben Gebrauch von ihren Armen und Beinen machen und auf ihren Gesichtern solche Blicke und Leidenschaften darstellen, wie großartig würde eine englische Tragödie in einer Darstellung erscheinen, die fähig ist, den gezwungenen Gedanken, kalten Einfällen und unnatürlichen Ausdrücken der italienischen Oper Würde zu verleihen. Gleichzeitig habe ich diesen Kampf mit dem Löwen erzählt, um zu zeigen, welcher Art augenblicklich die Unterhaltungen der Gebildeten in Großbritannien sind.

Zuhörer sind oft von Schriftstellern wegen der Grobheit ihres Geschmacks getadelt worden; aber unsere augenblickliche Not scheint weniger in dem Mangel an Geschmack, als in dem Mangel an gesundem Menschenverstand zu bestehen.

* * *

Wenn man Addison's originelle Geschichte der italienischen Oper in England mit den Darstellungen von Marpurg[1]), Burney, Hawkins und Chrysander vergleicht, so erkennt man, wie schon aus den vielfachen Anmerkungen zu ersehen war, daß wir es hier, trotz aller Satire, mit einer, wenn auch in großen Zügen gegebenen, so doch ganz historisch getreuen Darstellung zu tun haben, ja, daß Marpurg, Burney und Hawkins sich sogar an Addison's Aufsätzen orientiert haben. Nur ein Vorkommnis hat

---

1) Marpurg: Historisch-kritische Beyträge, Bd. IV, S. 30ff.

Addison aus naheliegenden Gründen nicht mitgeteilt. Er hatte sich nämlich selbst im Jahr 1707 mit einem Libretto »Rosamond« an den Versuchen beteiligt, eine englische Oper nach italienischem Muster zu schreiben, hatte damit aber einen kläglichen Mißerfolg geerntet. Die Musik war von jenem unfähigen Clayton, dem Komponisten der »Arsinoe«. Ouvertüre und Duett aus »Rosamond«, von Hawkins mitgeteilt[1]), zeigen zur Genüge das Niveau, auf dem diese Kompositionen standen[2]). Das Buch ist, den sonstigen nationalen Forderungen Addison's ganz entgegengesetzt, völlig nach der italienischen Schablone geschrieben. Liebe, Eifersucht, Rache und endliche Versöhnung bilden den Inhalt des Stückes, in dem garnicht der Versuch einer feineren Charakterisierung der Personen gemacht wird. Auch der Giftbecher, dessen Inhalt sich aber glücklicherweise zuletzt als Schlaftrunk erweist, damit die Oper das obligate gute Ende nehmen kann, fehlt nicht. Burney mag also nicht ganz unrecht haben, wenn er meint, daß die Addison'schen Artikel, die ja sehr belustigend zu lesen seien, durch persönliches Interesse hervorgerufen wären. Der eigentliche Anstoß zu diesem ersten Artikel, der sich ja hauptsächlich gegen die fremde Sprache auf der englischen Bühne richtete, war wohl die im Januar 1710 zum erstenmal ganz italienisch aufgeführte Oper »Almahide« gewesen.

Nebenbei sei noch bemerkt, daß es für uns gewiß nicht ohne Interesse ist, aus diesem ersten Aufsatz zu ersehen, daß die Klagen und der Spott über sinnentstellende Übersetzungen sowie über das Sprachgemisch bei Gastspielen ausländischer Sänger gerade jetzt ihr beinahe zweihundertjähriges Bestehen feiern könnten.

Zu dem zweiten Artikel über das Rezitativ bemerkt Chrysander[3]), daß Addison darin etwas Vorliebe für französische Musik bekunde, und zwar weil diese, wie Chrysander sagt, »weniger freien Aufschwungs als die italienische sondern dürftiger an den Worten klebend, einem unmusikalischen Sinn schon eher ‚begreiflich' erscheint.« Dieser Vorwurf ist aber nicht gerechtfertigt, da Addison zunächst die französische Musik der italienischen garnicht gegenüber stellt oder gar vorzieht. Er wollte nur den Engländern an einem Beispiel zeigen, wie sie es machen müßten, um die italienische Kunst zu nationalisieren, und seiner Meinung nach konnte man mit Hilfe von ein wenig Verstand und Geschmack ziemlich einfach und schnell zu einem befriedigenden Resultat gelangen. Es sei dahingestellt, ob Addison wirklich so unmusikalisch gewesen ist, wie

---

[1] Hawkins: a. a. O., V 138 f.
[2] 1733 wurde die »Rosamond« neu von Dr. Arne komponiert und soll viel Erfolg gehabt haben. (Macaulay: *Life and Writings of Addison*. Essays v. II p. 335. Grove: Dictionary v. 1 p. 84.
[3] Chrysander a. a. O. v. I p. 268.

Chrysander sagt. Vielleicht genügte schon sein überaus scharfer Verstand, um ihn z. B. die groben Verstöße erkennen zu lassen, die bei den Übersetzungen italienischer Opern gegen die Übereinstimmung von Wort und Ton gemacht wurden. Seine völlig berechtigte Forderung, daß der Komponist einer Oper auch mit der betreffenden Sprache und ihren Eigenheiten vertraut sein müsse, zeigt aufs neue, mit wie scharfer kritischer Auffassung er stets den Kernpunkt einer Sache erkannte. Jedenfalls ist dieser Artikel gewiß ein recht beachtenswerter Beitrag zur Geschichte des vielumstrittenen Rezitativs.

Ganz unvermittelt kommt Addison dann auf die Kostüme zu sprechen, die damals in der französischen Oper üblich waren. Es scheint darnach, als hätte man in England und Italien schon im Anfang des 18. Jahrhunderts die genaue Beobachtung des Kostümes innegehalten, die in Deutschland, dessen Schauspielkunst sich allerdings nach französischem Muster gerichtet hatte, erst 1773 mit der Erstaufführung des Götz von Berlichingen auf dem Koch'schen Theater eingeführt wurde[1]. Möglich ist aber auch, daß Addison die Sache ironisch gemeint hat und seinen Landsleuten auch mit dieser Erzählung einen kleinen Hieb erteilen wollte.

In dem dritten Artikel richtet Addison seine Spottlust gegen die in der italienischen Oper so häufig mitwirkenden Tiere. Über die ungeheuren Requisiten der Oper hat er seiner Laune oft die Zügel schießen lassen. So zeigte er z. B. im »*Tatler*« an[2], daß Christopher Rich (ein bekannter Theaterdirektor in London) seinen Haushalt aufgäbe und alle beweglichen Gegenstände veräußern wollte. Es folgt dann eine lange Liste derselben, z. B. »ein ‚Satz' Wolken, nach französischer Manier mit Blitzen durchwirkt und verbrämt«; oder: »ein Kaisermantel, angefertigt für Cyrus den Großen, getragen von Julius Caesar, Bajazet, König Heinrich VIII. und Signor Valentini« usw. Ein andermal rät er[3], eine Oper zu schreiben unter dem Titel: »Der Zug Alexander's des Großen«, und darin gleich alle Spezialitäten Londons, die sonst in der ganzen Stadt verstreut gezeigt würden, vereint auftreten zu lassen. Die Wälder Asiens, die Alexander durchziehe, solle man mit Affen bevölkern, was gleich Gelegenheit zu einem Affentanz gäbe; Alexander selbst solle auf dem Kamel Bucephalo reiten, usw. Auch über die Mitwirkung von

---

1) »Götz Fehden«, sagt Devrient, »konnten nicht mit dem Galanterie-Degen ausgefochten werden«. Geschichte der Schauspielkunst v. II p. 296.) Bis dahin trugen Cato und Porzia Steifröcke und Perrücken (Blümner: Geschichte des Theaters in Leipzig p. 78. Der erste, der in Deutschland für sinngemäße Kostüme und Dekorationen eintrat, war Gottsched, der mit dieser Forderung aber noch tüchtig ausgelacht wurde (Blümner ebenda).

2) Hurd: a. a. O. v. II p. 3.

3 Hurd: a. a. O. v. II. *Spectator* N. 31.

Spatzen in Händel's ›*Rinaldo*‹ spottete er[1]). Daß wilde Tiere in der Oper eine besondere Rolle spielten und auf das Publikum große Anziehung ausübten, beweist später auch Marcello, der im *teatro alla moda* dem Autor häufig den Rat gibt, auf die Partie des Löwen oder Bären ganz besondere Rücksicht zu nehmen[2]). Hawkins berichtet[3]), daß die Ausstattung jener Oper *Hydaspes* überaus prächtig gewesen sei. Er fügt hinzu, daß von nun an die italienische Oper nicht mehr Veranlassung zu so vielen Verspottungen gegeben habe, und daß dazu wahrscheinlich Addison's Satiren beigetragen hätten. Diese Annahme ist gewiß berechtigt. Addison, von dem Macaulay meint, daß er unserer Generation nicht soweit zurück wäre, als er der seinigen voraus war[4]), hatte durch seine Aufsätze im *Spectator* einen ganz ungeheuren Einfluß auf die öffentliche Meinung gewonnen; und dieser bestand nicht nur zu seinen Lebzeiten, sondern dauerte noch Jahrzehnte nach seinem Tode fort. Der *Spectator*, dessen fast alleiniger Mitarbeiter Addison gewesen war, hatte damals in England eine Popularität, wie sie, nach Macaulay, später nur noch die erfolgreichsten Schriften von Scott und Dickens erlangt hatten. Immer und immer wieder mußten neue Auflagen erscheinen[5]), und seine Leser zählten schon zu Anfang nach Tausenden[6]). Man kann also auch wohl die geheime Opposition, die sich auch während der glänzenden Erfolge der italienischen Oper immerwährend in den Schriften der national gesinnten Partei geltend machte, auf den Einfluß dieser Addinson'schen Aufsätze zurückführen.

Daneben gewinnt man durch diese Artikel aber auch den Eindruck, daß man sich in England gegen das Eindringen einer fremden Kunst und einer fremden Sprache wehrte im stolzen Bewußtsein eigener früherer musikalischer Glanzzeiten, deren letzte unter Purcell ja beim Erscheinen dieser ersten *essays* noch nicht allzu lange vorbei gewesen war. Eine

---

1) Hurd: a. a. O. v. II. *Spectator* N. 5.

2) Daß sowohl Addison wie Marcello nicht aus einer gewissen Animosität gegen die Oper die Wichtigkeit der mitwirkenden Tiere übertrieben dargestellt haben, bezeugt z. B. auch der Bericht des Abbé Raguenet (a. a. O. p. 118f.), der ganz entzückt erzählt, er habe im Jahr 1697 in Turin einer *Orpheo*-Aufführung beigewohnt, in der die von Orpheus besänftigten wilden Eber, Löwen und Bären bewundernswert dargestellt worden seien. Alle übertroffen habe aber ein Affe, der während des schönen Gesanges hundert der drolligsten Späße verübte, indem er auf die Rücken der anderen Tiere sprang und alle seiner Art eigenen Äffereien ausführte. Addison's Bemerkung, Signor Nicolini habe stets gewußt, daß der Löwe viel mehr Bewunderung fände als er, wird also wohl seine Berechtigung gehabt haben.

3) Hawkins: a. a. O. v. V p. 147.

4) Macaulay: a. a. O. Edition 1872. v. II p. 729.

5) Der Katalog der Kgl. Bibl. Berlin gibt allein an: Englische Ausgaben des *Spectator* 1711—14, 1723—24, 1733—50, 1766. Eine französische 1719-26.

6) Macaulay: a. a. O. v. II p. 729.

nationale Voreingenommenheit ist darum Addison oder seinen Anhängern gewiß nicht vorzuwerfen, wie Burney es tut. Jene Äußerungen über das blinde Entzücken seiner Landsleute über alles, das nicht englisch sei, erinnert lebhaft an die Vorwürfe derselben Art, die man später den Deutschen machte. Zuletzt sei noch erwähnt, daß es für England charakteristisch ist, daß derartige Kritiken nicht, wie in Italien und Frankreich, in Form von gelehrten Abhandlungen erschienen, sondern in einer Zeitschrift, die die weiteste Verbreitung gefunden hatte. Allgemeinverständlich sollte bei diesem praktischen, kühl und klar denkenden Volk auch die Kunst sein, und Addison sagt z. B. selbst gelegentlich, er habe es sich in diesen Blättern zur Aufgabe gemacht, die Philosophie »aus den Sammlungen, Bibliotheken, Schulen und Kollegien in die Klubs und Gesellschaften, an die Theetische und in die Kaffeehäuser zu bringen[1].«

Kleine Mitteilungen zur Musikgeschichte aus Augsburger Akten.
Von
Wilibald Nagel.
(Darmstadt.)

Die nachfolgenden kleinen Mitteilungen und Auszüge sind von mir gesammelt worden, als ich die mir in bereitwilligster Weise nach Darmstadt geschickten Meistersinger-Akten aus dem Besitze des Augsburger Stadtarchivs durchsah. Es handelt sich zunächst um drei große Konvolute mit der Aufschrift: »Acta betr. Meistersinger I. II. III.« und drei kleinere Konvolute mit Nachträgen. Genau durchgesehen sind, wie mir scheint, die insbesondere für die Theatergeschichte Augsburgs wichtigen Akten noch nicht: nicht durchweg ist die chronologische Ordnung gewahrt, nicht zusammengehörendes Material steckt an mancher Stelle in derselben Hülle, vor allem aber verbietet der Inhalt der Bezeichnung als Meistersinger-Akten schlechtweg. Denn eine große Anzahl der Dokumente hat, auch wenn der Name »Meistersinger« darin vorkommt, mit ihnen nichts zu tun. In Augsburg besaßen zu gewissen Zeiten die Meistersinger ein Privileg, theatralische Aufführungen mit und ohne musikalische Beigaben zu veranstalten; jeder fremde Spieler, war er nun Komödiant, »Operist«, Taschenspieler oder Seiltänzer, war unter Um-

[1] Hurd: a. a. O. v. II p. 253. *Spectator* N. 10.

ständen genötigt, an die sog. Gesellschaft der Meistersinger, die im Laufe des 18. Jahrhunderts ihren ursprünglichen Charakter vollständig einbüßten und sich selbst als »bürgerliche Agenten« d. i. *actores* bezeichneten und von der Obrigkeit direkt als »Gesellschaft teutscher Komoediauten« bezeichnet werden, eine kleine Summe als Entschädigung für den ihnen selbst entgehenden Verdienst zu bezahlen — ein wohl nicht allzu seltenes Stück schutzzöllnerischer Politik in der Kunst. Jede Eingabe an den Rat, die Spielerlaubnis nachsuchte, ging an die »Deputierten über der Meistersinger-Ordnung« zur Begutachtung ab: diese Gutachten bilden in der großen Mehrzahl der Fälle die Schutzhüllen für die Eingaben selbst. So mag die Einordnung der Akten wie oben angegeben zu erklären sein. Eine andere Aufschrift und Ordnung der betr. Akten wird aber doch wohl im Laufe der Zeiten notwendig werden.

Ich teile zunächst einiges aus Akten, die wenig oder gar nicht bekannte Musiker betreffen, mit und dann einige Dokumente, die Licht auf eine dunkle Periode in Johann Sigismund Kusser's Leben werfen und eine Streitfrage zur Entscheidung bringen. Einige Dokumente beziehen sich auf Em. Schikaneder.

* *

1. Eitner erwähnt im Quellenlexikon einen **Jakob Seerieder**, Bassisten a. d. Kurf. Kapelle in München, der 1697 in Brüssel und noch 1726 Mitglied der Kapelle war. Laut Eingabe von Anfang 1711 an den Augsburger Rat war ein Philip Jacob Seerieder damals »Operisten-Principal«; er hatte »etliche iahre als Musicus« am Eychstettischen Hofe gestanden und »bey zahlreicher Essemble des hohen adels mit Kayserl. höchst ansehentlicher Administration zu München ... ein gantzes iahr lang agirt.« Bei seiner »Bande« (es ist das, wie man weiß, der landläufige Ausdruck der Zeit) waren »zweye renomirte cantatricen, so ehedessen am Kayserl. Hof in eben solcher Qualität gedienet haben«. Die aufzuführenden Opern, von denen leider kein Verzeichnis beiliegt, währten 2—2½ Stunden und wurden »bey angezündten Lichtern, iedoch bey tag praesentiret.« Am 5. Februar bewilligte der Rat das Gesuch Seerider's, einige Opern aufzuführen. Ob die bei Eitner genannte und der »Principal« dieselbe Person sind, kann ohne weiteres nicht entschieden werden. Anzunehmen ist es wohl deshalb nicht, weil S., wenn er in kurbayrischen Diensten stand, dies in seinem Gesuche angegeben haben würde. Inwieweit übrigens Eitner's Angabe hier zuverlässig ist, vermag ich nicht anzugeben.

2. Abraham Gugger, Burger und Buchdrucker, und Joh. Georg **Mayr**, Burger und Organist allhier, bitten 1716 den Augsburger Rat, ihnen die Aufführung zweier »Opera, nahmens Jacob und Lea« und »die vergnügte Flora oder Mars der Gärtner« zu gestatten. Sie sagen, die Eingabe geschehe »auf Antrieb ein und anderer Standes Person, wie auch der Herren Kaufleute«. Den Meistersingern wollen sie das Montage zum Spielen frei lassen und zur glücklichen Entbindung der Kaiserin »unser jubilo anstimmen«. Ich glaube nicht, daß es sich um »Opern« handelt, die ja fast immer als »musikalische« Stücke o. ä. bezeichnet werden. Mayr's Name findet sich bei Eitner nicht. Im nächsten Jahre kam Gugger allein um Spielerlaubnis ein. Daß die beiden Petenten (das Gesuch wurde am 5. März bewilligt) die glückliche Entbindung der Kaiserin damals schon voraussahen, ist merkwürdig; nach siebenjähriger kinderloser Ehe ward Karl VI. von seiner Gemahlin Elisabeth von

Braunschweig-Wolfenbüttel erst am 13. April 1716 ein bald darnach gestorbener Sohn (der einzige, den er bekam) geboren. Die Angabe wird auf mancherlei ohne Zweifel umherlaufende leere Gerüchte gegründet gewesen sein. Das Talent der Theaterunternehmer, alle möglichen Ereignisse ihren eigenen Zwecken dienstbar zu machen, ist zu allen Zeiten groß gewesen.

3. Anfangs Juli 1723 machte Joh. Georg **Widmann**, Organist bei den Dominikanern und Choraccessist, eine Eingabe an den Rat um eine Spielerlaubnis: er hätte »mit saurer Mühe und Kosten eine kleine Opera so in vocal sowohl als Instrumental Musica« bestand, komponiert, um sich bekannt zu machen. Als junger Hausmann, der arm war, lag ihm an der raschen Aufführung viel. Wenige Tage später ging eine zweite Petition ab: ». . . weil aber dieses Musicalische Werkh wegen unterscheydlichen Poëtereien (lateinischer?) der gemeine Mann nicht verstehen würde, so hab ich mich dabei höchstens befliessen, auch eine schöne redensart mit schönen anmerkungen von dem alt Vatter Jacob und seinen 12 Söhnen mit anzuführen . . .« Das Werk hatte drei Teile. Das zweite Gesuch trägt verschiedene Namen wie die mehrerer Grafen Fugger. Sie sollen wohl zur Empfehlung gedient haben. Die »Deputierten« meinten, das Werk, das »etwas besonders in sich halte«, könne aufgeführt werden, obwohl das Agieren zu häufig geworden sei und eingeschränkt werden müsse. Am 24. Juli 1723 wurde dementsprechend vom Rat beschlossen. Auch J. G. Widmann wird bei Eitner nicht genannt.

Es ist immerhin bemerkenswert, daß dem Widmann die Aufführung »trotz des allzu vielen Agierens« gestattet worden; er war als Organist bei den Dominikanern selbstredend Katholik. Paritäts-Streitereien haben in Augsburg seit der Reformation eine Rolle gespielt; die Meistersinger spalteten sich in eine protestantische und eine katholische Abteilung (in einer Eingabe wird den Namen einmal je ein AC = Augsb. Konfession (?) oder C = Katolik beigesetzt[1]). Klagen über Bevorzugung katholischer »Agenten« bin ich in den Akten gelegentlich begegnet.

4. Im April 1733 machte Heinr. Casimir **Purmann** (Burmann), bürgerl. Borstenmacher (im Vorjahre nennt er sich »Prinzipal hiesiger Stadt Comoedianten« d. i. der (kathol.) Abteilung der Meistersinger-Spieler; schon 1724 und vorher hatte er Passionsspiele aufgeführt) eine Eingabe, mit einer ital. (!) Operisten-Gesellschaft Aufführungen veranstalten zu dürfen. Die Aufführungen B.'s (ob die der Opern ist freilich fraglich) müssen vielen Beifall gefunden haben; noch 20—30 Jahre nachher erinnerte man sich ihrer (s. u.). Er starb 1740. Seine Witwe hat noch einige Zeit als Prinzipalin in Augsburg gewirkt. Aus einem anderen Aktenstücke erfahren wir, daß es damals in Augsburg sechs katholische, also wohl ebenso viele evangelische Stadtmusikanten gab.

5. Derlei Gesuche fremder und einheimischer Künstler wurden in vielen Fällen von zünftigen Schreibern verfertigt. Oft sind deren Namen beigesetzt. Der Verfasser des zunächst zu erwähnenden Schriftstückes hat die Kunst des Tamtamschlagens zu Reklamezwecken vortrefflich verstanden. Da das Gesuch als ein typisches Beispiel solcher Kunst gelten kann, lasse ich einen größeren Teil seines Wortlauts hier folgen. Mit dem Gesuche wendet sich 1733 ein Antonio **Peruzzi** aus Venedig, »Principal dell'opera Italiana«

---

[1] Ich sehe keine andere Möglichkeit, die Buchstaben zu lösen; man könnte allenfalls an A = Actor, C = Cantator denken, allein die Meistersinger werden nie mit diesem Worte genannt.

an den Rat, er möge ihm und seiner aus 18 Köpfen bestehenden »Familie und Bande« drei Monate lang wälsche Opern spielen zu dürfen gestatten.

Ew. ... führen bey der gantzen Welt den höchst herrlichen Nachruhm, daß Sie aus hochangestammter Güte und Sanfftmüthigkeit, nicht allein keinen Menschen ohne Consolation von sich laßen, sondern auch diejenigen, welche in dero Statt .. kommen, um Ihro zu dienen und mit operen ... einn Plaisir zu machen, nicht allein keinen operisten ohne Consolation von sich lassen, sondern auch diejenigen Bande und Compagnie, welche sich wohl aufführen ... sowohl zu remboursirung, derer, auf ihrer anhero Reise gemachte Speesen, aufgewanten Unkösten, als auch benöthigten interims-Subsistenz, und fortsetzung ihrer weiteren Reise und fortkommens, einige Monathe die Gnädige Erlaubnüß zu ertheilen pflegen. Ihre Kunst- und Proßious Übungen in dero Opern-Haus öffentlich aufzuführen und ihre schönen zur Sitten- und Moralitaetslehr dienende Operen zu spielen. Dieweilen nun ich, nebst Weib, Kindernn, Sängernn und Sängerinnen, Componisten, Schreibernn, und Compagnie, 18 an der Zahl, zu hiesiger berühmten Statt, und darinnen befindlichen hohen und starken Adels, auch florisanten Kauffmanschafft behäglichen Dienst, Lust, Ergötzung, Verlangen, und Dienst, von Venedig aus, anhero geaylet, um ... mit meiner raren, vortrefflichen und ungemeinen Bande, vergnügsam aufzuwarten, alß welche, ohne eyteln Ruhm zu melden, aller männigliches Ohren, Augen, Hertzen, Sinnen und Gemüther, erfreuen, erquicken und vergnügen werden ... usw.

Dem Petenten wurde seine Bitte, nachdem ihm Kaution zu stellen auferlegt war, am 22. Januar 1733 bewilligt. Aus einer späteren Bittschrift geht hervor, daß Peruzzi vom Kurfürsten von Bayern früher die Erlaubnis erhalten hatte, drei Monate in München zu spielen. Hier und in Augsburg hatte er große »Approbation« gefunden. Zur Zeit der zweiten Eingabe (Oktober 1733) wollte er wieder Opern aufführen, um — seine Schulden bezahlen zu können. Die Gläubiger, Joh. Heinr. Buehl und ein Barbieri, erlangten später vom Rate eine abermalige Erlaubnis zu Aufführungen. Peruzzi war damals nach Venedig gegangen, um eine neue Truppe zusammenzustellen: er schuldete dem Buehl 1600 Gulden, dem Barbieri ein Summe für Hauszins und Baarvorlagen. Wie aus der Petition der beiden hervorgeht, zögerte Peruzzi auf Grund falscher Mitteilungen eines in Augsburg befindlichen Mitgliedes seiner Gesellschaft, Madonis, von Venedig abzureisen. Dem Peruzzi wurde später die Erlaubnis erteilt, ein Collegium musicum abhalten zu dürfen. Er hatte aber trotz mehrfacher Konzerte schlechte Einnahmen und petitionierte aufs neue um die Erlaubnis, Opern geben zu dürfen. Seine Gläubiger unterstützten ihn, der Rat verhielt sich mit Rücksicht auf die schlechten Zeiten (Kriegsunruhen) ablehnend. Der letzte Ratserlaß ist datiert d. 23. X. 1734.

6. Im Oktober 1740 bittet der »Principal von Welschen Opern«, Sante Lapis, »einige Musicalische Opern« geben zu dürfen. Die Gesellschaft bestand aus 5—6 Personen. Abgewiesen (6. Oktober), versuchte Lapis es ein zweites Mal: er wäre in Wien, Prag, Linz u. a. Orten gut aufgenommen gewesen und nirgendwo »in debito« verblieben. Darauf wurde ihm gegen hinlängliche Kaution zu spielen erlaubt, wogegen Lapis nun wieder auftrat. Der Rat blieb fest. Für den Prinzipal wurde die Sachlage bei dieser Verzögerung immer schlimmer; er hatte über 190 ₰ ausgegeben, und noch war keine Einigung erzielt. Da starb Kaiser Karl VI. im Oktober 1740 und nun war garnicht mehr an Aufführungen zu denken. Am 29. d. M. wurde für Lapis eine Reiseunterstützung bewilligt. Anfang 1741 war Lapis wieder in Augsburg, um zu spielen. Am 3. Jan. wurde er abgewiesen, erlangte

aber schließlich »in Consideration der beygekommenen hohen Recomendation« die Erlaubnis (14. Januar), bis zur Fastenzeit spielen zu dürfen.

Aus dem Jahre 1742 liegt ein Gesuch des bürgerlichen Stadtmusicus Valentin **Wagner** vor, »geistliche Moral-Stückh« aufführen zu dürfen. Er hatte sich, da sein Verdienst durch die Musik ihm kaum das tägliche Brot gab, mit Burmann's (s. o.) Wittwe vereinigt. Die Erlaubnis wurde am 18. Dezember gegeben. Ebenso für das folgende Jahr. 1744 starb Wagner und seine Witwe Francisca setzte seine Principal-Tätigkeit fort.

7. Einige Meistersinger, unter ihnen Joseph Acker, der sich Music Componist nennt, bitten 1767 im Februar den Rat um Erlaubnis, einige Burmann'sche (s. o.) Stücke, die sie käuflich an sich gebracht, nachdem sie die Werke in Text und Musik (»durch die besten Componisten«) haben überarbeiten lassen, aufführen zu dürfen.

8. Am 4. August 1768 wurde beschlossen, dem Phil. de Sales zu gestatten, einige Opern aufzuführen. Er solle 5 G. wöchentlich an die Meistersinger zahlen; wenn Feiertage in eine Woche fielen, nur 3 G. Außerdem mußte er 200 G. Kaution hinterlegen. Eitner druckt im Quellenlexikon VIII 392 die Angabe eines im Sächs. Staatsarchive befindlichen Dokumentes ab, daß Pietro Pompeo Sales 1769 Kapellmeister in Augsburg war und 1774 nach Berlin ging. Ich kenne das Dokument nicht, kann auch nicht sagen, ob es sich um dieselbe oder zwei verschiedene Personen handelt.

9. Am 25. April 1775 wird Anton Berger die Aufführung von sechs deutschen Opern erlaubt. Eitner hat den Namen nicht.

10. Durch den Oberbayr. Rat und Agenten Zermack (Czermack) ließ der aus Mozart's Leben bekannte Graf Seeau den Augsburger Rat im Juni 1775 wegen der von ihm beabsichtigten Entsendung einer italienischen Opern-Truppe nach Augsburg anfragen. Am 20. Juni wurde das Gesuch unter den gleichen Bedingungen wie den unter 8 mitgeteilten bewilligt; da der Truppe, an deren Spitze ein Rossi stand, nicht das von ihr gewünschte Jesuiten-Theater, sondern das sog. Comoedien-Stadel angewiesen wurde, zerschlugen sich die Verhandlungen.

11. Am 29. Juli 1775 wurde dem italienischen Operisten Franc. de Albis gestattet, seine teils deutsch, teils italienisch gehaltene Oper aufführen zu dürfen. In demselben Jahre ändert sich die Bezeichnung der Deputierten über die Ordnung der Meistersinger in die von »Deputierten über die bürgerlichen Schauspieler«.

12. Ein Gesuch des Grafen Seeau, durch Czermack eingereicht, bezieht sich auf die Aufführung von biblischen Operetten zur Fastenzeit. Es wurde am 5. Febr. 1778 im Rate behandelt. Am 10. e. m. berichteten die Deputierten: 1) Kenne man die Bedingungen des Grafen nicht, wisse auch nichts von Kaution. 2) werden welsche Opern, da außer der Kaufmannschaft nur wenige Leute »Welsch« verstünden, ohnehin schlechteren Zugang haben. 3) »daß der Directeur **Schikaneder** das schon im Besitz habende Theater in der Fastenzeit zur Exercierung und Einstudierung neuer Comoedien, Operen und Balletten« benötige. Schikaneder habe selbst schon vorher in der Fastenzeit spielen wollen, sei aber abgewiesen worden.

Anfang April hatte Schikaneder Spielerlaubnis für einige Tage erbeten und erhalten. Er war damals (vgl. Em. Schikaneder, Ein Beitrag zur Geschichte des deutschen Theaters. Von Egon v. Komorzynski. Berlin, B. Behr 1901) 27 Jahre alt, ein noch junger »Principal«. Schon zweimal war er in Augsburg gewesen, zuerst als er 1773 die Vorstellung einer Schmiere dort angesehen hatte, deren Mitglied er bald wurde. Man weiß, wie er ohne Schulbildung rasch ein guter und angesehener Schauspieler wurde. 1778 finden wir ihn schon als Leiter einer eigenen Gesellschaft, eben in Augsburg, wo er als Nachfolger Moser's dessen Truppe am 28. Januar übernahm. Komorzynski gibt an, nach Übernahme der Direktion habe ein zehnjähriges Wanderleben für Schikaneder begonnen, das ihn durch Bayern, Franken, Steiermark, Kärnten, Krain und auch zweimal nach Wien führte. Allein Schikaneder blieb zunächst noch längere Zeit in Augsburg[1]). Seine Gesellschaft bestand aus 24 Personen; sie hatte er in der Fastenzeit unterhalten müssen, wofür er 600 Gulden nach seiner Angabe gebraucht hatte. Der Rat würdigte seine Lage und gab ihm, wie angegeben, Spielerlaubnis, zitierte ihn jedoch kurz darauf vor sich, da Schikaneder, schon damals ein gewiegter, aber, wie wir sehen werden, doch nicht genügend gewitzigter Geschäftsmann, die Anwesenheit des Kaiserl. Ministers v. Ried benutzt hatte, an einem ihm nicht freigegebenen Tage spielen zu lassen. Er folgte der Vorladung selbst nicht, schickte vielmehr einen Vertreter, A. Schleissner, der wohl Mitglied seiner Truppe war. Der Verweis, den er bekam, war leicht genug: er solle in Zukunft Vorladungen selbst nachkommen und Feuer und Lichter besser bewahren als bisher. Die Anzeige gegen ihn war durch die »Deputierten« erstattet worden; an ihnen suchte Schikaneder sich bald darauf — höchst törichter Weise — zu reiben. Als er Mitte desselben Jahres (er war in der Zwischenzeit in Stuttgart. Komorzynski a. a. O. S. 5. Anm. 1) abermals Spielerlaubnis einholte, beging er die Unklugheit, zu erklären, er wolle sich nicht mehr den Deputierten unterstehen, sondern direkt mit dem Rate verhandeln, eine Anmaßung, die ihm einen Rüffel und die Verweigerung der Lizenz, »an St. Mattheus- und Simon- und Judastag seine Schauspiele produzieren zu dürfen«, eintrug. Dieser Mißerfolg bestimmte ihn, sich hinter die Almosenpfleger zu stecken, und er erreichte die Spielerlaubnis wenigstens für den Judastag. Mit Mühe gelang es ihm, dem der Rat wegen des eingeschlagenen falschen Weges zur Erlangung der Lizenz abermals einen Verweis erteilt hatte, am 28. November die Genehmigung zur Aufführung von sieben Stücken in der Adventszeit zu bekommen. Unter den genannten Dramen finden sich Hamlet und das Duodrama »Ariadne auf Naxos«.

Im Jahre 1786 war Schikaneder abermals in Augsburg, um Lust-, Trauer- und Schauspiele nebst Opern aufzuführen. Er war damals aus unaufgeklärten Gründen aus Wien, wo er die Erlaubnis, ein neues Theater zu bauen, im Februar erhalten hatte, weggezogen, ohne die Konzession auszunutzen. An der Spitze einer neugegründeten Gesellschaft hatte er das alte Wanderleben wieder begonnen. Wie Komorzynski erzählt, kündete Schikaneder am 1. Nov. 1786 von Memmingen aus der Stadt Augsburg einen Besuch für den Winter an (a. a. O. S. 13 und Anm. 2). Allein er war schon im Juli dort: am 20. Juli bekam er die Spielerlaubnis für den Jakobs- und Anna-Tag, und auch das Gesuch, durch zwei ganze Monate hindurch weiter spielen zu dürfen, wurde ihm genehmigt. Aus dem Gutachten der »Verordneten« geht hervor, daß das Publikum mit den Leistungen der Truppe Schikaneder's, dessen An-

---

1) Nach dem folgenden sind die Angaben bei Komorzynski a. a. O. S. 5 zu verbessern.

strengungen, die Truppe fortwährend zu verbessern, besonders anerkannt wurden, durchaus zufrieden war. Wie es scheint, hatte Schikaneder den ergötzlichen Tricks, die er anwendete, um sein Publikum in hellen Scharen herbeizuziehen, in Augsburg einen neuen hinzugefügt: es ist die Rede von einem Luftballon, dessen Auffliegen nach der Meinung der Ratsherren besonders viele Menschen anlocken dürfte[1]), so daß auch, wie meist bei solchen Gelegenheiten, für das Almosenamt ein erfreuliches Resultat erhofft werden könnte. — Ein späteres Gesuch Schikaneder's, am St. Stephan- und Drei Königs-Tage spielen zu dürfen, wurde abgeschlagen (17. Dez. 1786). Im folgenden Jahre, am 17. Februar, wurde den Mitgliedern seiner Truppe, Maria Anna Seve und Theresia Schlenz, die Bitte verweigert, am 18. c. m. (einem Sonntage) »ein Spiel producieren zu dürfen«. Das war wohl kurze Zeit, nachdem Schikaneder (anfangs 1787) mit dem Fürsten Thurn und Taxis einen Vertrag geschlossen hatte, dem zu Folge er die Leitung des Theaters in seiner Vaterstadt Regensburg übernahm (Komorcynski a. a. O. S. 13 f.)

13. (Zur Biographie J. S. Cousser's.) Chrysander (»Geschichte der Braunschweig-Wolfenbüttelschen Capelle und Oper« im Jahrb. für Mus. Wiss. I, Leipzig 1862 S. 192) gibt an, daß i. J. 1696 Cousser mit dem ihm verbundenen Jacob Kremberg nach England gegangen sei. Eine Quelle zu dieser Notiz findet sich nicht. Cousser oder Kusser — er selbst wechselt in der Schreibung seines Namens zwischen beiden Formen — war damals, wie bekannt, in Hamburg, wo ihn die Übernahme der Oper mit Kremberg zusammengeführt hatte. Im Jahre 1698 tauchte Cousser plötzlich in Stuttgart auf. Hier blieb er bis 1704 (Sittard, Zur Gesch. d. Musik u. d. Theaters am Würtemb. Hofe. Stuttgart 1890, I S. 77 f.): »Es erscheint uns unmöglich, daß Cousser von Hamburg nach England, von dort nach Stuttgart und dann wieder über den Canal gereist sei«. Mit diesen Worten ist Sittard einer an anderer Stelle geäußerten Ansicht Chrysander's (Allgem. Musikal. Zeitg. 1879 S. 407) entgegengetreten und hat weiter ausgeführt, daß sich die Angabe über Cousser's rasche Aufnahme in den besten Kreisen Englands nur auf die Zeit, die er nach seinem Stuttgarter Aufenthalte dort verbrachte, beziehen könne. (Man vgl. auch die Zusammenstellung bei Eitner, Quellenlexikon III 98.)

Bei der Durchforschung der erwähnten Meistersingerakten stieß ich auch auf einige Dokumente, aus denen Cousser's längere Anwesenheit in Süddeutschland während des Jahres 1697 hervorgeht. Sie ergänzen in höchst willkommener Weise unsere Kenntnis der Lebensgeschichte des Mannes, wenn sie uns auch über wichtige Fragen keinerlei Aufschluß geben und z. B. die Namen seiner Sänger und Instrumentisten, die Titel der von ihm dargestellten Werke verschweigen. Zur Erklärung der Dokumente braucht nur weniges voraufgeschickt zu werden.

Eines der im ganzen noch immer nicht genügend gewürdigten Verdienste der Meistersänger ist ihre Pflege des deutschen Schauspieles. In Augsburg hatten die bürgerlichen Schauspieler aus ihren Kreisen zu Zeiten einen solchen Anhang und so großen Zulauf, daß sie sich als die privilegierten

---

[1]) Erst im Jahre zuvor hatte Blanchard die erste überseeische Fahrt, von Dover nach Calais, unternommen, die ungeheures Interesse geweckt hatte. Ein Ballonaufstieg war also damals eine »great attraction«, wie heute das Überfahren eines Menschen durch ein Automobil im Zirkus o. ä. Scherze.

städtischen Schauspieler betrachteten und wohl auch betrachten durften. Das änderte sich im Laufe des 17. Jahrhunderts gründlich: Konkurrenz erwuchs aus den Reihen der Bürger selbst, die bei sich zu Hause Aufführungen veranstalteten (was sodann verboten wurde), und durch fremde Komödianten, Konkurrenz bestand durch die theatralischen Darbietungen, zu denen die sog. deutschen und lateinischen Schulmeister ein Recht besaßen. Die meistersingerlichen Spieler, die ihre eigentliche oder besser gesagt anfängliche Aufgabe, »die holdselige Kunst« des Gesanges zu pflegen, damals nur noch sehr selten trieben, hatten ein ihnen angewiesenes Spielhaus, das damals der sog. Meistersinger-Stadel war. Ihre Gesellschaft stand unter Aufsicht des Rats, und besondere Deputierte sorgten für die Einhaltung der vorgeschriebenen Ordnung der Meistersänger. Bestimmte Tage waren der Meistersängergesellschaft zur Ausübung ihrer Tätigkeit als Schauspieler angewiesen; erfolgte durch Kriegswirren, Seuchen oder andere schwere Zeiten eine Unterbrechung, so mußten sie selbst erst wieder beim Rate wegen der Fortführung ihrer Spiele vorstellig werden. Kamen fremde Spieler nach Augsburg, so wanderte ihr an den Rat gerichtetes Gesuch um Spielerlaubnis an die Deputierten über die Meistersinger-Ordnung zur Begutachtung, gleichviel, ob es sich um Schauspieler, Sänger oder Seiltänzer handelte; erfolgte die Spielerlaubnis, so mußten die Fremden den Meistersingern eine gewisse Entschädigung bezahlen.

Man darf annehmen (vgl. Dok. 1), daß Cousser von Nürnberg direkt nach Augsburg gezogen ist; für jene Stadt kommt also die erste Hälfte von 1697 in betracht. Nachfragen in Nürnberg (Städt. Archiv und Kgl. Kreisarchiv) sind ohne Erfolg gewesen; auch Hampe in der »Entwicklung des Theaterwesens in Nürnberg« (Nürnberg 1900) weiß von der Tätigkeit Cousser's daselbst nichts zu berichten. — Cousser's Handschrift ist leicht und gewandt, sein Ausdruck ziemlich frei und sicher, er vermeidet wie man schon aus dem bei Sittard a. a. O. mitgeteilten Schreiben weiß, das seiner Zeit so geläufige Übermaß an devoten und ersterbenden Redensarten und beschränkt sich auf die im Verkehr mit Behörden angezeigten konventionellen Ergebenheitsfloskeln. Obwohl die Handschrift leicht lesbar ist, kann man über manche Anfangsbuchstaben, ob sie groß oder klein aufzufassen, im Zweifel sein.

Das erste Dokument lautet:
[Augsburger Stadtarchiv. Acta betr. Meistersinger 1552—1699 (Nr. 1—148).]
Hoch und Wohledelgebohrne, Gestrenge .... Herrn Stattpflegere, Burgermeistere und Räthe. Alhier.

Gnädig-gebietende. HochgeEhrte Großgste Herrn

Demnach in des Heyl. Röm. Reichs Statt Nürnberg mir gnädig und grosgünstig erlaubet worden, einige in hochteutsche Sprach gebrachte Operen aufzuführen Solche Zumahlen zu sambtlicher Spectatorum und Zuhörer, Besonders der Edlen Music ergebenem, gutem Contento daselbsten öffters praesentieret worden, Als habe, in ansehung, das in dieser des Heyl. Röm. Reichs Statt Augsburg zerschidene Hochfürstl. und andere hohe Standts Persohnen, wie nicht weniger unter hochlöbl. Burgerschafft große Liebhabers sich befinden, so an dergleichen Actionen und Musicalichen Auszügen ein sonderbahres Vergnügen bezeugen, dörfften, mich Resolvieret, dergleichen gnädige Licenz, bey Ew. ... undterthänig und gehorsambt auszubitten.

Und gelanget solchem nach an dieselbige mein undterthänig-gehorsames anlangen, Sie geruhen gnädiglich zuerlauben, das auf nechst künfftigen Monat Augusty oder September, in dem sogenannten Meister Singer Stadel, in Zeit und Tagen, wan sich die Meister Singer deßen Selbsten nicht bedienen, gegen eine mit selbigen zuvergleichen habende gebühr, Solche Singende Operen, denen so belieben darzu tragen,

ausgeführt werden mögen. Womit zu fürwehrenden Ew. ... Hulden ... mich undterthänig gehorsamen fleiszes empfuhle. Ew. Gnaden .... Undtherthünig gehorsamer
Johann Sigismond Cousser.

Die Deputierten, denen das Gesuch am 18. Juli 1697 eingehändigt wurde, waren dem Vorschlage nicht entgegen; da der »Almosen-Stadel« »wegen unbequemlichkeitt der loggien wenig spectatores« fasse, solle Cousser den Meistersinger-Stadel haben, »auch für eine discretion ihnen fl 50 Paar geltt, ehe vnd bevor er daß Theatrum bestaige, zu erlegen, anbeynebenst die Moñ vnd Feyrdag denen Maister Singern zum Agiern frey lassen, auch dasz iezige Theatrum auf sein aigen Kosten repariern zu lassen« verpflichtet sein.

»In deme dan diser geschlossene Euentual vergleich denen maister Singern als burgern nicht schädlich, vorab sie dero Agierens däg frey haben, anbeynebenst künfftiges monat Augusti die Raths Wahl, vnd das Sommerschließen anruket, zu welcher Zeit der burgerschafft eine ergözligkeit zuvergonnen, auch dise Musicalische operen allhier edtwas neues ist, dahero von allhiriger burgerschafft desto begüriger verlangt werden möchte.

Als sollten wir dem supplicanten pro mense Augusto oder septembre, nachdeme er mit reparation des Theatri, vnd beschraibung seiner hierzue gehörigen Leuth sich parat machen kan, einige Musicalische operen allhier aufzuführen nit entgegen sein, iedoch mit dem ausdrükentlichen anhang, das er (C.) dem ... verglich in allem nachkommen solle« ...

Entsprechend diesem Gutachten folgte der Ratsentscheid am 20. Juli 1697. Dem Wortlaute des Gutachtens der Deputierten nach wäre also Cousser der gewesen, der die Oper überhaupt in Augsburg eingeführt hätte. Das weitere äußere Schicksal des Unternehmens beleuchtet die nachfolgende Eingabe, mit der sich der Künstler einige Zeit später an den Rat der Stadt wandte. Cousser erbat in ihr die Erlaubnis, seine Opernspiele bis Fastnacht fortsetzen zu dürfen. Als Grund wird angegeben:

»Es wird Ewer. Gnad in frischer Gedächtnus seyn, dass Sie mir ... erlaubt, noch Zwey Monath einige Opern auffzuführen, in der Consideration, dasz ich meine grosse aufgewandte Kosten wider erheben möchte.

Wann aber ich in obgemeldter Zeit aus mangel der Spectatorum an meinen gemachten Spesen noch viel und fast ganz zurück gebliben, und es anjetzo das ansehen hat, weiln sich viele Frembde von Standts-Persohnen und Officiern hier einfinden, daß ich mehrere Zuschauer bekommen, und also meines Schadens zukommen möchte: Als gelanget .... mir zu erlauben, durch die gegenwärtige Advents-Zeit hindurch (weilen nichts ärgerliches in meinen Opern vorgestellet wird, und auch andern zu agiern erlaubt ist) und bis auf künftige Fastnacht noch einige Opern zu spielen« ...

Die Eingabe wurde am 10. Dez. 1697 den Deputierten übergeben. Sie bekundeten, daß den Meistersingern

»das Agiern zur Adventszeit weder in der ihnen obrigkeittlich ertheiltten ordnung, noch durch einig special Decretum à tempore immemorabili verbotten: wohl aber die Nachspil- vnd Pikelhörings-Possen zue solcher Zeit auch durch vnsere vorfahren ihnen vndersaget wordten, welchem sie dan bis anhero gehorsamlich nachgeleben, vnd also nur Gaistraiche, gar nit aber ärgerliche auffführn, die edtwan von paßionierten gemüetern, so denen Commoedien nicht Persönlich beywohnen, sondern es allein von hörn sagen reden, möchte spargiert wordten sein, allermassen wir zue solichem (?) gegenwürtige Aduents Commoediam hoher ordten originaliter extradiert, vmb vnser der Deputierten über dise Censur, als der Maister Singer walttende vnschuldt an dag zu geben, vnd dis alles solle zue vorläuffiger nachricht wegen des Agiern zur Aduents Zeit thienen.

Da wir den in materiâ des Supplicanten anlangen volgendes beyfüegen, das vns gar wohl wüssende, das die reparatio Theatri ihne sehr vil gekostet, er zuemahlen denen Maister Singern allschon fl. 74 Paar bezahlt, vnd die wochen hindurch nur zwaymahl agiert, endgegen thails Agenten die ganze wochen verpfleget, welches nebens der Jedermahligen Musica vnd lichtern ihme vil spesen causiert, da er sich dan mit denen von Maister Singern ratione continuationis dero Commoedianten Stadels auf allen fall allschon verglichen, ein soliches auch die vorstehere vns angezeigt haben: Indem dan ihnen an denen bishörigen vnd verglichnen Agierns dägen kein Nachtheil oder Eintrag beschihet, dero Compagnia nuzen endgegen durch das verglichne quantum nur gebössserdt, so zur abzahlung ihrer passiu schulden employert, denen Almusen auch ein ergibiges zugehet, auch die einziehende Spilgeltter à potiori allhier wider verzöhrt, anVolglich weder dem Gaist- oder Weltlichen wesen einiger schaden oder praeiudiz nicht causiert würdt.

Als wärn wir. der.. mainung, das in ansehung Gottlob der allgemeine Reichsfriden verhanden, wardurch eine mehrere ergözligkeitt vnd fraüdt sonderheittlich bey disen kurzen dägen wohl zuevergonnen, Supplicant auch nichts ärgerliches anzuführn sich erbittet, das ... ihme mit fernerm Agiern auf Mas vnd weis wie bis dato, bis auf den Aschermittwoch exclusivè wohl willfahret werden möchte«...

Am 5. Dez. 1697 erfolgte der den Vorschlägen entsprechende Bescheid des Senates. Über das weitere Schicksal von Cousser's Opernunternehmen in Augsburg wissen wir nichts.

Die mitgeteilten Tatsachen sind für die Geschichte der deutschen Oper von Wichtigkeit. In seiner Anzeige von Sittard's Buch: Zur Geschichte der Musik ... am Würtembergischen Hofe (Viertelj.-Schr. f. Mus. VII. 666f.) hat Kretzschmar mit kurzen Strichen dargelegt, wie es nicht Zufall und Abenteuerlust war, wenn Kusser und Keiser sich aus den Hamburger Nöten nach dem deutschen Süden begaben: ihre Hoffnung, einer im Norden schwierigen oder verlorenen Sache auf einem günstigen Boden dienen zu können, war auf die Tatsache gegründet, daß der Süden der italienischen Oper länger als der Norden widerstand. Zu den Städten, die, wenn auch in bescheidenen Grenzen, den Gedanken einer nationalen Oper förderten, tritt nun auch Augsburg. Auch daß wir Kusser in Nürnberg finden, ist bedeutsam; war doch Nürnberg, Stadens und des deutschen Singspiels »Seelewig« Geburtsstätte, eine zeitlang auch der Vorort der deutschen Oper. Wenn Keiser später gleichfalls in Nürnberg war, wie es scheint, so ist das in dem angegebenen Sinn gleichfalls bemerkenswert. Auch Stuttgart, wohin Cousser (ob sogleich, scheint fraglich) von Augsburg aus ging, lag in seiner Linie. Vielleicht läßt uns der Zufall noch weitere Orte im Süden finden, an denen beide Meister nacheinander sich um die Bildung einer nationalen deutschen Oper bemühten.

Kleine Mitteilungen.

Ein unbekannter Brief J. G. Walther's. — Katalog 163 des Antiquariats Leo Liepmannssohn zeigte unlängst zwei Briefe Walther's aus der Sammlung Alfred Bovet's an, die seinen Biographen bisher nicht bekannt waren. Namentlich der zweite, vier Quartseiten umfassende enthält mancherlei Nachrichten, die das Lebensbild Walther's (vgl. Denkmäler deutscher Tonkunst, 1. Folge, Bd. 26/27, S. XII) ergänzen. Dank dem freundlichen Entgegenkommen des Inhabers, Herrn Otto Haas, kann ich von dem Wortlaut dieses Briefes hier Gebrauch machen. Er ist, wie die meisten noch erhaltenen, an den Wolfenbütteler Kantor Bokemeyer gerichtet und besagt:

Mein Herr.

die Nachricht zu haben, ob dieselben, samt wehrtester Familie, bey Veränderung der Jahrs-Zahl, Sich noch wohl befinden, wird mir sehr angenehm seyn? ich hoffe solches, und wünsche davon beständige *continuation*! Meines wenigen Orts lebe, nebst den meinigen, Gott sey Danck! noch gesund. Anjetzo übersende die bereits bezahlte 4 Kauffmannische Exemplarien[1]; das 2te Stück davon ist noch nicht heraus, das Geld aber dafür von den andern Hr. *Praenumeranten* an Selbigen übersendet, und von mir soviel gemeldet worden: ich glaubte, es würde die Arbeit den Hrn. Liebhabern Ihres Orts, (die nahmentlich geuennet) gleich wie mir, schon gefallen. Er möchte demnach nur 4 Exempl. zurück legen, um selbige, auf erhaltene Zahlung, alsdenn zu übermachen; da Sie nun eben die Gelegenheit haben können, selbige zur Meß-Zeit durch einen Kauffmann von dem Hrn. Verfertiger, wenn er anders zugegen, selber, oder von dem Stecher Hrn. Krügnern abzufordern, wird es am bequehmsten seyn, auf solche Art dazu zu gelangen; nicht, als wenn hierunter nicht weiter dienen wollte, sondern bloß deswegen, weil Sie das ausgefertigte solcher Gestalt eher aus der ersten, als von mir durch die zweyte v. dritte Hand, erhalten können. Hierbey kommen des seel. Hrn. Förtschens *Compositions*-Regeln[2], mit schuldigstem Danck, wiederum zurück. Das 3te Hauptstück davon ist mir schon bekannt gewesen, als welches vor ungefehr 20 Jahren von des damahlig. Music-*Directoris* zu Eutin, Hrn. Joh. Niclas Hauffs seel. Bruder, der sich damahls hier aufhielt, nachhero aber in Riga als Organist zu Diensten gelanget ist, abgeschrieben. Zur Gegenlage übersende hiermit, auf Verlangen, meine zusammen getragene *Musicam Poeticam*, und zwar die kleinen Heffte von einer fremden v. sehr unrichtig. Hand, zum beliebigen Eigenthum, (die Fehler, werden Sie schon verbeßern) die größern Heffte aber, die ich v. ein anderer geschrieben, zur bequehmen Abschrifft. Was, wegen des 1sten Theils, zwischen mir v. einem angeblichen Scholaren, der zu Schwerin Capellmeister wollte gewesen seyn, nachhero bey Ihnen in Wolffenbüttel als *Violinist* gedienet, auch in dieser Bedienung vor etlichen Jahren in großer Melancholie allhier verstorben, *passiret* sey, wird aus beygelegter Abschrifft guten theils zu ersehen seyn; und Sie werden selbigen vermuthlich wol gekannt haben. Daß dieser sehr unvollkommene Aufsatz dergleiche gute *approbation* nicht *meritire*, deßen bescheide mich gerne, will auch in solcher

---

1. G. F. Kauffmann, »Harmonische Seelenlust musikalischer Gönner und Freunde«, 1733 Selbstverlag, gestochen von J. G. Krügner. Leipzig.
2. Handschriftlich in der Berliner Kgl. Bibliothek.

Absicht selbigen Ihnen keines weges *communiciret*, sondern deßen beßere Ausführung auf bequehmere Zeit mir vorbehalten haben; wie dergleichen mit der Lehre von den *Modis musicis* im Musical. *Lexico* hoffentlich gethan. Der mündliche Unterricht muß das Beste bey der Sache thun. Hierauf habe zu berichten: Daß die in dero letztern vor der Michaelis-Meße mir aufgetragene *Commission* damahls nicht hat besorget werden können, weil der Brief 12 Tage unter weges gewesen, da bereits die Meße angegangen, und Hr. Funcke in Erffurt selbige bezogen gehabt; sie ist aber nachbero. und zwar vor der abgewichenen Neu-Jahrs-Meße getreulich ausgerichtet worden, so daß glaube, die Würckung davon werde sich, zum Vergnügen des Hr. Ober-Amtmannes Woltereck, geäußert haben. Nur besagter Brief war von MHr. bis Erffurt *franciret* worden; es hatte aber eine fremde Hand das Wort: Erffurt überstrichen, und Cassel daraus gemacht; der Brief-Träger verlangte, laut der Aufschrifft durchaus 4 g *porto* mit großem Ungestüm, und einiger *alteration* auf seiten meiner; diesem ungebührlichen Ansinnen aber loß zu werden, *resolvirte* mich an den Post-Meister in Jena, aus deßen *Expedition* der Brief an mich gelanget war, zu schreiben, diesen Unfug ihm zu eröffnen, und das gewöhnliche *porto* hierin zu legen; worauf weiter nichts vorgetallen, auch keine Antwort darauf erfolget ist. Dieses geschahe am 5ten *Octobr*. In eben dieser Woche bekam von des seel. Buttstetts hinterlaßenen ältesten Sohne, der ein *Medicinae Practicus* in Erffurt ist, einen Gevatter-Brief; welcher aber, nach geschehener Anfrage, bey dem Kirchner, v. besage des Kirchen-Buchs, falsch befunden worden, als in welchem nicht ich, sondern eine andre Person befindlich gewesen. So wird bey geistl. Handlungen auch S. — heutigen Tages ausgeübet! und dieses ist schon der zweyte Vorfall von daher. der mich eben gewitziget hat, mit dem Pathen-Geschenke nicht sogleich heraus zu rücken, sondern erst Nachfrage zu halten. Fast zu gleicher Zeit habe aus *Como* in Italien von einem dasigen Priester, und aus Augspurg von einem dasigen Buchhändler Briefe, und zugleich von dem erstern einige wenige Nachrichten von seinen *Special*-Landsleuten im Mayländischen, von diesem aber etliche 20. gedruckte Titul-Blätter v. Zuschrifften aus seinem Musical. Verlage erhalten, wodurch mein *Lexicon* vermehren können. Dem letztern habe zur Erkenntlichkeit 6 Instrumental-Stücke von meiner Arbeit zum beliebigen Druck übersendet. O! wenn doch noch mehrere erwecket würden, dergleichen zu thun. In Hoffnung alles guten, v. beständiger Hochachtung bin v. verbleibe allstets

       Meines Herrn   ergebenster
                  J. G. Walther.

Weimar d. 28. Januarii, 1734.

Im Mus. Lex. sind die Artikul: *Bele* v. *Capitaneus*, als irrig auszustreichen; v. hingegen unter *Hele* v. *Mendi* das gehörige zu suchen.

Berlin.   **Max Seiffert.**

Soeben erschienen:

Das Rätsel der Musik.

Eine Theorie der Tonvorstellungen von **K. Fischer.**

200 Seiten.   München bei M. Steinebach oder direkt vom Verfasser München-Nigerstr.   Preis: 4.50 Mark.

Einbanddecken

zu

Zeitschrift und Sammelbände der Internationalen Musikgesellschaft

Jahrgang VII (1905/06) und VIII (1906/07)

sind jetzt erschienen und durch die Verleger zu beziehen

Jede Einbanddecke 1.50 Mark

Breitkopf & Härtel in Leipzig

Alexander Fleury Über Choralrhythmus

Übersetzt, verbessert und erweitert

von

Ludwig Bonvin

(Beihefte der Internationalen Musikgesellschaft Zweite Folge Heft 5)

Preis 2 M. — Subskriptionspreis für Mitglieder der IMG. 1.60 M.

Verlag von **Breitkopf & Härtel in Leipzig**

QUARTERLY MAGAZINE
OF THE
INTERNATIONAL MUSICAL SOCIETY
(INTERNATIONALE MUSIKGESELLSCHAFT)

YEAR IX   *   PART 2

JANUARY—MARCH 1908

CONTENTS

	Page
PIERRE AUBRY (Paris). A Journey in Spain to collect ancient musical manuscripts. Part 4, Notes on the Mozarabic plain-chant; Part 5, Spanish musical folk-lore	157
HUGO RIEMANN (Leipzig). The strophic structure of the "Tractus" melodies of the Mass	183
TOBIAS NORLIND (Tomelilla). Printed music prior to 1700 in various Swedish libraries	196
FRANCESCO PIOVANO (Rome). A little known opera of Gluck ("Tigrane")	231
FELIX CLAY (Limpsfield). The origin of the Aesthetic Emotion	282
PAUL MOOS (Ulm on Danube). William Wolf's Popular Music-aesthetics	291
Sundry Communications	309

LEIPZIG
BREITKOPF & HÄRTEL, PUBLISHERS AND PRINTERS
1908

Iter Hispanicum.

Notices et extraits de manuscrits de musique ancienne
conservés
dans les bibliothèques d'Espagne
par
Pierre Aubry.
(Paris.)

IV. Notes sur le chant mozarabe.

A Tolède, la vieille ville aux airs d'épopée, l'étranger qui visite la cathédrale, scrute toujours avec curiosité les détails infinis d'un rétable qui pourrait à lui seul passer pour une église, s'arrête longuement devant la double rangée des stalles du chœur en bois fouillé, découpé de merveilleuse façon, admire le somptueux portail de la salle capitulaire, mais ne jette guère qu'un regard rapide et distrait vers une petite chapelle, blottie timidement à l'extrémité sud-ouest de la grandiose cathédrale, la chapelle mozarabe.

Cette chapelle et les quelques chapelains qui en assurent le service sont aujourd'hui tout ce qui survit d'un rite, d'une liturgie, qui, aux siècles de leur épanouissement, avaient été la liturgie, le rite observés dans l'Espagne toute entière et une partie du midi de la France. Nous ne dirons de cette histoire que ce qu'il faut pour servir de cadre à une étude musicologique.

On a donné le nom de *Mozarabes*[1]) aux chrétiens d'Espagne, qui, lors de l'invasion musulmane, acceptèrent de vivre au milieu des infidèles. Ils eurent à Tolède la jouissance de six églises, Saint-Marc, Saint-Luc, Saint-Sébastien, Saint-Torcato, Sainte-Olalla et Sainte-Juste, et ainsi la foi se conserva dans la ville pendant les quatre cents ans qu'y dura la domination des Maures.

Aussi bien, on a donné le nom de *liturgie wisigothique* ou *mozarabe* «à l'ensemble des formules et des rites en usage dans l'Église d'Espagne depuis la conversion de ce pays au christianisme jusqu'au onzième siècle, époque où, sous l'influence de la papauté et avec le concours des Bénédictins français de Cluny, fut introduite la liturgie romaine proprement dite» et le savant éditeur du *Liber ordinum* ajoute en note qu'il se sert de cette dernière expression pour ne pas paraître trancher à la légère le problème des origines de la liturgie mozarabe et en faire une chose totalement différente de la

---

1) On trouve également *muxárabe*, mais les écrivains espagnols les plus autorisés emploient de préférence la forme *mozárabe*. Le latin traduit *mixti Arabi*. C'est un jeu de mots. Ferres, dans la revue *Razón y Fe* (oct. 1903, no. 2, p. 243), fait venir *mozárabe* de l'arabe *mostcarab* avec le sens d'*arabisé*, soit assimilé aux Arabes. La vérité est que le mot *mozarabe* est encore étymologiquement inexpliqué.

liturgie romaine des premiers siècles, dont les livres peuvent être considérés comme perdus sans retour [1]).

C'est à cette première période de libre développement et de prospérité qu'appartiennent les manuscrits de chant liturgique notés dans ces neumes mozarabes, aux formes étranges, épaisses, tourmentées, plus indéchiffrables encore que l'écriture neumatique latine. On en trouvera des spécimens dans l'ouvrage de Riaño, — la planche 2 est surtout caractéristique, — et dans la *Paleografia Visigoda* de Muñoz y Rivero [2]). Les auteurs de la *Paléographie musicale* estiment que l'écriture musicale des livres mozarabes a une commune origine avec les autres notations neumatiques de l'Europe:

«Les neumes mozarabes ont, il est vrai, une forme particulière, mais ils ne sont pas assez altérés par les habitudes calligraphiques propres aux Wisigoths pour que le musiciste versé dans la lecture des neumes occidentaux ne reconnaisse, du premier coup d'œil et sans hésitation possible, tous les éléments constitutifs de la notation à accents combinés. Presque tous les neumes conservent trait pour trait leur physionomie primitive [3]).»

Les lignes sont très exactes. Nous avons examiné bon nombre de manuscrits d'origine mozarabe à la *libreria* de la cathédrale de Tolède et à la Bibliothèque Nationale de Madrid. Le premier contact est rebutant: l'œil se trouve dépaysé, mais qu'il s'habitue, qu'il cherche à entrer dans le détail de cette notation, qu'il en dissèque les éléments, bientôt apparaîtront les éléments primordiaux de toute écriture neumatique. Surtout à côté de cette notation mozarabe pesante, empâtée, qui semble se trainer pesamment au dessus du texte, on trouve, à peu près vers le même temps, mais destinée à rester plus longtemps en usage, une seconde écriture mozarabe, infiniment plus légère et plus déliée, aux formes graciles et particulièrement élégantes [4]). Quel est entre ces deux notations le rapport d'origine et de parenté? c'est ce que nous ne saurions préciser, mais il y a un point intéressant qu'il convient de signaler. Les auteurs de la *Paléographie musicale* ont dit avec raison, selon nous, que la notation des livres mozarabes n'est point un système isolé d'écriture, mais qu'elle est en relation avec les autres systèmes neumatiques de l'Europe. Est-ce tout? ne saurait-on aller plus loin et, après avoir souligné cet air de famille, chercher à découvrir l'ancêtre commun? Les linguistes qui constatent entre le sanscrit, le grec, le latin et le celtique par exemple un même système de flexions remontent pour en trouver l'explication à un état plus ancien de ces langues, à un indo-européen hypothétique et primitif. Faisons comme eux. Notre tâche est d'ailleurs plus facile, car nous n'avons point à sortir du domaine de l'histoire.

Deux travaux importants de l'érudition française, récemment parus, l'un

---

1) Férotin (dom Marius). — *Le Liber Ordinum en usage dans l'Église wisigothique et mozarabe d'Espagne du cinquième au onzième siècle*, publié dans les *Monumenta Ecclesiae liturgica*. Paris, 1904. in 4.

2) Muñoz y Rivero (Jésus) — *Paleografia Visigoda*. Madrid, 1881.

3) *Paléographie musicale*. *Les principaux manuscrits de chant grégorien, ambrosien, mozarabe, gallican, publiés en fac similes phototypiques par les Bénédictins de Solesmes*. I. *Introduction générale*, p. 39. Solesmes, 1889. in 4.

4) *Paléographie musicale*, I, pl. II. Nous avons dans notre collection particulière de fac-similés de cette écriture pris sur des manuscrits en provenance de Novalèse.

du R. P. Thibaut[1]), l'autre de M. Amédée Gastoué[2]), ont en pour effet, sinon de prouver l'origine byzantine des notations neumatiques de l'Occident, du moins de démontrer que les livres les plus anciens de l'Église grecque en présentent les caractères primordiaux et comme les formes originaires. Nous avons nous-même le projet d'établir la filiation de la notation arménienne primitive avec l'écriture musicale de l'Église grecque. La notation russe a la même origine. Les Syriens ont emprunté leur système de notation liturgique à la séméiographie grecque, dite damascénienne, en un mot, la notation musicale des Byzantins a été importée, à des phases diverses de son évolution, dans les différentes. Églises de l'Orient et de l'Occident. Or, la notation mozarabe, l'une d'elle du moins, ne fait point exception. Les traces de byzantinisme y abondent et nombre de neumes mozarabes ne sont que des signes de la notation grecque, dite constantinopolitaine, transportés d'un bout de l'Europe à un autre. C'est une constatation matérielle, que tout manuscrit mozarabe permet de vérifier.

Est-ce historiquement vraisemblable? Oui, car si personne aujourd'hui n'oserait soutenir que saint Léandre et saint Isidore aient été les auteurs de l'office wisigothique, il n'en est pas moins réel que ces deux grands docteurs, saint Léandre surtout, ont contribué à l'enrichir de mélodies et de formules nouvelles. On sait la fraternelle amitié qui unissait saint Grégoire le Grand et saint Léandre. En 578, Grégoire fut envoyé à Constantinople par le pape Pélage II en qualité d'apocrisiaire ou de légat. Il y resta sept années, partageant avec Léandre, alors archidiacre, la maison d'un prélat grec. C'est pendant ce temps que l'un et l'autre prirent contact avec cette civilisation musicale byzantine si développée, dont ils devaient conserver le souvenir et les doctrines une fois revenus, l'un à Rome, l'autre à Séville[3]).

Voila donc, à notre sens, comment il faut expliquer la parenté de deux notations liturgiques: c'est en remontant à la source commune. Ces deux écritures musicales sont entre elles comme deux sœurs, qui portent sur leur physionomie la ressemblance de leur mère, tout en ayant chacune les traits caractéristiques d'une personnalité propre.

Reprenons l'exposé succint des événements. L'Espagne arrive à la fin du onzième siècle à la période de la *reconquista*, les souverains catholiques, Ferdinand I, roi de Castille et de León, Alfonse VI de Castille entreprennent définitivement de reconquérir la péninsule sur les Musulmans. Mais en même temps que ce dernier s'emparait de Tolède (1085) et en chassait l'Islam, il en proscrivit la forme rituelle de la foi chrétienne des mozarabes du profit du rite romain, au nom de l'unité des coutumes liturgiques entre tenants d'une même croyance; les chrétiens

---

1) Thibaut (Le R. R. Joh. — *Origine byzantine de la notation neumatique de l'Eglise Latine*. Paris, 1907 in-8.

2) Gastoué (A.) — *Les Origines du chant romain*. Paris, 1907, in-8.

3) Déjà, depuis le commencement du IVᶜ siècle, particulièrement depuis Osius de Cordoue, l'Église d'Espagne avait conservé des rapports très intimes avec l'Église grecque et, dès le commencement du Vᶜ siècle, le pape Hormisdas avait cru devoir avertir Jean, archevêque de Tarragone, d'avoir à se défier des prêtres grecs, nombreux dans la région. Voir sur cette question l'*Espana Sagrada* de Flores, III, p. 192 et ss.

mozarabes avaient joui sous les émirs d'une indépendance qu'ils ne connurent plus avec un souverain catholique[1].

Nous savons que la résistance fut ardente: les chroniques contemporaines exaltèrent l'attachement des familles mozarabes au rite ancestral et, si nous croyons Roderic de Tolède, le ciel lui-même se prononça en faveur du culte persécuté[2]. Le pape Grégoire VII avait cherché l'unité liturgique dans la catholicité entière; son influence, jointe à celle des Clunisiens français, tout-puissants à la cour de Castille avait déterminé Alfonse VI à poursuivre l'abolition du rite mozarabe. Toutefois il ne put aller jusqu'au bout de son œuvre et dut tolérer à Tolède les six paroisses antiques, dont les Maures eux-mêmes avaient respecté l'existence.

Ici les événements politiques ont une répercussion sur l'histoire liturgico-musicale: en quelques manuscrits de ce même temps, c'est-à-dire de la fin du onzième et du douzième siècle, tel un *Liber Ordinum* conservé aujourd'hui dans les collections de l'Académie royale d'histoire de Madrid, la notation mozarabe ancienne a été effacée au grattoir et remplacée par la notation française à points superposés, dite notation aqui-

---

[1] Cette situation est comparable, politiquement parlant, à celle des Arméniens grégoriens dans les provinces, telle celle d'Erivan. qui, autrefois persanes, sont russes aujourd'hui: ils ont acquis la sécurité de leurs vies au prix de leur indépendance intellectuelle.

[2] Le récit plus ou moins légendaire de ces événements se trouve dans la chronique de Roderic de Tolède, l. VI. c. 26 «Verum ante revocationem clerus et populus totius Hispaniae turbatur, eoquod gallicanum officium suscipere a legato et principe cogebantur, et statuto die rege, primate, legato, cleri populique maxima multitudine congregatis, fuit diutius altercatum, clero, militia et populo firmiter resistentibus, ne officium mutaretur, rege a regina suaso, contrarium minis et terroribus intonante. Ad hoc ultimo res pervenit, militari pertinacia decernente ut haec dissensio duelli certamine sedaretur. Cumque duo milites essent electi, unus a rege qui pro officio gallicano, alter a militia et populis qui pro toletano pariter decertarent, miles regis illico victus fuit, populis exultantibus, quod victor erat miles officii toletani. Sed rex adeo fuit a regina Constantia stimulatus quod a proposito non discessit, duellum iudicans ius non esse. Miles autem qui pugnaverat pro officio toletano fuit de domo Matantiae prope Pisoricam cuius hodie genus extat. Cumque ab hoc magna seditio in militia et populo oriretur, demum placuit, ut liber officii toletani et liber officii gallicani in magna ignis congerie ponerentur. Et indicto omnibus ieiunio a primate, legato et clero, et oratione ab omnibus devote peracta, igne consumitur liber officii gallicani et prosiliit super omnes flammas incendii, cunctis videntibus et Dominum laudantibus, liber officii toletani, illaesus omnino a combustione incendii alienus. Sed cum rex magnanimus et suae voluntatis pertinax executor nec miraculo territus, nec supplicatione suasus voluit inclinari, sed mortis supplicia et direptionem minitans resistentibus praecepit ut gallicanum officium in omnibus regni sui finibus servaretur.»
— Roderic, archevêque de Tolède (1208—1247) est l'auteur de la chronique *de rebus Hispaniae libri IX* dédiée en 1243 à Ferdinand, roi de Castille. Texte dans Bel, *Rerum hispanicarum scriptores. I.*

taine. Cette *romanisation* du chant liturgique mozarabe est l'œuvre des Clunisiens.

D'autres manuscrits, — nous citerons le ms. lat. 776 de la Bibliothèque Nationale de Paris (XII° siècle), — notés dans cette même écriture du midi de la France, où les points superposés indiquent une tendance à la diastématie, contiennent des pièces mozarabes ou susceptibles de l'être. Nous relevons par exemple dans le ms. ci-dessus mentionné:

fol. 35.   Antienne *Memor humane condicionis.*
fol. 63 v°.   Versets divers du *Popule meus* avec deux mélodies différentes.
fol. 70.   Antienne *Sanctus Deus qui sedes super Cherubim.*
fol. 83 v.   *Preces: Dicamus omnes.*
fol. 85 v°.   Antienne *Sanctus Deus, sanctus fortis.*
fol. 86 r°.   *Prosternimus preces ante faciem tuam.*
fol. 87.   *Preces: Rogamus te, rex.*
fol. 90.   Offertoire spécial: *Memor sit Dominus.*
fol. 138.   *Preces mortuorum.*
fol. 146 v°.   Pièces diverses pour les défunts [1].

Ce même manuscrit contient encore les messes de la Dédicace (fol. 90), de la Nativité de la sainte Vierge (fol. 113), de saint Martin (fol. 120), de saint Saturnin (fol. 122). Chacune de ces fêtes a d'abord la messe romaine, puis une autre messe de forme non romaine. Les points superposés de ce manuscrit ne rebutent point la lecture et leur clarté nous a permis de transcrire l'une de ces *preces mortuorum*, si fréquentes dans la liturgie mozarabe. Elle est en forme abécédaire, c'est-à-dire que chaque verset commence par une lettre différente dans l'ordre de l'alphabet. En voici les trois premiers versets:

(Paris. Bibl. Nat., lat. 776. fol. 138.)

1) Nous devons cet intéressant dénombrement de pièces mozarabes conservées dans un ms. d'origine française à notre ami M. Amédée Gastoué.

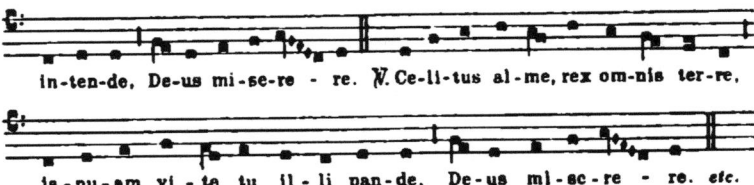

in-ten-de, De-us mi-se-re - re. ℣. Ce-li-tus al-me, rex om-nis ter-re, ia-nu-am vi - te tu il - li pan-de, De-us mi-se-re - re. *etc.*

Nous citons cette pièce par ce qu'on peut voir en elle, croyons-nous, un très ancien vestige de ce chant mozarabe, apporté dans le midi de la France à la fin du onzième siècle, sans doute lorsque cette liturgie fut abolie vers 1070, sous le règne de Ramire II en Aragon, comme elle devait l'être quelques années plus tard à Tolède. La persécution accompagne toujours les révolutions d'ordre spirituel: il se peut que des mozarabes d'Aragon, de Catalogue ou de Navarre aient fui devant les mesures de proscription dirigées contre eux et aient porté sur une terre plus hospitalière leurs prières et leurs chants. Nous en trouvons ainsi la trace dans les manuscrits français en provenance des diocèses avoisinant l'Espagne [1]).

Le chant liturgique des Mozarabes suivit alors l'évolution de la théorie musicale. Nous ignorons ce qu'il fut au treizième et au quatorzième siècle, mais un précieux manuscrit, noté dans l'écriture musicale du temps de Dufay et de Binchois, c'est-à-dire du milieu du quinzième siècle, nous renseignera sur l'état du chant mozarabe à cette époque [2]). Lors de notre premier voyage à Tolède, nous avons trouvé ce beau *Cantatorium* dans un coffre à bois de la chapelle mozarabe. A vrai dire la curiosité qu'il éveilla en nous trouva, un écho chez les chapelains et quand, deux ans plus tard, nous vînmes le consulter à nouveau, on lui avait fait les honneurs d'une planche d'armoire [3]).

La notation est mesurée, c'est un signe des temps, et le système d'écriture est, à l'état rudimentaire, celui que nous trouvons dans les manuscrits notés postérieurement au premier tiers du quatorzième siècle: c'est une

---

1) M. A. Gastoué croit cette origine beaucoup plus ancienne: les Espagnes et la Gaule Narbonnaise avaient en effet une discipline unique, au moins dès le sixième siècle. Voir du même, *Histoire du chant liturgique à Paris*. pp. 22, 23, note 1, 30, 32, 33 etc. Paris 1904.

2) La notation est, disons-nous, celle du début et du milieu du quinzième siècle français, mais il faudrait, par prudence, savoir si l'Espagne n'était pas en retard sur la France au point de vue de la théorie musicale, ou simplement, plus conservatrice, comme l'abbaye de Saint Gall, où les neumes sans lignes furent en usage jusqu'au quatorzième siècle: auquel cas ce manuscrit pourrait appartenir à la fin du quinzième siècle ou même au commencement du siècle suivant.

3) Ce manuscrit ne figure pas dans le catalogue de Riaño.

simplification pour des chantres au talent modeste de la théorie de l'*ars nova*.

Les éléments en sont:

la *longa* ■ = o

la *brevis* ■ = ♩

la *semibrevis* ♦ = ♩

la *minima* ⅃ = ♪ ou encore a la forme ♦ avec la même signification

la *semiminima* ♫ = ♬

Ces signes simples se groupent en ligatures

▙ ou ▙ = ♦ + ♦ soit ♩♩

▙ ou ▙ = ♦ + ♦ + ♦ = ♩♩♩

Un point après la note l'augmente de la moitié de sa valeur. Ces simples explications nous dispenseront de traduire les extraits que nous allons faire de ces textes curieux[1]).

1) La notation est ainsi réduite à ses éléments les plus simples. Le rythme, sauf dans quelques hymnes, est toujours binaire par la division de la *semibrevis* en deux minimes et de la *minima* en deux semiminimes. La *semibrevis* constitue le temps premier et l'unité de la mesure: nous arrivons dont à un rythme analogue au *chronos* des Orientaux. La traduction que nous donnons ici de l'une des pièces dont l'original est publié plus loin précisera l'interprétation que nous proposons.

Con-fes-si - o - - nem et de - co - - - rem

in - du - is - - - ti. A - mic-tus lu - - men

si - cut ves - ti - men - - tum. Con - fes - si - - o

et spe - ti - es in conspec-tu e - - ius sanc-ti-tas

et ma-gni-fi-cen - ti - a in sancti-ta-te e - - - ius

In festo sancte Luce evangeliste ad vesperos.

In festis beate Marie Virginis.

Commune unius confessoris pontificis precipui ad vesperos.

Commune plurimorum martyrum sex capparum ad vesperos.

Communio.

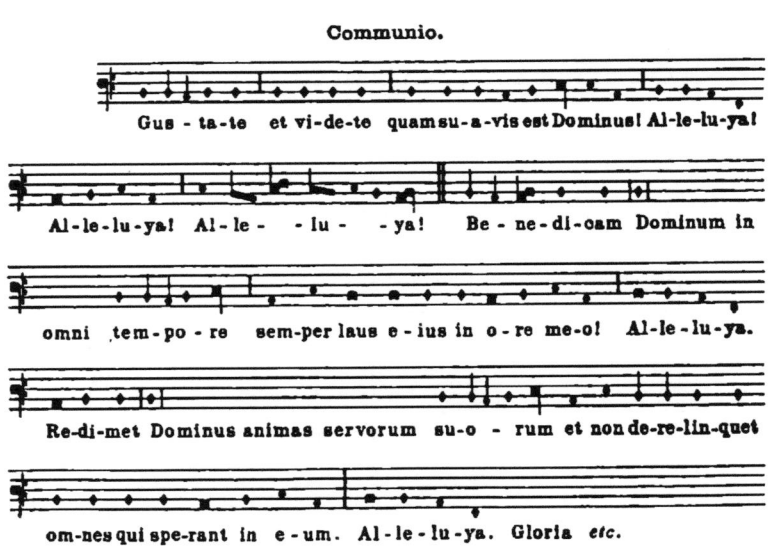

Nous n'avons point à nous attarder ici sur l'histoire de la fondation de la chapelle mozarabe de Tolède par le cardinal Ximénès de Cisneros au début du seizième siècle (1504). L'austère archevêque avait voulu que cette liturgie vénérable eut un foyer, où les traditions seraient maintenues et perpétuées[1]. Son idée vécut et aujourd'hui encore, deux fois dans la journée, les chapelains mozarabes, à peu près aux heures où le culte romain se célèbre fastueusement dans le chœur de la cathédrale, arrivent un à un vers la petite chapelle, où l'office va avoir lieu. Il y a peu d'assistance, quelques membres parfois des familles mozarabes de Tolède, plus souvent des touristes qui viennent curieusement regarder, sur la foi de leurs guides, la coupole de Theotocopuli et la fresque, où Juan de Borgoña représenta des scènes de la prise d'Oran, à laquelle le cardinal Ximénès assistait.

L'office n'est chanté que les dimanches et aux fêtes de la liturgie mozarabe. Nous avons eu la curiosité de l'entendre, et quelle que soit notre gratitude pour ces excellents chapelains, auprès desquels nous avons trouvé un accueil empressé et cordial, qui n'est point toujours coutumier dans le clergé espagnol, force nous est bien de reconnaître la médiocrité de leur chant. De l'ancienne mélodie, que nous trouvons encore gracile et légère au seizième siècle, on n'a conservé qu'une version écourtée à la manière de Nivers, dont les livres ne renfermaient plus que la *substance* du chant grégorien et en outre, pour donner plus de majesté au chant, on l'exécute dans un mouvement rallenti et en égalisant toutes les notes.

Les textes de chant liturgique mozarabe n'ont jamais été imprimés[2]. Pourquoi le seraient-ils et quel éditeur tenterait cette dépense qu'il serait assuré de ne jamais couvrir? Les chapelains sont une douzaine environ, chacun d'eux possède en son domicile privé un cahier manuscrit, *cuaderno*, où ont été transcrits les chants de l'office mozarabe, et seuls ces faibles témoignages doivent assurer dans l'avenir la tradition musicale de ce rite.

Nous avons eu entre les mains deux de ces cahiers, appartenant l'un

---

1) Sur cette histoire on consultera principalement:
Robles (Eug. de) *Compendio de la vida del Ximenez* .. p. 237 et ss. Tolède. 1604. L'auteur donne une description étendue de cette chapelle et des circonstances auxquelles elle dut d'être fondée. Mais l'ouvrage est d'un accès difficile et à son défaut on peut se reporter à

Hefele. — *Le Cardinal Ximénès, franciscain, et la situation de l'Église en Espagne à la fin du XV*e *et au commencement du XVI*e *siècle*. Traduction française par Charles Sainte-Foy et P.-A. de Bermond. Paris 1856.

2) Sauf ceux qui figurent à l'ordinaire de la messe de cette liturgie. On les trouvera dans le *Missale mixtum* publié par Migne, *Pat. Lat.*, LXXXV, notés avec les formes habituelles du chant liturgique.

à Natalio Moraleda, l'autre à Mariano Appariccio. Ce fut pour nous l'occasion de copier; entre autres, le chant actuel de cet office des morts, qui tient une grande place dans la liturgie mozarabe. On pourra faire une comparaison intéressante entre l'état présent de quelques-unes de ces pièces et la version relativement ancienne que nous venons de publier de ces mêmes pièces.

1) *Breviarium*, p. CL et ss.

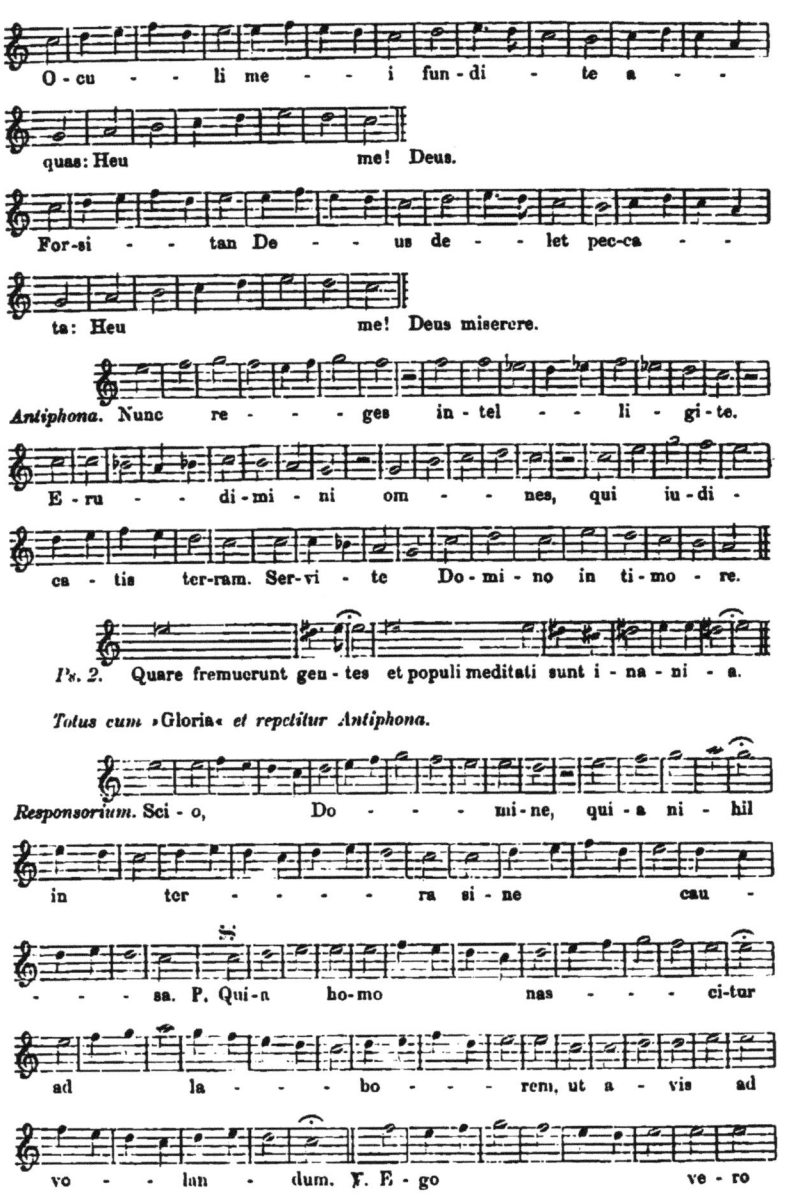

Jesu Chris - te omnes animae fidelium defunctorum per mi - sericordiam Dei sine fine requies-cat in pa - ce. A - men!

Notes complémentaires.

On trouvera dans la *Patrologia Latina*, LXXXV et LXXXVI, une réédition commode des deux principaux livres de la liturgie mozarabe.
  I. *Missale Mixtum, praefatione, notis et appendicibus ab Alexandro Lesleo, S. J. sacerdote, ornatum.*
  II. *Breviarium gothicum secundum regulam beatissimi Isidori . . . ad usum sacelli Mozarabum.* Madrid, 1775, in-fol.

Dans ce dernier livre il y a après la préface de Lorenzana (p. XXVI et ss.) une courte notice sur le chant mozarabe et les quatre règles de son exécution sous ce titre:
Cantus Eugeniani seu melodici explanatio, facta a D. Hieronymo Romero, S. Ecclesiae Toletanae Hispaniarum Primatis Portionario et cantus melodici Magistro.
On peut en conclure que le *chronos* est la loi rythmique du chant mozarabe.

Enfin nous signalerons une tentative bien fragile d'explication des neumes mozarabes dans la *Missa Gothica seu Mozarabica et Officium itidem Gothicum* p. 68 et ss.. Angelopoli, 1770.

Cet article était déjà composé quand a paru dans la *Revista de Archivos, bibliotecas y Museos* (mars-avril 1907) un article de L. Serrano, intitulé *Historia de la musica en Toledo.* Nous n'avons pu l'utiliser ici.

V. Folk-lore musical d'Espagne.

Ici encore on peut répéter avec Pascal: «Vérité en deçà des monts, erreur au-delà». Allez en Espagne et revenez de l'autre côté des Pyrénées avec une riche moisson de chants populaires récoltés en Castille, en Galice, en Estramadure, en Andalousie et montrez votre butin à quelque musicien compositeur de rhapsodie ou de caprice espagnol, à n'importe quel dilettante, voire même à un critique averti. Vous verrez leur sourire et leur pensée secrète sera que ces chants populaires n'ont aucun caractère espagnol!

C'est qu'il y a le chant populaire espagnol à l'usage des *music-hall* dans toutes les capitales d'Europe. Il a ce trait particulier d'accompagner toujours une danseuse habillée de rouge et son partenaire vêtu en torero. Il faut en outre que tous les deux le rythment au bruit des castagnettes. On l'appelle uniformément *bolero, fandango, habanera* ou *jota* sur les programmes de café-concerts. Vainement on chercherait dans les provinces les plus authentiques de l'Espagne ces *bailes populares* entendues à Paris, à Londres ou à Berlin: c'est un produit national destiné uniquement à l'exportation.

Mais il y a en Espagne un chant populaire que les gens du peuple aiment comme ils aiment leur terre et leurs traditions, mais dont l'étranger ne se fait guère idée. Il serait téméraire, après quelques courtes semaines passées *tra los montes*, d'entreprendre une étude d'ensemble sur ce trop riche sujet, d'autant qu'il y a autant d'Espagnes qu'il y a de provinces en Espagne, qu'il faudrait s'attacher séparément au folk lore de chacune d'elles et que le même puissant intérêt se retrouve pour toutes.

Ce que le voyageur qui passe peut connaître du folk-lore musical se réduit à peu de choses. Nous avons erré dans la campagne de Burgos et aux alentours de Tolède, nous avons entendu et recueilli nombre des chants de la bonne terre et quelques airs de la *gaita*; nous avons, en flanant aux portes des *patios* dans les villes, écouté ces longues complaintes qu'une voix invisible déroule mélancoliquement; enfin nos randonnées dans la Sierra Nevada entre Grenade et Motril, au bord de la Méditerannée, puis à Malaga, à Séville, à Xerès, nous ont fait prendre contact avec l'Andalousie qui chante. Au reste, il n'y a point que la production espagnole dans l'art populaire de l'Espagne. Il y a les *gitanos* au sud. Ces nomades, venus vers le quatorzième ou le quinzième siècle du fond de l'Asie et qui ont à travers le monde conservé leur physionomie particulière et l'usage d'un idiome apparenté au sanscrit, vivent isolés dans la région de Grenade et de Guadix, mais leurs chansons se ressentent du milieu ambiant et nous ont causé, le peu du moins que nous avons entendu, quelque déception. En revanche les populations basques du nord ont gardé une empreinte très forte. Elles ont leur langue, elles ont leurs chants propres. Nous avons gardé un souvenir charmé de ces *zortzicos*, dont le rythme inégal produit une impression à la fois naturelle et rare.

L'étude du folk-lore musical d'un pays appartient avant tout aux nationaux. Mais l'érudition d'ailleurs a été plus lente en Espagne que dans les autres pays d'Europe à prendre contact avec cette manifestation du génie national. Depuis quelques années seulement, un travail consciencieux et désintéressé a sauvé de l'oubli ces productions qui, là comme partout, sont appelées à disparaître devant l'envahissement des refrains populaciers issus des couches vulgaires des grandes villes. Nous avons récemment dressé la bibliographie des principaux recueils de folk-lore musical espagnol et c'est à eux que nous renvoyons, au lieu et place de l'étude que nous ne faisons pas[1]).

Un nom manque à cette nomenclature et c'est celui qui devrait y tenir la première place. Nous voulons parler du compositeur le plus justement célèbre de l'Espagne et à qui tout ensemble l'histoire de la musique est redevable de très importantes contributions. Nous voulons parler de Felipe Pedrell. Le musicien auquel nous devons la belle trilogie *Los Pirineos* et la tragi-comédie *La Celestina*, le savant éditeur de l'*Hispaniae Schola Musica Sacra*, le critique averti de *Por nuestra musica* met à la base de ses doctrines la pratique et l'amour du chant populaire national. L'épigraphe de cette dernière brochure en dit assez l'objet. C'est une maxime empruntée à un musicologue du XVIII° siècle, le P. Antonio Eximeno: « *Sobre la base del canto nacional debia construir cada pueblo su sistema*, chaque pays devrait établir son système musical en prenant pour première base le chant populaire». Pedrell la fait sienne et le curieux exposé de *Por nuestra musica* en est le développement. Mais Pedrell est un génie latin, fait d'ordre et de clarté. Il n'a point parlé de la chanson populaire sans en avoir au préalable groupé en collection les fleurs les plus belles, non pas comme un fa-

---

1) Aubry (Pierre). — *Esquisse d'une bibliographie de la chanson populaire en Europe.* p. 11 etc. Paris, Picard, 1905. in-8.

quin qui se dit botaniste pour avoir quelques heures couru la campagne, un herbier au côté, mais en vrai savant qui procède avec méthode et discernement. Pedrell nous a ouvert ses richesses et libéralement nous a permis d'y puiser à l'intention de ces notes de voyage. Le lecteur sentira l'impression poignante qui se dégage de ces mélodies. Nous les avons choisies dans la note mélancolique pour la plupart: on n'en verra que mieux une inspiration toute différente des compositions vulgaires, par lesquelles on est tenté de symboliser la musique espagnole.

Ancienne romance [1]).

Arrolo [2]).

[1]) Provenance castillane. Trad. franc.: «Mon père m'a mariée — avec un chevalier. — A chaque heure il me dit: «Fille de plébeien!» — Et moi je ne le suis pas.»

[2]) Recueilli en Galice. Trad. franc.: «A Jésus-Christ saint Jean demande — de le laisser dormir — jusqu'après le lever du soleil — le jour de sa fête.» Allusion à une tradition populaire. La fête de saint Jean Baptiste tombe le 24 juin à une époque de l'année où les orages ne sont pas rares. Aussi le Seigneur le fait dormir trois jours, le jour de sa fête, la veille et l'avant veille. Quand saint Jean ouvre les yeux, toute menace d'orage est passée.

Berceuse[1]).

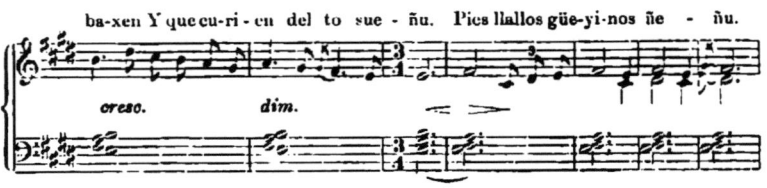

[1) Recueillie dans les montagnes de Brañas Asturies.

1) Provenance mallorquine. Trad. franç.: «Ah! Ah! si ce n'était pas la charrette! Ah! Ah! qui me suit derrière, derrière!»

2) De provenance andalouse ... Trad. franç. «Regarde-le! il vient par là, — le meilleur des enfants, — les pieds et les mains attachés — et le visage décoloré.» La *saeta*, mot à mot *flèche*, est le titre qu'on donne à une composition poétique brève, destinée à exciter à la prière ou à la pénitence. C'est dans le même sens qu'on dit une oraison jaculatoire. La *saeta* se chante dans les églises, dans les rues, aux processions pendant la Semaine-Sainte, à Séville surtout.

Alala[1].

Berceuse[2].

[1] Recueilli en Galice. C'est la chanson d'un tailleur de pierres. Trad. franc. «A présent qu'il me faut partir — les petites pierres pleureront, — elles vont pleurer pendant la nuit, — car je pars au matin.»

[2] Recueillie à Tarragone. Trad. franc.: «Sainte Anne, soyez bénie, — vous qui le méritez: — vous avez une fille, — qui est mère le Dieu.»

Marta[1].

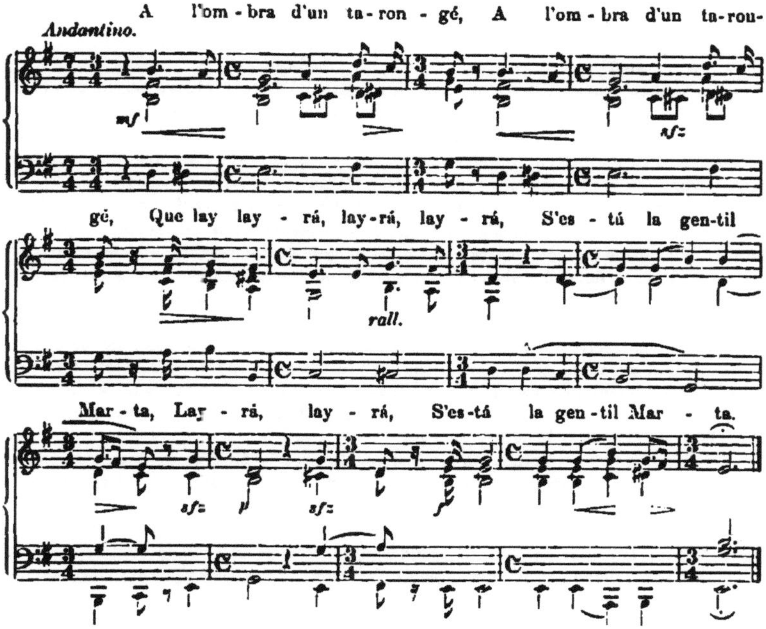
A l'om - bra d'un ta - ron - gé, A l'om - bra d'un ta - rou-
Andantino.
mf
sfz
gé, Que lay lay - rá, lay - rá, lay - rá, S'es - tá la gen - til
rall.
Mar - ta, Lay - rá, lay - rá, S'es - tá la gen - til Mar - ta.
sfz
sfz

Alala gallego[2].

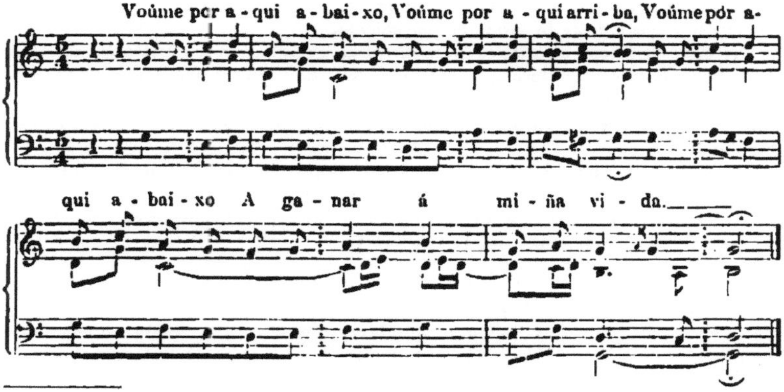
Voúme por a - qui a - bai - xo, Voúme por a - qui arri - ba, Voúme por a-
qui a - bai - xo A ga - nar á mi - ña vi - da.

1) Chanson populaire catalane. Trad. française: «A l'ombre d'un oranger — à l'ombre d'un oranger. — Que lay layra, layra, layra, — S'est assise la gentille Marthe — Layra, layra, — S'est assise la gentille Marthe.»

2) Recueilli dans la province de Lugo en Galice. Trad. franç. «Je vais par ici en bas, — je vais par ici en haut, — je vais par ici en bas, — pour gagner ma petite vie.

Mais *paulo maiora canamus* peut-on ici faire dire à Felipe Pedrell. Comment va-t-il mettre en œuvre ces éléments féconds? Les matériaux sont amassés: quel sera l'air de l'édifice? Pedrell va nous l'exposer lui-même.

«Le cachet particulier, la spéciale inspiration d'un art propre ou le caractère d'une école lyrique, ce qui revient au même, doit se chercher et, heureusement, se trouve ainsi que l'ont trouvé certaines écoles lyriques écloses subitement sous l'impulsion de cette révolution «modernissime» de l'art, dans l'un de ses plus puissants agents, dans le chant populaire *personnalisé* et traduit en formes correctes.

«Sous le double aspect du texte et de son revêtement musical, c'est le grand révélateur des forces créatrices d'une nation; et non seulement la puissance d'inspiration libre et l'indépendance de formes qu'il offre et qui s'accommodent mal avec les théories scolastiques, doivent appeler l'attention du musicien intelligent, mais encore l'intérêt philosophique, littéraire et ethnologique que présente le chant populaire facilite tout un ordre d'expériences ultra utiles qui exercent une grande influence sur l'imagination du compositeur, en vivifiant et stimulant son inspiration. Les inappréciables éléments qu'il procure, bien maniés dans les plus hautes conditions de l'art et mis en exercice par une intelligence apte à comprendre les diverses tendances du génie national d'un pays, ont été la cause et le point de départ d'écoles lyriques déterminées et d'œuvres capitales dans l'histoire de l'art.

Le chant populaire, cette *voix des peuples*, la pure inspiration primitive du grand chanteur anonyme, passe par l'alambic de l'art contemporain et devient sa quintessence: le compositeur moderne se nourrit de cette quintessence, il se l'assimile, en la revêtant de délicates apparences par lesquelles la musique — et seulement la musique — peut nous démontrer tout ce dont il est capable et tout ce que comporte la forme, au point de vue technique, grâce à l'extraordinaire développement, inconnu des siècles passés, qu'a acquis notre époque.

Le chant populaire fournit l'accent, le fond, et l'art moderne fournit également ce qu'il n'a: un symbolisme conventionnel et la richesse de formes, qui sont son patrimoine. Équation parfaite d'un énoncé de hautes beautés, dérivée de la relation harmonique qui existe entre la forme et son contenu.

De cette heureuse association avec le thème populaire et correct à la fois, naît non seulement la couleur locale, mais encore celle de l'époque qui, toutes deux, s'incorporent dans l'œuvre du compositeur. Joint au cachet ou à l'air de famille, le thème porte en soi l'adaptation au milieu ambiant, la simplicité et le naturel élevé en doses équilibrées ...

Donc le drame lyrique national est le *lied* développé dans des proportions voulues pour le drame: c'est le chant populaire transformé.

Le tempérament artistique du pays dont il émane et, conséquemment, son caractère, existe dans le chant populaire»

En effet, il n'est dans l'histoire de l'art de génération spontanée. Un chant populaire n'apparait point dans une province sans qu'à son origine il y ait un ou plusieurs auteurs, humbles, obscurs sans doute, mais dont l'existence est indiscutable. Cet anonyme a fait une œuvre semblable à l'œuvre d'un autre poète, d'un autre musicien. Pourquoi la sienne a t'elle survécu à côté de l'oubli de tant d'autres, aussi belles et plus parfaites peut-être? Pourquoi de générations en générations a t'elle été conservée, sinon parce que cette pièce reflétait les aspirations profondes de toute une race et que chacun en la chantant croyait laisser parler son âme à soi, sinon parce qu'elle est absolument adéquate au milieu? C'est ainsi qu'une œuvre d'artistique qu'elle était à son berceau est devenue populaire.

Une chanson populaire est donc le reflet fidèle du peuple ou de la race dont elle est issue. C'est la condition de son existence. Or, où le sculpteur, où le peintre prennent-ils leurs modèles, si ce n'est dans la nature accessible à nos sens? Ensuite l'œuvre opère en nous en éveillant des associations d'idées. Ce droit est-il refusé à l'artiste musicien? La nature est-elle fermée au compositeur? Pour lui la nature, c'est le domaine infini de cette inspiration populaire, source de tant de beauté, ce sont ses rythmes, ce sont ses modalités, son art primitif et coloré.

Telle est la base de l'esthétique de Pedrell. Le chant populaire est la cellule génératrice du drame lyrique national. L'art ensuite la développe et la féconde.

Les études d'esthétique n'étant point notre fait, nous n'irons pas plus avant sur ce terrain dangereux. Il nous a suffi de signaler la tendance, d'autres en discuteront la valeur doctrinale, mais, bonne ou mauvaise, cette théorie nous semble d'un haut intérêt au point de vue du folk-lore. Sous la poussée ininterrompue du progrès, avec l'instruction publique de jour en jour plus développée, avec les facilités sans cesse grandissantes de communication entre les centres urbains et les campagnes les plus reculées, les chants populaires disparaissent peu à peu comme aussi s'en vont les usages locaux, les costumes, les traditions, bref, tous les éléments de la vie provinciale. C'est pourquoi, en présence de ce mouvement de centralisation outrancière, nous devons applaudir toute tentative faite dans le but de préserver les précieuses reliques d'un passé qui s'éteint. La survivance de la musique populaire nationale dans l'œuvre du compositeur nous paraît devoir assurer la continuation des vieux chants dans la plus large mesure possible et permettre peut-être de rendre un jour au peuple ce que l'art lui aura emprunté.

Der strophische Bau der Tractus-Melodien[1]).

Von

Hugo Riemann.

Leipzig.

Die folgende Studie versucht, die kompositorische Technik der altkirchlichen Gesänge an ein paar Beispielen im Detail aufzuzeigen. Wenn auch das Ergebnis keine allgemeine Gültigkeit beansprucht, so ist es doch immerhin für eine nicht unerhebliche Anzahl von Gesängen typisch und recht geeignet, auch Gesänge von nicht so leicht übersichtlicher Struktur dem Verständnis näher zu bringen. Mit Recht betont Peter Wagner (Ursprung und Entwicklung der liturgischen Gesangsformen, S. 102), daß »das melodische Material für die sämtlichen Tractus ein nur wenig verschiedenes ist«

---

[1] Dieser Aufsatz war für das nächste Kirchenmusikalische Jahrbuch geschrieben (vgl. Sammelb. IX. 1. S. 20 Anm.) wurde aber wegen des vielen Notensatzes vom Verleger beanstandet.

und weist auf die Verwandtschaft der Tractusgesänge mit den griechischen Hirmen hin (Tractus ist die lateinische Übersetzung des griechischen εἱρμός). Meines Wissens hat aber bis jetzt noch niemand des näheren nachgewiesen, daß in der Tat die Tractus strophischen Bau haben; meine kleine Arbeit mag der Ausfüllung dieser Lücke dienen. Dieselbe beschränkt sich auf die am besten übereinstimmenden, daher wahrscheinlich am besten konservierten und zugleich wohl auch ältesten Verwendungen derselben Melodie, nämlich derjenigen der beiden *Cantica Moysis* ‚*Cantemus Domino, gloriose enim*‘ (Moses II, 15, V. 1—3) und ‚*Attende caelum, et loquar*‘ (Moses V, 32, V. 1—4), auch mit den Texten (*Sabbato Sancto*): ‚*Laudate Dominum*‘, ‚*Vinea facta est*‘, ‚*Sicut cervus desiderat*‘ und (*Missa pro defunctis*) ‚*Absolve Domine*‘. Die sonstigen Verwendungen derselben Melodie sind teils stärker verdorben (*De profundis*), teils vielleicht schon nicht mehr mit dem vollen Verständnis des Prinzips den Texten adaptiert, teils aber auch mit kühnen Tonmalereien bereichert und daher zwar hochinteressant, aber minder demonstrativ (*Qui regis Israel*, *Qui confidunt in Domino*); ich sehe deshalb davon ab, sie mit heranzuziehen. Als überhaupt nicht zugehörig betrachte ich die Gruppe derjenigen Tractus im VIII. Ton, welche in den beginnenden Melodiephrasen der einzelnen Teile sich in der Region der Finales (*d e f g*) bewegen (*Nunc dimittis*, *Saepe expugnaverunt*, *Ecce sic benedicetur*, *Domine Deus virtutum*, *Veni sponsa Christi*, *Qui seminant in lacrimis*); dieselben zeigen nur Verwandtschaft in denjenigen Zwischenphrasen und Anhängen, welche ich für ursprünglich instrumental halte. Ich pflichte Peter Wagner vollkommen bei, wenn er warnt, aus der zeitweiligen Ausschließung aller Instrumente von der Liturgie Schlüsse auf die ursprüngliche Beschaffenheit der Gesänge zu machen, und auf die Rolle hinweist, welche in Byzanz der Orgel zufiel. Auffallend ist jedenfalls, daß in einander nichts angehenden Melodien dieselben stereotypen, ziemlich langen Einschaltungen auftreten; der Gedanke liegt nahe, in ihnen ständige Formeln zu sehen, welche durch Instrumente zu Gehör gebracht wurden, um den Sängern Erholungspausen zu geben. Ich hebe diese instrumentalen Zwischenspiele durch kleinere Noten heraus.

Unsere Melodie zeigt im ganzen vier Formen solcher textlosen Phrasen; eine fünfte ist wohl nur eine Variante der vierten, allerdings unter bestimmten Umständen:

Von diesen fünf Formeln erscheinen die 1. und 2. regelmäßig an zweiter und fünfter Stelle in den fünfgliedrigen Ganzstrophen (fünfmal 2 Takte) meiner Analyse, die 3. am Ende der zweigliedrigen Zwischenhalbstrophe, die 4. am Ende der dreigliedrigen Schlußzeile, die 5. (4a), wo innerhalb des Gesangs provisorische Schlüsse gemacht werden (vgl. *Laudate Dominum* und *Sicut cervus*). Daß in *Laudate Dominum* die 3. statt der 2. am Ende der zweiten Ganzstrophe erscheint und in *Absolve Domine* die 1. statt der 3. am Ende der Zwischenhalbstrophe, kann man ohne weiteres als eingeschliehene Fehler betrachten.

Dieselbe Ökonomie wie in der Gestaltung der instrumentalen Phrasen zeigt sich aber auch in den Gesangsphrasen. Alle sechs Beispiele stellen an die Spitze eine **Einleitungsphrase**, die in allen Varianten auffällig sich gleich bleibt (nur der Anfang mit oder ohne akzentlose Vorsilben bedingt kleine Unterschiede):

(Einleitung.)

Die zweigliedrigen Zwischenhalbstrophen bringen an erster Stelle eine zwar im Umfange ähnliche, aber doch eigenartig unterschiedene (minder schmiegsame, Reperkussionen häufende) Gesangsphrase:

(Zw. Str.)

Die beginnende Gesangsphrase der dreigliedrigen Schlußzeile ist ebenfalls verwandt, aber heftiger gewunden, beginnt mit *a*, läßt die Spitze *d* weg und berührt dafür unten *f*:

Schlüsse.)

Die fünfgliedrigen Vollstrophen bringen an erster Stelle eine entschiedene Steigerung dieser Phrase durch Erweiterung des Umfanges nach oben bis *e*:

(Vollstrophe a.)

und in der Mitte eine (viertaktige) **Doppelphrase**, die in ihrer ersten Hälfte eine Abschwächung der Einleitungsphrase vorstellt, aber regelmäßig mit *f* anhebt:

(Vollstrophe b.)

und in ihrer zweiten Hälfte sich von *g* zu *c′* emporschwingt:

(Vollstrophe c.)

Die Binnen-Schlußzeile des *Laudate Domini* bringt dazu noch eine neue Umgestaltung des Anfangsmotivs:

während die des *Sicut cervus* mehr der Form der definitiven Schlußzeile (3) entspricht.

Mit diesen wenigen Bemerkungen ist tatsächlich das gesamte melodische Material der sechs (bezw. mehr) Gesänge aufgewiesen und zugleich der strophische Bau derselben erklärt. Ich könnte unter Hinweis auf die Gesänge selbst hier schließen, wenn es nicht rätlich wäre, noch ein paar Bemerkungen über meine Art der Wiedergabe, über meine Einordnung derselben in den Takt anzufügen.

Zur Beschwichtigung der Bedenken derjenigen, welche von dem traditionellen Vortrage des Chorals aus sich mit der streng taktischen Messung nicht befreunden können, sei zunächst gesagt, daß ich selbst an eine metronomisch strenge, genaue Durchführung der von mir notierten rhythmischen Verhältnisse in jener alten Zeit keineswegs glaube, wohl aber an eine ungefähre Einhaltung gleicher Zeitabstände für die Hauptakzente als den unentbehrlichen Pulsschlag, der den melodischen Verlauf reguliert. Ganz ebenso wie bekanntlich auch in der gemeinen Sprechweise aller Menschen die durch Akzent hervorgehobenen Silben (die Hauptsilben der Worte, auf die es ankommt) sich bei aufmerksamer Beobachtung als in gleichen Zeitabständen folgend erweisen, derart, daß bei schneller Konversation sich eine große Zahl nicht akzentuierter Silben zwischen die Akzentsilben einschieben, bei feierlicher Rede dagegen die Zahl der (in mehreren Graden abgestuft!) akzentuierten Silben ganz bedeutend wächst, ohne doch den effektiven Zeitabstand der Akzente wesentlich zu ändern (es wird eben nur viel weniger in der gleichen Zeit gesprochen) — ganz ebenso sind im gregorianischen Choral die Hauptakzentsilben die Träger eines der Menschennatur bequemen, ja unentbehrlichen rhythmischen Pulsschlags; aber auch im Choral wechselt feierlicher, die Akzente häufender Vortrag mit einem bewegteren, über eine größere Zahl von Silben leicht hinweggehenden, je nachdem wie die einzelnen Distinktionen, die Satzglieder, silbenärmer oder silbenreicher sind. Diese Distinktionen, welche wenigstens seit Odo von Clugny († 942) und Guido von Arezzo († 1050) in der Theorie eine Rolle spielen, sind bereits in den ältesten erhaltenen Neumierungen durch Lücken kenntlich gemacht und in den Notierungen auf Linien sogar durch Teilstriche, in den byzantinischen Neumierungen durch besondere Schlußzeichen und die Martyrien. Es liegt auf der Hand, daß diese auffälligen Zerlegungen ganzer Sätze in Satzglieder die Klarstellung einer Form bezwecken. Die im allgemeinen ziemlich genau übereinstimmende effektive Länge dieser Satzglieder hat bereits Fr. A. Gevaert zur Aufstellung des Satzes von der »*symétrie approximative*« derselben, der »ungefähr gleichen« zeitlichen Dauer geführt (*La mélopée antique* etc., S. 133). Diese ungefähr gleiche Dauer reguliert sich aber weiter in der einfachsten und selbstverständlichsten Weise durch die Hauptsinnakzente. Die in Dom Pothier's *Graduale* (Tournai, 1882) dem Texte übergeschriebenen Akzente (z. B. *Dóminus regnávit*) haben nicht sowohl den Zweck, die richtige Aussprache des Lateinischen zu bewirken, als vielmehr für das rhythmische Empfinden einige Stützpunkte zu geben, die Stellen der Melodien kenntlich zu machen, welche die eigentlichen Pfeiler bilden, die das ganze tragen und die Melodie zu einem wohlgeordneten Verlaufe machen. Ich habe in den sechs Gesängen dieses Akzentuationssystem im Detail streng durchgeführt mit den Zeichen: ´ (stärkster Akzent, schwerste Zeit), ` (zweitstärkster Akzent) und ˘ (leicht, aber doch noch relativ schwer im Vergleich mit Silben, die keins der drei Zeichen tragen). Man spreche z. B. die Distinktionen:

Ánimas ŏmnium fidélium defunctórum.
Et grátia tŭa íllis succur-énte.
Et lú - - - cis ae - térnae.
Di - lèc - - - - tó

so aus, daß die Hauptakzente (´) einander ungefähr in gleichen Abständen folgen, so ist damit die Taktordnung, wie ich sie durchgeführt, gegeben. Was noch fehlt, ergibt sich zunächst zum Teil aus der Aussprache der einzelnen Worte, z. B. sind in den Worten:

ánimas — ómnium — fidélium

die hier mit ˘ bezeichneten Silben die allerleichtesten und die mit ` bezeichneten gegenüber ihnen noch relativ schwer. Für die Melismen aber, die mehrtönigen Figuren über einer Silbe, bestimmen die **Neumenformen** weitere Zerlegungen, z. B.:

[Notenbeispiele]

Ich verwahre mich daher ausdrücklich gegen den Vorwurf irgendwelcher Willkürlichkeit meiner Darstellung der Taktverhältnisse. Bis ins kleinste Detail ergeben sich schließlich die Notenwerte so, wie ich sie geschrieben. Für die textlosen (instrumentalen) Distinktionen liegen die Verhältnisse nur wenig anders, sofern für dieselben eine Dehnung der Schlußnoten zur Herstellung der Symmetrie erforderlich ist, entsprechend den Endungen der Textteile.

Auf den in der Besprechung meines Übertragungssystems im Jahrgang 1907 des »Kirchenmusikalischen Jahrbuchs« gemachten Einwand, daß meine Beschränkung auf gerade Taktart Willkür sei, gehe ich hier nicht weiter ein; ich bemerke nur, daß es schließlich von untergeordneter Bedeutung ist, ob man die natürliche Verlängerung der schweren Zeiten gegenüber den leichten ignoriert (gleicher Takt) oder sie bis zur Verdoppelung steigert (ungerader Takt). Diesbezüglich verweise ich auf die Ansichten **Fasch's** (bei Böckh, *De metris Pindari* S. 39, abgedruckt in meinem »System der musikalischen Rhythmik und Metrik«, S. 11) und **Beethoven's** (in den Anmerkungen zu Cramer's Etüden, vgl. Shedlock's *The Beethoven-Cramer studies*«. Auch der bedeutende Rhythmiker W. Christ hatte schwere Bedenken, ob die Längen und Kürzen der griechischen Poetik nicht im Grunde auf einer Verwechselung von lang mit schwer beruhen. Das sind letzten Endes Doktorfragen, die die Praxis nicht allzusehr berühren.

Ich wiederhole zum Schluß, daß es mir nicht darauf ankommt, die Notenwerte, wie sie sich aus der Regelung der Abstände der Hauptakzente ergeben, im Detail streng anerkannt zu sehen, neige sogar selbst zu einer freien Handhabung des Prinzips. Mein Zweck ist vielmehr, die feste, in sich streng logische, melodische Gestaltung der gregorianischen Gesänge evident zu machen, was mir, hoffe ich, in dieser kleinen Studie wieder etwas besser gelungen ist, als in früheren Arbeiten ähnlicher Tendenz. Dasselbe Resultat wäre ohne Anwendung von Mensuralnoten allenfalls auch erreichbar gewesen, aber mit sehr viel weniger Übersichtlichkeit und erheblich größeren Schwierigkeiten der Drucklegung. Nur aus diesem Grunde habe ich meine Darstellung derselben Verhältnisse mit Choralnoten bei Seite gelegt.

1. Tractus: **Cantemus Domino** (Moses II, 15, 1—3).
(Sabbato Sancto.)

Zw. Str. 2.

Schluß.

2. Tractus: Vinea facta est.

(Sabbato Sancto.)

Einleitung.

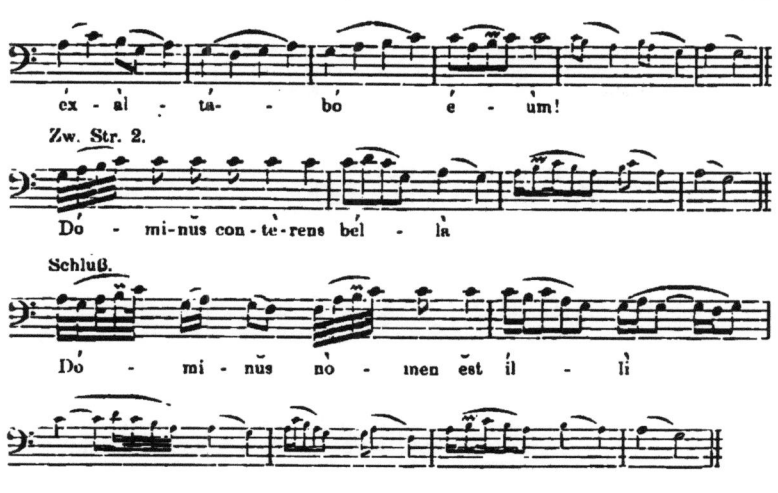

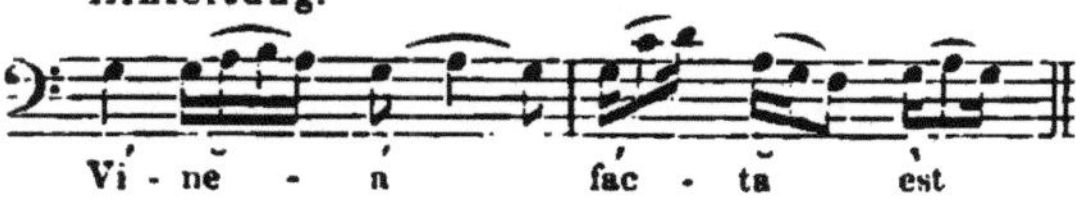

Str. 1.

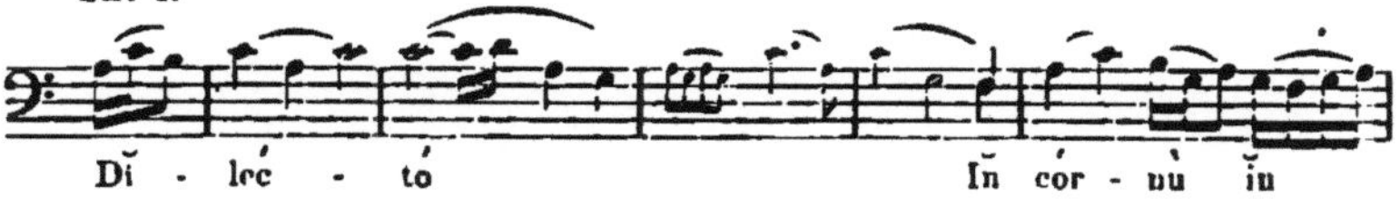

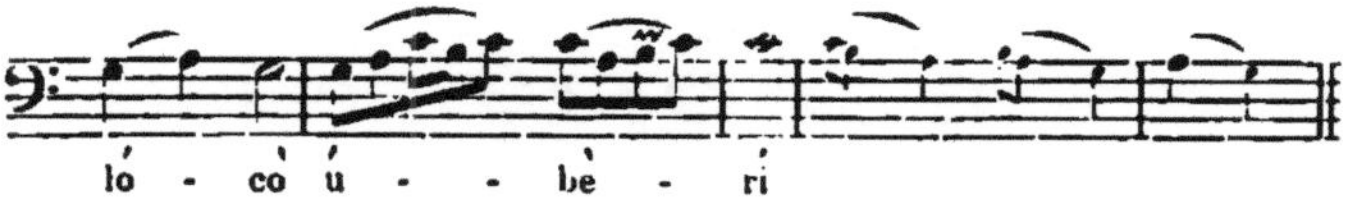

Zw. Str.

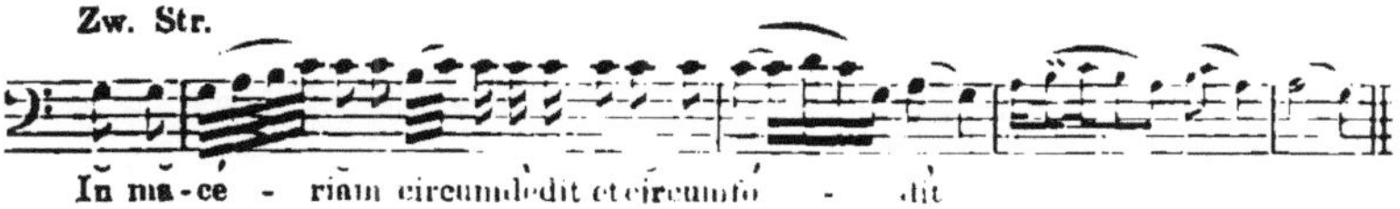

Str. 2.

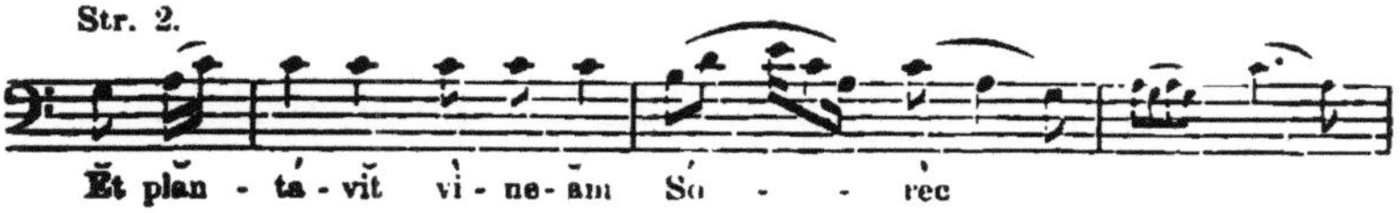

Et ae-di-fi-ca - vit tur-rim in me-di-o e - jus

Str. 3.
Et tor - cu-las fo-dit in e - - a
Vine-a e - nim Do-mini Sa - ba - oth

Schluß.
Do - mus Is - ra-el est

3. Tractus: **Attende coelum et loquar** (Moses V. 32, 1—4).
(Sabbato Sancto.)

Einleitung.
At-ten - de coe - - - lum

Str. 1.
Et lo - quar Et au - di - at
ter - ra ver-ba ex o - re me - o

Schluß.

Jus - tus et sanc - tus Do - mi - nus

4. Tractus: **Sicut cervus desiderat.**
(Sabbato Sancto.)

Einleitung.

Si - cut cer - vus de - si - de - rat

Str. 1.

Ad fon - tes a - qua - rum

I - ta de - si - de - rat a - ni - ma me - a ad te

De - us

Zw. Str.

Si - ti - vit a - ni - ma me - a

Str. 2.

Ad De - um vi - vum Quan-do

ve - ni - am et ap-pa - re - bo

Schluß 1.

Ăn - te fá - ci - em Dé - i

Zw. Str. 2.

Fŭ - e - runt mi - hi la - crimae me - ae

Str. 3.

Pá - nis di - e ăc nóc - tĕ Dum di - ci - tŭr mí - hi per sin - gŭlŏs di - ĕs

Schluß 2.

Ŭ - bĭ est Dĕ - ŭs tu - us?

5. Tractus: „Laudate Dominum".
(Sabbato Sancto et IV temporum in XL.)

Einleitung.

Laŭ-dá - tĕ Dó - mĭ - nŭm

6. Tractus: „Absolve Domine".
(Missa pro defunctis.)

Vor 1700 gedruckte Musikalien in den schwedischen Bibliotheken.

Von
Tobias Norlind.
(Tomelilla.)

Das Studium von Eitner's Quellenlexikon kann uns überzeugen, daß die Musikwissenschaft für Gesamtbibliographien überhaupt noch nicht reif ist. Eine Welt-Bibliographie der Musikliteratur ist nur möglich, wenn genügend lokalbibliographische Arbeiten vorhanden sind. Ich habe vielleicht eine zu schwierige Arbeit begonnen, wenn ich eine Bibliographie der älteren Musikalien in Schweden geben will. In einem Lande, wo alle musikwissenschaftlichen Anhaltspunkte fehlen, muß eine Musikbibliographie stets unvollständig werden. Wenn ich aber dennoch den Anfang gemacht habe, so geschieht es, weil es ganz unmöglich ist, die nationale Musikgeschichte zu behandeln, bevor nicht die vorhandenen Musikalien genügend katalogisiert sind. Die meisten Musikwerke sind zwar in Upsala zu finden, wo ein gedruckter Katalog die Musikalien ziemlich vollständig aufzählt, aber nicht wenig ist auch in den Gymnasial-Bibliotheken aufbewahrt. Die Entstehung der größeren Musiksammlungen in Schweden wird gewöhnlich auf den dreißigjährigen Krieg zurückgeführt. Wie ich aber später zeigen werde, ist dies nur in beschränktem Maße der Fall. Die Musikwerke sind Reste einer vergangenen Musikübung in Schweden, und es ist daher von musikhistorischem Werte, die Geschichte der schwedischen Bibliotheken zu verfolgen. Den ersten Platz wird stets Upsala einnehmen.

I. Die Universitäts-Bibliothek zu Upsala.

Die ältesten Teile der Musiksammlung in Upsala stammen unzweifelhaft aus Bibliotheksbeständen, die in den zwanziger Jahren des 17. Jahrhunderts während der schwedischen Kriege in Polen als Kriegsbeute nach Schweden kamen. Die Bibliothek Upsala besitzt noch einige alte Kataloge dieser Büchersammlungen[1]. Obgleich Musik hier nicht direkt erwähnt wird, wissen wir doch, daß Musikwerke sich darunter befanden. So trägt z. B. eine Handschrift[2] die Bezeichnung: *Tabulatura Collegii Rigensis 1620*. Sicherlich waren sowohl die gedruckten wie die ungedruckten Musikalien dieser Sammlungen nicht unbedeutend.

Die Bibliothek Upsala hat aber auch durch Ankäufe neuer Musikalien ihren Bestand erweitert. Das Verdienst hierfür gebührt fast ausschließlich dem großen Gelehrten und Förderer der Tonkunst in Upsala, Olof Rudbeck. Diese Neuerwerbungen lassen sich in den Rechnungsbüchern ganz gut verfolgen. Wir besitzen zwei Kataloge, welche beide fast dieselben Musikalien anzeigen. Der eine Katalog gibt keine Druckjahre an[3], setzt aber den

---
[1] B. U. Arch.: U. 271 über Jesuiten-Bibl. in Riga; U. 274 über Jesuiten-Bibl. in Braunsberg; U. 273 Bücher aus Preußen (1626); U. 276 *Catalogus librorum collegii Posnoensis* 1609; U. 275 *Cat. lib. coll. Posn.* 1610.
[2] Abt. Vokalmus. in Handschr. Tab. Nr. 88 mit Kompositionen von Orlandus Lassus.
[3] B. U. Arch. E. 2.

Preis der Bücher hinzu, der zweite[1] vermerkt die Druckjahre, aber nicht die Preise. Ich gebe hier ein Verzeichnis der neu eingekauften Musikalien nach dem erstgenannten Katalog:

	Hollenske Gyl	Koppar Styfver	Mynt[2] dahl.	öre
Anno 1655. Kircheri *Musurgia*	24	—	—	—
Anno 1656. Meibomii *Musici Antiqui*	7	—	—	—
Anno 1662. Noch till Musikaliske Böcker och Bokbindarn löhn[3] efter Rect. Magnif. Olai Rudbeckii Assignat. och quittens fol. 163i afskrift	—	—	172	12
Anno 1663. Joach. Jungii *Horoscopia Musica*	—	—	4	—

Musikaliske Böcker köpte Anno 1662 och 63[4]

Seite 29: *In folio*:	dahl.	öre
Capricorni *opus Musicum* [Nürnb. 1655][5]	17	—
Wolffgang Carl Briegels Christliche Musicalische Rosengarten [Gotha 1658]	1 Th. 5	14
Ejusdem Evangeliorum I et 2da pars [Mühlh. I 1660, II 1662]	17	8
Johannis Havemanni Christlicher Concerten [Jena 1659]	4	12
Cratonis Butneri *Anima Christi*, Lobe den Herrn etc [Dantisci 1661]	2	—
Johann Rosenmüllers andern Kernsprache[0]	4	6
Coleri Seelen Musich[6]	2	16
Johan Rudolph Ahlens Neugeflantzter Thüringischer Lustgarten 1 und 2 theil [Mühlh. I 1657, II 1658]	16	—
Ejusdem Thüringisch. Lustg. Nebengang [Mühlh. 1663]		
Andreæ Hammersmidens Musicalische andachten geistliche Moteten Concerten [Freyburgk 1654]	13	—
Pauli Petschii Pfingst Harmonia [Greiffsw. 1662]	—	20
Christiani Sartorii Hoher Fest- und Danckandachten Nürnb. 1658]	6	—
Molitoris *prægustus Musicus* [Const. 1659]	4	—
Seite 30:		
Samuelis Scheids Tabulatur Buch [Görlitz 1650]	2	8
Georgii Arnoldi *Canzoni Ariæ* etc. [Oenip. 1659]	8	—
Joannis Henrici Schmelzers *Sacro-Profanus concentus Musicus* Norib. 1662]	4	—
Philippi Friderici Buchneri *Plectrum Musicum* [Francof. 1662]	7	—
In 4to		
Samuelis Capricorni *Jubilus Bernhardi* [Norib. 1660]	8	—
Verneri Fabricii Arien Dialogen und Concerten [Lpzg. 1662]	2	—
Tobiæ Zeitschners Musicalische Kirchen- und Hausfreundt [Lpzg. 1661]	6	—
Andreæ Hammerschmidii Evangelia [Dresd. I 1655, II 1656]	13	—
Ejusdem Fest- Buß- und Dancklieder [Zittau 1658]	6	—
Ejusdem Dialogi [Dresd. I 1657, II 1658]	4	—
Sebastiani Antonii Scherers *Musica sacra* [Ulm 1657]	6	—
Augustini Pflegers *Psalmi Dialogi et Motet* [Hamb. 1661]	2	8
Samuelis Capricorni Christlicher Harmonien [Stuttg. I 1659, II 1660	5	—

1) B. U. Arch. K. 6.
2) Kupfermünze: Thaler, Öre (Heller).
3) Musikalische Bücher und Buchbinderlohn.
4) Musikalische Bücher 1662 und 1663 gekauft.
5) Jahreszahlen hier nach K. 6 hinzugefügt.
6) Fehlt in K. 6.

Joh. Erasmi Kindermanni *intermedium Musico Politicum* [Nürnb. 1643] . . . . 3 —
Georgii Arnoldi *opus secundum Missarum* [Oenip. 1656] . . . . . 10 —
Andreæ Hammerschmidii *Missæ* [Dresdæ 1663] . . . . 13 —
Ejusdem Kirchen und Tafelmusic [Zittau 1662] . . . . 10 —
Messa et Salmi [1662] 4 4
Julii Johannis Weilands Musicalische andachten [Bremæ 1654] . . 3 —
Samuelis Capricorni Christliche Conzerten [Nürnb. 1658] . . . . . 3 —
Verneri Fabricii *Dilitiæ* . . . . 3 —
Luderi Knoop Paduanen Galiarden [Bremen 1652] . . . . 6 —
Joh. Christophori Seyfriedens Paduanen [Jenæ 1659] 1 16
Rothens Paduanen 1 16
Bokbindare Löhn för Musicaliske Böker 91 12

Anno 1665[1]):
Seite 37. *Libri Musici empti à Prof. Olao Rudbeckio.*
Bernardi Geistliche Concerten in fol. . . . . 9 —
Capricorni geistliche Concerten in 4to. . . . . 4 —
   » Sonaten in 4 . . . . 4 —
   » Geistliche Harmonieu in 4 . . . . 8 —
Löwens geistl. Concerten in 4. 3 —
Ruperti Seelen Erquickung in 4 . . . . 4 —
Ahlens geistl. chorstycken in 4 . . . . 3 —
Steinmans Rosen Kräntzlein in 4 . . . . 3 —
Löwens Symphonien in fol. . . . . 3 —
Hortulus Musicus in 4to. . . . . 3 —
Brigelns Alemand in 12 . . . . 2 —
   Bokbindarne för inbindningen 12 12

In dem zweiten Kataloge K. 6 mit dem Titel *Catalogus juxta quem Inventarium Bibliothecæ factum est Anno 1678* werden noch folgende Musikalien genannt:

Seite 589: *Musici practici in folio ab anno 1662 empti.* Joannis Chiliani Hellers *concentus Musicus* Volum. 9. Moguntiæ 1671. In 4to.

Seite 596: Wolfg. Carl Briegelns Musicalische Lebensbrunn. Volum. 9. Darmstadt 1680. *Ejusd.* Musicalische Trostquelle ibid. 1679.

Pezelii *Deliciæ Musicales* 6 tomi in Qu. Francof. M. 1678.

Joh. Caspri Horns Geistliche Harmonien in Evangelia.

Winter und Sommer 9 *tomi* 4to. Dresdæ 1680.

Als Beweis, daß diese Musikalien auch angewendet wurden, kann uns ein Verzeichnis der an Olaf Rudbeck verliehenen Musikalien aus dem Ende des Jahrhunderts dienen[2]):

In fol: Capricornus *Opus musicum* 9. 10 Bd.
   Sam. Scheidts Tabulatur book 1 Bd.
   Schmeltzers[3]) och Buchners Musica[4]) 9 Bd.
   Joh. Rudolph Ahlen Neu Thüring. Lustgarten 20 Bd.
   Georg Arnoldi Canzoni, Arien 6 Bd.
In quarto: Capricorni *Jubil. Bernhardi* 9 Bd.
   » Concerten 8 Bd.
   Fabrici *Deliciæ* 5 Bd.
   Knoeps Paduanen/Galliarden.

1) Von hier ab sämtliche Musikalien nicht in K. 6 erwähnt.
2) B. U. Arch, K. 1. 6. Seite 589.
3) *Sacro-profan. Concentus.* Nrb. 1662.   4) *Plectron musicale*, Frf. 1662.

Seyfridens Paduanen 3 Bd.
Rothe Paduanen.

Die wichtigste und für die ganze Musikgeschichte des 17. Jahrhunderts bedeutsamste Bereicherung erhielt die Bibliothek Upsala in den Musikalien Dübens. Aus dem Journal für 1733[1]) erfahren wir, daß der Baron und Hofmarschall Andreas von Düben[2]) zwei Kasten Musikalien an die Bibliothek geschenkt hatte. In einem Memorialkonzept für 5. Oktober 1734[3]) hören wir weiter, daß der Musikdirektor Heinrich Kristoffer Engelhardt, der die Musikalien zu registrieren beauftragt war, trotz Versprechens seine Arbeit noch nicht begonnen hatte. 1736, den 26. März[4]) meldet der Bibliothekar A. Norrelius dem Konsistorium, daß Engelhardt trotz wiederholter Aufforderungen die Musicalia Dübiana noch nicht genügend registriert hätte. Dieser wollte zuerst wissen, ob er es umsonst tun solle. Die Musikalien wurden nachher beiseite geschoben, und erst A. Lagerberg brachte Ordnung in die Sammlung und katalogisierte sämtliche Musikalien, sowohl die gedruckten[5]) als ungedruckten, in den Jahren 1887—89[6]).

In der Sammlung Dübens haben wir unzweifelhaft die Musikbücher der schwedischen Hofkapelle der zweiten Hälfte des 17. Jahrhunderts vor uns. Der Schwerpunkt der Sammlung liegt in der Zeit, wo Gustaf Düben d. Ä. Hofkapellmeister war (1663—90). Mag auch ihr Hauptwert in den Manuskripten ruhen, so haben doch auch die gedruckten Musikalien eine wertvolle Bereicherung durch sie erhalten.

Von den in Upsala aufbewahrten, vor 1700 gedruckten Musikalien gehören die meisten der zweiten Hälfte des 16. Jahrhunderts an. Nach den Druckjahren geordnet, erhalten wir folgende Zahlen:

```
 20 Musikalien zwischen 1588—1549 gedruckt.
177    -        -     1550—1599   -
105    -        -     1600—1649   -
109    -        -     1649—1700   -
 10    -        -     ohne anno.
Summa: 421 Musikalien.
```

II. Die Bibliothek der deutschen Kirche zu Stockholm.

Von den Stockholmer Musiksammlungen kann sich keine an Wert mit derjenigen in Upsala messen. Nur äußerst wenig ist von der Bibliothek der Hofkapelle aufbewahrt. Ganz sicher aber hat eine königliche Musiksammlung existiert. Ein Inventarium vom 27. Sept. 1568 zählt folgende Musikalien aus der Hofbibliothek des Königs Erik XIV. auf[7]):

5 *partes Musices* vdj röt brunt läder tryckt i preslou[8]).
Fransoske partes i huit pergament 5[9]).

---

1) B. U. Arch. A. 8.
2) Hofkapellmeister 1699—1721. Vgl. Sammelband der IMG. S. 187 hier fälschlich 1698 statt 1699) bis 189. — Svensk Musikhistoria S. 81—84.
3; B. U. Arch. A. 8. Diverse Aktenstücke 1730—86 S. 3.   4 A. 8.
5) Die gedruckten Musikalien waren schon 1814 in dem gedruckten Katalog aufgenommen: Aurivilius: *Catalogus librorum bibl. reg. acad. ups.* I. Bd. 1011—1040.
6) Die Angabe Eitner's (Quellenlex. I. S. 19/5, daß Prof. Karl Stiehl die Handschriften in der Bibl. Ups. katalogisierte, ist irrig.
7) Handl. r. Skand. Hist. XXVII: 380 f.
8) In rotem braunem Leder, in Breslau gedruckt.
9) In weißem Pergament.

Screffne partes screffne och bundne i swart — 6 partes[1].
Luteböker 2 i gult inbundne oc förgylte[2]
4 screfne partes bundne j bräder[3].

Alle diese Musikalien sind verschwunden. Erst vom Ende des Jahrhunderts finden wir in der Bibliothek der deutschen Kirche einige Notenbücher, die unzweifelhaft aus der Bibliothek der Hofkapelle stammen. Drei Musikwerke[4] dieser Bibliothek tragen nämlich auf dem Titelblatt den Namen: *Torstenius Johannes Rhyarander*. Da Torstenius keine Stellung bei der deutschen Kirche hatte, wohl aber Hofkapellmeister[5] war, müssen diese Musikalien in direkter Beziehung zur Hofkapelle stehen. Die Organisten und Kantoren der deutschen Kirche standen im 16. und 17. Jahrhundert in sehr enger Verbindung mit dem Hofe, und während der Zeit von 1625 bis 1690 waren die Organisten sogar in der Hofkapelle fest angestellt.

Die Musikwerke der Bibliothek der deutschen Kirche tragen noch Spuren ihres Gebrauchs in der Kirche. So treffen wir zweimal[6] den Namen Wolffgang Burchardt, der in den Jahren 1579—99 Kantor an der Kirche und Schule der deutschen Gemeinde war[7], einmal[8] die Initialen J. S., womit kein anderer als Johannes Schekerwitz gemeint sein kann, der 1590 und 1592 Organist an der Kirche war[9]. Drei Werke sind mit gedruckter Widmung an die deutsche Kirche versehen: Abraham Schadei *Promptuarii Musici*, 1611 (T. K. Nr. 4) trägt folgende Zueignung: »Herman Kamphausen zu Ehre Gottes und seinem Gedächtnus der Teutschen Kirche allhier guthwillig verehret. Actum Stockholm den 25. Julii Anno 1625«. Nr. 38 hat die Widmung: »Zu der Ehre Gottes hat der Ehrbare Gesell Nicodemus Richter Stralsundensis Diss Opus der Teutschen Kirche in Stockholm zu immerwehrender Gedächtnus verehrt. Geschehen den 12. Octob. Im Jahr nach der Geburt Jesu MDCXXXVI«. Caspar Movius dediziert auch seinen *Triumphus musicus spiritualis* (T. K. Nr. 43), Rostock 1640, der deutschen Kirche zu Stockholm.

Die meisten Werke der Bibliothek der deutschen Kirche fallen, ebenso wie bei Upsala, in die zweite Hälfte des 16. Jahrhunderts. Nach den Druckjahren geordnet erhalten wir:

```
     3 Musikalien zwischen 1544—49   gedruckt.
    46        -              1550—99        -
    36        -              1600—49        -
     8        -              1650—79 (1700)  -
Summa: 93 Musikalien.
```

1) Geschrieben und gebunden in schwarz.
2) Lautenbücher 2, gelb eingebunden und vergoldet.
3) Geschrieben und gebunden in Holz.
4) Orlando Lasso's *Liber missarum*. Nürnb. 1581. T. K. Nr. 31. — B. Kellner's *Missa a VI vocum super Lauda Jerusalem* (Ms.). T. K. Nr. 15. — Johannes Thomae Lambertini *Psalmi Poenitentiales*, Venedig 1561. T. K. Nr. 40.
5) Svensk Musikhistoria S. 60.
6) Johan de Castro *Cantiones sacrae*. Frankf. 1591, Friedericus Lindnerus *Corollarium Sacrarum*. Nürnberg 1590, A. Striggio & G. Gabrieli *Il lauro verde* Antw. 1591, *Livre septième de Chansons*, Ant. 1599, alle in einen Band gebunden. T. K. Nr. 29. — Gesangskompositionen von Clemens non Papa usw. (Ms.) T. K, Nr. 36.   7) J. A. A. Lüdeke: *Historica de Ecclesia teutonica Stockholmiensi*, Ups. 1791. S. 77.
8) Im obenerwähnten Band T. K. Nr. 29 nach Wolffg. Burchardt.
9) Lüdeke a. a. O. S. 22.

Die Bibliothek befindet sich seit 1888 in der Musikakademie und ist von Prof. Karl Stiehl, Lübeck, katalogisiert.

Sonstige Musikbibliotheken zu Stockholm.

Die Bibliothek des Kgl. Theaters, die sonst an Musikwerken des 18. Jahrhunderts überreich ist, sowie die Kgl. Bibliothek besitzen keine vor 1700 gedruckten Musikalien. Die größeren Schulen haben dagegen, wie uns alte Inventarien belehren, viele Notendrucke besessen.

Die Schule der Gemeinde Nicolai hatte in der zweiten Hälfte des 17. Jahrhunderts folgende Musikalien[1]):

Daniel Friderici: *Deliciæ Juveniles*, Rostock 1630.
Andr. Hammerschmiedt: Kirchen- und Tafelmusik, Zittau 1662.
Aegidius Henricus: *Motetti sacri*[2].
Petrus Lappi: *Psalmi concertati*, Venedig 1600.
Sam. Scheidt: *Cantiones sacræ*, Hamburg 1620.
Heinr. Schütz: *Symphoniæ sacræ*, Venedig 1629.

Auch Leon. Paminger's Motetten, Nürnberg 1573, hatte die Schule gehabt, aber diese waren schon im 17. Jahrhundert verschwunden. Auch die anderen Werke sind inzwischen verschwunden.

Die Gemeinde Jacob hatte auch eine Musikbibliothek. Der Organist Joh. Jak. Hamischer[3]) errichtete ein Verzeichnis der Musikalien d. 27. September 1673[4]).

In der Kirche waren:
Andreas Hammerschmidts *opus* in 9 Büchern über die Evangelien komponiert in quarto[5]).
Tobiæ Zeutzners *opus* mit Hammerschmiedt zusammengebunden, in 12 Büchern in quarto[6]).
Sartorii *opus* in folio, 7 Bücher[7].

In der Schule befanden sich außerdem:
Andreas Hammerschmiedts Kirchen- und Tafelmusik, 9 Bücher [Zittau 1662].
Briegels *opus* in 6 Büchern (Evangelische Gespräche 1660?].

Auch diese Musikalien sind jetzt verschwunden.

III. Die Bibliothek zu Wästerås.

Im 17. Jahrhundert stand die Musikübung an dem Gymnasium zu Wästerås besonders hoch, und die Musikbibliothek gehörte zu den wertvollsten in ganz Schweden[8]). Der Bischof Johannes Rudbeckius war ein großer Liebhaber der Musik und nahm sich bei der Reorganisierung der Schule ganz besonders der Tonkunst an. In demselben Jahre, als er Bischof wurde (1619), sandte er einen Lehrer des Gymnasiums, Jonas Columbus, nach Deutschland, um Musikalien und Musikinstrumente für die Schule einzukaufen.

---

1) Strindberg: *Gamla Stockholm*. Sthlm 1882. I: 309.
2) A. Hennius: *Motetta sacra* Antw. 1640?
3) Sammelband der IMG. VII: 640.
4) Aus dem handschr. Nachlaß Hülphers Bibl. Västerås. Handl. rör. Orgwerksbeskrifningen. Abt. Jakob.
5) Wahrscheinlich: Musikalische Gespräche über die Evangelia 1655.
6) Wahrsch. Musicalische Kirchen- und Hausfreude. Lpzg. 1661.
7) Wahrsch. Hohe Fest- und Danck-Andachten 1658.
8) Über die Musik und die Musikalien in Wästerås siehe meinen Aufsatz: Musiken i Västerås under 1600-talet. Kult o. Kost. Sthlm 1907.

Zurückgekehrt nach Wästerås, setzte Columbus den Musikunterricht in so guten Stand, daß die Musik am Wästerås-Gymnasium in den zwanziger Jahren das höchste Ansehen in ganz Schweden genoß. Die Musikbibliothek wurde hochberühmt, und selbst Upsala, wo die Sammlung noch sehr gering war, mußte viele Musikalien aus Wästerås leihen. Auch nachher, als Upsala Wästerås weit überflügelt hatte, verstand das Gymnasium die alten Traditionen hochzuhalten.

Die Bibliothek gibt uns einen guten Einblick in die Musikübung des Gymnasiums. In drei Musikbüchern sind die Namen der Sänger auf dem Deckel verzeichnet[1]. In anderen finden wir den Namen des Organisten oder Donators eingetragen[2]. Besonders interessant ist ein Buch, wo der Hofkapellmeister Torstenius Rhyarander[3] genannt wird[4]. Bei einigen Büchern trägt der Deckel eine besondere Jahreszahl. Solche Werke sind:

Dresslerus	1577	mit dem Jahr		1611.
J. Crüger	1628	»	» »	1629.
Hasler	1597	»	» »	1633.
H. Prætorius	1618, 25	»	» »	1644.
Dreslerus	1634—37	»	» »	1650.
Bodenschatz	1603	»	» »	1679.
A. Hammerschmied	1655	»	» »	1683.
C. Briegel	1684	»	» »	1684.

Vor dem hinzugeschriebenen Jahre steht gewöhnlich *Liber scholæ Arosiensis*. Die Bücher müssen also vor dem erwähnten Jahre in die Bibl. gekommen sein.

Wieviel die Notenwerke bei der Musikübung benutzt sind, zeigen noch die schwedischen Übersetzungen der Texte. Nicht weniger als 17 Werke sind mit mehr oder weniger vollständigen Übersetzungen versehen:

1 Wolfg. C. Briegel: Evangel. Blumengarten. Gotha 1666 (B. Wäst. Sign. 34: I. In Cantus 5 Sänger. — Andr. Hammerschmied: Music. Andachten. Meissen 1646 (B. Wäst. Sign. 28). In Altus II 9 *Tenoristæ*. — J. Regnart, Newe teutsche Lieder. Nürnb. 1580 (B. Wäst. Sign. 3: I. In Altus 20 Sänger auf Cantus, Altus, Tenor verteilt. 8 dieser Sänger sind in der Schulmatrikel (B. Wäst. Arch für 1682 u. 1685 wiederzufinden.

2 T. Michael, Music. Seelenlust. Lpzg. 1634—37. Auf dem Deckel in B. gen. steht: »Michael Hartenbeck *organista et musicus hoc opusculo letavit Musicalia Gymnasii Arosiensis Anno 1650*«. — Hartenbeck (d. j.) war (nach Hülphers, Handl. r. Wästerås stad. Ms. in B. Wäst.) Organist an dem Dom zu Wästerås 1644 bis 1650. — L. Viadana *Opera omnia Sacr. concertuum*. Frf. 1626. Im Cantus steht folgendes Diagramm: [symbol], was nicht anders als Melchior Melchioris Hey bedeuten kann. Hey war Rector Cantus und Collega am Gymnasium 1670—71 (Muncktel: Saml. till Wästerås stifts herdaminne. Ms. in B. Wäst.). — S. Capricornus: *Jubilus Bernhardi*. Nürnbg. 1660. In Basso pro org: »*Ex donatione Episcopi N:i Rudbeckij hic Jubilus relativiter musicalia Gymn. Aros. Ao. 1672 in octobris p. 1673. S. Elfving, Director Musices.*« Elfving vic. adjunctus und Dir. Mus. 1672—76 (Munctell Ms.). — J. Vierdancken, Geistl. Concerten, Greiffsw. 1641. B. gen.: »*Hoc opusculum Musicale ex donatione Nicolai Rudbeckij inter caetera Musicalia Gymnasij Arosiensis relatum est.*

3 S. Seite 200.

4 J. Knefelius: *Dulcissimæ Cantiones*, Nürnb. 1571. Der Name ist später überstrichen.

Briegel 1666, 79
Capricornus 1660
M. Franck 1636
D. Fridericus 1630
B. Gesius 1611.

A. Hammerschmied 1639, 43. 46, 55, 59.
M. Prætorius 1618, 19.
S. Ranisius 1652. 53.
Sam. Scheidt 1620.
Vierdancken 1641.

Die Musikalien Wästerås lassen sich folgenderweise nach den Druckjahren teilen:

```
16 Musikalien zwischen 1570—99 gedruckt.
36    -        -      1600—49    -
14    -        -      1650—94    -
Summa: 66 Musikalien.
```

Die Musikalien sind noch nicht katalogisiert [1].

IV. Die Bibliothek zu Finspång.

Die Eigenart der Musiksammlung Finspång's liegt darin, daß sie als Adels-Bibliothek Werke höherer Gesellschaftsmusik von durchgehends französischer Geschmacksrichtung enthält. Die großen Vokalwerke fehlen fast ganz; reich ist dagegen Musik für Soloinstrumente wie Laute und Klavier, ebenso wie Tanzmusik für einzelne Instrumente vertreten. Die Bibliothek verdankt ihr Entstehen allein der Familie de Geer. Auf einigen Musikalien steht noch der Name des alten Besitzers, so z. B. Nr. 9096:11 (Ms.) auf der ersten Seite: *Ludovicus de Geer est possessor*, eine Sammlung Airs für Laute (Ms.) mit der Bezeichnung *Ludovicus de Geer. A Paris le 8 Septemb. Ao. 1639.* Andere sind nur mit Jahreszahlen versehen, wie Nr. 9096:3: »Sopt. 12/13 1638.«

Die Musikalien verteilen sich folgenderweise:

```
 2 Musikalien     1598    gedruckt.
22      -      zwischen 1600—49   -
11      -         -     1650—1700 -
 3      -      sine anno.
Summa: 38 Musikalien.
```

Die Musikalien sind 1883 von Bernhard Lundstedt [2] katalogisiert. Im Oktober 1904 sind sie allesamt in den Besitz der Stadt Norrköping übergegangen.

V. Die Bibliothek zu Wäxiö.

Das Gymnasium zu Wäxiö besitzt eine recht wertvolle Sammlung sowohl handschriftlicher als gedruckter Musikalien aus dem 17. Jahrh. Ein altes Inventarium vom 23. Aug. 1666 besagt, daß 42 *Libri cantus*, der Schule angehörig, in einem Turmraum des Domes aufgestellt waren [3]. In dem Exemplar von Orlando Lasso's *Sacræ Cant.*, Nürnb. 1575 steht die Bemerkung, daß es 1612 an die Schule geschenkt wurde.

Nach den Druckjahren verteilen sich die Musikalien wie folgt:

```
 3 Musikalien zwischen 1543—49  gedruckt
 4     -         -     1550—99     -
13     -         -     1600—49     -
14     -         -     1650—1700   -
Summa: 34 Musikalien.
```

Die Sammlung ist noch unkatalogisiert.

1) Eine vorhandene Übersichtstafel ist sehr unvollständig.
2) Katalog öfrer Finspångs bibliotek, Musikabteilung S. 323—27. Die Handschriften sind da sehr oberflächlich katalogisiert.
3) C. O. Arcadius: Anteckningar om Vexjö Allm. Lärov. S. 40.

VI. Die Universitäts-Bibliothek zu Lund.

Die Universitäts-Bibliothek zu Lund besitzt keine Musikdrucke, wohl aber eine Serie wertvoller musiktheoretischer Abhandlungen. Nach den Druckjahren teilen sie sich in:

```
        3 Werke zwischen 1514—49  gedruckt
        3    "        "   1550—99     "
        5    "        "   1600—49     "
        2    "        "   1650—1700   "
Summa: 13 Werke.
```

Die musiktheoretischen Drucke sind in einer besonderen Kapsel katalogisiert.

VII. Die Bibliothek zu Kalmar.

Das Gymnasium zu Kalmar besitzt von früherem Gebrauch her noch einige Musikdrucke. Ein Schulinventarium aus dem Jahre 1602 nennt ein *Liber Cantus in Membrana 4°*, und »Discantzböker, 4 voces, Röde inbundne [rot eingebunden][1]«. Zwei erhaltene Musikwerke[2] haben auf den Deckeln die Aufschrift: *Liber scholæ Calmariensis 1623*. Ein Werk aus den letzten Jahren des Jahrhunderts[3] hat die Beischrift: »Stockholmiæ die 27 Julii A°. 1698«.

Nach den Druckjahren teilen sich die Musikwerke in:

```
        4 Musikalien zwischen 1569—99  gedruckt
        5    "         "      1600—49     "
        1    "         "      1650—1700   "
Summa: 10 Musikalien.
```

Die Notenwerke sind noch unkatalogisiert[4].

VIII. Die Bibliothek zu Örebro.

Die Musiksammlung des Gymnasiums zu Örebro kann geschichtlich bis 1615 verfolgt werden. Am 9. Mai 1615 bestand die ganze Bibliothek aus *Sacra Biblia* und 6 *libri discantus*. Ein Inventar von 1620 nennt ein gedrucktes Gesangbuch. 1629 wurde ein Gesangbuch mit Papier ausgebessert. Das Inventar vom 21. Mai 1712 erwähnt »diverse discantzböcker in folio et in quarto«. Einige der alten Discantbücher waren damals schon abgenutzt und teilweise zerstört. Von »*Deliciæ Juventutis*«[5] waren von *voce* I und II alle Blätter weggerissen, von *v.* III und IV nur *pars posterior*, aber in sehr verdorbenem Zustand vorhanden[6]. Die überkommenen Musikalien teilen sich in:

---

[1] Sylvander: Kalmar slotts och stads historia, Klmr. 1865, II:3: 277.
[2] Th. Elsbethus: *Selectissimæ Cantiones*. Frf. a. d. O. 1600. — Jac. Meiland: *Selectæ Cantiones*. Nürnb. 1572.
[3] Daniel Speer: Grundrichtiger ... Unterricht. Ulm 1698.
[4] Der gedruckte Katalog »Förteckning öfver Kalmar h. Elementarlärov. boksamling, 1876«, nennt nur ein Musikwerk (Orl. Lasso's *Select. Cant.* Nrbg.), merkwürdigerweise unter den Handschriften. Die Handschriften sind vom Verfasser katalogisiert.
[5] Daniel Friderici: *Deliciæ Juveniles*. 1630. Teil I, II Rostock.
[6] Konrad Ahlén: Katalog öfver Örebro H. allm. Lärov. Bibl. Örebro, 1889. Einleitung S. III—VII. — K. F. Karlsson: Blad ur Örebro skolas äldsta historia. Örebro, 1871. S. 41—44.

1 Werk	1554	gedruckt
2 Werke zwischen	1600—49	-
2 -	1650—1700	-

Summa: 5 Musikalien.

Die Musikalien sind von K. Ahlén katalogisiert.

IX.—XIII. Die Bibliotheken in Strängnäs, Karlstad und Skara.

In der Gymnasial-Bibliothek Strängnäs befinden sich nur noch: L. Lossius, *Erotemata Musicæ*, Nürnb. 1568, *Psalmodia*, Wittemb. 1579; Orl. Lassus, *Select. Cantiones*, 1589; *Antiphonarium Moguntinum cum signis musicis*, Mog. 1602. — Ein gedruckter Katalog ist vorhanden[1].

Das Gymnasium zu Karlstad besitzt neben Musikhandschriften nur zwei Drucke: Cl. Marot und Th. Bèze: *Les psaumes de David*, Paris 1664; J. Rist, Neue mus. Festandachten, Lüneburg 1655. — Die Sammlung ist unkatalogisiert.

Das Gymnasium zu Skara hat neben Musikhandschriften nur ein gedrucktes Musikwerk: Herm. Schein: *Musica boscareccia sacra*, Erfurt 1651. Der Katalog ist gedruckt[2].

Zwei Privatbibliotheken sind noch zu nennen:

XII. Die Bibliothek des Herrn Fabrikant Claudius, Malmö: 6 Musikdrucke, darunter Mouton: *Pièces de Luth*.

XIII. Die Bibliothek des Herrn Möller, Skottorp: Ein Werk, Joachim van den Hove: *Florida*, Antw. 1601.

Die Bestände der Musikbibliotheken in Schweden fasse ich in folgender Übersicht zusammen:

Druckwerke aus der Zeit von 1514—1700.

I. Upsala:	421 Mus.	VIII. Örebro:	6 Mus.
II. Deutsche K.:	93 -	IX. Strängnäs:	5 -
III. Wästerås:	66 -	X. Karlstad:	4 -
IV. Finspång:	38 -	XI. Skara:	2 -
V. Wäxiö:	34 -	XII. Claudius:	1 -
VI. Lund:	13 -	XIII. Skottorp:	1 -
VII. Kalmar:	10 -	Summa:	694 Mus.

Druckwerke aus der Zeit von 1514—49.

Upsala:	20 Mus.	Wäxiö:	3 Mus.
Deutsche K.:	3 -	Lund:	3 -
		Summa:	29 Mus.

Druckwerke aus der Zeit von 1550—99.

Upsala:	177 Mus.	Lund:	3 Mus.
Deutsche K.:	46 -	Strängnäs:	3 -
Wästerås:	16 -	Finspång:	2 -
Wäxiö:	4 -	Claudius:	1 -
Kalmar:	4 -	Örebro:	1 -
		Summa:	257 Mus.

---

1) Henric Aminson, *Bibliotheca Templi Cathedralis Strengnensis*, Sthlm. 1863. Die Musikalien auf S. 386, 402, 403.

2) W. Luth, Catalog öfver Skara Kgl. Gymn. Bibl. Skara 1830. Musik: S. 259.

Über die Musik und die Musikalien der schwedischen Schulen des 17. Jahrh. siehe meinen Aufsatz: Musiken vid svenska skolor under 1600-talet. Kult o. Konst Sthlm 1906.

Tobias Norlind. Vor 1700 gedruckte Musikalien usw.

Druckwerke aus der Zeit von 1600—49.

Upsala:	105 Mus.	Kalmar:	5 Mus.
Deutsche K.:	36 "	Claudius:	2 "
Wästerås:	36 "	Örebro:	2 "
Finspång:	22 "	Strängnäs:	1 "
Wäxiö:	13 "	Skottorp:	1 "
Lund:	5 "	Summa:	228 Mus.

Druckwerke aus der Zeit von 1650—1700.

Upsala:	109 Mus.	Lund:	2 Mus.
Wästerås:	14 "	Örebro:	2 "
Wäxiö:	14 "	Karlstad:	2 "
Finspång:	11 "	Kalmar:	1 "
Deutsche K.:	8 "	Skara:	1 "
Claudius:	3 "	Summa:	167 Mus.

Druckjahre	Musikalia
1514—49	29
1550—99	257
1600—49	228
1650—1700	167
Sine anno	13
1514—1700	694

In Schweden gedruckte Musikalien.

Die bisher erwähnten Musikalien gehören alle der ausländischen Musikgeschichte an. Die Zahl der in Schweden selbst gedruckten Notenwerke ist sehr gering. Der Notendruck beschränkte sich fast ganz und gar auf einstimmige Gesangbücher. Der Vollständigkeit halber will ich sie aber doch hier erwähnen, soweit ich sie bisher gefunden habe. Eine besondere Stellung nehmen die Werke ein, bei denen nur die Notenlinien gedruckt, die Noten selbst aber geschrieben sind.

Da diese schwedischen Musikalien in vielen Bibliotheken und oft auch bei Privatpersonen vorhanden sind, beschränke ich mich darauf, nur bei den selteneren Werken Fundorte anzugeben.

Verzeichnis der Bibliotheken:

1. B. U. = Universitäts-Bibl. Upsala.
2. Claudius = Bibl. des Fabrikant Claudius, Malmö.
3. Edsb. = Bibl. Edsberg (unweit Stockholm).
4. Finsp. = Bibl. Finspång.
5. Karlst. = Bibl. Karlstad.
6. K. B. = Kgl. Bibl. Stockholm.
7. Kalm. = Bibl. Kalmar.
8. Link. = Stifts-Bibl. Linköping.
9. Lund = Univ.-Bibl. Lund.
10. Mus. Ak. = Bibl. der Musik-Akad. Stockholm.
11. Örebro = Bibl. Örebro.
12. Skara = Bibl. Skara.
13. Skottorp = Bibl. Skottorp.
14. Sträugn. = Bibl. Strängnäs.
15. T. K. = Bibl. der deutschen Kirche, Stockholm.
16. Wäst. = Bibl. Wästerås.
17. Wäxiö = Bibl. Wäxiö.

A. Werke mit gedruckten Notenlinien.

1. *Missale Upsalense [vetus]*. Vor 1487 gedruckt. Lübeck. 5 gedr. rote Linien. — K. B.
2. *Missale Strengnense*. Lübeck, B. Gothan 1487. 4 gedr. rote Linien. K. B. — Strängn.
4. *Missale Aboense*. Lübeck, B. Gothan 1488. 4 gedr. rote Linien. — B. U. — K. B. 2 Exempl. — [Bibl. Helsingfors].
5. *Manuale Aboense*. 1522. 4 gedr. rote Linien.
6. *Messan på Swensko*. Vpsala 1541, 1548, 1557. 4 gedr. schwarze Linien. — K. B. — Edsb.
7. *Een handbook, ther / ethi Döpelsen och / annat meer Christeligha / förhandlas*. Vpsala 1541. Die Litanei mit 4 Notenlinien.

8. *Een liten Song-book til at brukas j Kyrkionne.* Fol. — Ausgabe vor 1553 gedr. 4 gedr. Linien hauptsächlich zu den Hymnen. — K. B. — Link.
9. *Een liten Song-book til at brukas j Kyrkionne.* 4⁰. — Ausgabe 1553. 4 gedr. Linien hauptsächlich zu den Hymnen. — K. B. — Mus. Ak. — Lund.
10. *Then swenska Psalmeboken förbätrad och medh flere Songer fermerat och Kalendarium Anno* 1572. Anhang: 6 Psalmen mit 5 gedr. Notenlinien. — B. U.
11. *Then swenska Psalmboken. På nyt öffuersedh* 1586. Sthm. Andrea Gutterwitz 1586. 5 Notenlinien. — K. B.¹).
12. *Piæ Cantiones.* Dritte Ausgabe *Wisingsburgi per Celsium. Regni Drotzeti Typographum Johannem Kankel.* 1679²). 5 Notenlinien. — K. B. 2 Exempl. — Mus. Akad. — B. U. — Link. — Wäxiö.
13. *Handbok. Tryckt i Stockholm* 1693. *Burchardi tryckieri.* — 5 Notenlinien S. 85—97, 105. — B. U.
14. A r o s t a n d e r: *Compendium musicum* 1699. Wästerås. Siehe weiter Abt. B. Musiktheoretische Abhandlungen.

B. Musiktheoretische Abhandlungen.

1. Laurentius L a u r i n u s: *Musicæ Rudimenta pro incipientibus necessaria. Svetica interpretatione illustrata. Holmiæ Prælo Reusneriano.* Anno 1622. Notenbeispiele (Mensuralnoten) gedruckt. — K. B.
2. Andr. A r o s t a n d e r: ςὺνΘεῷ *Compendium musicum tam veterum quam recentiorum canendi methodum exhibens. In usum Regii Gymnasii publicæ luci expositum ab Andrea Arostandro Rect. Cantus Arosiæ Sumptibus Auctoris prælo subjectum A. Boetio Hagen. Gymnas. Typograph.* Anno 1699. Quer-8⁰. Nur Notenlinien gedruckt. — K. B. — B. U. — 1703 eine zweite Aufl., wo der Autor sich O r o s t a n d e r nennt. Hier auch Noten gedruckt; mit einem Empfehlungsschreiben des Professors in Upsala Harald Wallerius, dat. d. 11. Okt. 1699. — 8 Blätter.

C. Gesangbücher mit gedruckten Melodien.

1. *Graduale.* Lübeck, B. Gothan. 149?. — Gr.-Fol. — 230 Bl. — K. B. defekt³).
2. *Missale Upsalense* [*novum*]. Basel, Jacobus de Pfortzheim 1513. — K. B³).
3. [*Någre K. Davids Psalmer. Thorstenius Johannis Smalandius philomusus.* — Verschwunden.]
4. *Then Swenska Psalmboken.* Sthm, Andrea Gutterwitz, 1586. Musik: Credo (Wir glauben all). — K. B.⁴).
5) *Then Swenska Psalmboken.* Sthm, ibid. 1610. Musik: Credo (16. Seiten) — B. U.⁴).
6. *Handbook, Ther uthi är författadt huruledes Gudztiensten, medh christelige Ceremonier och Kyrkiosedher. Tryckt i Upsala* 1614. 5 Notenlinien⁵). — B. U.
7. *Then swenska Psalmboken.* Tryckt i Upsala 1616. 16 Melodien (Choral- und Mensuralnoten) auf 5 Notenlinien. — B. U. — K. B.
8. Laurentius J o n æ Gestitio: *Någre Psalmer, Andelige Wijsor och Lofsonger ethsatte af L. J. G.* Sthm 1619. Vom Sohne Haqvino Lavrentii A. Rhezelio herausgegeben. — 58 Melodien. — B. U.
9. M. Petrus Rudbeck: *Enchiridion Eller Then Swenska Psalmboken.* Sthm 1620 23, 23, 25, 27, 28, 29, 32, 33, 43. Sämtl. Aufl. mit einer Melodie: *O Gud vi lofve dig* (Herr Gott, dich loben wir).
10. *Liber Cantus.* Upsaliæ, *Excudebat Eschillus Matthiæ.* Anno 1620. — K. B. — Mus. Ak. — Strängn. — Skara.

¹) Diese sämtlichen Drucke aus dem 16. Jahrhundert sind näher beschrieben in. G. E. Klemming: Sveriges äldsta liturgiska Literatur Sthm. 1879.
²) Näher beschrieben in Sammelb. II: 572.
³) Näher beschrieben bei K l e m m i n g a. a. O.
⁴) Näher beschrieben von mir in Kult o. Konst 1907: 96.
⁵) Klemming (S. 48) sagt unrichtig: 4 Notenlinien.

11. *Liber Cantus. Upsaliæ* 1623. Im Auftrag von *M. Nicolao Krokio Werionensium Pastore* herausgegeben. — K. B. — Mus. Ak. — Wäxiö 4 Exemplare.
12. *Then Swenska Psalmboken.* Stockholm Chr. Reusner. 1623. (Letzte Seite; 1622). — 16 Mel. Dieselben Mel. wie in 5. (Psalmbok 1616; nur in anderer Ordnung. — K. B.
13. Jacob Arrhenius: *Psalme-Prof. Tryckt i Upsala af Henrich Keyser* 1689. — 8 Mel. — K. B.
14. Jacob Arrhenius: *Psalme-Proficer.* Upsala 1691. *Förbättrade och tillökte.* — 27 Mel. — K. B. — B. U. — Mus. Ak.
15. Wolffg. Christ. Trautmann: Gemütes Ergötzung welche Gott zu Lob und Ehren gestellet ich W. Chr. Trautmann, von Orlamünde aus Thüringen. Stockholm druckts Johann Billingsley. A. 1693. — Den kgl. Hof zu Sthm zugeeignet. — 8 Mel. 17 Blätter. Querquart. — B. U.
16. *Then Swenska Psalm-Boken... Åhr* 1698 *i Stockholm af trycket ethgången. Burchardi tryckeri.* 4°. 263 Mel. nebst B. cont; außerdem die Meßgesänge.
17. C. G. Österling: *Siälens Himla-Lust Pä Jorden. Bestående uti XXXVI Anderike Psalmer; Utzirad med skiöne Melodier.* Die Musik von »Virtuosus Herr P. P. Hoppe«. Sthm, G. G. Burchardi 1700. Mel. mit B. cont. teilweise aus Lobwasser. — K. B. — Mus. Ak. — Finsp[1].

D. Kunstmusik.

1. Theodoricus Petri (Ruuta): *Piæ Cantiones ecclesiasticæ et scholasticæ veterum episcoporum, in Inclyto Regno Sueciæ passim usurpate. Gryphiswaldiæ per Augustinum Feberum* 1582. 12⁰². — B. K. — U. B. — Lund. — Link. — Skara. — Wäxiö.
2. Theodoricus Petri Rwtha: *Cantiones piæ et antiquæ, veterum Episcoporum et Psaltorum in Inclyto Regno Sreciæ, præsertim in Magno Ducatæ Finlandiæ usurpate Rostochii Anno* 1625. — 12⁰³. — K. B. 2 Exempl. — Mus. Akad. — B. U. — Lund — Link. — Wäst.
3. Anders Dubenius: *Pugna triumphalis.* Ad verba Apostuli Bonum certamen certavi etc. In præmaturum quidem atque inopinatum, salutarem tamen ac beatum ex hac vita discessum, serenissimi, potentissimi, nec non invectissimi principis ac domini, Domini Gustavi Adolphi Magni. Dei Gratia Svecorum etc. Regio... Herois plane incomparabilis, pro vera relligione tuenda servido æstu pugnantis, & tandem 6. Nov. Anno 1632. fortiter occumbentis. Cum Anno 1634. 22 Junij maxime solenni pompa exequiali terræ demandaretur. Threnodiæ loco composita et concinnata, ab ejusdem Regiæ Majest. Organario A. D. Holmiæ Svecorum Excudebat Christophorus Reusnerus Senior. — K. B. 9 folia: Gr.-4°. — C. I, II, A. I, II. B. I, II. K. B.[4].
4. Georg Weber: Erster Theil der Geistl. Lieder. Sthm 1640. — Siehe weiter Ausländische Werke.
5. P. H. Ungius: *Een ny Andeligh Wijsa... Sungen emellan Acten, när then Comoedia agerades, N. Phasma Frischlini,... rthi Vpsala then 2 Junij Anno 1640. Med största enfaldigheet stält aff Pedher Hansson Ungio Calmariensi Smol. Tryckt i Upsala.* Musik zwei Seiten: »*Waker ep Wächtaren siunger*« [Wachet auf, ruft uns]. D. A. T. B. — B. U.
6. *Ode V Vocum Eller Lijksång öfwer Then fordom Edle och Höghwälborne och nu mehra Salige Fruu Brigitta Gyllenstierna Fruu til Swenehulm. Hwilken nu nyligen transfererat är af Scholæ Moderatore... rthi Östre Församblingens Kyrkio i*

---

1) Die geistlichen Gesangbücher näher beschrieben in meinem Aufsatz: Svenska kyrkosångböcker före 1697 (mit Notenbeispielen). Kult o. Konst 1906.
2) Näher beschrieben in Sammelb. II. S. 566—69.
3) Näher beschrieben in Sammelb. II. S. 669—72.
4) Bei dem Begräbnisakt Gustaf Adolphs II in d. Riddarholmskirche zu Stockholm d. 22. Juni 1634 aufgeführt. Von R. Bergström in modernisiertem Klavierauszug in der Zeitschrift Förr och Nu 1878 S. 231 wiedergegeben.

Nyköpingh vthi sin Hwijlokamar d. 23 April 1654. Choro Musico Nycop. Tryckt i Stockholm Ignatius Meurer. — 2 C. A. T. B. — 2 Seiten Musik. Die Stimmen in Partiturform untereinander gesetzt. — K. B.

7. Gustaf Düben: Hochzeitlichen Ehren Tag des Herrn Peter Bråh Præsidenten auff Gottland mit Jungfr. Dorotheen Fultin. In einer Ode abgeleget worden. Gedruckt zu Sthm / bei Ignatium Meurer / Im Jahr 1669. *Soprano Con Cembalo.* — B. U. Instr. Hdskr. Caps. 19 : 8.

8. *Odæ Sveticæ Thet är någre Werlds-Betrachtelser Sångwijs författade af Samuel Columbus. Sthm tryckt af Johan Georg Eberdt Åhr 1674.* — 11 Mel. mit B. gen. von Gustaf Düben. — K. B. — B. U. — Lund. Nach Eitner III auch im Br. Mus. London.

9. Ludert Dijkman: *Swea Inbyggiares Samhällige Klagan och Sorge-Stämma / Då the Twenne . . . Sweriges Rijkes Arfförstar Printz Gustaf sampt Printz Ulrick vnder sin spädaste ålder / dätta usla Jordiska Rijket rthi döt Ewiga Hörlighetenes förwäxlade. På Dehras Högh Furstlige Jordefärd / Som skiedde i Stockholm d.* 10 Julii 1685. Sthm *Tryckt aff Johann Georg Eberdt.* 8 Seiten Musik. Fol. — Solo: 2 Canti. Chor: C. A. T. B. et 4 Viol. con B. cont. et organo: » *O flychtig Fröjd som har till Nampn blott en diktan*«. — B. U. Palmsk. Saml. Tome I Poëtica. Pars I.

10. *Rådrijk* oder Anweiser zur Tugend. Samuel Columbus. Sthm. 1687. *Lustwin Danssar Gavott mäd de 5. Sinnena.* Aria di G. Düben: »*Ingen må mig thät förneeka*«. — B. U.

11. *Ballet répresenté par ordre de sa majesté La reine Doüairiere sur le Theatre du Palais royal à Stockholm le 6 Fevrier 1701. Mis en Musique par Mr. Andréas* Düben *Maistre de la Musique Du Roy.* Sthm. *Imprimé dans l'Imprimerie de Michel Laurelio le 10 Avril 1701*[1]. — B. U.

Auserhalb Schwedens gedruckte Musikalien.

A. Musiktheoretische Abhandlungen.

Agricola, Martin: *Musica Instrumentalis deudsch* [Wttbg.] — B. U.

Burmeister, Joachim, Luneburgensis: *Musicæ practicæ, sive artis canendi ratio.* Rost. 1601. — Lund.

———: *Hypomnematum Musicæ Poëticæ.* Rost. 1599. — Lund. 2 Exempl. 2. Ex. mit einer Beilage: *Ad antiphonum tertium.*

Calvisius, Sethus: *Musicæ artis præcepta nova et facilima per septem voces musicales.* Jenæ 1612. 12⁰. — Lund.

Dodwell. Henry: *A treatise concerning the lawfullness of instrumental Musick in Holy Offices.* Lond. 1700. — Wäxiö.

Domselius, P.: *Een korte . . . Instructie ofte Onderwysinghe der Musycke.* Amst. 1648. 8⁰. — Finsp.

Faber, Henric: *Compendiolum musicæ pro incipientibus.* Gryphisw. 1594. — Lund.

Faber, Jac., Stapul: *Elementa Musicalia. Argumentum quattuor librorum musicale.* Lib. I, II, III. IV. s. l. et a. — Lund.

———: *Musica Libris IV demonstrata.* Paris 1552. — B. U.

Faber, Gregorius: *Musices Practicæ Erotemat. Libri II.* Basel 1553. — B. U.

Feuillet, M.: *Choreographie ou l'art d'ecrire la danse.* 2ᵈᵉ Ed. Paris 1701. — B. U.

Gibelius, Otto: *Propositiones Mathematico-Musicæ,* Das ist: Etliche führnehme und gar nützliche Musicalische Auffgaben. Minden 1666. — Lund.

———: *Femaria-Holsati: Introductio Musicæ theoreticæ didacticæ.* Bremæ 1660. — Lund.

Hofmann: Eucharius: *Brevis synopsis de Modis seu tonis musicis, ex ipsis Fundamentis extructa.* Rost. 1605. — Lund.

---

1) Näher beschrieben in Sammelb. I, S. 170.

Leisringius, Volckmar: *Breviarium artis musices*, Oder: Ein kurtzes vnnd einfeltiges Musicbüchlein für die jungen Knaben. Jena 1615. — Lund.
Meibom: M.: *Antiquæ musicæ auctores septem*. Amst. 1652. — B. U.
Meursius, Joannes: *Orchestra sive de saltationibus veterum*. Leyden 1618. — B. U.
Murmellius, Joannes, Ruremundensis: *Protrepticus studiosorum Poetices*. Wttbg. 1517. — Lund.
Prœtorius, Michael: *Syntagma musicum*. Wttbg. 1615. — Lund.
Rhaw, Georg: *Enchiridion musices*. Lpzg. 1520. — B. U.
——: *Inchiridion utriusque musicæ practicæ*. Wttbg. 1630. — B. U.
Spangenberg, Joh.: *Questiones musicæ in usum scholæ Northusianæ*. Wttbg. 1548. — Lund.
——: *Quest. mus.* Wttbg. 1551. — Wäxiö.
Speer, Daniel: Grundrichtiger | Kurtz- Leicht- und Nöthiger jetzt Wohlvermehrter Unterricht Musical. Kunst. Oder Vierfaches Musicalisches Kleeblatt. Ulm 1698. — Kalm.[1])
Werckmeister, Andreas: *Musicæ Mathematicæ Hodegus Curiosus*. Frf. u. Lpzg. 1687. — Finsp.

B. Praktische Musik.

Agazzari, Agostino: *Dialogici concentus*. Ven. 1618. — T. K. Nr. 24. 3 Stb.
Ahle, Joh. R.: Neu-gepflantzter Thüringischer Lustgarten. Mühlh. 1657. — B. U. 10 Stb: Vox 1—8. V*, 1, 2. BC.
——: Neu-gepfl. Th. L. II. Theil, Mühlh. 1658. — B. U. id.
——: ——; Nebengang. Mühlh. 1663. — B. U. id.
Aichinger, Greg.: *Liturgica s. sacra officia ad dies festos Mariæ*. Aug. Vind. 1603. — B. U. 4 Stb.: C. A. T. B.
Albert, Heinr.: Erster Theil der Arien oder Melodeyen Etlicher theils geistl. theils weltl. Lieder. Königsb. 1688. — Wäxiö.
——: Ander Theil. Königsb. 1640. — Wäxiö[2].
Am(m)on, Blasius: *Missæ IV unica pro defunctis adjuta à 4 vocib.* Viennæ 1588. — B. U. 3 Stb.: D. A. T.
Animuccia, Joh.: *I Libro primo de Madrigale à 3 Voci*. Roma 1565. — B. U. 3 Stb.: C. T. B.
Antiphonarium Romanum. Venet. 1594. — B. U.
—— *juxta ritum Breviarii Romani*. Cracov. 1600. — B. U.
—— *Romanum*. Venet. 1607. — Claudius.
—— —— *Pars hiemalis et estivalis*. Ant. 1611. — B. U.
—— *Moguntinum*. Moguntiæ 1602. — Strängn.
—— *Romanum officio vesperarum præcipue accommodatum*. Antw. 1651. — Claudius.
Apelles, Matth.: Frühlings-Mayen. Kiel 1678. — B. U.
Arcadelt, Jac.: *Missæ III v. 4. 5. Vocibus ad Imitation. Modulor. Noe Noe. J. Mouton; Ave Regina Coelorum, Andr. de Silva; Missæ vulgaris B. Virg.* Paris 1557. Fol. max. — B. U.
——: *Il primo libro de Madrigali à 4 voc. ristamp. et corretto in Ven.* 1597. — B. U., 2 Stb., C. A.
[——]: *Canticum B. Mariæ I Arcadelt. II Mailand, III Goudimel, IV Maiand, V Leschanel, VI Cadeac, VII Certon, VIII Caudin.* Par. 1557. Fol. max. — B. U.
Arnold, G.: *Canzoni, Ariæ, Sonatæ.* Oenip. 1659. — B. U. V°. 1—3, B. BC.
——: *Operis II, Liber I Missarum Psalmorum et Magnificat à 5 voc.* Oenip. 1656.

---

1) Auf dem Deckel steht geschrieben: *Stockholmiæ die 27 Julii A°· 1698.* A. V. Krebs A°· 1699.
2) Im selben Bande einige geschriebene Komp. mit der Bezeichnung: »Skrefvit i Alwestafors den 9 Januarij Anno 1667.«

— B. U. C. 1, 2, A. 1, T. 1, B. 1. V°. 1, 2, A. 1 rip. e Trombon. 1, T. 1 rip. e Tromb 2. T. 2 rip. e Tromb. 3 B. 2 rip. e Tromb. 4. V^{lon.} e Tromb. rip. Cornetti 1 e Clarin. rip. Corno 2 e Clarino rip.

——: *Psalmi Vespertini A 4. 2. vocibus & 2 Violinis Concertantibus*, vel 7. 10 aut etiam 15 ad Plac. Bamb. 1663. — B. U. vollst. — Wüst.[1] Sign. 33: I. vollst.

Audiencier, G. Michel: *Recueil des chansons*. Livre 1—3. Par. 1636, 41, 47. — Finsp.

Aufschnaiter, B. A.: *Concors Discordia*. Nrb. 1695. — B. U. V°. 1, 2, V^a. 1, 2, V^{lon}.

Banwart, Jakob[2]: *Missa unica, alius 15 super Motetam congratulamini, a 5 voc. & 2 Violinis*. Constant. 1662. Fol. — B. U.: C. 1, 2, A. 1, 2, T. 1, 2, B. 1, 2, Viol. 1, 2, V^{lone}., Org.

——: Teutsche mit new componierten Stucken vnd Couranten gemehrte kurtzweilige Tafel Music. Constantz 1652. — Wäxiö[3].

Barre, Mich. de la, siehe Labarre.

Burt, W.: *Philomela Sacra sive cantiones* 1. 2. 3. vocum. Antw. 1671. — B. U. C. A. B. Viol. 1, 2. Fag. BC.

Bastini, Vincent: *Il primo libro de Madrigali à 5, 6 voci*. Venet. 1567. — B. U.: C. A. T. B. 5. 6. vox.

Bazzino, Nat.: *Messe, Motetti e Dialogi à 5 voci*. Venet. 1628. — B. U.: C. A. T. Quinta v.

Beck, J. H.: *Exercitii musici*, besteh. in Allemanden, Balletten, Continuatio. I Frf. 1666. — II Frf. 1670. — B. U. C. 1, 2, B. Braccio. BC.

——: *Sonata Nr. 4 à 4 parties obligées*. — B. U.

Becker, Dietrich: Musicalische Frühlings-Früchte bestehend in drey- vier- und fünff-stimmiger Instrumental-Harmonie. Hamb. 1668. — B. U.: V°. 1, 2, V^a. da braccio, V^{lone}., BC. — Wüst.: Sign. 33, II. id.

Bellazzi, Franc.: *Messe, Magnificat et Motetti Concertati à 8 voci con Partitura*. Op. VIII. Venet. 1628. — B. U. 7 Stb.

Bellus, Jul.: *Liber I Missarum sacrarumque Cantionum à 8 voci*. Venet. 1607. — B. U.: C. 1 Chori, A. 2 Ch., B. 2 Ch.

——: *Liber I Missarum à 4 vocib. et Missa pro defunctis. 3 Impressione, c. Basso cont.* Venet. 1615. — B. U.: A. B.

Bendinelli, Ang.: *Liber I, II Sacrarum Cantionum à 4, 5 voc.* Frf. 1604. — B. U. Lib. I: C. A. T. B. — Lib. II: C. A. T. B. 5 Vol.

Bernabei, Hercul.: *Sacrae Modulationes*. Op. 2. Monach. 1691. — B. U.: C. 1. 2, A. T. B. Viol. 1, 2. Org.

Bernhard, Christ.: Geistliche Harmonien. Th. I (20 Concerten) à 2—5 Stimmen. Op. I. Dresd. 1665. — B. U.: Vox 1—4, Instr. 1, 2. BC.

Bertholussi, Vincent: *Liber I Sacrar. Cantionum à 6—8, 10 Vocib*. Venet. 1601. — B. U.: C. T. B. 5. 6. 7. 8. vox.

Bezeld, Johann: [Titelblatt fehlt] Instrumentalmusik, Sonaten. Vorwort datiert:

---

1) In Vol. I steht hinzugeschrieben: »Denne bok hörer til Gymnasium Arosiense.« — In Bassus steht: »D. 21 Martij 1723.«

2) Dieser Komponist wird bei Fétis (*Biogr. univ.*) zum Schweden gemacht. Alb. Soubies (*Histoire de la musique: Etats scandinaves* I: 15) macht daraus einen schwedischen Komponisten »Bauwart« und nennt ihn *vraiment digne d'attention*. Wie Eitner (Quellen-Lex.) angibt, nennt Banwart sich 1657: »*Sigmaringen Suevus, Cathedral. Constantiensis musices profectus*«. Wie »suevus« als »succus« gedeutet werden kann, ist schwer zu verstehen. In Schweden kennen wir gar keinen Musiker mit diesem Namen. Daß er aber in Schweden als Komp. bekannt war, darauf deuten unsere Bibl.-Exempl.

3) Scheint das einzig bekannte Exempl. zu sein. Eitner kennt keine Bibl. dazu (Quellen-Lex. I: 331).

Leipzig d. 8 Febr. 1670. — Wäst. Sign. 33, III: V°. I vel Cornetto I, II, V*. I, II vel Trombono I, II, Violone vel Basso Trombono[1].
    Bianchi, Jul.: *Libro de Motetti i Lode d'iddio N. Sign. à 1—5, 8 voci con un altro à 5 e tre à 6 di Montererde.* Venet. 1620. — B. U.: A. B. Quinto.
    Bicinia, sive Cantiones suavissimæ. 2 voc. Antw. 1590. — B. U.: Sup. Ten.
    Bodenschatz, Erh.: *Florilegium selectissimarum Cantionum 4. 5. 6. 7. & 8. vocum In illustri gymnasio Portensi.* Lipsiæ 1603. — Wüst. Sign. 6, I[2]: D. 1. 2, A. 1. 2, T. 1. 2, B. 1. 2.
    ——: *Florilegium portense continens CXV selectissimas Cantiones 4. 5. 6. 7. 8 voc.* Lipsiæ 1618. — T. K. 2: 8 Stb.[3]. — Örebro id.
    ——: —— Theil II. Lipsiæ 1621. — Örebro.
    Bonagionta, Giulio: *Il secondo libro de Madrigali a cinque voci.* Venet. 1566. — T. K. 40: Cantus[4].
    Bonhomius, Petr.: *Melodiæ sacræ vulgo Motectæ à 5, 6, 8, 9 vocib.* Frf. 1603. — B. U.: C. A. T. B. 5—8 v.
    ——: *Missæ* à 6, 8, 10, 12. *Vocib.* Antw. 1616. — B. U.: BC.
    Boni, Wilh.: *Mellanges de Chansons.* Paris 1572[5]. — B. U.
    ——: *Liber I Modulorum* 5, 6, 7 *vocib.* Paris 1573. — B. U.: T. Contra B. 5. 6 Pars.
    ——: *Psalmi Davidici* à 6 voc. Par. 1582. — B. U.: T. Contra B. 5. 6 Pars.
    ——: *Les Quatrains du Sr. Pybrac, mis en Musique,* à 3—6 *Parties.* Par. 1582. — B. U.: Sup. Ten. Contra. B.
    Bottaccio, P.: *Il primo libro delle Canzoni à 4. 8 voci.* Venet. 1609. — B. U.: C. T. B.
    Bousset, J. B. Dr.: *IX: me livre d'airs sérieux et à livre . . . pour les mois d'Avril, May et Juin* 1692. Paris 1692. — Finsp.
    ——: *XIV: e livre d'airs sérieux pour Juillet, Aouet et Sept.* 1698. Paris 1698. — Finsp.
    Boyer, J.: *Recueil de chansons à boire et dancer.* Livre I. Paris 1636. — Finsp.
    ——: —— Livre 2. Paris 1642. — Finsp.
    Briegel, Wolfg. Carl: Erster Theil evangel. Gespräch. Auff die Sonn- und Festtagen. Mühlh. 1660. — T. K. 41: Prima vox. — [Jacob: 6 Bde.][6].
    ——: Evangel. Blumengarten Vber jede Son- Fest- und Aposteltage. I, II, III Theil. Gotha 1666. — Wäst.[7] Sign. 34, I.: C. A. T. B. BC.
    ——: Musikalische Trostquelle. Darmst. 1679. — B. U.: C. A. T. B. V°. 1, 2. V*. 1, 2. B.gen. — T. K.[8]: 7 Stb. [5 Stb. in Nr. 30; 2 Stb. in Nr. 8]. — Wüst. Sign 35: 9 Stb.[9].
    ——: Musicalische Lebensbrunn. Darmst. 1680. — B. U.: C. A. T. B. V°. 1. 2. V*. 1, 2. Bgen.
    ——: Christian Rehfeld's Evangelischer Psalmen-Zweig. Darmst. 1684. — Wäst.[10] Sign. 36. C. I, II, A. T. B. V°. I, II, V^lon. Bgen.

---

1. Augenscheinlich ein Exemplar der *Hora 10 musicorum Lipsiensium,* Leipzig. 1670 von Joh. Pezel. [Red.]
2) In Altus sec. stebt: »*Liber scholæ Arosiensis* 1679«.
3) Mit der Bezeichnung: *Possessor Cles Jacobsson Anno* 1626«.
4) Mit der Bezeichnung: *Torstenius Rhyarander* 1601«.
5) Bei Eitner nicht erwähnt. Fehlt auch im gedruckten Kat. über B. U.
6) Die eingeklammerten Exempl. sind jetzt verschwunden.
7) In Cant. auf dem Deckel ein Sängerverzeichnis nebst der Bemerkung: *Scribebam Arosiæ die* 24 Dec. 1684. Viele Lieder mit untergelegtem schwed. Text.
8) In Cant. steht: »Anno 1681 im Michaeli Jahrmarkte haben die Herrn Kirchenfürstünder, dieses musikalisches werck, zur Ehre Gottes undt der Gemeinde bestens kauffen lassen. Kost mit materie undt bandt 47 R. / d. Kopf sicut 9 bücher«.
9) Einige Lieder mit untergel. schwed. Text.
10) In Bassus steht: »*Liber Gymnasii Arosiensis studio et opera Laur. Steffandri acquisitus die* 16 *Julii Holmiæ.* A°. 1684«.

Büchner, Ph. F.: *Plectrum musicale.*. Op. 4. Frf. 1662. — B. U.: V°. 1, 2, V°. da bracc., V°. de Gamba, Bass. Fag. BC.
Buus, Jacob: *Il primo libro di Canzoni Francese.* Venet. 1543. — B. U.: Quintus
Buxtehude, D.: VII *Sonate a doi, Violino V°. da g. con Cemb.* Op. 1. Lubec. s. a. [1694]. — B. U.: 3 Stb.
— : VII *Sonate*, op. 2. Lubec 1696. — B. U.: 3 Stb.
Cadeac, Petr.]: *Missa III cum 4 vocibus ad unit. Modulor. ad plac.* Paris 1558.
Cadeac., J. Herissant, V. Saimen.) Fol. max. — B. U.
Caietain, F. M.: *Airs mis en musique à 4 parties sur les Poesies de Ronsard et autres.* Par. 1576. — B. U.: Sup. Contraten.
Campra, Andr.: *L'Europe Galante. Ballet en Musique.* 2:d. Éd. Paris 1698. — Finsp.
— : *Le Carneval de Venise.* Ballet. Paris 1699. — B. U.
— : *Motets* a 1. 2. 3. voix. Livre I. Paris 1699. — B. U.
— : *Hesione. Tancrede mises en musique.* Par. 1701. — B. U.
— : *Motets à 1. 2. voix avec la Basse Cont.* Par. 1703. — B. U.
— : *Les Muses.* Ballet. Par. 1703. — B. U.
Cantates Françoises ou Musique de Chambre a voix seule avec Simphonies par M***. Partition en Fol. Par. s. a. — B. U.: BC.
Cantates Francois.
Cantionum Sacrarum. Lib. I, II 5 voc. Antw. 1546. — B U.: Sup. Contra. B. 5 Pars.
— : *Lib. III, 4 voc.* Antw. 1547. — B. U.: Sup. Contra B.
— : *Lib. I—VIII 5. 6. vocum.* Lovan. 1554—55. B. U.: Sup. Ten. Contra. B. 5. 6 Pars.
— : *Lib. I—VIII Continuatio. 5. 6 voc.* Lovan. 1554—57. B. U.: id. 2 Expl.
Capricornus, S.: *Zwei Lieder von d. Leyden und Tode Jesu.* Nrbg. s. a. [1660]. — B. U.: C. 1, 2. V°. 1—4. B. pro org.
— : *Geistliche Concerten.* Nrbg. s. a.[1]). — B. U.: Vox 1—3. B. pro org.
— : *Opus Musicum Psalmi ab 8 vocib. concertantibus.* Nrb. 1665. — B. U.: C. 1, 2, A. 1, 2, T. 1. 2. B. 1, 2. Org. Viol. 1, 2, C. rip. 1, 2, A. rip. 1, T. rip. 1, 2, B. 1 rip. A & B 2 rip. Cornetto & Clarino 1, 2.
— : *Jubilus Bernhardi In 24. partes distributas, de quinque vocibus concertantibus.* Nrbg. 1660. — B. U.: C. 1, 2, A. in rip. — Wäst. Sign. 32°: C. 1, 2. A. conc. C. 1. 2. A. T. B. rip. V°. 1—4. B. pro org. BC.
Caracciolo, Paul: *Il primo Libro de Madrigali à 5 voci.* Venet. 1582. — B. U.: C. A. T. B.
Casati, Casp.: *Sacri concentus à 2 voci con BC.* Antw. 1644. — B. U.: Vox 1, 2, BC.
Castro, Joh. de: *Il primo libro de Madrigali, Canzoni et Motetti à 3 voci.* Antw. 1569. — B. U.: C. T. B.
— : *Il Livre de Chansons, Madrigales et Motettes à 3 Part.* Par. 1570. — B. U.: T. B.
— : *Sacrarum Cantionum à 5, 8 vocum. Liber unus.* Lovan. 1571. — B. U.: Sup. T. Ctten. B. 5 pars.
— : *Chansons. Odes e Sonets de Ronsard.* Lovan. 1576. — B. U.: Sup. T. Ctten. B. 5 pars.

1) Eitner nennt als Druckjahr 1658. Außer dem Exempl. in Ups. kennt E. ein in Bibl. Schwarzenberg mit dem Druckjahr 1665(?). Wahrscheinlich ist das Werk in Schwarzenberg Capricorni *Opus Musicum Psalmi*, eine Arbeit, die E. überhaupt nicht kennt.

2. Im Basso pro org. steht: *Ex donatione Episcopi N: Rudbeckj hic Jubilus relativiter musicalia Gymn. Aros. A° 1672 in octobris p° 1673. S. Elfving Director Musices.* — Sämtliche Stimmen, besonders Altus conc. sind sehr benutzt. Mehrere Gesänge haben untergelegten schwedischen Text.

Castro, Joh. de: *Second Livre des Chansons et Madrigales à 3 Parties.* Lov. 1580.
— B. U.: Sup. T. Ctten. B.
——: *Livre des Chansons à 3 Part.* Antw. 1582. — B. U.: sup.
——: *Cantiones sacrae, quas Motetas vulgo nominant. Quinque vocibus compositae.* Frf. 1591. — T. K. 29: Disc. T. B. 5 voc.
——: *Sonets arec un chanson conten. 9 part.* Livre I. Antw. 1592. — B. U.: Sup. Ten.
——: *Chansons, Stances, Sonets e Epigr. à 2 Parties.* Livre II. Antw. 1592. — B. U.: Sup. Ten.
Casulanus, Leonh.: *Sacrar. Cantionum. Lib. I à 8, 10, 12. 16 vocib.* Venet. 1599. — B. U.: Quintus 1 Chori.
Cavalieri, Paulus: *Il primo libro di Madrigali à 5 vocib.* Venet. 1585. — B. U.: C. A. T. B. 5 v.
Cazzati, Maur.: *Tributi di sagri Concerti à 2. 3. 4 part.* Op. 23. Bologn. 1660. — B. U.: C. A. T. B.
——: *Madrigali e Canzonetti à 2, 3 part. con Violini e part.* — Bologn. 1661. — B. U.: 1, 2, 3 Parte. Viol. 1, 2 BC.
——: *Antifone e Letanie concert. à 2. 3. 4. 5. part. à 5 voci con 4 strom. e voci in ripien.* Bologn. 1663. — B. U. Canto T. 1, 2. A. B. Org. Viol. 1, 2, Violone. o Tiorba. Cant. rip. T. 1, 2 rip. A rip. B. rip.
Certon, Petr.: XCVIII *Melanges, tant cantiques que Chansons spirituelles à 5—8 part et l'autre à 13 part.* Par. 1570. B. U.: Sup. T. Ctten. B.
——: *Missa ad imit. Moduli Le temps qui court. à 4 vocib.* Par. 1558. — B. U.: id.
——: *Missa pro defunctis à 4 voci.* Par. 1559. B. U.: id.
Chamatero, Hippol.: *Liber I Missarum 5, 7. vocib.* Venet. 1569. — B. U.: C. A. T. B. 5 v.
Chancy, Sieur de: *Les équivoques.* Livre 1. Paris 1640. — Finsp.
——: —— Livre 2. Paris 1648. — Finsp.
Chansons: Livre IX—XV de ch. pour dancer et pour boire. Par. 1635—46. 6 Hteu. — Finsp.
——: *Livre de ch.* 1. 2. à 5. 6 Part. Louin. 1553. — B. U.: S. T. Ct. B. 5 p.
——: *Livre 7* à 4 Part. Louin. 1570. — B. U.: id
——: *Ch. a 4. 5. 6. Parties.* Livre 2—20. Par. 1569—76. — B. U.: Sup. Ct.
Chevalier, A. Le: *Recueil d'airs nouveaux serieux et à boire de différents Autheurs.* Livre 1—4. Amst. 1692. — Finsp.
——: *Arietti e Canzocine Ital. accomod. al. Suono di Flauto.* Amst. 1691. — B. U.
Chinelli, Giov. Batt.: *Il terzo libro de Moteti à due tre e quattro voci. Opera settima Nuovamente composta, e data in luce.* Venet. 1640. — Wüst.[1]) Sign. 22: C. A. T. B. BC.
Chiozzotto, J. Cr.: *Sacre Cantilene à 3. 5. 6. voci con rip. à 4 voci.* Venet. 1612. — B. U.: A. B. 5 v.
——: *Messe a 8 voci.* — Venet. 1612. — B. U.: C. 1 chor, A. 2 ch. B. 2 ch.
Chorearum Mollior. Collectanea omn. fere generis Tripudia complectens-tam civeroci quam Instrumentis musicis accommodate. Anv. 1583. — B. U.: Sup. TB.
Chytræus, N. siehe Olthof.
Cieco, Joh. Carisio: *Sacri concerti à 2—5 voci con 3 Motetti del Trabbatone.* Venet. 1664. B. U.: C. A. T. B.
Claudin: *Missæ III à 4 vocib. ad imitat. Modulor. 9 Lection; Philomela.* Par. 1558. — B. U.
——: *Missæ III à 4 vocib. ad init. Modulor. Plurium.* Par. 1558. B. U.
Claudin le Jeune: *X Pseaumes mis en musique à 4 parties.* Par. 1580. — B. U.: Sup. T. Ctlen. B.

---

1) Sämtl. Stimmbücher tragen die Bezeichnung: »Daniel Behm. Arosia«.

Clemens non papa: *Liber I—VI Cantionum Sacrarum s. Motet. à 4 voci.* Lovan. 1559. — B. U.: Sup. T. Ctten. B.
—: *Liber VII Author. Criequillon.* Lovan. 1561. — B. U.: id.
—: *Liber VIII. Authorib. variis à 5—8.* Lovan. 1561. — B. U.: 5. 6 pars.
Coler, Val.: *Liber primus Cantionum sacrarum.* Urcellis 1604. — Wäxiö.
Colin, Petr.: *Modulorum* [Moteta] *à 4. 5. 6. voci.* Lib. 1. 2. Par. 1561. — B. U.; Sup. T. Contrat. B.
Collasse, P.: *Achille et Polixene mise en musique* (Act 1 par Lully). *Tragedie.* Par. 1687. — B. U.
—: *Ballet de Saison mise en mus.* Paris 1700. — B. U.
—: *Enee et Lavinie. Trag. m. en mus.* Par. 1710. — B. U.
Coperario: *XX Fantasien.* Amst. 1648. — B. U. (nicht in gedr. Kat. erwähnt.
Corneti, Severin: *Canzoni Napolitane a 4 voci.* Antw. 1563. — B. U.: C. T. Ctten. B.
Corsi, Bernh.: *Sacra omn. solemnitat. vespertina Psalmodia cum Cantico Mariæ 5 voci cum parte organ.* Venet. 1617. — B. U.: A. B. 5 p.
Cossoni, C. D.: *Motetti à 2, 3 voci con Litanie della Mariæ a 5 vocib. c. part. org.* Venet. 1665. — B. U.: C. A. B. Org.
Costa, Casp.: *Canzonette. Il primo libro a 4 voci.* Venet. 1580. — B. U.: C. A. T. B.
—: *Il 2 libro di Canz.* à 8 voci. Venet. 1584. — B. U.: C. T. B.
Cousser, J. Sigism.: *Apollon enjoué Conten. 6 Ouvertures de Theatre accomp. de plusieurs Airs.* Stoutg. 1700. — B. U.: Dessus de V[los]. Taille de V. Hc. B. 1. 2. Dessus d'Hautb.
Crappius, Andr.: *Missa sex vocum ad imit. suae. cantiones.* Witeb. 1573. — T. K. 33: T. B.
Criequillon, Thom.: *Cantiones sacræ.* Lovan. 1559. — B. U.
Crüger, Joh.: *S. S. Meditationum Musicarum Paradisus Primus*, Erstes Mus. Lustgärtlein. Berlin 1628. — Wäst. Sign. 17: 1—4 vox.[1]
D., R.: *Gemmulæ sacræ. Binis et ternis vocibus cum BC.* Antw. 1613. — T. K. 19: 3 Stb.
—: *Deliciæ sacræ. Binis et ternis vocib.* Antw. 1616. — T. K. 19: id.
—: *Cantiones sacræ pro præcipuis festis.* Antw. 1612. — T. K. 19: id.
—: (Primus Chorus) *Cantiones sacræ octonibus vocibus.* Antw. 1613. — T. K. 19:id.
Dedekind, C. C.: *Seelen-Freude oder kl. geistl. Concerten 1. 2. 3.* Th. Dresd. 1672. — B. U.: Singst., Geigenst., Orgelst.
Dedekind, Enr.: *Adversus vita hominum passiones. Quattuor vocibus.* Lüneb. 1589. — T. K. 11: D. A. T. B.
Demantius, Christopher: *Convivalium concentuum farrago.* Jena 1609. — T. K. Nr. 30: C. A. T., Nr. 9: B.
Desbuissons, M. C.: *Cantiones aliquot musicæ, quæ vulgo Muteta vocant. quatuor. quinque, et sex vocum.* Monach. 1573. — Wäst. Sign. 3, V: D. A. T. B. Vag.
Desmarets, H.: *Circé. Trag. en mus.* Par. 1694. — B. U.
Destouches, Andr.: *Amadis de Grece. Trag. en mus.* Par. 1699. — B. U.
—: *Omphale. Trag. en musique.* Par. 1701. — B. U.
—: *Le carneval et la Folie. Comedie et Ballet.* Par. 1703. — B. U.
Dietrich, S.: *Novum Opus musicum.* Wittb. 1545. — T. K. 20: 3 Stb.: T. B. Vag.
Diezelius, Valent.: Erster Theil Welscher Madrigalen. Nrb. 1624. — B. U.
Donati, Ignat.: *Salmi Boscarecci a 6 voci.* Op. IX. Venet. 1639. — B. U. Vollst.
Donato, Balth.: *Il secondo libro de Madrigali a 4 voci.* Venezia 1568. — T. K. 40: Cant.
—: *Il primo libro de Motetti a 5. 6, 8 voci.* Venet. 1599. — B. U.: C. T. B. 5. 6. 7. 8 v.

[1] In 3vox. steht: »A°. 1629 Westeräs 26 Julii in diem Sanct Annæ«

Dragoni, Joh. Andr.: *Il primo libro de Madrigali à 6 voci.* Venet. 1583. — B. U.: C. A. T. B. 5. 6. p.
Dressler, Gallus: *Magnificat 8 Tonorum a 4 voc.* Magdeb. 1571. — B. U.: T. B.
—: *Sacræ Cantiones à 4, 5 e plur. voc.* Nrbg. 1574. — B. U.: Vag. seu 5 v. — Wäxiö: C. A. T. B. — T. K. 33¹): T. B.
—: *Opus sacrarum Cantionum.* Nrbg. 1577. — Wäst. Sign. 2. I: D. A. T. B. — B. U.: C. T. B. Vag.
—: *Sacræ Cantiones.* Nrbg. 1585. — B. U.: C. T. B. Vag.
—: Auserlesene Teutsche Lieder mit 4. 5 Stimmen. Nrbg. 1575. — B. U. Vag.
Duchastelct: *Airs à III et IV Parties.* Paris 1641. — Finsp.: Haut-Contre, B.-Contre.
Dulichius, Phil.: *Centuriæ octonum et septenum vocum harmonias sacras. Prima Pars.* Stett. 1607. — Wäst. Sign. 7, I: D. A. T. B. 5—8 vox. — Kalm.: A.
—: —. *Secunda Pars.* Stett. 1608. — Wäst.: id. — Kalm.: id.
—: —. *Tertia Pars.* Stett. 1610. — Wäst.: id. — Kalm.: id.
—: —. *Quarta Pars.* Stett. 1612. — Wäst.: id.
—: *Centuriæ senarum vocum harmonias sacras.* Stett. 1630. — Wüst. Sign. 7, II: D. A. T. B. 5—8 vox.
D'Urfey: *The songs to the new Play of Donquixote.* Lond. 1694. — B. U. (nicht im gedr. Kat.)
Eccard, Johann: Newe deutsche Lieder mit 4. 5 Stim. Mühlh. 1578. — B. U.: D. A. T. B. 5 v.
Elsbethus, Thomas: *Selectissimæ & novæ Cantiones sacræ, vulgo Motecta appellatæ . . . sex vocum.* Frf. a. d. O. 1600. — Kalm.²): A. T. B. 6 vox.
Erben, G. E.: Psalmen (X deutsche) Davids zu Wittemb. durch Georg E. Erben. s. a. — B. U.: D.
Erlebach, P. H.: *Sonata secunda.* Fol. s. l. et a. (1694). — B. U.: Des. 1, 2, Tail., Hc. Quin. B.
—: VI Ouverturen nach franz. Art. Nrbg. 1693. — B. U.: V°. 1, V°. 2 in luogo. V°. da G. 1, 2.
Evangelia Dominicor. et festor. dierum comprehensa. Tom. I—VI. Nrbg. 1554 bis 56. — B. U.: D. A. T. B. Vag.
Faber, Benec.: *Sacræ cantiones* 5. 6. 7. 8. voc. Coburg 1604. — T. K. 22: C. 2. A. B. 6, 7 vox.
Fabricius, Werner: *Deliciæ harmonicæ.* Lpzg. 1657. — B. U.: C. 1, 2. A. T.
Fabritius, Alb.: *Cantiones sacræ.* Græcii 1595. — B. U.: D. A. T. B. 6 vox.
Faignient, Noë: *Chansons, Madrigales et Motetz* a 4. 5. 6. *parties.* Livre I. Antw. 1568. — B. U.: Sup. T. Ctten. B. 5 v.
Falconieri, Andrea: *Sacræ modulationes.* Venet. 1619. — T. K. 24: 3 Stb.
Ferrabosco, Matth.: *Canzonette a 4 voci.* Libro I. Venet. 1585. — B. U.: C.A.T.B.
Finetti, Jacob: *Motetti, Concerti et Psalmi.* Lib. I—VII. Frf. a. M. 1631. — Wäst. Sign. 16, II: C. A. T. B. Bgen.
Fischer, Joh.: Himml. Seelen-Lust in verschied. Liedern. Nrbg. 1686. — B. U.: V°. 1, 2. Cant. & BC. B. pro org. vel Vlone.
—: Tafelmusik in verschied. Ouverturen. Hamb. 1702. — B. U.: D. Htc. & 2 Des. Tail. B.
Fischer, Joh. Casp.: *Le journal de printemps. Airs et Balets.* Op. 1. Augsb. 1695. — B. U.: Des. pour les trompetes, Htc. Tail. B. Quin.
Flaccomius, J. P.: *Liber I Concentus in duos distinctos Chorus.* Venet. 1611. — B. U.: C. A. T. B. 1, 2 Chori.
Foggia, Franc.: *Concentus Ecclesiastici a 2—5 voc.* Romæ 1645. — B. U.: C. A. T. B. Org.

---

1) In Discantus ist bemerkt: »*Ignatio Defensorem D. Johannem Henricum.* A°. 1653 d. 5 junii«. — In Altus: »*Liber Scholæ Arosiensis.* A°. 1611.«
2) In sämtl. Stb. steht: *Liber scholæ Calm.* 1623.

Franciscus da Milano. *Intabulatura de Lauto.* Venet. 1546. — B. U.
Franck, Melch.: *Tomus III Melodiarum sacrar. à 3. 4. vocib.* Coburg 1604. — B. U.: vox 1, 2, 3, infima.
——: *Flores musicales.* Nrbg. 1610. — T. K., Nr. 30: C. A. T., Nr. 9. B.
——: *Threnodiæ Davidicæ.* Bußpsalmen. Nrbg. 1615. — B. U.: C. A. T. B.
——: *Paradisus musicus.* Geistliches Music.Lustgürtlein. I. II. Th. Coburg 1636. — Wäst. Sign. 21, II[1]: C. A. T. Bgen.
Friderici, Dan.: *Sertum musicale.* Th. I. Lüneb. 1617. — B. U.: 3 Stb.: Sup., med., inf.
——: —— Th. 2. Greifsw. 1619. — B. U.: C. A. T. B.
——: *Sertum Musicale alterum* oder Anderes Music. Kräntzlein. Rost. 1625. — Wäxiö: A.
——: *Bicinia sacra sive disticha super evangelia dominicalia.* Rost. 1623. — Wäxiö: Vox I.
——: *Viridarium Musicum sacrum sive Cantiones sacræ.* Rost. 1625. — Wäst. Sign. 15: A.
——: *Deliciæ juveniles.* Th. I, II. Rost. 1630. — Wäst. 1630[2]: Vox 1—4. — Örebro]. — [Nicolai Kirche Sthm.].
Gabrieli, Andr.: *Libro primo de Madrigali a 3 voci.* Venet. 1582. — B. U.: C.
Gabrieli, Joh. & Al. Striggio: *Il lauro verde.* Antw. 1591. — T. K. 29: D. T. B. 5 v.
Gabrieli, Joh.: *Symphoniæ sacræ. Lib. sec.* Venet. 1615. — T. K. 24, 3 Stb.: 6—8 v.
Galletius, Franc.: *Sacræ Cantiones a 5, 6 et plur. voc.* Duaci 1586. — B. U.: Sup. T. Ctten. B. 5 v.
Garzi, P. Fr.: *Madrigali e Canzonette a 2—5 voci.* Op. III. Venet. 1629. — B. U.: B.
Gastoldi, J. J.: *Balletti à 3 voci.* Antw. 1602. — B. U.: C.
Gastoldi, G. G., di Caravaggio: *Baletto à cinque voci.* Rotterd. 1628. — Finsp. C. B.
Gastritz, Math.: Kurtze vnd sonderliche Newe Symbola. Nrbg. 1571. — Wäst. Sign. 3, III: D. A. T. B. Vag.
Gatti, Theob.: *Scylla. Tragedie.* Paris 1701. — B. U.
Gesius, Barth.: *Cantiones sacræ chorales.* Frf. a. d. O. 1611. — Wäst. Sign. 6, II: D. A. T. B. 5. 6. vox.[3]
Gezangen, Kruis: *Himel Weg verzattende het Leven Jezu Christi.* Amst. s. a. — Finsp.[4]
Ghizzolo, Joh.: *Messe parte per Capella e parte per Concerto a 4. 5 voc.* Venet. 1625. — B. U.: A. B. 5 v.
Gibbons, Orl.: *20 koninrklycke Fantasien om op. 3 Fiolen de G.* door Th. Lupi, J. Caprario, W. Daman, *en noch 9 Fantasien door* Orl. G. Deel I. Amst. 1648. — B. U.: 1, 2, 3 v.
Girelli, Santino: *Messe a 5, 8 voci con una da morte con le Rip. delle prime due.* Op. III. Venet. 1627. — B. U.: C. A. T. B. org. Rip. cap.: C. A. T.
Gletle, J. Melch.: *Expeditionis musicæ, Classis II.* Erfurt 1668. — T. K. 25: 16 Stb.
——: —— *Classis III. Missæ concertulæ a 5 vocib.* Erf. 1670. — T. K. 44: BC.
Goudimel, Claud.: *Missæ III. 4 voc. Audi filia.* Par. 1558. — B. U.: B.
——: *VIII Livre des Pseaumes de David en musique à 4 parties en forme de Motetz.* — B. U.: B.
Gouy, J. de: *Airs à quatres parties sur le paraphrase de Pseaumes.* Amst. s. a. — Finsp.: D. Tail. Htc. B.

1) Einige Lieder mit schwed. Übersetzung.
2) Mit untergelegtem schwed. Text.
3) Mit untergelegtem schwed. Text.   4) = *Kruis Gezangen?* Red.]

Graduale Romanum juxta novum Missale recognitum. Antw. 1607. — B. U.
—— *Romanum.* Venetiis 1668. — Claudius.
Grandi, Alex.: *Motetti a 5 voci c. le Letanie delle B. virgine u Motetti.* Venet.
1620. — B. U.: A. B. 5 v.
Grimm, Heinr.: *Prodromus musicæ ecclesiasticæ* Das ist Vortrab geistl. Kirchen-Music. Braunschw. 1636. — Wäxiö: B. gen. — B. U.: B. gen.
——: *Probi patientiæ Jobi Binis in Concerto vocibus cum BC.* Hamb. 1631. — B. U.: B. gen.
——: Achtstimmige Trostgesanglein. Hamb. 1633. — B. U.: B. gen.
Gruber, Georg: *Reliquiæ sacrorum concentuum* Giov. Gabrielis, Johann Leonis Hasleri *utriusque præstantissimi Musici . . . Motectæ 6—19 voc., noviter expromtæ.* Nrbg. 1615. — Kalm.: 5, 7, 9, 10, 11, 12 vox.
Gumpeltzhaimer, Adam: Wirtzgürtlins Teutsch vnd Lateinische Geistl. Lieder. Erster Theil. Ander Theil 1619. — Wüst. Sign. 11: C. A. T. B.
Haffner, Jac.: *Alauda Spiritualis, sive Cantiones 1—4 voc. c. Basso-Gen.* Op. 1. Amst. 1647. — B. U.: C. A. T. B. gen.
Hake, Hans: Ander Theil newer Pavanen, Sonaten, Arien. 1654. — Wäxiö.
Hammerschmied, Andr.: Musical. Andacht. Erster Theil. Freybergk in M. 1639. — Wüst. Sign. 21, I¹): C. A. T. B. B. gen.
——: —— Ander Theil. Freyb. 1643. — Wüst. Sign. 34, II¹: id.
——: —— Vierdter Theil. Freyb. 1646. — Wüst. Sign. 28¹): 2 C. 2 A. 2 T. 2 B. 2 Cont. — B. U.: id. — Örebro: id.
——: *Capella*, Geistl. Madrigalen. Freyb. 1641. — T. K. 26: 2 C. A. T. B.
——: *Dialogi* oder Gespräche zwischen Gott u. einer gläub. Seelen in 2. 3. 4. Stimmen. Dresd. 1645. — B. U.: Vollst.
——: Dritter Theil Geistl. u. Weltlicher Oden und Madrigalen. 1649. — Wäxiö.
——: Chor-Musik. Mit V und VI Stimmen. Auff Madrigal /Manier/ nebenst. BC. Fünffter Theil Musicalischer Andachten. Lpzg. 1653. — Wüst. Sign. 34, IV: C. A. T. B. Bgen.
——: Musicalische Gespräche über die Evangelia. Mit 4. 5. 6. und 7. Stimmen. Dresd. 1655. — Wüst. Sign. 31: Vollst. 9 Stb. — T. K. 23: Cant. 2, Corn. & Vlon. 2. Corn. I, 7ter. St., B. — Wäxiö: 9 Stb. — [Jacob, Sthm.]
——: —— Ander Theil. Dresd. 1656. —— Wüst. Sign. 31: 9 Stb.²) — Wäxiö: 9 Stb. — T. K. 17: 3 v. — [Jacob, Sthm.]
——: Fest- Bus- und Danck-Lieder. Mit .5. Vocal-Stimmen / und 5. Instr. Zittau 1658. — Wüst. Sign. 20, IV: V°. 1, 2. Vlon. — Wäxiö: C. 1, 2, A. T. B. V°. 1, 2, Vlon. Cont.
——: Dritter Theil. Fest- Buss- und Duncklieder. Dresd. 1659. — Wüst. Sign. 34: III, C. 2 A. T. B. BC.
——: Kirchen- und Tafel-Musik à 1. 2. 3. voc. und 4. 5. 6. Instrum. Zittau 1662. — B. U.: 9 Stb. — Wäxiö: 9 Stb. — [Jacob, Sthm.] — [Nicolai, Sthm.]
——: *Missæ* à 5—12 *et plur voc.* Dresden 1663. — B. U.: 12 Stb. — Wäxiö: 12 Stb.
——: *Dialogi.* Erster Theil. Dresd. 1669. — Wäxiö: Vox 4.
——: Vierter Theil Musik. Andachten, geistl. Moteten u. Concerten. Freyb. 1669. — Wäxiö: 9 Stb.
——: Fest- und Zeit-Andachten. 1671. — Wäxiö: C. 1, 2. A. T. 1, 2. B. BC.
Handl, Jac.: *Carnioli, Musici præstantiss.* Nrbg. 1596. — T. K. 49: T.
Harmoniæ selectæ 4 voci de Passione Domini cum præf. Ph. Melanthon. Viteb. 1538. — B. U.: D. A. T. B.

1) Mit untergelegtem schwed. Text.
2) In 8 vox. steht: *Liber scholæ Aros. A°. 1683 die 4 Junii.* Beide Teile mit untergel. schwed. Text.
3) Mit untergel. schwed. Text.

Hasler, Gasp.: *Sacrarum symphoniarum continuatio.* Nrbg. 1600. — T. K. 6: C. A. T. B. 5. 6. 7. vox.
——: *Sacrae Symphoniae.* Nrbg. 1601. — B. U.: C. A. T. B. 5. 7. 8. vox.
Hasler, Joh. Leo: *Madrigali a 5—8 voci.* Augsb. 1596. — B. U.: C. A.
——: Neue Teutsche Gesäng mit 4, 5. 6, 8 Stim. Augsb. 1596. — B. U.: D. A.
——: *Sacri Concentus à 4, 10—12 vocib.* Augsb. 1596. — B. U.: C. A. T. B.
——: *Cantiones sacrae de festis praecipuis totius anni. Ed altera.* Nrbg. 1597. — Wäst. Sign. 5¹): A. T. B. 4. 6 v.
Havemann, Joh.: Erster Theil geistlicher Concerten mit 1—7 Stimmen. Berl. 1659. — B. U.: C. A. T. B. 5 v. V°. 1. 2. Vlone. BC.
Hele, Georgio de la: [Titelbl. fehlt]: *Orto Missae quinque, sex et septem vocum.* Antw. 1578. Fol. max. — T. K. 1.
Heller, Ch. Joh.: *Sacra Concentus Musicus. 5 Missae, 2 Sonat. divers. Motete. Psalmi.* Mogunt. 1671. — B. U.: C. A. T. B. voc. B. org. V°. 1, 2. V¹. 1, 2.
[Henricus, Aegidius: *Motetti sacri.* Vielleicht Hennius, A.: *Mottetta sacra.* Antw. 1640. — Nicolai, Sthm.]
Herpol, Homer.: *Opus musicum in quo Textus Evangel. totius anni V vocum modulamine exprimitur.* Nrbg. 1565. — B. U.: D. A. T. B. Vag.
Hipp, Berth.: *Heliotropium mysticum s. concent. sacror. in laud. Mariae.* Lucern. 1671. — B. U.: Vox 1—4 org.
Hofmann, Euch.: *XXIV Cantiones. Quatuor, quinque et sex voc., accom. ad XII Tonus.* Witeb. 1577. — T. K. 5: D. A. T. B.
——: *Vyff Geistl. olde Ostergs. van der fröliken vperstandinge.* Rost. 1579. — Wäst. Sign. 2, III: C. A. T. B.
——: Erster Theil geistl. Lieder / in jrer gewöhnlichen Melodey. Rost. 1580. — Wäst. Sign. 2, IV: C. A. T. B.
——: *Cantica sacra novem veteris ecclesiae de nativitate filii Dei.* Gryphisw. 1582. — Wäst. Sign. 2, V: C. A. T. B.
Hölzlin, Joseph: Weltliche Musical. Lieder mit 4 Stim. Augsb. 1603. — B. U: C. A. T. B.
Horn, Joh. C.: *Parergon musicum* besteh. in Allm. Cour. mit 5 Stim. Theil I, II, s. l. et a. (Lpzg. 1664). — B. U.: V°. 1, 2. V¹. di Br. 1, 2. Vlone. BC.
——: Musikal. Tugend und Jugend Gedichte. Frf. 1678. — B. U.: V. 1—3. V° 1. 2. V¹. 1, 2. Vlone. BC.
——: Geistl. Harmonien über die gewöhnl. Evangelia. Wintertheil. Dresd. 1680. Sommertheil. Dresd. 1681. à 4 voci e 4 strom. — B. U.: C. A. T. B. V°. 1, 2. V¹. 1, 2. BC.
Hove, Joach. van den: *Florida / Cantiones e quam plurimis ... Ad Testudinis usum accommodatae.* Antw. 1601. — Skottorp.
Husman, Val.: *Manipulus sacrarum cantionum 5 & 6 vocum.* Nrbg. 1602. — T. K. 22: 5 Stb. — Wäxiö: 5 Stb.
Ingigneri, Marc. Ant.: *Liber sacrar. Cantionum qua ad 7—10, 12, 16 voces choris et conjunctis et separatis.* Venet. 1559. — B. U.: 2 C. 2 A. 2 T. 2. B.
Jacquet: *Missa ad imit. Moduli ›Surge Petre‹ cum 6 vocib.* Fol. max. — B. U.: 1 Stb.
Jannequin, M. Clement: *Premier livre des inventions musicales.* Par. 1555. — T. K. 34: Sup.
——: *Le coquet des femmes.* Par. 1555. — T. K. 34: Sup.
——: *La bataille à quatre. La X Livre des Chansons.* Antw. 1545. — B. U. 4 Stb.
Jeep, Joh.: Geistl. Psalmen und Kirchengesang. Nrbg. 1609. — T. K. Nr. 13: C. A. T. Nr. 9, B.
Jespersen, Niels: *Graduale.* 1573. — K. B. — Lund. — Claudius.

1. In T. steht: *Liber Scholae Arosiensis. Anno 1633. Ex libris Achatij Johannis à Tidöön. Magnus Olai Suecus Thuneae montanus.*

Joanelli, Ptr.: *Thesaurus novus musicus.* Lib. I—V. 8. 6. 5. 4. vocib. Venet. 1568. — B. U.: C. A. T. B. 5 v.
Josepho, Hen.: *Corona Stellarum* XII *serta à* 1—4 *vocib. et strom.* Antw. 1673. — B. U.: C. A. T. B. V°. 1, 2. BC. Vag.
Josquin des Prez: *Trente sixiesme Livre contenant* XXX *Chansons.* Par Atteign. 1549. — B. U.: Sup. T. Ctten. B. 5. 6 p.
—: *Chançons. Livre* 7. s. l. et. a. — B. U.: id.
—: [ohne Titel]. *Sexta Vox* 1538. — T. K. 46.
Isaac, Heinr.: *Tomus* I *Choralis Constantini est vulgo vocat.* Nrbg. 1550. — B. U.: D. A. T. B.
—— *Tom.* II *de Sanctis.* Nrbg. 1555. — B. U.: D. A. T. B.
—— *Tom.* III. *de Sanctis* s. l. et. a.: B. U.: id.
Kürgel, Sixt.: *Gallicæ et Italicæ Cantilenæ ... in Tabulatura translata.* Strassb. 1574. — B. U.
Kerle, Jac. de: *Selectæ quædam cantiones sacræ.* Nrbg. 1571. — T. K. 32: 4 Stb.: D. T. B. 6 v. — B. U.: D. A. 5. 6 v.
—: *Preces speciales pro salubri generalis Conc.* Nrbg 1562. — B. U.: C. A.
—: *Liber Motettarum 4. 5. voc. adj. in fine Te deum laudamus.* Monach. 1573. — B. U.. 5 v.
Keyser, Reinh.: *Componimenti musicali* od. Teutsche u. Italien. Arien nebst Recitat. aus *Admira* u. *Octavia.* Hamb. 1706. — B. U.
Kindermann, J. Erasm.: *Dialogus Mosis Plag.* mit 1. 2. 4. 6. Stim. Nrbg. 1642. — B. U.: C. 1, 2. T. B.
Klingenstein, B.: *Rosetum Marianum.* Dillingen 1604. — B. U.: C. A. T. B. 5 vox.
Knaben, Martinus: Concert von drey Stimmen / zusampt dem BC. Halle 1635. — Wäst. Sign. 27: II: C. I. B. BC.
Knefelius, Joannes: *Dulcissime Quædam Cantiones.* Nrbg. 1571. — Wäst. Sign. 1: I[1]): C. T. B. 5. 6 vox. — B. U.: D. A. 5. 6. vox.
—: *Cantus Choralis, musicis numeris quinque voc. inclusis.* Nrbg. 1575. — Wäst. Sign. 1: I: C. T. B. 4. 6. v.
Knoep, Lüder: I, II Theil newer Paduanen, Galliarden, Balletten mit 3 St. Bremen 1652, 60 — B. U.: C. 1.
Köler, D.: Zehn Psalmen Davids mit 4. 5. 6. Stimmen. Lpzg. 1554. — T. K. 35: 3 Stb.: D. 2. T. B. — B. U.: D.
Kraf, Mich.: *Sacrarum Concentuum Lib. secundus* 2. 3. 4. 6. 8 *voc.* Ravensp. 1624. — T. K. 24: 3 Stb.: 6—8 v.
Krieger, Joh.: Neue Musical. Ergetzligkeit. Frf. 1684. — B. U.: Haupt-St. 1—6 Nebenst.
Krieger, Joh. Ph.: *XII Sonate à 2 viol.* Nrbg. 1688. — B. U.: Vo. 1, 2. Camb. Org.
Labarre, Mich. de: *La Triomphe des Arts. Ballet.* Livre 3. Paris 1700. — B. U.
Lagkhner: *Florum Jessæorum semina.* Nrbg. 1607. — Wäxiö.
Lamentationes. Piissimæ, Jeremiæ, plurib. vocib. distinctæ. Par. 1557. Fol. max. — B. U.
—— *Jeremiæ cum Oratione ... Ecclesiæ Varmiensis.* s. l. 1616. — B. U.
Landi, Stef.: *Il St Alessio. Dramma musicale.* Rom 1634. -- B. U.
Lappi, Petr.: *Liber I. Missarum a* 8. 9 *vocib.* Venet. 1608. — B. U.: C. 2 ch. A. 2 ch. B. 2 ch.
—: *Psalmi à* 12, 16 *voci.* Venet 1621. — B. U.: C. 1 ch. — [Nicolai, Sthm.'.
Lasso, Ferd.: *Cantiones sacræ a* 6 *vocib.* Græcii 1587. — B. U.: D. A. T. 6 vox.
Lasso, Orl.: *Ecclesiast. Cantionum. Liber* XV. Antw. 1560. — B. U.

1, In sämtl. Stb.: *Carolus Johannis Cuprimontanus. — Torstenius Rhyarander.*

Lasso Orl.: *Magnificat octo tonorum.* Nrbg. 1567. — T. K. 35: D. 2, T. B.
——: Neue Teutsche Liedlein mit 5 Stim. Münch. 1567. — B. U.: D. T. Ct. B. 5 P.
——: *Sacræ Cantiones 5 voc.* Münch. 1568. — B. U.: D. T. Ct. B. 5 P.
——: V *Liber Concentuum sacrorum a 5, 6, 8 vocib.* Venet. 1568. — B. U.: C. A. T. B. 5, 6. vox.
——: Neue Teutsche Liedlein. Münch. 1569. — B. U.: 2 Exempl.: D. T. Ct. B. 5 P.
——: I—V *Livre des Chansons a 4. 5 parties or. 2 dialogues à 8 par Orl. Lasso,* Cypr. de Rore et Phil. de Mons à Lovain 1570, 71. — B. U.: S. T. Ct. B. 5 P.
——: *Moduli Quinis vocibus nunquam hactenus editi.* Lovan. 1571. - B. U.: Sup. T. B. 5 v. (Nicht im gedr. Kat.).
——: Der 2 Theil Teutsch Lieder. Münch. 1572. — B. U.: D. T. B.
——: id. Münch. 1573. — B. U.: D. T. B.
——: *Magnificat 8 Tonor. à 6. 5. 4 voc.* Nrbg. 1573. — B. U.: D. A. T. B. 5, 6 vox. — T. K. 33: T. B.
——: *Patrocinium musices Cant. 4. 5. 6 voc. quas Motetas vocant.* Lovan. 1574. — B. U.: Sup. T. Ct. B.
——: *Sacræ Cantiones 5 voc. acced. Lectiones 4 voc.* Nrbg. 1575 B. U.: A. T. B. Vag. — Wäxiö[1].
——: Der 3 Theil. Deutsch. Lieder. Münch. 1576. — B. U.: D. T. B.
——: Id. opus Th. 1. Münch. 1576. — B. U.: D. T. B.
- —: XVIII *Livre de Chansons.* Paris 1576. — B. U.
- —: Pars 2. *Missæ aliquot à 5 voc.* Lovan. 1577. — B. U.: S. T. Ct. B.
- —: Pars 3. *Officia aliquot à 5 voc.* Lovan. 1578. — B. U.: S. T. Ct. B.
- —: Pars 4. *Passio 5 voc.* Lovan. 1578. — B. U.: S. T. Ct. B.
——: *Selectissimæ Cantiones vulgo Moletæ vocant.* Nrbg. Pars I, II. 1579. — B. U.: D. A. T. B. 5. 6 vox. — Strängn: Altera pars: D. A. T. 5. 6 vox.
——: *Liber Missarum 4, 5 voc.* Nrbg. 1581. — B. U.: A. T. B. Vag. — T. K. 31[2].: A. T. B. 5 v.
——: *Libro de Villanelle, Morsche ed altre Canzoni a 4. 5. 6. 8 voci.* Par. 1581. — B. U.: C. A. T. B.
——: Teutsche Lieder mit 5 Stimmen. Nrbg. 1583. — B. U.: D. T. B. — T. K. 37: A. B.
- —: *Psalmi Davidis poenitent. modis musicis a 5 voc.* Monach. 1584. — B. U.: A. T. B. 5 v.
——: *Continuation du Mellange à 3—6, 10 parties.* Par. 1584. — B. U.: T. Ct. B. 5 v.
——: *Selectissimæ Cantiones.* Nrbg. 1587. I, II Pars. — T. K. 10: D. A. T. B. 5. 6 v. — Kalm: D. A. T. B. 6 v.
——: *Tertius opus musicum: Lectiones Hiob.* Nrbg. 1588. — T. K. 14: C. A. T. B. 5. 6 v. — Kalm: A. T. B. 6 v.
——: *Fasciculi aliquot sacrarum cantionum cum 4. 5. 6. 8 voc.* Nrbg. 1589. — T. K. 14: C. A. T. B. 5. 6 v. — Wexiö: Cant.
——: *La Fleur des Chansons d'Orlande de Lassus* à 4, 5, 6, 8 *parties.* Anv. 1592. — B. U.: Ct. B.
Lasso, Rudolph de: *Triga Musica quo Missæ Odæque Marianæ triplicis.* Monachi 1612. — B. U.: 5 vox.
Latre, Jean de: *Chansons a Quatres parties* I—V *Livres.* Anv. 1552/53. — T. K. 34: Sup.
Lechner, Leon.: *Liber missarum sex et quinque voc.* Nrb. 1584. — T. K. 5: D. A. T. B. 5 & 6 v.
——: Neue lustige teutsche Lieder. Nrbg. 1586. — T. K. 37: A. B.

---
1) Mit der Bemerkung: »1612 an die Schule geschenkt«.
2) In sämtl. Stb.: *Possessor huius libri Torstano Johanni.*

Lechner, Leon.: *Harmoniae miscellae cantionum sacrarum.* Nrbg. 1583. — Wäst. Sign. 5: C. A. T. B. 5 & 6 v.
—: *Motectae sacrae a 4, 5, 6 voc.* Nrbg. 1576. — B. U.: A. T. B. 5 v.
—: *Sacrarum Cantionum Liber* 2. Nrbg. 1581. — B. U.: A. T. B. 5 v.
Legrenzi, Joh.: *Compiete, e le Lettanie e Antiphone à 5 voci* op. VII. Venet. 1662. — B. U.: C. A. T. B. 5 v. BC.
Le Jeune, Cl.: *Dodecacorde, contenant danzes, psaumes de David, mis en musique à 2, 3, 4, 5. 6 et 7 voc.* La Rochelle 1598. — Finsp.
Lindner, Fredr.: *Missae 5 quinis vocibus.* Nrbg. 1590. — B. U.: C. A. T.
—: *Corollarium Sacrarum 5—8 et plur. voc.* Nrbg. 1590. — T. K. 29: D. T B. 5 v.
—: *Cantionum Sacrarum Continuatio 5—8 voc.* Nrbg. 1588. — B. U.: C. A. T. 6 v.
—: *Gemma Musicalis, varii stili Cantiones 4—6 et plur. voc.* Lib. 1. 2. Nrbg. 1588/89. — B. U.: C. A. T. B. 5. 6 vox.
Lodi spirituale, composte et date in luce... in Venetia 1580. — B. U.: C.
Löhner, Joh.: Auserlesene Kirch- und Tafel-Music. Nrbg. 1682. — B. U: C. V° 1, 2. Org.
Locke, Matth.: *The celebrated music to Shakspeare's Tragedy Macbeth.* A. D. 1672. — B. U.
Lorenzani: *Motets à 1—5 parties et B. C. avec Symphonies.* Par. 1693. — B. U.: 2 Des. de Violon (Nicht im gedr. Kat.).
Lossius, Luc.: *Erotemata Musicae.* Nrbg. 1568. — Strängn.
—: *Psalmodia hoc est cantica sacra.* Wittenb. 1579. — Strängn.
Löwen, J. J.: Sonaten, Canzonen und Capricen à 2 Instr. Jena 1664. — B. U.: Instr. 1, 2. B. gen.
Lully, J. B.: *Proserpine. Trag.* Par. 1680. — B. U.
—: *Amadis. Trag.* Par. 1684. — B. U.
—: *Roland. Trag.* Par. 1685. — B. U.
—: *Armide. Trag.* Par. 1686. — B. U.
—: *Thesée. Trag.* Par. 1688. — B. U.
—: *Zephire et Flore Opera.* Par. 1688. — B. U.
—: *Atys. Trag.* Par. 1688. — B. U.
—: *Orphée. Trag.* Par. 1690. — B. U.
—: *Alceste. Trag.* Par. 1708. — B. U.
—: *Les trio des opéra... mis en ordre pour les concerts. Livre* 1—6. Amst. 1690/91. — Finsp.
—: *Fragment de Mr Lully's. Ballet.* Par. 1702. — B. U.
—: *Recueil de tous les airs a jouer sur le violon e sur la Flute de l'opera d'Armide par L.* Amst. s. a. — B. U.
Lupacchino, Bernh.: *Il primo libro de Bernh. L. e di Joh. Maria Tasso a doi Voci.* Venet. 1568. — B. U.: T.
Lupo, T.: XX Fantasien. 3 Violen de gamba. Amst. 1648. — B. U.: Caps. 11. (Nicht im gedr. Kat.)
Macé, Dion.: *Recueil des Chansons à danser et à boire.* Par. 1643. — B. U.
Maillard, Joh.: *Missa ad imit. Missa V Marie cum 5 voc.* Par. 1557. — B. U.
—: *Patrem cum 8 vocib.* Par. 1557. — B. U.
—: *Missa ad imit. Moduli cum 4 voc.* Par. 1559. — B. U.
Manchicourt: *Chansons. Livre* 9. Antw. 1545. — B. U.
Manfredi, Ludv.: *Il primo Libro di Concerti Ecclesiast.* à 2—6 voci. Venet. 1620. — B. U.: A. B. 5 v.
Marais: *Alcione. Tragédie en mus. gravée à Paris* 1706. — B. U.
Maria da Crema: *Intabolatura di Lauto di Ricercari, Motetti, Balli, Madrigale. Canzon Francese.* Libro I. Venet. 1546. — B. U.
Marle, Nicol. de: *Missa ad imit. moduli Je suis desheritée cum 4 vocib.* Par. 1557. — B. U.

Marle, Nicol. de: *Missa ad imit. Moduli Panis, quem ego dabo cum 4 vocib.* Par. 1558. — B. U.
Marenzio, L.: *Madrigali spirituali à 5 voci Lib.* 1. Roma 1584. — B. U.: C. A. T. B. 5 v.
Marots, Cl. & Th. Bèze: *Les psaumes de David mis en rime francoise.* Paris 1664. — Karlst.
Massaini, Teburt.: *Sacri modulorum Concentus à 8—16 voc.* op. 31. Venet. 1606. — B. U.: 2 Sup. 2 A. 2 T. 2 B. 9. 10. 12 v.
Mayo, Joh. Ant. di: *Il primo Libro di Madrigali à 4 voci.* Lyon 1567. — B. U.: C. T.
Medard: *Pieces de Guitarre.* s. l. et a. — Finsp.
Medices, Lor. de: *Missarum lib.* 1. *à 8 vocib. cum parte Organ.* op. IV. Venet. 1619. — B. U.: Chor 1: C. A. T. B. Chor II: B.
Meiland, Jac.: *Cantiones sacrae quinque et sex voc.* Nrbg. 1569. — Kalm.: D. B. Vag. — B. U.: D. A. 5 v.
——: Newe auserlesene Teutsche Liedlein mit 5. Stimmen. Nrbg. 1569. — B. U.: D. A. B. Vag.
——: *Selectae Cantiones quinque et sex vocum.* Nrbg. 1572. — Kalm.¹): D. B Vag. — Wüst. Sig. 1: III: C. T. B. 5. 6 vox.
——: *Cantiones sacrae quinque et sex voc.* Nrbg. 1573. — B. U.: D. A.
——: Newe auserles. Teutsche Gesänge. Frf. 1575. — B. U.: D. A. T. B.
——: *Sacrae aliquot Cantiones Latinae et Germanicae* 5. 4. voc. Frf. 1575. — B. U.: D. A. T. B. 5 v.
——: Teutsche Gesäng mit 5 und 4 Stimmen. Frf. 1575. — B. U.: D. A. T. 5. v. (nicht im gedr. Kat.).
——: *Cantiones aliquot novae vulgo Motetae* 5 voc. Frf. 1576. — B. U.: D. A. T. 5 v.
Mellanges de Chansons tant des vieux Autheurs que des modernes a 5—8 parties avec la préface de P. Ronsard. Par. 1572. — B. U.: T. Ct. B. 5. 6. p.
——: *Continuatio de Mellanges.* Par. 1584. — B. U.: id.
Melle, Renatus del': *Sacrae Cantiones* 5, 8—12 *voc. con Litania de beata Maria.* Antw. 1588. — B. U.: C. A. T. 6 v.
Merula, Claud.: *Sacrorum Concentuum Lib.* I 8—16 *vocib.* Venet. 1594. — B. U.: C. T. B. 5—10 v.
Messe e Salmi di Choro de Musici à S. Udalrico in augusto. 1662. — B. U.: 2 C. 2 V°. Vª. conc.: A. B. Rip.: C. A. T. B.
Michael, Sam.: *Psalmodia Regia* d. i. auserles. Sprüche aus d. ersten 25 Ps. Davidis mit 2—5 Ttim. Th. I. Lpzg. 1632. — B. U.: B. pro org.
Michael, Tobias: Musikalischer Seelenlust. Erstther Theil. Lpzg. 1634, 35. — Wüst.²): Sign. 19: Vox. 1—5. B.gen. — S. K. 7 id.
——: Ander Theil. Lpzg. 1637. — Wüst.: id.
——: *Psalmodia regia.* Erster Theil. Lips. 1632. — T. K. 7: Vox. 1—6. B. C.
Micheli, Dominicus: *Madrigali a 6 voci.* Lib. 3. Venet. 1567. — B. U.: C. A. T. B. 5. 6. vox.
Mihl, Erasm. von der: *Psalmodia Davidis seu opus Vespert. à 5 voc.* Elvaci 1674. — B. U.: 2 C. A. T. B. Braza. A. T. V°. 1, 2. Vª. B. C.
Milanta, Joh. Fr.: *Il primo libro di Madrigali à 2. 3. 4. voci con alcuni Canzonete et Sonetti.* Op. III. Venet. 1651. — B. U.: C. A. T. B. B. C.
Missarum Liber I 5 voc. Antw. 1546. — B. U.: Sup. Ct. B. 5 p.
—— Lib. II, III 4 voc. Antw. 1545/46. — B. U.: Sup. Ct. B.
Molitor, Fidelis: *Praegustus Musicus s. Cantiones à voce sola c. 22 Vᵢ.* Const. 1659. — B. U.: C. V°. 1, 2. Org.

---

¹) In sämtl. Stb.: *Liber scholae Calmariensis* 1623.
¹) Auf dem Deckel des B. gen. steht: »*Michael Hartenbeck organista et musicus hac opusculo lotavit Musicalia Gymnasii Arosiensis Anno 1650*«.

Mollier, L.: *Les chansons pour dancer.* Par. 1640. — Finsp.
Mont, Heinr.: *Melanges à 2—5 parties conten. plusieurs Chansons, Motets, Magnificats.* Par. 1657. — B. U.: D. D. de Viole ou Bas-Dessus. — B. Haute-Taille. B. B. de v. ou B. — T. BC.
——: *Troisieme Partie adjoustée aux Preludes des Meslanges.* Par. 1661. — B. U.
——: *Cantica Sacra* 2. 3. 4 *cum voc. tum instrum. modulata acced. Litaniae* 2 voc. Par. 1662. — B. U.: Sup. T. Ct. B. BC.
Montanus, Joh.: [Titelblatt fehlt]. Nrbg. 1554. — T. K. 28: D. A. T. 5 p.
Monte, Phil. de: *Sonetz de Pt. de Ronsard mis en mus.* à 5—7. *Parties.* Par. 1575. — B. U.: T. Ct. B. 5 p.
Monteverde, Claude: *Madrigali guerrieri e amorosi e ale. opus. in genere rappresent. Libro 8.* Venet. 1638. — B. U.: C. 1. T. 2.
Morales Hispanus: *Lamentationes a 4—6 voc.* Venet. 1564. — B. U.: C. A. T. B. 5 v.[¹]
——: *Magnificat* s. l. et a. [Venet. 1575]. — B. U.
Motetti a 6 voci Libro I. Venet. 1549. — B. U.: C. A. T. B. 5. 6 v.
Mouton: *Pieces de Luth sur differ.[ts]. modes composées.* Par. s. a. — Claudius[²].
Movio, Casp.: *Psalmodia sacra nova.* Das ist: Geistl. Concerten newes Werck. Rost. 1636. — Wäxiö: B.
——: *Triumphus musicus spiritualis.* Das ist: Neue geistl. Triumph Lieder. Rost. 1640[³]. — T. K. 43: B.
——: *Hymnodia sacra.* Das ist: Neue geistl. Concerten. s. l. et a. — T. K. 18: 1 Stb.
Muffat. Georg: *Srarioris Harmoniae Instrumentalis hyporchemata Florilegium* à 4 Fidib. c. BC. Aug. Vind. 1690. Fol. — B. U.: V°. V². Vlone, Vletta. 5 p. BC.
Neander, Alexius: *Symphoniarchi Sacrae Cantiones, Motectae appellatae quae IV et V vocib. tantum concinentur.* Frf. 1610. — Wäst.: Sign. 9: Ten.[⁴].
Neander, Valentin[⁵]: *XII Sacrae cantiones* 4. 5. 6 voc. — T. K. 35: D. 2. T. B.
Neysidler, Melch.: *Intabolatura di Liuto ove sono Madrigali, Canzon Franc.* I. II. Venet. 1566. — B. U.
Niedt, Nicol.: *Musical. Sonn- u. Festtags-Lust* mit 5 voci und 5 Instr.-St. — Sondersh. 1698. — B. U.: 2 C. A. T. B. 2 V°. 2 V³. BC.
Novello, Ludov.: *Mascharate di piu sorte et rarii Soggietti approp. al Carnerala. Libro* I *a 4 voci.* Venet. 1564. — B. U.: B.
Olthof, Statius: *Psalmorum Davidis Paraphrasis poëtica Georgii Buchanani Scoti opera et studio Nathan. Chytraei.* 1664. — Wäxiö.
Pacellus, Aspril.: *Sacrae Cantiones* 5—10, 12, 16, 20 *vocibus. Libr.* I. Venet. 1608. — B. U.: C. T. B. 5—10 v.
Padbrué, C.: *Kusics in't Latyn geschreven Johannes Secundus ente in Duytsche Vaersen ghesteldt door Jacob Westerbaen.* Amst. 1641. — Finsp.: B. 5 v.
Paminger, Leonh.: *Tom. I Ecclesiasticarum Cantionum* à 4—6 et *plur. vocib.* Nrbg. 1573. — B. U.: D. A. T. B. 5 v. — [Nicolai. Sthm.].
Passio domini nostri Jesu Christi ut ab unaquoque Evangelista conscripta. Colon. 1578. — B. U.
—— *J. Christi ab erroribus repurgata.* Cracov. 1609. — B. U.
—— —— *secundum Matthaeum Cap.* XXVI, XXVII *pro die Palmarum* s. l. 1616. Fol. — B. U.
Peccius, Thomas: *Musica Modi in responsoria div. offic. Feria* 4—6 Hebd. *4 vocib.* Venet. 1603. — B. U.: C. A. T. B.
Pelio, Johannes: *Il primo libro de Canzoni Spirituali à 6 voci.* Venet. 1584. — B. U.: C. A. T. B. 5. 6 v.

———

1) Beschrieben von Rafael Mitjana: »Cançoniero de Upsala«. Allm. Sv. Boktr. — för. Meddel. Sept.-Okt. 1906. 2) Auf dem Deckel: »J. Bellmann«.
3) Der deutschen Kirche in Sthm. zugeeignet.
4) Mit der Anzeichn.: *Possessio Aaronis Olaj.*

Peter, Christophorus: Geistl. Arien. Galen 1667. — B. U.: C. sive T. & A. 2 V°. 2 V°. di br. V¹°"°. B. ad instr. BC.
Petreius: Ein außzug guter alter vnd newer Teutscher liedlein. Nürnberg bey Joh. Petreio. 1543. — Wäxiö: S. A. T. B.
Peudaryant, M. M.: *Lib.* I *Sacrarum Cantionum quinque roc.* 1555. *Lib.* II 1555. *Lib.* III 1556. — T. K. 16¹: 5 Stb.: Acuta v. T. Ct. B. 5. v.
Pevernage, Andr.: *Cantiones sacrae* 6—8 *roc.* acc. *Elegia nonulla versile.* Duaci 1578. — B. U.: Sup. T. Ct. B. 5. 6. vox.
———: *Harmonia Celeste a* 4—8 *roc.*; *raccolta per A. P.* Antw. 1589. — B. U.: C. B. 6 v.
Pezelius, Joh.²): *Bicinia rarior instrum.* Lips. 1675. — B. U.:. V°. 1, 2. BC.
———: *Opus musicum.* Sonaten mit 6 Instr. Frf. 1686. — B. U.: 2 Viol. 3 V°. Fag. BC.
———: *Delicia musicales* bestehend in Sonaten, Allemanden mit 5 Stimmen. Frf. 1678. — B. U.: 2 V°. 2 V°. V¹°"° • Fag. BC.
Pfendner, Henr.: *Motectorum* 2, 6—8 *rocib.* Lib. II. Wirceb. 1623. — B. U.: S. T. B. Partitura.
Phalesius, P.: *Musica divina à* IV, V, VI et VII *roci di* XIX *authore illustri.* Anv. 1634. — Finsp.: C. A. T. B.
———: ——— Anv. 1588. — B. U.: C. B. 6 v.
———: *Livre septième de Chansons à 4 parties.* Anv. 1599. — T. K. 29: D. T. B. 5 v.
• Philippi, Petr.: *Melodia Olympica a* 4—8 *roci, raccolta da P. P.* Anv. 1591. — B. U.: C. B.
Phinot, D.: *Livre contenant chansons par Dom. Ph.* 1548. — Wäxiö.
Plautzius, Gabr.: *Flosculus vernalis sacr. Cant. missas aliasque Laudes Mariae.* Aschaffenb. 1621. — B. U.: C. A. T. B. 5—8 v. B. gen.
Polidoro, Hort.: *Messe a doi chori Lib.* I op. X. Venet. 1622. B. U.: Chor I: C. A. T. B. Chor II: B.
Porta, Franc. della: *Motetti* 2—5 *roc. an una Missa e Psalmi* 4. 5 *rocib. Lib.* III Op. IV. Antw. 1654. — B. U.: 2 C. A. T. B. BC.
Porto, Allegro, Hebr.: *Madrigali a 5 roci coll. BC.* Venet. 1625. — B. U.: A. T.
Posch, Isaac: Musical. Tafelfreudt d. i. allerley Paduanen mit 5 St. Nrbg 1621. — B. U.: C. A. T. B.
———: *Harmonia concertans ac Cantiones Sacrae* 1—4 *rocib.* Nrbg. 1623 — B: U.: C. A. T. B. Partitura.
Prætorius, Hieron.: *Liber missarum qui est op. mus.* T. III. 5—8 *roc.* Hamb. 1616. — B. U.: C. A. T. B. 5—8 v. — Wäst. Sign. 13: C. A. T. B. 5—8 v.
———: *Cantiones rariæ 5—20 roc. quæ sunt op. mus.* T. IV. Hamb. 1618. — B. U.: id. — Wäst.: id.
———: *Cantiones sacræ de festis præcipuis 5—12 roc. Op. mus.* T. I. Hamb.
———: *Canticum B. Mariæ 5 Magnificat. 8 roc.* T. II Hamb. 1622. — B. U. id. — Wäst.: id.
———: *Cantiones novæ officiosæ 5—8, 10, 15 roc. Op. mus* T. V. Hamb. 1625. — B. U.: id. — Wäst.³) id.
———: *Cantiones Sacræ 5—8 roc.* Hamb. 1599. — T. K. 22: C. 2. B. B. G. 7. v.
———: *Magnificat octo vocum.* Ham. 1602. — T. K.: id.
Prætorius, Mich.: *Motectarum et Psalmorum.* Nrbg. 1607. — T. K.: id.
———: *Musæ Sioniæ* Th. 9 imt 2, 3 Stim. Wolfenb. 1610. — B. U.: 1 vox.
———: *Polyhymnia Panegyrica* XL Solennische Friedt- vnt Frewden-Concert. Mit

---

1) In Ten. steht: »Johannes Cantor«. In Contralen: »Johannes Cantor 1572«.
2) Vgl. oben Joh. Bezold. [Red.]
3) In A. und T. steht: *Lib. scholæ Aros.* 1644. Der Bassus zu den Werken H. Pract. ist handschriftlich.

1—21 und mehr Stim. Wolfenb. 1618/19. — Wüst. Sign. 10⁴): 1—10, 12—14 v. B. gen.

Profius, Ambr.: Erster Theil geistl. Concerten à 1—7 vocibus cum & sine violinis & B. ad org. Leipzig 1641. II. Th. 1641. III. Th. 1642. — T. K. 12: 7 Stb.
——: *Corollarium* geistl. Collectaneorum. Lpzg. 1649. — B. U.: C. A. T. B. 5. 6. v. BC.

Psalterium Romanum dispositum per hebdomadam. Venet. 1667. Claudius.

Purcell, Hein.: *Recueil d'airs tirez des Opera, Tragedies et Comedies.* Amst. s. a. — B. U.: D. 2. Taille B.

Radino, Jul.: *Concerti per sonare et cantare, cioé Canzone e Ricercari* à 4. 8. *Mottetti, Messe, Salmi* à 5—16 voci. Venet. 1607. — B. U.: C. T. B. 5—12 v.

Ranisien, Sigism.: Zu dem allerheiligsten Lobe und Ehren Gottes in die Music gesetzte Sprüche / Lieder und Psalmen mit 1—5 und mehr Stimmen. I, II Theil Dresd. 1652/53. — Wäst. Sign.²) 29: Vox 1—3, BC.

Raselius, Andr.: Neue deutsche Gesänge mit 5, 6, 8 u. 9 Stimmen auf die 12 modos Dodechordi gesetzet. Nrbg. 1595. — T. K. 11. 5 Stb.

Rauph, Joh.: Zehn deutsche Psalmen Davids. Wittenb. 1552. — T. K. 35 D. 2. T. B.

Rebel: *Ulysse-Tragédie mise en musique.* Paris 1703. — B. U.

Recueil d'Airs serieux et à boire, tirés des livres de M. M. du Bousset, la Barre, Piroye, du Buisson. Livre 1, 2. Amst. 1696. — Finsp.

—— *d'Airs serieux et à boire de differents autheurs pour les mois Febr., Mars, Avril, May, Juin, Juillet, Septembre* 1697. *Juillet, Aoust, Septembre* 1698. Par. Ballard 1697/98. — Finsp. — B. U.

—— *des Recueils I à 4 Parties.* Par. 1573. — B. U.: D.
——, *Second.* Par. 1571. — B. U.: Sup. Ct.

Reggio, Lo Spirito da: *Il primo libro de Madrigali.* Venet. 1568. — T. K. 40: C.

Regnard, Francisco: *Poësies de Pt. Ronsard et autres Poëtes mis en musique* à 4, 5 Part. Par. 1579. — B. U.: Sup. T. Ct. B. 5 p.
——: *Missæ sacræ ad imit. selectiss. Cantiones* 5. 6. 8. *vocib.* Frf. 1602. — B. U.: C. A. T. B. 5 v.
——: *Continuatio Missar. sacrar.* Frf. 1603. — B. U.: C. A. T. B. 5 v. 2 Exempl.
——: *Corollarium missar.* Frf. 1603. — B. U.: C. A. T. B. 5. 6 v.
——: Newe kurtzweilige Teutsche Lieder mit 5 Stim. Nrbg. 1580. — B. U.: D. T. B. — Wäst. Sign. 3: I³,: D. A. T. Vag.

Renerus, Adam: *Magnificat 8 Tonor. Morales* Hispani et Reneri. Wittemb. 1544.

Reusner, E.: Musikal. Taffel-Erlustigung besteh. in allerhand Paduanen auf die Laute. Brieg 1668. — B. U.: V°. 2 Br. BC.
——: Musikalische Gesellschafts-Erlustigung. Brieg 1670. — B. U.: V°. 1, 2 Br., BC.

Rhaw, G.: Neue deutsche Gesänge CXXIII mit 4 u. 5 Stimmen. Wittemb. G. Rhaw 1544. — T. K. 20: T. B. Vag.

Riccius, Theod.: *Magnificat octo tonor.* 4—8 *voc.* Regensb. 1579. — B. U.: D. A. T. B. 5. 6 v.
——: *Liber I Missarum* 4. 5. 6. *vocum.* Regism. 1579. — B. U.: D. A. T. B. 5. 6 v.
——: *Lib.* II. Regism. 1580. — B. U.: id.
——: *Sacræ Cantiones* 5—8 *voc.* Regism. 1580. — B. U.: D. A. T. 5 v.

---

2) Mit untergel. schwed. Text.
3) Einige Gesänge mit untergel. schwed. Text.
4) In sämtl. Stbrn: »Bartholomeus Malschauntz Trometer«. In Disc.: »*Ex libris*« Laurentij Magni Vesthij«. In Altus: Sängerverzeichnis.

Richter, Nicodemus: (Titel fehlt). Stralsund 1636. — T. K. 38.
Rist, J.: Hausmusik. Lüneb. 1654. — Örebro.
——: Neue musikalische Festandachten. Lüneb. 1655. Karlst.: C. B.
——: Musikalisches Seelenparadis. Lüneb. 1660. — Örebro.
Rore: Cyprian. de: *Il 3 Libro di Madrigali à 5 voci di C. de R. et di altri Musici.* Venet. 1548. — B. U.: C. A. T. Ct.
Rosenmüller, Joh.: Paduanen, Alemanden, Couranten, Sarab. Lpzg. 1645. — Wäxiö: 2 C. B. B. pro org.
Rosiers, Sieur de Beaulieu: *Second livre des libertez.* Paris 1638. — Finsp.: Des. B.-contra.
——: *Alphabet de chansons pour dancer et pour boire.* Par. 1646. — Finsp.
——: *L'Eslite des libertez.* Par. 1644. — Finsp.
Rossi, Mich. Angelo: *Erminia. Dramma.* Roma 1637. — B. U.
Rothe, W. E.: Musical.-Freuden-Gedichte. Dresden 1660. — B. U. V°. 1, 2. V°. Br. 2.
Rotta, Ant.: *Intabulatura de Lauto.* Venet. 1546. — B. U.
Roussel, Franc.: *Chansons mises en musique à 4—6 Parties.* Par. 1577. — B. U.: Sup. B.
Rovetta, Joh.: *Motetta Concertata 2. 3 vocib. acc. Litaniæ B. Virg. 4 vocib. con. BC. ad org.* Antw. 1640. — B. U.: C. A. B. BC.
Roy, Adr. le: *Le premier Livre de Chansons en forme de Vaudeville à 4 parties.* Par. 1573. — B. U.: Sup. Contra.
Ruffo, Vincent: *Armonia celeste, 25 Madrigali. Libro 4 à 5 voci.* Venet. 1558. — B. U.: C. A. T. 5 v.
Ruggieri, Constant: *Motetti à 2. 3 Voci.* Op. I. Venet. 1664. — B. U.: C. A. B. Org.
Sabbatini, Galeat: *Madrigali concertati a 2—5 voci e. alcune Canzoni concertate* Op. V *de Madrigali.* Libro 4. Venet. 1637. — B. U.: C. A. T. B. 5 v. e V°. BC.
Sabino, Hippolit: *Il 3 Libro de Madrigali à 5. 6 voci con altri Madrigali à 6—8 et alc. Canzoni alla Napolitana à 4—6 v.* Venet. 1582. — B. U.: C. A. T. B. 5. 6 v.
Samin, Vulfr.: *Missa.* Lutet. 1558. Fol. max. — B. U.
Sartorius, Chr.: Hoher Fest- und Danck-Andachten. Nrbg. 1658. — B. U. C. vel T. 1, 2. Viol. 1, 2. B. ad org. BC. für die Viol. — [Jakob Sthm.].
Sartorius, Paul: *Sacræ Cantiones 6—12 vocib.* Venet. 1602. — B. U.: C. A. T. B. 5. 7. 8. vox.
Scandellus, Ant.: Neue schöne auserlesene geistl. deutsche Lieder. Dresd. 1575. — T. K. 37: A. B.
——: Neue und lustige weltl. deutsche Liedlein. Dresd. 1578. — T. K.: id.
——: Neue Teutsche Liedlein mit 4. 5 Stimmen. Nrbg. 1568. — B. U.: D. A. B.
——: *Epithalamia in Nuptias N. Leopardi et Kunigundæ.* Nrbg. 1568. — B. U.: A. T. B. 5. 6 v.
Scapitta, Vincent: *Missæ 5. 8 vocib. cum extractis ad libit.* Op. III. Venet. 1629. — B. U.: Chor I.: C. A. T. B. Chor II: C. A. T.
Schadæus, Abr. *Promptuarium musicum 5—8 voc. Pars I—IV.* Argent. 1611, 12, 13, 17. — B. U.: C. A. T. B. 5. 6. 7 vox. — T. K. 4: C. A. T. B. 5. 6. 7. 8 v. B. gen.
Scheid, Samuel: *Cantiones sacræ 8 voc.* Hamb. 1620. — Wäst. Sign. 121): C. A. T. B. 5—8 v. — [Nicolai, Sthm.].
——: *Paduana. Galliarda à 4, 5 cum BC.* — Hamb. 1621. — B. U.: B. pro org.
——: *Sec. pars Ludor. musicor.* Hamb. 1622. — B. U.: B. gen.
——: *Pars Prima Concertuum sacrorum.* Hamb. 1622. — Wäst. Sign. 14: Voc.: C. A. T. B. 5—7 vox. Instr.: C. A. T. B. 6. 7. 8 v. B. pro org.

---

1) 8 vox.: »1642. 25 Sept«. Einige Gesänge mit untergel. schwed. Text.

Scheid, Samuel: Neue geistl. Concerten. Pars I. Lpzg. 1631. — B. U.: B. gen. — T. K. 7: 1—6 vox.
——: Geistliche Concerten. Dritter Theil. Erfurt 1635. — T. K. 7: 1—6 v. B. gen.
——: Liebliche Krafft-Blümlein. Halle 1635. — Wäst. Sign. 20: I. V. 2. B. gen. — T. K. 18: v. 1.
——: Tabulatur-Buch 100 Lieder mit Psalmen. Görlitz 1650. — B. U.
Schein, Herm.: *Opella nova*. Geistl. Concerten mit 3. 4. 5. Stimmen. Lpzg. 1918. — T. K. 21: C. 1, 2. A. T. B. BC.
——: Auserlesene Krafftsprüchlein. Lpzg 1623. — T. K. id.
——: *Diletti pastorali*. Lpzg. 1624. — T. K. id.
——: *Musica-boscareccia sacra*: in dreyen absonderlichen Theilen verfaßte dreystimmig Wald-Wiederlein, mit geistl. Texten. Erfurt 1651. — Skara.
Scherer, S. A.: *Sonate a 3 due Viol. A. V°. dag.* Op. 3. Ulmæ 1680. — B. U.: 2 V°. Org.
Schmeltzer. J. H.: *Sacro-profan. Concentus Fidium aliorumque instrumentorum*. Pars I. Nrbg. 1662. Fol. — B. U.: 2 V°. 4 V*. 2 Trombe. 2 Org.
Schneider, M.: Ir. Theil neuer geist. Lieder, Ariętten. Liegnitz 1667. — B. U.: C. solo. 2 V°. Va.: A. T. Vione. Org.
Schop, Joh.: Erster Theil Geistl. Concerten. Hamb. 1644. — T. K. 27. C. solo. C. 2. T. s. B. s. BC.
Schütz, Heinr.: *Cantiones sacræ quatuor vocum*. Friburgæ 1625. — T. K. 21: 2 C. A. T. B. BC.
——: Erster Theil kleiner geistlicher Concerten mit 1—5 Stimmen. 1636. — T K. 12.: 7 Stb. — Wäxiö.
——: [*Symphoniæ sacræ*. Venetia 1629. — Nicolai. Sthm.].
Schwemmer, Heinr.: Die gerechten Seelen s. l. et a. B. U. (nicht im gedr. Kat.).
Scozzese, Aug.: *Il primo libro de Madrigale a 5 voci*. Venet. 1584. — B. U.: C. A. T. B. 5 v.
Sebastiani, Joh.: Geistlicher Seelen-Trost wider die Sünde. Königsb. 1663. — Wäxiö.
——: Parnaß Blumen oder geistl. u. weltl. Lieder. Th. I, II. Hamb. 1672—75. — B. U.
——: Begräbnis-Lieder. Königsb. 1664—80. — B. U.
Seyfrid, J. Chr.: 2r. Theil neuer Paduanen mit 2 Viol. u. Gen.-B. Jehna 1659. B. U.: V°. 1.
Sicard: *Aires à boire à trois parties avec la Basse cont*. Par. 1666. — B. U.: BC. (nicht im gedr. Kat.).
Simpson, Thom.: Taffel-Concert von allerhand Musical. Sachen mit 4 Stimmen. I. Theil. Hamb. 1621. B. U.: B. gen.
Souter-Liedekens. Amst. 1613. — Finsp.
Sparacciarius, J. G.: *Lyra Sacrorum Davidis Concentuum a 3 voc. c. B. ad org*. Op. 2. Venet. 1628. — B. U.: C. 2.
Spiegler, M.: *Sancta Maria ora pro nobis. Cantionum totidem quotquot vides Fasciculus 3 vocum*. Ravensp. 1624. —— B. U.: B. pro org.
Spontini, Ludv.: *Motetti a 8 vocib. Lib*. 2. Venet. 1609. — B. U.: C. 1, 2. A. 2. V. 1,2. B. 1, 2.
Staden, Joh.: *Plausus Noricus Gustavo Adolpho Sr. Goth. Vand. Regi, Noribergam ingresso 31 Mart. a 4 vocib*. Nrbg. 1632. Fol. — B. U.: 2 C. T. B. A. 2 chori. T. 2 chori. B. 1, 2 Chori. 2 B. ad org. Cornetto 1. 2. overo V°.
Stadlmayr, Joan: *Psalmi integri*. Oeniponti 1641. — T. K. 26: 9 Stb.
——: *Musica super Canticum Gregorianum euius Pars I Missarum Dom. Introitus complectitur*. P. II. *Festor. et Sanct*. Ravensp. 1625. — B. U.: C. T. 5 v. B. pro Org.
Stephani, Clem.: *Bcati omnes: Psalm*. 128 *Davidis* 6. 5. 4 *voc. Cantiones* 17 *a rar. musicæ artificibus ed. per Clem. Steph*. Nrbg. 1569. B. U.: D. A.

Stephani, Clem.: *Cantiones selectissimæ* 5—8. 12 *et plur. voc. collectæ et ed.* p. Cl. St. Nrbg. 1568. — B. U.: D. A.
Stivorio, Francisc.: *Concenti musicali* à 8. 12. 16 *voci*. Libro 2. Venet. 1601. — B. U.: A.: 3 chori. B.: 3 ch.
Stobæus, Joh.: C. I Gesänge. Dantzig 1634. — T. K. 39: D.
Striccius, Wolfg.: Neue teutsche Lieder. Nürnb. 1588. — T. K. 11: Vollst.
——: Der erste Theil Neuer teutscher Gesänge zu fünf u. vier Stimmen. 1593. — T. K. 11: 5 Stb.
Striggio, Aless. & G. Gabrieli: *Il lauro verde*. Antw. 1591. — T. K. 29: D. T. B. 5 v.
—— *Il primo libro di Madrigali à 6 voci con una nova Giunta*. Venet. 1566. — B. U.: C. A. B. 5 v.
——: —— Ristamp. p. A. Gordano. Venet. 1569.
Susato, T.: I *Livre des Chansons à 2 ou 3 Parties*. Antw. 1543. — B. U.: Sup. T. B.
——: *Ecclesiasticarum Cantionum Lib.* 1—15. Antw. 1553—57. — B. U.: Sup. T. B. 5 v. — Lib. 1— 9: Wäxiö: Ct. — Lib. 5—11: Wäxiö: 3 Stb.
——: *Chansons a 4 Parties*. Livre 1—4 à 5, 6 *Part*. Livre 5—7 à 4 *Part*. Livre 8—10. Anv. 1543—45. — B. U.: Sup. T. Ct. B.
——: *Chansons Musicales a Cinq*. Anvers. s. a. B. U.: Sup. C. T. B.
Sweelinck, J. Pietersen: *Livre septième des chansons*. Amst. 1608. — Finsp.: Ct.
——: —— Amst. 1640. — Finsp.: Ct. Sup.
——: —— Amst. 1644. — Finsp.
Svevus, Felicianus: *Tuba Sacra Modulationum sacrarum Lib.* III. Oenip. 1642. — Wäst. Sig. 20: II: Vox 2, 3, 4.
Syfertus, Paul: *Psalmor. Davidis ad Gallic. Melod. compositor. à 4—8 voc*. Pars 2. Dantisc. 1659. — B. U.: C. T. B. 5—8 v. B. gen.
Sylvestris, Flor. de: *Floridus Modulorum Hortus a 2. 3. 4 voc*. Roma 1647. — B. U.: C. A. B. org.
——: *Florida verba a 2—4 voc*. Venet. 1649. — B. U: C. A. T. B. B. pro org.
——: *Florido Concento di Madrigali*. Roma 1652. — B. U.: A. T. B. BC.
——: *Cantiones sacræ 2—4 vocib*. Venet. 1649. — B. U.: C. A. T. B. BC.
Symphoniæ, Selectissimæ. Nrbg. 1546. — Wäxiö: S. A. T. B.
Symphoniarum Continuatio 4—8, 10, 12 *vocibus*. Nrbg. 1600. — B. U.: C. A. B. B. 5. 7. 8. v.
Syrena, Gal.: *Missæ, duæ quaternis vocib., duæ octonis. Lib.* I. Venet. 1626. — B. U.: C. A. T. B. 1, 2 ch.
Tablature de Luth de différents autheurs sur les accords nouveaux. Paris 1638. — Finsp.
Tarditi, Horat.: *Concerto il 25 musiche da chiesa diverse, cioe Motetti e Psalmi a 3, 4 voce*. Venet. 1647. — B. U.: C. A. T. B. B. pro org.
——: *Concerto il 35 ae Motetti a 2, 3 voci*. Venet. 1663. — B. U.: C. V°. 3 P. B.
Tasso, G. M.: *Il primo libro di Lupacchino et di Joh. M. Tasso à 2 voci*. Venet. 1568. — B. U.
Theilen, Joh.: Weltliche Arien und Concerten 1. 2. 3. zehen mit 1. 2. bis 4. vocalstimmen. Lpzg. 1667. B. U.: C. Instr. 1. 2. A. & Instr. 3. T. & Instr. 4. B. & Instr. 5. BC.
——: *Passio Domini nostri Jesu Christi secund. Evangel. Matthæi* mit 5 Stim. Lübeck 1673. — B. U.: 2 C. A. T. B. B. pro org. 2 Vag. BC. Evangelista.
Thesaurus Musicus contin. selectiss. Harmonias Th. I—V. Nrbg. 1564. — B. U.
Thomas, Joh. Lambertinus: *Septem Psalmi Poenitentiales* Venet. 1569. — T. K. 40 [1]: Cantus.
Tonsor, Mich.: *Cantiones Ecclesiast. 4. 5. voc. acced. Psalmi Davidis*. Monach. 1590. — B. U.: D. A. T.

1) Auf dem Deckel steht: »Torstenius Rhyarander 1601«.

Trossarello, Prete P.: *Il libro de Madrigali a 6 voci.* Milano 1570. — B. U.: C. A. T. B. 5. 6 pars.

Uccellini, M.: *Sinfonie Boscarecie à Violino Solo e Basso.* Anv. 1669. — Finsp.: V°. 1—3, V¹°ⁿᵉ. BC.

Utenthal, Alex.: Fröliche neue teutsche und frantzösische Lieder. Nrbg. 1586. — T. K. 37: A. B.

——: *Sacrar. Cantionum 5 vocib. Lib. I.* Nrbg. 1571. — B. U.: D. A. 5 v.

——: *Missae III 5, 6 voc. item Magnificat per 8 tonor. 4 vocib.* Nrbg. 1573. — B. U.: D. A. T. B. 5. 6 v.

——: Fröliche newe teutsche vnd frantzösische Lieder. Nrbg. 1574. — Wäst. Sign. 3: IV[1]: D. A. T. B. Vag.

Utrecht: Henr.: *Terpsichore I.* Guelpherb. 1624. B. U.: B. gen.

——: *Concertatio Musicalis* Etlicher Toccaten. Celle 1631. — Wäst. Sign. 18. Cantus.

Vecchi, Horat.: *Piu é diversi Madrigali e Canzonetta.* Nrbg. 1594. — B. U.: C. A.

——: *Convito Musicale ... Madrigali et Canzonetti.* Anv. 1598. — Finsp. C. A. T. B. 5. 6. v.

—— *Canzonette a 4 voci.* Nrbg. 1593. — B. U.: C.

——: *Hymni, qui per totum annum in Ecclesia concinuntur.* Venet. 1604. — B. U.: A. B.

Vecchi, Orpheus: *Missarum 5 vocib. Lib. III.* Mediol. 1602. — B. U.: C. A. T. B. 5 p. B. princ.

Vento, Ivo de: Neue teutsche Liedlein mit 5 Stimmen. München 1569. — B. U.: D. A. T. B. 5 v.

——: Newe teutsche Lieder mit 4. 5. u. 6. stimmen. Münch. 1570. — B. U.: D. A. T. B. 5 v. — Wäst. Sign. 3: II: D. A. T. B. 5 v.

——: *Liber Motettorum 4 vocib.* Münch. 1571. — B. U.: D. B.

——: *Mutetae sacrae 4 vocib.* Münch. 1574. — B. U.: T. B.

Vesi, Sim.: *Messa et Salmi a 6 voci.* Venet. 1646. — B. U.: 2 C. A. 2 T. B. 2 V°. org.

Viadana, Lod.: *Opera omnia sacrorum concertuum 1—4 voc. cum basso cont. et gen. Organo adplicato.* Frf. 1626. — Wäst. Sign. 16: I[2]: C. A. T. B. B. U.: C. A. T. B. Bgen.

Viadanus, Jacobus Morus: *Sacrae Cantiones.* s. l. et a. — T. K. 19: 3 Stb.

Victoria, Thom. Ludo. de: *Motecta part. 4 part. 5—8 voc.* Venet. 1603 — B. U.: C. T. B. 5. 6. 7. 8 v.

Vidue, Hector: *Madrigali a 5, 6 voci di lui Alex. Striggio e d'altre Musici Jul. Bonagionta.* Venet. 1566. — B. U.: C. A. T. B. 5. 6. p.

Vierdancken, Joh.: Erster Theil geistl. Concerten mit 2, 3 und 4 Stimmen. Greyhfsw. 1641. — T. K. 42: 1. 2. vox. — Wäst. Sign. 27: I[3]: 1—4. vox. BC.

Vignali, Franciscus: *Madrigali il I libro a 2—4. Op. I.* Venet. 1640. — B. U.: C. A. T. B. BC.

Villancicos de diversos Autores a 2—5 Boxes Venet. 1556. — B. U.[4]

Vitalius, Phil.: *Sacrae Cantiones a 6 vocib. cum Basso ad Org. Liber I.* Venet. 1625. — B. U.: A. B. 5 v.

Vulpius, Melch.: *Cantiones sacr. cum 6. 7. 8. et plur. voc.* I Pars. Ritzenhan 1662. — T. K. 3: D. A. T. B. 5. 6. 7. 8 vox.

---

1) Nr. 23 mit geschriebenem latein. Text unter dem franz. Original.
2) In Cantus: »M. M. Heij 1671«.
3) In B. gen. steht: *Hoc opusculum Musicale ex donatione Nicolai Rudbeckij inter cetera Musicalia Gymnasij Arosiensis relatum est*«. Einige Gesänge mit untergel. schwed. Text.
4) Beschrieben mit Titel-Faksimile bei R. Mitjana: »*Cançoniero de Upsala*«. 1906.

Wœlrant, Hubertus: *Lib. I sacrarum cantionum quinque et sex voc.* Antw. 1554. L. II 1555. L. III 1555. L. IV 1556. L. V, VI s. a. — T. K. 16: Sup. T. Ct. B. 5 v.
——: *Il primo libro de Madrigali et Canzoni Franc. a 5 voc.* Anv. 1558. — B. U.: Sup. A. T. B. 5. 6 vox.
——: *Symphonia Angelica à 4—6 voci raccolte p. H. W.* Antw. 1585. — B. U.: C. B.

Walther, Joh.: Wittemb. Gesangbüchlein mit 4. u. 5. Stimmen. Wittemb. 1551. — B. U.: A. T. B. Vag.

Wanningus, Joh.: *Sacræ cantiones 5. 6. 7. 8 voc. comp.* Nrbg. 1580. — Wäst. Sign. 3: VI: D. A. T. B. Vag.

Weber, Georg: Erster Theil der geistl. Lieder darinnen verfasset sindt. ... Seüfftzersworte (10 Lieder nebst Cont.). Sthm. 1640. — Wäst. Sign. 23.

Weichman, Joh.: Der 133 Psalm in 5—14 Stimmen gesetzt. Königsb. 1649. — B. U.: Vollst.

Weiland, Jul. Joh.: ΔΤΨΤL ΡΟΤΟΚΟΣ *hoc est Sacratissimarum Odarum.* Bremen 1656. — T. K. 17: Vox. 1. 2.

Wendland, Marcus: *Cantio quatuor voc.* Rost. 1579. — Wäst. Sign. 2: II: C. A. T. B.

Werner, Christopher: *Præmessa Musicalia in quibus Motetæ singulæ vel una vel duabus vocibus.* Regimonti 1646. — Wäst. Sign. 20: III. Vox. 2. 3. 4

Wert: Giaches de: *Madrigali del Fiore a 5 voci.* Libro 2 con altri à 6. 7. Vineg. 1561. — B. U.: 5 v.
——: *Motectorum a 5 voci Lib. I.* Nrbg. 1569. — B. U.: A. T. B. Vag.
——: *Il 6 libro di Madrigali à 5 voci.* Vineg. 1584. — B. U.: 6 Stb.

Young, W.: *Sonate à 3. 4. 5 con alcun Allemanden, Correnti a 3.* Insp. 1653? — B. U.: V°. 1. 2. 3. V*. B.

Zange, J.: *Musicæ practicæ præcepta.* Lpzg. 1554. — Örebro.

Zeitvertreiber, Musikalischer. Nrbg. 1655. — B. U.: C. sive T. 1. V°. 1. 2. T. C. 2 & A. B. BC.

Zeutschner, Tob.: Musical. Kirchen- u. Hausfreude mit 4—6 Vocal-Stim. Lpzg. 1661. — B. U.: Tromb. 1. 2. 3. — [Jakob, Sthm.].

Ziani, Petr. Andr.: *Sacræ laudes, complect. Tertiam Missam, Psalmosque Dominic. 5 vocib. et 2 Instr.* Venet. 1660. — B. U.: C. A. T. B. 5 v. V°. 1. 2. Org.

Un opéra inconnu de Gluck.

Par

Francesco Piovano

(Rome).

Les nombreux et sérieux problèmes auxquels a donné naissance l'évolution sociale ne permettent plus de s'intéresser excessivement aux vicissitudes actuelles du théâtre. Le cas était bien différent au dix-huitième siècle: on considérait alors le théâtre comme un élément presque indispensable à la vie, et l'on s'y passionnait d'une façon tellement extraordinaire, qu'on saurait difficilement s'en former une idée aujourd'hui.

Les spectacles donnés en plusieurs grandes villes, particulièrement ceux qu'on mettait en scène à Venise attiraient toujours une foule d'admirateurs de l'art, provenant non seulement des différents petits Etats en lesquels se divisait l'Italie, mais aussi de l'étranger; et parfois des princes de maisons régnantes s'y rendaient pour suivre des entières saisons d'opéra.

Le luxe, la somptuosité, l'excellence et l'importance des spectacles n'était pas la prérogative d'un petit nombre de grands centres: en plusieurs petites villes eurent lieu de temps en temps des saisons d'opéra nullement inférieures à celles qui formaient la grande attraction des métropoles. Deux exemples suffiront à le prouver.

Pendant l'automne de 1735 au théâtre public de Pesaro (Teatro del Sole)[1] donnait ses représentations une troupe dont faisaient partie Faustina Bordoni Hasse, Anna Peruzzi, le ténor Angelo Amorevoli, le sopraniste Giovanni Carestini (dit *Cusanino*) et le contralto Giuseppe Appiani, *Appianino*[2]: un ensemble vraiment superbe. Pour l'occasion, Hasse, le *Caro Sassone*, composa exprès un opéra: *Tito Vespasiano ovvero La clemenza di Tito*[3].

C'était alors le temps où l'on comptait, parmi les sopranistes seulement, des chanteurs tels que *Caffarello, Farinelli, Gizziello,* Carestini et Salimbeni, noms fameux partout.

Au nombre des compositeurs dramatiques en vogue il y avait Porpora, Leo, Hasse, Galuppi, Lampugnani; et bientôt devaient se faire connaître David Perez, Terradellas, Jommelli et bien d'autres. Vinci était mort depuis peu (1730), après une carrière très-courte (onze ans à peine, ayant débuté en 1719), et sans avoir eu la satisfaction de voir son talent récompensé comme il le méritait...

---

1) Ce théâtre fut inauguré en 1637, les derniers jours de carnaval, non pas avec un opéra, mais avec une tragédie, l'*Asmondo* de Giovanni Ondedei. Voir l'article de Giuseppe Radiciotti: *Il primo spettacolo dato nel pubblico teatro di Pesaro*, dans *La Cronaca Musicale* de Pesaro, deuxième année, N. 3, p. 69—76.

2) Giuseppe Appiani, milanais, dit *Appianino*, célèbre contralto, élève de Porpora, mourut d'un érysipèle en 1742 à Cesena, étant âgé de 28 ans à peine, et «lasciando le Città di Ferrara, e di Venezia, dalle quali era condotto, e aspettato, col rincrescimento di vedersi tolto per sempre l'udire si accreditato Cantante». Cfr. *Della storia, e della ragione d'ogni poesia*. Del volume terzo parte seconda (tomo quinto) di Francesco Saverio Quadrio della Compagnia di Gesù... In Milano, MDCCXLIV. Nelle Stampe di Francesco Agnelli. *Con licenza de' Superiori* — p. 533.

Fétis (I, 123) citant l'*Oesterreichisches biographisches Lexikon* de Moritz Bermann, t. I, p. 210, écrit qu'Appiani naquit à Milan le 29 avril 1712, débuta en 1731 dans l'*Arminio* de Hasse et mourut à Bologne le 2 juin 1741. La date du début est inexacte, car Appiani chantait déjà au carnaval de 1730 à Rome (Teatro delle Dame); et celle de la mort se trouve en contradiction avec des circonstances bien connues. On sait en effet que le célèbre artiste se fit entendre encore dans le carnaval de 1742 au théâtre Ducal de Milan (où il créa le rôle d'*Arbace* de l'*Artaserse* de Gluck) et se rendit ensuite à Bologne, où il chanta pendant la saison de printemps au théâtre Malvezzi dans l'*Eumene*, un opéra composé exprès par Jommelli. L'*Eumene* fut donné 27 fois depuis le 5 mai jusqu'au 24 juin. Dans 4 représentations Appiani, déjà malade, fut remplacé par Alessandro Veroni. Il était le mieux payé de la troupe, ayant 3400 livres bolonaises, contre 1980 données au ténor Babbi, et 1800 à la *prima donna* Maria Giustina Turcotti. Cfr. *I teatri di Bologna nei secoli XVII e XVIII. Storia aneddotica* di Corrado Ricci. Bologna, Successori Monti Editori, 1888 — p. 555.

De 1739 à 1742 il fit partie de la Chapelle Impériale de Vienne avec l'appointement de 1800 florins.

3) Sur la *Faustina* et Joh. Ad. Hasse voir: *Faustina Bordoni-Hasse von* A. Niggli. Druck und Verlag von Breitkopf & Härtel in Leipzig, 1880 *Sammlung musikalischer Vorträge*. Nr. 21/22. Herausgeber: Paul Graf Waldersee; et: G. M. Urbani de Gheltof. *La «Nuova Sirena» e il «Caro Sassone», note biografiche*. In Venezia MDCCCXC. — À ces deux auteurs est resté inconnu le séjour fait à Pesaro par Hasse et sa femme.

Le nouveau théâtre de Spolète fut inauguré en automne de 1751: pour la composition d'un opéra nouveau on avait choisi Jommelli, qui depuis plusieurs années était parvenu à une remarquable célébrité[1]. L'opéra fut l'*Ipermestra*: parmi les chanteurs il y avait le fameux ténor Domenico Magalli, et les non moins distingués sopranistes Ferdinando Mazzanti de Pescia[2] et Giuseppe Belli de Cortone[3].

1) Sans doute c'est à la renommée d'habile compositeur rapidement acquise par lui qu'il dut sa nomination au poste de coadjuteur (avec future succession) de Pietro Paolo Bencini, le maître de chapelle de la Basilique de S. Pierre au Vatican (Chapelle Julie), lequel, étant fort âgé, ne pouvait plus vaquer à son emploi. Cette nomination eut lieu en 1750; voir *Notizie biografiche di Nicolò Jommelli di Aversa nel Regno di Napoli, sommo compositore di musica, scritte da* Pietro Alfieri ... Roma, Tipografia delle Belle Arti, 1845 — p. 14 et 42—44. Bencini mourut le 6 juillet 1755, âgé de 86 ans environ (*Diario ordinario* [di Roma] *Num.* 5928. *In data delli* 12. *Luglio* 1755), mais ce ne fut pas Jommelli qui lui succéda, car celui-ci avait été nommé maître de chapelle du Duc de Wurtemberg au mois de novembre 1753. Au poste laissé vacant par Bencini fut appelé le compositeur romain Giovanni Battista Costanzi († 5 mars 1778), lequel avait été nommé coadjuteur par le Chapitre Vatican le 3 juin 1754.

2) Mazzanti chanta à Berlin en 1741—43, et se fit entendre longtemps sur les scènes romaines. C'est lui qui créa le rôle de *Demetrio* de l'*Artaserse* de Gluck (Rome, théâtre de Torre Argentina, 9 février 1756) et celui d'*Aminta* dans le *Re Pastore* du même compositeur (Vienne, «Imperial Privilegiato Teatro presso la Corte», 8 décembre 1756). Il n'était pas seulement chanteur, mais aussi violiniste, compositeur et écrivain musical. De 1772 à 1782 il vécut à Stuttgart, où il avait été appelé par la Cour, en qualité de «Musikmeister». À partir de 1778 il exerça les fonctions de maître de chapelle, remplaçant le compositeur Antonio Borroni. Fétis le fait naître à Rome: c'est une erreur. G. B. Mancini dans ses *Riflessioni pratiche sul canto figurato* (Milan, 1777), p. 41, le met au nombre des «Musici di primo rango» et le dit «Nato in Toscana». La Borde aussi reconnaît son mérite l'appelant «Chanteur de la plus haute réputation, excellent Musicien» (voir *Essai sur la musique ancienne et moderne*. Tome troisième. À Paris, ... Chez Eugène Onfroy, ... M.DCC.LXXX. ... — p. 316—17).

Mazzanti mourut à Rome vers 1786 (cfr. *Dizionario storico-critico degli scrittori di musica e de' più celebri artisti di tutte le nazioni sì antiche che moderne dell' ab.* Giuseppe Bertini ... Tomo terzo. Palermo, Dalla Tipografia Reale di Guerra, 1815 — p. 80).

3) Giuseppe Belli naquit à Cortone en 1732, fut élève de son concitoyen Domenico Rumi maître de chapelle de la Cathédrale, et mourut, après une carrière courte, mais brillante, à Naples, le 25 janvier 1760. Il n'était âgé que de 27 ans, et il dut succomber aux conséquences d'une agression subie au mois de décembre 1759, dans laquelle des sicaires qui agissaient par mandat d'un jaloux vénitien lui assénèrent plusieurs coups de poignard. Cfr. Prof. Francesco Ravagli. *Cenni biografici su Giuseppe Belli celebre cantante cortonese.* Cortona, Tipografia Bimbi, 1890.

À l'aide de cette brochure, ainsi que de différentes autres sources, on peut reconstruire la carrière de Giuseppe Belli ainsi que suit. Encore très jeune, en 1747 et 1749 se fit remarquer par la beauté de sa voix aux concerts qu'avaient lieu de temps en temps à l'Académie Etrusque de Cortone. Dans le carnaval de 1751 il chanta à Rome, au théâtre delle Dame, et en automne de la même année, à Spolète, ainsi qu'on a vu. Il revint à Rome, au théâtre delle Dame, pour le carnaval suivant (1752); puis il fut appelé à la Cour électorale de Saxe, avec le salaire de 2200 thalers par an. La guerre des sept ans interrompit brusquement les spectacles à Dresde: la Cour se transféra à Varsovie, et Belli se rendit d'abord à Vienne, et ensuite à Venise, où il chanta au théâtre de Saint-Benoît pendant le carnaval de 1758. En septembre 1758 il était à Lucques, et dans le carnaval de

C'est n'est donc pas exclusivement la chronique théâtrale des grandes villes qui peut nous offrir des particularités et des renseignements fort intéressants: mais bien aussi celle des petites villes où dans le bon vieux temps l'on donna souvent des spectacles absolument de premier ordre.

Pour un certain nombre de villes italiennes il existe une *cronistoria* ou une chronologie plus ou moins complète, et plus ou moins exacte des spectacles mélodramatiques[1],: toutefois bien de théâtres, et pas des moins importants, attendent toujours leur illustrateur, tandis qu'une quantité considérable de matériaux *ad hoc* renfermée dans les bibliothèques et dans les archives n'a pas encore été faite objet de recherches par quelque patient et heureux chercheur.

Des matériaux très précieux, particulièrement à l'égard des époques plus reculées, on pourrait les trouver dans les collections de livrets, publiques ou privées: mais ces collections sont par ordinaire très peu accessibles, et leur consultation offre presque toujours de nombreuses et souvent insurmontables difficultés.

Les notables lacunes que présente la *cronistoria* théâtrale italienne ont amené à ce résultat: qu'il y a encore aujourd'hui bien de périodes très obscures dans la biographie de beaucoup de musiciens, soit grands, soit humbles; en même temps il a été possible que l'on ignorât jusqu'à présent l'existence d'une œuvre théâtrale due à un des réformateurs du drame musical, à un compositeur dont une foule d'écrivains se sont occupés depuis un siècle jusqu'à nos jours.

* * *

L'exposition internationale de musique et théâtre de Vienne avait réuni en 1892 (7 mai — 9 octobre) dans la métropole autrichienne un vrai trésor de manuscrits, autographes, documents, publications et objets relatifs au sujet qu'on voulait illustrer.

La section italienne à elle seule aurait suffi pour donner de l'importance à cette exposition; pour s'en persuader il n'y a qu'à examiner le catalogue qui fut alors publié[2].

Dans la section italienne figuraient aussi plusieurs collections de livrets, auxquelles le catalogue qu'on a cité consacre non moins de 73 pages. C'est en effet de collections très importantes qu'il s'agit. En premier lieu (p. 156—174) on fait mention d'une série de 118 volumes renfermant livrets d'opéras donnés à Milan (théâtre Ducal, théâtre alla Scala, théâtre alla Canobbiana), et à Monza de 1670 à 1885. Cette série, exposée par la Bibliothè-

1759 se fit entendre au théâtre Ducal de Parme. Le dernier engagement qu'il contracta fut celui au théâtre de Saint-Charles à Naples, pour l'année théâtrale de 1759—60: et là, sur les bords du Sebeto, une mort prématurée devait le soustraire à ses succès.

B. Croce dans ses *Teatri di Napoli* ne fait mot de la fin violente du chanteur. Fétis (I, 326) qui le cite avec le nom erroné de Giovanni, n'en connaît pas le lieu de naissance, et prétend qu'il se trouvait à Dresde en 1750.

Fürstenau aussi est inexact lorsqu'il le fait naître à Florence (cfr. *Zur Geschichte der Musik und des Theaters am Hofe zu Dresden*, II, 273).

1) Voir la *Bibliografia delle cronistorie dei teatri d'Italia* compilée par A. Ademollo (Milan, Ricordi, 1888) et réimprimée en 1896 et 1905 avec additions par le Dr. Diomede Bonamici.

2) *Internationale Ausstellung für Musik und Theaterwesen, Wien 1892. Fach-Katalog der Abtheilung des Königreiches Italien. Verfasst und redigirt von Cav. Prof. Adolfo Berwin... und Dr. Robert Hirschfeld... Mit 4 Tafeln.* Herausgegeben von der Ausstellungs-Commission. Wien 1892.

que de l'Académie Royale de Sainte-Cécile (Rome), avait appartenu au bibliographe milanais Lodovico Settimo Silvestri[1]). Le catalogue donne la liste des livrets jusqu'à l'année 1800. Pour ce qui est du théâtre Ducal, c'est-à-dire jusqu'en 1776, la série est fort incomplète; pour les années suivantes les lacunes sont insignifiantes.

Une liste de livrets choisis exposés par la Bibliothèque du Lycée Musical de Bologne[2]) occupe les pages 174—192.

Viennent ensuite deux séries de livrets turinois pour les années de 1669 à 1799 (p. 192—206). Le catalogue ne renseigne pas sur la provenance de ces livrets: on sait cependant qu'ils furent exposés par la Bibliothèque Civique de Turin[3]) comme le sous-directeur, M. Giovanni Zo, m'a fait obligeamment connaître.

La série de livrets dont il est fait mention de p. 206 à p. 227 appartient à la collection du Dr. Diomede Bonamici, le distingué bibliographe livournois[4]). Au nombre des exposants l'on trouve aussi la Bibliothèque Labronica de Livourne (p. 227—228), le Chev. Damiano Muoni de Milan et l'Académie des Floridi de Livourne. À la page 228 on lit enfin ce qui suit:

[1]) Lodovico Settimo Silvestri, écrivain, bibliographe et musicien, naquit à Milan le 25 juillet 1814. On lui doit les ouvrages suivants:

a) *Effemeridi storico — critico — statistico — biografico — artistico — bibliografiche teatrali o Serie cronologica di tutte le rappresentazioni melodrammatiche, coreografiche, ecc., ecc. poste sulle scene dei pubblici e privati teatri di Milano dal 1547 a tutt'oggi.* — Ce travail devait réussir fort intéressant à en juger d'après l'index et le spécimen joints au prospectus distribué en juin 1874: mais faute d'un nombre suffisant de souscripteurs, il resta inédit. Le ms. est cité aussi par P. Cambiasi dans la *Gazzetta Musicale di Milano*, 52ème année, N. 32, du 12 août 1897, p. 464, en note;

b) *La Drammaturgia milanese*, c'est-à-dire recueil de livrets d'opéra et d'opuscules relatifs aux théâtres publics et particuliers de Milan. Cette collection, constituée par 183 volumes embrassant la période de 1547 à 1872, figura en 1881 à l'Exposition de musique de Milan, et fut achetée la même année par Charles Nuitter, pour compte de la Bibliothèque de l'Opéra de Paris. La collection possédée par la Bibliothèque de l'Académie Royale de Sainte-Cécile n'est donc qu'un autre exemplaire incomplet d'une partie de la *Drammaturgia milanese*;

c) *Indice generale della Collezione intitolata: I RR. Teatri di Milano, Scala e Canobbiana* ... (un volume in-16, de 300 pages, pas en commerce);

d) *Della vita e delle opere di Gioachino Rossini, notizie biografico—artistico—aneddotico—critiche* ... Milano 1874, a spese dell' Autore (un volume in-8, de 382 pages, avec 2 gravures et 19 fac-simile).

L. S. Silvestri a aussi composé de la musique de ballet, et arrangé pour piano des symphonies et des morceaux d'opéras, etc.

[2]) La Bibliothèque du Lycée Musical de Bologne possède une «ricchissima collezione di libretti melodrammatici (circa dieci mila) ...». Cfr. *Catalogo della Biblioteca del Liceo Musicale di Bologna compilato da* Gaetano Gaspari, *compiuto e pubblicato da Federico Parisini, per cura del Municipio*. Volume I. Bologna, Libreria Romagnoli Dall' Acqua, ... 1890 — p. XXXI.

[3]) Il existe à la Bibliothèque Civique de Turin une collection d'environ 2000 livrets d'opéras représentés à Turin. Voir le *Bollettino delle pubblicazioni italiane ricevute per diritto di stampa* (dalla Biblioteca Nazionale Centrale di Firenze), 1897. Num. 269, 15 marzo, p. xviiij.

[4]) La Collection Bonamici, qui renferme 7000 livrets environ, a été achetée en 1904 par la Bibliothèque Marucelliana de Florence.

«Libretti, Zeichnungen und Bücher, das Theater betreffend. Eine sehr reichhaltige Sammlung im Privatbesitze des Herrn Advocaten Carrotti (sic) in Turin [1].» Dans une note l'on ajoute: «Die Sammlung ist leider nicht zugänglich gewesen.»

Le prof. Berwin [2] eut pourtant vite occasion de l'examiner à son aise, car la collection Carotti, renfermant 3400 livrets environ, fut achetée par le Ministère de l'Instruction publique et déposée à la Bibliothèque de l'Académie Royale de Sainte-Cécile.

Un peu de familiarité avec la dramaturgie italienne, ce dont le chef d'une bibliothèque musicale ne devrait pas se dispenser, ou du moins la connaissance des titres des opéras composés par Gluck en Italie (environ une douzaine après tout), eût mis le prof. Berwin en état de signaler une œuvre théâtrale parfaitement inconnue du grand maître il y a une quinzaine d'années, c'est-à-dire peu de temps après la découverte faite à Florence d'un autre ouvrage du même compositeur [3].

---

1) L'avocat Giovanni Carotti, directeur du *Pirata*. Ce journal théâtral, qui eut sa période de célébrité, fut fondé en 1835 à Milan par le Dr. Francesco Regli. Après les cinq journées de Milan, le *Pirata*, qui jusque-là s'était occupé exclusivement de littérature et théâtres, se mêla aussi de politique: c'est pour cela qu'il dut se transférer la même année (1848) à Turin, pour se soustraire à une suppression inévitable au retour des Autrichiens.

Dans la capitale du Royaume de Sardaigne le brillant journal se transforma en un simple organe de l'agence théâtrale du Dr. Regli, et la littérature n'y trouva plus de place. Sans doute les meilleures années du *Pirata* sont celles milanaises, lorsqu'il comptait au nombre de ses collaborateurs une foule de littérateurs distingués. Le Dr. Regli en fut directeur et propriétaire depuis la fondation jusqu'à sa mort (Turin, le 10 mars 1866, à la suite d'un accident apoplectique).

Après différentes vicissitudes, le journal devint propriété de l'avocat Carotti; les publications cessèrent vers 1894. L'avocat G. Carotti mourut à Stresa, en novembre 1900, âgé de 70 ans.

Les archives du vieux *Pirata* ont fourni sans doute bon nombre de livrets du dix-neuvième siècle, dont la collection Carotti est très riche.

2) Adolfo Berwin, compositeur, théoricien et écrivain, naquit à Schwersenz (près de Posen) le 30 mars 1847, et mourut à Rome le 29 août 1900. Il avait été nommé bibliothécaire de l'Académie Royale de Sainte-Cécile en 1875, et depuis 1882 il était aussi directeur de la «Sezione Governativa» instituée dans la Bibliothèque de ladite Académie.

3) C'est le *Prologo* exécuté le soir du 22 février 1767 à Florence, au théâtre de la Pergola. Alessandro Ademollo en fit connaître l'existence avec un article qui parut dans le *Fanfulla della Domenica* de Rome, 10ème année, N. 46, du 11 novembre 1888. La partition, découverte à la Bibliothèque de l'Institut Musical de Florence, fut publiée en 1891 par le comte Paul Waldersee à Leipsick, chez Breitkopf & Härtel.

Un exemplaire du livret du *Prologo* se trouve aussi à la Bibliothèque Nationale Centrale Victor Emmanuel de Rome, sous la cote 35. 6. L. 13, 4.

La sopraniste Giacomo Veroli, qui joua l'unique rôle qu'on rencontre dans le *Prologo*, celui de *Giove*, est qualifié erronément comme ténor par A. Ademollo dans l'article qu'on a cité.

Ce n'est pas seulement de la composition du *Prologo* que Gluck s'occupa à Florence, mais, à ce qu'il paraît, aussi des répétitions du deuxième opéra de la saison à la Pergola, l'*Ifigenia in Tauride* de Traetta (donné en 1758 à Vienne pour la première fois). En effet, dans la *Gazzetta Toscana* de Florence, N. 3 du 17 janvier 1767, entr'autres renseignements touchant le nouveau spectacle en préparation, on lit les

Mais c'était écrit que le précieux livret devait demeurer inaperçu plusieurs années encore, jusqu'à ce qu'en examinant il y a quelque temps le paquet dans lequel il se trouvait en compagnie d'autres bien moins importants, j'eus la chance de le retrouver. C'est avec une agréable surprise que je lus dans une des premières pages le nom du célèbre compositeur.

* * *

La fortune se montra bien favorable à Gluck en lui faisant obtenir la protection du comte Melzi, car c'est sans doute à l'influence de celui-ci qu'on doit si le jeune musicien, encore inconnu, fut chargé de composer son premier opéra pour les scènes fameuses du «Regio Ducal Teatro» de Milan, où l'on n'admettait ordinairement que les maîtres déjà favorablement connus, tels que Giambattista Sammartini, Geminiano Giacomelli, Giambattista Lampugnani, Giuseppe Ferdinando Brivio, Ignazio Fiorillo, Leonardo Leo, Johann Adolph Hasse... La saison fut ainsi ouverte le 26 décembre 1741 avec l'*Artaserse*, et quatre mois plus tard Gluck donnait son deuxième opéra, *Il Demetrio*, à Venise, au théâtre de Saint-Samuel, à l'occasion de la foire de l'Ascension[1]. Il composa ensuite le *Demofoonte*, qui fut mis en scène au théâtre Ducal de Milan pour premier opéra de la saison de carnaval de 1743.

Gluck a-t-il donné d'autres œuvres dramatiques dans le courant de l'année 1743? Tous les biographes, avec une touchante unanimité, mentionnent l'*Artamene* pour Crémone; mais ce n'est assurément pas en ce cas que se vérifie le dicton «L'union fait la force», puisque chaque biographe reproduit purement et simplement ce qu'on avait écrit avant lui.

---

suivants: «Il Dramma da rappresentarsi sarà l'*Efigenia* (sic), al quale fra gl'altri musici avranno le prime parti i Sigg. Giovanni Manzuoli, e Giacomo Veroli. Ognuno sà di qual nome siano a' tempi nostri questi eccellenti Cantori, sicchè ciascuno può immaginarsi di qual merito sarà per essere quest' Opera, alla musica della quale viene ad assistere il Sig. Gluck (sic) famoso maestro di Cappella, a cui volentieri cedono il posto i professori più rinomati».
L'*Ifigenia* fut mise en scène le dimanche 1er février. Du vivant de Gluck on donna de lui à Florence aussi les opéras suivants:
Orfeo — au théâtre du Cocomero, le 13 septembre 1771; et à l'Académie des Armonici, dans la salle du théâtre de Porta Rossa, le 7 mars 1773;
Aristeo — à l'Académie des Ingegnosi, dans la salle de l'ex-théâtre du Corso de' Tintori, le 14 mars 1773;
Alceste — à la Pergola, le 27 décembre 1786.
1) «VENEZIA 5. *Maggio*... furono quella sera [di mercoledì, vigilia dell'Ascensione] principiate le recite di tre Opere musicali in 3 differenti Teatri». *Diario ordinario* [di Roma] *Num.* 3868. *In data delli* 16. *Maggio* 1742.
La première représentation du *Demetrio* eut donc lieu le 2 mai. Les deux autres opéras mis en scène le même jour que celle de Gluck furent: *La Zanina maga per amore*, opéra-bouffe en 3 actes, musique de différents auteurs, au théâtre de Saint-Moïse — et l'*Artaserse*, opéra sérieux en 3 actes, musique de Giuseppe Antonio Paganelli, au théâtre de Saint-Sauveur.

Est-ce que Gluck a composé réellement en Italie un opéra intitulé *Artamene?* Le distingué bibliothécaire du Conservatoire royal de Musique de Bruxelles, M. Alfred Wotquenne, dans son très diligent travail bibliographique sur Gluck[1], se basant sur des annotations qu'on lit dans certains morceaux de musique théâtrale gluckienne retrouvés par lui au Conservatoire de Paris, affirme que l'*Artamene* fut donné à Crema[2] et non pas à Crémone.

De mon avis, M. Wotquenne a équivoqué: en effet la plupart des morceaux considérés par lui comme appartenant à l'*Artamene*, il faut les attribuer à d'autres opéras, comme on le verra.

Jusqu'à présent la représentation de l'*Artamene* à Crema ou à Crémone en 1743 paraît très-douteuse[3]: par contre il est positivement sûr qu'en 1743 Gluck composa pour Crema un opéra sérieux en trois actes, intitulé: *Il Tigrane*. Même le titre est resté inconnu à tous ceux qui se sont occupés du maître[4]; le livret relatif est précisément celui que j'ai retrouvé dans la Collection Carotti.

[1] *Catalogue thématique des œuvres de Chr. W. v. Gluck (1714–1787)*, publié par Alfred Wotquenne.... Breitkopf & Härtel, Leipzig, 1904 — p. 187.

[2] Fétis aussi dans la première édition de la *Biographie universelle des musiciens* Tome quatrième. Paris, Librairie de H. Fournier, MDCCCXXXVII — p. 350 écrit que l'*Artamene* fut donné à Crema. Dans la deuxième édition (IV, 30 et 38) Crema est remplacée par Crémone. Comme d'habitude Fétis ne renseigne pas la source d'où il a tiré ses notices: par conséquent il n'est pas toujours permis d'ajouter trop de foi à ce qu'il dit.

[3] Même A. Ademollo, qui a publié dans le *Fanfulla della Domenica* de Rome (12ᵐᵉ année, 1890, Nᵒˢ 8, 9, 11, 13, 15, 17) une diligente étude intitulée *Cristoforo Gluck in Italia*, n'a pu rien découvrir au sujet de la prétendue représentation de Crémone. M. Giuseppe Pavan de Cittadella, un musicien qui s'occupe aussi de bibliographie mélodramatique, est d'avis que l'*Artamene* fut donné au théâtre de la Nobile Accademia de Crémone, mais il ne se ressouvient plus de la source où il a puisé sa notice: il peut donc se faire qu'il l'ait trouvée dans quelqu'un des nombreux travaux biographiques sur Gluck auxquels il ne faut absolument ajouter foi à ce sujet.

Une circonstance est cependant bien certaine: et c'est que le livret de cet opéra est absolument introuvable: pas même la Bibliothèque Royale de Crémone le possède: peut-être n'a-t-il jamais existé!

[4] Il faut aussi avouer qu'on n'a jusqu'à présent que des notices fort incomplètes sur la musique à Crema. Cet argument, qu'on sache, n'a été traité que dans deux chapitres d'une brochure parue en 1888: *Crema artistica*. Crema, Tip. G. Anselmi (*Biblioteca storica cremasca*, N. 4).

Les chapitres en question, intitulés l'un «Cremaschi illustri nell' arte de' suoni» p. 30–51, et l'autre «La musica in Crema» (p. 53–86), et dus respectivement à Luigi Barbieri et à Bice Benvenuti, ne sont pas dépourvus d'intérêt, mais l'argument est loin d'être épuisé.

Dans la même brochure p. 87–95 Giuseppe Villa donne le relevé des opéras représentés à Crema depuis 1786, an de l'inauguration du nouveau théâtre. Ce relevé est fort incomplet pour les premiers 30 ans, ne renseignant qu'une douzaine d'opéras et farces. Il est regrettable qu'on n'ait pas songé à fournir des renseignements aussi sur les représentations antérieures à 1786.

Le frontispice du livret en question est libellé ainsi que suit:

IL
TIGRANE
DRAMMA PER MUSICA
Da rappresentarsi in Crema
in occasione della Fiera di
Settembre dell' anno 1743.
*Consagrato all' eccelso Merito
Dell' Illustriss. ed Eccellentiss.*
SIGNOR
GAETANO
DOLFIN
Degnissimo Podestà, e Capitanio
della Città stessa

[*vignette*]

In BRESCIA per Gian-Maria Rizzardi,
a spese di Mario Carcani Stampatore
di Crema.
Con licenza de' Superiori.

Le livret, in-12, est de 55 pages, plus cinq blanches, non chiffrées, à la fin. Il manque malheureusement le feuillet correspondant aux pages 35 et 36, lesquelles contiennent en partie la scène XIII du deuxième acte, et entièrement les trois scènes qui viennent ensuite (XIV, XV, XVI).

L'épitre dédicatoire au *Capitanio* Dolfin[1]), laquelle occupe les pages 3—5, est signée par les «*Umil.mi Dev.mi Obbl.mi Servitori | Li Cavalieri Direttori*».

On lit à page 6 l'«Argomento», et dans la page suivante on trouve les notices relatives aux personnages, aux acteurs, au compositeur, au chorégraphe et aux danseurs: les voici:

PERSONAGGI.

MITRIDATE Re di Ponto, ed amante
d'Apamia.
Il Sig. Settimio Canini, Firentino.
CLEOPATRA Figlia di Mitridate, ed
amante di Tigrane.
La Sig. Caterina Aschieri, Romana.
TIGRANE Re d'Armenia, sotto nome
d'Argene, amante di Cleopatra.
Il Sig. Felice Salimbeni, Milanese.

---

1) En 1752 Gaetano Dolfin remplissait les mêmes fonctions à Rovigo, où la même année parut une *Raccolta di componimenti* à sa louange. Cfr. *Bibliografia veneziana compilata da* Girolamo Soranzo *in aggiunta e continuazione del* «*Saggio*» *di* Emanuele Antonio Cicogna. Venezia, Prem. Stabil. Tip. di Pietro Naratovich, Editore, 1885 — p. 380, n. 4646.

APAMIA Sorella d'Oronte, ed amante di Tigrane.
La Sig. Giuditta Fabiani, Firentina.
ORONTE Principe di Sinope, ed amante di Cleopatra.
Il Sig. Giuseppe Gallieni, Cremonese.
CLEARTE Principe de Messageti, confederato di Mitridate, ed amico di Tigrane.
La Sig. Rosalba Buini, Bolognese.
La Musica sarà di nuova composizione del Sig. *Cristoforo Gluch* (sic).
Li Balli sono diretti dal Sig. *Giuseppe Salomoni* detto di *Vienna*, ed eseguiti dalli seguenti

La Sig. Margherita Griselli detta la *Tintoretta*.	*Il Sig. Giuseppe Salomoni* detto di *Vienna*.
La Sig. Anna Ghiringhella.	*Il Sig. Giacomo Brighenti.*
La Sig. N. N.	*Il Sig. Giuseppe Fabiani.*
La Sig. Caterina Lazari.	*Il Sig. Andrea Salomoni.*

On trouve enfin à page 8 les particularités suivantes:

MUTAZIONI DI SCENE
NELL' ATTO PRIMO.

Vasta Campagna nelle vicinanze di Sinope, d'onde viene Tigrane trionfante col suo Esercito, vedendosi una Piazza, con Archi, Statue, e Trofei. Da una parte magnifica Tenda ad uso di Trono per Mitridate &c.

Gabinetto di Cleopatra nella Reggia. In prospetto porta chiusa, che poi si apre.

NELL' ATTO SECONDO.

Giardino di fiori, con diversi Viali, Fontane, e Sedili di marmo &c.

Atrio nella Reggia.

Borghi della Città con Tende militari; in prospetto le mura del Castello di Sinope, contro al quale stanno preparati gli Arieti, e Machine militari di Tigrane, e di Clearte, per abbatterle &c.

NELL' ATTO TERZO.

Accampamento de' Messageti.

Stanze Reali di Mitridate.

Parte interiore del Tempio di Giove.

Inventori, e direttori delle dette li Signori Fabrizio, e Bernardino Fratelli Galiari.
Il Vestiario sarà di vaga idea del Sig. Francesco Mainini [1].

---

1) Ce costumier a joui de son temps d'une grande réputation: Quadrio (*op.*

Parmi les acteurs du *Tigrane* il y en avait trois que Gluck connaissait déjà, puisque ils avaient joué des rôles dans ses premiers opéras: c'étaient la *primadonna* Aschieri, le sopraniste Salimbeni, et Giuseppe Gallieni, lui aussi un sopraniste.

Les premières notices qu'on trouve au sujet de la cantatrice romaine Caterina Aschieri datent de 1735: au printemps de cette année elle faisait partie de la troupe du théâtre des Fiorentini à Naples, jouant des rôles masculins. L'année théâtrale de 1735—36 se termina avec le carnaval de 1736: l'Aschieri fut rengagée pour l'année de 1736—37, mais elle ne put remplir le nouvel engagement contracté avec l'entrepreneur. En effet, peu de temps après l'ouverture de la saison, en juillet 1736, elle fut emprisonnée par ordre du Roi, et ensuite, avec une procédure très sommaire, expulsée du royaume[1]. Il n'est pas excessivement difficile que de deviner les motifs qui amenèrent à ce départ forcé. Sans doute la jeune virtuose romaine doit avoir fait tourner la tête à quelque jeune patricien, la famille duquel eut recours au Roi pour terminer d'un seul coup l'aventure. Dans des cas semblables le sévère Charles III ne se faisait pas trop prier; et l'on sait que les expulsions de cantatrices et danseuses étaient alors très fréquentes. L'Aschieri se vit ainsi obligée de partir en compagnie de sa sœur Albina (elle aussi une cantatrice), de son frère et de sa mère Maria Mazzanti.

Pendant le carnaval de 1737 elle chanta au théâtre Ducal de Parme; et en septembre 1738 elle interpréta au Regio Ducal Teatro de Milan le rôle principal dans l'opéra *Angelica* de Giambattista Lampugnani[2].

En 1739 (carnaval) elle se fit entendre à Florence, au théâtre de la Pergola, occupé alors par une troupe d'élite, de laquelle faisaient partie la Facchinelli[3], Francesco Bernardi dit le *Senesino*[4], et le fameux ténor allemand Anton Raaff. Elle revint au théâtre Ducal de Milan pour le

---

cit., V, 550) le cite, ajoutant qu'il était «molto dotto, e perito in quest' arte». Il mourut en 1769.

1) **Benedetto Croce.** *I teatri di Napoli. Secolo XV—XVIII.* Napoli, presso Luigi Pierro..., 1891 — p. 364—65.

2) Composé pour le théâtre de Saint-Samuel à Venise, où la première eut lieu le 11 juin 1738: «VENEZIA 17. *Maggio.* Domenica sera, andò in scena nel Teatro a S. Samuele il Dramma musicale intitolato *Angelica*; e ciò anticipatamente del solito per divertire la numerosa Nobiltà estera che comparsa, e che va giungendo, la maggior parte Napolitana,...». *Diario ordinario* di Roma) *Num.* 3248. *In data delli* 28. *Maggio* 1738. — Quantité de nobles napolitains s'étaient rendus à Venise pour y attendre la jeune Reine des Deux-Siciles, Marie-Amélie de Saxe, qui devait arriver de Dresde dans peu de jours.

3 «Lucia Facchinelli, Viniziana, gran Cantatrice. *Soprano*». Quadrio, *op. cit.*, V, 538. — Elle était surnommée la *Beccarella*.

4 Le surnom de *Senesino* a été donné ensuite à deux autres fameux sopranistes, Giusto Ferdinando Tenducci (+ 1790) et Andrea Martini (+ 1819), tous les deux nés à Sienne.

carnaval de 1740. La renommée couronna bien vite ses mérites artistiques. En 1740 elle fut engagée pour le carnaval suivant au théâtre de Saint-Ange à Venise, en qualité de *primadonna*: dans cette saison elle créa en effet le rôle de *Padmane* dans l'*Artamene* de Tommaso Albinoni[1]) et celui de *Berenice* dans l'opéra de ce nom composé par Galuppi. Son succès dut être remarquable, car dès lors les entrepreneurs commencèrent à se la disputer. Pendant le carnaval de 1742 elle fit partie de la troupe du Regio Ducal Teatro de Milan, et Gluck, qui débutait alors avec l'*Artaserse*, lui confia le rôle de *Mandane*. On lui donne dans le livret de cet opéra le titre de virtuose du Duc de Modène, ce qui permet de supposer qu'elle devait s'être distinguée précédemment sur les scènes de Modène. Gandini[2]) et Tardini[3]) ne font en vérité aucune mention de l'Aschieri; mais cela ne doit point étonner, car la *cronistoria* des théâtres de Modène donnée par les auteurs cités présente de bien nombreuses lacunes.

À l'occasion de la reprise du *Demofoonte* de Gluck au nouveau théâtre de Reggio pendant la foire de 1743[4]), l'Aschieri joua le rôle de *Dircea*,

---

1) Le livret indique le carnaval de *1740* comme époque de la représentation de cet opéra: mais il faut remarquer qu'en ce cas l'année a été calculée *more veneto*. Suivant le style vénitien l'année commençait au 1er mars: ce n'est qu'à cette date qu'on changeait le millésime.

2) *Cronistoria dei teatri di Modena dal 1539 al 1871 del maestro* Alessandro Gandini, *arricchita d'interessanti notizie e continuata sino al presente da Luigi Francesco Valdrighi e Giorgio Ferrari-Moreni.* Parte prima (seconda, terza). Modena, Tipografia Sociale, 1873.
Cet ouvrage a été continué avec la *Cronistoria dei teatri di Modena dal 1873 a tutto il 1881 compilata da* G. Ferrari-Moreni *e* V. Tardini. Modena, Tipografia Legale, ... 1883 (268 pages).

3) V. Tardini. *I teatri di Modena. Contributo alla storia del teatro in Italia. III. Opere in musica rappresentate dal 1594 al 1900.* In Modena, presso la ditta Forghieri, Pellequi e C., ... 1902.
Le premier volume est dédié aux représentations dramatiques qui eurent lieu dans le nouveau théâtre Communal; le deuxième renferme l'histoire du théâtre Aliprandi.

4) Le livret de Reggio du *Demofoonte* (que M. Wotquenne n'a eu occasion de consulter) est intéressant à beaucoup d'égards. Il ne sera donc pas inutile d'en donner ici quelques renseignements, d'après l'exemplaire qui existe à la Bibliothèque Casanatense de Rome, sous la cote Miscell. 300. 4:

«Il | DEMOFOONTE | *Drama per musica* | *da rappresentarsi* | *nel Nuovo Teatro* | *di Reggio* | *La seconda volta, che si aprirà* | *in congiuntura* | *della fiera* | *dell' anno* | *MDCCXLIII.* | [rignette] | In Reggio, | Per li Vedrotti. *Con lic. de Sup.*». — In-16. de 71 pages, plus une blanche, non chiffrée, et un feuillet non coté à la fin, donnant le texte de 3 airs qu'on avait changés.

On trouve p. 3—5 l'argument, à la fin duquel on lit: «La Poesia è del Sig. Abate Pietro Metastasio».

Viennent ensuite (p. 6) les «Mutazioni di scene», ainsi que les noms du scénographe (Giovanni Paglia reggiano) et du costumier (Domenico Landi di Bologna); et après cela (p. 7) les

créé quelques mois auparavant au théâtre Ducal de Milan (carnaval de

> ATTORI
> DEMOFOONTE, Re di Tracia.
> *Signor Annibale Pio Fabri.*
> DIRCEA, segreta Moglie di Timante.
> *Signora Caterina Aschieri.*
> CREUSA, Principessa di Frigia, destinata Sposa di Timante.
> *Signora Margherita Chimenti.*
> TIMANTE, creduto Principe Ereditario, figlio di Demofoonte.
> *Signor Filippo Elisi.*
> CHERINTO, figlio di Demofoonte, Amante di Creusa.
> *Signora Maria Rosa Negri Risack.*
> MATUSIO, creduto Padre di Dircea, Grande del Regno.
> *Signor Felice Norelli.*
> ADRASTO, Capitano delle Guardie Reali, e confidente del Re.
> *Signora Rosalba Buini.*
> OLINTO, fanciullo, figlio di Timante, che non parla.

En haut de la page 8 on lit cette notice: «La Musica è del Signor Cristoforo Cluck (*sic*), | a riserva delle Arie segnate con una Stel- | letta, che sono del Signor Francesco Mag- | giore, Maestro di Cappella Napolitano, | e Direttore dell'Opera».

Dans la même page on fait mention du chorégraphe, Bortolo Ganassetti, et des danseurs: Anna Sabatini, Rosa Conti, Teresa Colonna, Eleonora Bastiglia, Luca Borghesi, Vincenzo Sabatini, Carlo Belluzzi, Antonio Dalpini, Giuseppe Belluzzi.

Les airs marqués d'un astérisque sont au nombre de sept, savoir:
> dans l'acte I: «Sperai da te, mio bene» (*Dircea*, scène II);
> «Il suo leggiadro viso» (*Cherinto*, scène VIII);
> dans l'acte II: «Tu sai chi son; tu sai» (*Creusa*, scène I);
> «Prudente mi chiedi?» (*Timante*, scène III);
> «No, non chiedo, amate stelle» (*Cherinto*, scène VIII);
> dans l'acte III: «Non odi consiglio?» (*Adrasto*, scène I);
> «Nel tuo dono io veggo assai» (*Cherinto*, scène II).

Le dernier feuillet non coté donne le texte des trois airs nouveaux suivants: «Nell' orror di nera notte» substitué à l'air «Temo in un punto e fremo» (*Timante*, acte I, scène XIII);

«Nel fiero periglio» substitué à l'air «Che mai non risponderti» (*Dircea*, acte III, scène VII);

«Splenda per me sereno» substitué à l'air «Non dura una sventura» (*Creusa*, acte III, scène VIII). Le compositeur de ces airs nouveaux n'est pas nommé.

L'air de *Cherinto*, «T'intendo ingrata» (acte I), manque, ainsi que l'autre de *Timante*, «Tutti nemici e rei» (acte II).

Dans le deuxième acte *Creusa* chante l'air «Non ho più pace», au lieu de celui qui commence «Felice età dell'oro».

Bref, on conserve 15 morceaux seulement des 28 que la partition originale renfermait: cela démontre assez clairement la licence effrénée avec laquelle on défigurait en ce temps-là les partitions à l'occasion d'une reprise.

Le maître de chapelle napolitain Francesco Maggiore, dit *Ciccio*, qui présida aux répétitions du *Demofoonte* à Reggio, était un compositeur «brillant & agréable»

1743) par Barbara Stabili[1]). Après avoir pris part aux représentations du *Tigrane* à Crema en septembre 1743, elle se fit entendre en automne de la même année à Venise, au théâtre de Saint-Jean Chrysostome.

Pendant deux carnavals consécutifs, ceux de 1744 et 1745, elle brilla sur les scènes du théâtre Ducal de Milan, et y créa deux nouveaux rôles gluckiens: celui de *Sofonisba* dans l'opéra de ce nom (carnaval 1744) et celui d'*Arsinoe* dans l'*Ippolito* (carnaval de 1745). L'Aschieri comptait désormais au nombre des plus célèbres cantatrices que possédait la scène italienne [2]).

On la retrouve à Venise, au théâtre de Saint-Jean Chrysostome, pendant l'automne de 1745 et le carnaval de 1746. Il paraît qu'elle a été ensuite appelée à Vienne.

En 1748, provenant de Vienne, elle fit sa rentrée triomphale à Naples, d'où elle avait été expulsée 12 ans auparavant. C'était sa revanche à elle, car c'est au roi qu'appartenait l'approbation des trois premiers ac-

---

d'après La Borde (*op. cit.*, III, 200). «Le talent qui lui attirait le plus d'applaudissements, était celui de bien rendre en musique les cris de divers animaux, genre bas et peu désirable. Il est mort dernièrement en Hollande» (*ib.*).

Il composa plusieurs œuvres dramatiques, savoir:

Aminta, sérénade pastorale — Bologne, théâtre Formagliari, 1er novembre 1742, pour l'anniversaire de la naissance de Philippe V, Roi d'Espagne;

La Pace consolata, sérénade, texte de Carlo Goldoni — Rimini, 7 janvier 1744, à l'occasion du mariage de l'archiduchesse Marianne d'Autriche avec le prince Charles de Lorraine;

Caio Marzio Coriolano, opéra sérieux en trois actes, texte de Pietro Pariati — Livourne, automne de 1744;

I rigiri delle cantarine, opéra-bouffe en trois actes, texte de Bartolomeo Vitturi — Venise, théâtre de Saint-Cassien, automne de 1745;

Statira, opéra sérieux en trois actes, texte de Carlo Goldoni — Venise, théâtre de Saint-Ange, foire de l'Ascension de 1751 (seulement les récitatifs et quelques airs sont de M.; les autres airs furent choisis et introduits dans la partition par les chanteurs à leur gré;

Artaserse, opéra sérieux, texte de Métastase — Graz, 1753;

Li scherzi d'amore, intermède en trois actes, texte du «sig. N. N. veneto» — Venise, théâtre de Saint-Ange, carnaval de 1762.

On cite encore de lui: *Il non so che*, opéra-bouffe en deux actes (partition ms. datée de 1762 à la Bibliothèque Royale de Berlin et une *Ecloga pastorale*, texte de Pasquini — voir Rob. Eitner's *Quellen-Lexikon*, VI, 274.

En 1763 et 1764 il donna des concerts à Francfort-sur-le-Mein.

1) De Florence, dite la *Barberina*. Dans le livret du *Siroe* de Giuseppe Scarlatti (Turin, théâtre Royal, carnaval de 1750) elle figure avec le nom de Barbara Stabili Scarlati, étant probablement devenue la femme du compositeur. Quadrio (*op. cit.*, V, 539) la mentionne parmi les cantatrices qui se firent entendre avec succès de 1730 à 1744. D'après Al. Ademollo (*Corilla Olimpica*, Firenze, C. Ademollo e C. editori, 1887 — p. 39, note 2) elle était un contralto. La Borde (*op. cit.*, III, 328) la caractérise en ces mots: «plus célèbre par sa beauté que par son talent».

2) En effet Quadrio (*op. cit*, V, 539) écrivait en 1744: «*Catterina* (sic) *Aschieri*, Romana, Virtuosa del Duca di Modena. Questa Donna è singolarmente valorosa nel Canto, e nell' atteggiare in scena. *Soprano*».

teurs (*prima donna, primo uomo, primo tenore*) proposés par l'entrepreneur du théâtre royal de Saint-Charles.

L'impresario de ce théâtre, Don Diego Tufarelli, écrivait en date du 8 août 1748 au sujet du choix de l'Aschieri comme *prima donna*: «Donna migliore e di grido, che giri, non vi è, nè si sente esservi, perchè tal'una altra si è impegnata altrove, o [è] in età che porta alla declinazione, non più all'aumento o stato della musica, e, se taluna ha la voce, le manca il personale, e la scena, e se tal'altra ha tutte queste cose, che è difficile, le manca la musica» (Croce, *op. cit.*, p. 430).

Au Saint-Charles elle resta attachée pendant deux années consécutives (1748—49 et 1749—50), partant ensuite «malveduta e poco piaciuta» (!), comme écrivit le même Tufarelli en date du 21 novembre 1751 (Croce, *op. cit.*, p. 432).

Voici quelques dates relatives aux dernières années de sa carrière: —1751 (carnaval), Milan, théâtre Ducal; 1752 (carnaval), Turin, théâtre Royal; 1753 (carnaval), Milan, théâtre Ducal; 1754 (foire de l'Ascension), Venise, théâtre de Saint-Sauveur; 1755 (carnaval), Milan, théâtre Ducal. Il ne m'est point connu si l'Aschieri se fit entendre quelque part depuis lors.

Elle vivait encore en 1757 (Croce, *op. cit.*, p. 432 et 752), mais elle avait déjà résolu de quitter le théâtre.

Le nom de cette célèbre cantatrice on le trouve aussi orthographié *Schieri*. Sa sœur Albina chanta avec elle à Naples en 1735 et à Venise en 1741; et se fit entendre aussi au théâtre de Saint-Ange à Venise pendant l'automne de 1740, mais ne parvint pas à la renommée acquise par Caterina.

Tout le monde connaît la grandeur artistique du sopraniste milanais Felice Salimbeni. Né vers 1712, il chantait déjà pendant le carnaval de 1732 au théâtre Capranica de Rome, en compagnie du fameux *Caffarello*, dans le *Caio Fabricio* de Hasse, et dans le *Germanico in Germania* de Porpora (son maître), jouant des rôles féminins, et précisément celui de la princesse illyrienne *Bircenna* dans le premier opéra, et celui d'*Ersinda* dans le deuxième.

Fétis (VII, 382) le fait débuter dans l'opéra de Hasse en 1731, mais il se trompe, car le *Caio Fabricio*, opéra avec lequel on inaugura la saison, ne fut mis en scène que le 12 janvier 1732[1]). Le même auteur écrit que Salimbeni se fit entendre ensuite (1732) au théâtre Ducal de Milan dans l'*Alessandro nelle Indie* de Hasse: c'est une autre inexactitude, car ledit opéra de Hasse fut donné pendant le carnaval de 1732

---

1) «Sabato sera nel Teatro nella Sala degli Illustrissimi Sig. Capranica andò in scena per la prima volta il Dramma intitolato *il Cajo Fabricio*; ...». *Diario ordinario* [di Roma] Num. 2257. *In data delli* 19. *Gennaro* 1732.

c'est-à-dire en même temps que le jeune chanteur milanais se trouvait à Rome [1]).

Les Romains l'entendirent encore à la «Sala dei Signori Rucellai al Corso» pendant le carnaval de 1733; puis Salimbeni se rendit à Venise, pour chanter au théâtre de Saint-Samuel, à l'occasion de la foire de l'Ascension.

C'est à ses premiers succès qu'il fut redevable de son admission à la Chapelle Impériale de Vienne, à laquelle il appartint, d'après Koechel, de 1733 à 1739, avec l'appointement de 1500 florins par an. Conformément à l'usage de l'époque il obtint de temps en temps des congés pour se faire entendre sur les scènes italiennes. On le trouve ainsi à Venise, au théâtre de Saint-Jean Chrysostome pendant l'automne de 1735 et le carnaval de 1736. Après avoir chanté dans le premier opéra de carnaval (le *Venceslao*, de compositeur inconnu), il retourna à Vienne pour y créer le rôle d'*Achille* dans l'*Achille in Sciro* de Caldara, opéra mis en scène le 13 février 1736. L'auteur du texte, Métastase, écrit à ce sujet à son frère Léopold (résidant à Rome), en date de Vienne, le 10 mars 1736:

«Io attribuisco l'esito felice di questo dramma in Vienna alla compassione delle angustie dell'autore obbligato a scriverlo in diciotto giorni e mezzo; e poi all' esattezza, con cui è stata rappresentata la parte dell'*Achille* da un soprano, chiamato Felice Salimbeni, il quale à portato tutto il peso dell' opera. La parte è fatta per lui; io l'ò per mio interesse istruito con molta fatica; ed egli è riuscito a segno, che son persuaso che in nessun luogo, dove egli non sia, questo dramma farà lo strepito, che dovrebbe fare. Se fosse facile, ch'egli ottenesse licenza per una stagione, il procurar d'averlo sarebbe un util consiglio da dare a qualche amico regolatore di cotesti teatri romani» [2]).

---

[1]) La troupe lyrique du Regio-Ducal Teatro de Milan se composait des acteurs suivants pour le carnaval de 1732: Diana Vico, Benedetta Soresina, Anna Maria Landuzzi, Angelo Amorevoli, Giovanni Carestini et Castoro Antonio Castori. Cela résulte du livret de l'*Antigona*, opéra de compositeur inconnu, donné justement dans ladite saison. — Le Dr Antonio Paglicci-Brozzi, à p. 116 de son travail intitulé: *Il Regio Ducal Teatro di Milano nel secolo XVIII. Notizie aneddotiche 1701—1776* (con illustrazioni) (Milano, G. Ricordi & C., [s. a.], estratto dalla *Gazzetta Musicale di Milano*, anno 1893—94) cite erronément l'*Antigono* au lieu de l'*Antigona*; ne fait pas mention de l'opéra de Hasse, mais donne comme représenté au mois de janvier 1731 (?) un *Alessandro nell' Indie* de Prederi (??), tandis qu'en se rapportant à l'excellente *Bibliografia universale del teatro drammatico italiano* de Giovanni et Carlo Salvioli, Prederi n'aurait point mis en musique l'*Alessandro nell' Indie* de Métastase.

[2]) *Opere postume del Sig. Ab. Pietro Metastasio date alla luce dall' Abate Conte d'Ayala*. Tomo I. In Vienna, Nella Stampa ia Alberti, M.DCC.XCV — p. 183. — Il paraît que Salimbeni ne se fit plus entendre sur les scènes romaines. À Vienne, outre les rôles de *Megacle* dans l'*Olimpiade* et d'*Achille* dans l'*Achille in Sciro*, il créa aussi ceux de *Sesto* dans la *Clemenza di Tito* et de *Ciro* dans le *Ciro riconosciuto* (cfr. *Dictionnaire historique des musiciens* par Choron et Fayolle, II, 262. Ces quatre opéras sont d'Antonio Caldara. Fétis parle de dégouts que lui faisait

On dit que Métastase en a fait le portrait dans les vers suivants de l'*Olimpiade*, avec lesquels *Argene* peint *Megacle* (acte I, scène IV):

> Io l'ho presente. Avea
> Bionde le chiome, oscuro il ciglio; i labbri
> Vermigli sì, ma tumidetti, e forse
> Oltre il dover; gli sguardi
> Lenti, e pietosi; un arrossir frequente;
> Un soave parlar...

Il revint à Venise, au théâtre de Saint-Cassien pour la grande saison d'automne de 1736 et carnaval de 1737[1]), et pendant le printemps de 1737 il chanta à Bologne, au théâtre Formagliari, dans le *Siface*, un opéra composé expressément par Léonard Leo. Le *Siface*, seul opéra de la saison, fut donné 27 fois de suite: Salimbeni prit part à 24 représentations, pour lesquelles il toucha 1800 livres bolonaises[2]), savoir 75 livres par soir. Deux acteurs seulement furent mieux payés que lui, c'est-à-dire la Facchinelli et Carestini, qui eurent 2340 et 2880 livres respectivement. Dans la troupe il y avait aussi le ténoriste Amorevoli, qui coûta 1500 livres à l'entrepreneur. Dans les trois représentations où Salimbeni ne chanta pas, il fut remplacé par Filippo Finazzi (le chanteur et compositeur † 1776 à Hambourg): cela amena une dépense extraordinaire de 105 livres (Ricci, *op. cit.*, p. 546).

L'Electeur Charles-Albert de Bavière, venu en Italie pour un pèlerinage à Lorette, se trouvait alors à Bologne. Dans le journal de son voyage, il s'exprime en ces termes textuels au sujet de l'opéra et des interprètes:

«Après les 24 heures [du 20 juin] nous avons été à l'opéra, qui porta le titre de *Siface*. La musique y étoit fort belle et les décorations magnifiques. Ce n'étoit cependant que les hommes qui ont soutenu cet opéra, car

---

éprouver le maître de chapelle Caldara, ce qui aurait contribué à lui faire quitter le service de Charles VI. Cela ne peut être exact, car Antonio Caldara mourut en 1736, et Salimbeni se trouvait encore «in attuale Servizio di Sua Maestà Cesarea e Cattolica» au carnaval de 1738 (d'après le livret de l'*Artimene* de Fiorillo, opéra donné a Milan).

1) A. Paglicci-Brozzi est en erreur lorsqu'il écrit (*op. cit.*, p. 118—19) que Salimbeni chanta au théâtre Ducal de Milan dans le carnaval de 1737. Pour cette saison la troupe se composait d'Antonia Cermenati, Anna Bagnolesi, Caterina Fumagalli, Benedetta Molteni (qui devint ensuite la femme de Johann Friedrich Agricola, et se fit entendre à Berlin de 1742 à 1775), Gio. Battista Pinacci et Angelo Amorevoli. Cela résulte du livret du deuxième opéra de carnaval, qui fut l'*Emira*, musique de Gio. Maria Marchi, et non pas *Guira* (?) de Minocchi (?!) comme on lit dans Paglicci-Brozzi, *op. cit.*, p. 118. La série des spectacles du théâtre Ducal de Milan donnée par cet auteur fourmille d'erreurs typographiques et autres.

2) La livre bolonaise de 20 sols de 12 déniers équivalait à 1 lire italienne, 7 centimes et 45/10000. Cfr. Angelo Martini. *Manuale di metrologia ossia misure, pesi e monete in uso attualmente e anticamente presso tutti i popoli*. Torino, Ermanno Loescher, 1883... — p. 92.

pour les femmes il n'y avoit pas moyen de les entendre. Eu voix de soprano le fameux *Carestini* y brilloit le plus, un musicien de l'empereur, nommé *Salimbeni*, eut aussi son parti, et je puis dire que ce jeune homme m'a plu infiniment; lequel s'il continue ainsi, deviendra un des meilleurs d'Italie. Cependant la voix naturelle d'un certain *Amoreroli* a paru l'emporter sur tous. Je puis dire, qu'aucun chanteur de basse taille [?] ne m'a scu toucher comme celui-ci. Il a une agilité étonnante, fait tous ses agréments avec bien de jugement et surpasse encore selon mon goût le fameux Paeta [Giovanni Paita, le *Roi des ténors*], qui étoit le plus approuvé en Italie» [1]).

Pour la saison de carnaval de 1738 Salimbeni fut engagé comme *primo uomo* au Regio-Ducal Teatro de Milan, avec l'honoraire de 6250 livres milanaises, auxquelles il faut en ajouter encore 291, 2 sols et 3 déniers, représentant l'agio sur les pistoles, dont on n'en avait pas d'effectives. Le logement du virtuose coûta 300 livres à l'impresario, lequel fit à Salimbeni aussi le cadeau d'un *rubbo* [2]) de chocolat (calculé 112 livres, 10 sols) et dépensa encore, 105 livres dans l'achat d'une bourse d'or filé (autre présent au célèbre sopraniste) et d'une tabatière d'argent doré qu'il offrit à Ignazio Fiorillo, le compositeur du deuxième opéra de la saison, l'*Artimene* [3]). Toutes ces particularités (tirées des intéressantes *Note intorno all'esercizio del R. Ducal Teatro di Milano l'anno*

---

1) «*Des Kurfürsten Karl Albrecht von Bayern italienische Reise im Jahre 1737, von ihm selbst beschrieben*». Herausgegeben von Edmund Freiherrn v. Oefele, k. Kreisarchivsekretär, dans les *Sitzungsberichte der philosophisch-philologischen und historischen Classe der k. b. Akademie der Wissenschaften zu München*. 1882. Bd. II. Heft II. München. Akademische Buchdruckerei von F. Straub. 1882. In Commission bei G. Franz — p. 219.

2) Environ 8 kilos. La livre milanaise avait la valeur de 78 centimes et 2 millièmes de lire italienne: cfr. Martini, *op. cit.*, p. 351 et 354.

3) M. Wotquenne (*op. cit.*, p. 187, note 4) affirme que le livret mis en musique par Fiorillo est dû à la plume de Bartolomeo Vitturi, et que c'est du même texte dont se valurent ensuite Tommaso Albinoni (*Artamene* — Venise, théâtre de Saint-Ange, carnaval de 1741), et Gluck (1743?) qu'il s'agit. Le distingué bibliographe est tombé dans une inadvertance, vraisemblablement à cause de la ressemblance des titres. Il résulte de la comparaison de l'*Artimene* de poète anonyme (1738) avec l'*Artamene* de Vitturi (1741) que ces deux drames sont tout à fait différents. Voici quelques renseignements sur le livret milanais:

«L'ARTIMENE | *Drama per musica* | *Da rappresentarsi nel Regio-Ducal Teatro di Milano* | *Nel Carnovale dell' Anno 1738.* | Dedicato | A Sua Eccellenza | il Signor | Oto (sic) Ferdinando | Conte d'Abensperg, | e Traun, | Confaloniere dell' Austria | Superiore ed Inferiore, | Consiliere (sic) intimo di Stato | Generale d'artiglieria. | Colonnello d'un reggimento | di fanteria, | Governatore, | e Capitano Generale | dello Stato di Milano, | Mantova, Parma, | e Piacenza, ec. | [*vignette*] | In Milano, MDCCXXXVIII. | Nella Regia Ducal Corte, per Giuseppe Richino Malatesta | Stampatore Regio Camerale. | *Con licenza de' Superiori*». — In-12, de 47 pages, plus une blanche à la fin et 5 feuillets liminaires. Exemplaire à la Bibliothèque de l'Académie Royale de Sainte-Cécile (Collection Silvestri) et à la Bibliothèque Nationale Centrale Victor Emmanuel de Rome, sous la cote 35. 7. A. 15, 6.

Le deuxième et le troisième feuillet liminaire contiennent la dédicace signée par les «Cavalieri Direttori»; l'«Argomento» se lit dans le feuillet qui suit; et au *recto* du cinquième feuillet on trouve les noms des

1737—38 publiées par Pompeo Cambiasi dans la *Gazzetta Musicale di Milano*, Anno 52.°, N. 32, 12 Agosto 1897, p. 462—468) prouvent qu'on faisait grand cas de Salimbeni, ce qui est confirmé par la circonstance qu'après lui l'artiste mieux payé de la troupe, la *prima donna* Marianna Marini, eut 2850 livres seulement, c'est-à-dire moins de la moitié; quant aux présents aucune mention n'est faite dans l'état de recettes et dépenses de la saison. Sur ce point il est raisonnable de supposer que l'impresario aura trouvé bon nombre d'admirateurs tout prêts à le remplacer!

Salimbeni chanta en 1739 à Reggio, à l'occasion de la foire, dans le *Demetrio* de Hasse, et pendant le carnaval de 1740 se fit nouvellement

ATTORI.

ASPARDE Imperatore del Mogol.
Sig. Pietro Baratti.
ARTALE sotto nome d'Artimene, Amante di Selene.
Sig. Felice Salimbeni in attuale Servizio di Sua Maestà Cesarea, e Cattolica.
SELENE figlia di Temur, ed amante d'Artimene.
Signora Marianna Marini.
EMIRENA Regina di Golconda rifugiata nella Reggia del Mogol, e dal medesimo destinata Sposa ad Aurenge, ma in segreto amante d'Artimene.
Signora Giustina Gallo.
AURENGE Principe de Franguis, ed amante segreto di Selene.
Sig. Giuliano Terdocci di Faenza.
DARA Generale de Mogolesi sollevati a favore d'Artale ec.
Signora Rosa Paganini.

Compositore della Musica
Il Sig. Ignazio Florillo (sic).
Inventore, e Compositore de' Balli
il Sig. Giovanni Gallo Veneziano.
Inventore, e Pittore delle Scene
il Sig. Gio. Battista Medici.
Inventore del Vestiario
Sig. Francesco Mainino.

Au *verso* du même feuillet qui contient ces notices on trouve les «Mutazioni di scene».

Pour son opéra le compositeur Fiorillo eut 1200 livres milanaises, soit 938 lires italiennes ou 750 mark. L'auteur du texte, le docteur Claudio Nicola Stampa de Gravedona, fut récompensé avec 600 livres.

Salvioli (*op. cit.*, I) qui ne connaît pas le nom du poète, cite deux fois cet opéra, et précisément sous le titre d'*Artamene* (col. 382), et sous le titre exact col. 393, d'après la *Drammaturgia*. La Borde aussi dans le tome troisième de son *Essai* cite à p. 186 l'*Artamene* de Fiorillo, et à p. 250 l'*Artimene* de Floristo (sic).

entendre au théâtre Ducal de Milan. Il revint à Reggio en 1741, pour l'inauguration du nouveau théâtre, laquelle eut lieu avec beaucoup de solennité le samedi 29 avril, avec le *Vologeso Re de' Parti*, un opéra composé expressément par Pietro Pulli, maître de chapelle napolitain. La troupe était vraiment hors ligne, puisqu'on y comptait aussi la Tesi, Carestini et le ténoriste Amorevoli. Salimbeni joua le rôle d'*Aniceto*[1]).
De Reggio il se rendit à Florence, où pendant l'été de 1741 il y eut spectacle d'opéra au théâtre de la Pergola. En 1742 (carnaval) il se trouvait au théâtre Royal de Turin, et pendant la foire de l'Ascension de la même année à Venise, au théâtre de Saint-Samuel, où il créa le rôle d'*Alceste* dans le *Demetrio* de Gluck.
En 1743 on le retrouve encore une fois à Turin pendant le carnaval; puis, en septembre, à Crema. Ce fut dans le *Tigrane* de Gluck qu'il parut pour la dernière fois sur une scène italienne[2]): dans cette même année il fut engagé au service de la Cour de Prusse, et c'était écrit qu'il n'aurait plus revu son pays natal.

Schneider[3]) le fait arriver à Berlin en *septembre* 1743, ce qui est sans doute inexact, car selon toute apparence Salimbeni ne put laisser l'Italie qu'au mois suivant. Il séjourna à Berlin pendant six ans; ensuite, s'étant brouillé avec le grand Frédéric, il passa au service de l'Electeur de Saxe, à partir du 1er janvier 1750, avec l'honoraire de 4000 thalers par an. Il ne débuta à Dresde que le 7 janvier 1751, jouant le rôle du protagoniste dans le *Leucippo* de Hasse. Quelques mois après, sa santé étant plutôt chancelante en raison de la vie très déréglée qu'il avait toujours menée, il demanda un congé (qu'il obtint le 31 juillet) pour se rendre en Italie dans l'espoir de se rétablir. Mais ses conditions empirèrent pendant le voyage; la maladie l'obligea de s'arrêter à Laibach, où il y mourut vers la fin d'août[4]).

C'est en 1742 qu'on trouve mentionné pour la première fois le sopraniste Giuseppe Gallieni de Crémone: il faisait alors partie de la troupe qu'interprétait le *Demetrio* de Gluck à Venise, au théâtre de Saint-Samuel, pendant la foire de l'Ascension. Deux ans après, dans la même

---

1) Voir dans la *Gazzetta Musicale di Milano*, 1889, p. 586. l'étude de A. Ademollo intitulée *Il Lucio Vero, il Vologeso e Pietro Pulli*. De cette étude on a fait aussi un tirage à part.
2. D'après M. Wotquenne (*op. cit.*, p. 187, note 5) ce serait dans l'*Artamene* de Gluck que Salimbeni parut pour la dernière fois sur une scène italienne: mais cela ne paraît guère probable.
3) *Geschichte der Oper und des Königlichen Opernhauses in Berlin* von L. Schneider... Berlin, Verlag von Duncker und Humblot, MDCCCLII — p. 96.
4) Cfr. *Zur Geschichte der Musik und des Theaters am Hofe zu Dresden. Nach archivalischen Quellen* von Moritz Fürstenau, K. S. Kammermusikus. Zweiter Theil. Dresden, Verlagsbuchhandlung von Rudolf Kuntze. 1862 — p. 266. — Fétis (VII, 382) place le décès de Salimbeni en mai, ce qui est sans doute inexact.

ville, mais au théatre de Saint-Ange, il chanta dans *La finta schiava*, un opéra de différents auteurs, auquel Gluck parait avoir collaboré (Wotquenne, *op. cit.*, p. 188).

Ayant été engagé au théâtre Royal de Turin pour le carnaval de 1745, ce fut lui qui créa le rôle de *Gandarte* dans le nouvel opéra de Gluck, *Poro*. En 1746 il parut au Regio Ducal Teatro de Milan, et en 1747 au théâtre Capranica de Rome, toujours pendant la saison de carnaval. En 1748 on le retrouve à Venise, au théâtre de Saint-Samuel (foire de l'Ascension).

Jusqu'ici on ne lui avait confié que des rôles secondaires: mais son mérite ayant été reconnu, ce fut désormais en qualité de *primo uomo* ou de *prima donna* qu'il parut sur les scènes. En 1751 il se fit nouvellement entendre à Venise, au théâtre de Saint-Ange, et en 1752, pendant le carnaval, il joua des rôles féminins au théâtre de Torre Argentina, à Rome, dans le *Farnace* de David Perez et dans le *Cleante* de Nicolò Sabatini.

Les renseignements sur sa carrière manquent pour les années de 1753 à 1756; on sait, par contre, qu'en 1757 (carnaval) il était à Turin, au théâtre Royal, et en 1758 (carnaval) à Venise, au théâtre de Saint-Moïse.

Dans une liste des «Musici che sogliono fare la prima figura su dei teatri italiani», en date du 15 janvier 1760, envoyée de Milan aux surintendants du théâtre de Saint-Charles à Naples, Gallieni est placé dans la deuxième classe avec ces notices: «Galieni (*sic*). Bella voce, figura passabile, canta brillante, ma niente attore. In Genova». Avec lui sont nommés [Giuseppe] Belli, [Domenico] Luciani, [Giacomo] Veroli, [Tommaso] Guarducci et *Cornacchia*, c'est-à-dire le milanais Emanuele Cornaggia, dit aussi *Cornacchini*. Les castrats de premier rang («prima classe») étaient Manzoli, Elisi, Guadagni (contralto), [Domenico] Ciardini et Aprile (Croce, *op. cit.*, p. 749).

Au printemps de 1760 il chanta à Florence, au théâtre du Cocomero: dans les livrets des deux opéras qu'on y donna, il est qualifié comme étant natif de Brescia, au lieu de Crémone. En 1761 il se fit entendre à Milan (carnaval) et ensuite à Venise, au théâtre de Saint-Sauveur, à l'occasion de la foire de l'Ascension: ce fut la dernière fois qu'il parut sur les scènes de la *reine des lagunes*.

On le trouve mentionné encore une fois parmi les acteurs composant la troupe qui jouait au théâtre Omodeo de Pavie pendant le carnaval de 1770, après quoi les différentes sources théâtrales ne donnent plus aucun renseignement à son égard.

Il y a peu à dire au sujet des trois autres artistes qui comptent au nombre des interprètes du *Tigrane*; ce sont le ténoriste Settimio Canini, et deux femmes, Giuditta Fabiani-Chabran et Rosalba Buini.

Quadrio (*op. cit.*, V, 533) mentionne Canini parmi les chanteurs qui se firent entendre avec succès depuis 1740. On rencontre son nom pour la première fois en 1736: dans cette année il fit partie de la troupe laquelle joua le *Pisistrato* de Gio: Maria Marchi à Venise, au théâtre de Saint-Samuel, pendant la foire de l'Ascension. En 1740 il chanta à Lucques[1]) et en 1742 (automne) à Venise, au théâtre de Saint-Jean Chrysostome. L'année suivante il revint à Venise, au théâtre de Saint-Samuel, à l'occasion de la foire de l'Ascension.

Après avoir créé en septembre 1743 le rôle de *Mitridate* dans le *Tigrane* à Crema, Gluck lui confia celui de *Cornelio Scipione* dans son nouvel opéra *Sofonisba*, mis en scène à Milan (Regio Ducal Teatro) au mois de janvier 1744 [2]).

Il fut ensuite engagé par Mingotti dans sa troupe mélodramatique[3]), qui joua à Prague et Dresde en 1746, et nouvellement à Dresde en 1747. Pendant sa deuxième permanence dans la capitale de l'électorat de Saxe, Canini prit part à l'exécution de la sérénade de Gluck, *Le nozze d'Ercole e d'Ebe*, donnée le 29 juin à Pillnitz, à l'occasion du double mariage qui venait de lier les maisons de Saxe et de Bavière.

Depuis la fin de 1747 jusqu'aux premiers mois de 1748 la troupe de Mingotti séjourna à Copenhague, où elle revint dans la même année,

---

1) Cfr. *Storia della musica in Lucca* dell' Ab. M.º Luigi Nerici socio ordinario della R. Accademia Lucchese (dans *Memorie e documenti per servire alla storia di Lucca*. Tomo XII. Lucca, Tipografia Giusti, 1880) — p. 339.

2) Je saisis ici l'occasion pour rectifier une petite erreur qui s'est glissée dans l'excellent travail de M. Wotquenne, p. 188. Je ne crois pas exact d'identifier la date de la dédicace (13 janvier) avec celle de la première représentation de *Sofonisba*. Excepté le cas où les opéras sont mis en scène pour solenniser l'anniversaire de la naissance ou la fête de quelque membre d'une maison régnante, la date de la dédicace résulte toujours antérieure de quelques jours par rapport à celle de la première. Cette remarque vaut aussi pour l'*Ippolito* (p. 190).

3) La troupe italienne dirigée par les frères Angelo et Pietro Mingotti, vénitiens, parcourut longtemps l'Autriche, l'Allemagne et le Danemark. Voici quelques dates touchant les pérégrinations de ces virtuoses ambulants: — 1732, Leipsick — 1734-36, Brünn — 1740 Hambourg — 1742, Graz — 1743 et 1744, Prague et Hambourg—1745, Hambourg et Graz — 1746, Hambourg, Lubeck, Dresde et Prague — 1747, Hambourg et Dresde — 1747-48, Copenhague — 1748, Hambourg — 1748-49. Copenhague — 1750, 1752 et 1753, Hambourg.

Une autre troupe italienne non moins considérée que la précédente parcourait l'Autriche et l'Allemagne avant que la guerre des sept ans n'éclatât: c'était celle de l'impresario Gio. Battista Locatelli. On la trouve en 1750 à Prague — en 1751 à Leipsick (Theater im Reuthause) — en 1752 à Prague — en 1754 à Dresde — en 1754—55 à Hambourg — en 1755 à Dresde et Leipsick — en 1756 à Prague. Leipsick et Dresde. La même année Locatelli se rendit à Saint-Pétersbourg, et de là, en 1759, à Moscou, où il fit banqueroute, ce qui ne l'empêcha pourtant pas de devenir ensuite propriétaire du «Cabaret Rouge», un local public alors fort à la mode.

Pendant la seconde moitié du dix-huitième siècle sur les scènes allemandes russes, suédoises, etc., parurent aussi les troupes italiennes de Nicolò Peretti, Gaetano Molinari, Giuseppe Bustelli, Giacomo Masi, Pasquale Bondini, Antonio Bertoldi, Cesari, Nicolosi, etc.

ayant Gluck pour *Kapellmeister*: cette seconde saison s'ouvrit le 28 novembre 1748 et se termina le 23 avril 1749. Gluck composa une autre pièce de circonstance, *La contesa de' Numi*, donnée au château de Charlottenborg le 9 avril 1749 pour célébrer la naissance du prince héritier Christian [1]: parmi les exécuteurs il y eut Canini.

Peu de temps après il fut engagé par l'impresario G. B. Locatelli, la troupe duquel séjourna à Prague pendant le carnaval de 1750. Pour cette troupe Gluck composa son *Ezio*: le rôle de *Massimo* dans cet opéra fut le cinquième que l'éminent compositeur confia à Canini. Celui-ci chanta aussi dans la reprise de l'*Ipermestra* du même auteur, qui eut lieu à Prague pendant l'automne de 1750. On le trouve en 1751 à Munich parmi les exécuteurs d'une *Ipermestra* de compositeur inconnu [2]: ensuite ses traces disparaissent tout à fait.

Rosalba Buini, bolonaise, est probablement à identifier avec «N. Buini», fille de Cecilia Belisani Buini, toutes les deux mentionnées par Quadrio, *op. cit.*, V, 538. La Belisani était la femme du compositeur bolonais Giuseppe Maria Buini († 1739), car c'est à elle sans doute que fait allusion G. Fantuzzi lorsqu'il écrit que dans quelques opéras de Buini «si distinse la moglie sua Cantatrice non dispregevole» [3]. La Belisani se fit entendre, en effet, dans plusieurs œuvres de Buini [4]: voir

---

1) Ce prince, fils de Frédéric V et de Louise princesse de Grande-Bretagne, naquit le 29 janvier 1749, devint roi le 14 juin 1766 sous le nom de Christian VII, et mourut fou le 13 mars 1808. C'est sous son règne qu'arriva la terrible tragédie de Struensée.

2) Lipowsky dans le *Baierisches Musik-Lexikon* en attribue la musique à Baldassare Galuppi et le texte à Galuppi fils (?!). On sait que les renseignements donnés par Lipowsky sont souvent erronés: et dans ce cas il le sont sans aucun doute. Par contre, il est raisonnable de supposer que la musique ait été en partie de Gluck. En effet à Munich en 1751 avec Canini chantèrent Caterina Fumagalli, Giovanna della Stella, Maria et Violante Masi, toutes les cinq artistes de la troupe de G. B. Locatelli, qui avaient justement exécuté l'*Ipermestra* de Gluck au nouveau théâtre de Prague, pendant l'automne de 1750. Cfr. *Geschichte der Oper am Hofe zu München. Nach archivalischen Quellen bearbeitet von* Fr. M. Rudhart. *Erster Theil: Die italiänische Oper von 1654—1787.* Freising. Druck und Verlag von Franz Datterer. 1865 — p. 133-34, 186, 187, 188; et Wotquenne, *op. cit.*, p. 189, note 3.

La première représentation de l'*Ipermestra* de Galuppi n'eut lieu que pendant le carnaval de 1758 au théâtre Ducal de Milan: le texte est celui de Métastase. D'Antonio Galuppi on ne connaît que deux livrets d'opéra-bouffe: *L'amante di tutte* et *Li tre amanti ridicoli*; tous les deux furent mis en musique par son père Baldassare. Voir mon étude «*Baldassare Galuppi. Note bio-bibliografiche*» dans la *Rivista Musicale Italiana* de Turin, Anno XIV (1907), Fascicolo 2°, p. 351, 356, 357.

3) *Notizie degli scrittori bolognesi raccolte da* Giovanni Fantuzzi. Tomo secondo. In Bologna MDCCLXXXII. Nella Stamperia di San Tommaso d'Aquino. *Con licenza de' superiori* — p. 368.

4) *La caduta di Gelone*, *Armida delusa*, *Il Filindo*, *Cleofile* et *Gl'inganni felici*, opéras donnés, tous les cinq à Venise, et précisément le premier et le deuxième au théâtre de Saint-Ange en 1719 (automne) et 1720 (carnaval), et les trois autres au théâtre de Saint-Moïse, en 1720 (automne), 1721 (carnaval) et 1722 (automne).

Il est probable qu'à la famille du compositeur Giuseppe Maria Buini appartien-

l'important travail de M. Taddeo Wiel, *I teatri musicali veneziani del settecento* (Venezia, Visentini, 1897).

La carrière de Rosalba Buini paraît avoir été bien modeste, car elle ne joua, du moins en Italie, que des rôles secondaires. Voici une liste des théâtres qu'elle parcourut en Italie: Venise, théâtre de Saint-Ange, automne de 1741 et carnaval de 1742 — Turin, théâtre Royal, carnaval de 1743 — Reggio, «Nuovo Teatro», foire de 1743 (*Adrasto* dans le *Demofoonte* de Gluck) — Crema, foire de septembre 1743 — Turin, théâtre Royal, carnaval de 1744 — Parme, théâtre Ducal, printemps de 1745.

Ayant été engagée dans la troupe de Mingotti, elle chanta en 1746—47 à Hambourg et Lubeck: après cette époque les renseignements manquent sur sa personne.

Giuditta Fabiani, mariée Chabran, de Florence, est mentionnée comme contralto par Quadrio, *op. cit.*, VII, 252. Sur son compte on sait uniquement qu'elle chanta: à Livourne, pendant l'été de 1736 — à Modène, au théâtre Molza, pendant le carnaval de 1741, et dans la même ville, mais au théâtre Rangoni, au printemps suivant — à Crema en 1743 — enfin au théâtre Ducal de Milan, en 1747, à l'occasion de la reprise du *Demofoonte* de Gluck[1].

Parmi les artistes qui exécutèrent le *Tigrane* à Crema, il y en a au moins quatre, c'est-à-dire l'Aschieri, Salimbeni, Gallieni et Canini, qui seraient dignes de figurer dans les dictionnaires de biographie musicale: mais ce n'est que Salimbeni qui a été accueilli par Fétis et par ses continuateurs et imitateurs.

---

nent aussi trois artistes portant le même nom. c'est-à-dire: Matteo Buini (Bovini) bolonais, chanteur (ténor; et compositeur; Francesca Santarelli Buini (Bovini), cantatrice, peut-être femme de Matteo B.; et Geltrude Buini qui chantait en 1753 à Lugo pendant la foire.

Matteo Buini se fit entendre en 1748 à Modène, au théâtre Molza — en 1755 (carnaval) à Padoue, au théâtre Obizzi — l'année suivante dans la même ville, mais au Teatro Nuovo, à l'occasion de la foire du *Santo* — en automne de 1763 et pendant le carnaval de 1764 à Venise, au théâtre de Saint-Cassien. En 1756 il faisait partie, avec sa femme, de la troupe de G. B. Locatelli à Saint-Pétersbourg (cfr. *Allgemeine Geschichte der Musik*... von Thomas Busby... Aus dem Englischen übersetzt und mit Anmerkungen und Zusätzen begleitet von Christian Friedrich Michaelis. Zweiter Band... Leipzig, 1822. In der Baumgärtnerschen Buchhandlung — p. 640). Comme compositeur on lui doit la plupart de la musique de ces deux opéras bouffes: *La virtuosa corteggiata da tre cicisbei ridicoli* (Bologne, théâtre Formagliari, carnaval de 1749, et *Lo scolaro alla moda* (Parme, théâtre Ducal, 1749).

Francesca Buini chanta au théâtre Ducal de Milan en 1753 (printemps), au théâtre Obizzi de Padoue dans le carnaval de 1755, et se fit entendre à Venise au théâtre de Saint-Benoît (carnaval de 1765) et à celui de Saint-Samuel (automne de 1765 et carnaval de 1766).

1 A. Paglicci-Brozzi (*op. cit.*, p. 120) place la représentation du *Demofoonte* au mois de janvier 1747: mais cela n'est pas exact, car l'opéra (comme résulte du livret) fut mis en scène pour fêter l'anniversaire de la naissance de l'impératrice Marie Thérèse (13 mai). Exemplaire du livret à la Bibliothèque de l'Académie Royale de Sainte-Cécile, fonds Silvestri.

Pour ce qui est des danseurs, il y en a aussi de ceux qui jouirent de leur temps d'une réputation artistique plus ou moins remarquable, ou qui parvinrent à une certaine renommée par leurs exploits.

Giuseppe Salomoni, dit de Vienne, ou *Giuseppetto* tout court, se fit avantageusement connaître en qualité de chorégraphe et danseur, et parut sur les scènes vénitiennes plusieurs fois entre 1742 et 1757; à Naples (théâtre de Saint-Charles) en 1751—52; à Milan (Regio-Ducal Teatro) en 1751, 1754 et 1757; à Turin (théâtre Royal) en 1765; etc. Il appartenait à une famille dont la plupart des membres s'étaient dédiés à l'art de Terpsichore.

Giacomo Brighenti était de Bologne: il parut comme danseur et chorégraphe à Venise en 1743, 1747 et 1751; à Milan en 1750, etc.

La carrière de Margherita Griselli ou Grisellini (Griselini, Grisolina) dite la *Tintoretta*, fut très brillante. Casanova qui a connu cette danseuse, en parle dans ses *Mémoires*. A Milan en 1742 son mérite fut célébré selon l'usage du temps avec plusieurs sonnets[1]. Elle parut ensuite à Naples, au théâtre de Saint-Charles, en 1747—48: sur ses aventures napolitaines, voir Croce, *op. cit.*, p. 425—26. En 1755 elle se fit connaître à Venise, au théâtre de Saint-Sauveur, à l'occasion de la foire de l'Ascension. Le surnom de *Tintoretta* a été donné aussi à une autre danseuse, Giovanna (Zanetta) Griselini, sans doute de la même famille de la Margherita, car on les trouve engagées toutes les deux au théâtre Rangoni de Modène en 1754. Caterina Lazari avait été fêtée à Milan la même année qu'elle parut à Crema. On la retrouve à Venise en 1756.

En 1740 Giuseppe Fabiani faisait partie de la compagnie de ballet qui agissait au théâtre Molza de Modène; au même théâtre en 1741 était engagée Anna Ghiringhelli. Tous les deux étaient engagés en 1748 au théâtre Ducal de Milan.

* * *

Comme il s'agit d'un opéra jusqu'ici tout à fait ignoré, il ne sera pas inutile de donner quelques renseignements sur le sujet du *Tigrane* gluckien.

Voici l'‹Argomento› qu'on lit dans le livret, page 6:

‹Quel famoso Mitridate Re di Ponto, e d'altre Provincie nell'Asia, che per quarant'anni, quasi stancò la potenza Romana, per farsi sempre più forte contro della medesima, cercò per suo collega Tigrane Re dell' Armenia, e per esserne più sicuro gli diede la propria Figlia Cleopatra in Isposa. *Giust. Ist.*, lib. 38.

‹Fingesi, che tra i Re d'Armenia, e quei di Ponto fosse antica inimicizia; che Tigrane invaghitosi per fama della bellezza di Cleopatra, colà sotto il nome d'Argene si portasse, e che servendo il di lei Padre in armata, per suo valore non solo giugnesse ad esserne capo, ma che in poco tratto acqui-

---

[1] Voir l'article de A. Paglicci-Brozzi, *Musa da palcoscenico*, dans la *Gazzetta Musicale di Milano*, 51ème année. N. 32 du 6 août 1896, p. 544.

stasse a Mitridate i Regni di Bitinia, e di Capadoccia (*sic*), di questo spogliandone Ariobarzane, e di quello poi Nicomede.

«Fingesi inoltre, che di occulto e vicendevole Amore ardessero Cleopatra, e Tigrane, e che alle nozze della medesima aspirasse anco Oronte, Fratello d'Apamia, Dama di Ponto, amante non curata di Tigrane, ed amata da Mitridate, già libero per la morte della Consorte, ma la costanza di Cleopatra, ed il valor di Tigrane trionfano &c.

«*La Scena si finge in Sinope Città di Ponto*».

L'action se développe ainsi que suit:

PREMIER ACTE.

Tigrane vainqueur de Nicomede roi de Bithynie débarque à Sinope. Mitridate, qui est assis sous une tente «ad uso di Trono». Apamia et Clearte l'accueillent avec grande joie et le félicitent vivement: ensuite Mitridate s'achemine au palais royal, après avoir invité le triomphateur à l'y venir rejoindre (première scène).

Tigrane charge Clearte de ranger les troupes, et de revenir ensuite auprès de lui. Apamia qui aime le jeune héros, lui adresse des questions captieuses dans le but de découvrir s'il est prêt à correspondre à son amour; mais Tigrane, ayant déjà voué son cœur à la fille du roi, à Cleopatra, ne se laisse pas ébranler. Même le dieu de la guerre a langui pour Vénus, dit Apamia pour lui prouver que l'amour et les armes ne sont pas deux choses inconciliables: toutefois Tigrane, qui affecte de la froideur pour mieux cacher sa passion, lui répond:

       Io trionfante
  Seguo Marte guerrier, non Marte amante (II).

Apamia s'en va, sans trop s'inquiéter de l'échec qu'elle vient d'essuyer, puisqu'elle se propose de revenir bientôt à l'assaut, confiant dans sa beauté et dans son adresse. Après avoir exécuté les ordres qu'il avait reçus, Clearte reparaît, et donne à Tigrane des renseignements sur ce qui se passe à la Cour. Mitridate aime toujours Apamia, laquelle méprise Clearte; et Oronte, gonflé d'orgueil à la perspective de la future grandeur de sa sœur Apamia, aspire aux noces de Cleopatra. Tigrane se trouble lorsqu'il apprend d'avoir un rival:

  Ascosa fiamma
  Che può sperar? ardo ad un tempo e gelo:
  Amo, taccio e dispero: Oh giusto Cielo!

Clearte l'incite à révéler son amour à Cleopatra. Malheureusement le général victorieux est connu à la Cour seulement sous le nom d'Argene: et Mitridate considère le roi d'Arménie comme le pire de ses ennemis. Que faire? Clearte, avant de s'en aller, lui donne son avis en ces termes:

  Giacchè tu un nuovo Regno a Lui recasti,
  Ardisci, Amico: e al tuo destin t'affida.
  Hai beltade, hai valor: parla, e confida (III).

Tigrane reste seul. La découverte d'un rival à laquelle il ne s'attendait pas, l'a douloureusement frappé, allumant en même temps la jalousie dans son cœur. C'est l'amour et la jalousie qui l'agitent maintenant (IV).

La scène change. On est au palais royal, dans le cabinet de Cleopatra. Oronte qui s'est aperçu de la sympathie réciproque d'Argene (Tigrane) et Cleopatra, prie sa sœur Apamia de se prévaloir de l'ascendant qu'elle a sur Mitridate, afin que le plus ardent de ses désirs, celui de devenir l'époux de Cleopatra, puisse se réaliser (V).

Mitridate arrive, et Apamia lui fait adroitement connaître le désir d'Oronte. De premier abord, le roi se fâche, le rang du frère de sa favorite ne lui semblant suffisamment élevé pour oser de jeter les yeux sur la fille du souverain. Alors la rusée

Apamia, pour conjurer l'orage qui gronde, fond en larmes: Mitridate la console, donne son consentement aux noces qu'on vient de lui proposer, et fait appeler Cleopatra par un page (VI).

Sa fille venue, Mitridate lui communique la décision qu'il a prise de la marier avec Oronte. Cleopatra prie son père de vouloir réfléchir combien il serait honteux pour une princesse de son rang que de se mésallier, car Oronte n'est qu'un vassal: mais Mitridate, aveuglé par son amour envers Apamia, oubliant son orgueil illimité, s'écrie:

Il mio favore eguale a te lo rende.

Cleopatra tâche vainement d'attendrir son père, qui lui impose durement sa volonté et s'en va (VII).

La favorite et son frère cherchent, mais sans succès, d'apaiser le courroux de Cleopatra. Celle-ci, avant de s'en aller, leur reproche l'ambition démesurée par laquelle ils se laissent dominer (VIII).

De crainte que l'aversion qu'éprouve Cleopatra pour lui ne fasse échouer ses projets, Oronte se recommande nouvellement à sa sœur, laquelle l'engage à se fier aveuglément à sa beauté, car

Ad amata beltà nulla si niega (IX).

Le frère de la favorite, resté seul, découvre ses projets. Il lui importe fort peu que Cleopatra le méprise: il feint d'en être amoureux, mais plus qu'à la beauté, c'est au trône qu'il vise, puisque Mitridate n'a d'autre héritier que Cleopatra. Elle doit donc devenir sa femme coûte que coûte (X).

Oronte a laissé à peine le cabinet, que la porte en face s'ouvre, et Cleopatra s'avance, se plaignant des insultes d'Apamia et d'Oronte, ainsi que de la tyrannie de son père; ensuite elle s'assied (XI).

Il se présente alors Argene (Tigrane) pour lui rendre hommage. Cleopatra le remercie d'avoir agrandi par ses exploits le territoire national, lui fait des questions sur le combat, et veut connaître qui est celui qui s'est distingué le plus dans la bataille livrée aux Bithyniens. Tigrane répond que celui-là est un guerrier inconnu, de haute lignée, régnant sur l'Arménie, et la vraie condition duquel est un énigme pour tous, sauf que pour lui. Mais c'est donc de Tigrane, de notre plus fier ennemi qu'il s'agit? s'écrie Cleopatra. Argene répond affirmativement.

Qu'est-ce qui l'a poussé à une entreprise pareille? L'amour de Cleopatra. Qu'en sait-il Argene? L'amant inconnu se confia à lui plusieurs fois, et vint en incognito à Sinope; mais il ne se fit point connaître, puisque qu'avait-il à espérer? Rien autre que ce à quoi un fier ennemi de ma maison devait s'attendre, dit Cleopatra.

Argene pour l'apaiser quelque peu, lui raconte que ce guerrier, criblé de blessures, a succombé sur le champ de l'honneur et que son dernier soupir a été pour elle. Cleopatra s'attendrit, l'appelle un héros, et alors Argene, ne pouvant plus se contraindre, s'agenouille, et se fait connaître pour Tigrane, le roi d'Arménie.

En écoutant cette révélation extraordinaire Cleopatra se lève avec impétuosité, lui reproche sa fraude et le chasse (XII).

Elle est à peine restée seule que sa colère a déjà disparu. Irrésolue entre les devoirs de fille et l'amour qu'elle toujours éprouve, elle est effrayée des périls qui menacent l'existence de Tigrane. Avec cela se termine le premier acte (XIII).

DEUXIEME ACTE.

Cleopatra se promène dans le jardin royal pour chasser les soucis mortels qui la tourmentent, et ensuite s'endort sur un banc de marbre à l'ombrage agréable d'un groupe de belles plantes (I).

Se tenant à l'écart, s'avancent Tigrane d'un côté et Apamia avec Oronte de l'autre. Tigrane affligé, aperçoit Cleopatra assoupie, et l'observe.

Dans le sommeil Cleopatra se laisse échapper le nom d'Argene, il l'appelle à son secours, et puis dit que Tigrane c'est lui. À ces mots Tigrane qui ignore d'être épié, répond involontairement: «Oui, je suis Tigrane».

Oronte frémit, et se délivrant d'Apamia qui l'avait jusque-là retenu, il fond sur Tigrane l'épée à la main. Les deux rivaux se battent (II).

Mitridate arrive avec des gardes et fait cesser le duel. Cleopatra se réveille. Oronte veut manifester tout de suite le vrai nom du personnage qui se cache sous celui d'Argene: mais Tigrane le prévient, et se donne lui-même à connaître au roi, révélant en même temps son amour pour Cleopatra. Mitridate entre en colère, le fait désarmer par ses gardes et lui promet
D'un tanto ardir la meritata pena.

Tigrane part entouré par les gardes (III).

Mitridate reproche à sa fille d'avoir toléré «D'un inimico il guardo», et lui fait de graves menaces: toutefois Cleopatra n'est point disposée à se soumettre, et s'en va (IV).

Le roi arrête la mort de Tigrane, et Oronte l'incite à faire donner suite à la condamnation sans aucun délai. Mais Apamia, laquelle espère toujours de voir son amour agréé par Tigrane, fait adroitement entrevoir au roi la possibilité d'une révolte des troupes, et propose qu'on lui cède le prisonnier, et qu'on la déclare en même temps pour arbitre de son sort. Le roi, qui ne saurait rien refuser à sa favorite, donne son consentement, et part (V).

Oronte excite sa sœur à donner tout de suite ses ordres pour le dernier supplice du rival (VI); ensuite, resté seul, il se félicite de sa chance, et se réjouit à l'idée de pouvoir parvenir, avec le temps, au trône (VII).

Dans sa prison (un vestibule du palais royal) Tigrane se plaint de la destinée qui bientôt brisera à jamais son amour et anéantira toutes ses espérances (VIII).

Par un couloir secret arrive Clearte en qualité de messager de Cleopatra. Elle veut que son amant parte et se sauve au campement des Messageti. Tigrane s'émerveille que son salut soit souhaité par celle qui l'avait déclaré digne du dernier supplice, et comprend maintenant qu'elle a voulu cacher sous un voile de sévérité ses vrais sentiments à son égard. Il ne veut pourtant pas l'abandonner aux fureurs du père et aux ruses d'un rival. Clearte laisse donc son ami sans avoir pu le décider à songer à son salut (IX).

Vient ensuite Apamia, laquelle offre à Tigrane la liberté, pourvu que le prisonnier l'assure de son amour. Tigrane refuse net, et alors la favorite lui pose l'alternative: amour ou mort. Le captif choisit la mort. Et tu l'auras, s'écrie Apamia s'en allant toute furieuse de l'échec honteux qu'elle vient d'essuyer (X).

C'est maintenant Cleopatra elle-même qui se présente à Tigrane pour l'inciter à se sauver. Le prisonnier ne voudrait nullement laisser sa bien-aimée à cause de la pénible situation dans laquelle elle aussi se trouve: mais Cleopatra parvient à le persuader de ne vouloir point braver le péril imminent. Les instants sont précieux: il n'y a pas de temps à perdre: ainsi Tigrane part (XI).

Lorsque Oronte arrive avec un garde qui apporte le poison destiné à être avalé par le prisonnier, Cleopatra est seule. Elle invective contre son prétendant, et lui fait savoir que c'est à elle qu'on doit la fuite de Tigrane (XII).

Mitridate qui était survenu et avait écouté, s'avance et fait de vifs reproches à sa fille, laquelle lui répond en exaltant les vertus de Tigrane, né pour régner, tandis qu'Oronte est né pour obéir. Elle invoque ensuite le jugement du père sur sa conduite. Oronte prie le roi de vouloir suspendre sa colère et alors Mitridate pose à sa fille cette terrible alternative: ou épouser Oronte ou en avoir la tête tranchée (XIII).

Le roi parti, Oronte conjure Cleopatra d'avoir pitié d'elle-même, puisqu'elle ne veut point en avoir pour lui. Néanmoins Cleopatra lui fait connaître sans hésitation ses propres sentiments et se déclare prête à mourir plutôt que de manquer à la foi qu'elle a donnée à Tigrane (XIV).

Oronte, resté seul, tout épouvanté de la fermeté de Cleopatra, prend lui aussi la résolution de mourir, espérant d'en vaincre la rigueur obstinée par ce moyen suprême (XV).

La scène change. On voit les faubourgs de la ville, avec tentes militaires, ainsi que Tigrane et Clearte avec leurs soldats campés. Tigrane se dispose à prendre d'assaut la capitale du Pont, dans le seul but d'obtenir Cleopatra, et tout prêt à oublier les offenses de Mitridate (XVI).

Les béliers frappent les murailles, dont une partie s'écroule, et l'on aperçoit alors la résidence de Cleopatra. Les assaillants franchissent la brèche, et les soldats d'Oronte, battus par ceux de Tigrane, prennent la fuite, poursuivis par Clearte (XVII).

Cleopatra arrive en hâte, se présente à Tigrane et le comble de reproches, redoutant que les invaseurs ne se livrent au massacre et au pillage. Tigrane ordonne aux soldats de s'en abstenir: puis demande à Cleopatra si elle est satisfaite. Elle lui reproche encore l'assaut donné au palais royal, tandis que pour sa part elle en avait tant favorisé la fuite. Tigrane répond qu'il a agi dans l'unique but de la soustraire à la fureur de Mitridate: mais Cleopatra, tenant beaucoup à sa réputation, le conjure de la laisser chez son père, et de s'éloigner. Le deuxième acte se termine par le duo de la séparation des amants (XVIII).

TROISIEME ACTE.

La scène représente le campement des Messageti. Clearte ayant fait prisonnier Oronte, l'amène étroitement lié devant Tigrane, qui lui rend généreurement la liberté, et, le renvoyant à Mitridate, le charge de faire connaître au monarque du Pont qu'il n'a point l'intention de lui enlever son royaume (I).

Clearte donne à Tigrane la nouvelle que dans une tente il y a Cleopatra, trouvée par lui évanouie lorsqu'il marchait à l'assaut du palais royal, et transportée ensuite au campement (II).

La tente s'ouvre, et l'on voit Cleopatra qui revient à soi. Elle appelle son père, puis s'étonne de se retrouver chez Tigrane, et le prie de la laisser retourner à sa résidence, d'autant plus que sa fidélité est inébranlable. Tigrane, quoique étant beaucoup affligé, consent nouvellement à son départ (III).

Une fois resté seul, il épanche sa douleur, puis il résout de suivre sa bien-aimée, pour le sort de laquelle il éprouve beaucoup d'inquiétudes, et laisse à Clearte le commandement des troupes (IV).

Clearte déplore l'amour désespéré de Tigrano, qui le pousse à braver tant de périls (V).

La scène représente maintenant l'appartement de Mitridate. Le roi exprime avec véhémence son indignation pour la conduite de sa fille et les entreprises de Tigrane, et fait des plans pour se venger. Apamia tâche d'en calmer la surexcitation (VI).

L'arrivée inattendue d'Oronte les étonne singulièrement, d'autant plus que le frère d'Apamia ne peut cacher son admiration pour Tigrane (VII): et l'étonnement croît encore lorsqu'on voit paraître Cleopatra, que Mitridate croyait prisonnière. Elle prie son père de ne plus vouloir offenser Tigrane, qui a eu tant d'égards pour elle...

    Egli cortese
Mi porse aita: mi guardò discreto;
E generoso poi
Libera a te mandòmmi...

Mitridate serait prêt à pardonner à sa fille, pourvu qu'elle consentît à devenir l'épouse d'Oronte: mais Cleopatra déclare que désormais il n'y a que Tigrane qui soit digne de son amour (VIII).

Sur ces entrefaites arrive Tigrane lui-même, lequel, pour tirer Cleopatra de sa pénible situation, propose de la délivrer de son serment en mourant: il n'y a pas d'autre moyen.

Va sans dire que Mitridate est enchanté de ce dénoûment: ainsi, dit-il,

Paghi tutti saremo;
Ma con diverso Fato;
Sposo Oronte; Tu estinto; Io vendicato.

Et il s'en va, avec Oronte, pour hâter au temple les préparatifs des doubles noces et du supplice (IX).

Apamia se réjouit de voir avancer l'heure où elle sera vengée du refus opposé par Tigrane à ses sollicitations amoureuses. Cleopatra lui reproche d'oser de s'exprimer d'une telle abominable façon en sa présence: mais la favorite, à qui Mitridate a solennellement promis de la déclarer sa femme et reine, repart avec hauteur:

Sono Apamia, e Regina;
Ei non curòmmi; e al par di te l'amai;
Or la vendetta mia veggo vicina (X).

Tigrane et Cleopatra restent seuls, avec des gardes. Tigrane exprime sa satisfaction de mourir pour sa bien-aimée, quoiqu'il lui déplaise de l'abandonner à jamais. Cleopatra lui dit que bientôt elle aussi n'appartiendra plus aux vivants: mais Tigrane l'exhorte à chasser ces tristes pensées et à vivre pour le trône; ensuite il sort accompagné par les gardes (XI).

L'infortunée Cleopatra épanche sa douleur; il lui semble de voir déjà tomber la hâche sur le cou de l'amant et d'entendre le malheureux l'appeler du règne des ombres (XII).

La scène change pour la dernière fois: on voit l'intérieur du temple de Jupiter. Mitridate annonce ses noces avec Apamia et celles de sa fille avec Oronte; puis il ajoute que

... tutto
Coronerà l'onor di questo Tempio
Dell' Armeno nemico il giusto scempio (XIII).

Sur ces entrefaites Oronte arrive précipitamment et donne au roi une bien grave nouvelle: Clearte, sans doute fort inquiet pour le sort de son ami Tigrane, a surpris la ville, et va paraître au temple comme ennemi et vainqueur. Mitridate prend tout de suite la décision de mourir en combattant (XIV).

Cleopatra conjure son père de ne vouloir braver le danger: mais le roi, pris par un violent accès de colère, considérant sa fille comme la seule source de tous ses malheurs, va pour l'assommer, lorsque paraît Clearte en aptitude très menaçante. En ce moment survient Tigrane, lequel tourne son épée contre Clearte, et cela au grand étonnement de Mitridate, qui voit un ennemi prendre sa défense. Tigrane jette ensuite son épée, et déclare au roi du Pont d'être prêt à recevoir le coup suprême. Le sanguinaire Mitridate est enfin touché par tant d'épreuves; sa haine est vaincue, et par son consentement il couronne les vœux ardents de Cleopatra et Tigrane.

Voilà que le *lieto fine* est venu; le chœur fait retentir ses voix joyeuses et la toile tombe pour la troisième et dernière fois ...

* * *

Le livret dont Gluck se servit est précisément le même que le compositeur Giuseppe Arena[1]) avait mis en musique pour Venise[2]) deux ans auparavant.

[1] Voici la liste des œuvres dramatiques connues de ce maitre de chapelle napolitain:
Achille in Sciro — Rome, théâtre delle Dame, 7 janvier 1738;
La clemenza di Tito — Turin, théâtre Royal, carnaval de 1739;
Il vello d'oro (componimento drammatico) — Rome, palais du prince Scipione Publicola Santacroce, 1er mai 1740;
Artaserse — Turin, théâtre Royal, carnaval de 1741;
Tigrane — Venise, théâtre Grimani de Saint-Jean Chrysostome, automne de 1741;
Farnace — Rome, théâtre Capranica, 23 janvier 1742 (le troisième acte est de Giuseppe Sellitti);
Il vecchio deluso (commedia per musica) — Naples, théâtre Nuovo, carnaval de 1746.

Dans le livret de ce dernier opéra Arena est qualifié de «celebre» et on lui donne le titre de «Virtuoso di S. Ecc. il Signor Principe di Bisignano».
La Borde (op. cit., III, p. 165) le considère comme un «habile compositeur, dont le style a beaucoup de brillant, si ce mot peut rendre le *brio* des Italiens».

[2] «TIGRANE | *Drama per musica* | *Da rappresentarsi nel Famosissimo* | *Teatro Grimani di* | *S. Giovanni Grisostomo.* | *L'Autunno dell' Anno MDCCXLI.* | Dedicato | A Sua Eccellenza | Il Sig. Conte | Prospero Valmarana | Patrizio Veneto. | [vignette] | In Venezia, MDCCXLI. | Per Marino Rossetti | *Con Licenza de' Superiori»*. — In-12, de 59 pages, plus une blanche, non chiffrée, à la fin. Deux exemplaires à la Bibliothèque Victor Emmanuel, fonds Gabrielli, sous les cotes 35. 6. I. 11, 6 et 35. 7. A. 21, 5; autre exemplaire dans la Collection Bonamici.
La dédicace signée par Carlo Goldoni et datée de «Venezia li 17. Novembre 1741» remplit les pages 3—8. Elle a été reproduite dans les *Fogli sparsi del* Goldoni *raccolti da A. G. Spinelli.* Milano, Fratelli Dumolard, 1885 — p. 4-6.
On lit à p. 9 l'argument, qui est identique à celui donné par le livret de Crema.
La page suivante contient la distribution des rôles, que voici:

INTERLOCUTORI.
Mitridate, Re di Ponto, ed amante di *Apamia*.
  Il Sig. Francesco Tolve.
Cleopatra Figliuola di *Mitridate*, ed amante di *Tigrane*.
  La Signora Vittoria Tesi Tramontini.
Tigrane, Re di Armenia, sotto nome d'*Argene* amante di *Cleopatra*.
  Il Sig. Lorenzo Gherardi
  Virtuoso di Camera di S. A. El. Di Baviera.
Apamia Sorella di *Oronte*, ed amante di *Tigrane*.
  La Sig. Antonia Tomi.
Oronte, Principe di Sinope, Fratello di *Apamia*, ed amante di *Cleopatra*.
  Il Sig. Antonio Uberi detto il Porporino.
Clearte, Principe de Messageti confederato di *Mitridate*, ed amico di *Tigrane*.
  La Sig. Rosa Paganini Souuter [Sauveterre?]
  La Musica
E (sic) del Sig. Giuseppe Arena Maestro di Capella Napolitano.

Qu'est-il devenu de la musique du *Tigrane* de Gluck? Va sans dire que l'on ne connaît pas un exemplaire de la partition manuscrite de l'opéra complet; mais à l'aide du très diligent catalogue thématique dressé par M. Wotquenne, on peut néammoins affirmer avec certitude qu'un certain nombre de morceaux du *Tigrane* nous sont parvenus: seulement leur vraie origine a été jusqu'ici ignorée, et on les a considérés comme faisant partie de plusieurs autres opéras du grand maître.

Il faut remarquer qu'en ce temps-là l'usage d'introduire dans les opéras nouveaux des morceaux composés précédemment pour d'autres œuvres avait grande vogue. De cet usage, plutôt commode, Gluck fut de tout temps un partisan convaincu et plus que jamais lorsqu'il composa ses cinq chefs-d'œuvre français. À sa période définitive, comme écrit l'illustre Gevaert, Gluck « ne voyait plus dans les productions de sa jeunesse que des ébauches, des études d'atelier. Sauf *Orfeo* et *Alceste*, remaniés pour la scène française, ses ouvrages italiens on été traités par lui comme des épaves dont quelques débris seulement ont paru à ses yeux dignes d'être utilisés encore» [1]).

On a déjà fait mention des remaniements auxquels on soumettait les partitions à l'occasion des reprises: il reste de citer un autre usage caractéristique de l'époque, c'est-à-dire celui de former des *centoni* ou pastiches tirant les différents morceaux des opéras de plusieurs auteurs, ou bien de ceux d'un seul compositeur. Tous ces procédés on été mis en pratique par Gluck. Si en 1743 à Reggio le maître de chapelle Maggiore se permit d'apporter de nombreux changements au *Demofoonte*, lui à son tour, dans la même année, fit autant, à ce qu'il paraît, à l'égard de l'œuvre d'un compositeur qui était alors absent de la métropole lombarde; de plus en 1746 à Londres, avec des morceaux tirés de ses opéras précédents il forma un pastiche, *La caduta de' giganti*, lequel eut le même sort des Titans, car il tomba effectivement.

De ce qu'on a exposé il résulte évidemment qu'il est possible de retrouver des morceaux d'un opéra ignoré dans des partitions connues, les morceaux en question ayant été simplement introduits dans ces partitions pour un motif quelconque.

On trouve à p. 11 les «Mutazioni di scene», ainsi que le nom du scénographe, Antonio Joli «Servidor attuale di S. A. S. il Sig. Duca di Modona». La page suivante enfin renseigne le chorégraphe, Gaetano Grossatesta; l'inventeur des costumes, Nadal Canciani, et l'inventeur des opérations militairs, Santo Lancirotti.

Le *Tigrane*, premier spectacle de la saison, fut mis en scène le 18 novembre, comme résulte de la notice suivante donnée par le *Diario ordinario* di Roma] *Num.* 3798. *In data delli* 2. *Decembre* 1741: «VENEZIA 25. *Novembre*. La sera di Sabbato passato si aprì questo denominato Teatro di S. Giovanni Grisostomo, e comparve in quelle scene l'Opera musicale intitolata: *Tigrane* ; in cui sono applauditi di molto li balli, scene. e vestimenti de Rappresentanti». *Etc.*

[1]) Avant-propos de la nouvelle édition pour piano et chant de l'*Armide* (Paris, Lemoine, 1902). Cfr. Wotquenne, *op. cit.*. p. 210.

Voici la liste des morceaux mésurés que l'on rencontre dans le livret du *Tigrane* mis en musique par Gluck — (le numéro placé devant le nom d'un personnage se rapporte à la scène où le morceau se trouve):

Acte I.

- 2. Apamia . . . . : *Troppo ad un' Alma è caro;*
- 3. Clearte . . . . : *Se brami, che splenda;*
- 4. Tigrane . . . . : *Se s'accende in fiamme ardenti;*
- 7. Mitridate . . . : *Pensa, che Padre io sono;*
- 8. Cleopatra . . . : *Non mi parlar d'amore;*
- 9. Apamia . . . . : *Vezzi, lusinghe, e sguardi;*
- 10. Oronte . . . . : *Se spunta amica Stella;*
- 12. Tigrane . . . . : *Sì ben mio, morrò, se il vuoi;*
- 13. Cleopatra . . . : *Nero turbo il Cielo imbruna.*

Acte II.

- 1. Cleopatra . . . : *Placido zeffiretto;*
- 4. Cleopatra . . . : *Aprimi pure il petto;*
- 7. Oronte . . . . : *Se in grembo a lieta aurora;*
- 9. Clearte . . . . : *Disprezzando il tuo periglio;*
- 10. Apamia . . . . : *Ti lascio, o core ingrato;*
- 11. Tigrane . . . . : *Parto da te, mio Bene;*
- 13. Mitridate . . . : *Ti guardo, e con mio scorno;*
- . . . . : . . . . [1]
- 15 (?). Oronte . . . : *Care pupille amate;*
- 18. {Tigrane / Cleopatra} . : *Lungi da te, Ben mio* (duo).

Acte III.

- 1. Oronte . . . . : *Sai da quegli occhj arcieri;*
- 5. Clearte . . . . : *Per forza d'Amore;*
- 9. Mitridate . . . : *Mira il nembo, che torbido, e fiero:*
- 10. Apamia . . . . : *Dal tuo destino impara;*
- 11. Tigrane . . . . : *Rasserena il mesto ciglio;*
- 12. Cleopatra . . . : *Presso l'onda d'Acheronte;*
- 15. Tutti . . . . . : *A sì lieto, e fausto giorno.*

Dans le livret vénitien de 1741 il y avait 25 morceaux, dont 16 seulement furent conservés, et précisément ceux qui correspondent aux scènes II, III, VII, VIII, IX et X du premier acte — IX, X, XI, XIII et XV du deuxième acte — et I, V, IX, X et XV du troisième acte. Dans l'édition de 1741, au dernier acte, les airs chantés par *Clearte*, *Mitridate* et *Apamia*, ainsi que le chœur final se trouvent respectivement dans les scènes IV, VIII, IX et XIV.

---

[1] On a déjà fait remarquer que le précieux livret de Crema manque du feuillet correspondant aux pages 35 et 36: par conséquent il est impossible d'établir avec certitude le nombre des morceaux qui suivent l'air de *Mitridate* (scène XIII) jusqu'à la fin de la scène XVI. Cependant on peut affirmer qu'une des scènes dont le texte manque (très-probablement la scène XV, comme dans l'édition vénitienne de 1741), contient l'air d'*Oronte*, «Care pupille amate».

M. Wotquenne (*op. cit.*, p. 187) écrit qu'il a découvert à la Bibliothèque du Conservatoire de Paris de nombreux fragments (20 morceaux) de la partition d'*Artamene*: plusieurs de ces morceaux mentionnent le nom de l'artiste chargé de les interpréter. Il ne nous apprend pourtant pas quelles sont les indications spéciales (peut-être celles de l'année et de la ville où la représentation eut lieu?) qui lui ont permis d'identifier les 20 morceaux comme appartenant à l'*Artamene*. Les noms des artistes qu'il y a relevé sont ceux de Giuseppe Gallieni, Felice Salimbeni, Giuditta Fabiani et Caterina Aschieri: c'est donc de quatre parmi les exécuteurs du *Tigrane* qu'il s'agit.

Les morceaux en question, dont M. Wotquenne donne les thèmes pp. 11—13 de son travail, sont les suivants:

1. *Care pupille amate* (air chanté par Gallieni);
2. *Colomba innamorata*;
3. *Lungi da te, ben mio* (duo);
4. *Nero turbo il cielo imbruna*;
5. *Padre rammenta* . . .;
6. *Parto da te, mio bene* (air chanté par Salimbeni);
7. *Perfido traditore*;
8. *Presso l'onda d'Acheronte*;
9. *Priva del caro bene* (air chanté par l'Aschieri);
10. *Quando ruina*;
11. *Rasserena il mesto ciglio* (air chanté par Salimbeni);
12. *Se fido l'adorai*;
13. *Se in grembo a lieta aurora* (air chanté par Gallieni);
14. *Se spunta amica stella* (id.);
15. *Si cadrà con grave scempio*;
16. *Si ben mio, morrò, se il vuoi* (air chanté par Salimbeni);
17. *Sparge al* . . .;
18. *Tema quell' alma audace*;
19. *Troppo ad un' alma è caro* (air chanté par la Fabiani);
20. *Vezzi, lusinghe e sguardi* (id.).

Ainsi qu'on le voit, les 11 morceaux distingués avec les numéros 1, 3, 4, 6, 8, 11, 13, 14, 16, 19 et 20 appartiennent au *Tigrane*, non pas à l'*Artamene*, car le *Tigrane* a été à coup sûr composé exprès pour Crema, et sur cette circonstance il n'y a pas de doute possible. Excepté un air, dans les 11 morceaux qu'on vient de citer, sont compris *tous* ceux qui mentionnent le nom de l'artiste auquel ils avaient été confiés: et cela ne peut absolument être fortuit. Voilà donc un autre argument contre leur attribution à l'*Artamene*.

D'après M. Wotquenne cet opéra aurait été donné à Crema, et non à Crémone comme écrivent tous les biographes. Il est évident qu'on ne peut plus regarder cette affirmation comme exacte, étant basée sans aucun doute sur quelque indication contenue dans les morceaux où est mentionné le nom de l'artiste.

Il faut remarquer aussi, qu'à Crema on ne donnait qu'un seul opéra pendant la foire[1]: par conséquent, si en 1743 on donna le *Tigrane*, toute représentation d'un autre opéra est à exclure.

Pas d'*Artamene* donc à Crema en 1743. Mais on peut se poser la question: n'est-il pas probable que cet opéra ait été donné ailleurs, avec les quatres artistes cités par M. Wotquenne? Cela aussi ne paraît guère probable: en effet Salimbeni chanta à Turin pendant le carnaval de 1743, et l'Aschieri se fit entendre au printemps à Reggio, et en automne (après Crema) à Venise, au théâtre de Saint-Jean Chrysostome.

Aussi l'air «Priva del caro bene», distingué avec le n° 9, et chanté par l'Aschieri, appartient probablement au *Tigrane*, puisqu'il résulte du livret vénitien de 1741 que dans la scène XIV du deuxième acte il y a un air de *Cleopatra*, et ce rôle est justement celui que Caterina Aschieri joua à Crema en 1743. Dans son pastiche *La caduta de' giganti*, donné pour la première fois à Londres, au King's Theatre in the Haymarket, le mardi 7/18 janvier 1746, Gluck introduisit 5 airs du *Tigrane*, savoir: *Se si accende in fiamme ardenti — Care pupille amate — Vezzi, lusinghe e sguardi — Placido zeffiretto — Sì, ben mio, morrò, se il vuoi*. — Le deuxième et le troisième de ces airs figurent dans la collection des *favourite songs* de la *Caduta de' giganti* publiée par Walsh; et selon toute apparence, ce sont les seuls morceaux du *Tigrane* qu'on ait imprimé.

L'air d'*Apamia*, «Troppo ad un' alma è caro» et celui d'*Oronte*, «Se spunta amica stella» furent introduits dans le pastiche *La finta schiava*, donné en 1744 à Venise, au théâtre de Saint-Ange, pendant la foire de l'Ascension[2].

---

[1] En 1692 on donna le *Pausania* di Giovanni Legrenzi et autres auteurs; en 1741 l'*Arsace*, opéra composé exprès par Giambattista Lampugnani; en 1749 l'*Arcadia in Brenta* de Galuppi.

[2] Voici quelques renseignements sur le livret de la *Finta schiava* que M. Wotquenne n'a pu consulter:

«LA | FINTA SCHIAVA | *Dramma per Musica* | *Da Rappresentarsi nel Teatro* | *di S. Angelo* | *Per la Fiera dell' | Ascensione | l'anno 1744.* | In Venezia, MDCCXLIV. Per il Valvasense. | Con Licenza de' Superiori». — De 48 pages (y compris le frontispice) et un feuillet liminaire ayant une gravure au *recto*. Exemplaire à la Bibliothèque Nationale de Saint-Marc, Venise.

Je fais suivre ici le dépouillement des morceaux mesurés:

Acte I.

2. Rodrigo . . . . . . : *Se spunta amica stella*;
3. Fatime . . . . . . : *Adorerò fedele*;
4. Rusteno . . . . . . : *Quel basso rapore*;
5. Irene . . . . . . : *Troppo ad un' alma è caro*;
6. Climene . . . . . . : *Quel labbro quel ciglio*;
10. Amurat . . . . . . : *Conserva a me la bella*;
11. Rodrigo, Climene : *Prendi, o cara, un dolce amplesso* (duo).

L'air de *Tigrane*, «Rasserena il mesto ciglio», avec un nouveau texte («Ben conosce maggior») fut introduit dans la sérénade *Le nozze d'Ercole e d'Ebe* (Pillnitz, 29 juin 1747).

Enfin l'air de *Cleopatra*, «Presso l'onda d'Acheronte», on le retrouve deux fois, savoir dans l'*Innocenza giustificata*[1]) avec le nouveau texte «Fiamma ignota nell' alma mi scende», et dans l'*Armide* (troisième acte, scène de la Haine, évocation «Venez, Haine implacable»).

* * *

Revenant à l'*Artamene*, on a vu que sur les 20 morceaux attribués à cet opéra par M. Wotquenne, il y en a 11 qui appartiennent assurément au *Tigrane*, et un autre qui a beaucoup de probabilité d'y

Acte II.
1. Irene . . . . : *Saprò anch'io con mille vezzi*;
3. Amurat . . . . . . : *Se il labbro amor mi niega*;
4. Rodrigo . . . . . . : *Se alla mia fè non credi*;
5. Fatime . . . . . . : *Non rendo di me stessa*;
6. Rusteno . . . . . . : *Leon, che i propri figli*;
7. Climene, Rodrigo: *Quanti cor stanno languendo* (duo);
7. Climene . . . . . . : *Quando mai a un dolce affetto*;
8. Amurat . . . . . . : *Ecco ti lascio, o cara*;
11. Fatime . . . . . . : *Soffrir de foli* sic) *amanti*;
12. Rusteno . . . . . . : *Sento d'ira quest' anima accesa*.

Acte III.
2. Fatime . . . . . . : *Indegno, spietato*;
4. Amurat . . . . . . : *Se la tua fè tu rendi*;
5. Rodrigo . . . . . . : *Ch'io mai vi possa*;
6. Climene . . . . . . : *Resta nell' alma impresso*;
8. Irene . . . . : *Sò, che ingannar vorresti*;
9. Rusteno . . . . . . : *Alla vendetta*;
14. Coro . . . . : *Della frode il disinganno*.

Tous ces renseignements m'ont été obligeamment fournis par M. C. Frati, Directeur de la Bibliothèque de Saint-Marc.

La première de la *Finta schiava* eut lieu le 13 mai. On lit en effet dans le *Diario ordinario* [di Roma] *Num.* 4185. *In data delli 23. Maggio* 1744: «VENEZIA 16. Maggio. . . . Mercordì Vigilia dell' Ascensione del Signore s'aprì questa nostra Fiera; e nel dopo pranzo il Sermo Doge colla Serma Signoria calò nella Ducale Basilica di S. Marco, ove assistette alli solenni Vesperi.

«Nella sera di detto giorno andarono in Scena 2 Drammi Musicali, cioè a S. Samuele quello intitolato = *Cesare in Egitto* [musica di Antonio Colombo], & a S. Angelo l'altro intitolato = *La finta Schiava*».

[1] Fête théâtrale donnée à Vienne sur le «Privilegiato Imperial Teatro vicino alla Corte», le 8 décembre 1755.

L'auteur du texte de ce petit drame est le comte Giacomo Durazzo, génois, alors directeur des spectacles de la Cour Impériale (voir La Borde, *op. cit.*, III, p. 268).

La prière «Ah rivolgi, o casta Diva» de l'*Innocenza giustificata* a été publiée à Milan, chez Alessandro Pigna, dans le recueil intitulé *La musica classica vocale*. Je note en passant que l'air d'*Ulisse* «Ah non chiamarmi ingrato» (dans le *Telemaco*) qui d'après la table dressée par M. Wotquenne (p. 227) paraîtrait inédit, se trouve dans le second volume du recueil de Gevaert, *Les gloires de l'Italie*.

appartenir. Il reste donc 8 morceaux. Sont-ils vraiment de l'*Artamene?* Ici encore le doute est possible; et il y a des arguments de quelque importance par lesquels on est poussé à s'écarter des indications que donne l'éminent bibliothécaire du Conservatoire de Bruxelles.

Avant tout, si le texte de l'*Artamene* de Gluck est la même chose du mélodrame homonyme de Bartolomeo Vitturi, l'air «*Padre* rammenta» ne peut appartenir à l'*Artamene*, car aucun *père* (padre) ne figure dans le drame de Vitturi. Les personnages sont en effet:

Padmane sposa di
Artamene ragià di Scitor.
Sandalida sorella di Artamene, promessa sposa di Cosru.
Akbar gran mogol, prima col nome di Machbet amante di Padmane.
Cosru generale e confidente di Artamene, amante di Sandalida.
Tamur confidente di Akbar.

Je ne saurais rien dire à l'égard de l'air qui commence «Sparge al ...(?)», et j'ignore en même temps les motifs pour lesquels il devrait appartenir à l'*Artamene*.

Quant aux autres 6 airs, il est raisonnable de supposer que Gluck les ait composés pour les introduire dans un pastiche avec lequel on inaugura la saison de carnaval de 1744 au théâtre Ducal de Milan. Dans ce pastiche on retrouve aussi le texte de deux airs du même compositeur, airs que M. Wotquenne cite au nombre de ceux dont il n'est parvenu à déterminer l'origine. Or pendant le carnaval de 1744, ou mieux pendant les derniers mois de 1743 et les premiers de 1744, Gluck séjourna justement à Milan pour y composer[1]), mettre en scène et ensuite diriger au clavecin son nouvel opéra *Sofonisba*, destiné pour deuxième spectacle de la saison. Toutes ces circonstances et coïncidences, ne pouvant être simplement fortuites, appuyent efficacement l'hypothèse de la collaboration de Gluck au premier opéra de la saison.

Voici quelques indications précises au sujet du livret de cet opéra:

«ARSACE | *Dramma per musica* | *Da rappresentarsi nel Regio-Ducal Teatro* | *di Milano nel Carnovale dell' Anno 1744.* | Dedicato | A Sua Altezza il Signor | Giorgio Cristiano | del Sacro Romano Impero | Principe di Lobkowitz, | Duca di Sagan ec. | Cavaliere dell' Insigne Ordine | del Toson d'oro, | Gentiluomo di camera, e Consigliere | attuale intimo di Stato di Sua Maestà, | Generale Maresciallo di campo, | Colonnello d'un reggimento di corazze, Governatore, e Capitano Generale | dello Stato di Milano, | e delli Ducati di Parma, Piacenza e Mantova, | come pure | Supremo Generale Comandante | nel Principato di Transilvania, | e delle Truppe esistenti in Italia.

---

1) D'après l'usage de ce temps-là on composait les opéras dans la même ville où l'on devait les mettre en scène pour la première fois. Par conséquent, lorsqu'un compositeur contractait un engagement pour une ville qui n'était pas celle où il résiduait ordinairement, il s'y rendait deux ou trois mois avant l'époque fixée pour la mise en scène, et il y écrivait son opéra nouveau.

[*vignette*] | In Milano, MDCCXLIV. | Nella Regia Ducal Corte, per Giuseppe Richino | Malatesta Stampatore Regio Camerale. | *Con lic. de' Superiori*. — In-12, de 51 pages, plus une blanche non chiffrée et 5 feuillets liminaires. Exemplaire à la Bibliothèque de l'Académie Royale de Sainte-Cécile (Collection Silvestri).

La dédicace des «Cavalieri Direttori» au prince Lobkowitz, contenue dans le deuxième et le troisième feuillet liminaire, est datée de «Milano li 18. Dicembre 1743».

Dans le quatrième feuillet liminaire (au *recto*) on fournit «Al cortese Lettore» des renseignements sur l'argument du drame.

Le dernier feuillet liminaire contient les «Mutazioni di scene», les noms des scénographes (Fratelli Galliari), et de l'inventeur des costumes (Francesco Mainini): enfin, au *verso*, les

PERSONAGGI.

ARSACE Supremo Generale del Regno.
 Il Signor Giovanni Carestini.
STATIRA Regina di Persia.
 La Signora Caterina Aschieri.
ROSMIRI Principessa Sposa di Mitrane.
 La Signora Domenica Cassarini.
MITRANE Principe Persiano.
 La Signora Rosalia Andreides.
ARTABANO Consigliere della Regina.
 Il Sig. Settimio Canini.
MEGABISE Amico d'Arsace.
 La Signora Giuseppa Useda, detta la Spagnuoletta.
ORCANO Grande del Regno.
 Il Sig. Francesco Trivulzi.

Dans les livrets de l'époque la liste des personnages et des exécuteurs est ordinairement suivie par l'indication de l'auteur de la musique; mais dans celui de l'*Arsace* au lieu d'une telle indication, il y a un espace blanc, après quoi on lit le nom du chorégraphe, Andrea Cattaneo.

Voici maintenant la série des morceaux mésurés que l'on rencontre dans le livret en question (le numéro qui précède le nom d'un personnage se rapporte à la scène qui contient le morceau):

Acte I.

1. Chœur . . . . . : *Col tuo cinto, o casto Dio*;
2. Statira . . . . : *Se fido l'adorai*;
3. Rosmiri. . . . : *Sento, nè so, che sia*:
4. Orcano . . . . : *Tema quell' alma audace*;
4· Artabano . . . : *Sì, cadrà con grave scempio*;
5. Mitrane. . . . : *Empio Amor, onor tiranno*;
6. Megabise . . . : *Quando ruina*;
7. Rosmiri . . . . : *Colomba innamorata*;
8. Arsace . . . . . : *Benchè copra al sole il volto*;

10. Statira	.... :	*Perfido, traditore*;
12. Arsace	.... :	*Sì, vedrò quell' alma ingrata*.

Acte II.

1. Orcano	.... :	*Sento un acerbo duolo*;
3. Statira	.... :	*Sperai da te crudele*;
4. Arsace	.... :	*Se mai senti spirarti sul volto*;
5. Rosmiri	.... :	*Nel fiero mio tormento*;
7. Mitrane	.... :	*Voi, che languite*;
8. Artabano	. . :	*Non temer; quell' empio e indegno*;
9. Megabise	. . . :	*Spero veder placata*;
10. {Statira / Arsace}	. . . :	*Se non f'avessi amato* (duo).

Acte III.

2. Statira	.... :	*Voi, che regnate*;
3. Arsace	. . . :	*Morte sì vile a me?*
4. Arsace	.... :	*Cara, ti lascio, addio*;
5. Rosmiri	.... :	*Questa, che 'l cor m'ingombra*;
6. Statira	.... :	*V'a crescendo il mio tormento*;
8. Artabano	.... :	*Vittima sanguinosa*;
12. Mitrane	. . . :	*V'ado costante, e forte*;
14. Statira	.... :	*Vien Arsace; ah, dove sei?*

Tous les airs qu'on peut attribuer à Gluck se trouvent dans le premier acte: ce sont ceux de *Statira* (scènes II et X), d'*Orcano* et d'*Artabano* (scène IV), de *Megabise* (scène VI) et de *Rosmiri* (scène VII). Aussi les deux airs d'*Arsace* dans le même acte (scènes VIII et XII) doivent être de Gluck, et correspondre à ceux que M. Wotquenne cite parmi les «Morceaux de chant détachés», p. 151—52 et 217—18, n. 3 et 9. L'air «Benchè copra al sole il volto» serait daté de 1749 d'après le ms. de la Bibliothèque du Conservatoire de Paris: mais c'est peut-être 1743 qu'il faut lire au lieu de 1749; rien n'est plus facile que de se tromper en déchiffrant des vieilles écritures.

Il pourrait aussi se faire qu'il y eût dans l'*Arsace* des autres morceaux composés par Gluck: mais on ne saurait affirmer rien de positif à cet égard, faute de documents[1]). Le texte de l'air «Se fido l'adorai» se

---

[1] Au mois de mars 1752 l'impresario du théâtre de Saint-Charles à Naples, Don Diego Tufarelli, comme résulte de sa correspondance avec le ministre Fogliani, avait déjà avancé des propositions au «famoso Kluk (*sic*) che risiede in Praga di Boemia» dans le but de le faire venir à Naples pour y composer un opéra. Puisque le compositeur était «nuovo qui (a Napoli) ed oltremodo dotto nel suo mestiere» Don Diego s'attendait à «una musica di stile tutto vario e mai più inteso». Gluck arriva à Naples vers la fin d'août. L'opéra qu'il devait composer était celle destinée à être mise en scène le 4 novembre pour solenniser la fête du roi Charles III. Le texte qu'avait été choisi pour cet opéra était justement l'*Arsace* d'Antonio Salvi, arrangé exprès pour l'adapter au goût de l'époque. Gluck le refusa net, probablement ne voulant pas retourner sur le sujet d'une œuvre à laquelle il avait collaboré huit ans auparavant, et «con sode ragioni e pressante impegno» demanda la *Clemenza di Tito*, drame qu'on lui accorda en effet, quoique on l'eût déjà destiné pour l'opéra du 18 décembre (fête de Maria Barbara reine d'Espagne.

lit déjà dans l'*Arsace* mis en musique par Francesco Feo (Turin, 1741), et on le retrouve avec celui de trois autres airs («Colomba innamorata», «Benchè copra al sole il volto» et «Perfido, traditore») dans l'*Arsace* de compositeur inconnu, donné à Venise, au théâtre de Saint-Jean Chrysostome, pendant l'automne de 1743[1]), et dont la première eut lieu le samedi 16 novembre[2]), c'est-à-dire une quarantaine de jours à peine avant que l'on mit en scène le premier opéra de la saison de carnaval de 1744 au théâtre Ducal de Milan. Les rôles de *Statira* et d'*Arsace* furent joués tant à Venise qu'à Milan par les mêmes artistes: l'Aschieri et Carestini. Existe-t-elle une relation entre les deux partitions? Aurait-il Gluck composé quelques morceaux pour l'*Arsace* donné à Venise, les introduisant ensuite dans le pastiche mis en scène à Milan peu de temps après, et y ajoutant sur demande plusieurs autres airs nouveaux? Qui sait? Moi, je me borne ici à signaler ces circonstances, qui m'ont paru dignes d'être connues.

L'opéra repris à Milan en 1744 est celui de Giambattista Lampugnani maître de chapelle milanais[3]), qui l'avait composé pour Crema à

femme de Ferdinand VI, frère de Charles III). On offrit l'*Arsace* à Gerolamo Abos, auquel on avait précédemment confié la *Clemenza di Tito*: mais ce compositeur ne voulut point «por mano al rifiuto dell' altro». De plus on jugea inopportun de donner l'un après l'autre deux drames entièrement tragiques tels que l'*Arsace* et la *Didone abbandonata* (celui-ci déjà confié au compositeur Giambattista Lampugnani, et destiné pour l'opéra avec lequel on devait fêter l'anniversaire de la naissance du roi, le 20 janvier 1753). C'est ainsi que d'accord avec G. Abos et avec la *primadonna* Caterina Visconti on choisit pour texte de l'opéra du 18 décembre le *Lucio Vero* ou l'*ologeso* d'Apostolo Zeno. Voir l'intéressante étude de A. Ademollo: *Cristoforo Gluck in Italia. II. Roma e Napoli (1750?—1752—1756)* dans le *Fanfulla della Domenica* de Rome, douzième année, N. 9, du 2 mars 1890.

Gluck composa son opéra en deux mois seulement, ce qui explique pourquoi la partition contient 4 airs empruntés à d'autres ouvrages du même auteur (*Ezio*, *Le nozze d'Ercole e d'Ebe, Sofonisba*). Le premier et le troisième mouvement de l'ouverture proviennent aussi d'*Ezio* (Wotquenne, *op. cit.*, p. 195).

L'*Arsace* refusé par Gluck et par Abos est certainement le drame homonyme qui fut mis en musique deux ans plus tard par Nicola Sabatini (Naples, théâtre de Saint-Charles, 30 mai 1754).

1) «ARSACE | *Dramma per Musica | da rappresentarsi nel | famosissimo Teatro Grimani | di | S.ⁿ Giò: Grisostomo | l'Autunno | 1743.* | Dedicato | alle Dame». — De 48 pages, non compris le frontispice. Exemplaire à la Bibliothèque Nationale de Saint-Marc, Venise. C'est encore M. C. Frati qui m'a renseigné sur ce livret.

2) «VENEZIA 23. *Novembre*.... Sabato sera andò in scena per la prima volta nel Teatro a S. Gio: Grisostomo il Dramma musicale, intitolato *Arsace*». *Diario ordinario* (di Roma) *Num.* 4111. *In data delli* 4 *Decemb.* 1743.

3) Lampugnani a joui de son temps d'une notable renommée: La Borde (*op. cit.*, III, pp. 195—96) en fait beaucoup d'éloges; voir aussi Croce, *op. cit.*, pp. 439—440. Il a composé bon nombre d'opéras, dont voici les titres avec lieu et date de la première représentation:

Candare — Milan, théâtre Ducal, carnaval de 1733;
Antigono — Milan, théâtre Ducal, carnaval de 1737;
Ezio — Venise, théâtre de Saint-Ange, automne de 1737;
Demofoonte — Plaisance, théâtre Ducal, carnaval de 1738;

l'occasion de la foire de 1741. En 1743 Lampugnani se trouvait à Londres, attaché au King's Theatre in the Haymarket en qualité de compositeur, succédant à Galuppi retourné en Italie. La direction du théâtre Ducal de Milan ayant décidé de reprendre son *Arsace* comme premier opéra de la saison de carnaval de 1744, se vit naturellement obligée, attendu son absence, de charger un autre compositeur d'apporter à la partition les inévitables changements réclamés par les artistes: et c'est Gluck sans doute qui s'occupa de la besogne.

On a vu que le livret milanais ne donne le moindre renseignement sur les auteurs de la musique. Dans l'exemplaire que j'ai consulté, sur l'espace laissé en blanc après la liste des personnages et des exécuteurs, se trouve collée une bandelette de papier, où l'on a inscrit à la plume cette notice: «Musica di G. B. | Lampugnani». La musique est attribuée au même compositeur aussi par Salvioli (I, col. 378). Paglicci-Brozzi (*op. cit.*, p. 118) par contre, citant l'*Arsace* comme ayant été mis en scène le 26 décembre 1743, ne fait pas mention de l'auteur, ou mieux des auteurs de la musique. Le livret est celui homonyme du docteur Antonio Salvi, plus ou moins remanié[1]).

Angelica — Venise, théâtre de Saint-Samuel, 11 mai 1738;
Il passaggio per Ferrara della Sacra Reale Maestà di Maria Amalia Principessa Reale di Polonia, Regina delle Due Sicilie, sérénade en 2 parties — Ferrare, théâtre Scrofa, 5 juin 1738;
Didone abbandonata — Padoue, théâtre Obizzi, été de 1739;
Adriano in Siria — Vicence, nouveau théâtre delle Grazie, foire de 1740;
Semiramide riconosciuta — Rome, théâtre delle Dame, janvier 1741;
Arsace — Crema, foire de 1741;
Rosane — Londres, King's Theatre in the Haymarket, 15/26 novembre 1743;
Alfonso — Londres, King's Theatre in the Haymarket, 3/14 janvier 1744;
Alceste — Londres, King's Theatre in the Haymarket, 28 avril / 9 mai 1744;
Il Gran Tamerlano — Milan, théâtre Ducal, carnaval de 1746;
Alessandro nell' Indie — Londres, King's Theatre in the Haymarket, 15/26 avril 1746;
Tigrane — Venise, théâtre de Saint-Ange, foire de l'Ascension de 1747;
L'Olimpiade — Florence, théâtre de la Pergola, carnaval de 1748;
Andromaca — Turin, théâtre Royal, carnaval de 1749;
Artaserse — Milan, théâtre Ducal, carnaval de 1750;
Alessandro sotto le tende di Dario — Plaisance, théâtre Ducal, printemps de 1751;
Didone abbandonata, avec nouvelle musique — Naples, théâtre de Saint-Charles, 20 janvier 1753;
Siroe Re di Persia — Londres, King's Theatre in the Haymarket, janvier 1755;
Le cantatrici — Milan, théâtre Ducal, automne de 1758;
Il conte Chicchera — Milan, théâtre Ducal, automne de 1759;
La contessina — Milan, théâtre Ducal, automne de 1759 (opéra cité par Paglicci-Brozzi);
Amor contadino — Venise, théâtre de Saint-Ange, 12 novembre 1760;
La Giulia — Milan, théâtre Ducal, carnaval de 1761 ;musique de L. et autres compositeurs'.

1) Il est remarquable que le docteur Salvi écrivit ce drame avec l'intention de donner une tragédie pour musique avec la fin vraiment tragique, une nou-

Après ce qu'on a exposé, il semble permis d'affirmer que l'*Artamene* gluckien de 1743 peut rentrer dans le règne de l'indétermination et de l'incertitude d'où les recherches consciencieuses de M. Wotquenne paraissaient l'avoir enfin tiré.

Un opéra bien curieux que cet *Artamene*, dont on n'a pas jusqu'ici, malgré tant de ferveur pour les recherches historico-musicales, le moindre renseignement authentique, tandis qu'à l'égard de toutes les autres œuvres du maître existent toujours des documents (tels que livrets ou partitions, complètes ou non) auxquels il faut absolument ajouter foi.

Ne pourrait-il se faire que l'*Artamene* de 1743 dût son origine tout simplement à l'exactitude douteuse de quelque biographe, l'erreur duquel fut ensuite copié et répandu par tous ceux qui s'occupèrent peu ou beaucoup de Gluck?

Cet opéra n'est point mentionné dans les premiers lexiques. Quadrio (*op. cit.*) qui dans le cinquième tome publié en 1744 cite aussi des opéras veauté «non più veduta», du moins sur les scènes italiennes, où les mélodrames se terminaient toujours avec le «lieto fine» pour ne pas laisser les spectateurs sous l'impression d'une catastrophe. L'*Arsace* se termine en effet avec le supplice du protagoniste (qui n'a pourtant pas lieu sur la scène) et avec la folie de *Statira*. Le sujet est celui du *Comte d'Essex* de Thomas Corneille, le même qui inspira à Donizetti son *Robert Dévereux*.

Le drame d'Antonio Salvi a été mis en musique par les compositeurs suivants:

Giuseppe Maria Orlandini — Florence, théâtre du Cocomero, été de 1715 sous le titre *Amore e maestà*;

Michelangelo Gasparini — Venise, théâtre de Saint-Jean Chrysostome, carnaval de 1718;

Domenico Sarro — Naples, théâtre de Saint-Barthélemy, hiver de 1718;

Francesco Gasparini — Rome, théâtre Alibert, carnaval de 1720 (*Amore e maestà*);

Filippo Mattei (Amadei?), et Giovanni Bononcini — Londres, King's Theatre in the Haymarket, 12 février 1721 (*Arsace* ovvero *Amore e maestà*, texte modifié par P. A. Rolli);

Giuseppe Maria Buini — Bologne, théâtre Marsigli Rossi, carnaval de 1722 *Amore e maestà* ossia *l'Arsace*);

Giovanni Francesco Brusa — Milan, théâtre Ducal, carnaval de 1725;

Geminiano Giacomelli — Prato, théâtre public, 1736;

Giambattista Pescetti et autres auteurs (pasticche) — Londres, King's Theatre in the Haymarket, 29 octobre 1737;

Francesco Feo — Turin, théâtre Royal, carnaval de 1741;

Francesco Araja — Saint-Pétersbourg, théâtre de la Cour. 1741;

Giambattista Lampugnani — Crema, foire de septembre 1741;

Paolo Scalabrini et autres auteurs — Hambourg, Opernhaus, 23 septembre 1748

Nicola Sabatini — Naples, théâtre de Saint-Charles, 30 mai 1754;

Carlo de Franchi — Venise, théâtre de Saint-Benoît, carnaval de 1768.

Avec musique de différents auteurs l'*Arsace* a été représenté à Venise (théâtre de Saint-Jean Chrysostome, automne de 1743), à Rovigo (théâtre Venezze, foire de 1745) et à Vienne (Burgtheater, 21 avril 1746).

Les renseignements manquent tout à fait à l'égard des auteurs de la musique des opéras donnés à Gênes (théâtre de Sant' Agostino, 28 décembre 1732), à Modène (théâtre Molza, automne de 1744) et à Udine (théâtre de la Racchetta, carnaval de 1760).

donnés l'an auparavant, ne fournit à l'égard du jeune compositeur allemand que ces renseignements: «CRISTOFORO GLUK (sic) pose in Musica l'*Artaserse*, e il *Demofoonte* del Metastasio» (p. 523).

L'*Artamene* est resté inconnu aussi aux auteurs du *Dictionnaire historique des musiciens*, Al. Choron et F. Fayolle, à l'abbé Giuseppe Bertini, etc.

Selon toute apparence c'est pour Londres seulement que Gluck composa un *Artamene*. M. Wotquenne, *op. cit.*, p. 192, écrit que de son avis l'opéra donné à Londres est entièrement différent de celui qu'il a cru exécuté à Crema: et c'est bien naturel que les «favourite songs» de l'*Artamene* publiés en 1746 à Londres n'aient rien de commun avec les morceaux du *Tigrane* et de l'*Arsace*. Mais ne paraît-il pas tout d'abord fort peu croyable que Gluck ait éprouvé le besoin de mettre nouvellement en musique le même livret moins de trois ans après?

Appelé en 1745 à Londres pour remplacer Lampugnani, Gluck dut s'y rendre, certainement pour donner quelque opéra nouveau dans sa qualité de «composer to the Opera» (titre dont il est qualifié sur le frontispice de ses *Six sonatas for two violins & a thorough bass* publiées chez Simpson). Or ce sont deux opéras seulement dus à lui qui parurent alors sur les scènes de Londres: la *Caduta de' giganti* et l'*Artamene*[1]. On sait que la *Caduta de' giganti* n'est qu'un pastiche constitué entièrement de morceaux tirés des opéras précédents du maître: il faut donc admettre que l'*Artamene* (sauf quelques airs) fut composé exprès pour Londres[2]. Cette circonstance, pour le motif exposé plus haut amène donc à exclure la possibilité que Gluck ait mis précédemment en musique le même argument.

* * *

Il reste à établir quel est le nom de l'auteur du texte de *Tigrane*.

Le livret de Crema est anonyme, quant à la poésie, et, ainsi qu'on l'a déjà fait remarquer, c'est du même texte dont se servit le compositeur Giuseppe Arena pour son opéra donné à Venise en 1741 qu'il s'agit. Le livret vénitien aussi ne donne pas le nom du poète, et Carlo Goldoni qu'on avait chargé de raccommoder le drame, écrit dans la dédicace, p. 4, que la poésie était «fatica di penna errudita» (sic).

Comme on avait soumis le drame à un remaniement, il est clair qu'il avait été précédemment mis en musique par quelque autre compositeur.

---

1) D'après Fétis (IV, 30 et 38) Gluck aurait donné à Londres aussi un pastiche intitulé, «à ce qu'on croit», *Piramo e Tisbe*. M. Wotquenne ne mentionne point cette œuvre: l'affirmation de Fétis est donc dénuée de fondement.

2) En 1746 Gluck a refait en partie l'*Artamene* donné à Crémone en 1744 (sic): c'est encore une affirmation de Fétis (IV, 30 et 38) laquelle a besoin d'être prouvée.

Quels sont les opéras antérieurs à 1741 ayant un Tigrane pour protagoniste? En voici un petit relevé:

1. *Il Tigrane Re d'Armenia*, opéra sérieux en 3 actes, texte de Giulio Cesare Corradi, musique du *dilettante* Tommaso Albinoni. Venise, théâtre de Saint-Cassien, carnaval de 1697 (livret à la Bibliothèque Casanatense [Rome], sous la cote Comm. 471. 4; à la Bibliothèque Nationale Centrale Victor Emmanuel [Rome], sous la cote 35. 5. D. 5, 1; dans la Collection Schatz à Rostock i./M., et dans la Collection Manoel de Carvalhaes à Mezão-Frio, Portugal);
2. *Tigrane Re d'Armenia*, opéra sérieux en 3 actes, texte de Pietro Antonio Bernardoni, musique d'Antonio Bononcini. Vienne, théâtre de la Cour Impériale, 26 juillet 1710, pour l'anniversaire de la naissance de l'empereur Joseph I (livret à la Kgl. öff. Bibliothek de Dresde);
3. *Tigrane overo L'egual impegno d'amore e di fede*, opéra sérieux en 3 actes, texte de Domenico Lalli (Sebastiano Biancardi), musique d'Alessandro Scarlatti. Naples, théâtre de Saint-Barthélemy, samedi 16 février 1715[1]), carnaval (livret à la Bibliothèque Victor Emmanuel sous la cote 35. 5. H. 16, 4);
4. *L'amor di figlio non conosciuto*, opéra sérieux en 3 actes, texte de Domenico Lalli (Sebastiano Biancardi), musique de Tommaso Albinoni. Venise, théâtre de Saint-Ange, carnaval de 1716 (livret à la Bibliothèque Victor Emanuel sous la cote 35. 5. H. 15, 6; et dans les Collections Bonamici et Schatz).
5. *Die über Hass und Liebe siegende Beständigkeit* oder *Tigranes*, pastiche avec musique de Francesco Gasparini, Giuseppe Maria Orlandini et Francesco Conti; texte traduit en allemand par D. Gazal. Hambourg, Opernhaus beim Gänsemarkt, carnaval de 1719[2]).
6. *Tigrane*, opéra sérieux en 3 actes, texte anonyme, musique de Johann Adolph Hasse. Naples, théâtre de Saint-Barthélemy, jeudi 4 novembre 1723. Repris à Naples, au théâtre de Saint-Charles, le jeudi 4 novembre 1745, avec addition d'airs nouveaux par le compositeur Antonio Palella (livret de 1745 dans la Collection Schatz);
7. *La virtù trionfante dell' amore e dell' odio* overo *il Tigrane*, opéra sérieux en 3 actes, texte anonyme, musique de Benedetto Micheli (acte I), Antonio Vivaldi (acte II) et Nicola Romaldi (acte III). Rome, théâtre Capranica, carnaval de 1724 (livret à la Bibliothèque de l'Académie Royale de Sainte-Cécile);
8. *Tigrane*, opéra sérieux en 3 actes, texte de Bartolomeo Vitturi, musique de Giuseppe Antonio Paganello. Venise, théâtre de Saint-Ange, 10 février 1733[3]) (livret à la Bibliothèque de Saint-Marc à Venise; dans les Collections Schatz et Manoel de Carvalhaes);

---

1) Cette date est donnée par les *Arrisi* de Naples, Num. 8 du 19 février 1715.
2) Œuvre citée aussi avec le seul titre de *Tigranes* dans l'*Allgemeine musikalische Zeitung*, XII. Jahrgang, Nr. 16, Leipzig, 18. April 1877, col. 246. — On trouve dans ce périodique le relevé des opéras donnés à Hambourg de 1678 à 1751, compilé par Mattheson, avec additions et rectifications par Friedrich Chrysander. La partie relative à la période de 1678 à 1728 avait déjà paru dans l'ouvrage de Mattheson intitulé *Der musicalische Patriot*; la suite, par contre, existait seulement en manuscrit.
3) «VENEZIA 14. Febraro.... Martedì sera andò in scena nel Teatro di San-

9. *Tigrane*, opéra sérieux, texte de Bartolomeo Vitturi, musique de Santo Lapis[1]). Prague, Gräfliches Spork'sches Theater, 1738.

Le Dr. C. Musatti dans son étude sur les mélodrames de Goldoni[2]) affirme que le *Tigrane* modifié par le grand auteur comique est celui de Bartolomeo Vitturi. C'est une erreur: aucune relation n'existe entre ces deux drames, comme le Dr. Gino Levi, vice-bibliothécaire de la *Marciana* m'a fait obligeamment connaître.

Aussi les drames de Corradi (1697) et de Lalli (1715) n'ont rien de commun avec le *Tigrane* de 1741. À l'égard du texte du *Tigrane* donné en 1719 à Hambourg, les renseignements manquent tout à fait.

Il paraît, par contre, que les livrets des opéras distingués avec les numéros 2, 6 et 7 se trouvent en relation réciproque, de même qu'avec le remaniement dû à Goldoni. En effet les personnages en sont les mêmes dans ces 4 pièces.

Quoique n'ayant pu consulter directement le drame de P. A. Bernardoni, une foule de circonstances me poussait à croire que cet auteur devait justement être la «penna errudita» dont Goldoni fait mention dans sa dédicace.

Mais en examinant un livret romain de 1743, sans nom de librettiste, et l'argument duquel offrait en plusieurs endroits une analogie frappante avec celui du *Tigrane*, me vint l'idée d'en rechercher l'original. C'est ainsi que j'ai pu constater que l'original du livret romain de 1743 est en même temps l'original du *Tigrane* de 1741, et que la «penna errudita» répond au nom bien connu de l'abbé vénitien Francesco Silvani.

Voici ce qu'on lit sur le frontispice du livret original en question:

«LA VIRTV' | TRIONFANTE | Dell' Amore, e dell' Odio. | *Drama per musica* | *Da recitarsi nel Teatro Vendramino* | *di S. Saluatore, l'Anno 1691.* | DI FRANCESCO SILVANI. | Consacrato | Alla Sereniß. Elettorale Altezza | di | MASSIMILIANO | EMANVEL | Duca di Bauiera, Elettore del Sacro Roma⸺no Imperio, Conte Palatino del Reno, | Landgrauio di Leuctemberg, &c. | [*vignette*] | IN VENETIA, M.DC.LXXXXI. | Appresso Antonio Bortoli. [*Cette ligne est couverte par une bandelette de papier*] | *Con Licenza de' Superiori, e Priuilegio.* | Si vende in Spadaria dal Nicolini».

---

t'Angelo il nuovo Drama Musicale intitolato *Tigrane Regina* (sic) riuscito anche questo con pieno applauso, come gl'antecedenti». *Diario ordinario* [di Roma, Num. 2428. *In data delli* 25. *Febraro* 1733.

1) Gio. Antonio Ricieri donne des renseignements fort curieux sur ce compositeur dans une lettre au Père Martini, datée de «Venetia li 24 Aprile 1733». Cfr. *Carteggio inedito del P. Giambattista Martini coi più celebri musicisti del suo tempo*. Volume primo. Bologna, Nicola Zanichelli, 1888 — p. 52.

2) *I drammi musicali di Carlo Goldoni. Appunti bibliografici-cronologici del dott.* Cesare Musatti, dans l'*Ateneo Veneto, rivista bimestrale di scienze, lettere ed arti*. Anno XXV. — Vol. I. Venezia, Premiato Stab. Tipo-Lit. Visentini Cav. Federico. 1902 — p. 22.

— In-12, de 70 pages, plus deux blanches à la fin. Exemplaire à la Bibliothèque Victor Emmanuel, sous la cote 34. 1. G. 5, 2[1]).
Après la dédicace (p. 3—6) et l'argument (p. 7—8), on lit à p. 9—10 l'avis suivant du poète «A' Lettori»:

«Il Drama, che io ti presento ò Lettore è più parto della generosità, con cui aggraditi le pouere mie fatiche dell' Anno scorso, che della debolezza de miei talenti, che non saprebbero esibirti cosa di buono. Io sono però così geloso della tua gloria, che voglio supplicarti d'vna gratia, ch'è più di tuo, che di mio interesse, & è, che tù faccia smentire coloro, che dicono, ch'il gusto di Venetia è corrotto, e che non piacciono oramai più, che le barzelette, e che s'abborriscono sù le Scene la grauità, & il decoro. Gran torto, che fanno questi Momi maledici al nobilissimo Genio di questa Patria, & all'Anime grandi di tanti Cauallieri, e Dame, quasi che possa credersi, che loro non piaccia, che il Vitio, ò almeno ciò, ch'al Vitio assomigliasi. Io ò Lettore non hò di te tal sentimento, onde ti prego secondare la mia opinione, col frequentare vn Teatro, dove la Virtù trionfa, sostenuta dalle Musiche note del Signor Marc' Antonio Ziani, dall' arte de più Virtuosi, & Insigni cantanti d'Italia, dal singolare artificio del Signor Carlo dal Basso, e del Signor Pietro dalle Protte, che con Architettura questi, quello con la Pittura, hanno certo nella vaghezza delle Scene toccato l'vltimo punto. Vieni, Leggi, ammira, compatisci, e viui felice.

«Le parole Fato, & simili sono scherzi Poetici nati nella fantasia, e riggettati *sic*) dal cuore».

On trouve à p. 11 les noms des «Interlocutori»:

Mazeo Rè de Sciti, Padre di Berenice, Amante di Stratonica.
Artaserse Figlio di Dario, Rè di Persia, Amante di Berenice, sotto nome di Arsace Generale degl' Esserciti (*sic*) di Mazeo.
Berenice Figlia di Mazeo Amante d'Artaserse.
Arsacomo Prencipe d'Isseduno, fratello di Stratonica, fauorito di Mazeo, & innamorato di Berenice.
Stratonica Sorella d'Arsacomo, amata da Mazeo, Amante d'Artaserse.
Teodato Prencipe de Sarmati, confidente d'Artaserse.
Arbate Seruo di Corte.

La Scena si finge in Isseduno Metropoli della Scithia.

On voit que *Mazeo* correspond à *Mitridate*; *Artaserse* à *Tigrane*;

---

[1]) Il existe aussi une édition in-12, de 67 pages (plus cinq blanches à la fin), sur le frontispice de laquelle, après le nom du poète, on a ajouté: «| Noua Impressione. | »; de plus, après l'indication de l'année on lit simplement: «| Per il Nicolini. | Con Licenza de' Superiori e Priuilegio. | ». Exemplaire à la Bibliothèque Casanatense de Rome, sous la cote Comm. 473.2.
Ce drame a été réimprimé dans le tome quatrième des *Opere drammatiche* de l'abbé Silvani (In Venezia, per il Voltolini, 1744. in-12.

Berenice à *Cleopatra*; *Arsacomo* à *Oronte*; *Stratonica* à *Apamia*; *Teodato* à *Clearte*. Le rôle insignifiant du valet a été supprimé.

Voici la liste des décors (p. 12):

ATTO PRIMO.
1. Luogo apparato con Archi Trionfali per il trionfo d'Artaserse con Trono.
2. Stanze di Berenice.
3. Grottesca delitiosa in Corte.

ATTO SECONDO.
1. Giardino con due Viali.
2. Prigione.
3. Campagna sotto le mura d'Isseduno, cadute le quali, parte della Città interiore con Scala, che conduce alle Stanze di Berenice.

ATTO TERZO.
1. Cortile.
2. Padiglione d'Artaserse in Campo con Letto.
3. Reggia.

Ce n'est qu'en petit nombre qu'on retrouve les vers originaux de l'abbé Silvani dans le *Tigrane* de 1741: mais cela s'explique aisément en songeant à l'évolution du drame musical pendant l'intervalle d'un demi-siècle qui sépare les deux textes. Ces vers, quoique en petit nombre, ainsi que l'argument identique et la distribution des scènes conservée autant que possible, prouvent que le *Tigrane* dérive réellement du vieux drame de l'abbé Silvani.

Il paraît que Goldoni en adaptant en 1741 le *Tigrane* pour la reprise sur les scènes vénitiennes ne se servit point de l'édition de 1691, car quelques airs, nombre de récitatifs et souvent des entiers morceaux de scènes qu'on lit dans le texte remanié par lui, figurent déjà dans une autre dérivation du drame de l'abbé Silvani, publiée en 1724 à Rome, et dont je fais suivre les précises indications:

‹LA VIRTU' TRIONFANTE | Dell' Amore, e dell' Odio, | overo IL TIGRANE | *Drama per Musica* | *da recitarsi* | *Nel Teatro dell' Illmo Sig. Federico Capranica* | *nel Carnevale dell' Anno 1724.* | Dedicato | All' Illma, & Eccma Signora, | La Signora | D. Faustina | Mattei Conti | Duchessa di Guadagnolo. | [*vignette*] | Si vendono a Pasquino nella Libraria di Pietro Leone | all' Insegna di S. Gio. di Dio. | In Roma, nella Stamperia del Bernabò, MDCCXXIV. | *Con licenza de' Superiori*›. — In-12, de 68 pages (plus quatre blanches à la fin). Exemplaire à la Bibliothèque de l'Académie Royale de Sainte-Cécile.

On trouve à p. 3—4 la dédicace; puis l'argument (p. 5—6) et à p. 6 encore l'inévitable ‹Protesta› de foi catholique du poète [1]) et l'*Imprima*-

---

[1] ‹Le parole Adorare, Dei, Fato, e simili sono scherzi apparenti di Scena, e sfoghi volanti (!) di penna Poetica, e non sbagli di mente Cattolica›.

tur. Viennent ensuite (p. 7) les «Mutazioni di Scene», et les indications du scénographe (Alessandro Mauri veneziano), de l'auteur des «abbattimenti» (Filippo Benaglia romano) et du lieu où l'action se passe; enfin (p. 8) les

INTERLOCUTORI.

MITRIDATE Rè di Ponto Amante d'Apamia: *Il Sig. Antonio Barbieri da Reggio, Virtuoso di S. A. S. il Sig. Principe d'Armestat* (sic).

TIGRANE Rè di Armenia sotto nome di Farnace Amante di Cleopatra: *Il Sig. Paolo Mariani da Urbino.*

CLEOPATRA Figlia di Mitridate Amante di Tigrane: *Il Sig. Giacinto Fontana, detto Farfallino, Perugino.*

ORONTE Principe di Sinope Fratello d'Apamia, Favorito di Mitridate, & Amante di Cleopatra: *Il Sig. Giovanni Ossi, Virtuoso dell' Eccellentissimo Principe Borghese*[1]).

APAMIA Sorella d'Oronte Amante di Tigrane: *Il Sig. Girolamo Bartoluzzi, detto il Reggiano* (sic), *Virtuoso dell' Eccellentiß. Sig. Duchessa di Guadagnolo, e Allievo del Signor Francesco Gasparini.*

CLEARTE Principe de' Messaggeti, Confederato di Mitridate, & Amico di Tigrane: *Il Sig. Carlo Pera.*

ARBANTE Ajo di Cleopatra: *Il Sig. Pietro Mozzi.*

NELL' INTERMEDJ.

Il Sig. Pietro Mozzi.

Il Sig. Biagio Eminii (sic, au lieu d'*Erminiï*)

La Musica dell' Atto Primo. e delli trè Intermezzi è del Sig. Benedetto Micheli Romano[2]).

La Musica dell' Atto Secondo è del Sig. D. Antonio Vivaldi Veneziano.

La Musica dell' Atto Terzo, è del Sig. Nicola Romaldi Romano[3]).

---

1) C'est pour cela qu'on l'avait surnommé *Giorannino di Borghese*. Voir sur lui: *La Corte e la società romana nei secoli XVIII e XIX* per David Silvagni. Volume secondo con 2 *fac-simili*. Roma, Forzani e C., Tipografi del Senato, 1883 — p. 162. Giovanni Ossi était natif de Lucques (Nerici, *op. cit.*, p. 274—275 et 294).

2) Cfr. sur ce compositeur: *Di Benedetto Micheli poeta, musico e pittore romano del secolo XVIII*... Memoria... 'di' Enrico Narducci. Roma. coi tipi del Salviucci, 1878. (Reale Accademia dei Lincei. Serie 3a. — Memorie della Classe di Scienze morali, storiche e filologiche. Vol. II. — Seduta del 19 Maggio 1878).

3) Ce musicien presque inconnu avait déjà composé en 1710 pour l'«Arciconfraternita del Santissimo Crocifisso» un oratorio latin en 2 parties, *Agar et Ismael in solitudine*, texte du docteur Paolo Gini. Voir aussi Rob. Eitner's *Quellen-Lexikon*, Bd. 8, p. 291.

Le changement des noms des personnages n'est donc pas dû à Goldoni. Les airs de l'édition romaine de 1724 dont on retrouve entièrement ou en partie le texte dans l'adaptation de 1741, sont quatre, savoir:
«Penza (sic) che Padre io sono» (*Mitridate*): les cinq premiers vers seulement ont été conservés;
«Vezzi, lusinghe e sguardi» (*Apamia*): conservé entièrement;
«Squarciami pure il seno» (*Cleopatra*): correspond à peu près à l'air qui commence: «Aprimi pure il petto»;
«Ti lascio o core ingrato» (*Apamia*): deux vers seulement ont été conservés.

L'arrangeur de 1724 est resté inconnu. Il est très probable que le texte de l'opéra donné à Rome est identique à celui qu'avait mis en musique Hasse deux mois auparavant, pour Naples. En effet, d'après l'édition de 1745, le livret dont se servit le *Sassone*, présente dans les récitatifs une certaine analogie avec l'adaptation due à Goldoni. C'est avec la musique de Johann Adolph Hasse que le drame de l'abbé Silvani parut pour la première fois avec le changement des noms des personnages: sans ce changement il avait déjà été donné à Naples, au Palais Royal, le 3 mai 1716, avec la musique d'Alessandro Scarlatti, et sous le titre *La virtù trionfante de l'odio e de l'amore*.

Il y a dans le drame di P. A. Bernardoni deux airs — l'un de *Cleopatra*, «Mira il pianto in cui mi struggo» (acte III, scène VII), l'autre de *Tigrane*, «Ti basti di saper» (acte III, scène IX) — ainsi que plusieurs morceaux de scènes qu'on lit aussi dans le *Tigrane* de 1724 (mais non pas dans celui de 1741): cela m'avait fait supposer tout d'abord que le livret original fût celui de P. A. Bernardoni[1]).

Le *Tigrane* remanié par Goldoni fut mis en musique non seulement par Arena et Gluck, mais aussi par plusieurs autres compositeurs, savoir:
Giambattista Lampugnani — Venise, théâtre de Saint-Ange, 10 mai 1747, à l'occasion de la foire de l'Ascension[2]);
Giuseppe Carcani — Milan, théâtre Ducal, carnaval de 1750 (février);
différents auteurs — Gènes, théâtre da Sant' Agostino, automne de 1750;
différents auteurs — Venise, théâtre de Saint-Sauveur, 7 mai 1755, à l'occasion de la foire de l'Ascension[3]);

---

1) Sur le *Tigrane* de P. A. Bernardoni j'ai été obligeamment renseigné par M. Arno Reichert, Directeur de la section musicale à la Kgl. öff. Bibliothek de Dresde.
2) «VENEZIA 13. *Maggio*. Mercordì s'aprì questa nostra Fiera, essendovi comparsi molti Forastieri, durante la quale si rappresentano la sera l'Opere in musica in più Teatri». *Diario ordinario* [di Roma] *Num*. 4654. *In data delli* 24. *Maggio* 1747. — En même temps que le théâtre de Saint-Ange s'étaient ouverts aussi ceux de Saint-Moïse et de Saint-Samuel, l'un avec la *Finta pazza* de compositeur inconnu, et l'autre avec l'*Achille in Sciro* de G. B. Runcher.
3) «VENEZIA 10. *Maggio*. Mercordì s'aprì la fiera dell' Ascensione, e con essa un piccolo Carnevale di 15. giorni di maschere, che hanno anche il divertimento

Ignazio Celoniat (la plupart) et autres compositeurs — Pesaro, théâtre del Sole, carnaval de 1757[1]);

Nicolò Piccinni — Turin, théâtre Royal, carnaval de 1761;

Antonio Tozzi — Venise, théâtre de Saint-Ange, 19 mai 1762, à l'occasion de la foire de l'Ascension[2]);

Le texte du *Tigrane* de compositeur inconnu donné à la Pergola de Florence le 26 décembre 1770 est probablement celui remanié par Goldoni.

On ne saurait dire, faute de notices, si c'est toujours du même texte qu'il s'agit à l'égard des opéras donnés sous le titre de *Tigrane* sur les théâtres suivants:

Leipsick, Theater im Reuthause, 1751, musique de différents auteurs[3]);

Hambourg, Neues Theater beim Dragonerstall, 4 mai 1752, musique de compositeur inconnu — représentations données par la troupe de l'entrepreneur Pietro Mingotti;

Parme, théâtre Ducal, carnaval de 1767, musique de Giuseppe Colla;

Londres, King's Theatre in the Haymarket, 27 octobre 1767, musique de différents auteurs;

Gênes, théâtre da Sant' Agostino, été de 1782, musique de différents auteurs.

Le *Tigrane* mis en musique par Vincenzo Righini et donné à Berlin, au Kgl. Opern-Theater, le 20 janvier 1800, a été composé sur un texte nouveau d'Antonio Filistri di Caramondani.

Le vieux drame de l'abbé Silvani a été aussi l'objet d'un remaniement dans lequel on conserva, il est vrai, les noms originaux des personnages, mais on introduisit par contre dans le texte des changements tellement nombreux qu'il en résulta un drame presque neuf. De ce remaniement, tout à fait différent du *Tigrane* de 1724 et 1741, on connaît les deux éditions suivantes:

«BERENICE | *Drama per musica* | *da rappresentarsi* | *nel nuovo teatro* | *a Torre Argentina* | *Nel Carnevale dell' Anno 1732.* | Dedicato | All' Ill.ma, ed Ecc.ma Signora | D. Vittoria | Altoviti Corsini | Duchessa di Sisman, e

---

di due Opere in musica, che si rappresentano nelli Teatri di S. Samuele, e di S. Salvatore, nel primo *Alessandro nell' Indie* (musica di Galuppi), nel secondo *Tigrane*». *Diario ordinario* (di Roma) *Num.* 5905. *In data delli* 21. *Maggio* 1755.

1) C. Cinelli dans ses *Memorie cronistoriche del teatro di Pesaro (1637—1897)* attribue le texte à l'érudit Apostolo Zeno, qui, par contre, n'est point auteur d'un *Tigrane.* Cfr. *La Cronaca musicale* de Pesaro, Anno II (1897), N. 12 — p. 473.

2) «VENEZIA 22. *Maggio*.... La nostra fiera è incominciata col più straordinario concorso di forastieri, specialmente oltramontani, venuti qui per godere le 3. opere in musica, rappresentate per la prima volta Mercoledì sera, le quali hanno avuto il più felice successo». *Diario ordinario* (di Roma) *Num.* 7005. *In data delli* 29. *Maggio* 1762. — Les 3 opéras étaient: la *Viriate* de Galuppi au théâtre de Saint-Sauveur, l'*Antigona* de Vincenzo Ciampi au théâtre de Saint-Samuel, et le *Tigrane* de Tozzi.

3) Cet opéra a été probablement joué par la troupe de G. B. Locatelli, laquelle en 1751 se trouvait en effet à Leipsick, et y donna l'*Ezio* de Gluck. Dans le *Tigrane* il y a peut-être quelque chose de ce compositeur. Un exemplaire du livret existe à la Kgl. Öff. Bibliothek de Dresde; un autre exemplaire est porté sur le *Catalog 39* de Liepmannssohn (Berlin, 1885), N. 688.

Nipote del Nostro | Sommo Pontefice Clemente XII. | felicemente Regnante. | IN ROMA, nella Stamparia di Antonio de' Rossi. | Con licenza de' Superiori. | Si vende dal medesimo Stampatore nella | Strada del Seminario Romano, | vicino alla Rotonda». — In-12, de 72 pages. Trois exemplaires à la Bibliothèque Victor Emmanuel, sous les cotes 34. 2. E. 1, 2; 34. 2. E. 3, 2 et 35. 9. L. 21, 2.

C'est avec cet opéra, mis exprès en musique par Domenico Sarro, maître de chapelle napolitain, qu'on inaugura le 13 janvier le théâtre Argentina[1]).

«BERENICE | Dramma per Musica | da rappresentarsi | Nella Sala degl' Illmi Signori | Capranica | Nel Carnevale dell' Anno 1743. | Dedicato | alla Nobiltà. | [vignette] | Si vendono da Fausto Amidei Libraro | al Corso sotto il Palazzo del Si- | gnor Marchese Raggi. | IN ROMA MDCCXLIII. | Per gli Eredi del Ferri vicino la Rotonda. | Con licenza de' Superiori» — In-12, de 64 pages. Deux exemplaires à la Bibliothèque de l'Académie Royale de Sainte-Cécile.

La musique en était de Nicola Conti, maître de chapelle napolitain; la première eut lieu le 7 janvier[2]).

* * *

Tout ce qu'on a exposé, permet de formuler les conclusions que voici:

1°. Gluck est auteur d'un opéra intitulé *Tigrane*, donné à Crema en 1743;

2°. Le texte du *Tigrane* est celui que l'abbé Francesco Silvani écrivit en 1691 sous le titre *La virtù trionfante dell' amore e dell' odio*, et qui fut successivement refondu en 1723 probablement par un poète napolitain[3]), et remanié en 1741 par Goldoni;

3°. Il est presque certain que Gluck n'a pas composé un *Artamene* en Italie; par conséquent, il faut considérer l'opéra de ce nom, donné en 1746 à Londres, comme ayant été composé exprès pour la métropole anglaise;

4°. Gluck a collaboré à un *Arsace*: selon toute apparence c'est de l'opéra de ce nom donné à Milan pendant le carnaval de 1744 qu'il s'agit.

---

1) «Sabato sera nel Teatro nella Sala degli Illustrissimi Sig. Capranica andò in scena per la prima volta il Dramma intitolato *il Cajo Fabrizio* [musica di Hasse]; ed essendosi terminato il nuovo Teatro a Torre Argentina a' Cesarini, Domenica sera vi si fece la prima recita del Dramma intitolato *la Berenice*». *Diario ordinario* (di Roma) *Num.* 2257. *In data delli* 19. *Gennaro* 1732.

2) «Per dar principio alli publici divertimenti del prossimo futuro Carnevale, Lunedì sera nel Teatro nella Sala de Signori Capranica andò in Scena per la prima volta il Dramma intitolato *la Berenice*:....». *Diario ordinario* (di Roma) *Num.* 3972. *In data delli* 12. *Gennaro* 1743.

3) Les ouvrages qui existent sur les théâtres de Naples ne fournissent aucun renseignement qui puisse servir à l'identification de ce poète. On peut remarquer ici que dans le livret du *Baiazete Imperatore dei Turchi*, opéra donné au Palais Royal de Naples le 28 août 1722, Bernardo Saddumene, auteur d'une vingtaine de «commedie per musica», est mentionné expressément comme arrangeur du texte.

The origin of the Aesthetic Emotion.
By
Felix Clay
(Limpsfield).

The feeling for beauty plays an important part in life. Painting, sculpture, music, and poetry, though offering no material advantages, have attracted to themselves a degree of skill, effort and labour hardly inferior to that given to industries obviously useful; and their successful exponents have received honour and rewards comparable to those of the great leader or statesman. Not only in work definitely undertaken from artistic impulse, but in all the products of his industry, in his choice of locality, in his dwelling, his clothes and his implements, man shows that he is affected by appearance, by something that causes him pleasure over and above the immediate utility of the object. If for the moment we can discard all the complicated intellectual processes that play so large and important a part in artistic enjoyment the pleasures of recognition, suggestion, association, stimulation of ideas, etc., we find that rhythmical movement, or a harmonious combination of colour or sound can by themselves give rise to a simple feeling of pleasure, that is instinctive and quite independent of any mental or intellectual appreciation of the cause. That is to say that the basis of our pleasure in beautiful things is an emotional response to an appropriate combination of colour, sounds or rhythmical movement.

It is generally an easy matter to trace the origin of our emotions from useful instincts developed in the struggle for existence; — love, fear, anger, curiosity, acquisitiveness, emulation and so on, have all obviously an important survival value and so became stereotyped into instincts; can we say that the aesthetic emotion also is derived from some instinctive feeling sufficiently useful to the organism to have been thus developed and perpetuated? Or are we to regard the artistic sense as a secondary or derived product, having perhaps some social value; not a real factor in the struggle for existence, but an outlet for superfluous energy and leisure time, an apotheosis of the play instinct? The usual view indeed is to regard art as an adjunct to the serious business of survival, and yet its deep emotional influence, its soul affecting power seem to force upon us the conclusion that it too, as in love, hate, or fear, must draw its strength from some old instinct deeply planted and firmly fixed, as only the long fight for life has power to do; that it must be possible to trace back the aesthetic emotion to some instinctive necessary function or activity, that subsequently, when refined and raised into the ideal regions by the intellect, becomes the artistic spirit.

There is no doubt that the question as to the part played by the artistic sense in the struggle for existence owes its obscurity far less to any inherent difficulty in the question than to the perplexities caused by attempts to reconcile the far-reaching and important influence of art with various theories and definitions based upon the assumption of its non-utilitarian character.

It has been dinned into us that Art must be spelt with a capital "A" and isolated from all relation to practical life; that Art for Art's sake is the only true line; until we are ready to believe that the dignity and value of Art is somehow enhanced by divorcing it from all practical considerations, and to accept the view that any work or performance which can be shown to have a utilitarian purpose or end must be considered not a genuine work of Art. This is partly a revolt against the misuse of the word art to cover mere skill, and is so far useful; but to a much greater degree it is due to the attempt to base a theory of Art upon a priori principles deduced from general philosophical considerations. Beauty we are to believe is a semi-transcendental reality of which an ideal is formed, so to speak, in the mind, from hints and fragments of the beautiful actually perceived; this then becomes the criterion by which beautiful things are to be judged, by the degree with which they approximate to this ideal standard. Art then is naturally the outcome of man's love of, and desire for, the beautiful; thus it had and has no further function than to satisfy that desire. Theories of Art there are by the score but except upon the negation of the useful there is little agreement to be found among them.

Beauty has of course been defined as perfect fitness, and certain theories lay stress upon the essential connection of utility with aesthetic pleasure; but no suggestion is made as to the practical value to the individual of aesthetic sensibility in itself, as conferring an advantage in the life struggle.

The psychology of the Art emotion is affected by the Art for Art's sake theory; although all the other feelings and emotions are traced to old and useful instincts, the aesthetic emotion is at once put on a different plane, as for example by Ribot in his recent valuable study on *The Psychology of the Emotions.*

> "While all the emotions hitherto enumerated have their origin and their raison d'être in the preservation of the individual as an individual or as a social being, the aesthetic feeling, as we know, differs from the rest by the fact that the activity which produces it aims not at the accomplishment of a vital or social function, but at the mere pleasure of exercising itself".

If we are content to accept art as the development and outcome of some such purposeless activity as play, cadit quaestio; it is indeed a vain task to look for it as an important, or as any factor in the struggle for existence.

Whatever view we may hold as to the ultimate connection between art and utility, it is impossible to deny their close interdependence in the earlier forms of Art. In Architecture it is certainly difficult to say exactly where the line is to be drawn between a nice adaptation of means to end and the beginning of Art proper. Music, which at first sight seems of all the arts the furthest removed from any utilitarian taint, has at all events among primitive and savage tribes a decidedly practical side. As a means of ensuring accuracy of concerted movement, maintaining discipline, rousing warlike ardour, music has an important part to play. As Richard Wallaschek points out in his *Primitive Music*.

> "It is this fact of the absolute utility of music in the daily life of people in primitive times that made it develop so late into an independent art",

and again

> "With primitive man music, and painting and sculpture probably as well, are not purely aesthetic occupations in the modern sense; they are most intimately bound up with practical life-preserving and life-continuing activities, and receive only gradually their present more abstract forms".

In fact, the more we come to understand the meaning of the various performances of primitive races the more clearly it appears that there is a distinct purpose and object underlying what have been long considered merely aesthetic amusements. The early efforts at ornament, the drawings and pantomimic dances so long considered as the product of a superflous activity wiling away its leisure hour, and so begetting Art, have now been clearly shown to have a purpose — far from play, they were done in deadly earnest, a matter of life and death; they were mystic signs and spells of supposed efficacy in averting some dangerous influence, in keeping some powerful demon in useful subjection, or at all events in propitiating his anger, or they were ideograms to convey information; however instrinsically valueless, by their authors they were looked upon as useful to the point of necessity.

Why did such performances or works at once take a form that in many cases has still an appeal to our aesthetic sense? Obviously primitive man having conceived gods and demons of like form with themselves naturally offered them things that they valued or found pleasing. The moment that rudimentary skill was devoted to making use of colour or sound or movement, with or without a conscious aim at expression, it at once took some rhythmical or harmonious combination; determined at once by the emotional response that it called forth, this would like any other sense be quickly improved by use — (rules of composition are of course, as is not always remembered, only a short description of successful result and theory lags slowly after practice). The only explanation possible for this, is to suppose that there is some innate natural desire or instinctive feeling for harmony and rhythm. A particular form, a certain combination of colour, a particular sequence of sounds is preferable to another; there must be some pre-existing sense ready to like or dislike, to take pleasure in one appearance not in another. To what is this to be attributed? "Why we receive pleasure from some forms and not from others is no more to be asked or answered than why we like sugar and dislike wormwood." Ruskin having made this statement was satisfied with the explanation that it was the simple will of the deity that we should be so created. It is however sufficiently obvious that taste would be so developed as to find wholesome i. e. nutritive things pleasant, and to reject unwholesome — can we find a similar reason for our pleasure in harmony? Grant Allen some thirty years ago in his *Physiological Aesthetics* traced clearly the connection between colour and sound and the organs of sensation, showing that the actual mechanism in the eye and ear by response to vibratory stimuli, falling upon it with suitable intervals for recovery, would give rise to pleasurable feelings; thus demonstrating an obvious and direct explanation, at all events one step further back, of our likes and dislikes, the pleasantness of concord and the unpleasantness of discord. though why they come to be there in those forms he does not pretend to suggest.

Emotions of any kind are always accompanied by certain bodily changes, alterations in the rate of breathing, the circulation and in the various secretions. This is sufficiently obvious in the dry mouth and odd internal sensation of fear, and the quick heart beat of anger. It is indeed true to say that no emotion can exist without such physical effects by which we are aware of the emotion, though in many cases these involuntary physiological alterations are too slight to be consciously noticed; so with the aesthetic emotion, in the gasp of admiration when confronted with something of great beauty, in the deep thrill and the queer cutaneous shiver caused by music, we are actually aware of a physical sensation that precedes conscious appreciation. "I always know" William Morris is reported to have said "when a thing is good as I feel warm across here", passing his hand over his waistcoat.

Just as appropriate objects presented to perception will arouse the emotions of love, fear, anger, desire for food, etc., so will a harmonious or rhythmical combination of colour, sounds or form arouse the aesthetic emotion.

We can trace in the animal kingdom a similar emotional response in the case at all events of the principal instinctive feelings, — can we find the aesthetic instinct there too? In such a quest it is of the utmost importance to avoid the tendency to any anthropomorphic interpretation of the actions of an animal, we must keep a clear distinction between aesthetic judgment and an instinctive emotional response to harmonious sound or colour. The intellectual factor, by which the simple physiological impulses are raised into the ideal instincts of the higher life, must be rigorously eliminated when tracing the germs of our complicated emotional feeling from the primitive animal instincts. It is clear from the brilliant plumage of birds, from the gambols and antics of animals, and the songs and cries, produced chiefly at the most emotional periods of their lives i. e. at the breeding season, that there is among animals a strongly felt influence in rhythmical movement, combinations of colours, etc., but it is not correct to deduce from the fact of the male bird being brightly coloured, a power of conscious selection upon aesthetic grounds in the female. Such a choice would involve a degree of mental power which we are not entitled to attribute to animals, nor must we use our own standard of beauty in considering whether a given animal or race has an aesthetic sense. A Hottentot finds his womankind beautiful however repulsively ugly they are to us, male baboons with their (to us) hideous patches of blue and red, may rouse a thrill of aesthetic emotion as truly the same in kind as the beautiful (to us) combination of colour in the peacock's tail may do in the heart of the pea-hen. Of course the sexual instinct plays so large a part in the feeling for beauty that it is hardly possible to be sure when we have completely eliminated the far-reaching ramifications of this all potent instinct, for even if not directly involved it still colours and influences the other emotions. Whatever part this plays it does not alter the fact of the emotional response to beauty of colour, form or sound, apart from any further considerations.

Hirn, in a very able discussion of the whole question of secondary sexual characteristics in his *Origins of Art* states very clearly the objections to the selection theory, suggesting finally that in addition to the advantages of bright colour for recognition, the bright points of colour and their shining lustre, accentuated by the rapid and rhythmical movements of the male bird would have a strong effect in arousing emotional excitement in the female, thus helping to overcome her reluctance or coyness.

There is good ground for believing that the coyness and reluctance of the female is valuable for the preservation of purity of species; consequently all the means that helped a male of the right kind to overcome this would be valuable. Anything that aroused any emotion would be of great help, since as is well known the excitement of any one emotion tends to overflow, and awakening other feelings to enhance all the emotional life. The beauty of the contrasted colours, notes of the song, or graceful actions of the male must be considered as arousing an instinctive emotional response in the female (at the same time no doubt enhancing his own feelings), and the necessary union would follow, not because the female consciously selected one male as the most beautiful or the strongest, but because one particular male was so constituted as to colour etc. as to raise the female to the required pitch of emotional excitement sooner or more completely than another. This may sound like describing choice in a roundabout way, but it is essentially different; choice involves a rational process in which a conscious comparison is made, whereas in such a case as that of the bird it is as incorrect to call it selection, as it would be to say that a fly selects the appropriate material upon which to deposit its egg; the right sort of food for the grub, and that only, arouses the train of feeling or emotion which ends in the deposit of the eggs. In connection with the unconscious nature of the effect of colours we should remember that the same phenomena of secondary sexual characteristics are found in many insects and certain fish. Given such instinctive deep seated emotional response to rhythmical movement, harmonious sound and colour, it is easy to see in what varied forms it would be made use of; the leader would stimulate his men to acts of bravery by rhythmic movement, poetry and music, as well as would the lover sing to his mistress; since any emotion at once tends to inhibit the calculating reason in favour of impulsive action.

We are now brought face to face with the question put in the early part of the article — why should emotional response to harmony or rhythm as such, whether in sound, colour or form, have a survival value?

Of all the factors that determined survival in the earliest stages of life suitability or adaptability to environment was the most important. An organism that drifted into unsuitable surroundings or whose environment changed unfavourably, ceased to exist; but if in some among them a variation appeared by which that organism became more quickly aware that the surrounding conditions were beginning to be unfavourable and could thus use whatever activity or power they possessed to gain those more suitable, they would tend to survive. A quicker reaction to external stimulus, a slight change in chemical composition, a chance movement that happened to restore a harmonious interaction between the organism and the external world would by helping the individual tend to become stereotyped. Such useful activities would of course be blind, spontaneous, automatic; fixed by the process of selection, by survival they would follow the stimulus as simply and surely as a chemical reaction, needing, however complicated, no conscious guidance. When however in the process of development came consciousness and memory and with it the power of volition, it is obvious that dawning intelligence would be likely to interfere with activities often laborious and inconvenient, the immediate use and advantage of which was of course entirely unintelligible. A further influence seemed necessary to ensure the due carrying out of necessary instincts. If the due performance of function gave rise to an immediate feeling of pleasure, it would tend to be repeated for its own sake; this is sufficiently obvious in many of our instinctive pleasures. We fall in love without thinking of or perhaps desiring children, we continue to hunt though we have no need of the quarry. Thus throughout the long struggle for existence any actions which tended to render the environment more suitable to the organism having a survival value would be stereotyped into instincts, the due performance of which would give rise to pleasure, this pleasure would, by a commonplace of psychology, be projected outwards and considered as a quality of the object with which it was connected. Obviously then, any object that had been made or was naturally adapted to produce a harmonious interaction with the organism would be as such pleasing or beautiful.

Pleasing things, especially if also necessary, are of course sought for and desired, consequently we should get wishes or cravings for such harmonious interactions, thus harmony would come to be as it were the touchstone of value. If we are to realise how this would produce the feeling for and appreciation of beauty we must disabuse our minds of any transcendental ideal beauty, or the idea that there are abstract and immutable laws of harmony and composition, which, could we find them, would enable us to produce a perfect and final beauty; nor should we wonder why nature is always right aesthetically, why flowers and birds and scenery are so full of beauty, the whole statement should be reversed — they are beautiful to us because we like them and they give us pleasure — not that we like them because they are beautiful. Beauty is not a final perfect thing, but as our senses and intellect become more developed we shall, as we advance, be able to realise and to see a higher and a greater beauty.

Our organs have been developed by, and formed to meet, the conditions of the environment and thus by one long effort to live in harmony with nature, and where harmony it is beauty. The law of the universe is balance, rhythmical action and reaction, systole and diastole. An organism developing on it and moulded by its conditions, must necessarily for itself be so formed as to respond to this law however concealed. It does not seem unreasonable to suppose that the instinctive pleasure in harmony is due to the impelling need for suitability to environment; and that to any organism the power of feeling the first sign however faint that it was out of touch with its surroundings, instead of merely proving it by living or dying, would have an inestimable value in the struggle for existence, so that such powers would be quickly increased and developed. If we look at this unconscious craving which we may fairly call an instinct for conformity with nature, or more shortly for harmony in its widest sense, we see it expressed at first in unconscious discomfort the moment the conditions begin to be unsuitable, driving the organism to unceasing effort only relaxed if and when harmonious adjustment is again attained. When at last the intellect is developed the aim of the instinctive cravings will be definitely conceived, and the necessary effort concentrated to gain the desired result. Suitable and beautiful surroundings will be desired in order that all the perceptions may be harmonious.

"Art" says G. Santeyana in *The Life of Reason* "is action which transcending the body renders the world a more congenial stimulus to the soul". If we take this pregnant definition from the ideal region to the practical, we may fairly say that the prototype of Art is activity devoted to making the environment more suitable to the organism in the physical material sense, such for example, as the caddice making his shell, the beaver his dam and the birds their nests, — in man these become the useful industries developing with the industrial arts.

In the gradual process by which the primitive instincts are raised into the regions of the ideal, we see the same forms repeated but in a spiritual instead of a material sense. All the physical feelings, impulses, pleasures etc. have their counterpart in the intellectual life. Our brain can only conceive ideas based upon felt experiences but can carry them into an ideal world unhampered by time and space or refractory material, just as the abstract perfectness of mathematics is based upon observed physical phenomena. So in Art, the mind realising the felt beauty of things perceived and the power of rhythm can combine portions of the external world of colour form or sound in novel combinations producing new and often more intense sensations of pleasure, but always guided and limited by the felt need of harmony. But this pleasure-sensation is of course only the basis or so to speak stimulus, and the result must be what the mind finds in it. The intellect, the higher reason must be satisfied and here we see the instinct demanding a life that shall be spiritually and mentally in accord with the meaning of the universe.

Just as the other instincts and emotions are raised either to serve the highest aspirations of man or to serve for simple sensual gratification, so will the use of the aesthetic sense be what it is made. The old, very useful instinct of curiosity will drive one to listen at a keyhole, another to spend a life of scientific research. We may use the emotional response to beauty of colour and sound merely as an added relish to the enjoyments of the lower senses, or we may add its stimulating suggestiveness to help the soul forward on its highest flights. Art in its best and fullest sense must help to meet the wants of the ideal instinct, it must tell us some hint of the relation of nature to man, for harmonious relation between them is the unconscious goal of all our effort, for if we could read the meaning and end of the universe and put ourselves in real conformity with it we should have reached perfect happiness. Art indeed is the interpretation of environment. "No art", says Ruskin, "can be noble which is incapable of expressing thought".

Beauty has been defined as truth. "Rien n'est beau que le vrai", says Boileau, and this is so far true that the recognition of truth in the intellectual sphere closely corresponds with the direct feeling of true relationship in the physical. We need not suppose that the artist must always have any conscious message or definite idea before him when he works, he feels a sense of the mystery of life, a meaning in things too subtle to formulate, a beauty, some suggestion of harmony, the emotional response to which spurs him to expression, he tries to let us feel it as he feels it and if he is successful he wakens old instinctive cravings and undefined longings, the emotions are touched, there grows a deeper meaning in life, a higher and wider sphere opens before us, the senses are quickened and under the spur we are able to combine portions of experience in some new way and find a connection, a truth unthought of before.

Just as a natural beauty may seem to have a message for us, so may a work of art appear to tell us much that the creator had not, and could not have had, in his mind, — it is we ourselves that have found the beauty or the idea within ourselves under the stimulus of the emotional excitement; so may a child musician with a great natural gift of harmony bring a message to many of things that he cannot know. The richer the mind, the wider the experience, the deeper the stored impressions of the memory, so the greater the response to beauty when once the emotion has been touched and the rich store of association tapped. A great work of art draws out the best that is in us, it gives a richer, fuller sense of life; it helps us on the way to self realisation as a vehicle for intuition of the world around us. So we ask our artists, since no one can yet show the way to a practical life free from disharmonies, at least to create an ideal world for us, in which we may catch a glimpse of pure and perfect harmony, a momentary resting place for the soul.

Eine populäre Musikästhetik.

Besprochen von

Paul Moos

(Ulm a. D.).

Die Produktion auf dem Gebiete der speziellen Musikästhetik fließt zurzeit nicht eben reich. Die Gründe dessen liegen im Gesamtzustande dieses Gebietes, der nichts weniger als erfreulich genannt werden darf. Eine Arbeit, der es gelänge, in positiver Zusammenfassung die dem Wissen der Gegenwart entsprechenden Grundzüge zu geben, wäre eine Wohltat für weite Kreise. William Wolf hat es unternommen, diesem Bedürfnis Genüge zu tun, und zwar in populärer, gemeinfaßlicher Darstellung. Der zweite Band seines Werkes erschien zehn Jahre nach dem ersten [1].

Es wird nun unsere Aufgabe sein, zu prüfen, wie weit es Wolf gelungen ist, seinem Vorhaben zu entsprechen. Diese Aufgabe ist aber ebenso schwierig wie verantwortungsvoll. Die von Wolf behandelten Fragen greifen über in weite Gebiete der Musikwissenschaft. Es dürfte unter den lebenden Musikgelehrten kaum einer sein, der von sich sagen kann, daß er alle hier berührten Probleme in gleicher Weise beherrsche.

Der ideale Musikästhetiker hat nie gelebt und wird vielleicht nie leben. Er müßte Eigenschaften in sich vereinigen, die nur die seltenste Gunst des Geschickes einer einzigen Persönlichkeit verleihen kann: reifes künstlerisches Urteil, Beherrschung der musikalischen Literatur und gesamten Musikwissenschaft in allen ihren wichtigen Zweigen, gründliche philosophische Durchbildung und selbständige spekulative Begabung. Wo ist ein Mann zu finden, dessen Veranlagung allen diesen Ansprüchen gerecht wird, und dem auch das Schicksal so gnädig gesinnt ist, daß es ihm vergönnt, alle seine Gaben gleichmäßig zur Reife zu bringen? Bis zu diesem Tage mußte man sich immer noch mit Kompromissen begnügen. Hegel, Schopenhauer und Eduard von Hartmann waren keine zünftigen Musiker, Richard Wagner kein zünftiger Philosoph; Kretzschmar und Riemann beherrschen das Gebiet der Musikwissenschaft, nicht im gleichen Maße aber die philosophische Seite; die moderne psychologische Ästhetik bemüht sich um die Erfahrungstatsachen, scheut aber jedes Verlassen des rein empirischen Bodens. Auf allen Seiten klaffen gewisse Lücken, und das wird wohl auch in Zukunft so bleiben, selbst wenn eines Tages ein Genie der speziellen Musikästhetik geboren würde, und zwar aus dem einen ausschlaggebenden Grunde, weil die Musikästhetik, wie alle spezielle Ästhetik, in ihrem jeweiligen Stande unbedingt gebunden ist an den jeweiligen Stand der philosophischen Erkenntnis, also letzten Endes immer von den führenden spekulativen Geistern abhängig bleibt.

Alle diese Umstände mahnen zur Vorsicht bei der Würdigung von umfassenden musikästhetischen Arbeiten, und demgemäß soll nun auch Wolf gegenüber verfahren werden. Alle jene Teile seiner Ästhetik, die ganz nur ins Gebiet der Musiklehre gehören, scheide ich dabei aus und überlasse sie der Kritik der musikalischen Fachleute im engeren Sinne, die der Hilfe des

---

[1] William Wolf, Musikästhetik in kurzer, gemeinfaßlicher Darstellung. Zwei Bände. Stuttgart, Karl Grüninger, o. J.

Ästhetikers hier nicht bedürfen. Gerade diese Partien, zu welchen ich auch die den Schluß des zweiten Bandes bildende, völlig der künstlerischen Praxis entnommene »Ästhetik des musikalischen Vortrages« rechne, bilden aber wohl die Hälfte der Wolf'schen Arbeit. Wir können daraus sogleich entnehmen, daß eine reinliche Scheidung der Musikästhetik von den übrigen musikalischen Disziplinen sich hier noch nicht vollzogen hat, die Musikästhetik vielmehr noch schwer belastet ist mit Material, das besser anderswo untergebracht würde. Die Ästhetik oder Philosophie der Musik hat es in erster Linie nicht mit den Elementen und Formen des Ausdrucks zu tun, sondern mit dem in ihnen verwirklichten Geiste. Aus diesem Grunde konnte und mußte selbst ein Richard Wagner in seiner Eigenschaft als Ästhetiker von einem musikalischen Laien wie Schopenhauer lernen.

Wolf legt besonderes Gewicht darauf, daß er durchaus an dem alten Begriffe der Musikästhetik als einer Philosophie der Musik festhält. Die naturwissenschaftlich-psychologische und die rein historische Behandlung der Probleme betrachtet er als außerhalb seiner Aufgabe liegend. Er legt seinen Reflexionen die Voraussetzung eines im Wechsel der Jahrhunderte Bleibend-Schönen zugrunde (II, Einleitung) und weiß sich frei von jeder materialistischen Anwandlung (II, S. 6—7 Anm.). Das Wesen der Kunst deutet er als Gemütsbeziehung, das Schöne gilt ihm als ein Verhältnis aller Dinge zum Gefühl (II, S. 31, 102). Als das oberste Kunstgesetz betrachtet er daher folgerichtig die vollkommne Verschmelzung von sinnlicher Erscheinung und geistigem Inhalt, die gegenseitige Durchdringung des Geistes und der Sinnlichkeit, die Darstellung seelischen Inhaltes in einer adäquaten körperlichen Form (II, S. 25, 72). — Diese Durchdringung ist nun schon bis zu einem gewissen Grade im einzelnen Tone gegeben als dem Materiale, mit welchem die Musik arbeitet. In populärer Weise erläutert Wolf diese »Doppelnatur« des Tones, »vermöge welcher er sinnliches ist und doch ein Geistiges in sich enthält« (I, S. 9—11). Gesteigert wird die geistige Durchdringung des von der Musik verwendeten Materiales noch dadurch, daß die Musik nicht jede beliebig mögliche Tonfolge und -kombination verwendet, sondern unter den unzählig möglichen eine bestimmte Auswahl trifft (I, S. 38, 55). Von diesem Gesichtspunkte aus erörtert Wolf das gesamte Ausdrucksmaterial der Musik, worunter er versteht den Ton, den Rhythmus, die Harmonie, Melodie, Polyphonie, den gemischten Musikstil und schließlich noch das tönende Material, d. h. die menschliche Stimme und die Instrumente (I, S. 37—164).

Die wichtigsten Bemerkungen, die ins Gebiet der Ästhetik fallen, seien hier in Kürze hervorgehoben. In den beiden Tongeschlechtern Moll und Dur findet Wolf zuerst einen charakteristischen Gefühlsunterschied gegeben (I, S. 41, 42). Ebenso sieht er in den verschiedenen Taktarten verschiedene Formen der Bewegung des Gefühls dargestellt. Dabei betont er aber mit Recht, daß alle Charakteristik der Taktarten nur im allgemeinen gilt, daß die Taktart also gleichsam nur eine bestimmte Art des Pulsschlages ist, der durch die Bewegung eines Musikstückes geht, dessen eigentlicher Gehalt durch andere Faktoren wesentlich mit bestimmt wird. Daher gleicht der Takt an sich einem Maschennetz, einem Kanevas, welcher in sich eine regelmäßige Ordnung von Quadraten darstellt, in welche aber Zeichnungen nach freiestem Belieben eingestickt werden. Infolgedessen muß wohl unterschieden werden zwischen dem gewissermaßen mechanisch-automatisch gegebenen Taktakzent und dem durch den Sinn bedingten Vortragsakzent. Der letztere richtet sich gar nicht nach den taktischen, sondern nach den tonisch-inhaltlichen Verhältnissen. Dabei bleibt der Taktakzent zwar immer vorhanden, aber eben nur innerlich im Gefühl des Hörers. Darin nun, daß die wirklichen (vorgetragenen) Akzente eines Stückes mit den bloß gefühlten häufig kollidieren, gerade darin liegt der Reiz der rhythmischen Gestaltung in der Musik; daß die tonischen Akzente mit den innerlichen taktischen zum Teil zusammenfallen, zum Teil aber nicht, das eben verleiht dem Rhythmus eines Musikstückes sein individuelles Gepräge und seine lebensvolle Wirkung. Das rhythmische Leben der Musik besteht (also) in diesem Gegeneinanderwirken zweier Akzentuationen, von denen die eine wirklich zu Gehör kommt, die andere unausgesprochen bleibt. Daß diese eigentümlichen Verhältnisse selten deutlich erkannt werden, hat seine Ursache in der Unbewußtheit, mit der das rhythmische Erfassen im Hören sich vollzieht. Infolgedessen bleibt dem weniger gründlichen Beobachter der ganze Vorgang verborgen, er hat den Eindruck, als ob' alle Akzente ihm aus dem Gehörten (in gleicher Weise) entgegen kämen, und bemerkt nicht, daß die eine Hälfte nur latent gegeben ist (I, S. 46—49).

Bei Erörterung von Konsonanz und Dissonanz macht Wolf darauf aufmerksam, daß diese beiden in seelischer Beziehung nicht rundweg »Wohlgefühlen« und »Schmerzgefühlen« entsprechen wie die landläufige Vorstellung annimmt, sondern zwei viel feineren und zugleich allgemeineren Gegensätzen, welche in allem Gefühlsleben walten, und welche man charakterisieren kann als Augenblicke der Ruhe oder der Sammlung im Gegenwärtigen und Augenblicke der Bewegtheit oder des Fortstrebens. Da beide Momente, Ruhe und Bewegtheit, in beiden Gefühlsrichtungen, der freudigen wie der schmerzlichen, sowie in den unzähligen Mischungen beider vorhanden sind, so decken sich eben Konsonanz und Dissonanz keineswegs mit Freude und Schmerz, sondern in dieser Beziehung wird ein bestimmter Charakter ihnen erst durch die Verbindungen aufgeprägt, in welche sie eingereiht erscheinen. Dabei gruppieren sich die Dissonanzen in zwei Klassen, deren einer der Drang nach Ausdehnung innewohnt, während der anderen der Trieb nach Zusammenziehung eigen ist. Wie tief und fein dieses Verhältnis zwei analogen Richtungen in den Gemütsbewegungen — Drang nach außen, Drang nach innen — entspricht, leuchtet sofort ein. Es sind aber keineswegs alle möglichen drei- und mehrtönigen Zusammenklänge musikalisch zulässig. Vielmehr beginnt hier wiederum eine ordnende und organisierende Tätigkeit des Musikgeistes, welcher nur die nach einem bestimmten Bildungsgesetz hergestellten Harmonien als die legitimen, brauchbaren heraushebt (I, S. 54—56).

So prägt die Musik schon in ihrem bloßen Stoffe, dem Ton, gewisse Verhältnisse aus, enthebt ihn dadurch seiner Unbestimmtheit, seiner bloß allgemeinen, elementaren Natur, verwandelt ihn gleichsam in ein festes Bild, verleiht ihm Physiognomie und läßt ihn an sich schon zu einem großartigen Organismus werden (II, S. 40, 41). Diese Auslese geschieht aber nicht in bewußter Willkür, sondern durch eine den Künstlern eingeborene unbewußte Notwendigkeit. Deutlicher als irgendwo sonst offenbart sich hier die Tatsache, daß das Schaffen des Musikers etwas vom Naturwalten an sich hat, während die Kunstbetrachtenden dem Botaniker gleichen, der die Pflanze zergliedert und eine Fülle der Schönheiten und Zweckmäßigkeiten, eine Vollendung der Organisation in ihr entdeckt, welche nur als Erzeugnis eines bewußten Geistes möglich erscheint. — Für die Unbewußtheit, in welcher das schöpferische Bilden des Musikers größtenteils sich vollzieht, bildet auch der Umstand einen Beweis, daß unsere Meister darüber nicht nur sehr wenig gesprochen haben, sondern auch, gefragt, nur sehr wenig zu sagen imstande waren (I, S. 36—37).

In anregender Auseinandersetzung führt Wolf den Vergleich der kontrapunktischen Polyphonie mit der Baukunst durch (I, S. 114—119), hübsch begründet er auch die Notwendigkeit des gemischten Musikstiles, d. h. der Durchdringung von homophoner und polyphoner Schreibart (I, S. 121—122).

Alle diese Ausdrucksmittel dienen nur dazu, den gefühlsmäßigen Gehalt zu verwirklichen, den der Komponist in ihnen niederlegt. Die Erscheinungsseite, den Körper für ihren seelischen Gehalt muß die Musik sich also selbst erschaffen, die Tonwelt als wahrnehmbar werdende Gefühlswelt ist ihr eigenes, freies Erzeugnis (II, S. 12). Infolgedessen hat die Musik mit der Wirklichkeitsform des Gefühles überhaupt nichts zu tun, sondern muß die (ihr) eigene Form der Gefühlsentwicklung aufsuchen (II, S. 14). Das Gefühlsleben offenbart sich in der Musik (zwar) in seiner Reinheit . . .; für seine Verkörperung aber, als Tonstück, hat es sich nicht nur vielen Bedingungen des Tonwesens, wie solche sich bei jedem Stoffe geltend machen, anzupassen, sondern auch mit einer Reihe weitgreifender Stilgesetze, welche die Tonwelt als frei- und selbstgeschaffene hinzubringt, zu amalgamieren. Hierbei bleibt das Wesen des seelischen Inhaltes durchaus unberührt; aber auf seine Darlegung und seinen Ausbau sind jene tonischen Stilgesetze von sehr starkem Einfluß (II, S. 97).

Die Formgesetze, welche sich die Musik als feste Normen aufstellt (Aufbau der Sonate, der Fuge usw.), sind zwar historisch gewordene, aber sie sind darum nichts weniger als ein Zufälliges und Willkürliches. Sie haben erst durch einen Werdeprozeß gewonnen werden müssen, weil der künstlerische Instinkt, die Wahrnehmungsfähigkeit für die innerlichen (musikalischen) Gefühlsgesetze erst allmählich in den Künstlergenerationen erwachen, klar werden, sich erweitern und die nötige Verfeinerung erlangen konnte. Einmal gefunden sind sie aber, ähnlich wie die festen Errungenschaften der Wissenschaft, die ja auch nur allmählich erlangt werden, Wahrheiten von ewiger Giltigkeit. — Die Zahl dieser bestimmt normierten Formgesetze ist übrigens nur eine geringe, denn Festsetzungen können nur für das Gattungsmäßige gemacht werden, für das, was bei allen Werken einer gewissen Art gleich zu sein hat. Die Anordnungen des Sonaten- oder Rondosatzes usw. geben daher nur ein Formgerüst, nur die Grundzüge dieser gewissen Gattung von Musikstücken, wogegen alle detailliertere Formung dem Feingefühl des Künstlers überlassen werden muß, denn bei jedem einzelnen, individuellen Kunstwerk gestaltet diese sich anders (II, S. 38). In ausführlicher, wenn auch nicht gerade unantastbarer Darlegung setzt Wolf auseinander, wie sich häufig der musikalische Gedanke dem musikalischen Ausdrucksmateriale anzupassen hat, wie er erst in seine sinnliche Erscheinungsform »hineingeboren« wird (II, S. 73—96).

Daraus ergibt sich nun mit Notwendigkeit die untrennbare Einheit von Form und Gehalt in der Musik: Die körperliche Seite in der Musik verhält sich zur seelischen nicht etwa wie die Schale zum Kern, sondern Seelisches und Sinnliches, Gefühl und Ton fließen in der Musik zu einer innigsten, untrennbaren Einheit zusammen. Jedes Atom des Tönenden ist zugleich gefühlshaltig, jede Wandlung des Tonstückes ist Abdruck einer Wendung im (musikalischen) Gefühlsprozesse. Den seelischen Gehalt der Musik losgelöst von der tonischen Erscheinung zu betrachten, wäre daher ein aussichtsloses Unternehmen. Erst der Körper, den die Musik dem Gefühl erschafft, verwandelt ja das dunkle Gefühlsleben in ein klar vor uns liegendes Bild. Denn dieser Körper ist nichts anderes als Offenbarung des Gefühls vermittels der tönenden sinnlichen Erscheinung. Jetzt erst, durch diese, liegt die (musikalische) Seele der wahrnehmenden Seele offen. Indem wir das feine, wunderbare Gewebe dieses Tonkörpers durchforschen, erkennen wir zugleich das (musikalische) Gefühl selbst nach seinem innersten Wesen (I, S. 164).

Wenn Wolf nun, fußend auf diesen Voraussetzungen, andeutet, daß die Musik uns das Gefühl im Bilde biete, daß sie Gefühlsbilder zeichne (I, S. 6; II, S. 16), so sagt er damit dem Sinne nach das Gleiche wie seine größeren Vorgänger und Zeitgenossen Schopenhauer, Eduard von Hartmann und Herman Siebeck, die alle übereinstimmen in der fundamentalen Erkenntnis, daß die Musik uns das Gefühl nicht in der Realität des wirklichen Lebens übermittle, sondern nur in der Vorstellung, als freien ästhetischen Schein. Nur diese Bildhaftigkeit des Gefühles macht es möglich, daß uns der musikalische Ausdruck selbst der schmerzlichsten Regungen künstlerischen Genuß gewähren kann. Indem die Instrumentalmusik die Gefühlsschilderungen völlig entfernt von der Lebenserscheinung hält, sie absolut hinstellt als eine Welt für sich, denken wir bei ihr kaum an ein persönliches Wesen, auf welches jene sich beziehen möchten, wir vernehmen nur das Walten von Seelenkräften, ohne uns deutlich das Bild eines wirklichen Menschen, den diese Gefühlsströmungen erfüllen, den dieses Leiden beträfe, vorzustellen, so daß die realistische Beziehung im äußersten Hintergrund verharrt. Hierzu kommt das der Wirklichkeit fremde Tongewand, in welches die Gefühle hier sich kleiden, und die fortwährend wirksame sinnliche Schönheit dieses Gewandes (II, S. 50—52).

Dabei übersieht Wolf aber nicht, daß die Bildhaftigkeit und die dadurch bedingte Anschaulichkeit, wenn schon beide unentbehrliche Voraussetzung sind, doch nicht das eigentliche Wesen des musikalisch-künstlerischen Genusses ausmachen können, ebensowenig wie die in der Hingebung an die musikalischen Gefühlsbilder sich vollziehende Flucht aus dem realen Leben. Mit Recht betont Wolf, daß es ein ungleich wertvolleres seelisches Moment sein muß, welches die so tief gehende Wirkung der Musik bedingt. Nicht die Bildhaftigkeit, nicht die Losgelöstheit von der Realität als sich üben jene Wirkung, sondern der vermittels der Bildhaftigkeit oder sinnlichen Anschaulichkeit verwirklichte seelische Ausdrucksgehalt oder das Musikalisch Schöne, welches die Bildhaftigkeit mitsamt den gefühlsmäßig-idealen Bestandteilen in sich begreift (II, S. 108—110).

Vortrefflich in ihrer populären Haltung sind Wolfs Ausführungen über das, was Aufgabe und Inhalt der einzelnen Künste bildet: letzten Endes streben sämtliche Künste nach einem gemeinsamen höchsten Punkte als dem Kern und Endziel ihrer Schöpfungen, und dieser ist die Darstellung der Gemütwelt (oder die Versinnlichung gefühlsmäßigen Gehaltes). Das Gemüt aber existiert nur innerhalb des Menschen. Daher ist die Schilderung des Menschen die nächste, am liebsten ergriffene Aufgabe der Kunst und diejenige, die das Ziel des Kunststrebens am unmittelbarsten erreicht. Eine

Ausnahme davon macht die Architektur. Diese hat nicht den Menschen zu ihrem Gegenstande, aber sie gibt das, was größer ist als der Mensch, sie veranschaulicht den Allgeist, von dem der Mensch erst eine Emanation ist. — Die Plastik dagegen stellt das individuelle gemütbegabte Wesen, den Menschen, dar, aber diesen nur noch allgemein, als Einzelerscheinung ohne die Umgebung der übrigen Welt. — Die erste Kunst, welche ein volles Weltbild gibt, ist die Malerei. In der Plastik tritt der Mensch oder eine Gruppe von wenigen Menschen isoliert auf; ebenso isoliert tritt in der Architektur der makrokosmische Geist in die Erscheinung. Die Malerei aber stellt den Menschen in und mit der Welt dar, die gesamte Fülle irdischer Erscheinungen ist ihr als Schilderungsbereich gegeben. Dadurch kann sie nun auch den Menschen in der Vollständigkeit seines Wesens, nach allen Seiten seines Lebens schildern. — Ebenfalls ein volles Weltbild gibt die Dichtkunst, jedoch entgegengesetzt der Malerei, nicht mit den Mitteln der eigentlichen sinnlichen Darstellung, sondern mit den geistigen Mitteln der Sprache. Gleichwohl wird die fortfallende Sinnlichkeit hier vollkommen dadurch ersetzt, daß die Sinnenwelt sich in unserem Inneren, eben als Phantasievorstellung, wiederaufbaut. Innerhalb dieses allseitigen Lebensbildes ist es aber die zentrale Welt, das Gemüt, auf welche das Interesse des Poeten sich konzentriert und auf welche er das Interesse derer, welche seine Mitteilungen empfangen, wesentlich hinlenkt.

Die Musik endlich gibt die Darstellung jener zentralen Welt unmittelbar. Sie aber gibt kein volles Weltbild, sondern hebt nur die Gemütswelt heraus. Sie verkörpert diesen rein geistigen Inhalt in einer lebens- und schönheitsreichen Sinnenwelt, aber nicht in derjenigen der Wirklichkeit, sondern in einer selbstgeschaffenen Sinnenwelt, der Tonwelt. Jetzt, nach gewonnener Erkenntnis von der zentralen Bedeutung der Gemütswelt, erschließt sich uns die ganze künstlerische Notwendigkeit und die ganze künstlerische Hoheit, welche dieser Isolierung innewohnt: die Gemütswelt, die Kernwelt unter den Daseinsgebieten, soll in einer der hohen Künste rein, von allen Hüllen befreit, hervortreten; sie, das Hauptgebiet, verlangt der Kunstgeist irgendwo in absoluter Form, in ihrer eigensten, unangetasteten Erscheinung dargestellt zu sehen. Diese hohe Aufgabe fällt der Musik zu. Hierin beruht nun auch der tiefste Grund dafür, daß die reine Musik, trotz ihrer Abgeschiedenheit von Außenwelt und Begriffswelt, uns eine durchaus volle Befriedigung bietet, eine Befriedigung, derjenigen gleich, welche Poesie und Malerei, die alle Sphären des Daseins umspannen, in uns erzeugen. Die Musik gibt den Kerngehalt aller Kunst. Sie gibt nur diesen, aber eben um ihn rein und voll zu geben (II, S. 21—25. 102—107).

Dazu kommt noch ein anderes bedeutsames Moment: In der Wirklichkeit findet sich das Gefühlsleben immer innerhalb der einzelnen menschlichen Persönlichkeit. Indem die Musik aber das Gefühlsleben als eine absolute Erscheinung darstellt, streift sie die Vorstellung der Persönlichkeit, aus der es doch herstammt, vollständig ab und erschafft dafür die ideale musikalische Persönlichkeit (II, S. 97—98).

Aus allen diesen Gründen existiert für die Musik der Unterschied der realistischen und der romantischen Kunst nicht. Denn da die Musik nur Inneres ist (ihre sinnliche Seite, das Tönende, ist ja nichts für sich, ist nur die sinnliche Erscheinung dieses Inneren), da sie lediglich aus Fühlen und Denken gewobene Bilder bringt, so gibt es an ihr nichts zu verwandeln, um sie aus der realen Sphäre in eine romantische zu versetzen. Wie E. T. A. Hoffmann und Hermann Siebeck hebt Wolf aber zugleich hervor, daß die romantischen Dichter trotzdem in einem gewissen Sinne nicht Unrecht hatten, als sie die Musik gerade die »romantische« Kunst nannten. Denn die Romantik löst ja die Innenwelt von der physischen Welt ab und hebt sie darüber hinaus, indem sie die letztere ganz willkürlich behandelt, also wie etwas vergleichsweise Nebensächliches, zur inneren Welt nicht eigentlich Gehöriges, mit ihr nur lose Verknüpftes hinstellt. Und die Musik vollendet diese Heraushebung der inneren Welt, indem sie die äußere gänzlich beseitigt denkt (II, S. 16)[1]. Der Naturalismus oder das Prinzip der Natürlichkeit hat in ihr daher noch weniger Berechtigung als in irgendeiner anderen Kunst (II, S. 13, 221—222). Andererseits ist aber in der Musik die Verführung besonders groß, die sinnliche Hälfte — die Tonwelt — für das Ganze der Kunst zu nehmen. Denn da die Musik eine vom Menschen selbst geschaffene Welt ist, da die sinnliche Ausdrucksform durch Töne, welche hier den Gefühlen verliehen wird, in der Wirklichkeit unbekannt ist, so kann derjenige, der den sinnlichen Reiz der Töne stärker als ihren Gefühlsinhalt empfindet, leicht dazu gelangen, den letzteren überhaupt zu leugnen und in der Musik lediglich die Tonkunst, zur sinnlichen Ergötzung bestimmt, zu sehen — ein Standpunkt, den viele bewußt oder halbbewußt einnehmen (II, S. 109).

Wohl vertraut ist Wolf mit der der Musik eigenen inneren Logik und Bestimmtheit: Der Komponist wird bei der Entwicklung seiner Gefühlsreihen von der Empfindung eines gewissen inneren Zusammenhanges geleitet, dessen Art er allerdings nicht anzugeben vermag, der ihm aber die einzelnen Gefühlsmomente so innig mit einander zu verknüpfen scheint, wie etwa das logische Gesetz die Gedanken eines Dichterwerkes zusammenbindet. Mit Recht bezeichnet man daher das Prinzip des Zusammenhanges in der Musik als »musikalische Logik« (I, S. 14, 16—17). — Daß viele verstandesscharfe, aber unmusikalische Naturen diesen inneren Zusammenhang und die durch ihn gewährleistete Bestimmtheit nicht zu erfassen vermögen, beweist nichts gegen deren Vorhandensein. Selbst unsere größten Dichter kamen ja nicht ganz über diesen Punkt hinweg: Mit der höchsten Fähigkeit und dem mächtigsten Drange ausgestattet, die objektive Welt zu erfassen und aus den gewonnenen Vorstellungen ihre herrlichen Bilder des Lebens, wieder mit den objektiv bezeichnenden Worten, zu gestalten, war ihnen die reine gegenstandlose Welt des Gefühls, welche die Musik wiederspiegelt, ein exotisches Land, welches sie wohl anzog und in welchem sie wohl staunend eine Zeitlang umherwandeln mochten, von dem sie sich aber bald wieder in ihre Heimat zurücksehnten (II, S. 11—16).

Und doch ist der musikalische Ausdruck in Wirklichkeit nicht in solchem Maße losgelöst von allen übrigen Lebensgebieten, wie der weniger Eingeweihte glauben mag, er ist mit ihnen vielmehr durch verborgene innere Beziehungen verbunden. Wolf kennt diesen allumfassenden Sinn der Musik, welcher ihr erst ihre ganze mikrokosmische Bedeutung sichert. Er weist hin auf die schon in den musikalischen Elementen gegebenen Analogien mit der

---

[1] Vgl. meine Aufsätze »E. T. A. Hoffmann als Musikästhetiker« in der »Musik«, 1907, Heft 14 und »Psychologische Musikästhetik« im »Kunstwart«, zweites Novemberheft, 1907.

räumlichen Welt des Sichtbaren und der verstandesmäßig-logischen Begriffs- und Gedankenentwicklung: Das eine und eigentümliche Gebiet der Musik, die Gefühlswelt, ist so von einem Wiederschein der anderen Weltgebiete, von einer quasi sichtbaren und einer Gedankenwelt umgeben, wodurch in gewissem Sinne ihre ursprüngliche Isoliertheit aufgehoben und eine Art voller Welterscheinung wiederhergestellt ist (II, S. 98—101). Erst dann wird der musikalische Inhalt in seiner Vollständigkeit erkennbar und begreiflich, wenn auch all' die unzähligen Wechselwirkungen zwischen Fühlen und Denken miteinbezogen werden. Denn nun ersieht man, wie die Musik ein volles Seelenleben schildert (Fühlen und Denken), welches zugleich rein auf sich selbst gestellt ist, und dessen Phasen, innigst zusammenhängend, sich zu einer Einheit zusammenschließen (I, S. 34).

Daraus wird erklärlich, wieso empfängliche Hörer aus Meisterwerken wie Beethovens C moll-Symphonie »Gedanken« herauszuhören, Fragen, Zweifel, Entschlüsse an gewissen Stellen zu vernehmen meinen. Wir sehen jetzt, das ist kein Schein: es sind Gedanken, Fragen, Antworten, Willensakte hier in Tönen verkörpert. Und ein solcher »Gedanken«-Inhalt ist nicht nur in den Werken Beethovens, sondern in denen aller Meister vorhanden. Denn da das Gefühlsleben Gedankenvorgänge mit einschließt, so können dieselben bei keinem Meister fehlen. »Meister« der Musik, der seelenschildernden Kunst, ist ja eben der, der das Gemütsleben nach seiner Wahrheit offenbart (I, S. 34, 35).

Da der musikalische Gehalt jene innere Beziehung zum ganzen Umkreis des seelischen und auch physischen Lebens in sich schließt, so darf seine Darlegung durch die Mittel der Sprache kein Tadel treffen, sie muß vielmehr als das notwendige und einzige Mittel, den Musikinhalt dem Verständnis zu offenbaren, anerkannt werden, sofern diese Darstellung kein Schweifen der Phantasie, sondern eine wirkliche Erläuterung ist (I, S. 31). Da aber andererseits die innere Beziehung des musikalischen Gehaltes zu den übrigen Lebensgebieten keine verstandesmäßig-begriffliche, sondern eine gefühlsmäßig-dunkle ist, so muß die Ästhetik der Musik, welche jene Beziehung und die besondere Art des in der Musik waltenden Zusammenhanges in ihrem Wesen und ihren Gründen klar zu legen versucht, mehr als jede andere Wissenschaft eine unterirdische Baukunst genannt werden, bei der man erst künstlich Beleuchtung erzielen, von allen Seiten erst Hindernisse entfernen muß, vor allem aber wo das Gefühl der Sicherheit fehlt (I, S. 2—3, 14).

Auf dieser Grundlage gibt Wolf eine treffliche Charakteristik von Wesen und Bedeutung der Vokalmusik: Wiewohl die reinen Gefühlsbilder, welche die Musik bietet, eine volle Befriedigung gewähren, so existiert doch in der menschlichen Natur das Verlangen, daneben auch Gefühlsbilder von der Art zu besitzen, wie sie das Leben enthält, wo alle inneren und äußeren Sphären des Daseins beisammen sind. Das Interesse des Menschen an der Gegenstandswelt, die ihn umgibt, und an der Gedankenwelt, die er in seinem Innern aufbaut, ist ein zu großes, ein zu ursprüngliches, tiefes und lebhaftes, als daß nicht das Bedürfnis nach einer Musikart entstehen sollte, welche in die Darstellung des Kerngebietes diejenige der anderen Gebiete mit hineinzieht und so wiederum ein volles Weltbild gibt, wie dies Malerei und Dichtkunst tun. Zwar ersetzt die reine Musik, wie wir zuvor schon erwähnt haben, in gewisser Weise das Fehlende, indem sie eine Art Abglanz der sichtbaren Welt und der Geisteswelt in sich selbst erzeugt, und dieser Ersatz genügt vollkommen, sobald das Bestreben waltet, sich auf die Betrachtung der Gemütswelt zu konzentrieren; aber neben dem künstlerischen Verlangen nach Konzentration auf das Innerste und Eigentlichste besteht in der Menschennatur auch das gegenteilige Verlangen nach Expansion, nach Allseitigkeit und Ganzheit. Daher bilden sich neben der reinen Musik die »gemischten« Musikgattungen, welche zum Gefühlsleben die ursprünglich mit ihm verbundenen Sphären der Sinne und des Geistes wieder hinzubringen. Beide Sphären werden der Musik vermittelt durch das Element der Dichtkunst: durch die Sprache. Denn die Sprache vermag sowohl verstandesmäßige Gedanken mitzuteilen, als auch die äußeren Dinge zu »schildern«, d. i. ihr Bild in uns wachzurufen. Somit ist es ein Anschluß an die Poesie, welche die Musik das gewünschte Ziel erreichen läßt. Auf diese Weise entsteht die Vokalmusik, in welcher die Verbindung des Wortes mit der Tonwelt eine höchst vollkommene ist: die Worte breiten sich gleich den Tönen in der Zeit aus, fließen mit diesen vereint dahin, und es sind dieselben Lautorgane des Menschen, welche den Gesangton und das Textwort in harmonischer Verschmelzung erklingen lassen.

Als Vokalmusik reiht sich die Musik mithin den beiden Künsten an, welche Gesamtbilder des Lebens geben. Diese Gesamtbilder nehmen aber, wie wir zuvor schon gesehen haben, in jedem der drei Fälle eine wesentlich andere Form an. In der Malerei — es sei wiederholt — erhalten wir die Welt von der Sinnenseite dargestellt, durch welche die inneren Sphären hindurchscheinen; von der Dichtkunst wird uns der Inhalt sämtlicher drei Sphären in der Form der inneren Vorstellung gereicht; die Musik endlich, indem sie sich mit dem Wort verschwistert, schildert vor allem und unmittelbar die Gemütswelt und läßt die Inhalte des Denk- und Sinnengebietes mit hindurchwirken. So wird in jeder dieser Künste eine andere der drei Hauptsphären in den Vordergrund gestellt (I, S. 16; II, S. 105 bis 106).

Über das Wesen der Vokalmusik gibt Wolf des weiteren noch anregende Ausführungen, die er in die Form einer Auseinandersetzung mit Richard Wagner kleidet. Er erörtert den Unterschied zwischen Sprachmelodie und Musikmelodie und kommt dabei zu dem theoretisch unanfechtbaren Ergebnis, daß in der Vokalmusik an die Stelle der Natur der Wirklichkeit die Natur der Musik zu treten habe (II, S. 222). Im Zusammenhange damit weist Wolf darauf hin, daß der musikalische Ausdruck eine weit größere zeitliche Ausdehnung beansprucht als der sprachliche, und daß die Musik sogleich das der Situation zugrunde liegende Gesamtgefühl geben kann, wo die Sprache sich verstandesmäßig-diskursiver Mittel bedienen muß. Infolgedessen kann es vorkommen, daß die ganzen Entwicklungslinien des Textes und der Musik, wiewohl sie verbunden nebeneinander herlaufen, sich nicht in allen Teilen decken. Andererseits ist Wolf auch vertraut mit den häufigen und vielfältigen Kompromissen, welche die Entwicklungsgesetze und -formen der Musik mit der Beschaffenheit des Textes eingehen, so häufig das Streben zu Tage tritt, sich der Sprache aufs innigste anzuschließen, geradezu dem natürlichen Sprechen nahe zu kommen, selbst bis auf das äußerlichste, bis auf die Zahl der Sprachsilben. Treffend schildert Wolf das Wesen des Rezitativs, in welchem dieses Streben den deutlichsten Ausdruck findet (II, S. 223—230).

Das Verlangen der Musik, die ihr an sich verschlossenen Sphären der Gegenständlichkeit und des Begriffes in ihr Bereich zu ziehen, kann seine

Befriedigung bis zu einem gewissen Grade aber auch finden, ohne daß das Wort fortdauernd Hilfe zu leisten hat, sondern sich damit begnügt, nur die Richtung zu bezeichnen, in welcher die ergänzenden außermusikalischen Vorstellungen zu suchen sind. Die beiden Gebiete, in welchen dies geschieht, sind die Tonmalerei und die Programmmusik. Wolf widmet ihnen vortreffliche Erörterungen. Die Möglichkeit der Tonmalerei führt er mit Recht auf den Umstand zurück, daß in der Tonwelt Analogien gegeben sind mit der Welt des Auges und des Begriffes, wodurch die Möglichkeit einer andeutenden Schilderung sinnlich wahrnehmbarer Gegenstände wie auch eine Wiederspiegelung gedanklicher Beziehungen durch die Mittel der Tonkunst sich erschließt. Auch das Wesen der Programmmusik charakterisiert Wolf fein und treffend. Innerhalb ihres Gesamtgebietes unterscheidet er wieder verschiedene Arten und Zwischenstufen, wobei er sich als ein ebenso geistvoller wie vielerfahrener musikalischer Beobachter erweist (II, S. 101, 106, 230—231, 286—293).

Ähnlich feine Züge finden sich in den beiden Bänden seines Werkes überall noch verstreut. Es sei in aller Kürze hingewiesen auf die hübschen Bemerkungen über den gemischten Stil (I, S. 122, 126), über die Sonaten- und Rondoform (II, S. 150—152), die Ouverture (II. S. 269—274), das Melodrama (II, S. 268), die verschiedenen Arten und Formen der Vokalmusik (II, S. 238—246), den Wegfall der Szene im Oratorium (II, S. 46, 282 bis 283) und über jene Arten der Musik, von welchen Wolf glaubt, daß sie die Musik im Dienste »auswärtiger Zwecke zeigen« (II, 294—300).

Alle diese Ausführungen und die von uns bisher herausgehobenen Reflexionen allgemeiner Art beweisen zur Genüge, daß es Wolf weder an gutem Geschmack noch an jener Begabung für das spezifisch ästhetische Denken gebricht, die durch keine andere Fähigkeit zu ersetzen ist und ganz in der gleichen Weise angeboren sein muß wie der historische Sinn. Mit unverkennbarem Geschick weiß Wolf häufig jene so empfindliche Linie zu wahren, welche die Betrachtungsweise des Ästhetikers trennt von derjenigen der empirisch-historischen Wissenschaft. So willig wir bereit sind diese Vorzüge anzuerkennen und von Wolf überall da zu lernen, wo sich seine Begabung und seine weitverzweigten Kenntnisse von ihrer guten Seite zeigen, so sind wir doch leider gezwungen, zugleich darauf aufmerksam zu machen, daß alle diese Vorzüge — so schätzenswert sie an sich sein mögen — doch nicht auf wirklich solider Basis ruhen, sondern mehr oder weniger in der Luft schweben und nicht tiefer hinabreichen, als eben angeborener feiner Sinn und reiche praktische Erfahrung reichen können. Den positiven Ergebnissen, die wir bei Wolf gefunden haben, stehen Mängel, zum Teil fundamentaler Art gegenüber, die den Wert seiner Arbeit, wenn man sie im ganzen überblickt, leider schmälern.

Zu allererst handelt es sich um die Frage der Einteilung des ganzen Stoffes. Die Einteilung, die Wolf gibt, scheint in vielen und wichtigen Punkten ergänzungsbedürftig. Ich erlaube mir, das im folgenden zu belegen.

Die allgemeinen, spezifisch ästhetischen Reflexionen, also den eigentlichen Untergrund seiner gesamten Erörterungen, hat Wolf in zwei Teile auseinander genommen und deren einen je an den Anfang jedes Bandes gestellt. Es muß allerdings berücksichtigt werden, daß beide Bände zehn Jahre auseinander liegen. Aber es bleibt doch Tatsache, daß die Gesamteinteilung dadurch die Übersicht und Folgerichtigkeit verloren hat. Die allgemeinen Reflexionen hätten zusammen an den Anfang des ersten Bandes gehört. Alsdann wären unmittelbar nacheinander die zweiten Hauptabschnitte beider Bände aneinander zu reihen gewesen. Das ergibt folgende Übersicht:

I. Allgemeines.
II. Das Material der Musik und ihre allgemeinen Stilgesetze.
III. Die Formen und Gattungen der Musik.

Innerhalb der allgemeinen ästhetischen Reflexionen ist bei Wolf ein fester Plan nicht zu erkennen. In zwangloser Folge reiht er verschiedene Probleme der allgemeinen Ästhetik und Musikästhetik aneinander: Form und Inhalt, einzelne Modifikationen des Schönen, das Häßliche, die musikalische Logik usw.

Die siebente Unterabteilung desjenigen Hauptabschnittes, welcher das Material der Musik behandelt, hat die Aufschrift erhalten »Klangstärke und Klangfarbe«. Wolf meint damit in Wirklichkeit die menschliche Stimme und die Instrumente, hätte also wohl besser die Bezeichnung »das tönende Material« gewählt.

Viel schwerer wiegt aber, daß Wolf die Formen und Gattungen der Musik nicht genügend auseinander hält. Man hat ja vor allem zu unterscheiden zwischen der »Gattung der reinen Instrumentalmusik« und der »Gattung der mit anderen Künsten vereinigten Musik« nebst deren Arten und Unterarten. Was unter den Formen der Musik zu verstehen ist, bedarf keiner Erläuterung. Wolf nennt nun aber die einsätzigen Formen einsätzige Gattungen und reiht sie überdies nebst der Sonate — die zuvor schon unter den Formen erörtert worden war — als Unterarten der Klaviermusik ein. Zwischen den Arten der Klaviermusik und der Orgelmusik bringt er dann verwunderlicherweise die polyphonen Formen der Fuge, des Kanons usw. unter, die er wiederum als »Gattungen« bezeichnet, nachdem er sie zum Teil schon im ersten Bande unter »Polyphonie« behandelt hatte. Die spezifischen Formen der Vokalmusik, Instrumentalvokalmusik und der Oper werden von ihm unter den Formen der Musik nicht erwähnt.

Als erste Art der Gattung der reinen Instrumentalmusik nennt Wolf mit Recht die Solomusik, als zweite Art die begleitete Solomusik, als dritte Art die Kammermusik. Unter der begleiteten Solomusik versteht er nun aber solche Kompositionen, bei welchen die Begleitung ganz und gar nur dienend und ohne jede Selbständigkeit auftritt. Ob diese Scheidung der begleiteten Solomusik in solche mit selbständiger und solche mit unselbständiger Begleitung durchführbar ist und in die Haupteinteilung hereingenommen werden soll, darf bezweifelt werden. Richtiger wäre es wohl, unmittelbar nach der Solomusik die Kammermusik zu erörtern, zu welcher ja auch die begleitete Solomusik gehört, und nun hier die Solomusik mit nur dienender Begleitung als Nebenstufe einzufügen.

Desgleichen empfiehlt es sich wohl nicht, die »konzertierende Musik« als fünfte Hauptart der reinen Instrumentalmusik nach der Orchestermusik als vierter Hauptart anzuführen. Die »Form« des Konzertes wäre eben zuvor unter den Formen zu erörtern gewesen; die konzertierende Musik selbst bildet alsdann zwar eine Art der reinen Instrumentalmusik, aber keine Hauptart, sondern eine Unterart entweder der begleiteten Solomusik oder der Orchestermusik.

Von der Gattung der reinen Instrumentalmusik unterscheidet Wolf als zweite Hauptabteilung die »gemischten Musikarten«, besser »die Gattung der mit anderen Künsten vereinigten Musik«. Als erste Art dieser zweiten Gattung nennt er richtig die Vokalmusik. Von hier ab verliert nun aber seine Einteilung jeden festen Halt und alle Disziplin. Er macht gar keinen Versuch, die Verbindung der Musik mit dem Tanze organisch einzugliedern, sondern behandelt die Tanz- und Ballettmusik unter der Rubrik »die Musik im Dienste auswärtiger Zwecke«, wobei er die unabweisliche Konsequenz unterdrücken muß, daß nun auch die gesamte Kirchenmusik in diese Rubrik gehören würde. — Die unbegleitete Vokalmusik unterscheidet Wolf nicht von der Instrumentalvokalmusik, sondern läßt hier ganz zu Unrecht den weltlichen und geistlichen Gesichtspunkt hereinspielen. Das Oratorium erörtert er nach der Oper, obgleich doch diese offenbar die komplizierteste Verbindung darstellt. — Die schwierige Frage, an welcher Stelle die Programmusik unterzubringen sei, erledigt Wolf dadurch, daß er sie als selbständige Hauptart der zweiten Gattung behandelt und nach Oratorium und Oper einreiht. Nun bedeutet aber die Programmusik nicht einmal eine Verbindung der Musik mit einer anderen Kunst, sondern nur mit ergänzenden Phantasievorstellungen des Hörers und ist als solche in sämtlichen Arten der Instrumentalmusik möglich. Es wird sich also wohl empfehlen, sie als eine verbindende Zwischenstufe zwischen der Gattung der reinen Instrumentalmusik und der Gattung der mit anderen Künsten vereinigten Musik unterzubringen.

Daß Wolf der Musik im Dienste auswärtiger Zwecke einen besonderen Abschnitt widmet, ist gewiß zu billigen. Nur muß dabei dem Mißverständnis vorgebeugt werden, als ob es sich hier um eine besondere »Gattung« der Musik handle. Ferner muß vor allem streng unterschieden werden zwischen solchen Fällen, in denen sich die Musik mit einer anderen Kunst zu einem rein künstlerischen Zwecke verbindet (Bühnentanz, Lied, Oper), und solchen Fällen, in welchen sie tatsächlich außerästhetischen Zwecken dient (Kirchenmusik, Militärmusik). Die Virtuosen-, Unterhaltungs- und Salonmusik gehören nicht, wie Wolf meint, zur letzteren Kategorie. Hier ist die Musik nicht schon bei ihrer Entstehung an einen außerästhetischen Zweck gebunden, sondern erfüllt nur ihren künstlerischen Zweck in oberflächlicher Weise. Auch in der instruktiven Musik dient die Musik nicht einem »auswärtigen« Zweck, sondern im Gegenteil gerade ihrem eigenen, aber nicht in rein künstlerischer, sondern eben in didaktischer Absicht.

Gegenüber der in allen diesen Punkten unhaltbaren Einleitung Wolfs darf ich vielleicht auf den Vorschlag hinweisen, den ich in meinem Buche »Moderne Musikästhetik in Deutschland« auf Seite 415 bei der Auseinandersetzung mit Eduard von Hartmann gemacht habe. Es sind bei mir allerdings nur die allerwichtigsten Grundlinien gegeben, zuvor aber müssen diese zweifellos sichergestellt sein, ehe an die endgültige Unterbringung des Details gedacht werden kann.

Auch die früheren Vertreter der speziellen Musikästhetik lassen hier noch im Stich. Hand unterscheidet überhaupt nicht zwischen Formen und Gattungen der Musik und macht daher auch gar keinen Versuch, die letzteren nebst ihren Arten und Unterarten übersichtlich und folgerichtig zu gruppieren. Das Gleiche gilt von Schilling, der die wichtigsten Gattungen als »Grundformen« bezeichnet, die Formen selbst als »Gattungsformen«, als »Stile« in der Musik aber die Kirchen-, Theater-, Kammermusik u. a. anführt. Auch in Wallaschek's »Ästhetik der Tonkunst« sind die Formen und Gattungen der Musik nicht auseinander gehalten. Engel teilt nach abstrakten Gesichtspunkten ein. Riemann's »Katechismus« darf billigerweise in diesem Zusammenhange nicht genannt werden; auch seine »Elemente der musikalischen Ästhetik«, 1900, stellen sich nicht die Aufgabe, unserer Frage näher zu treten. Zielbewußt geht C. R. Hennig vor in seiner »Einführung in das Wesen der Musik«, 1906. Hennig trennt die Formen strikt von den Gattungen und stellt die Programmusik ganz in unserem Sinne unmittelbar vor die Vokalmusik als Zwischenstufe zwischen dieser und der absoluten Musik, verzichtet aber darauf, die Verbindung der Musik mit dem Tanze einzugliedern.

Wir kehren zu Wolf zurück. Es ist nun noch darauf hinzuweisen, daß er, bei all' seiner Vertrautheit mit dem gefühlsmäßigen Gehalte der Musik, das Verhältnis des rein musikalischen Ausdrucks zum realen Gefühlsleben doch wohl nicht im richtigen Sinne deutete. Er geht von der Voraussetzung aus, daß im wirklichen Leben das Gefühl nur selten seinen eigenen Gesetzen gemäß sich entwickeln könne, sondern sich fortwährend den von außen kommenden Eindrücken und Einflüßen zu fügen habe (I, S. 17). Diese sonderbare Auffassung, welche eine gewissermaßen abstrakte, von den realen Lebensbedingungen losgelöste Entwicklung des Gefühls nicht nur annimmt, sondern seinem eigentlichen Wesen allein entsprechend glaubt, wird ergänzt durch die ebenso sonderbare Behauptung, daß im wirklichen Leben das Gefühl überhaupt keinen adäquaten und vollständigen Ausdruck finde, sondern sich nur in Andeutungen äußere. Diese Voraussetzungen lassen nun die Musik als die eigentliche Sprache des Gefühls erscheinen (I, S. 163), in welcher es sich erst seinem wahren Wesen nach entwickeln kann (II, S. 12, 13). Von hier aus kommt Wolf zu der vor ihm schon von Hand, Schilling, Vischer, Carrière, Siebeck und Eduard von Hartmann ausgesprochenen Behauptung, daß die Entwicklungsgesetze der Musik identisch seien mit denjenigen des Gefühls (I, S. 18; II, S. 38, 40, 114), daß daher sowohl die musikalischen Formen wie die musikalische Logik aus den Naturgesetzen des Gefühls sich ableiten lassen (II, S. 13; I, 17).

Diese ganze Auffassung widerspricht dem, was Wolf selbst an anderer Stelle richtig andeutet (vgl. S. 294 dieser Kritik); sie übertreibt, meines Erachtens, den Zusammenhang des musikalischen Gefühlsausdruckes mit dem der Wirklichkeit und verkennt seine wahre Beschaffenheit. Ich erlaube mir wieder, auf das zu verweisen, was ich über diesen Punkt schon in meinem Buche »Moderne Musikästhetik in Deutschland« gesagt habe[1]. Es scheint mir unmöglich, die musikalischen Formen, also die der Sonate oder gar die der Fuge, auf Gesetze des realen Gefühlsablaufes, und wäre es auch eines von »störenden« Bedingungen losgelösten, zurückzuführen. Diese Formen, wie überhaupt alle spezifisch musikalische Entwicklung, finden ihre Erklärung lediglich aus dem spezifisch musikalischen Geiste, der sich auch nur in spezifisch musikalischer Weise ausleben und betätigen kann. Kein streng gebauter Sonaten- und Symphoniesatz kann verstanden werden als Wiedergabe, auch nicht als idealisierende Wiedergabe wirklicher Gefühlsprozesse. Gewiß können nachträglich die einzelnen Teile eines solchen Satzes in der Weise ausgedeutet werden, wie Wolf das mit Beethovens C moll-Symphonie unter-

[1] Vgl. insbesondere S. 169—171, 183—185, 200, 420—421.

nimmt. Wolf ist im Rechte, wenn er den Einwand abweist, seine Analyse sei eine vage Gefühlsphantasie (I, S. 30), und wenn er die der Sonate und Symphonie eigentümliche Entgegensetzung zweier Themen mit dem allgemeinen Wesen der Gefühlsentwicklung in Verbindung bringt (I, S. 33). Darin aber täuscht er sich doch wohl, daß er die bloße Möglichkeit der nachträglichen Ausdeutung im Sinne wechselnder innerer Erlebnisse vermengt mit der tatsächlichen Darstellung eines Gefühlsprozesses. Da alle Musik gefühlsmäßige Bestandteile in sich schließt — und um so mehr, je gehaltvoller sie ist, — so läßt auch alle Musik eine gefühlsmäßige Ausdeutung in Worten zu. Die Aneinanderreihung und Entwicklung der sich dabei ergebenden einzelnen Momente und Phasen entspricht aber nur scheinbar und für oberflächliche Betrachtung der Entwicklung eines im Menschen sich vollziehenden wirklichen oder idealisierten realen Gefühlsablaufes. Tatsächlich hat man es immer mit einem Aufbau nach rein musikalischen Prinzipien zu tun, die zwar die allgemeinen psychologischen Gesetze des Wechsels und Kontrastes in sich schließen, in der Hauptsache aber ihre eigenen Wege gehen. Daher tragen auch alle jene Deutungsversuche in der Art des von Wolf unternommenen für den feineren und erfahreneren musikalischen Sinn das Gepräge einer gewissen Trivialität. Sie sind für Neulinge, die noch der Hilfe in elementaren Dingen bedürfen, denen man daher die äußeren Konturen der Entwicklung eines Symphoniesatzes recht deutlich kenntlich machen muß. Wer etwas tiefer eingedrungen ist, der wird auf solche Hilfe gerne verzichten und es vorziehen, den unendlich viel feineren Linien der rein musikalischen Entwicklung als solchen zu folgen, die nur vergröbert wird, wenn man sie in allen ihren Einzelheiten auf tatsächliche oder mögliche reale Gefühlsabläufe bezieht.

Formalistischen Deutungsversuchen nähert sich Wolf dadurch an, daß er als das gemeinsame Grundwesen des Tones und Gefühles die Bewegung bezeichnet und daraus die enge Beziehung beider abzuleiten sucht (I, S. 10, II, S. 22). Eine sensualistische Färbung erhält diese Auffassung noch durch die Annahme, daß die Aufgabe der Musik in der Anregung schöner seelischer Gefühle vermittels angenehmer Anregung des Gehörsinnes bestehe, in der Art, daß die sinnliche Erregung der Gehörsnerven sich unmittelbar in die geistige Bewegung unseres Gemüts verwandle (I, S. 3, 5).

Wolf begeht die Ungenauigkeit, von musikalischer »Symmetrie« im eigentlichen Sinne des Wortes zu sprechen (I, S. 90), die starke Wirkung des Rhythmus erklärt er aus dem Umstande, daß auch unsere Herztätigkeit und die Atmung auf rhythmisch gleichmäßigen Bewegungen beruhen (II, S. 28). — Wenig geschmackvoll mutet es an, wenn Wolf die drei Hauptgruppen des Orchesters, die Streicher, Holzbläser und die Blechinstrumente, in Parallele setzt mit den drei Hauptgruppen des Staates: dem Nährstand, Lehrstand, Wehrstand (I, S. 138, 139), oder wenn er eine ähnlich geartete Gegenüberstellung vornimmt mit den drei Klangbereichen des Orchesters, der Orgel und des Klavieres einerseits, der objektiven, religiösen und subjektiven Weltanffassung andererseits (I, S. 159—162).

Das Hereinreichen außermusikalischer Zwecke in die musikalische Gestaltung charakterisiert Wolf, wie früher schon angedeutet wurde, nicht in der richtigen Weise. Er meint, der kirchliche Zweck lasse die Musik in Wirklichkeit frei, während der Tanz sie in außerästhetische Abhängigkeit bringe. Gerade das Gegenteil ist richtig. Die Verbindung mit dem Tanze ermöglicht der Musik das Verbleiben innerhalb der rein künstlerischen Sphäre als Kunsttanz, Musikpantomime und Ballet, während die Verbindung mit dem kirchlichen Zwecke die Musik zwar zur Entfaltung ihres höchsten und tiefsten Könnens anregt, sie zugleich aber unbedingt außerkünstlerischen Absichten dienstbar macht (II, S. 294).

Die Ouverture nennt Wolf »Programmusik ohne Überschrift«, die erst gedeutet und verstanden werden könne, nachdem man die Oper selbst kennen gelernt habe. Für die Berechtigung, die Ouverture trotzdem der Oper voranzustellen, weiß er selbst nur philiströse Gründe anzugeben (II, S. 280).

Daß das Oratorium sich nur an die Phantasie des Hörers wendet und gerade aus diesem Verzichte auf unmittelbare sinnliche Darstellung seine höchsten Vorzüge schöpft, erkennt Wolf sehr richtig. Trotzdem hält er unbegreiflicherweise zugleich an der veralteten Auffassung des Oratoriums als einer »geistlichen Oper ohne Bühnendarstellung« fest, gibt also den episch-lyrischen Charakter unter der Hand sogleich wieder preis (II, S. 46, 281 bis 283).

Ebenso veraltet ist es, die Oper als lyrisches Drama zu bezeichnen (II, S. 254). Diese antiquierte Auffassung charakterisiert alle Auseinandersetzungen Wolfs mit Richard Wagner. Gewiß hat er recht, wenn er die Übertreibung Wagner's in seiner Behandlung der Einzelkünste ablehnt (II, S. 44—45), wenn er die Berechtigung des gesprochenen Dialogs in Werken kleineren Stils verteidigt (II, S. 268); auch kennt er die Fähigkeit des Orchesters, die Einzelmomente einer Situation in einem einzigen Gesamtausdruck zusammenzufassen (II, S. 262—263). Philiströs dagegen klingt wieder sein Zugeständnis, daß das Orchester auch die sichtbaren Vorgänge auf der Bühne in sein Ausdrucksbereich hineinziehen dürfe (II, S. 280). Höchst bedenklich vollends ist seine Behauptung, daß die wahre Vokalmusik die Formen der reinen Instrumentalmusik zugrunde lege und nach Möglichkeit aufrecht erhalte. Wolf verlangt, daß beim Zusammengehen mit dem Wort die Musik keineswegs etwas von ihren spezifischen Ausdrucksmitteln und -Formen abtue, sondern im Gegenteil sie der Sprache hinzutue, daß sie sich in möglichster Reinheit und Fülle nach ihren Lebensgesetzen, nach den Gesetzen der »reinen« Musik zu bewegen und zu entfalten, also die (rein) musikalische Melodie mit ihrer aus der Musiknatur sich ergebenden Gliederung zu erschaffen habe (II, 222, 241).

Von diesem Gesichtspunkte aus setzt sich Wolf mit Richard Wagner auseinander. Nur die in der klassischen Musik erreichte Anpassung an das Wort, die er ja, wie wir gesehen haben, genau kennt, läßt er als vollberechtigt gelten und muß nun natürlich Wagner's künstlerisches Prinzip als »auf einem tiefen Irrtum« beruhend bezeichnen. Er kommt zu dem Ergebnis, daß bei Wagner eine intensive Spaltung zwischen Melodie und Begleitung vorhanden sei, er findet bei ihm einen Dualismus, der zugleich die Umkehrung des musikalisch-natürlichen Verhältnisses bilde (II, S. 222). Wagner lege mit aller Entschiedenheit den Schwerpunkt seiner Wirkungen auf das Sinnlich-Äußerliche und Intellektuelle anstatt auf die Gemütsvorgänge (II, S. 232). Wolf wendet sich gegen die Verwendung des Leitmotivs bei Wagner, gegen die Vereinheitlichung der ganzen Akte, er hält Wagner's Verfahren für eine »Überspannung der dramatischen Einheitsidee«. Demgegenüber will Wolf nun selbst angeben, wie das Leitmotiv richtig zu gebrauchen sei (II, S. 250—254).

Wir dürfen darauf verzichten, auf diese Meinungen näher einzugehen, schon deshalb, weil es sich in ihnen ja weniger um Fragen der theoretisch-ästhetischen Reflexion als um solche der künstlerischen Praxis handelt. Vielleicht ist es mir sogar erlaubt, die Bitte beizufügen, daß man die Auseinandersetzungen in meinem Buche »Richard Wagner als Ästhetiker« ja nicht mit dem von Wolf geübten Verfahren verwechseln möge. Ich habe es lediglich mit dem Ästhetiker Wagner zu tun, also mit der theoretischen Begründung, die Wagner seinem künstlerischen Vollbringen mit auf den Weg gab. Wolf dagegen wendet sich in der Hauptsache gegen den Künstler Wagner und verfällt dabei in einen der schwersten Fehler, welche der Ästhetiker als Ästhetiker begehen kann, in den nämlich, dem Künstler Ratschläge zu geben. Die in Wolfs Standpunkt liegende Rückständigkeit richtet sich übrigens heutzutage von selbst. Man mag über den künstlerischen Wert der späteren Dramen Wagners denken wie man will, man mag von der Überzeugung durchdrungen sein, daß sie Längen enthalten, keinesfalls aber liegt die endgültige Lösung der Wagner-Frage in der von Wolf vorgezeichneten Richtung. Wagner's musikalisch-dramatisches Prinzip als solches ist über jeden Zweifel und über jede Anfechtung erhaben. Wer es unternimmt, dies Prinzip zu bekämpfen, der zerstößt seinen Kopf an Felsen.

Jedoch, wie man sich hier auch entscheiden möge, immerhin sind in allen diesen Dingen Meinungsverschiedenheiten möglich, über die man reden kann. Man mag sagen, Wolf vertrete einen veralteten Standpunkt und treffe auch sonst hier und dort nicht das Richtige. Den eigentlich schwächsten Punkt seiner Arbeit haben wir damit noch gar nicht berührt, der liegt nach einer ganz anderen Seite, da nämlich, wo eine Diskussion gar nicht mehr möglich ist. Wir treten damit an den wichtigsten, aber auch verantwortungsvollsten und peinlichsten Teil unserer Aufgabe heran. Um es kurz zu machen: es gebricht Wolf an einer gründlichen wissenschaftlichen Schulung, es gebricht ihm vor allem an einer soliden philosophischen Durchbildung, und damit ist schon gesagt, daß er als Ästhetiker eben doch versagen muß. So schätzbar seine Reflexionen in vielen Einzelheiten sein mögen, und so sicher er vermöge seiner unbestreitbaren Begabung und eines echten ästhetischen Instinktes in wichtigen Punkten das Richtige trifft, so zeigen seine Auseinandersetzungen — namentlich diejenigen allgemeiner Art — infolge jenes Mangels doch ein wenig zuverlässiges Gepräge, sobald man versucht, sie auf ihren Untergrund zu prüfen. Sie gleichen einem Teiche, der in der Sonne glänzt, bei näherem Herantreten aber getrübtes Wasser enthält. Wolf operiert im großen und ganzen mit ungeläuterten Begriffen.

Es sei zum Beweise dessen hingewiesen auf die Tatsache, daß er nicht einmal die elementaren Begriffe »Ton« und »Klang« richtig auseinanderhält (I, S. 38). Es sei hingewiesen auf die Unsauberkeiten, die ihm bei der Gegenüberstellung des wirklichen Raumes und des Tonraumes mit unterlaufen (I, S. 115; II, S. 75), auf seine bedenklichen Ausführungen über musikalische Logik (I, S. 19), Gefühlsinhalt und Gedankeninhalt (II, S. 30), über Begriffsbildung in der Musik (II, S. 99—100) und über den Charakter der Tonarten (II, S. 47—50). — Eine Flut von Harmlosigkeit bricht vollends auf den Leser herein in dem, was Wolf sagt über den Formalismus (I, S. 6—9), über das Wahre, Gute, Schöne (II, S. 1—5), das Geistig-Schöne und das Sinnlich-Schöne (II, S. 17—21), das Charakteristische, das Unmittelbar Schöne (II, S. 41), das Wohltuende, Schmerzhafte und Tragische (II, S. 50—52), das Häßliche (II,

S. 52—54), die Schönheiten der Übereinstimmung (II, S. 54—59. — Die mikrokosmische Bedeutung des Musikalisch-Schönen glaubt der mit den großzügigen Gedankengängen echter Metaphysik nicht vertraute Wolf nicht in der unmittelbaren künstlerischen Anschauung, sondern nur in der nachfolgenden bewußten Reflexion gegeben (II, S. 111). Daher würdigt er die ethische Bedeutung der Musik von einem zwar ebenso vernünftigen, aber auch ebenso engherzigen Standpunkte aus, wie es vor ihm schon Lotze getan hat (II, S. 56—59.

Eine empfindliche Blöße gibt sich Wolf schließlich dadurch, daß er Hegel's Grundgedanken, das Schöne sei »das sinnliche Scheinen der Idee«, so deutet, als ob das Schöne dadurch prinzipiell zum Übermittler philosophischer Gedanken gemacht werde (II, 110—111). Es ist hier nicht der Ort und würde auch viel zu weit führen, diese Auffassung richtig zu stellen. Es mag der nachdrückliche Hinweis genügen, daß sie auf einem völligen Mißverständnisse beruht. Öffentlich ausgesprochen konnte eine solche Meinung überhaupt nur werden in einer Zeit, die, wie die unsrige, das Verständnis verloren hat für die tiefsten, unvergänglichen Wahrheiten der deutschen Philosophie des Schönen. Spätere, objektivere Generationen werden es kaum mehr für möglich halten, daß gerade die Zeitgenossen eines Eduard von Hartmann so befangen sein konnten.

Es kann keinem Wohlmeinenden erwünscht sein, in dieser Weise urteilen zu müssen über eine umfassende Arbeit, in welcher doch wohl das Ergebnis, und die reiche Erfahrung eines langen Lebens niedergelegt ist. Die ganze Sachlage erheischt jedoch gebieterisch ein offenes Wort. Es handelt sich hier nicht mehr um Meinungsverschiedenheiten, auch nicht um prinzipielle Differenzen wie zwischen psychologischer und philosophischer Ästhetik, sondern um den Unterschied von Wissenschaft und Nichtwissenschaft, wie er auch populär gemeinten Werken gegenüber geltend gemacht werden muß. Wolfs Arbeit bietet zwar in ihren rein empirischen Teilen namentlich dem Laien viel lehrreiches Material, enthält auch in ihren theoretischen Reflexionen, wie wir gesehen haben, manches Körnchen echten Goldes und kann daher in unseren Tagen der psychologischen Ästhetik das verloren gegangene Paradies der philosophischen Ästhetik wieder in der Ferne zeigen, muß selbst aber auf dessen wirkliche Wiedererlangung verzichten und bleibt außer stande, die vorhandene Verwirrung zu klären.

An diesem Versagen trägt vielleicht weniger Wolf selbst die Schuld als die äußeren Umstände, die ein gedeihliches Arbeiten sehr erschweren, ja fast unmöglich machen. Man muß ja, wenn man offen sein will, zugestehen, daß im Gebiete der Musikästhetik heutzutage eine große Zerfahrenheit herrscht, ein Zustand, den man fast als Anarchie bezeichnen darf. Es fehlt eben vorerst noch vollständig an einer gemeinsamen Basis, auf welcher man sich auch nur verständigen könnte. Eine Ästhetik, d. h. eine Philosophie der Musik, gibt es in der offiziellen Welt, also vor allem an den deutschen Universitäten, überhaupt kaum mehr. Daher sind auch die fachmäßig ausgebildeten musikästhetischen Begabungen heute so selten. Der Weg ist zu mühsam, zu dornenvoll. Nur der äußersten Entschlossenheit und unbedingten Entsagungsfähigkeit kann es gelingen, ihn zurückzulegen.

Schuld an diesem traurigen Zustande ist die unglückselige Psychologie, die nach ihrem leichten Siege über metaphysische Verstiegenheiten ihre Kräfte überschätzte, sich nun plötzlich für allmächtig hielt und vor allem die Ästhetik als ihr ureigenstes Gebiet reklamierte. Dadurch gerieten alle Begriffe in Verwirrung: die höchste Weisheit erschien nun als Banalität, das Alltägliche als Weisheit. Andauern wird dies Mißverhältnis gerade so lange, als man die Ästhetik für einen Zweig der angewandten Psychologie hält. In dem Augenblicke aber, da die Musikwissenschaft erkennt, daß die Ästhetik nicht den Psychologen, sondern der spekulativen Philosophie gehört, werden wir auch sogleich wieder eine wirkliche Musikästhetik haben, und zwar eine solche, die sich sehen lassen kann. Gegeben ist diese Musikästhetik der Zukunft nach ihren Grundzügen in der Philosophie des Schönen Eduards von Hartmann. Auf dieser Basis, und auf ihr allein, wird eine Verständigung möglich werden und auch früher oder später erfolgen. Hat die deutsche Wissenschaft es nicht verstanden, sich die Lehren des großen Philosophen zunutze zu machen, solange er noch lebte, so muß sie das Versäumte jetzt schleunigst nachholen. Sie wird sich über alles Erwarten reich belohnt sehen und sich beschämt gestehen müssen, daß sie einen ihrer größten Söhne unerkannt und unbelohnt von dannen gehen ließ.

Kleine Mitteilungen.

Berichtigung. Bei der Schlußkorrektur meines Aufsatzes »Die Metrophonie der Papadiken« etc. ist leider in der Druckerei ein Versehen passiert, sofern S. 17 in dem Beispiel A fast die ganze 9. Distinktion (2 Takte) und in dem Beispiel F die 9. und 10. Distinktion weggeblieben sind (4 Takte). Ich bitte dieselben wie folgt zu ergänzen:

Leipzig.   **Hugo Riemann.**

Ein Brief von Joachim à Burck. Professor Dr. Jordan hat in dankenswerter Weise alles Material, was sich in Mühlhausen in Thüringen über Joachim à Burck ermitteln ließ, zusammengestellt in der Schrift: »Aus der Geschichte der Musik in Mühlhausen (1905, Verlag der Danner'schen Druckerei). Der nachstehende Brief ergänzt die Nachrichten über das Wirken des vielseitigen Mannes und zeigt eine Seite seiner Tätigkeit, die in der vorgenannten Arbeit nicht berührt worden ist. Das Schriftstück wurde im Rathaus zu Rudolstadt gefunden, in einem Aktenbande, betreffend die *Organisten der Stadtkirche* (Ratsarchiv Nr. 24); es ist an den Grafen Albrecht von Schwarzburg gerichtet und hat folgenden Wortlaut:

Wolgebornner vnndt Edler Graff, Gnediger her, mitt erbietunge meiner underthenigen Dienste, thu E. G. Ich hiermitt berichtenn, daß Zeiger dieses David konig Nieder Beße bei Greußenn, eines Pfarherenn daselbst sohnn mich gebetenn, weil jezo d. Orgel Dienst zu Rudelstedt verlediget, und Er dienstloß, auch mein *discipulus* gewesenn E. G. seinetwegen mit *Intercession* anzulangenn, das er für Andernn, als ein geborner Schwarzburgischer ... in solchenn Dienst mochte befürdert werdenn. Er wolle d. gebür sich verhalten, vnd sonsten In der schulen, oder was er verrichten konte, sich gebrauchen lassen. Nuhm hatt er vonn mir einen ziemlichen anfang, vnnd gutt Fundamentt zuer Figurall vnd chorall bekommen wie die Probe gebenn wirdt. So hatt er auch zimlich Studierett vnnd nachdem mir bewust, das E. G. vor etzlichenn Jahrenn Johan Hermans seligen, zu Blanckenburck Sohnn an mich schickenn wollen (ausgestrichen), welcher aber nicht volgenn wollen, sondern seines gefallens hinwegk gezogen ist.

So bitte ich mitt undertheniigst. Vleiß E. G. wolle auß solcher gehoretten kundtschafft von meiner geringen erfahrunge dießer Kunst, umb so viell desto geneigter dießenn meinen Discipulum gnedig befürderenn vnnd aufnehmenn, Solches wirdt er mitt Danck bedenckenn, vnnd ich mochte Ime seinn bestes gernn gonnenn, Auch vor mich E. G. moglicher Dinge meine vunderthenige Dienste leistenn. Dat. denn 17ten Martii Anno D 89

E. G.

vndtheniger
Joachimus à Burck
Zu Mülhausen Bürger vnnd Organista Mß.

„Joachimus à Burck zu Müllhausen vorschreibet den Organisten Davit Könnigken."

Nach den Akten des Hauptstaatsarchivs [1]) zu Dresden empfing 1601 der Organist David König aus Weimar ein Ehrengeschenk für eingesandte Kompositionen. Dieser scheint mit dem oben erwähnten Schüler von Joachim à Burck identisch zu sein.

Ein Dokument über die Einführung der »Concerten Music« in Wittenberg.

Der Wittenberger Organist Christian Grefenthal war 1628 gestorben[2]). Johann Lange, der zu dieser Zeit Fürstl. Magdeburgischer Organist für Stadt und Schloß Wolmirstedt war, legte am 22. Juni 1628 in der Stadtkirche die Organistenprobe ab und erhielt die Stelle. Schon am Tage vorher hatte ihm die Universität eine Vokation für die Schloßkirche übergeben, in der ihm in 10 Kapiteln seine Pflichten und Rechte klargelegt wurden. Lange war ein tüchtiger, moderner Musiker, der durch lange Dienste in fürstlichen Kapellen die neue italienische Art der Musik gründlich kennen gelernt hatte. Die von ihm gegebenen Proben der neuen Kunst fanden so sehr den Beifall seiner Mitbürger, daß sie kurz entschlossen die bisherige Alleinherrschaft des Mottettengesanges brachen und die *Concerten-Music*, deren wesentliche Elemente der Sologesang und das Instrumentenspiel waren, ihm gleichstellten. Mit der Ausführung derselben wurde Lange beauftragt. Man gab ihm eine neue Bestallung, in der die Pflichten und Rechte der beiden Kirchenmusiker[3]) genau geregelt wurden. Das Dokument lautet nach dem Entwurfe [4] also:

»Wier Bürgermeister und Rath der Churstadt Wittenberg hiermit thuen kund und bekennen, daß wir den Ehrenvesten Wohlgeachteten und Kunstreichen H. Johann Lange von Budißin zu einem *Organisten* in unserer Pfarrkirche absonderlich [5)] bestellet und angenommen folgender gestalt und also: Das Er (neben der Bestallung in der Schloskirchen, weil solche beide Dienste von einem Organisten verrichtet werden können und bißhero also gehalten worden, auch sein ambt[6)] in unserer Pfarrkirchen nach Unsers Herrn *Superintendenten* und Unserer anordnung an den hohen Festen, Sontag vor, und nach Mittage, desgleichen alle Sonnabende, wie auch alle heiligen Abendt zu den hohen Festen in der Persohn und nicht durch *Substituten* die Orgel schlage, von anfang bis zum ende deß singenß mitt der Orgell dem *choro*

---

1) Siehe Monatshefte für Musikgeschichte 24, S. 13.

2) Gymnasium Wittenberg. Acta, die Stadt- und Jungfer-Schule betreffend. Bl. 447; Leichensermon in den Monatsheften für Musikgeschichte 7, 179.

3) Kantor in Wittenberg war Balthasar Menzig (*Mentius*), der als Nachfolger von Anton Dulingius seit 1626 die Stelle verwaltete.

4) Gymnasium Wittenberg. Acta, die Stadt- und Jungfer-Schule betreffend, Bl. 623 und 625 ff.

5) Das Wort ist später hinzugefügt.

6) Die eingeklammerte Stelle ist durchstrichen.

musico zuhülffe kommen und auf daß wergk fleißige achtung geben solle, damit demselben kein schaden zugefüget werde, auch nicht in einem oder dem andern sich etwas ereignen möchte, das dem Worcke schaden bringen könte oder nothwendig zu beßern solches heyzeiten anzeigen möge, damit dem mangel, ehe der schaden Überhant nehme geholffen werde, Welchem allen und was sonsten sein Beruf und Ambte gemeß Er also nachzukommen Uns mit Hand und Munde angelobet und zugesagt. Und sonderlich das er ohne Unser Vorwißen nicht über landt verreisen, auch sonsten ohne Unser Vorbewust, das Wergk niemands fremden vertrauen wolle. Und weil nunmehro iziger Zeit die *Concert Music* übe und gebreuchlichen, worinnen sich oftmals nebenst und ohne den *Symphonien* und *Ritournellen*, nur eine einzige zwo, drey auch 4 *Vocal*stimmen alleine hören laßen und gegen einander *certiren*, ermelte *Concerten* aber ohne einen *Organisten* und Zuethuung des Orgelwergks ganz und gar nicht können in der kirchen *Musiciret* und zuewergke gerichtet werden, Als soll diesem izigen Organisten, weil Er solcher *Concerten* art und *Music* längsten kundig, auch dieselbe an Hochfürstlichen Höfen und dero *Capellen* so Er bedienet, auch zeithero bey uns, nach gutem genüge und ruhm *dirigiret*, verrichtet und angestellet Hiermit und Kraft dieses, annoch ferner allezeit und so lange Er in Unserer bestallung seyn wird, Jeder und zu welcher Zeit er wil Son- und Festtages, vor oder nach gehaltener Predigt freystehen, solche *Concert Music* in Unserer Pfarrkirche so wohl, als wie auch an hochfeuerlicher Festzeit, oder wenn es sonsten bey einem vornehmen *Actus* nöthig ist, in der Schlos- und *Universitäts*kirchen von Ihme gleichfals geschiehet mit Unseren bestellten Hausleuten und Kunstgeigern (welche disfalls hiermit an Ihme gewiesen sein sollen [1], wie auch mit denen zu solcher *Music* bedürfig und von Ihme darzu erbetenen *Vocal* und *Choralisten* aus der Schloskirchen, auch anderen darzu vermogenden Studenten, aufs füglichste, beste, fleißigste Er kan, wil und vermag, nach seinem gefallen *dirigiren*, anstellen, anordnen, ohne einzige hinternis und eingrif des *Cantoris*, welcher den schuldig sein soll, Ihme den Organisten hierinnen so seine Persohn undt Stimme auch darzu benöhtiget und von Ihme begehret wirde, hülfliche hantreichung zue thuen, damit solche *Music* nicht allein fein friedlich, ordentlich und ohne *Confusion* und irrung wohl abgehe, sondern auch gottes des almechtigen lob (zue welcher sie zueförderst iederzeit gerichtet sein soll) hierdurch gerühmet und gepreiset, die Zuehörer nicht geergert, sondern vielmehr dadurch zue Christlicher aufmerckung und andacht ermuntert, gereizet und erwecket werden mögen Was aber die volstimmige und bishero gebreuchliche alte art der *Moteten* belangende, welche vom *Cantori* mit seinen Schüllern und *adjuranten*, ohne Zuethuung des Wergks auf dem Chore alleine können gesungen und *Musiciret* werden, solches stehet hingegen dem *Cantori* zue, welcher den auch dieselben *Moteten* nach seinem gefallen und habenden vermögen wird zu singen wißen. Und wo es wegen mangelung derer *adjuranten* und Schüllern, wie es den offt geschiehet (weil die *Frequens* derselben schlecht), das sich bey selber *Moteten Music* etwa *Confusione* ereignen wollten, Als wil der Organist annoch ferner wie auch sonsten von Ihme zue geschehen pfleget, wenn er solchen Mangel auf dem Chore vermerken möchte (woferne er dieselben *Moteten* damals bey handen Und in der *Tabulatur* hatt) solcher schwachen Harmony mit dem wergke zue hülffe

---

1) Die Stelle steht in Klammer.

kommen, Und so viel Er kann der *Confusion*, die etwa entstehen wolte, wehren, hindern und abhelffen. Damit aber auch nicht allezeit, und zwart zue gar offt einerley art, entweder die *Concerten* oder altte volstimmige *Motten Music* des Sontages gehöret und gebraucht werden möge, so kann es hinfüro also gehaltten werden, das zum Unterscheit derselben einen Sontag und woche umb die andere gewechselt werden also das, wen diesen Sontag die *Concert Music* von dem *Organisten* aufm Wergke, oder an welchem Orte in der Kirchen er will angestellet und *musiciret* worden, den andern Sontag und woche alsdan hernach vom *Cantori* die volstimmige alte und wie bishero gebräuchliche *Motten* oder auch wohl eine *Choral Music* gesungen und also stetigs *continuiret* werden möge, es were denn, das in die volstimmige *Motten* oder *Choral* woche etwa ein schön *Concert* so auf das *Evangelium* gerichtet were oder sich sonsten wohl schickte (als dieses vom Organisten *componirte* und gesetzte stück vom Reichen Mann und Armen Lazarus) und dergleichen Oder das etwa ein hochfeuerlich fest dazumahl einfile, da dann nicht allein das Sontägliche oder dergleichen *Concert musiciret*, sondern auch des hohen Festes wegen, billich eine gutto *Concert Music* von dem Organisten mit untermengung und auf solch hohes Fest sich schickenden und darauf gehörigen, gutten, altten gebräuchlichen Orlandischen, Josquinschen oder sonsten von anderen altten vornehmen, andächtigen und *gravitätischen autoribus componirten Motten musiciret* und angestelt werden kann. Hergegen haben wir Ihme wie bishero geschehen, die altte gewöhnliche Besoldung, als *quartaliter* fünf fl. an golde und 3 schek. Korn zugegeben versprochen, welche Ihme von den verordneten Vorstehern des Gotteskastens jeder Zeit unweigerlich gefolget werden sollen. Hierüber haben wier der Rath, Ihme fünf fl. als eine Neue Zulage, so lange Er alhier in bestallung bey der Martin Burckharttin wegen eines Capitals uff 100 fl. (und dan 5 fl. gleichfals als eine neue Zulage vor der Capellen¹) zue entrichten bewilliget und ihme dorneben zehen fl. zur wohnung zugesagt und versprochen. Alles treulich sonder geferde. Das zu Uhrkunt haben wir Unser und gemeiner Stat Insigel uftrucken laßen. *Actum* Wittenberg den 3. May ao 1644.

1 Die eingeklammerte Stelle ist durchgestrichen.

Bitterfeld. Arno Werner.

Wir übernahmen zum Vertrieb für die Länder deutscher Zunge

L'Esthétique
de
Jean-Sébastien Bach
Par
André Pirro

Breitkopf & Härtel in Leipzig

Geheftet 12.— M.   Gebunden 14.50 M.

Hans von Bülow
BRIEFE
herausgegeben von **Marie von Bülow**.

I. **Band**: (1841—1853) Mit einem Bildnis und einer Briefnachbildung. } Geh. Mk. 10.—; geb. in Ganzleinw. Mk. 12.—; in Halbfrz. Mk. 14.—.

II. **Band**: (1853—1855) Mit einem Bildnis.

III. **Band**: (1855—1864) Mit zwei Bildnissen.
Geh. Mk. 6.—; geb. in Ganzleinw. Mk. 7.—; in Halbfrzbd. Mk. 8.—.

IV. **Band**: (1864—1872) Mit einem Bildnis.
Geh. Mk. 7.—; geb. in Ganzleinw. Mk. 8.—; in Halbfrzbd. Mk. 9.—.

V. **Band**: (1872—1880) Mit zwei Bildnissen.
Geh. Mk. 6.—; geb. in Ganzleinw. Mk. 7.—; in Halbfrzbd. Mk. 8.—.

Soeben erschienen:

VI. **Band**: (1880—1886) Mit drei Bildnissen.
Geh. Mk. 7.—; geb. in Ganzleinw. Mk. 8.—; in Halbfrzbd. Mk. 9.—.

In diesen Schriften entrollt sich ein Bild der musikalischen Entwicklung in Deutschland von dem wichtigen Zeitpunkte an, wo die von Rob. Schumann eingeleitete reformatorische Bewegung in Wagners und Liszts tätigem Eintreten einen gewaltigen Aufschwung nimmt und jener Kampf entbrennt, der in seiner Heftigkeit und Dauer auf ästhetischem Gebiet kaum seinesgleichen hat. Die Schriften Bülows bieten die unentbehrliche Ergänzung der der Öffentlichkeit bereits übergebenen Dokumente über die Einzelheiten dieses Kampfes.

BREITKOPF & HÄRTEL ▫ LEIPZIG

QUARTERLY MAGAZINE
OF THE
INTERNATIONAL MUSICAL SOCIETY
(INTERNATIONALE MUSIKGESELLSCHAFT)

YEAR IX   *   PART 3

APRIL—JUNE 1908

CONTENTS

	Page
CURT SACHS (Berlin). On a Bosnian double-mouthed flute	313
JANET DODGE (London). Ornamentation as indicated by Signs in Lute Tablature	318
ALFRED EINSTEIN (Munich). Italian musicians at the court of Neuburg (Bavaria) in XVII century	336
M.-D. CALVOCORESI (Paris). Aesthetics of Programme-music	424
PAUL RUNGE'S reproductions of mediaeval song	438
Sundry Communications	448

LEIPZIG
BREITKOPF & HÄRTEL, PUBLISHERS AND PRINTERS
1908

Über eine bosnische Doppelflöte.

Von

Curt Sachs

(Aus dem musikwissenschaftlichen Seminar der Universität Berlin).

In Berliner Privatbesitz befindet sich eine Doppelflöte, die der jetzige Eigentümer gelegentlich einer Reise in Bosnien einem Schäfer abgekauft hat. Ihre Konstruktion sowohl wie die ihr eigene Tonreihe sind merkwürdig genug, um eine eingehende Untersuchung zu rechtfertigen [1]).

Das Instrument ist eine sogenannte *Zampogna a due bocche* (Svardonitsa), die man aus einem Stück hergestellt hat. Das benutzte Scheit Steineichenholz (*Quercus sessiliflora*) hat einen Querschnitt von der Gestalt eines

breiten Achtecks mit abgerundeten Ecken, ist also platt und nimmt nach unten hin an Breite zu. Bis über die Hälfte der Gesamtlänge hinaus bleiben die beiden Kanäle in demselben Körper vereint; dann erst lösen sich aus dem gemeinsamen Stamm die beiden Flöten, um indessen gegen das Ende hin wieder durch einen aus dem gleichen Stück geschnitzten Steg verbunden zu sein. Dieser Steg, der es wohl ermöglichen soll, das Instrument am Bande zu tragen, ist herausgebrochen; doch kennzeichnen sich die Ansatzstellen aufs deutlichste. Das Anblasen geschieht vermittels zweier Kernspalten am oberen Ende, das genau wie bei jeder anderen Schnabelflöte durch Auskehlung verdünnt und mundgerecht gemacht worden ist. Der Verfertiger kam hier mit seiner primitiven Technik nicht recht zu Rande. Das Ausbohren gelang ihm bei so schmalen Schlitzen nicht, und so mußte er sich dazu entschließen, ein Stück weit das Holz herauszuschälen und nach dem Einschnitzen der Spalte wieder einzusetzen. Durch die beiden Kernspalte wird die Luft gegen zwei Aufschnitte geleitet, um dann gebrochen in die Röhren zu gelangen.

Die einzelnen Töne werden mit Hilfe von sieben Grifflöchern hervorgebracht, vier auf der rechten, drei auf der linken Flöte, die in Fingerdellen eingebettet sind. Die drei Löcher der linken Seite entsprechen an-

---

1 Die Königliche Sammlung alter Musikinstrumente zu Berlin besitzt ein ähnliches Stück, das aber etwas kleiner, vollständig mit Schnitzerei überzogen und im ganzen bedeutend gröber und roher gearbeitet ist.

nähernd den drei unteren Löchern der rechten Seite. Bei der Primitivität der Bohrung ist natürlich eine vollkommene Übereinstimmung nicht denkbar.

Sind beide Röhren geschlossen, so erhält der Bläser den Ton *as'*, die Öffnung der ersten Löcher ergibt *b'*, die der zweiten *ces'*, die der dritten *c''* und endlich die des vierten Loches auf der rechten Flöte *des''*, zu dessen Hervorbringung man das Instrument schräghalten muß, um nur die rechte Kernspalte in den Mund zu bekommen.

Durch Überblasen erhält man ohne Schwierigkeit die zweiten, dritten und vierten Obertöne, so daß sich die folgende Tonreihe ergibt:

Ehe auf die musikalischen Eigenschaften des Instruments näher eingegangen wird, möge noch kurz die Verzierung der Flöte beschrieben sein.

Auf der Oberseite ist am oberen Ende eine zum Teil rot auskolorierte Sechspaß-Rosette eingeritzt, zwischen den Aufschnitten neun kleine Figuren in Kerbenform, weiterhin Kreismotive und ein eingelassener Spiegel. Der unterhalb der Mitte durch das Herausschnitzen der Schenkel gewonnene Bogen wird von einem primitiven Ritzmuster eingerahmt, das beiderseits bis an die Fingerdellen heranreicht. Die an die Oberseite des Instruments auf beiden Seiten anschließenden schmalen Seiten des Oktogons sind mit rohen Kerbschnittreihen von ungleicher Länge ornamentiert. Im übrigen finden sich Verzierungen nicht[1]).

Die Konstruktion der Doppelflöte gibt dem Instrumentenforscher ein schwieriges Rätsel auf: warum ist bei der Duplizität der Grifflöcher das vierte Loch nur einzeln vorhanden?

Es ist nicht ganz leicht, hierauf eine befriedigende Antwort zu finden. Am einfachsten wäre es, eine Nachlässigkeit des Verfertigers anzunehmen, die man eventuell mit dem Umstand belegen könnte, daß die Kerbschnitze-

---

[1] Die Maße sind:

Gesamtlänge des Instruments	$41^{3}/_{4}$	cm
Länge des ungeteilten Körpers	$23^{1}/_{2}$	»
Länge der getrennten Röhren	$18^{1}/_{4}$	»
Obere Breite	$3^{3}/_{4}$	»
Untere Gesamtbreite	$5^{3}/_{4}$	»
Mensur	$1^{1}/_{2}$	»
Abstand des oberen Randes der Aufschnittöffnungen von den Kernspalten	5	»
Länge der Aufschnittöffnungen	14	mm
Abstände der Grifflöcher auf der rechten Seite:		
Zwischen dem ersten Loch und dem Röhrenende	53	»
» » und dem zweiten Loch	15	»
» » zweiten » » dritten »	16	»
» » dritten » » vierten »	14	»
Abstände der Grifflöcher auf der linken Seite:		
Zwischen dem ersten Loch und dem Röhrenende	53	»
» » und dem zweiten Loch	14	»
» » zweiten » » dritten »	16	»
Größte Dicke des Instruments (oberhalb des Aufschnitts)	$2^{1}/_{2}$	cm
Geringste Dicke des Instruments (am unteren Ende)	2	»
Gewicht	$166^{1}/_{2}$	g

reien der linken Seite auch nicht so weit heruntergeführt sind, als die der rechten. Aber ohne zwingenden Grund wird man sich nicht gern zu dieser Lösung entschließen wollen.

Förderlicher ist eine praktische Erwägung. Der Bläser kann bei natürlicher Handstellung nur die drei mittleren Finger zwanglos zur Deckung der Tonlöcher benutzen; soll der kleine Finger mit herangezogen werden, so legt der Instrumentenbauer das für ihn bestimmte Loch ein wenig seitlich. Wenn nun wie hier eine Folge von vier Grifflöchern in einer Linie auftritt, so wird man sich der Erkenntnis nicht erwehren können, daß das Prototyp des Instruments nur drei Löcher hatte und auf eine Mitwirkung des fünften Fingers verzichtete. Dieses Resultat wird durch das Vorhandensein eines kleinen Holzstiftes erhärtet, mit dem das oberste Loch verschlossen werden kann. Sehen wir also zunächst von dem Des-Loch ab, so gibt das Instrument die folgende Skala her:

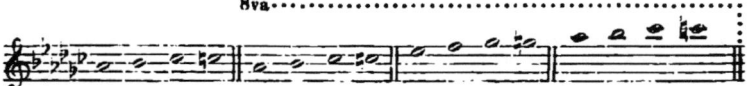

Für diese Tonreihe ist die Folge von einem Ganztonschritt und zwei Halbtonschritten charakteristisch. Wenn der Grund für diese merkwürdige Leiter nur in der an eine gewisse Symmetrie gebundenen Bohrung des naiven Verfertigers zu suchen wäre, dann müßten wir sie überall da finden, wo es sich um primitive Volksinstrumente handelt, bei denen ja in der Regel die gleichen Bedingungen herrschen. Indessen zeigt sich, daß wir es mit einer verhältnismäßig ungewöhnlichen Anlage zu tun haben.

Mir sind in Praxis und Literatur nur fünf Instrumente begegnet, die sich in eine Kategorie mit der bosnischen Zampogna stellen lassen. Drei davon stammen aus Rumänien und werden heute im Museum des Brüsseler Conservatoire aufbewahrt. Das erste ist eine Schnabelflöte mit sieben Löchern, deren vier erste die Töne

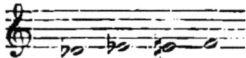

ergeben [1]. Die Tonfolge entspricht also in ihrem Bau aus Ganzton, Halbton, Halbton genau der unsrigen. Die beiden anderen Instrumente sind Cavals mit gleichfalls sieben Löchern. Ihre Anfangstöne sind:

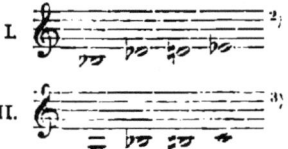

---

1) Victor-Charles Mahillon, *Catalogue descriptif et analytique* etc. No. 1993 v. III, p. 404.
2 l. c. No. 2004, III, 410f.
3 l. c. No. 2005, III, p. 405.

In diesen beiden Fällen ist die Identität nicht vollkommen, da den beiden Halbtonschritten eine kleine Terz vorausgeht; immerhin ist eine nahe Verwandtschaft nicht zu verkennen.

Das vierte Instrument ist eine italienische Doppelschalmei im *Liceo musicale* zu Bologna. Die Skala ihrer rechten Röhre (die linke stimmt mit ihrer Schwester nicht überein) ist der Zampogna entsprechend:

Das fünfte Instrument endlich ist ein Volksflageolet von der Balearen-Insel Mallorca, das den Namen *Fabiol* oder *Caramillo* führt, also auch eine Hirtenflöte ist. Seine sieben Löcher ergeben:

Das ist genau die Leiter der bosnischen Flöte vom zweiten Oberton ab, um einen halben Ton nach oben transponiert.

Ohne voreilige Schlüsse ziehen zu wollen, möchte ich darauf aufmerksam machen, daß die Folge *h-c-cis-e* und ebenso bei unserer Zampogna *b-ces-c-es* in ihrem Bau $1/2+1/2+1\,1/2$ genau dem ältesten chromatischen Tetrachord der Griechen entspricht, das aus dem Tetrachord synemmenon durch Herabstimmung der Paranete gebildet wurde: *a-b-h-d*.

Es ist also gezeigt worden, daß die durch die drei unteren Löcher der Zampogna hervorgebrachte Folge zwar ungewöhnlich ist, jedoch hier und da in der west-östlichen Zone, Balearen, Italien, Balkan, Rumänien angetroffen wird. Für die durch die Einführung des vierten Loches entstehende Skala aus Ganzton, Halbton, Halbton, Halbton (ohne folgenden weiteren Halbton) wird man indessen Parallelen kaum anführen können. Der Zweck dieser Einführung wird sofort klar, wenn man ins Auge faßt, daß die Hervorbringung der Grundskala nur bei äußerster Zurückhaltung des Atems ausführbar ist und daß die Töne beim geringsten Affekt in den zweiten Oberton springen. Von hier ab ist das Instrument eigentlich erst gebrauchsfähig. Wird nun das Des eingeführt, so werden die Gruppen des zweiten und des dritten Obertones miteinander diatonisch verbunden, und es resultieren von *as''* ab eine ununterbrochene Des-dur-Tonleiter und eine gleichfalls fortlaufende Ges-dur-Leiter.

Hier liegt mithin die Vermutung nahe, daß das vorliegende Instrument von einem Übergang aus einem alten zum neuen abendländisch-diatonischen Tonsystem Zeugnis ablegt. Es muß in einer Zeit entstanden sein, die zwar noch die alte Musik pflegte — der Spieler hatte dann nur das vierte Loch mit dem Stöpsel zu verschließen —, immerhin jedoch schon dem modernen musikalischen Gefühl und seinen Bedürfnissen Rechnung trug. Nach Entfernung des Pfropf kann auf der rechten Flöte in einer Dur-Tonart und ihrer Dominante geblasen werden.

Warum nun aber nur auf der rechten Flöte? Warum ist nicht auch in die linke Flöte das Des-Loch eingebohrt worden? Da muß denn zuerst nach dem Sinn der Duplizität überhaupt gefragt werden. Den wichtigsten

---

1. l. c. No. 905. II, 207 ff.
2. l. c. No. 1989, III, 402 f.

Gewinn, den man aus einer Doppelröhre ziehen kann, ist die gegenseitige Ergänzung der Tonreihen beider Röhren. Zweitens können Doppelinstrumente zur primitivsten Form der Mehrstimmigkeit benutzt werden, wenn die eine Röhre als Melodieflöte, die andere als Musetten-Bordun verwendet wird. Wenn nun wie hier beide Flöten völlig gleich gestimmt sind, so wird man die Duplizität für gänzlich nutzlos und durch ein mißverständliches Kopieren von irgendwelchen Vorbildern entstanden halten; denn der zwei ausführbaren Terzen wegen kann man unmöglich an harmonische Gründe denken.

Doch lassen sich auch für diesen Punkt Analoga aufweisen. Das hauptsächlich bei Trauerzeremonien gebrauchte *Cai ken doi* der Annamiten hat zwei gleichgebohrte Röhren [1], und die in Japan namentlich von den blinden Masseuren benutzte Doppelpfeife zeigt dieselbe Eigentümlichkeit [2]. Beide Male ist der Zweck der identischen Duplizität die durch geringe Höhendifferenzen der Paralleltöne hervorgerufene Schwebung; bei der japanischen Flöte, um den Klang vor anderen Pfiffen kenntlich zu machen; bei dem annamitischen Instrument, um durch die Vibration den Akzent der Trauer zu verstärken.

Aus einem ähnlichen Grunde mag auch die bosnische Doppelflöte gedoppelt sein; zu der weichen Melancholie der Hirtenweise, zu dem romantischen Charakter der Hemitonik passen die Schwebungen vorzüglich.

Es gibt aber noch ein weit wichtigeres Parallelstück für die gleichtonige Doppelröhre: den παιδικός der Griechen. Zunächst als gewöhnlicher Alt-Aulos zur Begleitung der Knabengesänge gebraucht, wurde er auch gern bei Gastmälern benutzt und dann zu zweien verbunden; diese beiden Röhren sind nun nach Pollux, Onomasticon IV, 80 ἴσοι δ'... ἄμφω, d. h. sie stehen im Einklang [3]. Mir scheint, daß hier gerade ein deutlicher Beweis dafür liegt, daß man mit der Verbindung gleichgestimmter Flöten Schwebungen zu Gehör zu bringen beabsichtigte. Denn was konnte die Griechen veranlassen, ein vorhandenes Instrument zu doppeln, um es als παροίνιος zu verwenden, wenn sie nicht an die daraus resultierenden sinnlich-üppigen Vibrationen dachten? —

Daß aber bei der bosnischen Zampogna das vierte Loch nicht zweifach vorhanden ist, hat drei Gründe. Einen innerlichen zuerst: zu dem kräftigen Dur-Charakter, den das Instrument mit der Einfügung des letzten Loches gewonnen hatte, mochte die weichliche Vibration nicht mehr recht stimmen. Die Klangfarbe hatte sich nach der Tonalität zu richten. Die beiden anderen Gründe aber sind technische: mit der Ergänzung durch das Des war die Verbindung zwischen den einzelnen Tongruppen eine engere geworden, und daher die Beweglichkeit des Instruments gewachsen. Mit dieser Beweglichkeit aber hätte die Fertigkeit des Spielers nicht Schritt halten können, wenn er gezwungen war, zu jedem Ton zwei Finger, zwei Löcher und die doppelte Lungenkraft in Anwendung zu bringen. Vollends aber ist es nicht möglich, bei der durch Benutzung beider Spielhände gebotenen geraden Haltung des Instruments die fünften Finger gleichzeitig zum Schließen der Löcher heranzuziehen. Vielmehr erfordert die geradlinige Anordnung der vier Grifflöcher ein Schrägllalten des Instruments, wenn der kleine Finger mittun soll.

---

[1] l. c. No. 1805, III, 297.
[2] l. c. No. 1819, III, 304.
[3] H. Riemann, Handbuch der Musikgeschichte I, 1, p. 99.

In diesem Falle aber kann die Luft nur in eine der beiden Kernspalten getrieben und so nur die Hälfte der Doppelflöte benutzt werden. Somit bedeutet die Einführung des vierten Loches gleichzeitig die Außerbetriebsetzung der linken Röhre.

Man könnte mir hier die im Brüsseler Museum unter Nr. 191 aufbewahrte Zampogna entgegenhalten, die bei sonst ähnlicher Konstruktion links vier und rechts sogar fünf Löcher hat[1]). Hier wird ja schon an sich der letzte Finger mitverwendet werden müssen, um nur die gemeinsamen Löcher decken zu können, so könnte eingewendet werden. Allein die Verhältnisse liegen hier doch wesentlich anders. Diese Brüsseler Zampogna ist nicht wie die vorliegende ein Alt-, sondern ein Diskantinstrument, das mit seinen 35 cm Länge noch nicht ganz zwei Drittel des unsern mißt. Die damit zusammenhängende geringere Lochdistanz gestattet ohne weiteres die Ausspreizung aller Grifffinger in einer Linie. Es ist sogar bequem möglich, bei der Schmalheit des Körpers die Parallellöcher mit einunddemselben Finger zu decken. Daß aber die rechte Seite fünf Löcher hat, beweist bei der völligen Unmöglichkeit den Daumen auf der Oberseite mitzubenutzen den alleinigen Gebrauch der rechten Röhre, wenn man das oberste Einzelloch nicht ausschalten will; denn die linke Hand muß dann zur Deckung der rechtsseitigen Löcher mit herangezogen werden.

Der Frage, warum hier jederseits die Löcher um eins vermehrt sind, kann damit begegnet werden, daß ein Altinstrument in der zweigestrichenen Oktave bereits überbläst und somit eine relativ vollständige Skala gewährt, daß aber ein Diskantinstrument in der gleichen Lage nur eine lückenhafte Skala bietet und daher zur Einführung eines oder mehrerer Löcher gezwungen ist, um nicht gerade in der wichtigsten Oktave zu versagen[2]).

Vielleicht gelingt es der Forschung, allmählich die verbindenden Zwischenglieder aufzufinden, welche die letzten Reste der Volksinstrumente mit der frühesten musikalischen Kultur verketten. Daß speziell im Mittelmeergebiet noch manche Spuren griechischen Musiklebens angetroffen werden können, erscheint mir nicht zweifelhaft.

Ornamentation as indicated by Signs in Lute Tablature.
By
Janet Dodge
(London).

It has always been a somewhat difficult matter to separate the kind of musical ornamentation which is known as divisions, diminutions, etc., from that more special one which the French called *"tremblements"* or *"agréments"*, the Germans *"Manieren"*, and the English "graces". Roughly speaking, it

---

1) Mahillon, l. c. I, p. 246.
2) Das gilt auch von der noch kleineren *Zampogna a due bocche* 30 : 4 cm; Brüssel No. 1016 (Mahillon II, 287).

is generally understood that while the former was in full swing throughout the 16th Century, among singers as well as instrumentalists, the latter became a fashion only with the opening of the 17th century, when polyphonic music was rapidly giving place to the new monodic style which allowed more scope to the virtuoso. It is indeed apparent that with this new monodic style a much greater chance for extempore embellishment was possible. With polyphonic music, divisions of all sorts were used rather as a means of detaching, for purposes of solo display, one voice part, generally but not always the highest, from the others in a composition — which part would otherwise possess the same character as the rest. The divisions were musically as detachable from the part thus made a solo one as any ornamentation would be which was super-added merely as a means of variety, and the music thus ornamented was always interesting enough to be performed in its unadorned state. But with monodic music the reason for ornamentation was no longer quite the same, for even if it was still ostensibly detachable and used as a means of obtaining variety, it was musically far more part and parcel of the whole tissue and often, it must be confessed, the *raison d'être* of the music. Without it the bare notes were frequently quite uninteresting. But it would be misleading to fancy divisions and graces to stand as far separated from one another as were polyphony and monody. In among the various windings of the divisions which ornamented polyphonic music, were undoubtedly introduced graces of a more special type; only being so closely connected with their surroundings, they were hardly to be separated from them, or considered as a special kind apart from the rest. So that no hard and fast lines can be drawn with regard to the approximate period in which the use of graces over and above divisions and other kinds of ornamentation became general. As regards the lute in especial, we know that it was a pioneer in many matters and was in advance of its time in many ways, that during the time when only polyphonic music was cultivated by the musical world, the lute was, in all its adaptations of dances, popular tunes, etc., really striving after a harmonic basis. Many of these dances etc. which form such a large item in the catalogue of lute music, must have allowed lutenists a pretty free hand had they felt inclined to introduce any extra embellishments. But even in its adaptations of polyphonic works, which really far out number the others, there were certain characteristics of the lute which made it stand apart from the voice or from any other instrument. Its lack of power of sustaining long notes, less even than that of the delicate quilled keyboard instruments, must have made lutenists resort to a shake much more often than performers on other instruments, or than singers, and perhaps more often than they themselves intended or supposed. The character of the instrument could not be suppressed and this demanded frequent tricks to prolong the tone of a note. These tricks were probably not considered in the light of a consistent procedure such as the art of running divisions, but much more as something to be invented on the spur of the moment, in case perhaps the lutenist through the exigencies of fingering was unable to give a note its proper importance either of tone or accent. There was probably a silent tradition concerning the practice so commonly understood as to need neither a general rule in their instruction books nor other mention of it. Much of lute playing in fact, if not by far the greater part of it, must have been a matter of silent tradition which we can never hope to unveil at this late day, for only occasionally do lutenists throw a special gleam of light on any of the every-day practices common amongst them. That there must have been scores of them which were left unspoken simply on account of their obviousness, and that the use of graces was one of these, are perfectly legitimate conjectures; and when we read all the eulogies on lute playing in the 16th century it seems as if part of the marvellous effect created by virtuosi on the instrument must have been due to extempore ornamentation of which we have no record in notes. Lute music of the 16th century is full of passages like the following, written out in tablature in full:

These were applied to cadences and on other occasions when they were considered necessary and effective, and it is hard to believe that the performer did not put in many more according to his fancy and to his proficiency upon the instrument. As nobody had yet thought of using a sign to indicate the place where an ornament was to be used, nor what kind it should be, and as such ornaments were sometimes rather lengthy and complicated to write out in full, it is only likely that they were left matters of individual taste.

Thomas Robinson writing in 1603 (*The School of Musicke*) says: "Now you shall have a general rule to grace it (i. e. the note)," as with pashionate play, and relishing it; and note "that the longer the time is of a single stroke, that the more need it hath of a relish, for a relish will help both to grace it and also it helps to continue the sound of the note his full time: but in a quick time a little touch or jerk will serve, and that only with the strongest finger". He speaks as if "relishing" the note were a common stock-in-trade of the lutenist, and this at a time when English lute music was still speaking the polyphonic language. To be sure, we hear from Mersenne and others of his time that the fashion of *tremblements* was a new one rapidly assuming importance, but we may take it partially to mean that the new style of music brought graces into a different sort of prominence from what they had ever possessed before, a state of things that naturally changed their aspect considerably. They were now a musical material used consciously; before, they had been only an effective detail unconsciously introduced. Mersenne's words are that *tremblements* were "never so frequent as they are at present, which is the reason that our predecessors, playing did not possess the delicacy or the grace which adorns pour own withsuch diversity"[1]).

---

1) ..."tremblemens, qui n'avoit jamais esté si frequent qu'il est maintenant. De

It may be questioned how much Mersenne knew of the lack of delicacy and grace in his predecessors' lute playing and even if the first part of the statement were true, it does not preclude the supposition that graces were there to some extent all the time.

The first signs indicating graces are to be met with in lute tablature with the opening years of the 17th century. Kapsperger's *Libro Primo d'Intavolatura di Chitarone*, 1604, contains the earliest that we have been able to discover, and he appends the following table of "*Avertimenti*":

Il segno del trillo è questo .. qual si fà sopra una corda sola.

Il segno del strascino è questo — stendendosi quanto occorre, et si fa strascinando le corde signate con la mano sinistra, aguitando sempre con la destra alli principij di quelle et per lo più alle corde vote.

Il segno del larpeggiare è questo ⁒. eli si fà toccando le corde di quel colpo separate, con sonar l'ultima corda prima et il resto secondo queste essépio,

reiterando il colpo quanto durerà il tempo sopra-scrittoli avertendo però che malagevolmente si larpeggia in meno di quattro corde.

The *trillo* was therefore indicated by two points above the number in the tablature (̈2), and in Kapsperger's book it occurs frequently even on the bass strings. It was not the *trillo* common among Italian singers of the time, i. e. a *vibrato*, but a shake with, probably, the upper accessory, as we find it continually placed on an open string. It will be noticed that the *trillo* is the only actual grace mentioned by Kapsperger. We have given all his signs in order to show that with the use of signs for graces, there also came into practice various other signs of performance or expression such as the above arpeggi and slurs of Kapsperger's. Throughout the 16th century, except for *tenues* and points and numbers for fingering, we meet with no signs whatever in lute tablature other than those used for indicating the frets and strings; and this fact might be cited as an additional argument in favour of the idea that improvised graces too were common in lute playing long before they were indicated by signs: since it is almost inconceivable that slurs and arpeggi were not usual from the earliest times, so closely connected as they are with the character of the instrument, yet we find no indication of them either by signs or instructions until the same time that graces began to be indicated by signs.

We shall not, for brevity's sake, consider all these various signs as coming under the same heading as graces proper. They belong to a category by themselves, which might be called phrasing, expression, style in playing. Although it is not at all easy always to draw the line between the two classes, — between, say, a slide which is really a grace, and an indication for legato playing which comes better under the head of expression. But as a general rule we shall make the following distinction: that under graces we shall include all shakes, turns, mordents, vibrato, "Martellements", "Battements", slides, appoggiaturas, "Estouffements", and all com-

---

là vient que le jeu de nos deranciers n'avoit pas les mignardises, & les gentillesses qui embellissent le nostre par tant de diversitéz." Livre II, p. 79.

binations of them; while to signs of expression we shall relegate *arpeggi*, slurs or legato playing, *tenues*, and all indications for the management of both right and left hands.

It is impossible to say where the idea of using signs for graces originally came from, for contemporaneously with Kapsperger the English Virginal composers were also putting it into practice. Their sign, a single or double stroke through the stem of a note (𝅘𝅥 𝅘𝅥) indicated any one of their ornaments from a slur to a shake, and was probably interpreted according to the performer's fancy. It seems likely that either Italy or England was the home of the idea, although in English lute music there is a singular lack of signs for graces before Mace's time (1676). French lutenists made practically no use of it till the third decade of the 17th century, although a Frenchman, Nicholas Vallet, printing in Amsterdam in 1615, as we shall see employed a comma (,) and a cross (x) to denote ornaments. Germans first used signs for graces in lute music late in the 17th century.

After Kapsperger's book the next table of signs of the same kind occurs in the *Intavolatura di Liuto attiorbato* of Pietro Paolo Melii da Reggio, 1614. He uses the capital T under the number ($\frac{c}{T}$) to indicate a *tremolo* or shake: "*farai il tremolo nella notta dove sara sotto*;" the other signs being for *arpeggi*, slurs, *tenues*, etc. This use of the capital T for a shake was used in lute tablature only by the Italians, and we find it in Italian MSS. in the latter half of the 17th century, as well as in printed collections for theorbo.

It may be noticed that on both these earliest occasions in which signs for graces occur, the instrument in use is not the ordinary lute but the *Chitarrone* and the *Liuto Attiorbato*, neither of them actually solo instruments nor specially adapted to the performance of ornaments. The *Chitarrone* was much more of an accompanying instrument while the *Liuto Attiorbato* generally combined the advantages of a lute for solo purposes and a theorbo for accompanying ones. The tablature for all three was the same however, and in this case they may be considered as the same instrument. But it is not usually to music for the *Chitarrone* or the *Liuto Attiorbato* that we look for ornaments.

Nicholas Vallet's book comes next to Melii's in point of date, but before going on to the French lute ornaments it would be well to mention Piccinini who published one of the last collections of lute music in Italy, most of the later ones which exist being for theorbo. His book, *Intavolature di liuto, e di chitarrone*, 1623, is prefaced by several pages of the utmost use and enlightenment to students of the practical aspect of the instrument. The only signs he uses, however, are for *tenues* and slurs; there are none for graces, for "since", he says, "the places where *tremoli* should be made are infinite, I have not wished to obscure the tablature by making any"; nevertheless, he continues, "in all places where there is a pause, little or greater, there must be a shake, sometimes one sort of shake, sometimes another, according to convenience¹)". He gives long and elaborate directions

¹ *In tutti li luoghi dove si deve fermare assai, ò poco, quivi si deve fare il Tremolo, & hora si fa una sorte di Tremolo, & hora un'altra, secondo che la commodità insegna, & in ogni tasto, ò corda, & ancor nelle crome, havendo tempo, farà buonissimo*

however for three different sorts of *tremoli*; the first long, to be made with the upper half tone accessory upon a note of long value; the second quick and short, i. e. simply a mordent with the lower half tone accessory; the third a vibrato [1]). This is the first description of the vibrato which, despite Piccinini's assertion that it was little used, was one of the most effective tricks in ornamentation and must have been employed long before it was actually considered as an ornament. It was in fact so much practiced that Mersenne considered it quite out of fashion in his day (1636) while Mace also speaks of it more or less in the past tense.

Nicholas Vallet's instructions in the preface to the *Secret des Muses*, Amsterdam 1615, include, besides signs for *tenues* and for fingering, two different graces, i. e. the appoggiatura from above and the shake. The first, of which the sign was a comma (,), is "*celui qui donne tout la grace et l'harmonye, et enrichit tout le jeu*", and he gives the following example of its effect:

par b mol   par bequare

The other ornament, indicated by a cross × is in his own words "*semblable a la precedente, sauf, qu'il faut redoubler a tirer la corde de la main gauche soit deux or trois fois, specialement quand la marque susditte est posée souz une notte noire suivije d'un poinct et d'une crochue, ou bien aussi d'une blanche*". It was thus a shake beginning on the upper diatonic accessory, and in the example he gives he finishes:

effetto sempre. E perche i luoghi dove si devono fare li Tremoli, sono infiniti, non hò voluto fare segno alcuno, bastando l'arviso dato; avvertendo però, che per voler far molti Tremoli il suonare non si scuopri affaticato, e stentate; essendo necessario, che il suonatore suoni leggiadro, & procuri di non montrare nel suonare fatica alcuna.

1) *Cap. XVI. Delle Tremoli & di trè sorti di essi.*

Sono li Tremoli di grandissimi ornamento nel suonare & sono di trè sorti, il primo è Tremolo longo, e si fà dove si deve fermare assai, & ancor poco. E per farlo, si batte delicatamente, e presto, molte volte con la punta del deto, che sarà più commodo sù quella corda, che s'harerà suonata: avertendo, che se sara il primo tasto si batte sopra il secondo, et cosi successivamente, e quanto composta il tempo, tanto deve durare il Tremolo.

Cap. XVII. Del secondo Tremolo.

Il secondo Tremolo è veloce, e passa presto, & in infinite luoghi si può fare, che rende gran vaghezza, e volendolo fare per esempio si metrerà il deto auricolare alli trè tasti sù la prima corda, & in un tempo istesso il deto di mezzo alli duoi tasti dell' istessa, e subito dato il tocco alla corda, con velocità si leverà il deto auricolare tanto, che non tocchi la corda: e presto con gagliardezza si tornerà nello stesso luogo e sara fatto. E per farlo al primo tasto, basta un deto levandolo, e tornandolo giù, come s'è detto.

Cap. XVIII. Del terzo Tremolo.

Il terzo Tremolo è poco usato, perche vuol libera la mano; e per esempio se il deto auricolare sarà, a cinque della terza farai suonare la corda, e nell'istesso Tempo calcando forte il deto scuotterai tutta la mano gagliardamente, e presto tanto che senti, che la corda ondeggi un poco, e sarà fatto.

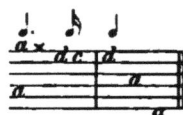

it by a turn which he always writes out in the letters of the tablature — that is, the sign did not include the turn at the end. He concludes by saying that "*ces deux derniers signes (ou pour mieulx dire l'ornement du luth) sont fort peu [sic] pratiquees en plusieurs endroits et nommement en ces quartiers pourquoi (benings lecteurs). Il vous plaira les observer Tant pour vostre avancement que pour en rendre suffisant tesmoinage*".

We have now reached the period when ornaments were not only the thing that "yields all the grace and harmony and enriches all the play" but were part and parcel of the music. If we take away the ornaments from much of the French lute music of the 17th Century we often do not, it must be confessed, find what is left of sufficient interest to account for the general contemporary celebrity of the Parisian school. And here we are more than ever confronted with our powerlessness in understanding what the real effect of these ornaments must have been. That they could assume much more importance in the hands of a real virtuoso than appears in the bare recorded note, is indubitable; and when we read the accounts of certain performances on the instruments by lutenists of the time, it seems hopeless to try and reconstruct in words the lost art of lute playing. We must take most of it on faith — but it cannot, unfortunately, increase our respect for the music itself.

It was about the third decade of the 17th century that the fever of ornamenting almost every other note in lute music began in France, and the germ was apparently infectious for the disease grew with years, finally wearing out its existence in Germany in the second half of the 18th century. We find the first conventionalized system of ornaments, treated with more or less care as to detail, in Mersenne's treatise (*Harmonic Universelle*, 1636—1637, *Traité des Instrumens a cordes* Livre II. p. 79 et seq.). When he wrote, however, signs were not very diverse, it being the general rule, he says, for the comma (,) to serve for all ornaments — "*la plus part ne se servent point d'autre Charactere pour en exprimer toutes les differents especes*". He himself employs eight different signs, and gives full directions for their interpretation; they may be condensed as follows, for to quote him in full would be beyond the scope of this article.

(1) Sign. , and ¯. It was called merely a *tremblement* and was a shake or half shake with the use of the upper diatonic executed either on an open or a stopped string; the whole tone being required when the comma stood alone, the half tone when there was a small line over the comma.

As there is nothing definite said as to whether this ornament was a shake or half shake, we quote the lines which describe its execution:

"*Il faut considerer deux choses pour le bien executer, à sçavoir que la pointe du doigt de la main gauche, qui doit faire ce tremblement, soit bien appuyée sur la chorde sur laquelle il se doit faire, et que l'on ne, leve point le doigt de dessus la dite chorde, que l'on ne sente qu'elle ayt esté touché de la main droite.*"

(2) Sign. .. and ., called the *Accent plaintif*, an appoggiatura from below; the half tone accessory being used when the line stood above the comma.

(3) Sign × called a *Martelement*, a shake or half shake with the use of the

lower diatonic. It was only made upon the first or second frets (*b* or *c* of the tablature) and required the use of but one finger of the left hand.

The same uncertainty appears here as above, as to whether the ornament was a full shake or not. Theoriginal stands:

"*par exemple s'il se doit faire au b de la seconde, il faut poser le premier doigt de la main gauche sur la seconde à la touche du b. Et lors que l'on touche la 2 de la main droite, l'on doit faire le tremblement de la main gauche, et en finissant le tremblement il faut reposer le doigt bien ferme au mesme lieu qu'il estoit devant, afin que la chorde, après le tremblement achevé, ayt le son d'un b.*"

(4) Sign ∧ and $\bar{\wedge}$. The effect was the same as the cross (×) above. It was another *Martelement* and differed from the first by being applicable to any two frets, and implying the use of two fingers of the left hand. The line above the sign ($\bar{\wedge}$) indicated the use of the half tone in making the *tremblement*.

(5) Sign ‿. Effect: a vibrato. Called the *verre cassé* or *souspir*. It seems strange that this so-called ornament, which must always have been effective on the lute, was even in Mersenne's day out of fashion. He informs us:

"*Quant au verre cassé, je l'adjouste icy, encore qu'il ne soit pas maintenant si usité que par le passé, dautant qu'il a fort bonne grace, quand on le fait bien à propos; et l'une des raisons pour laquelle les modernes l'on rejetté, est parce que les anciens en usoit presque partout. Mais puisqu'il est aussi vitieux de n'en point faire du tout, comme d'en faire trop souvent, il faut user de médiocrité.*"

(6) Sign ✿

The *Battement*, as this was called, was, Mersenne tells us, practiced more upon the violin than upon the lute. It appears as an ordinary shake, with the lower accessory, but it is not quite clear if three or only two tones were involved. The passage stands thus:

"*Or il est appellé battement parce que le doigt de la main gauche ne doit tirer la chorde qu'une fois, après avoir esté touchée de la main droite, car le reste du tremblement se doit faire par le seul battement du doigt, autant de fois que la longueur de la mesure le peut permettre. Par exemple, s'il se doit faire sur le c de la quatriesme en*

celte façon, ———— *il faut poser le premier doigt sur la quatriesme à la touche du*

c, et le petit doigt à la touche d'e; Et lors que l'on touche la chorde de la main droite, il faut tirer une seule fois la chorde du petit doigt et terminer le reste du tremblement en battant sur la chorde; or il se peut faire en toute autre lettre, comme en celle-cy."

(7) Sign ✿ and $\bar{✿}$

A *Battement* preceded by the *Accent plaintif* — the shake being executed with either half or whole tone accessory according to whether the sign had a line above it or not.

(8) Sign ·)· and ·)̄·

The *Accent plaintif* followed by the *Verre cassé*, the appogiatura being of a whole or half tone according to the line above the sign.

But according to the description of this ornament, it partook somewhat of a slide, three separate tones being heard:

"*par exemple, s'il se doit faire sur l'e de la seconde en cette façon* ———— : *Après avoir touché la chorde de la main droite, il faut laisser tomber de haut le premier doigt de la main gauche à la touche du c, et puis poser le petit doigt de la main gauche sur la seconde à la touche de l'e, en terminant le tremblement comme on fait au verre cassé.*"

Most of Mersenne's signs are to be found in the MS. collections of French lute music of the 17th century, but whether they were interpreted in the way he describes it is impossible to know. The one in use most frequently was certainly the comma, and we hardly find a line of lute music of the time without its occurring many times. It is also used, later in the century, in double shakes ( ). Next to the comma the two *Martelements* are usual (× and ∨); numbers 6 and 7 are certainly not at all common, and we have not met with them in any of the MSS. in the libraries of London, Brussels, Paris, Berlin or Munich. Besides those mentioned above there is another sign in fairly frequent use at the time, or perhaps a little later in the century, not explained by Mersenne, i. e. a sort of mordent sign under a letter ( ), which does not seem ever to occur on an open string. In later MSS, of the very end of the 17th century and beginning of the 18th, we find the appoggiatura from above indicated by the following ℮. Also the signs 𝕩 and ✳ become more and more frequent, both of which are probably meant to indicate shakes. But we shall recur to these in dealing with German tables of lute ornaments. As a matter of fact one cannot always be at all sure what the exact interpretation was for the signs for ornaments that we meet with in MS collections where there is no table of explanation attached, a habit which was not usual until the 18th century except in printed books. The only way to get at an approximate understanding of them is to study the individual passages where the signs occur and see what is possible and what not — and even this is not at all infallible. A study of contemporary printed books where there are tables appended is a help, but lutenists put very different interpretations upon the same sign.

It would also be interesting to know just how much lutenists borrowed from vocal and keyboard signs for graces in use during the second half of the 17th century, or, on the other hand, how much they lent to these. We find many of the lute signs in the table of ornaments for organ, harpsichord and vocal performance, and vice versa. Such signs as > or ∧ — not unlike Mersenne's second *Martellement* — are left unexplained by lutenists, but we find them in use in keyboard music as a "*Port de voix*" or appoggiatura. Both the signs × and ⁓ are used as shakes in French and German instruction-books of the late 17th and early 18th centuries. Very likely each instrument borrowed from the other, but owing to the fact that most lute ornaments of the 17th century occur in undated MSS. it would be impossible to decide where an ornament is first to be met with.

The printed collections of French lute music in the latter half of the 17th century, which are indeed very few and far between, give us hardly any signs that we have not come across in Mersenne or the MS collections. Denis Gaultier's two books — the *Pièces de Luth* (Paris Nat.) and the *Livre de Tablature* (Paris Cons.) — have long tables of signs for performance which include many besides those to indicate ornaments, such as the arpeggio sign, the tenue slurs, and what we find explained for the first time although it was probably employed earlier, the "*estouffement*" which is indicated by a cross × like Mersenne's *Martelement* and like the sign for a shake used by 18th century lutenists. He has four signs for actual graces, which are:

a) the comma (✢) indicating a *tremblement* of what nature he does not say in the *Pieces de Luth*, probably leaving it to the discretion of the performer, although in the *Livre de Tablature* he has added the following directions:

"*il faut tirer la corde de quelque doigt de la main gauche, c'est a sçavoir une fois seulement lors qu'il y a une crochué sur la lettre, et deux fois lors qu'il y a une noire et plus^{er} fois quand il y a une noire et un point et en faisant le tremblement jusques à la conclusion de la cadence que l'on trouvera marquée; mais il faut observer que chacun peut ménager ces espèces d'agréments, selon la nature du chant de la piece et du mouvement.*"

b) The sign ✢ which indicated an appoggiatura from below.

c) The sign ✢ being the same as that of Mersenne's second *Martelement*, but in this case standing for an appoggiatura from above.

d) About the other sign there seems a little confusion, but it may indicate an appoggiatura from above fallowed by a shake, that is, a composite ornament such as the last two of Mersenne's and Mace's "Back-fall Shaked". We quote Denis Gaultiers own words concerning the ornament; the first from the *Pieces de Luth*.

"*Quant il y a une ligne qui tient deux cordes où il y a un tremblement à chacune il n'en faut toucher qu'une de la main droitte et tirer l'autre de la main gauche comme* ✢."

The second is from the *Livre de Tablature*:

"*Lors qu'il se trouve une ligne courbe qui environne deux cordes et qu'il y a une virgule apres la premiere (2nde?) lettre, il faudra toucher la premiere lettre de quelque doigt de la main droite, et tirer lautre lettre ou est la virgule de lun des doigt de la main gauche. Exemple.* ✢"

Perrine's editions in notation of the Gaultier pieces substitute the cross (×) for the comma (,) in indicating the *tremblements*, and most lutenists after him seem to have adopted the change. German lutenists who are again heard of at the end of the 17th century, after almost half a century of silence, followed the French tablature with all its signs, and were in nearly every way a direct outcome of the French school throughout the second half of the 17th century. But before going on to these we must pause and consider an English lutenist who, in his own country, stands alone not only on account of his late date and his championship of a dying cause, but also because he is the most explicit and coherent of all writers upon the instrument; what he knew about it he put down in black and white so unmistakeably clearly that the loss of his book would cause a greater gap in the history of lute playing than that of almost any other.

English lute tablature of the 16th and early 17th centuries follows more or less faithfully the French tablature of the same period, but as regards ornaments they were neither eloquent nor explicit. We have quoted from Thomas Robinson on the subject of "relishing", i. e. ornamenting the play, and from what he says we may infer that such a proceeding was usual; but at the time when French graces were beginning to be a conscious fashion, lute music in England had already more or less given place to that for keyed instruments, and in print lutenists were absolutely silent except in accompaniments to songs. That among those lovers of the instrument there were in use some of the ornaments later described by Mace, we know from his own allusions to "Encient Times", and very likely the French lutenists who were in the service of Charles I introduced those in fashion among themselves. We meet with a single and a double cross (× and ⁕)

frequently in English MSS. of the middle of the 17th century, the first of which may have indicated a vibrato, and the second a shake, although these interpretations must remain entirely matters of conjecture in the absence of definite directions. The real life of the lute after this time was confined to the private labours of a very few enthusiasts, generally of old-fashioned tastes, a fact which Mace deplores with all the energy of his piquant language, and they certainly did not always trouble to write out their graces. Mace was born in 1613, and not until towards the end of a long life did he put into print his experiences of lute playing. But his book does not seem to have had any influence towards bringing about a revival, for there are few indications to show that lute playing continued anything but an affair of the past. It is an exceedingly important book nevertheless, (besides being the most entertaining one in existence on the subject) and a great deal of it deserves reprinting. Lack of space forces us to abridge much of what he says about ornaments, but we give his own words where it is possible, as no others would convey the same impression. He uses fifteen different signs for those "graces commonly in use upon the lute" of which we give a table below, including even those not rightly belonging to the category of ornaments.

(1) "The first and chiefest is the shake" with the sign: $\cdot a$

(2) the Beate: $'a$

(3) the Backfall: $\,'a$

(4) the Halffall: $/a$

(5) the Wholefall: $+a$

(6) the Elevation: $\#a$

(7) the Single Relish: $\therefore a$

(8) the Double Relish: $\vdots\vdots a$

(9) the Slur: $\underline{a}$

(10) the Slide: (the same)

(11) the Spinger: $a/$

(12) the Sting: $\sim a$

(13) the Tut: $:a$

(14) the Pause: $\underset{\smile}{a}$ or $\overset{\frown}{a}$

(15) "Soft and Loud Play, Thus (so: lo:) which is as Great and Good a Grace any other what soever."

(1) "The Shake" he tells us "is 2 ways to be performed, either Hard or Soft, the Hard (or Tearing Shake) is thus done, viz: if you Shake any String Open, you must first strike it with some Right Hand Finger, and then be ready with the Fore-finger of the Left Hand to pick it up with the very Tip (near the Nail) of your Finger; and so by often and quick picking it up in that manner, or (more plainly) Scratching It, in a Smooth, Nimble, and Strong Agitation, you will have performed It."

"The Soft-Shake is done in all respects like the former, except de Tearing and Scratching; and only by Beating the String Strongly and with a Quick Motion, in the same place as you did the other..."

"Some there are (and many have I met with) who have such a natural Agility (in their Nerves) and Aptitude to that Performance, that before they could do anything else to purpose they would make a Shake Rarely Well. And some again can scarcely ever Gain a Good Shake, by reason of the unaptness of their Nerves to that Action; but yet otherwise come to play well."

"I for my own part have had occasion to break both my Arms; by reason of which I cannot make the nerve shake well nor strong; yet by a certain Motion of my Arm I have gain'd such a Contentive Shake, that sometimes my Scholars will ask me How they shall do to get the like? I have then no better Answer for Them than to tell Them They must first Break their Arm as I have done; and so possibly after that (by Practice) they may get My manner of Shake."

Then he proceeds to explain the difference in Open and Stopped Shakes: "The Stopt-Shake, is (only) differing from the Open-Shake, in that you are always to use some One of your Under-fingers, in your Shaking, and to Stop, one of your Upper-fingers, upon some Letter, an then Shake with an Under-finger. As for example: Suppose you stop the letter *b* upon the 2nd String, with your Fore-finger: Then must you make your Shake, from the letter *d*, (because it is the Aire) upon the same String, with your Little Finger; Remembering to stop the *b*, Hard and Close, all the time of your Shaking; and if you will have a Soft, and Smooth Shake, then only beat the letter *d* Hard, and Quick, directly down, and up, with the very Tip of your Little Finger; but if you would have a Hard, or Tearing Shake, then Nibble the *d* strongly, and very quick, and it will give you Full Content; and so for all Stopt Strings which require Shaking."

(2) The beat (·*a*) as explained is a quick shake with the lower half-tone accessory, beginning "as if you would Back-fall the False Note"; but both notes must be plainly heard in the "beating" and the note on which the beat is made, i. e. the upper one, "must be Eminently heard at that very last: For you must know this, That whatever your Grace be, you must, in your Fare-well, express the True Note perfectly, or else your pretended Grace will prove a Disgrace."

(3) The Back-fall (`*a*) is an appoggiatura from above and may be either "Plain or Shaked" afterwards, "as if it had not been Back-fall'd."

(4) The Half-fall (,*a*) is the same from below. — corresponding to Mersenne's *accent plaintif* — but always with the half tone.

(5) The Whole-fall (+*a*), "a Grace much out of use in These our Days" yet "in some cases very Good and Handsome, and may give Delight and Content to many who think fit to use It," is a slide upwards of a third; and it must be so performed that the first note is not struck so loud that the other two sound weaker, an accident which can easily occur as "a Man cannot fall a String so Loud as he can strike it."

(6) The Elevation (:|:*a*), like the Single and double relish which follows, is of a more complicated description, and Mace explains it thus in tablature

This ornament is thus made upon the middle note. But the right hand strikes the string only at *c* before the "elevation" begins, the other notes being "performed by the activity of the left hand" alone, i. e. legato. Mace explains that this is a "Hard Grace", for it requires a "pritty Careful Practice" to hit the first just strong enough and no more than will cause the whole to give the same degree of sound.

(7) The Single Relish ∴ *a* is explained as fallows:

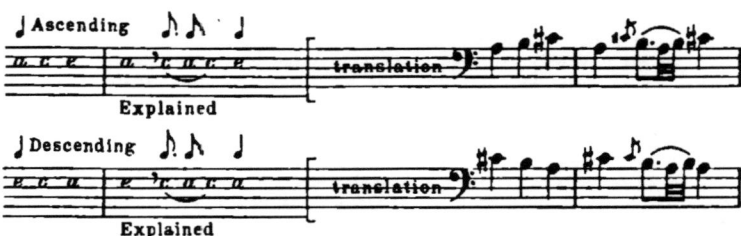

and he recommends that the Back-full ($?c$) which occurs on the second note, should "always be performed very strongly, and smartly, before you attempt the other 2 Notes."

(8) The Double Relish ($\vdots a$) "is a Grace, very profitable to practice, for the making the Hand Nimble, Quick, and Even"; but it is not played legato upon the lute on account of the number of notes it involves. "In Encient Times the Well

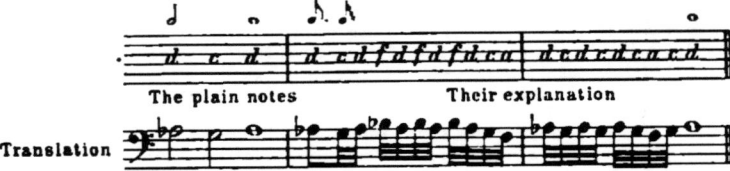

and True Performance of It, upon the several Keys, throughout the Instrument (either Lute or Viol) was accounted an Eminent piece of Excellency, though now, we use it not at all in our Compositions upon the Lute. However I shall commend the Private Use and Practice of It to All Practitioners as a very Beneficial Piece of Practice for the Command of the Hand."

(9) The Slur ($\underset{\smile}{a}$) is simply the sliding up with the left hand, i. e. legato, of as many letters or notes as possible.

(10) The Slide was similar to it, except that is was used only in descending, and never more than two or three notes at a time.

(11) "The Spinger (a) is a Grace, very neat, and Curious, for some sort of notes" and is performed as follows: ≡≡ i.e. ≡≡≡. Only the touch was of great importance here, four you must only "dab" your finger on the accessory note "so Gently that you do not cause the string to sound in that stop (so dab'd;) but only so that it may suddenly take away that sound which you last struck; yet to give some small Tincture of a New Note; but not distinctly to be heard, as a Note."

(12) The Sting ($\sim a$) was another "Neat and Pritty Grace; But not Modish in These Days," (any more than it was in Mersenne's) being a vibrato like Mersenne's *verre cassé*, which caused the sound "to swell with pretty unexpected Humour."

(13) The Tut ($:a$) was what Denis Gaultier calls the "estouffement", i. e. "a sudden taking away the Sound of any Note, and in such manner as it will seem to cry Tut ... so plainly, as if it were a Living Creature. Speakable."

14, and (15) The Pause and Soft and Loud Play are hardly "graces" but were considered by Mace as coming under the same category as the others.

If we are ever able to reconstruct the peculiar effect which all these ornaments produced upon the lute it is chiefly through Mace's eloquence on the subject, for no other lutenist so carefully emphasizes the difference of touch necessary to the performance of them, and none spares so few pains to make his meaning clear in every little detail. It is impossible, without quoting far more of his directions and observations than is possible in short space, to give any but a vague and cursory idea of what he did for students of the lute, when, unfortunately, his book was too late to have been of assistance to many. We give in facsimile one of his lessons, which introduces many of the ornaments we have been considering, and those who are interested in this curious personality should turn to his book and read the account of how it was inspired — a story of great charm and naiveté but rather too long to reprint here.

The Firſt Leſſon of the Firſt Sett, called the Authors Miſtreſs.

[The points underneath the letters indicate right hand fingering.]

The last quarter of the 17th Century saw a great decline in the fashion of lute playing in France. We know from many contemporary sources that the theorbo began much more to take its place, and instruction books for the theorbo — treatises generally devoted to the art of playing from a figured bass — became much more frequent. This of course meant also the decline of ornaments. Still, the many MS. collections of lute music remaining of this period testify that the fashion of lute playing was not by any means extinct; and through the first quarter of the 18th Century we may still expect to find it alive. Printed lute collections, however, are not to be found in France any more after the end of the 17th Century, and it is to Germany that we must turn to study the last phase of the dying fashion. As we have said above, Germans took on most of the characteristics of the French school of lute music, and in the use of ornaments we find them equal to their predecessors. But they added to and modified the signs as they went on — often borrowing from those in use in keyboard music — so that by the middle of the 18th Century they had practically a new set. Lutenists had pretty well ceased to be initiators or inventors of new fashions so that as a general rule whatever we find that is new in 18th Century lute music, new in the way of not having been met with before among lutenists, we may be safe in assigning to keyboard influence.

Esaias Reussner, whose various lute publications occupy the third quarter of the 17th century, uses both a cross $(b\times)$ and a comma $(a,)$ but does not tell us what sort of graces they indicate; probably the comma stands for a shake[1]), and the cross for a vibrato. The appoggiatura is indicated by the bow under a letter, (-e-). Le Sage de Richée, whose collection (*Cabinet der Lauten* 1695) makes him rank under German lutenists, is more explicit, but the number of graces proper which he uses may be reduced to (1) the shake (*Triller*) which is indicated by the comma (-e-) with the direction: "*daß er nicht muß gerissen, sondern anfänglich langsam hernach aber allezeit immer geschwinder geschlagen werden*". (2) The appoggiatura from above (*Abzug*) and (3) that from below (*Fall*), both expressed by the same sign, i. e. the bow underneath the letters (-e-, -be-).

Wenzel Ludwig Freiherr von Radolt, in an exceedingly useful preface to a collection of pieces for several lutes (*Die Aller Treueste Verschwigenste und nach so wohl Fröhlichen als Traurigen Humor sich richtende Freinden Vergesellschaft sich mit anderen getreuen Fasalen unserer innersten Gemietz Regungen*. 1701), gives elaborate directions for lute playing and employs many signs for performance. The ornaments he mentions, together with their signs, may be condensed as follows:

The Shake (*Triller*) is inclated by the comma (-e-)

The slide and appoggiatura from above by the usual bow ($\mathit{fee\ ee}$).

The appogiatura from below by the bow under a single letter (-e-)

The *etouffement* (Mace's Tut) by the sign // (-e-#)

The Vibrato (*Tremulanten*) by a double cross ($\mathit{f_{\#}}$)

The Single Cross (-e-x) apparently indicated a sort of mordent, but the passage is not altogether clear and is best given in full.

"*Daß ainfache Kreuzlein bedeuttet, wan man mit der rechten Hand die Saitten anschlaget und mit der Linkh Hand durch etliche ausszug die Saitten gleichsamb hamert; Martellement genannt*"[2].

---

[1] Tappert interprets the comma in Reussner's pieces as an appoggiatura (see Monatshefte für Musikgeschichte, 1900) but it is doubtful if it acquired that interpretation until towards the middle of the 18th century.

[2] Although not belonging to the category of ornaments the following direction of Radolt's is worth mentioning as it is a point of some practical interest which is

not, to my knowledge, made by any earlier lutenist, i. e.:

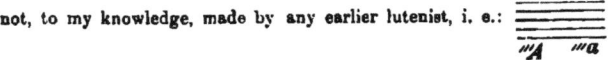

Radolt's book seems to mark a transition from the set of signs employed by French lutenists to those used by 18th century Germans. The shake is still indicated by the comma, but we find new signs for the *etouffement* and for the vibrato. In the next work to be considered, Baron's *Untersuchung*, 1727, Radolt's Vibrato sign is adopted for the three highest strings, but for the two lowest a single cross is used, i. e.

He calls these *Mordanten* or *Bebungen*, and the difference between the two kinds is that the first is made with a free hand, that is, the thumb loosed from its hold on the back of the neck; while in the second, being on a low string where there is not so much chance for free play, and where more strength is needed, the thumb is held fast as usual. Slides and appoggiaturas are made with bows reversed according to whether the ornaments move up or down, *a b d b*. The shake (*Trillo*) is still the comma ( ) and "*bestehet in einer Bewegung, welche etwas langsam und gelinde angefangen aber geschwinder und stärker continuirt wird*". Baron also gives examples for what he calls *Toni intermedii*, or the intermediary grace notes connecting two distant tones — a sort of slide i. e.

It must not be thought, Baron continues, that the ornaments he instances are the only ones to be used, for there is much to be done in the way of ornamentation by skill and taste. Also:

>*Spielt oder läßt man sich alleine hören, so kan man vornehmlich bey langsamen Sachen sich schon etwas länger aufhalten und mehr Manieren machen, doch muß man nicht excediren, weil auch allzuviele Manieren, zumal sie nicht am rechten Ort angebracht, die Modulation und Melodie verstummeln. In geschwinden Sachen ist weiter nichts als Reinlichkeit und Deutlichkeit die beste Manier, und wolte auch jemand viel andern Zusatz darzu thun, wäre es eben so ungereimt, als Hasen mit Schnecken und Krebsen zu hetzen. Spielt man aber mit andern, so ist vorhero zu wissen nötig, was der andere vor eine Methode habe, daß man sich darnach richten kan. Denn da muß einer den andern certo respectu imitiren und nachgeben, ja einerley Methode annehmen, weilen durch diverse Art nicht allein die Harmonie sondern sogar die Grace verdorben wird. Ein Laufwerk gehöret auch mit zur musikalischen Zierlichkeit oder Eleganz, und kommt solches sehr artig heraus, wenn dergleichen bey langsamen Sachen, e. g. Airs, Sarabanden etc. und um Cadenzen als wie bey denen Sängern angebracht werden.*

Adam Falkenhagen must continually have brought Baron's disapproval down upon him by his over frequent use of ornaments, his pieces being sometimes hardly to be deciphered for the confusion thus caused. Rudolph Straube, too, fills his tablature with ornaments and signs of expression,

---

*"Das große A bedeutet, das man den Baß allein anschlage, hernach die klein Saitten zu den volgenden kleinen a."

That is, the bass strings (diapasons) were coupled with octaves, and these octaves treated as separate tones. This effect was indicated by later lutenists by the term *gebrochene Baß* and the sign "*a*.

until we rather sigh for the days when such things were a matter of individual inspiration instead of stereotyped convention. These two, together with nearly all other lutenists of the period — the Weiß brothers, Kropfganß, David Kellner, Seidel, etc. — all make use of a set of signs explained somewhat later (1760) in Beyer's settings of Gellert's Odes, as follows:

Abzug.   Doppelter Abzug.   Abzug auf 3 Buchstaben.   Einfall.

Doppelter Einfall.   Einfall auf 3 Buchstaben.   Abzüge u. Einfälle zusammenhängend.

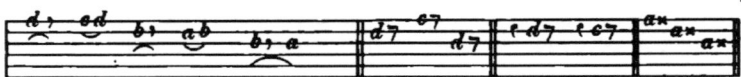
Beyde Arten der Abzüge zusammenhängend. Kurzer Mordent. Einfall u. Mordent. Trillo.

Kurzes Trillo. Dopp. Trillo. Fortgehendes Trillo.   Bebung.   Circulo mezzo.

The only sign which, except for this one example, we have not detected elsewhere in lute music is the last, called *circulo mezzo* which was undoubtedly that called *Halb-Circkel* by Mattheson[1]) and explained thus:

All the other signs used by Beyer are of continual occurrence, only there are occasional variations in the interpretation put upon them by Beyer. Straube for instance uses a comma in the way Beyer used the cross as

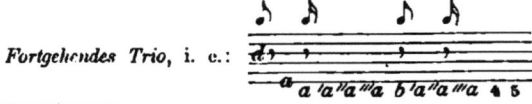
Fortgehendes Trio, i. e.:

---

1) Vollkommener Kapellmeister p. 117.

In his case the use of the cross may have been the same as Baron's, a vibrato; but this use of the comma is exceptional at so late a date. Besides these, there is still the *étouffement* like Radolt's (-*d-t*-) which is in one case at least (M. 274 MS 25461 Nurnberg) described as a *Semi-Trillo*; also this sign: *d⁓* for what is called *Mordanten* in the same MS, although whether the same as Baron's *Mordanten*, i. e. a vibrato we are not told; and another sign in use by harpsichord players, i. e. ⁓⁓ over a letter which is explained, again by the same MS, as follows:

In many cases we find ornaments (chiefly turns) expressed in small letters and time values in the tablature, such as in Bach's lute pieces.

In fact there was never, except for the one example above (⁓⁓), any sign in use among lutenists for the indication of a turn such as we find continually in harpsichord music of the 17th and 18th centuries, but this fact does not preclude the conjecture that lutenists made use of it just the same, and we certainly find it clearly enough expressed even among the ornamented passages of 16th century lute books.

. To sum up briefly the progress of ornaments in lute music, it may be said that as soon as graces became a conscious fashion, as soon, that is, as they began to be treated as musical material instead of optional and spontaneous detail, they followed lute music wherever it went; and as the history of lute music after the beginning of the 17th century is chiefly centred in France, so it is with graces. The life of the lute in Italy might almost be said to have ended with polyphonic music; at least nothing approaching its vitality in the 16th century can be said to have continued into the seventeenth after graces had assumed great importance. Although it must not be forgotten that Italy and Italian singers were in great part the source and the cause of the change in music which brought about the fashion of elaborate ornamentation, and an Italian publication was the first to introduce signs for graces. England, were Mace's book deducted, would count for little more than Italy in the history of lute music after the early decades of the 17th century; compared to those of French lutenists of the time, the number of MSS existing of English lute music is very small indeed. The Netherlands count for still less in this way after polyphony had said its say, while German lutenists, having kept up the polyphonic tune longer than any other country and having grown silent for nearly half a century after 1625, got bitten with the French fashion during the last quarter of the 17th century, which gave a new life to them, lasting well into the second half of the eighteenth. But although late German lute music is more overladen with graces than even that of the French of the 17th century, it is to the latter that we finally return to find the most characteristic use of these little embellishments; and although the exaggeration of the habit was very pernicious, the manner thereby often counting for the matter, it was perhaps the best method of showing off the powers of the instrument, and it might even be considered that in the French ornamental fashion of the 17th century the lute reached its most characteristic expression.

Italienische Musiker am Hofe der Neuburger Wittelsbacher.
1614—1716.
Neue Beiträge zur Geschichte der Musik am Neuburg-Düsseldorfer Hof im 17. Jahrhundert[1]).

Von

Alfred Einstein.

(München.)

Einleitung.

Ein reicheres Musikleben am Neuburger Hofe beginnt erst mit dem Regierungsantritt des Pfalzgrafen Wolfgang Wilhelm (1614). Wenn die Geschichte dieses Musiklebens fast in allen Punkten zusammentrifft mit den Geschicken der italienischen Musik und Musiker am Hofe der Neuburger Pfalzgrafen, so liegt das an besonderen und allgemeinen Ursachen, die der

---

1) Die nachfolgende Darstellung gründet sich zum größten Teil auf Akten aus dem Kgl. Bayr. Geheimen Staatsarchiv. Bei den Vorarbeiten über Agostino Steffani's Wirksamkeit fiel mir zuerst der höchst reizvolle Briefwechsel Pfalzgraf Philipp Wilhelms mit seinem langjährigen Kapellmeister Giovanni Battista Mocchi in die Hände; von ihm ausgehend und immer weiter gelockt, habe ich dann alle Akten der blauen Abteilung des Archivs, die mir einigermaßen Ausbeute für meine Zwecke versprachen, durchgesehen und die Ergebnisse im Hausarchiv, Reichsarchiv und in der Kgl. Hof- und Staatsbibliothek zu ergänzen versucht. Es ist mir ein Bedürfnis, auch an dieser Stelle Herrn Geheimen Archivrat Dr. Georg M. Jochner, Herrn Archivrat Dr. Joseph Weiß, den Herren Dr. Wilhelm Fürst, Dr. Albert Pfeiffer und Hrn. Rich. Stoll, den Vorständen und Beamten des Kgl. Bayr. Allg. Reichsarchivs, sowie des Kgl. Kreisarchivs für Schwaben und Neuburg für ihre gütige Unterstützung meinen ergebenen Dank auszusprechen.

Bevorzugung der welschen Kunst und Künstler damals günstig waren: die Neigungen des Pfalzgrafen, sein Übertritt zum Katholizismus, das Eindringen der Monodie aus Italien nach Deutschland.

Für das Deutschland des 16. Jahrhunderts hatte die Abhängigkeit in Dingen der Musik von Italien, wie sie für die beiden folgenden Jahrhunderte von kurzsichtigen Patrioten so viel beklagt worden ist, noch keine Geltung. Italiener waren in allen Kapellen vertreten: ihre Stellung aber war aus manchen Gründen keine dominierende. Die Überlegenheit der Nordländer in allen Aufgaben musikalischer Kunstmäßigkeit war anerkannt und wirkte lange nach; die Zeit war noch fern, da Gio. Battista Doni sich über Josquin de Près, Mouton und Willaert lustig machen durfte. Eben Willaert war einer der Meister gewesen, die dem Zeitalter seine Lieblingskunstform, das Madrigal, geschenkt hatten; und wie im Madrigal sich nordische und italienische Elemente friedlich mischten, war das Verhältnis auch der Nationalitäten in der Musik das der Gleichordnung. Erst gegen den Ausgang des Jahrhunderts macht das Übergewicht Italiens, das Größen wie die beiden Gabrieli in Venedig, Palestrina in Rom aufzuweisen hatte, sich deutlich fühlbar; noch aber traute man sich in Deutschland die Herübernahme jeder fremden Kunstform in ihrer Reinheit zu und wandelte sie dann unversehens zu einem heimischen Produkt um: erlebt doch gerade in den Jahren der Entstehung der Monodie die aus Italien heimgebrachte Kanzonette in Deutschland eine eigentümliche Blüte!

Mit der Schöpfung der Monodie aber, und in noch höherem Maße seit der Verbreitung des *Dramma per musica* ist die Abhängigkeit von Italien besiegelt. Zu dem künstlerischen Vorsprung der Italiener tritt in Deutschland hinzu die wachsende Schätzung des Ausländischen als solchen; und mit der fremden Kunst importiert man ausschließlich auch die fremden Künstler. Heinrich Schütz ist einer der wenigen, die gegenüber dieser Zeitströmung — auch er nicht ohne Wanken und Schwanken — ihre künstlerische und persönliche Bedeutung wahren können; bei seinem Tode steht auch am sächsischen, einem protestantischen Hofe, die Herrschaft der Italiener fest. Die katholische Restauration bestimmt mit überwältigender Macht wie die gesamte Kultur des Seicento, so auch die entscheidenden Fragen der musikalischen Entwicklung; was die deutsche Kunst an unvergänglichem Gut besaß, birgt sich an den kleinen protestantischen Höfen, bei den Organisten in den Städten und kristallisiert sich um den protestantischen Choral.

So ist es denn wohl kein zufälliges Zusammentreffen, wenn die Geschichte der Neuburger Hofkapelle mit dem Glaubenswechsel des Erbprinzen Wolfgang Wilhelm beginnt. Sein Vater, Pfalzgraf Philipp Ludwig, war ein »eifriger Lutheraner... Seine Landesregierung war musterhaft durch strenge Ordnung... Sein Staatshaushalt war vortrefflich; mitten unter den gefährlichen Beispielen einer verschwenderischen und kostspieligen Pracht behielt er die alte Einfachheit... mit der Sparsamkeit und dem ernsten Sinne der frühern Zeit maß er knapp alles Das zu, was nur den Genuß anging, und die vornehme Weltsitte der Höfe, wie sie am Anfang des 17. Jahrhunderts aufkam, bildete zu dem altfränkischen, einfachen Hof Philipp Ludwigs einen scharfen Gegensatz«.

Die spärlichen Nachrichten, die uns über das Musikleben unter Philipp Ludwig erhalten sind, bestätigen dies Urteil Häußer's[1]) in vollem Maße.

---

[1] Ludwig Häußer, Geschichte der Rhein. Pfalz II, 738.

1590 dachte der Pfalzgraf daran, eine Vokal- und Instrumentalmusik in Neuburg »anzurichten«; sein Organist Lamprecht Fioth mußte unter den Skribenten nach tauglichen Subjekten Umschau halten, ohne mehr als zwei zu finden. Trotzdem trug ihm der Pfalzgraf auf, aus diesen beiden, — sie hießen »Christian Drechßler, welcher im singen Perfect, auch sonsten ein gueter *Violist* vnd *Cythaist* sey; Vnnd Erhardt Stanng, welcher zimlich singt, vnd Lust hat sich auf den Instrumentis vnuderweisen zu laßen« — dem Türmer und dessen zwei nicht bloß der Musik, sondern auch des Lesens und Schreibens unkundigen Söhnen eine Instrumentalkapelle zu bilden[1]), und sie »in eim oder zway Jarn auf stillen vnd lauten Instrumenten abzurichten«. Vom Sängerchor ist weiter keine Rede: nur von seinem Programm erfahren wir etwas aus dem Inventar der Verlassenschaft von Lamprecht Fioth, der im Januar 1600 verstarb. Da werden unter den Büchern genannt: »6. Partes, so durch den *Cantor* von Nürmberg A°. 88. verehrt worden« — zweifellos Friedrich Lindner's, damals Cantor an St. Aegidien, *Continuatio cantionum sacrarum*; ferner ein Werk des Andreas Raselius, wahrscheinlich seine »Teutschen Sprüch« von 1594; endlich »6. Partes so durch den kayserlichen Musicum zu Prag, Franciscum Sale verehrt worden«, sicherlich sein *Sacrarum cantionum omnis generis... Lib. I. Pragæ* 1593 — lauter Werke, die einen vollkommenen Chor erfordern und bei der damaligen Höhe der Sängerschulung wohl auch gefunden haben werden. Nur darf bezweifelt werden, daß für die zwölf- und achtstimmigen Stücke von Andrea Gabrieli, Felice Anerio, Hans Leo Haßler in Lindner's Sammelwerk die Kräfte des Neuburger Kirchenchors ausgereicht haben.

Nach Fioth's Tod — er hatte Philipp Ludwig »in die 30 Jahr vor einen *Organisten* aufgewarttet« — mußte der Pfalzgraf das wichtigste musikalische Amt an seinem Hofe, das des Organisten, neu besetzen. Er trug zuerst (16. April 1600) seinem Kastner zu Heideck, Johann Oefelin auf, sich in Nürnberg »und daselbsten herumb« zu erkundigen »ob nicht ein solche person, welche neben dem orgelschlagen inn der Hofcapell nit allein mitt andern Instrumenten undt seitenspielen uor der tafel vffwarten, sondern auch zugleich inn vnßrer Canzleien einer seine stell mitt schreiben verwertten könde ... zu bekommen«. Erst am 19. August antwortet Oefelin, er habe keinen gefunden »der hierzue thüglich sein möcht, Alls der Organist zum Hiltpoltstein Sebastian Stein... Ist gleichwoll ein kleine Vnansehenliche Persohn, Jedoch weil er sonnsten auch vf dem Instrument schlagen kann, vnnd Vrbüttig vof mehrern sich zue Üben, So Vermain Ich er werde E: F: g: nicht vndienstlich sein, dann zue Nürnberg keiner vmb dergleichen besoldungen nit zuebekommen wehr...« Stein hatte in Hilpoltstein die 13 Jahre als Organist gedient, für jährlich 70 fl. und Herbergzins, Korn und Holz; um 30 fl. mehr, 2 Schaff Korn, 6 Klafter Holz, 2 Hoftuch und 6 Eimer Bier wollte er nach Neuburg kommen, verlangte aber daneben drei Stunden täglich Befreiung vom Kanzleidienst, um durch Instruktion von Schülern sich mit Weib und zwei Kindern besser durchzubringen.

Unterdessen, am 13. Juli 1600 wurde dem Hofmeister des Pfalzgrafen durch Hans v. Buchholz zu Underhelffenberg ein andrer Organist vorgeschlagen, »*Georgius* Hager, bürtig von Regenspurg, meiner Kinder *Præceptor*«, der

---

[1] Kgl. Kreisarchiv für Schwaben und Neuburg. A. 5470b Acta Bestellung eines Organisten gen Hoff, in specie Jakob Paix betr.

sich früher in den »Seesteten (?), auch zue Augspurg vnd Nörmberg vffgehalten, vnd ist zue Roth Organist gewesen....«; auch er ist dem Kanzleidienst abgeneigt, aus »beisorg, er möchte dardurch sein schlagen Vergeßen, vnd seine *Canzonetts*, *Madrigulia*, fugen, *Recercaren*, auch was er noch teglichs von neuen stuecken bekhommen möchte, nicht der Notturfft nach sich üben...« [27. Sept. 1600.]

Weder Stein noch Hager scheinen dem Pfalzgrafen zugesagt zu haben. Während der Vakanz des Postens versah das Amt an der Orgel »bei vnserer frauen« Jeremias Landerer, der älteste Sohn des gleichnamigen Neuburger Kirchenverwalters, der endlich des ungedankten Dienstes müde und in seinem Fortkommen gehindert, »dienstbefürderung« oder Entlassung und eine kleine »ergetzlichkeit« für seine Mühe verlangte. Zu gleicher Zeit stellte sich heraus, daß die Orgel zur Verhütung ihres Verfalls »ein sonderbare Person« brauche. Nun trat man in ernstliche und sorgfältige Verhandlungen mit einem langjährigen Untertanen, Jacob Paix zu Lauingen[1]).

Was Paix bewog, sein Amt zu Lauingen, das er seit 1575[2]) bekleidete, aufzugeben, war die bitterste Not: es war ihm wegen der Teuerung von Korn und Holz »alda lenger zu wohnen, gleichsam nicht mer erträglich, dero wegen Ich verursacht worden, bey meinem g. fürsten v. herrn vmb bössere *Condition* ... anzuhalten, da mit Ich mich mit weib vnd kind auch ehrlich mechte hinbringen...« Er hatte schon früher Fioth vertreten und »etlicher maßen in die 4 *Monat* zu Neuburg die hoffcapellen versehen«; Ende Juli 1600 kam er denn nach Neuburg und legte eine Probe seines Könnens ab, an der der Pfalzgraf »selber ein ginstig gefallen ... gehabt, zumal auch alle so dem hof bey wonen. Insonderheit aber die junge Herschafft«; trotzdem mußte der arme und bedrängte Mann — am 24. Oktober 1600 bittet er in einem rührenden Brief den dritten Sohn des Pfalzgrafen, August, ihm nur mit einem einzigen Schaff Korn zu Hilfe zu kommen »dann Ich sonsten disen winter, bey der geringe besoldung vnd seer schwere theürung, eben zu hunger sterben mueß« — ein Vierteljahr warten, bis der Pfalzgraf sich entschloß, beim Rektor und Schulregenten zu Lauingen anzufragen, ob Paix mit dem Gehalt seines Vorgängers Fioth zufrieden sein würde. (6. Nov. 1600.)

Die Antwort lautete (Lauingen 21. Nov.), Paix sei trotz der schweren und teuren Zeit mit der Besoldung (100 fl. und einige Emolumente) und dem Tuch »content, Was aber das getreid betrifft, weiln er vil kinder vnd dero wegen eine schwere haußhaltung hab«, so wolle er ½ Schaff mehr, ferner 6 Klafter Holz wie Fioth; »Endlich nachdem zu Neuburg aus mangel der losamenter schwerlich vnder zu kommen, er auch bis *dato* allzeit ein feine wonung gehabt«, bitte er um eine Behausung oder Ersetzung des Hauszinses.

---

1) Vgl. über ihn A. G. Ritter, Zur Gesch. des Orgelspiels I, 126f; Seiffert, Gesch. der Klaviermusik 14; Eitner, Quellen-Lex. VII, 293; Denkm. der Tonkunst in Bayern, V, 1. Seite LXIII.

2) Am 21. Nov. 1600 verzeichnet Paix seine Besoldung zu Lauingen: Tisch im Collegio; »erreichet doch die 40 fl. nicht«; an Geld 40 fl.; Holzgeld 8 fl.; freie Wohnung u. 8 Malter Getreide — »bey sollicher Besoldung« setzt er hinzu, »hab Jch mich nun, in die 25 Jar beholffen«. Der gleiche Zeitraum ergibt sich aus der Dedikation des Werkes, das Paix 1584 dem Pfalzgrafen zugeeignet hatte [*MISSA / Ad Jmitationem Mottete Jn illo tempore. / Joan. Moutonis, Quatuor Vocum* ...]; da heißt es in der Widmung: *Quoniam autem in nonum iam annum Lauingæ sub tuæ Celsitudinis patrocinio viuo: gratum meum animum huius meæ cantionis inscriptione & dedicatione declarare volui ... Datæ Lauingæ IIII. Id. Sextilis Anno M. D. LXXXIIII*

— Nach einer weiteren Pause in den Verhandlungen, verursacht durch eine inzwischen »eingefallene fürstliche Leuch«, reiste Paix am 12. Februar des folgenden Jahres nach Neuburg, unterwegs, in Donauwörth von einer schweren Krankheit niedergeworfen; und am 9. März 1601 endlich hatte er seine Bestallung in Händen. Danach wurde er außer zur Befolgung der Kirchen- und politischen Ordnung verpflichtet, »nicht allein an Son: vnd Feyrtagen, sondern auch zu anderer zeit... sonderlich aber wan frembde herrn vnd gäste bey vnserer Hoffstatt vorhanden, sowol In der Kirchen, alß auch vor Vnserer vnd... vnserer geliebten Söhne tafeln... die Hofforgel zuschlagen..., sonsten auch beede alhieige Orgeln, sampt den Regaln, Positiven vnd allen andern iezigen vnd konftigen *instrumenten* klein vnd groß ohne sonderbare ergezligkeit, in gutem *eße* zu erhalten...

Also soll er auch mit vnd neben dem Lateinischen Schulmaister alhier vnnachleßig daran sein, das nicht allein die Schulknaben, sonderlich aber die, so des *beneficij* vff der Præbent genießen, *in musica vocali* mit Vleiß abgerichtet werden, sondern auch die *vocal* vnd *instrumental music* also bestellen... helffen, damit Schulmaister vnd er vor vns vnd andern, vff iede fäll mit ehren vnd ruhm bestehen mögen, wir auch nit von andern ortten frembde *musicanten* mit grossem vncosten zur hand zubringen verursacht werden...« (endlich Verpflichtung zum Kanzleidienst).

Dies sind alle Nachrichten über die Musik am Hofe Philipp Ludwig's; nur noch 1608 werden neben Paix erwähnt[1]) Johann Fioth, Jeremias Landerer der Jüngere, Paulus Beda, Christian Pistorius, die alle vielleicht außer in der Kanzlei auch in der Kapelle Dienst leisteten. Aus dem Mitgeteilten geht aber zur Genüge hervor, wie kümmerlich Kunst und Künstler von Philipp Ludwig gehalten waren; Paix, der während seiner Lauinger Zeit die Druckerpresse in eifrige Tätigkeit gesetzt hatte, ist in Neuburg völlig verstummt. Und diese Erstickung und Verarmung alles frischen künstlerischen Lebens ist die Kehrseite des »vortrefflichen Staatshaushalts« und des »ernsten Sinnes der früheren Zeit«.

* * *

Wolfgang Wilhelm (1614—1653).

Philipp Ludwigs Sohn Wolfgang Wilhelm (geb. Okt. 1578) war am 19. Juli 1613 in München heimlich, am 25. Mai 1614 zu Düsseldorf öffentlich zum Katholizismus übergetreten. Wenige Monate darauf, am 12. August, erlag der Vater den Folgen des erschütternden Eindrucks, den der Abfall seines Nachfolgers auf ihn gemacht hatte. Am 21. Februar des folgenden Jahres kam der neue Pfalzgraf in sein neuburgisches Land; und unter einer eifrigen katholisch-reaktionären Tätigkeit fand er Zeit zur Einrichtung einer Hofkapelle.

Schon vor seinem Regierungsantritt hatte er ein größeres Interesse an der Kapelle bewiesen als sein Vater. Er schickte 1613 auf das Gesuch der Witwe Lamprecht Fioth's, Anna Fiotin, ihren Sohn Wolf, sein Patenkind, der beim Hoforganisten [Paix] und dem Türmer Hannßen

---

[1] Hausarchiv. »Einahm der fürstl. Hofcapelle von Reminiscere 1608 — 19. Jan. 1609«.

[Hamerbacher] verdingt war, »an andere vnd frembde orth, da es guet *Musicij* gibt, ... dann er doch allhier nichts zu beförderung seiner Lernung weder von Geigen noch Instrument haben kann« — ein trauriges Zeugnis für die Neuburger Musikanten! und zwar zum Grafen Ernst zu Holstein-Schauenburg nach Bückeburg[1]), der freilich den Knaben nicht brauchen konnte; er wurde dann auf ein Jahr bei dem »berümbten *Organist* zue Heinsperg« um 40 Philippsthaler eingedingt. Zu gleicher Zeit erfahren wir, daß Wolfgang Wilhelm »hiebeuor des L u d w i g Trommeters sohn bey einem *Italiener* zue München, die Musicalischen Künste lernen zuelaßen gnedig gemeint gewesen«.

Wolfgang Wilhelms Neuburger Kapelle setzt sich in ihren Anfängen noch ganz aus Deutschen zusammen, die der Pfalzgraf alle neu aufnahm: sein Glaubenseifer duldete in seinem Hofhalt weder Protestanten noch Calvinisten mehr, und Jacob P a i x ist wohl der einzige, den er als Erbstück aus der Kapelle seines Vaters in die eigene herübernahm. Aus dem gleichen Grunde sind die meisten Mitglieder der Kapelle Süddeutsche, aus München, Augsburg, Würzburg; nur den Vizekapellmeister brachte Wolfgang Wilhelm aus seinen niederrheinischen Landen mit.

Die Namen der Musiker lassen sich ersehen aus einem Befehl des Pfalzgrafen dat. 15./5. (14.) Nov. 1615, an den Kirchenverwalter Thomas Sturm, »allen *Musicanten* zue Ihr: fürst: Hoff*musica* auffgenommenen iahrlich vor die abspeisung zu hoff ... einem ieglichen Zehen gulden« auszuzahlen. Es sind die folgenden:

Jacob K l e i n, Bassist; am 19. Sept. 1615 in die Capelle aufgenommen, daneben zum Kanzleidienst verpflichtet. Jährliche Besoldung 80 fl., ein Schaff Korn, und »zwey Tuech zum Kleid wie den scribenten«.

Matthæus F r u e a u f f, Bassist. Frueauff stand seit 1. Juli 1614 in der Münchener Hofkapelle, mit einem Gehalt von 200 fl.[2]); dort hat mit ihm im Auftrag des Pfalzgrafen der Hofkaplan und Direktor der Hofmusik Gabriel S t o u p verhandelt. Aufgenommen 15. Okt. 1615; Jährliche Besoldung 72 fl., »ein schaf getreid, vnd zway Tuech zum Cleid, wie den *Scribenten*«. Daneben seit 1617 Hoftorverwalter, ein Amt, das er Mitte 1618 wieder verliert, so daß ihn mit seinen fünf Kindern Not und Schulden hart bedrängen.

Meinrad V o r w a l d n e r, Tenorist und Zinkenbläser »von Neumarck auß Bayrn«, also aus Neumarkt an der Rott. »Menradus Vorwaldner Bauarus« nennt er sich in einer Supplik an den Pfalzgrafen; er kam, von Philipp Zindelin, damals Organist in Augsburg, empfohlen, aus dieser Stadt nach

---

1) H.-A. »Libell darin zu finden, was gestallt Wolfgang F i o t h von Neuburg erstlich dem G. von Schauenburg *commendirt* hernach aber gen Heinßberg Vmb erlernung der *instrumental Music* gethan.« Der Graf begründet seine Ablehnung damit, daß sein Organist »mit lehrjungen bereits mehr dan Vberflußig beladen« sei; der »Knabe habe fast eine harte vnd schwere arth Vff dem *Instrument* zuschlagen, derowegen er dann auch in meiner *Music* füglich nicht konne gebraucht werden« (Bückebg. 25. Aug. alten Stils 1613).

2) Kirchenmus. Jahrbuch 1894, S. 64.

Neuburg. Seine Bestallung vom 5. April 1615; er solle schuldig sein »inn der Kirchen vnd sonsten zu der *Vocal vnd instrumental music*, als mit den Violen, Cornet vnd Vagaten, so wol auch inn den Chor zu Vesper vnd Meßsingen, vud dann in der Cantzley ... zum schreiben sich gebrauchen zu laßen...« Dafür als Besoldung 30 fl., »das Costgelt (so Ihme seither Ostern geburt) wie auch das Tuech wie einem *Scribenten* von den geistlichen gefällen« — aus denen die Kosten der Hofkapelle überhaupt bestritten wurden. Am 15. August werden ihm »wegen deß Schuelhaltens« 10 fl. zugelegt, außerdem ein gewisser Betrag für jedes, das Schulgeld zu zahlen unvermögliche Kind, endlich 4 Klafter Holz frei ins Haus.

Vom 9. Juni 1618 an erscheint als sein Kollege als Sänger und »Teutscher schuelhalter« Georg Hörmann, der seit Anfang 1621 auch ein »gescheittenes pawren bublein ... so wohl in *studijs* als in *cantu* zu unterrichten hat — nicht der einzige Versuch, der Kapelle Kastraten zu gewinnen, um des allzu raschen Wechsels der Diskantisten überhoben zu sein.

Adam Ertl (Örtl), Tenorist. Aufgenommen am 26. Sept. 1615; Besoldung 72 fl; die Emolumente, außer dem Getreide, wie Frueauff.

Michael Ulrich Olcus, Altist. Ursprünglich als Rechenkammer-Scribent (Kirchenbauschreiber nennt er sich selbst) aufgenommen, erhält er laut Befehl vom 28. Juli 1615 »wegen beywohnung der Music« jährlich 12 fl.

Nicolaus Ferdinand Keßler, Altist; »von Bernsheim ahm rhein bürttig, *Altista* kommen von Ingolstatt«. Am 22. Juni 1615 mit einer Besoldung von 72 fl. angenommen, bittet er schon Anfang August den Pfalzgrafen um Vorausbezahlung eines Quartals, da er sich auf der kommenden Messe Kleider kaufen wolle. Noch mehrere Suppliken finden sich von diesem unnützen Kapellmitglied; so eine dat. Neubg. 1. Jan. 1616, worin er wegen eines Schmerzens im linken Knie um Vorschuß bittet. Das kranke Bein hinderte ihn aber nicht, Ende März zu entlaufen; er hatte den Pfalzgrafen in summa fl. 76, kr. 21 gekostet.

Sein Nachfolger wurde Andreas Schubhart aus Würzburg; seit dem 24. Juli 1618 bei den Lautenisten des Pfalzgrafen, Edward Leech verdingt.

Für den Diskant gebrauchte man in der Kapelle anfäuglich Knaben, die fast von Jahr zu Jahr wechselten. Seit April 1615 wird unter ihnen aufgeführt Balthasar Hummel, der Sohn eines Neuburger Schusters David H., in die Kapelle aufgenommen am 28. Sept. mit einer Besoldung von 10 Rth., einem Kleid und ½ Scheffel Korn; seit Nov. 1615 Johann Hummel, wohl sein Bruder; endlich Veit Titzinger, dem laut Befehl vom 6./16. Mai 1615 12 fl. und einige Naturalien »wegen beywohnung der *Music*« verreicht werden sollen. 1618 sind zwei von diesen Diskantisten ersetzt durch Balthasar Schubhart aus Würzburg, Bruder des oben erwähnten Altisten, und Georg Ketle (Köttle) aus Schrobenhausen; 1619 werden genannt Michael Pröll und Johann Unkauff, 1620 Francisco Filibero (Italiener?), Georg Köttle, Johann Lang, Georg Agricola.

Diesem Sängerchor stehen gegenüber drei Instrumentisten: Hanns Billenstein, Zinkenist, »von Hauschen Im Köngsgerthall« [sic], wie er sich Ende Februar 1616 unterzeichnet; aufgenommen am 15. April 1615; Besoldung 72 fl.; — der Türmer Hans Hammerbacher und sein Bruder Georg, die beide am 5./15. Juni 1615 als Instrumental-Musikanten »nacher hoff angenommen« wurden, mit einer Besoldung von je 48 fl. Zu ihnen gesellt sich seit dem 13. Mai 1618 der Türmer Christoph Hammerbacher; wie sein Bruder (?)

Georg fähig, allen schadhaften Saiten- und Blasinstrumenten wieder auf die Beine zu helfen, wie manche Rechnung und Quittung ausweist.

Am 5. Juni 1618 wird dieser kleinen Instrumentistenschar ein charakteristischer Zuwachs: ein englischer Lautenist, namens Edward Leech, zu Syburg (Seeburg bei Urach?) in den pfalzgräflichen Dienst aufgenommen — der erste Musiker, dessen Anwesenheit über das Unentbehrliche hinausgeht und für die Musikliebe des Pfalzgrafen an sich zeugt. Seine Laute und Violbastarde kostete manchen Gulden Saitengeld, für das der Pfalzgraf nur ungern und ungläubig den Beutel zog: (vor Leech gab es am Hof weder Harfe noch Laute und Gambe —) bis der Lautenist, angezogen von dem Aufschwung der Instrumentalmusik in Italien, im Juni 1620 dorthin eine Studienreise antritt und gegen die Verpflichtung, wieder nach Neuburg heimzukehren, eine Quartalbesoldung vorausbezahlt erhält[1].

Als Kalkant wird seit 8./18. Juli 1615 Georg Ludwig Pachmann genannt, dem Ende 1618 Urban Kohl »exul Boëmus, supremæ classis Grammatices studiosus« im Amte nachfolgt; als Kapelldiener fungiert seit 5. Dez. 1615 der Kellermeister (Sumalier) des Pfalzgrafen Bartholomæus Albel um jährlich 70 fl.

Zum Kapellmeister dieser Schar stellte der Pfalzgraf vorläufig, bis zur Gewinnung eines tauglicheren Musikers, seinen Hofkaplan und Edelknaben-praeceptor Gabriel Stoup[2] an; er solle — heißt es u. a. in seiner Bestallung — »biß auf unser fernere Verordnung zur *Direction* Unserer Capell*music*, wie auch zu bestellung des Chors sich gebrauchen ... laßen ... Für solche seine Dienst wollen wir Ihme jährlich ein hundert Philippen *per* 23 batzen, oder den wert derfür, vnd neben denselben den tisch zu hof, wie andern Vnsern Hof Caplanen Verreichen laßen. Und wehret dise Bestallung ein Jahr, vnd fürter so lang, biß ein theil dem andern ein halb Jahr zuuor aufkündet ...« Er scheint denn auch so wenig geeignet gewesen zu sein, daß Wolfgang Wilhelm sich beeilte, ihn seines Musik-Direktoriums zu entkleiden; zu Beginn des Jahres 1616 heißt er schon gewesener Kapellmeister, sein Gehalt wurde ihm bis Luciae (13. Dez.) 1615 ausbezahlt.

---

1) Sein Revers lautet: Neuburg, 1. Juni 1620.

»Demnach ich Endtsbenanter nunmehr in das dritte Jahr dem ... H. Wolfgang Wilhelmen ... meinen besten vermuegen nach vor einen Lautenisten vnd Violbastardisten so woll bei dem gottes dienst als bei dero fürstlicher tafel aufgewartet hab: auch vrpietigh bin noch länger meinen dienst zu *continuiren*: weilen aber *in Jtalia* die music sonderlich floriert vnd bei herren vnd fursten daselbsten treffliche guedtte *instrumentales musici* zu finden sein. So hab ich als ein liebhaber der music nit vnder lasen khonnen hoech gemelte Jhr f. Drlt ... auf ein viertheil oder halbes Jahr, vmb erlaubnüs zu ersuechen auf das ich meine kunst etwas [ie mehr vnd mehr] perfficijren mogte vnd also vorthin Jhrer f. Drlt. mit meinem geringen Dienst bessere *satisfaction* leisten khondtte.

Welche meine pitt Jhr f. Drlt in ... gnaden nit allein aufgenohmmen sondern mir auch, zu meiner vorhabenden rais ein *quartals* besoldung voran volgen lasen ... verspreche auch ... bei aids pflugten das ich nach volpragter raisen, mich widerumb gehorsamist in diensten bey Jhrer f. Drlt instellen wil ...«

2) H.-A. Bestallung und Besoldung Gabriel Stoup hoff Caplans vnd der Edelknaben *præceptoris* auch *Directoris* der Hofmusic. (dat. Neuburg 1. Okt. 1614).

Einen vollwertigen Nachfolger gab ihm der Pfalzgraf nicht; es hat den Anschein, als ob der Fürst von Anfang an an die Aufnahme eines namhaften italienischen Kapellmeisters gedacht hätte. Das Kapellmeisteramt teilte sich zwischen dem Hofkaplan Jacob Linnich[1]), der die administrative Tätigkeit (»die auszhalung vnd *inspection* der *musicanten*«), und einem Vizekapellmeister, der die musikalische ausübte. Als solcher trat am 16. Jan. 1616 in den Dienst des Pfalzgrafen Matthaeus Bluem (Bliem, Pluem) aus Schongau, um den jährlichen Sold von 200 fl. und 2 Scheffeln Korn. Seine Bestallung lautet:

»Von Gottes gnaden Wir Wolfgang Wilhelm [tit.] thuen kundt vnd bekheunen hiemit, daß wir vnßern lieben getreuen Mattheum Bluem von Schongaw zue vnßerm diener vnd *Vice*-Cappellmeister dergestalt an vnd aufgenommen haben, daß er ... vnßer *Music dirigiren* biß wir einen Cappellmeister verordtnen, auch hernach in abwesen deß Cappellmeisters ..., auf die andre zur fr. Cappell bestellte *musicos*, vocales et instrumentales gutes auffsehen halten, ... wie er dann sie dahin halten solle, daß sie who nit täglich, doch zum offtern in der Wochen zuesammen kommen, vnd mit *musicirn exerciren*: ...

Wann auch an der Orgel, Positif, regaln, oder andern *musicalischen instrumenten* sich mangel erzeigen solte, solle er solches bey Zeiten anzeigen ...

Ferners so wirdt er auch schuldig sein, so offt es gebreuchig oder ihm befohlen wirdt, den *Chorum* vnd die *music*, so wol in der Cappell, alß bey der Tafel fleißig zue bestellen; Was für *instrumenta* vnd *musica*lische bücher nach vnd nach erkhaufft werden, soll er neben den befundenen fleißig *inuentirn* vnd zue sammen halten ...«

In Bluem scheint der Pfalzgraf gefunden zu haben, was der Kapelle not tat: ein tüchtiger und pflichteifriger, und höchst produktiver Kapellmeister. Gabriel Stoup hatte 1615, bei Einrichtung der Kapelle, nach München sich aufmachen müssen, um Notenmaterial für den Kirchendienst einzukaufen — 4 Messen, ein Chorbuch »bey hundert bletter« werden insbesondere aufgeführt —; Bluem sorgte zum großen Teile selbst für den Bedarf an neuer Musik, wie sich durch manche Papier- und Buchbinderrechnung belegen läßt. Was etwa an fremder Musik unter seiner Leitung aufgeführt wurde, lehrt ein »Verzeichnis der zu kaufenden *Music*stücken« von seiner Hand (17. Oktober 1618), einzelne Werke mit einem besonders empfehlenden Wort versehen[2]):

Missæ et Motettæ.

		fl.	kr.
	Gastoldi à 8. cum Baßo[3])		48
schön	Petri Lappi p.o & 2o. lib. cum Bas.[4])	1	58

---

[1] Am 1. Aug. 1614 als solcher in Wolfgang Wilhelms Dienste getreten; er besaß eine Pfarre zu Rosell in der Diöcese des Kurfürsten von Köln und des Kapitels von St. Georg ebenda.
[2] R.-A. Pfalz. Neubg. 40.
[3] »*Meße et Motetti, a otto voci ... Con la Partitura per l'Organo, libro Primo ...* Venetia 1607.«
[4] 1601 und 1608 erschienen.

		fl.	kr.
schöne opera	Symphoniæ Gio. Gabrielis: lib. 2[1].	3	20
	Concerti Andreæ Gabrielis[2]	3	20
	Concerti Neandri[3] à 4. 5. 6. 7. 8. 9. 10. 12. 16. lib. 1. 2. 3. 4.	6	—
schöne	Magnificat: Stadelmayr[4] à 8		40
	Hymni Asolæ à 8. cum Baßo[5]		48
	Aurea Corena à 10. Leoni cum Baßo[6]	1	12
	Messæ Villani à 8 cum Bas.[7]	1	—
	Mortarij à 12. cum Bas.[8]	1	36

Ein weiteres Verzeichnis von Kirchengesängen, mit denen Bluem den Chor versorgte, stammt aus dem April (Aug.) 1618; die anonymen Werke mögen wohl Bluems' eigene Kompositionen sein:

Missa à 7. 12 Kr.
Missæ aliquot cum Officio S. Mariæ 24 Kr.
Missæ aliquot ad imitationem quarundam selectissimarum cantionum 24 Kr.
Lugubria Philippi Zindelin[9] 12 Kr.
Magnificat & Antiphonæ B.M.V. 30 Kr.

Man sieht: was in der Neuburger Hofkirche damals ertönte, war fast ausschließlich venezianische oder venezianisch gefärbte Musik mit ihren charakteristischen Klangmassen von Vokal- und Instrumentalchören, in denen bereits solistisch-konzertierende Effekte auftauchen, und die als unentbehrliche Grundlage den Basso continuo erfordern. Bluem's eigene Tonwerke mögen den Stempel dieses Stils getragen haben[10]; zehn Jahre später war auch er ins Lager der Modernen, zur konzertierenden Musik übergegangen. Das beweist die einzige Komposition, die sich von ihm erhalten hat — auch sie leider unvollständig: — ein *Salve regina* für 3 Stimmen mit B. c., in dem Sammelwerke, das 1628 Joh. Simon Recher, Musicus und Instrumentista am Neuburger Hof, zu Neuburg herausgab[11].

1) Die berühmten »*Symphoniæ sacræ*« von 1615.
2) Die *Concerti* von 1587.
3) Alexius Neander in Würzburg »*Musices Præfecti apud Herbipolenses*«; die vier Bücher erschienen 1605—1610.
4) Joh. Stadlmayr, damals Kapellmeister des Erzherzogs Maximilian. Das erwähnte Werk 1614 in Innsbruck erschienen.
5) Wohl Gio. Matteo Asola's *Hymnodiæ Vespertinæ*, 1602 bei Amadino in Venedig mit B. c. erschienen.
6) Leono Leoni's, Kapellmeister in Vicenza »*Parte Prima dell' aurea corona*« Ven. 1615.
7) Gasparo Villani, in Piacenza. »*Missæ quinque octonis voc.*« Ven. 1612.
8) Antonio Mortaro, in Brescia. Wohl »*Messa, Salmi ... à 3 chori*« 1608 mit doppeltem B. c. bei Amadino erschienen.
9) *Lugubria super Christi cæde & vulneribus. vocibus 5 ...* Dilingæ 1611.
10) Am 23. April 1619 läßt sich Bluem 6 Buch Augsburger Regalpapier besorgen, »die *Antiphonas super psalmos* darauf zu schreiben«.
11) *Viridarium Musicum in quo concerti Authorum præstantissimorum, voce sola .. octonisque vocibus ... continentur*. Vgl. Eitner, Bibliogr. der Musik-Sammelwerke 278, 419. Nur 4 von den 89 Gesängen sind mit den Autorennamen versehen; ob

Jacob Paix hat nicht lange mehr in der neuen Hofkapelle seines Amts als Organist gewartet. Es ist verwunderlich genug, daß der Fürst nicht gleich nach seinem Regierungsantritt wie so viele lutherische Diener, auch den Mann abdankte, der über sein Bildnis die Worte hatte setzen lassen: *Ego testor palam Salvatorem meum.* Auf der neuen Orgel, die die Hofkapelle 1616 erhielt, ein Werk des Augsburger Meisters Marx Guntzer, hat Paix noch gespielt; am 13. Nov. 1617 aber wirkt an seiner Stelle ein neuer Organist, Elias Fabricius. Gestorben ist er damals nicht: noch in einer Rechnung vom 30. Juni 1623 heißt er der alte, nicht der verstorbene Organist Jacob Paix. Der alte Mann hat sich wahrscheinlich mit seiner Familie nach Hilpoltstein zu Johann Friedrich, dem protestantisch gebliebenen Bruder Wolfgang Wilhelm's zurückgezogen; wenigstens finde ich einen Paix in Hilpoltstein am 9. Dez. 1640 in den Akten[1]) erwähnt. — Auch Fabricius hielt nicht lange aus; sein Nachfolger wurde Anfang 1620 Joseph Stos, dem am 24. Sept. des gleichen Jahres ein Zögling der Jesuitenschule, der *studiosus Rhetorices* Augustinus Ayreschmalz als Adjutor beigegeben wurde.

Wenig Nachrichten haben wir von musikalischen Ereignissen in diesen ersten Jahren des Bestehens der Kapelle. 1618 am 21. Oktober muß die Weihung des neuen Hofkirchenbaus mit großem musikalischen Prunk vor sich gegangen sein, wenn die Musik ihrer Schwesterkunst, der Malerei, nur halbwegs ebenbürtig sein wollte, die mit dem Jüngsten Gericht von Rubens am Hochaltar vertreten war. Nur eine Quittung von Jacob Linnich über 4 fl. bezieht sich darauf:

»*ad instans festum dedicationis novæ Ecclesiæ* vonn Munchen hab [ich] laßen khomen eine neue guette Zincken, Welche mir aus freundtschaft der Cæsarius [Gio. Martino Cesare] f. Dlt. in Bayeren Zinckenblaser vbergesandt ... hab selbige Zincke *Meurado* Vorwaldner Zinckenisten vberantwordet ... den 13. *Octobris* 1618.«

Weiter trug das neu (1617) errichtete Jesuitengymnasium nach der Art der Väter zur Belebung der Musikpflege in Neuburg bei: eine Rechnung vom 10. Sept. 1619 kündet von einer ihrer Aufführungen, und zugleich von der tragikomischen Knappheit der Mittel in der kleinen Residenz. Die Patres haben keinen Bassisten; der Pfalzgraf hat nun dem Heerpauker (einem der vielseitigen Brüder Hammerbacher) befohlen, ihnen mit dem Quartfagott und der Posaune auszuhelfen — dem Hammerbacher fehlt aber das »rohrle« zum Fagott und das Mundstück zur Posaune. — Endlich ist in einer Supplik des Organisten Stos (Febr. 1620) die Rede von einer »*Comedi*«, die einen großen Apparat von In-

---

nicht Bluem öfter vertreten ist? Ob nicht der genannte Hartmann Oberegger auch der Neuburger Kapelle angehörte?

1) R. A. Pfalz-Neuburg 163.

strumenten erforderte. Auch am Sonntag nach Allerheiligen 1621 führten die Jesuitenzöglinge ein Drama auf, um die Überführung der Leiber der Märtyrer Sulpitius, Charilaus, Aurelia und Flavia in die Hofkirche zu feiern; am 17. April 1622 beging man im Jesuitenkolleg festlich die Heiligsprechung des Ignatius und Xaverius: »der Herzog stellte zur Erhöhung der Festlichkeit seine Hofkapelle zur Verfügung« [1]).

Anfang 1619, im gleichen Jahre, da der dritte Teil von Michael Praetorius' *Syntagma musicum* den Deutschen die Herrlichkeit der italienischen *nuove musiche* verkündete, erhielt die Kapelle einen welschen Kapellmeister, Giacomo Negri[2]). Er weist sich sogleich als ein Apostel der neuen Kunst aus, indem er auf den Ankauf geistlicher Gesänge in Augsburg dringt, sicherlich monodischer und konzertierender Art, und selber nach Ingolstadt reist »Umb daselbst eine *theorba* an zu fremden vnd säiten darzu inzu kauffen. hat verzert 12 batzen vnd vor 14 batzen säiten inkauft«. (14. Mai 1619.) Mit dieser Theorbe, neben dem Cembalo das beste Begleitinstrument für die monodische Kammermusik, hält der neue Stil seinen Einzug am Neuburger Hofe. Am 31. Juli 1619 bittet Negri die »angefrembte« Theorbe abholen zu dürfen und etliche Saiten zu kaufen; vom 1. August liegt denn auch die Quittung des Ingolstädter Lautenmachers Lorenz Greiff über 18 fl. vor, die er von dem »Singer« Jac. Negri empfangen. Neben der Theorbe wird 1620 auch ein Positiv und Regal durch den erwähnten Augsburger Orgelmacher Marx Guntzer in Stand gesetzt (Quittung vom 7. Nov. 1620). In Negri's Gesellschaft kamen wahrscheinlich zwei andere Italiener in die Kapelle: Aurelio Boccaccio und Giorgio di Recanati, die aber schon am 20. März 1620 vom Pfalzgrafen »vmb ihres muethwillens vnd vngehorsam ihres diensts entlasen« wurden und von ihrer Besoldung »*ea divina officia quae neglexerunt*« abgezogen bekamen. Wohl um die beiden zu ersetzen, muß Negri sich in den folgenden Tagen nach Italien aufgemacht haben; es liegt ein Brief von ihm aus Verona vom 22. Mai 1620 vor, worin er seine längere Abwesenheit mit dem Ausbleiben eines Wechselbriefes von 100 fl. Reisegeld entschuldigt und mitteilt, daß von den zwei Virtuosen, mit denen er unterhandelte, der eine (*il Contralto*) nur um 200 fl. jährlich und die Kost bei Hof kommen wolle, während der andere von Tag zu Tag Fortschritte mache und dem Pfalzgrafen gefallen werde. Zu gleicher Zeit erfahren wir, daß Negri einen Knaben, Balthasar (Schubhart?) mit sich nach Italien führte, um ihn in Padua bei einem Antonio Vicentini im Geigenspiel und Gesang ausbilden zu

---

1) *Grommel-Finnreg*. Gesch. d. Herzogtums Neuburg 202.
2 In der Münchener Hofkapelle ist vom 3. Nov. 1609 bis Mitte 1610 ein Jacomo Negri Musicus mit 150 fl. jährlich angestellt. (Kirchenmusik. Jahrb. 1894. S. 66. Ich halte die Identität für wahrscheinlich.

lassen[1]). Im August 1620 war Negri wieder in Neuburg; am 20. Okt. findet sich von ihm eine Quittung über 17 fl. für »etliche *Musicalia* so er auß *Italia* mit sich gebracht (*libri necessarij Eclesiastici per la Chiesa*« wie er selbst schreibt). Der eine der mitgebrachten Sänger war vielleicht Simone Peroni, Hofkaplan (*Sacellanus Aulicus*), der am 1. August 1622 nach zweijähriger Dienstzeit Neuburg verließ »*quia hanc auram ferre non posset*«.

Damit sind — eine gleich zu erwähnende Ausnahme und ein paar Notizen ungerechnet — die Akten der bayrischen Archive über die Musik am Neuburger Hofe unter Wolfgang Wilhelm erschöpft. Zur Ausfüllung der dreißigjährigen Lücke bis zum Regierungsantritt Philipp Wilhelms stehen uns nur die leider spärlichen Nachrichten zu Gebote, die W. Nagel gelegentlich seines Aufsatzes über Gilles Heine, den Superintendenten der pfalzgräflichen Hofmusik seit 1638, veröffentlicht hat[2]). Negri hat danach die dauernde Übersiedelung des Pfalzgrafen nach Düsseldorf (1636) noch mitgemacht: in der Liste der Kapellmitglieder von 1638 aber wird er nicht mehr aufgeführt. Nach seinem Abgang, um seine Tätigkeit als Komponist zu ersetzen, hat Wolfgang Wilhelm den Heine in Dienst genommen (Bestallung vom 12. April 1638[3]); für seine Vertretung als Kapellmeister sorgte noch immer der wackere Matthaeus Bluem. Wohin er sich gewendet hat, oder ob er gestorben ist, ist nicht ersichtlich.

In einem betrüblichen Zusammenhang wird Negri's Name zu Beginn des Jahres 1624 genannt. Der Pfalzgraf hatte kurz vorher Neuburg verlassen; des Dienstes ohne die ermunternde Anwesenheit des Herrn in einem Städtchen von wenig über 4000 Einwohnern überdrüssig, vernachlässigte Negri sein Amt, vielleicht um seinen Abschied zu ertrotzen. Gleichzeitig ist zum erstenmal die Rede von Biagio Marini. Ich lasse zuerst die Dokumente folgen:

---

1) Giacomo Negri an Pfalzgraf Wolfgang Wilhelm. »Ser^{mo} Precipe mio Sig! Cle^{mo}: Attlöche l'A. V. S. sia informata, che la tardanza mia non deriua da mio mancamento, hó uoluto con la presente sinificarli, ch'io stó solo attendendo la lettera di Cambio, delli 100 Fiorini per la spesa del Viaggio, delli doi Virtuosi, ouero la risposta de l'ultima mia, nella quale diedi parte a l'A. V. S. che li Contralto, non hà uoluto acettare partito per manco di delcento Florini l'anno, et la spesa in Corte ouero fuori di Corte, come l'altro Virtuoso, il quale ogni giorno di bene in meglio uado scoprendo sia per essere di gusto a l'A. V. S. Ne meno hó hauiso alcuno da Padoua, che lui habbiano riceuuti li 25. scudi per la spesa del Figliuolo, di 3 — mesi — sicome da la lettera dell' Illmo Sig^r Fabriani [Albert F., damals Rittmeister in Neuburg] hó inteso, che l'A. V. S. habbia datto ordine subito attiò siano rimessi: Subito dunque riceuuti li danari si [!ci] meteremo in Viaggio, per essere quanto prima a Seruire l'A. V. S. a' la quale humilissimamente me l'inchino. Di Verona li 22 Maggio 1620.«

... Giacomo Neri Maestro di Capella.

2) Monatsh. für Musikgesch. 28, S. 89ff.

3) ibid. S. 93. Vgl. auch die Festschrift zum 600jährigen Jubiläum der Stadt Düsseldorf. 1888, S. 385f. »Theater u. Musik« von G. Wimmer.

Neuburg, 27. Febr. 1624. Goswin Freih. von Spierinck, Hofmarschall; Michael Mießigman und Jacob Liunich, geistl. Directores und Räte an Pfalzgraf Wolfgang Wilhelm. — — »E. f: Dhlt: werden sich zwar gnedigst wißen zu erindern, waß dieselbe Vor disem albereits zwischen dero Capellmeistern Jacobo Negri, dann Biagio Marini *Concertisten*, for gnedigste Verordnung Vnd beuelch gethon, So sollen doch Höchst gedacht E. f: Dhlt: wir Vnderthenigst zuberichten nit Vmbgang nehmen, in deme gedachter Negri ein geraume: Vnd sonderlich dise heilige Zeit hero sich deß Chors schier gar nit annimbt, nit in die Khirchen khombt, sonder andern seinen gescheff ten abwarthen Vnd spaciren: ainen alß den andern weeg aber sein Mhonatliche besoldung in die Ain Vnd Zwanzig Reichsthaler wegen der *Music* Vleissig einnehmen Vnd abfordern thuet, Vnerachtet das ganze werkh, Matthæo Bliemen, alß *Vice* Capellmeistern obligen thuet, gestalt er [Bluem] sich dann deßen albereith bekhlagt, Vnd Ihme also alleinig gar zu schwer zu sein Vermeldet, dahero E: f: Dhlt: gnedigste resolution, ob nemblich bey deroselben, Vnd so gestalten sachen, er Negri, seine dienst *continuiren*, oder derselben erlaßen, Vnd also angeregte so starckhe Monath besoldungen, weiln er so gar nichts oder wenig verrichtet, gemeiner Kirchen zum bößten, biß vf E. fr: Dhlt: fernere Verordnung erspart Vnd angewendet werden möchte.

Souill dann Ihne Marini *concertirt*, khinden E. fr: Dhlt: wir, mit grundt der warheit Vnderthenigst berichten, daß Von dero abreisen, Er, weder in deroselben Hof Capellen, noch Vnser lieben frauen Khirchen, einige Viertl stundt, auch dise heilige Zeit da daß heilige Vierzig stundige gebett Vnd Gottesdienst deglich gehalten worden, Item aniezo, da der Vierdte bueß Psalm, *Miserere* gesungen würdet, nit aufgewarttet, oder sich bey der *Music præsentirt*.] Neben disem hat gegen E: fr: Dhlt: er sich zwar Vnderthenigst erbotten, Vnd Versprochen, sowoln seine beede Khnaben, so er mit sich aus Welschlandt gebracht, alß noch andere zween teutsche *Discantisten*, inner khurzen Zeit also abzurichten, das sij nit weniger bey fürstlicher tafell, dann an derer Hof *Music* zugebrauchen, so befindet sich doch das ebenmoßige widerspill das nemblich gedachte Kbnaben an iezo weniger, dann zuuor zu gebrauchen, nichts zum fall er sij auch *instruirt proficirn*, auch khein Hofnung bej Ihnen Verhauden, in er Marini sonderlich sein Welsche bueben, Von der Khirchen abhelt, Vnd zu seinen *priuat* geschäfften, alß *famulos* gebraucht, dahero Vnder allen Capeln Khnaben (deren doch Sechs, mit Khleidungen, speiß Vnd andern nothwendigkheiten, geschweigens deßen, waß E: f: Dhlt: Ihme Marini ihretwegen *in specie* Vnd sonderbahr verraichen laßen, mit großeru Vnd in die 1279. fl. laut bey geschloßener *Specification* laufenden Vncossten Vnderhalten werden) nit einer bey fr: tafell *Music*, sondern bloß *pro uersiculis cantandis* Vnd zu schlechten Ämbtern zu gebrauchen, welches alles Vnseres erachtens daheer rhüren thuet, daß weder er Negri, noch Marini sich deren, wie sich (!) billig thuen sollen, annemmen, sondern Vergebentlich Vmbschwaiffen laßen...«

Düßeldorf, 8. März 1624. Wolfgang Wilhelm an die genannten: ». . .Euer gesambtes schreiben vom 27. *feb*: negsthin wegen des Capelmeisters Negri vnd *Concertisten* Marini haben wir zugrecht empfangen, Vnd mit mehrerm darauß anfangs vernhomen wie sich besagtter Capelmeister Zeit vnseres verreisens vnder diese heilige Zeit gar Wenig des Chors vnd Kirchen *Music* vnterfange, deme ihr Vnser Marschalck billig so lang nitt hettet zuesehen . . . sollen, doch weil deme, vnd d'i]eweil gebürter Negri eben auch diese Post ahn vns geschrieben, wie ab dem be[i]schlus zuesehen welches wir wegen seines verbleibens vnd vertzugs, etwas *dubios* vnd also gestelt befinden das Wir nit aigentlich daraus abnhemen khonen ob Ehr lenger lust zue dienen habe oder nitt. Vnd ist derwegen Vnser gnadigster beuhel das ihn vnßer Marschalck thue für euch bescheiden vnd solche seine versaumbnus fürhalten sollet mit dem anhang dha er gemeint sey lenger seinen dienst zue *continuiren* das er sich Vleißiger als nun eine Zeithero bezeige, auch die *Musicanten* zum *Exerciren* gleichs fur diesem als wie d[en] *October* gewest *conuociren* solle, Imfal er nun deme also nach zuekhomen sich erkleren wirt, hat es dhabei sein verbleiben, solte er doch noch in voriger meinung beharren vnd sich vff eine Zeitlang lieber nacher Italien *retiriren* wolte. Sein Wir damit auch gnedigst zuefrieden, vnd ihr hettet vff solchen fall ihme zum abscheit ein guldene Kett von Vngeuher Achttzich bis Zu hundert Reichsthaler verehren zuelaßen.

Vnd was dan ferner den biagio Marini anlangtt, weiln er *ordinarie* In der Kirchen khein *directorium* hat[,] derselbe vff die taffel *music* vnd *Concerten* bestelt ist [, ist] demselben nit zu uerargeren das sich so *ordinarie* bey dem Kirchendienst nit befindet, was aber dio ihme Vntergebene *Discantisten* anlangt Vermeinen wir vnns vnnotige Kosten zu uerhueten ihr vnser Marschalck sollt denselben gleichfalls Zue euch erfordern vnd mit gueter bescheidenheit, damit derselbe nit *disgustirt* vnd also die lust von der *Music* abkhomen, mit ihme darauf zu be[-] vnd vernhemen was bey einem oder andern der buben fur hoffnung furhanden seie[,] auff das man diejenige bey welchen wenig *Esperance* ist *licentijren* vnd also die vergebliche Kosten eingezogen werden mügen¹). . . .«

Negri mag wirklich nach seiner Heimat zurückgekehrt sein, da Biagio Marini am 1. Nov. 1624 sich als *Maestro di Capella* bezeichnet; doch ist es vielleicht ein Zeichen seiner Wiederkehr nach Neuburg, wenn Marini am 1. Juli 1626 wieder den bescheideneren Titel *Maestro della Musica* annimmt. Auch Marini, ohnedies ein lebhafter und unruhiger Kopf, hielt nicht lange Zeit am pfalzgräflichen Hofe aus — auch diese durch häufige Kunstreisen unterbrochen. Marini, in Brescia geboren, nennt sich 1617 und 1618 »*Musico della Serenissima Signoria di Venetia*«; 1620 »*Maestro di Capella in Sta Eufemia, & Capo della Musica degli S^{ri} Accademici Erranti in Brescia*«; 1622, 15. Nov. »*Musico, e Sonator di Violino dell' A. S. in Parma*« und so noch am 10. Dez. Im Laufe des Jahres 1623 kam er dann nach Neuburg; auf seinem opus 7⁰ nennt er sich zum erstenmal »*Maestro di Capella appresso il Ser^{mo} Sig. Volfgango Villelmo Conte Palatino del Reno*« und widmet das Werk seinem Herrn, wie billig und üblich²). Den pfalzgräflichen Hof hat er dann

---

1) Fünf Jahre später, mit Urkunde vom 4. Sept. 1629, »gründete Wolfgang Wilhelm ... ein Praebendenhaus, in dem in eigener Behausung mit einem Ökonomen und Präfekten 10—12 Züglinge zusammenwohnen und außer den wissenschaftlichen Gegenständen auch zur Erlernung der Instrumental- und Vokalmusik zur größeren Feierlichkeit des Gottesdienstes angehalten werden sollten«. — Finweg-Gremmel, a. a. O. S. 213.

2. Vogel, Bibl. I. 416. Die Dedikation datiert Noiburgh, 1. IX. 1624. Nur ein

verlassen in der Zwischenzeit vom 1. Juli 1626 bis zum 1. April 1627, als sein Oheim, Fra Giacinto Bondioli da Quinzano aus Brescia dem Pfalzgrafen Philipp Wilhelm ein 5stimmiges Psalmenwerk widmete[1]). Da heißt es in der Widmung:

»... *non mirum, si ad te, tanquam ad Clariβimum Mecœnatem, et Præclariβimum Musicæ Patronum accurrunt quam plurimi, inter quos non dedignatus es Blasium Marinum Nepotem meum Carissimum recipere, et primum excellentissimæ tuæ Musices Moderatorem præficere, ipsumque, et ejus succeβores singularibus gratiis, ac favoribus cumulare: quod ejus consanguineorum corda, et mei ipsius avunculi animum ita devinxit, ut perpetuo nos ... tibi enixe devoverimus.*«

Auffällig ist die Widmung an Philipp, und nicht an Wolfgang Wilhelm. Philipp Wilhelm, geb. am 25. Nov. 1615, war damals noch nicht zwölf Jahre alt: es ist nicht gut einzusehen, wie er Marini und seine Nachfolger im Amte mit Ehren und Gnaden überhäufen konnte. Der gute Bruder Hyazinth hat den Pfalzgrafen einfach mit seinem Söhnchen verwechselt und wird für seine Widmung nicht eben großen Dank davongetragen haben. — 1641, in seinem 13. opus, nennt sich Marini zwar noch »*Gentil'huomo, & Cavagliere del Ser.mo Palatino di Noiburg*«; doch ist die Widmung am 23. Januar in Venedig unterzeichnet. Im Frühjahr 1644 fand er sich wieder in Düsseldorf bei Wolfgang Wilhelm ein; das geht hervor aus einem Brief des Heine vom 28. Mai 1644[2]); und stimmt auch damit zusammen, daß die Dedikation seines op. 15 am 5. Sept. 1644 zu Düsseldorf geschrieben ist. Ungefähr ein Jahr darauf aber entließ der Pfalzgraf ihn wieder: Hennius meint dazu (30. Juni 1645), daß die Ware ihren Preis nicht wert gewesen sei; d. h. Marini kam mit großen Prätensionen, ohne der Kapelle, die durch die Abwesenheit der Führer, den häufigen Ortswechsel und die allgemeine Not der Zeit[3]) zerrüttet genug gewesen sein mag, wieder aufzuhelfen. Da Hennius in Lüttich ein halbes Jahr zu seiner freien Verfügung hatte, erbot er sich, einen Teil dieser Zeit auf die Regelung der pfalzgräflichen Musik zu verwenden: es ist fraglich, ob er seine Absicht ausgeführt hat. Er starb Ende Mai 1650; unterdessen, seit dem Juni 1648, wirkte in Düsseldorf wahrscheinlich schon (s. unten) ein neuer Kapellmeister, Giovanni Bat-

---

Neudruck von 1634 erhalten; da op. 6 1623 und op. 8 1626 erschien, hat es mit der Jahreszahl 1624 zweifellos seine Richtigkeit. Ähnlich ist es mit op. 9 von 1625, von dem ebenfalls 10 Jahre später ein Neudruck erschien; unmöglich ist ja nicht, daß op. 9 vor op. 8 erschien.

1) Bol. Cat. II. 185.
2) Nagel, a. a. O. 107. »*.... se bene ora per il ritorno del suo antico Maestro di Capella, non sarò cosi attualmente presente a servirla.*«
3) So muß z. B. am 20. Juni 1631 der Pfalzgraf seinen Geheimräten zu Neuburg befehlen, die Musikanten »klaglos zu stellen«, da ihnen »Jetzo in die sieben Monat besoldung hinterständig seien«.

tista Mocchi. Marini ward noch weit herum verschlagen; am 1. April 1649 ist er in Mailand; 1652—54 ist er Kapellmeister der *Accademia della Morte* in Ferrara[1]; hierauf bis zu seinem letzten Werk, op. 22, das er (Venedig, 1. Sept. 1655) dem Kurfürsten Ferdinand Maria von Bayern widmete[2], unterzeichnet er sich als einfacher *Cavagliere*. Kurz darauf muß er sein wechselvolles Leben beschlossen haben. Kein deutscher Fürstenhof hat zu seiner Zeit eine glänzendere Erscheinung aufzuweisen als ihn; und kein Meister hat mehr zur Entwickelung der Kammerkantate, besonders aber der Instrumentalmusik und des Violinspiels beigetragen als er. Durch seine Anwesenheit allein gewinnt der Neuburger Hof ebensoviel an Bedeutung für die Ausbreitung des neuen Stils in Deutschland als der Wiener und Münchener.

Noch erübrigt uns, einen Blick auf die Namen der Kapellmitglieder zu werfen, die Nagel (a. a. O.) aus den dreißiger Jahren anführt. Ihre große Anzahl läßt auf raschen Wechsel der Musiker schließen; so wird Johann Simon Recher, noch 1628 Musicus und Instrumentista, nicht mehr aufgeführt. Der Zeit vor 1633 muß eine Liste angehören, in der der Violinist Johann Paumann auftritt, da P. in diesem Jahre Neuburg verließ[3]. Wir treffen in dieser Liste eine Anzahl alter Bekannter: Jacob Klein; Meinrad Vorwaldner; Joseph Stoß noch als Organisten; Matthäus Frueauff; Georg Hamerbacher als Musikus und Trompeter; — daneben Christoph Mang, Eustachius Maaß (Mesel), Johann Koßler, Stephan Baumiller, Lechelmeyor, Feith Liedell. 1638 kommen dazu Michael de Roy, Musikus und Leibgardist; Friedrich Hamerbacher, Organist; aus dem Diskantisten von 1618 Georg Köttle aus Schrobenhausen ist ein Zinkenist geworden; Johann Jacob Stoeß, Violinist, ist wohl ein Sohn des Organisten; Georg Seivert; Petrus Alexandri Diskantist; Nicolaus Kriechenbeck, und Johann Conrad Capeller »nacher rohm verschickt« — in der Tat finde ich in dem Schriftwechsel des römischen Agenten Ondedei mit Wolfgang Wilhelm, daß dieser 1637 einen Organisten in die Lehre nach Rom schickte *»alquale si deuono dare ogni mese scudi dodeci... Item per il maestro 3 Scudi al mese.«* Die italienischen Namen: Giuseppe Basilio; Hieronimo Castellini, Hieronimo Poloni, Antonio Arigo[ne?]; Don Bartolommeo Franzoni, Aurelio, Gandelli, Joh. Sella, Gregorio Chelli werden wohl die ersten Musiker der Kapelle, vor allem die Sopranisten und Kontraaltisten decken.

Von diesen finde ich Aurelio und den Baßisten Gandelli 1631 erwähnt in einem Briefe Philipp Wilhelms an seinen Vater: (Neuburg, 4 März[4]:

»Kann auch nit vnderlaßen E. D. vnderthanigst zue berichten wie das ich gehört das der [Andreas] Schubart solle wider hieher kommen, nuhn hab ich gehört

---

1) Frco Pasini, *Notes sur la vie de G. B. Bassani*. Sammelbände der IMG., VII. 586.
2) »... *supplico ... l'A. V. S. non isdegnare questo segno della mia riuerentissima seruità, come appunto non fù sdegnata dall' indicibil Clemenza delli Serenissimi Padre* [Maximilian] *e Zij di V. A. l'Elettore di Colonia* [Maximilian Heinrich], *e'l Duca Alberto, mentre io ero Maestro di Capella, e Consigliero della Camera del Serenissimo di Neuburgo.«*
3) H. A.   4) K. bl. 53/8.

das der Capellmeister [Marini?], der Candel vnd Aurelius sollen zue sammen geschworen haben das wan der schubart wider komt wolle[n] sie g[l]eich hinwecke ziehen...« (ferner Neubg. 25. März) »...So hab ich auch E: Dhlt: gnedigste Erkhlerung wegen des Schubhardts... Vernommen. Vnd will ich dem *Bassisten* Gandell oder anndern *Musicanten* E: Dhr: gnedigste erkhlerung andeitten, daß sie sich sein Schubhardts halb nichts befahren sollen, wann er sich g. zu seiner Verantwortung hieher kommen solte...«

Giuseppe Basili und Castellini wird 1635 in der Korrespondenz zwischen Wolfg. W. und seinem Sohn genannt; der Pfalzgraf weilte damals in Wien und hatte seinen Musikern erlaubt, während seiner Abwesenheit Ehren und Verdienst in Brüssel zu suchen: Basili nun, durch Weib und Kinder an der Reise verhindert, bat um Kostgeld in Düsseldorf. Er war also wie Gandelli wohl Bassist, vielleicht sein Nachfolger.

Matthäus Bluem war noch immer Vizekapellmeister und blieb es wahrscheinlich bis zum Eintritt Mocchi's 1648; noch am 29. Okt. 1646 wird er von Heine erwähnt. Ein Sohn von ihm mag der erwähnte Jacob Bluem sein. Dieser Namenreihe kann ich nur noch Leonhard Raichert »Musicus« hinzufügen, der (Neuburg, am 8. Mai) 1643 um einige Wochen Urlaub bittet, um seine Eltern heimzusuchen; endlich Giovanni Battista Contursi aus Neapel. Für diesen Contursi verwendet sich (Düsseldorf, 22. März 1658) Pfalzgraf Philipp Wilhelm bei dem Cölner Suffraganeus, Georg Paul Stravius:

»Es hat uns unser gewester *Musicus* Joann Baptista Contursi ... zu erkennen gegeben, wasmaßen ihme von der fraw Abbtißin zue Eßen ein *Canonicat* daselbsten *conferirt* worden... [er könne aber der Pest wegen seine Attestation von seinen Verwandten in Neapel nicht bekommen]. Wan nun er aber von Wailand vußers... Vatters Dhl... in seiner Jugend auß *Italia*, zue dero diensten berueffen worden. Ihrer Dhl. auf viel Jahr, vnd Vns gleichfalß, eine Zeithlang, getrew, fleißig, vnd gehorsamb gedient... so möge man ihm die Ordination nicht versagen.«

Die Akten melden nichts von größeren Musikauffhrungen in Neuburg und Düsseldorf unter Wolfgang Wilhelms Regierung; doch haben deren sicherlich stattgefunden. So 1631 bei der zweiten Vermählung des Pfalzgrafen mit Katharina Charlotte von Zweibrücken, an die ein »*Carmen propempticum ... à Caspare Zephyrino*«, Düsseldorf 1631 erinnert; so 1642 bei Philipp Wilhelms Einzug mit seiner Gemahlin Anna Catharina Constantia — am 19. August in Neuburg, kurze Zeit darauf in Düsseldorf[1]. Das Neuburger Jesuitengymnasium verherrlichte das Fest durch »*Taedae Nuptiales Domini nostri Jesu Christi* ... Welche ... Comico-Tragœdi weiß ... angezündet worden« — eine alberne Bekehrungsgeschichte; die Jesuitenkollegien in Neuburg und Düsseldorf steuern lateinische Festgedichte bei.

Philipp Wilhelm (1653—1690).

Mit der Regierungszeit Philipp Wilhelms fällt das Wirken eines Mannes zusammen, der als Künstler und Mensch die vollkommene Verges-

---

[1] Vgl. Förch 93; Finweg 242. »Am 20. Aug. feierlicher Gottesdienst, offene Tafel, Schauspiel und Feuerwerk.«

senheit nicht verdient hat, in der sein Name bis heute geblieben ist: Giovanni Battista Mocchi.

G. B. Mocchi war um 1620 zu Marino geboren, dem malerischen Städtchen im Albanergebirg, das dem Cinquecento seine größte Dichterin, Vittoria Colonna, und dem 17. Jahrhundert neben einem andern bedeutenden Meister, Bonifazio Graziani, seinen größten Musiker geschenkt hatte: Giacomo Carissimi. In Carissimi hat Mocchi vielleicht seinen Lehrer verehrt, und mit ihm eine Freundschaft gepflogen, der die räumliche Entfernung keinen Abbruch tat: wir werden nachher sehen, daß bei der Erneuerung der pfalzgräflichen Kapelle durch römische Musiker die Vermittlung Carissimis jedesmal ausdrücklich erwünscht war und sein Votum über die Qualitäten der aufzunehmenden Sänger ein entscheidendes Gewicht hatte.

Da Mocchi im Malteserorden Versorgung suchte und fand, wie mancher Musiker vor und nach ihm, u. a. auch Alessandro Scarlatti[1]), scheint er einer verarmten Adelsfamilie angehört zu haben. An den Düsseldorfer Hof kam er (wie erwähnt) im Juni 1648 — das geht hervor aus einem Dispensgesuch des Pfalzgrafen für ihn vom 12. April 1653, dem zufolge dem Kapellmeister und Malteserritter Gio. B. Mocchi noch zwei Monate an dem Quinquennium des festen Wohnsitzes fehlten, das für die Erlangung von Ordenspfründen (*commende*) Bedingung war. Er bezeichnet sich später oft als einen der ältesten Diener des Pfalzgrafen, der durch dreißig und mehr Jahre Gnaden von ihm empfangen habe. (Briefe vom 16. Juni und 12. September 1685.) Seinem Kapellmeisteramt ward später das eines Hofmeisters der Söhne Philipp Wilhelm's zugelegt.

Bald nach seinem Regierungsantritt bemühte sich der Pfalzgraf, in Rom für seinen Kapellmeister die Verleihung eines Kanonikats zu Sittart durchzusetzen[2]). Das gelang jedoch erst nach dem Tode von Papst Innozenz X.; am 14. Mai 1655 verlieh Alexander VII. die nötigen Dispense und Bullen, und am 3. Juli konnte der Pfalzgraf ihren Empfang melden. Auf diese Präbende bei dem Kollegiatstift zu Sittart hat Mocchi 1675, vier Jahre vor seinem Abgang, zugunsten von Johann Paul Agricola, damals Kammermusikus und Organist der Kapelle, verzichtet. Seine Besoldung betrug 1663/64 70 Reichstaler monatlich, eine Summe, die auch bei der allgemeinen Verkürzung des Gehalts der Musiker im November 1663 nicht geschmälert wurde. Mocchi war während seiner Dienstzeit begütert genug, mit seinem Herrn des öfteren Geldgeschäfte abzuschließen, wofür ihm der Pfalzgraf seine Erkenntlichkeit durch mancherlei Gnaden bezeugte: am 1. April 1671 verlieh er ihm, neben einer

---

1. Dent, p. 133.
2) 12. April 1653. Phil. W. an seinen Agenten in Rom Giac. Fantuzzi. St. A., K. bl. 58/23.

Schenkung von 120 Dukaten, eine lebenslängliche Pension von monatlich 15 neapolitanischen Dukaten aus den Einkünften seiner Baronie Rocca Guglielma im Königreich Neapel.

1679 legte Mocchi, gebrechlich und von einem Kopfübel gepeinigt, sein Kapellmeisteramt nieder und zog sich in seinen Geburtsort zurück, mit der Absicht, in den Dienst Philipp Wilhelm's mit der Wiedergewinnung seiner Kräfte zurückzukehren. Der Pfalzgraf legte ihm zu seiner lebenslänglichen Pension von 10 Dukaten 30 weitere monatlich zu[1]) und suchte ihm eine Präbende in Rom zu verschaffen — nach manchen gescheiterten Versuchen eine der vom Principe Borghese vergabten Pfründen an Sta Maria Maggiore[2]). Auch dies mißlang[3]); der Pfalzgraf entschädigte ihn durch Anweisung von 100 Scudi jährlich »per la Messa quotidiana, e Cappella eretta nella Chiesa Colleg^{ta} di Marino«, und zwar solange, bis der neapolitanische Agent des Pfalzgrafen im Banco di S. Spirito zu Rom 2000 römische Scudi deponiert hätte, deren Zinsgenuß Mocchi zustehen sollte. Als Anfang 1682 die drei Söhne Philipp Wilhelm's, Wolfgang, Carl und Franz sich in Rom aufhielten, stieg auch Mocchi aus seinem Bergnest nach Rom herab[4]), um seine Zöglinge zu begrüßen (am 29. April). Seiner Hoffnung, nach Neuburg wieder zurückzukehren, entsagte er im folgenden Jahre; er schreibt (Marino am 14. Juli 1683):

» . . . eine Pilgerfahrt zur uralten Kirche von Grottaferrata, Abtei und Kloster der Basilianer-Patres zwischen Frascati und Marino, wo ich mich der heiligsten Jungfrau Maria, deren Wunderbild man da verehrt, empfohlen habe, hat mir meine Leibeskräfte in dem Maße wiedergeschenkt, daß ich mich beinahe für gesund schätzte, wenn mir die Schwäche des Kopfes nicht geblieben wäre. Und wenn mir nicht die augenscheinliche Gefahr drohte, auf dem Wege zu sterben, unternähme ich gern und bald die Rückkehr, um mit meiner Anwesenheit E. H. zu dienen. . . .« worauf der Pfalzgraf ihm antwortete (Neubg., 11. Aug. 1683), er möge sich die wohlverdiente Ruhe gönnen und seiner unveränderlichen Gnade versichert sein.

Wieder ein Jahr darauf beginnen Mocchi's Klagen über die Saumseligkeit und das Widerstreben des neapolitanischen Residenten, ihm seine Pension und die zur Unterhaltung der Messenstiftung nötige Summe auszuzahlen.

» . . . da ich mich aus Mangel an Geld schon in äußerster Not befinde, suche ich vertrauensvoll meine Zuflucht bei E. H. . . . die nicht zulassen wird, daß ich den kleinen Rest meiner Tage in Angst und Elend verbringen, und Hungers sterben soll, nachdem ich solange Jahre von der königlichen und

---

1 Befehl an den neap. Residenten Mascambruno. Neubg. 6. Dez. 1679.
2) Bericht des römischen Agenten Pierucci. 30. Juni 1679. — Empfehlungsbrief Phil. Wilhelms für Mocchi an Kardinal Giacomo Rospigliosi, datiert Burglengenfeld 29. 8. 1679.
3) Pierucci an Phil. Wilhelm, Rom, 7. Okt. 1679.
4) Pierucci an Ph. W., Rom, 2. Mai 1682.

himmlischen Güte E. H. überreichlich und glänzend versehen und erhalten war...« (Marino, 12. Juni 1684)[1]). Der Pfalzgraf mahnt denn auch (Neuburg, 5. Juli)[2]) seinen Residenten: »... dieser Mocchi hat so lange Jahre zu Unserer völligen Zufriedenheit Uns, und besonders den Prinzen, Unsern Söhnen gedient, daß er mehr verdiente als was Wir ihm von Euch angewiesen haben...«, und Mascambruno beteuert seinen guten Willen, nicht ohne sich auf den magern Geldzufluß in die Kassen zu berufen; vergeblich! »Herr Antonio Mascambruno verzögert mir beständig... die Zahlung der Anweisungen E. H. für meinen Unterhalt und Lebensbedarf, wie für die Pfründe und die Messen, gelesen von einem eigenen Priester für das Heil E. H. und Ihres Hauses und meiner Seele, hier in der Collegiatkirche zu Marino in der Kapelle der hl. Jungfrau del Carmine, die ich zum Wohlgefallen E. H. vor vielen Jahren errichten ließ... E. H. wird nicht gerne die Nachricht empfangen wollen, daß ich im Bettelstande, und in äußerster Not gestorben sei...« (Marino, 23. Sept. 1684.)[3]) Die gleichen Klagen ziehen sich durch das ganze nächste Jahr fort: »... Drei Jahre sind es schon, ohne daß er mir auch nur eine Zahlung geleistet hätte... mein ganzes Vermögen habe ich verbraucht für meine armen Verwandten, für Kirchen, Klöster, heilige Stätten...« (Marino, 26. Feb. 1685)[4]) — Klagen, denen der Pfalzgraf nur wirkungslose Befehle an seinen Residenten entgegenstellt. Am 30. Nov. 1686 hat Mocchi 360 Dukaten anstatt der fünffachen Summe erhalten; im folgenden Jahre sind 600 daraus geworden; einem Dankbrief für den Besuch seines früheren Zöglings, des Pfalzgrafen Ludwig Anton fügt Mocchi bei: »... er wird E. H. leicht den bettelhaften und jammervollen Zustand schildern können, darin er mich gefunden hat...« (Marino, 20. März 1687.)[5]) Es bedurfte einer Mahnung des Vizekönigs von Neapel, um Mascambruno wenigstens zur Zahlung einer kleinen Teilsumme zu veranlassen, die Mocchi in den Stand setzte, seine Schulden zu tilgen. In seinem letzten Brief vom 31. Jan. 1688 an den Kurfürsten[6]) spricht Mocchi seinen Dank aus und empfiehlt seine Verwandten dem Schutz seines Herrn: »... ich merke, es ist das letzte Mal, daß ich vor E. H. erscheine; und mit aller Demut, und Herzensneigung danke ich kniefällig E. H. für die unendlichen mir erwiesenen Gnaden, und bitte mit Tränen in den Augen um Verzeihung für meine schlechte Dienstleistung...«

Seine Ahnung betrog ihn nicht; er starb am 24.[2]) März 1688 in seiner Vaterstadt, »von allen betrauert wegen seines guten Herzens«. Der Kurfürst befahl (Friedrichsburg, 11. Mai 1688[3]) die Zahlung seiner Pension, Jubilation und andrer lebenslänglicher Gnaden einzustellen; dagegen sollte es bei der Einzahlung des Stiftungskapitals von 2000 Scudi in die römische Bank bleiben. Doch hatten die Erben Mocchi's, sein taubstummer Neffe Isidoro Mocchi mit Weib und Kindern, noch 1712 an den neapolitanischen Residenten Ansprüche zu stellen.

1) K. bl. 59/26.
2) K. bl. 66/3.
3) K. bl. 59/26.
4) K. bl. 59/26.
5) Der Resident schreibt: am 25., am 24. sagt der Kurfürst.
6) K. bl. 66/4.

Von Mocchi's künstlerischer Tätigkeit hat sich wenigstens ein sicheres Zeugnis erhalten: ein deutsches Weihnachtsspiel[1]). Die Aufschrift auf den fünf Stimmblättern von zeitgenössischer Hand (nicht Autograph), die freilich, voll von unverbesserten Nachlässigkeiten und Fehlern, nie zu einer Aufführung gedient haben können, lautet: »*à 4: 2 V V: [Violini] è C: [anto] et Baß: del Sig: Joan: Bapt: Moche:*«

In seinem ersten Teil ist das Werkchen ein echtes Krippenspiel: Maria bittet die Englein und Joseph, ihr das Jesuskind wiegen zu helfen. Dann aber tritt an die Stelle der heiligen Gestalten eine Personifikation der Gläubigkeit, mit der Beteuerung der Liebe zu Gott, der Klage über das harte Lager des göttlichen Kindes, der Bitte um ewige Ruhe. Und damit nicht genug, drückt der Sopran in einer unbegleiteten Arie sein Staunen aus über die Menschwerdung Christi; und der Baß knüpft daran die Aufforderung an alle Sünder, zur Krippe zu eilen und im Anschauen des neugebornen Heilands Gnade und Trost zu gewinnen.

Hierauf wird mit kleinen Varianten im Text bis zu den beiden Arien das Ganze wiederholt.

Das kleine Weihnachtsoratorium — halb Krippenspiel, halb lyrische Kantate, mag um 1675 für eine Vorführung durch die fürstlichen Kinder geschrieben sein. So anspruchslos und einfach, so reif und stimmungsvoll ist es; die Reinheit der Intention, die Lieblichkeit und Kraft der musikalischen Erfindung stellen es in unmittelbare Nähe der Kantaten Carissimi's.

* * *

In einem Akt des Geh. Staats-Archivs liegt ein ziemlich umfangreicher Briefwechsel Mocchi's vor, zumeist mit seinem Herrn, doch auch mit den jungen Pfalzgrafen und dem Sekretär Edm. Fr. Isenbroch; ein Briefwechsel, der den Charakter des liebenswerten Mannes ganz und wenigstens zum Teil das Leben in der Kapelle unter der Regierung Philipp Wilhelm's wiederspiegelt. Um ein vollständigeres Bild davon zu gewinnen, sei dieser Briefwechsel mit den armseligen unmittelbaren Nachrichten über die Neuburger Hofkapelle, mit den Berichten der Agenten des Pfalzgrafen in Rom und Neapel und andern Korrespondenzen vereinigt. Dabei mögen und müssen die Akten selber sprechen, wenn die Ausbeute mehr sein soll als ein dürres Bündel bloßer Notizen.

Düßeldorf, 12. April 1653. Philipp Wilhelm an seinen Agenten in Rom, Giacomo Fautuzzi[2]).

---

[1]) München, Hof- und Staatsbibl. Mus. Ms. 1503^m. Über eine andere mutmaßliche Komposition Mocchi's siehe S. 368. Der Kapellmeister wird seine Kunst wohl auch in den Dienst der Neuburger und Düsseldorfer Jesuitenväter gestellt haben, die alle besonderen Gelegenheiten, den häufigen Residenzwechsel ihres Landesherrn, die Besuche fürstl. Personen u. dgl. durch dramatische Aufführungen feierten. Vgl. z. B. Finweg-Gremmel 248f., Förch 103.

2. K. bl. 58/23.

»... Wir geben Euch den Auftrag, Uns hieher zu schicken einige Madrigale, Liebes- oder Trutzliedchen, [*canzonette di Amore o di sdegno*] damit sie Unser Capellmeister in Musik setzen kann. Verschafft ihm gleicherweise lateinische Textworte zur Composition von Motetten von einem gewißen Odoardo Ceccarelli, päpstlichen Musiker; sie sind zu bekommen bei dem Capellmeister von S. Apollinare [Carissimi], oder durch Vermittlung eines andern Musikers...«

Auch später noch hat Mocchi sich mit der Komposition von Kammermusik abgegeben: so ist am 22. Okt. und 6. Nov. 1677 die Rede von 12 Arietten für 2 und 3 Stimmen[1]. — Der Pfalzgraf nahm übrigens in der Folge eigene Literaten in Sold, die ihn von Italien aus mit Texten versorgten; daneben sandten die Agenten manchmal aus eigenem Antrieb Kantaten- und Operntexte, — bis mit den Rapparini und Pallavicini Hofpoeten am Pfalz-Neuburger Hofe selbst einzogen. Ich stelle einige der hierhergehörigen Notizen zusammen.

Rom, 10. Mai 1653. Fantuzzi an Philipp Wilhelm[2].
...»Beiliegend erhält E. H. verschiedene Canzonetten und Madrigale von der Hand der ersten Leute dieses Fachs in Rom; ich hätte auch die musikalische Composition dazu bekommen können, wäre mir nicht das Gegenteil anbefohlen«... [am 17. Mai]... »ich schicke E. H. andre Werke zur Vertonung, damit Ihr Capellmeister die besten auswähle...«

Neapel, 3. Jan. 1662 überschickt der neapolitanische Resident 25 Scudi nach Rom für den Dichter Gasparo Visconti[3]; am 3. Juli 1664 setzt Philipp Wilhelm diesem Visconti eine Pension von 50 Scudi aus, »unter der Bedingung, daß er Texte für die Kammermusik hieher schickt»[4]. An seine Stelle ist 1666 Antonio Abbati getreten, mit dem gleichen Gehalt[5]; ein Jahr darauf starb er.

Rom, 14. Sept. 1677 schreibt der römische Agent P. Pierucci an Phil. W[m].[6].
»... der Herr Filippo Bussi, Freund des Forli, Cammermusikers E. H. hat mir eine gedruckte Komödie »*Girello*«[7] betitelt eingehändigt, und dem Wink des Herrn Sekretärs Isenbroch gemäß schicke ich sie hier beigeschlossen ...« — vielleicht eine Bestellung für die Hochzeitfeier des Erbprinzen Johann Wilhelm mit der Erzherzogin Maria Anna Josepha. Auf die gleiche Gelegenheit macht der Venezianer Baron Capellari »*una elegante composizione*« (Pierucci, Rom 20. August 1678.)[8] 1688 bietet sich ein neapolitanischer Dichter, Dr. Basilio Giannelli, »*Ingegno florido, e stimato de' virtuosi di questa città, ritrovandosi molto applicato alla Poesia, nella quale hà dato non picciolo saggio anco in Accademie forastieri*« mit einem epischen Gedicht über die Belagerung von Buda nach Art von Tasso's *Gierusalemme*

---

1) K. bl. 57/13.
2) K. bl. 58/23.
3) K. bl. 65/9.
4) K. bl. 71/1.
5) K. bl. 65/10.
6) K. bl. 71/3.
7) Wohl das »*Drama musicale burlesco*« des Filippo Acciajoli. — Vgl. Ademollo. *I teatri di Roma* 121f.
8) K. bl. 71/3.

liberata, dem Kurfürsten oder einem seiner Söhne als Hausdichter an —
doch lautet die Antwort (Friedrichsburg 11. Mai 1688) ablehnend: »für das
bischen italienische Poesie, das Wir brauchen, sind Wir genügend versehen«[1].

Wir kehren zurück zur Geschichte der Kapelle unter Mocchi.

Düsseldorf, 1. Aug. 1654 P. W. an Fantuzzi[2]).

»Unser Kapellmeister hat Uns berichtet, was Ihr ihm angezeigt habt betreffend den Violinisten Carlo Girano [sic! Gorano]... Verhandelt mit ihm, um ihn für unsern Dienst zu gewinnen und bietet ihm 30, 35, bis zu 40 Rth. monatlich, und wegen seiner Reise hieher schließt mit ihm so gut und mit so wenig Kosten ab, als Euch billig dünkt...«

Düsseldorf, 10. Oktober 1655. desgl.[2])

»... erkundigt Euch genau, ob ein sogenannter Isidoro [Cerruti?] in Rom als einer der besten-Baßsänger und ein gewißer Don Salvatore [...?] aus Neapel als ausgezeichneter Geiger gilt. Ihr könnt darüber das Gutachten des Kapellmeisters an S. Apollinare Don Carissimi hören, und, falls er ihnen ein solches Zeugnis gibt, erkunden, mit welchem Gehalt sie in Unsern Dienst treten möchten...«

Rom, 19. Dezember 1654. Fantuzzi an Ph. W.[2])

»Der Baßsänger Isidoro, einer der hervorragendsten Virtuosen von Rom, hat mir gesagt, für jetzt von Rom nicht fortgehen zu können, [da ihm sonst eine Erbschaft von 6000 Scudi entgehen könnte; er wolle aber gerne kommen, sobald er frei sei und überlasse die Höhe des Gehalts dem Pfalzgrafen...]
... Dem Geiger Carlo Gorano, der sich in seiner Heimat Pavia befindet, wo er auf die Befehle E. H. wartete, hab ich geschrieben, sich sobald wie möglich auf den Weg nach Düßeldorf zu machen, falls er noch des Sinnes sei in den Dienst E. H. zu treten...«

(Es folgen nun langwierige Verhandlungen mit dem ausgezeichneten Bassisten und Erben von 6000 Scudi, an dessen Besitz dem Pfalzgrafen sehr viel lag. Er bietet ihm den Posten eines Vizekapellmeisters mit 60 Rth. monatlich und 120 Reisegeld an, stellt ihm die Rückkehr frei, schlägt vor, ihm wenigstens solange zu dienen, bis er Ersatz gefunden[3]); und Carissimi vereinigt seine Bemühungen mit denen des Agenten, den Sänger zur Abreise zu bewegen[4]): vergeblich — am 30. Jan. 1655 berichtet der Agent:)

»Da der Baßsänger Isidoro entschloßen ist, Rom nicht zu verlaßen, bearbeite ich eifrig einen gewißen Giovanni Carlo [Ferucci], der in St. Peter dient und mir von dem Herrn Carissimi gelobt wird; ich fürchte aber, daß er sich schon mit dem Herrn Herzog (! Kurfürsten) von Bayern eingelaßen hat... auch nach Bologna hab ich geschrieben, wo gewöhnlich gute Virtuosen wachsen...«

Rom, 6. Februar 1655. Fantuzzi an Ph. W.[2])

»Der Violinspieler Carlo Gorano antwortet mir; aus Mailand: obwohl ihm der Gehalt von 30 bis 40 Thalern monatlich, den ihm E. H. anbietet, gering scheine, wolle er sich trotzdem aus Begierde Ihr zu dienen, sogleich nach Empfang des Reisegelds nach Düßeldorf auf den Weg machen... er

---

1 K. bl. 66/4.
2) K. bl. 58/23.
3) K. bl. 58/23. Düsseldorf, 24. Dez. 1654.
4) K. bl. 58/23. Rom, 23. Januar 1655.

hoffe dann, wenn E. H. mit ihm zufrieden sei, dem Roberto [Sabbatini[1]] nicht nachgestellt zu werden, dem er in keinem Punkt weichen zu müßen glaubt.« [Fantuzzi befiehlt ihm, ohne Verzug abzureisen; die Reisekosten sollten ihm in Düßeldorf ersetzt werden.]

... »Giovanni Carlo [Ferucci], der Baßsänger von St. Peter, erwartet eine Antwort von Ihrer Durchlaucht von Bayern; falls Diese ihn nicht annähme unter den Bedingungen, die er stellt, ergriffe er mehr als gerne den Dienst E. H., ich glaube mit 40 Rth. monatlich Gehalt. Freilich würde er außer dem Reisegeld noch 100 Ungarische Ducaten als Gnadengeschenk fordern, wie er sie von Ihrer Dhlt. von Bayern zu bekommen im Sinne hat...«

Düsseldorf, 6. März 1655. Ph. W. an Fantuzzi[2]).

... »Wir wollen glauben, daß der Geiger Carlo Gorano sich willfährigst mit den 40 Rth. monatlich begnügen wird, wie auch der Roberto [Sabbatini] zu Beginn seiner Dienstzeit gethan hat, zumal Wir immer seinen Gehalt verbessern können, nach dem Maß der Befriedigung, die seine Kunst Uns gewähren wird...«

Rom, 20. Februar 1655. Fantuzzi an Phil. W.[2])

... »Gio. Carlo Ferucci]... hat von J. Dblt. von Bayern noch keine bestimmte Antwort erhalten... ich glaube nicht, daß er um weniger als 50 Rth. den Dienst annehmen wird.

Man hat mir übrigens Hoffnung gemacht, einen gewißen Don Francesco, [...?] der im Dienst des Prinzen von Gallicano steht, bestimmen zu können [in E. H. Capelle zu treten]. Er ist nächst Isidoro der erste Baßsänger von Rom, und viel beßer als der erwähnte Giovanni Carlo; da er gerade krank liegt, hab ich keine feste Antwort bekommen können, obschon mir viele, und besonders Herr Carissimi Hoffnung machen, er werde in den Dienst E. H. treten können. Dieser Don Francesco ist, obwohl er nicht komponiren kann, und nur mäßig [das Cembalo] spielt, ein höchst gewandter Sänger mit einer sehr angenehmen Stimme...«

(Düsseldorf, am 13. März 1655 antwortet der Pfalzgraf, Fantuzzi möge den Isidoro warm halten, bis er nach gemachter Erbschaft in den Neuburger Dienst treten könne; unterdessen aber mit Don Francesco abschließen. Und nun bedarf es wieder unendlicher Verhandlungen mit diesem Sänger, den der Pfalzgraf von dem Prinzen von Gallicano erst formell erbitten mußte; der, anfangs gefügig, schließlich immer neue Ausflüchte ersann, um die Abreise von Rom hinauszuschieben. Nur kurze, bezeichnende Auszüge aus diesen Verhandlungen.)

Rom, 8. Mai 1655. Fantuzzi an Ph. W.[2])

»... Don Francesco verlangt [außer 50 römischen Scudi statt der ihm gebotenen 50 Rth.] ferner das Geschenk, das man üblicherweise jedem Musiker gibt, der Rom verläßt, und das gemeiniglich 100 Ungar-Dukaten beträgt, wie sie alle die Musiker bekommen haben, die nach Bayern, Cöln, nach Wien und ins Reich, und nach Polen gegangen sind, mit weiteren 100 Dukaten Reisegeld. Er behauptet des weiteren, daß E. H. diese Summe [auch] dem Bassisten [Gabriele] Ansalone[3]) geboten habe... [folgen noch weitere Forderungen].

... Der Baßsänger Giovanni Carlo [Ferucci] ist mit 50 Scudi monatlich, und dem Weingeld, außer dem Reisegeld und Gnadengeschenk nach

---

1) Über Sabbatini vgl. unten.
2) K. bl. 58/23.
3) Über ihn s. unten.

Bayern gegangen. [In der Tat dient er von 1655—1680 in der Münchener Hofcapelle[1]]. Der Geiger Carlo Gorano ist von Mailand nach Düßeldorf abgereist...«

Düsseldorf, 28. Mai 1655. Ph. W. an Fantuzzi[2]).

»Da einer Unserer Tenorsänger [Giovanni Pietro Finatti] sich krankheitshalber in seine Heimat zurückziehen will, und Uns ein sogenannter Vulpio empfohlen wird, den der Herr Carissimi kennt, so bemüht Euch mit deßen Vermittlung ihn zum Eintritt in Unsern Dienst zu bereden. Falls er aber keine Lust dazu hätte, so ersucht gedachten Carissimi, Uns einen andern zu verschaffen: Wir erwarten von seiner erprobten Zuneigung für Uns ein hervorragendes Subjekt, und sind zufrieden, daß er zu diesem Zweck unter Eurer Teilnahme mit einem solchen [Tenorsänger] verhandle über die Bezahlung, das Geschenk und Reisegeld, damit er sich so schnell als möglich in Gesellschaft des ... Francesco hieher auf den Weg mache...«

Rom, 19. Juni 1655. Fantuzzi an Ph. W.[2])

...»Don Francesco... (versteift sich auf seine 50 Scudi)... und jetzt um so mehr, als ein von J. Dhlt. dem Erzherzog Leopold [L. Wilhelm, damals noch Generalgouverneur in den span. Niederlanden] hieher geschickter Musiker ihn zum Dienst bei J. H. verlangt, und ihm fürs erste 50 Scudi monatlich mit 200 Ungar-Dukaten als Reisegeld und Geschenk geboten hat. Deshalb hab ich den Herrn Carissimi gebeten, einen andern guten Baßisten ausfindig zu machen, obwohl sich keiner diesem ebenbürtiger, der Rom verließe, wird finden laßen...

Da der Tenor Vulpio mit dem Prinzen von Nerola zum Zeitvertreib (a spasso) außer Rom gegangen ist, will ich bei ihm, wenn er zurückgekehrt, anfragen, ob er den Dienst E. H. annehmen wolle (obschon er hier verheiratet ist); und werde mit Hilfe des Herrn Carissimi Gehalt, Geschenk und Reisegeld richtig machen.«

Rom, 26. Juni 1655. Fantuzzi an Ph. W.[2])

...»der Volpio... hat geantwortet, er könne nicht von Rom weggehen, da er beweibt sei. Daher bemühen wir, der Herr Carissimi und ich, uns um einen andern, aber es wird sehr schwer halten, da hier großer Mangel an guten Tenoristen und Baßisten herrscht, mehr als bei jeder andern Stimmgattung. [Zudem] stellt ein vom Erzherzog Leopold geschickter Tenorist hier die gleichen Bemühungen an, Musiker zum Dienst zu verpflichten, denen er gute Gehalte anbietet, außer den 200 Ungar-Dukaten für Reisegeld und Gnadengeschenk.«

Rom, 3. Juli 1655. desgl.[2])

»Ich bemühe mich im Verein mit dem Herrn Carissimi weiter um einen guten Baßisten und Tenoristen; allein bisher ist uns nicht geglückt etwas Gutes zu finden. Da war ein sehr guter Tenorist aus Bologna, ein Servitenmönch, der gerne in den Dienst E. H. gegangen wäre, wenn er nicht mit dem Kurfürsten von Cöln in Unterhandlung stünde...«

Rom, 17. Juli 1655. desgl.[2])

»Endlich hab ich einen guten Tenoristen, namens Aleßandro Borgiani bestimmt, nach Deutschland in Dienst E. H. zu gehen. Er steht in der Capelle von St. Peter, wo man nur gute Musiker annimmt, stammt aus

---

[1] Kirchenmusik. Jahrbuch 1895, S. 45, und D. d. T. i. B. II. 2, S. XIX. und XXI.

[2] K. bl. 58 23.

Rom, und ist Musiker von Raße, da sein Vater, und seine Brüder [ebenfalls] Musiker sind. Er ist 24 bis 25 Jahre alt, trägt Priesterkleid und bewegt sich mit gutem Anstand. Zu meiner [Fantuzzi's] Zeit war er in Polen als Sopranist im Dienst des Bischofs von Posen; viele Berufsmusiker haben ihn mir sehr gerühmt, und der Herr Carissimi selbst hält ihn für tauglich zum Dienst bei E. H. Wenn er mit Vulpio sich auch nicht vergleichen läßt, so singt er doch — wie mir der Herr Carissimi sagt — sicher und mit großer Anmut, paßt für Kirche und Kammer, und kann immer beßer werden... Im Verein mit dem Herrn Carissimi hab ich mit [diesem] Aleßandro 40 Rbt. monatlich Gehalt und 225 neapol. Dukaten für Reise und Geschenk ausgemacht...

Ich habe noch zwei junge Baßisten von 23 bis 24 Jahren bei der Hand, die man für gut hält und zu allen Aufführungen beizieht. Der eine davon steht in der Capelle von S. Giovanni Laterano und heißt Matthias [...]: der Herr Carissimi lobt ihn mir, und hält ihn für paßend für E. H. — freilich sei er weder mit Isidoro noch mit Francesco zu vergleichen. Und da ich den Herrn Carissimi noch den andern, einen Florentiner, hören laßen will, hab ich bis jetzt noch nichts festgemacht...«

Düßeldorf, 10. Juli 1655. Ph. W. an Fantuzzi[1]).

... »dem Don Francesco zeigt an, daß Wir ihm 50 Scudi, zu Paoli gerechnet, geben wollen. Dem Tenoristen aber denken wir nicht mehr zu geben denn 45 oder höchstens 50 Rth.; ... und da Wir beabsichtigen, von dieser Unserer Residenz am 13. dieses abzureisen, um nach der von Neuburg mit Unserem Hofhalt überzusiedeln, so thut das den erwähnten Virtuosen kund, auf daß sie sich dorthin auf den Weg machen.«

Rom, 31. Juli 1655. Fantuzzi an Ph. W.[1])

... »Don Francesco der Baßsänger ... hat mit großer Bereitwilligkeit den Dienst E. H. angenommen ... ich hoffe, daß E. H. sehr befriedigt sein wird, sowohl von seiner Stimme, als seiner großen Kunstfertigkeit, wie auch von seiner Person selber. Nächst Isidoro hält ihn Herr Carissimi für den besten Baßisten von Rom, in der Kirche wie in der Kammer; und als Opernsänger hat er nicht seines gleichen, weshalb er auch einige kleine komische Opern-Texte [comediette] zur Composition mitbringen wird.«

Neuburg, 18. August 1655. Ph. W. an Fantuzzi[1]).

[Befriedigung über den Kontrakt mit Don Francesco] ... »deßen Ankunft Wir mit Verlangen erwarten, wenn er die vorausgesetzten Eigenschaften besitzt. Was dann den Tenoristen [Aleßandro Borgiani] betrifft, so wäre Uns lieb, wenn Ihr ihn auf gute Art Uns vom Halse schaffen könntet, wenn nötig selbst mit Hilfe eines Geschenks, da der [Gio. Pietro] Finatti sich entschloßen hat, in Unserm Dienst zu bleiben, und ohne Vergleich beßer als der andere [Aleß.°] ist, wie Ihr selbst versichert...« [Underdessen liefert der Vater Borgiani's durch unverschämte Prätensionen selbst den Vorwand, der den Pfalzgraf auf sein Kommen verzichten laßen konnte; obschon Al°. Borgiani bereits aus der Kapelle von S. Pietro ausgetreten war.]

Rom, 18. Sept. 1655. Fantuzzi an Ph. W.[1])

»Ich bearbeite den Baßsänger Don Francesco, sich sobald als möglich fertig zu machen, und er hofft, mit den Musikern, die nach Flandern gehen, bald abreisen zu können...«

---

1. K. bl. 58/23.

Rom, 25. Sept. 1655. desgl.[1])
[Francesco stellt sich krank, und macht erneute freche Ansprüche] ... »mit vieler Mühe hab ich herausbekommen, daß er beim Kommen der Königin [Christine] von Schweden hieher monatlich 100 Scudi zu verdienen hofft[2]); deshalb hat er mich unter der Hand ... gebeten, ihm sein Versprechen zurückzugeben ... ich kann nichts thun, als mich bitter über ihn bei jedermann, und besonders beim Prinzen von Gallicano zu beschweren...« [ferner Rom, 2. Oktober] ... »ich habe einigen Verdacht, daß ihm von einem gewissen Matthias [Frueauff?], Capellmeister des Kurfürsten [Heinr. Maximilian] von Cöln, der E. H. vordem als Baßsänger gedient hat, abgeredet worden sei. Dem hab ich durch einen vertrauten Freund ansagen lassen, er möge mit etwas größerer Zurückhaltung über den Dienst in der Capelle E. H. sprechen... E. H. wird die Art, mit diesen römischen Musikanten zu verhandeln, nur zu gut kennen.«

Damit brechen diese ergebnislosen Unterhandlungen ab, und wir ersehen weder, ob der Geiger Gorano nach Neuburg gekommen ist (in der Musikerliste von 1662 wird er jedenfalls nicht aufgeführt); noch wie der Pfalzgraf seine Kapelle bis 1660, da der erwähnte Gabriele Ansalone eintrat, mit einem guten Bassisten versah. Einige Jahre lang fand er Ersatz in Max Albert de la Marche, der, seit 1650 im Dienst Philipp Wilhelm's, ursprünglich als Bassist engagiert war[3]), dann aber Sekretariatsarbeiten übertragen bekam. Seinen Musikergehalt von 25 Rth. bezog er bis Oktober 1662; zu Unrecht, wie der Pfalzgraf meinte: als man ihm diese Gelder wieder abfordert, erinnert er seinen Herrn; »wie Ich etliche Jahr als Baßist dero *Music* allein bedient, Vnnd einzig heller nicht außer meinem *Secretariats*gehalt darvon genoßen, derosolben aber Järlichs etlich hundert Rth. erspahrt, die Sie sonsten einem andern *Baßisten* hetten geben mießen« [Düsseldorf, 19. Mai 1663[4],]. Auch später noch hat de la Marche gesungen; so beteuert er am 7. April 1663, seinen Musikergehalt verdientermaßen bezogen zu haben »weilen Sie gnüdigstes gefallen getragen, das Ich in der Kirchen allein, vnnd auch mit dem *Ansalone a doi*, auch bey der tafl mit dem *Sigismund* [Händel, vgl. unten] *concertiert* hatte.« Der Pfalzgraf blieb aber unerbittlich; de la Marche habe sich als Sekretär so unanstellig bewiesen, daß »Wir dich allein damahl vmb deiner stimm willen bei der *Music* welcher du aber auch nit *sicuro* noch *fermo* gewesen, in dienst behalten« [Neuburg, 31. Mai 1663].

In Rom, wo vom Frühjahr 1656 bis zum April des folgenden Jahres die Pest herrschte, unterblieben während dieser Zeit begreiflicherweise alle Engagements von Musikern; aber auch für die folgenden fünf Jahre schweigen die

---

1) K. bl. 58/23.
2) Darin hat der gute Don Francesco sich sehr getäuscht, wie folgende Nachricht Fantuzzi's vom 20. Mai 1656 andeutet: »Die Königin von Schweden hat acht Musiker in Dienst genommen, die sich freilich wenig sehen lassen, da sie sicher sind, niemals zu ihrem versprochenen Gehalt zu kommen...« Francesco blieb im Dienst des Principe di Gallicano in Rom; 1667 singt er in Ant. Maria Abbatini's »La Comica del Cielo« die Rolle des komischen Dieners. (Ademollo, S. 100.)
3) Th. Levin, Beiträge zur Gesch. der Kunstbestrebungen in dem Hause Pfalz-Neuburg. Beitr. zur Gesch. des Niederrheins XIX. 1905. Sonderabdr. S. 52.
4) K. bl. 20/7.

Akten völlig über die Musik am pfalzneuburgischen Hofe[1]) und setzen erst 1662 wieder ein.

Rom, 24. Juni 1662. Pietro Pierucci, Nachfolger Fantuzzi's, an Ph. W.[2]). »Dem Ritter Mocchi, der mit dem [Violinspieler Roberto] Sabbatini Donnerstag abend über Florenz in Rom angekommen ist, hab ich seine Briefschaften in Person übergeben...« [desgl. 12. Aug. 1662] ... »Laut Befehl E. H. hab ich dem Ritter Gio. Batt. Mocchi 150 Ungar-Dukaten pünktlich bezahlt »... (Mocchi's Quittung liegt bei)... [desgl. 2. Sept. 1662 »Gio. Batt. Mocchi, der Capellmeister E. H. will sich morgen abend in Begleitung des Violinspielers Sabbatini auf den Heimweg machen. Er führt mit sich die Reliquien mit ihrer Beglaubigung auf Pergament, die mir der Pater Generalvicar der Jesuiten eingehändigt hat...«

Aus diesem Jahre liegen endlich wieder direkte Quellen über die Neuburger Kapelle vor, nämlich die Quittungen der Musiker über ihre Monatsbesoldungen vom Dezember 1662 bis zum Februar 1664[3]). Danach bestand zu Beginn des Jahres 1663 die Kapelle aus den nachfolgend aufgezählten Mitgliedern.

Giovanni Battista Mocchi, Capellmeister	Gehalt Rth. 70
Roberto Sabbatini, Violinspieler (Conzertmeister)	» » 60
Gabriele Ansalone, Bassist	» » 60
Giovanni Pietro Finatti, Tenorist	» » 60
Johann Sigismund Händel[4]), Bassist und Fagottist . . .	» » 40
ab Mai	» » 50
Giovanni Borghese Giannini, Sopranist	» » 35
Francesco Benedetti, Contraltist	» » 35
Ruffino Marinelli, Contraltist	» » 55
Angelo Maria Marchesini	» » 50
Johannes Aymé	» » 20
Johann Jacob Stos[5])	» » 20
Helffrich Dichaut	» » 20
Johann Paul Agricola	» » 20
Johannes Mottet[6])	» » 35
Nicolaus Kriechenbeck[7])	» » 15
Johann Sintzig	» » 20
Hans Georg Hißlinger	» » 20
Wolfgang Adrian Deschler, Calcant	» » 4½

---

1) Doch wurde sicherlich die Geburt des Erbprinzen (19. April 1658) festlich begangen. Vgl. das Festgedicht des Neuburger Jesuitenkollegiums. »Musæ Neoburgicæ Ludis genialibus Ortum Serenissimi Infantis reverantes«, dessen Schwulst uns nur nicht darüber klar werden läßt, ob das Feuerwerk und Ballett auf der »Bschitt« (einer Waldwiese an der Donau) in Wirklichkeit oder nur in der Phantasie des Dichters stattgefunden.

2) K. bl. 71/1.

3) Neuburg, Kreis A. A. 15212; hauptsächlich aber neu aufgefundene, noch nicht signierte Akten des Kgl. Haus-A.

4) Händel ist vom 1. Okt. 1665—1668 als Bassist in der Kgl. Kapelle zu Wien verzeichnet. Köchel S. 62.

5) Ihm sind wir schon 1638 als Violinisten unter Wolfgang Wilhelm begegnet.

6) Schon am 30. Juni 1648 von Gilles Heine erwähnt. Nagel, a. a. O.

7) Schon 1638 in der Kapelle.

Die Kapelle bestand also damals aus 18 Mitgliedern, ungerechnet die Trompeter, sechs bis acht an der Zahl, auf die sich der Ruhm der Musik Philipp Wilhelms nicht zum geringsten gründete[1]. Davon sind die Hälfte, Kapellmeister, Konzertmeister und Sänger Italiener; auch Aymé rechnet sich, nach seiner Unterschrift zu schließen, zu den Welschen — Mottet quittiert dagegen in französischer, und alle übrigen in deutscher Sprache. Die Gesamtausgabe für die Besoldung der Kapelle betrug im Mai 1663 649$^{1}/_{2}$ Rth., oder 974 fl. 15 Kr., eine Ausgabe, die dem Pfalzgrafen als zu hoch erschienen sein muß, denn er beschränkte im Laufe des Jahres die Kapelle auf 14 Mitglieder (Finatti geht ab im September, in den folgenden Monaten Marchesini, Dichaut und Aymé, jeder mit einer entsprechenden Reiseabfertigung) und verringerte im November den Gehalt jedes einzelnen Musikers um durchschnittlich 5 Rth. Nur Mocchi, Marinelli, Agricola, Kriechenbeck, Sinzig, Hißlinger und Deschler werden nicht davon betroffen — die Gehalte der fünf letztgenannten ließen sich auch nicht wohl schmälern! so daß im Dezember 1663 die Gesamtausgabe nur mehr 467$^{1}/_{2}$ Rth. betrug.

Roberto Sabbatini war ein Erbstück noch aus Pfalzgraf Wolfgang Wilhelms Kapelle. Es war Gilles Heine, der am 28. März 1650 den Fürsten darauf aufmerksam machte, daß Roberto Sabbatini aus Rom durch Lüttich reisen werde »... wenn Sie ihm die Ehre erweisen ihn spielen zu hören, werden Sie ein Wunder der Natur in seinem Geigenspiel erkennen« [2]. Ich weiß nicht, ob er identisch ist mit dem gleichnamigen Roberto S., der 1654 in dem Torneo »Mercurio ed Marte discordi« am Münchener Hofe als Sänger und Instrumentist mitwirkte und im folgenden Jahre die Kapelle verließ[3]; wenn ihn auch Carlo Gorano im Februar 1655 als im Dienst des Pfalzgrafen erwähnt, so könnte er doch für einige Zeit dem Münchener Hofe geliehen worden sein. In ihm vereinigte sich mit einem unverträg-

---

[1] Ich stelle hier zusammen, was die Akten über einzelne Trompeter melden; anderes bleibt dem Text vorbehalten. — 1653/54 läßt Phil. Wilh. Georg Kohler, einen Türmergesellen von Haideck, also eines seiner Neuburger Landeskinder nach Düsseldorf kommen, um ihn die Trompetenkunst erlernen zu lassen (Reskripte vom 6. Dez. 1653 und 7. Febr. 1654 [Neuburger K. A., A. 15212]). — 1675, 16. Aug. schickt der Pfalzgraf einen ihm vom Bischof von Eichstätt empfohlenen kurmainzischen Trompeter an den Herzog von Hannover weiter, da seine Trompeterschar vollzählig ist [K. bl. 51/10]. — 1690, 31. März engagiert Phil. W. aus dem Dienst eines Prager Grafen [mit unleserlichem Namen] einen Trompeter Johann Christoph Meltzer [K. bl. 56/11]. — Johann Wilhelm ließ 1698 einen jungen Trompeter Ignaz [...] in Paris ausbilden: dort tat der Junge aber nicht gut, und versetzte sogar sein Instrument, so daß ihn der Kurfürst im Okt. wieder heimkommen ließ [K. bl. 73/1]. — J. W. hat jedoch der Zunft im ganzen einen hervorragenden Dienst geleistet. Am 17. Aug. 1707 richten »dero Röm: Kay: May: Obr: wie auch Sammentliche Hoff feldt trompeter vnd Hörpauckher« an J. W. ein Dankschreiben aus Wien für seine Recommendation beim Kaiser, »damit dieselbe Vnsere Alt Hergebrachte Kay: vnd Reichs*priuil*: so wohl zu *Confirmiren*, alß auch ieziger zeith vnd gelegenheit nach in einem vnd andern, zu uermehren vnd zu uerbeßern, allergnädigst geruhen mögten. Vnd Wir nun den erwünschten *effect*... Würckhlich erhalten...« [K. bl. 57/8] Altenburg's bekanntes Werk ist mir nicht zur Hand; ich weiß nicht, ob er die Tatsache verzeichnet.

[2] Nagel, a. a. O. S. 113.

[3] Sandberger, D. d. T. i. B. II, 2, S. XV u. XIX.

lichen Charakter eine offenbar sehr bedeutende Künstlerschaft, von der leider keine Probe auf unsere Tage gekommen ist. Ihm golten größtenteils die unendlichen Saitensendungen, die der römische Agent alljährlich nach Neuburg oder Düsseldorf richtet[1]); von ihm, seinem Bruder Pompeo S. und seinem Sohn Giovanni Antonio S., wird im folgenden noch öfter die Rede sein. Roberto muß Ende 1692 oder Anfang 1693 zu Düsseldorf gestorben sein.

Gabriele Ansalone, Baßsänger aus Neapel, gewinnt unser besonderes Interesse als Träger des Namens der Familie, der die Frau Alessandro Scarlatti's angehörte. Wir sahen oben, daß der Pfalzgraf schon 1655 mit ihm über den Eintritt in seinen Dienst unterhandelte; doch kam er nach offenbar kurzer Anstellung an der Münchener Hofkapelle am 26. Juli 1657[2]), erst 1660 nach Neuburg — das geht hervor aus einer Empfehlung Philipp Wilhelms für Gabriele's Sohn Domenico Ansalone in Neapel an den Principe di Stigliano, dat. Düsseldorf 9. Mai 1676[3]):

»... da Wir überzeugt sind, daß dieser Domenico A. seinem Vater nachschlagen wird, der mir 16 Jahre lang mit aller ... Treue gedient hat ... und auf daß sein Vater in seinem vorgerückten Alter diesen Trost habe« (möge der Principe ihn zum Generalgovernatore von Fondi machen, nachdem er ihm drei Jahre gedient habe) »nel governo de suoi stati a Teano in terra di Lavoro«. Gabriele hatte Ursache, sich für seinen Sohn zu verwenden; 1669 hatte sich dieser beim Pfalzgrafen bitter beklagt, »daß er seit mehreren Jahren von seinem Vater Gabriel vernachlässigt worden sei, von dessen Hilfe er einige Erleichterung der Bürde erwartet habe, die ihm die Erhaltung seines Hauses und seiner Familie auferlege ...«

Ob Antonia Ansalone, das Weib Aless. Scarlatti's, geb. 1659, mit unserm Ansalone verwandt ist, vermag ich nicht zu sagen[4]); ein Sohn Gabriele's aber könnte der Ferdinand Maria A. sein, geb. 1658, der von 1682—1709 in Wien als Bassist diente. Einem anderen Sohn, Bartolommeo Antonio Ansalone werden wir später noch oft begegnen; er wird schon am 17. Aug. 1675 als mittelmäßiger Bassist in Phil. Wilhelm's Kapelle erwähnt, muß aber später ein hervorragender Sänger geworden sein. Gabriele Ansalone's Stimme war 1675 ziemlich verfallen; er mag bald darauf gestorben sein; sein Nachfolger ward der Bassist Johann Joseph Mair.

Wann der Tenorist Giov. Pietro Finatti, der im September 1663 die Kapelle verließ, in sie eingetreten, ist nicht zu ersehen. Als er, wie oben erwähnt, im Mai 1655 in seine Heimat zurückkehren wollte, machte ihn Ph. W. zu seinem Hofkaplan und empfahl ihn [Düsseldorf, 27. Mai[5])] an den Suffragan zu Cöln: »Demnach Vnß Vorweiser dies Joannes Petrus finatti, eine Zeit hero bey Vnßerer Hoffmusic mit Vnßerer gnädigster *satisfaction* gedienet, das wir dahero denselben aniezo zu Vnßerem hofCapellan angenohmen, deßwegen er die *ordines sacerdotij* zu empfangen nacher Cölln zu verreisen Vorhabens ist ...«

Auch dem Contraltisten Francesco Benedetti »der Uns seit vielen Jahren als Unser Cammermusiker dient, und den glühenden Wunsch hegt,

---

1) In Anhang Nr. 1 ein paar der bezeichnendsten Proben.
2) Eitner, Quellen-Lex. I, 164.
3) K. bl. 66.1.
4) Vgl. Dent, Al. Scarlatti S. 38, 205.
5) K. bl. 51, 23.

Priester zu werden«[1]), verschaffte Ph. W. aus Rom die nötigen Dispense und machte ihn zu seinem Hofkaplan. Im Oktober 1668 weilte B. in seinen Privatangelegenheiten in Rom; Pierucci schreibt am 10. Nov.[2]): »Vergangenen Mittwoch machte sich der S' Don Francesco Benedetti über Loreto auf den Heimweg zu E. H.« Der Pfalzgraf mußte 1675 darauf denken, ihn als Sänger zu ersetzen, da seine Stimme schwach wurde; doch hat er noch lange — bis 1692 finde ich ihn genannt — etwa die Stellung in der Kapelle eingenommen, die unter Wolfgang Wilhelm Jacob Linnich besaß: eine Art Oberaufsicht über die Musiker, Bezahlung der Gehalte, Besorgung von Musikalien — so liefert er 1677 dem Pfalzgrafen von Kaiser Leopold komponierte Ariotten.

Ruffino Marinelli aus Spello in Umbrien, der zweite Kontraltist des Pfalzgrafen, trug sich schon 1674 mit dem Gedanken, sich in seine Vaterstadt zurückzuziehen, und wartete nur auf die Übertragung eines Canonicats in Spello durch den Kardinal Facchenetti, auf die ihm Hoffnung gemacht war. Doch war er noch 1679 in Neuburg. Er ist zweifellos identisch mit dem »Ruffino Ruffini *Musico del Serenissimo Duca di Naiburgh*«, dem Maurizio Cazzati 1666 eine Motette seines op. XXXIX widmet[3]).

Zwischen 1664 und 1666 muß Matteo Battaglia aus Bologna in die Neuburger Kapelle getreten sein; auch ihm widmet Cazzati eine Motette des erwähnten Werkes. Seit 1679 war er der Kapelle Johann Wilhelms in Düsseldorf zugeteilt. 1685 scheint er von Johann Wilhelm einen schimpflichen Abschied erhalten zu haben; er wandte sich mit einem Protest an Ph. W., der seinem Sohn die folgende Reprimande auch nicht ersparte:

Neuburg, 11. März 1685[4]. »Sonsten ... finden D· Ld. in *Originali*[5]) hierbey, was der *Musicus* Mattheo Battaglia, welcher anfänglich geraume Jahre bey Mir, Vndt nachgehendts auch bei D' Ld. in diensten geweßen, an mich für ein Vnterthänigstes *memoriale* Vberraichet. Nun ist Mir zwar nicht bekant, wie die von ihm angebrachte sach etwa aigentlich beschaffen, dafern es sich aber also, wie derselbe anführet, Verhiellte, so scheinet es wohl hart zu seyn, vndt ihme wehe zu geschehen; Sollte auch Meines Ohrts darfür hallten, es würde ein geli[n]derer Vndt glimpflicher weg seyn, wenn ihm D·' Ld. einen ehrlichen abschiedt ertheilen Vnd seine ausständige besoldung bezahlen ließen. Er ist ein ausländer, Vndt Italiener der an den Römischen oder andere höffen, sintemahlen Ich ihn bey mir, nachdem Ich ohnedem bey Meiner hoff- Vndt camner-*Music* Völlig fürsehen, nicht zu *accommodiren* gemeynet bin, ankommen kan, Vndt durch erzeilung deßen, wie es ihme ergangen Vielerley *impressiones* erwecken dörffte, zu geschweigen, wenn er auch so gar eines ehrlichen abschiedts entrahten, Vndt mithin an seiner weiteren *fortun* verhindert werden(,) sollte zu was *disperaten consilijs* etwan dieser mensch gegen die Vervrsacher seines Vnglücks selbiger *nation* gemes noch angetrieben werden dörffte; Allzu scharff macht schürtig, sagt das allte Teutsche sprichwort ...«

Was wir sonst über die einzelnen Mitglieder der Kapelle wissen, wird seinen Platz in den weiter unten mitgeteilten Briefstellen und Berichten finden.

---

1) Ph. W. an Pierucci, Neuburg 21. Dez. 1661. K. bl. 71/1.
2) K. bl. 65/10.
3) Bol. Cat. II. 396.
4) K. bl. 49/5.
5) Leider nicht erhalten.

Ins Jahr 1662[1]) muß eine kurze Anstellung Vincenzo Albrici's als Organist in Neuburg fallen. Es ist anzunehmen, daß er im Gefolge der Königin Christine von Schweden nach Neuburg kam; vielleicht dachte der Pfalzgraf in ihm einen Ersatz für den nach Rom verreisenden Mocchi zu gewinnen. Jedenfalls kann sein Aufenthalt nur sehr kurze Zeit gewährt haben. Eine musikalische Erinnerung an diesen Besuch der Exkönigin — sie kam am 21. Mai 1662 nach Neuburg — ist uns erhalten in dem »*Baletto a Cavallo fatto nella piazza di Naiborgo dal Sereniss. Duca di Giuliers . . . per il passagio della invitissima et Seren.ᵃ Christina Alessandra regina di Suetia e Gotia. L'anno 1662*«[2]) — eine Komposition, die von niemand anderem denn von Mocchi herrühren kann. — Vincenzo Albrici hat noch zwanzig Jahre später, als er zum Protestantismus übertrat, um den Organistenposten an St. Thomas in Leipzig zu erhalten, den Glaubenseifer des Pfalzgrafen geweckt; Ph. W. schreibt (Neuburg am 21. Dez.) 1681 an seinen Sohn Johann Wilhelm[3]):

»Ob sich . . . De. Ld: annoch erinneren, was maßen Vor dießem ein Italiänischer *Organist*, nahmens Vincentius Alberitzi bey mir in diensten geweßen, so nachmahls Von hier zue Chur-Sachßen gegangen, kan Ich nicht äigentlich wißen; demnach Ich aber Vernehme, daß ermelter Alberizi, Von Vnßerer allein-seeligmachender Römisch-*Catholischer Religion* abgetretten, Vndt sich zue Leipzig auffhalte«, dessen Sohn aber anjetzo zue Düsseldorff seye, Vnndt seinen Vatter wieder zue dem wahren glauben herbeyzuebringen Verhoffe; Alß Vermein ich, zue *Salvierung* dießer Seelen diensam zue seyn, De. Ld: möchten mit gedachten Alberizi Sohn, wie er erachte, daß sein Vatter wiederumb zue gewinnen seyn möchte, sprechen lassen, Vnndt, dae Sie eines *Organistens* bedürfftig, maßen er annebenst ein Vortrefflicher *componist*, in Ihren diensten *accommodiceret* zue werden Verlangte, solches, wo immer möglich, Vndt wenigst ein Zeitlang, biß er *de novo in religione stabiliret*, Vnndt er hernechst anderwerts *avanciret* werden könte, nicht außer acht lassen . . .«

Johann Wilhelm antwortete Düsseldorf 31. Dez. 1681, daß er sein Mögliches zur Seelenrettung Albrici's tun wolle, aber fürchte, der Convertit werde wenig Lust zeigen, seinen Dienst in Leipzig zu quittieren, um in einem Hofstaat Aufnahme zu finden, der in kurzem der schweren Zeiten halber auf die notwendigsten Subjekte reduziert werden müsse. — Es ist bekannt, daß Albrici nach kaum einjähriger Amtsführung sein Organistenamt in Leipzig aufgab, um in Prag Kirchenmusikdirektor zu werden — leicht möglich, daß bei seiner Rekatholisierung der Pfalzgraf die Hand im Spiele hatte.

In die Zeit vom 2. Juni 1675 bis zum 30. April 1676 fällt ein zweiter Aufenthalt Mocchi's in Rom. Er galt der Verfügung über sein Ver-

---

1) Über diese Jahreszahl vgl. die folgenden Dokumente. Johann Wilhelm konnte sich an Albrici's Anwesenheit nicht wohl mehr erinnern, da er damals ein 4- bis 5jähriger Knabe war. Auch die Jahreszahl 1667 käme in Betracht, als Albrici von neuem in sächsische Dienste trat. Damals aber hielt Phil. W. in Düsseldorf Hof; das »Von hier« in Ph. W.'s Brief an seinen Sohn deutet aber bestimmt auf Neuburg und damit auf das Jahr 1662; obwohl Albrici, aus London kommend, auch 1667 sehr gut Düsseldorf berührt haben kann. Über Albrici's Leben vgl. neben Fürstenau u. a. besonders R. Münnich, Sammelb. der IMG. III, 503, 487 f., Nagel, Gesch. d. Mus. in England II, 225.

2 Eitner, Quellen-Lex. I, 319. Salzburg. Studienbibliothek.

3) K. bl. 48/6.

4. Albrici's Wahl zum Thomasorganisten war am 27. Mai 1681 erfolgt.

mögen, vornehmlich der Stiftung der oben erwähnten Kaplanspfründe in der Collegiatkirche seines Geburtsortes[1]); er gewinnt aber neben dem biographischen ein weiteres Interesse durch den gleichzeitigen Besuch Johann Wilhelm's, des Erbprinzen, in Rom und durch neue Aufnahmen römischer Musiker in die Neuburger Kapelle.

Düsseldorf 13. Juli 1675.   Ph. W. an Pierucci[2]).

(Neben den Vorbereitungen für die Ankunft Johann Wilhelm's in Rom) ... »sollt Ihr auch für unsern Capellmeister, seinen Erzieher, Quartier schaffen, daß er unserm Sohn während seines Aufenthalts in Rom aufwarten kann.«

Rom, 8. Juni 1675.   Pierucci an Ph. W.[2]).

»Sonntag am 2. kam in guter Gesundheit in Rom an der Ritter Fra G. B. Mocchi ..., und stieg ab im Haus seines Verwandten Francesco Cabucci ...«

Düsseldorf, 28. Juni 1675.   Ph. W. an Mocchi[3]).

»Unser Agent in Rom teilt Uns Eure Ankunft daselbst mit ... Ihr wißt, wie oft die zahlreichen Krankheiten Unseres Kammermusikers Ruffino [Marinelli] den geordneten Gang Unserer Kapelle stören; um so mehr bei der Schwäche der Stimme des Francesco Benedetti, der gegenwärtig an Fieber krank liegt. Daher ist nötig, daß Ihr Uns mit einem ausgebildeten Contraltisten versorgt ... und habt Ihr einen solchen gefunden, könnt Ihr mit ihm über sein Gehalt verhandeln, ihn mit Euch heimbringen, oder ihn nebst einem guten Tenorsänger vorausschicken. Und da auch der Baß in Unserer Kammermusik durch den Unfall des (Gabriele) Ansalone verfällt (denn Sigismondo Händel taugt besser zum Fagottisten denn zum Baßsänger in der Kammer), könnt Ihr Euch auch nach einem gutem Baßsänger in der Kammer umsehen ...«

Rom, 20. Juli 1675.   Mocchi an Ph. W.[3]).

»... an Tenorstimmen hab ich hier in Rom bisher nichts gehört, was dem Geschmack E. H. zusagen könnte; dagegen einen recht tüchtigen in *Trient*: er hat daselbst eine kleine Pfründe und würde sich — wie ich weiß — zur größten Ehre rechnen, zur Zahl von E. H. Dienern zu gehören. Er singt vortrefflich, mit Eigenart (*bizzarria*), näselt aber ein bischen, doch störts nicht arg. Den *Contralto* werd ich mit Sorgfalt auswählen: es muß ein Mezzosopran sein, weil die deutschen Orgeln fast zwei Töne höher gestimmt sind als die römischen. Einen *Baßsänger* hab ich im Vorübergehen gehört, mit genügender Tiefe; er bringt seine Stücke mit feiner Anmut (*con bel garbo*), und ist der beste, den ich bis jetzt gehört habe.«

Rom, 27. Juli 1675.   Mocchi an Ph. W.[3]).

»Fast hab ich daran verzweifelt hier in Rom einen Contraltsänger zu finden; endlich ists mir geglückt mit einem sehr guten [Galli oder Stella]. Ich habe ihm 50 Rth. monatlich geboten, er wollte aber mehr. Und da ich mich verbürgte, daß ich ihm etwas mehr bei E. H. auswirken wolle, gab er

---

1) »Zum Pfründner« so schreibt Mocchi am 20. Juli 1675 an Ph. W., »will ich einen Mann bestellen, der schon häufig heilige Gesichte in der Exstase gehabt hat, von vielen Geistlichen gelobt wird, und für einen Heiligen gilt: er wird Gott unablässig um Erhaltung und Erhöhung des Erlauchten Hauses E. H. anflehen.«
2) K. bl. 71/2.
3) K. bl. 59/26.

mir das Wort zu kommen. Heute schreibe ich auch dem Tenorsänger in Trient ... hier in Rom hätte ich einen andern Tenoristen mit sehr guter Stimme haben können, aber er singt temperamentlos (*malinconico*). Ich bin der Antwort des Baßisten gewärtig, der sich augenblicklich in *Recanati* aufhält ... die Musiker Seiner Heiligkeit möchten ihn als überzähligen Sänger in der Capelle haben, ich will ihn aber davon abzubringen versuchen.

... Ich hoffe meine Angelegenheiten gegen Ende Oktober abgewickelt zu haben, um gleich nach der Ankunft des Dhl. Prinzen Johann Wilhelm selber die erwähnten Musiker mit heimzubringen ... der Contralto beherrscht auch die Sopranhöhe, und man sagt mir, er sei ein guter Sohn ...«

Rom, 3. Aug. 1675. Pierucci an Ph. W.[1]).

»... für den Ritter Mocchi werde ich Quartier schaffen. Er gedachte mit einigen Musikern sich Ende September auf den Heimweg zu E. H. zu machen; dem Befehl E. H. gemäß aber wird er während des Aufenthalts des erlauchten Prinzen in Rom bleiben ...«

Hambach, 17. August 1675. Ph. W. an Mocchi[2]).

»... mit dem Baßisten schließt noch nicht endgültig ab, denn Uns scheint, daß der Sohn des [Gabriele] Ansalone [Bart. Ant. A.] sich mäßig machen wird, wenn er sich unter Eurer Anleitung mehr übt in der Musik. Wenn Ihr aber einen ausgesuchten Baßsänger trefft, könnt ihr mit ihm in Briefwechsel und Verkehr treten, um dann die Entscheidung zu treffen, sobald Ihr nach Eurer Heimkehr den Sohn Ansalone's geprüft habt ...«

Marino, 17. Sept. 1675. Mocchi an Ph. W.[2]).

»... der Baßsänger, von dem ich vor einigen Wochen schrieb, ist sehr gut; ich habe keinen bessern in Rom gehört, denn alle übrigen sind eher Barytone als Bässe. Ich will mit ihm in Verbindung bleiben, im Falle der Sohn des Ansalone nicht gut einschlagen sollte ...«

Rom, 30. Nov. 1675. Mocchi an Ph. W.[2]).

»... Prinz Johann Wilhelm ist in Rom angelangt ... Die beiden Sänger, der Contralto und Tenore haben mich um Erlaubnis gebeten, der eine nach Genua, der andre nach Venedig zu gehen, um ihre Rollen zu spielen. Ich hab es ihnen gestattet, unter der Bedingung, daß sie unmittelbar nach Beendigung der Opernzeit zur Reise nach Deutschland bereit sind ...«

Rom, 14. Dez. 1675. Mocchi an Ph. W.[2]).

»... da der Prinz [Johann Wilhelm] einmal in S. Apollinare war, wo man eine schöne Musik machte, hatte er über die Maßen Gefallen an einem Sopran; er wollte — wie er mir sagte — über ihn an E. H. schreiben. Er ist in der That ganz auserlesen und singt mit Lebhaftigkeit und mit sehr gutem Ausdruck. [Giovanni Capello, nach seiner Vaterstadt Forlì genannt.] In der Kapelle S. Heiligkeit ist er noch nicht, weil alles besetzt ist, aber beim ersten Todesfall wird er zweifellos hineinkommen ...«

Rom, 28. Dez. 1675. Mocchi an Ph. W.[2])

»... der Herr Prinz Johann Wilhelm hat in der Weihnacht jenen Sopran in S. Apollinare wieder gehört ... der wahrhaftig Wunderbares leistete. Er hört ihn so gern, daß er, so oft er zu den Oratorien geht (die man an jedem Festtag am Abend aufführt) fragt, ob der Sopranist auch wirklich singe. Weder in noch außer Rom weiß ich einen, der ihn übertrifft ...«

---

1) K. bl. 71/2.
2) K. bl. 59,26.

Düsseldorf, 4. Jan. 1676. Ph. W. an Mocchi[1]).

»... was den Sopran betrifft, den Unser Sohn in S. Apollinare hat singen hören ... so wißt Ihr, Wir sind Liebhaber von dergleichen. Aber die Ausgaben wachsen, das Land kommt immer mehr herab, man muß sich einschränken. Wenn aber jener Sopranist sich mit mäßigem Gehalt begnügt, und Unser Sohn einen Narren an ihm gefressen hat, so bringt ihn mit Euch, wiewohl Wir — scheint Uns — zur Zeit sehr gut versehen sind mit Pompeo [Sabbatini] und [Giovanni] Borghese [Giannini,] ...«

Benradt, 18. Jan. 1676. Ph. W. an Mocchi[1]).

»... da Ihr den Sopranisten so hoch einschätzet, und da Ruffino Marinelli seinen Abschied von Uns verlangt, den Wir nicht Grund zu verweigern haben, weil er nur selten, und in der Kammer fast nie mehr singen kann, und Wir mit seinem Gehalt den Sopranisten werden zahlen können, so könnt Ihr ihn mit den andern Sängern zugleich mitbringen, wenn er sich mit einem nicht übertriebenen Gehalt begnügen will...«

Rom, 25. Jan. 1676. Mocchi an Ph. W.[1])

»... über jenen tüchtigen Sopranisten hab ich mit dem Herrn Prinzen Johann Wilhelm gesprochen und ihm vorgeschlagen, es möchte besser sein, ihn nach seiner (des Prinzen) Rückkehr von Wien in Dienst E. H. zu nehmen; ich wolle inzwischen die Absichten und Forderungen des Sängers erforschen. Das gefiel Seiner Durchlaucht...« [Rom, 1. Feb. 1676] »... die Väter Jesuiten haben den Herrn Prinzen zum Mittagsmahl im Collegio Romano eingeladen ... und ihn auch drei sehr gute Musiker hören lassen ...« [Rom, 8. Feb.] »... da ich überlegte, auf welche Weise ich den Sopranisten [Giov. Capello] zur Reise vermögen könnte, siehe, da bietet sich mir ein andrer an im Dienst seiner Heiligkeit (der beste der päpstlichen Kapelle, dem andern in der Kunstfertigkeit noch überlegen), und sagt mir, er wolle gern eine Reise nach Deutschland unternehmen, mit einjährigem Urlaub (wie er andern Musikern S. Hgt. schon zugestanden worden), und, wenn die Luft ihm bekömmlich, im Dienst E. H. bleiben. Ich gab ihm zur Antwort, ich wolle mit dem Herrn Prinzen davon reden, er solle sichs inzwischen besser überlegen, und mir nach zwei oder drei Tagen eine bindende Antwort geben...«

Düsseldorf, 7. März 1676. Ph. W. an Mocchi[1]).

»Wir vernehmen Euren Bericht über den Sopranisten aus der päpstlichen Kapelle. Weil aber Unserm Erstgebornen der früher von Euch erwähnte sehr gefiel, ... und Wir glauben, daß dieser sich mit einer weniger übertriebenen Bezahlung als der andre begnügen werde, ... scheint Uns besser sich an diesen ersten zu halten...«

Rom, [Anfang März] 1676. Mocchi an Ph. W.[1])

»... jener wackere Sopransänger der päpstlichen Kapelle hat mir gesagt, die Ärzte hätten ihm — denn er ist kränklich — widerraten, nach Deutschland zu gehen ... heute morgen hab ich mit jenem andern ausgezeichneten Sopranisten gesprochen, über den der Herr Prinz Johann Wilhelm geschrieben hat. Er sagte mir, er habe Gelegenheit gehabt, Ihrer Kaiserlichen Majestät um 60 Scudi monatlich und 200 Ungarische Dukaten Reisegeld zu dienen; nichts destoweniger hab ich ihn dazu gebracht, um 60 Scudi monatlich und 100 Dukaten Reisegeld in den Dienst E. H. treten zu wollen. Und um den andern Musikern nicht Gelegenheit zur Beschwerde zu geben, kann man ihm

---

1) K. bl. 59/26.

die 60 Rth. anweisen wie den andern; Prinz Johann Wilhelm aber, als sein Beförderer, könnte ihm 9 Scudi monatlich dazu legen. Vor Anfang Mai wird er Rom nicht verlassen können, da er die Absicht hat, seinen Besitz in Rom zu verkaufen, und sich im Dienst E. H. festzusetzen.
Ich, gehorsam E. H. gnädigstem Befehl, will gegen die Mitte der Fastenzeit abreisen mit dem Kontraltisten, der — wie ich hoffe — bald zurückgekehrt sein wird; und in Venedig finde ich den Tenoristen ... [den Sopranisten Forll könne der Prinz nach Neuburg mitnehmen, und ihn von da nach Düsseldorf geleiten lassen], denn er ist weder des Wegs noch der Sprache kundig...«

Rom, 14. März 1676. Mocchi an Ph. W.[1]

»Wenn der Musiker der nach Genua gegangen ist, seine Rückkehr beeilt hätte, wäre ich schon auf dem Heimweg ... er hat mir heute ausrichten lassen, daß er innerhalb der nächsten acht Tage eintreffen wird, da er vor seiner Abreise nach Deutschland ein gewisses Geschäft in Ordnung gebracht wünscht... Jenem guten Sopranisten hab ich gesagt, er könnte sich begnügen mit dem gleichen Gehalt wie Pompeo [Sabbatini]; er antwortete aber, er beanspruche 60 Scudi monatlich, da er hier in Rom monatlich 50 verdiene...« [Rom, 28. März] »... der Sopranist besteht auf den 60 Scudi monatlich, also 9 Scudi mehr als Ruffino [Marinelli] ... vor meiner Abreise will ich nochmals mit ihm reden, auf daß er den Bogen nicht noch höher spanne (stia in decretis), falls E. H. ihm die 60 Scudi und 100 Dukaten Reisegeld zu geben geruhte; er hätte dann 4 Scudi monatlich mehr als Pompeo Sabbatini...« [Rom, 4. April] »Da der Kontraltist erst am Dienstag der Charwoche nach Rom zurückgekehrt ist, hab ich nicht um die Mitte der Fastenzeit abreisen können... Vorgestern erhielt der Herr Prinz Briefe von E. H., worin auch des Sopranisten gedacht war; er ließ mich mit demselben abschließen ... ich biete ihm 60 Rth. monatlich und 100 Dukaten Reisegeld — er besteht auf den 60 Scudi; ich biete ihm noch 5 neapolitanische Dukaten, wie sie der Pompeo [Sabbatini] hat — ich kann, mit einem Wort, gar nichts ausrichten; ich verweise ihn auf die Gnade, die E. H. ihm erzeige, indem Sie ihn mit sich auf die Jagd nehmen wolle in Begleitung des Pompeo — er versteift sich auf seine 60 Scudi. Endlich, da ich sehe, der Herr Prinz hört ihn gerne, verspreche ich ihm, von meinem Geld ihm 48 Scudi im Jahre zu geben — er antwortet, er wolle nichts von mir, und hoffe, sie von E. H. zu erhalten. Kurz, er will kommen; ich möge ihm aber Zeit lassen, von seinem Fürsten [Giustiniani] seinen Abschied zu erbitten, und eine Menge Hausrat zu verkaufen ...« (der Prinz wolle ihn im Mai nach Düsseldorf mitnehmen).

Rom, 2. Mai 1676. Pierucci an Ph. W.[2]

»Der Herr Ritter Mocchi machte sich am Donnerstag Morgen über das hl. Haus von Loreto auf den Heimweg zu E. H.; er bringt aus Rom einen Musiker [den Kontraltisten] mit sich, einen andern [den Tenoristen...] trifft er auf dem Wege. Den Forll hat er, mit der Abmachung, im Oktober nachkommen zu wollen, hier gelassen, weil er noch nicht bereit war...«

An diese Reisebriefe Mocchi's schließt sich eine Reihe nicht minder reizvoller, die er in den folgenden Jahren 1677/78 aus Neuburg an den Pfalz-

---

1) K. bl. 59/26.
2) K. bl. 71/2.

grafen nach Düsseldorf richtete. Unterdessen, im Juli 1676, war Pompeo Sabbatini in Neuburg gestorben[1]), und das Engagement Forli's erwies sich als ein besonderer Vorteil.

Neuburg, 5. Juni 1677. Mocchi an Ph. W.[2])

»... der Sopranist Forli ist am 3. Juni in Neuburg eingetroffen. Ich benachrichtigte davon den Hrn. [Pfennigmeister] Nikolaus Müller, und trieb an, daß er ihn sobald als möglich nach Düsseldorf schaffe ... Aus freiem Entschlusse hat Isidoro (Cerruti, vielleicht derselbe Baßsänger, um dessen Engagement es sich schon 1650 handelte), Baßist Seiner Heiligkeit, die Reise hierher gemacht, mit Urlaub auf ein halbes Jahr.

Ich hoffe, daß E. H. sehr großes Wohlgefallen haben wird an Forli und seinem Gesang, denn ich habe noch keinen bessern gehört. Ich habe ihn gefragt, ob er den Vincenzino [....?] kenne, Sopranisten S. Majestät, und er hat mir geantwortet, sie seien unter dem Kapellmeister Carissimi Studienkameraden gewesen; er ließ merken, daß er dem Vincenzino nichts nachgebe. Ich bin schriftlich, und auf Befehl E. H. auf 200 Rth. Reisegeld und 60 Scudi monatlich — von seiner Abreise von Rom an gerechnet — mit ihm einig geworden; obwohl es scheinen will, daß er [das Gehalt] vom Tag seiner Dienstentlassung beim Fürsten Giustiniani an beanspruche ...«

Bensradt, 19. Juni 1677. Ph. W. an Mocchi.[2])

(Forli) »... ist jetzt wohlbehalten angelangt, und nachdem Wir ihn vergangenen Donnerstag während des hl. Abendmahls gehört haben, scheint Uns, er werde vollauf befriedigen können, und Wir haben mit Vergnügen seinen Gesang vernommen ...«

Dies die Engagementsgeschichte eines Kastraten, der von nun an in der Kapelle einen hervorragenden Platz einnahm und sich der Gunst seiner Herren in besonderem Maße erfreute: so nahm ihn gleich im Herbst 1677 der Pfalzgraf in die ländliche Einsamkeit von Bensberg mit, in der eifrig Kammermusik getrieben wurde; so stellte er sich auch in einer Streitsache Forli's mit Roberto Sabbatini (die uns ein paar Briefe der Musiker erhalten hat) entschieden auf die Seite des Sängers. Schon am 1. Jan. 1679 verlieh er ihm eine lebenslängliche Pension von 100 Dukaten jährlich aus den Einkünften von Rocca Guglielma[3]); am 11. Nov. 1682 machte er ihm ein neues ansehnliches Geldgeschenk und fügte zur alten eine weitere Anweisung von 13 Dukaten 2 Tari monatlich[4]). Seinen Bruder Giuseppe Maria Capelli empfahl Ph. W. [22. Juni 1688] dem Kardinal Pio für den Bischofssitz von Forli — eine Empfehlung, die allerdings ohne Wirkung blieb[5]). 1691 zog Giovanni Capello sich in seine Vaterstadt zurück; Kurfürst Johann Wilhelm gab (7. März 1691, Neubg.) seinem neapolitanischen Residenten die Anweisung, ihm lebenslang 500 fl. jährlich zu senden »*per dare al medemo en Segno della nostra gratitudine per li suoi virtuosi talenti, essercitati nella sua professione, tanto in Coro, che nella Camera durante lo spatio di quindeci anni, ch'è stato in servitio della Nostra Casa Elettorale*«[6]);

---

1) Vom 1. Okt 1665—1668 war P. Sabbatini als Sopranist in der Wiener Hofkapelle (Köchel S. 63). Er war also höchstens acht Jahre in Phil. Wilhelms Dienst.
2) K. bl. 59/26.
3) Ph. W. an Ant. Mascambruno in Neapel. K. bl. 66/2.
4) K. bl. 66/3.
5) K. bl. 44/13.
6) K. bl. 66/5.

und ernannte ihn ferner zu seinem Agenten in Forlì (nostro Agente nella Romagna dello stato Ecc°); — so überwacht Capello 1695 den Transport eines großen Gemäldes von Carlo Cignani von Forlì nach Düsseldorf, und gibt dem Maler Martin Fischer am 30. Sept. 1695 als ein Geschenk für den Kurfürsten mit »*un disegno d'un Angelico concerto favoritomi dal Sig*^r *Carlo Cignani*«[1]) — die beste Art, sich bei dem erlauchten Sammler in Gunst zu halten. Er starb Ende Februar 1708 in seiner Vaterstadt; seine Agentenwürde erbat bei der Meldung von seinem Tode am 1. März 1708 Carlo Cignani für seinen Sohn Felice.

Von Isidoro Cerruti's künstlerischer Tätigkeit am Neuburger Hof hören wir kein Wort; erwähnt werden nur sein Neffe Emanuele Cerruti, auch er vielleicht Musiker, der 1680 nach Rom zurückkehrte, und seine Schwägerin Anna Maria Bocchi aus Nepi, die ihm bis 1685 in Neuburg den Haushalt führte. Dies Schweigen der Akten ist um so bedauerlicher, als Cerruti zu dem Kreis römischer Künstler um Carissimi gehört, dem wir in erster Linie die Bildung der Kantatenform verdanken: ich kenne von ihm drei Kammerduette, von denen besonders eines, in zwei Fassungen erhalten, das Ringen um klare Form und gehaltvollen melodischen Ausdruck veranschaulicht[2]).

Mit einem Briefe Mocchi's dat. Augsburg 30. Dez. 1677 beginnt eine politische Korrespondenz, die sich neben Kriegsnachrichten, Neuigkeiten vom Wiener Hofe u. a. zumeist um die Umtriebe der französischen Partei, namentlich des Kardinals d'Estrées am Münchener Hofe, und die Gegenminen der kaiserlichen Politik dreht[3]). Mocchi's Gewährsmann war Baron Seb. Franz von Taxis in Augsburg. Auch Beiträge zur Münchener Theater- und Festgeschichte fehlen nicht: so schreibt Mocchi (17. II. 1678) von einer »Wirtschaft«, die am gleichen Tage zu Ehren der Ankunft des Kaiserl. Gesandten Graf Wolf von Oettingen gefeiert wurde, und »einer deutschen Komödie, denn man mag keine französischen Comödianten mehr«; desgleichen (März 10.) von einer Commedia Italiana.

Neuburg, 24. Feb. 1678. Mocchi an Ph. W.[4])

»... Um das Gedächtnis der erlauchtesten Prinzlein zu üben, hat man

---

1) K. bl. 62/3.

2) Bologna, Lic. mus. Ms. 947, fo. 197. In reiferer Fassung in Rom, Chisiana, »*Lacci miei, r'abbandono*«. Ebenda die beiden andern Duette »*Bella nere che d'intorno*« und »*Chi d'amante hà più che il nome*«. Zweifellos bergen die römischen Büchereien noch mehr seiner Werke.

3) Daneben auch seltsame Histörchen wie das folgende (Neuburg, 31. März 1678): »Der Herr Taxis hat mir mitgeteilt, daß Seiner Maj. dem Kaiser eine wunderbare Begebenheit zugestoßen. Als er eines Tages bei der Tafel... und ihn zu zerstückeln anfangen wollte, fühlte er sich hinten am Kleide gezupft; er drehte sich um, ohne irgend etwas zu sehen; und das wiederholte sich dreimal. Voll Furcht zog er sich in sein Gemach zurück, und fand da den hl. Joseph in der Verklärung, mit einer weißen Lilie in der Hand, der ihm sagte: Leopold iß nicht von diesem Kapaun, denn er ist vergiftet. Darauf hat man vier Küchenleute ins Gefängnis gesetzt...«   4) K. bl. 59/26.

sich die Freiheit genommen, sie eine Komödie, ein Werk des Pater Leopold aufführen zu lassen, von der ich E. H. den Inhalt sende. Zuhörer waren der P. Rektor mit einigen andern Vätern, und die Herren Räte, die die Prinzlein aufs höchste lobten . . . insbesondere den Herrn Prinzen Alexander (A. Sigmund, den späteren Bischof von Augsburg), sowohl im Singen (*nel recitare*), wie in der Aktion (*nel ballare*) . . .«

Neuburg, 3. März 1678. Mocchi an Pl. W.[1])

». . . vorgestern nach Tisch hörte·ich zwei Trompeter blasen, zu meinem Ergötzen, da sie beide, und besonders der eine sehr gut bliesen. Ich dachte mir, es müsse der Simon [. . . .?] sein, den E. H. wegen seiner Widerspenstigkeit entlassen hat, und schickte gleich einen Bedienten ins Wirtshaus an der Donau, um nach ihrem Namen zu fragen. Er brachte zurück, es sei [wirklich] der Simon. (Mocchi bestellt den Trompeter dann auf 8 Uhr zu sich) . . . er kam pünktlich, und ich fragte ihn zuerst, warum E. H. ihn entlassen habe. Er antwortete, ‚mit 30 Rth. Gehalt hab ich in Düsseldorf nicht leben können.‘ ‚Was,‘ antworte ich, ‚und wie kommen denn die andern aus? mit noch viel weniger! und S. H. hätte Euch obendrein 5 Rth. monatlich mehr zugelegt!‘ Da sagte er ‚Ich konnte [eben] nicht damit auskommen.‘ ‚Das glaube ich,‘ versetze ich, ‚wenn man ein Leben führt wie Ihr thatet, wenn man sich schämt, immer die Livrée zu tragen; den ganzen Tag, und manchmal die ganze Nacht spielt, sich besäuft, und den größten Teil des Gehalts verbraucht, u. s. w. Ihr glaubt vielleicht, bei einem andern Fürsten mehr zu bekommen? da täuscht Ihr Euch! Ihr zeigt, mit Verlaub, zu viel Anmaßung und Einbildung auf Eure Person; Ihr seid, mit einem Wort, toll gewesen, einen so gütigen Fürsten zu verlassen, der etwas auf Euch hielt, und, wenn er fortging, Euch die Kost gab, so daß alles in allem Ihr S. H. auf mehr denn 50 Rth. monatlich zu stehen gekommen seid!‘ Da er mich in dieser Entrüstung sah, fing er an zu weinen, und sagte mit einem mächtigen Seufzer ‚Ihr habt recht, es ist zu spät, ich muß mich in Geduld fassen.‘ ‚Wo denkt Ihr jetzt hinzugehen,‘ frage ich, ‚nach München,‘ versetzt er mir; und ich: ‚keine 25 Rth. monatlich wird man Euch geben, eher weniger; denn man hat dort am Trompetenblasen wenig Geschmack und braucht es nur zum Prunk und zum Dienst bei der Tafel‘ und ließ ihm all das durch den Baßsänger E. H. bestätigen. Da er das hörte, begann er in seiner großen Betrübnis wieder zu weinen; ich ließ ihn ein Weilchen in dieser Betrübnis und sagte dann: ‚Reut Euch nicht, diese Dummheit gemacht zu haben?‘ ‚Jawohl‘ war seine Antwort; — ‚nun gut, wenn Ihr meinem Rat folgen wollt, so hört. Ich möchte, daß Ihr nicht nach München geht, und Euch solange, bis ich Antwort von S. H. habe, in Neuburg aufhaltet.‘ Er versetzte ‚Ich habe nicht genug Geld, solange hier zu bleiben.‘ ‚Darum kümmert Euch nicht, da ich für Euch zahlen will in der Erwartung einer günstigen Antwort — nicht daß Ihr sie verdient, sondern bloß durch meine Vermittlung als Capellmeister: ich rührte keinen Finger, hätte ich nicht den Titel inne.‘ Darauf versprach er mir zu warten . . . (Nachschrift:) Ich habe herausgebracht, daß der Simon nicht habe in Düsseldorf bleiben wollen wegen seines Weibes, das ihn aufgestachelt hat den Dienst zu verlassen« . . .

Neuburg, 5. März 1678. Mocchi an Ph. W.[1])

»Nachdem ich vorgestern einen Brief an E. H. geschrieben, um dem

---
[1] K. bl. 59./26.

Simon Verzeihung zu erwirken, langte tags darauf, gestern, in Neuburg der neue Trompeter an, namens Wilhelm Thoni aus Salzburg. Ich brachte ihn zum Blasen, und er blies sehr gut zwei, oder drei Liedchen (canzonette) mit vielen Verzierungen, aber mit einiger Rauheit. Ich gewann nicht die erwartete Befriedigung; nicht daß er nicht gut blies, aber weil die Liedchen nicht mit dem feinen Geschmack komponiert waren, den einstimmige Stücke erfordern. Deswegen kann ich seinen Wert nicht vollkommen beurteilen; mir scheint, der Simon bläst feiner und reiner. Heute abend hoff ich beide zusammen hören zu können, und mir danach ein sicheres Urteil zu bilden. Hätte ich gewußt, daß der erwähnte [Salzburger Trompeter] schon fest im Dienst E. H. stehe, hätte ich mich nicht in diese Angelegenheit gemischt ... Simon hat Kenntnis gehabt von seiner Ankunft, hat [aber trotzdem] die Absicht ausgesprochen, die Antwort E. H. auf mein Schreiben abzuwarten, und sich danach zu richten. Ich hätte die Hoffnung, daß sie ein schönes Zusammenspiel böten, so daß man, würde zufällig einer der drei ersten [Trompeter] krank, ohne Unterbrechung ein gutes Zusammenspiel besäße« ...

Düsseldorf, 9. März 1678. Ph. W. an Mocchi.[1])

... »(den Trompeter Simon) haben Wir wegen seiner überspannten Forderungen des Dienstes entlassen, in dem Wir ihn übrigens gerne mit 5 Thalern monatlich Zulage behalten hätten. Da er aber auf seinen Unverschämtheiten beharrte, indem er — und das vor jedermann — von Uns entweder Gehaltserhöhung oder seine Entlassung forderte, obwohl wir ihm gnädig hatten erklären lassen, daß die gegenwärtige Lage Uns wegen der Consequenzen nicht gestatte, Zulagen zu gewähren, im Gegenteil eher zur Verringerung der Gehalte auffordere, bis zum Anbruch besserer Zeiten: da hat er sich auf Unsere Gründe nicht beruhigen wollen, so daß Wir ihm den Abschied gegeben haben, denn Wir wollen nicht dulden, daß Unsere Diener Uns an der Nase herumziehen und Uns den Sack vor die Füße werfen, was Wir nicht einmal einem Unserer höheren Minister, sei er wer er wolle, hingehen ließen. Und so kann der Simon sein Glück anderswo suchen ... um so mehr als Wir zur Stunde mit einem andern an seiner Statt versehen sind ...«

Neuburg, 10. März 1678. Mocchi an Ph. W.[1])

»... die beiden Trompeter hab ich hören selbander blasen und sie stimmten ausgezeichnet zusammen[2]). Der Straßburger [sic; verschrieben für Salzburger] Trompeter gefällt mir wohl, er ist ein feiner Musiker ...«

---

1) K. bl. 59/26.

2) Es ist nicht leicht, sich von Kammermusik für zwei Trompeten mit Generalbaß ein Bild zu machen. Ich setze deshalb aus Johann Jacob Löwe's Sonaten, Canzonen und Capriccen (Jena 1664) ein »Capriccio à 2 Clarini« der Kuriosität und Seltenheit wegen hierher:

Allegro.

Düsseldorf, 26. März 1678. Ph. W. an Mocchi.[1]

... »der **Thoni** ist hier schon angekommen und gewährt Uns die Befriedigung, die Wir Uns von ihm erwartet hatten« ...

1) K. bl. 59/26.

Es war am Ende dieses und zu Beginn des folgenden Jahrs, da Neuburg den größten Prunk sah, der wohl je in seinen Mauern entfaltet worden ist. Im Oktober 1678 hatte der Erbprinz Johann Wilhelm seine Vermählung mit Maria Anna, der Schwester Kaiser Leopolds gefeiert; die Wiener Festoper war Minati-Draghi's »*Enea in Italia*«[1]; der fingerfertige Giovanni Legrenzi, der kein gekröntes Haupt von Europa mit seinen Dedikationen verschonte, widmete dem Ereignis ein ganzes Kantatenwerk[2]: »*Echi di riverenza di Cantate, e Canzoni Agli Applausi festeggianti ne gli Himenei delle Altezze Sereniss. di Marianna Arciduchessa d'Austria, e Gio. Gvglielmo Prencipe Co. Palatino* . . . »op. XIV. Bologna 1678. — Zur Nachfeier dieser Vermählung bereitete Philipp Wilhelm in Neuburg eine Reihe von Festen vor, deren poetische Ausführung vielleicht ganz, sicher zum Teil sein Rat Christian Schlegel, und deren Komposition sein Kammermusikus und Organist Johann Paul Agricola besorgte. Mocchi mochte sich einer solchen Aufgabe nicht mehr gewachsen fühlen, hatte aber eine Art von Oberaufsicht über die Aufführungen.

Die gedruckten Textbücher dieser Festspiele sind erhalten[3]. Daß es sich in ihnen um Übersetzungen aus dem Italienischen handle, ist ausgeschlossen; und so rückt denn auch Neuburg in die kleine Zahl süddeutscher Höfe ein, denen sich eine kurze Pflege der deutschen Oper nachsagen läßt.

Der Titel des ersten, am Geburtstag Maria Anna's aufgeführten (31. XII. 1679) lautet:

Streit / der Schönheit und der Tugend / Entscheidet und beygelegt in Gegenwart / Der so wol an Schönheit als Tugend unvergleichlichen / . . . Maria Anna, . . . Als nach beschehener Vermählung / Mit dem Durchleuchtigsten Fürsten und Herrn / Herrn / Joh. Wilhelm, . . . Bey annoch *continuirtem* Heimführungsfest, Höchstgedachter / Durchleuchtigster Ertz-Hertzogin / Erfreulichster Geburts-Tag / eingefallen, / Und Feyrlich begangen worden; / Vorgestellet in *Music*, / und / Mit einem ansehenlichem Fuß-Turnier, auch unterschiedlichen / andern Gefechten, Balleten und Täntzen, / aufs vergnüglichste untermischet; / So geschehen / In der Hochfürstl. Residentz-Stadt Neuburg / an der Donau.

In diesem Streit halten »*Venus, Diana, Thetis, Proserpina* . . . der Schönheit = *Pallas, Pan, Neptunus* und *Pluto* (welches von dem letztern fast zu verwundern) der Tugend Parthey; *Hercules* stehet allein im Zweiffel, welchem Theil er zufallen solle; *Jupiter* aber, als auf dessen höchsterleuchteste Entscheidung billich alles Absehen zu führen, zeiget in dem lebendigen Exempel, und in der Person der unvergleichlichen Ertz-Hertzogin MARIA ANNA, wie dieser Streit allerdings beygeleget, und mit was unbeschreiblichem Preiß, Schönheit und Tugend bey deroselben dermassen vereiniget

---

1) Partitur in der Wiener Hofbiblioth. Ms. 18847. Aufgeführt am 25. Okt. 1678 in Neustadt; mit Arien von Kaiser Leopold.
2) E. Vogel, Bibl. I. 364.
3) Hof- und Staatsb. zu München. Ded. 2°. 333.

seye, daß Schönheit ihre Tugend unschätzbar, und Tugend ihre Schönheit unsterblich mache.« — Diese Oper ist allerdings weit eher eine Reihe von Balletts, durch Gesangsszenen eingeleitet und unterbrochen durch ein burleskes Zwischenspiel, in dem »*Semper*-lustig ein Koch« und »*Nunquam*-traurig ein Keller« den Wettstreit auf ihre Art entscheiden.

Von ganz ähnlicher Anlage ist das am 13. Februar 1679[1]) im Freien vor dem Neuburger Schloß gesungene und getanzte Ritterballett, mit einleitenden und begleitenden Gesängen; der Chor spielt hier eine größere Rolle.

Der Titel: »Freudens-Triumph deß *Parnassus*, / über / den unvergleichlichen Nahmen, und Ruhm / Der ... Frauen / Maria Anna, ... Als nach beschehener Vermählung , Mit ... Joh. Wilhelm ... Deroselben Hochzeitliches Heimführungs-Fest beehret worden; / Bey welcher Freuden-Bezeigung / insonderheit auch / *Mavors*, und *Minerva* / ihre Schuldigkeit / Anfänglich mit einem Gefecht zu Pferdt, / nachgehends / Mit einem Roß-Ballet / erweisen; / Eröffnet und vorgestellet / In der Hochfürstl. Residentz-Stadt Neuburg / an der Donau, / den freigelassener Raum] December 1678.«

Gleichfalls im Karneval 1679 finden im Schlosse zwei richtige deutsche Opern statt; die eine eine Variante der Fabel von *Acis* und *Galatea*, jedoch mit glücklichem Ausgang.

»Die beneidete, jedoch nicht beleidigte Liebe, / Abgebildet in einem Poetischen Sinn-Gedichte / von dem Schäffer / *Damon* / und der Nymphe / *Melisse*, / So mittelst einer Musicalischen Aufführung, nebenst / allerhand lustigen Handlungen, artigen Balletten,[2]) / Bevorab / Einer sonderbaren noch nie gesehenen Zwischen-Vorstellung / An einem Hoch-Fürstl. Hof / auf den Schau-Platz / kommen, / als eben zugleich an selbigem Ort / In der gewöhnlichen Fastnacht-Zeit ein ansehnli- / ches Königreich gehalten worden. / So geschehen im Jahr 1679.«

Die andre, zur Abwechslung mit romantischer Fabel:

»Die gesuchte, verlohrne, und endlich wieder gefundene / Freyheit, / In der Begebnüß zweyer Sicilianischer / Princeßinnen / *Salibene* / und / *Rosimene*, / So durch ein gesungenes *Drama*, sambt einigen / Täntzen und Balleten vorstellig gemachet / worden / In der hochfürstl. Pfaltz-Neuburgischen Residentz / Zu Neuburg an der Donau / Im Jahr 1679.«

Mit den Vorbereitungen zu diesen Stücken beschäftigt sich der nachfolgende Briefwechsel zwischen Ph. W. und Mocchi.

Wien, 9. Okt. 1678. Ph. W. an Mocchi.[1])

»Wir hatten geglaubt, hier einen Sopranisten zu finden, der in den Dienst Unseres Ältesten in Düsseldorf treten wollte. Da aber I. Kais. Majestät die ihrigen braucht, war es nicht möglich einen zu bekommen, doch da notwendig ist wenigstens noch einen zu bekommen, sowohl für die

---

1) s. unten S. 381.
2) Eines dieser Ballette, das erwähnte Zwischenspiel, ist in der Tat artig eingeführt. *Polyphems* Steinwurf nach *Damon-Acis* lockt die Pygmäen aus ihrer Steinhöhle; ihr Ballett wird aber durch feindliche Kraniche unliebsam unterbrochen.
3. K. bl. 59/26.

Komödie in Düsseldorf, wie für die Kapelle und Kammer Unseres Ältesten, so bemühet Euch sobald als möglich einen zu finden ...«

Neuburg, 18. Okt. 1678. Mocchi an Ph. W.[1])

»... ich erhalte gnädigsten Befehl von E. H., einen Sopranisten zu suchen, und antworte unterthänigst, daß man eine Anzahl Schreiben an verschiedene Orte [deswegen] gerichtet hat, wie nach Parma, Venedig und Florenz. Wegen des Soprans in Parma bat ich den Herrn Prinzen Johann Wilhelm, seinem Briefpäckchen ein an Baron Taxis gerichtetes Schreiben beizulegen, auf daß er durch seinen Einfluß den erwähnten Sopranisten zum Eintritt in den hiesigen Dienst vermöge. Die Antwort lautete aber, daß der Herr Herzog von Parma ihn bereits untergebracht habe, mit sehr hohem Gehalt und mit Versorgung einer Schwester dieses Sopranisten in einem Kloster, so daß auf diesen nicht mehr zu hoffen ist. Aus Venedig hat man geantwortet, daß gegenwärtig nichts geeignetes vorhanden sei, und [von unserer Seite] darauf erwidert, wenigstens einen mäßigen [Sänger] zu suchen: worauf man Antwort erwartet. Aus Florenz hat man überhaupt nicht geantwortet. Ich bin des sichern Glaubens, daß man gegen die Fastenzeit manchen guten Sopran werde bekommen können, weil sich zur Aufführung der üblichen Karnevalsopern dort [in Venedig] viele einfinden, aus denen man einen guten aussuchen könnte, wenn es E. H. so gefällt. Dem Francesco Benedetti [der also wohl den Pfalzgrafen nach Wien begleitet hatte] hab ich geschrieben, E. H. unterthänigst vorzustellen, auf kurze Zeit einen Sopranisten von I. Kais. Majestät auf Borg zu erbitten, da man inzwischen sich einen oder zwei verschaffen könnte. Auch mit dem Kontraltisten [des Fürsten] von Oettingen — der mit den Musikern von Bayreuth in gutem Einvernehmen steht, hab ich gesprochen, daß er einem seiner Freunde um einen Sopranisten schreiben solle ...«

s. d. [Neuburg, Ende Okt. 1678.] Mocchi an Johann Wilhelm.[1])

»... Der Herr Sekretär Schlegel [Christian S., Rat, Cammer-Vicedirektor und Geh. Cammer-Secretarius] hat mir die Textworte von Venus und Pallas und Diana und Pan dagelassen; es fehlen noch die von Hercules, von Pluto und Proserpina, von Neptun und seiner Gemahlin; dann auch noch welche von Venus, Pallas, und Jupiter ...«[1])

Neuburg, 1. Nov. 1678. Mocchi an Ph. W.[2])

»... Ruffino Marinelli hat mir mitgeteilt, daß in seiner Heimat sich ein sehr guter Sopranist, wenn auch keiner von den ausgesuchtesten, sich befinde, von dem er sehr große Befriedigung für E. H. sich verspreche, besonders in der Kammer, bei lebhaften Stücken (*cose allegre*) ... deshalb schreib ich ihm morgen, so bald als möglich nach Neuburg zu kommen, um im Dienst zu bleiben, wenn er E. H. zusagt; im andern Fall ersetzt man ihm die Reisekosten und gibt ihm ein Geschenk.

Nachdem ich auf dem Theater einmal das Höllen-Ballett, und zwar bloß mit Furien, habe tanzen sehen, verlangte ich vom Agricola die Textworte der Introduktion von Pluto und Proserpina, und ersah daraus, daß Pluto die Geister, und Proserpina zwei Furien herberufe. Heut morgen nun nach dem Kirchendienst traf ich den Tanzmeister und sagte ihm, daß im Furienballett auch die Geister vorkommen müßten; worauf er: ,das hättet Ihr mir

---
1 K. bl. 59/26.
2 Mocchi spielt an zuerst auf den »Streit der Schönheit, und der Tugend«; dann auf den »Freuden« — Triumph«.

vorher sagen sollen!' und ich: ‚warum habt Ihr mich nicht gefragt?' er wieder ‚E. H. habe ihm so in meiner Gegenwart befohlen' — ich: ‚daran kann ich mich nicht erinnern; laßt Euch beraten!' Er hat mir darauf gesagt, er wolle es nicht ändern, weshalb ich E. H. bitte, das Versehen nicht mir zuzuschreiben. Beiliegend schicke ich die Abschrift der zur Einführung des Balletts nötigen Textworte ... Diese Textworte, ein auch in den Akten erhaltenes Fragment dieser Oper lauten:[1])

Pluto.   Auff! Ihr Geister, auf! auf! auf!
Proserpina.   Auf Alecto, auf Megæra!
Pluto. Proserpina.   Kommet allesambt zu hauff
   Wir seindt hier entzweyt
   entscheidet den Streit.
(Jntrade der furien. In deme sich solche endiget, entstehet ein gerase uon trombeten und pauckhen.)
Pluto.   Fort Ihr geister zu der höllen
   fort, wir müsen sehen zu
   Das nicht andre mehr rebellen
   uns uerstören unser ruh.
Proserpina.   Fort Alecto, fort hinein
   fort Megæra
   dan Wir müsen auch dabey zugegen sein.

Auf der Donau unterhalb Krems 7. Nov. 1678. Ph. W. an Mocchi.[2]) »Da Wir beschlossen haben, daß das Feuerwerk zu Beginn und für sich vor sich gehe, ... wird die letzte Strophe, worin Pluto beschworen wird, überflüssig ... so daß Ihr es von der Komposition [der Oper[3])] abtrennen [ausgestrichen: daß Ihr es dem Forli u. den andern, die die Musik begleiten, mitteilen könnt] und diese Strophe gänzlich weglassen könnt. Und da Wir vernehmen, daß Unsere Musiker in Neuburg von Tag zu Tag verschieben, ihre Rollen zu lernen, obgleich Wir [schon] auf dem [Heim-] Weg sind, und das Reiterballett das zweite Festspiel bilden wird — denn Wir müssen Uns damit wegen des Frosts und Schnees beeilen — (ausgestrichen: und die Oper bald stattfinden muß) tragen Wir Euch gleichermaßen auf, Sorge zu tragen, daß sie sobald als möglich [diese] ihre Rollen vollkommen einüben und inne haben, wie auch die für das Ballett und Rennen, und damit es spätestens am letzten Tag dieses Jahrs, als dem Geburtstag der Braut, statthaben könne ... und Wir ohne Schmach bestehen« ...

Dieses Reiterballett fand jedoch, wie oben erwähnt, erst am 13. Februar des folgenden Jahres statt. Der Pfalzgraf hatte sich dazu von seinem Nachbarn, dem Bischof von Eichstätt zwei Pferde geborgt, die er am 17. mit folgenden Begleitworten zurückschickte[4]):

---

1) Im Druck etwas abweichend.
2) K. bl. 59/26.
3) Das Konzept dieses Reskripts ist durch vielfache Korrekturen entstellt, und der Inhalt nicht ganz klar. Er ist so zu verstehen: Zur Nachfeier der Vermählung Johann Wilhelm's mit der Erzherzogin Maria Anna war in Neuburg ursprünglich eine deutsche Oper mit daranschließendem Feuerwerk geplant; und wohl am folgenden Tage ein Ritterballett (torneo). Der Pfalzgraf macht nun drei Festtage daraus: Feuerwerk, Oper, Ballett; und da er das letztere vor Eintritt der üblen Jahreszeit feiern wollte, so rücken auch Feuerwerk und Oper um eine Anzahl Tage vor.
4) K. bl. 51/10.

»Nachdem Wür das schon lanng Vorgehabte, vnnd aber wegen fast beständtigen Ungewitters eingestellte Roß *Ballet*, den 13. iezigen Monnaths *februarij*, welcher tag gar *fauorabl* darzue ware, halten laßen, Worbey Eur Ld: Vnnß hieher bewilligter tannzer, das seinige auch wohl gethann, AIß haben Wür denselben neben dem andern Pferdt bereits wider nach Eystett in Euer Ld: Marstall geschickhet...«

Auf der Donau oberhalb Linz. Nov. 15. 1678. Ph. W. an Mocchi[1]).

»... Wir vernehmen, daß Ihr nach Italien geschrieben habt, um den Sopranisten aus Umbrien kommen zu lassen, den Euch Ruffino [Marinelli] vorgeschlagen hat... Wir erwarten ihn sobald als möglich und erwarten Euren Bericht über seine Antwort... [ausgestrichen: Da aber jetzt die Lage Unserer Staaten am Niederrhein ihr Gesicht verändert hat, und Unser Ältester unter diesen Verhältnissen sich mit seinem Hof noch nicht nach Düsseldorf wird begeben können, weshalb für jetzt die Kapelle nicht geteilt noch vergrößert wird, wäre es nicht übel... dem Sopranisten noch einmal zu schreiben, er möge sein Kommen aufschieben bis auf weitere Nachricht, im Falle er sich noch nicht wirklich auf den Weg gemacht hätte; ohne aber endgültig mit ihm zu brechen...]... das *Furienballett* muß aus sechs Personen bestehen; der Tanzmeister übe es nur weiter mit Sorgfalt ein, da Unsere Meinung ist, daß drei dieser Personen Furien machen, und die drei anderen Geister. Dem scheinen Uns die Textworte nicht zu widersprechen, da ja auch die Furien Geister sind. Diese sechs müssen das gleiche Kostüm tragen, doch mit dem Unterschied, daß drei in *schwarz* und gold, und die andern drei in *rot* und gold, mit Flammen (wie die Furien pflegen) gekleidet sind. Außerdem haben Wir Befehl gegeben, daß von der in Neuburg aufzuführenden Komödie [= deutschen Oper] soviel Textbücher gedruckt werden sollen wie auch von dem Reiterballett; und da Wir auch wünschen, daß das Theater und die Veränderungen der Szene in den Druck kommen, so veranlasset Unsern Kammermusiker [Giorgio] Stella, die Ansicht des Theaters, und alle Dekorationsbilder zu zeichnen, um sie dann in Kupfer stechen zu lassen«... [Im Münchener Exemplar fehlen diese Kupferstiche, obgleich in den Scenarien auf sie hingewiesen wird.]

Mocchi's Jubilation im Herbst 1679 fällt zusammen und steht in Zusammenhang mit der von Ph. W. schon am 15. Nov. 1678 erwähnten Teilung der Neuburger Hofkapelle, die sich vollzog, als Johann Wilhelm die Verwaltung der Jülich-Berg'schen Lande übernahm — er teilt am 3. Okt. 1679 dem römischen Agenten seine Ankunft in Düsseldorf mit: »*con la Signora mia Consorte Arciduchessa ed tutta la mia Corte*[2])«. In welcher Weise die Teilung vor sich gegangen, und wer in den folgenden Jahren an die Spitze der beiden Hofkapellen in Neuburg und Düsseldorf getreten ist, ist nicht ersichtlich. Wenn der Pfalzgraf seinem Sohne die besten Sänger und Spieler auch nicht völlig abtrat, so befanden sie sich doch meist in Düsseldorf, wo man von nun an den Schwerpunkt des Musiklebens am Hofe suchen darf. Bei Festlichkeiten, die großen musikalischen Apparat erforderten, eilen nun die Kapellmitglieder

---
1) K. bl. 59/26.
2) K. bl. 72/1.

jeweils am Festorte zusammen — in Neuburg, Düsseldorf, Ingolstadt, Heidelberg: öfter ist es der Pfalzgraf (seit 1685 Kurfürst), der die Kräfte seines Sohns in Anspruch nehmen muß. Schon im Frühjahr 1679 sah er sich nach Ersatz um für Forlì und Stella, die beide ursprünglich nach Düsseldorf bestimmt waren, während Borghese, den er behielt, nicht mehr ganz zu Dank sang. Er schreibt Neuburg, 1. März 1679 an Ottavio v. Taxis, Kais. Postmeister in Venedig [1]).

»Da ich für meinen Dienst zwei andere Sopranisten brauche: den einen auserlesen vom ersten Rang, den andern gut, und beide jung, und sicher in der Musik; und mir einbilde, daß im vergangenen Karneval solche auf den dortigen Theatern erschienen sind ... erwiesen Sie mir einen Gefallen, wenn Sie sich erkundigen wollten, ob solche Lust in meinen Dienst zu treten hätten«...

Venedig, 10. März 1679. Taxis an Ph. W.[2])

»... was die von E. H. begehrten zwei Sopranisten betrifft, so ist gerade gar keiner vorhanden; denn die in diesem Carneval in den Opern gesungen haben, sind abgereist entweder nach den Höfen der Fürsten, bei denen sie in Dienst stehen, oder nach ihren Wohnorten. Empfohlen werden mir einige, darunter einer beim Marchese Canossa, jetzt in Montagnana: genannter Marchese, der dahin reist, hat mir versprochen ihn hieher kommen zu lassen, damit man ihn anhören kann. Auch eines andern, der in Modena weilt, tut man mir Erwähnung; und ich will gleichzeitig an andere Orte Italiens schreiben...«

desgl., gleichen Datums:

»Ich habe für gut befunden ... E. H. mitzuteilen, daß sich gerade ein Priester hier befindet, von gutem Herkommen, und ausgezeichneten Sitten, namens Don Matteo Melissa. Er war im Dienst in Wien beim Hrn. Prokurator Giovanni Sagredo während seiner Gesandtschaft; hier beim Prokurator Angelo Morosini, und beim Cavalier Giustiniani (jetzt Gesandter beim Kaiser), wie auch jüngst in Rom beim Venezianischen Gesandten — bei allen als Haussekretär. Er versteht sich auf die Musik aus dem Grunde, spielt die Orgelstimme, und komponiert auch[3]); singt einen Falsettsopran, und kann im Notfall den Part des Kontraalts ersetzen, und mit seiner natürlichen Stimme singt er einen feinen Tenor (*tenoretto*). [Man könne über ihn unter anderm Erkundigungen einziehen] ... bei der Erzherzogin Marianne, die ihn in Görz einige Zeit gekannt hat...«

Neuburg, 22. März 1679. Ph. W. an Taxis[4]).

»... ich erwarte, wie der [Sopranist] von Modena, und der des Marchese

---

1) K. bl. 58/16.
2) K. bl. 58/16. Autograph des unten erwähnten Matteo Melissa.
3. Dessen sind Zeugnis zwei im Druck erschienene Werke: 1652 *Salmi Concertati* für 2—5 Stimmen, op. 5 (6 Psalmen und Salve Regina); 1665 *Messa e Salmi Brevi* (1 Messe, 9 Psalmen, Litanie, und 3 Salmi *a voce sola con Violini*) — Werke deren Tiefstand, was die Satztechnik besonders der ersten opus und die naive Profanation des heiligen Worts betrifft, nicht leicht zu überbieten ist; und doch finden sich auch hier melodische Blüten von wundervoller Reinheit und Schönheit! — Auf dem ersten Werke nennt sich Melissa »*Organista del Venerando Colegio della Compania di Giesù*«, auf dem zweiten »Kapellmeister am Dom von Görz«.
4) K. bl. 58/16.

Canossa sich anlassen, und sich erklären. Was den Priester Melissa betrifft, so ist für diesmal nicht nötig, mit ihm zu verhandeln, da ich mit Kontraltisten und Tenoristen zur Genüge versehen bin, und an Falsettisten kein Gefallen finde; ich brauche Kastraten mit dauerhafter Stimme...«

Damit bricht auch diese Korrespondenz ab, und man ersieht nicht, ob der Pfalzgraf auf diesem Wege zu Sopranisten gekommen ist. Im folgenden Jahre aber scheint er neben Borghese mit einem zweiten versehen gewesen zu sein; das geht hervor aus einem Briefe an seinen Sohn:

Neuburg, 2. Juni 1680. Ph. W. an J. W.[1])

[... ich habe einen] »*Castrato Soprano*, so von bereit [Bayreuth] *licentiert* worden [gehört], er hat eine sehr guete vnd schöne *manier, disposition, drillo*, Vndt ist *sicurissimo*, schlagt auch selbsten [den Basso continuo], die stim ist auch fein, Vnd zweiffle nit ob sobalt einer seinesgleichen zue bekommen, die *manier* hat er so guet, Vnd die *Disposition* besser als der von Munch[en], die stim aber nit eben so gar rein als der selbe, aber gewis weit besser als der *borgese*, Vnd die *manier perfect*, Ich habe Ihne *Disponiert* d[ie] antwort zue erwarten, ob du, oder deine Liebste Ertzherzogin selbigen Verlangen, Ich ließe Ihne nit gehen, wan ich mit Ehren den *borgese licentieren* könte, dan er Unuergleichlich besser als er ist...«

Kurz darauf muß übrigens der Pfalzgraf auch Forlì, Galli und Stella von seinem Sohne wieder zurückgefordert haben: wenigstens muß sie Johann Wilhelm für die Karnevalslustbarkeiten von 1681 eigens erbitten. Phil. W. schreibt, Linz, 4. Jan. 1681[2]), er habe Bericht von seinen Kammerräten in Neuburg, »die von deiner Ld. auf eine gewisse Zeith Von Mir *desiderirte* 3. Cammer-*Musici* seyen bereits abgereißet«: er wolle sie jedoch auf Aschermittwoch in Miltenburg wieder abholen lassen.

In die damalige Zerfahrenheit der Neuburger Kapelle, verursacht durch die Reisen des Pfalzgrafen, den fortwährenden Ortswechsel der Musiker selbst und häufige Entlassungen, gewähren uns andere Briefe Philipp Wilhelms an seinen Sohn Einblick:

Auf dem Schiff bei Krems, 10. Okt. 1682[3]).... »Vnderdessen hoffe ich du werdest mir den Gallo alsobald heraufschicken, derweilen noch ein *Contralto* so ich kurtz ahngenommen, mir aus dienst gangen«... [Neuburg. 1. Nov.... »Der Gallo ist einen tag nach mir alhier ahnkommen«... [Neuburg, 23. Nov.]... »bey dieser post wirstu den *furier* Zettul empfangen, in welchem ich kheine *musicos* eingesetzedt, weilen ich nit eigendtlich weis wehn du verlangest. der bueb, so eine große hoffnung zue einem gueten *Contralto* gegeben, ist jetzo in der *mutation* ... hingegen weil der *Altist* so ich vom Bischoffen von Eichstedt bekommen wek ist, habe ich einen andern Co[n]tralt so ein *Castrat* ist Silvestro Brunil ahngenommen, so nit Vbel singt, wan du ahnnoch von meiner Musicqu einige mit zue bringen Verlangst,

---

1 K. bl. 48/2.
2 K. bl. 48.6.
3) K. bl. 49/9.

so kanst es mich in Zeiten berichten«... [Neuburg, 29. Nov.] ...»Der battaglia [Matteo Battaglia], der Capelle Johann W.'s zugeteilt, vielleicht von einem Urlaub zurückkehrend] ist hier, wardtet auf gelegenheit zue kommen, was du von Meinen *Musicis* Verlangest, bringe ich mit«...
Johann Wilhelm bittet seinerseits (Benrath, 26. Juli 1684) seinen Vater »Weilen Ich beyden *Musicis* [Roberto? Gio. Ant°.?] Sabbathini vnd [Wolf Christoph] Fischer, ihrer *privater* gescheflten halber, nacher Newburg sich zu begeben, Vnd der gelegenheit zu Waßer biß... Mildenburg mit zu bedienen erlaubet, daß Sie denenselben... in gnaden gedenken«...

Es war wieder Mocchi, an den sich Philipp Wilhelm bei der Sängernot in jenem unruhigen Jahr 1682 wandte.

Ebersdorf (bei Wien), 4. Okt. 1682. Ph. W. an Mocchi[1]).

»Da der Kontraaltist von Eichstätt Unsern Dienst verlassen hat, und Wir mit einem andern an seiner Statt Uns versehen wollen, und da Ihr Unsern Geschmack und Unsere Neigung zur Musik kennt, so tragen wir Euch gnädigst auf, einen geeigneten zu suchen, dessen Forderungen mäßig sind; oder Uns einen jungen Sopran-Kastraten zu suchen, der sicher und gut ist, und die Stimme nicht ändert, damit wir den Galli den Kontraalt singen lassen können. Wir wollen ihm 30, höchstens 40 Thaler monatlich geben...«

Rom, 31. Okt. 1682. Mocchi an Ph. W.[1])

»Nach Empfang von E. H. Befehlen... hab ich mich ungesäumt von Marino hieher begeben und drei Tage lang den sorgsamsten Fleiß aufgewendet, ein geeignetes Subjekt ausfindig zu machen... ohne gleich eines zur vollen Zufriedenheit E. H. zu finden. Denn die fertigen Künstler sind teils der päpstlichen Kapelle, den Kirchen, dem Dienst der Kardinäle und Fürsten fest verpflichtet, teils weilen sie fern von Rom. Kürzlich vor etwa 10 Tagen ist auch ein gewisser Paoluccio abgereist, der, falls er nach Deutschland zurückkehren will, E. H. nicht uneben wäre. Ich werde es ihn brieflich wissen lassen, und seine, sowie andrer Sänger Rückkehr nach Rom abwarten, um mündlich besser einwirken zu können; zumal ich gehört habe, daß sich schon von Paris auf die Rückreise nach Rom gemacht habe ein Sopranist, nach seiner Vaterstadt San Martino geheißen, ein junger Mensch, aus dem ein Virtuose von großer Vollendung geworden ist, und der vom Duc de Nevers nach Frankreich geführt worden: ich will seine Ankunft abpassen um ihn dem Dienst E. H. zu verpflichten...«

Neuburg, 18. Nov. 1682. Ph. W. an Mocchi[1]).

»Da Wir bei Unserer Rückkehr hier einen Kontralt-Kastraten [Silvestro Bruni] auf der Durchreise gefunden haben, der Uns beim Anhören in der Kammer wie in der Kapelle befriedigt hat, teilen Wir Euch mit, daß Wir ihn in Unsern Dienst genommen haben, damit Ihr Euch nicht weiter bemüht... Und weil der Forli und Galli Uns als Sopranisten dienen können, braucht Ihr mit dem San Martino, der aus Frankreich heimkehrt, nicht abzuschließen. Wenn Ihr aber als Sopranisten einen frisch geschnittenen Buben finden könntet, der tüchtig und sicher ist, wie sie der Kaiser hat, so gebt Uns davon Nachricht. Das wird besser sein, als noch einen fertigen und namhaften Kastraten zu nehmen, da sie alle anspruchsvoll sind...«

Rom, 12. Dez. 1682. Mocchi an Ph. W.[1])

»... Kraft E. H. gnädigster Aufträge hab ich von Marino mich hieher

---

[1] K. bl. 59/26.

begeben, und mit Gioseppe Vecchi und mit [Gioseppe] Fede, Sopranisten der päptlichen Kapelle, und mit dem Melani und dem Foggia, den Kapellmeistern, und mit andern dergleichen Virtuosen verhandelt, um E. H. gut bedient zu sehen durch Verschaffung eines jungen geschnittenen Sopranisten, der die mir angezeigten Eigenschaften hat (wohlgedacht von E. H. und eine, wie gewöhnlich, wohlbewährte Ansicht bei den hohen Forderungen der erfahrenen Sopranisten, und ihrer Hartmäuligkeit: denn dergleichen an E. H. Hof gebildete Jungen suchen vielleicht aus Anhänglichkeit niemals einen andern Dienst.) Und einige der oben erwähnten Musiker haben mich um ein bischen Zeit gebeten, um Umschau zu halten nach den geeignetsten und Rom zu verlassen gewillten ... und einer hat mir bereits das Wort gegeben einen jungen Lucchesen — einen ansehnlichen Kastraten und sehr geeigneten — zum Kommen zu bereden, und im Fall er ihn bereit fände, von seinem Lehrmeister, und Vater die Einwilligung ... zu erwirken. Sehen und hören hab ich ihn bisher nicht können, da er durch das Studium seiner Rolle in der Komödie, die man in der Casa Colonna aufführen will, beschäftigt und abgehalten ist...«.

Marino, 13. Febr. 1683. Mocchi an Ph. W.[1]

»... der geschnittene Sopranist aus Lucca, 17 Jahr alt, thut mir nicht Genüge für die hohe deutsche Stimmung, da er in ihr kaum bis zum $a!"$] kommt. Von zwei anderen, mir ebenfalls vorgeschlagenen Sopranisten, einer 15-, der andere 18jährig, ist der erste Anfänger und kann noch nicht vom Blatt singen, und der andere hat ein Kopfleiden, das seinen Gesang übel beeinträchtigt. Einige [Sopranisten] die vielleicht nach Wunsch wären, können sich nicht entschließen Rom zu verlassen, da sie bei dem großen Mangel [an Sopranisten] in Rom ihr gegenwärtiges Einkommen nicht aufgeben wollen...«

Neuburg, 3. März 1683. Ph. W. an Mocchi[1]).

»... was den Sopranisten betrifft, so bedürfen Wir im Augenblick eines solchen nicht so sehr, da Uns der Forlì und der Galli zu Unserer Zufriedenheit aufwarten, und Wir schon als Kontraltisten aufgenommen haben den Silvestro Bruni aus Rom, der ebenfalls zu Unsern Gefallen sich anläßt. Daher können Wir recht wohl auf einen geschnittenen Jungen als Sopranisten warten, der sicher und nach Unserm Euch wohlbekannten Geschmack singt, und billig ist...«

Marino, 14. Juli 1683. Mocchi an Ph. W.[1])

»... die erlauchtesten Herren Prinzen [Wolfgang Georg, Carl Philipp, Franz Ludwig, damals in Rom, um bei Papst und Kardinälen sich lieb Kind zu machen] haben in einer im Palast des Contestabile Colonna aufgeführten Commedia in Musica den Sopranisten Gioseppe Sansone die Frauenrolle spielen sehen und hören: leicht könnte man ihn zum Eintritt in den Dienst E. H. bewegen...«

Neuburg, 11. Aug 1683. Ph. W. an Mocchi[1]).

»... Was den erwähnten Sopranisten Gioseppe Sansone betrifft, so kennt Ihr die Beschaffenheit Unsres Chors und Unserer Kammer, kennt auch Unsern Geschmack und Unser Verlangen, einen tüchtigen und sicheren Burschen zu bekommen, mit dem geringsten Gehalt sich begnügen würde, da wir in der Bedrängnis der gegenwärtigen Zeiten den Gehalt aller Musiker, vom ersten bis zum letzten haben verkürzen müssen. Wenn also dieser [Sansone] der

---

[1]) K. bl. 59 26.

Junge ist, dessen Ihr am 12. Dezember Erwähnung gethan habt, so hört seine Ansprüche und teilt sie Uns mit, ohne mit ihm schon abzuschließen...«
Marino, 9. Okt. 1683. Mocchi an Ph. W.[1])
»Den Sopranist Sansone... ist keiner von den drei jungen, aus ihrer Heimat Lucca nach Rom gekommenen Sopranisten... Von diesen hab ich nur einen, 19 Jahr alt, zum Eintritt in den Dienst E. H. bereit gefunden, der sich leicht tauglich und wacker anlassen möchte, nach ein paar Lehrmonaten bei einem der vornehmsten Kapellmeister: Da er aber sagte, er wolle wenigstens noch ein Jahr in Rom bleiben, mit dem Vorwand, sich in dergleichen Schulen weiterzubilden und zu vervollkommnen, und dabei verlangte, daß ihm solange der Eintritt in E. H. Dienst verbürgt und sogleich der Genuß seines monatlichen Gehalts in Rom zugestanden werde, wie als wirklichem Diener: Ich, da ich das vernommen, hab ihn bei seiner Meinung gelassen, ohne ein Wort weiter zu verlieren.

Der erwähnte... Sansone weist bessere Eigenschaften auf als dieser Lucchese, und wiewohl er die Vollkommenheit nicht besitzt, die ich für die gute Bedienung E. H. wünschte, so ist er doch im Gesang genügend sicher und hat anmutigen Vortrag... ich habe ihm 40 Rth. geboten... er aber sagt, das sei eine kleine Anwartschaft, diese 40 Rth., und er könne sich nicht von Rom wegbegeben, bevor er in den Karnevals-Opern gesungen habe, für die er verpflichtet sei. Deshalb denk ich auch ihn bei seinen Ansprüchen zu lassen, wenn nicht E. H. mir anders befiehlt, und bin recht verwundert über dergleichen Leute, die solch hohe Ansprüche machen, ohne zur ersten Klasse zu gehören, und ihren Wegzug von Rom sich teuer bezahlen lassen wollen...«

Neuburg, 27. Okt. 1683. Ph. W. an Mocchi[1]).
»... Ihr habt ganz in Unserm Sinn geantwortet... es genügt, auf die Gelegenheit zu warten, da sich ein junger [Sopranist] böte, der zu Unserer Aufwartung Italien verlassen wollte, unter den Bedingungen und mit dem Gehalt, wie der Borghese hatte, als er in den Cölner Dienst trat...«

Es ist nicht viel, was wir weiter über den Zustand der Neuburger Kapelle in dem Zeitraum von Mocchi's Abgang an bis 1685, da Ph. W. die Kurwürde gewann und die Hofmusik nach Heidelberg übersiedelte, wissen. Zwischen dem 9. Nov. 1681 und dem 18. März 1682 erhielt sie endlich einen Vizekapellmeister in Johann Paul Agricola, den wir schon 1662 in der Kapelle getroffen und als Komponisten der Festoper von 1678 kennen gelernt haben. 1681 war er noch Kammermusikus und Organist; das beweist eine Supplik vom 24. Oktober dieses Jahrs, worin er sich beklagt:

»das... ihme der Genuß von seiner bey dem *Collegiat*stifft zu Sitart habender *præbende refusieret*, vnd Vorenthallten werden wollte, da doch sowohl er alß auch vorgehendts der Cupellmeister Mocchi deßelben ohne einige widerrede ruhiglich *gaudiret*«...[2])

Auch nach Mocchi's völliger Resignation auf Gesundheit und Amt muß sich Agricola mit dem Titel eines Vizekapellmeisters begnügen; am 25. Okt.

---
1) K. bl. 59/26.
2) K. bl. 49/5.

aber heißt er daneben Hofkapellan Ph. Wilhelm's. Dagegen wird er 1687 und 1689 Kapellmeister genannt; wir werden unten von ihm noch hören. Er muß ein arbeitsamer und tüchtiger Musiker gewesen sein; aller Wahrscheinlichkeit nach stammen von ihm die drei Motetten, die die K. Bibliothek Berlin handschriftlich unter dem Namen des Paul Agricola besitzt [1]).

Zu der Schar, die er in Neuburg in dieser Zeit dirigierte, gehörte Anton Helfricus Dickhaut, erwähnt am 31. Aug. 1681, als Ph. W.'s Hofmusikus; ferner der Bassist und Kammerdiener Johann Joseph Mair, der Nachfolger Gabriele Ansalone's, der im Juni 1680 den Pfalzgrafen um ein Vorwort bat für seinen Bruder Valentin Mair, seit 15 Jahren Bassist und Kanzleiverwandter beim Bischof von Eichstätt, daß ihm dieser eine vakante Kammerdienerstelle übertrage[2]). Forli, Galli, Stella wurden schon erwähnt; von ihnen kann jedoch besonders der letztere nur die geringste Zeit in Neuburg zugebracht haben. Er scheint im Karneval 1683 auf einer der venezianischen Opernbühnen gesungen zu haben; noch am 9. April sorgte er in Venedig für die Toilettenbedürfnisse der Pfalzgräfinnen. Auch für den Karneval des nächsten Jahrs erbaten einige venezianische Adelige, namentlich ein Contarini und Sagredo durch Ottavio von Taxis Stella's Anwesenheit in Venedig »sull' esempio di altri concessi à questo effetto dalle maestà dell' Imperatore, et Imperatrice« (10. Sept. 1683)[3]); Ph. W. antwortete aber:

Grünau, 22. Sept. 1683[3]). Ph. W. an Taxis.

»... ich vernehme ... wasmaßen einige der vornehmsten Cavaliere des dortigen Adels ... meinen Kammermusiker Giorgio Stella für den nächsten Karneval wünschen... E. Herrlichkeit kann glauben, daß ich für Sie, und zur Befriedigung jener Herrn Adeligen, kein Opfer scheute... Ich glaube aber, daß I. Kais. Majestät diesen Winter nach Regensburg kommen wird, bei welcher Gelegenheit ich meine [ganze] Kammermusik nicht missen kann; und in dieser Ungewißheit möchte ich für den Augenblick jenen Herren Adeligen das Kommen dieses meines Musikers nicht versprechen. Sollte aber der Kaiser nicht nach Regensburg kommen, will ich gleich nach Weihnachten dem Stella die Erlaubnis zur Abreise geben: inzwischen kann man ihm wohl seine Rolle zum Studium schicken...«

Ist das Bild dürftig, das wir uns von der damaligen Beschaffenheit der Kirchen- und Kammermusik in Neuburg und Düsseldorf machen können, so sind wir dagegen über das Verhältnis, in welchem die Trompeterschar geteilt wurde, durch einen kleinen Briefwechsel zwischen Vater und Sohn unterrichtet: Ph. W. behielt zwei, während er sechs seinem Sohne mitgab.

Neuburg, 18. Jan. 1680. Ph. W. an J. W.[4])

... »(der Sohn des) gewesten Bergischen Landttrommeters ... Philipp Wilhelm von Münster genannt, welchen Ich aus der Tauff heben lassen

---

[1] Eitner, Quellen-Lex. I, 62.
[2] K. bl. 51 10.
[3] K. bl. 58/16.
[4] K. bl. 48/7.

(habe eine Zeitlang sollicitiert, in Ph. W.'s Dienst zu kommen). Demnach Ich aber mit Trommete:n genugsahmb fürsehen, in dehme so wohl der Christian [...?] alß auch derjenige, so gestochen gewesen, wieder zurecht gekommen [das muß Johann Jacob Frantzen sein — so hieß wenigstens am 3. Jan. 1683 einer der Trompeter Ph. W.'s], daß sie blasen können, der alte Hanß geörg [....?] auch ohne dehm alsschon alß ein *supernumerarius* vorhanden, (so solle Joh. Wilh. an den Supplikanten denken, falls eine Stelle vakant sei, oder er wechseln wolle). Er bläset sonst ein reines *Instrument*, auch so lieb- vnd Zierlich, alß vor diesem der junge Hanß Geörg. In der *Music* fanget er an sich zu *exerci*ren, vnde wirdt er sich auch darine annoch abrichten lassen«...

Düsseldorf, Jan. 24. 1681. Joh. W. an Ph. W.[1])

...(er könne den Trompeter nicht aufnehmen, da) »die mir ggst mit gegebene sechs Trompeter allzumahl annoch vorhanden [einer davon hieß (25. Mai 1681) Dietrich Peters], und mir genuegsambe *satisfaction* leisten, auch diser hiesigen Lande elende Zustandt mehrere leith anzunehmen nit zulasset.«

Das Pestjahr 1681 lud der Kapelle einen neuen Kirchendienst auf. Ein Madonnenbild in der Pfarrkirche zu Neuburg hatte die Stadt vor der Seuche bewahrt, »indem es auf wunderbare Weise mit großem Mitleid die Augen zum Himmel und auf das Volk richtete, das zu tausenden herbeigeströmt war«[2]). Ph. W. gründete zur Feier der Offizien ein Kapitel, fundierte es mit 1000 neapolitanischen Dukaten jährlich und ließ »jeden Mittwoch die Messe in jener Kirche von Unserer Kapelle singen, in Unserm, oder Unserer Söhne Beisein«[3]). Das Gnadenbild machte Neuburg zum Wallfahrtsort: so kam am 6. Nov. 1685 Max Emanuel mit seiner jungen Gemahlin inkognito in die Stadt[4]).

---

1) K. bl. 59/26.
2) Ph. W. an Mascambruno. Grünau, 2. Juli 1681. K. bl. 66/2.
3) Zum Dank dafür übte das Bild seine Wunderkraft auch an einem Musiker im Besonderen: »Nicht wenigere augenscheinliche diser Gnadensonnen Hailwürckende Strallen hat genoßen der Edle Herr Johann Thomas Urspringer / Churfürstl. Durchl. zu Pfaltz Cammerdiener vnnd Hoff Cammer Musicus/ welcher 1681. in dem Monath Maij / mit einem dermassen häfftigen *Tertiana* oder drey tägigen Fieber (bey welchem die vngewohnliche Hitz sich gemainiglich in die funfftzehen Stundt hinauß gezogen) beynebens mit der Gelbsucht also behafftet gewesen / daß ... kein Anzaig der Genesung zu spierren war; hat derentwegen dessen Ehefraw bey jmmer forthinwehrenden disem schwüren Zustandt / nach GOtt zu dessen hochgelobten Mutter Maria / vnnd dero wunderthätigen Gnaden Bild in St. Peters Pfarr-Kirchen / allda zu Neuburg jhre Zuflucht genommen / auch ein gewisses Opfer dahin / vnwissend jhres Ehe-Herrens / vmb dessen Gesundheit verlobt: vnd als sie solches den folgenden Tag / den zu sich berueffnen Mosner einhändigen wollen / ist mehr erwender jhr Eheherr das erstemal aufgestanden / ... vnd hernach von Tag zu Tag Besserung verspiert / vnnd endlich die völlige Gesundheit erreicht.«
Im September des Jahres darauf hat auch Urspringer's Weib Maria Catharina dem Bild Rettung aus Krankheit zu verdanken. Also zu lesen in einem von dem Neuburger Kaplan Georg Burckmayr verfaßten, 1686 in Ingolstadt erschienenen »Gründlichen... Bericht, Von dem Uhrsprung der Wunderwürckenden Bildnuß Der Mutter... Gottes etc.«   4) Geh. H. A. 2635.

Vielleicht war der Musiker unter seiner Gefolgschaft, der schon fünf Jahre früher Neuburg aufgesucht hatte, allerdings aus ganz andern Gründen als denen der Devotion: Aus Akten vom Jahre 1683 erfahren wir von einem Besuch Steffani's in Neuburg oder Grünau. Mit der Kunst hat er wenig oder nichts zu tun; die Musik hat auch damals, wie später noch öfter in Steffani's Leben, bloß den Vorwand für eine diplomatische Mission herleihen müssen.

Seit dem 2. Februar 1683 weilte der Oberstkanzler des Pfalzgrafen, Joh. Ferdinand Freiherr von Yrsch in wichtigen diplomatischen Angelegenheiten — zu oberst die Förderung der wittelsbachischen Hausunion[1] — in München. Zu seinen Aufgaben gehörte auch die Beobachtung der Fortschritte der Kaiserlichen Partei und damit des Plans der Heirat zwischen Max Emanuel und der Erzherzogin Maria Antonia. Philipp Wilhelm hatte ein besonderes Interesse am Gelingen oder Nichtgelingen dieses Plans: da er im letzteren Fall gedachte, die Wahl Max Emanuel's auf eine seiner eigenen Töchter (Maria Sophia Elisabetha, geb. 6. Aug. 1666, und Maria Anna, geb. 28. Okt. 1667) lenken zu können, so sehr er bereit war, seine eigenen Absichten der habsburgischen Verbindung und damit der Reichswohlfahrt zu opfern.

In die gleiche Zeit fällt die Anwesenheit des hannoverschen Agenten Lodovico Ballati[2] in München, der unter dem Deckmantel der damaligen Bestrebungen, die drei Religionsbekenntnisse des Reiches zu unieren, seinerseits die Verbindung Max Emanuel's mit Sophie Charlotte, der späteren Kurfürstin von Brandenburg und ersten Königin von Preußen betreiben sollte. In dies Intriguenspiel leuchten die Berichte des Neuburger Obristkanzlers; es fällt dabei ein unschätzbares Urteil — so hart und parteiisch es sein mag — über den Charakter Steffani's, der nach einem Besuch in Hannover für das welfische Projekt Feuer und Flamme war und zu seiner Förderung auch unlautere Mittel nicht scheute.

Danach bedarf der folgende Schriftwechsel[3] keiner weiteren Erläuterung.

München, 3. Feb. 1683. Yrsch an Ph. W.

»... der Hannoverischer Abgesandter haltet sich ganz *in privato*, Vndt, wie andere Vermeinen, steckhe vnter dem *pretext* des *boni publici*, die maringe, Vndt daß er des Geheimrat] Leidtls rückhunfft erwarte, dan diser in Geheimber *instruction* nach Wien mit gehabt, daß er sich vber der Ertzhörzogin Maria Antonia Leibsconstitution gründlich informieren solle, Vndt Wan die such nit nach S. Churf. Dlt. Verlangen beschaffen, wolle man sich alsden weitters vmbsehen, die princeßin von Haunover wirdt alhier für dickh,

---

[1] Vgl. Heigel, Quellen und Abhandlungen L

[2] Vgl. über B. den 79. Bd. der Publ. aus preuß. Staatsarchiven. und meine Kritik des Bandes in der Z. d. IMG. 8, 89.

[3] K. bl. 79/6. Zum großen Teil in Geheimschrift.

und daß sie noch dickher werdte, beschrieben, der Graff friz von Preisi[n]g hat an einem orth gesagt, die Hörzogin [Sophie] von Hannover hab ihme auff den fahl heurath seine pension. Jährlichß von zehen tausent guldten *ad dies vitæ* versprochen«.

Neuburg, 9. Feb. 1683. Ph. W. an Yrsch.

»Was des Hannoverischen *Envoyé negotiation* betreffe, werdet Ihr seithero Vermuhtlich auch bereits *penetriert* haben ... [12. Feb.] ... weillen annebenst Verlautten wil, daß Hannover *in hâc materiâ* sich wiederumb (!) anhencken wolle, Von Churbayerns Ld. auch deßwegen ein sicherer *Musicant* nahmens Augustin [Steffani] dorthin in der stille abgefertiget seyn solle...«

München, 12. Februar 1683. Yrsch an Ph. W.«

»... waß der Hannoverische, nit mehr *Abbate*, sondern anietzo *Cauallier*, ein *florentiner* [Lod. Ballati] von Vergleichung der drey *religionen* alhier heimblich *diuulgieret*, geruchen Euer Hochfürstl: Drth: ... sich ... Vorbringen zuelassen«...

Neuburg, 14. Feb. 1683. Ph. W. an Yrsch.

»Die nachricht wegen ... der arbeit in *religions*-Sachen ist sehr guht ... ich sorge aber, der Hannoverische abgesandter alldort, habe, wie Ich in meinem letzteren *rescript* angeführt, anderwerte heimbliche *negotiationes* zu München gehabt, bevorab, da ein sicherer *Musicus* Augustin genannt, dergegen nacher *Hannover* abgeschicket worden: dießes *mysterium* zu erkundigen, werdet Ihr euch bestens zu befleißen wissen...«

München, 14. Feb. 1683. Yrsch an Ph. W.

(Versprechen, gegen das hannoversche Heiratsprojekt zu agitieren) »da selbiger alhier *sine charactere* subsistierender Cauallier, nichts anderstes, als das Heuraths *negotium* treibet, wie er dan diser Tag, proponieret hat, weillen die aldahige princessin [Sophie Charlotte], mehr andere *occasiones* habe, undt man nur auff S. Ch. Dhlt. *declaration* warthe, das S. Ch. Dhlt. wenigst nur eine gewise Zeit benennen möchte, zue welcher sie sich auff einen oder andern weeg erklähren wolte, es hat aber S. Ch. Dlt. auch hierauff geandtworthet, die jezige *coniuncturen*, undt dero *conueniens*, indeme man zumahlen noch nit wisse, ob fridt, oder Krieg sein werdte, lassen nit zue, hierunter noch zuer Zeit ... zue *resoluieren*...«

München, 19. Febr. 1683. Yrsch an Ph. W.

»... der welsche musicus Augustin [ist] schon lengst, mit einer guldtenen Ketten ad anderthalb pfundt widor zueruckh gekhommen, vndt hat an einem Orth gesagt, er seye auch zue Neuburg gewesen, selbige Princessin tauge nit für S. Ch. Dlt. [Max Emanuel], er wirdt vor einen losen gesellen gerühmet, solle gleichwohlen bei J. Ch. Dlt. ein großes credit haben«...

Neuburg, 23. Feb. 1683. Ph. W. an Yrsch.

»Der wälsche *Musicus* Augustin ist nicht anjetzo: wohl aber vor etlichen Jahren[1]) alhier gewesen, Vnd ist es eben derjenige, welcher, wie ihr euch Vermuhtlich noch wohl erinneren werdet, sich dazuemahl bey mir anmelden lassen, das Er möchte mit seiner Stimme gehöret werden, vnd mithin die *occasion* haben, meine geliebteste Töchter betrachten zu können, so aber auß gewisen bewögenden Ursachen zu selbiger Zeit nicht *admittiret* worden, dahoro leicht sein kann, das Er aus *passion* Von meiner geliebtesten Töchter

---

1) Doch wohl nicht vor Ferdinand Maria's Tod (26. Mai 1679), und nicht nach dem Februar 1681, da Max Emanuel's berühmter Roman mit der Prinzessin Eleonore Erdmuthe von Sachsen-Eisenach begann, der so prosaisch endete.

beschaffenheit, welche ohne dem *eo tempore* noch Kinder wahren ': dan Er sie seiter deme bey ihren jetzigen Jahren weiters nicht gesehen : anderst redet alß es an sich selbsten ist«...

München, 2. März 1683. Yrsch an Ph. W.

»... dem Balatti hannoverischen [Agenten], wirdt man, vnd vermuettlich morgen, mündtlich anzaigen, die *associacion* [der Confessionen], lasse sich alhier nit abhandtlen, es miesse in tertio loco geschehen, ... die wohlgesinnete vermeinen, ihne dardurch wegzuebringen, dan er hat in der heirathssache einen gar zue großen, vnd starkhen anhalt, ... ob nun der *Musicus* Augustin vor diesem zue Neuburg, oder erst jüngst alda gewesen, ist mir zwar Vnbekhandt, er hats aber, für dismahl geschehen zue sein, vorgeben, das lügen ist demselben nit schwähr«...

Dieser Art also waren Steffani's erste Beziehungen zu dem Hofe, an dem er zwanzig Jahre später die höchste Stelle in der Gunst Johann Wilhelm's einnehmen sollte. Es ist ein artiger Zufall, daß des ehrlichen Yrsch hartes Urteil über den »welschen Musikanten« in derselben Geheimschrift geschrieben ist, deren sich Steffani selbst in seinen Briefen an den Kurfürsten bediente.

Es mag nicht bloß die Knappheit der Mittel des kleinen Hofes gewesen sein, was die italienische Oper in Neuburg bis zu dieser Zeit weit weniger zum regelmäßig wiederkehrenden Mittelpunkt des gesamten Musiklebens werden ließ, als etwa in Dresden und München. Philipp Wilhelm, als ein echter Liebhaber, bevorzugte vor der Oper die Musik in der Kammer, die ihm ohne großen Aufwand dieselben musikalischen Genüsse bieten konnte, und legte Wert auf eine vollendete Kirchenmusik, die denn auch frühe einer großen Berühmtheit genoß: der oben erwähnte Bassist und Sekretär de la Marche spricht einmal (Düsseld. 19. Mai 1663) von der Popularität, die sich der Kurfürst von Cöln durch eine Reise nach Holland erworben, fordert Ph. W. zu einem ähnlichen Besuch auf und fügt bei: »Vor allem muessen E. f. Dhlt. dero *Music* vnnd *Trompetter* mit sich nehmen, dann darvon wirdt fast vill gesprochen, vnnd seindt etliche, die vmb selbige zu hören *Expresse* vor diesem darvmb nach Düssldorff gereist seindt, vnnd sie nit genueg loben khönnen« [1]). Johann Wilhelm dagegen führt sogleich mit dem Antritt der Verwaltung der Niederrheinischen Lande jährliche Opernaufführungen im Karneval an seinem Düsseldorfer Hofe ein. Die Kurwürde und der Glanz der Heiraten seiner Töchter Maria Sophia Elisabeth mit König Peter II. von Portugal (1687) und Maria Anna mit König Carl II. von Spanien (1689) legten Ph. W. von nun an den kostspieligen Zwang auf, die Feierlichkeiten durch Opernaufführungen zu krönen. Wie bescheiden Familienfeiern auch am Heidelberger Hofe in der ersten Zeit begangen wurden, zeigt eine Replik Ph. Wilhelm's dat. Heidelberg, 19. Februar 1686[2]) auf

1) K. bl. 20/7.   2. K. bl. 72/1.

eine Beschwerde Ludwig XIV. beim römischen Hof, daß der neue Kurfürst zu Unrecht das Eigentum der »Liselotte«, Herzogin von Orleans, benutze. Alle Möbel, Stoffe, Kleider usw. — so verteidigt sich Philipp Wilhelm — seien derart inventarisiert, obsigniert und abgenommen, »daß, als die Frau Kurfürstin, Unsere Gemahlin, am St. Kathreinstag, Unserm Geburtstag [also 25. Nov. 1685] eine kleine Ergötzlichkeit veranstaltete mit einem Ballett, die Musiker nicht zwei Komödienkleider geliehen haben konnten, um die Introduktion zu machen ... nicht einmal den kleinen Gefallen hat der Abbé Morel [der französische Abgesandte] ihr erweisen wollen, ihr die zwei Kostüme zu leihen, deren sich im Überfluß vom verstorbenen Kurfürsten her obsigniert finden«.

Im Jahre 1687 jedoch sah Heidelberg eine der glänzendsten Opernaufführungen der Zeit überhaupt[1]), — so prunkvoll und kostspielig, daß selbst Johann Wilhelm, dessen Art nicht war in Dingen der Kunst zu sparen, sie zum Anlaß nahm, gegen ähnlichen Aufwand in Zukunft zu protestieren. Es war »*La Gemma Ceraunia*«, Text von Nicolo Minato, Musik von Sebastiano Moratelli[2]).

Die Namen der Mitwirkenden bei dieser Oper finden sich zum Teil wenigstens genannt an einer Stelle, wo man sie nicht suchen sollte: im Briefwechsel Johann Wilhelm's mit seiner Schwester, der Kaiserin-Witwe, 1707[3]). Dort liegt ein Akt über den Aufwand bei der am 2. Juli 1687 zu Heidelberg erfolgten Vermählung von Maria Sophia Elisabeth mit Pedro II.; wir ersehen daraus, daß Philipp Wilhelm Musikeranleihen am Wiener- und Münchener Hofe, auch bei seinem Sohne Ludwig Anton machen mußte, da die vereinigte Heidelberger und Düsseldorfer Kapelle nicht ausreichte, den Ansprüchen des Textbuches gerecht zu werden. Die Liste lautet:

Dem [Nicolo] Minati am Kay: Hoff wegen *Componierter Comœdie* zue dieser Vermählungs-*Festivitet* ein *Boete (Contrafait-büxe) ad*   Rth. 300.—
Außerdem eine Verehrung von   Rth. 300.—
Ferner an Verehrung aus der *Cabinets-Cassa*:   [—?]
Dem Von Düsseldorff Von des Herren Chur Printzens Dhtt. zue der *Comœdie* auff Heydelberg geschickten *Capell*meister Sebastiano Moratelli, seyndt nebenst einem hierunten berechnenden Guldenen Gnaden Pfenning *ad* 14⅔ Ducaten, auch an

---

1) Ich verweise hier für den Rest meiner Darstellung auf Fr. Walter's Gesch. des Theaters und der Musik am kurpfälzischen Hofe, Leipzig 1898. Der Verfasser hat mir eine ansehnliche Nachlese in den Münchener Archiven übrig gelassen.

2) Das handschriftliche Textbuch der Münchener Hof- und Staatsbibl. (Cod. ital. 414g) sagt: »*Posta in Musica dal S*ʳ *Ant*ⁿ Draghi, *M. di Cap. di S. M. C.*« Trotzdem ist an Moratelli festzuhalten; wäre Draghi der Komponist, so wäre er in der unten folgenden Liste zweifellos nächst Minato aufgeführt.

3) K. bl. 44/9.

bahren geldt 100 *Specie* Ducaten zue seiner Verehrung zue gesteldt worden, welche mit dem *laggio ad* 30 X^r. Vom Stuck zue *Courrent* machen . . . . fl. 350. —

    Ingleichen dem Von Ihrer Kay: Maytt: Vmb in der *Comœdie* zue *agi*ren, hiehero geschickten *Musico*, Speroni[1]), nebenst einem Gnaden-Pfenning *ad* 14⅔ Ducaten, auch in bahrem Geldt 200. *Specie* Ducaten, Thuen in *Courrent* . . . . fl. 700. —

    NB. noch demselben für Reiß-Kösten 200 fl. so absonderlich berechnet worden[2]).

    Des Herren Chur Printzens Tanzmeistern Philidor, nebenst einem Gnaden-Pfenning ad 9 $|\frac{9}{6}$ Ducaten, auch in Geldt 50. *Specie* Ducaten, Thuen zu *Courrent* . . . . fl. 175. —

    Des Herren Teutschmeisters Dhtt: *Musico* Georg Peter Klein nebenst einem bildtnuß ad $9_{3}\frac{9}{2}$ Ducaten, Vndt deme mit ihme gekommenem Jungen *Musico*, deme auch ein klein bildtnuß ad $4\frac{6}{16}$ Ducaten gegeben worden, für ihre ruckreysse nach Mergenthal [Mergentheim, wo Ludwig Anton als Deutsch-Ordensmeister residierte] . . . . fl. 25. —

    Dem Hoff-Schreiner Wachter, Vndt seinem bruder wegen mit auffrichtung des *Theatri*, Vndt sonsten gehabter Vielfältiger bemühung 60 Rl. . . . . fl. 90. —

Silberwerck.

    Dem von des Herren Chur Printzens Dhtt. hierauff geschickten *Musico*, Joseph Berretti, nebenst einem Gnaden Pfenning *ad* 10¼ Ducaten, auch ein Zier Verguldt knorret beck, Vndt Kanne ad Marck: 12: 8: 1: —: . . . . fl. 226. 57.

    Dero *Musico* Barth: Anth: Ansalone, nebenst einem Gnaden-Pfenning *ad* 9⅞ Ducaten, ein Zier Verguldte 6. eckigte flasche . . . fl. 112. 38.

    Dero *Musico* Wolff Christoph Fischer, nebenst einem gnaden-Pfenning *ad* 5½ Ducaten, auch 2: Zier Verg: getriebene becheren, Einen *ad* . . . . fl. 54. 36.

                                den andern *ad* . . . fl. 54. —

    Dem kay: Tantzmeister Claudi, nebenst einem gnaden-Pfenning *ad* 10. Ducaten, auch zwey Zier Verguldte flaschen, eine *ad* . . . . fl. 97. 53.

                                die andre *ad* . . . fl. 93. 38.

---

1) **Speroni** und **Moratelli** wurden von Forll beherbergt; er hatte deshalb noch 1690 eine Forderung. Sein Schreiben an Ph. W. lautet: [s. d. Heidelberg? Neuburg? März 1690 [K. bl. 66/4]:

A tempo delle felicissime Nozze della Maestà della Regina di Portogallo, m'ordinò benig^{te} V. A. E. d'allogiare in Casa mia et di spesarli ancora Il Musici D. Bastiano Moratelli col Speroni e loro Seruidori et haueudo in Heydelberga rimesso alle clem^{me} Mani dell' A. V. E. il Conto, ascendente alla Somma di 326 fiorini che con Decreto fù rimesso al Barone di Zicchin [Sickingen!], da cui hebbi per risposta, che a causa delli pagamenti forzosi alla Francia, la Camera Elettorale si trouaua essausta; Pertanto suplico humilissi^{me} V. A. E. d'ordonarmi Clem^{te} il rimborso di detta somma in altra parte scriò con effetto, doppo si longo tempo d'aspettatiua, mi sij prontamente pagato . . . [Ph. W. weist denn auch, Neubg. 15. März, seinen Residenten in Neapel an, die Summe an Forli's Procurator in Rom auszuzahlen.]

2) Giov. Batt. Speroni singt drei Jahre später nochmals zur Verherrlichung des kurpfälzischen Hauses: in Aurelj—Sabadini's »*Farore degli Dei*«; Parma 1690. Siehe unten.

NB. Noch demselben für Reyß: Kösten 75. fl. so absonderlich Verrechnet worden.

Dem Jungen Tantzer Franco, nebenst einem gnaden-Pfenning *ad* 4½ Ducaten auch einen Zier Verguldten becher *ad* . . .   fl. 55. 15.

Dem Von München beruoffenen *Musico* Johann Zeitlmeyer, nebenst einem Gnaden-Pfenning *ad* 10. Ducaten, auch 2. knorrete flaschen, eine *ad* . . .   fl. 46. 17.
                                  die andere *ad* . . .   fl. 40. 3.

Item 2. Suppenschalen. . .

Des Cammerdieners Vrspringers Tochter, welche in der *Comœdie* gesungen, ein Zier Verg: getrieben Trüchlein *ad* . . .   fl. 52. 25.

Dem *Capell*meister Joh: Paul Agricola, wegen seiner bey der *Comœdie*, Vndt sonsten gehabter Vielfältigen bemühung zwey Zier Verg: becher, einer *ad* . . .   fl. 28. 32.
                      den anderen obenfalls *ad* . . .   fl. 28. 32.

Mit Gnaden-Pfennigen werden außerdem noch bedacht die Tänzer Robles und Pellotier, und die Musiker des Kurfürsten Forli und Stella.]

Eine Liste der Kapellmitglieder aus dem Jahre 1688 gibt uns endlich wieder Gelegenheit, die Veränderungen in der Kapelle Philipp Wilhelm's zu beobachten[1]).

Da werden genannt: »Kapellmeister, [Giov. Capello detto] Forli, Weiani, Hans Michel, Francesco [Benedetti], [Giorgio] Stella, Carl, Schweizer, [Johann Thomas] Urspringer, [Joh. Paul] Agricola, Mayer, Goller, Hans Michel (so ein Grenatir gewesen), Vitali, [Roberto] Sabatini, [Wolf Christoph] Fischer, Helfried [Dickhaut], Rayer[2]), [Joh.] Sintzig, 1 Calcant [Deschler?]

Wer mit dem an der Spitze genannten Kapellmeister gemeint ist, ist nicht sicher. Joh. Paul Agricola ist vielleicht als Organist in der Liste ein zweites Mal aufgeführt, dann wäre er — und das ist das wahrscheinlichste — dieser Kapellmeister. Da aber auch W. Ch. Fischer, der doch im Dienst des Kurprinzen stand, in der Liste genannt wird, so dürfte man wohl auch an Moratelli denken; Mocchi, als *servitore giubilato*, ist wohl auszuschließen. — Sonst treffen wir an bekannten Namen Forli, Benedetti, Stella, Sabbatini, Dickhaut, Urspringer, Sinzig. Ob Mair der oben (S. 388) angeführte Johann Joseph, oder der Bassist Johann Baptist Mair ist, den J. Wilhelm 1691[3]) an den Kaiserhof empfiehlt, kann ich nicht entscheiden.

---

1) Walter, a. a. O. S. 48.   2) Ein Phil. Ernst Reyer steht von 1723—34 als Kontrabassist in der Kurpfälzischen Kapelle (ibid. S. 370).

3) Mair dankt dafür, Wien, 12. Sept. 1691. (K. bl. 57/3.) ». . . die mir gnädigst ertheylte *recommendations*schrifft an.. Vnsere.. Keyserin hat] so vil *effectu*iert, daß würckhlich in Keyserlicher *Musio* für einen *Basso*.. auf vnd angenommen; Vnd weilen in *regard* E. Ch. Dhlt. gnädigst beschehenen vorworts herr *Capell*meyster Sr Antonio Draghi Sich auch gewislich eyffrigst umb mich angenommen, als erstatte E. Ch. Dhlt... Danckh... mit meinem Weib, vnd Vilen Kinderlein...«

Dagegen steht 1694 ein Johann Gregor Mayr als Musico di Camera in Johann Wilhelm's Diensten.

Mit den übrigen Musikernamen weiß ich nichts anzufangen: sie begegnen mir nur an dieser Stelle. Über den Träger eines so berühmten Namens wie **Vitali** möchte man freilich gern etwas Näheres erfahren[1]. Vielleicht gehören zu den in der Liste genannten Vornamen die Nachnamen der Musiker **Galli** (s. oben); des Kontraltisten **Custos**, der im Sommer 1688 ohne Erlaubnis entwich, aber zur rechten Zeit sich wieder einstellte[2]; eines **Raffo**, der 1684 als *musico, ò Violinista*, Johann Wilhelm's, damals in Rom anwesend, erwähnt wird[3]. Im übrigen kann die Liste nicht vollständig sein: es fehlen **Stella**, **Forlì**, der Kontraaltist **Silvestro Bruni**, im Nov. 1682 in Dienst genommen, Anfang 1690 gestorben; ferner auch wohl **Isidoro Cerruti**, dessen freilich nach 1685 in den Akten nicht mehr gedacht wird; endlich von den Musikern Johann Wilhelm's außer **Moratelli**: Giovanni Antonio **Sabbatini**, B. A. **Ansalone**, Giuseppe **Berretti**.

Der größte Teil dieser Musikerschar wird im Herbst noch des gleichen Jahrs vor dem Einfall der Franzosen flüchtend nach Neuburg zurückgekehrt sein. Dort harrte ihrer die Aufgabe, für die musikalische Verherrlichung der Prokurations-Vermählung von Philipp Wilhelm's zwölftem Kind, Maria Anna, mit König Karl II. von Spanien, zu sorgen. Ein größerer Glanz als bei der Hochzeit selbst scheint bei der Zusammenkunft der Kurfürstlichen Familie mit ihren Gästen: Kaiser Leopold mit seiner Gemahlin und seinem Sohn; die Königin in Polen, vermählte Herzogin von Lothringen; Maria Antonia, die bayrische Kurfürstin, — in Ingolstadt entfaltet worden zu sein. Über die eiligen Vorbereitungen dazu findet sich ein Brief Philipp Wilhelm's an den Kurprinzen, Neuburg, 14. Juli 1689[4]):

... »Nechstdeme wollen d° ldten, nach Inhalt schrifftlich hienebenligenden *intents* durch Ihren *poeten* [Giorgio M. **Rapparini**] ettwaß *componieren* lassen, damit alsdan, mein Cappelmaister **Agricola**, die *music* darnach möge einrichten khönnen, allein solche *composition* der worth, hat man baldt vonnötten, vndt deren herauffsendtung, auffs chiste zu beschleunigen«...

Der »Intent«, wenn ich nicht irre von Agricola's Hand, vergönnt einen Blick in die Zusammenarbeit von Dichter und Musiker:

Cantata prima In Lode dell' Augustissimo Imperatore & sua M^{ta} Imperatrice. a. 5 Voci con trombe et Timp: & Istromenti, con poco recitativo & Arie allegre di due Strofe al più, & in fine con un Coro pieno.

---

[1] Ein Francesco Vitale singt 1699 in Rom, 1716—20 in Neapel. Vgl. Ademollo S. 207.
[2] Der Kurfürst ließ ihn verfolgen, konnte aber (Friedrichsburg, 14. Aug. 1688) seinem Sohn schreiben: »... Mein *Contralt* custos genandt, hat sich von seinem spazierritt, wieder selbst eingestelt, vnd das einhollen nit erwarthet, so Ihme auch rathsamber gewesen ...«
[3] Pierucci an J. W. Rom, 15. April 1684. K. bl. 71/5.
[4] K. bl. 49/10.

Cantata Seconda in Lode del Rè d'Ungheria [*Joseph*], *colle med^{me} Voci & Istromenti.*

Cantata 3^a per il Sposalizio della Ser^{ma} Sposa Regina a 8 voci con trombe & Istrom: etc. con arie diuerse per uno à 2. & tre. voci ad Libitum & coro pieno.

P. S. Auertito sia il Signore Poeta, che non Siano troppo longhe le parole ma curte estendendosi tuttauia la musica in Ritornelli e Sonate; e procuri di mandare quanto prima al meno una, per poter subitò comminciare à Componerle, essendo il tempo assai curto.

Man sieht: der Komponist hat seinen musikalischen Plan in allen Teilen und Beziehungen klar vor Augen, und der Dichter muß sich ihm fügen. Wenn die Arbeit, für die an Zeit höchstens ein Monat zur Verfügung stand, wirklich fertig wurde, so darf man die Geübtheit, mit der Dichter und Komponist ihre Musen kommandierten, und die Gewandtheit der Sänger billig bewundern. In Ingolstadt war es auch, wo Kaiser Leopold »den Wunsch aussprach, die vielbewunderte Stimme der Braut zu hören, und nicht müde wurde, ihre Arien auf dem Clavecin zu begleiten«[1].

Zu der Vermählungsfeier in Neuburg selbst (28. April 1689) hat der kaiserliche Kapellmeister Antonio Draghi die Festkantate geschrieben: »*I pianeti benigni. Epitalamio musicale*«[2].

Noch einmal, auf lange Jahre zum letztenmal, findet am 3. April des folgenden Jahrs in Neuburg eine Festfeier statt: die der Vermählung von Philipp Wilhelm's Tochter Dorothea Sophia mit Odoardo Farnese, dem Erbprinzen von Parma und Piacenza. Über diese Neuburger Feierlichkeiten ist nichts Genaueres bekannt: dagegen erwartet die Braut in Parma eine Prunkoper größten Stils: Aurelio Aureli's und Bernardo Sabadini's »*Il Favore degli Dei*«, in der zwei Sänger auftreten, die später am kurpfälzischen Hofe noch weitere Lorbeern sammeln und klingenden Lohn davontragen: Francesco Ballerini, damals im Dienst des Herzogs von Mantua, und Francesco Antonio Pistocchi, im Dienst des Herzogs von Parma.

---

1 Heigel, Quellen u. Abh. II, 186. — In einem in den Akten (K. bl. 62 1) erhaltenen »*Portraiet veritable de S. A. S^{me}. Madame la princesse Marie Anne*« heißt es »*... chante tres bien, entend la musique. Joue du luth.*« In Madrid hat Maria Anna es wie in allem andern, so auch mit der Musik schlecht getroffen. Joh. Wilhelms Gesandter in Madrid, Graf Ariberti, fällt einmal (17. Juli 1698, K. bl. 83 7) folgendes hübsche Urteil über die königliche Kapelle: »*... S'aspetta a Momenti d'Italia il famoso Matteuccio che darà qualche lustro à questa real Capella ch'io per altro senza questo gran soccorso chiamarci più tosto che Musica vna falange di voci d'anime disperate per l'Infernal melodia con cui tormentan l'udito di chi hà la patienza d'ascoltarli.*«

2) Partitur in der K. Hofb. zu Wien. Ms. 16035. — Der spanische Gesandte in Rom feierte die Vermählung seines Herrn durch eine Oper im Karneval 1690 »*La caduta del Regno delle Amazzoni*«, aufgeführt im Palazzo Colonna. Vgl. Ademollo S. 174 f.

Philipp Wilhelm starb am 2. Sept. 1690 zu Wien. Unter allen Kurfürsten der Pfalz hat sicherlich er das innigste Verhältnis zur Musik und das echteste Verständnis für sie besessen.

Johann Wilhelm (1690—1716).

War unsere Darstellung bisher in hohem Maße lückenhaft, so wird sie es von nun an doppelt: nur wenige und zusammenhangslose Aktenstücke vermögen uns einen Begriff zu geben von dem großen Stil, in dem Johann Wilhelm sein Mäcenatentum, wie in der Malerei, so auch in der Musik ausübte. Eine Liste der Kapellmitglieder, wie deren aus einigen Jahren wenigstens unter seinen Vorgängern vorlagen, fehlt aus J. W.'s Zeit völlig. Und zu dieser Kargheit der Akten tritt der völlige und unerklärliche Verlust fast aller Musikwerke, die an J. W.'s Hof erklungen sind. Nur was der Kurfürst dem verwandten kaiserlichen Hause an Abschriften überschickt hat, ist in der Hofbibliothek zu Wien treu bewahrt worden. Aber auch dort ist von Sebastiano Moratelli, dessen Kunst an die 17 Jahre das Düsseldorfer Musikleben bestimmt hat, keine Note mehr zu finden.

Wann Moratelli, geboren zu Vicenza gegen 1640, an den Wiener Hof kam, ist unbekannt: Köchel verzeichnet ihn als Altisten nur von 1691—1694, zu einer Zeit, da er bestimmt längst in Düsseldorf lebte. Als Altist ist er wahrscheinlich in kaiserliche Dienste getreten und wurde, da er sein Gehalt weiter bezog, auch in den Listen weiter aufgeführt. Er kam dann in den Dienst der Kaiserin-Witwe Eleonora, der dritten Gemahlin Ferdinands III., aus dem Hause Gonzaga, hierauf in den der Erzherzogin Maria Anna; und mit dieser ist er zweifellos an den Hof des pfalzgräflichen Erbprinzen Johann Wilhelm gezogen. Er mag nach erfolgter Übersiedelung von Joh. W.'s Hofstaat im Herbst 1679 aus Wien direkt nach Düsseldorf aufgebrochen sein. Im Juni 1680 weilt er — wohl zur Kur — in Aachen und richtet von da aus an Philipp Wilhelm einen Gratulationsbrief zur Wahl seines Sohnes Wolfgang Georg zum Chorbischof von Cöln[1]). Von seinen ersten musikdramatischen Werken für

---

1) Sebastiano Moratelli an Pfalzgraf Philipp Wilhelm (K. bl. 55/4).

Ser:ma Altezza. La mia impazienza, rotti i limiti della più ritirata modestia, più non si può contenere: Altreuolte ho raffrenati i troppo prosontuosi stimoli, che haueuo di palesare a V. A. S. le contentezze del mio animo, per l'allegrezze, che la Diuina mano le comparte; ma ora non m'è possibile superare quella passione, che àuiua forza mi uince, e uuole che, fuori dell'vso comune, ancor io spieghi le Bandiere del Giubilo, e che con i più alti gridi arri-li alle imprese, et alle felicità dell' infallibile, et inimitabile Direzzione di V. S. A., Le con gratulationi ch'io posso, per l'ottenuto Intento del Serenis:mo Wolffgango, sono Enphasi dell' aulma, suggerite al mio Core, e dettate dalla più affettuosa sincerità; Con l'occhio Benignissimo della sua Clemenza, risguardi lo mie pouere, ma cordiali espressioni. e co'l gradirle, scruino di contesto, ch'io sia

D: V: A: S:ma

Aquisgrana li 5 Giugno 1680

Humillis:mo Diuottis:mo Obblig:mo Scruo Osseq:mo

Sebastiano Moratelli.

Düsseldorf hören wir im Karneval 1681; J. W. muß sie nach Wien gesandt haben, denn Kaiser Leopold antwortet:

Linz, 25. März 1681[1]): »Ich habe Ew. Ld. schreiben vom 26t. feb. wohl empfangen, Vndt daraus . . . auch gesehen wie wohl vndt lustig sie die fastnacht aldahe zue gebracht, habe auch gar gerne gesehen die *Commedie*, so sie mir geschickt, wie auch des D. Sebastinno seine *operette*[,] so sehr wohl gemacht seindt«. . .

Im Nov. 1685 wird der »Hoff *Capellan* H. *Sebastiano* Moratelli sambt einem Diener« von Joh. W. und seiner Kurprinzessin nach Wien mitgenommen; auch im Sommer 1689 ist er wieder in Wien (Laxenburg); anfangs Juli 1690 dagegen in Düsseldorf: aus diesen Tagen ist ein burlesker Brief von ihm erhalten an J. W., der, damals wieder auf Freiersfüßen gehend, einen feinen und groben Spaß vertragen konnte und auf Moratelli's Ton in seiner Antwort einging (dat. Neuburg, 23. Juli 1690)[2]).

Um einen Begriff davon zu geben: Moratelli macht sich lustig über den Sopranisten Giuseppe Borretti, der in einen Streithandel verwickelt, von seinem Gegner totgeschlagen zu werden fürchte, unter allen Umständen heim wolle, und mit dem man nur auf dreißig Schritt Entfernung reden könne, so stark rieche er nach nervenstärkendem Zibet — Joh W. erwidert: Berretti sei mit seiner *poltroneria* im Recht: denn als Sopranist müsse er gut *tremolieren* (tremolare, zittern) können — und setzt dazu: »Wären nur die andern Sänger auch kleinere Helden und bessere Musikanten!«

Im September 1691 verlieh Joh. W. an Sebastiano's Bruder, Matteo Moratelli, und dessen Frau eine lebenslängliche Pension[3]):

»Da Wir einigermaßen die langen und treuen Dienste, die Seb. Moratelli Unser Capellmeister der erlauchtesten Erzherzogin Unserer ehemaligen Gemahlin glorr. Ang. wie auch Uns geleistet hat, anerkennen wollen, haben Wir den Herrn Matteo Moratelli seinen Bruder und Francesca Romanelli, wohnhaft in Vicenza im Venezianischen Staate, mit einer lebenslänglichen Pension von 600 Venez. Dukaten begnaden wollen, gerechnet vom 1. dieses Monats an, und zahlbar jedes Jahr im Voraus in Venedig. . .«

In seinem Dankbrief (Vicenza, 1. Nov. 1693[4]) rühmt sich Matteo, zu gleicher Zeit einen Bruder und einen Sohn im Dienst des Kurfürsten zu wissen, und bittet, für das gute Einvernehmen der beiden zu sorgen »*cosiche vivano da veri congionti ed amici cordiali*«. Dieser Neffe des Sebastiano war Giov. Battista Moratelli, der wirklich ein *mauvais sujet* gewesen zu sein scheint: wir treffen ihn seit 1. Mai 1683 als Kammermusikus in der Münchener Hofkapelle; in der Folge (28. Mai 1684) wurde er der Schwiegersohn Johann Caspar Kerll's. Bei seinem Abgange spielte er der Münchener Hofkasse einen üblen Streich[5]). Nach

---

1) K. bl. 44/3.   2) K. bl. 57/3.
3) Düsseldorf, 11. Sept. 1691. J. W. an Mascambruno. K. bl. 66/5.
4) K. bl. 57/3.   5) Kirchenm. Jahrb. 1894, S. 65, und bes. Sandberger, D. d. T. i. B. II, 2, S. XLIIf.

1691 mag ihn Sebastiano nach Düsseldorf gezogen haben; ich finde ihn in den Akten genannt: 1693 als Hofkammerrat, 1704 als Resident Joh. W.'s in Cöln, wo er noch 1708, von seinen Gläubigern hart bedrängt, sitzt. Ein musikalisches Amt scheint er am kurpfälzischen Hof nicht bekleidet zu haben. — 1693 dehnte J. W. seine Gnadenbezeugungen auch auf Matteo's Schwager aus, Steffano Romanelli, indem er ihn zum Baron Palatin ernannte: eine Gunst, die in Romanelli »seine lange Zeit entschlummerte *Clio* (sic!) erweckte, sodaß sie sich anschickte, das beiliegende Sonett zu verfassen«[1]).

1696 hat Moratelli im Sinn, in die Heimat zurückzukehren. Der Kurfürst bittet seine Schwester, Kaiserin Eleonore Magdalene Therese, ihm den Fortbezug seines Wiener Gehalts bis zu seinem Tode auszuwirken (Düsseldorf, 9. Febr. 1696)[2]); am folgenden Tage wendet er sich an Kaiser Leopold selbst[3]):

»Mein Geistlicher Raht, vnd *Capell*meister, Sebastiano Moratelli, befindet sich von geraumer Zeit hero in solchem Stand, daß Ihme zur widerbeybringung seiner sehr geschwächten gesundheit fast nöthig seyn wil, hiesigen, als demselben nicht zueschlagenden lufft zu Verändern, Vnd sich also nach seinem Vatterland in Italien zu begeben, worzu Ich dann, wiewohl mir deßen hießige *continu*irung seiner diensten viel lieber geweßen wäre, doch bey sothaner Bewandtnuß nit allein meine Erlaubnuß gerne ertheilet: sondern auch Verordnet habe, daß Ihme Zeit seiner abweßenheit, das jenige, waß Er bißhero Von mir an Vnterhalt genossen, nach, wie Vor, beständig Verraichet: Vnd also demselben zue seiner Verpflegung, vnd *reconvalescentz* darmit Vnter die armen gegrieffen werden solle; Weil nun erwehnter Moratelli auch in Ew. Kay: Maytt: höchsten Ertz-Haußes: vnd absonderlich Ihro May: Verwittwibten Kayserin [Eleonora von Gonzaga † 1686], sodann meiner in Gott ruhenden Hertzgeliebsten Gemahlin, der Ertzhertzogin Ld. [Maria-Anna † 1689] beyder hoch Seel: angedenckens trewisten vndterthänigsten Diensten sich also bezeiget, daß Ew: Kay: Maytt: dardurch Veranlasset worden, Ihne mit einer Jährlichen Zuolag, die Ihme absonderlich nunmehro bey seinen mehr vnd mehr abnehmenden Leibs-Krüfften sehr wohl zu statten kommet, vnd derhalben Ew: Kay: Maytt: Er zu allerdemüthigsten Ewigen danck, sich billichst *obligiert* erkennet, allermildest zu begnüdigen; Alß ist derselb der allervnderthänigst-tröstlichsten hoffnung, Ew: Kay: Maytt: werden sothane gnadenzuelag noch immer forth, Vnd alß weith sich dessen dem ansehen nach etwa nicht lange Jahren erstrecken möchten, allergnädigst *continu*iren...«

Zu gleicher Zeit ergeht an Mascambruno der Befehl, an den Kapellmeister und geistlichen Rat Seb. Moratelli die Summe von 6000 Dukaten auszuzahlen, die freilich, wie vordem bei Mocchi, auf sich warten ließ: erst im Herbst 1697 ist Moratelli befriedigt. Endlich ließ J. W. es auch nicht fehlen an einer Empfehlung Sebastiano's an Kardinal Rubini (in

---

1. K. bl. 57/3. Vicenza, 24. Juli 1693.   2. K. bl. 44/7.
3. K. bl. 44/4 pars I.

Venedig?)¹). Auch aus den folgenden Jahren finden sich neue Gunstbeweise, so vom 20. Mai 1699 eine erneute Bitte an die Kaiserin:

— dem »armen gantz kräncklign *Capell*meister Don Sebastiano Moratelli ... nicht allein zue seinem etwahe forderendem ruckstandt allerggst zue Verhelffen, sondern auch die noch fast wenige Tage seines Lebens, das ihme ... zuegelegtes gehalt ... zu *continui*ren...«

— eine Bitte, die auch erfüllt wurde. Wie lange Moratelli noch in Düsseldorf blieb, weiß ich nicht. Im September 1706 muß er (zu Vicenza?) gestorben sein²), denn am 26. Sept. schreibt sein Bruder Matteo an J. W.³):

»*Nella perdita del gran seruitore dell' A. V. S. Don Sebastiano mio fratello, altra consolazione non mi resta, che quella di uedere ... quell' alta protezione...*«

Moratelli's Opern haben von 1681 bis 1695 den Düsseldorfer Karneval geschmückt⁴). Ich bringe an dieser Stelle, Walter ergänzend, in Annalenform bei, was ich über Opern- und Kantatenaufführungen am kurpfälzischen Hofe gefunden habe.

1695.

Joh. Wilhelm bittet auf Anraten des Conte d'Alberti, seines »*Generale sopraintendente*« dessen Bruder, Conte Caval. Giovanni d'Alberti in Venedig, zur Erneuerung seines Theaters in Düsseldorf ihm zwei Kunstzimmerleute aus dem venezianischen Arsenal zu schicken⁵).

1696.

Im Karneval Aufführung einer Oper »*Jocaste*«, Text von Stefano Pallavicini⁶) (überarbeitet?), Musik von Johann Hugo Wilderer. Eine »*Giocasta regina d'Armenia*«, gedichtet von Gio. Andrea Moniglia, in Musik gesetzt von Carlo Grossi kam 1676 an San Moisè in Venedig zur Aufführung; schon damals wurden alle Arien durch neue ersetzt (*postillate*)⁷). Auch Pallavicini scheint ähnlich verfahren zu sein, ob mit Moniglia's Produkt, ob mit einem eigenen, weiß ich nicht. Er schreibt, Düsseldorf, 3. Nov. 1695 an Johann Wilhelm⁸):

---

1) 5. Febr. 1696 (K. bl. 45/2) »*Bramoso che D. Sebastiano Moratelli mio Maestro di Capella, e Consigliero Ecclesiastico goda in ogni tempo gl'effetti di quel gradimento, e Benevolenza, che le ha acquistato appresso di me il Merito d'una lunga Seruitù prestata all' August^{ma} mia suocera Imperatrice Elconora, et alla Ser^{ma} Arciduchessa Marianna mia Consorte, ambe di Gloriosa memoria, come pure alla Maestà di Cesare, di cui tuttauia è attual Seruitore, ed alla mia Persona; in congiuntura, ch'io l'inuio in Italia perchè si rimetta da rarie sue indisposizioni, sò di non poterle procacciar vantaggio maggiore, che le Grazie, e protezzione di V. Em^{za}...*«

2) Sein Porträt, gemalt von J. F. van Douven, dem kurfürstl. Hofmaler, in der Augsburger Galerie. Levin, a. a. O. 3) K. bl. 57/8.
4) Vgl. über sie Walter a. a. O.
5) K. bl. 45/2. Düsseldorf, 19. Aug. 1695.
6) Über P. vgl. Fürstenau, I, 304 ff., dessen Angaben durch die Akten vollauf bestätigt werden.
7) Galvani, S. 60. 8) K. bl. 72/4.

»Den gnädigsten Winken E. H. gehorsam lege ich Ihr die Oper *Jocaste* zu Füßen. Um sie ein bischen nach der Mode aufzuputzen — da ihr die Schminkpfläsicherchen fehlten — hab ich verschiedene meiner geringen Ariettcn, von zwei kleinen Zeilen, am Rand hinzugefügt. Will F. Kurf. H. sie Ihrer gütigsten Gutheißung würdigen, sowohl in den Balletts, wie in allen andern Punkten, so ist sie fertig so wie sie wird gesungen werden; dafern sie nicht zu lang ausgefallen ist, denn in diesem Fall muß man versuchen, sie noch weiter auszuputzen. Die Musik des ersten Akts ist bereits fertig, und ich will ohne Verzug das Wagnis der Übersetzung beginnen [lassen], um bei dieser prächtigen Ergötzlichkeit für die des Italienischen nicht Mächtigen das Vergnügen zu erhöhen, die vor Augen geführten Dinge auch zu verstehen . . .«

Joh. W. antwortet, Bensberg, 11. Nov. 1695:

»Wir haben die Oper *Jocaste* und die am Rand hinzugefügten, von Euch gedichteten Arien empfangen und gutgeheißen. Da Uns aber die Oper noch sehr lang vorkommt, so verständigt Euch mit dem Hugo [Wilderer] über die Art, wie man sie an mehreren Stellen so viel als möglich kürzen könne — nicht etwa durch [Tilgung] der Arien, sondern von Rezitativversen, ohne jedoch den Faden [des Dialogs] abzureißen, und noch weniger die Verwickelung der Handlung [zu verändern]. In diesem Falle kann [dann] der Buchhändler Sluyter, oder wer Euch sonst gut dünkt, die ganze Oper, wie Ihr sie Uns geschickt habt, drucken, soll dabei aber alle gekürzten Stellen am Rand auszeichnen . . .«

Es war dies Hugo Wilderer's erste Oper in Düsseldorf; J. W. teilt am 12. April 1696 seiner Schwester der Kaiserin mit, daß er seinen beiden nach Wien verreisenden Brüdern »die allhier gehaltene kleine *opera* in der Völligen *Spartitura* mit allen *Instrumenten* mitgeben [habe], vmb selbige Ihro May: dem Kayser allerunterthänigst zue *præsentieren*, Vnd ist dieße die Erste, so der *Hugo* Wilderer mein *Vice* Cappellmeister gemacht hat[1]. . . .«

1697.

Im Karneval zwei Opernaufführungen: Wilderer's »*Il giorno di salute, overo Demetrio in Athene*«; ferner »*Telegono*«[2]) von Carlo Pietragrua[3]). [Über Pietragrua s. unten.] Zwei Schreiben J Wilhelms belehren aber, daß es in diesem Jahre nicht bei diesen Opern allein verblieb:

Düsseldorf, 28. März 1697. Johann Wilhelm an Kaiserin Eleonore Magdalene[4]).

»Es werden Verhoffentlich Ew: Kay: May: sich annoch . . erinneren, welcher gestalten ich mich, gleich nach Verfloßenem *Carnaual*, auff bloßem Verlas dero Vngemeinen . . . *Generositet* und Clemenz, . . . Vnterstanden dieselbe zue *implorieren*, Vmb dero Cammer *Musico* [Francesco] Ballerini noch ferners bey beuorstehendem Heurath zwischen dem *Principe Gio: Gastone di Toscana* [dem Schwager J. W.'s], und meiner fraw Schwägerin, [Anna Maria Franzisca von Sachsen-Lauenburg, Witwe des Pfalzgrafen Philipp Wilhelm, Bruders von J. W.] etwahe haltendem festel, Vnd Vielleicht *repetierenden opere* so disen *Carnaual* alhier seind gehalten, Vnd *expresse* auff lhne *Ballerini componiret* worden, allergnädigste erlaubnus aus zue würkhen, Vmb denselben mit bey zuwohnen, zue welchem Ende ich denselben *persuadiret*, deroselben . *resolution*, allhier bey mir abzuewarthen . . .«

---

1) K. bl. 44/7. Die Oper vielleicht erhalten in dem titellosen Ms. 17927 der Wiener Hofbibliothek.   2) Walter, S. 334.
3) Partitur in Wien Ms. 18976 u. 19242.
4) K. bl. 44/7.

[Ferner Düsseldorf, 21. April] ... [Versprechen] »daß, sobaldt die wenige festell, so in einer kleinen gesungenen *opera*, so man etwahe auffs allerhöchste 3mahl *repræsentieren* wirt, Vnd einem *Carosell*, bestehen, Vorbey sein werden, ich .. *Ballerini* .. *immediate per posta* zue dero allergnädigsten füeßen befördern werde ...«
Düsseldorf, 20. Juli 1697. J. W. an den Herzog zu Sachsen-Gotha.[1])
»Nachdem Ew: Ld: tantzmeister sich dermahlen alhier befindet, Welchen Wir noch wohl auff einige Wenige Zeit und so lang biß die zu ehren deß Priutzen Von *Toscana* Ld: angestelte *opera* Vorbey, notig hetten ... [Bitte, ihm die Erlaubnis zum Verweilen in Düsseldorf zu geben.]«

Es war auch wohl in Voraussicht dieser Festlichkeiten, daß J. W. den kaiserlichen Kapellmeister Antonio Draghi ersuchte, ihm beim Engagement eines Sopranisten keine Konkurrenz zu machen (Düsseldorf, 14. März 1696)[2]):

»Mio caro Sig^r Draghi mi è pur troppo conosciuta la sua gentilezza ed affetto verso di me per dubitare della riuscita d'un negotio che unicamente dipende da lei; già è noto a V. S. la scarsezza che si troua nella mia Cappella di Soprani, e la difficoltà d'averne de' boni in Italia, Onde essendomi raccomendato per tale un certo Pignatino che si trova in presente a Venetia, e che sento stia in trattato Con V. S. per entrare nel servizio della Maesta dell' Imp^{ro} senza pero essersi dichiarato fin qui, sono a ricercare V. S. di desistere di questo trattato per amor mio, gia che tutto dipende da lei, che Io faccia trattare con esso Pignatini per mio Servizio; assicurisi V. S. che se la Capella del Aug^{mo} non fusse gia assai provista di Soprani, non m'arrischiarei di domandar questo Soggetto, ma sapendo ch'ella sia per alcuni anni abondantemente provista, e la mia consistendo in uno solo, mi giova sperare dal gia sperimentato affetto di [V. S.] che non mi niegarà cotesto contento per il quale professerò una obligatione partico'are a V. S. ...«

Für 1700

dachte Joh. Wilhelm anfänglich, wegen der Trauer für die Königin von Portugal († 4. Aug. 1699), an keine Opernaufführung. Sein Kammermusiker, Juwelier und Agent Giorgio Stella hatte ihm am 15. Sept. 1699 aus Amsterdam einen Brief des bayrischen Vizekapellmeisters P. Antonio Fiocco übersandt, worin dieser an Stelle des gestorbenen Ballettmeisters Rodier einen Ersatz vorschlug[3]). Der Kurfürst antwortete (Schwetzingen, 21. Sept.): »dem Fiocco sagt, da Wir in diesem Jahr keine Opern wünschen, zumal die Trauer für die Königin von Portugal eingefallen ist, so brauchten Wir augenblicklich auch keinen Tanzmeister« — er muß sich jedoch eines andern besonnen haben, und die Karnevalsfeste von 1700 fielen sogar besonders glänzend aus. Am 8. Febr. 1700 übermittelt der Brüsseler Agent J. Wilhelms, Columbanus, seinem Herrn die Entschuldigung von Joseph Clemens, dem Cölner Kurfürsten[4]), daß er der Einladung Joh. Wilhelm's zu den Karnevalsfestlichkeiten nicht Folge leisten könne, und dies doppelt bedaure wegen der Oper »*qui at ity la reputation estre la premiere, et la plus magnificque piece, qui ait esté representé jusques à present*...« Diese Oper war Wilderer's »*La*

---

1) K. bl. 53/12.
2) K. bl. 57/4.
3) K. bl. 70/19. Fiocco's Brief an Stella lautet: »Amico Caris^{mo} Con L'occasion della Morte di Monsr Rodiò, che Iddio l'habbi in gloria, ritrouandosi costi Mon^r Joannis Macetro de balli delle Opere che si sono fate, Virtuosissimo nella sua professione, come anco nella Musica per suonare il Basso, et il Violino, sono a pregar V. S. che se in caso che S. A. E. non si proulsto d'un altro che uogli procurargli la carica del dotto defunto, assicurandola che ne haurà dell'honore, perche oltre la scienza, è giouine di buonissimi costumi e che si fa amar da tutti, la supplico di due righe di risposta... Bruxelles li 27. Agosto 1699.«
4) K. bl. 68/1.

forza del giusto«; unter den Zuhörern saß auch Agostino Steffani, damals in diplomatischer Mission in Düsseldorf; und Wilderer's Werk muß ihm gar sehr gefallen haben[1].

1701

dagegen scheint keine Oper stattgefunden zu haben, wegen der Trauer für Carl II. von Spanien, J. W.'s Schwager († 1. Nov. 1700); wenigstens verneint der Kurfürst (19. Nov. 1700) die Anfrage des Agenten Columbanus, ob man für die kommende Opernzeit den Brüsseler Tanzmeister nach Düsseldorf schicken solle, den J. W. von Max Emanuel erbeten habe[2].

1703.

Zur Aufführung von Wilderer's »*La Monarchia stabilita*«, welche Oper im Herbst 1703 zur Feier der Anwesenheit Carls III. von Spanien aufgeführt wurde[3], fordert J. W. von seiner Schwester, der Kaiserin, seinen Baßbuffo B. A. Ansalone aus Wien an seinen Hof zurück: (Ddorf., 9. Sept. 1703).

»Ew: Kay: May: thue ich ... bitten, ... daß mein Hoff-Cammer Rath undt Cammerdiener Ansalone sich fördersambst Uff seine rückruiß widerumb begeben möge, weillen ich deßen Persohn zu der bevorstehenden *Opera* ohnentbehrlich Vonnöthen ... Ew: Kay: May: werden mir diese inständigste Bitte vmb so weniger ... Versagen, als dieselbe ich wahrhafftig Versicheren darff, daß bem: *Opera*, ohne anwendung einiger *excessionen* vndt kostbaren *Spesen*, so Viel leichter geschehen kan, weillen alle hierzue gehörige gereitschafften bereits Vorhanden, undt es nur Uff ein oder andere Veränderung, so doch nit Von großer *importanz* seindt, ankommen wirdt ...«

Man sieht, der Kurfürst selbst hat die Kostspieligkeit seiner Oper, die den Unwillen der Elisabeth Charlotte so sehr erregte, in jener ernsten Zeit als unpassend empfunden.

1704

fand mit Bestimmtheit keine Oper statt. Seit Beginn des Jahres bis in den Spätsommer weilte Johann Wilhelm in Wien; Agostino Steffani, damals auf dem Gipfel der Gunst bei seinem Herrn, suchte die zurückbleibende Kurfürstin vergebens zu den Freuden des Karnevals zu verlocken[4].

An großen Opern könnte ich Walter's Verzeichnis nur noch eine von 1708 nachtragen: »*Le gare di Venere, e Giunone; overo Enea Fuggitivo*«[5]. Wieviel dies Werk mit einer Oper Agostino Steffani's (»*Enea*« oder »*Turno*«) zu thun hat, ist mir festzustellen zur Stunde leider unmöglich. Dagegen ist an kleinen Festkantaten zur Geburts- oder Namensfeier des Kur-

---

1) Walter, S. 63. — A. Ebert, in »Die Musik« VI, 2, S. 158f.
2) K. bl. 68/1.
3) Walter, S. 66.
4) Er schreibt, Ddorf. 12. Jan. 1704 an Joh. Wilhelm: »... Jo non manco, Sermo Sigre, di far quanto posso per persuadere la Serma Elettrice di servirsi delli diuertimenti, che V. A. S. E. gli offre con tutta la sua solita bontà; mà comincio à disperare della mia eloquenza in questo gran negotio. Ciò però che posso dire con la mia solita candidezza à V. A S. E. si è che la Serma non riffuta la Opera, e la Comedia per alcun cattiuo Principio; mà perche crede di douer far uedere al Mondo, che durante l'absenza di V. A. E. ella debba impiegare il suo tempo à pregare Dio per il di lei saluo ritorno, il che fà mattina, e sera con grandma esemplarità ...«
5) Textbuch in München, Staatsb. Cod. ital. 412c.

fürstenpaars, außer der einen von Walter angeführten[1]), eine ganze Reihe handschriftlich erhalten[2]). Ein reizender Text, der unter den faden Schmeicheleien der übrigen besonders auffällt, ist die Serenata zum Namensfest Joh. Wilhelm's von 1712: Frau Musica begabt den Liebenden, den Krieger, den Jäger und den Bauer mit Flöte, Trompete, Horn und Dudelsack, und fordert sie alle auf, ihre Instrumente zu Ehren des Kurfürsten erschallen zu lassen, denn:

> *Trà l'arti signorili,*
> *Che la sua man Regal nutre, e protegge,*
> *Non ultima son' io; e ben dovuto*
> *Questo, ch'io porgo al Nome suo, tributo.*

Die Dichtung dieser Kantaten mag wohl meist von Stefano Pallavicini stammen; den Komponisten kann ich nur von einer mit Wahrscheinlichkeit nennen: der *Dialogo* den ich ins Jahr 1711 gesetzt habe, enthält die Textworte eines meisterhaften Duettsatzes (*Non a di lontananza*), der sich in Ms. B. 823ᵃ der Dresdener Kgl. Bibliothek unter andern Duetten von Carlo Pietragrua findet.

* * *

Wir wenden uns zu den Musikern, die entweder in Johann Wilhelm's Kapelle einen hervorragenden Platz einnahmen, oder zum Kurfürsten in

---

[1] a. a. O. S. 69. *Il Libro della Gloria fregiato Del Nome Serenissimo di Gioran. Guglielmo... Serenata*; s. a. Autograph. Stef. Pallavicini's. Cod. ital. 387.

[2] 1707. Cod. ital. 412a. *La Clemenza, e la Giustizia sotto Nomi, ed Abiti Pastorali. Separatesi già dal principio del mondo, per non poter vivere assieme, si riscontrano al fine sulle Rive del Reno, ed ivi riunite stabiliscono la loro ferma dimora. Cantata à due voci. Nel Giorno di San Giovanni... In Disseldorpo l'anno 1707.*

1708. Cod. ital. 412e. Versi per la Musica da cantarsi nel felicissimo giorno natalizio di S. A. S. E. 1708. [19. April].

1708. Cod. ital. 412b. *Il Pomo d'oro*. Versi da cantarsi il Giorno del Nome di Madama Serenissima. 1708.

1710. Cod. ital. 412f. *Dialogo pastorale* per Musica da cantarsi il Giorno del Nome di S. A. S. Elettorale. 1710.

1711. Cod. ital. 412g. Dialogo per Musica Cantato il Giorno natalizio di S.A.S.E. 1711.

s. a. Cod. ital. 412h. Dialogo per Musica da cantarsi il Giorno del Nome di Madama Serenissima.

[1711?] Cod. ital. 413c. Dialogo per Musica da cantarsi il Giorno del Nome di S. A. S. E. [Carlo Pietragrua].

1712. Cod. ital. 412i. Screnata da cantarsi il Giorno del Nome di S. A. S. E. 1712.

1713. Cod. ital. 412k. *La Nare*. Impresa di S. A. S. E. Versi da cantarsi il Giorno felicissimo della sua Nascita. 1713.

1715. Cod. ital. 412l. Nel felicissimo Giorno del Nome del Serenissimo Elettore s'allude alla prossima Villeggiatura di S. A. S. E. 1715.

Ins Jahr 1688 muß ein *Duetto. Introduzione al Ballo per la Galla del Ser^{mo} Duca Principe Electorale Palatino...* (Cod. ital. 412d) fallen; es gehörte zur Nachfeier der Hochzeit des Pfalzgrafen Carl Philipp. — Endlich hat sowohl Neuburg wie Düsseldorf den Einzug Johann Wilhelms mit seiner zweiten Gemahlin Maria Anna Luisa festlich begangen Sommer 1691: das Düsseldorfer Jesuitengymnasium durch ein polyglottes *Hochzeitliches Vergleich-Spiel... Vom Apollo und den Künsten auffm Vfer der Düßel vorgestellt.* [München, Hof- und Staatsbibl. Bav. 2⁰ 950. IX. 15.]

irgend welcher Beziehung standen. Nichts kann eine größere Vorstellung geben von dem Musikleben unter diesem Fürsten als die Namen, die hier in den Akten auftauchen: Steffani, Corelli, Ariosti, Draghi, Bernaboi, Pistocchi, Händel; mit Herzog Johann Ernst von Sachsen Weimar geraten wir gar in den Kreis von J. Seb. Bach.

Carlo Maria Fagnani ist noch unter Philipp Wilhelm nach Neuburg oder Heidelberg gekommen; ich halte ihn für identisch mit dem gleichnamigen C. M. F., der 1695 zu Bologna ein Sammelwerk einstimmiger Motetten meist Modeneser und Bologneser Meister herausgab und später in die kurf. Cölner Kapelle eintrat. — Als Johann Wilhelm die Kapelle seines Vaters auflöste, ging Fagnani nach Italien zurück; J. W. empfahl ihn (März 1691)[1]) an seinen Schwager Odoardo Farnese, »da er in seinem Musikerfach dem Kurfürsten meinem Vater glorreichen Andenkens zur Zufriedenheit gedient hat«. Aus Parma kommt denn auch (10. Apr.) die Antwort, F. sei bereits untergebracht; in der Tat wird F. in der Kapelle von S. Petronio in Bologna die Aufnahme gefunden haben, die er am 25. April erhoffte[2]).

Alessandro Mori, Sopranist, aus Viadana, entstammt vielleicht jener alten Musikerfamilie, die am Anfang des Jahrhunderts Giacomo Mori, einen der frühesten Vertreter des konzertierenden Stils in der Kirche, hervorgebracht hatte. Am 4. Juli 1693 bittet Johann Wilhelm wieder Odoardo Farnese, Alessandro's Bruder Lodovico Mori zu einem Beneficium in Viadana oder Umgegend zu verhelfen, damit er seine alten Eltern etwas unterstützen könne, und fügt eigenhändig bei:

»L'A. E. mi perdoni l'ardire che prendo nell' incomodarla mà la di lei innata bontà, verso di me et il buon seruitio che mi rende l'Alessandro Mori, fratello del pretendente e mio musico di Camera del quale io faccio per la sua rara virtù stima particolare mi spronano di supplicarla vivamente in favore del supplicante...«[3])

Mori stand noch 1723 als Sopranist in der kurpfälzischen Kapelle, und noch 1735 wird er als Hausbesitzer in Mannheim genannt[4]).

Seit 1675 sind wir dem Namen des Sängers Giorgio Stella oft begegnet; unter Joh. Wilhelm scheint seine musikalische Tätigkeit zugunsten der als Hofjuwelier und Agent des Kurfürsten in Amsterdam und Venedig immer mehr zurückgetreten zu sein. Auf seinen Reisen, die er im Dienst der Kunstliebhaberei seines Herrn machte, hat er eine Anzahl höchst unorthographischer, aber auch höchst lebendiger Briefe[5]) nach Düsseldorf gerichtet,

---

1) K. bl. 53/12.
2) Carlo Maria Fagnani an Joh. Wilhelm (K. bl. 62/6).
»S. A. E. Sono humilmente à piedi di V. A. E. non per repplicare gli atti del mio profondissimo ossequio, quanto per rendere ossequiosissime gratie del merito, che le piacque darmi appresso il Serenissimo di Parma, in virtù del quale hò io ottenuto lettere efficacissime à questi Cauaglieri di Bologna per esser admesso nel numero de' Musici della Capella di S. Petronio, et in virtù delle quali ardisco sperare l'auuanzamento alla mia debolezza. Sono per tanti capi confuso dalle clementissime gratie, con le quali V. A. E. si è degnata decorar la mia seruitù, e non sapendo per ciò à qual parte volgermi per confessarne le mie infinite obligationi, unisco tutti i miei voti al Cielo, accioche piena Sopra la Sua Serenissa Casa Elettorale le benedizioni più viuo, mentre con humiluemento dedicarmele, mi prostro ...
Bologna li 25. Aprile 1691 ...   Carlo Maria Fagnani.«
3) K. bl. 52/2.
4) Walter, S. 69, 80, 204.
5) K. bl. 70/19.

die ab und zu auch musikalische Dinge berühren. So schreibt er einmal aus Paris, 2. Juni 1698: »... in der Oper bin ich zweimal gewesen; aber bei E. H. hab ich mir zu Dank sehr viel schönere gesehen: hätte man sie hier aufgeführt, stünde ganz Paris vor Staunen auf dem Kopf...« In Venedig, seiner Vaterstadt, weilt er verschiedene Male, so 1700 und 1709/10: besonders in letzterem Jahre berichtet er genauer über den Erfolg der Karnevalsopern und schickt, was ihm gefällt, nach Düsseldorf: in andern Jahren versorgt Sebastian Conte d'Alberti den Kurfürsten mit den Opernberichten aus Venedig[1]). — Nach 1710 verliert sich sein Name in den Akten; er brachte es in Johann Wilhelm's Dienst bis zum Kammerrat.

Den Kontraltisten Ferdinando Chiaravalle, der in der Operngeschichte von Berlin und Hannover eine Rolle spielt[2]), empfiehlt (Pratolino, 21. Aug. 1696) Ferdinand III. von Toskana an seine Schwester, die Kurfürstin:[3])

»Ferdinando Chiaravalle Virtuoso del Ser^{mo} Elettor di Brandeburgo ha destinato di portarsi in coteste parti, et essendo mosso da onorata ambizione di far sentire il suo talento a V. A. Elettorale, m'ha perciò fatto pregare per mezo d'amici suoi a volergli con questa lettera aprir l'adito appresso l'A. V. E.«

Chiaravalle machte wohl damals die Kunstreise nach den kurfürstlichen Höfen, von der Ebert (S. 17) berichtet, die er aber zwei Jahre früher verlegt.

Abbate... Bellini, Bassist, muß Mitte der neunziger Jahre nach Düsseldorf gekommen sein; um die Wende 1697/98 war er in Italien. Einem Empfehlungsbrief an den Herzog von Mantua fügt J. W. eigenhändig bei (26. Febr. 1698)[4]):

»... la quale assicuro, che la grazia che l'A. V. farà à detto Abbate Bellini mio Virtuoso di Camera e Capellano d'honnore, il quale stimo di molto Jo stimerò come fatta à me stesso...«

---

1) Ich stelle hier einiges zusammen, was ich in den Akten über derartige Sendungen gefunden habe: Düsseldorf, 30. Jan. 1700. Joh. Wilh. an Sebast. Conte d'Alberti in Venedig [K. bl. 56/12].
... Ci sono pervenute... le belle Ariette di codesti Teatri, che abbiamo particolarmente gradite...
Bonn, s. d. [Mai 1701]. François Mayr, kurkölnischer bestallter Hofpoët, überschickt eine Johann Wilhelm gewidmete Teutsche opera [K. bl. 57/5].
Venedig, 15. Nov. 1709. Giorgio Stella an Joh. Wilhelm [K. bl. 70/19].
Mando all' A. V. E. l'Opera di San Cassano con li suoi intermedij, che hauendomi assai piaciuti, me li son fatti dare. et 8. Canzonette delle più belle di doi Opere che li Musici cantano; fanno ancor Opera à Sant' Angello mà una Boscareccia che è assai più bella quella di San Cassano. (sic!) le scene poi di Sant' Angelo non vagliono niente, se potessero uedere quelle di V. A. E. certo che si marauigliorebbero. non trouo alcun che un brauo Contralto arleuo [allievo] di Pistoco. Il habiti sono ordinarij. ma una Donna ne ha un superbo, e Vago! — Quando andrà in scena San Gio. grisostomo manderò l'opera, è le più belle arie..
[am 29. Nov.]... Si come nell' ultima mia V. A. E. haurà inteso che ho detto di uoler mandare l'Opera di San Gio. Grisostomo; ma non piace a Venetia, è non la trouano bella cosi hò lasciato di mandarla all' A. V. E. mando solo 4: Ariette le quali potrà farle cantare à suoi Musici, ma Trouando belle altre Opere con uoglio[no] metter in Scena le Manderò all' A. V. E. ... [am 10. Jan. 1710]... Mentre che è Cominciata l'Opera di San Cassano mi è parso bene di mandare l'Opera, à 6: Ariette delle più belle, sono intersiate [intrecciate] con instromenti, mà non mi è stato possibile di hauerli, non mando quelle di San Gio. Grisostomo, che credo che il Valeriano [Pellegrini] le manderà, il quale è molto aplaudito, perche è Virtuoso...

2) Vgl. A. Ebert, »Attilio Ariosti in Berlin« Leipzig, 1905, S. 16f.
3) K. bl. 86/28.
4) K. bl. 52/2.

Von diesem exzellenten Bassisten hatte Marchese Bart. Ariberti, der außerordentliche Gesandte Joh. W.'s in Madrid, Ende 1698 unvorsichtigerweise am spanischen Hofe gesprochen (Madr., 7. Nov. 1698)[1]):

»Als ich eines Tags mit einem Kammerherrn, der beim König in Gunst steht, mich unterhielt, ließ ich mir entschlüpfen von einem ausgezeichneten Bassisten zu reden, den E. H. in ihrem Dienst hätten, und der — wie ich hörte — diesen Winter einen Urlaub nach seiner Laune verbringen dürfe ... der sagte es dem König wieder; und da dieser vom Marquis von Leganes und vom Herzog von Sesto versichert erhielt, es sei einer der besten Bässe von Italien, ließ mir S. Maj. sogleich sagen, ich möchte ihn [Bellini] unverzüglich nach Madrid einladen, wo der berühmte Matteuccio bereits eingetroffen ist und den Majestäten aufs äußerste gefällt.«

Und seitdem drang der König mit kindischer Zähigkeit in Ariberti, den Kurfürsten zur Abschickung Bellini's nach Madrid zu bewegen: Joh. Wilhelm aber war keineswegs gesonnen, das zu tun. Bellini ging nach London; der Kurfürst behauptete (29. Mai 1699, Benrath), selber nicht zu wissen, wo er sich gerade aufhielt; und am 16. Jan. 1700 wird zwar versprochen, daß Bellini, der krank von London nach Düsseldorf zurückgekehrt war, nach Madrid aufbrechen solle, sobald er einer längeren Reise gewachsen sein würde: immer neue Rückfälle in Krankheit geben aber dem Kurfürsten erwünschte Vorwände, seinen Bassisten zu behalten. Noch am 2. Juli 1700 schreibt Ariberti voll Verzweiflung:

»*Questo benedetto Abbate Bellini mi fà metter in croce dal Rè, ne sò come più diffendermi. Per Amor di Dio ... V. A. gli faccia partir subito, e se potesse unirsi anche il tenore Santorini, sarebbe un doppio regalo ...*«

muß aber vom Kurfürsten sich einen scharfen Verweis gefallen lassen (Heidelberg, 26. Juli 1700):

»Der Abt Bellini hat einen neuen lebensgefährlichen Rückfall, so daß Wir aufs äußerste bedauern, Ihre Majestäten nicht bedient zu sehen ... des Santorini können Wir Uns unmöglich berauben: Wir brauchen ihn wie für die Kapelle, so für die Oper und andere Feste des kommenden Karnevals ... übrigens wünschten Wir, und wäre Uns höchst angenehm, Ihr möchtet ein für allemal ein bischen weniger willfährig sein, Uns Unsere Musiker zu entziehen, denn die brauchen Wir immer nötiger für den Kapelldienst und in andern Angelegenheiten ...«

Der hier erwähnte Santorini ist der Tenorist Lorenzo S., im Sommer 1699 vom Herzog von Mantua nach Düsseldorf geschickt[2]). Im März 1700 wird er von dem Duca di Sesto für den nächsten [Mailänder?] Karneval erbeten, wahrscheinlich ebenfalls ohne Erfolg; er blieb lange Jahre der kurpfälzischen Kapelle erhalten[3]). —

Einen ähnlichen Rang in der Gunst des Kurfürsten wie Bellini und Santorini nahm der Kontraltist Antonio Tosi ein, dem J. W. im Frühjahr 1707 Urlaub zu einer Italienreise erteilt, und den er mit den schmeichelhaftesten Worten nach Mailand empfiehlt[4]). Tosi sang jedoch im Karneval

---

1) K. bl. 83/7.
2) K. bl. 52/2. Duca di Mantova an J. W., Mant. 18. Sept 1699. »Riesce di mio infinito contento l'intenderе dall' umanissimo foglio di V. A. che sia di sua sodisfazione il Musico, dà me inuiatole, Santorini, se beno io creda un puro atto della lei souragrande bontà l'agradimento gentilissimo che si degna hauere di lui ...«
3) s. Walter.
4) K. bl. 57/8.

1708 in Venedig und führte um Ostern einen Bologneser Sopranisten aus dem Dienst des Marchese Angelelli nach Düsseldorf[1]). Dieser Kastrat zog seinerseits wieder einen Sopranisten aus Bologna nach: am 20. März 1701 schreibt J. W. an den dortigen Marchese Paolo Salaroli[2]):

»Vor zwei Jahren hat mir der Herr Marchese Angelelli einen Musiker seines Hauses freundlichst angeboten, den ich nach Gebühr aufgenommen und geschätzt habe. Nun höre ich, daß in Bologna ein andrer Virtuose aus der gleichen, von mir hochgeschätzten Schule (des Pistocchi), namens Bernacchini (Ant. Bernacchi?) die Ehre habe, von Ihnen abzuhängen ... ich thue Ihnen mein besonderes Verlangen kund, daß auch dieser Virtuose in meinen Dienst trete ...«

Ein erklärter Liebling des Kurfürsten jedoch war der Kammermusiker Valeriano Pellegrini, Sopranist. Er mag um 1705 nach Düsseldorf gekommen sein und stammte wahrscheinlich aus Verona, wo sein Stief- und Pflegevater Angelo Fontana in hohem Alter lebte. Ihm mußte Joh. Wilhelm den Sänger des öfteren, jedesmal mit höchster Unlust, abtreten: so war ihm besonders ungelegen der Verzicht auf Valeriano im Karneval 1708. In welchem Maße Joh. W. diesen Sänger schätzte, lehrt ein Brief an Agostino Steffani, damals in Rom (Düsseldorf, 30. Dez. 1708)[3]):

»Durch den Tod des D. Angelo Rotari, Canonico Regolare müssen in Verona bei der Kurie vier Præbenden zu vergeben sein, deren Ertrag im ganzen an die 800 venez. Dukaten erreichen wird. Es wäre mir die höchste Freude, säh ich sie dem Valeriano, meinem Musiker, übertragen; Sie würden mir daher ein besonderes Vergnügen machen, wenn Sie all Ihren Kredit anwendeten und auch meinen Namen nicht schonten, um ihn zu befriedigen. Da Sie wissen, mit welchem Wohlwollen ich Valeriano ansehe, bedarfs nicht weiteren Drängens ...«

und am 24. Febr. 1709 ergeht an Steffani die erneute dringliche Mahnung, den Papst um ein »*Benefizio semplice di considerazione*« anzugehen für »*mio caro Valeriano*«. Im Karneval dieses Jahrs 1709 sang Pellegrini, trotz der Bitten seines Stiefvaters nach Verona zu kommen, in Düsseldorf; 1709/10 jedoch spielte er in San Giovanni Crisostomo in Venedig und kehrte mit Stella nach dem Niederrhein zurück. Auch er diente der Kunst- und Sammlerleidenschaft seines Herrn: so erwirbt er 1708 eine große Medaillensammlung in Verona, reist im Sommer 1713 nach London; wird aber 1715 von dem Maler Sebastian Ricci in Venedig mit einem gefälschten Correggio fürchterlich angeschmiert. Von Johann Wilhelm zum *Cavaliere* ernannt, scheint er sich nach dessen Tod nach seiner Heimat zurückgezogen zu haben, und wurde 1729 in Rom Priester.

Die Kgl. Bibliothek zu Dresden[4]) besitzt von ihm eine Kantate für Sopran »*Parto luci amorose*«, die, sehr mittelmäßig, nur seiner Kehlfertigkeit ein glänzendes Zeugnis ausstellt.

Ein besonderes Interesse für den Biographen Ag. Steffani's hat Gregorio Piva. Steffani hat ihn wohl anfangs 1703 nach Düsseldorf mitgebracht, wo er als Musiker in die Kapelle eintrat: »*Mio Musico*« nennt ihn der Kurfürst noch am 16. Dez. 1714; damals kam Piva eben von einer italienischen Reise zurück[5]).

1) K. bl. 56/13.   2) K. bl. 56/14.
3) K. bl. 82/16.
4) Ms. B. 101*a*. fo. 230.
5) K. bl. 55/8.

Über den berühmten Gambisten Johann Schenck, der, obwohl in Amsterdam lebend, als Kammermusikus in J. W.'s Diensten stand, habe ich weiter nichts finden können als die Nachricht, daß ihm am 17. Dez. 1700 der Kurfürst eine Wildsau als Geschenk sandte[1].

Carlo Pietragrua, 1687 von dem Dresdener Hofkapellmeister Carlo Pallavicini für die Dresdener Kapelle angeworben, mag, nachdem er es daselbst zum Vizekapellmeister gebracht[2]), 1694 nach Düsseldorf gekommen sein, vielleicht von Stefano Pallavicini nachgezogen. Von 1707—13 wird er in den Akten erwähnt; wo er um die Wende des Jahrhunderts sich aufgehalten, ist nicht ersichtlich; jedoch wohl in Wien, von wo er im April 1707 nach Düsseldorf ging. Im Sommer 1712 schickte J. W. ein »Stück« von ihm der Kaiserin[3]). Seine prachtvollen Duettsätze reizen, die Verwirrung, die die Lebensgeschichte der verschiedenen Grua's verdunkelt, ein wenig zu lichten. Wann er in Düsseldorf Vizekapellmeister geworden — so bezeichnet ihn Ms. JJ. 215 in Bologna — vermag ich nicht zu sagen.

Benedetto Baldassarri, Sopranist, war schon vor 1710 im Dienst des Kurfürsten; in den Jahren 1710/11 ist er am Berliner Hofe das Werkzeug eines Versuchs, der von Joh. Wilhelm und Agostino Steffani ausging, zuerst die Königin von Preußen und durch sie dann den König selbst zu konvertieren[4])! Im Sommer 1713 erbat ihn Kardinal Ottoboni für die kommende Oper im Teatro Capranica[5]); J. W. machte anfänglich Schwierigkeiten (Düsseldorf, 23. Juli 1713): »die augenblickliche Kränklichkeit des Benedetto Baldassarri verursacht uns Bedenken, dem Wunsch des Herrn Kardinals Ottoboni zu willfahren...«; ließ den Sänger im Herbst aber doch nach Rom ziehen, nachdem Ottoboni aus Besorgnis, seine Oper möchte nicht nach Wunsch glücken, sich Baldassarri's Kommen schon ganz verbeten hatte. Baldassarri machte in Rom seinem Herrn Ehre und ward vom Kardinal entsprechend traktiert; so schreibt Fede (Rom, 13. Jan. 1714):

»Lunedì passato si rappresentò per la prima volta l'opera in Musica nel Teatro di Capranica ore posso dirle con tutta sincerità che Benedettino virtuoso di V. A. si fece molto onore essendo giudicato da tutti la miglior parte che sia tra tutti quei Professori: ond'io me ne sono rallegrato con esso lui, facendogli animo avanti, e doppo, perche facesse onore a se, ed al Principe, a cui area la sorte di servire come in effetto è seguito, ed il S. Cardinale Ottobono se n'è dichiarato meco pienamente contento...«
[ferner am 3. März] »... Jo non lascio di rendere tutti i buoni offiçj possibili a Benedetto Baldassarri Virtuoso di V. A. E., anche appresso di Sigr Cardinale Ottoboni, che si compiacerà di trattarlo con quell' istessa attenzione e finezza, che ha fatta per tutto il Corso del Carnevale anche fino alla prossima Pasqua, come Egli medesimo mi ha richiesto, facendolo servire giorno, e notte da una sua Carrozza, e da un Lacché, e facendogli tavola aperta...«

An Kardinal Ottoboni hatte J. W. schon 1706 einen Sänger empfohlen, Giuseppe Fontana aus Fermo, der daselbst seinen Gesangsstudien oblag[6]).

---

1) K. bl. 70/19.
2) Fürstenau I, S. 299, 309, 314.
3) K. Bl. 56/15.
4) F. W. Woker, Agost. Steffani, Köln 1886 S. 72 f. ist über die Person des »Benedettino« im Irrtum. Es war Baldassarri.
5) K. bl. 65/5.
6) Fede an J. W. 17. Juli 1706. K. bl. 62/11 pars II.

War Johann Wilhelm gefällig im Ausleihen seiner Sänger, so hat er auch seinerseits die Liberalität der befreundeten und verwandten Fürstenhäuser in Anspruch genommen. Von Francesco Ballerini war bereits die Rede. 1708 muß ein Musiker (Sänger) im Dienst der Kurprinzessin von Hannover, namens Saneto in Düsseldorf gewesen sein; die Prinzessin schreibt (Hannover, 31. Jan. 1709)[1]) an J. W.:

»... ich müßköne auf alle art daß glick So Saneto gehabet Er. Lib. zu betinen, ehr kann nicht worte genuck fünten Um aller hohen Gnade sich zu Rühmen, ehr ist jetzerzeit als Ein guter *Musicant* von mir gehalten worden. Nun aber ist ehr mir Unschetzbar weil ehr die Gnedigste *apropatsion* Von Er. Lib. ehrhalten [;] ehr Saneto hat mich Versichert daß er die tage seines lebenes keine *virtuosen* gleich denen Von Er. Lib. gehöret, möchte mir wol auch so glicklich wünschen Sie zu hören ... Caroline.«

Von einem Besuch Händel's am kurpfälzischen Hofe 1711 habe ich an anderer Stelle berichtet[2]).

1710, am 12. April erbat sich J. W. vom Herzog von Modena den Sänger Francesco Giucciardi[3]):

»I vantaggiosi talenti, che mi vengono rappresentati nel Musico Franc.co Guicciardi, che hà la sorte di esser servidore di V. A., avendomi insinuato il desiderio di vederlo per qualche tempo in queste parti, sono a porgere all' A. V. le instanze più cordiali perche si degni ... darli campo di trasferirvisi ...«

Der Herzog hatte aber Giucciardi schon vergeben (Modena, 3. Mai 1710):

»Il Musico Guizzardi, che V. A. mi ricerca è presentemente alla Corte Imperiale, ove io l'hò inviato puoche settimane sono per secondare, et ubbidire le premure della M. S. Cesarea. Mi truovo ancor per esso in qualche impegno col Sr Principe di Toscana, onde costituito in tali termini non posso risponderc all' A. V. E. se non, che compito, che habbi il Musico li preaccenati impegni ...«

Besonders aber waren es die Musiker seines Bruders und Nachfolgers als Kurfürst Carl Philipp, die häufig zwischen Düsseldorf und Breslau oder Innsbruck hin und her wandern mußten. So schickt er (5. Mai 1706) einen Lautenisten Weiß, wohl den Vater (?) des berühmten Sylvius Leopold, nach Breslau seinem Bruder zurück[4]):

»Ew. Ld. erstatte hiermit fr. brüeder, hohen Danck, daß denenselben dero *Laute*nisten Weiß hiehero zue kommen, und bey mir sich hören zu laßen erlaubnuß zue geben, gefällig gewesen, es hatt sich dieser *virtuos* solcher gestalten wehrender seiner anwesenheith aufgeführet, daß ich darab sattsames Vergnüegen und *Contento* billich Verspüret ...«

Am 4. Okt. 1707, Innsbruck, bittet Carl Philipp den Kurfürsten[5]):

»... Vnderstehe mich Mhlb bruderen meinen Kammer*musicum* Vnd *instrumentall componisten* [Gottfried] finger mit namen dehmühtigst zue *reccomen*diren, Vnd weilen derselbe ein so sehnlige[s] Verlangen zeiget gleich meinem *Capell*meister Jacobus [Greber] in dero diensten doch nur mit dem blosen *Titull* Vnd ohne die geringste

---

1) K. bl. 50/2.
2) Zeitschr. d. IMG. 8, S. 277.
3) K. bl. 52/4.
4) K. bl. 52/16. Vgl. H. Volkmann, S. L. Weiß in »Musik« VI, 3, S. 272.
5) K. bl. 52/16. Über Finger u. Greber s. Walter, a. a. O.

besoldung zuestehen, Vor den selben den *Titell* alß hof oder *cammer* rahl auszuebitten...«
— eine Bitte, die J. W. am 27. Okt. erfüllte. — Im gleichen Jahr, 1707, empfahl J. W. den Dichter Giovanni Domenico Pallavicini nach Innsbruck als Sekretär: Pallavicini dankt am 15. November [1]):

»*Atteso le benignissime raccomandazioni di V. A. S. E. il Ser.mo Principe Palatino ha avuto la Clemenza di conferirmi il Posto, al quale V. A. S. E. si è degnata propormi Averò l'incombenza di Scriuere all' A. S. Ser.ma le lettere Francesi; e spero di essere medesimamente adoperato all' occasione di qualche operetta, che l'A. Sua desiderasse avere nel Teatrino contiguo alla Sua Residenza...*«

1708 war Pallavicini in Düsseldorf; die Schulden seines Herrn werden ihm in den nächsten Jahren mehr Gelegenheit zur Entfaltung seiner praktischen denn poetischen Tätigkeit gegeben haben.

* * *

Es war kein Gegenstand der Kunst, der Attilio Ariosti mit Johann Wilhelm in Verbindung brachte. Ariosti war seit vielen Jahren das Opfer von Verläumdungen und Intriguen, die ihn vom Berliner Hofe zu entfernen den Zweck hatten und endlich auch zum Ziele führten[2]). In die Zeit, da Ariosti schon entschlossen war, über Wien in sein Kloster nach Bologna zurückzukehren, führt uns der Dankbrief des Künstlers für das Anerbieten Johann Wilhelm's, ihm eine vorläufige Zuflucht in Düsseldorf zu gewähren, um ihn mit Empfehlungen an den Florentiner Hof zu versehen. — Ariosti hat seines Gönners nicht vergessen; im April 1707 teilt er ihm von Wien aus mit, daß ihn Kaiser Joseph mit dem Charakter eines Generalagenten in Italien aus seinem Vaterland entlassen und mit einer Pension beschenkt habe[3]), und benutzt die Gelegenheit, dem Kurfürsten ein Gemälde auf Alabaster, seinerzeit im Besitz der Königin von Schweden, anzubieten. Auch nach Johann Wilhelm's Tod versucht Ariosti seine Beziehungen zum kurpfälzischen Hofe weiterzuspinnen; am 27. Mai 1717 bittet er Carl Philipp um die Übertragung der kurpfälzischen Agentur in London[4]).

Johann Christoph Pez eröffnet die Reihe der Komponisten, von denen die Akten Musikaliensendungen an den Kurfürsten bezeugen. Seine Beziehungen zum Düsseldorfer Hof hat er wohl während seiner Tätigkeit als kurkölnischer Kapellmeister geknüpft. Aus Stuttgart schickt er dem Kurfürsten ein Werk — wahrscheinlich das 1706 zu Augsburg erschienene »*Jubilum missale septuplex*« mit einem Begleitschreiben in folgendem entsetzlichen Italienisch[5]):

»*Alt.ta Seriniss.ma. Il possesso in cui mi tiene la somma Clemenza del A. V. E. porge adito alla mia osseruanza di suplicarla in tutte le congiunture come fò nella presente à fauore di queste mie pouere fatiche quali benche picciole aualorate nondimeno dalla Grandez- del suo animo solito à dispensar Grazie punto non dubbito sijne Gradite. Spero le mie supliche sarranno fauoreuoli e benche siano per farmi conoscere l'innata sua magnanimità, nondimeno aumenteranno in me l'oblig.ni: priego V. A. S. a*

---

1) K. bl. 57/8.
2) Vgl. Ebert, a. a. O.
3) Leibniz erwähnt einmal dieser Tatsache. op. ed. Klopp. I, 9, S. 427.
4) s. Anhang Nr. 2.
5) K. bl. 57/8.

dispensarmene l'honore, mentre le baccio con profondissimo ossequio l'infimo delle Vesti ... Stucarda li 29 Nouembre 1706 ... Gio: Cristoforo Pez.

Joh. W. antwortet, Düsseldorf, 12. Febr. 1707.

Al Pez Maestro di Cappella del Sr Duca di Virtemberga. Stuggard. Caro Pez. Ci sono giunte le composizioni, che avete voluto trasmetterci, e come da lungo tempo facciamo molto caso della vostra virtù, cosi è stato da Noi oltremodo gradito questo atto della vostra cortesia; alla quale mentre siamo tenuti, vi confermiamo ...

Noch verbindlichere Dankschreiben erhalten die vornehmen Dilettanten, die J. W. mit Kompositionen erfreuen. Da ist Conte Alessandro Savioli in Venedig, der ihm (Ven., 13. Feb. $\frac{1710 \text{ m. Ven.}}{1711}$) *sei mie deboli Composizioni musicali* überschickt[1]); und den Dank erhält (Düsseld., 28. Feb.):

Del dono ... che hà voluto farmi d'alcune sue composizioni musicali, gliene professo tutto l'obbligo, e bramo, che passino questi giorni di Quaresima per poterne godere in Camera, et ammirare il suo buon gusto ...

— ferner Conte Nicola Sabbioni in Fermo, der (30. Aug. 1715)[2]) *una piccola opera di Poesia, e Musica* nach Düsseldorf sendet; am interessantesten aber ist eine Sendung des siebzehnjährigen Herzogs Johann Ernst von Sachsen Weimar[3]), weil sie aus dem Kreise Johann Sebastian Bach's stammt und vielleicht seine prüfenden Augen darauf geruht haben[4]); das Begleitschreiben lautet:

Monseigneur Les bontés que Votre Altesse Electorale m'a témoignées pendant mon séjour à Dusseldorf, me font prendre la liberté de lui presenter quelques Pièces de Musique, que j'ai composées depuis mon retour d'Utrechte. Je ne doute pas, Monseigneur, que vous ne trouviez cet Ouvrage beaucoup au dessous du grand goût que Vous avez en Musique: Mais si Vous daignez considérer que ce n'est qu'un échantillon de mon attachement pour cette Science, et du profond respect que je conserve pour Votre Altesse Electorale, vous me pardonnerez aisément ... Weimar ce 4° Décembre 1713.

J. W. antwortet, Düsseldorf, 20. Jan. 1714:

*... Von dero Musicali*schen composition einige stück ... finde [Ich] ... von solcher *perfection*. daß Ich billige Ursach habe, Ew: Ld: darfür ... den schuldigsten Danck abzustatten ...* [gleichzeitig eine weit schmeichelhaftere französische Antwort.]

Wir sahen oben, daß J. W. den Antonio Bernacchi in seinem Dienst wünschte; aber auch einen der beiden andern großen Gesangsmeister der Epoche hat der Kurfürst geschätzt und geehrt[5]): Francesco Pistocchi war sein Ehrenkaplan und bezog seit 1714 eine Pension. Man findet im Anhang[6]) einen in seiner naiven Unverschämtheit köstlichen Brief Pistocchi's an den Kurfürsten und dessen humane Antwort: Pistocchi will für Übersendung und Widmung einer Messe und zweier Psalmen ein Porträt Johann Wilhelm's und eine Pensionserhöhung, damit er sich statt eines Pferds ein Paar halten könne!

---

1) K. bl. 56/15.
2) K. bl. 56/16.
3) K. bl. 53/13.
4) Vgl. Spitta, I, 408.
5) Ein Pier Francesco Tosi, Agent des Kurfürsten in Mailand, ist nicht identisch mit dem berühmten Sänger, seinem Namensvetter.
6) Nr. 3.

Antonio Gianettini, Kapellmeister in Modena, scheint persönliche und künstlerische Beziehungen zum Düsseldorfer Hof lange vor 1715, da er Kompositionen an J. W. schickte, unterhalten zu haben: vielleicht hielt er sich zur Zeit, da man in Braunschweig und Hamburg Opern von ihm aufführte, selber in Deutschland auf[1]). Dagegen wählte der Trientiner Meister Francesco Antonio Bonporti keinen geringeren als Francesco Veracini zum Apostel seiner Werke am Düsseldorfer Hof: die Nachricht, daß Veracini im Jahre 1715 Bonporti's opus 10. (?) »La pace« vor J. W. vortrug, ist für seine Lebensbeschreibung nicht unwichtig. Bonporti hat sechs Jahre später seine kurpfälzischen Gönner nochmals um Vermittlung in Rom angegangen, um ein in Trient vakantes Kanonikat zu erhalten[2]).

Unter diesen *Dii minorum gentium* ragen hervor der Münchener Hofkapellmeister Giuseppe Antonio Bernabei, der seit 1713 die Düsseldorfer Kapelle unermüdlich mit Kirchenkompositionen versorgte und seine Sendungen mit höchst anziehenden, biographisch und musikgeschichtlich wertvollen Briefen an Joh. W. begleitete[3]), — und Arcangelo Corelli, wohl der klangvollste Musikername in jener Zeit. Anfangs 1708 tritt sein Name zum ersten Male in den Akten auf: die mißverstandene Nachricht vom Tode Giuseppe Torelli's hatte den Kurfürsten zu einer Anfrage bei seinem römischen Agenten Aut°. Maria Fede veranlaßt, ob Corelli wirklich gestorben sei; Fede antwortete (Rom, 3. März 1708)[4]):

> »È falsissima la voce corsa costì della morte del famoso Sonatore Arcangelo Corelli, mentre Egli vive, e vive nella corte del Sig.r Cardinale Ottoboni, ove dà continue prove del Suo Valore assieme con molti altri Celebri Professori, che si alimentano dalla splendida Beneficenza di en Porporato si degno.«

Fede war es auch, der, vielleicht nicht ohne Auftrag aus Düsseldorf, in Kardinal Ottoboni drang, Corelli zur Komposition eines ausdrücklich für Johann Wilhelm bestimmten Werkes zu veranlassen. Im Mai 1708 schickt denn Corelli auch ein *Concertino da camera* nach Düsseldorf: eines der vier *Concerti da camera*, die in op. 6. dem Johann Wilhelm gewidmeten Werk Corelli's, nach des Meisters Tode veröffentlicht wurden. Nichts ist für Corelli's Wesen bezeichnender als der die Sendung begleitende bescheidene, ja fast timide Brief, auf den J. W. in einem artigen, von Steffani gezeichneten Schreiben antwortete[5]).

Erst nach dem Tode Corelli's (1713) hat Kardinal Ottoboni von Joh. W. den Titel »*Marchese di Ladenburg*« (dem Örtchen zwischen Heidelberg und Mannheim) für das Haupt der Familie Corelli erwirkt. Der gute Corelli selbst hat nie eine Ahnung gehabt von dieser seiner Standeserhöhung, die sein Gönner auf dem Grabstein, den er ihm setzte, auch auf ihn ausdehnte: des bescheidenen Corelli sparsame Lebensführung ermöglichte seinen Erben einen adeligen Aufwand, und nun mußte sein Weltruhm dazu herhalten, ihnen auch den entsprechenden Titel zu verschaffen. Auch die Widmung der *Concerti grossi* an den Kurfürsten scheint mehr von Ottoboni als von Corelli selbst ausgegangen zu sein. Die nicht eben würdige Korrespondenz über

---

1) Vgl. Anhang Nr. 4.
2) Anhang Nr. 5.
3) Anhang Nr. 6.
4) K. bl. 65/2.
5) Im Anhang Nr. 7 sind alle Corelli angehenden Akten zusammengestellt.

diese Angelegenheit hat wenigstens das Verdienst, uns den Vertrag Corelli's mit seinem Verleger, die Sorgen Matteo Fornari's (des Erben seines musikalischen Nachlasses) während der Drucklegung von opus 6 vor Augen zu führen und uns die Reihe der Brüder Corelli's mit Namen vorzustellen.

Anhang.

1) Aus den Berichten des römischen Agenten P. Pierucci, betreffend Saitensendungen an den Neuburger Hof.

(Phil. Wilhelm an Pierucci. Düsseldorf, 24. Aug. 1658 [K. bl. 71/1].) — ... con la prossima posta ci inuiate qualche mazzo di corde di Roma per il nostro Violonista conforme al solito ... (Düsseldorf, 20. Febr. 1666. P. W. an Fantuzzi [K. bl. 59/1]. Saitenbestellung von Mocchi's Hand:) — Quattro Mazzi di Cantini da liuto Turchine sottili. — Sei Mazzi di Cantini da Violino 4 Torchine e 2 Bianchi. — doi Mazzi di seconde e terse da Violino — da prendere al Jnsegna del Agnello alla Regola ... (Rom, 29. Aug. 1671. Pierucci an Ph. W. [K. bl. 71/2].) — Hó ordinate le corde per la Musica comandatemi da V. A. S., et uerranno con il primo ordinario delle migliori, che si trouano. Essendomi dolsuto col Maestro, che le ultime non sono state di quella perfettione delle altre, m'hà risposto, che à uolere delle più squisite sia necessario farne la prouisione del mese di Maggio, et di Giugno, perche in quel tempo sono le migliori, che si faccino. (Rom, 4. Sept. 1677. desgl. [K. bl. 71/3].) — ... hó comprato per la musica il mazzo di corde da Chitarra, et il paro di Corde da Colascione, et accluse ... l'invio all'A. V. (Grünau, 4. Okt. 1679. Ph. W. an Pierucci [K. bl. 71/4].) — ... bisognando .. per la nostra Musica le corde delle due note qui annesse, v'ordoniamo, che le compriate delle più fresche et esquisite ... et servendo una di queste note per i Violini, et l'altra per la Viola di gamba, cosi separatè le manderete in vn plico, come hauete pratticato altre volte ... (Einen Tag vorher, Bensberg, 3. Okt. 1679, macht auch Johann Wilhelm für seine Düsseldorfer Kapelle eine Bestellung [K. bl. 72/1;] ... trouandomi per hora à Dusseldorf con la Signora mia Consorte Arciduchessa e tutta la mia Corte, e bisognando alli musici di mia camera corde da Violino, V. S. mi farà gran piacere, quando mene mandarà otto mazzi ... (Rom, 22. Nov. 1687. Pierucci an Johann Wilh. [K. bl. 72 3].) — (Erwähnung von) corde per Istromenti musicali, et un pachetto di composizioni ... ... (10. Mai des gleichen Jahres an Ph. W.) Alla Cassetta in un piego separato aggiongo quattro libri coperti di cartone di Sinfonie à trè di Carlo Manelli Romano detto del Violino, che à tal effetto mi sono state consegnate insieme con la detta scatoletta col supposto, che essendo la composizione stimata, possa esser di gusto ancora dell' A. V. (Rom, 9. Dez. 1690. Pierucci an Joh. W. [K. bl. 72/2]) ... , mi dispiace, che le ultime inuiate (corde) siano riuscite per la maggior parte poco bone; ma come io non sono del mestiero, non me ne intendo, e mi conviene servirmi d'altri, e sarebbe bene, che l'istesso [Gio. Ant°.] Sabatini, (Violinista di Camera) che haverà conoscenza in Roma di qualche Violinista, me lo scrivesse, di chi posso valermi di esso in far la provisione ... (Rom, 20. Jan. 1691. desgl. [K. bl. 72/3]) ... per haverle (le corde) buone, e delle migliori mi valerò della perizia del Sig^r: Vanni eletto, e nominatomi dà cotesto Virtuoso Forlì (Gio. Capello detto F.), che ne ha scritto al suo Procuratore Corradini, e detto Vanni, è huomo pratico, e del mestiere, e due giorni fà fu dà me ad offerirsi, acciò V. A. E. sia ben seruita, e codesto Sabatini sodisfatto ... Bensberg, 25. Nov. 1691. Joh. W. an Pierucci [K. bl. 72/3]. Hauendo di bisogno di buone corde di liutto fresche et scielte, vogliamo, che ne compriate due mazzi bianchi, contenenti la maggior parte prime, ò come i francesi l'addomandano chantererelles, col mezzo del Maestro di liutto Giuliano Blovin, o se quello non fosse più à Roma, di qualched'un' altro ... (Rom. 23. Febr. 1692. Pierucci an Joh. W. [K. bl. 72/3].) — Mi dispiace che li due mazzi di Corde inviate per la Musica non sian state di quella qualità, e bontà, che qui mi fù supposto dal Maestro che le scielse, e che io desideravo; mà mi dice il Maestro di Leuto Guglielmo Blovin, che le procurò, che quest'anno in Roma son poche le buone, e perfette, che si trovano ...

Nr. 2.

a) Attilio Ariosti an Joh. Wilhelm. Berlin 13. Okt. 1703[1].

Ser^{ma} Ellettorale Altezza. Mi rincresce nell' anima il non hauer saputo dalla Ser^{na} Eletrice di Brunsuich la dispositione generosa e benigna ch'a fauore d'un suo immeriteuole ma ossequiosissimo Seruitore s'è degnata mostrare l'A. V. E. se non hieri sera, che uuol dire molto doppo che haueuo preso impegno d'andar a Vienna (ii passaggio del Tirolo essendo impraticabile al presente) col Sig^r Raiter Organista di S. M. Im.[2]) e di già saressimo partiti per quella parte se non fosse stato sorpreso quatro giorni sono da dolori eccessiui che lo tengono inchiodato in un letto: La carità, e l'obligo dell' antica nostra amicizia non permettono ch'io l'abbandoni e lo lasci in si miserabilo stato, e fra gente incognita almeno sin tanto che si ueda qual corso prenderà il male.

Questo intanto mi priua dell' honore di uolar a piedi di V. A. El. come haurei fatto se fossi stato in mia libertà per sacrificar a suoi Ser^{mi} cenni me stesso in ricconoscenza delle gratie offertemi con benignità incomparabile. sono perciò sforzato a prender la libertà d'inuiarle con questa lettera humil^{me} ringratiamenti, et ardentissime supliche acciò l'A. V. E. m'onori delle raccomandationi esebite presso l'A. R. del Ser^{mo} Gran Duca che è la più alta fortuna ch'io possa desiderare in Italia, e basterà che faccia addrizzare le lettere in Casa del Sig^r Co. di Molart (kaiserl. Musikintendant) dou'io alloggerò per il breue tempo del mio soggiorno (in Vienna], haueuendo già l'honore d'essere stato conosciuto e benignamente compatito e beneficato da S. M. Imp. Jo sarò di gratie tant' inportanti perpetuamente obligato a V. A. El. alla quale auguro dal cielo ogni accrescimento di gloria ... Berlino li 13 Otto^e 1703.

b) Düsseldorf, 27. Okt. 1703. Kurf. Joh. Wilh. al P. Attilio Ariosti Seruita. Vienna.

Molto Reu^{do} Padre. Concorro ne' Sentimenti universali, e mi consolo d'udire la di lei presa risolutione di portarsi alla Patria, et alla sua Religione, in seno della quale troverà ogni più bramato riposo. L'haverei accolta secondo il mio stile co' Virtuosi di grido suoi pari, se auesse preso questo camino, mà giacchè le comple di pigliar il più spedito, le trasmetto costì la lettera per il Serenissimo Gran Duca, che non può se non riuscirle efficace in compagnia delle di lei qualità, e della propensione al beneficare professata dal mio Serenissimo Suocero. Diami ella ulteriori motivi d'adoperarmi in suo vantaggio; mentre l'assicuro ...

c) Wien, 15. Apr. 1707. Ariosti an J. W.[3]

S. A. E. Hanno ottenuto le mie premurose istanze apresso L'Aug^{mo} Padrone benigna licenza di portarmi in Italia, accompagnato di Carattere, e Pensione degna solo della generosa sua Munificenza: Nel porgerne l'aviso a V. A. E. per ricevere

---

1) K. bl. 55/7.
2) Dieser Besuch Georg Reutter's in Berlin war bisher unbekannt. Reutter war damals Organist un St. Stephan in Wien. Vgl. Stollbrock. V. f. MW. 8. 162.
3) K. bl. 57/8.

l'onore degl' alti suoi comandi per quella volta, mi dò la libertà di offrirle L'Originale dell' annesso disegno, che già doueua esser ueduto da V. A. E. nel tempo del suo soggiorno in Vienna Anni sono (1704), mà intrauersato da qualche poco amoreuole, fui priuato di questa gratia, e V. A. E. del piacere di uedere una cosa così rara. Jo l'ho conseruata sino ad ora, sempre con la speranza di colocarla nel gabinetto di V. A. E. come degna del perffet^{mo} suo gusto: ed al presente che si auicina la mia partenza lo propongo a V. A. E. mentre oltre il desiderio di uederlo nelle mani di V. A. E. potrò con questo mezzo regolare li miei interessi, e solecitare il mio uiaggio. Suplico dunque con tutta la douta Vmiliatione L'A. V. E. farmi peruenire la sua mente per mezzo di Carlo Pietragrua che a mio nome sarà a piedi di V. A. E. alla quale sono ...

[Beiliegt eine interessante *Informatione* über das angebotene Bild.]

d) London, 27. Mai 1717. Ariosti an Kurfürst Carl Philipp[1]).

Monseigneur. La gracieuse lettre que V. A. E. me fit la grace de m'escrire d'Ispruch, estent composé d'expressions genereuses me fait tout esperer de Sa Clemence. Elle me marque en particulier d'attendre jusque autant qu'il se presente un occasion fauorable pour me placer honnorablement a son Auguste seruice, çe (!) pour çela que je prend la liberté de suplier V. A. E. à m'accorder le Caractere de son Agent en Angleterre, car ajent dans çe Pays Jcy baucoup d'agremens, et de connoisençes souffisants pour bien seruir V. A. E. en toute sortes de commissions qu'elle pouroit m'ordonner, je me flatte par mon atachement de me rendre digne de La graçe que je luy demend. Le Ba.[ron] Smitmann [Schmittmann] à present Icy ministre de V. A. E. estent un de mes amy depuis 20 An ne sora pas fachée de m'auoir son Camarade pour la seruice de V. A. E. j'attendrois impatienment la resolution de V. A. E. la dessus ...

Nr. 3.

a) Bologna, 30. März 1715. Francesco Antonio Pistocchi an J. W.[2]).

Serenis^{ma} Altezza Elettorale. La clementissima benignità dell' Alt^{za} Vos^{tra} Elettorale hà saputo con molto grazie rendermi beneficato, e nello stesso, ardito, e ciò può V. A^{za} comprendere dal vedere con qual liberta io mi fò ad esebirle questa messa con due Salmi appostatamente composti, benche con note di poco valore; ed a richiederle per unica mia consolazione, la di lei Effigie, e a supplicarla finalmente di qualche aumento alla pensione che benignamente si degnò concedermi l'Anno passato; tutte queste cose, veramente, fanno una Somma comprobazione alla mia temerità. Le imperfezzioni mie corporali Sono quelle che instigato mi auno per giungere a tale ardire. La carità che V. A. Ell^{le} mi fece fù ch'io mantengo un Cauallo; Quella che il Sig^r Iddio gl'inspirerà di farmi potrà fare ch'io ne mantenga due, e con questi tal volta potrò con uscendo di Casa acudire a qualche mio interesse, che per altro dalla Seccatica! che patisco, mi viene impedito. Non lascio mai, ne lascerò di porger preghiere all' Altis^{mo} Iddio, per l'A^{za} V^{ra} Ell^{le}, e volesse il medemo Sig^r per sua Miseri^{ca} che fossero accettate in quel grado ch'io vorrei per la prospera e longa di lei conservazione, come debolmente l'esebirò sin che avrò vita ...

b) Düsseldorf, 12. Mai 1715. J. W. »Al Reu^{do} Nostro caro D. Franc^o Ant^o Pistocchi. Nostro Cappellano d'onore. Bologna.

Caro Sr Pistocchi. Sono doppiam^{te} tenuto alla di lei cortesia del dono della Messa, e de' due Salmi in Musica, prima per la stima, in cui sono appresso di me le sue composizioni, e poi per la cordialità, che in questa sua attenzione ho riconosciuta.

---

1. K. bl. 57/10.
2. K. bl. 55/8.

Darò ordine, perchè venga adempito all' affettuoso desiderio, ch'ella mostra d'avere il mio ritratto; e goderò di darle in miglior congiuntura maggior contrassegno dell' animo mio, mentre le auguro ogni vera contentezza . . .

Nr. 4.
a) Modena, 26. April 1715. Antonio Gianettini an J. W.[1]).

S. A. E. L'auer io in altri tempi sperimentato dalla Clemenza incomparabile di V.ª Alt.ª Elett.le un benignissimo gradimento per le mie debolezze, Mi rende ora ardito di rinouarle a piedi Ser.mi di V.ª Elett.le Alt.ª alcune Mie roze compositioni, in contrasegno di quella ueneratione, e di quel glorioso Seruaggio, di cuj la Med.ª Alt.za V.ª Elettorale, non hà Sdegnato, che per lo passato io Mi fregò; e Se queste, quali siano debolissime Mie fatiche, giungessero mai a destare nella gran Mente di V. E. Alt.ª la rimembranza del più umile de Suoj Seruitori, ed à rendersi Meriteuoli de Ser.mi di lej comandi, Sorte per Mè, ne più fortunata o felice potria Mai nascere; e come con ambitione la bramo, rassegnatissimo e colmo d'ossequio l'imploro, Mentre umiliato Mi dò l'onore di protestarmj a piedi Ser.mi . . .

b) Düsseldorf, 3. Juli 1715. J. W. »Al S.r Antonio Gianettini Maestro di Cappella, Modana.«

Caro S.r Gianettini. Per mano del Fiori mio Aiutante di Camera, hò ricevuto le di lei Compositioni da me non ordinariamente gradite, e per la stima, che ho sempre fatta del suo talento, e perchè sono a me contrassegno della sua affettuosa memoria. Ringraziandonela però cordialmente goderò di tutti gl'incontri di manifestarle la propensa volontà mia, mentre resto.

Nr. 5.
a) Trient, 17. Dez. 1715. Franc. Ant. Bonporti an J. W.[1]).

A. E. S., Pro.nr Clem.tmo, Benig.mo, e Gratios.mo. Nell' augurare il colmo delli più felici auuenimenti, nel nouo anno, all' A. V. E. Ser.ma, ardisco riuerentissimamente ricordarle l'Opera mia di Violino solo trasmessala, e prodotta dal Sig.r Veracini alla tauola dell' A. V. E. Ser.ma, che se uenisse giudicata della Medesima non indegna di qualche segno di Clementissimo aggradimento, questo si potrà consegnare al Sig.r Wilderer Maestro di Capella di Corte, e faccio profondissimo inchino . . . Trento nel Tirollo 17 Decembre 1715.

b) Trient, 23. Febr. 1721. Fr. A. Bonporti an Pfalzgraf Joseph Carl Emanuel von Sulzbach[2]).

A. Ser.ma Signo.re e Pro.ne Clem.mo. La somma Benignità dell' A. V. Ser.ma, e la Gratiosissima Offerta, con cui tanto mi degna, mi anima à riuerentissimamente supplicarla d'intercedermi una Lettera Commendatizia dal Ser.mo Signor Elettor Palatino Suocero degniss.mo della Medesima, da dirigersi a Nostro Signore, in occasione, che stà per uacare nella nostra Cattedrale di Trento un Canonicato, a cui io aspiro.

A tale effetto supplico anche ossequiosissimamente la Sua Conatural Clemenza a uolermi degnare della Grazia d'un altra Commendatizia dell' A. V. Ser.ma Stessa, all' Em.mo Signor Cardinal d'Haltam Imbasciatore Cesareo in Roma, che auendone poi io come spero, l'intento, lo riconoscerò sempre tutto dalla Auttoreuolissima Sua Protettione, e qui offerendomi alli Clem.ni Suoi comandi, con profondo inchino rimmango . . . Trento nel Tyrolo 23 Febr.ro 1721.

Nr. 6.
a) München, 23. Okt. 1713. G. A. Bernabei an J. W.[3]).

A. S. E. Ardisco importunar Vostra Altezza Ser.ma Elet.le con la presente inuiandogli l'Introiti di tutte le Domeniche, e di tutte le Feste dell' Auno, et ancora

1) K. bl. 57/9.   2) K. bl. 57/10.   3) K. bl. 55/8.

Graduali à Cappella per la Quaresima; e questi l'hò composti adesso con qualche studio particolare, e li mando in Spartitura, acciò si conosca, e si ueda da gl'Intelligenti l'artifizio, ch'hò procurato di porre in questi Graduali, quali sono breui in riguardo di non tediar l'Auditori, ne li Sacerdoti, con farli aspettar longamente sopra l'Altare. Spero nella Clemenza sua, che gradirà, e compatirà ancora questi parti del mio debole, et incanutito ingegno; e quando mi stima, e conosce abile in altro, aurà la Bontà di commandarmi, mentre restando sempre ambizioso de suoi Clementissimi cenni, mi ratifico con fargli ossequiosissima Riuerenza... Monaco 23 8bre 1713....
Giuseppe Antonio Bernabei.

b) Düsseldorf, 12. Nov. 1713. J. W. au G. A. Bernabei.

Caro Sr Bernabei. Con quella stima, con cui soglio riguardare le sue virtuose composizioni, hò ricevuto gl'Introiti, et i Graduali da lei regalatimi, e gliene sono di cuore obbligato. Qualunque volta vorrà arricchire di qualche sua nuova Produzione la mia Cappella gliene averò sempre un grado particolare, in quella guisa, che goderò degl' incontri di palesarle la mia affezione, mentre le bramo ogni vero contento.

c) München, 3. Dez. 1713. G. A. Bernabei an J. W.

A. S. E. La Clemenza di Vostra Altezza Serenma Elettorale dimostratami con gl'effetti, e con l'affetto d'una benignissima risposta alla mia umilissima lettera, m'incoragisce à seruirla, et ubidirla con trasmettergli li presenti Salmi, Jnno, et Antifone della Compieta (conforme mi notificò il Sr Fekler[1]) essere il Commando, et il desiderio di Vostra Altezza Serma Elettorale.

Questa è una mia debolissima fatica, principiata e terminata nel Mese decorso, fatta con qualche studio, et Obligazione sopra il Canto Gregoriano, e con qualche nuoua Jnuenzione, che è di far cantar tutto da i S.Srdi Musici. Onde il Sacerdote non aurà altro da fare, che intonare l'Antifona *Miserere* etc. avanti i Salmi; il Capitolo *Tu autem* etc., e l'Antifona *Salua nos* etc. auanti il Salmo *Nunc dimittis* etc.

Spero, che sotto la Direzzione del Sr Gio: Vgo Wilter (Wilderer) sarà regolata, e cantata con ogni perfezzione; scriuendo al medemo, e pregandolo di questo fauore.

Vedrò ancora di mandar Salmi breui per li Vespri, che si sogliono cantare nella Cappella Elettorale (richiestimi dal Sr Wilter, e dal Sr Carlo Grua) mà non sapendo in quali Feste si cantino li Vespri (essendo i Salmi diuersi) attenderò l'auuiso, e l'ordine del Sr Wilter.

Prego per tanto la Benignità di Vostra A. S. E. di perdonarmi dell' importunità della presente, mentre non hò altra mira, et ambizione, che di sodisfar al mio debito, et obligazioni con ubedir ad ogni suo Elettoral commando. E mentre s'auuicinano le Feste del S.Smo Natale mi obligano ad augurargliele Felicissime, e colme d'ogni Prosperità, et adempimento de suoi desiderij; e parimenti nell' Anno prossimo uenturo tutte le Tranquillità imaginabili, e desiderate; nel quale rinouando i miei umili rispetti, e deutmi Ossequij, mi rinouo, e mi ratifico... Monaco 3 xbre 1713.

d) München, 7. Mai 1715. G. A. Bernabei an J. W.

A. S. E. Se nelli giorni di Quaresima si è compiacciuta V. A. S. E. di far Penitenza, con auer sentito, e gradito il mio Salmo *Miserere*, spero ancora, ch'aurà auto la Pacienza d'ascoltar nelle Feste della Sma Pasqua li tre Offertorij proprij; e confidando nella Benignità di V. A. S. E., prendo ardir, e coraggio d'inuiargli un Mottetto per la Festa della Gloriosma Ascensione, quale si puol cantar in qualsiuoglia Dome-

---

1. Der kurpfälzische geistliche Rat und Kaplan Joseph Paris Feckler war als Kollekteur Ag. Steffani's für den Kirchenbau in Hannover um 1710 in München gewesen.

nica dell' Anno; (eccettuate le Domeniche dell' Auuento, e della Quaresima) Gradisca per tanto questa mia debole Composizione, qual' è composta in stile Armonico, et allegro (conforme le Parole del S.to Dauid me n'anno dato il motiuo).

Riceuerà ancora un Vespro intiero *in Festo Corporis Christi* con 2 Sinfonie Ecclesiastiche, et allegre; e queste Composizioni le consegnai ad un Libraro di Monaco, che partì per la Fiera di Francofurt il Martedì Santo; onde il Ricapito non potrà molto tardare. Supplico umil.te la Benignità di V. A. S. E. di condonarmi, se mi reputasse troppo ardito con importunarla con la presente, pregandola d'attribuir quest' ardire all' Ambizione, et ad un Genio particolare, che mi stimolano à ratificarmi adesso, e per sempre non solo con le Parole, mà con l'Opere .. Monaco 7 Maggio 1715.

e) Düsseldorf, 19. Mai 1715. J. W. an G. A. Bernabei.

Con quell' istessa soddisfazione, con cui ho sentito il bel Miserere, e gli Offertorij per Pasqua di V. S., goderò del Mottetto per la Festa dell' Ascensione, ed a suo tempo del Vespro, e dell' altre Composizioni da V. S. nuouamente trasmessemi. Le ratifico intanto l'obbligo, con cui riguardo questa sua affettuosa attenzione, che la induce ad esser meco sì liberale delle sue virtuose fatiche, e sono con tutto l'animo ... Di V: S: Aff.mo e Parziall.mo per Compiacerla sempre ...

f) Düsseldorf, 22. Dez. 1715. J. W. an Bernabei.

Moltiplica l'affettuoso mio obbligo verso di V. S. il nuovo dono, ch'ella mi ha fatto di suoi virtuosissimi componimenti di tre Messe, due Simphonie, e duoi Motetti. Col ringraziarnela di cuore, io preuengo quella soddisfazione, a cui mi preparo in sentirli eseguire; nè altro posso da essi attendermi essendo fatica di un Maestro e virtuoso così eccellente, et insigne come V. S., verso di cui nutrirò sempre una particolare stima, e benevolenza ...

g) München, 15. Jan. 1716. Bernabei an J. W.[1].

Riceuei nel principio di Gennaro una Benignissima di V. A. S. E. con ringraziarmi delli Componimenti consegnatili dal S.r Schbaur [Spaur] (perchè sarebbe stato per me sofficiente il gradir, e compatir le mie debolezze); Et essendo rimasto confuso per questa affettuosissima Clemenza, mi diede motiuo, et occasione di peccar in una gloria; onde già che V. A. S. E. è stata la causa di questo mio peccato abbia la Bontà di far un poco di Penitenza con sentir questo nuouo Salmo Miserere, composto espressamente con ogni studio, osseruazione, e Variazione più che mi è stato possibile secondo le forze di 67 anni[2], con auer la solita Benignità di gradirlo e compatirlo: e s'io parimenti son caduto in peccato di negligenza col non rispondere alla Clement.ma di V. A. S. E., con altretanta diligenza mi son sforzato di comporre questo Salmo, per poterne rendergli le doute grazie non solo con le parole, mà ancor con l'Opere; ratificandomi con riuerent.mo Ossequio ... Monaco 25 Gen.o 1716.

Nr. 7.

a) Rom, 26. Mai 1708 Arcangelo Corelli an J. W.[3].

Seren.ma Altezza Elettorale. Il Sig.r Conte Fede più uolte hà stimolato il Sig.r Card.l Otthoboni, che mi comandi, di comporre per V. A. E. un Concertino dà Cammera; mà conoscendo io la propria debbolezza, ed auendo sin' ora sperimentato, che doppo molte, e lunghe correzzioni appena aueuo la sicurezza di esporre al publico le poche opere dà me mandate alle stampe; concepiuo molto maggiore difficultà di espormi sotto gl'occhi di un Principe, che in se stesso, e nella sua fioritissima Corte hà il giudizio più purgato, e più giusto, non solo nella mia, mà in ogn' altra delle

---

1) K. bl. 55/9.
2) Damit steht zum erstenmal das richtige Geburtsjahr Bernabei's, 1649, fest.
3) K. bl. 57/9.

più nobili professioni del Mondo. Con tutto ciò obligato ad ubbidire in un tempo stesso all' Altezza Vostra Elettorale, et al mio Sig.r Card.le; mi espongo per la prima uolta al rischio di scoprire le mie imperfezzioni; sperando però, che la ubbidienza, che esercito al commando sourano di V. A. E. mi assicurarà dal pericolo, anzi mi auuanzerà nell' uniuersale opinione, e concetto. E con supplicarla del uenerato di lei patrocinio, e protezzione, le faccio intanto profondissima riuerenza. Roma 26 Maggio 1708.
     Di Vostra Altezza Elettorale
      Vmil.mo Diuot.mo Oblig.mo Seruitore
       Arcangelo Corelli.

 b) Düsseldorf, 16. Juni 1708. J. W. an Corelli.
 Al Nostro caro S.r Arcangelo Corelli. Caro S.r Corelli. Hò riceuuto con obbligo, e goduto con sommo gusto il bel Concerto da Cammera, di cui vi siete compiacciuto di farmi parte; e tra i fauori, che frequenti riceuo dalla gentilezza del S.r Card.le Ottoboni, ripongo la permissione ch'ei vene hà data; concorrendo io con S. Em.za in riguardare con beneuolenza, e stima la vostra persona, ed i vostri rari talenti, ed augurandoui per fine ogni uero bene...

 c) Rom, 19. Aug. 1713. Conte Ant.o M.a Fede an J. W.¹)
 Matteo Fornari amico, e Scolare del celebre Arcangelo Corelli fù dichiarato dal defonto suo Maestro solo, e legittimo Erede di tutte le sue opere Musicali, e specialmente di quella de' Concerti grossi che si stampa presentemente in Amsterdam da Stefano Ruggieri, che si obbligò coll' Auttore già morto di dargli 150 Essemplari dell' Opera, subito terminata la stampa, che deve finirsi nell' anno Corrente... tanto lo stampatore ha promesso anche all' Erede, quale non vedendone però da più mesi in quà altre risposte, teme ò qualche trascuraggine nella stampa, ò qualche pensiero di trafugar l'opera, e di togliere la gloria al suo Auttore. Si fà lecito però di ricorrere con il mio mezzo all' auttoreuole Patrocinio di V. A. E. umilmente supplicandola a far sollecitare colla sua suprema auttorità la Stampa d'un Opera consecrata al nome riverito di V. A. secondo la lettera, che ne distese il S. Cardinale Ottoboni, et ad indurre lo stampatore sopraccennato ad adempire coll' Erede le condizioni, che aveva già stipolato col Testatore defonto... [Sept. 2.] Lo Stampatore Ruggieri d'Amsterdam ha di già incominciato a mandar quà l'Opere Musicali del Corelli dedicate al nome veneratissimo di V. A. E. onde non occorrerà che l'A. V. si prenda altro pensiero di fargli ricordare il suo dovere... [Sept. 30.] Rendo all' A. V. E. le douute profondissime grazie per le diligenze ordinate in Amsterdam a favor del Fornari, quale ha di già ricuperate le stampe delle scritte Sinfonie del defonto Corelli.

 d) Matteo Fornari an J. W. Rom, 24. Dez. 1714²)
 S. A. E. Humiliata all' Augusto Nome di V. A. E. comparisce al Mondo la sest' opera delle Compositioni d'Arcangelo Corelli mio Precettore, le quali come a me donate per il di lui Beneficenza, hò creduto grand' avantaggio delle medeme fregiarle d'un si gran Protettore, e Mecenate di tutte le Virtudi, quale si dice vniuersalmente V. A. E.; Gradisca con il solito della sua Clemenza l'A. V. E. questo piccolo tributo, e con la sua grand' Anima soffra l'Ardire che Jo prendo in farne questa spedizione; mentre pieno d'Ossequio, e di Rispetto le faccio profondissimo Jnchino.

 e) Düsseldorf, 30. Juni 1715. J. W. an Matteo Fornari.
 Caro S.r Fornari. Mi è perveduta l'Opera Postuma del famoso Arcangelo Corelli da lei data in luce, et a me indirizzata.
 Egualmente grato mene riesce il dono, e per la stima dell' Autore, e per il di lei cortese pensiero...

---

1) K. bl. 65/5.   2) K. bl. 57/9.

f) Rom, 2. Feb. 1715. Conte Fede an J. W.[1].

Dopo essersi stampate l'opere musicali del famoso Arcangelo Corelli dedicate al Nome veneratissimo di V. A. E. da Matteo Fornari suo primario, et accettissimo allievo, a cui furono lasciate dall' Autore a tale oggetto, egli me l'ha consegnate perche Jo abbia l'onore d'umiliarle in suo nome all' A. V. E.; insieme con una sua ossequiosissima lettera, come ho già fatto, mandandole a Firenze, perche con quella prima Condotta siano spedite sollecitamente a cotesta Ser^{ma} Corte Elettorale...

g) Rom, 1. Juni 1715. Conte Fede an J. W.[1].

Avendo il... Sig^r Cardinale Otthobono una dichiarata, e singolare protezione della Casa Corelli, che è quella di Arcangelo famoso sonatore di Violino, e celebre compositore di musica, e specialmente d'Jpolito Capo della Famiglia stessa molto Civile, e molto Provisto de Beni di Fortuna, che gli danno il commodo di trattarsi nobilmente, e di tenere la muta a Sei; e perciò Sua Eminenza per accrescergli un notabilissimo decoro gli ha insinuato di scrivere l'inclusa lettera[2] a V. A. S. E., e di supplicarla insieme colla più ossequiosa premura a degnarsi rispondergli, onorando il detto Jpolito Corelli con il titolo Speciosissimo di Marchese nella soprascritta della lettera responsiva, potendo assicurare l'A. V. E., che a misura della premura somma, che ne tiene il Sr Cardinale di conseguire tal Grazia, saranno eguali l'obbligazioni strettissime, che gliene professerà l'Eminenza Sua, supponendo che a quest'ora saranno giunte alle mani benignissime di V. A. S. E. le composizioni del sopradetto Arcangelo, dedicate al di lei veneratissimo nome, da Matteo Fornari suo erede, e suo Discepolo.. [13. Juli].. Sua Eminenza.. starà attendendo le grazie pregiatissime di V. A. E. a favore del Nipote del Corelli, nelle convenienze del quale s'interessa con particolarissima premura.

h) Rom, 26. Mai 1715. Jppolito Corelli an J. W.[3].

Il nome di Arcangelo Corelli rimarrà eterno, e famoso, perchè ha fortunatamente terminati i suoi giorni, e le proprie fatiche sotto il Glorioso, e supremo Patrocinio di V. A. E., a cui la di lui opera postuma è stata dedicata, e da noi fratelli consecrata con essa, è la nostra obbedienza, e tutta la nostra famiglia. Supplico dunque V. A. E. siccome ha gradito anche vivente l'Autore un debbole si, ma sincero voto della Sua Somma venerazione, di non sdegnare questo nuovo tributo, che io per tutti i miei congiunti ardisco di offerire all' arbitrio veneratissimo di V. A. E. e di compiacersi di estendere la di Lei grande, e valevole protezione sopra i discendenti di un professore che averà del merito, e della riputazione ne secoli avvenire ogni volta, che ha salito tant' alto di esporre sotto gli occhi di V. A. E. i suoi musicali concerti...

i) Düsseldorf, 30. Juni 1715. J. W. Al Marchese Jppolito Corelli, Roma.

Molt' Ill^{re} Sig^{re} Godo dell' occasione di continuare verso la Persona, e Famiglia di V. S. quei sentimenti di particolar propensione da me sempre nudriti verso il di lei Zio, i rari talenti del quale saranno anche per lungo tempo a venire oggetto dell' amminirazione di chiunque ha in pregio la bell' arte da lui professata. Mene porge ella un largo motivo col dono dell' Opera postuma del suddetto, e colle obbliganti espressioni della sua lettera...

k) Rom, 20. Juli 1715. Conte Fede an J. W.[1].

Il Sig^r Cardinale Otthoboni, a cui mi diedi l'onore di recapitare la benignissima lettera responsiva, scritta al Corelli, con il desiderato Trattamento di Marchese, ne rende le più ossequiose azioni di grazie, all' incomparabile Generosità di V. A. E., ma

---

1) K. bl. 65/7.
2) Siehe unten, h).
3) K. bl. 56/16.

per compimento delle sue stimatissime Grazie, desiderebbe, e ne supplica istantemente l'A. V. S. E. il Diploma per più chiara giustificazione di sì illustre Beneficenza ... l Düsseldorf, 23. Juni 1715. J. W. an Fede.

Per quanto al trattamento, con cui ella (l'Eminenza) vederebbe volentieri distinto il Nipote del Corelli, (ausgestrichen: abbiate cura di avvertirci, so da qualche Principe abbia il suddetto ottenuto il Carattere di Marchese, che in quel caso) ci sarà grato di compiacere alla premura di Sua Eminenza, e col prossimo ordinario faremo risposta alla lettera del suddetto ... [Hambach, 3. August] ... Siamo colle vostre de' 13 del caduto, et a voi intanto saranno pervenute le risposte per il Corelli, in quella guisa, che le desiderava il Sr Cardinale Ottoboni ... [Düsseldorf, Nov. 10.] ... Il Diploma per il Marchese Corelli ordineremo, che sia con prontezza spedito .. [Beiliegt:] Dritti della Cancelleria Elettorale, che occorreranno per il Diploma di Marchese, che si stà attualmente stendendo:

taxa) Per il Diploma	601
Legatura (einbandt)	5
Cordon d'oro (goldtner schnit')	4
Custodia d'argento per il sigillo (silbern Capsul)	20
	630 Talleri di Germania.

m) Rom, 30. Nov. 1715. Conde Fede an J. W.

Mi è giunto il Diploma spedito dalla Sovrana Munificenza di V. A. S. E. a favore del Marchese Corelli; et avendone fatta penetrare la notizia al Sr Cardinale Ottoboni, Sua Eminenza venne Giovedì passato a prenderlo da se medesimo con sua estrema sodisfazione, imponendomi nello stesso tempo di rendere umilissime grazie all' A. V. S. E., e successivamente m'hà scritto l'incluso biglietto, che trasmetto originalmente*, come una autentica confessione dell' infinito debito, che le professa questo degnissimo Porporato ...

* (Ottoboni an Fede.) Di Casa, 30 Decembre [Novembre!] 1715.

Il Sr Conte Fede che hà saputo con tanta forza portare le più riverenti premure al Serenissimo Sr Elettore Palatino per decorare in perpetuo la Famiglia del Famoso Arcangelo Corelli (: di ricordevole, e degna Memoria :). Mi fà vedere presentemente compita l'Opera con il Diploma, e Titolo del Marchesato di Landemburg, onde riconoscendo fatta a Me stesso così Insigne, et indelebile gratia, lo prego portare a S. A. E. in Mio Nome li sentimenti che sono dovuti in tale occasione ...

n) Rom, 11. Jan. 1716. Conte Fede an J. W.[1]).

... il Sr Cardinale Otthoboni per compimento delle benignissime grazie compartite per onorare le sue suppliche alla Famiglia Corelli, bramerebbe, che si correggesse qualche errore commesso dallo Scrittore del Suo Regio Diploma nelli Nomi delle Persone, che furono decorate con il titolo di Marchese. Al quale oggetto colli seguenti si spedirà a Venezia, e di là all' A. V. S. E. lo stesso Diploma originale con il foglio in cui sono descritti i Nomi, che vanno corretti ...

o) Rom, 25. Januar 1716. Informazione.

Per regolarsi bene nell' estendere il Diploma intorno alli nomi delle persone.

Il già Arcangelo Corelli morto in Roma senza figli, di cui è l'opra postuma dedicata all' Altezza Elettorale Palatina era fratello di D: Ippolito Sacerdote, Domenico, et Giacinto Corelli tutti trè uiuenti, de quali l'ultimo è quello, che ha successione a più figli, mà li primi due l'uno per essere Prete, e l'altro benche amogliato non hanno, ne sono in istato di haver figli, e però sù questo fondamento si potrà concepire il Diploma a favore delli trè fratelli viventi, e delli descendenti da detto Giacinto ...

---

1) K. bl. 62/6.

p) Düsseldorf, 9. Febr. 1716. J. W. an Fede.

Nel decorare mediante il consaputo Diploma la Famiglia Corelli non avendo no avuto motivo più forte di quello di servire al genio del Sr Cardinale Ottoboni, non abbiamo difficoltà, quando giunga alle nostre mani il Diploma sudetto, di farvi fare quelle correzioni, che S. E. desidera... [31. Mai] È già in ordine il Diploma per il Marchese Corelli, e vi si spedirà quanto prima.

Esquisse d'une esthétique de la musique à programme.

Par

M.-D. Calvocoressi

(Paris).

Depuis que les musiciens écrivent de la musique à programme, descriptive ou représentative, les théoriciens se sont mis à l'œuvre pour éclaircir les problèmes esthétiques soulevés par cette musique. Et l'on a présenté déjà nombre de solutions plus ou moins radicales, favorables ou défavorables à la tendance nouvelle, mais qui toutes tendent à trancher la question suivante: la musique peut-elle décrire et représenter, la musique à programme est-elle légitime, est-elle artistique, est-elle ou non inférieure à la musique pure, à «celle qui ne prétend représenter rien d'autre que ce qu'elle est en soi et pour soi»[1]).

Ainsi posé, le problème pourra soulever des discussions toujours renouvelées, et qui ne seront jamais closes tant qu'on se placera au point de vue d'une esthétique normative.

Il arrive fréquemment, en effet, qu'un auteur part d'un principe dogmatique: «la musique doit... la musique a pour but de...», principe soit admis a priori, soit déduit d'une conception particulière de l'origine de la musique — comme on le voit par exemple dans les *Eléments de l'esthétique musicale* du Dr. Hugo Riemann. Dès lors, c'est sous l'angle ainsi préétabli qu'on envisagera toutes les œuvres musicales; on les jugera d'après le postulat initial, et on cherchera avant tout à y découvrir les conséquences logiques de ce postulat. Il me paraît qu'on obtiendrait des résultats appréciables en adoptant la méthode inverse; c'està-dire non point en se demandant ce que la musique peut ou doit faire, mais en observant ce qu'elle fait et comment elle le fait. Car les œuvres sont là pour attester que la musique à programme, en dépit de toutes les affirmations destinées à prouver qu'elle n'est point viable, est singulièrement vivace, et affirme chaque jour plus fortement sa vitalité. Il est donc permis d'envisager tout au moins l'hypothèse que le problème a été mal posé. Et on est d'autant plus enclin à l'admettre lorsque l'on considère combien la définition même de la musique à programme, descriptive ou représentative est incertaine, combien elle varie d'un écrivain à l'autre et combien les différents termes sous lesquels on la désigne restent vagues chez la plupart de ceux qui les emploient.

Pour M. Klatte, la musique à programme est «celle où le rôle d'agir

---

[1] G. Humbert. Introduction à l'édition française des *Eléments de l'Esthétique musicale* de H. Riemann. Paris 1906 p. II.

sur l'auditeur n'est point confié exclusivement aux sons, et où une direction, une tendance déterminées sont attribuées à leur action par n'importe quel moyen extérieur» [1]). Avec cette définition très large, M. Klatte arrive à considérer comme musique à programme une foule d'œuvres des plus variées notamment «les pièces d'orgue de Bach dont les programmes sont constitués par des paroles de l'Ecriture ou de chants religieux, des fantaisies chorales telles que «Nun freut euch, liebe Christen g'mein» etc.[2]

Le professeur Frederick Niecks va encore plus loin, et déclare: «Sitôt qu'un compositeur cesse d'écrire de la musique purement formelle, il passe du domaine de la musique absolue au domaine de la musique à programme»[3]). Et, conformément à ce principe, il en arrive à conclure que toute musique qui exprime quelque chose, qu'elle soit instrumentale ou vocale, qu'elle ait un programme explicite ou s'intitule simplement sonate, symphonie, concerto, doit être étudiée comme musique à programme (pp. 4, 144, 366 etc.). Dès lors, le sujet est amplifié jusqu'à l'infini, et le problème de la musique à programme cesse purement et simplement d'exister: comme le reconnaît M. Niecks (p. IV) il est ramené à celui de l'expression musicale.

Mais aucun fait n'autorise à confondre *l'expression* avec la *représentation*. Et, même chez les auteurs qui reconnaissent la différence essentielle de ces deux termes, nous voyons souvent que les vocables: musique à programme, musique descriptive, musique représentative, etc. sont employés l'un pour l'autre, comme au hasard, et que nul compte n'est tenu de la différence très réelle des choses que ces mots désignent.

Ce qui importe avant tout, c'est de délimiter le sujet qui nous occupe, d'en reconnaître les divisions, de les déterminer chacune à part, et de désigner chacune par un mot fixe et sans équivoque. Pour arriver à ce résultat, il m'a paru préférable d'adopter une méthode basée rigoureusement sur des faits: c'est-à-dire de ne point chercher *a priori* ce que la musique pouvait décrire, imiter ou représenter, mais d'observer dans les œuvres mêmes ce qu'elle décrivait, imitait ou représentait.

En ce qui concerne plus spécialement le terme «musique à programme» j'ai tenté d'en fixer le contenu: car, à mon avis, il désigne quelque chose de plus général que les trois autres.

Avant tout, il convient de dissiper une cause continuelle d'équivoque Il faut chaque fois qu'on veut envisager des questions d'esthétique ou de formes musicales, faire une distinction absolue entre la musique instrumentale, qui porte en elle seule toute sa puissance expressive ainsi que la raison d'être de chacun de ses moments, et la musique qui est associée à un texte, qui emprunte à ce texte une partie de sa signification et aussi une loi de conduite: les commentateurs ne sont que trop portés à reconnaître un sens représentatif ou descriptif à telle formule musicale qui se présente sous des paroles déterminées, uniquement à cause de son association auxdites paroles: ils n'arrivent pas toujours, de la sorte, à des résultats bien probants. Il ne sera tenu compte, dans la présente esquisse, que de la musique purement instrumentale.

* * *

---

[1] Wo aber den Tönen nicht völlig *allein* überlassen wird, eine Wirkung auf das Innere des Menschen auszuüben, wo durch irgend eine äußere Beihilfe dieser Wirkung eine bestimmte Richtung und Tendenz verliehen wird, — da haben wir Programm-Musik. (Klatte, *Programm-Musik* pp. 5—6.) [2] Klatte, *ib* p. 24.
[3] Niecks, *Programme-music in the last four centuries*, p. IV.

Ni la musique descriptive ou imitative, ni la musique représentative ne sont exactement de la musique à programme; et d'autre part, la musique à programme n'est pas obligatoirement descriptive ni imitative. La musique à programme n'est pas non plus celle qui a simplement un titre déterminatif, indiquant que l'auteur se propose d'y traduire une certaine donnée, d'y évoquer certaines impressions spéciales. Que la donnée soit tangible ou abstraite; que ce soit un spectacle naturel, une émotion, un mouvement (chevauchée, danse, etc.): tant qu'elle reste unique, elle est encore trop peu déterminative pour fournir autre chose qu'un *thème*, un prétexte à musique sur quoi se peut exercer librement, selon les seules lois musicales, l'imagination créatrice de l'artiste. Nous ne pouvons donc appeler musique à programme celle qui a simplement un sujet: il convient de réserver cette dénomination à celle dont la qualité et en même temps la conduite sont continûment déterminées et si besoin modifiées par un véritable programme, c'est-à-dire, par un énoncé de faits, d'actions ou d'états consécutifs. Essayons d'éclairer cette définition un peu abstraite par un exemple: une composition qui s'intitulerait *Automne* pourrait très bien, en principe, n'être pas de la musique à programme: énoncé de la sorte, le titre-sujet n'implique qu'une donnée émotionnelle, l'émotion indéterminée ou tout ou moins de caractère variable que suggère à tout être doué d'un sens artistique l'idée d'automne. Ce n'est pas assez pour que la pièce se distingue, par la forme ou par le contenu, d'une pièce de musique pure. Mais si le compositeur s'était proposé d'évoquer successivement: l'atmosphère fine et sombre, le bruit du vent dans les arbres, le craquement des feuilles mortes, une théorie de bûcherons, la chute du soir, etc. il aurait dû donner à sa musique des aspects successifs très divers, correspondant aux différents termes de sa donnée: en un mot, faire de la musique à programme.

Un exemple imaginaire a été choisi pour bien spécifier la différence. Mais on peut citer, dans une certaine mesure, des œuvres: par exemple, comparez la première partie de la sonate op. 81 de Beethoven (les adieux) et tout le début du *Capriccio sopra la lontananza del suo fratello* de Bach; ou encore, l'*Hamlet* de Liszt, évocation générale du caractère du héros, et le *Stenka Razine* de M. Glazounow, où sont retracés les épisodes d'un récit détaillé.

Il faut donc attacher de l'importance à la seule succession de moments distincts, et non à des recherches de description matérielle; en dépit de la tendance imitative même la plus marquée, une donnée simple, ne motivant pas un ordre de succession obligatoire n'est pas un programme: nous verrons plus loin qu'elle ne peut conditionner, dans une certaine mesure, que la qualité des thèmes, des éléments premiers de l'œuvre, mais jamais la conduite de cette œuvre; et qu'elle n'en peut pas davantage modifier le caractère général.

Il est manifeste, d'autre part, qu'un programme ne comporte pas obligatoirement des données matérielles: il peut être constitué par une simple série d'éléments abstraits, d'actions ou d'états mentaux. Tel est par exemple, celui d'*Also sprach Zarathustra* de M. Richard Strauss, où l'auteur s'est inspiré du sujet que voici: le développement de l'homme s'élevant par degrés jusqu'au niveau suprême, avec des alternatives de joie et de tristesse, d'espoir et de doute.

Ceci admis, nous sommes bien près d'arriver à une définition exacte du terme général, musique à programme. En réservant pour un instant la démonstration par l'exemple du fait qu'une donnée non complexe, quelle qu'elle soit, n'engendre dans l'esprit de l'artiste créateur qu'une musique conforme à n'importe quelle définition concrète de la musique «pure», on peut reconnaître que la musique à programme est celle qui a une donnée non seulement précise mais complexe, qui veut exprimer successivement des choses déterminées et diverses; celle qui au lieu d'obéir aux seules lois fondamentales de l'expansion et du développement, a par surcroît certaines visées particulières dont le résultat est d'y introduire un ordre successif que les lois fondamentales n'impliquent pas nécessairement, un enchaînement de périodes distinctes qui peuvent n'avoir aucune connexion musicale naturelle — c'est-à-dire intelligible sans aucune glose littéraire.

Il ne résulte pas de cette définition que la forme imposée par le programme n'aura pas l'unité de fait, l'unité organique sans quoi il n'est point de musique. Elle pourra même être des plus régulières et conforme aux types classiques les plus nettement établis. La suite de la présente esquisse montrera même que ce cas est très fréquent; et que, là où le compositeur, en suivant son programme, s'écarte desdites formes, il est conduit parfois à en créer de nouvelles dont l'équilibre, la logique et la clarté sont tout à fait satisfaisants pour quiconque ne sous-entend pas, dans le mot forme, l'idée de conformité à un modèle fixe. La valeur artistique d'une œuvre à programme dépendra uniquement de son intérêt musical envisagé au double point de vue de la forme et du contenu.

* * *

Il y a fort longtemps qu'on a commencé de se demander ce que la musique pouvait décrire, imiter, représenter, ou plutôt, selon le terme inexact qu'on employait autrefois, peindre. Et il est à remarquer que les premiers auteurs qui se soient occupés de cette question, comme Kuhnau (dans la préface de ses *Sonates Bibliques*) ou J. J. Engel (dans sa lettre à Reichardt sur la peinture musicale) ont eu du sujet — vu surtout l'état rudimentaire de la musique à programme au temps où ils écrivaient — des vues assez exactes, et formulèrent des définitions relativement précises qu'on ne retrouve pas chez tous les esthéticiens modernes.

Posons-nous la même question, toujours à notre point de vue strictement expérimental: ne tenons aucun compte de la musique théoriquement envisagée, mais de la musique telle que les compositeurs la réalisent en fait, et de rien d'autre.

Elle a trois éléments fondamentaux: la sonorité, le rythme et l'expression qui est une résultante de la qualité des deux autres. Le premier a plusieurs propriétés distinctes: hauteur, timbre, et intensité, d'où résultent un grand nombre de rapports harmoniques, mélodiques et autres dont il n'y a point lieu de faire état pour le moment. Si la musique veut décrire ou représenter, elle ne peut prétendre le faire que par la mise en œuvre d'un de ces éléments au moins.

Toute combinaison de sons musicaux est expressive dans une certaine mesure, ou du moins le devient une fois en place dans l'œuvre. Mais l'étude de l'expression musicale en général sont du cadre de la présente esquisse; il ne sera donc tenu compte du pouvoir expressif de ces combinaisons que là où l'expression est employée comme moyen de représentation directe. De même il ne sera point question des effets que peuvent produire sur l'auditeur les résultats des divers modes de description ou de représentation qui vont être énumérés: il ne s'agit que d'examiner dans quelle mesure les données dites extra-musicales par les partisans de la musique pure sont compatibles avec ce que nous appelons musique (c'est-à-dire: une expansion harmonieuse et expressive de sonorités et de rythmes); et les éléments imitatifs, descriptifs ou représentatifs qu'utilise la musique à programme, musicaux par eux-mêmes et susceptibles d'une mise en œuvre musicale.

Rien que par ses deux propriétés d'être sonore et d'être rythmique, la musique peut tout d'abord donner une équivalence de tout son ou de tout rythme sonore: donc, représenter n'importe quelle donnée qui se caractérise par l'un ou par l'autre: bruits de la nature, de tout objet physique, sonnerie de cloches, murmure du vent ou des feuilles, chants d'oiseaux, etc. Elle imite musicalement de telles données, et nous l'appellerons *musique imitative*. C'est la forme la plus directe de représentation, la plus rudimentaire aussi. Quelle peut en être la portée esthétique, et dans quelle mesure cette imitation peut-elle donner matière à la création d'une œuvre d'art? En suggérant un thème mélodique et rythmique, de qualité variable selon le modèle et surtout selon les facultés de l'artiste qui crée. Après quoi, l'œuvre ne relève plus que des lois de développement et de conduite qui sont celles de la musique tout entière; et à part la corrélation entre la donnée matérielle et le thème que celle-ci engendre, elle sera identique à la musique pure: si le thème est doué de beauté musicale, toutes les conditions utiles qu'on sous-entend sous ce terme seront remplies. La seule différence que l'analyse révèle alors dans le processus de création du thème, c'est que l'émotion artistique y est non point un moyen d'exprimer, mais un résultat: elle se dégage du thème comme elle pouvait se dégager de la donnée que l'artiste imita.

Le rythme musical, ou succession de sons, est ordonné tout entier dans le temps. Mais il existe quantité de rythmes non sonores[1]) qui sont ordonnés à la fois dans le temps et dans l'espace: ceux du mouvement en général, et ceux des formes[2]).

La musique peut dans une large mesure transposer en ses rythmes propres de tels rythmes: elle décrit alors, par équivalence rythmique. Elle peut également transposer, non plus en ses rythmes mais surtout en ses sonorités de hauteurs, d'intensités, de qualités diverses une quantité d'autres rapports non rythmiques (ou non exclusivement rythmiques): rapports d'intensité croissante ou décroissante, rapports qui sont l'équivalence musicale de ce que les peintres appellent «valeurs». C'est ainsi que par la simple analogie des excitations qu'elle provoque et de certaines excitations visuelles, elle peut donner des sensations comparables à celles du clair-obscur, d'une illumination ou d'un obscurcissement subits ou progressifs. L'instinct nous porte à dire, sans qu'il y ait là une métaphore trop sensible: «des sonorités éblouissantes, un timbre sombre, etc.» Ces deux catégories voisines, où la musique transpose des données non sonores peuvent être groupées sous le titre général de *musique descriptive*.

On remarquera que la première de ces catégories, beaucoup plus riche

---

1) Ou non exclusivement sonores.
2) Au point de vue physiologique, la perception des formes n'est pas proprement visuelle: l'œil ne voit pas les formes d'un seul coup, mais par une série de déplacements presque imperceptibles, qui mettent en jeu le sens musculaire: donc, pour nos sens, le rythme d'une forme s'ordonne dans le temps aussi bien que dans l'espace.

en ressources que la musique imitative, ne s'en différencie pas essentiellement au point de vue de la conduite de l'œuvre musicale. La transposition des rythmes, tout comme l'imitation directe, ne peut fournir que des éléments premiers, des thèmes, dont le développement et l'ordonnance en une architecture ne sont conditionnés par aucune loi extra-musicale. On voit donc que la musique imitative ou descriptive peut très bien n'être pas de la musique à programme selon la définition donnée plus haut; en d'autres termes, on a déjà deux sortes de musique à considérer, quelle que soit l'étiquette qu'on donne à chacune.

Dans la deuxième catégorie de musique descriptive se présentent bien des cas où la donnée matérielle fait plus que suggérer un thème: elle impose des progressions, des oppositions qui ne sont plus des matériaux premiers de l'architecture musicale; aussi est-ce là presque de la musique à programme proprement dite.

Il a été inutile de citer des exemples de musique imitative, car ce sont toujours des cas particuliers aisément reconnaissables. Il importe au contraire de considérer de près quelques types descriptifs; et, ce faisant, on reconnaîtra la nécessité de certaines distinctions plus précises. Mais le plus difficile sera de trouver des types caractéristiques, purs, de chaque sorte: dans la pratique, il est bien rare qu'un des procédés de description ou de représentation étudiés ici soit employé seul; pour les analyser et les définir chacun à part, il faut les isoler tant soit peu artificiellement.

Nous avons rangé dans notre première catégorie de musique descriptive tout ce qui est transposition de rythmes mixtes, c'est-à-dire ordonnés dans le temps et dans l'espace (mouvements ou formes). Parmi les mouvements il en est un, le mouvement humain, le geste, qui a de tout temps fourni à la musique des modèles rythmiques. Aussi bien une affinité profonde existe-t-elle, au point de vue psycho-physiologique, entre la musique et le geste[1]); et les correspondances qu'on découvre de l'un à l'autre sont toutes naturelles: ce sont des correspondances d'expression. Elles sont assez importantes pour dissimuler parfois les correspondances matérielles, rythmiques, qui n'en existent pas moins en fait. Et dès lors, l'analyse est fort délicate: cette musique descriptive de qualité pantomimique, inspirée de mouvements émotionnels, des gestes, pourra avoir été engendrée émotionnellement — les correspondances rythmiques étant un résultat accidental — ou au contraire engendrée par transposition des rythmes — l'émotion étant alors un résultat de la création d'une équivalence de la donnée.

Ainsi la musique peut donner l'équivalent d'un geste soit émotionnellement, par suite de l'analogie d'expression — auquel cas elle appartient à notre troisième et dernière catégorie, musique représentative; soit matériellement, parce que son rythme peut être une équivalence manifeste du rythme de ce

---

[1] Sur cette question, voir Ingegnieros: *Le langage musical et ses troubles hystériques*, Paris, 1907 in 8°, où l'auteur établit clairement, par la méthode expérimentale, que «la musique dans ses manifestations initiales est une forme de mouvement et un mode d'expression» (p. 12); que «physiologiquement, il n'existe par de réactions fonctionnelles qui soient spécifiques de l'émotion musicale; il s'agit de réactions communes à toute émotion en général» (p. 50) et d'autres points de fait dont l'esthétique musicale aurait intérêt à tenir compte. Il est vrai que le Dr Ingegnieros nie les capacités des criptives de la musique (p. 27); mais ailleurs, il reconnaît que les questions d'esthétique proprement dite ne sont pas du ressort de la psycho-physiologie.

geste. Généralement, les deux ordres de correspondance coexistent. Et remarquons que, si un geste ne peut que suggérer un thème, une suite de geste conditionne tout un développement: donc, est un programme.

Est pantomimique toute musique qui évoque l'allure en même temps que le caractère des personnages auquel pense le musicien: par exemple, dans la première *Sonate biblique* de Kuhnau, le début, *Das Pochen und Trotzen des Goliath, das Zittern der Israeliten* (les bravades de Goliath; le tremblement des Israëlites); plus loin, la fuite des Philistins, etc. Dans la même sonate, un type de transcription purement rythmique (sans caractère émotionnel intrinsèque) de mouvement nous est offert par le trait représentant le jet de la pierre. Pour citer des exemples modernes: L'allegro du *Stenka Räzine* de M. Glazounow est construit sur un premier thème qui traduit exactement le rythme brutal de l'irruption des guerriers cosaques, traduction émotionnelle en même temps que rythmique; il en est de même du second qui représente, par son rythme alangui autant que par son expression mélodique, la grâce de la princesse captive de Stenka. Dans *la Forêt* du même auteur, un thème qui se répète *crescendo* et en valeurs augmentées correspond à l'idée d'une apparition fantastique qui grandit brusquement. Dans *Antar* de M. Rimsky-Korsakow, un trait caractéristique évoque le vol d'un aigle ravisseur; là, en même temps que mouvement, il y a dans quelque mesure prétexte à émotion: mais lorsque M. Dukas dans *l'Apprenti Sorcier* choisit un thème principal lourdement sautillant, c'est avant tout le mouvement du balai animé qu'il veut traduire par un rythme spécifique[1]).

Dans la plupart des modèles rythmiques de mouvements que puisse transposer un musicien, il y a, en même temps que le rythme, des sonorités: c'est pourquoi les exemples cités sont en grande partie imitatifs aussi bien que descriptifs. Il en va de même en ce qui concerne l'ondulation des eaux, des feuilles agitées par le vent, etc. Mais une distinction exacte des deux procédés de représentation reste d'utilité pratique pour l'analyse. On peut citer encore le motif flou et vague par lequel M. Debussy, dans son Nocturne *Nuages*, évoque les brumes qui passent; et remarquer que Moussorgsky, dans une de ses mélodies (Nr. 3 de *Sans Soleil*), avait exprimé par une formule presque identique l'apparition de fantômes incertains. Mais ce dernier exemple nous entraîne hors des limites de la musique instrumentale; et dès lors on pourrait en citer une infinité, caractéristiques par le rythme comme par l'émotion exprimée: entrées de Hunding, au premier acte de la *Walküre*, de Tristan devant Isolde (1er acte) etc.

Des formes, pour nous constructions rythmiques, la musique peut donner des équivalences distantes il est vrai, mais saisissables. Elle peut traduire la monotonie d'une plaine (cf Borodine, *Esquisse sur les Steppes de l'Asie*, l'obstinée pédale des violons à l'aigu); les lignes heurtées d'un paysage rocheux, l'aspect onduleux d'une vallée. Mais les seules formes susceptibles d'une représentation artistique, celles des spectacles naturels, se trouvent dégager une émotion. Il est donc plus que jamais difficile de faire ici le départ entre ce qui est musique descriptive et ce qui est musique représentative émotionnellement. Cette différenciation toute théorique n'a d'ailleurs pas une importance capitale: elle ne sert qu'à prouver que le musicien peut

---

1) Voir d'autres exemples de transpositions rythmiques cités dans mon ouvrage sur *Moussorgsky* (Paris, Alcan 1908). Moussorgsky offre l'exemple le plus net d'un musicien incapable de créer de la musique «pure».

adopter comme prétexte de sa musique, comme excitant à son inspiration, les données même les plus matérielles: s'il est réellement un artiste, c'est toujours de la musique qu'il fera. La qualité d'être imitative ou descriptive est pour cette musique une simple particularité de fait, qui ne permet de préjuger sa valeur artistique ni dans un sens favorable, ni dans un sens défavorable Et je rappelle encore qu'il s'agit dans les présentes pages d'examiner non point les effets de la musique, mais simplement ses rapports avec les sujets dont elle s'inspire.

Reste à considérer, pour en finir avec la musique descriptive, les transpositions d'autres rapports de timbre, d'intensité, etc.). Dans l'exemple cité de *la Forêt* de M. Glazounow, il y avait un effet d'intensité en même temps que de rythme. Et je crois qu'on trouvera réunis tous les autres procédés possibles dans n'importe quelle page instrumentale qui évoque un passage de la lumière à l'ombre ou inversement, un lever du soleil, une chute du soir, etc.

* * *

Il nous faut maintenant aborder l'étude de notre troisième catégorie, la plus importante et la plus complexe: la musique que nous appelons *représentative* pour la distinguer de l'imitative et de la descriptive, où il est fait état des propriétés élémentaires du son et du rythme musicaux en tant que correspondances des qualités équivalentes de la donnée.

Reconnaissons d'abord, dans cette catégorie, deux grandes classes. Dans la première, c'est l'expression dégagée par toute combinaison de sons et de rythmes musicaux qui devient représentative: elle n'est plus, comme dans les précédentes catégories, une conséquence de l'équivalence réalisée par d'autres moyens, se dégageant de la représentation comme elle se dégageait de l'objet représenté: elle est le *moyen* même de la représentation. Lui sont désormais accessibles non seulement les données possédant un son ou un rythme spécifiques, et qu'elle pouvait imiter ou décrire, mais encore toutes celles qui par quelque côté sont aptes à suggérer une émotion: elle pourra, par des accents tristes, représenter l'idée de deuil, de mort; par des accents héroïques, une action héroïque et même un héros. On a déjà vu que lorsqu'elle traduit ainsi l'idée d'un personnage déterminé, elle est plus représentative (émotionnellement) que pantomimique. Presque tous les thèmes des poèmes symphoniques de Liszt tels que *Hamlet*, *Prométhée*, et de la *Faust-Symphonie*, ceux de l'ouverture de *Coriolan*, l'admirable idée principale de l'*Antar* de M. Rimsky-Korsakow, le motif de *Thamar* de M. Mili Balakirew, sont de cette sorte. Par extension, la musique qui veut évoquer un paysage, voire un acte, le fait par l'expression caractéristique de ce paysage (Beethoven, premier mouvement de la Symphonie Pastorale) ou de cet acte (Bach, *Cappriccio*, les amis viennent prendre congé).

Selon les cas, de tels rapports peuvent être plus ou moins étroits: la différence du degré importe peu. Il n'importe pas davantage que le résultat musical soit plus général, moins spécifique que ne semble l'indiquer le précédent paragraphe: il en va de même en matière de musique imitative ou descriptive. On peut goûter la beauté d'un thème sans savoir qu'il est la transposition rythmique d'une donnée, l'expression triste ou joyeuse d'un autre thème sans avoir besoin de se dire qu'il exprime telle tristesse ou telle joie spécifiée. De même que les imitatifs ou les descriptifs, les éléments représentatifs doivent être considérés comme des éléments musicaux, sans plus. L'origine en est indifférente: c'est le résultat esthétique seul qui nous intéresse. Et ce résultat n'est ni meilleur ni pire par le fait d'une corrélation représentative. La perception ou la connaissance de telles corrélations est un plaisir d'ordre intellectuel, distinct du plaisir esthétique: mais il suffit que le plaisir esthétique puisse exister, indépendamment de tout autre, tel qu'il existe dans la musique non représentative.

* * *

Nous voici parvenus à l'extrême limite du domaine de l'émotion artistique pure, provoquée de diverses manières mais toujours sans intervention d'un concept d'ordre intellectuel. Entre notre première classe, celle de la musique représentative émotionnelle, et la seconde, où entre nettement en jeu un facteur intellectuel, nous avons à considérer une classe mixte qu'on peut appeler *musique représentative indirecte*. Elle est basée sur des associations d'idées implicites, saisissables dans certains cas mais difficiles à déterminer dans d'autres. Elle comprend la caractéristique simple (ni rythmique, ni émotionnelle) telle que ce qu'on nomme la couleur locale (thèmes, rythmes, timbres nationaux, etc.), qui est cependant voisine de la représentation émotionnelle, et une espèce particulière de caractéristique mélodique ou rythmique qui se différencie de la musique imitative ou descriptive parce qu'elle n'est pas une transposition directe et en quelque sorte matérielle, de la représentation émotionnelle parce qu'elle n'a point pour but de provoquer un de ces états affectifs qui constituent l'émotion artistique proprement dite. Elle n'appartient pas davantage à la seconde classe dont il va être parlé, parce qu'elle n'a point pour base une association d'idées explicite, une opération de l'entendement. Citer des exemples est doublement délicat: d'abord, parce qu'il s'agit de cas exceptionnels, et ensuite parce qu'ici comme ailleurs, il est fort rare qu'un élément possible de représentation se présente isolé: celui qui nous occupe se confond toujours plus ou moins avec la transposition rythmique ou la représentation émotionnelle. Apprécier la valeur expressive d'un thème, c'est faire acte de jugement esthétique, et par suite sortir du terrain de pure analyse où l'on s'est placé ici. Sous cette réserve, je citerais certains thèmes de poèmes symphoniques de M. Richard Strauss, par exemple celui qui dans *Don Quichotte* représente Sancho Pança; mais sur ce terrain, il est malaisé d'éviter l'arbitraire: aussi donné-je cette classe secondaire à titre de simple indication.

* * *

Lorsqu'un compositeur veut représenter une donnée dépourvue de tout caractère sonore, rythmique ou émotionnel, il ne peut pas le faire avec les ressources propres de la musique: outre la sensibilité, c'est l'entendement qui entre en jeu. La représentation est alors entièrement conventionnelle, et fondée sur une analogie indirecte provoquant une association d'idées. Il est curieux de noter que Kuhnau a fort exactement défini ce procédé de représentation complexe: «*dass man auff eine Analogiam zielet und die Musikalischen Sätze also einrichtet, dass Sie in aliquo tertio mit der vorgestellten Sache sich vergleichen lassen*» (Préface des Sonates Bibliques). Il en a également donné des exemples fort nets, comme par exemple lorsqu'il représente la trahison de Laban par une cadence évitée (*Trugschluss, inganno*); l'épreuve contradictoire de Gédéon par un dessin qui se répète en mouvement con-

traire; ses doutes, par des sujets entrant à la seconde l'un de l'autre « à la façon des chanteurs peu sûrs d'eux-mêmes » [1]).
De telles puérilités se rencontrent même dans la musique moderne. Par exemple il n'est pas bien sûr que lorsqu'on veut traduire une montée par une gamme ascendante, ou inversement, on ne commette pas involontairement quelque analogue calembour. On peut lire dans une analyse du *Don Quichotte* de M. Strauss que « certaines progressions harmoniques anormales caractérisent très bien les tendance du héros aux fausses conclusions (cadences) » [2]).

Mais il arrive que les associations d'idées ainsi utilisées, pour être plus sérieuses, ne soient guère plus naturelles. Ainsi, quand il nous est dit que dans *Also sprach Zarathustra*, le premier thème représente la grandeur originelle, simple, universelle de la Nature, parce qu'il ne comporte qu'une quinte à vide, avec l'octave, sans la précision tonale qu'eut suggérée la tierce [3], on rend nécessaire une opération mentale compliquée qui n'a plus rien à voir avec la musique proprement dite; il en va de même quand on nous dit que dans la septième variation de *Don Quichotte*, une persistante pédale au grave exprime le fait que le chevalier n'a point quitté la terre [4]). Dans de tels cas, la représentation est tout extra-musicale. Elle ne l'est guère moins lorsque, dans l'avant-dernière partie de *Ein Heldenleben*, M. Richard Strauss représente les travaux du héros par une multitude de motifs empruntés à ses autres poèmes symphoniques.

Ce dernier exemple, cependant, nous amène à considérer des cas moins nets: tous ceux où un motif musical connu est employé représentativement par allusion soit aux paroles qu'il accompagne d'ordinaire, soit au sens qui lui a été attribué d'une manière quelconque. Il est évident qu'un chant guerrier, un hymne liturgique (Cf. la *Procession Nocturne* de Liszt avec le *Pange lingua*, la *Bataille des Huns* avec le *Crux fidelis*; une foule d'œuvres où intervient le *Dies Irae*, etc.) auront toujours une valeur expressive en même temps qu'une valeur représentative; en d'autres termes, l'association d'idées n'est plus le seul moyen de représentation. Ici encore nous sommes sur le terrain de la critique et non plus de l'analyse.

Parfois des analogies fort lointaines conduisent aux résultats les plus artistiques: représenter les deux moitiés du balai animé par les deux motifs, développés chacun à part, du thème rythmique qui définissait le balai (*l'Apprenti Sorcier* de M. Dukas) n'a rien d'extra-musical, malgré l'analogie verbale qui s'impose. Plus loin, en matière de forme, nous verrons un exemple analogue à propos d'*Istar* de M. Vincent d'Indy.

Il faut mettre à part les cas où la musique devient représentative en ne provoquant que des associations d'idées inconscientes: alors l'opération intellectuelle se fait spontanément: elle est si naturelle qu'une explication verbale est inutile. On pourrait presque ranger ces cas dans ce que nous avons appelé « caractéristique simple ». Ainsi, lorsque nous entendons, surtout sur un instrument à embouchure jouant plus ou moins à découvert, une quinte ou une quarte, nous avons l'impression d'un appel: tout simplement

---

1) Voir aussi dans la même préface ce qui est dit de la *Medica* (de Kerl?) etc.
2) *Der Musikführer*, no. 148, p. 7.
3) ibidem no. 129, p. 7. Même glose dans *Also sprach Zarathustra* par Hans Mérian (Leipzig 1900), p. 17.
4) *Der Musikführer* no 148 p. 23.

parce qu'en fait ces intervalles sont ceux que donnent avec le plus de facilité les instruments à embouchure employés d'habitude comme signaux. De même la musique peut évoquer le concept de distance, d'espace. Selon que les sons se produisent près ou loin de nous, ils sont plus ou moins nets, plus ou moins intenses. Si donc dans un morceau de musique des périodes éclatantes sont juxtaposées à des périodes de sonorité voilée, nous avons d'instinct, l'impression d'un lointain (*Roméo et Juliette* de Berlioz, *la fête chez Capulet*; *la Soirée dans Grenade* de M. Claude Debussy etc.). Dans tous les exemples analogues, un programme verbal est inutile: dans les cas de représentation purement conventionnelle au contraire, la musique seule est impuissante à provoquer l'association voulue.

On remarquera que les associations envisagées ici n'ont rien de commun avec ce que l'on nomme synesthésies, c'est-à-dire les évocations par la musique de sensations quelconques non musicales, qui naturellement sont variables suivant les auditeurs.

* * *

Après avoir ainsi recherché et analysé les éléments imitatifs, descriptifs ou représentatifs dont la musique à programme fait usage, il nous reste à aborder la question de la musique à programme elle-même; soit, d'après notre définition, une pure question de forme musicale. Sur ce point la plupart des partisans exclusifs de la musique pure font au principe de la musique à programme non plus des objections théoriques, mais des objections de fait qui seraient fort graves si elles étaient fondées. «D'après ce principe, nous dit-on, la musique renonce à cette unité de la forme qu'adoptèrent les vieux maîtres, à ce que nous appelons son architecture. Ses développements ne sont plus autonomes, sa progression se calque sur celle du texte-programme etc.[1]». Mais ce manque d'unité n'est point un trait inhérent à l'essence de la musique à programme; là où on l'observe, il atteste simplement l'incapacité du musicien, incapacité qu'eut mieux masquée, peut-être, la stricte adoption d'un type classique dont le modèle établi est facile à suivre.

Souvent, une œuvre musicale inspirée d'un programme très circonstancié, et disposée de manière à suivre ce programme de près, offre une forme absolument régulière, par exemple celle d'un premier mouvement de symphonie, la forme sonate. Tel est le poème symphonique de M. Glazounow, *Stenka Razine*, dont voici la disposition: Introduction lente où apparaît le thème principal, allegro avec les deux thèmes habituels, développements d'allure normale avec un épisode au milieu et enfin coda. La variation, forme essentiellement convenable à la musique pure, offre un cadre propice à mainte œuvre qui suit un programme littéraire: il suffira de citer le *Don Quichotte* de M. Strauss.

Jusqu'à présent, nous avons cherché tous les points par où la musique à programme ne se différenciait pas de la musique pure. Si une étude comme la présente devait, d'une façon absolue, se borner là, ce serait une preuve que l'unique objet de la musique à programme est de fournir des rapprochements plus ou moins ingénieux, mais aussi peu dignes d'une justification esthétique que d'une condamnation. L'intérêt du principe de la musique à programme ne peut être que d'agrandir le champ de l'art: et à

---

[1] Cf notamment Gietmann et Sörensen, *Musik Aesthetik* (pp. 270 sq.).

moins de le faire, ce principe est inutile. Cette considération n'est pas entrée en ligne de compte dans la précédente partie de ce travail, pour l'unique raison que les adversaires même de la musique à programme reconnaissent la valeur des ressources expressives nouvelles conquises grâce à la recherche de l'expression poétique[1]). Sur la question de forme, les avis au contraire sont très partagés.

Souvent il arrive que pour suivre l'ordre de progression ou de succession impliqué par sa donnée, le musicien adopte une forme ayant avec les types classiques d'étroites affinités, mais s'en différenciant par quelque point. C'est ainsi que dans son poème symphonique *Istar* (où il est question de la princesse qui pour traverser sept portes, doit se dépouiller successivement de toutes ses parures) M. Vincent d'Indy nous offre une série de variations commençant par la plus complexe, pour finir par l'exposé sans artifice du thème. C'est bien là une forme autonome, intelligible au point de vue musical seul; je crois même que M. Hugo Riemann, avant *Istar*, avait prévu les variations renversées comme type possible de musique pure.

Plus souvent, le compositeur utilise dans un poème symphonique la combinaison de deux formes: ainsi Liszt, dans *Mazeppa* (Variations[2]) et Marche). Dans de pareils cas, l'architecture reste intelligible en elle-même; c'est presque le même procédé que d'enchaîner le scherzo d'une symphonie au finale (Beethoven, 5me Symphonie, 6me symphonie — là, les deux derniers mouvements réunis forment un vrai poème symphonique à forme libre et qui suit un programme).

Mais cessons de considérer les formes de la musique à programme dans leurs corrélations avec les types établis, et demandons-nous ce que sont, à tout prendre, ces types établis, ce qu'est une forme musicale.

C'est en principe un ensemble d'expositions, puis de développements de thèmes, avec des gradations, des contrastes, des transitions, des épisodes et des points culminants. Mais c'est avant tout un moyen de réaliser la logique, l'unité autonomes et complètes de l'œuvre: peu en importe la formule.

Les caractères essentiels des formes classiques, c'étaient avant tout la symétrie, des proportions architecturales très eurythmiques qui, aussi longtemps qu'elles furent établies spontanément par des maîtres comme Haydn, et Mozart etc. produisirent des résultats admirables et complets au point de vue artistique. Mais ce principe de symétrie n'offre qu'une quantité déterminée de ressources: les maîtres qui l'établirent et leurs successeurs l'ont exploité si bien qu'après eux il n'en resta qu'un moule vide, un procédé mécanique de développement[3]).

Pour trouver une forme artistique nouvelle, il fallut aux artistes un principe vivifiant nouveau. Et ce principe, aussi compatible que l'autre avec le

---

[1] Dans son essai sur la musique à programme (*Musical Studies*, pp. 103 sq) un des plus intéressants qui aient paru sur la question, M. E. Newman fait observer que c'est l'acquisition de ressources techniques nouvelles qui a permis le développement de la musique à programme, en augmentant le pouvoir expressif des orchestres, etc.

[2] Il s'agit ici des simples variations de couleur, le thème se répétant avec des formules d'accompagnement, des timbres, etc. différents.

[3] Il ne s'agit ici que du principe de formalisme envisagé seul. On sait que pour remédier à la pauvreté de ce principe presque tous les grands musiciens avouèrent «penser à des histoires» en composant: autrement dit, demander à une donnée poétique l'excitant que le principe abstrait du développement ne leur fournissait point.

besoin d'unité musicale comme avec le besoin d'expression, c'est Beethoven qui l'établit en exprimant dans ses œuvres la progression émotionnelle concrète d'un drame intérieur, en coordonnant des sonates, des quatuors ou des symphonies selon la marche de son émotion et de sa pensée, non selon les correspondances que lui suggérait l'idée de symétrie abstraite; en ordonnant, selon l'expression si exacte de Liszt, sa musique poétiquement.

Grâce à ce principe nouveau, l'artiste qui veut s'inspirer d'une donnée complexe en dégage d'abord la progression constante, le lien émotionnel sans lequel il n'est point d'action extérieure ou intime. Pour que se retrouvent dans son œuvre cette progression et cette cohérence, il crée autre chose et mieux qu'un équilibre formel des périodes: il crée l'unité organique. Les thèmes, libérés des astreintes aux retours périodiques obligés, circulent dans l'œuvre entière et lui donnent l'unité effective: les épisodes se coordonnent dans le nouveau cadre ferme et plastique ainsi obtenu, et prennent leur place naturelle dans le mouvement général. La musique offre un développement continu au lieu de se développer par réactions successives et par opposition fixées d'avance. «La forme, dit Wagner dans sa lettre sur les poèmes symphoniques de Franz Liszt, sera chaque fois celle qui est nécessaire».

Si ces conditions ne sont qu'imparfaitement remplies, la faute en est au musicien et non point au principe esthétique. Car il existe des œuvres ordonnées d'après un programme et dont la forme, très claire, n'a aucun rapport avec les types classiques: par exemple, les poèmes symphoniques *La Jeunesse d'Hercule* ou *Phaéton* de M. Saint-Saëns. De telles compositions ne sont pas «des formes» au point de vue théorique, mais elles ont «une forme». Et dans un morceau de musique à programme qui est une œuvre d'art, la forme se justifie toujours à mesure qu'elle se crée.

Une preuve accessoire de cette assertion réside dans le fait que les formes libres, basées sur l'unité thématique ou sur la corrélation réciproque des thèmes, qui sont celles de la musique à programme, ont passé dans la musique libre de programme: ainsi les œuvres instrumentales de M. Debussy comme le *Prélude à l'Après-Midi d'un Faune*, les *Nocturnes*, *la Mer* (qui sont toutes descriptives ou représentatives, mais sans programme complexe) affectent des formes irréductibles à un type régulier, mais non incohérentes. D'autre part ce même principe en a engendré d'autres purement formels, celui de la disposition «cyclique» et celui de la fusion de deux formes en une, l'un et l'autre appliqués par M. d'Indy dans ses compositions et étudiés dans ses écrits, l'un et l'autre susceptible d'engendrer tout uniment, en fin de compte, de nouveaux canons restrictifs.

Résumé et Conclusion.

Pour remédier à une confusion que l'on fait d'ordinaire entre des genres très différents, nous avons réservé le terme *musique à programme* pour désigner la musique dont la forme est conditionnée par une donnée complexe, qu'elle suit. Passant ensuite aux cas où la donnée n'impose pas une forme, ne fait que suggérer la qualité des thèmes, nous avons appelé *imitative* la musique dont le modèle est un son ou un rythme sonore, *descriptive* celle qui fait état de rapports plus indirects (transpositions rythmiques ou transpositions de valeurs), et *représentative* celle qui ne fait état d'aucune corrélation matérielle.

De notre étude se dégage le fait suivant: toutes les fois que la musique veut représenter quelque donnée qui offre prise à un des trois éléments: sonorité, rythme ou expression, elle peut le faire sans sortir de ses fonctions propres, et le résultat sera caractéristique dans toute la mesure où l'élément utilisé peut l'être. Au contraire, lorsque la représentation est fondée sur un rapport perceptible par le seul entendement, nous sommes hors de la musique; cette constatation n'implique d'ailleurs aucune conclusion esthétique: la musique ainsi conçue, pour n'être pas représentative musicalement, garde sa valeur éventuelle en tant que combinaison de sons.

De même que les intentions imitatives, descriptives ou représentatives n'ont d'intérêt artistiques que comme prétextes à la création d'éléments musicaux, de même les programmes ne doivent servir qu'à motiver la création de formes qui deviennent autonomes par leur unité propre. Rien de tout cela n'est incompatible avec la musique conçue comme une expansion harmonieuse et expressive de sonorités et de rythmes. La thèse contraire se réduit enfin de compte à deux postulats; l'un, que la musique ne doit s'inspirer que de concepts abstraits ou d'émotions abstraites et même sans cause concrète; l'autre, que l'unité et l'autonomie d'une œuvre musicale dépendent d'un petit nombre de principes fixes dont l'application même n'est pas extensible ou ne l'est qu'à un degré infinitésimal. Tant qu'ils n'auront pas transformé ces postulats en théorèmes démontrés, les adversaires de la musique à programme pourront continuer à défendre leurs opinions, respectables comme l'est toute opinion, mais n'ont pas le droit de nous présenter comme acquis les principes sur lesquels ils s'appuient.

Bibliographie.

Il n'y a sur la musique à programme qu'un très petit nombre de travaux spéciaux. Par contre, le sujet est abordé dans presque tous les traités d'esthétique musicale et dans la plupart des études critiques sur les œuvres de Beethoven, de Berlioz, de Liszt, de R. Strauss etc., dans maint écrit de Berlioz, de Liszt, de Schumann, de Wagner, de Hoffmann etc. On se contente d'indiquer ici quelques-unes des sources principales.

Ambros. — Die Grenzen der Musik und der Poesie (2me Ed. 1872).
Bienenfeld, E. — Ueber ein bestimmtes Problem der P.-M. (Zeitschr. der I.M.G. VIII, 5.)
Engel, J. J. — Ueber die musikalische Tonmalerei (Ges. Schr. 1780, T. IV). (Traduction française dans le tome I du *Recueil de pièces intéressantes concernant les Antiquités, les Beaux-Arts*, etc. Paris, chez Jansen, au V.)
Gietmann et Sörensen. — Kunstlehre, tome III: Musikaesthetik (Fribourg en Breisgau, 1900).
Goblot, E. — La musique descriptive (Revue de philosophie, Juillet 1901).
Grove. — Dictionary, article Programme-music (Londres 1906, tome II).
Guhrauer, H. — Der pytische Nomos (Leipzig 1876).
—— Altgriechische Programm-Musik (Wittenberg 1904). (Wissenschaftliche Beilage zum Programm des Melanchthon-Gymn.)
Ingegnieros, Dr. J. — Le langage musical et ses troubles hystériques (Paris 1907. On trouvera dans cet ouvrage une bibliographie de travaux de psycho-physiologie appliquée à la musique.
Klatte, W. — Zur Geschichte der Pr.-M. (Berlin, Collection *Die Musik*, s. d.).
Kuhnau, J. — Musikalische Vorstellung einiger Biblischen Historien in sechs Sonaten . . . — Lpz. anno MDCC. (préface). (K. Püsler, Denkm. der T. i. D. 1. Folge. IV. Lpz. 1901.)
Leichtentritt, H. — Vorläufer und Anfänge der Pr.-M. (Allg. Musik-Zeitung, 1903, nos. 3 à 9.

Liszt, Fr. — Hector Berlioz und seine Harold-Symphonie (Ges. Schr. T. IV. Leipzig 1881).
Louis, R. — F. Liszt und das Problem der Pr.-M. (*Die Musik*, T. I. pp. 1527 sq.).
Lubosch, Dr. W. — Zur Æsthetik der Symphonischen Dichtung (*Die Musik*, T. II, pp. 244 sq.).
Marx, A. B. — Ueber Malerei in der Tonkunst. (Lpz. 1828.)
Newman, E. — Programme-music (*Musical Studies*, Londres 1905).
Niecks, Dr. F. — Pr.-M. in the last four centuries (Londres, s. d. [1907]).
Oxford History of music. (Oxford, Clarendon Press.)
Riemann, Dr. H. — Eléments de l'esthétique musicale, traduit par G. Humbert Paris 1906).
Rietsch. — Ueber Programm-M. (*Beilage zur Münchener Allg. Z.* 30 Janvier 1901).
Schäffer, T. — Ueber Pr.-M. (Südwestdeutsche Rundschau, 1902, nos 15-16; ces deux travaux sont cités par M. Vancsa: voir plus bas).
Schwerin, C. F. von. — Die Ausdrucksformen der Musik und die Tonmalerei (*Die Musik*, T. I, 24).
Seiffert, M. — Geschichte der Klavier-Musik, T. I. (Lpz. 1899).
Shedlock, J. S. — The pianoforte Sonata (Londres 1895).
Vancsa, M. — Zur Geschichte der Pr.-M. (*Die Musik*, T. II, 23-24.)
Wagner, R. — Gesammelte Schriften.

Zu Runge's Textausgaben mittelalterlicher Monodien.

Von

E. Bernoulli

(Zürich).

Die Lieder des Hugo von Montfort mit den Melodien des Burk Mangolt sind der Gegenstand der bisher letzten, vor Jahresfrist erschienenen Publikation Paul Runge's auf demjenigen Gebiete musikhistorischer Forschung, welches am ersichtlichsten mit der Philologie sich berührt.

Die Texte mittelalterlicher Liederhandschriften zwar sind schon seit langer Zeit durch Germanisten und Literarhistoriker systematisch gesammelt worden. Aber ein Gleiches dürfte kaum von den oft beigefügten Melodien gesagt werden. Darum verdienen auch Runge's Bemühungen, sie weiteren Kreisen zugänglich zu machen, als solche die Anerkennung der Interessenten. Durch jede Neuausgabe muß bei Germanisten wie bei Musikpaläographen die Aufmerksamkeit gesteigert werden im Hinblick auf die Doppelnatur dieser im ganzen seltenen und oft seltsamen Kunstgebilde mittelalterlichen Gesanges.

Allein Seltenheiten beanspruchen eine besondere Sorgfalt in der Behandlung und ihre seltsamen Züge dürfen nicht verstärkt werden durch solche, die ihnen tatsächlich fremd sind.

Referent gesteht von vornherein, daß er einen gewissen Zwiespalt in sich selbst fühlt, insofern er strengere Anforderungen an zuverlässige Textausgaben bisher durchaus nicht konsequent durch Runge berücksichtigt gefunden hat, deshalb auch seinerseits gelegentlich zu dem Herausgeber in einigen Widerspruch geraten ist, nun aber trotzdem seine Ansicht über dessen erwähnte Publikation äußern soll. Darum wird er sich tunlichst auf die Beurteilung der Wiedergabe des Notentextes beschränken und zur sachlichen Unterstützung seiner Beobachtungen auch die von Runge veröffentlichten Geißlerlieder und namentlich die Sangesweisen der Kolmarer Liederhandschrift beiziehen. Sofern jemand eine Abwehr in eigner Sache herauslesen sollte, wird es doch keinen Vorwurf bedeuten können, falls die Abwehr unwiderleglich begründet ist.

Die Handschrift der Heidelberger Bibliothek, der berühmten Palatina, welche die Lieder des im 14. Jahrhundert lebenden Minnesängers Hugo von Montfort samt den dazu gehörigen Melodien enthält, ist ein Unikum. Mit reizenden Initialen geschmückt, darf sie außerdem als ein Muster der saubersten Kalligraphie angesprochen werden. Auch ist, wie bei der Jenaer Liederhandschrift, das kostbarste Schreibmaterial, das Pergament, für die Aufzeichnung benützt. In ihrer äußeren Gestalt also allein schon sticht sie vorteilhaft von der Kolmarer Handschrift ab. Diese mußte für die Wiedergabe durch moderne Choralnotenzeichen im Neudruck bei weitem größere Schwierigkeiten verursachen, als der Heidelberger Kodex. Wohl auch als die Petersburger Handschrift der Geißlerlieder, deren Original dem Referenten allerdings nicht zu Gesichte gekommen ist, nach dem Aussehen der einen beigegebenen Photographie und dem im Ganzen einfachen Verlauf der Melodien aber als weniger heikles Dokument erscheint.

Merkwürdig berührt es daher, daß Runge neuerdings sogar Notenzeichen in den von ihm ohne Grund vergrößerten Ornamentationsknäuel verwickelt, die er in den früheren Ausgaben einfach, und zwar richtig, als Virga wiedergegeben hat. In den Liedern des Hugo von Montfort vergleiche man (S. 52): Nr. 11, Z. 1: dritte Note; Z. 3: vierte Note; Z. 4: erste und dritte Note usw. mit der Übertragung (S. 54). Nur die Halslänge ist im Original nicht überall ganz gleich; allein die Zeichen sind nichts anderes als eben Virgen. Entsprechend faßt Runge nun überraschender Weise die Virga z. B. des Climacus in Nr. 11 über: ›sang‹ (S. 53 Z. 8 = S. 55 Z. 3) auf als höchsten Ton mit Doppelvorschlag bei der absteigenden Konjunktur. Oder wieder in Nr. 5 (S. 26 und 27): die Virga d. h. den Gipfel einer neuntönigen melismatischen Verbindung als mit einem Nachschlag versehen (Z. 3, 6 und 12; s. die Übertragung). Ebenso wenig gibt Runge an, warum er eigentlich in Nr. 6 die Virga im Melisma der siebenten Zeile (S. 30), welches demjenigen der ersten, für die zweite Strophe als deren Beginn in der Originalhandschrift wiederholten, genau entspricht, diesmal nicht als plizierten Ton behandelt? (S. die Übertragung auf S. 32, und vgl. außerdem in Nr. 12 auf S. 57 Z. 2 auf S. 58, sowie die Übertragung der betreffenden Stellen auf S. 59 und 60). Er gibt auch nicht an, warum er bei gleichmäßig auf- oder abwärts gestrichen Noten bald einen Nachschlag (bzw. Vorschlag) nach oben, bald einen solchen nach unten supponiert: vgl. S. 53 und namentlich S. 58 f. und 67, nebst den Übertragungen. Auf den ersten Blick scheint es, als ob maßgebend sei die Richtung des Notenhalses zusammengehalten mit der Tonhöhe der folgenden Note. Aber es scheint nur so, und nicht einmal folgerichtig ist dieses ›Prinzip‹ durchgeführt (s. S. 53 Z. 2, 6, 10; S. 59, Z. 2, 3; S. 67 z. B. Z. 6). Da geben doch die wirklichen Plicazeichen in den Faksimiletafeln der Kolmarer Handschrift ein zuverlässigeres Bild von der Plica ascendens und descendens.

Ja, in den eben genannten Sangesweisen kämen also nun für die Plica nicht mehr bloß Punktnoten, sondern auch Virgen in Betracht z. B. in Nr. 1: bei ›Nu merckent, wie sie trüge‹ über den Silben ›zu‹ und ›was‹ (Z. 2 und 3); bei ›Ey bernde meit‹ über ›süßer‹ (Z. 3). Ferner in Nr. 60 a über dem ersten Wort ›Solt‹ und in Nr. 123 a über ›not‹, ›gebot‹.

In den Geißlerliedern bei dem Lied: »Nu hebent uf die uwern hend« das Wort »u w ern« (zweimal) usw. Wie gesagt, das Zeichen für die Notenkonjunktur des Climacus z. B. ist in den drei Handschriften dasselbe, und die Facsimilia aus der Kolmarer Handschrift einerseits, den Geißlerliedern andrerseits müssen jedermann klar machen, was in der Neuausgabe der Montfortlieder hier beanstandet wird.

Daß neuerdings die Punktnoten in Nr. 5: Z. 1 über »ob« und letzte Zeile über »sach« (S. 26 und 27 vgl. mit der Übertragung) ebenfalls einberufen werden, um der Plikentheorie als Hilfsmittel zu dienen, hat mindestens nichts Überraschendes mehr im Hinblick auf die Wiedergabe von entsprechenden Notenzeichen der Kolmarer Handschrift. Immerhin hat eine andere von Runge nur als Punctum reproduzierte Note desselben Liedes einen entschieden stärker aufwärts gekrümmten Haarstriche in der Tat (wir meinen die fünfte Note von Z. 2) und auch die Doppelnoten von Z. 1 und 3) sind im Original als ⌐ geschrieben. Aber was tuts? Stellte doch schon die letzte Note der zweiten Zeile im Abgesang von »Muscatbl. nuwer ton«, welche das Originalmanuskript (fol. 74) genau gleich schreibt, wie die »nur flüchtig mit Punkten skizzierte« Schlußpartie, für Runge's Auge trotzdem vereinzelt eine Plica dar (s. Sangesweisen Nr. 17, auf S. 65).

Ist es nach solchen gänzlich unmotivierten Inkonsequenzen ein ungereimter Wunsch, für Stellen, wo die nach oben gezogenen Haarstriche in der Tat auffällig sind, die Frage nach der Bedeutung dieser Notenzeichen, ob sie pliziert oder irgendwie mensuriert zu denken seien, entweder unentschieden zu lassen oder besser: sie einer weiteren sachlichen und gründlichen Revision unterzogen wissen zu wollen? Folgendes über das strittige Sonderzeichen in diesem Zusammenhang. Das Bild ⌐, welches Runge in seiner letzten Neuausgabe selbst als ferneres Zeichen für plizierte Töne eingeführt hat, entspricht den meisten Noten mit Haarstrichen in der Handschrift des Hugo von Montfort (s. das Faksimileblatt des zehnten Liedes gut, aber doch nicht durchgängig. Für die Kolmarer Handschrift gebraucht Runge den noch in den Liedern des Hugo von Montfort benützten Notentyp ⌐ und nur die Parallelzitate aus der Donaueschinger Handschrift gibt er dort gelegentlich mit der Punktnote, die einen aufrechtstehenden Haarstrich trägt. Beides bedeutet indessen dasselbe: eine plizierte Note.

Allein, sehen wir genauer zu, so bemerken wir, daß die Kolmarer Liederhandschrift nicht bloß Punktnoten mit schräg rechtsseitig emporgezogenen Haarstrichen enthält, sondern zudem solche mit a) linksseitigen; ja: b) diese sind in einzelnen Fällen dem ⌐ ähnlicher als dem ⌐. Ferner c) scheinen einzelne Zeichen im zehnten Liede des Hugo von Montfort sozusagen identisch im Duktus mit anderen der Kolmarer Handschrift. Letztere bietet in den beiden ersten Meistergesängen Belege für alle drei Fälle; und diese wurden doch in Runge's Neuausgabe keineswegs berücksichtigt bzw. differenziert, obschon es recht wohl hätte geschehen können.

a) Linksseitig emporgezogene Haarstriche zeigen im großen Marienleich z. B. auf fol. 25', die ZZ. 1—4 s. dagegen in Runge's Neuausgabe S. 12, Sp. 2, Z. 2—8; auch fol. 26, Z. 4—6 (dagegen a. a. O. auf S. 13, Sp. 2, Z. 1—3).

b) Dem Punctum mit dem Strich nach oben nähern sich drei Zeichen auf fol. 29, Z. 1 (dagegen a. a. O. in des Frauenlobs überzartem Ton, S. 17, Sp. 1, Z. 4).

c) Und aufs nächste verwandt ist der Schriftzug von einzelnen Zeichen auf fol. 25' z. B. mit demjenigen der angeführten Stelle aus Nr. 10 des Hugo von Montfort.

Man vgl. die Zeile: »Lieber gesell wes zeichstu mich« mit den eigentümlichen Punktnoten der Kolmarer Handschrift auf dieser Seite und dem unterschiedslosen Verfahren von Runge.

Übrigens sollen die hier in Betracht kommenden Partien wenigstens genannt werden (die bereits erwähnten sind mit * versehen):

1. In der Neuausgabe der Sangesweisen sind es:
Nr. 1 (S. 6, Sp. 2) in IX zwei Zeilen; (S. 10, Sp. 1) in XIV eine Zeile; S. 12* die sämtlichen zehn Zeilen von XVIII; (S. 13, Sp. 2*) in XIX drei Zeilen; S. 14. Sp. 1) die beiden ersten Zeilen von XXI.
Nr. 2 (S. 17, Sp. 1*) vier Zeilen des Abgesangs.
Nr. 80 (S. 134, Sp. 2) der ganze vierzeilige Abgesang = »Steyg«.
Nr. 113 (S. 167, Sp. 2) zwei Zeilen des Abgesangs.

2. In der Neuausgabe der Lieder des Hugo von Montfort zeigen eine seltenere Schreibweise:
Nr. 10 (S. 46), Nr. 12 (S. 59) und Nr. 13 (S. 67). — Zu Nr. 10 schreibt nun Runge: »Dieses Lied ist ein Tanzlied mit einem Vortanz im geraden Takt, dem ein Nachtanz im ungeraden Takt folgt, ohne nachweisbares Mitspielen eines Instruments, wo anders nicht die Pliken Verzierungen durch ein mitspielendes Instrument angeben sollen. Daß von irgendwelcher Verkürzung der Notenwerte durch die Striche nach oben nicht die Rede sein kann, lehrt ein flüchtiger Blick auf die Zeilen 10 und 14 (s. auch das Faksimile. Folgt im Text die Reproduktion der beiden Parallelzeilen). Auch wird, wenn meine Vermutungen nicht zutreffen, die Verzierungen vielmehr dem Sänger zufallen sollten, das Entsetzen über die gehäuften Pliken gegenstandslos, sobald man in ihnen nicht mehr sieht, als was sie (wie sich immer bestimmter herausstellt) bedeuten, nämlich Verzierungen durch leichtes Hinüberschleifen zur Ober- oder Untersekunde, bei größeren Sprüngen der Melodie auch wohl als Portament zu diesem weiter abliegenden Tone« ... (S. 19).

Hierzu einige Bemerkungen. Daß plizierte Töne in dem von Runge jetzt postulierten Sinn in der Monodie des M. A. vorkommen, ist zweifellos und z. B. für die Kolmarer Handschrift auch auf S. 198 und 199 meiner Abhandlung über: »Die Choralnotenschrift bei Hymnen und Sequenzen«, ferner für die »Jenaer Liederhandschrift« in deren Neuausgabe Bd. II, S. 155 von mir nie bestritten worden. An letzterer Stelle glaubte ich zudem das betreffende Zeichen definieren zu dürfen mit den Worten: »Gerade aus diesen Zeichen geht hervor, daß die Plica eine Note mit kurz nachschlagendem Glissandoton bedeutet und nicht einen Pralltriller, wie Runge, gestützt auf die Riemann'schen Studien zur Geschichte der Notenschrift als Möglichkeit angibt.« Der Widerspruch gilt aber nach wie vor der Inanspruchnahme aller möglichen Zeichen für die Plica. Daß bei der durch Runge angeführten Stelle die eine Zeile »pliziert«, die andere »unpliziert« geschrieben ist, erscheint in der Originalnotation kaum als eine größere Inkonsequenz, falls man vermutet, die Absicht, »mensural« unterschiedene Werte anzugeben, sei nicht streng durchgeführt worden. Wie dem aber auch sei, sicher ist das »Entsetzen« über irgendwie mensurierte Notenzeichen innerhalb der Choralnotenschrift mindestens so unangebracht und unzweifelhafte Indizien für die Bedeutung gerade des ♪ als einer Note kleineren Wertes vermag ich vorzulegen, sobald es gewünscht wird — sofern es nicht bereits geschehen ist. Runge selbst spricht übrigens von dem Nachtanz im ungeraden Takt. Aus dem Vorkommen der Worte: »Und spring mit fröden an den tanz« wird er kaum darauf schließen wollen; aus der Notation theoretisch auch nicht. Praktisch dagegen könnte er sich durch die Zeile: »Laß vogeli sorgen und gang zu mir« (zweitunterste Zeile des Faksimile) dazu haben verleiten lassen — indem er sämtliche gestrichten Noten als Viertel, die Punktnoten als Halbe faßte. Die entsprechende erste Zeile des Nachtanzes: »Lieber gesell wes zeichst du mich« hat bei derselben Melodiephrase in Runge's Übertragung das rhythmische Schema: | ♩ ♩ ♩ | ♩ ♩ ♩ ♩ (vgl. damit die bereits zitierte Zeile 13: ♩ ♩ ♩ ♩ | ♩ ♩ ♩ | ♩ ♩ | ♩).

Wie sich der Herausgeber zu den regelmäßig wechselnden Notenzeichen in Nr. 12 und insbesondere in Nr. 13 stellt, verrät er uns nicht: »Die Nr. 12 gibt zu Bemerkungen keinen Anlaß. Die Melodie zu Nr. 13, die keinerlei instrumentale Zutaten hat, verläuft in schlichten vierhebigen Massen . . . . . Das Ganze ist ein schöner Choral, den ich der bequemeren Übersicht wegen im $^2/_4$ Takt notiere.« (S. 20.)

In der Tat, einen weiteren Kommentar auch nur versuchsweise zu geben, unterlasse ich ebenfalls bequemlichkeitshalber. — Die Wiedergabe der 10 Melodien aus Hugo von Montforts Liederbuch bedeutet indessen trotz aller Aussetzungen, die gemacht worden sind und noch gemacht werden müssen, einen entschiedenen Fortschritt hauptsächlich gegenüber derjenigen der 112 im Kolmarer Kodex aufgezeichneten. Wie in der Ausgabe auch der Geißlermelodien benützt Runge zur Reproduktion römische Choralnotentypen. Und regelmäßig läßt er dann sofort eine Übertragung folgen. Auch hat sich Runge, abgesehen von zwei mir nicht verständlichen Fällen (Nr. 1 = VI und Nr. 2 = VII der Ausgabe von Karl Bartsch in der Bibliothek des literarischen Vereins, Bd. 143, Tübingen 1879, vgl. J. E. Wackernell in: Ältere tirolische Dichter, Bd. 3, Innsbruck 1881) diesmal darauf beschränkt, nur die durch Notentext ausgezeichneten Gedichte in den Rahmen seiner Untersuchung einzubeziehen. Raum zu Übertragungsversuchen hätte in der Ausgabe der Sangesweisen vor einem Jahrzehnt die Auslassung einer Reihe von Meistersangsgedichten gegeben, die zwar nach dem oder jenem Ton gesungen werden sollten, aber nur in ihrem sprachlichen Teil aufgezeichnet und, was diesen betrifft, von Bartsch gewiß in sachverständiger Form veröffentlicht worden waren. Da wir Runge's Verfahren bei den im ganzen keineswegs intrikaten Melodien im Liederbuch des Hugo von Montfort als Vorstudium zu der noch nicht in Angriff genommenen Aufgabe hinsichtlich der Kolmarer Handschrift auffassen möchten, wird wohl eine ausführliche Rezension um so entschuldbarer sein. Wie die Dinge augenblicklich liegen, sei gerne festgestellt, daß z. B. die Willkür des Einschaltens von Alterationszeichen in den choraliter notierten Partien der letzten Ausgabe Runge's völlig verschwunden ist. Auch in den Übertragungen ist bei (z. B. dorischen) Schlußwendungen das ♯ jedesmal über den betreffenden Ton gesetzt. Aber auch bei der Kolmarer Handschrift wäre weit größere Folgerichtigkeit für Runge möglich gewesen. Entweder durch Klammern oder eben durch den für die Lieder des Hugo von Montfort gewählten Modus hätte er sich zu behelfen suchen müssen. Unter keinen Umständen hätte er einfach Alterationszeichen vor die Notensysteme oder in den Verlauf einer Melodiephrase einfügen dürfen, wo das Original sie nicht hat. Sähen wir nicht das Faksimile von Nr. 123 a in der Neuausgabe der Kolmarer Sangesweisen, wir wären gezwungen anzunehmen, sowohl ♭ rotundum, als auch ♭ quadratum seien vorgezeichnet in den ersten beiden Halbzeilen »Ach starcker got, all unser not«. Dieses eine Beispiel muß hier für viele analoge dienen; übergehen wollte ich es nicht, weil Runge mir in seiner letzten Ausgabe

(S. 18) vorwirft: (Anm.) »Befremdend ist Bernoulli's Treibjagd auf Schreibfehler in den Kolmarer Sangesweisen« ... »Deutlich habe ich v. d. Hagen als Quelle angegeben, die *h* schreibt« ..., dem ich dann — durchaus nicht eigenster Konjunktur, sondern selbstverständlich — ein ? zuweisen mußte«. Runge hat in der angezogenen Stelle von Nr. 83 b dieses ♭ rotundum zwar über die Note gestellt. Und bereitwillig gestehe ich ihm zu, daß es am Platze war, falls nämlich die Richtigkeit der Notation feststand. Allein v. d. Hagen, dessen verdienstliches und gewiß nicht gering einzuschätzendes Werk vor jetzt bald 70 Jahren erschienen ist, könnte immerhin um so weniger Anspruch auf alleinige Authentizität erheben, als die Urquelle der Jenaer Liederhandschrift nicht unerreichbar ist. Ihrem Bestand ist die betreffende Melodieversion entnommen. Überdies ging die »befremdende Treibjagd« nicht etwa auf »Schreibfehler«, sondern auf Willkür und Nachlässigkeit des Herausgebers. Da leider auch die viel weniger komplizierte Ausgabe der Lieder des Hugo von Montfort nicht frei davon ist, sollen aus beiden Editionen weitere Belege meine Aussagen über den Verdacht leerer Beschuldigung erheben.

Gleich im ersten Liede des ritterlichen Minnesängers, d. h in Nr. 3 sind die drei letzten Zeilen um eine Terz zu tief wiedergegeben. So lesen wir als Schlußton befremdlicherweise *h*: es ist zum reinsten *tonus peregrinus* geworden.

Bei der Übertragung wohlgemerkt hält sich Runge an das deutlich und fehlerlos geschriebene Original. In Nr. 6 endet das Melisma der dritten Zeile angeblich mit einem Torculus (*e f d*). Das Original schreibt statt dieser dreitönigen Ligatur einfach die Clivis *e d* (vgl. Z. 9 und 15, wo dieselbe Tonfolge richtig wiedergegeben ist). In Nr. 7 beginnt die vierte Zeile mit dem Tongang der ersten und seine drei Noten sind wie dort, so auch hier: Clivis und darauf Punctum. Nur ein Haarstrich trennt die beiden Bestandteile der elftönigen Gruppe. Runge faßt versehentlich das Punctum als Virga bzw. als pliziertem Ton. In Nr. 8 gilt ihm ♩ auf der drittletzten Zeile plötzlich als Podatus *c d*, während er die gleichgeschriebene Schlußnote derselben Zeile durch eine Doppelnote ausdrückt. In Nr. 9 ist die Reihenfolge der drei zusammengehörigen Töne der dritten Zeile im Original umgekehrt: zuerst Punctum, dann Clivis; die erste Note der obersten Zeile auf S. 43 ist tatsächlich *d*, wie es auch Runge's Übertragung bestätigt. Völlig willkürlich endlich erscheint in diesem Liede die Verlegung des ganzen Tongangs vom Schluß der vorletzten Zeile nach der letzten hinüber, freilich erst in der Übertragung; aber als eine der eigensten größeren Konjunkturen Runge's sei sie trotzdem nicht übergangen:

Von der Note *d* meint Runge, sie fehle (*), und zwar einfach, um genaue Übereinstimmung mit Z. 4 annehmen zu können. Ich sehe keine zwingende Notwendigkeit für diesen Einschub, noch weniger aber für das Herübernehmen der unter Klammer stehenden fünf Töne der vorletzten Zeile. Der Schluß einer Tonphrase auf *e* ist im Dorischen nichts ungewöhnliches, und so würde ich die letzte Zeile in größerer Übereinstimmung mit dem Or. übertragen:

»Nr. 9 verlangt keine weitere Erklärung«, das ist alles, was wir vom Herausgeber selbst über das Stück vernehmen (S. 19). In Nr. 10, Z. 2 stehen (wie sie richtig im genau gleichen Tongang von Z. 4 notiert sind) die fünf ersten Töne über: »Und ewer lon für« um eine Sekunde höher — im Original.
»Die Nr. 12 gibt zu Bemerkungen keinen Anlaß.« So Runge, anders wir. Warum wird das Melisma am Schlusse des zweiten Stollens (S. 58 zweitunterste Zeile) einfach zum Vorspiel des Abgesanges gestempelt?
Zwei Gründe sprechen hier noch augenfälliger, als in Nr. 9 gegen die willkürliche Verpflanzung. 1. Dasselbe Zeichen ■ des Originals gibt Runge als ♩ hier und ferner am Schluß des Liedes wieder und überträgt es das eine Mal mit ♪, das andere Mal mit ♩ (man erinnere sich an seine Äußerung über das gegenstandslose Entsetzen vor dem Plicazeichen). 2. In der Handschrift ist deutlich eine Lücke zwischen dem von mir als Finalnote gefaßten Ton und dem auf der folgenden Zeile mit: »Ich meyn die süße maria« beginnenden Abgesang gelassen. Daß ■ als Finalzeichen erklärt werden kann, dafür möchte ich auf die gleichaussehende Schlußnote von Nr. 13 verweisen. Nr. 12 und 13 nämlich, die letzten Gedichte, die überdies von Bartsch für unecht gehalten werden, sind mit einer derberen Notation versehen!
Doch das kommt für Runge gar nicht erst in Frage; er glaubt S. 4 ff. die kritischen Bedenken eines Bartsch und Wackernell gegen die Texte von Nr. 12 und 13 abtun zu können, indem er über des Ersteren »bekannte oder nicht bekannte ,innere' Gründe« die Achsel zuckt, und des Letzteren Weise als »auf den ersten Blick plausibel« und »annehmbar erscheinend« bezeichnet. Dann aber bringt Runge Argumente, die Ähnlichkeit der sämtlichen dem Burk Mangolt zugeschriebenen Melodien in einzelnen Wendungen unter sich darzutun und daraus auf die wahrscheinliche Echtheit auch von Nr. 12 und 13 zu folgern. Ich gestehe, wäre Runge zuverlässiger auch in Dingen, die gar nicht streitig sein sollten, mir hätte dieses Stück seiner Einleitung größeren Eindruck gemacht. Aber, wie gesagt, die Möglichkeit zweier verschiedener Handschriften in Hugo von Montforts Liederbuch auch nur zu erwähnen, liegt Runge durchaus fern. Und so begnüge ich meinerseits mich, zwar die Möglichkeit von instrumentalen Vor-, Nach- und Zwischenspielen zuzugeben, indessen außerdem daran festzuhalten: daß ein Melisma, welches wie in Nr. 9 und Nr. 12 am Schluß einer Zeile des Originals aufgezeichnet, eine instrumentale Zugabe andeutet, auch in der Übertragung als Nachspiel, und nicht als Vorspiel zum Folgenden dargestellt werden sollte. Ebensowenig freilich erklärt Runge, warum er in der Übertragung gelegentlich eine ergänzte Note nicht einklammert, öfters aber es tut. So übersetzt er in Nr. 12, Z. 3:

Mit al - len mey - nen be - sten sy - nen
(= Und tun das als ich be - ste kan)

Andrerseits im selben Lied, Z. 7:

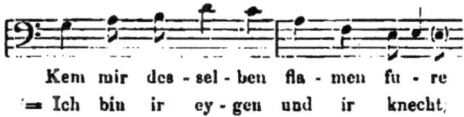

Kem mir des - sel - ben fla - men fu - re
= Ich bin ir ey - gen und ir knecht;

— Warum übrigens kein Auftakt? Die letzte Punktnote der voraufgehenden Zeile muß nicht einmal als taktfüllende Halbnote gefaßt werden. Also, es ließe sich recht wohl hören:

(= da) Kem mir des - sel - ben

Auch ohne der Frage der Rhythmik in moderner Transskription weiter nachzugehen, kann hier der Referent einige Stellen aus Nr. 13 heranziehen, bei denen kein Unbefangener Runge beistimmen wird.

Was soll nur schon, beiläufig bemerkt, der *C*-Schlüssel in der Übertragung? Das Original zeichnet ein einziges Mal, d. h. der ersten Zeile den *C*- und den *F*-Schlüssel vor, genau in derselben Weise wie bei den übrigen Liedern. Sonst benützt Runge, was durchaus genügt, den Baßschlüssel zur Transskription, oder, was weniger einfach aussieht, wie bei Nr. 10 und 11, den Tenorschlüssel. Nr. 13 erhält, man weiß nicht warum, eine dritte Drapierung. Ähnlich ergehts dem Text: im Abgesang heißt es von der zum Tode verurteilten Susanna: »Din (sc. Christi) güt ir halff das sie genaß« und dann weiter:

>»Auch ließ din gnad e« nit verderben
>Hern Joseph in egiptenlant
>Der lange zyt gefangen lag
>Din hilff'e wardt ym auch bekant.« usw.

Allein trotz Bartsch (vgl. Bibliothek des literar. Vereins CXLIII S. 222) und trotz Wackernell (Ältere tirolische Dichter, Bd. 3, S. 167, 168), ja trotz des textlich guten Sinns im Original bezieht Runge als Emendator die von ihm abgeänderte Zeile: »Auch ließ din gnad (sic) nit verderben« auf Susanna, statt auf den unschuldigen Joseph. Den einzuschiebenden Vokal zur Ausgleichung des Versrhythmus kennen natürlich die beiden genannten Gelehrten in ihren Textausgaben auch schon, aber was gelten Runge ihre Worte noch? So läßt er unbesorgt zwei weit voneinander getrennte Punktnoten zu einer Doppelnote zusammenwachsen und überträgt ebenso unbesorgt

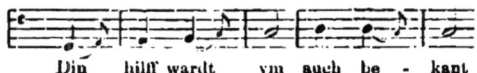

Din hilff wardt ym auch be - kant

Im Original hat freilich das Wort »hilfft« sowohl die Note c als auch die Note f über sich, und »wardt ym« je eine der von Runge diesmal auch in der Wiedergabe des Originals verschmolzenen Noten.

Es wird glaubhaft geworden sein, daß es Runge bei der Ausgabe der Sangesweisen keinesweges besser gelungen ist, sich als zuverlässiger Führer zu dokumentieren. Nur ein paar besonders drastische Beispiele mögen hier zur Sprache gelangen. In der Einleitung gibt Runge auf S. XVIII die Übertragung von »Nytharcz ffraß« im $^3/_4$-Takt. Über den beiden ersten Viertelnoten d lesen wir in Klammern: »Ms. ff.« Schlagen wir aber die Reproduktion auf S. 62 (Nr. 14) auf, so notiert er hier die supponierten Töne und bemerkt in Klammern darüber: »(d d?)«. Und die Originalhandschrift? Hat deutlich zweimal d, also mit dem nächstfolgenden a zusammen den im Dorischen häufigen Quintensprung (vgl. auch die letzte Zeile des Stollens, sowie die vierte des Abgesangs). Also ist Runge's Konjektur wertlos.

Bei Nr. 2 fehlt am Beginn des Abgesangs (S. 17) die Bezeichnung des Originals »die stey«. Ebenso später bei Nr. 53: »Die steig«. — »Der ander stoll« (sc. nach dem Abgesange). Zu Nr. 80 druckt Runge »aber I stollen als vor«. Freilich heißt der Singular in der Handschrift »stoll« und schreibt sie ferner: »aber II stollen als vor«. Noch mehr: Sie gibt auch den Text des zweiten, den Runge unbedenklich überschlägt! Nr. 109 fehlt wieder »steig«.

In Nr. 7 setzt Runge (S. 23, Z. 2 von oben) ein ♯ ohne Klammern ein; bei genau derselben Melodiephrase (Z. 3) läßt er das Alterationszeichen weg.

Die erste Zeile von Nr. 12, XXV steht, exklusive der letzten Note eine Terz tiefer im Original.

In Nr. 13 a III (S. 51, Sp. 1) korrigiert Runge die Anfangstöne der viertletzten Zeile, indem er c f drucken läßt und darüber bemerkt: »(c d) vgl. I und V.« Gänzlich überflüssige Liebesmühe; denn das Original schreibt von vornherein an allen drei Stellen übereinstimmend c d! Auf S. 52 (in V) ist eine siebentönige Ligatur in eine drei- und eine viertönige zerlegt, eine Clivis und eine Virga zu einem Torculus zusammengezogen und dementsprechend sind die Worte »zu dirre« völlig frei unterlegt. Den Cephalicus (Plica descendens) von Nr. 18, Z. 2 gibt Runge einfach als Clivis wieder.

Nr. 55 (S. 105): Die »Prüffwyse frauwenlobs« schreibt im Original richtig die fünf ersten Töne um eine Terz tiefer (vgl. auch die letzte Stollenzeile).

Was die Wiedergabe der Melodien aus der Jenaer Handschrift angeht, die Runge als Parallelen in den Sangesweisen mitteilt, so darf gewiß neben der Originalprachthandschrift als auf eine klarere Nebenquelle nun auf die von Georg Holz besorgte Neuausgabe verwiesen werden.

Aber nicht nur Publikationen der vergangenen Jahre, auch längst erschienene, wie der erste Band von Chrysander's Jahrbüchern für Musikwissenschaft, sowie die Mitteilungen aus der Großherzoglich Badischen Hof- und Landesbibliothek hätten Runge's polemische Worte von vornherein berichtigen können und sollen.

Der zweite Band der Jahrbücher (1867) enthält bekanntlich eine Abhandlung über das Locheimer Liederbuch und darin auf S. 154 und 155 zu der beigefügten Faksimiletafel folgende Bemerkungen:

»Was die Melodien jener ... drei lateinischen Gesänge betrifft, so sind sie in einer zwar eigentümlichen, dabei aber höchst einfachen Weise notiert, die ich sonst nirgend gefunden habe, und die beim ersten Anblick eine große Ähnlichkeit mit der Choralnotation zu haben scheint. . . . Die einzelnen Noten sind hier aus soviel Punkten zusammengesetzt, als sie Zeiten gelten sollen. Bei einzelnen größeren Noten steht eine Zahl (hier die 6) darüber, die den Wert angibt.«

In den Mitteilungen von 1886 sodann findet sich eine Abhandlung über Mensuralmusik in der Karlsruher Handschrift St. Peter pergam. 29a. Nebst einer prächtig gelungenen Doppeltafel in Lichtdruck. Das zweimalige Plicazeichen, auf deren rechter Seite ist für mich sozusagen identisch (♪) mit demjenigen auf Tafel IV meiner Abhandlung über die Choralnotenschrift (s. auch die Wiedergabe auf S. 11 und 12, 65, 75, 168 a. a. O.). Durchaus identisch geschrieben ist der ebenfalls zwei- und dreimal auftretende Torculus liquescens ♪ beiderorts (s. auch die Wiedergabe auf S. 35 a. a. O.).

Von andern, rein typographischen Ähnlichkeiten auf Tafel VI—VIII, XII und XIII meiner Abhandlung nicht weiter zu reden. Zwar liegt mir die Absicht fern, die Meinung zu erwecken, als ob ich glaubte, sämtliche von mir durch vielfaches Handschriftenvergleichen gewonnenen Resultate seien unanfechtbar. Aber auch die eine lithographische Reproduktion der Hymnusmelodie von »*Jesu dulcis memoria*« in meiner Abhandlung, die unabhängig von Runge's gleichzeitig im Werden begriffener erster und größter Edition entstand, doch später diese erschien, sollte dem rastlosen Herausgeber der Kolmarer Handschrift, der Geißlerlieder und der Lieder des Hugo von Montfort wenigstens soviel beweisen, daß es außer den durch ihn analysierten auch noch Schriftzüge gibt »die er sonst nirgend gefunden hat«.

Kleine Mitteilungen.

1. Von den »drei satirisch-kritischen Aufsätzen Addison's über die italienische Oper in England«, die G. Calmus in den Sammelbänden IX, S. 131 veröffentlicht hat, ist der erste vom 21. März 1710 (Spectator Nr. 18) schon früher, im 11. Stück des 18. Jahrganges der »Bayreuther Blätter« (1895) S. 352—54 in anderer Übersetzung neugedruckt worden, dort aber vom 17. März 1710 datiert.

2. Tobias Norlind hat in seinem Aufsatz: »Vor 1700 gedruckte Musikalien in den schwedischen Bibliotheken« (Sammelbände IX, 196 ff.) in der Aufzählung der außerhalb Schwedens gedruckten Musikalien, die sich in Musikbibliotheken Schwedens befinden, auf S. 228 unter den Werken Schein's das einzige bekannte vollständige Exemplar der in der Kgl. Musikakademie in Stockholm befindlichen Sammlung weltlicher Madrigale: *Diletti pastorali* (Hirtenlust) von 1624 nicht erwähnt, dessen Continuostimme, die einzige, die mir bekannt geworden ist, meiner Neuausgabe dieses Werkes (J. H. Schein's sämtliche Werke, Bd. III) zu Grunde gelegt worden ist.

Leipzig. Arthur Prüfer.

Rectifications à l'article **Un opéra inconnu de Gluck** — voy. Sammelbände IX, p. 231.

Page 233, note 2, ligne 2: lisez *Antigono* au lieu de *Artaserse*.

Page 241, note 2, ligne 2: lisez 11 mai au lieu de 11 juin.

Page 244, en note. Au nombre des opéras de Francesco Maggiore il faut ajouter le *Sifare*, donné en octobre 1744 à Rovigo, au théâtre Venezze.

Page 247, ligne 11: lisez Malvezzi au lieu de Formagliari.

Page 252, ligne 4: lisez *La generosità politica* au lieu de *Pisistrato*. — Avec ce dernier titre le texte a été réimprimé dans les œuvres de Goldoni, éd. Zatta.

Page 260, ligne 7, et page 262, ligne 1: lisez Il va au lieu de Va.

Page 269, ligne 7 d'en bas. L'air «Benchè copra al sole il volto» n'est pas daté dans le ms. de la Bibliothèque du Conservatoire de Paris: voy. *Soixante ans de la vie de Gluck (1714—1774)* par Julien Tiersot, dans le *Ménestrel*, 74e année (1908), p. 66.

Page 272, en note. D'après M. Albert Schatz de Rostock i. M. la première de l'opéra (ou pastiche?) *Arsace* de Filippo Amadei (et G.-M. Orlandini?) eut lieu à Londres le 1er février (21 janvier, v. s.) 1721. La partition donnée à Londres est peut-être la même qui fut reprise un an après à Hambourg. — Le livret original de l'opéra de Buini est intitulé *Amore e maestà* simplement. — L'*Arsace* de Brusa fut mis en scène à Milan le 28 août 1725 et non pendant le carnaval de ladite année.

Page 274, ligne 12: lisez 25 juillet au lieu de 26 juillet.

Page 275, ligne 1: lisez texte anonyme au lieu de texte de Bartolomeo Vitturi.

Rome. Francesco Piovano.

Wir übernahmen zum Vertrieb für die Länder deutscher Zunge

L'Esthétique
de
Jean-Sébastien Bach
Par
André Pirro

Breitkopf & Härtel in Leipzig

Geheftet 12.— M.   Gebunden 14.50 M.

Hans von Bülow
BRIEFE
herausgegeben von **Marie von Bülow**.

I. Band: (1841—1853) Mit einem Bildnis und einer Briefnachbildung.   Geb. Mk. 10.—; geb. in Ganzleinw. Mk. 12.—; in Halbfrz. Mk. 14.—.
II. Band: (1853—1855) Mit einem Bildnis.
III. Band: (1855—1864) Mit zwei Bildnissen.
   Geb. Mk. 6.—; geb. in Ganzleinw. Mk. 7.—; in Halbfrzbd. Mk. 8.—.
IV. Band: (1864—1872) Mit einem Bildnis.
   Geb. Mk. 7.—; geb. in Ganzleinw. Mk. 8.—; in Halbfrzbd. Mk. 9.—.
V. Band: (1872—1880) Mit zwei Bildnissen.
   Geb. Mk. 6.—; geb. in Ganzleinw. Mk. 7.—; in Halbfrzbd. Mk. 8.—.

Soeben erschienen:
VI. Band: (1880—1886) Mit drei Bildnissen.
   Geb. Mk. 7.—; geb. in Ganzleinw. Mk. 8.—; in Halbfrzbd. Mk. 9.—

In diesen Schriften entrollt sich ein Bild der musikalischen Entwicklung in Deutschland von dem wichtigen Zeitpunkte an, wo die von Rob. Schumann eingeleitete reformatorische Bewegung in Wagners und Liszts tätigem Eintreten einen gewaltigen Aufschwung nimmt und jener Kampf entbrennt, der in seiner Heftigkeit und Dauer auf ästhetischem Gebiet kaum seinesgleichen hat. Die Schriften Bülows bieten die unentbehrliche Ergänzung der der Öffentlichkeit bereits übergebenen Dokumente über die Einzelheiten dieses Kampfes.

BREITKOPF & HÄRTEL - LEIPZIG

QUARTERLY MAGAZINE
OF THE
INTERNATIONAL MUSICAL SOCIETY
(INTERNATIONALE MUSIKGESELLSCHAFT)

YEAR IX   *   PART 4

JULY—SEPTEMBER 1908

CONTENTS

	Page
A. H. Fox Strangways (Wellington College). The Hindu Scale	449
Ch. Em. Ruelle (Paris). Solmisation among the ancient Greejks	512
Finnur Jónsson (Copenhagen). Ancient Harp-playing in the North. . .	530
Otto Kinkeldey (Berlin). Luzzasco Luzzaschi's solo-madrigals with clavier accompaniment	538
Adolf Koczirz (Vienna). On the history of the Luython Clavicembalo	565
Hugo Goldschmidt (Berlin). Claudio Monteverdi's "Return of Ulysses"	570
Max Seiffert (Berlin). The St. Michael's School choral library at Lüneberg in Bach's time	593
Hugo Leichtentritt (Berlin). Hugo Riemann's History of Music, Vol. II, Part. I	621
Arno Werner (Bitterfeld). The Cantor appointments of Saxony	628
Sundry Communications	634

LEIPZIG
BREITKOPF & HÄRTEL, PUBLISHERS AND PRINTERS
1908

The Hindu scale.

By

A. H. Fox Strangways.

(Wellington College, Berks.)

This article seeks to establish some underlying principles for Hindu rāga, to trace the connection between the early music of Greece and of India, and incidentally to suggest some new points of view with regard to Mode in general. A Summary will be found on p. 489.

The system of Hindu music, as hitherto understood, may be shortly described. Aiming only at melody, which for them means rhythmical tune supported by a drone, they have tabulated its possibilities in a number of 'melody-types' (rāgas). A rāga is a definite scale of notes — five, or six, or the complete seven, generally fewer in ascent than descent, taking character from assigned ornaments — slide, acciaccatura, vibrato, sforzato — and divorced from time. The drone is an essential feature of secular music, and is supplied by various forms of monochord, by sympathetic strings, by a second player of sitar (guitar) or surnai (oboe), or by tuned drums. The latter provide also, by an intricacy of metre (matra) and rhythm (tāla) unknown to Europe, a substitute for the cogency of our harmony.

The rāgas alone are of interest here. Their computed number varies from a few dozen to 16,000. Of this latter figure all that can be said is that the computer may well be, with Clive, astonished at his own moderation. Their names vary with every decade of time and every degree of latitude. The things however remain approximately the same; and there is not much difficulty in realising that a dozen or so are common to the whole peninsula and form its habitual modes of melodic thought.

The commonest[1] are the Lydic $(C-c)$, Hypolydic $(F-f)$, and Doric $(E-e)$: the Hypolydic for festive, the Doric for solemn music. With these may be classed the Indic[2] — C $D\flat$ E F G $A\flat$ B C. It is the typical scale, taught as

---

[1] As the Indian names are so various it has been thought best to allude to these modes under their Greek names, with the termination -ic to distinguish them from the Ecclesiastical in -ian.

Mixolydic	Locrian	$B-b$ or C with 5 flats	
Doric	Phrygian	$E-e$ - C - 4 -	
Hypodoric	Aeolian	$A-a$ - C - 3 -	
Phrygic	Dorian	$D-d$ - C - 2 -	
Hypophrygic	Mixolydian	$G-g$ - C - 1 -	
Lydic	Ionian	$C-c$ - C	
Hypolydic	Lydian	$F-f$ - C with 1 sharp	

[2] 'Indic' is a name the Greek might have used if he had known the thing: it is called Bhairau in the north and Mayamālava-gaula in the south.

the 'easiest' to children; and, with the gipsy scale — $C\ D\flat\ E\ F\sharp\ G\ A\flat\ B\ C\ -$, a mode of it, is the foundation of a large number of melodies. Next come the remaining 'natural' modes — Hypophrygic, Phrygic, Hypodoric; the Mixolydic is of course out of date. And there may be one or two more of local prestige.

The Indian classifications of these do not 'account for' them in our sense of the word. The very diverse scales practised by the modern musician and enumerated in the 'cattikas' (lists of rāgas) are not brought into any clear correlation with what the Sanskrit books name as the original scales, — the Sa-grāma, Ma-grāma, and Ga-grāma. Of the Ga-grāma too no book in Sanskrit or the vernacular has any intelligible account, and the forms in which it is given are so divergent that few are convinced by them, and most confess their ignorance by saying that the scale has "retired to Indraloka" (heaven).

These three fundamental scales are based on 'śrutis'. A śruti is the smallest audible sound; it corresponds in all essentials to the Greek δίεσις, of which 24 went to the octave as against 22 śrutis. Both the δίεσις and the śruti were originally indeterminate in size; and it was only the gradully realised relationships of the larger intervals that eventually determined them. By the time the Diatonic scale — for two of them are only modes of the third — had been established, that determination had been already made; the steps which led to it, though well known for Greece, have never been investigated for India. Neither has any satisfactory connection been made out between the Diatonic, the Chromatic, and the Transilient scales. By considerations drawn from

(1) The history of the three diatonic grāmas
(2) The 'altered' notes
(3) The nomenclature of the modern scale
(4) Dialectical forms of the diatonic
(5) Existing instruments
(6) The Sāman chants

this paper aims at positing for India a system like, but not wholly like, the Greek; to account by the way for those 'transilient' scales which are common to all melodic nations, for the choice of the tetrachord as the basis of the scale and its supersession by the pentachord; and, generally, to place the impulse to the formation of mode on something firmer than mere caprice. The writer confesses to a very imperfect knowledge of Sanskrit, and apologises hereby for errors of spelling, and other more important matters, which have doubtless crept into his paper.

Of Sanskrit works bearing on the present enquiry there are six principal ones; two may be dated for certain, two provisionally, and two cannot be dated.

Bharata's Nāṭyaśāstra. 5th or 6th cent. (provisional)
Sarṅgadeva's Ratnākara. First half of 13th cent. (certain)
Somanātha's Rāgavibodha. 1609. (certain)
Dāmodara Miśra's Darpaṇa. 1625. (provisional)
Maṇḍūkiśikṣā. Early.
Nāradaśikṣā. Late.

The arguments for these dates will be found in Appendix I.

1. The three diatonic grāmas.

The Hindus name the intervals[1]), not primarily the notes, *Sa, Ri, Ga, Ma, Pa, Dha, Ni*. But these names are also used for the notes; and the old treatises then apply them to the note above the interval, the modern to the note below. It is sometimes no easy matter to decide whether a particular epithet applies to the interval or the note; the "sweet Gāndhāra" in the Mahābhārata, for instance, might refer to the pleasing bite of the semitone $E-F$, or to the consonance $C-F$. Again, in Bharata, it is clear only from internal evidence that by Dhaivatī is meant a mode beginning on the note Dha (B), but by the Sa-grāma a scale beginning with the interval Sa, the note C.

All the Sanskrit books, from Bharata onwards, make the Sa-grāma the basis of the system: whether it was the original scale we shall see later. Roughly it is the same as our C major but with a slightly sharp A. Indian theory chooses for the purposes of definition to treat the 22 śrutis into which the octave (saptaka) is divided as determining the intervals of the grāmas, and the Sa- and Ma-grāmas may for the present be stated in terms of them. In order to form the Ma-grāma from the Sa-grāma it was necessary to flatten the A which was now to become the Third of the new series. We must accordingly distinguish three scales:

(1) Sa-grāma   The original scale with a sharp A.
(2) Ma-grāma i   The same with the A flattened
(3) Ma-grāma ii   Ma-grāma i starting on the Fourth

Thus, the numbers giving the śrutis of each interval; —

```
                          4   3   2   4   4   3   2
Sa-grāma. . . . . . . .   C   D   E   F   G   A   B   C
                          4   3   2   4   3   4   2
Ma-grāma i . . . . . .    C   D   E   F   G   A   B   C
(habitually called Ma-grāma)
                          4   3   4   2   4   3   2
Ma-grāma ii . . . . . .   F   G   A   B   C   D   E   F
(proper)                 (C   D   E   F♯  G   A   B   C)
```

Most of the books pass this second form of the Ma-grāma over in silence, no doubt as being obvious; some others seem not to have understood it. Its importance is that it accounts for the division of the South Indian 72 chakrams (see C. R. Day p. 32) into the two great classes of Suddha-madhyama and Prati-madhyama — based on the C and F modes, respectively.

Directions for the formation of the Ga-grāma are given in the Ratnākara. The Darpaṇa copies them word for word. They are as follows: —

---

1) This is clear from such phrases as "Ṛṣabha contains 3 śrutis", "when Gāndhava is small", "Pa gives one śruti to Dha", and so forth.

"It is the Sa-grama when Pa is used with 4 śrutis. The Ma-grāma is when

(a) the final śruti of Pa has been removed, so that Dha is of 3 śrutis in the Sa-grāma and of 4 in the Ma-grāma i. If
(b) Ga takes from Ri and Ma one śruti each, and
(c) Pa takes a śruti of Dha, but
(d) Ni one from Dha and one from Sa,

then this arrangement is what Nārada taught us as the Ga-grāma. This grāma is hidden in heaven, and is not on the surface of the earth."

The author's intention may be displayed as below; the practical result is to produce the same series of notes one place lower, i. e. to transpose the Ma-grāma down a tone.

	S	R	G	M	P	D	N	
Sa-grāma	4	3	2	4	4	3	2	
Ma-grāma. i.	4	3	2	4	3	4	2	(a)
	4	2	4	3	3	4	2	(b)
	4	2	4	3	4	3	2	(c)
Ga-grāma.	3	2	4	3	4	2	4	(d)

The difficulty begins here. If we start the Ga-grāma on the new Sa, we have in effect a $D-d$ mode; if on the new Ga, we have an $F-f$ mode. Both are out of the question. The late Rajah Sourendro Mohun Tagore[1]) proposed (in 1877) to start on the Ga; but, misliking the result, interchanged, apparently without warrant, the 4 śrutis of Pa with the 2 of Dha, getting thereby the Sa-grāma (4 3 2 4 4 3 2) back again. In 1884, abandoning the rules of the Darpaṇa (which he had himself edited), substituting a fresh set and deriving it from the Sa-grāma, he proposed a solution which makes the perfect Fifth, $Sa-Pa$, to consist of 12 śrutis instead of 13. As this is inconsistent with Bharata's rules for vādi and samvādi (by which the Fourth consists of 9 and the Fifth of 13) it is not worth while to exhibit his argument; indeed, he indicated his own disapproval of it by reverting in 1896 to his former position.

The theory propounded in C. R. Day's book is taken from an article by J. D. Paterson in the Asiatic Researches (1807). Paterson gives the

---

1) Besides treatises on the drama, dancing, gems and other topics, his (printed) musical works bearing on the present subject are.

Six Principal Ragas with a brief view of Hindu Music 1877
The eight principal Ragas of the Hindus. 1880
Hindu Music fom various Authors (Reprints of articles) 1882
The Musical scales of the Hindus 1884
The twenty two musical śrutis of the Hindus 1886
The seven principal musical notes (with the typical raga of each) of the Hindus 1892
Universal History of Music (pp. 50—89 on India) 1896

The above are all in English. There is also a Bengali work called Jantrakṣetradīpikā, giving instruction on the Sitar, which should be an authority on the grace-notes 1872

rules differently and does not quote the original, which differed from the Darpaṇa as we have it and from the Ratnākara.
  (a) Ga takes one śruti from Ri
  (b) Pa loses one śruti to Dha
  (c) Śuddhasvara gives one to Ni

He arrives at his solution by three false steps. (1) He assumes that his authority intended the Ga-grāma to be derived from Ma-grāma. i. e. [It was so in the Ratnākara, but not here]. (2) He "suspects an error in the text", — but it is the wrong error. (3) He applies śuddhasvara to an interval containing constructively 5 śrutis, a sense of which the word will not admit. Though he has not quoted his original it is possible to point out two errors the copy may have contained. In (b) Pa (प) should be Ma (म). In (c) śuddhasvara should be śuddhāsvara. The first mistake is an easy one for the pen of a copyist in the Nāgari character, and a constant source of error in writing or reading Hindu musical notation; the second for his ear. The author is obviously deriving his Ga-grāma from the Sa-grāma, and the Suddhāsvara are the neighbouring notes with their proper complement of śrutis, — Dha with 3, and Sa with 4. If these corrections are made the same result is obtained as from the directions of the Ratnākara.

That the Ga-grāma was so called from starting on the Ga of the Sa-grāma is made practically certain by a diagram in the Sangita Taranga, a Bengali (?) work in the Calcutta library.

Mandra (lower octave)
S R G M P D N S R G M
      S R G M P D N   Mudara (middle octave)
Sa-grāma   S R G M P D N S R G
                      S R G M P D N   Tara (upper octave)
Ma-grāma   S R G M P D N S R
                      S R G M P D N
                      Ga-grāma

This diagram is accompanied by the remark: "In the Purāṇas (old works) it is said that upon the viṇā $3^{1}/_{2}$ saptakas are heard". And assurance is made double sure by another passage in a Telugu work[1]); in which the author, after quoting, without conviction, Paterson's solution, says, "There is another view according to which the Ga-grāma is the one wherein the third note of the second octave is taken as the tonic. From this it will be observed that the third grāma, having the tonic in such a high pitch to begin with, is impossible of good execution. Hence it is supposed to be best suited to Gandharvas, a class of celestials in the Hindu mythology. For this reason the scale is otherwise known as Gāndharva-grāma".

---

1) Gana Vidya Sanjivini. By C. Tirumalayya Naidu. 1896. p. 15 of the author's preface.

Starting then with the knowledge that the Ga-grāma was a scale beginning on the Third of the Sa-grāma, in other words an *E—e* scale, and that it was at an unconscionably high pitch, our problem is to find a reason why the directions of the Ratnākara and of Paterson's Darpana (which, not being in this case a copy, is an independent witness) result apparently in a *D—d* scale.

The first thing we may be sure about is that Śarṅgadeva and Dāmodara Miśra, in giving these directions, could count on the **sound** of the scale being familiar to their readers. They would have no need to mention which note of their prescribed series it began upon; and as far as we are concerned, therefore, it may have begun upon any note. The only section of the series which produces an *E—e* scale is 2, 4, 3, 4, 2, 4, 3. This is not exactly the arrangement of the śrutis of the Sa-grāma, which would be 2, 4, 4, 3, 2, 4, 3. The reason of the alteration is, doubtless, that the first three intervals, consisting of 2, 4, and 4 śrutis, would have given a Fourth (*E—A*) of 10 śrutis; whereas Indian theory requires it to be of 9, a result which is secured by the numbers 2, 4, 3.

Secondly, we can hardly be wrong in supposing that a redistribution of śrutis means a readjustment of frets, and, if so, in guessing them, in accordance with a hint of the Sangīta Taranga, to be those of the vīṇā. The vīṇā is tuned thus; the two lowest strings at the distance of a Fifth[1]), the rest in Fourths. It has at present four fretted strings on the fingerboard and three unfretted at the side played as a drone by the (armed) little finger of the right hand. That these three strings may once have been on the fingerboard seems not impossible. The upper string is now used as a "chanterelle", and the lower are played in the 'first-position' only. If "the Purānas" are correctly reported, and there were once $3\frac{1}{2}$ saptakas in the gamut, a vīṇā of seven[2]) strings tuned in a Fifth and five Fourths and played in the first position would give about this compass. But we may even see a reason why the number was eventually limited to four. It the gamut is followed out strictly, the 4th and 5th strings have to be not a perfect but an augmented Fourth apart. On the other hand, if the system of perfect Fourths were

---

1) The object of this tuning was no doubt to supply on the two or three lower strings that drone which is now supplied by the unfretted strings. The two lowest strings are hardly ever touched in performance nowadays; and as far as the melody is concerned may be considered outside the compass of the instrument, which begins therefore with the third string.

2) The constant epithet of the vīṇā in the Vedas and the Mahābhārata is saptatantrī (seven stringed); and the Greeks, whatever they may have meant by it, spoke of the ἐπτάχορδος φόρμιγξ. The analogy of the decrease in number of strings in our own violin tribe, in proportion to the increase in skill on the part of the player, renders it at least probable that the vīṇā had once at any rate more than four on the fingerboard.

maintained and a $B\flat$ introduced into the series, and with it, consequently, an $E\flat$, $A\flat$, and so on, they would be obliged to give up not only the Ga-grāma but the Ma-grāma ii also, as will be clear from the following hypothetical diagram.

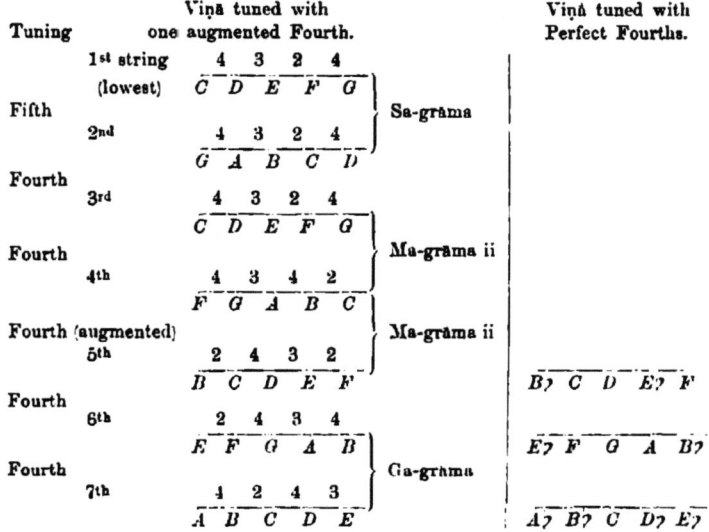

NB. The viṇa stands in A; but it simplifies the diagram without affecting the argument to suppose it in C.

This embodies the diagram of the Sangita Taranga; it contains three octaves and two notes in all; if the working scale may be taken to begin at the 3rd string, seeing, that the 1st and 2nd strings give the Sa-grāma, which was not required for the formation of the Ga-grāma, then the Ga-grāma has "the third note of the second octave as its tonic"; and, lastly, the scale is at a high pitch. The diagram may be said therefore to fulfil the conditions.

But since the 5th string no longer exists we do not know how it was tuned; we neither know in what relation stood to the 4th string not in what scale it stood itself. We see however that it is with the 5th string that the old difficulty of Bfa Bmi would arise; and that it did actually arise the prescription of the Ratnākara is a proof. For the effect produced by this is to change

$$\begin{array}{cccccccc} 4 & 3 & 2 & 4 & 3 & 4 & 2 & \\ \overline{C} & \overline{D} & \overline{E} & \overline{F} & \overline{G} & \overline{A} & \overline{B} & \overline{C} \end{array} \quad \text{into} \quad \begin{array}{cccccccc} 3 & 2 & 4 & 3 & 4 & 2 & 4 & \\ \overline{C} & \overline{D} & \overline{E\flat} & \overline{F} & \overline{G} & \overline{A} & \overline{B\flat} & \overline{C} \end{array}$$

and if this is done in order to produce the Ga-grāma then the Ga-grama intended is

$$\underset{D}{2}\ \underset{E\flat}{4}\ \underset{F}{3}\ \underset{G}{4}\ \underset{A}{2}\ \underset{B\flat}{4}\ \underset{C}{3}\ \underset{D}{}$$

But this Ga-grāma presupposes a $B\flat$ scale as the Sa-grāma on the Third of which it is to begin, and contemplates therefore a tuning of the viṇā in perfect Fourths, the 5th and 6th being fretted on the analogy of the 3rd and 4th strings.

We conclude therefore that Śarṅgadeva is giving directions for playing, on the instruments of his day tuned in perfect Fourths, a scale which was originally laid out for instruments tuned with the augmented Fourth. That it was necessary to give such directions is an indication that the Ga-grāma is older than the other two; and this is also implied in the statement that "it is hidden in heaven and is not upon the surface of the earth."

Bharata does not mention the Ga-grāma by name, though there is plenty of evidence that he was familiar with the thing. The only genuine reference in literature to the Doric scale under this name appears to be in the Harivaṃśa [1]) (not later than the 4th cent). — Then the daughters of Bhīma's race chanted the chālikya (a song in four sections with accompanying gestures) in the divine gāndhāra, the eternal strain delighting mind and ear. The "descent of the Ganges" in the mode which starts on gāndhāra, — this it was they sang in concert, with its beautifully constructed āsārita (prologue). — There is a clear allusion to a mode which 'goes down to' (ā-) gāndhāra. The form grāmarāga, which comes out more clearly in the Calcutta edition, is used in the Ratnākara as the equivalent of rāga, and may imply here that the gāndhāra mode was already regarded as a derivative from an orthodox grāma (sc. Sa- or Ma-). It may be noticed that the ēthos here attributed to the 'divine' āgāndhāra is not inconsistent with that attributed now to the Doric rāgas, which are considered suitable for solemn music.

Historically then the three grāmas may be traced back to at least the 4th century, the third grāma being considered as a derivative of the others, though there are not wanting indications that it is in reality the elder of the three. We should have expected this from the analogy of the Greek scale; but it is proved to be also the case for India by the development of the Diatonic from the Chromatic and Enharmonic — a fact about which there can be, as will be seen, very little doubt. The

---

1) Bombay edition. 19th Viṣnuparvan. 93rd adhyāya. p. 141. tatas tu devagāndhāraṃ chālikyaṃ śravaṇamṛtaṃ bhaimastriyaḥ prajagire manaḥśrotrasukhāvaham | āgāndhāragrāmarāgaṃ gaṅgāvataraṇaṃ tathā viddham āsāritaṃ ramyaṃ jagire svarasampadā || The Calcutta Edn has (3rd line) āgāndhāre grāmarāge.

Greek theorists[1]), it is true, speak with an uncertain voice on this point; but an examination of the Hindu 'altered' (vikṛta) scales, upon which we now enter, makes it abundantly clear that the whole meaning of śruti is an attempt to bridge melodically the first harmonic interval the ear could appreciate — the Fourth, and that out of this grew the semitones and tones of the Diatonic; and that it is not the case that the semitones were first heard and afterwards subdivided into quartertones.

2. 'Altered' (vikṛta) notes, and the scales which result from them.

A preliminary word as to symbols and terminology. A dot placed over a letter which names a diatonic note means that the note is raised one śruti; placed under, that it is correspondingly lowered. Thus, proceeding upwards from B the scale is $B \; \overset{\cdot}{\underset{C}{B}} \; C \; \overset{\cdot}{\underset{D}{C}} \; \overset{\cdot\cdot}{\underset{D}{C}} \; \overset{\cdot\cdot}{\underset{D}{C}} \; D$, etc. Occasionally a second dot is added to mean half a śruti; thus, $\overset{\cdot\cdot}{C}$ is half way between $\dot{C}$ and $C\sharp$. Greek theory was, characterisically, more exact, and indulged in $\frac{1}{4}$'s and $\frac{1}{8}$'s of a δίεσις. But both śruti and δίεσις are in any case indeterminate musically. The 'tetrachord' is here used as a name for the 'filled' Fourth, whatever the number of constituent notes and wherever they may be situated; in other words, 'tetra' refers not to the total number of notes, but to the interval of the Fourth which separates the limiting notes. The Cluster (greek πυκνόν) is the name for the melodic notes clustered at the limits of the tetrachord; they are found above the limiting note, unless it has shifted to form a new tonic and left them below.

Tagore (Musical Scales. p. 96) gives two ways of regarding the vikṛta notes, — ancient and modern (see p. 458).

The two systems are here given in European notes, with the names and numbers of the śrutis to the left and the diatonic scale between them for reference. To the right are placed the meanings of seven of the śruti names; the others are fancy-names.

By the 'meanings' of the śruti-names our attention is directed to two points of the scale which we identify as clusters ($\dot{B}$, $B\sharp$; $\dot{E}$, $E\sharp$) and we gather that the scale began as two conjunct tetrachords ($B-E$, $E-A$). Later on, as the 'modern' form implies, the tonic shifted from B to C, and $\dot{C}$, (from C) was introduced, on the analogy of $\dot{B}$, (from B). Similarly $\dot{F}$, $F\sharp$ (from F) on the analogy of $\dot{E}$, $E\sharp$ (from E). Abundant evidence of this shift of tonic by two śrutis is forthcoming later, as also of an early conception of the scale as two conjunct Doric tetrachords.

---

2) See Appendix II.

	Ancient	Diatonic	Modern	Meaning of śruti-name
Ramya		B		
Ugra	Ḃ			strong
Kṣobiṇī	B♯	C		quivering
Tīvra	Ċ		D?	sharp
Kumudvatī	C♯		D?	
Mandā				
Chandovatī		D		
Dayāvatī	Ḋ		E♭?	
Ranjanī			E	
Raktikā		E		
Raudrī	Ė		Ė	roaring
Krodhā	E♯	F		rage
Vajrikā	Ḟ			hard
Prasāriṇī	F♯		F♯	expanding
Prīti			F♯	
Marjanī		G		
Kṣiti	Ġ		A?	
Rakta	(G♯)		A?	
Sandīpanī				
Ālāpinī		A		
Madantī	Ȧ		B?	
Rohiṇī			B	
Ramya		B		
Ugra			Ḃ	
Kṣobiṇī		C		

But we have an indication here of an intermediate shift of one śruti in the notes Ḋ, Ġ, Ȧ. They look as if they may have been later members of a scale Ḃ Ċ Ḋ Ė Ḟ Ġ Ȧ; and this, if correct, would illustrate a hitherto unexplained point of Greek theory with regard to an early form of the Lydic (see p. 475. Enharmonic Chalara Lydisti).

The ancient scale-makers thought in sharps, the moderns in flats: the former is clear from Bharata, the latter from any cattika. We may guess the reason. When the scale became disjunct ($C-c$, instead of conjunct $B-a$), the fixed notes became $C G C$ instead of $B E A$. This left the notes D, E, A, B liable to change, as we see in the modern rāgas; and any 'alteration' was considered therefore with reference to them, not, as previously, to the fixed notes B and E. The notes so altered are said in the book to be 'flat' and 'very flat'. The F was treated differently. When the Ma-grāma came, as it inevitably would in time, to be placed on the same tonic as the Sa-grāma, in the form

$C\ D\ E\ F^\sharp_\sharp\ G\ A\ B\ C$, the F was made 'sharp' and 'very sharp'[1]). The 'modern' chromatic here displayed is the basis of the conception of the present scale, which, on the authority of Vishnu Degambar's books for northern India, and of C. R. Day's Chakrams for southern India, may be given as follows: —

Northern
$$\begin{bmatrix} & & & F^\sharp_\sharp & & & & \\ & & & F^\sharp & & & \dot{B} & \\ & & \dot{E} & & & & \dot{B} & \\ C & D & E & F & G & A & B & C \\ & & E\flat & & & & B & \\ & D\flat & E\flat? & & & A\flat & B\flat? & \\ & D\flat? & & & & A? & & \end{bmatrix}$$
very sharp. (tivratam)
sharp. (tivra)

flat. (komal)
very flat. (atikomal)

Southern
$$\begin{bmatrix} & & & F^\sharp_\sharp & & & & \\ C & D & E & F & G & A & B & C \\ & & \dot{E} & & & & \dot{B} & \\ & D\flat & E\flat? & & & A\flat & B\flat? & \\ & D\flat & & & & A\flat & & \end{bmatrix}$$
sharp. (tivra)

flat. (komal)
very flat. (atikomal)

What has been said as to the shift of the tonic by a semitone, — that is the shift of $B\ \dot{B}\ B^\sharp_\sharp - E$, for instance, to $C\ \dot{C}\ C^\sharp_\sharp - F$ — throws new light upon two points: upon (1) the old and new method of naming the notes of the scale, and (2) the name ṣadja.

(1) The change of note-names may be shown by writing the full name for the interval, and the solfa names — as altered for the new and old style — for the notes.

	B	C	D	E	F	G	A	B
Old.	Dha	Ni	Sa	Ri	Ga	Ma	Pa	Dha
	Niṣada	Ṣadja	Rṣabha	Gāndhāra	Madhyama	Pañcama	Dhaivata	
New.	Ni	Sa	Ri	Ga	Ma	Pa	Dha	Ni

The accepted theory of the change is that the old method relates to singing and the new to instruments. In the oldest scale we know, vocal, — that of the Sāman chants — the notes are numbered downwards, 1st, 2nd, 3rd, etc. In instrumental music, on the other hand, it is clear that the scale must be reckoned upwards; you can cut more holes in a pipe, or stop a string at discretion, but you cannot lengthen (i. e. flatten) either, except, as an Irishman might say, by taking a new one. To associate a downward nomenclature with voice and an upward with instrument seems reasonable. But it is simpler and more convincing to

---

[1] The word for sharp, Tivra, is taken from first of the series of śrutis; from this are formed degrees of comparison — tivratar, tivratam. The moderns use tivra, and tivratar indiscriminately for "sharp" and tivratam for "very sharp". For tivra, sharp (by a semitone instead of a śruti), cp. French dièse from δίεσις.

believe that, if the names are primarily those of intervals and not those of notes, the alteration in the choice of an initial interval (e. g. Nishāda to Sadja) reflected itself eventually in the name of the note (Ni to Sa). But the two explanations are complementary rather than mutually exclusive.

(2) The name Sadja [= born (ja) of six (sat)] has been explained as 'produced by the six organs' (tongue, teeth, palate, nose, throat, chest). This is one of those *ex post facto* derivations with which uncritical literature teems. One asks immediately why so many or so few as six, and why this particular note singled out for the honour. If the name to be explained had been pañcaja or saptaja there would doubtless have been little difficulty in speaking of the 'organs' as five or seven. And, again, sadja is D old style and C new style. There would be reason in singling out C (but not D) as the note from which all others sprung[1], and to endow it with a respectable heredity would be an intelligible fancy; but to do so is to stamp the derivation as an anachronism. If the scale however began originally on B (Dha), and if D (Sa) was distant from it by six śrutis, there is an appropriateness in the name sadja; and this explanation is supported by the nomenclature of the scale as given on page 31 of Day, where $C\sharp$ is called 'four-śruti' and D 'six śruti', dating obviously from a time where the scale began on B (see page 465).

Bharata's account (Śloka 36 ff.) of the 'altered' notes is as follows: —
Chromatic notes come under the head of Sādhāraṇa (common to both)[2], a condition which he illustrates by a simile. — "Spring has certainly come, but we still feel the shivers of early March". The altered note is nominally at the distance of two śrutis, but in practice varies. "Owing to the minuteness of the interval (lit: delicacy of its execution — prayogasankśmyāt) it

---

[1] This idea is embodied in the shape given to many viṇās, those known as Tausviṇā and Mayuri; the shape and the name are that of a peacock. The connection is to be found in two early solmisations. Of these there are two; in the Mahābhārata and in the Naradaśikṣā respectively

	Mahābbārata		Nāradaśīkṣā	
	Deity	Characterisation	Deity	Analogy in nature
Sa	Agni	Roaring	Agni	Peacock
Ri	Prajapati	Unclear	Brahma	Chataka
Ga	Soma	Clear	Soma	Goat
Ma	Vāyu	Soft, smooth	Vishnu	Crane
Pa	Indra	Smooth, strong	(not given)	Cuckoo
Dha	Bṛhaspati	Heron-note	(-)	Frog
Ni	Varuṇa	Inharmonious	(-)	Elephant

The solitary note of the peacock is an intelligible description of the tonic. The Fourth is recognizable as "soft, smooth"; and the Fifth as "smooth, strong", and as the cuckoo's note, which with us approaches that interval in summer. The trumpeting of the elephant throughout the gamut, and the description of the semitone $B-C$ as inharmonious are suggestive.

[2] cp. p. 479. Sādhāraṇa of the jātis.

is called kaiśika" (hair's breadth). The sharpened Niṣāda ($C\sharp$), is called Ni kākalī (weak); the sharpened Gāndhāra ($F\sharp$) is called Antara gāndhāra (the Ga-interval). [This passage may mean that there are two altered notes Ni kaiśiki ($\dot{C}$) and Ni kākalī ($C\sharp$), but that as neither of them is of definite intonation they are both classed together as Sādhāraṇa]. $C\sharp$ belongs only to the Sa-grāma, $F\sharp$ only to the Ma-grāma. [This seems to bespeak a period when the 'cluster' was beginning to disappear under the influence of the Diatonic, and was recognized only in the neighbourhood of the tonic: that it must have been, at one time, at both limiting notes of the tetrachord is clear from other references, and from the analogy of the ὑπάτη and μέση. "Chroma (sādhāraṇa) is employed in the jātis (modes) in which Ga and Ni are small", [i. e. which have B and E, not $B\flat$ and $E\flat$. He appears to mean that the scale may be $B\flat, C, D \ldots$ or $B, C, C\sharp \ldots$ or $B, C, D \ldots$ but not $B\flat, C, C\sharp$. Modern rāgas bear this out.] "The Chromatic notes form, in the ascending scale, series in which the intervals between the notes are always very small; in the descending scale they are some times small, sometimes large. They constitute the charm (rāga) of the modes (jātis), and produce the śrutis." [If this means that the usual scale formulae will be, for instance,

Ascending $B\ C\ E$, or $B\ C\sharp\ C\ C\sharp\ E$
Descending $E\ D\ C\ B$, or $E\ D\ C\sharp\ B$

and the like, it is of a piece with the modern practice. (See further, page 478.) The phrase "produce the śrutis" need mean no more than 'call into employment the intermediate śrutis': there is no need to suppose it to assert the priority of the Diatonic over the other two genera.]

We may now write out Bharata's 'altered' scales.

Śrutis	0	1	2	3	4	5	6	7	8	9	10	11	12	13	14	15	16	17	18	19	20	21	22	1	2	3	4	5	6	7	8	9
Sa-grāma	C	$\dot{C}$	$C\sharp$		D		E		F					G				A			B		C									
Ma-grāmā. ii.									F	$\dot{F}$	$F\sharp$			G				$\dot{A}$			B		C				D		E		F	

  Kaiśiki⎫   Kaiśiki⎫
  Kākalī⎭   Antara⎭
  Ni sādhāraṇa   Ga sādhāraṇa

The next pieces of evidence are two passages in the Ratnākara; A, vol. i, p. 42; B, vol. ii, p. 993 (Bombay edition).

A. The 22 śrutis are characterised by five epithets; — Madhyā (intermediate), dīptā (brilliant), āyatā or uṣrayatā (extended), mṛdu (soft), and karuṇā (pathetic) [see next page].

To which diatonic notes the śruti-names refer is clear from the unanimous testimony of the theoretical works: and the problem is therefore to discover the appropriateness of the characterisations. The solution here suggested is that they represent a fusion of two scales, — the old conjunct (B—A) and the new disjunct (C—C), — and that the word ‚intermediate' is used in an original and in a transferred sense. In its original sense it was applied to the diatonic notes standing within the

Names of the śrutis.	Characterization.	Old Style	Diatonic Notes.	New Style	
Ramya			B	Sa grāma	Ma grāma i
Ugra	brilliant	brilliant $\dot{B}$			
Kshobinī	intermediate	intermediate $B^?_\sharp$ =	C		
Tīvra	brilliant			$\dot{C}$ brilliant	
Kumudvatī	extended			$C^?_\sharp$ extended	
Mandā	soft			$\dot{D}$ soft	
Caudovatī	intermediate	intermediate	D		
Dayavatī	pathetic			$E\flat$ pathetic	
Ranjanī	intermediate			$\dot{E}$ indermediate	
Raktikā	soft		E	= $F\flat$ soft	
Raudrī	brilliant	brilliant $\dot{E}$			
Krodhā	extended	extended $E^?_\sharp$ =	F		
Vajrikā	brilliant			$\dot{F}$ brilliant	
Prasāriṇī	extended			$F^?_\sharp$ extended	
Prīti	soft			$\dot{G}$ soft	
Marjanī	intermediate	intermediate	G		
Kṣiti	soft				[A♭] soft
Raktā	intermediate				[$\dot{A}$] intermediate
Sandīpanī	extended			$G^?_\sharp$ extended	[.i]
Alāpinī	pathetic		A		[B♭] pathetic
Madantī	pathetic			$B\flat$ pathetic	
Rohinī	extended				[$A^?_\sharp$] extended
Ramya	intermediate	.	B	$C\flat$ intermediate	
Ugra	brilliant				
Kṣobinī	intermediate		C		

tetrachord; in its transferred sense to the chromatic notes standing between the diatonic. The symmetry is somewhat marred by the necessity for accommodating both the Sa-grāma and the Ma-grāma (i); the notes referrible to the latter are placed in square brackets, — how far correctly the reader must judge. On the whole, the scheme repeats Tagore's systems with some variety of detail, and with the addition of solmisatory determinations.

B. This is a list of the intervals of the diatonic scale as altered for the purpose of making two chromatic scales, with their appropriate names and the number of śrutis they contain when altered. The word 'cyuta' is said by Tagore to apply to an interval (not a note, but the two limiting notes of an interval) which has 'fallen' (i. e. been flattened) from its normal position; 'acyuta' means, of course, normal. Bharata's term 'Sādhāraṇa' is here limited to the $\dot{F}$; and the name is no longer applied in the general sense of chromatic, but in the particular sense of one-quarter-sharp.

European notes	Hindu notes, with their appropriate number of śrutis		Names of Hindu intervals, as altered, placed opposite the upper śruti of the interval	Number of śrutis, as altered, in that interval	Interpretation	
					Nr. 1	Nr. 2
Kṣobinī	C	Ni	2			C	C
Tīvra				Kaiśikaniṣāda	3	Ċ	
Kumudvatī				Kākaliniṣāda	4		C♯
Mandā				Cyutaṣaḍja	2	D	
Candovatī	D	Sa	4	Acyutaṣaḍja	2		D
Dayāvatī							
Ranjanī						Vikṛt	Ri
Raktikā	E	Ri	3	Vikṛtarṣabha	4	E	E
Raudrī							
Krodhā	F	Ga	2			F	F
Vajrikā				Sādhāraṇagāndhāra	3	Ḟ	
Prasāriṇī				Antaragāndhāra	4		F♯
Prīti				Cyutamadhyama	2	G	
Marjanī	G	Ma	4	Acyutamadhyama	2		G
Kṣiti							
Raktā				Triśrutipañcama	3	Kaiśiki	(Triśruti)
Sandīpanī				Kaiśikipañcama	4	A	A
Alāpinī	A	Pa	4				
Madantī							
Rohiṇī							
Ramyā	B	Dha	3	Vikṛtadhaivata	4	B	B
Ugrā							
Kṣobinī	C	Ni	2			C	C

In reading this diagram it must be remembered that while the names in the fourth column appear to be those of notes they are really names of intervals, and as such are allotted in the fifth column their due number of śrutis. The numbers in the fifth column mean this: — Kaiśikaniṣāda, at Tīvra, is 3 śrutis distant from the next lower 'altered' note, viz Vikṛtadhaivata, at Ramyā. Kākaliniṣāda is 4 śrutis from the same; Cyutaṣaḍja 2 śrutis from Kaiśikaniṣāda; Acyutaṣaḍja 2 śrutis from Kākaliniṣāda; and so on. Working this out we get two series of notes as altered for chromatic scales, shown in the sixth and seventh columns. The tonic is determined by the śruti-names as C; the first śruti-interval is always Tīvra, i. e. the first śruti-note is Kṣobinī. As they could not be scales at all without the samvādi (consonant note), we may supply also an F. This gives four intervals (five notes) in each tetrachord[1]. Such scales were well known in Arabia, and it has been

---

[1] It should be mentioned that the second part of the second of the Delphic hymns — that beginning τὸν κιθαρίσει κλυτὸν παῖδα, see Musici Scriptores Graeci. Carol. Janus. p. 435, involves this five-note tetrachord. The scale is: $C\ D\flat\ D\ E\flat\ F\ G\ A\flat\ B\ F♯$. Accidentals in our sense are of course quite foreign to any modal system.

held that Indian music was influenced by that country through Persia. But it does not seem necessary to suppose here 9 notes each, instead of 7; they need not all have been used at the same time, any more than the numerously named notes of the modern Hindu scale (in semitonal temperament).

If there are two notes to reject they would naturally be E and B. These were the weak notes of all Hindu scales; they were frequently both altered and omitted. Take them away, and we have before us two scales which closely resemble the Greek Soft, and Tonic, Chromatic (see Macran's Aristoxenus p. 249). Put them back again, and we are perhaps present at an early step in the evolution of the Diatonic out of the Chromatic.

3. Modern Nomenclature of the scale[1]).

The next diagram shows in columns 1 and 2 the two scales we have just been inspecting. In column 6 is the modern nomenclature of the semitonal scale. In columns 3, 4, and 5 are given hypothetical steps for the transition.

Accuracy of intonation is not here in question, and such signs as $D\sharp$, E, $E+$, and $\dot{E}$ must be taken as indications only.

Column 1 is the nearest approach to an Enharmonic scale of which there is any direct evidence; though the śruti-structure of the scale, and the piercings of flutes collected by Ludwig Riemann[2]) form tolerably circumstantial evidence.

Columns 1 and 2. Ri vikṛta and Ri are here left out of account to avoid obscuring the development. (And see above.)

Column 2. Ga Antara obviously gets its name as intermediate between the F and $F\sharp$ of column 1. In column 5 from its position as the middle of these.

Column 3. A new name is obviously required for $D\sharp$, and that for D goes with it. The G is not filled in because there is no means of guessing what its name may have been.

Column 4. The names now change from the old to the new style, and the epithets are taken over bodily by Ri from Sa.

Column 5. New names being required for $D\sharp$ and $\dot{E}$ they are borrowed from the old scales at a place where they are no longer needed, and given meanings approximating to their old ones.

Column 6 provides a tetrachord with six possibilities; with two more provided by the two Ma's, and six more by the upper tetrachord, the scale has theoretically $6 \times 2 \times 6 = 72$. But this is mere tabulation, not history. In practice a dozen or so suffice, now as formerly, for the vast majority of Indian melodies.

---

1) See C. R. Day. p. 31.
2) Über eigentümliche bei Natur- und orientalischen Kulturvölkern vorkommende Tonreihen. Essen 1899 (see on page 580 and App. III).

A. H. Fox Strangways, The Hindu scale.

		1 Soft Chromatic	2 Tonic Chromatic	3 Transposition of 2 with modification of names	4 Combination of 2 and 3 with further modification of names	5 Modal shift of tonic of 4	6 Modern nomenclature combining 4 and 5 cp. Day p. 31.		Glossary.
13	G						Pañcama	G	Acyuta, unaltered
12	Ḟ♯	Ma cyuta	Ma Acyuta						Antara, interval
11	F♯		Ma	Ma	Ma Prati-	Ma Prati-	Pratimadhyama	F♯	Catuḥśruti, of 4 śrut.
10	Ḟ	Ga sādhāraṇa							Cyuta, altered
9	F	Ga	Ga		Ma	Ma	Ma śuddha	F	Kākali, feeble
8	Ė					Ga Sādhāraṇa		E+	Kaiśiki, hair's brdth.
7	E	[Ri vikṛta]	[Ri]			Ga Antara	Ga sādhāraṇa	D♯,E♭	Prati, adjacent
6	Ḋ♯			Sa ṣaṭśruti	Ri ṣaṭśruti		Ga Antara		Sādhāraṇa, twilight
5	Ḋ			Sa catuḥśruti	Ri catuḥśruti	Ga śuddha	Ri catuḥśruti Ga śuddha	D,E♭♭	Ṣaṭśruti, of six śrutis
4	D			Sa (śuddha)	Ri śuddha	Ri	Ri śuddha	D?	Śuddha, normal
3	Ċ♯	Sa Cyuta	Sa Acyuta						
2	C♯	Ni kākali	Ni kākali						
1	Ċ	Ni kaiśiki							
0	C	Ni	Ni		Sa		Sa (śuddha)	C	

In the formation of these scales the *shift of the tonic* has played a great part. The word "tonic" with its modern connotation is perhaps a bold word to use for what in these melodic modes was no more than a central note in process of definition; it needs accordingly some explanation.

When two notes are sounded in connection, either successive or simultaneous, one claims attention more than the other. This is true whether the notes are far apart or adjacent. Three tonics result; which we name, tetrachordal, scalar, and melodic.

In singing, the *higher of two notes which are far apart* attracts more attention, because the upper register of the voice is more resonant than the lower. When any feeling for harmony is present the lower note will tend to relate itself definitely to the higher; and this relation will, inside the Octave, determine eventually to the interval of a Fourth because at that interval the 4th harmonic of the lower coincides with the 3rd of the higher, and there is no closer relationship, within the Octave, for notes so placed together. [Tetrachordal tonic.]

Of two notes for instruments, however, the *lower* has in most cases the greater resonance, and a corresponding tendency to prevail. An obvious method of reinforcing this natural prevalence, which is not in itself so distinctly felt as in the case of the voice, is the addition of a drone; and a drone is the almost invariable accompaniment of the tribal songs of all nations. When, then, the lower of two such notes attracts most attention, the upper one will tend to relate itself to that and will determine to the interval of a Fifth, at which the 3rd harmonic of the lower coincides with the 2nd of the higher. [Scalar tonic.]

As the voice is prior to any instrument, the origins of all scales are logically, as well as in fact, to be traced to the tetrachord with its tonic in the upper note.[1]) For this tonic, as such, there is no recorded Greek name; the Hindus called it 'aṃśa', 'essential' note. They said also that the lower and upper extremities of the tetrachord were related as vādi (sonant) and samvādi (consonant);[2]) this relationship was, later, transferred to the pentachord, so that in Bharata's time the samvādi is referred to as either 9 or 13 śrutis distant from the vādi. When the next step was taken of placing two tetrachords together conjunctly, the point of junction was of enhanced importance; and this is reflected in

---

1) The fact that the earliest specimens of the Organum are in Fourths, not Fifths, is significant in this connection. (The melody is in the upper voice). See H. Riemann Gesch. der Musiktheorie 1898. p. 20.

2) The intermediate notes they called variously anuvādi (assonant), apanyāsa (not-final) or madhyā (intermediate), [as the Descaut writers from their point of view called them imperfect consonances], and contrasted them with vivādi (dissonant) by which they referred to the semitone.

the prestige attaching to the 'middle' note (μέση, madhyama). When next, the octave was added, i. e. $\overline{BCDEFGa}$ grew to $\overline{BCDEFGab}$ (in India, and to $\overline{ABCDEFGa}$ in Greece) the centre shifted again to that note in which the two main harmonic factors, Fourth and Octave, met, and B became a new kind of tonic, under the name of nyāsa (final). If, as seems likely, the drone was, in secular music, attached to this note,[1]) it must have accentuated the otherwise natural demand for a perfect Fifth, and have given impetus to that shift of the tonic to C which actually took place.[2])

But this does not fully account for the actual phenomena of the scale. For we find the aṃśā at varying points of the mode — neither at, nor in consonance with, the nyāsa. We find not only $BCDEF\underline{G}ab$ and $EFG\underline{a}bcde$, but $CD\underline{E}FGabc$, $DEF\underline{G}abcde$. To explain these we must examine the tonic — the increasingly developing centre of a nexus of notes — from another side.

We have hitherto taken the tonic as one of two notes which are far apart, in voice or instrument; we have now to consider it as developed, among adjacent notes.

When two notes are adjacent, when they are mere stopping-places in the upward or downward stream of sound, there is nothing to decide which is tonic; the difference of voice-register or of string-calibre is too inconsiderable to affect the question. Hence we find upward and downward leading-notes, i. e. adjacent notes, equally common in vocal and instrumental modes. But when three adjacent notes are taken together, a tendency to emphasise the middle one sooner or later asserts itself; and the more so the smaller the melodic unit. [Melodic tonic.]

It is clear that Greek and Hindu analysed the melodic facts of the songs they sung as tetrachords filled by melodic units from the lower note upwards. It is on record that they found a succession of these units difficult, if not impossible, to sing in tune, that is, to hear with the mental ear; for Aristoxenus (ch. 28.) says that "the ear cannot apprehend more than two dieses in succession"[3]). What they did in this dilemma was to erect the middle one of three such notes into a tonic.

---

1) It lends considerable colour to this view that in the singing of the Sāman chants, for which the drone is not and has never been employed, the scale is still $BCDEF$.

2) The silence of the theorists both of Greece and India on the question of the drone proves little; the drone is just one of those things which are not noticed till their absence supplies a longfelt want. Perhaps the Greek μέση κατὰ δύναμιν as opposed to κατὰ θέσιν — with its suggestion of a 'function' beyond that given to it by its position' in the tetrachord — implies it.

3) With all our harmonic education and heredity we still have some hesitation in singing successive semitones. If any one doubts this, let him consider whether he

Evidence that this is no mere hypothesis but a fact is to be found in the scale of the Andamanese. M. V. Portman records that their whole diapason[1]) consisted of two quartertones, but that these were regarded as a central note with one degree above and one below. Similarly, a snake charmer, heard by the writer in Madras, played on two pipes[2]) of which one was the tonic drone, and the whole gamut of the other consisted of two semitones[3]), the middle note of which was in unison with the drone.

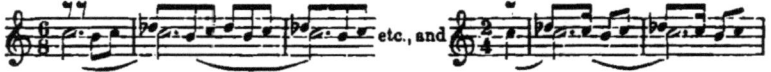

And this tendency may be shown at work in scale-building. There is no doubt that the early Greek Chromatic scale was of the form $B\ C\ C\sharp\ E$. This has also been shown to have been the early form of the Hindu Chromatic. There is equally no doubt that the Chromatic of modern Greek Folksong is of the form $C\ D\flat\ E\ F$; and this is also the basis of the typically Indian scales — the Indic and Gipsy of pages 449, 450. And it is this shift of the tonic, providing it of course with its appropriate Samvādi, that produces the change from $\underline{B}\ C\ C\sharp\ \underline{E}\ (F)$ to $(\underline{B})\ \underline{C}\ D\flat\ \underline{E}\ F$[4]).

It is obvious that there can be no more than one such shift of the melodic tonic as long as the unit is a semitone or less, — namely from an outside to the central note of the Cluster. But when, with the introduction of the tones and semitones of the Diatonic, the Cluster disappears, any note may be, and is, with the help of the drone explicit or implicit, made the scalar tonic; and within the limits of the mode so formed the tetrachordal tonics (μέσαι, and aṃśā) find their place, in harmonic relation to each other, and out of harmonic relation to the scalar tonic (nyāsa).

The ancient Hindus then did two things. (1) They altered the centre of gravity both in the series of "intermediate" notes and in the series of "fixed" notes; producing, in the one case, the change from $\underline{B}\ C\ C\sharp\ E$ to $\underline{C}\ D\flat\ E\ F$, or from $B\ \dot{B}\ C-E$ to $\dot{B}\ C-E\ \dot{E}$ (see later) and in the other, from $B-\underline{E}-A$ to $\underline{E}-\underline{A}-D$, etc. (2) By superimposing the relation of the Fifth, helped perhaps by the drone, upon these systems, they pro-

---

would care to stake his reputation on the accuracy of an F which he approached by semitones from a C; and test it afterwards.

1) This may be only locally true: for Ludwig Riemann (Tonreihen. p. 119) notes that the Andamanese women sing not an octave but a Fifth or a minor Sixth higher than the men.

2) cp. L. Riemann. Tonreihen. p. 37. and Samm. V. 363.

3) They may have been quartertones; no particular note was made at the time.

4) See Appendix IV.

duced in the one case such forms as $B\ C\ C\sharp\ E\ F\sharp$, $(B)\ C\ D\flat\ E\ F\sharp\ \overline{G}$, a gipsy scale, and $C\ D\flat\ E\ F\ G$ the Indic; and in the other the various diatonic modes in which the Fifth challenges the tetrachordal Fourth and eventually ousts it, — $\underline{B}\ C\ \underline{D}\ E\ \overline{F\sharp}$, $C\ \underline{D}\ E\ F\ \overline{G}$, $C\ \underline{D}\ E\ F\sharp\ \overline{G}$, $\underline{D}\ E\ F\ G\ \overline{A}$, and so on[1]). And on these two principles the present day modes are based.

Reflection shows all this to be only an aspect of the familiar contest, — coeval with all vocal experience, reappearing in the old question about transpositions and modes, in Guido's Hexachord, in the Fixed and Movable Doh — of absolute and relative pitch. The twofold shift of tonic is not a transitional stage but a permanent factor of the act. The shift of the melodic tonic is inherent in the choice that is made whenever a substantive note of the scale is treated as a passing note of the melody, or an appoggiatura, or a grace note. The shift of the harmonic tonic is implied in our groups of related keys ($F\!-\!C\!-\!G$, $Fmi\!-\!Cmi\!-\!G$; $Ami\!-\!C$, $Cmi\!-\!E\flat$; $A\flat\!-\!C$, $C\!-\!E$; and the like). In each of these groups the tonic has been, or is in process of being, established by a shift from an outside to the inside member of a nexus of three. And, to point the moral, it may be said that some of the extravagances and unpracticalities into which the English Harmonists (Alf. Day and his successors) have been led, are traceable to a failure to keep this balance true and regard a tonic as what it really is, a point of rest between opposing tendencies; by deriving all discords from the Dominant to the neglect of the Subdominant, and by rejecting as vague and unsystematic those substituted notes and chords, the legitimate descendants of appoggiatura and grace note, which are the true modes of the composer's thought, they have given to their doctrine a suspicious symmetry in place of a reasoned reality. It is the "tables of the Harmonists" over again. But music is not mathematics; and as that wise Greek said, we never can get away from the 'functions' of notes.

In Indian melodies it is difficult, owing to their 're-entrant' or 'circular' nature, to be sure of the tonic, unless the rāga is given (and can be identified) or the drone note is stated. In taking down the following melody from the court-musician at Mysore, note was specially made of the Rāga and the Drone, and the player was asked to 'finish', — a thing the native does not as a rule do. He did so on G. Without these helps our natural impulse would have led us to consider the tonic to be F instead of C.

---

[1] The underlined notes have Fourth relationships, determined from above; the overlined, Fifth relationships, determined from below.

Garuda gamana Rava. (Come, thou rider on the Garuda) addressed to Krishna.

The criticism of another native, to whom this melody was played, was that the final note should have been *C*. This shows perhaps that it is rare to end the piece, if it is ended, on any other note than the drone.

There is similar doubt about a melody on p. 72 of C. R. Day's book. Probably the finish of it would be by prolonging the *C* with which it begins. In fact, as C. J. Sharp points out (English Folksong: some Conclusions, pp. 58 and 62), it is rare to find Folkmusic asserting the tonic both at the beginning and the end; it generally does one or the other.

That the native feels the drone to be necessary to any melody which is at all unfamiliar or elaborate is shown by two instances. A performer at Benares was asked to surcease from droning, which to our ears was obscuring the tune. He did so, but after a few moments said that he could not go on, as he felt 'like a ship without a rudder'. An English air was played to another musician at Dacca, and he instantly began humming the keynote in order to be able better to 'visualise' the tune. This does not imply of course that a villager cannot sing a song as he returns from the fields, or a mother croon airs over her baby, without first sending for a tambura.

4. Dialectical Forms of the Diatonic.

Bharata's Nāṭyaśāstra recognizes only the Sa- and the Ma-grāma. Under these he classifies 18 jātīs, 7 normal and 11 'altered'. Of the 'normal' 4 are assigned to the Sa-grāma and 3 to the Ma-grāma; they are named after their finals — ṣaḍji beginning on Sa, madhyamā beginning on Ma, etc. The 'altered' jātīs are formed by a combination of two or more normal jātīs; some of their names allude to this combination, some are purely picturesque: the final is given in each case, so that it is possible to construct the scale.

A jātī (species, or dialectical form of scale) appears to correspond in all essentials to the modern rāga (melody-type). It is not merely a mode, i. e. a certain succession of notes, which is called mūrchana, but a mode with the addition of certain characteristics. The principal are,

(1) *Aṃśā.* "The abode of musical charm, delimiting the upper and lower tetrachords, and determining all the other elements of the jātī." The word merely means 'constituent part'; a constant *varia lectio* for it is aṅga (member). We may perhaps translate it 'essential'; its essentiality consisting in the meaning it gives to the other notes of the tetrachord, as the μέση did to the ζινούμενοι. Grosset gives "tonique"; but that name must be kept for the final (nyāsa). It is rather the note, or notes, about which the melody revolves, as "Farewell, Manchester" does about the third and sixth, or "Sir Roger de Coverley" about the second and fifth of the scale. [The aṃśās when they occur are underlined, thus: E.]

(2) *alpa,* 'small'. This seems to refer to the size of the interval and to imply that it forms part of a "Cluster. [Marked: a].

(3) *balavant,* lit. 'powerful', 'thick'. This may refer to the note and mean 'strong' in the sense in which that word was applied in Tagore's list (p. 462) to B Ugra: i. e. it means 'sharp'. [Marked: β.]

(4) *laṅghana,* 'stepping across'. A transilient interval. [Marked: ⌒.] Besides using this term Bharata often particularises the notes which are to be omitted, and sometimes after expressly naming these notes he says the

scale is saṃpurṇa (complete, provided with all its notes). In this case it is to be taken in accordance with modern practice as transilient in ascent and complete in descent. [A note which is omitted in both hexatone and pentatone is here marked with square brackets [A]; omitted in pentatone only, with round brackets, (A).]

(5) *bāhulya*, 'manifoldness', 'variety'. Awaits solution. [Marked: γ.]
(6) *saṃcāra* 'passage' (?= cluster). Awaits solution. [Marked: ⌣.]
(7) *apanyāsa* 'not-final'. It is described as 'in the middle of a member' (aṅgamadhye). 'Member' means probably 'section of the scale', i. e. tetrachord (or pentachord?); in which case an apanyāsa is κινούμενος. Also there are several apanyāsas, because there are several aṃśās. [Marked: δ.] Bharata speaks (śl. 99) of groups (gaṇa) of aṃśās, which are called trijāti; he may be contemplating such forms as $\underline{B-E-A}$, and $\underline{B-E-B}$.

The four normal jātis of the Sa-grāma

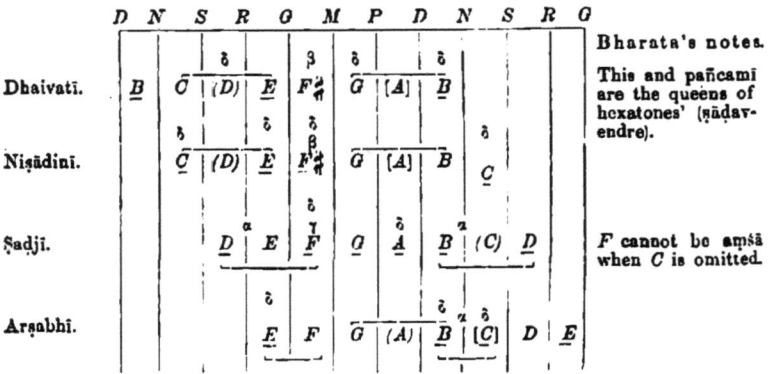

NB. In the third and fourth of these scales though C is stated to be a transilient note nothing is said about laṅghana, and it is accordingly not marked.

There are points of extreme obscurity in these scales; for instance, in Ṣaḍjī, the meaning of five distinct aṃśās. They may be intended as alternatives. And in Niṣādinī, where C can hardly be an alternative, though E and F may, how can C be both aṃśā and apanyāsa? A little more evidence would probably clear these up. But apart from them there are points of interest. Their growth from the original B scale; the treatment of the Clusters at E and B as each new tonic is established; the place of the Cluster in the pentachord, — E F G (A) B; the following of the Cluster by the transilient note, or when it is not so followed the widening of the gap, as between the F and G of Ṣaḍjī (cp. Niṣādinī) or swallowing it up in the gap, as between the B and D of Arṣabhī.

As to the sections into which these scales should be divided, the division for Dhaivatī and Niṣādinī is fairly clear. With regard to Arṣabhī, Bharata gives (śl. 80) a direction by saying "when Gāndhāra (the interval EF) is nyāsa — i. e. when the tonic is E — there are two aṃśās, Ri and Dha (E, B)". We may take the division, then, to be — $\overline{EFG(A)B(C)DE}$. This is not unlike the scale of Terpander (Arist. Probl. XIX. 32.) — $EFGAB{-}DE$; though how this was divided we do not know. Assuming that the division $E{-}B$, $B{-}D$ is right for Arṣabhī we may infer for Ṣaḍjī the division $D{-}A$, $B{-}D$, with the disjunctive tone between the pentachord and trichord instead of beyond them. But perhaps it is better to confess ignorance. Aristoxenus (Harm. 38) had his laugh long ago at those Harmonists "whose account of the keys resembled the observance of the days, according to which, for example, the tenth day of the month at Corinth is the fifth at Athens and the eighth somewhere else".

Taking these four jātis as a whole they appear as four segments of a scale $BC(D)EFG[A]B$; that is, of a complete form $B{-}B$ gradually developed, by the inclusion first of D and then of A, from the form $BC{-}EFG{-}B$. We may perhaps trace the scale in the intermediate stage — $BCDEFG{-}B$ in two passages of Sanskrit literature.

The first is in an early book of the Mahābhārata, where the notes are quoted out of their order, as $SRGMDPN$. It may be a mere mistake; as a later book of the Mahābhārata has them in their usual order. But the second, in the Nāradaśikṣā, gives them in a different order, as $MGRSDNP$. At the least this looks like a doubt of some kind about the upper notes of the scale. But it may be possible to show which note the doubt referred to.

It should be mentioned that the Mahābhārata is giving the notes upwards in the old style, and the Nāradaśikṣā downwards in the new style. Putting the two statements together we get

Mahābhārata.	$SRGMDPN$
Nāradaśikā.	$PNDSRGM$
European notes.	$GBACDEFGBAC$

Now in the modern rāgas there are two methods of negociating transilient intervals, — the conjunct and the disjunct.[1] Bharata alludes to them (śl. 35) under the names of praveśa and nigraha. They are taken, disjunct, as the leap pure and simple, — $G{-}BC$, and conjunct, by such figures as $GAGBC$ or $GBABC$. It is possible that the transilient interval is implied here by an abbreviation of the conjunct form, and that the note intended is A.

If this is so, the Sa-grāma as Bharata knew it is put back to the date of an early book of the Mahābhārata, say 300 B. C.; and the

[1] See C. R. Day, p. 45.

dialectical varieties of the scale which he was classifying to an earlier date still. We may be the more inclined on the strength of it to accept any forthcoming evidence of an early date for the Nāṭyaśāstra.

It is worth mention that the passage in the Nāradaśikṣā alludes to this note, A, as kruṣṭa. Burnell proposed to read kriṣṭa. Both readings may be justified. Kruṣṭa means 'highest', and "is often applied to the highest note of the Sāman scale (F)". But if the secular scale began on and proceeded upwards from B, as is here supposed, A, though a debatable note, was the highest in the Saptaka (conjunct scale). Kriṣṭa, on the other hand, is used of a note to which karṣaṇa 'prolonging' has been applied, and he says "it is occasionally used for the sixth note downwards from F, viz A, indicating that it is prolonged below the mandra (low note) B", the point at which the usual Sāman scale stopped.

One last point about these scales. We note that if the interpretation of 'balavant' (?) is correct, the F of Ṣaḍjī is sharp; that is to say it is really an $F-f$ scale (Hypolydic) not $C-c$ (Lydic); in fact the $C-c$ scale does not appear at all in either these jātis or those that follow. As the jātis are undoubtedly older than the grāmas, which are merely tabulations of them, this may prove a greater antiquity for the $F-f$ scale. But the point is quite unsettled; these are indications both ways.

The normal jātis of the Ma-grāma.

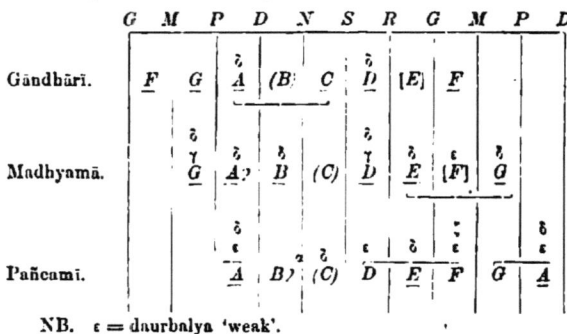

NB. ϵ = daurbalya 'weak'.
ζ = gamana? 'going?'

Madhyamā and Pañcamī "employ sādhāraṇa". In the Ma-grāma (see śl. 36) this means $F\sharp$ instead of G, and will accordingly mean here that the A and B respectively are flattened.

The chief interest of these seven normal jātis lies in their tolerably close correspondence with those given by a commentator[1]) on the famous

---

1) Quoted by Aristides Quintilianus. Meibom. 21. See Westphal Musik des griechischen Altertums. p. 97.

A. H. Fox Strangways, The Hindu scale.

	Greek Scales							Hindu congeners
	Enharmonic							
1. Chalara-Iasti						B $\dot{b}$ C		
2. Syntonolydisti			E		G	B $\dot{b}$ C		
3. Mixolydisti	D	E $\dot{e}$ F				B $\dot{b}$ C		
4. Chalara-Lydisti		E	F$^{\sharp}_{\sharp}$ F$^{\sharp}_{\sharp}$	G		$\dot{b}$ C		= Soft Chromatic (p. 465) cp. Sāman (p. 489)
5. Phrygisti	D	E $\dot{e}$ F			A	B $\dot{b}$ C	D	See page 468
6. Doristi	(D)	E $\dot{e}$ F			A	B $\dot{b}$ C	E	
	Chromatic							
7. Chalara-Iasti		E		G		B C C$^{\sharp}_{\sharp}$		
8. Syntonolydisti		E		G	A	B C C$^{\sharp}_{\sharp}$		Madhyamā, a mode of this (p. 474)
9. Mixolydisti	D	E F	F$^{\sharp}_{\sharp}$			B C C$^{\sharp}_{\sharp}$		= Tonic Chromatic (p. 465)
10. Chalara-Lydisti		E	F$^{\sharp}_{\sharp}$ F$^{\sharp\sharp}_{\sharp}$	G$^{\sharp}_{\sharp}$		C C$^{\sharp}_{\sharp}$		= Gipsy. cp. Indic
11. Phrygisti	D	E F	F$^{\sharp\sharp}_{\sharp}$		A	B C C$^{\sharp}_{\sharp}$	D	
12. Doristi	(D)	E F	F$^{\sharp}_{\sharp}$		A	B C C$^{\sharp}_{\sharp}$	E	
	Diatonic							
13. Chalara-Iasti	D	E		G		B C		
14. Syntonolydisti	D	E		G	A	B C		Gāndhārī, a mode of this (p. 474)
15. Mixolydisti	D	E F		G		B		Dhaivatī, cp. Mahābhūrstā (p. 473)
16. Chalara-Lydisti	D	E	F$^{\sharp}_{\sharp}$	G		A B C		Niṣādinī (p. 472)
17. Phrygisti	D	E F		G		A B C	D	Ṣaḍji (p. 472)
18. Doristi	(D)	E F		G		A B C	D E	Arṣabhī. Pañcamī (pp. 472, 474)

The bracketed D of the Doristi (Nos. 6, 12, 18) is not an optional note, but there were two ways of taking the tonic in that mode, — as D or E. It is characteristic of the Greek to decide either on the presence or on the absence of a note; but, taken as whole, these scales are just as much transilient as the Hindu; the unalterable notes in both stand out as E, B, and C, G

passage of the Republic. They are there given in the Enharmonic form only; but the Chromatic and Diatonic may be deduced from them. They are here transposed down a Fourth for the purpose of comparison.

The Greek scales are older than the corresponding Hindu; for they are in the Enharmonic genus, and the tetrachord is clearly below the pentachord, whereas in the Hindu it is at least open to doubt whether the case is not reversed.

Westphal explains the apparently incomplete forms of the Enharmonic Chalara-Iasti and Syntono-Iasti thus: — The commentator, whom Aristides quotes, plotted his scales on the Lydian gamut $GAB\ldots e$ (12 notes). Of these A was the Proslambanomenos; and as this name implies a late origin we must assume it not to have been in his series, nor, of course, the G below it. He was obliged therefore to omit the A from the Syntono-Iasti, and the G and A from the Chalara-Iasti; and we must accordingly restore them. — If the scales are to be restored that is no doubt an ingenious way of doing it, though an appeal to systems of notation or to structure of instruments is weak ground for the rehabilitation of a vocal scale.

Assuming however that the commentator meant what he said, and that his scales are to be taken in all their imperfection, they are still perhaps susceptible of some explanation.

No. 3 is presumably the oldest; it has no Fifth, and no attempt at filling in the upper tetrachord. It is true the lower tetrachord has five notes, which no other tetrachord has, but they may be alternatives, e. g. $BBCE$ and $BCDE$. In the latter case the Mesopyknon (middle note of the Cluster) is omitted at B, and if this is done at E also we get the Sāman scale; if we take the scale as it stands, it is the soft Chromatic of the Ratnākara (p. 465). Next comes No. 1. The tonic has here shifted from B to C, as is shown by the Fifth, G, above. It is hard to see, otherwise, how this G comes to follow on the E. We should have expected perhaps what we get in No. 2, the extension of the tetrachord to the conjunct scale $(B-E-A)$. In No. 4 we seem to see just that intermediate stage for which we have been looking, — the shift of the tonic from an outside to the inside note of the Cluster. Quite possibly it happened when the Cluster was at E, but there is no record. The Cluster which should have been above E is now placed below G to correspond with that below C which is distributed at the two extremities of what is now, for the first time, an octave scale. E, whose *raison d'être* consisted in being the Fourth from B, is now felt perhaps, and therefore retained, as a ditone from C.

The truth is, surely, that we ought not to expect in Aristides' or Bharata's lists any symmetrical scheme of modes, but only to be thankful to them for having recorded faithfully, without defacing by their tabulation, such dialectical forms as they could gather. There were no doubt extant, if expeditious travelling, and phonographs, and the modern scientific spirit behind these had existed, hundreds of such forms; as is, circumstantially at least, proved by the hundreds of flute-piercings of modern India.

A word may be said about the transilient intervals, a well known mark of all Folkmusic. No one doubts that they are of extreme antiquity; neither is there any doubt that they are relics of the Enharmonic and Chromatic scales; their position, immediately above the Cluster, in Aristides' and Bharata's list is clear proof of this. Helmholtz and Gevaert both point to the interval traceable to the Enharmonic as a proof that the Greeks appreciated the consonance of the major Third. Helmholtz's view apparently is that in forming the tetrachord $B \dot{B} C—E$ the Greeks (1) built upward by quartertones from $B—B\underset{1}{B}\underset{2}{B}\underset{3}{B}$ etc., to E — (2) identified $B—E$ as the major Third from E, leaving the semitone $B\underset{1}{B}\underset{3}{B}$, and then (3) when they had forgotten the origin, presumably, of the semitone, followed a natural tendency to realise the limiting notes better by dividing $B—\underset{1}{B}\underset{3}{B}$ at $\underset{2}{B}$. This is based no doubt on the dictum of Plutarch discussed in Appendix II.

There seem to be several objections to this view of the major Third as the determining factor. In the first place the interval in question was there before any cognizance of the Fifth or the Octave, both of which intervals are far more audible harmonically. Secondly, the E being the fixed note, the theory involves determining C from it, and not vice versa. There was a reason, as we saw, for taking B below E, but there could be no reason for so taking C which is not an audible harmonic of E at all. Thirdly, it is not only the relation $C—E$ which has to be accounted for, but such gaps as are found in the tetrachords $B\,C\,C\sharp—E$, $E\,F\,F\sharp—B$, and $E\dot{E}F—B$ also. Leaving aside the last two, which are rare, there is no real harmonic justification for $C\sharp—E$. The minor Third comes into music as the quotient on dividing the Fifth by the major Third; $\dfrac{C—G}{C—E} = E—G$. But this is not the position in which $C\sharp—E$ occurs at this early stage, if even $C\sharp—E \left(= \dfrac{6}{5}\right)$ can be considered a harmonic interval at all. With the equation $\dfrac{B—E}{B—C\sharp} = C\sharp—E = \dfrac{32}{27}$, the case is even worse harmonically. Fourthly, whatever the Hindu names may be, if they had any, the Greek names for major and minor Third do not suggest any such genesis — Ditonos and Hemitonion. Lastly, the actual sound of these intervals, as sung in modern European Folksong (by all reports) or in India, does not present itself as either major or minor Third, but as something which is neither, and yet perfectly suitable. When the Lascar watch on board a liner, for instance, sings out at each half-hour

Khub dek - ta hai
(Good watch is kept)

the suggestion is neither $B\ G\ B$ not $B\ G\sharp\ B$, but something which could be easily taken as either. It seems quite clear that though major Thirds and minor Thirds may incidentally be sung often enough, the intervals are not thought so; and it is the 'functions' of notes that really matter.

Two points may be mentioned about the modern practice. Notes are omitted in the modern rāgas according to the following table of frequency (the scale is supposed to be $C-c$ with any signature).

(1) B (4) D and A (7) D and G
(2) E and B (5) E and A (8) F
(3) D, or A (6) F and B (9) G, or C.

That is to say, the omitted notes are seldom the stable notes, C, F, and G; commonly the intermediate notes D, E, A, B; most commonly of all E and B. The transilient tetrachord is therefore usually of the form $C\ D\flat-F$ or $C\ D-F$. It is easy to imagine how the transilient note came to be at other parts of the scale after seeing Bharata's jātis, though it would of course be impossible to trace the genesis in any given case. And the second point is that the transilient note appears more commonly in ascent than descent. This is what we should expect if it is the residuary interval in the attempt to proceed by Enharmonic or Chromatic units to the upper note of the tetrachord or pentachord. In proceeding to the lower the voice follows easily any of the forms which nvolve all the notes. It seems possible, though his expression is not very clear, that it is to this that Bharata is alluding when he says "In ascent the intervals [meaning, intervals of the Cluster?] are small but in descent either small or large".

There are too many difficulties connected with Bharata's 'altered' jātis for an intelligible account to be given of them at present. They are formed by the fusion of two or more jātis. This is an accepted principle of modern Indian theory. Rāgas are compounded of two simple ones, and called Chāyālaya (the abode of shadow) or Sālanka (?); or of three, and called Saṅkīrṇa (mixed). The 'abode of shadow' recals another name which Bharata applies to his 'altered' jātīs when be talks of their composite nature as "the Sādhāraṇa (twilight) of the jātīs".

One instance will show the sort of thing.

Text. "Ṣaḍjakaiśikī. Belongs to the Sa-grāma; is heptatonic [in descent only]; essentials Sa, Ga, Pa; weak notes [presumably transilient] Dha and Ri; final Ga; a fusion of Ṣaḍjī and Gāndhārī."

Tentative[1]) explanation.

Sa-grāma		N	S	R	G	M	P	D	N	S	R	G
Essentials $S, G, P.$ Transilients $D, R.$		C	$\underline{D}$	(E)	$\underline{F}$	G	$\underline{A}$	(B)	C	$\underline{D}$	(E)	F
Final Ga											
Transposed		$\underline{C}$	D	E	$(F\sharp)$	G	$\underline{A}$	(B)	C			
Ṣaḍjī				$E\flat$	$F\sharp$			$B\flat$				
Gāndhārī				$E\natural$	$F\natural$			$B\natural$				
Result		C	D	$E\flat (F\sharp)$		G	A	$(B\flat)$	C			

5. Instruments.

We are now in a position to examine the scales of existing instruments. In L. Riemann's Tonreihen (pp. 27—30) are given measurements (taken by an apparatus described on p. 3) of the absolute pitch of the notes produced by the several frets of the guitar tribe and the holes of the flute tribe. The symbols used are: — ♪, in tune; ♩ = 6, ♩ = 4, ♪ = 2, ♪ = 1 sixteenths of a tone sharp; and ♩ = 6, ♩ = 4, ♩ = 2, ♪ = 1, sixteenths of a tone flat[2]).

L. Riemann gives, facing p. 32, a graphic presentation of the scales deducible from the fretted strings, but makes no use of his data with regard to the wind. It is not quite easy to see why. It would be likely that the frets would shift in their journey to Europe; and this was in fact the reason which induced A. J. Ellis to rely only on data taken from actual performance by a native[3]). And there are one or two reasons which make it almost certain that the frets had shifted in this case. In the vīṇās and sitars he quotes, the corresponding notes of the upper and lower octaves (where both exist) are more often than not out of tune with each other. Also, taking the lower octave only, the Fourths and Fifths, which are certainly bound by Indian theory to be in tune, are not so in more than one case out of four. It is needless therefore to consider the other notes, and no theory of the scale can be won from the strings.

---

1) For he says (śl, 45), "In the normal species the final is necessarily the lowest note; but not necessarily in the altered."

2) In interpreting these measurements it has been assumed in this paper that a semitone is the half of a tone, i. e. $\sqrt{\frac{9}{8}} = \frac{15 \cdot 91}{15}$, instead of, as it really is, $\frac{16}{15}$.

3) See Appendix III.

For the wind, the holes are plain facts, and however the flutes are blown the relative positions of the notes are constant. The only difficulty is to know which note is the tonic. There seems to be no objection to assuming that the tonic is the lowest note. That it is not so in the European flute which is keyed proves nothing as to unkeyed instruments. One or two of their scales may be of a plagal nature; but they may be accepted with that reservation.

In the following diagram the notes on the stave are the pitch-notes of the various tonics expressed by the symbols given above. In No. 14, a double flute, the $D_{\#}^{\flat}$ is the drone. The scales are given in terms of C; (+), sharp, and (—), flat; and the numbers are quarter-śrutis (sixteenths of a tone) in the equally tempered scale.

	Chromatic						Ma-grāma			Sa-grāma						Gipsy
	1	2	3	4	5	6	7	8	9	10	11	12	13	14	15	16
Riemann's numbers	74	75	77a	66	77b	78	67b	80	67a	76a	65	70a	70b	73	76b	81
D														0		
$D\flat$												+2	-4			
C	.			.											.	-4
B								-2		-1	0	0	+4			-4
$B\flat$																
A										-1	0	0	+4			
$A\flat$									2							-2
G	.	.		.	-2		0	.	.	0	0	0	0	0		. .
$F\sharp$				-2	-4		0	-4	-2							-2
F	. .	+4	0		0	0	. . .			0	0	0	0	0	0	-2
E	-4	-4	-2	-2	4	0	-4	-2	-2	-4	0	0	0	0-		
$E\flat$	-4	0	-4	0	0										-2	+2
D	2	0	2	+4	-4	-4	-2	0		4	0	0	0	0	+4	
$D\flat$	0	0	-4	0	0											

$C = $ [musical staff notation]

The scales can be read only as approximations, but that is enough for our purpose. They are re-arranged here under the classes we have been discussing. They are of unknown dates, and from known localities.

Nos. 4, 5, 6 show various stages in the passage from Chromatic to Diatonic.

No. 9 is an attempt to build a scale by tones, as 1, 2, and 3 are built by semitones. cp. the upper part (from F upwards) of Nos. 12 and 13.

In No. 8 the + 2 at B may be a faulty upper C, but is more likely to be intended as an unfilled tetrachord from $F\sharp$.

No. 14 is the Gāndhāra grāma, as the drone shows, with the Sixth omitted; it is in fact the Arṣabhī of page 41, just as No. 15 is an inchoate Ṣaḍjī.

No. 16 is a form of the Gipsy scale, D and G being omitted, and F included as an alternative to $F\sharp$, or as a 'correction'.

The absence of a true upper C in Nos. 8, 12, 13, 14 is instructive. It implies that the tetrachords were conceived as independent, and that the melodies were of small compass involving either the upper or the lower half of the series, not both.

Phonograms of melodies actually played by natives on these instruments would seem to be the best chance of recovering the intended intonation of their scales; for these instruments cannot be falsified by assimilation to the equally tempered scale, to which the voice and strings are every day increasingly liable.

6. The accentuation of the Vedas, and the Sāman chants.

Musical pitch in language, short of actual recitative, is apt to seem to us rather a matter of indifference; at most a mere question of individual taste. We know theoretically that it must be present; but we do not employ it, as we do stress, to convey meaning, and we therefore ignore it. It survives however as an integral part of language in some living dialects of China, Burmah, Siam, and other places; and throughout the East poets work up their recitations, beggars their petitions, labourers their mutual encouragements into an improvised refrain, from an impulse almost unknown in Europe.

Greek[1] and Sanskrit[2] reduced this tendency to laws, summing up n them the practice of their day; in the case of Sanskrit the Brahmans were moved to produce accented editions of their sacred books in order to protect themselves against the piracies of the Buddhists (Haug. p. 18). In both cases the musical accent passed eventually into a stress accent; and the result may be seen, in Greek at least, in the settings of modern words.[3]

The compass of the speaking voice is considerable. Even for English it is at least an octave; and for the more vivacious French, Marichelle[4] shows it to be half as much again. The reciting voice however is more limited, owing no doubt to the necessity for employing, in a large room, only the more resonant notes. Observations made by the present writer of the compass employed by a round dozen of public readers showed the following results. The pitch ranged, from first to last, over the $B\flat$ octave; but no individual employed more than half of this. One man would deliberately adopt different pitches for different styles of composition. Another would read rigidly on one note, say D or E, with an occasional drop of a semitone. But the majority had a range of three or four tones. They centred round an upper and a lower note, generally a Fourth, occasionally a Fifth apart, with a tendency to flatten the upper

---

[1] See Hadley, On the nature and theory of the Greek accent, in the transactions of the American Philological Association 1869—70. Reprinted in Curtius' Studien zur griechischen und latoinischen Grammatik. Vol V.
[2] See Martin Haug. Über das Wesen und den Werth des Wedischen Accents. Munich 1874.
[3] See Pachtikos. Aismata Hellenika. Athens 1905.
[4] La Parole d'après le tracé du Phonographe. Paris 1897.

note, and to 'break' on it. The main part of the reading was on the upper note, which ranged, with the individual, from F to A; and they dropped, occasionally for dramatic emphasis, but usually to get a 'take off' for stronger emphasis on the high note.

If this simple observation, which it is open to anyone to test for himself, be borne in mind, the discussion of the Sanskrit accent may seem a little less academic.

Rigveda. The Hindus recognized four pitches; (1) the 'sounded' (Svarita), (2) the 'raised' (Udātta), (3) the 'not-raised' (Anudātta), and (4) the 'toneless' (Pracaya). The symbols for these pitches were for the Svarita a perpendicular line above the syllable, and for the Anudātta a horizontal one below it; the others were left unmarked[1]). Haug (p. 20) connects these symbols with the raising and lowering of the head, which is still the practice in reciting the Vedas, pointing out that when lowered it "assumes a more or less horizontal position"; it seems however at least as likely that they were adopted as the most obvious contrast to the shape of the Nāgari characters, the majority of which contain one perpendicular stroke, and all of which surmount it with a horizontal. The symbols for the Sāmaveda were numerals placed above and between the syllables, the notes between the syllables being of the nature of ligatures and grace-notes; the highest was usually marked 1, and from that downwards to 5, 6, or 7; 6 and 7 occur rarely above the syllables, i. e. as substantive notes of the scale. These Sāmaveda symbols are not ancient, nor universal.

For the Rigveda the relative pitch of the four accents seems to be fairly established. The Svarita was the highest, the Udātta next, the Pracaya the same as the Udātta but less definitely vocalised, and the Anudātta lowest. Absolute intonation can hardly be looked for in this sing-song utterance, — the λογῶδές τι μέλος of the Greek.

The Svarita, which had seven or eight different forms, was a combination of pitches, but seems in every case to include a drop from a high (generally sustained) note to a lower (shorter) one. Some instances are given (Haug p. 50) of the modern practice: —

It is introduced wherever in the Saṃhitā (the words arranged for poetry as opposed to Pada, prose) two vowels come together, and alteration, rejection, crasis, etc. ensues; and it resembles in the latter case the Greek perispomenon. The Udātta is a single unaccented note, and the Anudātta a single accented note below it.

---

[1] See further, O. Fleischer. Namensstudien, vol. i, pp. 52, 53.

Haug gives an example, a page further on, of the sort of form modern recitation takes in the mouth of a Maratha Brahman, of which two fragments are printed here: —

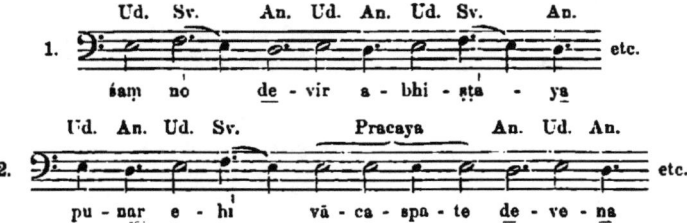

Burnell[1]) gives the same intonation for the Rigveda on the Malabar coast, and it agrees with a recitation heard by the writer in Madras. There can be little doubt therefore as to the present practice. It is probably this present practice merely that the Nāradaśikṣā is reflecting when it establishes the identities — Svarita = Madhyama, Udātta = Gāndhāra, and Anudātta = Ṛṣabha; that is to say, it probably intends the notes F, E, D (new style) and not G, F, E (old style).[2])

The Māṇḍūkiśikṣā, on the other hand, is ancient (Haug p. 52), and its identities are there given as, —

Svarita = Ṛṣabha (E)
Anudātta = Sadja (D)
Udātta = Niṣāda (C)
Pracita (Pracaya) = Dhaivata (B)

There seems to be some misunderstanding here about the accents, as it is obviously impossible that the Udātta should be below the Anudātta; but in the scale we get a glimpse of an earlier state of things than the present.

---

1) Most of what is known of the Sāmans is contained in four books by A. C. Burnell; of which the two first have most bearing on the present subject.
Arsheyabrāhmaṇa. Mangalore 1876.
Samhitopanishadbrāhmaṇa 1877.
Jaiminīya Arsheyabrāhmaṇa 1878.
Riktantravyākaraṇa 1879.

2) This may incidentally, some day, help to a date for the book. It cannot at present be said when the new style was adopted. The Ratnākara (1230) and its shadow the Darpaṇa (1625) employ the old, and the Rāgavibodha (1609) the new. That the Nāradaśikṣā is not early is further indicated by the development of the scheme:

Sr.	An.	Ud.	Sr.	An.	Ud.	Sr.
Pa.	Dha.	Ni.	Sa.	Ri.	Ga.	Ma.

This smacks more of system than is consistent with any very close proximity to the facts. The original meaning of Anudātta (low accented) as against Svarita (high accented) must have long been lost before they could be combined in a series which placed Svarita below an Anudātta.

Sāmaveda. The general character of the Sāmans is described by Chrysander.[1]) Their special musical interest for us here lies in the gradual expansion, upwards and downwards, of the original gamut of the Rigveda.

Its growth downwards may be traced in a general way through the texts, given below in rough chronological order. The original tetrachord (whatever it was) is known in all the texts by the numbers (reckoning downwards) of the notes: — prathama, dvitīya, tṛtīya, caturtha; the remaining notes, the 5th, 6th, and 7th are given as follows: —

	Texts	7th note (G)	6th note (A)	5th note (B)
1	Sāmavidhāna-brāhmaṇa		ṣaṣṭa, sixth.	pañcama, fifth
2	Svaraparibhāṣa		antya, last.	mandra, low.
3	Sāmatantra			'bi'. The lowest of five solfa names.
4	Nāradaśīkṣā	atisvara. extreme note	kruṣṭa[2])	mandra
5	S. Indian texts.	atisvara	anusvara after-note	mandra

We see here considerable hesitation in going below the 5th note, and the 7th is quite a recent addition. This accords with the practice of living Sāmagahs. They hardly ever use the 7th note, and even the 6th does not occur in the transcription given by Burnell (Arsheyabr. p. xlv). As the book is out of print and difficult to obtain the transcription is given here, omitting the words, which are of less interest now that the accents have definitely given place to musical notes. Bar lines are placed at the end of a word, and slurs on notes which go to one syllable.

1 Über die alt-indische Opfermusik. Vierteljahrschrift für Musikwissenschaft 1. Vierteljahr 1885.

2) Kruṣṭa = highest. Burnell proposed to read kriṣṭa (see above). But if the scale began, as there seems reason to believe, on B, the highest note from that would be A, which is also the 6th note (as here) when the scale was counted downwards from F, (see p. 474).

The 5th note is, in these examples, pretty well established; and we may take it that for a considerable period the five solfa syllables — *gi, ji, ḍi, di, bi*, — of the Sāmatantra, alluded to above, represented the whole compass.

Burnell's view[1]) that the five notes of these chants were $BCDEF$ is based merely on modern performance; for the authority of the Nāradaśikṣā, to which he appeals in support, has been shown to be suspect. Still, waiving the exact intonation for the present, the examples fall naturally into two tetrachords, $B—E$ and $C—F$, the former preponderating in No. 2 and the latter in No. 1.

This is borne out by some fragments of Sāman sung at Mysore and Madras, and noted at the time by the writer. The Mysore singer kept practically within a compass of five notes, $B—F$, and the greater part of his chanting was on CDE, — B and F being only lightly touched as a rule, though once or twice F was dwelt on. These three notes were his rendering of the numbers 321 written over the text (in the Bibliotheca Indica). 5 and 4 he treated as duplicates of 3 and 2; 6 did not happen to occur; and 7 he rendered as a sort of low wobble ($C\,\breve{D}\,C$). The numbers in the text, — i. e. practically the ornaments as opposed to the substantive notes of the scale, roughly 3 4 5 6 — he sang as ligatures, calling them karṣaṇa, a more or less staccato group. It was clear that, though not in exact accordance with the particular text, he was singing on some definite plan, because however often he repeated a particular passage, it was always in the same way.

The Madras guru began with an apology for not singing in the proper pitch, owing to his infirmities and his age (he said he was 73). Then he opened his right hand and touched the fingers successively with the thumb, while the left hand swayed about as if to indicate points of expression. After he had sung it all through, he repeated it by request, and did so in exactly the same order. He explained that the service or hymn was in four sections; and the phrases noted below are the typical themes of them. They increased in pace and 'brio', and in the performance of the last section he was worked up to a pitch of fer-

---

1) Arsheyabr. p. xlii.

vour. Most of the long notes were, of course, ornamented in some such way as is shown in No. 1.

In 1 and 2 the 'essential' note seems to be E (of the tetrachord $BCDE$); in 3 and 4 it is C (of the tetrachord $CDEF$).

The interesting question now is, which was the earlier of the two tetrachords. Light is thrown upon this by the 'upward expansion' of the tetrachord alluded to above.

Mention has been made of the 'Guidonian' motions of the hand in vocal performance. The following are the directions given for them in the Dhāraṇalakṣaṇa and the Nāradaśikṣā respectively.

(1) "Kruṣṭa also (is indicated by) joining the ends of the thumb and forefinger. (Pointing) at the end of the thumb the first note (prathama) is recited. Touching (with the thumb) the end of the forefinger the second note is recited. The third at the foot of the middle finger, and the fourth at the foot of the ring finger (are indicated). The mandra at the bottom of the little finger. Svāra (? all that relates to sound) by touching the tops of all the fingers. Thus in the right hand held opposite to the face are the indications. In the palm of the hand held in the shape of the ear of a cow are indicated the seven notes."

(2) "Kruṣṭa is at the top of the thumb; prathama is in the thumb[1]). Gāndhāra is in the forefinger, ṛṣabha in the next finger. Ṣaḍja is in the ring finger, dhaivata in the little finger, and niṣāda at the bottom of the little finger."

In both passages we find the thumb doing duty for two notes, prathama and kruṣṭa. The Mysore singer mentioned above said they were in a sense the same but he wasn't sure. It is difficult to account for the

---

[1] In the Māṇḍukiśikṣā, quoted by O. Fleischer in Neumenstudien, vol. i, p. 50, these words are omitted, and the next altered; and the directions there are for the pentachord $ABCDE$, whereas here for the hexachord $ABCDEF$. If this śikṣā is, as Haug thought, the elder, we have the two stages before us.

fact of one being called "the first" and another "the highest" except on the supposition that one of them was taken into the system after the other.

How this came about we may perhaps guess from the notation of the Sāmans; and the hypothesis, if correct, would go some way towards showing why there has been a doubt as to whether the Udātta or the Svarita was the highest of the Rigveda accents, and why the Udātta emerged eventually, like the Greek oxytone, as the bearer of the stress accent.

Burnell[1]) gives the various markings for the accents in the Pada and Saṃhitā of the Sāmaveda. The Svarita is written 2, with or without an added symbol to mark the particular kind of Svarita, and the Anudātta 3, in all cases. The Udātta is, in the Pada, written 1, unless it follows the Anudātta and is not followed by the Svarita, in which case it is written 2. In the Saṃhitā the Udātta is written 1, except before Anudātta when it is written 2, or when not followed by Svarita, when it is written 2a. This, he says, shows that the pitch is relative, and is not to be identified (as in the Nāradaśikṣā) with absolute notes.

However the details of this notation may have been arrived at, we get, musically, a general impression of a low (Anudātta) and a high (Udātta) note, the latter being often forced, by various forms of appoggiatura, higher still; returning afterwards to its original position or even lower, and then called Svarita. Though while the accents remained accents we may not be justified in assigning to them definite musical pitches, yet as they became vocalised in the chants it was inevitable that they should, sooner or later, enter into some intelligible musical relationship. This relationship can, by all experience and analogy, hardly have been other than that of the Fourth: and the situation thus created is that of two notes a Fourth apart, with some variety introduced into the intonation of the higher note by the traditional method of singing it when accented with an appoggiatura, or as a 'figure'; and this tradition is still to be seen in operation in the numerous grace-notes of modern Indian melody. Gradually the appoggiatura asserted itself as a substantive note, and there arose two competing tetrachords, $B-E$ and $C-F$.

A provisional reading, then, of the data here exhibited might be somewhat as follows.

The fundamental accentuation of the Vedas consisted in an opposition of a high and low accent (Udātta, Anudātta). Owing to different problems that arose from the collocation of words the high accent came to be dwelt upon, and variously dwelt upon. Out of this arose 'figures' of seven or eight well known types (Svarita), which turned about the high note (Udātta). These were originally purely ornamental, and were based

---

1) Riktantravyākaraṇa pp. xxxlviii and xlvii.

on what is, as may be seen to-day, a fundamental characteristic of Hindu utterance, — the grace note. The foundation of the system remained the same, a 'raised' and a 'not-raised' register; but the Svarita, attracting attention by its ornaments, drove the 'raised' note into an unaccented, more or less subordinate position, though not to a lower pitch relatively to the 'not-raised'. From this point there is a bifurcation. The Rigveda accents lost, on the one hand, their musical importance for general purposes, and became stress accents. Here only two gradations were needed, a stressed and a not-stressed; and these naturally identified themselves with the raised and the not-raised. On the other hand, for the particular purpose of the Soma sacrifices, they became vocalised; and here the 'raised' and 'not-raised' entered perforce into definite musical relationship. Assuming that to have been the relationship of the Fourth, the ornaments of the Svarita introduced hesitation before long into the true intonation of the Udātta. This communicated itself in time to the Anudātta, and there arose two competing tetrachords (e. g. $B—E$ and $C—F$), whose limiting notes became the pivots of the system. And this is fully borne out by such fragments of Sāman as we process.

Meanwhile the scale had, in secular music, undergone considerable development. The three stages known to us in Greek music as Enharmonic, Chromatic, and Diatonic, had resulted in a variety of gamuts over all parts of India, which was gradually being classified in terms of the Diatonic. In the nomenclature of this genus the Sāman gamut is successively stated, at two periods probably far apart, to be $B C D E$ and $C D E F$. It is assumed that the Vedic accents, in so far as they were vocalised, found a place in this gamut, $B C D E F$, as B (Anudātta), E (Udātta), and F (Svarita). Later theory, interested rather in system than in historical accuracy, placed them as D, E, and F respectively; added below them the corresponding notes A, B, and C, — and, to round off the saptaka, G. The interest of this lies, as Burnell points out[1], in the conception it implies of the scale as a series of tetrachords ($A—D$, $B—E$, $C—F$), like the Graves, Finales, etc of Hucbald's Musica Enchiriadis, rather than in any fancied contribution to its history. And in spite of this positive assertion of a seven-note scale, there is reason to think that the practical compass of the Sāmans rarely exceeded five notes. And that, when once the scale had become diatonic, it should have been any other set of five notes than those mentioned, seems unlikely in the face of the express statements of the Māṇḍūkiśikṣā and the Nāradaśikṣā, and of the constitution of Bharata's jātis: though it is quite possible that in some previous enharmonic or chromatic stage of the scale the tetrachords may have been differently filled up.

---

[1] Arsheyabr. p. xlvii.

Summary.

The data for the scale, which have been presented in reverse order, it will be well now to summarise in historical order.

The rhapsodist (kāṭhaka, ἀοιδός) chanted[1]) the inspired writings of Greece and India[2]), partly, no doubt, as an assistance to the memory, partly as the appropriate form of public utterance. The recitation of the Vedas and especially of the Rigveda developed in time a system of accents whose interest is purely linguistic. These accents, dwelt upon in the liturgy of the Sāmaveda, took on tone, and defined themselves eventually as two notes at the distance of a Fourth, to the higher of which appoggiatura was habitually applied. Intermediate notes of unknown intonation filled the gap: for the series so established the names of the Rigveda accents were used; and the scale, numbered downwards, took eventually some such form as,

$$?? ? \quad\quad ??$$
$$(G\ A)\ B\ C\ \underline{D}\ E\ \underline{F}$$

the D being often omitted, and it being quite impossible to fix any date as to when the Chromatic $D\flat$ passed into the Diatonic D. The notes underlined are the limiting notes of two tetrachords $(B—E, C—F)$ called aṃśas, here translated 'essentials'.

This music was unaccompanied, and it was perhaps owing to the absence of the drone that the F was able to hold its own against the B, and that the system remained tetrachordal. The G being almost never, and the A very seldom used, we have in this Sāman scale a genuine Mixolydic[3]) (Locrian, B scale). It is on record[4]) that secular music comprised songs of larger compass, and accompanied; but no fragment of sacred or secular music of any antiquity has been preserved[5]).

We are driven therefore to the theorists. The earliest of them is certainly within our era, a date at which the Greek scale was thoroughly known and analysed. The rest are mere moderns, ranging from 1200 A.D. to the present time. The story they have to tell is as follows.

The universal impulse of music to single out one note of a tune as a centre to which others may be referred took three forms — melodic,

---

1) This practice may still be heard in India. At the Sanskrit College in Calcutta, and no doubt elsewhere, portions of the Mahābhārata are periodically so recited, and afterwards commented on in Bengāli. The scale, as heard on one occasion by the writer, was $G\ A\ B\ C\ D\ E\ F$.
2) On the connection of the two countries see Appendix V.
3) See Appendix VI.
4) Chrysander, loc. cit.
5) The earliest recorded melodies (secular) are those of the Rāgavibodha (A. D 1609) published as 'The Musical compositions of Somanātha'. R. Simon, Leipzig 1904. But they contain uncertain indications of key and time, and are at present only valuable for the detailed exposition of the grace-notes.

tetrachordal, and scalar. The melodic tonic made itself felt in the attempt to articulate the continuous stream of sound, from low to high, by a series of equal melodic units. These units, regarded as melodic merely, were purely indeterminate. The name for them, śruti, is applied to the quarter-tone nowadays. But no doubt the Folk were singing songs in quarter, half, and whole tones long before any theorist came on the scene, and their intervals were as indefinite as the name, śruti, — 'what is heard'. It was found in practice impossible to hear truly more than two of these in succession; and the difficulty of hearing even two of them was lessened by thinking the intervals not as an upward series from a starting point but as an upward and downward approach to a central note; — in other words, by a shift of tonic. It was impossible to continue the series of notes beyond three when the intervals were quarter-tones and semi-tones: but there are instances of scales, in the flute and oboe tribe, based upon a succession of tones[1]), and no doubt the Hypolydic (F—f) is to be explained in this way[2]). The appearance of these scales, which ignore the elementary relation of the Fourth or Fifth, can possibly be explained as the realisation of the compound (the Tone) before that of the constituents (the Fourth and Fifth), just as the semi-tone was realised before its constituents the Fourth and major Third, and is on a par with the unconscious absorption of the 7th and the 9th into our system. But these whole-tone scales were rare; and the problem was to continue the series of semi-tones and quarter-tones.

The tetrachordal tonic arose in the effort to find a note consonant to a given note of unaccompanied song. Owing to the greater sonority of the higher register of the voice, the tendency was to look for this consonant note below, not above; and for a reason already given this resulted in the establishment of the Fourth as the fundamental consonance. When song was accompanied by a drone[3]), or when the music was purely instrumental the tendency was to look for the consonant note above, not below; and this generated the Fifth as the second fundamental consonance, a consonance namely to the scalar tonic. Hence conjunct scales, comprised of two Fourths, are of vocal origin and precede disjunct, a Fourth and a Fifth, which are of instrumental. The latter involve the conception of the Octave also, which to judge from the Folksong of the less developed peoples — the best substitute we have for antiquity of record — is of later establishment than the Fourth and Fifth. The historical order in which the harmonic relationships have been introduced — $\frac{4}{3}$ and $\frac{6}{5}$; $\frac{4}{3}$; $\frac{3}{2}$; $\frac{2}{1}$ — is hardly what we should have

---

1) Compare the Burmese 'Patala' (7 minor tones), Ellis. p. 506.
2) Compare p. 480. Flutescales, Nos. 7, 8, 9, 12, 13.
3) See pp. 467 and 469; and Appendix X.

expected; though it must be understood of course that the early discoveries entirely lacked precision.

So far then they had a given note — say, E — with a cluster of small intervals, — $\underset{1\ 2\ 3}{E\ E\ E}$ — above it, and a consonant note B below it. The E soon found a consonant note, A, above it; and the B soon furnished itself with a 'Cluster'. This word translates the Greek Pycnum. The Hindus must have had a word for it (saṃcāra? see p. 472) for they certainly had the thing. Though no traces of it exist in modern scales, — except in so far as the semi-tone, particularly as used in Indian melodies, is such — the Transilient intervals which are a characteristic feature of Hindu rāga (melody-type) are a standing proof of its former existence. These, as has been shown, represent the gap between the upper note of the Cluster and the upper note of the Tetrachord (or Pentachord). They are to our, but not to the native ear, Major and Minor Thirds; the former a relic of the Enharmonic, the latter of the Chromatic genus. They occur in either half of the scale, or in both; in the latter case they are a perfect Fourth or Fifth apart in the large majority of instances.

Of the shift of the melodic tonic mentioned above there are distinct traces in the development of the 'altered' notes and the scales that result from them; in the relative forms of the Chromatic, ancient $BCC\sharp-E$, and modern $CD\flat-EF$; and in more than one inchoate scale of the less advanced music of India.

Of the passage from the tetrachordal to the scalar tonic, brought about by the persistence of the drone, from the upper note of the tetrachord to the lower note of the pentachord, there is evidence in the ousting of the ancient conjunct scale by the more modern disjunct, and in the systematic division of southern Indian scales into Suddhamadhyama and Pratimadhyama, — those with F and with G respectively as the consonant to C; and we catch perhaps a reflection of it in the Mahābhārata's (? 300 $B.\ C$) "sweet note Gandhāra" (F) and Bharata's (? 500 $A.\ D$) "the queen of notes, Madhyama" (G). The scale on page 461 is evidence that the Hindus did not think beyond two small melodic units; if Bharata's words are rightly interpreted it is a genuine Enharmonic relic. But the stages which led from it to the two forms of Chromatic on page 463 (which may be identified with the Greek Soft and Tonic Chromatic) are not now recoverable. These three scales are important, however, apart from their exact intonation, as showing that the Hindus passed through exactly the same travail as the Greeks in giving birth to

The Diatonic. Of this there are four main forms of which the chronological order is likely on the whole to be as follows: —

(1) $C\ D\flat\ E\flat\ F\ G\flat$. Here called the 'Sāman' scale, and treated in melodies as two superposed tetrachords $C\ D\flat\ E\flat\ F$ and $D\flat\ E\flat\ F\ G\flat$. The $E\flat$ being the latest note accepted into the scale was only gradually employed, and these tetrachords were as a rule of the form $C\ D\flat—F$, and $D\flat—F\ G\flat$. As the former has long been known as the 'Olympic' tetrachord the latter is here christened the "Sāman" tetrachord.

(2) $C\ D\flat\ (E\flat)\ \overset{(\flat)}{F}\ G\ A\flat\ (B\flat)\ C.$ Called, by Bharata, Dhaivati, and known later, with the omissible notes fully instated, and the Fifth definitely perfect, as the Ga-grāma.

(3) $C\ (D)\ \overset{(\sharp)}{E}\ F\ G\ (A)\ B\ C$ called by Bharata Niṣādinī, and known later, in its complete form and with the augmented Fourth, as the Ma-grāma.

(4) $C\ D\ E\ F\ G\ \overset{(\flat)}{A}\ B\ C$ the (old) Sa-grāma with a slightly sharp 6th, due to a desire to build the scale consistently on Fourths and Fifths. All the Fourths and Fifths are perfect except $F\ B$ and $B\ F$. These we may feel pretty sure they altered[1]) after the manner of all other nations that have reached this point in scale building, by means of an $F\sharp$ or $B\flat$. The need for flattening this sharp 6th arose when the interval $C—E$ was felt as a major third $\left(\frac{80}{64}\right)$, and the previous 'Pythagorean' ditone $\left(\frac{81}{64}\right)$ was abandoned. Their modern scale is indistinguishable from our equally tempered.

All these scales and the transilient scales have, of course, been subjected to modal influence; the modern Chromatic ($C\ D\flat\ E\ F\ G\ A\flat\ B\ C$), the modes we are accustomed to call Ecclesiastical (which are all used except the B scale), and the favourite transilient, $C\ D\ E—\ G\ A—\ C$, are instances. Practically, there is hardly any imaginable scale based on tetrachords composed of

(1) Tone, Tone, Semitone
(2) Tone and a half, Semitone, Semitone or on augmented tetrachords comprising
(3) Tone, Tone, Tone
(4) Tone and a half, Tone, Semitone

which does not find a place in Indian rāga. Yet with all this wealth their modes of musical thought are not unlimited; and half a dozen of their scales would probably cover more than half the melodies they know.

The $B—b$ and $F—f$ scales are usually considered to be modes of the $C—c$; but the real fact may be the converse, that the $C—c$ is the joint product of the $B—b$ and $F—f$. The foregoing pages lend some colour to this view. We find Indian tetrachords formed on different melodic units, — quartertone, semitone, and tone; and limited or corrected by harmonic determinations, — Fourth, and Fifth. Thus: —

---

1) See page 456 and Appendix VII.

		Quarter tone	$C \dot C C \natural$				
Melodic units	{	Semitone	$C \quad C\sharp \quad D \quad D\sharp$				
		Tone	$C \quad\quad D \quad\quad E \quad\quad F\sharp \quad\quad G\sharp$				
Harmonic units		Fourth and Fifth	$C \quad\quad\quad\quad\quad\quad F \quad G$				

The larger the melodic unit, the greater the number that can be thought in succession. From the combination of these with the harmonic units result the following tetrachords: —

Origin	Genus						
Quartertone	Enharmonic	Type	$C \dot C C\sharp$			F	
		Mode	$C \dot C$		$\dot E$	F	
Semitone	Chromatic	Type	$C \quad C\sharp \quad D$		E	F	
		Mode I	$C \quad\quad D\flat$		E	F	
		Mode II	C	$D\sharp$	E	F	
	Diatonic	Type	$C \quad\quad D\flat$	$E\flat$		F	
		Mode I	$C \quad\quad D$	$E\flat$		F	
		Mode II	$C \quad\quad D$		E	F	
Tone		Type	$C \quad\quad D$		E	$F\sharp \quad G\sharp$	
		Correction I	$C \quad\quad D$		E	$F\sharp \quad G$	
		Correction II	$C \quad\quad D$		E	$F \quad G$	

The tetrachord $CDEF$ is arrived at therefore in two ways; as a mode of the semitonal diatonic $BCDE$ and as a correction of the tonal diatonic $CDEF\sharp$. This appears on the one hand to shed some light on the names by which the Greeks knew these scales; the Lydic $C—c$, the normal type; and the Mixolydic $B—b$, and Hypolydic $F—f$, remoter forms of it. And on the other, to suggest a reason why the $C—c$ scale, the meeting point of those of semitonal and those of tonal origin, should be the basis, as by common consent it is, of between 25 and 50 per cent of the world's modal melodies. And again the derivation of the Mixolydic and Hypolydic — the former semitonal with its suggestion of compression, and the latter tonal with its suggestion of expansion — provides a reasonable basis for the ēthos, universally attributed to them, of sobriety and merriment respectively.

Conclusion.

Broadly speaking, what Sanskrit does for the languages of Europe, that Gāndharvakalpa (the doctrine of music) does for its Folksongs. It explains them and is explained by them. There is hardly a principle of Greek music or Ecclesiastical which is not exemplified in Indian theory; and the more we investigate what we really mean by 'mode' the more we shall probably find that a thorough knowledge of Indian rāga will assist us.

Rāga is the unsystematic, unscientific attempt of an artistic nation to reduce to law and order the melodies that come and go on the lips of the people. It is a book which the musicians of each succeeding age tear old chapters out of and write new ones in. It is a religion which the players and singers of every generation and locality honour equally in the observance and the breach. The book we should write would be very different in detail, but its principle would follow the general line of this Book of Melody. The notes of our scale are weighted with all connotation they have received from the harmony of nine centuries; but that only means that we must have harmony rāgas instead of melody-rāgas, that we must study the polyphonic 'essentials' and 'grace-notes' and 'drones', and turn away from the barren 'laws' of chords and vetoes of progressions. It there can be melody-types of single notes there can be melody-types of tonal centres, or whatever may be held to express the irreducible minimum of our system; and a definition of melody which would suit both these would be, — 'the allotting to essentials and unessentials their due place and importance in sequent sound'.

But the point lies less in the word 'melody' than in the word 'type'. We have laws of sound, but types of beauty. In art prescription and prohibition are alike vain. Or if there is a law for art at all, it is, to negate its own law in the act of obeying it; in music, to posit some general tendency of harmony, or tempo, or curve, and then to refuse to conform entirely to it — to say its say with a difference. The facts of music are few and simple; the applications innumerable and intricate. Progress seems to lie in the direction of storing the mind with 'types' of these applications.

If the one great problem of music whether homophonic or polyphonic is the establishment of a key, the most illuminating instruction is that which takes many concrete instances — of different ages, nationalities purports, aspects — and shows by apt classification how it has been done. At any rate it is difficult to believe that a nation which has existed and thought for thousands of years, and through varied phases of progress and decadence still maintains its very obvious love for music, should have nothing to teach us, even though its music is mere melody.

These melodies must be heard in the land of their birth to be understood; but it is true also that they must be understood in order to be heard at all in any true sense. There is no doubt that our ear can only hear them in proportion as our mind is trained to identify and place the unexpected collocations, in proportion, that is, as it has learned the language in which they are uttered. The charge of monotony commonly made against them is based on nothing more than the ignorance which uttered itself in the words βάρβαρος and wälsch, hábler and parlar. Their two main characteristics are perhaps their plaintive beauty[1]) and their passion-

---

1) See Appendix VIII.

ate improvisation[1]). Not wholly unconnected with these are two rules of Indian musical etiquette. One is, not to leave off before your listener has signified his wish to that effect; and the other is, not to sing another man's song.

The writer fears he may have only too faithfully obeyed the first rule, but hopes that he has not departed from the second.

Appendix I. Bibliography.

1. Bharata's Nātyaśāstrā (treatise on drama). The name Bharata as a writer on the drama or on music is found in (1) an inscription of 1168 A. D. which praises a man as "a very Bharata in knowledge of dramatic representation and the other Bharataśāstrās"; (2) in a Pallava inscription of the 7th century. "Who would be able to understand the music of Kālakāla, if it were not Vidhātri, Bharata, Hari, Nārada, or Skanda?" (3) It is said to occur in a play of Kālidāsa's (4th cent.).

These references prove nothing however as to the date of the Nātyaśāstrā, since titles such as Bharatabhāsya, Bharataśāstrā, Nandibharata are comparatively modern; and as in these cases the name of a famous musician was borrowed to lend a lustre of authenticity to the work we have no guarantee that it was not the same with the Nātyaśāstrā.

The superior limit for the book depends on the degree of likelihood of there being any large dramatic literature before the time of Kālidāsa. There was a Mātasutra by Pāṇini, it is true; but that there should have been any body of dramatic tradition is rendered unlikely by the absence of allusion to drama in the Mahābhārata (200 B. C. — 400 A. D.). All that is there heard is dance, songs, and instruments. "The musicians sounded their instruments together, the dancers danced also, the singers sang songs" (1. 219. 4). The knowledge of "Gāndharva Veda" consists in "singing, dancing, sacrificial chanting, and of laying" (113. 91. 14). But the conception of them in the Nātyaśāstrā is an advance upon this: singing (gīta) instrumental music (vādya) and drama (nātya) are there described as in close relationship — "as in a circle of fire" (alūtacakrapratimam).

For the inferior limit some indications may be gleaned from internal evidence; —

(1) In a list (Kāvyamāla series p. 183) of barbarian languages there is a mention of the Arbhirans who were the dominant race from remote antiquity but were suppressed by the Seunas about the 7th century, and the name of whose country was changed to Seunadesh, and afterwards to Khandesh.

(2) The form Tosala (p. 147) which is known on Asokan inscriptions B. C. 250, but which appears in some inscriptions of the 7th century as Tosali.

(3) The word Sakala (ibid) meaning the capital of the Sakas (Indoscythians) who invaded the peninsula in the 1st century, and various races of whom held the Punjab till about the 5th or 6th.

This seems to be all the available evidence for placing the book in the first six centuries of our era, with a provisional date of 500 A. D.

2. Sangita Ratnākara (ocean of song). The author is given in the book as Sārṅgadeva, son of Sodhala. Sodhala son of Bhāskara of Kashmir was chief secretary under Jaitrapālla; and his son must have lived in the reign of Siṅghaṇa of Devagiri (1210—1247).

---

[1] See Appendix IX.

3. Rāgavibōdha (perception of modes). The date is given in the book as 1609. The author is Somanātha.

4. Saṅgīta Darpaṇa (The mirror of song). Among the names cited in the Darpaṇa are Kallinātha and Someśvara. These may possibly give a superior limit. There appear to be two Kallināthas. (1) The more famous one who wrote a commentary on the Ratnākara, and who lived[1] under Mallikārjuna (1453—1470) king of Vijayanagara. (2) A son of Lakṣmanācārya who is described (Aufrecht's Catalogue) as having written an (unnamed) musical work. The name of this work is given in Burnell's Tanjore Mss. p. 59 as Kalānidhī, and two N. Indian Mss. are there mentioned dated 1560 and 1563. Further, there is a Saṅgīta Ratnākara, written by Bhanuraka, son of Lakṣmanācārya, under the assumed names of Toḍalamalla and Abhinava (new) Bharata. Toḍalamalla is the name of Akbar's famous finance minister; and it may have been assumed, in this case, in addition to Ratnākara and Bharata, famous names in music, in order to add lustre to the undertaking and to pay a timely compliment; if so the book would have been written not later than 1605, as compliments are not usually paid to the dead. If then Kallinātha's Kalānidhī and Bhanuraka's Ratnākara were by the same, or the family, pen, the Kallinātha mentioned in the Darpaṇa may be either the famous man of 1460 or the obscure man of 1580.

As to Someśvara the question is whether he can or cannot be identified with the author of the Rāgavibodha. Rāja, Nātha, Īśvara are mere honorific titles; and there are plenty of instances of all three being attached to the name Soma in particular. But Someśvara is given as the author of the Rāgavibodha by Tagore[2]; and this is satisfactory evidence that the man commonly known as Somarāj or Somanāth was also known as Someśvara. This would fix the superior limit as 1609.

The inferior limit is given by the dates of the copies, of which the earliest known is that in the Paris library, marked 1647.

The Darpaṇa may therefore have been written between 1609 and 1647. Provisional date 1625.

The Māṇḍukiśikṣā gives the names of the notes after the old style. When the style was changed is not known at present, — probably not many centuries back (see p. 483). Haug (p. 52) says it belongs to the Atharvaveda.

The Nāradaśikṣā gives the names in the new style.

Appendix II. Historical order of the genera.

Aristoxenus (Harm. ch. 19) had said; "Of the three genera the Diatonic must be granted to be the first and oldest, in as much as mankind lights upon it before the others; the chromatic comes next; and the enharmonic is the third and most recondite, and it is only at a late stage and with great labour and difficulty that the ear becomes accustomed to it." But on the other hand in Chapter 2; "The tables presented by the early students of Harmonic are always of Enharmonic scales, never in one single instance Diatonic or Chromatic."

Plutarch, dealing 450 years later with this question of priority, points out (ch. VIII. § 11) that the tetrachord of Olympos $(BC-E)$ is older than the Enharmonic tetrachord $(B\dot{B}C-E)$. "A flute player of the old school", he says, "insists upon a simple interval, $B-C$, and not a composite one $B-\dot{B}-C$ at the Pycnum of the Mese". This is the passage on which Helmholtz relies when he says that the

---

[1] See article by R. Simon. Zeitschrift der morgenländischen Gesellschaft. Vol. 65. p. 131.
[2] Universal History of Music. p. 52.

smaller the interval (here a semitone) the greater the tendency to divide it into two [1].

In chap. XIV. § 20 the musician in Plutarch begins to triumph over the historian: — "That the chromatic is older than the Enharmonic is clear, only we must use the word 'older' with reference to the capabilities of the human voice and the vogue of the scale; since, as far as the nature of them goes, no genos is older than another." [This is his comment upon Aristox. Harm. 19.].

In chap. XXI 37(a) Plutarch naïvely defeats his previous 'historical' account by giving the musical characteristic owing to which the Chromatic survived as fitter than the Enharmonic: — "The quartertone is not, as the tone and semitone are, capable of symphonic connection" (ληφθῆναι διὰ συμφωνίας). (He means that by no multiplication or division of Fourths and Fifths and Tones can you arrive at anything less than a semitone; and we may add that we can only get a little further by the equation $\frac{\text{ma Third}}{\text{mi Third}} = 1/3$ tone.]

These passages, coupled with Aristoxenus' statements (ch. 28) that the ear cannot hear more than two quarter-tones in succession, — implying that the attempt had been made to form a complete tetrachord by a series of these units and had failed — make it almost certain that in spite of some assertions to the contrary the historical order was $B\dot{B}C-E$, $BC-E$, $BCC\sharp-E$, $BCDE$.

The Hindu is never tired of insisting that nāda (sound) gave birth to the śrutis (quartertones) from which sprang the svaras (diatonic notes).

Appendix III. Intonation.

The modern intonation of the intervals was the subject of careful investigation on the part of A. J. Ellis (Journal of the Society of Arts, March 27. 1885). It is however beside the present enquiry. The modern system is purely semitonal; the quartertones only appear as 'colourings' (χροαί) or in grace-notes, and do not form an integral part of a semitonal scheme.

The ancient intonation, assumed to be based on collocations of śrutis, is also dealt with in that article, on two separate theories: — (1) The four-śruti, three-śruti and two-śruti notes are assumed to be identical with our major-, minor-, and semi-tone. When quarters, thirds, and halves of these intervals respectively are taken, they are of course of different magnitudes. Thus Tivra (see p. 458) is ·51 of a semitone, Dayavatī ·61, and Raudrī ·56. (2) In accordance with "the modern Bengali division of the string" he divides the half-string, which gives the octave, into halves again, giving the Fourth. The lower of these two halves, that nearest the nut, he marks out into q equal divisions, the other into 13. On the assumption that the pitch of the intervals varies inversely as the length of the string, this produces for the tetrachord $C-F$ śrutis rising with the pitch from ·49 to ·63 of a semitone, and for the pentachord $F-C$ śrutis similarly rising from ·45 to ·65.

R.H.M. Bosanquet's article (Proceedings of the Royal Society. Vol. XXVI. p. 372) has a different interest. Admitting that the śrutis are only "intended to be equal in a general sort of way, probably without any very great precision" he examines

---

[1] Is it not possible that this idea of the simple interval having preceded the composite is based on a transference of meaning in the word θέσις; that this was applied originally to mean "passage upwards from a starting point", but that when later the sound of two Enharmonic units became familiar to the ear as the Chromatic unit $(A-A = A-A\sharp^1_3)$, the A came to be looked on as the "passage between two given notes" (A and $A\sharp^2$)? But see App. IV.

what kind of consonances between the diatonic intervals would be produced by a division of the octave into twenty-two equal parts.

Credat Judaeus. Ic was just these "tables of the Harmonists" at which Aristoxenus (ch. 2) smiled; which "considered only Enharmonic and ignored Chromatic and Diatonic scales", which "treated exclusively of the divisions of the octave neglecting other intervals", which "mark as consecutive notes (ch. 28) those which are separated from one another by the smallest interval", and, generally, take no account of the "functions" of notes (ch. 34). The śruti has no constant magnitude; it has only a locus. Its magnitude apart from the harmonic elements of the scale is indeterminate; and though it becomes determinate in conjunction with these, it does not become constant, for these elements themselves are in process of evolution. For instance, the śrutis comprising the Semitone $= \frac{\text{Fourth}}{\text{Pythagorean Third}}$ will be smaller than those of the Semitone $= \frac{\text{Fourth}}{\text{Major Third}}$; and both of these will be different from those of the Semitone $= \frac{\text{Fourth}}{\text{Equally tempered 3}^{\text{rd}}}$ which is the modern element, — as is proved by the equanimity with which even a cultivated Hindu musician will accompany his sitar with a little handblown French-made harmonium.

The condemnation of such attempts to reconstruct the scale is that they proceed from the indeterminate to the determinate. It would hardly be strange if this quest for scientific accuracy should provoke the musician into the paradox that the last thing he desired of music was that it should be in tune. Indeed, with the proper reservations, this is true. No one expects or wishes the major Sixth in "If with all your hearts" to be taken as sharp as that in "Ich hör' meinen Schatz". Though we all desire accuracy in keyed instruments, where it is impossible of attainment, we scout it in strings and wind whose intonation is free. The objectionable kind of false intonation is that of a choir which has flattened owing to a meteorological depression or a defect in the lighting arrangements, or of a soloist who has sharpened from undue excitement of his nervous apparatus. These mean nothing musically, and are mere defects in the instrument like imperfect bellows in an organ.

Of the desirable kind of falsity Indian music is full; and it is so mainly because they have not overloaded their scale with too many harmonic necessities. While the only really debatable note in our Cma is A, and in Cmi A and B, in their scales the only really incontrovertible notes are C and G. Granted that the sound of the particular mode is familiar, the minute variations from it carry a living musical meaning. This they would say was "born of the intermarriages of the Śrutis", and we should define as "admissible in a system based only on Fourths and Fifths".

We are apt to dismiss these Oriental ornaments as "not to our taste". That may be so; but we should remember the reason, — that we do not really understand the 'language'. It is almost impossible for us to think 'homophonically'. If we could do so, we should probably see that harmonic moments as such — i. e. not as isolated patches of euphony induced by the necessities of the counterpoint, but as valued for their own sake — are an endeavour to do in a polyphonic medium what the ornaments did in a homophonic, namely to colour or veil the substantive notes; and we should admit that both forms of χρόα may be sources of pleasure under the different conditions.

Appendix IV. Development of the quarter-tone.

There is of course another way of escape from the difficulty of singing three melodic units in succession, viz, by the suppression of the central note. By this means two quartertones would become a semitone, two semitones a tone, and so on. But it is hard to believe that the semitone and tone were in fact so generated. For, in the first place, all musical intervals are of such a nature that no power of any one interval (expressed as a harmonic ratio) can be equal to any power of any other. Thus two semitones are equal to an interval which is greater than a tone. And though we cannot say of the quartertone, indeterminate by nature, that two of them would not be equal to a semitone, yet it appears to be true that, if they were, four of such quartertones would not be equal to a tone, nine to a Fourth, thirteen to a Fifth, and so on. And, secondly, the evidence is against the view that the semitone was in fact so derived; it goes to show rather that the śruti — sometimes a $1/4$ sometimes a $1/3$ of a tone — grew in size until harmonic feeling determined it as the semitone of the 'Olympic' or 'Sāman' tetrachords ($BC-E$ and $C-EF$); and similarly the semitone of the Chromatic to the tone of the Diatonic.

The Hindus still assert indeed that their scale is based on Śrutis, and define the major tone as four, the minor tone as three, and the Semitone as two. But this must be understood as no more than an attempt to accommodate in one system three styles of music. — Enharmonic, Chromatic, and Diatonic — based on three distinct melodic units — śruti, semitone, and tone — all originally indeterminate, and determined only by the gradually developing sense of harmonic relation.

Lastly, the theory that the śruti is to be considered "as a transition in the melodic movement towards the lowest extreme of the tetrachord" (Ellis's translation of the 3rd Edition of Helmholtz pp. 407, 408) is dealt with in Appendix II.

Appendix V. Historical connection between Greece and India.

It seems impossible to trace any direct influence either way. No name of man or instrument appears to be common to the two countries. Two have indeed been suggested. It was thought that the mythical Tumburu might be the same as the Thracian Thamyris; the former added a note (the 7th, G) to the Sāman chant, the latter "sang so much more musically than the singers of his day that he entered into a contest with the Muses." The connection seems slight. Again it has been thought that the hand-played drum of India. the tabla, might be recognized in the νάβλα of the Greeks. But there seems to be no doubt (Stainer, Music of the Bibl. ch. 2) that the latter was a stringed instrument; the Hebrew nevel, for which the Septuagint has νάβλα and the A. V. 'psaltery', and that it was of Phoenician origin.

Two names of countries are more promising: Lydia and Kandahar. In all early lists of Indian instruments the flute figures; this instrument is connected by many references, from Pindar's Λύδιος αὐλός onwards, with Lydia[1]. Olympos was from Lydia, and the tetrachord called by his name is fundamental in the Sāman chants. The Lydic and Hypolydic modes are according to the theorists the fundamental scales of India.

---

[1] The typically Greek instrument was the κιθάρα.

How far Alexander's invasion (B.C. 325) may have influenced Hindu music, as i undoubtedly did Hindu statuary in the Gāndhāra sculptures, is unknown; but it is worthy of note that the Gāndhāra grāma is the same as the Doric, the typical mode of the Greeks, and that it can be traced under that name back to the fourth century A. D. The name Gāndhāra survives in the modern Kandahar; the country designated by it was the region bounded on the north by the Kabul river and on the east by the Indus; its capital, as far as India was concerned, was about 17 miles N. W. of Peshawur[1]. Its inhabitants are mentioned in the Mahābhārata among the barbarous peoples of far distant regions in the north[2]. Among the Gāndhāra sculptures in the Lahore museum is a Greek woman riding on a lion and playing the kithara.

Appendix VI. The Mixolydic (B scale) and Hypolydic (F scale).

It is a little difficult to get any clear idea of the tonality of these rarer modes from mere lists of notes, and example of melodies in them are accordingly here appended. Neither of them play much part in modern Indian music. The Mixolydic is of course impossible in a system based on the C scale with a fixed G. The Hypolydic, though quite possible, has largely been superseded by more piquant variants, and in modern melodies the $F\sharp$ is frequently flattened or omitted. The sharpening of an F or the flattening of an A between two G's is not peculiar to Ecclesiastical music (Musica Ficta) but is the rule in the Folk tunes of all nations, and must be left out of account therefore in deciding the mode.

It will be best to make a first acquaintance with the Mixolydic through a genuine English air — 'The woods so wilde' Fitzwilliam Virginal Book I. 144.

No. 2 is from Hatherley's Byzantine music.

Nos. 3, 4, 5, 6 from Pachtikos (pp. 145, 295, 379, 203).

Nos. 7, (Pachtikos p. 186) shows a Mixolydic cadence to a Doric melody.

No. 8. Exsultat orbis gaudiis (from Manuale Chorale Ratisbon. 1896. p. 303) is as it stands a Mixolydic melody; but the F is obviously a tempered passing note in an otherwise Doric melody. Still this accident produces an undoubtedly Mixolydic effect.

No. 9. From the Jewish worship music, quoted in the Journal of the Folksong Society vol. 1. p. 52. This would — if the melody were less elaborately constructed, and were phrased, like Plainsong, in accordance with the words, and not rhythmically — be perhaps a fair representative of the Sāman chant. It employs the full compass $(G-F)$ but touches the two lower notes lightly, G more lightly than A. The melody lies on the whole within the tetrachord $B-E$ with occasional excursions; B, coming on the accent of every fourth bar is the tonic. Bar 17, with its melisma going above the F suggests the Svarita.

With No. 10 we come to the Hypolydic. This is a gipsy melody gathered by C. F. Sharp (Folksongs of Somerset. IV. 65) at Honiton, who thinks it may be Irish; but surely the gipsies are from India.

No. 11. is by Adam de la Hale see Coussemaker. Histoire de l'harmonie au moyen âge. Ex. 38. p. XXXV).

No. 12, the traditional *memoria technica* for the Fifth mode, is quoted, as a melody which, whatever else it may be, is certainly not characteristic of that

---

[1] See McCrindle's Invasion of India 1896. p. 59. note.
[2] McCrindle. p. 333.

mode. The single $F\sharp$ is either a practical musica ficta, or is a modulation to the dominant.

No. 13, the 22nd Psalm, is far more characteristic; severe and pathetic. So is the Tonus Quintus ($CEGAG$, $GAF\sharp GE$).

Nos. 14 and 15 are not true instances of the Hypolydic at all.

No. 14 omits D and G, No. 15 omits D and A. These 'omissions', as they seem to us, appear very differently to the Hindu. The scales are relics of Enharmonic and Chromatic tetrachords; whereas the true Hypolydic is the resultant of an attempt to build a scale by tones thwarted by the insistance of the Fifth, e. g: — $CDEF\sharp G\sharp$ etc

5th _____$GAB[C\sharp$ etc. i. e. *prominent notes C and G*.
8th _____C

No. 14 ($C-EF\sharp-ABC$ is the first modal shift of the old scale (Dhaivatī p. 41) — $BC(D)EF\sharp GABC$ —; for No. 15 ($C-EF\sharp G-BC$) we have no prototype; but it may have some such origin as $BC(D)EF\sharp(G)ABC$. At any rate in both these melodies the *prominent notes are E and B*. In the original (Tagore, Musical scales pp. 88, 89) there is no indication of time; they are specimens of rāga merely (see Day p. 61). But dotted bars have been supplied to mitigate the difficulty of reading unbarred melody: nothing must be argued from them as to the importance of particular notes, — in fact, the idea of giving importance to a note by placing it at the beginning of the bar is foreign to Hindu music. No. 14 is in Rāga Hindola ('Swing — tune'); No. 15 in Rāga Malaśri (a fancy name).

No. 16. (Tagore's Musical Scales. p. 65) Rāga Kalyāna (true Hypolydic.)

No. 17. (From Tagore's Seven principal musical notes p. 13) is in Rāga Kalyāna (true Hypolydic) and in Chautāla (six quavers with the drumbeat on the 1st, 3rd, 5th, and 6th). The first section of this has something in common with No. 10 (the prominence of the A; the tendency to omit the $F\sharp$.

No. 18 (from Mudaliar's Oriental Music) is a song in variation form. Rāga Kalyāna, or a form of it. The prominence of the $F\sharp$ is noticeable; also the refusal to end with a double leading note ($F\sharp$ and B).

Improvisation by Subbanna, court musician to the Maharajah of Mysore.
Rāga Danyāsi.   Tāla Rūpaka.   (See page 509.)

Appendix VII. *B*fa *B*mi, in Bharata.

A very obscure passage begins after śloka 35. Grosset's translation is quite useless. There are two texts, too long to quote: the sense of them is combined here; provisionally, until some scholar can extract a better meaning from them.

He is saying that there are seven Murcchanas[1]) (i. e. series of seven notes) for the Sa-grāma and seven for the Ma-grāma. The objection at once occurs that if the Ma-grāma is, 'by construction', a mode of the Sa-grāma, the modes of $C-c$ will be merely repeated by those of $F-f$. He anticipates this: —

"A single mode is formed in two ways. Thus by the augmentation of two śrutis in the Ga [of the Ma-grāma; i. e. $E-F\sharp$, 4 śrutis, as against $E-F$, 2 śrutis] formed **direct** from the Dha [of the Sa-grāma; $A-B$, 4 śrutis] there is one mode only [for each note of the scale] formed from each of the two grāmas."

He then goes on: —

"But as they make augmentation of Ni also [$B-C$ becomes $B\flat -C$] by **reckoning**, Dha [$A-B$] occurs similarly in two senses [$A-B$, and $A-B\flat$] in the Ma-grāma, in which there will therefore be two mūrcchaṇas."

The objection unfortunately still lies; the optional introduction of a $B\flat$ into both $C-c$ and $F-f$ scale does not raise the number of possible modes beyond seven. But the passage seems to establish two things.

(1) That it was a common practice to flatten the B both in the $C-c$ and in the $F-f$ scale.

(2) That this was considered to be done 'by reckoning', as opposed to the $B\natural$ of the $F-f$ which came 'direct' from the $B\natural$ of the $C-c$; as we should say perhaps, by key transposition as opposed to modal shift.

Appendix VIII. The ēthos of Hindu music.

Of the ethos of the music it is difficult to speak. So much of what comes under that head is apt to prove mere words. And if what music 'says' to us could

---

[1] By mūrcchaṇa he means an abstract series of seven beginning on any given note of the grāma; the concrete form being this same series with the omissions and other characteristics of rāga. Nowadays the word merely means 'slide' or 'grace-note'. cp. e. g. App. IX.

be put into words there would be no need of the music. Those who knew the Hindu best, — his waywardness, dilatoriness, lack of initiative, pertinacity, weary reiteration, hopelessness of outlook, dreary superstitions, and the mixture of cringing fear and keen bargaining which constitutes his attitude towards the gods, — and again his brief passionate outbursts, affectionate nature, innate courtesy, instinct for detail, love of ornament, distaste for mere logic, truth to idea rather than fact, quick apprehension of imagery and intuitive perception of the realities beneath it — those who had lived amongst and known these things would alone be able to say how they are just so far, and no more, echoed in his music as they are carved on his temples, reflected in his poetry, embedded in his national institutions and customs, and written on his face. But to taste any part of this the music should be heard under an Indian sun, or moon, as Old Mortality should be read in the Lowlands or hock drunk on the Rhine. If the player did not have a mat brought out into the verandah and there sit crosslegged upon it, if he were to sing his bravura passages with any expression but one of agony, or without ostentatiously clearing his throat, or without explaining as it were the inner meaning of it by those expressive gestures of his mobile fingers, if there were no admiring chewers of betel nut, wafting a faint odour of old books, to enforce his more intricate periods by a swaying of the body and a rhythmical movement of the hand, the music could hardly sound the same. We should miss the old world feeling, and lose all sense of the unnumbered ages which have gone to the making of the present fact. Go back a thousand years and you will see the same graceful posture, the same almond-shaped eyes, the same drum and the same tapering fingers to beat it, on the rockhewn temples of Ellora; or another thousand, to the sculptures of Amrâvati and Gândhâra, and there they are still, the two drums, the rabab and sârangi players, the conch blower and the flautist. About them flit the Apsarasas, who, sprung like Aphrodite from the foam, made music in the courts of Indra, till he sent them down to dull the edge of mortal virtue, which else had grown too overweening and had put the gods themselves to the blush; and Gandharvas, the winged musicians of heaven, who wooed and won them; and Nâgas whose snakelike bodies typified that celestial singing which wound itself about the heart of man. And, finally, another thousand or two (according to some mere Western who finds it easier to think in time than eternity) to the Vedas, in which the rājaḥ calls for his "flute and Viṇâ, and drum with its upper, middle, and lower note", and where he still conducts the Soma sacrifice in person, while the priests chant the Bṛhat and Radhantaram[1], whose origin is lost in the dim eternity of the arctic snows[2].

Of the modes, which are more particularly in question here, the Doric is appropriate to solemn occasions[3], prayers, mourning, patriotic songs; the Hypolydic to merriment and gaiety[4]. The usual modes are the C—c, G—g, Indic, and Gipsy.

---

[1] Bṛhat means 'Great'. Radhantaram is 'the chariot'; the idea being that of the vehicle by which the worshippers' prayers ascend to heaven. The Greeks had, possibly with the same meaning, a νόμος called ἁρμάτιος (see Plut. de Mus. ch. VI), composed by Olympos.

[2] Pierre Loti has said all this very much better in ch. 5 of 'L'Inde'.

[3] See p. 456.

[4] This contrasts with the ēthos of the Icelandic National anthem (Samm. I. 347), of the gipsy song (a cold blooded murder) quoted in Appendix VI, and possibly of ecclesiastical melodies (see App. VI).

It is not usual in Indian melodies to modulate to another mode, as is done, for instance, in the Greek Folk songs (see Pachtikos), and apparently for the same reason as our modulations from major to minor or vice versa. Accidentals are used, but only for melodic reasons (Musica ficta); not to induce temporary modulation, which would of course destroy the whole principle of mode.

Appendix IX. Improvisation.

The following passage was written down from memory after an improvisation on the Viṇā. The exact shape of all the figures cannot of course be vouched for, nor the order of them, but nothing has been put in which was not essentially there, and the general style and spirit of the performance is represented faithfully enough; in particular, the shake which introduces the close, and recals the Brahms Gmi Rhapsody, is literally true.

The quality of tone would be best imagined perhaps as that of the clavichord, or of the viola played pizzicato, the drone being lightly touched on the C and G strings. On the viola too approximate justice could be done, by the use of shifts after plucking the first G, to the very characteristic slide ; on the clavichord, on the other hand, though each note would have to be struck and the slide therefore lost, the peculiar wailing, waving effect could be got by vibrato. It may be noted by the way that for the performance of these 'murcchaṇas' the chanterelle of the Viṇa can be drawn aside to the extent of a perfect or even augmented Fourth.

The key, by which word we may for the moment translate Rāga is the Greek Doric with the $D\flat$ omitted, as a rule, in ascent. The time, Tāla, is what we should, call Saraband rhythm, — $\frac{3}{4}$ with the first two beats slightly insisted upon. Besides the passage in fourths, Subbanna also made use of occasional thirds and sixths, but they have not been included because the writer is not quite sure how or where they occurred, and because they were introduced rather as a *tour de force*; and they are certainly not typical of Indian music as a whole. [See page 505.]

Appendix X. The Drone.

The drone has seemed, perhaps, to European musicians a merely transitory phase; a not unusual concomitant of homophony, or a somewhat baffling disturbance of the Organum[1], or, at best, the precursor of our tonic, dominant, and other 'pedals'. But it may be questioned whether it does not enter into the music of all time as a permanent factor.

That homophonic music should require some kind of 'constant' is natural; and the more so the greater the number of different modes it employs. But the principle holds good also for polyphonic music; and it may be worth while to trace its development there.

The reasons[2] why in the 10th century the Vox Organalis was, according to

---

1) Oxford History of Music I. 53—56.
2) O. H. M. I. 53—70.

contemporary writers, not allowed to descend below the C, F, and G, respectively, seem from thir very diversity to lack conviction. These were; (I) to avoid the tritone [this applies to G, but not to C, F]; (II) because, at the interval of a Fourth both voices are in different modes [this applies to C, D, E, and F, but not to G, A and B]; (III) because a worse 'occursus'[1]) is obtained if the B below the C (or the E below the F) is touched in Diaphony with a melody descending to C (or F) [This applies to C and F but not to G]. The author of Vol. I. of the Oxford History suggests, apparently to reject[2]), another reason; (IV) because the old organs had their lowest note on C [this applies to C, but not to F and G].

The inadequacy of these reasons points to a rule which "is older than the explanations"; to some musical instinct which should embrace all the cases. May not this rule be the cogency of the drone, which, originally one note, was now beginning to make itself felt at different levels? The point of interest is to find a reason for what had been one now becoming many.

The harmonies of the Organum were restricted to Fourth, Fifth, and Octave. This does not, as has been suggested, mean only, (though it does mean that too) that the Organum harmonies were, so to say, the 'orthodox' harmonies, and that the others, the 3rds and 6ths of the Fauxbourdon, were left to private judgment; but also that the Organum harmonies were in some way accountable, and the Fauxbourdon unaccountable. The ear could not yet satisfactorily rest upon the Fauxbourdon as it could on the Organum. And there was further the interval of the major 2nd to be negociated: the semitone and minor third they rejected as unsatisfactory for the present. Their solution of the difficulty was to relate them, as music always has related, in the form of passing notes, the harmonies it could not immediately account for, to some constant; in this case the drone. And since the 2nds and 3rds were their more immediate concern, in melodies, as early melodies are, of limited compass, and the 6ths, as of rare occurrence, could wait, they placed their drones at the easily intelligible harmonic intervals, the Fourth and Fifth. They were looking backwards and forwards. Backwards, to the tentative incorporation, melodically, of the units which lay between the tetrachordal limits; and forwards, to the hexachord of Guido which was to correlate in harmony the discrepancies which underlay the F and G tetrachords.

Descant followed: a period of exploitation on their own merits of these newly accepted harmonies. But what do we find next? Not that these new harmonies (2nd, 3rd, 6th, etc.) are able to enter into fresh combinations with a third voice, but that the harmonic knowledge so far acquired is again, in the Organum Duplum[3]), related to a drone: and not now, as before, 2nds and 3rds only, but all the intervals within the octave; and not the C, F, and G drones only, but practically any note of the scale. The next advance, the Triplum[4]), is by relating the descant

---

1) Occursus, the meeting on a single final note of two voices which have been moving at other intervals than unison.

2) Though surely on the wrong ground. As Aristoxenus says (ch. 42) "It is not because the flute is of such and such a nature that the Fourth and Fifth and Octave are concords" .... but owing to "a certain marvellous order which belongs to the nature of harmony in general .... For there is no harmony in the fingerholes save that which the cunning of the hand confers on them. No instrument is self-tuned; and the harmonizing of it is the prerogative of the sense perception."

3) O. H. M. I. 189—207.

4) O. H. M. I. 209—221.

thus consolidated to a third note, — again a varied drone; and similarly, in the Quadruplum[1]), to a fourth note.

The meaning then, for polyphony, of the drone is that of increasingly articulated tonality. Wherever tonality has to be established, conspicuously for instance at a cadence, the drone obtrudes itself. The ultimate, penultimate, and antepenultimate basses of a section tend to fall into well-defined groups. A tonic, C, has at various times been established from (1) D or $B♭$, (2) F or G, (3) D, G, or C, G, (4) F, G, or A, G. Besides there Seconds and Fifths, experiments have been and are being tried with Thirds and Sixths, — E, A, $E?$, $A?$; till at last there are no notes of the scale except the semitonal leading notes — $D♭$, $F\sharp$, B — from which sufficient antithesis may not be won for a close. The 'pedals' alluded to above are not developments but 'harkbacks'. The true development of the tonic pedal is best seen in the ground-bass; and of alternating pedals in the fugal-form. Fully articulated drones are to be found in passages like the mounting bass of the 1st movement of Schubert's Symphony in C, in the last 79 bars of the 1st movement of Beethoven's Ninth Symphony, or in the last 68 bars of Tristan.

But simple music does not rise beyond one, or at the most two drones. That with one drone has been the subject of this article. That with two drones may be divided according to the drone interval. This is either Fourth (or Fifth), or Tone. A simple instance of the former is modern dance-music, where the problem is to find the most perspicuous readily intelligible harmonic relations, when owing to circumstances it is impossible to listen to the piece as a connected whole. An instance of the latter, though not with exactly our intonation, is bagpipe music; and there is an interesting parallel to this in the contrast adopted for the tonic in the period between Adam de la Hale and Josquin des Prés, when the penultimate chord was frequently on the major second below instead of on the fifth above. The melody was then, of course, frequently in the bass; and this phenomenon may, no doubt, be accounted for by the fact that the majority of the modes had a tonal, not a semitonal, leading note: but modal idiosyncrasies do not really account for harmonic necessities; they only retard them.

May not Harmony, then, hitherto regarded more or less as a homogeneous whole be more properly regarded as traceable to three separate instincts? (I) The tendency to ornament[2]); as when the $\frac{9}{3}$ is used for the $\frac{9}{3}$, or the $\frac{9}{3}$ for the $\frac{8}{3}$, or vice versa. (II) The feeling for climax, as when, in the happy moments of counterpoint, the arbitrary necessities of theme resolve themselves into a higher more euphonious unity; paralleled perhaps by the Hindu manipulation of rhythm, when, at an 'Avarda', the 7th bar of a 4-time is co-terminous with the 4th bar of a 7-time. (III) The demand for logic, chiefly apparent at a cadence and deducible from the drone and its developments, which suspends the operation of the other two tendencies, and forces upon the ear a relation to a central tone.

1) O. H. M. I. 223. seq.
2) See Appendix III. p. 498.

La Solmisation chez les anciens Grecs.

Par
Ch. Em. Ruelle.
(Paris.)

Parmi les textes grecs, au nombre de plus de vingt, qui nous renseignent sur la théorie musicale antique, trois seulement sont relatifs à la solmisation, à la pratique du solfège: 1⁰ le traité d'Aristide Quintilien περὶ μουσικῆς, 2⁰ la compilation connue sous le titre d'Anonyme de Bellermann, traduite en français et commentée par A. J. H. Vincent[1], et 3⁰ une page de Manuel Bryenne (*Harmoniques*, III, 3).

On se propose ici de reproduire et d'interpréter ces documents; mais il convient, auparavant, d'esquisser la constitution des échelles mélodiques et d'établir leur concordance avec les nôtres[2]).

Voici d'abord le tableau de l'échelle-type suivant ses trois formes, appelées les genres du chant.

Genre diatonique synton ou aigu[3]).

Proslambanomène	*la*[4])	
Hypate des hypates	*si*	⎫
Parhypate des hypates	*do*	⎬ Tétracorde des hypates.
Lichanos des hypates	*ré*	⎭
Hypate des moyennes	***mi***	
Parhypate des moyennes	*fa*	⎫
Lichanos des moyennes	*sol*	⎬ Tétracorde des moyennes.
Mèse	***la***	⎭
Trite des conjointes	*si♭*	⎫
Paranète des conjointes	*do*	⎬ Tétracorde des conjointes.
Nète des conjointes	*ré*	⎭
Paramèse	***si♮***	
Trite des disjointes	*do*	⎫
Paranète des disjointes	*ré*	⎬ Tétracorde des disjointes.
Nète des disjointes	*mi*	⎭
Trite des hyperboléennes	*fa*	⎫
Paranète des hyperboléennes	*sol*	⎬ Tétracorde des hyperboléennes.
Nète des hyperboléennes	*la*	⎭

---

1) Notices et extraits des manuscrits, etc., t. XVI, 2ᵉ partie. Traités relatifs à la musique.

2) La concordance en question est indépendante de la hauteur des sons. Elle ne sert qu'à montrer les rapports d'intervalles entre les deux systèmes, antique et moderne. La hauteur de son sera traitée plus loin.

3) Il existe une autre nuance (χρόα) diatonique, le diatonique mou, dans lequel chaque tétracorde comprend un demi-ton, trois quarts de ton et cinq quarts de ton. On ne connaît aucun exemple de son application.

4) Les notes en gros caractères sont communes aux trois genres: on les appelle notes fixes. La seconde note de chaque tétracorde est, dans certains cas, communes à deux genres, mais la troisième varie avec chacun d'eux.

Genre chromatique (tonié)[1]).		Genre enharmonique.	
Proslambanomène	la	Proslambanomène	la
Hypate des hypates	si	Hypate des hypates	si
Parhypate des hypates	do	Parhypate des hypates	si[+2])
Lichanos des hypates	ré?	Lichanos des hypates	do
Hypate des moyennes	mi	Hypate des moyennes	mi
Parhypate des moyennes	fa	Parhypate des moyennes	mi+
Lichanos des moyennes	sol?	Lichanos des moyennes	fa
Mèse	la	Mèse	la
Trite des conjointes	si?	Trite des conjointes	la+
Paranète des conjointes	si♮	Paranète des conjointes	la♯
Nète des conjointes	ré	Nète des conjointes	ré
Paramèse	si♯	Paramèse	si
Trite des disjointes	do	Trite des disjointes	si+
Paranète des disjointes	ré?	Paranète des disjointes	do
Nète des disjointes	mi	Nète des disjointes	mi
Trite des hyperboléennes	fa	Trite des hyperboléennes	mi+
Paranète des hyperboléennes	sol?	Paranète des hyperboléennes	fa
Nète des hyperboléennes	la	Nète des hyperboléennes	la

Cette échelle-type, qui fut constituée vers le milieu du IV° siècle avant notre ère, est le résultat d'une suite de transformations, longuement décrites, non sans controverses, par tous les historiens de la musique grecque. Mais, une fois constituée, quelle place occupe-t-elle dans l'échelle générale des sons perceptibles? Comment s'en fit l'application aux divers instruments de musique et aux diverses voix humaines? On pratiqua un échelonnement analogue à celui de nos tons modernes. Le son le plus grave, le proslambanomène, monta par demi-ton, d'abord jusqu'à son octave inclusivement, puis, après Aristoxène, deux échelles furent ajoutées aux treize qui portent le nom de ce chef d'école[3]), et tous les autres sons suivirent, dans l'ordre de l'échelle-type.

Restait à déterminer le son de notre diapason auquel correspondrait le son le plus grave de l'échelle la plus grave. Sur une interprétation fausse ou tout au moins conjecturale d'un passage où Gui d'Arezzo fait commencer son échelle sur le *la* grave de la clef de *fa*, on adopta cette note comme correspondant au son initial de l'échelle grecque, et il en fut ainsi jusqu'à ce que Frédéric Bellermann[4]) eut proposé le *fa* grave de cette gamme, concordance universellement adoptée aujourd'hui[5]). Ajoutons que, simultanément avec Bellermann, C. Fortlage[6]) établissait la même concordance.

---

1) Il existe deux autres nuances chromatiques: le chromatique mou et le chromatique hémiole ou sesquialtère. Dans l'une, chaque tétracorde comprend un tiers de ton, un tiers de ton et $\frac{7}{3}$ de ton; dans l'autre, $\frac{3}{8}$ de ton, $\frac{3}{8}$ de ton et $\frac{19}{8}$ de ton. Ces deux nuances ne sont du reste établies que théoriquement.

2) On marque du signe + l'élévation d'un quart de ton.

3) On trouve le tableau de ces quinze échelles dans toutes les Histoires de la musique grecque. Le dernier tableau publié figure dans notre traduction des musicographes Alypius, Gaudence et Bacchius (1895).

4) *Die Tonleitern und Musiknoten der Griechen*. Berlin, 1847, in-4°.

5) Toutefois, Fétis, *Hist. gén. de la musique*, t. III, traduit le signe ⊢ par (notation musicale) et les autres signes à l'avenant.

6) *Das musikalische System der Griechen in seiner Urgestalt*. Leipzig, Breitkopf & Härtel, 1847, in-4°.

Nous pouvons maintenant, sur cette base, plus ou moins arbitraire d'ailleurs, présenter le tableau des quinze tons ou tropes (échelles de transposition), où, suivant de près l'exemple de Westphal[1]) et pour abréger, on indiquera le son initial avec l'armature propre à chacune de ces échelles, abstraction faite du tétracorde des conjointes, objet d'une observation spéciale.

Le tétracorde des conjointes, dans un trope donné, comporte, à la clef, un bémol de plus ou un dièze de moins que les autres tétracordes de ce trope. Exemples, pris sur la mèse :

Passons maintenant aux textes qui traitent de la solmisation.
Aristide Quintilien, περὶ μουσικῆς, livre II, p. 93 Meibom; ch. xiv, p. 57 A. Jahn.

Τέτταρα μὲν οὖν τῶν φωνηέντων τὰ εὐφυῆ πρὸς ἔκτασιν διὰ τῆς μελῳδικῆς φωνῆς διαστήματα πρὸς τοὺς φθόγγους ἐχρησίμευσεν· ἐπεὶ δὲ ἔδει καὶ συμφώνου παραθέσεως, ὅπως μὴ διὰ μόνων τῶν φωνηέντων γιγνόμενος ὁ ἦχος κεχήνῃ, τῶν συμφώνων τὸ κάλλιστον παρατίθεται, τὸ Τ· τά τε γὰρ προτακτικὰ τῶν ἄρθρων ἐδήλωσε· μόνον τε ταῖς τῶν ὀργάνων χορδαῖς ἐμφερῶς ἠχεῖ τήν τε φωνήν ἐστι λειότατον· οὔτε γὰρ πνεύματι τραχύνεται ποσῶς, ὡς τὰ δασέα, οὔτ᾽ ἀκίνητον ἐᾷ τὴν γλῶτταν, ὡς τῶν λοιπῶν ἑκάτερον, οὔτε συριγμὸν ἀγεννῆ

---

[1] *Metrik* 2, I, p. 336—337. Westphal, dans son tableau, donne toutes les notes de chaque échelle.

προίησι καὶ ἄγροικον, ὡς τὰ διπλᾶ καὶ τὸ ἰδιάζον, οὔτε λεπτόν ἐστι καὶ ἀσθενές, ὡς τὰ ὑγρά.

Τούτων οὔτως ἐχόντων, οἱ μὲν διὰ τοῦ Η γινόμενοι φθόγγοι ὑγροί τέ εἰσι καὶ ὅλως παθητικοὶ καὶ τεθηλυσμένοι, οἱ δὲ διὰ τοῦ Ω δραστήριοί τε καὶ ἠρρενωμένοι, τῶν δὲ μέσων οἱ μὲν διὰ τοῦ Α πλέον ἔχοντες ἀρρενότητος, οἱ δὲ διὰ τοῦ Ε θηλύτητος. Τούτοις ὅμοια γίνεται τὰ ἐξ αὐτῶν διαστήματα, καὶ πάλιν τοῖς διαστήμασιν ὁμόλογα τὰ ἐκ τούτων συστήματα, ἄκρα μὲν τὰ ὑπὸ ὁμοίων, μέσα δὲ τὰ ὑπὸ τῶν ἀνομοίων ταῖς φωναῖς· καὶ ἤτοι κατὰ τὴν τοῦ συστήματος ἀγωγὴν τῆς ποιότητος μεταλαμβάνει, ἢ κατὰ τὴν ὑπέρβατον μελῳδίαν τοῖς πλεονάζουσι τῶν ἤχων συνεξομοιοῦται. Τοῦ δὲ πρώτου συστήματος, ὅπερ ἐστὶ τετράχορδον, ὁ μὲν πρῶτος διὰ τοῦ Ε προῆκται φθόγγος, οἱ δὲ λοιποὶ κατὰ τὸ ἑξῆς ἀκολούθως τῇ τάξει τῶν φωνηέντων, ὁ μὲν δεύτερος διὰ τοῦ Α, ὁ δὲ τρίτος διὰ τοῦ Η, ὁ δὲ τελευταῖος διὰ τοῦ Ω, εὐπρεπῶς κατὰ τὸ πολὺ τῶν ἤχων διὰ μεσότητος[1]) ἀλλήλους διαδεχομένων. Καὶ οἱ μὲν ἑξῆς τοῖς προειρημένοις τρισὶ κατὰ συμφωνίαν λαμβάνονται, μόνος δὲ ὁ τοῦ Ε κατὰ τὴν ἀρχὴν τοῦ τε πρώτου διὰ πασῶν καὶ τοῦ δευτέρου [κατὰ τὴν] ὁμόφωνον τῷ προσλαμβανομένῳ τὴν μέσην δείξει[2])· διὰ τί δὲ ὕστερον λέξομεν.

Il y a quatre voyelles dont les intervalles, d'une nature favorable à l'extension de la voix mélodique, ont été mis au service des sons. Comme on avait besoin d'y apposer une consonne afin d'éviter l'hiatus que les voyelles seules auraient produit en émettant les sons, on y apposa la meilleure consonne, le T. En effet, cette lettre marque le début des articles; elle résonne comme les cordes des instruments; c'est la plus coulante pour l'émission vocale, n'ayant rien de rude pour le souffle comme les denses (les aspirées); elle ne laisse pas la langue immobile comme chacune des autres muettes; elle n'émet pas non plus le sifflement grossier et vulgaire des lettres doubles et de l'isolée[3]; enfin elle n'est pas grêle et faible comme les liquides. — Cela étant ainsi, les sons représentés par l'H sont mouillés, tout à fait sensibles[4] et féminisés; — par l'Ω, énergiques et virilisés; par les intermédiaires, quand c'est par l'A, ils ont plutôt de la virilité; — par l'E, ils sont plutôt féminins. Sont semblables à ces (voyelles) les intervalles qui en dérivent, et, à leur tour, sont semblables aux intervalles les systèmes qui sont formés de ceux-ci, leurs extrêmes étant (représentés) par des (lettres) semblables[5] aux émissions vocales et leurs intermédiaires par des lettres dissemblables[6]. Et tantôt elles participent de la qualité (des sons) dans la marche du système[7], tantôt, dans la mélodie discontinue, elles sont assimilées aux sons surabondants. — Dans le premier système, qui est tétracorde[8], le premier son est représenté par la lettre E; quant aux autres qui lui succèdent conformément à l'ordre des voyelles, le deuxième son l'est par l'A, le troisième par l'H, le dernier par l'Ω, les sons se succédant convenablement, en général, dans le milieu (du tétracorde). Les sons

---

1) On a proposé δι' ἀμεσότητος et δι' ὁμοιότητος.
2) διάξει mss. Correction de Meibom. C. von Jan propose διατάσσει, mais sans insister.
3) La lettre S.
4) παθητικοί. La même épithète est encore attribuée à l'H p. 159, 216.
5) De même genre, masculin ou féminin. (Note de Meibom.)
6) Cette fin de phrase est inintelligible. L'auteur semble vouloir dire que les sons extrêmes de chaque tétracorde sont représentés par la même lettre (A), et que les sons moyens le sont par deux lettres différentes Η ou Ω.
7) La marche, ἀγωγή, suite de degrés conjoints.
8) Il s'agit du tétracorde limité au grave par le proslambanomène et à l'aigu par la lichanos diatonique des hypates.

qui viennent à la suite des trois susdits sont pris en consonance, mais seul, le son de l'E, au commencement de la première octave et de la deuxième, représentera comme homophone du proslambanomène, la mèse. Pourquoi, nous le dirons plus tard [1].

Aristide Quintilien, livre III, p. 158—159 Mb.; chap. xxv, p. 94 A. Jahn.

Τῆς δὲ μελῳδίας, τῆς τε κατὰ μέρη συστηματικὰ καὶ τῆς ἁπάσης κατὰ τὴν ὅλην μελοποιίαν, ἡ μὲν ἐπ' εὐθείας, ἡ δὲ κατὰ μεταβολὴν γίνεται τὴν τῶν στοιχείων· ὧν τὸ μὲν πρῶτον ὡς γενέσεως σύμβολον γῇ προσνεμητέον, τὸ δὲ δεύτερον ὡς καὶ μέτοχον ἀρρενότητος ὕδατι, δι' οὗ τὰς περὶ τὴν γῆν ἐνεργεῖ γενέσεις ἡ φύσις, τὸ δὲ τρίτον ἀέρι θῆλυ τυγχάνον, τὸ εὔτρεπτον τοῦ στοιχείου καὶ παθητικώτατον ἐπιδεικνύον, τὸ δὲ τέταρτον πυρὶ τελέως ἄρρεν τυγχάνον ἐνεργητικωτάτῳ στοιχείῳ, τὸ δὲ συντεταγμένον, λέγω δὲ τὸ Τ, αἰθέρι. κτλ.

La mélodie, soit (qu'on la considère) dans ses parties, les systèmes, soit dans son entier, d'après la mélopée totale, est produite tantôt directement, tantôt suivant un changement des lettres. La première (lettre), comme symbole de la génération, doit être attribuée à la terre; la deuxième, comme participant aussi de la virilité, à l'eau, par laquelle la nature effectue les générations terrestres; la troisième, qui se trouve être féminine, à l'air, en ce qu'elle indique le caractère mobile et très sensible de cet élément; la quatrième, comme se trouvant tout à fait masculine, au feu, l'élément le plus énergique; et la lettre adjointe à celles-là, je veux dire le T, à l'éther. Etc.

Anonyme de Bellermann. — Les textes musicaux qui vont suivre sont tous en notes du trope lydien.

§ 77 [2]). Τῶν δεκαπέντε τρόπων οἱ προσλαμβανόμενοι λέγουσι τέ [3]), αἱ ὑπάται τά, αἱ παρύπαται τή, αἱ [4]) διάτονοι τώ, αἱ μέσαι τέ, αἱ παράμεσοι τά, αἱ τρίται τή, αἱ νῆται τά.

Τετράχορδά ἐστι πέντε· ὑπάτων, μέσων, συνημμένων, διεζευγμένων, ὑπερβολαίων.

τέ	τά	τή	τώ	τά	τή	τώ	τέ	τή	τώ	τά	τά	τή	τώ	τά	τή	τώ	τά
>	⊓	R	Φ	C	R	M	I	Θ	Γ	Π	Z	E	⊓	Θ	Λ	M	I
⊢	Γ	L	F	C	U	⊓	<	V	N	Z	⊏	U	Z	И	Υ	⊓	<

| ὑπάτων | μέσων [5]) | συνημμένων | διεζευγμένων | ὑπερβολαίων |

§ 77. Dans les quinze tropes, les proslambanomènes se chantent *té*, les hypates *ta*, les parhypates *tè*, les diatoniques *tô*, les mèses *té*, les paramèses *ta*, les trites *tè* [6]), les nètes *ta*. Les tétracordes sont au nombre de cinq: celui des hypates, des moyennes, des conjointes, des disjointes et des hyperboléennes [7]).

1) Le passage annoncé manque.
2) Vincent, *Notices*, etc. p. 38.
3) τῷ mss. Correction de Vincent, fondée sur le texte d'Aristide Quintilien p. 93. Voir plus loin, p. 519, N. 3. Westphal garde τω.
4) οἱ mss. Correction nouvelle.
5) ὑπάται, μέσαι mss. Correction nouvelle d'après la phrase précédente.
6) Après les trites, le texte n'a pas à mentionner les paranètes (que Vincent a cru devoir suppléer), vû que le mot διάτονοι comprend ces notes aussi bien que les lichanos.
7) Westphal (*Metrik*², 1, p. 477 s.) affecte τω au proslambanomène, comme l'Anonyme, et τι à la mèse. Il corrige τῃ d'Aristide et de l'Anonyme en τι, fondant sa correction sur le chant des *Oiseaux* d'Aristophane: τιο τιο etc. (Vers 474). Pour la même raison, il lit indifféremment το ou τω. Une lecture plus attentive d'Aristide Quintilien l'aurait fait hésiter à introduire ces changements.

§ 78. Ἀγωγή προσεχής ἀπὸ τῶν βαρυτέρων ὁδός ἢ κίνησις φθόγγων ἐκ βαρυτέρου τόπου ἐπὶ ὀξύτερον· ἀνάκλησις[1] δὲ τοὐναντίον. Τὰς ἀγωγὰς καὶ τὰς ἀνακλήσεις δεῖ μελωδεῖν ἐκτείνοντας μᾶλλον ἢ βραχύνοντας τοὺς φθόγγους· ἡ γὰρ ἔμμονος καὶ ἐπιμηκεστέρα ἐκφώνησις ἀκριβεστέραν τῇ ἀκοῇ πορίζεται τὴν κρίσιν.

§ 78[2]). L'agogé (est) une marche continue à partir des sons plus graves, ou le mouvement des sons d'un degré plus grave vers un plus aigu. L'anaclésis est le (mouvement) en sens inverse[3]. Il faut chanter les agogés et les anaclésis en prolongeant les sons plutôt qu'en les abrégeant; car une émission vocale stationnaire et prolongée procure à l'oreille une appréciation plus précise.

L'Anonyme ne définit que l'agogé, le premier des quatre éléments qui constituent la mélopée ou composition musicale. Les trois autres sont la ploké (πλοκή, entrelacement), la petteia (πεττεία), répétition d'un même son, et la toné (τονή), ce que nous appelons la tenue d'un son donné.

Aristide Quintilien (p. 19 Mb.) a défini la ploké «une mélodie exécutée par sons disjoints»; — Cléonide ou le Pseudo-Euclide (p. 22): Procédé du chant qui s'avance par sons alternés, et position parallèle[4] des intervalles. Meibom (annotation du Pseudo-Euclide) donne pour exemple, en montant: *fa-la, sol-si♭, la-ut* ‖ en descendant: *ut-la, si♭-sol, la-fa* ‖ en montant: *sol-ut, la-ré, si♭-mi*.

Dans Aristide (p. 29), la petteia est «ce par quoi nous savons quels sons il faut rejeter, quels il faut admettre et combien de fois chacun d'eux, par quel son il faut commencer et sur quel son il faut finir. La petteia devient représentative du caractère moral.» Ailleurs (p. 96), il s'exprime ainsi: «Parmi les parties de la mélopée, la petteia est la plus utile. Elle guide le compositeur dans le choix des sons les plus essentiels»[5].

La définition de Cléonide (p. 22) est moins compréhensive. «La petteia est l'émission réitérée d'un même son».

Quant à la toné, «c'est, dit-il, le maintien d'un son effectué pendant un certain temps sur une seule émission vocale».

§ 1 = § 83[6]). Ὁ ῥυθμὸς συνέστηκεν ἔκ τε ἄρσεως καὶ θέσεως καὶ χρόνου

---

1) ἀνάλυσις, et plus bas ἀναλύσεις mss. et Bellermann. Correction de Vincent (voir ses *Notices*, note M, p. 194), adoptée par Fétis (*Hist. de la mus.*, I, p. 162).
2) Vincent, *Notices*, p. 42.
3) Littéralement: mouvement rétrograde. — Bryenne (*Harmoniques*, désigne en outre l'ἀγωγή περιφερής comme marche circulaire, composée de sons alternativement montants descendants ou *vice-versa*).
4) Chez Bryenne, *Harmoniques*, I, 6, p. 386, c'est la disposition de deux systèmes séparés par un ton.
5) «Pour tout dire, la petteia enseignait à mettre en œuvre chaque échelle modale selon ces propriétés harmoniques et mélodiques». Gevaert, *Hist. de la musique de l'antiquité*, I, p. 381.
6) Vincent, *Notices*, p. 48. Ce fragment et quelques autres sont en double dans les manuscrits avec de légères différences.

τοῦ καλουμένου παρά τισι κενοῦ. Διαφοραὶ δ' αὐτοῦ αἴδε· μακρὰ δίχρονος —, μακρὰ τρίχρονος ⌞, μακρὰ τετράχρονος ⌟, μακρὰ πεντάχρονος ⌶.

§ 1 = 83. Le rythme se compose de l'arsis et de la thésis[1] et du temps appelé *vide* (pause). Voici ses variétés: longue de 2 temps, —, longue de 3 temps ⌞, longue de 4 temps ⌟, longue de 5 temps ⌶ [2]).

§ 3 = 85[3]).| Ἡ μὲν οὖν θέσις σημαίνεται ὅταν ἁπλῶς τὸ σημεῖον ἄστικτον ᾖ, οἷον ⊦ (τε)· ἡ δ' ἄρσις ὅταν ἐστιγμένον. Ὅταν οὖν ἤτοι δι' ᾠδῆς ἢ μέλους χωρὶς στιγμῆς ἢ χρόνου τοῦ καλουμένου κενοῦ παρά τισι γράφηται ἢ, μακρᾶς διχρόνου —, ἢ τριχρόνου ⌞, ἢ τετραχρόνου ⌟, ἢ πενταχρόνου ⌶, τὰ μὲν ⟨ἐν⟩[4] ᾠδῇ κεχυμένα, ἐν δὲ μέλει μόνῳ καλεῖται διαψηλαφήματα.

§ 3 = 85. La thésis est indiquée par l'absence de point sur la note, l'arsis par la présence d'un point[5]). Lors donc que, dans une ode ou dans une mélodie (instrumentale, le morceau) est écrit sans point ou sans (l'indication) d'un temps appelé vide par quelques-uns, ou de la longue de 2 temps —, ou de 3 temps ⌞, ou de 4 temps ⌟, ou de 5 temps ⌶, tout cela est nommé chants fondus dans l'ode, et, dans cette mélodie seule[6]) diapsélaphème (tapotement?).

§ 102[7]). Κενὸς βραχὺς λ· κενὸς μακρὸς λ̄, κενὸς μακρὸς τρίς λ̄, κενὸς μακρὸς τετράκις λ̄.

(Temps) vide bref λ[8]), (temps) vide long λ̄, temps vide long triplé λ̄, temps vide long quadruplé λ̄ [9]).

§ 2 = 84. Τὰ δὲ τοῦ μέλους ὀνόματά τε καὶ σημεῖα καὶ σχήματα οὕτω τέτακται[10]).

Πρόληψις	F⌣C	F⌣⌐	F⌣<
Ἔκληψις	C⌣F	⌐⌣F	<⌣F
Πρόκρουσις	F C	F U	F ⌐	⌐<
Ἔκκρουσις	C F	U F	⌐ F	< F
(Προκρουσμός)	FCF	CUC		
Ἐκκρουσμός	⟨CFC	UCU⟩		
Κόμπος	FXF	CXC	UXU	⌐X⌐
Κομπισμός, διαστολή, μελισμός				
	F⌣XF[11])	C⌣XC	U⌣XU	⌐⌣XU <⌣X< FXF⌣XF

---

1) Ἄρσις, temps faible, levé; θέσις, temps fort, frappé. Fétis (*Hist. gén. de la musique*, III, p. 191), croit et dit que l'arsis est le frappé et la thésis le levé.

2) On trouve l'emploi des signes de durée dans le texte gnostico-magique du papyrus XLVI du British Museum et dans l'inscription de Tralles.

3) Vincent, p. 50.

4) Ajouté ἐν qui a pu être omis à cause du voisinage de μέν.

5) Westphal (*Metrik*[2], p. 617) suivi par Gevaert (*Hist. de la mus. dans l'antiquité*, I, p. 417) intervertit l'arsis et la thésis. Vincent p. 270, croit devoir maintenir le texte; seulement la raison qu'il donne de ce maintien n'est pas admissible. Cp. Aristide Quintilien, p. 36 Mb.

6) Mélodie sans paroles.

7) Vincent, p. 48. Nous admettons les corrections de Bellermann et de Vincent.

8) On a reconnu dans ce λ l'initiale de λεῖμμα, manque.

9) On voit qu'ici est omis le temps vide long quintuplé, correspondant au temps quintuplé du § 3.

10) Vincent omet ce §.

11) Ajouté ici le signe ⌣. Pour le reste, on adopte les leçons de Bellermann.

§ 2 = 84. Les noms de la mélodie, ses signes et ses figures sont disposés dans l'ordre suivant:

§ 4 = 86²). Τά δὲ προειρημένα τοῦ μέλους ὀνόματά τε καὶ σημεῖα καὶ σχήματα οὕτω τέτακται.

Πρόληψίς ἐστιν ἐκ τοῦ βαρυτέρου φθόγγου ἐπὶ τὸ ὀξύτερον κατὰ μέλος ἐπίτασις, ἤτοι ἀνάδοσις, ἥν τινες καλοῦσιν ὑφὲν ἔσωθεν. Τοῦτο δὲ γίνεται ποικίλως, ἀμέσως τε καὶ διὰ μέσου· ἀμέσως μέν, οἷον FC, ἐμμέσως δέ, οἷον διὰ τριῶν FU, διὰ τεσσάρων F⊓, διὰ πέντε F<.

§ 4³). Les noms susdits de la mélodie, ses signes et ses figures sont disposés dans l'ordre suivant.

La prolepsis est la surtension mélodique ou l'élévation du son grave au son aigu et est appelée par quelques-uns *hyphen intérieur*. Or cela se produit d'une façon variée: immédiatement et médiatement; immédiatement, comme par exemple ; médiatement, comme par tierce , par quarte , par quinte .

Texte particulier aux §§ 86—87. Οἷον ἐκ τοῦ ἐγγὺς φθόγγου·

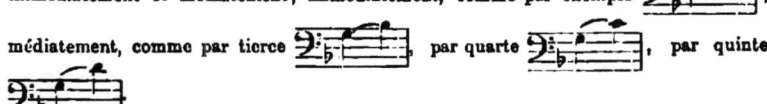

---

1) Je fais une transposition et une addition d'après le texte de Bryenne dont on lira plus loin la traduction. Voir mon article: *Corrections proposées dans l'Anonyme de Bellermann*. (Revue de philologie, 1908, p. 28 s.) Les mêmes modifications s'imposent au § 3 = 90. 2) Vincent, p. 52. 3) Mss. et Bellermann τωα. Correction de Vincent. 4) Ajouté ∪ aux deux derniers groupes.

Διὰ τριῶν · τωη. Διὰ τεσσάρων · ⟨τωω⟩[1]. Διὰ πέντε · τωε
F⌣C   F⌣⏌   F⌣<

§§ 86—87 . . . Par exemple à partir du son voisin:

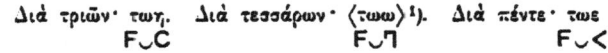

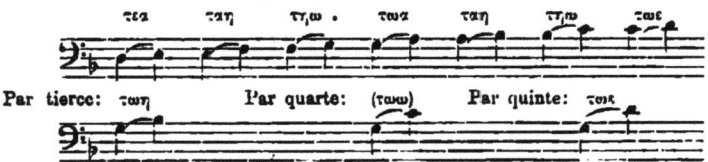

§ 5 = 87[2]). Ἔκληψις δὲ τὰ ὑπεναντία τούτοις ἀπὸ τῶν ὀξυτέρων ἐπὶ τὰ βαρέα ἄνεσις, ἥν τινες ὀνομάζουσιν ὑφὲν ἔξωθεν, οἷον ἀμέσως μὲν C⌣F, ἐμμέσως δὲ διὰ τριῶν UF, διὰ τεσσάρων ⏌F, διὰ πέντε <F.

§ 5 = 87. L'éclepsis, à l'inverse de ces figures (est) le relâchement de sons plus aigus vers des sons graves (relâchement) que quelques-uns nomment *hyphen extérieur*, par exemple immédiatement ♫, médiatement par tierce ♫, par quarte ♫, par quinte[3]) ♫.

Ici devraient prendre place deux figures décrites par Bryenne (voir ci-après), le prolemmatismos et l'éclemmatismos, figures particulières au chant vocal et correspondant aux figures du chant instrumental nommées le procrousmos et l'eccrousmos[4]).

§ 6 = 88. Πρόκρουσίς[5]) ἐστιν ἑνός, τουτέστιν ἐλάττονος χρόνου δύο μέλη, τουτέστι δύο φθόγγοι ἀπὸ τῶν βαρέων ἐπὶ τὰ ὀξέα, οἷον ἀμέσως μὲν F[⌣]C· ἐμμέσως δὲ διὰ τριῶν FU, διὰ τεσσάρων F⏌.

§ 6 = 88. La procrousis consiste en deux émissions mélodiques d'un temps (chacune), c.-à-d. d'un temps mineur, c.-à-d. en deux sons procédant du grave à l'aigu, soit par exemple immédiatement ♫, médiatement, par tierce ♫, par quarte ♫, par quinte ♫.

§ 7 = 89[6]). Ἔκκρουσις δὲ τὰ ὑπεναντία τούτοις ἀπὸ τῶν ὀξέων ἐπὶ τὰ βαρέα, οἷον ἀμέσως μὲν CF, ἐμμέσως δὲ διὰ τριῶν UF, διὰ τεσσάρων ⏌F, διὰ πέντε <F.

§ 7 = 89. L'eccrousis procède inversement de l'aigu au grave, soit immédiatement ♫, ou médiatement par tierce ♫, par quarte ♫, par quinte ♫.

---

1) Addition nouvelle, d'après Vincent, p. 53.   2) Vincent, p. 52.
3) La prolepsis et l'eclepsis s'exécutent «legato». (Westphal, l. c.). L'hyphen manque.
4) Westphal (l. c.) les a restituées en y ajoutant la vocalisation.
5) Vincent, p. 54. — πρόσκρουσις mss. — Leçon de Bryenne et correction de Bellermann. Vincent (p. 54) garde πρόσκρουσις et προσκρούσμάς.   6) Vincent, p. 54.

Texte restitué par Vincent (p. 55) d'après Bryenne (p. 480):
Προχρουσμός[1]) μέν ἐστιν ὅταν τοῦ αὐτοῦ φθόγγου δὶς λαμβανομένου μέσος παραλαμβάνηται ὀξύτερος[2]), οἷον F C F C U C[3]).

Il y a procrousmos lorsqu'un même son étant pris deux fois, un son intermédiaire plus aigu est admis. Exemples:

 (groupes ternaires.)

§ 8 = 90 [4]). Ἐκκρουσμὸς δέ ἐστιν ὅταν τοῦ αὐτοῦ φθόγγου δὶς λαμβανομένου μέσος παραλαμβάνηται βαρύτερος[5]), οἷον·
C F C   U C U[6]).

§ 8 = 90. Il y a eccrousmos lorsqu'un même son étant pris deux fois, un son intermédiaire plus grave est admis. Exemples:

 (groupes ternaires.)

§ 9 a[7]). Τὸν δὲ κομπισμὸν λέγομεν οὕτως·
F X C   C X C

§ 91 a). Τὸν δὲ μελισμὸν λέγομεν οὕτως·
των τω   ταν τα
F Ψ F   C Ψ C[8])

§ 9 b. Τὸν δὲ μελισμὸν λέγομεν οὕτως·
τωννω   ταννα
F⌣X F   C⌣X C

§ 91 b. Τὸν δὲ κόμπον οὕτως·
τωννω   ταννα[9])
F·S·F   C·S·C

§ 9 a. Nous chantons le compismos ainsi (staccato)[10]:

§ 91 a. Nous chantons le mélisme ainsi: } (groupes binaires.)

§ 9 b. Nous chantons le mélisme ainsi (demi-staccato)[10]:

 (groupes binaire.)

---

1) Προσκρουσμὸς, Vincent.
2) βαρύτερος, Vincent.
3) Les notes sont restituées par Vincent.
4) Vincent, p. 54.
5) Mss., Bellermann, Vincent: ὀξύτερος. Correction nouvelle, faite d'après Bryenne.
6) Voir plus haut les corrections et additions au § 2 = 86.
7) Vincent, p. 56.
8) τω et ταν sont restituées par Bellermann.
9) ταννα mss. Correction de Bellermann.
10) Westphal, l. c.

§ 91 b. Et le compos ainsi :

 (groupes binaires.)

§ 10[1]). Τὸν δὲ κοινὸν ἐκ τῆς συνθέσεως αὐτῶν σχηματισμόν, ὃν καλοῦσιν ἔνιοι *τερετισμόν* [κόμμου τε καὶ μελισμοῦ, ἤτοι μελισμοῦ καὶ κόμμου][2]), λέγομεν οὕτως·

       των τωννω
       F X F X ⌣ F
§ 92.   F Ψ F · S · F.

§ 10 (suite). Προκρούσεως δὲ γινομένης ἐκ τοῦ διὰ πασῶν, κομπισμὸν ποιεῖ· ἑξῆς δὲ λέγομεν.

§ 92. Après διὰ πασῶν: κομπισμὸς γίνεται.

§ 10. Quant à la figure commune, résultant de leur réunion, celle du commos et du mélisme ou du mélisme et du commos, (figure) que quelques-uns appellent *térétisme*, nous la chantons ainsi :

Staccato

§ 10 (suite). Lorsque la procrousis est produite par l'octave, elle forme un compismos et nous la chantons d'une façon continue. — § 92 ... par l'octave elle devient un compismos. Vincent traduit ainsi les §§ 9 = 91 et 10 = 92 (sous réserve).

Le *mélismus* se dit de la manière suivante :

Le *compismus* se dit comme il suit :

Et la figure que quelques-uns nomment *térétisme* et qui résulte de l'alliance des deux précédentes, soit du compismus et du mélismus, soit du mélismus et du compismus, se dit ainsi :

---

1) Vincent, p. 56.
2) Glose marginale insérée dans le texte pour expliquer αὐτῶν? Lire κόμπου? κομπισμοῦ?

§ 11 = 93. Ἡ διαστολὴ ἐπί τε τῶν ᾠδῶν καὶ τῆς χρουματογραφίας παραλαμβάνεται ἀναπαύουσα καὶ χωρίζουσα τὰ προάγοντα ἀπὸ τῶν ἐπιφερομένων ἑξῆς· ἔστι δὲ αὐτῆς σχῆμα σημεῖον τόδε.

§ 11 = 93. La diastole, dans les chants comme dans la notation instrumentale, est admise pour marquer une terminaison et pour séparer les (sons) précédents des (sons) consécutifs continus. Sa figure est ce signe . . .[1])

Manuel Bryenne, nous l'avons dit, a traité aussi la question de la solmisation (*Harmoniques*, III, 3, p. 479[2]).

Les dénominations du chant, tant mélodique (μουσικοῦ) qu'instrumental (ὀργανικοῦ), pour parler sommairement, sont au nombre de douze: prolepsis, éclepsis, prolemmatismos, éclemmatismos, mélisme, procrousis, eccrousis, procrousmos, eccrousmos, compismos, térétisme et diastole.

La prolepsis est la surtension, c'est-à-dire l'élévation (ἀνάδοσις) d'un son plus grave vers un son plus aigu, dans le chant musical (vocal). Certains l'appellent *hyphen intérieur*. Elle se produit non pas simplement, mais d'une façon variée, immédiatement ou médiatement; immédiatement, lorsqu' après avoir chanté la proslambanomène[3]), d'une espèce quelconque de mélodie, nous ne chanterons pas, à sa suite, d'autre note que l'hypate de son tétracorde le plus grave; médiatement, lorsqu' après avoir chanté

---

1) Le signe manque, mais c'est probablement le signe affecté à la diastole de l'écriture, savoir: ‚.
2) Comme le texte de Bryenne ne donne lieu à aucune modification, on se borne à le traduire.
3) Chez Bryenne, on lit toujours προσλαμβανομένη.

la proslambanomène, nous chanterons non pas son hypate, mais, passant par-dessus celle-ci, la parhypate, ou même, passant aussi par-dessus cette dernière, sa lichanos, ou encore, passant par dessus celle-ci et celle-là, sa mèse. Lorsque nous voulons faire la prolepsis à partir de la proslambanomène, nous sommes forcés de la faire jusqu'à l'intervalle de quinte, et lorsque c'est à partir de l'hypate, jusqu'à celui de quarte. En effet toute espèce de mélodie doit se rattacher à sa mèse, attendu que, on l'a montré, cet accord lui vient de cette corde et non d'ailleurs[1]).

L'éclepsis est la figure inverse de la précédente c'est-à-dire le relâchement d'un son plus aigu vers un son plus grave dans le chant musical. Elle se produit non pas simplement, mais d'une façon variée, c'est-à-dire immédiatement et médiatement. Elle se produit immédiatement lorsqu'après avoir chanté l'hypate du tétracorde le plus grave d'une espèce quelconque de mélodie, nous ne chanterons pas, à sa suite au grave, d'autre note que sa proslambanomène; médiatement, lorsque, passant par-dessus son hypate et après avoir chanté sa parhypate, nous chanterons la proslambanomène, ou bien passant par-dessus celle-ci et celle-là, et après avoir chanté la lichanos, nous chanterons la proslambanomène, ou encore, passant par-dessus celle-ci et celles-là, et après avoir chanté la mèse, nous chanterons la proslambanomène. Mais lorsque c'est à partir de la mèse que nous voulons faire l'éclepsis du chant, nous sommes forcés de la faire jusqu'à l'intervalle de quinte, et, quand c'est à partir de la lichanos, jusqu'à la quarte. Nous en avons donné la raison à propos de la prolepsis. Cette figure est appelée *hyphen extérieur*.

Le prolemmatismos a lieu lorsqu'un même son étant pris deux fois, dans le chant musical, un son intermédiaire plus aigu est admis semblablement dans le chant musical. Il ne se produit pas simplement, mais d'une façon variée, c'est-à-dire immédiatement et médiatement, comme c'est le cas pour la prolepsis.

L'éclemmatismos est la figure inverse de la précédente, c'est-à-dire qu'un même son étant pris deux fois, dans un chant musical, un son intermédiaire plus grave est admis semblablement dans un chant musical. Et il ne se produit pas simplement, mais d'une façon variée, c'est-à-dire immédiatement et médiatement, comme c'est le cas pour l'éclepsis.

Il y a mélisme lorsque nous admettons le même son plusieurs fois dans le chant musical sur une syllabe articulée[2]).

La procrousis est la surtension c'est-à-dire l'élévation d'un son plus grave vers un son plus aigu dans le chant instrumental. Certains l'appellent *hyphen intérieur*. Elle aussi est produite immédiatement et médiatement, comme c'est le cas pour la prolepsis.

L'eccrousis est la figure inverse, c'est-à-dire le relâchement d'un son plus aigu vers un son plus grave dans le chant instrumental. Certains l'appellent *hyphen extérieur*. Elle aussi est produite non simplement, mais d'une façon variée, immédiatement et médiatement, comme c'est le cas pour l'éclepsis.

Il y a procrousmos lorsqu'un son étant pris deux fois dans le chant instrumental, un son intermédiaire plus aigu est admis semblablement dans le chant instrumental. Cette figure se produit non simplement, mais d'une façon variée, c'est-à-dire immédiatement et médiatement, comme c'est le cas pour le prolemmatismos.

---

1) L'échelle considérée ici est ainsi disposée du grave à l'aigu et appartient au genre diatonique.

Proslambanomène	1 ton
Hypate	½ ton
Parhypate	1 ton
Lichanos	1 ton
Mèse	

2) L'inscription de Tralles offre plusieurs exemples de cette figure.

Il y a eccrousmos lorsqu'un même son étant pris deux fois dans le chant instrumental, un son intermédiaire plus grave est admis semblablement dans le chant instrumental. Il se produit lui aussi non simplement, mais d'une façon variée, c'est-à-dire immédiatement et médiatement, comme c'est le cas pour l'ecclemmatismos.

Il y a compismos lorsque nous admettons plusieurs fois le même son dans le chant instrumental.

Toutefois il faut savoir que la figure commune produite par la réunion du mélisme et du compismos, quelques-uns l'appellent térétisme.

La diastole est admise dans les chants vocal et instrumental et a pour objet de faire une pause et de séparer ce qui précède de ce qui suit.

Les gens laborieux ne doivent pas ignorer que, parmi les douze dénominations du chant, la prolepsis et l'éclepsis, le prolemmatismos et l'ecclemmatismos, le mélisme appartiennent au chant musical (vocal), la procrousis et l'eccrousis, le procrousmos et l'eccrousmos, à l'instrumental; mais le térétisme est commun au vocal et à l'instrumental. Et en effet soit qu'on chante avec la bouche, soit que l'on touche des cordes suivant la mélodie[1]) avec les doigts ou avec un plectre, on dit que l'on térétise, ou plutôt, en ne produisant que les sons d'une échelle, on dit que l'on térétise réellement lorsque non seulement on parcourt la partie la plus aiguë du chant, c'est-à-dire le tétracorde des nètes en même temps avec la voix et avec l'instrument, mais aussi la partie la plus grave, car c'est ainsi que les cigales, on le sait, térétisent manifestement.

Cette citation donne à croire que l'Anonyme de Bellermann dérive ou de Bryenne ou d'une source commune aux deux rédactions.

Bellermann (p. 24) et R. Westphal (*Metrik* [2], I, p. 478) ont résumé en un tableau l'exposé de Bryenne et en ont tiré bon parti.

Poursuivons maintenant la reproduction de l'Anonyme.

§ 80[2]). Τῶν τοῦ λυδίου τρόπου συμφωνιῶν αἱ καταγραφαί. Ἀγωγὴ τοῦ διὰ τεσσάρων κατὰ σύνθεσιν. Tableau des consonances du tropelydien.

Agogé (marche) de la quarte par synthèse[3]).

---

1) C'est-à-dire en ne produisant que les sons d'une échelle mélodique.
2) Vincent, p. 44. — Nous admettons les corrections de Bellermann, suivi par tous les autres musicologues. Elles ne laissent aucun doute.
3) Dans l'agogé par synthèse, les quatre sons de la quarte sont suivis des deux sons qui limitent cet intervalle.

§ 81[1]). Ἀνάλυσις τοῦ διὰ τεσσάρων. — Analyse de la quarte[2]).

---

1) Vincent, p. 46.
2) Dans l'agogé par analyse, les deux sons qui limitent la quarte sont suivis des quatre sons qui composent cet intervalle.

§ 100[1]). Τετράσημος. — Tétrasème.

---
1) On a rétabli l'ordre des figures rythmiques, qui n'est pas observé dans les manuscrits.

§ 103. Κῶλον ἑξάσημον. — Côlon hexasème.

§ 97. Ἄλλος ἑξάσημος. — Autre hexasème.

§ 101. Ὀκτάσημος. — Octasème.

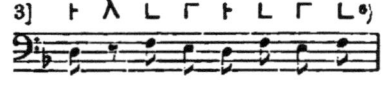

§ 98. Ἑνδεκάσημος. — Hendécasème.

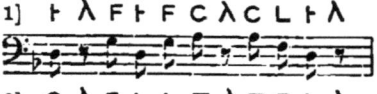
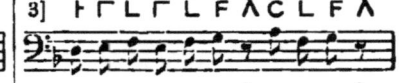

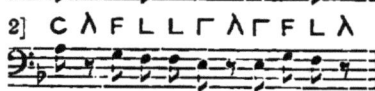

§ 99. Δωδεκάσημος. — Dodécasème.

1) L mss. Correction de mon ami Elie Poirée, qui a bien voulu revoir ce travail.
2) U mss. Correction de Poirée.
3) Γ et F mss. Correction de Poirée.   4) Ajouté le signe de la longue.
5) λ, lique du temps vide.   6) L mss. Corrigé pour obtenir l'octasème.
7) ⊢ mss. Correction de Poirée.

J. J. Rousseau, dans son *Dictionnaire de musique*, art. *Solfier*, commet plusieurs erreurs en citant Aristide Quintilien. (Il ne connaissait pas l'Anonyme de Bellermann.) »La première (des quatre syllabes *té, ta, tê, tô*) répondait à l'hypate du premier tétracorde, la seconde à la parhypate, la troisième à la lichanos, la quatrième à la nète, et ainsi de suite, en recommençant.«

François Perne, dans la *Revue musicale* de Fétis[2]), n'a fait qu'effleurer l'étude de la solmisation d'après Aristide Quintilien, et que copier les exercices de l'Anonyme sur les manuscrits de Paris. Il est facile de voir qu'il a traduit Aristide en s'en rapportant à la version latine de Meibom, qu'il n'a pas toujours bien comprise.

A. J. H. Vincent a étudié à fond la solmisation antique. L'interprétation qu'il donne des figures décrites dans l'Anonyme diffère parfois de celle qu'a proposée Bellermann, mais il a soin d'en dénoncer le caractère conjectural.

Westphal est moins réservé (voir plus haut, p. 523), mais il a clairement résumé en quelques pages les documents que nous venons de reproduire. Il a suppléé, d'ailleurs, pour plus de clarté, des figures mélodiques surmontées des syllabes et voyelles correspondant aux notes qu'il prenait pour exemple. Il représente ainsi, arbitrairement, le prolemmatismos:

et l'ecclemmatismos:

Il fait remarquer avec raison que l'ἀγωγή ἀνακάμπτουσα d'Aristide Quintilien [et de Bryenne] n'est autre chose que l'ἀνάλυσις (lire ἀνάκλησις) de l'Anonyme.

Dans son *Histoire de la musique de l'antiquité*[3]), Gevaert a traité en détail des durées rythmiques et de la solmisation. L'éminent musicologue affecte la syllabe TE non seulement au proslambanomène, comme Aristide Quintilien, se séparant ainsi de Westphal (qu'il suit généralement pour le reste), et à la mèse, comme Aristide et l'Anonyme, mais encore à la nète des conjointes et à la nète des hyperboléennes, sans dire sur quoi il fonde

---

1) Z mss. (Premier *sol* de la clef de *sol*.) La correction qui est de M. Poirée, me paraît certaine.
2) T. V, p. 97.
3) Tome I, pages 416 et ss.

une telle affectation. Cette réserve faite, j'estime que les lecteurs du présent travail ne pourront se dispenser de se reporter à son lumineux exposé [1]).

En 1860, Carl von Jan, à qui l'on doit une bonne édition critique des musicographes grecs de Meibom (Aristoxène et Aristide exceptés) avait proposé [2]) TΩ pour le proslambanomène et la mèse, TE pour les lichanos et les paranètes. Son argumentation est peu solide et Julius Cæsar [3]) semble l'avoir péremptoirement réfutée.

Je n'ai pas eu la prétention, dans l'étude qui précède, de résoudre toutes les questions que soulèvent les textes d'Aristide Quintilien, de l'Anonyme et de Bryenne relatifs à la solmisation antique; je n'y poursuis d'autre but que de faire connaitre ces textes en améliorant autant que possible celui de l'Anonyme et en le présentant sous la forme la plus vraisemblable.

Das Harfenspiel des Nordens in der alten Zeit[4]).

Von
Finnur Jónsson.
(Kopenhagen.)

In der ersten Hälfte des 19. Jahrhunderts herrschte die Auffassung, daß das Harfenspiel in den ältesten Zeiten ganz allgemein in Nordeuropa gewesen sei; namentlich meinte man, daß die alten Skalden die Harfe gewöhnlich benutzt hätten. Die Harfe galt als das bezeichnende Attribut des Skalden — nicht nur bei den Dichtern wie z. B. Öhlenschläger, Paul Möller und vielen andern, sondern auch bei den Gelehrten. Daraufhin, daß Saxo im Beginne seines dritten Buches von einem Manne sagt, daß keiner *chelis aut lyrae scientior* als er war, glaubt sein Herausgeber, der gelehrte Bischof P. E. Müller (*Notae uberiores* p. 108 ff.), obwohl er das gänzliche Schweigen der Quellen oder die geringe Bedeutsamkeit ihrer sämtlichen Andeutungen einräumt, doch Folgendes als Resultat annehmen zu können:

»*Cum igitur carmina cantarentur et variae essent carminum modulationes, concludimus, poetas boreales more ab antiquissimis temporibus recepto carmina ad sonum citharae judisse, licet hoc a saeculo inde decimo a poëtis Islandorum saepius neglectum fuisse fateamur.*«

Wenn dieser nüchterne Forscher zu einem solchen Schluß kommen konnte,

---

1) Voir aussi Fétis (*Histoire générale de la musique*, t. III, p. 141 et ss.) qui est généralement exact dans cette partie de son savant ouvrage.
2) *Neue Jahrbücher für Altertumswissenschaft und Pædagogik*, t. 81, p. 549 et ss.
3) *Neue Jahrb.* etc., t. 81, p. 871 et ss. Il suffit de rappeler qu'aux textes cités plus haut d'Aristide Quintilien s'ajoutent deux autres passages du même auteur (p. 147 et 149) où le proslambanomène est représenté par la lettre E. Aristide rapproche cette même note de la lettre E qui sert à désigner le nombre cinq.
4) Nach einem Vortrage, gehalten vor der Ortsgruppe Kopenhagen.

war es nicht merkwürdig, daß Andere die Sache als eine wissenschaftlich begründete Tatsache auffaßten.

Der berühmte norwegische Historiker P. A. Munch äußert (*Norske folks historie* I, 1, 187), daß »wenn man Schilderungen dessen, was bei den Angelsachsen stattfand, auf unsere Verhältnisse übertragen darf . . . jeder Gast ein Lied zur Harfe, die beim Gelage rings umher ging, singen mußte«, indem er auf die bekannten Stellen bei Beda (die Erzählung von Kädmon) und Beowulf hinweist. Munch kennt also kein einziges nordisches Zeugnis und spricht sich mit passender Vorsicht aus. Der dänische Literarhistoriker N. M. Petersen sagt (*Oldnordisk litt. Hist.* p. 161), daß »der Gesang bisweilen von Musik begleitet worden ist; gewöhnlich wurde das Lied aber ohne Zweifel nur aufgesagt (rezitiert).« Der norwegische Gelehrte R. Keyser spricht sich etwas unklar aus (*Nordmœndenes videnskab*) p. 116: »Gesang-Vortrag wird früh erwähnt [wo?], es gibt sogar Andeutungen darüber, daß der Gesang bisweilen vom Harfenspiel begleitet wurde«, dies soll aber »in den späteren Jahrhunderten des Mittelalters allgemeiner als in früheren Zeiten« gewesen sein. Endlich äußert K. Weinhold (Altnord. Leben p. 344) bestimmt, daß bei den Skalden keine musikalische Begleitung existiert hat. »Doch ist dem keineswegs immer so gewesen. Als die alte einfache Volkspoesie noch herschte, begleitete auch Harfenspiel das Wort, das mehr gesungen als gesprochen ward«, und er meint, daß es Weisen gegeben hat, »welche sich sogar abgesondert von den Worten verbreiteten und erhielten; die Gunnars- und die Gudrunmelodien waren berühmt«. Hier schimmert eine romantische, sicher unhistorische Auffassung durch.

In späterer Zeit ist die Rede vom begleitenden Harfenspiel etwas seltener geworden; geradezu abgelehnt wird es von A. Olrik und bei H. Panum (Sammelbünde d. IMG. VII, p. 27). Daß die Vorstellung gleichwohl nicht abgestorben sei, dafür könnten mehrere Zeugnisse (z. B. aus den nordischen Konversationslexicis) erbracht werden; wie weit sie aufrecht gehalten werden kann, werden die folgenden Zeilen hoffentlich zeigen.

Zuerst sollen die literarischen Quellen geprüft werden.

In den Edda-Liedern, die zu den ältesten nordischen Geisteserzeugnissen gehören, wird die Harfe folgendermaßen erwähnt. In der *Völuspá* (Str. 42) heißt es vom Hirt einer Riesin, Eggther, der vielleicht ein Grenzwächter ist, daß er »dort [in Jötunheim] auf dem Hügel saß, es schlug die Harfe der heitre E.« Hier wird aber mit keiner Silbe angedeutet, daß E. ein Skalde gewesen sei, was auch an und für sich von vornherein unwahrscheinlich ist. Auch singt er nicht, sondern vertreibt sich die Zeit mit Harfenspiel. Die Stelle lehrt, daß die Harfe im 10. Jahrhundert im Norden (bes. Norwegen-Island) bekannt gewesen ist. Dies ist die einzige Stelle in den Götterliedern, wo die Harfe erwähnt wird.

Sonst wird sie nur in den Heldenliedern in Verbindung mit dem *Gunnarr Gjúkason* im Schlangengarten erwähnt. In der *Atlakviða* (10. Jahrh., Str. 31) heißt es in einer Strophe, die jedoch wohl auf einer Interpolation beruht, daß G. »leidenschaftlich erregt, die Harfe mit seiner Hand schlug: die Saiten klangen.« Im *Oddrúnargrátr* (11. Jahrh., Str. 29—30): »Der kluge König ‚biegte' die Harfe . . . ich hörte von Hlésey aus, wie die Saiten mir seinen Seelenschmerz verkündeten.« Diese Stelle ist insofern merkwürdig, als sie ausdrücklich besagt, daß nicht Gunnarr selbst sang: es sind die Töne der Harfe und nur diese, die der Geliebten seine Qual melden. Als ein Dichter tritt Gunnarr niemals auf. Im prosaischen *Dráp Niflunga* heißt es von Gunnarr, daß er im Schlangengarten »die Harfe schlug und die Schlangen einschläferte«, dies in Übereinstimmung mit der *Snorra-Edda* (I, 364; Ausg. 1848), wo hinzugefügt wird, daß er die Harfe mit den Zehen schlug, und wieder mit *Atlamál*, 66: »G. nahm die Harfe, berührte sie mit den Zehen; er verstand sie so zu schlagen, daß die Weiber weinten, die Männer, die (die Töne) am deutlichsten hörten, bewegt wurden; er kündigte (gab) der Mächtigen (d. i. seiner Schwester Gudrún) Rathe; die Sparren des Daches barsten.« Wieder ist hier begleitender Gesang ausgeschlossen; es sind nur die Töne der Harfe, die so großartig wirken und das Weinen der Weiber und Männer verursachen und die der Gudrún melden, wie sie ihre Rache nehmen soll; es ist die durchdringende Macht der Töne, die bewirkt, daß das Dach[1] berstet, — eine poetische Übertreibung. In der *Völsungasaga*, k. 37, die ja auf diesen alten Liedern beruht, heißt es: »Gudrún sandte ihm (Gunnarr) eine Harfe, er aber zeigte seine Kunst und schlug sie mit großer Kunstfertigkeit, indem er die Saiten mit den Zehen schlug und so gut und unübertrefflich spielte, daß nur wenige (d. h. niemand) meinten, daß sie eine Harfe mit den Händen so gut schlagen gehört hätten« — alle Schlangen wurden eingeschläfert usw.

An allen diesen Stellen ist nur vom Harfentönen ohne Begleitung von Gesang und ohne jede Beziehung zu den Skalden zu der Rede.

Wie bekannt, wird Gunnarr auf dem alten Portale der norwegischen Hyllestadkirche, der Austadkirche und an mehreren anderen Stellen[2] mit den Zehen auf der Harfe spielend dargestellt; selbst singt Gunnarr nicht.

Die deutschen Lieder, die von Gunnarr und den Nibelungen handeln, wissen nichts von diesem Harfenspiel Gunnarrs. Daraus darf geschlossen werden, daß es eine nordische Zudichtung ist, und daß das Harfenspiel, was auch die *Völuspá* zeigt, im Norden jedenfalls früh im 10. Jahrh. bekannt gewesen ist.

Wenden wir uns danach zu den Skalden selbst, so wird das Ergebnis womöglich noch negativer. Kein einziger von diesen nennt die Harfe oder das Harfenspiel vor 1100, keine einzige Stelle in der historischen Literatur nennt die Harfe in Verbindung mit einem Skalden. Wie reichliche Gelegenheit dazu war nicht da? Unzählige Male werden die Skalden genannt, ihr Verhältnis zu den Fürsten besprochen, die reichlichen Geschenke, die sie von diesen empfangen, aufgezählt: Goldringe, Waffen, kostbare Kleider, Schiffe usw., niemals aber eine Harfe oder überhaupt ein Musikinstrument. Ja, wir haben sogar eine vortreffliche Beschreibung der Skalden von dem Skalden Harald Schönhaars selbst (ums Jahr 900), dem *Thorbjörn hornklofi*, wo es so anschaulich heißt: »An ihrer Rüstung und ihren Goldringen sieht man, daß sie (die Skalden) den König kennen; sie besitzen rote Fellmäntel mit schönen Streifen, silberdrahtumwundene Schwerter, ringgewobene Brünnen, vergoldete Gehänge und ziselierte Helme, armgeborene Ringe, die Harald ihnen gegeben hat.« Diese Beschreibung ist so detailliert, daß man sich mit Recht wundert, daß die Harfe auch nicht genannt wird, wenn sie überhaupt zur Ausstattung des Skalden gehörte.

---

[1] Das Wort *raptar*, plur., kann nichts anderes bedeuten.
[2] S. die Abhandlung H. Panum's. Hier wird man auch die verschiedenen Formen der Harfe sehen können.

Nur ein einziger Skalde, im 12. Jahrh., der Jarl über die Orkneys, Rögnvaldr Kali (gest. 1158) erwähnt das Harfenspiel; in einer improvisierten Strophe schildert er seine Fertigkeiten folgendermaßen: »Brettspiel auszuüben ist mir eine leichte Sache — neun Fertigkeiten verstehe ich —, die Runen vergesse ich kaum, oft bin ich mit Buch- und Schmiedearbeiten beschäftigt, ich verstehe auf Ski zu laufen, ich kann mit einigem Geschick schießen und rudern, beide Dinge verstehe ich: Harfenspiel und Dichtung« (*harpslátt ok bragthâttu*; *Icelandic sagas* I, 95). Anscheinend könnte man vielleicht meinen, berechtigt zu sein, auf die letzte Zusammenstellung Gewicht zu legen. Aber auch nur anscheinend. Denn erstens sagt ja der Dichter, daß er neun Fertigkeiten nennen will, also ist das Harfenspiel als eine selbständige Kunst neben den anderen zu betrachten, was natürlich jedoch eine Verbindung mit der letztgenannten nicht verhindern würde. Aber an eine solche ist man hier in der letzten Zeile nicht mehr berechtigt zu glauben, als z. B. an die mechanische Zusammenstellung »des Buches« und »der Schmiedearbeit« in Zeile 4, oder »des Schießens« und »des Ruderns« in Zeile 6. Auch der Binnenreim kann hier eine Rolle gespielt haben. Wenn also nicht andere Zeugnisse für die Benutzung der Harfe durch die Skalden aufzutreiben sind, darf man keineswegs diese Stelle als einen Beweis gelten lassen. Nur beweist sie, daß die Harfe im 12. Jahrh. auf den Orkneys bekannt gewesen ist; steht das vielleicht in Verbindung mit der keltischen Nachbarschaft?

Mustern wir alsdann die prosaische Literatur.

Hier begegnen uns zuerst die historischen *Sagas*. Wenn man sich erinnert, wie diese Literatur an Andeutungen und Aufklärungen über alle tagtäglichen Ereignisse, soziale und kulturelle Zustände u. dgl. mehr überaus reich ist, so bekommt ihre Erwähnung oder richtiger Nicht-Erwähnung der Harfe eine doppelte Bedeutung. Kurz gesagt, in keiner einzigen historischen *Saga* wird eine Person in Verbindung mit dem Harfenspiel vor ca. 1200 — eine Ausnahme wird sofort unten erörtert — gebracht; keine einzige Person hat einen Beinamen von dieser Kunst bekommen[1].

Jedoch finden wir das Harfenspiel, nur in anderer Hinsicht sehr lehrreich, erwähnt.

Der schwedische, gewiß sagengeschichtliche König Hugleikr hatte zufolge der *Ynglingasaga* in Snorri's *Heimskringla* (K. 22; Hkr. I, 40) in seiner Hird »alle Arten von Spielleuten, Harfenspielern, Geigenspielern und Fiedlern«, und — was sofort hinzugefügt wird — auch hexen- und zauberkundige Leute. In diesen Umgebungen nehmen die Harfenspieler sich etwas eigentümlich aus; sicher werden sie und die folgenden zwei Kategorien zu den Spielleuten gerechnet (Apposition dazu). Welches Ansehen solche Spielleute — die vielleicht nicht von nordischer, sondern fremder Herkunft waren — um das Jahr 900 genossen, darüber bekommen wir genaue Auskunft durch das genannte Lied des Skalden Thorbjörn; darin werden auch »Spielleute

---

[1] Dagegen kennt man eine Person im 10. Jahrh. mit dem Beinamen *gigja*, »Geige«, den aus der *Njála* bekannten Häuptling, Mörds, aber dies zeigt gerade, wie selten dies Instrument damals gewesen sein muß. Mörds »Geigenspiel« ist gewiß etwas alleinstehend jedenfalls in seiner Gegend gewesen. In dieser Verbindung soll es bemerkt werden, daß mit »Harfe« in dem Spruch: *erat klums vant — kvað refr — dró hörpu at isi* gewiß das Instrument gemeint ist und zwar in der allgemein bekannten Form.

und Gaukler« genannt, aber als »Leute, die nur einen Fußstoß verdienen«, d. h. als verächtliche Personen. Es ist nicht wahrscheinlich, daß Snorri, der ja selbst ein ausgezeichneter Skalde war, die Harfenspieler zu einer verachteten Kategorie gerechnet hätte, wenn die Skalden selbst Harfenspieler waren. Es nützt nichts, einzuwenden, daß es sich hier um sagengeschichtliche Erzählungen drehe, denn ungefähr dasselbe erzählt derselbe Snorri von der *Hird* des geschichtlichen Königs Oláfr in Schweden (um 1022 gest.). Solche — fremde — Spielleute treffen wir auch später z. B. in den Zeiten Magnus Erlingssons (gest. 1184). Die Harfenspieler werden also ohne jede Beziehung zur Skaldenkunst genannt und — wie man vermuten darf — nicht allzu ehrerbietig.

Noch eine Stelle aus der historischen Literatur muß erörtert werden. In der *Saga* vom heiligen Bischof Jón Ögmundsson (gest. 1121), vom Mönche Gunnlaugr (gest. 1218), ums Jahr 1200 geschrieben, wird vom Jón (*Biskupasögur* I, 155 = 220—21) erzählt, daß er — als ein junger Mann — einmal bei dem dänischen Könige Sven Estridsen (gest. 1076) sich aufgehalten habe. Während dieses Aufenthaltes träumte er, daß er König David eine herrliche Melodie auf seiner Harfe spielen hörte, und er sagte dem König, daß, wenn er eine Harfe bekomme, würde er die Melodie auf dieser spielen können. Der König befahl, ihm eine Harfe zu geben, »und er schlug sie mit einer so großen Kunst, daß der König selbst und alle Anwesenden davon sprachen, wie vortrefflich er gespielt hätte.« Wenn man aus dieser unleugbar etwas legendarischen Erzählung etwas schließen darf, kann es nur das sein, daß der junge Jón die Harfe kannte, daß also dies Instrument um die Mitte des 11. Jahrh. auf Island bekannt war; ein Skalde war er garnicht. Das Ganze ist aber sehr verdächtig, denn in der letzteren Rezension der *Saga* (l. c.) heißt es sogar ausdrücklich, daß »der heilige J. sich dieser Kunst nicht früher befleißigt hatte.«

Das ist alles, was in der historischen *Saga*-Literatur sich findet. Daraus kann nur geschlossen werden, daß die Harfe ein im Norden ziemlich seltenes Instrument überhaupt gewesen ist (in Island vielleicht sogar ganz unbekannt), daß die Skalden sie nicht benutzt haben; jedenfalls gibt es keine einzige Andeutung dafür — denn die Strophe des Rögnvalds kann das Entgegengesetzte nicht beweisen.

Von einer ganz anderen Seite erhalten wir eine merkwürdige Nachricht von nordischen Verhältnissen. Der arabische Verfasser Ibn Fadhlan (Beg. des 10. Jahrh.) erzählt (s. z. B. V. Thomsen: *Ryska rikets grundläggning* p. 42), daß unter den Besitztümern eines gestorbenen »russischen«, d. h. schwedischen Häuptlings (in Rußland) auch eine Harfe gewesen sei. Das ist also ein Seitenstück zum obengenannten Jarl Rögnvaldr, beweist aber nur, daß auch in Schweden, wie in Norwegen die Harfe bekannt gewesen ist. Also im ganzen Norden ist das Instrument im 10. Jahrh. gebraucht worden, aber vermutlich ziemlich selten und von Wenigen.

Dies wird nun durch die sagenhaften *Sagas*, die unhistorischen sogenannten *Fornaldarsögur* bekräftigt. Diese sind im 13. bis 14. Jahrh. entstanden; mehrere von ihnen sind gewiß ganz und gar erdichtet, in vielen darf man alte, aber erblaßte Traditionen konstatieren.

Bekannt ist der Bericht der *Didrikssaga* (Dietrich v. Bern), die doch nur uneigentlich zu den *Fornaldarsagas* gehört, vom Spielmann Isung, welcher zusammen mit Wildifer den gefangenen Vidga retten will (Didrikss.

149 ff.). Die Quelle der betreffenden Episode ist in deutschen Sagen oder Liedern noch nicht wiedergefunden. Ursprünglich muß sie doch deutsch sein, aber sie kann sehr gut durch nordischen Geist und nordische Kultur umgeprägt worden sein. Auf die Frage vom König Osantrix — der den Widga gefangen hat —, welche Kunst der Spielmann ihnen zeigen könne, erwidert dieser: »Ich verstehe Lieder zu rezitieren (*kveda*, wird von dem feierlichen, gesangähnlichen Rezitieren gebraucht), ich verstehe die Harfe zu schlagen, Geige und Fiedel zu ziehen« usw. Der König gibt ihm dann eine Harfe, welche er meisterhaft schlägt; sein Bär (d. h. Wildifer in Bärenhaut) tanzt zu den Tönen. Auch hier ist von einem Harfenspiel ohne Gesang ausschließlich die Rede.

In der *Völsungasaga* (Ragnarssaga, K. 43), um die Mitte des 13. Jahrh. verfaßt, wird von Eeimir, dem Pflegevater der Aslaug (der Tochter Sigurds und Brynhilds), erzählt, daß er eine Harfe von solcher Größe habe verfertigen lassen, daß er das junge Mädchen nebst vielen Kostbarkeiten von Gold und Silber darin verbergen konnte. Sobald das Kind weinte, schlug er die Harfe, um es zu beruhigen, wohl auch, um sein Weinen zu übertönen. Diese ganze Erzählung ist ja bekanntlich eine nordische Erfindung. Die Harfenform, die hier vorausgesetzt wird, ist die gewöhnliche, nicht die lyrenförmige, die Gunnarr auf dem Eyllestadportal schlägt[1]).

In *Nornageststháttr* (K. 1), der um das Jahr 1300 verfaßt ist, ist der nordische Meleager, der alte Nornagestr, die Hauptperson. 300 Jahre alt, besucht er König Oláfr Tryggvason (995—1000), der ihn fragt, welche Künste er ausüben könne. Er erwidert, daß er »die Harfe zu schlagen oder vergnüglich zu erzählen verstände«; hier steht kein Wort vom Gesang, und ein Dichter ist N. nicht. Später (K. 2) nimmt N. seine Harfe, die er »gut und lang« schlägt, so daß alle sich darüber freuten: jedoch schlägt er »die Gunnarr-Melodien« (*Gunnarsslagir*) am schönsten: zuletzt aber schlug er »die alten *Gudrúnarbrögd*, die man nicht früher gehört hatte«. Kein Zweifel kann darüber herrschen, daß mit den zwei angeführten Namen Melodien und nicht Lieder gemeint sind. Die Gunnarsslagir sind Gunnars eigene, kräftige Harfentöne, wie wir sie aus dem Oddrúnargrátr z. B. kennen (s. oben). *Bragd*, plur. *brögd*, ist ein vieldeutiges Wort; die Grundbedeutung ist »Bewegung«; es kann auch »Handlung, listiges Verfahren, kluge Pläne« bedeuten. Von den Griffen in die Saiten der Harfe wird es niemals gebraucht, sie werden stets »geschlagen« (oder man »spielt« darauf). Hier scheint *brögd* nur Gudruns listige Pläne, nämlich um ihre Brüder zu rächen, bedeuten zu können; das ganze Wort bedeutet sicher: »die Melodien (Töne), worin Gudruns Pläne hervortönen.« Die Saga scheint mir anzudeuten, daß diese Melodien von N. selbst erfunden waren (sie waren »nicht früher gehört«). Selbst singt N. gar nicht dazu.

In der *Bósasaga* (K. 11 ff.; diese Saga ist ziemlich jung, aus dem 14. Jahrh., und ganz unhistorisch: darum können doch einige alte Sagenelemente ihren Weg hierher gefunden haben) wird von einem Sigurd beim König Godmund auf Glæsisvellir erzählt, daß »ein großer Meister auf Instrumenten, namentlich der Harfe, war«. Ein Hochzeitsfest soll gefeiert werden; die Braut wegzuführen ist die Aufgabe der zwei Hauptpersonen der Saga, wovon Bósi die eine ist. Dieser tötet den Sigurd, zieht seine Kleider

---

1) So nach einer gütigen Mitteilung des Herrn Prof. Dr. A. Hammerich, der mir viele Aufschlüsse über die alten Instrumente und hierher gehörende Fragen gegeben hat, wofür ich ihm hier an dieser Stelle meinen besten Dank sage.

an und soll ihn selbst als Musiker agieren. Dann heißt es: »Sobald die Gedächtnisbecher (*minni*) hereingetragen wurden, schlug Sigurd (Bösi) die Harfe so gut, daß man meinte, er hätte seinesgleichen nicht.« Als »der Becher des Thor« hereinkam, änderte er seine Melodien (*slagir* vgl. Gunnarsslagir oben), und es entstand Unruhe: lose Gegenstände kamen in Bewegung, die Leute sprangen von ihren Sitzen auf und tanzten (*léku*). Dann kam »der Becher aller Asen (Götter)« — die Melodien wurden noch gewaltsamer, alles geriet in heftige Bewegung in der Halle. Später schlug er *Gýgjarslagr*, *Drömbuðr* und *Hjarrandahljóð*; dann folgte »der Becher Odins«, — »da öffnete er die Harfe — sie war so groß, daß ein Mann in ihrem ,Magen' (d. h. dem Resonanzkasten) aufrecht stehen konnte, und sie glänzte wie Gold — nahm daraus weiße, goldgestickte Handschuhe (es ist unklar, von welcher Bedeutung sie sein sollen, um vielleicht die Töne zu verstärken?), und jetzt schlug er ,den *Faldafeykir*', so daß die *Faldar* (Kopfputz) der Frauen in die Luft sprangen und von selbst tanzten« usw. Endlich kam »der Becher der Freyja« (der Liebesgöttin) herein; »da schlug Sigurd die Saite, die quer über den anderen lag[1]) (diese hatte er früher nicht angeschlagen — fügt eine Hds. zu), an und sagte, daß der König jetzt sich auf den *Rammislagr* bereiten könne« —; und nun ging es am allergewaltsamsten her: der König wurde jetzt von der Macht der Töne ergriffen, er mußte auch am Tanze teilnehmen — alles geriet in größten Aufruhr und in Verwirrung, und währenddessen wurde die Braut entführt, indem sie in den »Magen« der Harfe eingeschlossen wurde.

Diese ganze Stelle ist recht interessant; sie zeigt den Glauben an die allbesiegende Macht der Töne. Auch hier ist keine Rede vom menschlichen Gesang zu den Harfentönen. Die Namen der Melodien sind überhaupt durchsichtig genug. *Gýgjarslagr* bedeutet »die Melodie der Riesin«; die Melodie war wohl etwas heftig und schnarrend, wie man sich die Stimme der Riesinnen vorstellte (vgl. die Skaldenumschreibung »die Riesin des Kampfes, der Waffen«, d. h. die Axt; Skarphedins bekannte Axt hieß *Rimmugýgr*, rimma = Kampf, und sie »sang mit dumpfen Kampftönen«, wie es in einer Strophe heißt). *Drömbuðr* kommt von *dramba*, »sich übermütig betragen, prahlen«, also »die stolz prahlende Melodie«. *Hjarraulahljóð* bedeutet »Hjarrandi's Ton, Melodie«. Wir sehen darin ein sehr merkwürdiges, uraltes Sagenelement. Auf norwegisch-isländischem Boden ist Hjarrandi nur der Vater der Sagenperson Hedinn (die Hildesage; Hj. kommt auch als Name Odins vor) bekannt, er ist aber früher gemein-germanisch gewesen (vgl. Symon's Heldensage p. 106 ff., im Grundriß der germ. Philol. II, 711 ff.); in dem angelsächs. Liede Widsid wird Heorrenda »der gesang-kräftige« genannt, in Kudrun ist Herrant ein vortrefflicher Sänger. Wenn die Bósasaga von seinem *hljóð* spricht, kann nur eine Melodie gemeint sein (vgl. *hörpuhljóð*). *Faldafeykir* erklärt sich selbst (vgl. oben), und dasselbe gilt auch von dem letzten Wort: *Rammislagr*, d. h. »die starke Melodie«, stark in der allerstärksten Bedeutung des Wortes. Wie weit diese Namen vom Verfasser der Saga selbst erfunden sind, bleibt unsicher. Aber Hjarrandahljóð kann kaum von ihm herrühren; wie könnte ein Mann im 14. Jahrh. auf einen solchen Namen überhaupt kommen?

Zuletzt mag hier ein historisches Zeugnis vom 14. Jahrh. Platz finden.

---

[1]) Dies ist eine ganz unmögliche Vorstellung, die zeigt, daß der Verf. nicht selbst die Harfe kannte.

In der Saga des Bischofs Laurentius wird ein geistlicher Thorleifr auf dem Hofe Reykir in Skagafjördur als »der größte Harfenspieler in Island« genannt (Biskupasögur I, 866 = 909). Daraus könnte man geneigt sein zu schließen, daß jetzt das Harfenspiel ziemlich allgemein auf Island geworden ist, und es ist möglich, daß es wirklich so gewesen ist.

Was andere Quellen in der alten isl. Literatur von fremder Herkunft und gelehrter Art (Übersetzungen u. dgl.) bieten, ist ganz ohne Belang für unsere Frage, weshalb es hier ganz übergangen wird.

Aber eine Quelle außer dieser Literatur muß hier herangezogen werden. Das ist das lateinische Werk von Saxo grammaticus über die Geschichte Dänemarks. Was es bietet, ist jedoch ziemlich wenig. Im 3. Buch wird vom Hotherus kurz bemerkt, daß *nemo illo chelis aut lyrae scientior fuerat*, im 6. Buch wieder im allgemeinen *chordarum lenocinia* genannt. Am meisten interessant ist eine Stelle im 12. Buch in der Geschichte Eriks des Guten (gest. 1103); sie scheint mit der der Bósasaga eng verwandt. Ein Spielmann — ob ein fremder wird nicht gesagt — behauptete, daß er die menschliche Seele durch sein Harfonspiel stark beeinflussen könnte. Der König wünschte, daß er ihm eine Probe davon geben sollte. Zunächst ließ der Spielmann alle Waffen wegbringen und unter Schloß und Riegel halten, dann begann er zu spielen. Zuerst erregte er bei seinen Zuhörern Sorge und Kummer, dann überlustige Heiterkeit; endlich aber spielte er so, daß alle in Wut gerieten. Der König selbst wurde von Raserei ergriffen, so daß er hinausließ, die Waffen holte und, ehe man es verhindern konnte, vier von seinen eigenen Leuten tötete; endlich wurde er überwältigt. Das ist die alte Macht der Töne, der Saiten, die hier geschildert wird; es ist aber klar, daß auch hier nicht die Harfe mit Gesang verbunden wird, und daß sie nicht in den Händen eines Skalden ist.

Beiläufig darf kurz daran erinnert werden, daß der Skaldengott Bragi niemals mit einer Harfe versehen ist. Das ist nicht ohne Bedeutung.

Prof. E. Sievers hat (in seiner altgerm. Metrik p. 22) ausgesprochen, daß die nordische Strophe ein Rezitations-, nicht Gesangvers war, und das ist ganz richtig (vgl. Weinhold's oben referierte Äußerung). Ob eine Begleitung des Harfenspiels in diesem Falle möglich war, wird dahingestellt, wahrscheinlich ist sie jedenfalls nicht.

Das Resultat von dem hier Gesagten kann kurz so formuliert werden:

1. daß sich nichts in den alten Quellen findet, das dafür spricht, daß die alten nordischen (vorz. norwegisch-isländischen) Skalden die Harfe als ein Instrument gekannt haben, das sie unter dem Hersagen ihrer Gedichte benutzt haben, daß s.ch im Gegenteil viel dafür sagen läßt, daß diese zwei Künste nichts miteinander zu tun hatten.

2. Daß die Harfe gewiß in den nordischen Ländern von altersher bekannt gewesen, aber wohl nur von wenigen benutzt worden ist. Auf Island scheint sie — jedesfalls vor etwa 1200 — sehr wenig, vielleicht nur dem Namen nach, bekannt gewesen zu sein; danach aber, und namentlich im 14. Jahrh., scheint sie aller Wahrscheinlichkeit nach mehr allgemein geworden (wenn nicht das Wort überhaupt von jeder Art von Saiteninstrumenten gebraucht worden ist).

Der Gebrauch der Harfe bei den nordischen Bewohnern steht also im schroffen Gegensatz zu dem, was bei den Angelsachsen, um gar nicht von den Kelten zu reden, bekanntlich der Fall war.

Luzzasco Luzzaschi's Solo-Madrigale mit Klavierbegleitung.

Von
Otto Kinkeldey.
(Berlin.)

Im August 1571 reiste der Erzherzog Rudolf von Österreich, der spätere Kaiser Rudolf II., mit seinem Bruder Ernst von Spanien nach der Heimat zurück. Als sie Oberitalien durchkreuzten, ging dem Fürstenpaare der Herzog Alfonso II. von Ferrara, der mit einer Tante der jungen Erzherzöge vermählt war, bis Brescello entgegen, und bei der Zusammenkunft wurden große Feste gefeiert. Alfonso, der ein eifriger Musikliebhaber war, brachte seine Kapelle mit, und die Musik spielte bei den Festlichkeiten keine kleine Rolle. Ein Bericht über die Feste ist uns erhalten in den Briefen des Toskanischen Gesandten zu Ferrara Bernardo Canigiani[1]). Canigiani war ein angesehener Literat, einer der Begründer der *Accademia della Crusca*, und nach alledem, was wir von den Musikverhältnissen in Florenz wissen, sicher an gute Musik gewöhnt, so daß wir seinem Urteil volles Vertrauen schenken können. Unter anderem schreibt Canigiani von den Tänzen, von einem großen Vokal- und Instrumentalkonzert, und berichtet ferner: »Hinter einem Gravicembalo, welches Luzzasco spielte, sangen Signora Lucrezia und Signora Isabella Bendidio sowohl solo, als zu zweien, und zwar so gut und so fein, daß ich nicht glaube, daß man etwas Besseres hören könnte[2]).«

Lucrezia und Isabella Bendidio sind zwei Schwestern, von denen Lucrezia noch lange Zeit am estensischen Hofe als Sängerin eine große Rolle spielt. Mit Tarquinia Molza und Laura Peperara, ebenfalls Gesangs- und auch Instrumentalvirtuosinnen, wird sie später öfters erwähnt und von Dichtern besungen. Diese drei Sängerinnen gehörten zu den Hauptzierden des regen Musiklebens an diesem Hofe[3]).

Es wird sich schon mancher, dem diese Stelle aus Canigiani's Brief zu Augen gekommen ist, gefragt haben, was es denn eigentlich für Kompositionen waren, die die Sängerinnen bei dem Fest von 1571 vortrugen. Daß es während des ganzen 16. Jahrhunderts Gesangsvirtuosen gab, die besonders an den Höfen ihre Kunst ausübten und großen Ruhm ernteten, ist eine bekannte Tatsache. Man denkt zuerst an die vielen Bearbeitungen von mehrstimmigen Vokalwerken für eine Singstimme mit Laute. Schon Pietro Aron (*Lucidario* Venedig 1545 fol. 31 v. fol. 32) nennt eine Anzahl »*Cantori a liuto*«,

---

1) Canigiani's Briefe, aufbewahrt in dem *Archivio di Stato* in Florenz, werden öfters zitiert von A. Solerti in der ausgedehnten Vorrede zu seiner Neuausgabe der *Discorsi di Annibale Romei* (1585) Città di Castello (Lapi) 1891. Diese Vorrede bringt eine äußerst lebhafte Schilderung des Estensischen Hoffes in der zweiten Hälfte des 16. Jahrhunderts. Mehrere Kapitel sind der Musik gewidmet. Der hier angeführte Brief von Canigiani auf p. LXX. Vgl. ferner F. Valdrighi, *Musurgiana* Nr. 12. Modena (Vincenzi) 1884, p. 51.

2) *(Dietro un graviecembalo tocco dal Luzzasco, cantorno la Signora Lucrezia e la Signora Isabella Bendidio a solo a solo e tutt' a due, si bene e cosi gentilmente, che io non credo si possi sentir meglio).*

3) Solerti, a. a. O. Cap VIII.

die zu seiner Zeit als hervorragende Künstler galten. Darunter war auch eine Anzahl Frauen. Daß es aber auch Sologesänge und Duette mit Klavierbegleitung gab, dürfte weniger bekannt sein[1]. Man ist im ersten Augenblick geneigt, sich diese Stücke ebenfalls als einfach Bearbeitungen von mehrstimmigen Madrigalen oder ähnlichen Kompositionen zu denken. Jedenfalls hat man bisher noch keine Beispiele von wirklichen Solostücken mit Klavierbegleitung gefunden, abgesehen von den ersten Veröffentlichungen der Florentiner Reformatoren.

Es ist aber in der Tat ein ebenso seltenes, wie seltsames Werk erhalten geblieben, welches uns ermöglicht, ein Bild von dieser Musik zu gewinnen. Allerdings erscheint es erst im Jahre 1601, aber unter Umständen, die uns erlauben, es auf eine frühere Musikpraxis zu beziehen. Es ist nämlich von demselben Luzzasco, der in dem angeführten Briefe erwähnt wird, eine Madrigalsammlung erhalten, die folgenden Titel trägt:

MADRIGALI
di Luzzasco Luzzaschi per cantare et sonare
a uno, e doi, e tre soprani. Fatti
per la Musica del già Ser.
Duca Alfonso
d'Este.
stampati
In Roma appresso Simon Verovio
1601[2].

Schon der Titel erregt unser Interesse, sofern man glauben könnte, es handle sich um eine ähnliche Erscheinung wie Caccini's »*Nuove Musiche*« von 1601 oder die »*Varie Musiche*« von Peri (1609). Aber der Ausdruck »*per cantare et sonare*«, der auf so vielen Titelblättern des 16. Jahrhunderts steht, verleitet leicht zu dem Gedanken, daß es doch die alten mehrstimmigen Madrigale seien, die von einigen Vokalstimmen zusammen mit mehreren Instrumenten ausgeführt werden sollen. Es ist darum leicht erklärlich, daß Riemann (Lexikon) sie als »Madrigale für 1 bis 3 Soprane mit Instrumenten« anführt. In Wirklichkeit sind es Soli, Duette und Trios mit ausgearbeiteter vierstimmiger Klavierbegleitung.

Wegen seiner Seltenheit und seiner Einzigartigkeit verdient das Werk eine nähere Beschreibung. Es ist ein 23 Blätter starker Band (hoch 4° 31×22) in Kupfer gestochen in der bekannten Verovio'schen Ausführung. Titel und Widmung haben je ein Blatt für sich. Die darauf folgenden Blätter sind von 1 bis 41 paginiert. Das Werk ist dem Kardinal Pietro Aldobrandino, Legat und Generalvikar in Ferrara, gewidmet. Die Dedikation ist Oktober 1601 datiert.

Mit der Veröffentlichung dieser Kompositionen hat es eine eigene Bewandtnis. In der Dedikation gibt uns Luzzaschi ein wenig Aufklärung

---

1) Diese Seite der früheren Musikübung habe ich berührt in einer noch nicht veröffentlichten Schrift über das Orgel- und Klavierspiel und sein Verhältnis zur Vokal- und zur Instrumentalmusik überhaupt im 16. Jahrhundert, wo auch die begleiteten Solomadrigale Luzzaschi's im Zusammenhang mit dem Musikleben am Hofe zu Ferrara behandelt werden.

2) Die einzigen bekannten Exemplare besitzen die Kgl. Bibl. Berlin und die Bibl. der *Santa Cecilia* in Rom.

darüber. Diese Madrigale wurden für einige »*dame principalissime*«, die im Dienste der Herzogin Margharita standen und die mit ihrem Gesang dem herzoglichen Paare zugleich Huldigung und Freude brachten, komponiert[1]). Ob neben den schon erwähnten drei Sängerinnen Luzzaschi hier noch andere im Sinne hatte, geht aus seinen Worten nicht hervor. Daß die Herzogin ihre eigene Damenkapelle hatte, ist bekannt. Luzzaschi schreibt für nicht mehr als drei Soprane, und Giaches Wert, der lange Jahre in Mantua tätig war, aber auch nahe Beziehungen zu Ferrara hatte, dediziert im Jahre 1586 dem Herzog von Ferrara sein achtes Buch fünfstimmiger Madrigale und sagt in der Dedikation unter anderem: »*A cui non sono hoggimai note le meraviglie & d'arte, & di natura, la voce, la gratia, la dispositione, la memoria, & l'altre tante sì rare qualità delle tre nobilissime giovani Dame della Serenissima Signora Duchessa di Ferrara?*«

Der Herzog Alfonso II. starb im Jahre 1597. Nach seinem Tode, sagt Luzzaschi, sei diese wunderbare Musik verstummt, und diese Veröffentlichung solle dazu dienen, sie wieder ins Leben zu rufen. Es ist also sicher, daß diese Kompositionen vor 1597 aufgeführt worden sind. Die Herzogin Margharita war Alfonso's dritte Gattin, mit der er sich im Jahre 1579 vermählte. Die dritte der genannten Sängerinnen, Laura Peperara, war eine Mantuanerin, die von der Herzogin Margharita in Ferrara eingeführt wurde. Wir müssen also die bezaubernden Leistungen dieses Trios in die Zeit von 1579 bis 1597 setzen, obwohl, wie wir sehen, diese Art des Gesanges schon früher bekannt war. Daß es mit der wundervollen »*gratia*« und »*dispositione*«, von der Wert spricht, nicht übertrieben ist, wird die nähere Betrachtung der Kompositionen Luzzaschi's zeigen. Eine genauere Untersuchung der Texte wird es möglich machen, die Entstehungszeit dieser speziellen Sammlung vielleicht etwas näher zu bestimmen.

Die Stücke in dem Stich von 1601 stehen in Partitur mit Taktstrichen, die in den meisten Fällen Brevistakte abteilen, hier und da Semibrevistakte. Die Singstimmen sind im Sopran- oder im Violinschlüssel notiert, die Klavierbegleitung in der damals üblichen italienischen Orgeltabulatur, d. i. auf zwei Liniensystemen; in diesem Falle für die rechte Hand 5 Linien, für die linke 8. Das Werk enthält folgende Stücke:

Für 1 Sopran:

1. *Aura soave di segreti accenti.*
2. *O Primavera gioventù de l'anno.*
3. *Ch'io non t'ami cor mio.*

Für 2 Soprane:

4. *Stral pungente d'Amore.*
5. *Deh vieni hormai cor mio.*
6. *Cor mio deh non languire.*
7. *I[o] mi son giovinetta.*

---

[1]) *Tra le più rare meraviglie c'hebbe nella sua Corte la gran memoria del S. Duca Alfonso mio Sig.re rara et singolare per giuditio di tutti fù la musica di Dame principalissime, le quali servendo alla Sig.ra Duchessa Margharita moglie di lui renderano col canto loro in un tempo ossequio et diletto a quelle Ser.me Altezze; Ma poiche restò colla morte del Sig.r Duca quella Musica spenta, io che v'hebbi gran parte hò desiderato per quanto a me si concede di ravvivarla, portando nella luce del mondo Madrigali che composti da me furon cantati da quelle Ill.me Signore et come questi miei parti nacquero in virtù del gratioso comandamento di quel Prencipe mio benefattore; così col faror di Ill.ma et R.ma mio benignissimo Signore et Padrone sperano di ricere al mondo honorati dell' altissima protettione del nome suo ...*

Für 3 Soprane:
8. *O dolcezze amarissime d'Amore*
9. *Troppo ben può questo tiranno Amore.*
10. *T'amo mia vita.*
11. *Non sà che sia dolore.*
12. *Occhi del pianto mio cagione.*

Von den Dichtern, die sich am glänzenden Hofe von Ferrara aufhielten, waren Torquato Tasso und Battista Guarini die hervorragendsten. Beide kamen mit den Sängerinnen, besonders mit Lucrezia Bendidio, in Beziehungen. Von Tasso hat aber Luzzaschi auffallend wenige Texte komponiert. Kaum ein halbes Dutzend befinden sich in den sechs erhaltenen Büchern fünfstimmiger Madrigale[1]. Zu den Solomadrigalen hat Luzzaschi keinen nachweisbaren Text von Tasso benutzt. Dagegen läßt sich eine ganze Anzahl dieser Solomadrigale in den Werken Guarini's nachweisen. Fünf davon waren in der Sammlung der *Rime*[2] (Sonette und Madrigale) des Guarini enthalten, die im Jahre 1598 der venetianer Verleger Ciotto demselben Kardinal Aldobrandino widmete, auch denen Luzzaschi seine Kompositionen dedizierte. Es sind die Texte, 3. *Ch'io non t'ami*, 6. *Cor mio deh non languire*, 9. *Troppo ben può*, 10. *T'amo mia vita*, und 11. *Non sà che sia dolore*. Vier von diesen (Nr. 3, 6, 9 und 10) sind schon 1587 in einer Sammlung *Rime* von verschiedenen Dichtern gedruckt[3]). Nr. 2. *O Primavera* ist ein Stück aus der ersten Scene des dritten Aktes von Guarini's beliebtem Schäferspiel »*Il Pastor Fido*« (vollendet 1585, gedruckt 1590). Ein zweites Stück aus dieser Scene, welches sehr häufig in Musik gesetzt wurde, ist »*O dolcezze amarissime*«. Auch Luzzaschi hat ein Stück mit demselben Textanfang. Bei einem Vergleiche stellt sich aber heraus, daß Luzzaschi nur die erste Zeile aus dem *Pastor Fido* genommen hat und sie einem ganz anderen Madrigal von Guarini, zu dem auch zufällig der Reim paßt, vorangesetzt hat. (*Quest 'e pur il mio core*. Nr. 64 in Ciotto's Ausgabe.) »*Io mi son giovinetta*« ist der Anfang eines Madrigals, welches schon in der Mitte des 16. Jahrhunderts bekannt war. Der Text bei Luzzaschi scheint aber später gedichtet zu sein und lehnt sich bloß in den ersten zwei Zeilen an die frühere Form an[4]). Im übrigen geht Luzzaschi sehr frei mit seinen Texten um und ändert Worte und manchmal sogar Zeilen. Das scheint aber eine Gewohnheit der Komponisten seiner Zeit gewesen zu sein.

---

1) Vgl. die Bibliographie der Gedichte des Tasso, die von zeitgenössischen Komponisten in Musik gesetzt worden sind, in Solerti's Ausgabe der *Rime di Torquato Tasso* Vol· I Bologna 1898 p. 389 ss.

2) Neugedruckt in Tomo II der *Opere del Cavalier Battista Guarini*, Verona 1737.

3) *Rime de diversi poeti dell' età nostra: nuovamente raccolte e poste in luce per Gio. Batt. Licino*. Bergamo 1587. pp. 199, 195, 197, 190.

4) Eine der ältesten Kompositionen (von Dominico Ferrabosco) zu der wahrscheinlich früheren Fassung des Textes ist erhalten in dem Ms. L. 321 der K. Bibl Berlin. Als Lautenbearbeitung erscheint es in Galilei's »*Fronimo*«. Eine Messe über Motive aus Ferrabosco's Komposition schrieb Palestrina (Ges, Ausg. Bd. 12 Nr. 2). Noch Sweelinck setzte diesen Text für 2 Stimmen (Sweelinck-Ausgabe von Seiffert, Deel VIII Nr. 8). Dagegen finden wir denselben Text wie bei Luzzaschi bei Alfonso Fontanelli als fünfstimmiges Madrigal. (Venedig 1609). Partitur im Neudruck von Eitner Monatshefte f. Mus. 8 (1876) 165. Derselbe Textanfang kommt auch bei Scotto zweistimmig (Ven. 1559) und Monteverdi fünfstimmig (Ven. 1603) vor. In welcher Fassung ist mir aber unbekannt.

Die Guarini'schen Texte fangen an, in den neunziger Jahren des 16. Jahrhunderts bei den Komponisten sehr beliebt zu werden. Und lange Jahre hindurch kehren sie bei fast jedem Komponisten wieder. Sowohl die Anhänger des alten strengen Stils im Madrigal, als die neueren Chromatiker, die sich um den Kreis Nenna, Pecci und den Principe di Venosa gruppieren, wie auch die Monodisten greifen immer wieder zu diesen Texten, besonders zu »*Ch'io non t'ami*« und »*T'amo mia vita*«. »*Cor mio deh non languire*« wird noch von Alessandro Scarlatti als Madrigal für fünf Frauenstimmen komponiert. Diese häufige Benutzung derselben Texte liefert äußerst interessantes Material zu Vergleichen mit den Vertonungen Luzzaschi's, auf die wir später zurückkommen werden.

Gehen wir nun etwas näher auf Luzzaschi's Kompositionen ein. Da wird man zuerst die Frage aufwerfen, ob denn diese auch wirklich Sologesänge mit selbständiger Klavierbegleitung sind, wie eingangs behauptet worden ist, oder ob sie nicht doch etwa Bearbeitungen von mehrstimmigen Madrigalen für Singstimmen und Klavier sind. Die Singstimme in den einstimmigen Stücken ist nicht durch längere Pausen unterbrochen, wie wir es bei einer einzelnen Stimme aus einem mehrstimmigen Madrigal erwarten dürften. Die Semibrevispause ist die längste, die in diesen Stücken vorkommt. Die Begleitung ist ziemlich streng vierstimmig gehalten und zwar verhältnismäßig sehr homophon, nicht polyphon wie die Behandlung der Vokalstimmen im Madrigal überhaupt, und wie sie auch Luzzaschi in den zwei- und dreistimmigen Madrigalen dieser Sammlung anwendet. Die Singstimmen sind immer mit in die Begleitung hineingezogen. Wir haben es nur mit Sopranstimmen zu tun. Diese bleiben auch in der Begleitung immer die Oberstimmen. Bei den dreistimmigen Stücken sind also die drei höheren Stimmen der Begleitung dieselben wie die Vokalstimmen. In diesem Sinne ist die Begleitung nicht ganz unabhängig und selbständig. Allerdings bringt die Begleitung diese Stimmen immer in ihrer einfachen Form, während in den Vokalstimmen die manchmal sehr reichen Verzierungen, die wir noch besprechen werden, sehr genau ausgeschrieben sind.

Schon aus diesen Tatsachen könnte man den Schluß ziehen, daß wir es nicht mit Übertragungen von mehrstimmigen Vokalkompositionen auf das Klavier zu tun haben. Luzzaschi hätte hier wohl kaum im homophonen Stil geschrieben, während er andererseits in den zwei- und dreistimmigen Stücken, so weit es die Vokalstimmen betrifft, in den Bahnen seiner Zeitgenossen auf dem Gebiete des Madrigals wandelt. Anders wäre es, wenn Luzzaschi hier eine Kanzonetten-Sammlung komponiert hätte. Gegen Ende des 16. Jahrhunderts weicht die Madrigalkomposition immer mehr ab von dem strengen polyphonen Modell aus der Mitte des Jahrhunderts, das in dieser Beziehung der Motette sehr nahe stand. Die Vermischung mit volkstümlicheren Elementen aus der Kanzonette, der Villanella und dem Balletto wird immer größer. Auch die Stücke dieser Sammlung zeigen diesen Einfluß. Kanzonetten-Rhythmen und -Melodik kommen öfter vor. So auch längere Terzen- oder Sextengänge, wie sie die englischen Madrigalisten in ihren *Canzonets* und *little short airs* speziell verwendeten und wie sie auch in Italien in derartigen Kompositionen häufig vorkommen. Im ganzen aber schreibt Luzzaschi, wie gesagt, wenigstens in den mehrstimmigen Stücken, einen echten

Madrigalstil, während die strenge Vierstimmigkeit der Begleitung selten durchbrochen wird. Sie ist auch durchaus klaviermäßig gesetzt[1]).

Könnte man noch bei den einstimmigen Stücken Zweifel hegen über den Charakter der Begleitung, so werden diese bei den zwei- und dreistimmigen völlig gehoben. Hier kommen oft Stellen vor, wo eine Stimme allein singt, während die anderen zwei Takte oder noch länger pausieren. Die Begleitung geht aber ruhig homophon vierstimmig weiter, wie aus späteren Beispielen ersichtlich sein wird. Selbst wo zu Anfang die Stimmen imitierend einsetzen, fängt die Begleitung gleich vierstimmig an. Wo eine lebhaftere Kontrapunktik in den Stimmen vorkommt, wird sie, insofern sie nicht Verzierung ist, auch von der Begleitung übernommen, aber so weit wie möglich akkordweise oder wenigstens klaviermäßig notiert, so daß Stimmkreuzungen in der Begleitung nicht zum Ausdruck kommen. Bei den einstimmigen Stücken richtet sich die akkordische Begleitung fast ganz und gar nach der Solostimme, so daß der Rhythmus der Begleitung, mit Ausnahme von einigen synkopierten Stellen, fast genau mit dem der Singstimme, ohne die Verzierungen, übereinstimmt. Wo die Singstimme pausiert, sei es auch nur während einer Viertelpause, pausiert auch in den meisten Fällen die ganze Begleitung. Stellen, wo die Begleitung selbständig motivisch behandelt wird, wie in Beispiel XI auf »suegliasti la«, kommen nur an dieser einzigen Stelle vor.

Was die Behandlung der Singstimmen betrifft, so ist bei dem ersten Blick ersichtlich, daß wir es hier nicht mit gewöhnlichen Stimmen zu tun haben. Es müssen wirklich ganz erstaunliche Virtuosinnen gewesen sein, die diese Madrigale haben singen können. Das Werk als ganzes erstreckt sich in den Vokalstimmen über einen Umfang vom g bis zum c'''. Die einzelnen Stimmen sind ziemlich gleichmäßig behandelt, wie es in früherer Zeit bei Stimmen derselben Gattung gebräuchlich war. Und obwohl der ganze erwähnte Umfang nie in einem und demselben Stück von einer Stimme durchlaufen wird, kommen doch Stellen vor, wo ein Umfang von e' bis c''' (Nr. 12), von c' bis b'' (Nr. 3) oder von g bis f'' (Nr. 5) verlangt wird, wobei rasche Koloraturen über diesen ganzen Umfang oder Sprünge, wie von c' bis g'' oder d' bis a'' vorkommen. Die sehr hohen Töne (b''—c''') werden fast nur in den Verzierungen gebraucht.

Es ist erwähnt worden, daß Luzzaschi die Verzierungen in den Stimmen genau ausschreibt, während die Begleitung den Gang der einfachen Stimmen ohne Verzierungen wiedergibt. Das war im 16. Jahrhundert eine allgemeine Regel. Wo Singstimmen von Instrumenten, besonders vom Klavier oder von der Orgel begleitet wurden, sollte das Verzieren, wenigstens nach den Ansichten der Theoretiker, meistenteils den Sängern überlassen werden, während die begleitenden Instrumente das harmonische Fundament brachten, indem sie die Stimmen ohne Verzierungen spielten. In dieser Beziehung bildet das Werk Luzzaschi's das interessanteste und ergiebigste Beispiel zur Lehre von der Verzierungskunst, das ich aus dieser Zeit kenne. Hier haben wir nicht die tote theoretisierende Vorführung von Beispielen in einem Lehrbuch. Wir bekommen vielmehr eine lebendige Anschauung — wenigstens so weit es stumme gedruckte Noten diese zu geben vermögen — von der praktischen Anwendung solcher Kunstmittel in dem Kunstwerk als Ganzem, eine An-

---

1) Die Verteilung der Noten zwischen rechter und linker Hand wird in der italienischen Orgeltabulatur ziemlich genau vorgeschrieben. Auf eine genaue Wiedergabe in den Beispielen habe ich bei unserer heutigen Notation verzichten müssen.

schauung, die uns alle Verhältnisse doch natürlicher erscheinen läßt, als die zurechtgemachten Beispiele der Lehrbücher. Eine wirklich lebhafte und zureichende Vorstellung von dem lebendigen Klang des stilgerecht ausgeführten Werkes werden wir uns mit unserer heutigen Empfindungsart und unseren modernen musikalischen Gewohnheiten und Anschauungen wohl doch nicht machen können.

Wenn Luzzaschi seine Verzierungen nicht genau ausgeschrieben hätte, hätten wir uns wohl trotz der Aufmerksamkeit, die man in neuerer Zeit der alten Verzierungslehre geschenkt hat, diese Madrigale ein wenig anders vorgestellt. Dabei dürfen wir nicht vergessen, daß wir es hier mit einer hohen Stufe des Virtuosentums zu tun haben. Was man unserem Ferrareser Trio, oder der Archilei, oder der Caccini-Familie zutrauen konnte, durfte man wohl nicht von dem Durchschnittssänger des 16. oder 17. Jahrhunderts verlangen. Das mag auch für Luzzaschi ein Beweggrund gewesen sein zur genauen Fixierung der Verzierungen. Wenn, wie er sagt, mit dem Tode des Herzogs Alfonso ein Stillstand in dem regen Musikleben Ferrara's eintrat, so hoffte er vielleicht, mit dieser genauen Drucklegung die Sänger an anderen Orten Italiens zu einer ähnlich glänzenden Ausführung seiner Schöpfungen anzuregen, oder wenigstens die erstaunlichen Leistungen der Sängerinnen in Ferrara in Erinnerung zu halten.

Die Formen, die Luzzaschi anwendet, sind ganz diejenigen, die in den Lehrbüchern erwähnt werden: der Trillo, der Groppo, die Minuta (einfache Diminution oder Umspielung der Melodietöne) und vor allem Passagen, die in kleinen Notenwerten hin- und heraussausen und keinen Zweifel über die Kehlfertigkeit der Sängerinnen zulassen. Der Accento und die Esclamazione fehlen; wenigstens sind diese Verzierungen nicht schriftlich angedeutet. Sie sind auch wahrscheinlich hauptsächlich von den Reformatoren am Ende des 16. Jahrhunderts eingeführt worden, die für ihren *Stilo rappresentativo* diese Verzierungen zum Ausdruck des Leidenschaftlichen gut anbringen konnten. Wir werden sehen, daß es bei Luzzaschi auf einen genauen, den Sprachakzent nachahmenden Ausdruck des Affektes weniger ankam. Wenn nicht Luzzaschi selbst ausdrücklich gesagt hätte, daß er diese Stücke für den Gesang komponiert hätte, würde man oft viel lieber an Instrumente denken.

Luzzaschi geht sehr vorsichtig mit den Verzierungen um. Nicht immer und nicht überall läßt er seine Sängerinnen ihre Geläufigkeit zeigen. Die Schwerpunkte sind natürlich die Kadenzen, besonders die Schlußkadenz. Außerhalb der Kadenzstellen werden die Verzierungen seltener eingestreut. Der Eindruck, den man manchmal beim Lesen der Theoretiker über Verzierungskunst erhält, besonders wo sie von dem Verhalten der einzelnen Sänger im Ensemblesingen reden, der Eindruck nämlich, daß von Anfang bis zu Ende verziert wurde, daß in jedem Augenblick in irgend einer Stimme etwas vorgehen müsse, und daß es nur darauf ankam, daß der Sänger nicht mit seinen Genossen in Konflikt gerate, bleibt bei Luzzaschi völlig aus. Bei den einstimmigen, wie bei den mehrstimmigen Stücken läßt er ganze Sätze ohne irgend eine Verzierung, oder höchstens mit einem kleinen Doppelschlag, singen. Bei dem letzten Stück wird beinahe das ganze Madrigal (fast 30 Takte) durchgesungen, ehe das Passagenwerk anfängt.

Einige Beispiele werden genügen, dasselbe Staunen, das damals die Vorführung unter Luzzaschi's Zeitgenossen hervorgerufen hat, in uns zu erwecken und zugleich eine Anschauung geben von der Art, in der Luzzaschi die Verzierungen anwendet. Als Beispiel von den Passagen in den Solostücken möge der Schluß von Nr. 3 gelten, vielleicht das frappierendste Beispiel im ganzen Werk. Die Schlußzeile des Madrigals wird wiederholt, und wir können sehen, wie Luzzaschi bei den letzten Worten eine Steigerung durch die Verzierung zum Ausdruck bringt.

I.

Die Passagen, die im Laufe des Stückes vorkommen, haben einen ganz ähnlichen Charakter, bloß daß sie nicht so ausgedehnt sind. Hier und da kommen auch ruhigere Verzierungen in Viertel- oder Achtelnoten vor. Aber, wie schon bemerkt, werden die Verzierungen überhaupt nur stellenweise eingestreut, und Takte lang geht die Stimme einen ebenso einfachen Gang, wie in obigem Beispiel die Begleitung. Es scheint kaum möglich, daß Luzzaschi eine frei erfundene Verzierung von der Sängerin erwartete, wo er selber keine ausgeschrieben hat. Man muß wohl auch mit starken Dehnungen des Taktes bei solchen Verzierungen, wie die eben angeführte rechnen, denn man kann sich nicht vorstellen, daß die unverzierten Stellen in ganzen und halben Noten so langsam gesungen wurden, wie es selbst die denkbar möglichst schnelle vokale Ausführung einer längeren Passage in 64stel Noten verlangt.

Lehrreich ist Luzzaschi's Anwendung der Verzierungen bei den zwei- und dreistimmigen Stücken. Im allgemeinen beobachtet er die Regel von der Abwechslung in den Stimmen. Während die eine Stimme sich in Koloraturen ergeht, singen die anderen ruhig ihre einfachen Melodien. Oft kommt es zu einem lebhaften Wechselspiel zwischen den verschiedenen Stimmen. Die Tiraden und Rouladen lösen sich in rascher Aufeinanderfolge ab, so daß es nur von Tönen wirbelt. Dabei kommen aber auch manchmal kleine Sexten- oder Terzenpassagen vor, und Terzen- und Sextentriller werden häufig gebraucht. Folgendes Beispiel bringt eine solche Stelle.

Aus Nr. 9, p. 28.

II.

Eine auffallende Stelle bringt das vorletzte Stück.

548 O. Kinkeldey, Luzzasco Luzzaschi's Solo-Madrigale mit Klavierbegleitung.

Hier sehen wir, daß nicht zu viel Gewicht auf die genaue Beachtung der Regeln des Kontrapunkts gelegt wurde. In diesem, wie in den vorangehenden Beispielen merkt man, daß die Stimme des Sängers sich bei den Verzierungen nicht allzu eng an die theoretische Singstimme, wie sie in der Begleitung steht, hält. Die Verzierungen sind hier nicht bloße Umspielungen der Melodie. Sie weichen zuweilen ganz gehörig von dieser ab. Aber — und das ist der wichtige Punkt — sie halten sich sehr sorgfältig an die vorgeschriebene Harmonie. Alle Schwerpunkte, Noten, auf denen die Singstimme einen Augenblick Halt macht oder einen Triller anbringt, Stellen, bei denen die Koloratur umbiegt oder die durch einen Sprung hervorgehoben werden, sind Harmonietöne. Das ist auch bei der Erwägung der immer noch nicht ganz aufgeklärten Frage von der Begleitung der Orchesterinstrumente in den ersten Opern eine nicht genug zu beachtende Tatsache.

Es lassen sich bei diesen Verzierungen Luzzaschi's einige Beobachtungen machen über den künstlerischen Standpunkt, den man bei dem Verzieren einnahm. Die Verzierungskunst scheint überhaupt bloß eine Sache des Virtuosentums gewesen zu sein. Irgend eine tiefer begründete ästhetische Absicht läßt sich bei Luzzaschi nicht leicht entdecken. Eine Beachtung des Textes, ein Versuch, einen besonderen Affekt auszudrücken, läßt sich nur in wenigen Fällen nachweisen. Auf die Kadenz kommt eine Verzierung; und das Wort und der Sinn mögen sein, wie sie wollen, die Verzierungen sehen fast alle gleich aus. Zum Beispiel in demselben Stück (Nr. 3), dem wir die lange Verzierung auf »morire« entnahmen (Beispiel I), kommt der Satz vor

„Prima che questa sia
Morte mi non perdoni"

mit folgender Verzierung auf *perdoni*:

und einige Takte später bei den Worten

"M'è si dolce e gradita"

Ganz ähnliche Verzierungen kommen auf *desio, nemico, Amori, fatale, ridente* und manchmal auf ganz nebensächliche Worte vor. Andererseits hatten wir in Beispiel II auf dem Wort »soave« einen Fall, in dem die Verzierung wirklich mit Bedacht angebracht ist. Ein ähnliches Beispiel bietet das zweistimmige »*Stral pungente d'Amore*«. Das Stück schließt mit den Worten »*Si duro a miei lamenti*«. Die Phrase wird öfters wiederholt. Zuerst wird sie ganz einfach gesungen, wie sie in der Begleitung steht. Zum Schluß werden aber in beiden Stimmen Verzierungen gebracht, die man wirklich klagend vortragen könnte [1]).

---

[1]) Der erste Takt des Beispiels steht wirklich so im Original wie er hier notiert ist. Man könnte meinen, Luzzaschi wollte absichtlich auf das Wort duro eine Dissonanz bringen. Die Stelle kommt in diesem Stück schon dreimal vorher vor. Jedes-

550 O. Kinkeldey, Luzzasco Luzzaschi's Solo-Madrigale mit Klavierbegleitung.

Wie schon bemerkt und wie aus den Beispielen ersichtlich ist, haben Luzzaschi's Solomadrigale wenig oder gar nichts mit der Richtung der Florentiner Reformatoren zu tun. In der Führung der einzelnen Stimmen ist nichts von dem *stilo recitativo* zu beobachten. Eine schwache Ähnlichkeit in einem Fall werden wir später genauer betrachten. Die liegenden Bässe der ersten Monodisten fehlen bei Luzzaschi ganz und gar. Er wandelt noch in den alten Bahnen. Als reine Vokalstücke würden sie, abgesehen von den hohen Anforderungen, die sie an die Gesangstechnik stollen, wohl kaum größere Aufmerksamkeit auf sich ziehen. Luzzaschi galt unter seinen Zeitgenossen als hervorragender Musiker, aber mehr in seiner Eigenschaft als Organist, wie als Vokalkomponist. Eine nähere Untersuchung der einzelnen Stücke als Vokalkompositionen bringt nur wenig zum Vorschein, das man nicht bei den meisten seiner Zeitgenossen unter den Madrigalkomponisten erwarten dürfte. Nach den Madrigalen dieser Sammlung zu urteilen, würde man bei Luzzaschi nicht die nach allen Richtungen hin souveräne Beherrschung der Technik und die reiche Erfindungs- und Gestaltungskraft eines Marenzio, nicht die leidenschaftliche, affektvolle Behandlung, die der Dramatiker Monteverdi oft in seinen Madrigalen zeigt, vermuten. Kühne harmonische Verbindungen, wie wir sie bei Gesualdo, Principe di Venosa, mit dem auch Luzzaschi in Berührung kam, finden, bringt Luzzaschi eigentlich nicht. Eine besonders hervorragende Bedeutung als Komponist würde man also auf Grund dieser Madrigale dem Luzzaschi nicht zuschreiben. Das erste, das uns vorläufig an dem Werk von 1601 wichtig erscheint, ist eben der Blick, den es uns in eine bisher unbekannte Seite der Musikübung des 16. Jahrh. gewährt.

Immerhin, daß er ein nicht so seelenloser Komponist war, wie man vielleicht denken möchte, wenn man nur die Verzierungen ins Auge faßt, läßt sich aus vielen Stellen in dem Werk erkennen. Frohe und traurige Töne kann er anschlagen, die uns wirklich nicht kalt lassen und die beweisen, daß er auch mit Überlegung an seinen Text herantrat, obwohl er ihn meistenteils auch immer im Rahmen der alten Madrigalkunst behandelt.

Mit folgender jugendlich frischen und lieben Melodie setzt das Lied »*Io mi son giovinetta*« ein.

mal hat die Begleitung, wie man erwarten würde, *f* statt *c*. Wahrscheinlich liegt hier ein Druckfehler vor. Ich lasse die Frage aber vorläufig offen, um auf sie später hinzuweisen.

VII.

Aus Nr. 7, p. 16.

I mi son gio-vi-net - - ta E ri - - do e can-

- - - - - - - - - - to

Das Stück ist zweistimmig. Luzzaschi läßt aber das Lied der Schäferin

»*Io mi son giovinetta*
E rido e canto a la stagion novella«

von der ersten Stimme allein singen. Erst mit den darauffolgenden Worten »*Cantava la mia dolce pastorella*« stimmt die zweite Stimme in den Gesang ein. Es lacht und singt das Herz, wie ein Vöglein, dem Liebesfrühling, der in ihren Augen blüht, entgegen. Dann aber

»*Fuggi se saggio sei l'ardore*
Fuggi ch'in questi rai
Primavera per te non sara mai."

Dem Inhalt entsprechend läßt Luzzaschi die Stimmen viel lebhafter als in den meisten anderen Stücken die frohe Stimmung zum Ausdruck bringen. Und die Mahnung zur Flucht kann die sonnige Heiterkeit nicht betrüben. Die sonst so ruhige Begleitung nimmt an der überwiegenden Viertel- und Achtelbewegung regen Anteil.

Ganz anders klingt da das Duett »*Stral pungente d'Amore*«. Vorhalte und Septimenakkorde, die damals sicher eine größere Wirkung hatten als auf unsere Ohren, drücken den Liebesschmerz aus.

Aus Nr. 4, p. 8. VIII.

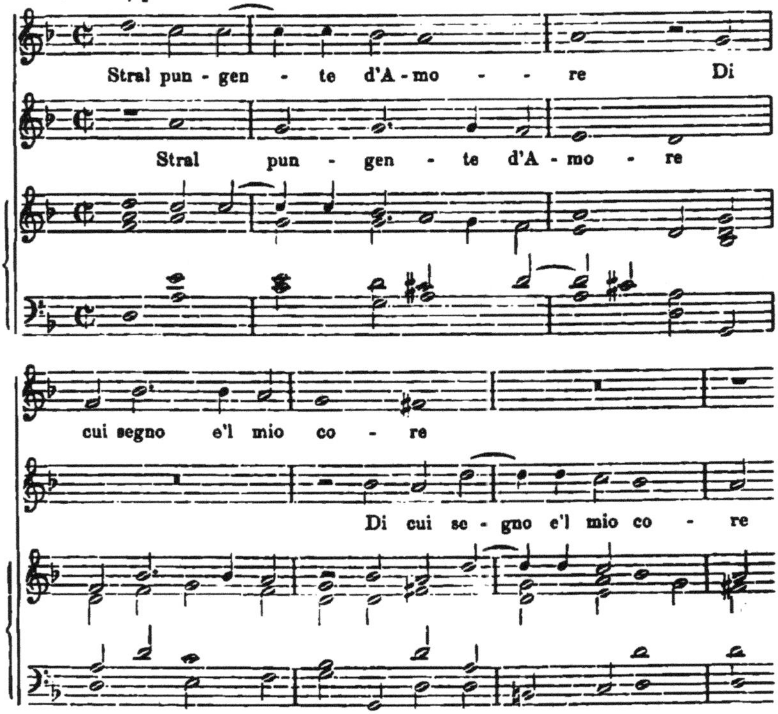
Stral pun - gen - te d'A - mo - - - re Di
Stral pun - gen - te d'A - mo - re
cui segno e'l mio co - re
Di cui se - gno e'l mio co - re

"Deh fà ch'in me t'aventi
Per trar mi all' ultime hore"

heißt der Text weiter. Zu der ersten Zeile erklingen folgende Harmonien:

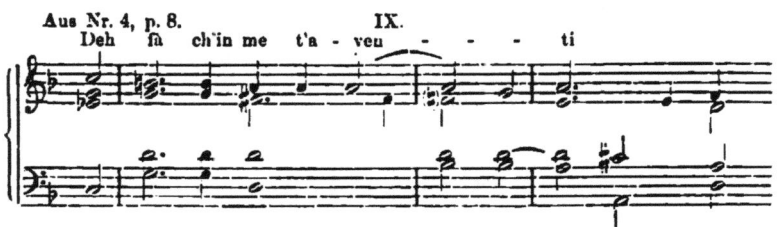

Aus Nr. 4, p. 8. IX.

Deh fà ch'in me t'a - veu - - - - ti

und die zweite wird mit schmerzvoller Resignation so wiederholt:

Aus Nr. 4, p. 8. X.

Per trar mi all' ul - time ho - re Per trar mi all' ul - time ho - re.
A D A

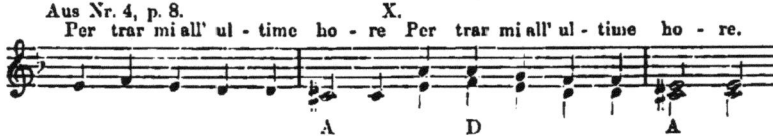

Das Gedicht, ein Sechszeiler, schließt:

"*O quel bel petto tenti
Si duro a miei lamenti.*"

Die Schlußzeile, die von einer und von beiden Stimmen mehrmals gesungen wird, ist lediglich mit dem Material, welches das oben angeführte kurze Beispiel VI aufweist, komponiert. Aber es dient vortrefflich dazu, die Klage, das Weh, den nicht nachlassenden Schmerz auszudrücken. Auf diese sechs Zeilen und mit diesem musikalischen Material ist das ganze 36 Takte lange Duett aufgebaut. Es gibt aber ein kleines, an sich vollkommenes und geschlossenes Stimmungsbild, das Luzzaschi als gemütvollen Komponist in einem sehr schönen Licht zeigt.

Noch ein Beispiel aus dem ersten Stück, ein Sopransolo, das uns auch gleich zeigen mag, wie Luzzaschi mit seiner Lyrik und der Art seiner Begleitung, die auf der alten Ausdrucksweise beruhen, sich von den mehr dramatischen Versuchen der Florentiner Monodisten unterscheidet. Das Gedicht, ein kleines Lied von der heilenden und neues Leben spendenden Kraft des Hauchs der Liebe fängt an:

„*Aura soave di segreti accenti
Che penetrando per l'orecchie al core
Sveglasti là dove dormiva Amore.*"

Die zweite und dritte Zeile komponiert Luzzaschi so:

Die Bilder der süßen, sich einschmeichelnden und einschleichenden Lüfte und der schlummernden Liebe werden da mit einem wirklich innerlichen Ausdruck gegeben, der uns heute noch nicht verblaßt zu scheinen braucht. Das sind doch Züge, die tiefer reichen, als die manchmal sehr äußerlichen Tonmalereien, die bei Luzzaschi's Zeitgenossen im Madrigal sehr beliebt waren. Von solchen Tonmalereien finden wir auch bei Luzzaschi Beispiele. In dem Duett, Nr. 5, läßt er bei den Worten »*che gia s'envola a l'Occidente il giorno*« die eine Stimme von d'' bis g in Vierteln herabsinken, fast durchgehend von der zweiten Stimme in Terzen begleitet. Im selben Stück, bei »*c'ha gia nel mar le rote*«, stellt er die untertauchenden Sonnenräder dar durch eine Reihe von Viertelnoten, die vom e'' zum a herab und dann wieder zum a'' herauflaufen. Bei Worten wie *fuggi, fuggito* usw. liebt er es, kleine imitierende Achtelmotive zu verwenden.

Von den Monodisten der Florentiner Schule unterscheidet sich Luzzaschi auch, indem er hier und da volkstümlichere Rhythmen und Melodien anwendet, die, wie schon bemerkt, wohl auf das Eindringen von Elementen aus der Kanzone und den anderen musikalisch weniger strengen und volkstümlicheren Formen zurückzuführen sind. Diese kommen ja auch bei den anderen Madrigalisten des 16. Jahrhunderts vor, zuweilen selbst bei den Meistern des strengsten klassischen Madrigalstils. Einige Beispiele aber mögen Luzzaschi's Erfindungsgabe illustrieren. Sie fallen am meisten auf an den zwei Stellen, wo Luzzaschi den Tripeltakt anwendet. Das liegt ja in der Natur der Sache. Selbst bei den Kirchenkomponisten, wie Palestrina, die häufig das *Osanna* in der Messe im Tripeltakt schreiben, wird der Stil da gleich anders. Die erste Stelle bei Luzzaschi steht am Schluß des ersten Stückes. Sie lautet, ohne die Verzierungen, die in den Schlußtakten vorgeschrieben sind:

Aus Nr. 1, p. 2. XII.

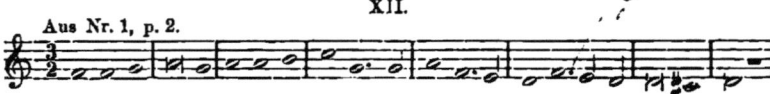

Fe-li-ce vi-ta Fe-li-ce vita ol-tre l'u-sa-to sti - - - - le.

Die zweite hat einen unserem Empfinden gefälligeren und lieblicheren Charakter, der auch dem Text Genüge tut.

Aus Nr. 2, p. 4. XIII.

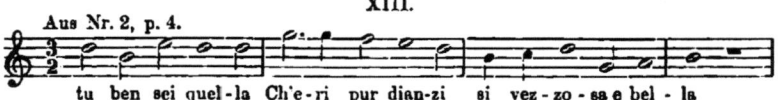

tu ben sei quel-la Ch'e-ri pur dian-zi si vez-zo-sa e bel-la

Daß Luzzaschi nicht nur im Tripeltakt eine schöne Melodie erfinden kann, sieht man in dem Terzett »*O dolcezze amarissime d'Amore*«, wo der zweite Sopran, der in dem homophonen Satz die Melodie führt, so singt:

Aus Nr. 8, p. 20. XIV.

O dolcezze a-ma-ris-si-me d'A-mo-re Quest' e pu-re il mio co-re

Die eigenartige Stellung dieser Stücke Luzzaschi's besonders den Florentinern gegenüber läßt sich leichter begreifen, wenn man seine Kompositionen mit denjenigen einiger älterer und jüngerer Zeitgenossen vergleicht. Es ist schon erwähnt worden, daß die Guarini'schen Dichtungen als Texte sehr beliebt waren und oft komponiert wurden, wodurch die Vergleiche leicht angestellt werden können. Nehmen wir zum Beispiel die Texte »*O Primavera gioventù de l'anno*« und »*O dolcezze amarissime d'Amore*«, beide aus dem »Pastor fido«. Diese zwei finden wir häufig zusammen bei vielen Komponisten. Giaches Wert, dessen Wirkungszeit ein wenig früher liegt als Luzzaschi's, veröffentlicht in seinem elften Buch fünfstimmiger Madrigale (Venedig 1595) eine Komposition zu diesen Texten. Und zwar kommen sie, mit noch drei anderen Zitaten aus derselben Szene des *Pastor fido*, in einem fünfteiligen Stück vor, das auffallenderweise als einziges in diesem Buche mit dem Titel *Canzone* überschrieben ist. Und demgemäß setzt auch Wert den Anfang wie folgt. Die drei Oberstimmen singen die ersten drei Zeilen allein:

XV.

Dann setzen die übrigen Stimmen ein, und der Satz wird im großen Ganzen im selben Stil fortgeführt. Der zweite Teil der Canzone fängt wiederum mit den drei Oberstimmen an.

XVI.

Ganz anders behandelt Luzzaschi diese Worte. »*O Primavera*« ist ein Solostück. Der Text ist im *Pastor fido* die Klage des Mirtillo, der die von ihm geliebte Amarilli an Silvio verlieren muß. Mit traurigen Seufzern hebt bei Luzzaschi die Stimme an. Bloß bei den Worten von dem frischen Grün und der neuen Liebe kommt etwas Leben in den Gesang, der hier mit einem schärferen Rhythmus an Wert's Canzone erinnert:

Aus Nr. 2, p. 3.

XVII.

no Bel-la mad-re di fio - ri D'herbe no-vel-le et di novelli a - mo - ri.

Auf der Silbe *mo* im vorletzten Takt steht im Original eine Koloratur, die mit einer Sechzehntel-Passage und einem Triller auf *fis* zum hohen *g* führt. Mirtillo beklagt es, daß der Frühling so schön wie früher wiedergekehrt ist, er selbst aber nicht mehr so teuer in der Geliebten Augen ist. Zu den Worten »*tu ben sei quella Ch'eri pur dianzi si vezzosa e bella*« bringt Luzzaschi die lieblich reizvolle Melodie, die als Beispiel XIII angeführt worden ist.

Den Text »*O dolcezze amarissime*« hat Luzzaschi als Terzett gesetzt. Es ist dies der Fall, in dem Luzzaschi nur diese eine Zeile aus dem *Pastor fido* nimmt, während die darauf folgenden Zeilen ein selbständiges Madrigal von Guarini bilden. Ähnlich wie bei Wert, wird bei Luzzaschi der Anfang von einem gewissen schmachtenden Schmerz charakterisiert. Vier getragene, ganz homophone Takte leiten das Stück ein. Die Melodie des zweiten Soprans ist schon als Beispiel XIV gegeben worden. Dann wird aber mit dem anderen Text Luzzaschi's Satz lebhafter und mehr polyphon. Bei den Worten »*che par soave*« lösen einige tonmalerische Akkorde die Polyphonie ab.

Auch Monteverdi und Heinrich Schütz haben diese beiden Texte komponiert. Monteverdi's Komposition, im dritten Buch seiner fünfstimmigen Madrigale, erschien 1592. Die von Schütz erschien 1611[1]). In dem ersten Stück läßt Monteverdi den Tenor allein einsetzen, auch mit dem Kanzonenrhythmus:

O pri - ma - ve - ra gio - ven - tù de l'an - no

und gleich darauf singen die drei Oberstimmen:

bel - la ma - - dre di fio - - - ri

O Pri - ma - ve - ra etc.

Mit diesen zwei Themen baut dann Monteverdi auf die ersten zwei Zeilen einen ganz kontrapunktischen Satz auf. Wer das Madrigal der früheren Zeit kennt, wird hier schon sehen können, wie viel freier und schwungvoller Monteverdi verfährt in der Gestaltung und Behandlung seiner Themen. Aber in diesem Fall hat, glaube ich, Luzzaschi den späteren Dramatiker im Ausdruck übertroffen. Schütz hält sich mehr an die Normen der strengeren Madrigalkunst, wie sie zu Anfang des 17. Jahrhunderts bestanden. Sie richten sich mehr auf kontrapunktische Kleinarbeit, obwohl, wie Spitta schon bemerkt[2]), der Einfluß von (oder wenigstens Ähnlichkeit mit) Monteverdi hier

---

1) Schütz Ges. Ausg. von Spitta Bd. 9, Nr. 1 u. 2. Spitta teilt Monteverdi's Satz von "*O Primavera*" als Anhang zu Bd. 9 vollständig mit.
2) Schütz, Ges. Ausg. Bd. 9. Vorrede p. VI.

und da zu entdecken ist. Bei Schütz erfahren die Worte »*O Primavera*« eine etwas ähnliche Behandlung wie bei Luzzaschi, aber ohne die Steigerung durch Wiederholung. Auch leitet er »*O dolcezze amarissime d'Amore*« mit einem im Ausdruck ähnlichen getragenen Gesang ein, wie wir es bei Wert und Luzzaschi sahen[1]).

Es darf nicht vergessen werden, daß wir hier, wenigstens in »*O Primavera*«, ein Solostück mit mehrstimmigen Kompositionen vergleichen. Wo Luzzaschi für zwei und drei Stimmen schreibt, treten die besonderen Merkmale nicht so stark hervor. Wie schon bemerkt, ist Luzzaschi's mehrstimmige Schreibart derjenigen der früheren Komponisten mehr ähnlich als der von Monteverdi. Spätere Beispiele werden das noch weiter bestätigen. Daß wir es hier, besonders bei dem zuerst besprochenen Stück mit einer ganz anderen Art Musik zu tun haben als die von Wert oder Monteverdi, ist gleich ersichtlich. Das harmonische Material ist bei Luzzaschi noch fast immer das alte, aber die Melodie kommt doch eher auf ihre Kosten. Aber auch mit den ersten Versuchen der Anhänger der Florentiner Reform verglichen, weicht Luzzaschi's Art auffallend ab. Hier ist es wieder das lyrische Element, das Luzzaschi's Kompositionsweise von den *nuove musiche* unterscheidet. Daß Luzzaschi aber in seiner Weise auch dem Gefühl und dem Ausdruck gerecht werden kann, haben, glaube ich, die Beispiele erwiesen. Wir werden später an anderen Stücken Gelegenheit haben, den Unterschied zwischen Luzzaschi und den Florentinern genauer zu studieren[2]).

Kehren wir zu Monteverdi zurück. Es lassen sich an zwei weiteren Madrigalen Vergleiche anstellen, die die verschiedenen Auffassungsweisen Monteverdi's und Luzzaschi's sehr schön erkennen lassen. Luzzaschi setzt die Worte »*T'amo mia vita*« in folgender Weise:

[1]) Monteverdi's Satz zu „*O dolcezze amarissime*" ist mir nicht bekannt.

[2]) Gerade diese beiden Stücke, "*O Primavera*" und "*O dolcezze amarissime* sind von Sigismondo *d'India* als Monodien komponiert worden in seinen "*Musiche ... da cantar solo nel Claricordo, Chitarone, Arpa doppia et altri istromenti simili*". Milano 1609. Der Vergleich mit diesen Kompositionen wäre sicherlich äußerst interessant gewesen. Das Werk war mir aber nicht zugänglich.

Die dritte Stimme bringt dann das erste Motiv. Damit steht er noch ganz auf altem Boden. Melodisch und harmonisch ist da nichts Neues. Monteverdi, der mit diesen Kompositionen (*Quinto libro de Madrigali a 5*, Venetia 1605) näher an die Zeit seines *Orfeo* herangerückt ist, faßt die ganze Situation, wie man erwarten durfte, viel leidenschaftlicher auf[1]).

Einem ähnlichen Unterschied begegnen wir in dem Madrigal »*Troppo ben può*«. Hier hält sich Luzzaschi noch strenger an den alten Stil und bringt nichts Charakteristisches. Das Motiv hätte zu fast irgend einem anderen Text ebenso gut gepaßt.

1) Ein vollständiges Exemplar des fünften Buches der Monteverdi'schen Madrigale stand mir nicht zur Verfügung. Die angegebenen Stimmen genügen aber um den Charakter des Stückes völlig klar zu machen.

Monteverdi, mit einer köstlichen Betonung des viel zu viel, läßt eine Stimme nach der anderen einsetzen mit folgendem Motiv, welches in der höchsten Stimme durch Verlängerung um eine halbe Note noch eine Steigerung erfährt:

XXIII.

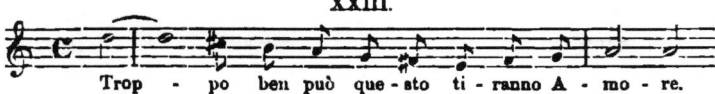

Trop - po ben può que - sto ti - ranno A - mo - re.

Der Text, an sich mit einem gewissen graziösen Humor verfaßt, weist bei Luzzaschi am Schluß eine kleine Abweichung vom Original auf, die eigentlich die scherzhafte Wirkung abschwächt. Monteverdi hält sich genauer an das Original, und mit derselben heiteren Laune, die man in dem gegebenen Beispiel finden kann, behandelt er das ganze Stück, so daß man darin einen Humor findet, den man bei dem Komponisten von »*Lasciatemi morire*« kaum erwartet. Von alledem ist bei Luzzaschi wenig oder garnichts zu spüren.

Wie sich Luzzaschi auch zu den Monodisten verhält, läßt sich aus einigen Beispielen ersehen. Die Worte »*Cor mio deh non languire*«, mit denen ein zweistimmiges Stück von Luzzaschi anfängt:

Aus Nr. 6, p. 13. XXIV.

benutzt Caccini in der Vorrede zu seinen *Nuove Musiche* (Florenz 1601), um die Art des affektvollen Vortrages im neuen Stil zu exemplifizieren. Er bringt sie erst in einfacher Gestalt als *esclamazione languida* und *esclamazione più viva*:

XXV.
Esclamazione languida.   Esclamazione più viva.

Cor mi - o deh   non lan - gui - - - - re

und dann in einer erweiterten Form, die sehr geeignet ist, den eigentlichen Unterschied zwischen dem *stilo rappresentativo* und Luzzaschi's Stil zu zeigen. Der neue Stil wurde von den Zeitgenossen eine Art des Gesangs ohne Takt genannt. Diese Bezeichnung kann man auch aus Caccini's Beispiel verstehen. Er bringt hier nicht einen schlichten Sprachgesang, sondern eine leidenschaftliche erregte Deklamation:

XXVI.

Ein etwas anderes Bild gibt der Vergleich zwischen Luzzaschi's »*Ch'io non t'ami cor mio*« und demselben Text in einer Monodie von Gio. Batt. Camarella[1]). Hier können wir endlich einmal zwei wirkliche Solostücke einander gegenüberstellen. Ich teile etwas längere Beispiele mit, weil wir hier Luzzaschi von einer Seite kennen lernen, die in manchem eine Verwandschaft mit dem neuen Stil andeutet, aber doch noch den tiefbegründeten Unterschied zwischen beiden erkennen läßt.

Aus Nr. 3, p. 5.   XXVII.

1) *Madrigali et Arie*, Op. 1. Venedig (Vincenti) 1633. Caccini hat in seinen *Nuove Musiche* von 1614 auch dieses Madrigal komponiert.

Hier zeigt sich bei Luzzaschi eine gewisse Annäherung an den neuen Stil. Die Melodie hat nicht die klaren, kantablen Züge, wie einige der oben angeführten Beispiele. Mit der Chromatik in der Singstimme und mit der Harmonik der Begleitung erreicht Luzzaschi eine Leidenschaft im Ausdruck, die ihn den Florentinern und ihren Nachfolgern näher bringt. Über seine Chromatik werden wir noch mehr zu sagen haben. Die aufwärtsstrebende Melodie der Anfangstakte zeugt von einer inneren Erregung, die Camarella in ganz derselben Weise darstellt. Auch in der Rhythmik weicht Luzzaschi hier von den meisten Kompositionen in dieser Sammlung ab. Es ist, als ob er sich in der neuen Art des Gesanges, über die man in Florenz so viel diskutierte, auch schon versuchen wollte. Möglich ist es ja, daß dieses Stück aus einer späteren Zeit stammt, während von den anderen manche aus viel früherer Zeit herrühren. Daß aber Luzzaschi sich die Komposition nicht als begleiteten Sprachgesang in ganz demselben Sinne wie die Monodisten vorstellte, ist schon aus der Art der Begleitung ersichtlich, was bei dem folgenden Stück von Camarella klar wird.

XXVIII.

Es ist vorhin Luzzaschi's Chromatik erwähnt worden. Luzzaschi galt unter seinen Zeitgenossen als einer der eifrigsten Vertreter der Chromatik, wie ja überhaupt Ferrara mit den Versuchen, eine erweiterte Chromatik einzuführen, in direkter Verbindung steht. Vicentino wirkte eine Zeitlang in Ferrara. Und später berichtet Cerone[1]), es hätte sich in der Instrumentensammlung des Herzogs von Ferrara ein Vicentino'sches Archicembalo befunden; ebenso ein anderes ähnliches Instrument, das mit seinen vielen Halbtönen (gespaltene Tasten für chromatische und enharmonische Töne) und mit seiner großen Saitenzahl den gewöhnlichen Spieler abschreckte; aber Luzzaschi habe speziell für dieses Instrument Stücke komponiert, und nie hätte man eine solche vollendete Harmonie gehört, als bei seinem Vortrag dieser Stücke[2]). Die von Luzzaschi erhaltenen Orgelwerke zeigen keine Spur davon.

Luzzaschi war ein Schüler von Cipriano de Rore, der ja als einer der ersten wirklichen Chromatiker gilt. Was er aber in dieser Sammlung in

---

1) *El Melopeo.* Napoles 1613, p. 1041.
2) Luzzaschi hatte ein Buch Ricercaren für Orgel veröffentlicht, welches von den Theoretikern des ausgehenden 16. und des angehenden 17. Jahrhunderts mehrfach erwähnt wird. Es scheint sich aber kein Exemplar erhalten zu haben. Drei Stücke von Luzzaschi: 1 Toccata und 2 Ricercari, hat Diruta in seinen *Transilvano* (Venedig, 1. Teil 1597; 2. Teil 1609 aufgenommen. Sie liegen im Neudruck vor in Torchi's *Arte musicale in Italia* Bd. III.

Hinsicht auf die Chromatik bietet, geht nicht über die Versuche seiner Vorgänger und Zeitgenossen hinaus. Das ist um so merkwürdiger, als er mit dem genialsten aller Chromatiker unter den Madrigalisten, mit Gesualdo Principe di Venosa, in Berührung kam. Gesualdo vermählte sich im Jahre 1594 mit Leonora, einer Tochter des Herzogs Alfonso II.; und im selben Jahr widmet ihm Luzzaschi sein fünftes Buch Madrigale mit der Bemerkung »Havendo V. E. con diverse maniere mostrati al Mondo di stimare, & lontano, & vicino le mie ancorche deboli compositioni«[1].

Eine der markantesten Stellen bei Luzzaschi finden wir in dem letzten Stück »*Occhi del pianto mio cagione*«.

Aus Nr. 12, p. 38.   XXIX.

[1] Vgl. Vogel. Bibliothek der weltl. Vokalmusik Italicus, I 373. Gesualdo selbst hat auch den Text "*Tamo mia vita*" als fünfstimmiges Madrigal komponiert. (Libro 5. In der Partiturausgabe von 1613 fol. 184 v.) Es bietet aber nicht viel für Gesualdo charakteristisches und ist bei unseren Vergleichen nicht herangezogen worden.

Bei Luzzaschi, wie bei allen anderen Chromatikern, ist es der Todes- oder Schmerzensgedanke, der durch die Chromatik charakterisiert werden soll. Weitere Fälle davon hatten wir in Beispiel IX und Beispiel XXVII. Aus dem Madrigal »*O dolcezze amarissime*« ließen sich mehrere wirkungsvolle harmonische Tonmalereien anführen. Sehr gern stellt Luzzaschi die Akkorde C moll und D dur nebeneinander. Aber solche kühne harmonische Verbindungen, wie die des Fürsten von Venosa, die manchmal heute noch geradezu ergreifend wirken, erlaubt sich Luzzaschi nicht. Andererseits, wenn auch die Dissonanz im ersten Takt von Beispiel VI ein Druckfehler sein mag, so liegt in dem letzten Stück »*Occhi del pianto mio*« ein Fall von beabsichtigter Härte vor bei den Worten »*Più dogliosa mia vita rende*«:

Aus Nr. 12, p. 40.   XXX.

Es ist nicht wahrscheinlich, daß Luzzaschi mehr als diesen einen Band Solo-Madrigale veröffentlicht hat. Sicherlich hatte er aber mehr komponiert. Möglich ist es, daß solche Kompositionen in den dreizehn handschriftlichen Bänden von *Dialoghi diversi* enthalten waren, die noch im Jahre 1625 in der Instrumentenkammer des Herzogs von Ferrara aufbewahrt wurden[1]: obwohl es wahrscheinlicher ist, daß diese Bände Stimmbücher waren. Die Bücher sind, wie es scheint, verschollen.

1) Vgl. Vittorio Finzio. — *Bibliographia delle Stampe musicali della R. Biblioteca Estense* in der *Rivista delle Biblioteche*. Jahrg. 5 (Florenz 1894) p. 125.
A 23 di Gennaio 1625.
*Nota de' libri di musica, che si sono trovati nell'Armario grande posto nella camera ore stanno gl' Instromenti Musicali di S. A. S., che havea in custodia il già D. Nicolò in Canonica, e consegnati di com*re *dell A. S. a D. Matteo Bidelli il di 24 Ott*re *1626. (R. Archivio di Stato di Modena. Archivio Ducale Segreto. Casa-Cappella).*
Primo Partimento.
Dialoghi diversi in Musica scritta a penna del Luzzasco in foglio libri tredici con le albe di carta pecora, e cordelle di seta gialle, e turchine, cioè i cartoni senza niente dentro.

Ich habe hier versucht, die Stellung dieser Kompositionen Luzzaschi's in der Musikgeschichte, so weit es möglich war, zu präzisieren. Obgleich die Sängerkräfte, die Luzzaschi zu Gebote standen, außerordentliche waren, haben wir es hier sicherlich nicht mit einer Einzelerscheinung zu tun. Das Werk Luzzaschi's weist hin auf eine bisher unberücksichtigte Musikpraxis in dieser immer noch nicht genügend aufgeklärten Periode der Musikgeschichte. Ob die Veröffentlichung dieser Stücke irgendwie mit den Bestrebungen der Florentiner *Camerata* zusammenhängt, daß Luzzaschi vielleicht mit der Drucklegung einer gewissen Opposition gegen den nunmehr zum Ruhm gelangenden neuen Stil Ausdruck geben und gegen ihn die Rechte einer älteren Praxis wahren wollte, muß dahingestellt bleiben. Sicher ist es aber, daß weder Luzzaschi noch die Florentiner auf vorher ganz unkultiviertem Boden ackerten. Auch hier wird uns die künftige Forschung noch über manches Unbekannte in der Geschichte des begleiteten Sologesanges belehren.

Zur Geschichte des Luython'schen Klavizimbels.

Von
Adolf Koczirz
(Wien).

Die Quelle, aus der die einschlägige Literatur[1]) bisher die Daten über diese episodische, mit Luython's Namen verknüpfte Klaviertype geschöpft hat, bildet bekanntlich das *Syntagma musicum* des Michael Praetorius (tom. II, Wolfenbüttel 1618), der persönlich zu Prag bei ihrer »Röm. Kayserl. Majestät vornehmen Komponisten und Organisten« Gelegenheit hatte, das Klavizimbel in Augenschein zu nehmen. Er widmet ihm ein eigenes Kapitel (XL.) und den besonderen Terminus eines »*Clavicimbalum universale seu perfectum*«.

Bezüglich dieses gerühmten Flügels nun liegt uns aber noch ein weiteres zeitgenössisches Dokument vor, das ich hier mitteilen möchte, da es Praetorius' Darstellung in manchen Punkten wesentlich ergänzt und ganz besonders geeignet ist, uns über die Geschichte des immerhin eigenartigen Instrumentes, eines Wiener Fabrikates, näher zu informieren.

Des Zusammenhanges und der Vollständigkeit halber resumiere ich zunächst kurz Praetorius' Referat. Wir hören, daß in jenem *aequaliter* bezogenen Klavizimbel, »so vor 30 Jahren zu Wien gar sauber und sehr fleißig gemacht worden, nicht allein alle *Semitonia* als *b cis dis fis gis* durch und durch dupliret[2]), sondern auch zwischen dem *e* und *f* noch ein sonderlich *Semi* oder *semitonium* (wie es etzliche nennen) gewesen, welches bei dem *genere Enharmonico* notwendig sein muß, daß es also in den vier Oktaven vom *C* bis ins *c*, in alles 77 *Claves* gehabt hat«.

Nach den beigegebenen drei »Verzeichnungen des Klaviers«, Schemen zur Veranschaulichung der Klaviatur in Buchstabentonschrift (Orgeltabulatur)

---

1) Vgl. insbes. Shohé Tanaka: »Studien im Gebiete der reinen Stimmung«, Vierteljahrsschrift f. Musikw. Bd. VI.
2) Nämlich: *ais-b, cis-des, dis-es, fis-ges, gis-as*.

und in Kombination mit Mensuralnotierung, bestand das Manual aus drei Arten und offenbar auch drei Reihen von Tasten: einer für das diatonische Klanggeschlecht (weiße bzw. gelbe Tastatur), einer zweiten für die ♯- und einer dritten für die ♭-Töne (*genus chromaticum*), und zwischen beiden, Tasten für die enharmonischen Töne *eis* und *his* (schwarze Tastatur). Parallel zur Darstellung der drei Klanggeschlechter beruhte das Spezialstück des Flügels darin, daß er mechanisch (durch Züge) auch dreimal umgestimmt werden konnte. Diese drei verschiedenen Stimmungen (Töne) werden wir im folgenden von unserem Gewährsmann als Chor-, Kammer-, und ein Ton piu alto (Cornetton?) bezeichnet finden. Praetorius bemerkt hierüber: »Es kann aber dasselbe Clauicimbel oder Instrument siebenmal, als nämlich durch das *c cis d es dis* bis ins *e* und also umb drei volle *Tonos* fortgerücket werden, daß einem fast kein ander Instrument kann vorkommen, do man nicht mit diesem einstimmen könnte; und dergestalt alle drei *genera Modulandi*, als *Diatonicum*, *Chromaticum* und *Enharmonicum* darauf observirt werden« usw. Das Instrument, auf dem man die Terzen »rein und just zuwege bringen« konnte, imponiert Praetorius so, daß er sich nach dessen Prinzip bei einem guten Meister ein Klavikord bauen ließ (Kap. XXXVI).

Wie sich der Universalflügel im Ensemblespiel bewährte, ist freilich eine Frage, über die sich Praetorius nicht ausläßt. Gewiß ist: das Instrument zu traktieren, noch mehr aber, es in der Reinheit der 48 Semitonien stets gebrauchsfähig zu erhalten, dazu gehörte jedenfalls Praxis und Methode. Ambros (IV, S. 235) nennt es geradezu eine Folterbank der Klavierstimmer. Der vorerwähnten Vorzüge darf sich unser neuer Gewährsmann rühmen. Wir verdanken ihm denn auch eine Tabelle, die uns einen Einblick in die Hantierung bei der Einstimmung der Semitonien gewährt. Das Schriftstück liegt bei den niederösterreichischen Herrschaftsakten des Reichsfinanzarchivs in Wien (Archiv der k. k. Hofkammer) im sogenannten Musikfaszikel mit der Signatur »Österreich W $\frac{22}{5-6}$«. Es ist ein schon ziemlich defekter Bogen, der sich in einer vom Archiv aus bereits vor längerer Zeit besorgten Abschrift eingelegt findet, welcher mit Bleistift der Vermerk beigesetzt ist:

»W $\frac{22}{6}$, 1660. 5. D. (Dezember), (an Erzherzog Leopold-Wilhelm) H. Akten. Hofmusik.« Es ist ein Bericht des gewesenen Kammerorganisten des Erzherzogs Karl von Österreich, weiland Bischof von Breslau[1]), Urban Vielhawer von Hohenhaw, einer sonst wenig bekannten Persönlichkeit, die mit dem in Eitner's Lexikon, Bd. X verzeichneten Vilhaver Urban, von welchem die Bibliothek Breslau eine handschriftliche *Missa super gustate*, 12 *voc.* (Ms. 206) verwahrt, wohl identisch ist. Erzherzog Karl hatte das Luython'sche Klavizimbel 1613 erworben, und Vielhawer dessen Transport nach Neiße besorgt. Der mit dem Mechanismus des Instruments wohlvertraute Exkammerorganist hoffte nun augenscheinlich mit seiner Relation das Interesse des kunstfreundlichen Erzherzogs Leopold Wilhelm[2]) für den Flügel

---

[1] Bruder Kaiser Ferdinands II. und nachgeborener Sohn (7. August 1590) Karls von Steiermark, des dritten Sohnes Kaiser Ferdinand I. Er war Bischof von Breslau 1608., von Brixen (1613), und Deutschmeister (1619) bis 1624.

[2] Der jüngste Sohn Kaiser Ferdinand II. und seiner Gemahlin Maria Anna. Tochter des Herzogs Wilhelm V. von Baiern, geb. am 6. Januar 1614 zu Wiener-Neustadt; war Bischof von Straßburg und Passau (1626) und Abt von Marbach, Bischof

und auch für sich zu gewinnen. Der zweite Teil des Berichtes läßt erkennen, wohinaus die Sache läuft. Der Akt lautet:

»*Relation von Carolo Luython Cammer Organist* Kay.: *Rudolpho* 2do.

Verzeichnuß vndt Nachricht des Künstlichen *Clauicimbel*, Welcher in gantz *Europa* nit zufinden, vndt bei Lebzeiten Ihr Kay. Maytt.: *Ferdinandi Primi*, dero Cammer Organist *N.N.* ist erfunden, gemacht, vndt darneben bey Ihr Kay. Maytt. in dero Cammer-*Musica* allezeit gebraucht worden. Alßo auch bey Ihr Kay. Maytt: *Maximiliani Secundi*, vndt nachher bei Ihr Kay. Maytt.: *Rudolpho* 2do ist gebraucht worden, vndt von *Carolo Luython* selbiger Zeit Cammer Organist zue sich erkauft pro 200 Ducaten.

Alßo nach Seeligen Hintrit Kay.: *Rudolphi* 2do hat obgemelter Cammer Organist *Carolo Luython*, Ihr Hochfürstl. Dchrl. Ertzherzog *Carolo* zue Österreich Seel: Bischoffen zu Breßlaw, zu verkauffen angetragen *Aõ* 1613 vndt Urbano Vielhawer von Hohenhaw gewesener Cammer Organist Selber von Prag abgeholet, vndt von Ihr Durchl. pro 100 Ducaten Baar ausgezahlet, vndt alßo in Ihr Dchrl. Cammer-*Musica* gebraucht worden ist, vnt noch biß *dato Aõ*: 1660 im Biesthumb alhier zur Neiß verbleiben, vndt *ad Custodiam* genommen worden, welcher Kunstreicher Flügel :oder *Clauicimbel*:! Bestehet in 7 *Semithon*, darunter 3 gantze Thon, alß *Chor*- *Cammer*- vndt ein Thon, *piu alto* zugebrauchen vndt zuzihen ist, wie folget zuschen.

1°. Im vntersten ist der Chor thon zugebrauchen.
2°. 3°.| Diese zwey seindt *Semithon*.
4°. Darnach ist der Cammer thon zuzihen vndt zugebrauchen.
5°. 6°.| Diese zwey seindt auch *Semithon*.
7°. Ist ein Thon höher alß Cammer Thon zuzihen!).

Wann man die *Semithoni* Züg gebrauchen wiel, seindt dieße nur zustimmen.

Auf die gestimbte ♭ mollen Kommen die *Diesis* vndt *rectificirt* man mit den untern vndt obern *Terxen*.

Auf die gestimbte *Diesis* Kommen ♭ mollen vndt *rectificirt* man mit den vntern vndt obern *Terxen*.

4 b mollen *de* | *b* | *f* , *c̄* |
{*des, b, fes, ces*)²).«

3 die. (Diesis) als *gis, cis, fis*³).

von Halberstadt (1627—1648), von Olmütz (1637), Deutschmeister (1641) und Bischof von Breslau (1655), von 1646—1656 Gouverneur der spanischen Niederlande. Er starb, in Laibach an Nierensteinen erkrankt, zu Wien am 12. November 1662, kaum 48 Jahre alt. Seine Gemäldesammlung, die er selbst über eine Million Gulden schätzte, vermachte er testamentarisch (9. Oktober 1661) seinem Neffen Kaiser Leopold I. Ein Teil fiel seinem Obersthofmeister, Adolf von Schwarzenberg, zu. Die Sammlung Erzherzog Leopold Wilhelm bildet einen der Grundstöcke der kaiserl. Gemäldegallerie.

1) Musikalisch ausgedrückt: 1. *c* (Chorton). 2. und 3. *cis, des*. 4. *d* (Kammerton). 5. und 6. *dis, es*. 7. *e*.
2) *fes* und *ces* weisen darauf hin, daß die enharmonischen Tasten *eis* und *his* gespalten (halbiert) waren. Die Duplierung wäre sonach bei allen sieben Semitonien konsequent durchgeführt gewesen.   3) Im Original tabulaturmäßig chiffriert.

Der Ander Bericht von Urbano Vielhawer, Ihr Hochfürstl. Dchrl. Ertzhertzog Carl: von Österreich, damals Cammer-Organist.

»Nach dem dießer Kunstreicher *instrument* Flügel : oder *Clauicimbel* :| welcher in gantz *Europa* nit zufinden ist, Bestehet in 29 gelbe vndt 48 Schwartze *Clauir* (Claves'. Wie auch *Joann Valentini* Ihr Maytt.: *Ferdinandi* 2^{di} Cammer Orgenist, vndt vornehmer *Virtuos* vndt *Musicus* damals *Aō* 1617. mit Ihr Maytt. allhier in Neyß gewesen, Solchen Kunstreichen Flügel gesehen, Auff dem *Semithonibus* (!) geschlagen, vndt Bekenut hat, Daß Er solchen Kunstreichen (der 7 *Semithon instrument*) Flügel in gantz *Italia* nit gesehen hat.

Derohalben weil solcher *Clauicimbel* Bey vhr alten Röm: Kayßern ist in dero Cammer *Musica* gebraucht worden, vndt von Ihr Dchrl. Ertzhertzogen *Carolo* von Österreich *Aō*: 1613. gekaufft, vndt Pro 100 Ducaten Bezalt worden, Alß wollen Ihr Höchfürstl. Dchrl.: Belieben lassen, solchen *instrument* wiederumb zue dero Hochlöbl. Ertzhauß Österreich Cammer *Musica* zugebrauchen vnd abholen zuelassen: Alldieweil noch im Leebeu Ihr Höchfürstl.: Dchrl.: Seeligen Ertzherzog *Carl:* geweßener Cammer Orgenist Vrbano Vielhawer von Hohenhaw, welcher allen Bericht Kan geben, die *semithon* zustimmen, zuziehen, vnterweißen vndt zugebrauchen, Selber abzuführen |: oder aber auch dero Cammer Orgenisten :| absodern lassen, zue dero Guädigsten gefallen gestellet haben wöllen.

Solchen *Clauicimbel* abzuholen kann mit schlechten Vnkosten von 2 Roßen vndt Kalessen, von dem Biesthumb alhier, wohluerwarter abgeholet werden.

Ihr Hochfürstl: Dchrl:
    Vnterthänigster Vnterthan
      Vrbanuß Vielhawer von Hohenhaw.«

Ob der den Musikern sonst sehr zugängliche[1]) Erzherzog das ehrwürdige Hausinstrument und seinen gewiß auch schon im Alter vorgerückten Wardein wieder aktivierte, läßt sich im Augenblick zwar nicht präzis erweisen, füglich aber bei dem sich damals immer mißlicher gestaltenden Gesundheitszustande des Erzherzogs, der seit 1656 in Passau und dann in Wien und Kaiser-Ebersdorf residierte, bezweifeln. Vielleicht daß die Eingabe mit einer Geldzuwendung erledigt wurde; der Anschluß bei den Hofkammerakten spricht immerzu dafür, daß bei der Sache, zum mindesten eventuell wegen Bedeckung der Transportspesen, Geld im Spiele war. Übrigens findet sich im selben Faszikel eine Art Inventar der Musikalienbestände des Erzherzogs, das zwar undatiert ist, wahrscheinlich aber auch um die sechziger Jahre angelegt wurde[2]). Wenn schon vielleicht nichts weiter, so zeigt es uns, in welchen Bahnen und in welchem Umfange sich die Musikkultur des Erzherzogs bewegte. Das auf 18 Bogenseiten eng beschriebene Verzeichnis führt auf der ersten Seite unter der Überschrift: »*Lista de Instrumenti e Libri di Sa Alt*: ^{za} *Ser*: ^{ma} *L'Arciduca Leopoldo Guiglielmo di Austria*« folgende Instrumente auf:

---

1) In seinem niederländischen Hofstaate standen u. a. ein Lautenist, ein Kapellmeister, ein Theaterleiter und ein Tanzmeister. Die Italiener, welche zu Mennin vor seinem Zimmer sangen, beschenkte er mit 15 fl 15 kr (Rechnung des Kammerdieners Ebersberg v. 1647) usw. Vgl. Franz Mareš »Beitr. zur Kenntnis der Kunstbestreb. des Erzherz. Leop. Wilhelm«, Jahrb. der Kunstsammlg. des A. H. Kaiserhauses, Bd. 5, S. 343.

2) Ein Inventar seiner Kunstsammlungen z. B. stammt aus dem J. 1659. Vgl. den bezügl. Aufsatz von Adolf Berger in Bd. I S. LXXIX der Jahrb. der Kunstslg. des A. H. Kaiserh.

»*Vn Organo portabile, Duoi Violini, Tre Viole dà braccio, Due Viole dà gamba, Vn Basso di Viola per Camera, Vn Violone grosso, Duoi Cembali.*[1]«

Eine Lücke in der uns von Vielhawer so getreulich überlieferten Geschichte des Instruments bildet der Umstand, daß er uns weder den Namen des Erfinders noch des Konstrukteurs zu nennen vermag. Trotzdem bietet die Angabe, daß der geistige Urheber des Flügels ein Kammerorganist Kaiser Ferdinands I. (1558—1564) gewesen sei, einen nicht zu unterschätzenden Anhalt. Unter den Organisten Ferdinands I. (Köchel »Die kais. Hofkapelle«): Hans Grauendorfer (1544—1545), Christoph Khräll (1546—1564) und Jakobus Buus (Jachet van Buus, 1553—1564) würden die meisten Indizien für Buus sprechen. Als Organist der zweiten Orgel bei San Marco in Venedig hatte er während eines zwölfjährigen Aufenthaltes ja die beste Gelegenheit, die theoretisch-praktischen Bestrebungen der italienischen Gräzisten und die modernen polytonisch erweiterten, chromatisch-enharmonischen Instrumentkonstruktionen kennen zu lernen: so Gioseſo Zarlino's Cembalo (1548), das ein in solchen Dingen wohl bewanderter venezianischer Meister, Domenico aus Pesaro (Pesarese) verfertigt hatte, und insbesondere die mit Applomb in Szene gesetzten Instrumente des Gräkomanen Nicola Vicentino: das *Archicembalo* und das spätere *Arciorgano*, für welches mit einer eigenen Flugschrift (1561) Propaganda gemacht wurde. Die Annahme, daß Buus, etwa in den Jahren 1555—1561, den Wiener Semitonflügel erfunden, wäre auch nicht unvereinbar mit Praetorius' Berichterstattung. Nur darf die Determination »vor 30 Jahren« mathematisch nicht allzu ängstlich und keinesfalls von 1618 an genommen werden, da Luython das Instrument, das er als »Kammer-Organist« (also nach dem Jahre 1582) erworben, 1613 wieder weiter verkauft hatte. Eine indirekte Bestätigung für den Einfluß italienischer Instrumentvorbilder gibt überdies Praetorius selbst, der sich von einem »fürnemen Musico« zu Kassel, Christophoro Cornet, berichten läßt, daß er in Italia dergleichen Instrument oder Spinett bei einem Italiäner, mit Namen Julius Caesar, gesehen habe.

Ein wesentlich tieferes Interesse aber erweckt angesichts der sich auf Grund des nun vorliegenden Materials offenbarenden Zusammenhänge und Beziehungen die Meldung von Praetorius, daß auf dem Hofe der Habsburger, deren Kunstkammern eine Fülle von Kuriositäten und Raritäten an allerlei Instrumenten[2] bargen, auch das *Arciorgano* mit einer Type vertreten

---

[1] Die folgenden Rubriken lauten: *Lista delli libri* (Messen, 2 Seiten), *Vesperi, Himni, Pro completorio, Motetti, Salue Regine, Miserere, Letanie, Te Deum laudamus, Sinfonie, Per servicio di Tauola* (eine der größten Rubriken: 8 Seiten). Das Verzeichnis gibt zum Teil ein interessantes Tableau von Komponisten jener Zeit und ihrer Werke, worunter auch Kaiser Ferdinand III. und Leopold I. mehrfach figurieren. Ich hoffe noch später einmal darauf zurückzukommen.

[2] Die Jahrbücher der Kunstsammlg. des A. H. Kaiserh. bilden in dieser Hinsicht eine wahre Fundgrube. So in Bd. 7 S. XVII (No. 4597) das am 1. November 1590 zu Graz aufgenommene »Inventäri aller und jeder varnus nach gottseeligen Absterben weiland des durchleuchtigsten hochgebornen Fürsten und Herrn Herrn Caroln, erzherzogen zu Österreich« (Vater Ferdinand II., geb. 3. Juni 1540). »Volgen instrumenten- und saitenspill« (S. XXI): »Erstlichen ein instrument mit mössingen saiten, etlichen registern, so Herr Graf Ehrnfrid von Ortenburg irer furstlich durchlaucht usw. zw Wienn verehrt hat; ist mit helfenpain eingelegt und mit silberen vergulten auch alebasterbildern gezieret... Mer ein ander instrument mit mössing und stählen saiten, darauf man lauth und still schlagen khan; irer furstlich durchlaucht vom her-

war. »Vor etlichen wenig Jahren«, schließt Praetorius das Kapitel XL, »ist auch ein herrlich Positiv an den Erzherzogischen Hof nacher Grätz aus Italia gebracht worden, darinnen gleicher Gestalt alle *Semitonia* doppelt und vollkomlich zu finden, und ein trefflich Werk sein soll.« Interpretiert man »vor etlichen wenigen Jahren« mit zwei bis drei Jahren, so führt dies zurück zu 1615—1616, um welche Zeit Giovanni Valentini als Organist des Erzherzogs Ferdinand in Graz weilte und so ganz wohl der Urheber der Anschaffung jenes Positivs sein konnte. Das etwas hyperbolische Bekenntnis, das Vielhawer nun Valentini in den Mund legt, wird nach allem mehr dem System der mechanischen Transpositionsfähigkeit als dem der Tastatur gegolten haben. Vielleicht ist es berechtigt, die harmonischen Kühnheiten der enharmonischen Sonate Valentinis (Riemann »Alte Kammermusik«) ebenso mit auf das Konto des Grazer Positivs zu setzen, wie dies Ritter (Gesch. des Orgelspiels) bezüglich des Klavizimbels Luython's und dessen *Fuga suavissima* tut?

Claudio Monteverdi's Oper: Il ritorno d'Ulisse in patria.
Von
Hugo Goldschmidt.
(Berlin.)

Im Jahrgang IV, S. 671 ff. dieser Zeitschrift hatte ich die Gründe zu widerlegen gesucht, die Emil Vogel an der Urheberschaft Monteverdi's an der im *Codex Clas.* IV, 18763 der K. K. Hofbibliothek Wien aufbewahrten Oper: *il ritorno d'Ulisse in patria* zweifeln lassen. Ich möchte nun im folgen-

---

zogen zw Ferära überschicklt worden. Mer ein instrument mit mössingen saiten und verborgnen pfeifen, welches herr Leonhardt von Kheutschach irer furstlich durchlaucht usw. verehrt hat, darzue ein trübel mit zwaien pläszpölgen und pleigewichten.« (Offenbar ist dieser Leonhardt von Keutschach nur ein Namensvetter jenes Bischofs von Salzburg [1495—1519], von dem das noch heute funktionierende Hornwerk (»der Salzburger Stier«), auf der Festung Hohensalzburg aufgestellt wurde.) — Die Fußnote auf S. XXXI besagt, daß die weiteren, auf S. XXX angeführten Instrumente, fast sämtlich in einem »Verzaichnis irer furstlich durchlaucht usw. instrumenten, trometten und gesangspüecher auch was darzue gehörig, so ich durch Merten Camerlannder den vierten juni im sibenundsiebzigisten jar auch aines thails hernach höchsternenter irer furstlich durchlaucht usw. übristen *musico Simon Gatto* einantworten und übergeben hat lassen« registriert erscheinen. (Jorg Rueprecht Freih. zu Herbersteyn, obristalmaister.' — Im gleichen Bande, No. 5556, 30. Mai 1596, Innsbruck, das »Inventari weiland der fürstl. durchlaucht erzherzog Ferdinanden zu Österreich« usw. (Karls Bruder und 2. Sohn Kaiser Ferdinand I.) »varnuszen vnd mobilien« usw. S. CCLXXXV, 371 ff. auf dem Schloß Ombras (Ambras): »Ain große orgl, mit gefarbten holzwerch schön eingelegt, mit villen registern. Ain instrument, so ein real und posidif, darauf ist der froschdanz und voglgesang und andere mer register. Ain instrument von glaszwerch. Ain instrument, so ain pretepil, dariunen ain real mit seinen zuegehörungen .... Mer ain grosze selczame lauten mit zweer krügen und drei stern. Ain kupferne pusaun, die abseez vergult ... Ain ganz silberne trometen, die absecz vergult .. Ain zitter, am kragen die Lucretia Romana geschnitten. Ain weisz helfenbeinene lauten mit schwarzen strichen. Mer ain clains geigl, am kragen ain kindskhopf« usf. '

den eine Charakteristik des Werkes geben, die auch die letzten Bedenken zu beseitigen beitragen werden.

Bodoaro's, des beliebten Librettisten, Vorwurf hält sich in den Vorgängen genau an die Gesänge 13—24 der Odyssee[1]), nicht zum Vorteil des dramatischen Aufbaus. Ist es überhaupt schwierig, aus einer epischen Unterlage eine wirksame Bühnenhandlung zu gewinnen, so muß eine Bearbeitung, die sich an die epische Vorlage bindet, an der Divergenz zwischen den Eigenschaften dieser Gattung und den Forderungen des Dramas scheitern. Das ist hier der Fall. Nehme ich einige Monologe der Penelope und des Odysseus aus, die wirklich dichterische Gestaltungskraft bezeugen, so kann man nicht behaupten, daß die Sonne Homers diesem Dichter gelächelt habe. Der duftige, ewig frische Reiz des alten Epos ist verflüchtigt, seine Vorgänge in der bilder- und gleichnisreichen Sprache der zeitgenössischen Poesie dialogisiert und kunstlos aneinandergefügt, ohne daß auch nur der Versuch merklich wäre, eine wirklich dramatische, bühnengerechte Handlung herzustellen. Material bot die Vorlage in so reichem Maße, daß es mehr galt abzustoßen als hinzuzufügen. So kann wenigstens rühmlich hervorgehoben werden, daß der Librettist auf jenes Intrigenspiel verzichtete, mit dem andere ihre klassischen Vorlagen dem auf eine recht bunte, abwechslungsreiche und abenteuerliche Handlung gerichteten Geschmack der Venezianer mundgerecht zu machen suchten. Trotzdem wurden immerhin einige Konzessionen in diesem Sinne gemacht. Der Bettler Iros wird zum Narren der Freier (*Parassito Goffo de proci*) umgewandelt, dessen Gefräßigkeit und Beschränktheit zum Gegenstand der opernüblichen Komik ausgenutzt ist. Eurymachos, jener Freier, der den in Bettlergestalt unkenntlichen Odysseus verhöhnt und bedroht (XVIII, 345—411), ist aus der Zahl der Freier, die hier auf drei reduziert ist, entfernt und nur eingeführt, um als Liebhaber mit Melanto, der *damigella* der Penelope, zwei Liebesduette durchzuführen. Breit ausgesponnene, für die Handlung belanglose Zwiegespräche zwischen Penelope und Melanto, jener und der Amme Eryklea, gehören gleichfalls zu den vermeintlich unentbehrlichen Requisiten der Oper, ohne aber hier, anders als in der *Incoronazione di Poppea* des Buscnello, die Monteverdi zwei Jahre später vertonte, zur Charakteristik der Handelnden beizutragen. Zum Vorteil gereicht die Anlehnung an das Epos für die Gestalt der Penelope, die mit all jenen rührenden Zügen treuer Gattenliebe ausgestattet ist, die sie in dem epischen Bilde auszeichnen, gelitten dagegen wiederum diejenige des Odysseus, dessen Eingreifen sich doch im wesentlichen darauf beschränkt, die Anweisungen der Minerva in die Tat umzusetzen. Als Vorzug für die musikalische Behandlung aber erweisen sich die vielfach eingestreuten allgemeinen Sentenzen, meist schon in der Art des Zeno und Metastasio, als Vierzeiler behandelt. Wie wir sehen werden, boten sie Monteverdi die Unterlage für die Schöpfung reizvollster liedmäßiger und arioser Gebilde. Telemach ist der gute Sohn des Odysseus ohne besondere Initiative, Eumetes durch die Unterdrückung der schönen epischen Einzelzüge zu einem treuen alten Diener des hergebrachten Librettistenstiles herabgedrückt. Dramatisch spannende Szenen enthält das Textbuch nur in dem Bogenwettkampf und in der Wiedererkennung des Helden durch Penelope.

Daß diese Schwäche des Vorwurfs Monteverdi's Kunst nicht bis zu jener

---

1) Unter den zahlreichen italienischen Dramen des Settecento, die klassische Motive benutzen, ist, wie ich feststellen kann, die Odyssee nur mit einem beteiligt: Tortoletti, Bartolomeo: *Penelope ed Ulisse*, 1614.

Höhe führen konnte, wie dort, wo ihm, wie in der *Incoronazione*, ein in psychologischer Hinsicht wie im dramatischen Aufbau anregender Vorwurf zur Verfügung stand, spricht nur für seine spezifisch dramatische Begabung. Es ist ihm aber geglückt, vermöge einer reichen melodischen Erfindung, die sich in zahlreichen dem Rezitativ eingestreuten Wendungen oder geschlossenen Formen, vorzüglich im Strophenlied, betätigt, ferner durch jene musikdramatischen Hilfsmittel, die wir in der *Incoronazione* nachweisen konnten, wie der Zusammenfassung der Szene durch Wiederaufführung der die Stimmung vertiefenden musikalischen Gedanken, durch eine gewählte oft herbe Harmonik, durch die Hervorhebung einzelner aus dem Zuge des Gesamtverlaufes hervortretender intimerer Affekte oder Vorgänge in charakterisierendem oder tonmalendem Sinne, eine Musik zu schaffen, die als eine aus eminenter dramatischer Anlage und aus dem Born einer reichen mühelosen Erfindung geflossen, überall auf eine wirklich dramatische Wirkung hin berechnete nachzuweisen die folgenden Ausführungen bestimmt sind.

Der Prolog der Oper — ein anderer als der des Libretto — läßt die Allegorien der menschlichen Gebrechlichkeit und der Zeit, Fortuna und Amor ihre Beziehungen zum Menschenschicksal aussprechen. Nach einer kurzen fünfstimmigen Sinfonie, die auch hier wie in den Eröffnungsakkorden der *Incoronazione* in feierlicher Weise ankündigen will, daß etwas Großes folgen werde, verkündet die *umana fragilità*:

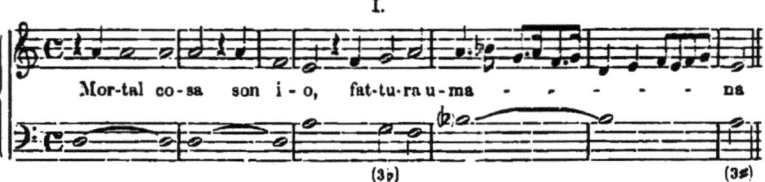

Die Stelle kehrt später, nachdem die Andern zu Wort gekommen, noch dreimal mit denselben Worten, nur ein wenig anders gewendet, wieder und gibt so den gedanklichen und musikalischen Hauptinhalt des Ganzen: wie hinfällig ist der Mensch, wie ihn der 103. Psalm fast mit denselben Worten ausspricht: wenn ein Wind über ihn hinführt, so ist er nicht mehr. Leider fehlt in dieser Partitur die Bestimmung für die Wahl der ausführenden Instrumente. Man wird diese Stelle kaum mit dem Cembalo begleitet haben. Die feierliche Größe weist auf das Graviorgano hin, wie es etwa Cesti im *Pomo d'oro* verwendet[1]). Nachdem nun die Zeit verkündet, daß der Mensch sich ihrem Einfluß nicht entziehen könne, und die *umana fragilità* ihr feierliches »*Mortal cosa son io*« wiederholt hat, erscheint Fortuna mit der Sentenz, ihr Leben sei Lust, Freude und Schmerz, blind und taub verteile sie Ehre, Reichtum nach ihrer Weise. Gemäß der klassischen Anschauung, die die Schicksalsgöttin in vollkommener Schönheit, vielfach mit Amor zur Seite darstellt, legt ihr die Musik ein melodisch sinnfälliges und heiteres Lied in den Mund, dessen Thema mit seinen wiegenden, auf- und absteigenden Gängen ihre liebliche Flatterhaftigkeit ganz prachtvoll charakterisiert:

---

[1]) Vgl. Adler, Vorrede zur Ausgabe des *Pomo d'oro* in den Denkmälern der Tonkunst in Österreich III, S. XXV.

II.

Wiederum erklingt der ernste Mahnruf der menschlichen Gebrechlichkeit: *mortal cosa son io*, und nun, nach einer kurzen Sinfonie, stellt sich Amor als der göttliche Verwunder vor, gegen dessen Pfeile es keine Verteidigung gäbe. Wie überall, wo er in der Oper auftritt, ist er der schalkhafte Götterknabe, der schöne, anmutige Bösewicht. So ist er auch hier musikalisch aufgefaßt. Bemerkenswert ist die musikalische Hervorhebung des ohnmächtigen Ringens gegen seine Macht, vor der kein lebendes Wesen sicher ist. In den Synkopen der Sing- und Begleitstimme ist das ganz anschaulich verdeutlicht:

III.

Wir werden bei späterer Gelegenheit öfter festzustellen haben, wie Monteverdi solche sekundäre Züge aus dem Ganzen hervorzuheben bestrebt ist. Endlich vereinigen sich die Stimmen zu einem Terzett. Die erste trägt ihr Thema vor, die anderen antworten auf andern Tonstufen, um sich dann in schlichtem, homophonem Satz zu vereinigen. Nicht nur dieser, sondern auch die andern Ensemblesätze und Chöre der Oper gehen künstlich polyphonen Gebilden aus dem Wege. Hier steht Monteverdi den Hellenisten mit ihrer schwerfälligen Behandlung der mehrstimmigen Sätze näher als den Römern, die in ihren besonders reich behandelten Chor- und Ensemblesätzen eine wesentliche Bereicherung der Oper erblickten.

Die Klage der Penelope, mit der der erste Akt einsetzt (Scene 1), gliedert sich in zwei durch eine kurze Zwischenbemerkung der Erykleia geschiedene Teile; im ersten herrscht der rezitierende Ton vor, im zweiten die melodische Phrase. Sie hat noch nicht verzichtet, noch hofft sie und lehnt sich gegen das Schicksal auf, das ihr hart und ungerecht dünkt. In beiden Teilen steigert sich allmählich der Ausdruck schmerzerfüllter Klage bis zur Auflehnung. Jene hat die Musik in wiederholt wiederkehrenden Folgen von Septimenakkorden in Moll wirksam veranschaulicht:

Der Schluß des ersten Teiles, der in einer Anklage gegen das blindgrausame Schicksal ausgeht, ist zu einer packenden chromatischen Steigerung gewendet.

Der andere Teil mit dem Gedanken einsetzend: es kehrt die Ruhe dem Meere wieder, der Zefir zur Wiese, Aurora zum neuen Tage, gestaltet diesen Vordersatz zu einem liedförmlichen Gebilde:

dessen Nachsatz: nur du allein hast die Rückkehr vergessen, das oben mitgeteilte Thema des ersten Teils (5) *Tu sol del tuo tornar*, und zwar mit denselben Worten anführt. Wir begegnen also hier demselben dramatischen Mittel, wie wiederholt in der *Incoronazione*, durch die Wiederholung einer Phrase der Situation einen Mittelpunkt zu geben (Kretzschmar). Ähnlich im abschließenden Teil; hier gruppiert sich geradezu alles um die dreimal wiederkehrende Bitte:

VII.

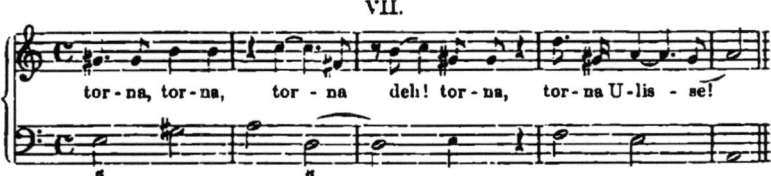

Die zweite Szene, ein Liebesgesang zwischen Melanto und Eurymachos, ist in der Erfindung matt und gleichgültig. An einigen Stellen geht das Rezitativ in Sprachgesang über, durch eine Brevisnote angedeutet, der der Text untergelegt ist. In Stef. Landi's *Orfeo*[1]) und anderwärts finden sich zuweilen solche Reminiszenzen an das Falsobordone des Kirchengesanges. Unter Fortlassung der beiden folgenden Auftritte, einem Chor der Nereiden und Phäaken (Szene 3 und 4 des Textbuches), halten Neptun und Jupiter ein Zwiegespräch (Szene 5), in dem jener sich über der Phäaken Auflehnung gegen seinen Willen beklagt und Jupiter ihm gestattet, sie zu strafen, indem er ihr zurückkehrendes Schiff in einen Fels verwandele. Es ist die Sprache und Musik, die wir aus andern Götterszenen jener Opernperiode kennen, mit zahlreichen Wortmalereien durch weite Intervallensprünge, wie zu den Worte *lontano*, und üppigen Melismen. Szene 6 zeigt uns Monteverdi von der römischen Oper und Dom. Mazzocchi[2]) beeinflußt. Das Chorlied der mittlerweile gelandeten Phäaken ist ganz wie dort dem Madrigal und vorzüglich der Frottole nahe verwandt. Die Form ist die der Kanzonette, nämlich dreiteilig (a: ¦, b, c). Der erste Vortrag entfällt einer Solostimme, dem vollen Chor die Wiederholung. Der Mittelsatz (b) wiederum einer Einzelstimme und der Abschluß (c) dem Chor. Die thematische Substanz ist, wie dort, eine ausgesprochen schlichte, ins Ohr fallende, aber nicht von jener Anmut und Gefälligkeit wie bei dem römischen Meister. Ich habe den Eindruck, daß Monteverdi dieses volkstümliche Genre der Frottole nicht lag und es sich ihm nur um eine Konzession an diejenigen handelte, die durch eine leicht behaltbare Melodie erfreut werden wollten. Besondere Liebe hat er diesem Versuch nicht zugewendet. Hier stehe das Thema des ersten Teiles für die Solostimme:

VIII.

[1] Vgl. des Verfassers Studien zur Geschichte der italienischen Oper I, S. 45.
[2] ebenda S 20 ff.

Nun treten wir in die zweiten Hauptauftritte dieses Aktes (Szene 7 und 8). Odysseus, der schlafend ans Land gebracht wurde, erkennt sein Vaterland nicht, glaubt sich von den Phäaken verraten und wird von Minerva belehrt und ermutigt. Das Rezitativ des Odysseus ist bedeutend, großzügig und reich an fesselnden Einzelzügen. Harmonische Antizipationen, aus denen herbe Dissonanzen resultieren, finden sich vielfach in derselben Bestimmung wie in der *Incoronazione*. So als schmerzlicher Ausruf:

IX.

Wiederum begegnen wir für den Ausdruck der Klage jener Folge von Moll-Septimenakkorden, die wir in der ersten Szene der Penelope trafen (Nr. 4). Hier stehe eine besonders ergreifende Stelle:

X.

Minerva, in der Gestalt eines jungen Hirten, unterbricht des Helden Klage mit einem reizenden, frischen Liedchen in dreiteiliger Liedform, das von der Jugend und ihren Freuden berichtet. Das Lied im Volkston war dem Prinzip der florentiner Hellenisten naturgemäß konträr. Erst nach seinem Aufgeben, und mit der Bereicherung der Formen der theatralischen Musik in der römischen Periode, hält es seinen Einzug in die Oper, um nun in ihr einen dauernden Platz zu behaupten. In der *Commedia in musica*, in der venezianischen Periode, auch noch in der neapolitanischen Oper begegnen wir ihm allenthalben, zumeist im Munde einer Person aus dem Volke.

In Deutschlands italienischer Zeit gewinnt es so sehr an Bedeutung, daß man geradezu von einer deutschen Liedoper[1]) sprechen kann. Freilich verliert es dabei seinen Volksliedergehalt, da es nun nicht mehr nur als Ausdrucksform wirklich naivvolkstümlicher Gedanken, sondern auch der marinisischen Sprache der Helden griechischer und römischer Sage und Geschichte als Einkleidung dient. Das führte dann schließlich dazu, ihm eine ariose Behandlung mit Koloraturen, Kadenzen und Dacapo aufzupfropfen. So geartet ist — neben manchen schlichten reizvollen Liedern — die Mehrzahl der Gesänge des Giov. und Marc. Ant. Bononcini (*Camilla*), mit denen sie sich eine Zeit lang selbst gegen Händel in London behaupten konnten[2]). Hier bei Monteverdi, in der wenige Jahre später einsetzenden *Commedia in musica*, vorzüglich in Jacopo Melani's *Tancia* und bei dem Neapolitaner Provenzale ist sich aber das Lied seiner Entstehung aus dem Volksgesange noch bewußt und bestrebt, eine einfache Empfindung in einfachem Volkston auszusprechen. Unser Liedchen ist wie die meisten auch anderwärts ein Strophenlied in dreiteiliger Form, so daß der Beginn als Abschluß wiederholt wird:

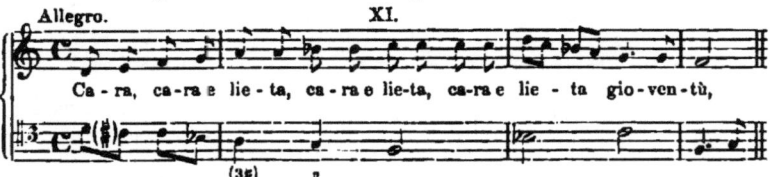

Aus dem ferneren Verlaufe der Szene, der das Lied noch einmal auf einen anderen Text bringt, möchte ich noch einen feinen Charakterisierungszug Monteverdi'scher Kunst hervorheben. Er betrifft die Stelle, wo Odysseus erzählt, daß er vom stürmischen Meer und von widrigen Winden an dieses Ufer verschlagen worden, und wie feindlich ihm bisher das Schicksal gewesen sei. Packend ist hier die Schilderung seiner grausen Irrfahrt, sein verzweifeltes, unbeugsames Ringen mit den feindlichen Mächten geschildert. Zuerst in dem raschen, sich überstürzenden Hinaufstreben der sequentisch wiederholten Phrase *a forza cacciati*, dann durch die in sechs Takten eigensinnig festgehaltenen Synkopen auf *ebbi nemico*; also durch dasselbe rhythmische Mittel, durch das er im Prolog im Gesange des Amor (Beispiel 3) den Kampf des Menschen mit der Allgewalt Amors angedeutet hatte, hier nur weit kräftiger und fühlbarer; die Stelle lautet:

1) Vgl. Kretzschmar »Das erste Jahrhundert der deutschen Oper«, Sammelbände der I. M. G. III, S. 273.
2) Das Lied der italienschen Oper im 17. und 18. Jahrhundert in ihrer Bedeutung für diese Kunstgattung überhaupt, ist noch nicht genügend behandelt. Vgl. Friedländer das deutsche Lied im 18. Jahrhundert. Bd. I Abt. I Einleitung S. XXX ff.

Wo sich ihm Minerva zu erkennen gibt und ihm ihre Unterstützung zusichert, unterbricht er sie mehrfach mit der Interjektion:

XIII.

Hier erkennen wir Monteverdi's nachschaffende Hand. Dieser Ausruf steht im Textbuch erst zwei Zeilen weiter. Er aber interpoliert ihn schon der Rede der Minerva und gestaltet so die Einzelrede zum Zwiegesang, ein ihm eigenes Verfahren, auf das schon Kretzschmar hingewiesen hatte, und das wir aus seiner *Incoronazione* kennen [1]. Später wiederholt er den freudigen Zwischenruf mit demselben Motiv, das denn auch in die nächste Szene, die neunte, in der Minerva dem Helden weitere Verhaltungsmaßregeln gibt, überführt und zweimal angeführt wird, hier aber erweitert und nicht als Interjektion, sondern als Eröffnung eines längeren geschlossenen Gesanges. Odysseus' Vertrauen zum Rate der Göttin ist nun vollständig, und vertrauensvoll sieht er in eine glückliche Zukunft. Er beginnt seinen Gesang:

---

[1] Vgl. des Verfassers Studien zur Geschichte der italienischen Oper II, S. 10, 16, 25, 27 aE.

XIV.

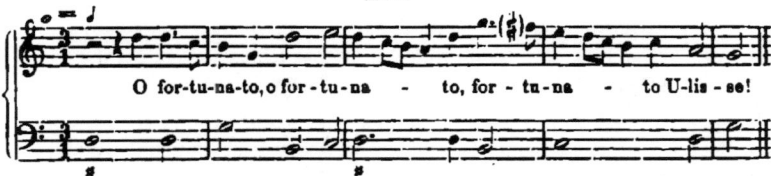

Nach einem kurzen Ritornell wird das Ganze auf die zweite Strophe wiederholt. Diese beiden Szenen bezeugen eine volle Anteilnahme des Komponisten am Gegenstande und zeigen ihn in der Kraft der Situationsgestaltung auf voller Höhe.

Einen besonders interessanten Einblick in Monteverdi's musikdramatisches Schaffen gewährt das nun folgende Zwiegespräch der Penelope mit ihrer damigella Melanto. Im Libretto beginnt diese sogleich, ihre Herrin zu überreden, den Widerstand gegen die Huldigungen der Freier aufzugeben und sich einen Gatten unter ihnen auszuwählen. Monteverdi schickt dem einen feierlichen Aufruf der Penelope an die Götter voraus, ihren Wunsch zu erfüllen, indem er die Worte: *donate un giorno, o Dei, contento a desir' miei* voransetzt, die gar nicht im Libretto stehen. Das trägt wesentlich dazu bei, die Hoheit und unwandelbare Treue der Vielgeprüften hervorzukehren. Auf eine Umstellung der Textworte zu ähnlichem Zweck habe ich in der *Incoronazione* (Akt I, Szene 6) hingewiesen[1]). Melanto läßt ihre Verführungskünste in einer besonders einschmeichelnden Liedweise wirken. Unsere Partitur gewinnt vorzüglich an Bedeutung, indem sie uns des Meisters liebenswürdige Begabung für das volkstümliche Strophenlied in neuer Beleuchtung zeigt. In der *Incoronazione* findet sich nur eine Äußerung dieser Seite seines Genies, in dem an Mozart's Tonsprache heranreichenden, wunderhübschen Liede des Pagen der 4. Szene des II. Aktes[2]). Die Melodik unseres Liedes ist so anmutig und reizvoll, daß sie noch heute ihre Wirkung nicht verfehlt:

XV.

1) Des Verfassers Studien II, S. 18.
2) ebenda S. 23, Partitur, S. 136.

Aus den folgenden Szenen (11 und 12), in denen der Hirt Eumäos sich in beschaulichen Betrachtungen über die Reize des Landlebens ergeht, und der Spaßmacher, der Freier Iros, ihn darob verlacht, möchte ich nur einen gelungenen musikalischen Scherz anführen. Wo Iros meint, für ihn hätten des Eumäos Gefährten, nämlich seine Rinderherden, nur unter dem Gesichtspunkte ihrer Verwendbarkeit als guter Braten eine Bedeutung, läßt die Musik das Geläute der Herdenglocken hervortreten, einer der zahlreichen, fesselnden Fälle von Tonmalerei in dieser Partitur, von denen ich hier nur diejenigen hervorhebe, die nicht bereits aus einem anderen Werke, oder als der Zeit überhaupt typisch bekannt sind:

In der den I. Akt abschließenden Szene (13) sagt der als alter Mann unkenntliche Odysseus dem Eumäos die baldige Rückkehr des Herrn an. Bezeichnend für Monteverdi's Schätzung des volkstümlichen Liedes ist es, daß er diese Szene und somit den Akt überhaupt mit einem Liede schließt, das des Hirten Freude über die baldige Wendung der Dinge in einer sinnigen, zu Herzen gehenden Melodie kundgibt. In diesen Liedern unserer Partitur offenbart sich eine Begabung für ungekünstelte, volkstümliche Melodik, die Monteverdi über alle Meister seiner Zeit weit hinaus trägt. Wo findet man selbst bei den Deutschen dieser Periode, von den Italienern ganz zu schweigen, solch warm empfundene, dem Volkslied so treu nachgebildete Weisen? Das Lied des Eumäos stehe hier als Beitrag für die Geschichte des Liedes:

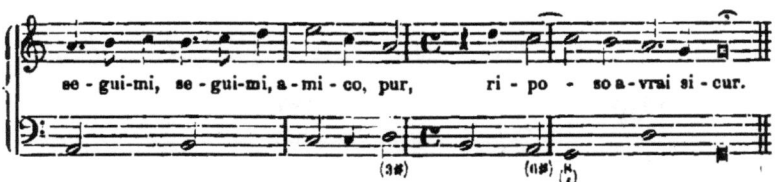

Den zweiten Akt (Szene 1) eröffnet der auf Minervas göttlichem Flugwagen glücklich heimgekehrte Telemach mit einer kurzen Arie in dacapo-Form, deren Teile nach älterem Brauche noch tonisch (c) ausgehen, während der Mittelsatz nur in der Parallele (a-moll) anhebt. Die geschlossenen Sätze der *Incoronazione* zeigen eine reichere harmonische Gliederung, wenn sie ihre Mittelsätze bereits in der Parallele oder Dominante führen[1]). Das anschließende Duett mit Minerva schildert tonmalend die lustige Fahrt durch die Lüfte in wiegenden Melismen:

XVIII.

Auch die zweite Szene, in der Eumäos hinzukommt und die Nachricht von Odysseus' baldiger Rückkehr von Telemach bestätigt wird, gefällt sich dem Libretto folgend in lyrischen Gesängen. Eine Fülle melodischen Wohllautes, glücklicher Einfälle und Feinheiten ist über sie ausgebreitet. Schon der Ausbruch der Freude des Eumäos über Telemachs Heimkehr ist prächtig durch die große Steigerung und durch die wiederholte Anführung der beredten Phrase: *e pur ver, che tu torni* in der Singstimme und imitatorisch im Baß geschildert:

---

[1]) Des Verf. Studien zur Geschichte der italienischen Oper II S. 26 und Monatshefte für Musikg. 1902 zur Geschichte der Arien- und Symphonieform.

Dann erfreut und erstaunt uns ein Duett zwischen Odysseus und Eumäos, kunstvoll auf einem Basso ostinato errichtet, durch das edle, tief empfundene Thema: *dolce speme il cor lusingha*. Hoffnung! wie erfreust du das Herz. Über der düsteren, von Wolken verhangenen Landschaft wölbt sich ein Regenbogen, die Rückkehr der Sonne versprechend. So bleibt der Grundton schwermütig, die Sorge um die Zukunft ist nicht geschwunden, aber ein Strahl hellen Lichtes fällt in die Düsterung. Mahnt nicht der Anfang dieses Zwiegesanges an Beethoven'sche Töne?

Nun, in der dritten Szene gibt sich Odysseus dem Sohn zu erkennen. Auch hier liegt wiederum der musikalische Schwerpunkt nicht im Rezitativ, das sich im Geleise des hergebrachten Sprachgesanges, der durch nicht immer geschmackvolle, ja vielfach der Stimmung widrige Koloraturen durchsetzt ist, bewegt, sondern in dem abschließenden Duett, in dem die freudige Erregung der Handelnden in den kurzen Zwischenrufen wie *te stringo, o mio diletto*, ähnlich wie im Schlußduett der *Incoronazione*, und in der synkopierten Führung der zweiten Stimme glücklich betont ist:

Die vierte Szene, das zweite Liebesduett zwischen Melanto und Eurymachos, als ohne besonderes Interesse übergehend, treten wir in die erste Freierszene (Szene 5). Sie bieten alle Überredung auf, Penelope zu gewinnen. Dreimal stimmen sie ihr dreistimmiges *Ama dunque* an, dem sie in unerschütterlicher Festigkeit jedesmal ihr: *non voglio amar* entgegensetzt. So erhält das Ganze eine scharf gegliederte und wirksame Anordnung, in die sich die Einzelreden der Freier geschickt einfügen. Bezeugt diese Szene wiederum Monteverdi's tiefen Einblick in die Erfordernisse musikdramatischer Disposition, so bietet sie hingegen musikalisch nur Mittelgut. Der erwähnte Satz zu drei Stimmen verarbeitet kanonisch zwei für die Situation nicht gerade charakteristische Themen. Nach ihrer Abweisung wollen sich die Freier zerstreuen. Es beginnt ein Ballett von acht Mohren ausgeführt, das die Partitur nicht aufweist.

In der kurzen siebenten Szene meldet Eumäos der Penelope die Rückkehr des Sohnes und die Anzeichen, daß auch auf Odysseus baldiges Eingreifen zu rechnen sei. Schwach geriet die Verschwörung der Freier (Szene 8) gegen Telemachs Leben, dessen Tod sie beschließen. Jupiters Adler fliegt über sie, und schwachmütig geben sie diesem Zeichen gegenüber den Mordplan auf. Hier erst beginnt eine treffende Schilderung ihrer feigen Unentschlossenheit. Wie sie vor Jupiters Drohung zittern, illustrieren die wiederholten, ängstlichen Sechzehnteile:

Reiche Geschenke, hoffen sie, werden Penelope bestimmen, einen von ihnen als Gemahl zu wählen.

Die nun folgenden Auftritte (9—12) behandeln in langatmiger Breite Minervas Zusicherung ihrer Hilfe an Odysseus für den bevorstehenden Bogenwettkampf, dessen Veranstaltung sie Penelope insinuieren werde, des Eumäos Bericht über die neuen Versuche der Freier und über ihre Furcht vor Odysseus Rückkehr, der diesen weidlich ergötzt, und Telemachs Erzählung von seiner Reise nach Sparta mit ausführlichen Schilderungen von Helenas Reizen. Erwähnenswert ist hier zunächst der Gesang der Minerva, der sich in tonmalenden Melismen nicht genug tun kann, an denen auch — und das ist das besondere —

das Orchester teilnimmt, das dort, wo die Göttin Odysseus befiehlt, seine Pfeile zu schleudern, wenn er den Bogen in Händen halte, in rauschenden Gängen, in Gegenbewegung zur Singstimme, angelehnt an die Vorstellung des sausenden Pfeiles, eine höchst anschauliche Schilderung des tobenden Kampfes überhaupt entwirft. Das Vorbild zu diesem Tonbilde hat Monteverdi selbst in seinem *Combattimento di Tancredi e Clorinda* (1638) gegeben, in der vom Testo berichteten Kampfszene, wo die tiefen Streichinstrumente gegen die Violinen in stürmischen Oktavgängen losfahren, während die Singstimme weiter deklamiert. Ich stelle beide Stellen nebeneinander:

Der Vergleich legt die Annahme nahe, daß auch hier, an dieser Stelle unserer Oper, nicht nur das Akkordinstrument von einigen Bässen unterstützt, sondern ein volles Streichorchester, dem auch die nicht angegebenen Mittelstimmen zufielen, in Tätigkeit trat, und daß überhaupt dem Instrumentalkörper in unserem Werk eine große Rolle zufiel, die sich heute lediglich aus dem Charakter der einzelnen Stelle von Fall zu Fall annähernd wird bestimmen lassen.

Zu einer weiteren Anmerkung zur Eigentümlichkeit Monteverdi'scher dramaturgischer Technik gibt eine Anweisung in der Partie des Odysseus in der zehnten Szene Anlaß, wo er über der Freier Furcht vor Jupiters Adler lacht. Bei den Worten: *godo anch'io, ne so, perchè rido*, steht die Anweisung: *qui si ride da vero*; es soll also der auf »perchè« gelegte melismatische Gang wirklichem Lachen genähert werden. Dasselbe steht für den Gesang des Iros in der ersten Szene des III. Aktes mit den Worten angemerkt: *qui cade in riso naturale*. Diese bis an die Grenze des musikalisch Zulässigen geführte Naturalistik belegt besonders auffallend, wie genau die musikalische Deklamation unseres Werkes, in weit höherem Grade als in der *Incoronazione*, der textlichen Unterlage bis in ihre Einzelheiten hinein folgt. Darauf war im Verlaufe der Abhandlung wiederholt hingewiesen worden. Es gibt aber kaum eine Seite der Partitur, in der nicht solche, entweder wie hier die Gesamtstimmung oder wie weit häufiger nebensächliche Dinge treffende Charakteristiken oder Tonmalereien nachweisbar wären. Zuweilen ungemein glücklich, heben sie doch nicht selten einen Nebenvorgang oder einen nur sekundären Affekt zu stark hervor; so daß er aus dem Rahmen des Gesamtbildes störend hervortritt. Ja, selbst von dem Vorwurf, einzelne Worte in der alten madrigalesken Art zu unterstreichen, ist Monteverdi nicht freizusprechen, wie z. B. an der oben bereits erwähnten Stelle eine hüpfende Koloratur auf *scherzano* mit Telemachs Ansprache an den Alten, der sich ihm als Vater offenbart, disharmoniert. Hier ist der Meister im Streben, dem Texte zu folgen, zu weit gegangen. Im Verlaufe der späteren Entwicklung ist hier ein Fortschritt schon bei den Venezianern, im höheren Grade in der neapolitanischen Schule zu verzeichnen, wenngleich auch hier nicht überall vorsichtig genug abgewogen wird, ob sich auch charakterisierende oder tonmalende Schilderungen von Nebendingen oder sekundären Affekten mit dem Hauptgedanken in Einklang bringen lassen. Selbst noch Ag. Steffani und Keiser fehlen hier oft gröblich. Händel's Genie fand auch hier in Oper und Oratorium den richtigen Weg.

Die sehr umfangreiche den zweiten Akt abschließende zwölfte Szene bringt den Ringkampf des Odysseus mit Iros, die Darbringung der Geschenke der Freier, die Überreichung des Bogens, den sie zu spannen vergeblich sich bemühen, und ihre Niedermetzlung durch Odysseus. Ihre musikalische Zusammenfassung erhält diese Szene durch eine *Sinfonia da guerra*, die zuerst bei Odysseus Kampf mit Iros ertönt, wiederholt wird, wenn Odysseus seinen Bogen gegen die Freier richtet, und nach einem kurzen fünfaktigen Rezitativ, in dem er Minerva anruft, den Schluß des Aktes herbeiführt. Nur für die letzten beiden Ausführungen sind »*tutti gli instrumenti*« angeordnet. Bei der ersten fehlt die Vorschrift, so daß auf eine koloristische Steigerung geschlossen werden darf. Die Sinfonie, mit deren zweiten Teil Odysseus Schlachtruf sich verbindet, lautet:

XXV.

Für ihre Rekonstruktion liegt ein Muster in dem mächtigen Kriegsgesange der vierten Szene des ersten Aktes von Cavalli's zwei Jahre vor der Aufführung unseres Werkes in Szene gegangenen Oper *Tetide e Peleo* (1639) vor. Mit dem Streichquintett gingen dort Trompeten in C, Trommel, wohl auch Hörner[1]). Wie dort der Mittelsatz so erbaut sich hier das Ganze auf dem Orgelpunkt G. Wir haben natürlich auch hier an venezianische Kriegsmusik zu denken. Der Eindruck muß nach dem wenn auch nicht auf das Cembalo und die Streicher beschränkten, so doch immerhin klanglich bescheidenen Orchesterklang des Vorausgegangenen ein mächtiger gewesen sein. Ich muß übrigens annehmen, daß noch an einigen anderen Stellen auch Bläser, besonders Trompeten eintraten, worauf die bekannten, entweder auf einen festgehaltenen, aber in unruhige Rhythmen geteilten Ton, oder auf den Wechsel von Tonika und Dominante gelegten Signalmotive hinzuweisen schienen. In den Rezitativen und den geschlossener Form genäherten Gesängen finden sich viele feine Züge treffender Zeichnung und manche tiefempfundene, herzliche Melodie. Des Iros Angst vor Odysseus Eisenfäusten, wie sie sich hinter großprahlenden Worten zu verbergen sucht, ist besonders drastisch dargestellt. Ich gebe nur eine Stelle, in der er den Gegner mit den Allüren eines überlegenen Helden seines Edelmutes vergewissert, während er in Todesangst stottert und sinnlose Worte — die übrigens Monteverdi hinzugefügt hat — einstreut:

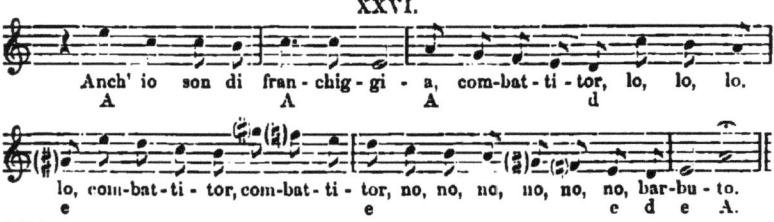

---

[1]) Mitgeteilt in des Verfassers Studien I Anhang O V A. Vgl. auch S. 149.

Die dramatische Spannung erreicht ihren Höhepunkt, als Penelope sich entschließt, demjenigen der Freier ihre Hand zu geben, der den Bogen des Odysseus zu spannen vermöchte. Kaum hat sie den Befehl erteilt, den Bogen zu holen, da bereut sie schon das ihr entrissene Versprechen, das ihr nicht von Herzen kam. Den Schmerz ihrer Zwangslage schildern die wenigen Takte ergreifend:

XXVII.

Frische und Schwung bewegt den dreiteiligen Gesang der Freier, der ihrem Triumph über den endlichen Erfolg Ausdruck gibt. Den zweiten Teil beherrscht eine chromatische Stimmführung in Imitation, das Wort *pianti* zu unterstreichen, sehr hübsch klingend, aber wie solche Unterhervorhebungen in der Regel nicht auf den Grundton des Ganzen eingestimmt.

Dem dritten und letzten Akt verbleibt dramatisch nur noch die Wiedervereinigung der Penelope mit dem siegreichen Helden. Ihn auszufüllen, mußte deshalb eine Reihe von Nebenvorgängen dienen, die jetzt, wo Alles auf die Katastrophe hindrängt, vielfach ermüdend wirken. Zunächst kommt der unglückliche Iros mit einer ergötzlichen Szene (1) zu Wort, bereit, seinem zerstörten Leben ein Ende zu machen. Komischen Situationen steht Monteverdi's Tonsprache meist etwas schwerfällig an und läßt noch jene Unmittelbarkeit und Sicherheit vermissen, über welche die Komödienkomponisten, vorzüglich Jacop. Melani, schon ein Jahrzehnt später verfügten. Es folgen nun Gespräche der Penelope mit Melanto (Szene 3, die zweite Szene blieb unkomponiert), denen sich dann Eumäos zugesellt mit der Versicherung, der Held, der die Freier getötet habe, sei Odysseus, der Penelope ebensowenig Glauben schenkt als ihrer Bestätigung durch Telemach (Szene 4 und 5). Alle diese Vorgänge sind musikalisch von ebenso untergeordnetem Interesse wie in dramatischer Hinsicht. Das Gleiche gilt von den nun einsetzenden Götterszenen, in denen durch Minervas und Junos Eingreifen Neptun auf seine Rache zu verzichten und Jupiter den glücklichen Abschluß zu gestatten bestimmt werden. Die musikalische Sprache der Götter ist auch hier eine für unser Empfinden schwülstige und durch übermäßigen Gebrauch von Koloraturen, vorzüglich im Dienste der Wortmalerei (*gloria*, *guerra*) eine übertriebene; nur Juno schlägt in einer dreiteiligen Arie, deren zweiter Teil übrigens in der Dominante steht, einen wärmeren Ton an, der ihre Anteilnahme an dem unglücklichen von Neptun verfolgten Odysseus lebhaft dokumentiert. Hier stehe das hübsche auftaktige Thema, in das sich der Baß und die Singstimme teilen:

Kraftvoll und freudig ihres errungenen Sieges schließt Minerva die Szene, dem Liebling auch in einem etwaigen Kampfe mit den Achäern ihren Schutz zusichernd:

Erykleia, die Amme des Odysseus, hat ihn an einer Narbe am Fuß erkannt, aber Stillschweigen versprochen. Nun kämpft sie mit sich, ob sie nicht doch sprechen müsse (Szene 8). Hier ist eine Stelle fesselnd, die ergibt, wie Monteverdi durch chromatische Schritte in der Singstimme auf Harmoniewendungen geführt wird, die in der Theorie seiner Zeit unerklärlich bleiben mußten, wie dieser alterierte Septimenakkord auf der sechsten Stufe in G-moll:

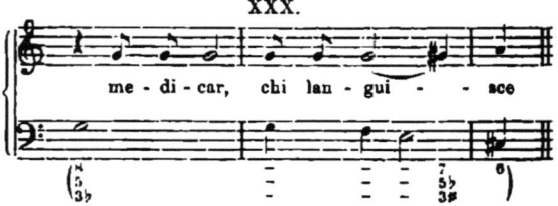

Auch den Versicherungen des Telemach und Eumäos (Szene 9) verschließt sich Penelope. Ja selbst als Odysseus in eigener Gestalt erscheint (Szene 10) und Erykleia ihr untrügliches Merkmal verrät, schwankt sie noch immer. Erst als Odysseus ihr eheliches Gemach beschreibt, erklärt sie sich überwunden (Odyssee XXIII, 180—204). Statt nun hier bereits den Jubel des endlich wieder vereinigten Paares ausströmen zu lassen, legt der Dichter der Penelope zunächst eine Reihe wohlgeformter Verse in den Mund, die ihre Empfindungen nur gedämpft durch die künstelnden Wendungen einer bukolischen Betrachtung hindurch — ihr Lüfte und Haine, ihr Vögel und Bäche, freuet euch, ihr grünen Auen und murmelden Wellen, tröstet euch — hervortreten lassen. Der Komponist hat es sinnig vermieden, dem Dichter zu folgen. Ohne sich an die äußere Einkleidung zu halten, ohne sich auf den dem Musiker so verführerischen pastoralen Grundton (susurando, mormorando) einzulassen, setzt er einen herzlichen, frischen, der kraftvollen und schlichten Größe der Frau anstehenden Strophengesang hin. Die Strophe zerfällt in je zwei viertaktige Phrasen, durch instrumentale Zwischenspiele geschieden, von denen das erste die Gesangsmelodie wiederholt:

Im Libretto folgt nun ein ekstatischer Zwiegesang des Paares von kurzen, freudetaumelnden Wendungen und Interjektionen. Odysseus verspricht dann, der Minerva zu opfern, bittet aber vorher, sich der Huld seiner Gattin erfreuen zu dürfen, worauf zwei Einzelstimmen, offenbar des Gefolges, auffordern, die Wiedervereinigung zu besingen. Ein Chor der Ithaker schließt das Ganze mit der Betrachtung, daß menschliche Tugend und Tapferkeit selbst das Fatum auf ihre Seite zwingen könne. Wie im Textbuch der *Incoronazione* hat auch Monteverdi hier seinen Strich gemacht, und ganz wie dort, mit dem Zwiegesange geschlossen, in der Erkenntnis, daß der Schluß in ihm auszutönen habe, und was noch etwa folge, nur seine Wirkung abschwächen könne. Diesem Schluß nun hat Monteverdi eine gewisse feierliche Ruhe gegeben, in dem mehr die abgeklärte Freude der durch schwere Prüfungen Heimgesuchten, den sicheren Hafen erreicht zu haben, als ungestümes Liebesverlangen sich ausspricht. Wenngleich diese musikalische Anlage sowohl der Situation als den Charakteren der Handelnden gemäß erscheint, so hätten wir ihr doch ein wenig mehr Wärme des Ausdrucks und ein volleres Ausströmen der solange zurückgehaltenen Empfindungen gewünscht. Daß Monteverdi fähig war, auch die größten Leidenschaften in blühendste Melodik umzusetzen, dafür sprechen viele Stellen seiner *Incoronazione*, vorzüglich das Schlußduett. Wenn er sich hier zurückhielt, so geht das auf eine durchaus berechtigte ästhetische Erwägung zurück, die seinem künstlerischen Anschauen Ehre macht. Aber wohl in dem Wunsche, jedes erotische Moment auszuschalten, ließ er hier das leitende Motiv der edelsten Gattenliebe zu stark zurücktreten.

Unsere Betrachtungen konnten die Einschätzung Monteverdi's als des hervorragendsten Musikdramatikers seiner Zeit wiederum als völlig berechtigte bestätigen. Auch in dieser Partitur bewährt er sein tiefes Erfassen bedeutender Seelenzustände. Auch hier vermittelt seine Tonsprache Affekte und Vorgänge in einer Form, die mit den Mitteln jeder Zeit nicht überboten werden konnten. Aber darüber hinaus zeigt unser Werk Monteverdi in der Bestätigung einer Anlage, die in anderen Werken nur nebenher in Erscheinung tritt, als Meister des volkstümlichen Liedes. Möge diese Arbeit dazu anregen, der Geschichte des Liedes im Rahmen der italienischen Oper einmal weiter nachzugehen und aufzudecken, welche Anregung und Förderung auch ihr dieses Kunstgebiet zu danken hat.

Die Chorbibliothek der St. Michaelisschule in Lüneburg zu Seb. Bach's Zeit.

Von
Max Seiffert.
(Berlin.)

Nachdem Augustus Braun, unter dessen Kantorat Seb. Bach der Michaelisschule in Lüneburg angehörte, sein Amt angetreten hatte, übernahm er am 23. Juni 1696 von seinem Vorgänger Fr. Em. Praetorius eine Chorbibliothek, über deren Bestände das Aktenstück F 100 Nr. 4 der Registratur des Lüneburger Klosteramts ausführliche Nachricht gibt. In diesem Aktenstück, betitelt »Verzeichnisse von Musikalien, die verschiedene Schulbediente nachgelassen haben«, befinden sich drei solcher Verzeichnisse. Das erste, den Bestand der Druckwerke aufzählend, ist von W. Junghans[1]) vollständig mitgeteilt worden. Das zweite, eine Vorarbeit zum dritten, schickte sich an, die handschriftlich vorhandenen Notenschätze alphabetisch aufzuzählen; dem Schreiber mißfiel jedoch irgend etwas an seiner Aufzeichnung, er unterbrach sie also und begann nochmals von vorn, um nun seine Aufgabe wirklich zu Ende zu bringen. Dies dritte Verzeichnis ist betitelt »Verzeichniß derer von dem seeligen *Cantore Friderico Emanuel Praetorio* [1655—1695] nachgelassenen geschriebenen *Musicalien*«. Des großen Umfangs wegen mußte Junghans von einem Abdruck dieses Katalogs absehen und sich auf Angabe der Komponistennamen und der Anzahl von Nummern, mit denen jeder darin vertreten ist, beschränken. Diese summarische und zudem nicht einwandfreie Aufzählung läßt jedoch die große musikgeschichtliche Bedeutung, die auch heute noch, wo die Notenschätze selbst längst aus Lüneburg verschwunden sind, diesem Katalog innewohnt, nur höchst unvollkommen ermessen, so daß er von den späteren Forschern auffallend wenig beachtet worden ist. Bei eigenem Einblick in denselben hätte Spitta noch manchen Fingerzeig für die Darstellung von Bach's Lüneburger Jugendzeit gewinnen können; Eitner hat ihn im Quellenlexikon vollends ignoriert. Da die Musikforschung sich neuerdings auf verschiedenen Seiten regt, bibliographisch endlich einmal reinen Tisch zu machen, so dürfte ein vollständiger Abdruck des Katalogs, mit dem ich ein altes Versprechen einlöse[2]), wohl gerechtfertigt sein.

Es ist ein merkwürdig reiches und vielseitiges Bild, das der Katalog von dem musikalischen Leben an der St. Michaelisschule widerspiegelt. Italien und Deutschland in seiner ganzen Ausdehnung von Süden bis Norden und von Westen bis Osten sind mit den besten älteren und zeitgenössischen Komponisten vertreten. Das meiste mag auf dem gewöhnlichen Buchhändlerwege von den Messen her bezogen und aus Drucken kopiert sein. Die Anwesenheit von manchem andern Stück erklärt sich aber nur durch die persönlichen Beziehungen, in welchen Lüneburgs Musiker mit auswärtigen Kunstgenossen standen. Die Beobachtung dieser Fernwirkung der einzelnen Meister ist für die musikgeschichtliche Forschung gerade von besonderem Werte. — Die

---

[1]) »Joh. Seb. Bach als Schüler der Partikularschule zu St. Michaelis in Lüneburg« Programm des Johanneums zu Lüneburg, 1870, S. 26 ff.
[2]) Sammelbände der IMG., I. S. 214, Anm.

Bedeutung, die der Michaelisschule als Musikpflegestätte Ende des 17. Jahrhunderts für den Norden Deutschlands beizumessen ist, darf man nun mit Fug und Recht wesentlich höher einschätzen, als es von Junghans geschehen ist. Es war eine Kunstzentrale, die der Thomas- und Kreuzschule nicht viel nachgegeben haben kann, was gründliche musikalische Schulung der Knaben in Gesang und Spiel anlangt. Man begreift, daß ein Seb. Bach hier am rechten Platze war, um seine natürlichen Anlagen zu frühreifer Entfaltung zu bringen.

Dieser Katalog bietet dem Forscher auch ein reiches Feld für Einzeluntersuchungen dar, namentlich auf dem noch wenig angebauten Gebiete der vorbachischen Kirchenkantate. Er enthält eine Reihe bisher unbekannter Namen und gibt von unbekannten Stücken bekannter Meister die genaue Faktur an. Die Lüneburger Bestände selbst sind wie gesagt verschollen: aber ein beträchtlicher Teil ist uns anderweitig erhalten. Die Italiener werden zumeist in Drucken wiederzufinden sein. Für die Wiedergewinnung der deutschen Werke kommen nicht allein Drucke, sondern auch gleichzeitige Bestände, wie die Düben'sche Sammlung der Universitätsbibliothek zu Upsala und die Bokemeyer'sche Sammlung der Kgl. Bibliothek zu Berlin in Betracht. Daß sodann unter den anonymen Werken der verschiedenen Bibliotheken auf Grund des Kataloges nicht ergebnislos Umschau gehalten werden kann, habe ich in einem H. Schütz betreffenden Falle früher einmal gezeigt. So wird sicherlich noch in manchem anderen Falle der Katalog eine Handhabe bieten, um verschollen geglaubte, aber nur anonym brachliegende Werke zu identifizieren und der Forschung zuzuführen.

Der Katalog ist alphabetisch nach den Textanfängen geordnet. Ich ordne im folgenden die Fakturen alphabetisch nach den Komponisten, belasse aber zur leichten Auffindung im Original die ursprüngliche Numerierung.

Incerti.

4. Ach daß ich Waßers genug hette, à 5. 1 Violin. 3 Viol d'Gamb. ò A Solo (E).
12. Ach wie gütig v. barmhertzig ist der Herr, à 9. 5 Strom. 1 Fag. CCB (G?).
20. Ach Herr straffe mich nicht, ¶ 38, à 6. 5 Strom. T. Solo (A♮).
21. Ach Gott und Herr, à 12. 1 Violin. 4 Viol. Fag. 1 Tromb. 5 Voc. in Cap. CCATB. 5 in Rip. (D♮).
24. Ach mein Bruder es ist mir leidt umb dich. Madrigal, à 5 ou 10. CCATB (E).
27. Ach wie nichtig ach wie flüchtig. Aria, à 6. CCATTB (A♮).
28. Ach ihr lieben v. Bekandten, à 3 ou 8. CCB con Cap. CCATB (A).
29. Ach ihr lieben v. Bekandten, à 9. CTB con Cap. CCATTB (D).
31. Ach wenn kömmt doch die Stunde v. der letzte Augenblick, à 6. 4 Strom. AT (B).
42. Ach Gretgen sey doch nicht so wildt, à 4. CCAB (C♮).
46. *Ad te clamo o mi Jesu*. C. solo con B. cont. (E).
47. *Ad te dulcissime Jesu suspirant oculi mei*, à 3. ATB (C?).
56. Allein Gott in der Höh sey Ehr. CCATB (C♮).
59. Als Christus gebohren wardt, freuet sich der Engel Schaar. 2 Violin. 1 Tromb. 4 Voc. in Conc. 4 in Rip. (A).
62. Also geht es in der Welt. Quodlibet, à 5. TB. 2 Violin. Fag. C♮).
65. *Amor Jesu dulcissimus et rere suavissimus*, à 3. B solo con 2 Violin. (D♮).
68. *Amo te Deus meus*, à 2. C è Violin. Solo (A).
91. Ach was soll ich Sünder machen. Aria.
94. Befiehl dem Herrn deine Wege, à 6. 2 Violin. Fag. CCB (A♮).
103. *Benedico te Domine*, à 9. 4 Strom. 5 voci. (F?).
111. *Bonum est confiteri Domino*, à 3. B. solo con 2 Violin. (G♮).
124. Christoph Werner wegen Hans Krollen (C).

130. *Confitebor tibi Domine.* B. solo con 2 Violin. (D).
134. *Confitebor tibi.* 2 C. ou T. (G♪.
135. *Confitebor tibi,* à 3. C. è 2 Violin. (G♪).
138. *Coridon was schadet dir.* Aria, à 6. CT. 4 Viol. (A).
139. *Cum esset David in plenitudine pacis.* Dialogus à 12. 2 Viol. è Clavic. è 9 Voc. CCCAATTBB. (G?).
141. *Cupido sieht zwar aus,* alß wür er nur ein Kindt, à 8. 4 Strom. CATB (C♪.
142. *Cupio dissolvi,* à 2 T. in Fest. Purific. Mariae (F?).
147. **Dancksaget dem Vater,** der unß tüchtig, à 6. 2 Violin. 1 Violon. ATB (C♪.
148. **Das alte Jahr vergangen ist.** Aria.
155. **Das Erdreich ist des Herrn.** Dom. 1 Adv. à 18 (G♪.
160. **Der Gott Abraham,** der Gott Isaak, à 8. CATB. 3 Violin. Fag. (E♪).
174. **Der Herr ist mein Hirte,** à 8. 5 Strom. ATB (E♪.
187. **Der Todt ist verschlungen in den Sieg,** à 10. 5 Strom. 5 Voc. CCATB (C).
190. **Die Gerechten werden ewiglich leben.** Wobey der Choral: Ich bin ein Gliedt an deinem Leib, à 5. CCATB (G).
191. **Die Güthe des Herrn ists,** à 10 ou 15 (A).
197. **Diß ist der Tag,** den der Herr gemacht hat. Auff Pfingsten, à 16. 8 Strom. CCAATTBB (C).
204. **Die Weißheit bauete ihr Hauß,** v. hieb sieben Seulen. Dom. 2 p. Trin. Beschluß: O Herr Jesu mein trautes Guth, à 10. 5 Strom. CCATB (A♪).
207. **Drey eingesperrte Zeisichen:** Serviteur ihr Mittconsorten, à 3 C. (C).
219. *Deus misereatur nostri,* à 6. 2 Violin. 1 Violono ATB. (B).
233. *Dum praeliaretur Michael Archangelus,* à 5. 2 Violin. Fag. CB (B).
239. **Eile Gott mich zu erretten,** 4. 70. CB (D♪.
260. **Es ist ein Köstlich Ding gedultig sein,** à 7. 5 Strom. TT (G?).
261. **Es ist genug,** mein matter Sinn sehnt sich. Aria à 6. C. Solo con 5 Strom. (C?).
266. **Es ist nichts liebers auff Erden,** à 6. C ou T. Solo con 5 Violin. (G?).
272. *Ecce ego facio nora omnia,* à 5. 2 Braz. CTB (A).
273. *Ecce quam bonum et quam jucundum habitare.* T. Solo con 2 Violin. (A).
274. *Ecce quomodo moritur justus,* à 4. CATB (F?).
279. *Estote fortes in bello,* à 7. 5 Viol. BB (B).
292. **Fahr hin du schnöde Welt.** Aria à 4. 2 Violin. C. Solo con Violone (C?).
293. **Fahr hin du kummervolle Welt,** à 6 ou 11. CC. Bassetto. ATB con Cap. à 5 (A).
294. **Fahr hin du schnöde Welt** mit deinem Guth v. Geldt, à 4. 2 Violin. TB (B).
296. **Freuet euch des Herren ihr Gerechten,** à 10. 2 Clar. 2 Violin. Fag. CCTTB (C♪).
316. **Gelobet seistu Jesu Christ,** à 4. CATB. (G♪).
319. **Gleichwie der Blitz auffgehet.** Dom. 2. Adv. à 4. 2 Violin. TB. (D).
321. **Gott der da reich ist,** à 2 Violin. CA (C♪.
325. **Gott segne diß vertraute Paar,** à 14 ou pl. 2 ò 3 Clar. Tamburi. 2 Violin. ò Corn. 3 Tromb. ò Viol. CCATB in Conc. 5 Voc. in Rip. (C♪.
332. **Große freude die allem Volcke,** à 9 ou 14 (C♪.
340. **Heiligt euch ihr Menschen Kinder.** Aria in Festo Trinit. G.
370. **Herr Nachbahr ich wünsch euch einen guten Abendt.** ATB con Cont. C.
384. **Herr wie lange wiltu mein so gar vergeßen.** 2 Violin. 2 Braz. Fag. C. Solo E).
385. **Herr woher nehmen wir Brodt.** Mit dem Choral: O Vater aller Frommen, à 7. 2 Violin. CCATB (E).
389. **Heut singt die wehrte Christenheit.** In Fest. Paschat. à 5. 2 Violin. 1 Tromba. CB (C♪).
390. **Heut triumphiret Gottes Sohn.** In Festo Paschat., à 10 ou 15. 5 Viol. CCATB in Conc. 5 Voc. in Rip. (C♪.
397. **Hört zu last euch sagen.** Nürnbergisches Quodlibet. à 5. 2 Violin. CTB C).
399. *Hic, Haec, Hoc: Facta est Politica pestina Grammatica,* à 3. CAB (G♪.
400. *Heraclitus & Democritus: Heu mundum deplorabilem,* à 4. 2 Violin. TT (G?).
401. **Himmel deines Eifers Fluthen überschwemmen fast ihr ziel.** Aria à 9. 5 Strom. CCATB con Cap. à 5 (E♪.

402. Jacobs Lamento über Joseph: Ach Trauer Post! mein Joseph ist dahin! à 5.
    1 Violin. 2 Viol d'Gamb. B Solo (F?).
403. Jauchzet dem Herrn alle Welt, à 15 (C♮).
414. Ich beschwere euch ihr Töchter Jerusalem, à 7. 4 Flaut. 3 C (G).
415. Ich bin ausgeschütt' wie waßer. ψ 22, 15—16. Tempore Passionis, à 10 ou 15.
    5 Strom. Fag. CATB in Conc. CATB in Rip. (A♮).
424. Ich freue mich des, das mir geredt is. ψ. 122. à 5. 4 Viol. C. solo (C).
431. Ich freue mich im Herrn, à 10. 4 Viol. Fag. CCATB con Cap. à 5 (C).
432. Ich freue mich im Herrn, à 9 ou 13. 4 Viol. Fag. CATB con Cap. à 4 (D♭).
441. Ich habe nun geendet den Wandel auff der Welt, à 8. CCAATTBB (E).
449. Ich lauff dir nach. Aria à 5. 4 Viol. C. Solo (D).
450. Ich lebe v. ihr solt auch leben, à 9. 4 Viol. 1 Fag. CATB (A).
456. Ich suchte des Nachts, à 5. 2 Violin. CB (C).
461. Ich wache schon in meines Liebsten. Hochzeit Liedt. Aria à 4. 1 Violin CTB (G.
463. Ich weiß daß mein Erlöser lebt. Auff Ostern. Aria à 11. 6 Viol. 5 Voc. (E♮.
468. Ich will in Friede fahren. Aria auff Lichtmeßen, à 5. C. Solo con 4 Viol.
    d'Gamb. (C?).
473. Ich wünsche mir ein Weib, à 6. 2 Viol. CATB (G.
478. Jesu meine Freude (E).
481. Jesu Quell gewünschter Freuden. Aria à 3. 2 Viol. C. Solo (A).
482. Ihr Himmel v. des Himmels Heer. Aria à 4 ou 8. 4 Fleut. à 4 C. (C).
483. Ihr Hirten in Hürden. Auff Weihnachten, à 9. CCATTB con 3 Strom. (C).
484. Ihr Hirten verlaßet die finstere Weyde.
485. Ihr Jungens, wo habt ihr eure Partes? à 3. CCB (G♮).
494. *Jesu dulcis memoria.* 2 Violin. T. Solo (D♮).
496. *Jesu dulcis memoria.* 2 Violin. B. Solo (C?).
500. *Jesu quousque descris animam meam,* à 8. A. Solo con 7 Viol. (B).
502. *In conspectu Angelorum,* à 3. ATB con Cont. (G?).
503. *In dulci Jubilo.* CATB con Violin. (G).
504. *In dulci Jubilo,* à 8. ATB. 2 Violin. 2 Viol d'Gamb. Fag. (D♭).
508. *In te Domine speravi,* à 4. 2 Violin. CC. (G♮).
520. *Iratus sum, effundam quasi aquam iram meam,* à 3. CCB. Dial. (C).
522. *Juravit Dominus & non pœnitebit,* à 3. C. Solo. 2 Violin. (G♮).
532. Komt herzu, last unß dem Herren. ψ. 95, à 18 (C♮).
542. *Kyrie eleison,* à 12 ou 17. 2 Clarin. 4 Viol. 1 Fag. CCATB con Cap. à 5 (C♮.
545. *Kyrie eleison,* à 13. 2 Violin. 2 Cornett. CCAATTBB (F?).
559. Laß dirs Herr gefallen, daß du mich errettest, à 3. B. Solo, 2 Fag. (G♮).
560. Last unß leben, weil die zeit es mit unß noch leiden will. Aria à 8 ou 10 (G).
564. Lobe den Herrn meine Seele. Wobey die Worte: Unser Herr Jesus Christus;
    v. zum Beschluß: Sey Lob v. Ehr mit hohen Preiß, à 8 ou 12. 4 Viol. CATB (G).
570. Lobe den Herrn meine Seele. Mit einem Echo (G).
574. Lobet den Herrn alle Heiden. 4 Viol. Fag. CCATB con Cap. à 5 (G♮.
577. Lobet den Herrn in seinem Heiligthumb, à 22. 4 Viol. Fag. 2 Corn. 3 Tromb.
    CCATBB in Conc. CCATBB in Rip. (C♮).
579. Lobet den Namen des Herren. B. Solo con Cont. (F?).
587. *Laetamini jam cum Christo omnes.* CC con B. cont. (G♮).
588. *Laetamini in Domino.* Motetta à 5. 2 Violin. 2 Viol d'Gamb. T. Solo (C♮).
596. *Laudate Dominum in sanctis eius.* B. solo con B. cont. (F♭).
601. *Laudate Dominum.* CCATTB con 2 Violin. (D).
608. *Laudate pueri Dominum,* à 10. 6 Voc. 4 Strom. (A).
616. Machet die Thore weit. B. Solo con Cont. (C♮).
622. Meine lust ist bey den Menschenkindern, à 9. 5 Strom. CATB (A♮.
634. Mein freundt ist mein v. ich bin sein, à 12 à 17. 2 Clarin. 2 Corn. è Viol. 3 Tromb.
    è Viol. CCATB con Rip. à 5 (C♮).
636. Meine Sünde betrüben mich, con Choral: Ach Herr mich armen Sünder, à 5.
    CATTB (Es).

637. Meine Sünden betrüben mich, à 9. 4 Viol. 1 Fag. CATB (D♭).
641. Mein Vorsatz ging dahin ein langes Liedt zu schreiben, à 7 ou 12. 2 Violin. CCATB con Cap. à 5 (B).
659. *Magnificat*, à 3. 2 Violin. C. Solo.
660. *Magnificat*, à 15. 4 Viol. 1 Violon 2 Corn. 3 Tromb. CCATB in Conc. 5 Voc. in Rip. (D♭).
663. *Magnificemus nomen Jesu*. 2 Violin. C. Solo (C♭).
675. Nun bitten wir den Heil. Geist, à 9. 4 Viol. Fag. CATB (G♭).
677. Nun dancket alle Gott, à 19. 22 ou 25. 5 Viol. 2 Corn. 3 Tromb. 2 Clarin. 1 Tymp. CATB 1mo Choro. CATB 2do Choro. CATB in Rip. (C♭).
678. Nun dancket alle Gott, à 9. 2 Viol. Fag. 2 Clarin. Tymp. CTB (C♭).
686. Nun gutte Nacht du Weltgetümmel. Trauerliedt, à 10 ou 15. (E♭).
694. *Narravere Patres et nos narrabimus omnes*, à 8. 4 Viol. CATB (D).
702. *Nunc Georgio Wilhelmo plaude Musa principi*, à 10 ou 15. 5 Strom. 5 Voc. in Conc. CCATB. 5. Voc. in Rip. (G♭).
703. Ob gleich mich alle Welt bestreitet. Aria à 6. C. Solo con 5 Violen. (D).
707. O Freudt o Wonne dieser Zeit. Aria auff Weihenachten, à 5. 2 Trombet. 2 Trombon. T. Solo (C♭).
710. O Jesu du edle Gabe. Aria à 6. C. Solo. 5 Viol. è 5 in Rip. (E).
711. O Jesu du edle Gabe. 4 Strom. CATB con Cap. (E).
723. *O bone Jesu*. 2 Violin. Viol. d'Gamb. ou Fag. T. Solo (F?).
730. *O Domine Jesu*. 2 Violin. C. Solo (G♭).
731. *O dulcis amor Jesu*. C. solo con Cont. (D).
732. *O dulce nomen Jesu*. CC è B. cont (D).
734. *O dulcis Jesu*. C. Solo. 5 Viol. (G♭).
750. *O quam suavis es Domine*. B. Solo. 2 Violin. (C♭).
752. *O quam tu dilexisti hominem*. CCATB (G♭).
753. *O suavis aura coeli, divini amoris flamma*, à 10 ou 15. 5 Strom. CATTB in Conc. CATTB in Rip. In Fest. Pentec. (F?).
771. Preiset ihr Christen mit Hertzen v. Munde. In Fest. Joh. Baptistae, à 10. 5 Viol. 5 Voc. CCTTB (F?).
780. *Paratum cor meum*. B. Solo con 2 Violin. (C♭).
785. *Psallam in cytharis*, à 6. 2 Violin. 2 Viol. Fag. C. Solo (A).
795. *Quis dabit mihi tantam charitatem*. Viol. T. con Cont. (A).
798. *Qui sunt hi sermones*. TTB. In Fest. Pasch (F?).
799. *Quodlibet:* Die edle Musica kan meinen Geist entzücken, à 4. 2 Violin. TB (G?).
806. *Resurrexit Triumphator*, à 8 (G♭).
811. Schaffe in mir Gott, à 3. 2 Strom. C. Solo (F).
813. Schaffe in mir Gott. 4 Strom. Fag. A. Solo (C?).
817. Schneiders Liedt: Meeeeester habt ihr meine Hoosen pletzt, à 3 TTB (G♭).
823. Sey Gott getreu, das ist sein guter Wille. Aria à 6. C. Solo con 5 Strom (C?).
825. Seine Jünger kahmen des Nachts, v. stahlen ihn. Auff Ostern, à 27. 7 Voc. in Conc. 10 Strom. 8 Voc. in Cap. duplicata (C♭).
829. Siehe der Gerechte komt umb, à 5. CCATB con Cap. (C?).
840. Singet dem Herrn ein neues Liedt, à 5. 2 Violin. ATB (A).
841. Singet dem Herrn ein neues Liedt, à 6 (G?).
843. Sonne laß die schwartzen Decken überschatten dein Gesicht. 3 Violen. 1 Violone, CCB in Conc. CCATB in Rip. (C?).
844. So spricht der Herr, beschicke dein Hauß. Esr. 38 & 2. Kön. 20, 1ff. 5 Viol. CATB in Dialogo (C?).
853. Stehe auff meine Freundin, à 7. 5 Viol. CB (G?).
855. Stille Jungens de Canter de kümt, à 6. 2 Violin. CCTB (F?).
865. *Salve vita mea Jesu*, à 7. 2 Clarin. 3 Trombon. AT (C♭).
875. *Sanctus*, à 6 ou 10. CATB. 2 Violin. con Cap. à 4 (D♭).
882. *Si quis est sitiens*. ATB (C?).
883. *Sonoris vocibus resonemus omnes*, à 13. 5 Viol. 8 Voc. con Cap. à 8 (G♭).

885. *Spirate suaves o aurae concentus*, à 4. 2 Violin. CC. (E).
901. Tröstet mein Volck. In Fest. Joh. Baptistae. Es. 40, 1. 2. à 9 ou 13. 4 Viol. 1 Fag. CATB con Cap. à 4. (C♯).
907. *Terribili Sonita sonuerunt*, à 3. ATB con Cont. (G♯).
912. *Tota pulcra es*, à 13 (G♯).
913. *Tota pulcra es*. CATB (G♯).
924. Verlaß mich nicht Gott im Alter, à 6 ou 10. CATB. 2 Violin. con Cap. à 4 (D♯).
931. Unsere Harffen ist eine Klage worden. Dialogus Dom. 10 p. Trin. à 12 ou 18. CATB. 4 Strom. 4 Voc. in Cap. (B).
933. Unser Leben wehret siebenzig Jahr. Wobey: Ach Herr laß deine liebe Engelein. CCATTB con B. cont. (C♯).
935. Unser Wandel ist im Himmel. Wobey der Chorall: Der Leib zwar in der Erde von Würmern wirdt verzehrt, à 6. 3 Viol d'Gamb. ou Viol d'Brazz. è Violono CCB. (G♭).
941. Vom Himmel kam der Engel Schar, à 15. 4 Clarin. Tymp. 5. Violin. 3 Violen Fag. CATB (C♯).
943. Vexiert die Jungfer Braut. Hochzeit Liedt. Aria. C. Solo (G♯).
945. Victoria vnd ewiges Alleluja, In Fest. Paschat, à 13 &c. 2 Clarin. Tymp. 2 Flaut. 2 Viol. Fag. CATTB (C♯).
960. *Venite celebrate festum splendidum*. 2 Viol. 2 Corn. 2 Flaut. 2 Trombon. 2 Trombet. CCATTB con 6 voc. in Rip. (C♯).
967. *Vinum est Substantivum, bonum melius optimum adjectivum*, à 3 ATB (C♯).
968. *Vita hominis brevis est*, à 8. CC con 6 Violen (Es).
969. *Vita hominis brevis est*, à 5. CCATB con Cap. à 5 (G♯).
971. *Voce mea ad Dominum clamavi*, à 4. 2 Viol. Fag. B Solo (A).
982. Was ist die Lieb ein angenehme Noht, à 2C è T. (D).
983. Was ist dir edeles Lisettgen. Aria à 6. C. Solo con 5 Viol. (D♯).
984. Was ist Welt, was deren Zierde? à 6. 4 Viol d'Gamb. C. Solo (E♯).
987. Was soll ich aus dir machen Ephraim. Dialogus à 5. 2 Violin. TTB (A).
998. Wem ein tugendsam Weib bescheret ist, à 8. 4 Viol. CATB (E).
1004. Wenn wir in höchsten Nöhten sein, à 11 ou 16. 5 Viol. Fag. CCATB in Conc. 5 Voc. in Rip. (G♯).
1008. Wer ist der so von Edom kömmt, à 10 ou 15. 5 Violen, 5 Voc. in Conc. CATBB. 5 voc. in Rip. (C♯).
1013. Wer unter dem Schirm des Höchsten sitzt, à 7. 2 Violin. CCATB in Conc. con Cap. (D).
1026. Wie die Rose unter den Dornen, à 3 T. Solo con 2 Violin. (A).
1033. Wie seh ich dich mein Jesu bluten. Aria tempore passionis Christi, à 3. C. Solo con 2 Strom. è Cont. (E).
1039. Wir sindt allesamt wie die unreinen, à 8. 4 Strom. CATB (F♯).
1040. Wie schön leuchtet der Morgenstern, à 9. 5 Strom. 4 Voc. (F♭).
1041. Wie schön leuchtet. C. Solo (C♯).
1046. Wo der Herr nicht das Hauß bauet, à 3. 2 Viol. C. Solo (G♭).
1047. Wo Gott zum Hauß nicht giebt sein Gunst. CC con Cont. (F♯).
1062. Wohl her nun v. last unß wohl leben, 4 Strom. CCATB con Cont. (D).
1064. Wo soll ich fliehen hin (D).

Nachtrag.

1091. Ach was ist doch unser Leben. CCB con Cap. CCATTB (E♯).
1078. *A Solis ortus cardine*. B. Solo è Violin. (B).
1087. *Concerto in Dialogo ad Festum Michaël*, à 36. Chorus 1mus Instrument. Chor. 2dus Angelorum. Chor. 3tius Christianorum. Chor. 4tus Daemonum C♯.
1081. *Contere Domine fortitudinem inimicorum*. Viol. C. Solo con Cont. (A).
1071. *Exaudi me Domine*, à 3. C. ou T. Solo con 2 Violin. (F♯).
1085. Freue dich des Weibes deiner Jugendt. CC con Cont. (A).
1088. Himmel deines Eifers Blitzen schrecken unß schier überall. Aria à 10 &c. C♭.

1074. Höre liebe Seele dir rufft der Herr.
1097. Ich trage zur Landtlust ein großes Belieben. CA. Bassetto (D).
1073. Jesus ist der mir gefüllet. Aria à 6. C-Solo con 5 Viol.
1075. Jesu schönster Morgensterren.
1077. *Misericordias Domini in aeternum cantabo.* C. Solo con 5 Violen.
1092. O wie sanfft bin ich verhült. Aria. CCB con Cap. à 5 (E♭).

Georg Ludw. Agricola[1]. 78. Aus der Tieffen ruff ich Herr. Wobey im Tripel der Chorale: Heil du mich lieber Herr, à 9 ou 13. 5 Strom. 4 Voc. CATB con Capell. (Es).
617. Macht auff die Thor der Gerechtigkeit. In Fest. Paschatos, à 12 ou 17. 2 Clarin. 5 Viol. CCATB in Conc. CCATB in Rip. (C♭).
1005. Wer bin ich Herr v. was ist mein Hauß. Dialogus. à 6. 2 Violin. 3 Viol d'Gamb. A è B. (D♭).

Joh. Rud. Ahle. 66. *Amor meus Jesus*, à 9. 5 Viol. è 4 Voc. (C?).
388. Heut ist der geboren, der des Herrn Herrholdt war. Aria in Fest. Joh. Bapt., à 4. 8 è 12. (A).
638. Mein Hertz ist bereit Gott mein, à 12. 2 Violin. CCATB con Cap. à 5. (C♭).
642. Mit saußen mit brausen mit schwingendem Winde. Aria auff Pfingsten, à 8. (D♭).
968. Was soll ich doch Leide tragen. Auff Himmelfahrt. Aria, à 8 (A).

Vinc. Albrici. 67. *Amo te laudo te*, à 5. 2 Cornetti, 1 Fag. CC (A).
87. *Ave Jesu Christe*, à 6. CCB. 2 Violin. è Fag. (C?).
126. *Cogita o Homo*, à 6. CATB. con 2 Viol. è Fag. (E).
727. *O bone Jesu*, à 5. 3 Viol. CA (D).
744. *Omnia quae fecit Deus*, à 4. T. solo con 2 Viol. è Fag. (F♭).
745. *Omnis caro foenum, et gloria eius*, à 8. 4 Voc. & 4 Strom. (D).
884. *Spargite flores, fundite rosas*, à 7. 2 Violin. Fag. CAB. (C♭).

C. Amadoni*. 386. Herr Zebaoth wie herlich v. groß sindt deine Wunder, à 10. 6 Viol. CTTB (A♭).
1018. Wie das Wasser verschleifft, à 10. CATB. 6 Strom. 5 Violen è Fag. 2. Sam. 14, 14. (G♭).

G. Arnold. 801. *Quodlibet:* Schlodtfeger, Altreiß und Haderlung. ATB. (G♭).

Chr. H. Aschenbrenner. 627. Meine Seel erhebt den Herrn, à 10 ou 15. 4 Viol. Fag. CCATB con Cap. (B).

Jac. Augustini*. 128. *Concinant laetantes chori*, à 4. 2 Violin. TT (G♭).

P. B. [?] 1057. Wohl dem der den Herrn fürchtet, à 10. 2 Viol. 3 Tromb. 5 Voc. CCATB. (C♭)

Heinr. Bach. 55. Alß der Tag der Pfingsten erfüllet war. In Festo Pentecost. à 10. 5 Strom. CCATB. (A).

J. C. Bach. 1017. Wie bistu denn o Gott im Zorn auff mich entbrandt. Lamentatio, à 5. B. Solo. 1 Violin. 3 Violen con B. Cont. (E♭).

J. Beer [Bähr]. 674. Narren Register. CC. con Continuo (G?).

Ludw. Balbi. 1084. *Factum est proelium magnum in coelo*, à 8 per Choros (F?).

Dietrich Becker. 22. Ach Herr Wie ist meiner Feinde so viel, à 7. 2 Violin. 4 Viol. ou Tromb. B. Solo. (A♭).
353. Herr Gott Du bist unser zuflucht für und für, à 6. 4 Viol. Fag. B. Solo (C).
709. O Hilf Christe Gottes Sohn, à 7. 3 Violin. 1 Viola. Fag. C. è B. (A).
775. *Passio Domini secundum Johannem*. (E♭).
1024. Wie der Hirsch schreiet, à 4. 2 Violin. C è B. (G♭).

---

[1] Man vergleiche zu jedem Namen Eitner's Quellenlexikon. Die mit einem * versehenen Namen sind Eitner unbekannt.

C. Bergen*). 302. Fürchtet euch nicht, siehe ich verkündige euch. In Fest. Nativ. Christi, à 14. (F♭).
1061. Wohl denen die in deinem Hause wohnen, à 12 è 17. 7 Strom. CCATB con Cap. (C?).
C. B!. 443. Ich hebe meine Augen auff, à 16. (D).
Christoph Bernhard. 234. *Dialogus:* Von den 10 Jungfrauen. Dominica 27 p. Trinit.. à 17. 5 Viol. 12 Voc. CCCCCCCCAATB. (G).
372. Herr nun Läßestu deinen Diener, à 10 ou pl. Chor. 1. 2 Violin. 2 Viol. Fag. CCATB. Chor. II. 2 Corn. 3 Tromb. CCATB. (C?).
995. Weine nicht es hat überwunden der Löw. In Fest. Pasch., à 9. 3 Viol d'Gamb. ATB. (C♯).
1053. Wohl dem der den Herrn fürchtet, à 6. 4 Viol. C. è B. (A).
Ant. Barthall [Bertali]. 307. *Fidelis Christi lactare*, à 6. C. solo con 5 Strom. 1 Violin 2 Braz. 2 Viol d'Gamb. (D♯).
661. *Magnificat*, à 14. (D).
946. *Vae mihi peccari*. C. solo con Violino è 3 Braz. (B).
Georg Bleyer. 77. Aus der Tieffen meines Elendts, à 8. 3 Voc. con 5 Strom. (C).
Nic. Bleier [Bleyer]. 717. O süßer o freundlicher Herr Jesu Christe. 2 Violin. CCT. (G?).
Erh. Bodenschatz. 964. *Venit Michaël cum multitudine Angelorum.* Motetta in Fest. Michaël. à 8 per Choros. (A).
G. Böhm. 433. Ich freue mich daß wir werden ins Hauß des Herrn gehen, à 3. Violino C. è B. (A♯).
Giov. B. Bonani [Bonanni]. 499. *Jesu Rex admirabilis.* CAT (D♭).
Zach. Bondur*). 911. *Tota pulcra es amica mea*, à 5. AAB. 2 Violin. Viol d'Braz. (F?).
[Giov. Andr.] Bontempi. 63. *Amor meus*. Ten. Solo con 2 Violin. (D♯).
82. *Audite gentes quae loquor*, à 4. CATB. (C?).
August Braun. 26. Ach wie gar nichts sindt. Madrigal. à 5 ou 10. CCATB. (D♯).
30. Ach ihr Lieben v. Bekandten. 4 Strom. Fag. CCB. con Cap. CCATB. (C?).
143. *Cupio dissolvi*. Madrigal, à 5. (A).
227. *Domine Dominus noster*, à 9. 5 Strom. 4 Voc. con Cap. à 4. (D♯).
267. Es ist ein kurtz v. mühseelig Ding, à 9. CATB con 5 Strom. (E♭).
326. Gott sey Danck, der uns den Sieg gegeben hat. In Fest. Paschat. à 16 ou 21. 3 Tromp. con Tymp. 6 Viol. 5 Voc. in Conc. CCATB. con Cap. à 5 (C).
333. Gürte dein Schwerdt an deine Seiten. Auff Ostern oder Michaël, à 6 ou 10. 2 Tromp. CATB. con Cap. (C).
337. Heilig ist Gott der Herr Zebaoth, à 8 ou 13. 5 Strom. CCATB con Cap. (A♯).
338. Heilig ist der Herr Zebaoth, à 13. 5 Voc. 5 Strom. 2 Clar. con Tymp. (C).
466. Ich will den Herren loben allezeit, à 5. CCCCC. (D♯).
480. Jesus unser Trost und Leben. Aria auff Ostern, à 10 ou 15. (A♯).
553. *Kyrie eleison*, à 4 ou 8. CATB con Cap. à 4. (G).
630. Meine Seel erhebt den Herrn, à 13. 5 Viol. CATB. con Cap. à 4. (A).
639. Mein treues Hertze sey zu finden. Aria à 5. (C?).
816. Schmücket das Fest mit Meyen, à 10. 15 è 17. CCATB. 5 Viol. 2 Tromp. Tymp. è 5 Voc. in Cap. (C♯).
828. Siehe der Gerechte komt ümb, à 5. CCATB. con Cap. à 5. (C?).
831. Siehe der Gerechten Seelen sindt in Gottes Handt. Madrig. à 5. (C?).
870. *Sanctus*, à 7. 2 Tromp. 1 Tymp. CCATB con Cap. (C♯).
871. *Sanctus*, à 6. 4 Voc. è 2 Tromp. con Cap. à 4. (C♯).

---

*) Bergen oder Bernhard?

872. *Sanctus*, à 12 ou 17. 5 Voc. 5 Strom. è 2 Tromp. con Tymp. è Capell. à 5. (C♯).
873. *Sanctus*, à 16. (C♯).
922. Verflucht sey der nicht alle Wort, à 14 ou 19. 4 Viol d'Gamb. 5 Viol. CCATB con Cap. à 5. (A).
954. *Veni sancte spiritus*, à 10. 15 ou 20. 5 Violin. 5 Voc. in Conc. 5 in Cap. 2 Tromp. Tymp. (C♯).
1098. Merck auff mein andächtigs flehen. Aria, à 15. (C?).

Cyriacus Brickner*). 100. *Beatus vir qui timet*, à 12. 6 Strom. 6 Voc. (A).
222. *Dixit Dominus Domino meo*, à 12. 6 Strom. CCATTB. (F?).
1090. *Contere Domine fortitudinem*, à 2. C è Tromb. (A).

W. C. Briegel. 3. Ach Gott vom Himmel sich darein, à 7. CTB. 4 Viol. (D?).
35. Ach wie gar nichts, à 6. CCATTB. (G?).
95. Bewahre mich Gott den ich traue auff dich, Ψ. 16, à 9 ou 13. 5 Strom. CATB. con Cap. CATB. (A).
96. Bringt des Herren Ruhm herfür, à 5. 4 Viol. con Baßo Solo (C♯).
156. Denck ö Seel in allem Thun, à 5. CCATB. (C?).
205. Drey sindt die da zeugen, à 6. 2 Violin. CATB. (D).
235. Ehre sey Gott in der Höhe. (D♯).
241. Epicurer Liedt ex Sap. cap. 11, à 5. 2 Violin. ATB. (D).
324. Gott es ist mein rechter Ernst, à 7. 5 Viol. T è B. (C♯).
368. Herr lehre mich thun nach deinem Wohlgefallen, à 9 ou 14. CCTB. 5 Strom. 5 Voc. in Rip. (A).
380. Herr wenn ich nur dich habe, à 5. 10 ou 15. CCATB. con 5 Viol. & Cap. à 5. (A).
437. Ich habe dich ein klein Augenblick verlassen, à 6. CCATTB. (E).
632. Meine Seel erhebt den Herrn, à 9 ou 13. 5 Viol. CATB in Conc. 4 Voc. in Rip. (C♯).
673. Nach dir Herr verlanget mich. 2 Violin. TTB. (A).
716. O Sünde Sündt o schwerer Fall. Aria, à 4. 3 Viol. C. Solo (E).
765. So spricht der Herr ich will Waßer gießen auf die dürstige. In Fest. Pentecost. à 9 ou 13. (G♯).
830. Siehe der Gerechte kömt umb, à 7 ou 11. 3 Viol. Fag. CATB in Conc. CATB in Rip. (C?).
852. Stehe auff meine Freundin, à 9 ou 13. (B).
978. Warumb betrübstu dich mein Hertz, à 8. per 2 Choros. (G?).
993. Weh denen die auff Erden wohnen. In Fest. Michaël, à 6. 2 Violin. CCTB. (E).
996/7. Welt, ade, mein Ziel ist kommen, à 6 ou 12. (B).
1023. Wie der Hirsch schreyet, à 6. Baßo Solo con 5 Viol. (C?).
1043. Wies Gott gefält, so gefelt mirs auch, à 6. CTB. 2 Viol. (A).
1044. Wo der Herr nicht das Haus bauet, à 9 ou 13. (C♯).
1051. Wohl dem der den Herrn fürchtet, à 9 ou 13. 5 Violen, 4 Voc. CATB. con Capell à 4. (B).

Crato Büttner. 72. *Anima Christi sanctifica me*, à 6. Doi Viol. è 4 Voc. CATB. (G?).
671. *Musica nocturna Cattorum Mi au, au, au*, à 4. CATB. (D).

Dietr. Buxtehude. 114. Christum lieb haben ist viel besser, à 16. 5 Strom. Fag. 5 Voc. in Conc. CCATB. 5 Voc. in Rip. (G♯).
447. Ich halte es dafür, daß dieser zeit Leiden, à 5. C è B. Violino. Viol d'Gamb. è Fagotto. (G?).
476. Jesu meines Lebens Leben, à 9. CATB. con 5 Strom. (D).

Samuel Capricornus. 113. *Bonus resper Domini Hospites*. B. Solo con Continuo. (A♭).
154. Das Wort wardt Fleisch, à 24. 5 Strom. Fag. 2 Corn. 4 Tromb. CCATTB in Conc. 6 in Rip. (C♯).
339. Heilig ist Gott der Herr Zebaoth, à 17 ou 31. 5 Viol. Fag. 2 Corn. 3 Tromb. 2 Clarin. 2 Trombe con Tymp. CCCATTB in Conc. 7 Voc. in Rip. (C).

374. Herr straff mich nicht in deinem Zorn, ¶ 6, à 12. 6 Viol. CCATTB. (C?).
419. Ich bin schwartz aber gar lieblich, à 6. B. Solo con 5 Viol. ou Flaut. (G).
523. Justorum animae in manu Dei sunt, à 4. CCCA. (G♮).
538. Kyrie Gott aller Welt Schöpffer, à 8. 12 &c. 5 Viol. Fag. 6 Voc. in Rip. ! CCATTB. 6 Voc. in Rip. CCATTB (C♮).
539. Kyrie Gott aller Welt. S. Capricorni & J. Gerstenb.] à 11 ou 20. 2 Violin Fag. CATB in Conc. CATB in Rip. con 3 Viol. in Rip. 3 Cornett. 3 Tromb. (F?).
584. Lobet ihr Völcker unsern Gott, à 6. 2 Braz. 2 Viol d'Gamb. C è Baßo. (C♮.
643. Magna est gloria Domini, à 5. 2 Violin. ATB. (A♮.
666. Miserere mei Deus. à 17. 5 Viol. CCATBB in Conc. 6 voc. in Rip. (D).
721. O amor qui semper ardes, à 7. ATB con 4 Strom. C?.
866. Saltum fac me Deus. B. Solo con 5 Strom. 2 Violin. 2 Viol d'Gamb. (C?).
874. Sanctus, à 12 con Tubis (C♮.
891. Surrexit pastor bonus, à 2. Violin. Solo. A. Solo (C♮).
974. Vulnerasti cor meum, soror mea, à 3. B. Solo con 2 Violin. (G♭).
1034. Willkommen guth freundt, wes Handwercks bistu, à 3 Voc. Alto: Der Schneider. Ten. 1mo: Der Müller. Ten. 2do. Der Leinweber. (F?).

Giac. Carissimi. 501. Inclinavit coelos Dominus, à 2 B. (F?).
719. O anima mea suspira. 2C ou T. (G♮).
896. Suscitavit Dominus super Babylonem. 3 Voc. 2 Violin. Fag. (G♮).
947. Valete mundi delitiae, à 2C. ou T. (G♮).
948. Valete risus, valete cantus, à CC ou TT (G♮).

Pietro di Carmeni*). 859. Salve Rex Christe, à 6. 5 Viol. A solo (B).

Gasparo Casati. 44. Ad dapes vitae adspirent corda, à 3. ATB (C♮).
98. Beatus qui intelligit, quid sit amare Jesum. T. Solo (C♮).
107. Benedicam Dominum in omni tempore. Canto solo D.
110. Bone Jesu verbum Patris, à CC (D).
223. Dixit Dominus. 2 Violin. TTB (A).
229. Domine ad adjuvandum, à 3. T. Solo con 2 Violin. A).
281. Exultate justi, à 2C (D).
491. Jesu amor dulcissime, à 2. CB (D).
590. Laetatus sum in his. C è B (G♮).
599. Laudate Dominum, à 8. 2 Viol. 2 Flaut. 2 Viol d'Gamb. AB (D♮.
728. O Domine Deus. T. solo (G?).
733. O dulce nomen Jesu. CC ou TT (D).
739. O Jesu mea vita. 2T.
781. Peccator ubi es. AB (D).
858. Salve Rex Christe, à 2 T con Cont. (A♭).
864. Salve tremendam cunctis majestatibus caput. A. Solo (D).
956. Veni sancte Spiritus. A. Solo B.

Joh. Caseli. 519. Iratus sum propter populum, à 3. CCB in Dialogo (A).

M. Cazati [Cazzati]. 595. Lauda Jerusalem Dominum, à 3. 2 Violin. C. Solo ¶. 147. (G♮).
600. Laudate Dominum. TTB con B. cont. D).

J. A. Coberg. 43. Ad jubar serenum nascentis aurorae. à 3. 2 Violin. C. Solo G♩.
64. Amore totus langueo, à 5. 4 Strom. T. ou C. Solo. G?).
129. Confitebor tibi Domine, à 5. 2 Violin. CAB. G?).
664. Magnum canamus paeana. Canto Solo. 2 Violin. 1 Viol. Fagotto F?).
676. Nun dancket alle Gott, à 12 ou 17. 2 Tromp. 2 Violin. 2 Viol. Fag. CATTB in Conc. CATTB. in Rip. (C♮).
749. O quam laeta quam jucunda dies. In Fest. Paschat. à 5. 2 Violin 2 Braz. Violono ou Fagott. Canto Solo. D?).
812. Schaffe in mir Gott, à 7 ou 11. 2 Violin. Viola. CATB con Cap. à 4. (G?).

877. *Sanctus*, à 11 ou 15. 2 Hautbois ou Flaut. 4 Viol. Fag. CATB in Conc. CATB in Rip. (C♯).
903. *Te Deum laudamus*, à 10 ou 14. 2 Hautbois ou Flaut. 2 Viol. 2 Braz. Fag. CATB in Conc. 4 voc. in Rip. (C♯).
961. *Venite gentes, accurrite omnes*, à 5. CC con 3 Strom. (G?).
970. *Viriscat organum*. A. Solo con 4 Strom. (B).

Martin Coler. 40. Ach verlaß mich nicht Gott im Alter, à 6. 5 Viol. C. Solo. (E).
186. Der Todt ist verschlungen in den Sieg. Auff Ostern, à 10 ou 15. 4 Viol. Fag. CATTB. 5 in Rip. (D♯).
256. Es erhub sich ein Streit im Himmel, à 7. 4 Violini. CCB. (D♯).
300. Frolocket mit Henden alle Völcker, ♈. 47. In Fest. Ascens. Christi. à 4. 2 Viol. C è B. (D♯).
418. Ich bin jung gewesen, v. alt worden, à 5. 2 Violin. 1 Viol d'Gamb. Fag. B. Solo (C).
957. *Veni Sancte Spiritus*, à 13. (C♯).
1056. Wohl dem der den Herrn fürchtet, à 12. 7 Strom. 2 Viol. 2 Corn. 3 Trombon. ou Viol. 5 Voc. CCATB (D♯).
1063. Wo soll ich fliehen hin, à 7. 4 Viol. Fag. C & B. (C?).

J. G. **Cunradi** [Conradi]. 777. *Paratum cor meum*, à 9 ou 13. 4 Strom. Fag. CATB con Cap. (D♯).
929. Undt alß der Tag der Pfingsten erfüllet war, à 10 ou 15. 5 Strom. CCATB con Cap. à 5. (D).

Dan. **Danielis**. 492. *Jesu chare, te amare, nemo per se potuit*, à 5. 2 Violin. CCB. (C?).

Dan. **Dinner***. 149. Das ist ein Köstlig Ding dem Herrn dancken v. lobsingen, à 4. Trombone è Fagotto. Canto è Baßo (A).

J. H. **Donat***. 169. Der Herr ist meine Hirte. ♈. 23, à 7. 2 Violin. CCATB. (C?).
861. *Salve Rex Christe*, à 2. T. è B. con Continuo (E).

Adam **Drese**. 396. Hört ihr Herrn laßt euch sagen, die Glock die hat. 2 Viol. è Viol d'Gamb. T. Solo. (G♯).
769. Preise Jerusalem den Herren, à 5. CCATB con Cap. à 5 (C♯).

Dan. **Eberlin**. 303. Fürchtet euch nicht, siehe ich verkündige euch à 20 ou 26. 2 Violin. 2 Viol. Fagotto. 2 Flaut. 3 Tromb. 2 Clarin. Tymp. CCATB in Conc. 5 in Ripieno (C♯).

Eilenhäupt*. 320. Gott der da reich ist von Barmhertzigkeit, à 9 ou 13. 5 Viol. CATB con Cap. (D♭).

Balthas. **Erben**. 420. Ich bitt o Herr aus Hertzen Grundt. 5 Voc. 5 Strom. (D).
479. Jesu meine Freude, à 11. 6 Voc. 5 Strom. con Continuo. (D.)
556. *Kyrie eleison*. à 9 ou 13. 4 Viol. Fag. CATB in Conc. CATB in Rip. (D♯).
690. Nun lob meine Seel den Herren, in Dialogo, à 8. C. seu Alto firmo: Der Mensch. Bassetto seu Tenore: Der Geist. 2 Violin. 4 Viol d'Gamb. (G♯).
821. Sey getreu biß in den Todt. à 5. CAB. 2 Violin. (B).
979. Warumb soll ich mich denn grämen, à 8 ou 13. 4 Viol d'Gamb. ou Viol d'Braz. CATB con Cap. à 4 è B. Cont. (C♭).

Werner **Fabricius**. 833. Siehe wie fein und lieblich ists. 4 Viol. CCTT con Cap. à 6. (G?).
889. *Surrexit Christus hodie*, à 18. 10 Strom. 8 Voc. (C♯).
1014. Wer unter dem Schirm des Höchsten sitzet, à 10. 5 Strom. con 5 Voc. (F?).
1058. Wohl dem der nicht wandelt im Raht, à 10. 5 Strom. 2 Violin. 2 Braz. è Violon. CCTTB. con Cap. à 6. (G?).

Kaiser **Ferdinand III**. 215. *Da pacem Domine*, à 4. CATB. (D).
434. Ich freue mich in dir, v. heiße dich willkommen. Aria, à 6. 2 Violin. CATB. (D♯).
894. *Surrexit Pastor bonus*, à 8. C. Solo con 2 Violin. è Cap. à 5. (G♯).

Gio. P. Finatti, 74. *Attollite portas,* à 6. CATB con 2 Viol. ou Clarin. In Festo Paschat. (C♯).
  740. *O Jesu mi dulcissime.* CC (G♯).
[J.] **Flixius.** 131. *Confitebor tibi Domine.* à 2. B è Violino (E♭).
  218. *Deus in nomine tuo salvum me fac,* à 2 A è B (D♯).
  278. *Eripe me de inimicis meis Deus.* B. solo con un Viol. (G?).
Christian Flor. 23. Ach bruder es ist mir leidt umb dich. Motetto, à 6. CCATTB. E.
  32. Ach Herr du Sohn David erbarme dich mein. Dialogus Dom. Reminiscere, à 8 ou 12. 4 Strom. 4 Voc. in Conc. 4 Voc. in capell. (D♯).
  265. Es ist genug: so nimb nun meine Seele, à 6. C. Solo con 5 Viol. 2 Viol d'Braz. 3 Viol d'Gamb. (E♯).
  269. Es segne dich der Gott Israël, à 7 ou 12. 5 Voc. 2 Viol. con 5 Voc. in Cap. (D.
  516. *Inter brachia Salvatoris mei & vivere & mori cupio,* à 5. C. Solo con 4 Violinis (Es).
  619. Man singet mit Freuden vom Sieg. Dialogus Evang. in Fest. Paschat. à 6. 2 Violin. Fag. ATB. (D♯).
  770. Preiße Jerusalem den Herrn, à 4 A Solo con 2 Violin è Tromb. (D♯).
  886. *Sufficit mihi Domine,* à 6. Ten. Solo con 5 Viol. (E).
Caspar Förster. 45. *Ad arma fideles,* à 3. Doi Canto ou Tenor è Baßo. (G♯.
  99. *Beatus vir qui timet Dominum,* à 4. 2 Violin. CC. (G?).
  140. *Cum reverteretur David percusso Philistaeo* à 3. CCC. (G♯.
  305. *Factum est proelium magnum,* in Fest. Mich. à 6. CCB. con 3 Violin (C♯).
  597. *Laudate Dominum omnes gentes* [Giov. Försteri] A. Solo con 2 Violin. (D.
  611. *Laudate pueri Dominum,* à 5. 2 Viol. ATB. (D).
  648. *Magnificat,* à 10 ou 15. 2 Violin. 3 Trombon. CATTB. in Concerto. CATTB. in Ripieno. (D?).
  725. *O bone Jesu,* à 3. 2 Violin. C. ou T. Solo.
  726. *O bone Jesu,* à 5. 2 Violin. CAB.
  782. *Peccavi super numerum arenae maris,* à 6. 2 Viol. CATB. (F?).
  789. *Quemadmodum desiderat cervus,* à 10. 5 Strom. CCATB. (C♯).
  800. *Quodlibet: Venite sodales narrate,* à 5. 2 Violin. ATB. con Baßo Continuo. (C♯.
  803. *Redemtor Deus, qui es vita,* à 4. 2 Viol. CC. (F).
Joh. Phil. Förtsch. 13. Ach Gott du bist noch heut so reich, à 8 ou 12. 4 Strom. CATB. in Conc. 4 in Rip. (G?).
  50. Also hat Gott die Welt geliebet, à 8. 4 Strom. CCTB. (B).
  212. Du Heiden Trost, du Heil der Welt. In Fest. Annunc. Mariae, à 9 ou 15. 5 Strom. 5 Voc. CCATB. con Cap. (A).
  409. Jauchzet dem Herrn alle Welt, à 10 ou 14. 6 Strom. 4 Voc. CATB. con Cap. C.
  412. Jauchze Himmel, Erdt' erschalle. Auff Ostern, à 12 ou 17. 2 Clarin. 5 Viol. CCATB. in Concert. 5 Voc. in Rip. CCATB. (C).
  427. Ich freue mich im Herrn, à 4. 2 Violin, CC. (C).
  486. Ihr meine Tränen geth herführ, à 5. 2 Viol. CCB. (E♯).
  512. *In Te Domine sperari,* à 5. 2 Violin. CTB. (G?).
  533. Komt herzu Last unß dem Herrn frolocken, à 7. 2 Violin. CCATB. (G♯).
  618. Man singet mit Freuden von Sieg. Dialogus Evang. in Fest. Paschat. à 6 ou 10. 2 Violin. CATB. con Cap. à 4. CATB. (C♯).
  640. Mensch was du thust bedencke das Ende. Dominica 1 p. Trinit. à 11 ou 17. 4 Viol. Fag. CCATTB. in Conc. CCATTB. in Rip. (H).
  851. Stehe auff meine Freundin, à 7. 2 Violin. CCATB. (F?).
  950. *Veni creator Spiritus,* à 4. Violin, Viol d'Gamb. C. è Baßo. (G?).
  980. Was alle Weißheit in der Welt bey unß hie Kaum Kan laben. In Fest. Trinit., à 5. CC. 2 Viol. Fag. (B).
  1036. Wie Moses in der Wüsten eine Schlange, à 7 ou 8. 5 Strom. 3 Voc. C. T. B. (G♯).

Nic. **Fontei.** 1101. *Congregati sunt inimici nostri.* CTB. (A).
1102. *Magnificat.* 5 Strom. CATB. con Cap. (D).
J. W. **Forchoim** [Forchheim]. 270. Es sindt ja die Gedanken frey, à 4. C ou Ten. Doi Violin. con Fag. (A♮).
568. Lobe den Herrn meine Seele, à 7 ou 13. 2 Violin. 2 Clarin. Tymp. CATB. in Conc. con 4 in Rip. (C♮).
Joh Wolfg. **Franck.** 81. Auff, auff, zu Gottes Lob, ihr holden Cherubim. Aria auff Trinit. 4 Viol. Canto Solo. Con. 5 Voc. in Rip. (C♮).
209. Du führest Jesu Himmel auff. Aria auf Himmelfahrt. Canto Sol. con 5 Strom. (C)
362. Herr Jesu Christ du höchstes Guth, à 4. 2 Violin. Fag. Alto Solo. (F?).
526. Kom Gnaden Thau befruchte mich. Aria, à 5 Strom. Canto Solo. (D♮).
Sev. **Gastorius.** 264. Es ist genug, ich bin nicht beßer denn meine Väter. Verba Eliae 1. Reg. 19, à 5 ou 10. CCATB. con Cap. à 5. Wobey zum Beschluß der Choral: So fahr ich hin zu Jesu Christ &c. (B).
Joach. **Gerstenbüttel.**[1]) 11. Ach Herr laß deine liebe Engelein. In F. Mich., à 9. 2 Viol. Fag. 2 Clarin. Tymp. CAB. (C♮).
97. Brunquell aller Güthe. Aria in Fest. Pentecost. à 9. 13 ou 18. 4 Strom. Fag. 2 Corn. 3 Tromb. CATB. in Conc. 4 in Rip. (G?).
116. Christus komt her aus den Vätern nach dem Fleiß, ex. Rom. 18, 5, à 10, 15 ou 20. 4 Strom. Fag. 5 Voc. in Conc. 5 in Rip. (D).
157. Dennech bleib ich stets bey dir, à 8 ou 12. ATB. 5 Viol. con CATB. in Rip. (A♮).
176. Der Herr ist mein Hirte, à 6. CCB. 2 Viol. è Fag. (D?).
178. Der Herr sprach zu meinem Herrn. V. 110. In Fest. Ascens. Christi, à 18. 5 Viol. Fag. 6 Voc. in Conc. CCATTB. 6 in Rip. (A♮).
185. Der Mensch ist gottloß v. verflucht, à 10 ou 15. 4 Viol. Fag. CCATB. 5 in Rip. (D).
238. Ein Tag in deinen Vorhöffen, ex. V. 84. Auff Pfingsten, à 24 ou 30. 5 Strom. Fag. 2 Corn. 4 Tromb. CCATTB. in Conc. 6 in Rip. (G).
244. Erkenne deine Mißethat, daß du wieder den Herrn. Dominica X. p. Trin. à 7. 3 Viol. Fag. CCB. (D?).
248. Es wirdt ein [Durchbrecher für ihnen herauff fahren. Mich. 11. 13. In Fest. Pasch., à 10 ou 15. 5 Strom. 5 Voc. in Conc. 5 Voc. in Rip. (D♮).
348,52. Herr Gott dich Loben alle wir. In Festo Michaël. 4 Viol. Fag. CCATB. in Conc. CCATB. in Rip. (B).
357. Herr Gott dich loben wir, à 28. 4 Viol. Fag. 2 Cornett. 3 Tromb. 2 Clarin. con Tymp. CCATB. in Concerto. CCATB. in Rip. 1 mo. CCATB. in Rip. 2do. (C).
366. Herr Komme hinab. Dominica 21. p. Trinit. à 10 ou 15. 5 Strom. CCATB. in Conc. CCATB. in Ripieno. (D).
375. Herr unser Herrscher, V. 8, à 10 ou 15. 5 Viol. CCATB. con Cap. à 5. (G♮).
392. Heut triumphiret Gottes Sohn. In Fest. Paschat. à 6. 2 Clarin. Tymp. CTB. (C).
425. Ich freue mich des, das, à 32. 5 Viol. 1 Fagotto. 2 Corn. 4 Tromb. 2 Clar. 1 Tymp. 6 Voc. in Conc. CCATTB. 6 Voc. in Rip. 1 mo. 6 Voc. in Rip. 2do. C.
429. Ich freue mich im Herrn, à 15 ou 20. 2 Violin. 2 Viol. Fag. CCATB in Conc. CCATB. in Ripieno (B).
539. Kyrie Gott aller Welt, à 11 ou 20. 2 Violin. Fag. CATB. in Conc. CATB. in Rip. con 3 Viol. in Rip. 3 Cornett. 3 Tromb. (F?).
541. *Kyrie eleison*, à 21. 2 Violin. 3 Tromb. CCAATTBB con Ripieno. (A♮).
558. Laßet unß den Herren preisen. Auff Ostern, à 9 ou 13. 5 Strom. CATB. in Conc. CATB. in Capella (D?).
562. Lobe den Herrn meine Seele, V. 103, à 5. 2 Violin. Fag. C è Baßo. (G).
623. Meine Seel erhebt den Herrn, à 25. 4 Viol. Fag. 2 Corn. 3 Tromb. CCATB. in Conc. CCATB in Rip. 1mo. CCATB in Rip. 2do. (G♮).
624. do. mit gleicher Besetzung. (A).
645. *Magnificat*, à 18. 2 Violin. 4 Tromb. CCATTB in Conc. CCATTB in Rip. (G♮).

1 Vgl. Capricornus, 539.

646. *Magnificat*, à 13. 5 Strom. CATB con Cap. CATB. (A?).
698. *Nisi Dominus aedificaverit domum*, à 13. 5 Viol. CATB in Concerto. CATB in Ripieno (B).
705. O du allersüste Freude. Arietta in Fest. Pentecost. à 8. 3 Soprani. 2 Violin. 2 Braz. Fag. (A).
708. O Gott der du aus Hertzen Grundt die Menschenkinder liebest. In Fest. Michaël. à 12 ou 18. 5 Strom. Fag. CCATB con Cap. à 6. (B).
773. *Passio Domini secundum Matthaeum* mit Instrument à 26. (Fast 4 Buch Papier [D?]).
818. Seidt ihr den stum, daß ihr nicht reden wolt, V. 58. Dominica 12 p. Trinit. in Dialogo à 15. 2 Viol. 3 Tromb. CCATB con Cap. à 5. (A).
819. Seidt stark in dem Herrn. In Festum Michaël. Dialog. à 6. 2 Violin. Fagotto. CCB. (F?).
827. Sende deine Weißheit herab. Sap. 9, à 8 ou 13. ATB in Conc. 4 Viol. Fag. con 5 Voc. in Rip. (F?).
900. Triumph! Triumph! Es hat überwunden der Löwe vom Stam Juda, à 18 ou 23. 4 Viol. Fag. 2 Corn. 3 Tromb. 2 Tromp. 1 Tymp. CCATB con Cap. à 5. CCATB. (C?).
937. Unß ist ein Kindt gebohren, à 8 ou 12. CATB in Concerto. 4 Viol. CATB. in Rip. (C?).
940. Vom Himmel kam der Engel Schar, à 20, 25 ou 36. 4 Viol. Fag. 2 Clarin. con Tymp. CCATB in Concerto. 5 Voc. in Choro secondo. 5 Voc. in choro complem. (C?).
1016. Wer unter den Schirm des Höchsten sitzt, à 12 ou 18. 5 Viol. Fag. CCATTB. in Conc. CCATTB. in Rip. (B).
1030. Wie lieblich sindt deine Wohnungen, à 15 ou 20. 4 Viol. Fag. 2 Corn. 3 Tromb. CATB. con 5 Voc. in Rip. (A?).
1049. Wohl dem, dem die Übertretungen vergeben sindt, à 6. 4 Viol. 1 Fag. A. Solo. (E?).
1059. Wohl dem der nicht wandelt, à 10, 15 ou 18. 2 Violin. 3 Trombon. CCATB. con Cap. à 5 vel 8 pro lubitu (A).
1096. Der Herr prüfet die Gerechten, à 3. 2 Violin. Baßo Solo (C?).

Jgn. von **Ghessel** [Ghesel]. 748. *O Pater peccavi*, à 7. T. ou C. Solo con 6 Strom. (A?).
959. *Venite ad me omnes*, à 6. C. Solo con 6 Strom. (E?).

Ant. **Gianettini**. 61. *Alleluja Victoria*, in Festo Paschatos, à 10. 4 Strom. Fag. CCATB (D?).

Otto **Gibel**. 262. Es ist alles gantz eitel, à 8. 3 Viol d'Gamb. CCATB. (D.
438. Ich hab' dich je v. je geliebt, à 7. 2 Viol. CATB. (C?).

Joh. Melch. **Glettle** [Gletle]. 112. *Bonum certamen certari*, à 6. 4 Strom. Fag. B. Solo (A?).

Al. **Grandi**. 217. *Decantabat populus Israël*. T. solo con 2 Violin. (A).
413. Ich begehr abzuscheiden. à 2. CT. in Dialogo. (G).
549. *Kyrie eleison*, à 8. CCAATTBB. con Cap. à 8. (A).
754. *O vos omnes qui transitis per viam*, à 4. C. solo con 3 Strom. 2 Viol. 1 Fag. Tempore Passionis Christi (D).
1093. *Bone Jesu verbum Patris*. CC è B. cont. (G?).

Bonif. **Gratiani**. 652. *Magnificat*, à 5. CATTB (D?).
807. *Rex magne coelitum*, à 3. C?.
887. *Surge veni gaude jubila* à 3. (G?).
951. *Veni electa mea*, à 3. G?.

Chr. [?] **Grimm**. 465. Ich werde nicht sterben, sondern leben. B. Solo con 2 Viol. (B).

Heinr. **Grimm**. 251. Es woll' unß Gott genädig sein, à 9. (E.

687. Nun Herr weß soll ich mich trösten, à 8 per Choros. Zum Beschluß: Ach wie gar nichts. (D?).

Michael **Hahn**. 290. Evangelium am 14. Sontag nach Trin. V. es begab sich da Jesus reisete, 6 Strom. 3 Voc. in Conc. ATB con 8 Voc. per Choros. (G?).
391. Heut triumphiret Gottes Sohn. 2 Viol. 2 Cornett. ou Flaut. 2 Tromb. 2 Clarin. ATB in Conc. con Capell. à 5. CCATB. (C).

A. **Hammerschmidt**. 868. *Sanctus Dominus Deus Zebaoth*, à 12. CCATTB. con Tymp. 2 Tubis è Capell. à 5. (A).
952. *Veni Sancte Spiritus*, à 10. 3 Viol. ATB. in Conc. 8 Voc. in Rip. (C?).

J. N. **Hanff**. 1048. Wohl dem, dem die übertretungen vergeben sindt, à 10 ou 14. 6 Strom. 4 Voc. in Conc. CATB. 4 voc. in Rip. CATB. (B).

J. **Hasler**. 965. *Verbo caro factum est*, à 6. CCATTB. (A).

Justus **Heider**. 315. Gelobet seistu Jesu Christ, à 8, 9 ou 14. (G?).
383. Herr wer wirdt wohnen, à 5. 2 Violin. CCB. (G?).
404. Jauchzet dem Herrn alle Welt, à 7. 2 Violin. CCTTB. (F).
455. Ich ruff zu dir Herr Jesu, à 4. 2 Violin. CC. (D?).
531. Komt herzu laßt unß dem Herrn frolocken, à 6. 4 Strom. Fag. CC. ou TT. (G?).
774. *Passio Domini nostri secundum Matthaeum*, à 14 mit Instrumenten. (Fast 3 Buch Papier) (D).
1042. Wie schön leuchtet der Morgenstern, à 4. 2 Viol. CC. (F?).

[?] **Heindorff**. 878. *Si bona suscepimus de manu Domini*, à 8, per Choros. (G?).

J. G. **Helbig** *). 620. Man wirdt zu Zion sagen. In Fest Pentecost. 4 Viol. 2 Flaut. CCTB. con Cap. à 5. (C?).

Joh. **Henger** *). 724. *O bone Jesu*. AA. 2 Violin (D.

Joh. Andr. **Herbst**. 34. 'Ach mein hertzliebes Jesulein, à 4. 3 Cant. ou Ten. è B. (G?).

J. H. **Hildebrand** *). 312. Gehe hin du Fauler zur Ameise. Dom. 5 p. Trin. in Dialogo, à 4. ATTB (B).
358. Herr höre mein Wort, mercke auff meine, à 6. 2 Violin. CATB. (A).
849. Stehe auff meine Freundin, à 17, per 3 Choros. Chor. 1mo: Ten. Solo (Sponsus) con 2 Cornett. & 3 Tromb. Chor. 2do: C. Solo (Sponsa) con 5 Viol. Chor. 3tius: CCATB. (Chorus gratulans) (B).
976. Wachset ihr heiligen Kinder. à 7. 2 Violin. CCATB. con Cap. (B).
981. Was erhebet sich doch die arme Erde v. Asche, à 5. 2 Violin. ATB. (C?).

Joh. Casp. **Horn**. 221. *Diligam te Domine*, à 3. Canto Solo con 2 Viol. (D).
814. Schaffe in mir Gott, à 6. 4 Strom. Fag. Baßo Solo (G?).

G. **Hucken** [Hucke]. 277. *Eja recolamus laudibus piis*. In Fest. Nativ. Christi, à 6. B. Solo con 5 Strom. (F?).

Dan. **Jacobi**. 729. *O Domine Jesu Christe*, à 4. 2 Viol. A è Tenor. (C?).
Mich. **Jacobi**. 1089. Was ist das eitle Leben hier. Aria à 6 ou 11. (A).
J. **Jungknickel**. 610. *Laudate pueri Dominum*. Alto Solo con 2 Violin. (C?).

Chr. **Caldenbach** (Kaldenbach). 171. Der Herr ist mein Hirte. à 5. CCATB. (G?).
314. Gelobet seistu Jesu Christ, à 10 ou 15. 5 Viol. 5 Voc. CCATB. 5 Voc. in Cap. (G?).
345. Herr du leitest mich nach deinem Raht, à 10 ou 15. 5 Strom. CCATB. con Cap. (C?).
714. O Seele freue dich dein Heilandt ist erstanden, 5 Viol. CCATB. con Cap. (A).
832. Siehe es ist noch ein Kleines dahin. In Fest. Nativ. Chr., à 9 ou 13. 4 Viol. Fag. CATB. con Cap. à 4. (F?).

---

*) Der Organist Joh. H. in Eilenburg?

985. Was kan unß kommen an für Noht, à 9 ou 13. 5 Strom. 4 Voc. CATB. (A♭).

J. L. **Kapeler**[1]). 594. *Lauda anima mea Dominum.* 2 Violin. Ten. Solo (G♭).
956. *Veni sancte Spiritus*, à 3. Ten. Solo 2 Violin. (G♭).
1020. Wie der Hirsch schreit nach. Ten. Solo. (F?).

J. H. **Kapsberger.** 109. *Ben può chi ruol*, à 2C. (G?).

Joh. Kasp. **Kerl.** 543. *Kyrie eleison*, à 7. 2 Violin. CCATB. (G).
876. *Sanctus*, à 7 ou 12. 2 Viol. CCATB con Cap. à 5. (G♭).

Gottfried **Keyser** [Keiser]. 8. Ach Gott warumb hastu mein vergessen: Wobey der Choral: Komt her zu mir spricht Gottes Sohn, à 10 ou 15. (F?).
10. Ach Herr laß mich Gnadt erlangen, à 8. ATB. Con 5 Strom. (A♭).
76. Aus der Tieffen ruffe ich Herr zu dir. V. 130. Ten. Solo con 2 Viol. d'Braz. 2 Viol d'Gamb. (E).
925. Verlaß mich nicht Herr mein Gott, à 10 ou 15. 5 Viol. 5 Voc. in Conc. CCATB. con Cap. à 5. (E♭).

J. Er. **Kindermann.** 918. *Turbabor, sed non perturbabor*, à 6. ATB. con 2 Violin. Es.

G. **Klein***). 552. *Kyrie eleison*, à 12 ou 18. 5 Viol. CCATTB. con Cap. à 6. (A).

J. **Knüpffer.** 846. Stehe auff meine Freundin, à 5. Ten. Solo con 4 Strom. 1 Violin. 3 Violen. (D♭).

Sebastian **Knüpffer.** 16. Ach Herr straff mich nicht, à 15 ou 20. 2 Violin. 2 Viol. 1 Fag. 2 Traversen, 2 Clarin. è Tamburin. 5 Voc. in Conc. CCATB. 5 in Rip. (C?).
17. Ach Herr straff mich nicht in deinem, V. 38, à 7. 3 Braz. CATB. (C?).
49. *Adeste exultemus Domino*, à 5. 3 Viol. Fag. è B. Solo (A♭).
146. Dancket dem Herrn. Es. 12, 1 ff. In Festo Johannis Baptistae, à 7 ou 14. CATB. 2 Violin. 1 Viol d'Gamb. Fag. 3 Viol. 4 Voc. in Rip. CATB. (D♭).
172. Der Herr ist mein Hirte, à 5. Baßo Solo con 4 Viol. (D).
259. Es haben mir die Hoffärtigen noch nie gefallen. Dom. 17, p. Trin., à 9 è 13 (D).
261. Es ist eine Stimme eines Predigers in der Wüsten. In Fest. Joh. Bapt. à 10 ou 14. 6 Strom. CATB. con cap. à 4. CATB. (D♭).
288. Evangelium am ersten Sontage nach Trinit. Vom reichen Man, à 11 ou 16. 6 Strom. CCATB. in Conc. 5 in Rip. (D).
311. Gegrüßet seistu Holdtselige. In Fest. Annunc. Mariae, à 10. C. è Ten. con 4 Viol. è 4 Voc. in Capell. (C♭).
323. Gott es ist mein rechter Ernst, V. 108, à 6 ou 10. 2 Viol. CATB. con Cap. à 4. (C♭).
357. Herr hilff unß wir verderben. Dominica 4, post Epiphan., à 9 ou 13, 4 Viol. Fag. CATB con Cap. à 4. (G).
367. Herr lehre mich thun nach deinem Wohlgefallen. In Fest. Pentecost., à 11 ou 16. 5 Viol. Fag. CATTB. con Cap. CATTB. (A).
377. Herr unser Herrscher, 4 Viol. Fag. Canto Solo (A♭).
382. Herr wer wirdt wohnen, à 9. CAB. 2 Cornett ou Violin. 4 Viol d'Gamb. (G).
446. Ich hebe meine Augen auff, V. 121, à 11 ou 15. CATB in Conc. CATB in Rip. 5 Viol. Fagotto con Continuo. (D).
488. Ist Gott für unß, à 7 ou 11. 3 Strom. CATB. con Cap. à 4. (A♭).
525. *Justus ut palma florebit*, Motetta. à 4. CATB. (G♭).
583. Lobet ihr Knechte des Herrn, V. 113, à 12 ou 18. CCATTB. 6 Strom. con Cap. à 6. D♭.
586. Leipziger Kehr-Michels Erster v. anderer Theil (F?).

---

[1]) Wahrscheinlich identisch mit dem von Eitner genannten H. C. Kapler und dem Frescobaldi-Schüler Kappeler.

647. *Magnificat*, à 6. C. ou Ten. Solo con 5 Strom. (F♮).
682. Nun dancket alle Gott, à 9 ou 13. 5 Viol. 4 Voc. in Conc. CATB. 4 voc. Capella CATB. (D♯).
791. *Quemadmodum desiderat cervus*, à 6. B. Solo con 5 Strom. (C♯).
944. *Victoria* die Fürsten sindt geschlagen. In Fest. Pasch. à 10, 13 è 18. (A♯).
1001. Wen seh' ich bey Jerusalem dort stehen. Dom. X. p. Trinit. à 9. 4 Strom. 4 voc. CATB. con Capell. (C?).
1009. Wer ist der so von Edom kömt, à 7. 4 Viol. CAB. (C?).
1022. Wie der Hirsch schreyet. In Fest. Purific. Mariae. Wobey zum Beschluß der Choral: Freu dich sehr ô meine Seele, à 6 ou 10. 2 Violin. CATB. in Conc. 4 Voc. in Rip. (A♯).
228. *Domine tibi sancti & humiles* à 8 è 14. (D♮).

J. Kortkamp. 826. Selig ist der Mann der die Anfechtung erduldet, à 10 ou 14. 4 Viol. Fag. CATB. Violon & con Cap. (D).

Christ. Kreichel. 364. Herr kehre dich doch wieder, à 6. 2 Violin. Fag. ATB. (G?).

Adam. Krieger. 164. Der Heilandt erstehet. Aria auff Ostern, à 8. CC. è 6 Viol. (G).

G. F. Krieger*). 460. Ich verlaße mich auff Gottes Güthe, à 5. 2 Violin. CAB. (D♮).

Joh. Krieger. 53. Also hat Gott die Welt geliebet, à 10 ou 14. 6 Strom. 4 Voc. in Conc. 4 in Rip. (A♯).
158. Der Drache bläset Lermen. Aria auff Michaël. à 4. Baßo Solo con 3 Trombetti è Tymp. (C♯).
163. Der Heilandt hat gesiegt. Aria auff Ostern, à 2 Tromb. è Fag. C. Solo (C).
213. Du krönst das Jahr. Auff ein Erndtefest, à 4. Cant. Solo, 2 Violin. è Fag. (G♯).
232. *Dominus illuminatio mea*, à 2. Baßo Solo è Violin Solo. (A).
318. Gleichwie der Hirsch schreiet, à 4. T. Solo con 2 Violini & Fag. (G?).
536. Kommet ihr entlegenen Heiden. Aria in Fest. Epiphanias, à 6. 2 Violin. 3 Tromb. C ou Ten. Solo (F?).
582. Lobet ihr Knechte des Herrn, Ψ. 113, à 13. 5 Strom. 8 Voc. (D♯).
1031. Wie lieblich sind deine Wohnungen, à 9 ou 16. 4 Viol. Fag. CATB. in Conc. CATB. in Rip. (A).
766. Gott giebet seinen Seegen auff unser trocknes Landt. Aria auff Pfingsten. C. Solo. 3 Flaut. (A).
1099. Ihr Hirten verlaßet die finstere Weide. Aria auff Weihnachten, à 4. C. Solo con 2 Hautbois è Fag. (C♯).
1100. Jesus komt zum neuen Jahre. Aria, à 4. C. Solo con Viol. è Fag. (A♯).

Joh. Phil. Krieger. 167. Der Herr ist mein Licht v. mein Heil, Ψ. 27, à 5. 2 Violin. Fag. C è B. (C).
179. Der Herr hat seinen Stuhl im Himmel bereitet, à 2. B. Solo con Violino solo. (D♯).
202. Die so ihr den Herrn fürchtet, à 2. Viol d'Gamb. è Ten. Solo (D♯).
283. *Exulta, jubila*, à 4. C è B. con 2 Violin. (G♯).
513. *In te Domine speravi*. à 4. 2 Violin. Fag. Ten. Solo (D?).
524. *Justus quamvis praematura morte obieril*, à 9 ou 14. 4 Strom. 5 Voc. CCATB. con Capell. (E♯).
546. *Kyrie eleison*, à 10. 5 Strom. CCATB. (F?).
567. Lobe den Herrn meine Seele, à 3. 1 Violino, 1 Viol d'Gamb. Alto Solo (C♯).
589. *Laetare anima mea*, à 2. Violino Solo con Ten. Solo (G♯).
603. *Laudate Dominum omnes gentes*, à 9 ou 13. 4 Viol. Fag. CATB in Conc. CATB in Rip. (G?).
845. Starck wie der Todt ist die Liebe, à 2. B. Solo con Violino Solo (G?).
888. *Surgite cum gaudio*, à 3. Violin. Viol d'Gamb. C Solo. (G♯).
990. Was trotzestu mich mein Glück. à 3. 2 Violin. Ten. Solo. (E♮).

1006. Wer Gott nicht kindlich traut. Dom. 15 p. Trin. à 11. 2 Viol. Fag. CATB in Conc. CATB in Rip. (A♭).
1050. Wohl dem der den Herrn fürchtet, à 3. 2 Violin. Ten. Solo. :E♭.
Krüger [?]. 797. *Quis me territat? quis furit*, à 6. CAB. 2 Violin. Fag. ;D♭.
Alb. **Lasari**. 86. *Ave virgo Maria*, in Dialogo à 6. CC in Conc. con Cap. à 4. ;G ♭.
Fr. **Lilio**. 106. *Benedicite Gentes*. Motett. à 8 (G♭.
658. *Magnificat*, à 18. 8 Strom. CCATB. con Rip. à 5 (C?).
966. *Victimae paschali laudes immolant Christiani*, Motett. à 10 (D).
Matthias Apelles v. Löwenstern. 920. *Turbabantur impii*, à 3. ATB con 2 Violin. ;C?).
1007. Wer Gott zu preisen, à 6. (F?).
Vincent Lübeck. 175. Der Herr ist mein Hirte, à 2. B. è Violin. Solo. ;B .
Albericus Mazak°;. 794. *Qui gloriatur, in Domino glorietur*. Violin. è T. G?.
J. M. Mantel [Mandl]. 915. *Transfige dulcissime Jesu*, à 3. C. 2 Violin. (G♭.
916. *Transfige o dulciß. mi Jesu*, à 7. C. ou T. Solo con 2 Viol. è 4 Tromb. (A♭.
Targ. Merula. 224. *Dixit Dominus*. 2 Violin. CCATB con Cap. à 4 (F?).
495. *Jesu dulcis memoria*. C solo con 3 Strom. ;G ♭.
554. *Kyrie eleison*, à 7 ou 11. 2 Violin. CCATB con Cap. à 5 ;G.
Martin Mielesewski. 105. *Benedicam Dominum in omni tempore*. Motetto à 20 (A ♭
136. *Confitemini Domino*. Motetto à 8 Voc. ;G♭.
334. *Gaudeamus omnes*, à 4. B. solo con 2 Violin. è Fag. (C).
665. *Maria Magdalena & altera Maria*. B. solo con 3 strom. (G♭.
701. *Nobis est natus hodie de pura virgine Rex Victoriae*. Aria à 6 è 12 con Symphoniis (F?).
1072. *Cantabo Domino in vita mea*, à 12 ou 16. ;G♭.
Möller [?]. 879. *Si Deus pro nobis, qui contra nos?* [Molitor], à 3. B. Solo con 2 Violin. (D♭.
1028. Wie lieblich sindt auff den Bergen die Füße der Bohten, à 10 ou 15. 4 Viol. Fag. CCATB. con Cap. à 5. (A♭.
Cl. **Monteverdi**. 133. *Confitebor tibi Domine*, à 6. Canto Solo con 5 Violin. ;C♭ .
696. *Nisi Dominus aedificaverit domum*, V. 127, à 6 ou 12. 6 Voc. in Conc. CCATTB. con Cap. à 6. ;C♭.
787. *Quam bonus es Pater*. Dialogus à 3. ATB. (D).
862. *Salve mi Jesu*, à 2 T. (D).
1027. Wie ein Rubin in feinen Golde leuchtet, à 4. CCAT (E).
Peter Morhardt. 36. Ach Herr, wen ich nur dich habe, à 5. 2 Violin. ATB (C?.♭
206. Drey sindt die da zeugen, à 5. 2 Violin. CCB. (B).
411. Jauchzet Gott alle Landt, V. 66, à 12, 18 ou 20. 6 Viol. CCATTB. 6 Voc. in Capell. 2 Trompett. ;(C).
505. *In dulci Jubilo*, à 18. 5 Viol. 2 Trombett. Tymp. 5 in Conc. 5 in Cap. ;C.
602. *Laudate Dominum omnes gentes*. B. Solo con 5 Strom. (C♭).
631. Meine Seel erhebt den Herrn, à 6. B. solo con 5 Viol. ;D♭.
635. Mein Freundt komme in seinen Garten. Dialogus, à 7. 5 Viol. C. è B.
842. Singet dem Herrn v. lobet seinen Nahmen. Auff Ostern, à 10, 12 ou 17. 5 Viol. 2 Clarin. CCATB. Voc. in Cap. ;C♭.
899. Thut Buße v. laße sich ein ieglicher tauffen, à 6. 2 Violin. CCTB 'D♭.
1015. Wer unter dem Schirm des Höchsten sitzt, à 10 ou 15. (A♭.
1052. Wohl dem der den Herrn fürchtet, à 9 ou 13. 5 Violen. 4 Voc. CATB con Cap. à 4. ;B.)

Wolfg. Mich. **Mylius**. 189. Die auff den Herrn hoffen, V. 125, à 10 ou 15. 5 Strom. CCATB. con Cap. ;D).

201. Die so ihr den Herren fürchtet, à 9. 4 Viol. 1 Fag. CATB. (A).
330. Gott sende dein Licht, ᵾ. 43. In Fest. trium Regum, à 10 ou 14. 5 Viol. Fag. CATB. in Conc. 4 Voc. in Rip. (A).
360. Herr ich habe lieb die Stätte deines Hauses. Dom. 1. p. Epiphan., à 11 ou 16. 6 Strom. CCATB in Conc. 5 Voc. in Rip. (A).
517. *Invoco te Deus meus.* 5 Strom. ATB. (E♭).
537. Kündlich groß ist das gottseelige Geheimniß, à 8 ou 13. 5 Strom. ATB. con Cap. à 5. CCATB (D♭).
713. O Jesu süß wer dein gedenckt, à 7 ou 11. 2 Violin, 1 Trombon. 4 Voc. in Conc. CATB. con Cap. à 4. (D♭).
786. *Quae fata spesce fingo,* à 8. 6 Strom. C. è B. (G?).

Joh. **Neubaur** [Neubauer]. 268. Es ist nichts liebers auff Erden. CB con 2 Violin. (D?).
359. Herr ich bin nicht wehrt, daß du unter mein Dach gehest. Dom. 3. p. Epiph. à 7. 2 Violin. 3 Tromb. TT. (D?. [J. Niebur!]
409. Jauchzet dem Herrn alle Welt, à 8. (C).

Joh. Mich. **Nicolai**. 593. *Lauda anima mea Dominum,* à 2. Viol d'Gamb. & Ten. Solo (D).
706. O du Lamb Gottes, daß der Welt Sünde trägt. Tempore Passionis Christi, à 10. CCATB con 5 Viol. con Cap. à 5. (B).
779. *Paratum cor meum,* à 2 B. Solo con Viol d'Gamb. ou Tromb. (A♭)

G. **Nub.** 669. *Missus est Gabriel Angelus,* à 6 (D).

Georg **Österreich.** 57. Aller Augen warten auff dich Herr. Aria, à 9. 4 Strom Fag. CATB (C♭).
214. Du Tochter Zion freue dich, à 9 ou 13. 4 Viol. Fag. CATB. con Cap. (B).
834. Sie ist fest gegründet auf den, à 10, 15 &c. 4 Viol. Fagotto. 5 Voc. in Conc. CCATB. ò Contin. (G?).

J. **Pachelbel.** 356. Herr hebe an zu segnen. 5 Viol. Fag. CCATB. (G♯).
1002. Wenn wir in höchsten Nöhten seyn, à 10. 4 Viol. CATB. (G♯).

Barth **Pekel** [Pekiel]. 84. *Audite mortales, audite peccatores,* à 9. 3 Strom. CCAATB. (F?).
122. *Canite bene, sumite ᵾalmum,* à 6. CCC. 2 Violin. è Fag. (G♯).

Gioseffo **Peranda** ‚Perandi‚. 48. *Ad Cantus ad sonos venite gaudentes,* à 7. CCT. 4 strom. (A♭).
137. *Cor meum hic sit, ubi Jesus est vita mea,* à 6. 2 Violin. Fag. CCB (G?).
144. *Cantemus Domino,* à 3C (G♯).
161. Der Gott Abraham, à 10 ou 15. 4 Strom. Fag. CCATB in Conc. 5 in Rip. (D).
308. *Florete fragrantibus liliis,* à 6. 2 Violin. 1 Viol d'Gamb. ò Bombardo. CCT. (G♯).
309. *Fremite ad arma currite,* à 15 ou 20. 4 Viol. Fag. 2 Corn. 3 Tromb. CCATB. in Conc. CCATB. in Ripieno (A).
547. *Kyrie eleison.* 4 Viol. Fag. 2 Corn. 3 Tromb. CCATB. in Conc. con Cap. à 5 (A).
548. *Kyrie eleison,* à 20. 4 Viol. Fag. 2 Corn. 3 Tromb. CCATB. in Conc. con Cap. à 5 (G?).
591. *Languet cor meum,* à 6. 2 Violin. 1 Fag. CAT. (A).
656. *Magnificat,* à 25. 4 Viol. Fag. 2 Cornett. 3 Tromb. CCATB. del choro 1mo. CCATB. del Choro 2do. CCATB. in Rip. (G♯).
668. *Miserere mei Deus,* à 15, 20 ou 24 (D♭).
712. O Jesu mein Licht, o Jesu mein Leben, à 3. 2 Violin. T. Solo (A).
722. *O ardor, o flamma,* à 4. 2 Violin. CB. (D).
783. *Per rigidos montes, per frigidos fontes,* à 4. 2 Violin. Fag. A. solo (E♭).
802. *Quo tendimus mortales.* CCB. (E).
895. *Sursum: Deorsum. Symbolum Sereniss. Elect. Saxon. J. G. II,* à 6. 3 Violin. CCC. (B).

908. *Te solum aestuat, ralde, desiderat anima mea.* à 6. 2 Violin. 1 Fag. CCB. (A).
927. Verleih unß Frieden gnädiglich, à 6. CCB. 2 Violin. Fag. (A).

Joh. **Pecelius** [Petzel]. 839. Singet dem Herrn ein neues Liedt, à 12 ou 17. 2 Clarin. 2 Trombon. 2 Violin. Fag. Tambur. CCATB. con Cap. à 5. (C♯).

Augustin **Pfleger**. 120. *Cantemus Domino, gloriose enim magnificatus est.* Solâ voce à 4 CATB. (G♯).
249. Es wirdt das Scepter von Juda nicht, à 9. 4 Viol. CCATTB. (A).
271. *Ecce Domine mensurabiles posuisti dies meos*, à 3. A. Sol. con 2 Viol. (C?).
276. *Eheu mortalis, quot pro te malis.* Dialogus à 4. 4 Strom. CCTB. (C?).
304. Fürwahr er trug unsere Kranckheit, à 6. 3 Violin. CCB. (C?).
394. Hilff Herr Jesu laß gelingen, Hilff das Neue Jahr geth an. In Fest. Circumcis. à 8. 4 Violen. CCTB. in Conc. CCTB. in Rip. (E).
439. Ich habe die Schlüssel der Höllen v. des Todes. Auff Ostern, à 10 ou 16. 4 Viol. Fag. 2 Corn. 2 Clarin. CTTB. con Cap. CTTB. (C♯).
459. Ich suchte des Nachts. Dom. 21. p. Trinit., à 9 ou 14. (E♭).
615. Mache dich auff werde Licht, denn dein Licht kömt. In Fest. trium Regum. à 6. 2 Violin. 4 Voc. CCTB. con Cap. (C♯).
684. Nun gehe ich hin. In Fest. Ascensi. Christi, à 7. 2 Viol. CCTTB. (F?).
757. *Paschat. Feria* 1ma: Triumph, jubiliret, frolocket v. preiset, à 10. 4 Viol. CCCTTB. in Conc. con Cap. à 5. (C♯).
758. *Paschat. Feria* 2da: Mercket wie der Herr unß liebet der erstanden ist vom Todt, à 7. 3 Viol. CTTB. (A).
759. *Paschat. Feria* 3tia: O Freude v. dennoch leidt, à 8. 4 Viol. CTTB. in Conc. con Cap. à 5. (G♯).
762. *Pentecostes Feria* 1ma: Heute kan man recht verstehen Christi Liebes Raht v. That, à 8. 4 Viol. Fag. CCTB. (C♯).
763. *Feria* 2da: Also hat Gott die Welt geliebet, à 7. 2 Violin. Fagotto. CCTB. (A).
764. *Feria* 3tia: Warlich ich sage euch, wer nicht zur Thür eingehet, à 8. 4 Viol. Fagotto. CCTB. (C♯).
776. *Passio sive: Septem verba Christi in cruce pendentis*, à 7. 2 Viol. d'Brazzio. CCTTB. con Capell. (C?).
909. *Tibi soli peccavi*, à 4. C. ou Ten. Solo. 2 Viol. 1 Fagott. (C?).
1011. Wer ist wie der Herr unser Gott. In Fest. Michaël. à 8. 3 Viol. Fag. CCTB. (C♯).
1095. Gott bauet selbst sein Himmelreich. Dom. 5 post. Epiphan., à 5. 2 Violin. CCB. (A).

David **Pohle**. 37. Acht Tag sindt verfloßen, daß du mein Heilandt Jesu Christ, ein Mensch gebohren bist. In Festo Circumcisionis, à 9 ou 14. (D).
93. Befiehl dem Herrn deine Wege, à 6 ou 11. 2 Violin. 1 Trombon. Viol d'Gamb. ATB con 5 Voc. in Rip. CCATB. (D).
159. Der Engel des Herren lagert sich, à 8. Cornettino, Violino, Tromb. Fagotto CATB. (C♯).
295. Freuet euch des Herrn ihr Gerechten, ♈. 33, à 6, 10, 13 ou 17. 5 Viol. 3 Tromb. 1 Fagotto. CATB con Cap. à 4. CATB (D♭).
329. Gott sey unß gnädig v. segne unß, ♈. 67. 2 Violin. 2 Viol. Fag. 2 Corn. 3 Tromb. CCATB. Chori primi. 5 Voc. Chori 2di. 5 Voc. Chori 3tij. (G♯).
428. Ich freue mich im Herrn, à 6. 2 Violin. 1 Tromb. CCB. (G).
471. Ich will singen von der Gnade des Herrn ewiglich. Dom. 4. p. Epiphan. à 6. 2 Violin. Fag. ATB. (C).
487. Ihr Völcker bringet her, à 6. CAB. con 2 Violin è Fagotto. (G♯).
576. Lobet den Herren in seinem Heiligthumb, ♈. 150, à 16 ou 20. (C♯).
693. Nur in meines Jesus Wunden. Tempore Paßionis Christi, à 12. 6 Viol. CCATTB. con Cap. à 6. CCATTB. (A).

Franc. della **Porta**. 720. *O anima redemta Jesu sanguine*, à 2C è B. (G?).
723. *O bone Jesu*, à 5. CCATB. (E).

735. *O dulcissime Jesu.* ATB. (C♪).
897. *Suspiro ad te Domine.* CCT. (D).
Steph. **Posini***). 606. *Laudate Dominum omnis terra.* CATTB. (G♪).
C. A. **Schultse** [Prätorius]. 2. Ach daß die Hülffe aus Zion. Dom. 1. Adventus, à 15 ou 19. 4 Viol. Fag. 5 Voc. in Conc. 2 Corn. 3 Tromb. con Cap. (C♪).
151. Das ist meine Freude, daß ich mich, ℣. 73, 28, à 9. 5 Strom. Fag. ATB. con Continuo (D♭♪).
373. Herr nun läßestu deinen Diener. 1 Violin. 2 Viol d'Braz. Fag. B. Solo. Wobey der Choral: Mit Friedt v. freudt ich fahr dahin. (C♪).
569. Lobe den Herrn meine Seele, à 4. 2 Violin. C è Baßo (A♪).
650. *Magnificat,* à 5. 2 Violin. 1 Violon. C è Baßo. (B).
680. Nun dancket alle Gott, à 10 ou 15. 2 Violini. 2 Viol. d'Braz. Fag. CCATB. in Conc. CCATB in Rip. (A♪).
836. Simon Johanna hastu mich lieb. Joh. 21, à 10 ou 17. 5 Strom. 1 Violone. CATB &c. (E♭).
867. *Sanguis Jesu Christi,* à 5. 2 Violin. 1 Tromb. C è A. (A).
1025. Wie der Hirsch schreiet. Wobey der Chorall: Auff meinen lieben Gott, à 6. B. Solo con 4 Viol. Fag. (G♪).

P. **Prevost.** 398. *Homo quidam fecit coenam magnam,* à 4. B. solo con 2 Viol. Fag. (G).

Fra [Sisto] **Reina.** 101. *Beatus vir qui timet.* Motetto à 8. (D).
132. *Confitebor tibi Domine,* à 8. (G♪).
225. *Dixit Dominus.* Motetto, à 8. (A).
661. *Magnificat,* à 8. (G♪).

[R. S.] **Roist.** 737. *O fons vitae,* à 7 ou 10. 5 Viol. CCATB. (C♪).
788. *Quemadmodum desiderat cervus,* ℣. 42. 6 Strom. CC. (D♪).

Joh. **Rosenmüller.** 1. Ach daß die Hülffe aus Zion. Dominica 1 Adventus, à 10 ou 14. (C♪).
14. Ach Herr, es ist nichts gesundes an meinem Leibe. Wobey der Choral: Ein Artzt ist unß gegeben, à 10 ou 14. 5 Strom. CATB. con Cap. à 4. (E).
18. Ach Herr straff mich nicht, ℣. 38, à 6. 5 Viol. C ou T. Solo. (E).
19. Ach Herr straff mich nicht, à 4. 3 Viol. A. Solo. (E).
51. Also hat Gott die Welt geliebet, à 7. CCATB. 2 Violin (C♪).
52. Also hat Gott die Welt geliebet, à 10 ou 15. 5 Strom. 5 Voc. in Conc. 5 in Rip. (C♪).
54. Alß der Tag der Pfingsten erfüllet war. In Festo Pentecost. à 18 è 23 (C♪).
58. Alß Jesus von dannen ausging. Dialogus in Evang. Dom. Reminiscere, à 11. (F♪).
60. *Alleluja:* Lobet ihr Himmel den Herrn, à 16. (C♪).
73. *Anima Christi sanctifica me,* à 6. 2 Violin. 2 Viol. Fag. con B. Solo (D♪).
80. Auff ihr Völcker lobet Gott. Aria, à 7. 5 Viol. CC. (C♪).
92. Barmhertzig v. gnüdig ist der Herr, ℣. 103, à 14. 2 Violin. 3 Tromb. ou Viol. CCTB. con Cap. à 5, CCATB. (E).
115. Christum lieb haben ist viel, à 5. 2 Viol. ATB. (G♪).
117. Christus ist mein Leben, à 10. 5 Viol. 5 Voc. (B).
118. Christus Jesus ist aufferstanden. In Fest. Paschatos. à 18 ou 26. (D).
119. Christ lag in Todes Banden, à 8. (D).
123. *Christum ducem qui per crucem,* à 3. A Solo con 2 Violin. (D).
153. Das ist ie gewißlich wahr, à 6. B. Solo con. 5 Viol. (B).
168. Der Herr ist König v. herlich geschmücket, ℣. 93, à 12 ou 17. 5 Strom. 2 Clarin. 5 Voc. in Conc. CCATB. con 5 in Rip. (C).
180. Der Herr hat seinen Stuhl im Himmel bereitet, à 10 è 15. 5 Strom. 5 Voc. in Conc. (D♭♪).
192. Die Güthe des Herren ist, daß wir, à 3. A Solo con 2 Violin. (C♪).
240. Elisabeth kam ihre zeit an. In Fest. Joh. Bapt. à 8. 4 Strom. 4 Voc. (F♪).

243. Er hat alles wohlgemacht. Dom. 12. p. Trin., à 7. 4 Strom. CTB. (B).
252. Es erhube sich ein Streit im Himmel, à 9. 5 Strom. TTBB. (C).
257. Es erhube sich ein Streit, à 9 ou 13. 2 Corn. 2 Tromb. Fag. CATB. Conc. con Cap. à 4. (C).
285. *Exurge gloria mea*, à 6. 5 Strom. C, ou Ten. Solo. (D♮).
298. Frolocket mit Henden alle Völcker, Ψ. 47. In Fest. Ascens. Chri. à 7, 10 ou 15. 5 Viol. 5 Voc. 5 in Cap. (C♮).
299. Frolocket mit Henden alle Völcker, à 6. 5 Strom. C. ou T. Solo (D♮).
301. Fürchte dich nicht ich habe dich erlöst. Esaia 43, à 15. 5 Viol. CCATB con Cap. à 5. (B).
310. Gedencke Herr an deine Barmhertzigkeit, à 13. TTB. 5 Viol. con Cap. à 5. (A).
331. Große Freude die allem Volck wiederfahren wirdt. In Fest. Nat. Chri., à 24. (B).
335. *Gloria in excelsis Deo*, à 14 è 21. 8 Strom. CCATTB. 6 voc. in Rip. (B).
336. Habe deine Lust an dem Herrn. C. ou Ten. Solo con 5 Strom. (B).
363. Herr Jesu Christ, Bleibe bey unß den es will Abendt werden. Auff Ostern. à 17. 7 Strom. 5 Voc. CCATB con Cap. à 5 (B).
369. Herr mein Gott wende dich, à 11. CATB. 2 Violin. con Cap. à 5 (G).
371. Herr nun läßestu deinen Diener. In Fest. Purif. Mariae, à 9. (E♮).
379. Herr wenn ich nur dich habe, à 6. C ou Ten. Solo con 5 Strom. (F?).
381. Herr wer wirdt wohnen, Ψ. 15. Dom. 9 post. Trin., 2 Violin. CCATB (B).
393. Hilff Herr die Heiligen haben abgenommen, à 13 ou 18. (G?).
405. Jauchzet dem Herrn alle Welt, den uns ist ein Kindt gebohren, à 7. 5 Strom. CC. (C).
406. Jauchzet dem Herrn alle Welt, à 6. 2 Viol. Fag. ATB. (A).
408. Jauchzet dem Herrn alle Welt, à 17. (C).
410. Jauchzet dem Herrn alle Welt, à 22. (C).
417. Ich bin ein guter Hirte. Dom. Misericord. Dom. à 10 ou 15. (D).
423. Ich dancke dir von gantzem Hertzen, Ψ. 138, à 20. 10 Strom. 10 Voc. (G).
430. Ich freue mich im Herrn, à 9. 5 Strom. CATB. (D♮).
435. Ich freue mich in dir v. heiße dich willkommen. In Festv. Nativ. Chri. à 10 15 ou 20. (G?).
440. Ich hab mein Tag Kein guts gethan. Madrigal, à 6. CATB. 2 Violin. (G).
457. Ich suchte des Nachts, à 22, per 2 Choros. (B).
458. Ich suchte des Nachts, à 6. 5 Viol. Canto Solo. (F?).
464. Ich weiß daß mein Erlöser lebt, à 6. 4 Viol. Fag. con B. Solo (A).
469. Ich will mich mit dir verloben, à 9. 5 Strom. CCTB (C?).
470. Ich will sie erlösen aus der Höllen. In Fest Pasch. à 16 ou 25 (C).
472. Ich will zum Myrrhenberge gehen v. zum Weyrauch Hügel. In den Fasten, à 10 ou 15. 5 Viol. ou Viol d'Gamb. 5 Voc. CCATB. con Cap. CCATB. (C?).
474. Jesu du Sohn David erbarme dich mein. Dom. Esto Mihi, à 8 ou 12. 4 Viol. CATB. in Conc. con Cap. à 4 (A).
489. Ist Gott für unß, à 6. 5 Viol. C. Solo (C).
·506. *In dulci jubilo*, à 23. 4 Viol. Fag. 2 Corn. 3 Trombon. 2 Clarin. Tymp. CCATB. in Conc. CCATB. in Rip. (C).
514. *In te Domine speravi*, à 6. ATB. con 3 Strom. (D).
515. *In te Domine speravi*, à 3. 2 Violin, C ou Ten. Solo (E♮).
527. Kom heiliger Geist. In Fest. Pentecostes. (NB. mit unterschiedtlichen Sprachen) à 44 ou 48. (B).
528. Kom heiliger Geist, à 21, (F?).
534. Komt herzu last unß, Ψ. 95, à 8 per Choros (C♮).
535. Komt her zu mir alle, à 10 ou 15. 5 Viol. CCATB. con Cap. à 5 (B).
550. *Kyrie eleison*, à 12. 4 Conc. 4 Viol. 4 Capell. (D).
572. Lobet den Herrn alle Heiden, Ψ. 117, à 7 ou 12. 2 Violin. 5 Voc. in Conc. CCATB. con Cap. à 5. (D♮).
573. Lobet den Herrn alle Heiden, à 10 ou 15. 5 Viol. CCATB. con Capella (C♮).
580. Lobet ihr Himmel den Herrn, Ψ. 148, à 8 per Choros con Cap. à 5 (C♮).

621. Man wirdt zu Zion sagen. In Fest. Pentecost. à 8. 4 Viol. CATB. con Cap. à 4. (C♯).
628. Meine Seel erhebt den Herrn, à 9 ou 13. 5 Strom. CATB. con Cap. (D).
644. *Magnificat anima mea Dominum.* B. Solo con 5 Strom. (F?).
667. *Miserere mei Deus*, à 5 ou 9. 2 Violin. 3 Voc. ATB. con 4 in Rip. (E♭).
685. Nun giebestu Gott einen gnädigen Reegen, à 16 ou 30. (B).
689. Nun leßestu deinen Diener in Friede fahren. In Fest. Purific. Mariae. à 9 ou 13. 5 Strom. CATB. con Cap. à 4. (D?).
695. *Nihil novi sub Sole*, à 20. 5 Viol. 2 Corn. 3 Tromb. CCATB. in Conc. 5 Voc. in Rip. (B).
790. *Nisi Dominus aedificaverit domum.* 5 Viol. CATB. in Conc. con Cap. à 4. CATB. (A♭).
767. Preiße Jerusalem den Herrn, Ψ. 147, à 22. (C♯).
791. *Quem vidistis Pastores*, à 25. CCATTB. 2 Corn. 5 Viol. 5 Tromb. con Cap. à 5. (G♯).
837. Singet dem Herrn alle Welt, à 8. 4 Viol. 1 Violon. ATB (C♯).
838. Singet dem Herrn ein neues Liedt, à 26. 2 Clarin. 5 Viol. 5 Tromb. CCATTB. con Cap. à 6. (C♯).
850. Stehe auff meine Freundin, à 15 ou 20. (G?).
856. Stürmet all' ihr Winde, stürmet, à 6. 2 Violin. 2 Tromb. 1 Violon con Baßo Solo (C♯).
919. *Turbabor sed non perturbabor*, à 5 (F?).
923. Verflucht sey der nicht alle Wort, à 30. 10 Strom. 12 Voc. in Conc. 5 Voc. in Rip. 1 Baß. pro Clavicymb. 1 Baß. pro Testudine con Cont. (B).
934. Unsere Trübsahl die zeitlich v. leicht ist, à 9 ou 13. 5 Strom. 4 Voc. CATB. con Cap. à 4 (A).
972. *Ut re mi fa sol la, das kan ein Hoffmann singen*, à 6. 2 Viol. CATB. (C).
973. *Vulnera Jesu Christi*, à 3. 2 Violin. C. ou Ten. Solo (E).
975. Wach auff meine Ehre.
977. Warlich ich sage euch, so ihr den Vater etwas. Dom. 5 nach Ostern, à 7. 2 Violin 1 Violon. CCTB. (A).
989. Was stehet ihr hier müßig. Evang. Dom. Septuages., à 9 ou 13. 5 Viol. CATB. con Cap. à 4. CATB (C♯).
991. Was werden wir essen. Dom. 15. p. Trinit., à 8. 3 Viol. CATB. (D).
1021. Wie der Hirsch schreiet nach, à 6 Viol. con Canto ou Ten. Solo (C?).
1029. Wie lieblich sindt deine Wohnungen Herr Zebaoth, à 10, 15 ou 20. 5 Viol. 2 Corn. 3 Trombon. 5 Voc. in Conc. CCTTB. con Cap. (C?).
1037. Wirdt denn der Herr ewiglich verstoßen. Dom. 10. p. Trin. à 9, (C♯).
1038. Wirdt denn der Herr ewiglich verstoßen, à 8. 4 Viol. CATB (C♯).
1060. Wohl dem der sich des Dürfftigen annimmt, à 16. 2 Violin. 1 Violono 3 Tromb. CCATB. con Cap. à 5 (C♯).
1094. Er hat alles wohlgemacht, à 7. 4 Strom. CTB. (B).

[Martin?] **Roth.** 1035. Willkommen Jesu du süßes Seelen brodt. Madrigal sub Communione, à 7. CTB con 4 Violen. (B).

Gio. B. **Rovetta.** 421. Ich dancke dem Herrn von gantzem Hertzen, à 4. C ou T Solo 2 Violin è Tromb. (C).
507. *In te Domine sperari*, à 2. 2 Viol. Fag. TTB. (A).
860. *Salve Rex Christe.* 2 Voc. T. è B. (A).

Joh. Mart. **Rubert.** 246. Erwegt bey dunckler Nacht der treuen Liebe macht. Aria, à 4. 2 Violin. AA. (D♯).
691. Nun will ich sagen frey. Aria, à 5. 2 Violin CTB. (A).
704. O Christe setz dein bittern Todt, à 3. ATB. con Continuo. E♭.
994. Weil sich der Winter noch immer einstellet, à 4. 2 Viol. T. T. (G?).
1065. Zwar hönisch können lachen die Jungfern, à 5. 2 Violin. 3 Voc. CCB. (C♯).

[Gal.] **Sabbatini.** 493. *Jesu Domine, Jesu pie.* C è B. (G♮).
C. A. **Sag** [? Sagittarius]. 2. Ach daß die Hülffe aus Zion, à 15 ou 19. 4 Viol. Fag.
  5 Voc. in Conc. 2 Corn. 3 Tromb. con Cap. (C♮).
[Erasm.] **Sartorius.** 220. *Dies irae, Dies illa*, à 9. 4 Strom. Fag. CATB. con Cap.
  (D?).
  796. *Quis dabit mihi pennas*, à 4. 2 Violin. Fag. Sopran. ou Ten. Solo (C?).
Fel. **Sauces***). 670. *Mulier quid ploras?* à 5 ou 9. CB. 2 Violin. è Fag. (A).
Marco **Scacchi.** 127. *Clamari in toto corde.* 8 Voc. (A).
  287. *Euge serre bone & fidelis*, à 5. ATB. con 2 Violin. (D).
  743. *O jucunda dies*, à 11. Motetto divis. in 3 Chor. (G♮).
  747. *Omnes gentes plaudite*, à 3. CTB. (A).
  890. *Surrexit Christus hodie.* CCATB con Cap. à 5. (C♮).
  893. *Surexit Pastor bonus.* ATB. (G♮).
  898. *Sustinuimus pacem*, à 4. CATB (A).
  910. *Timete Dominum.* 2 Violin. 6 Voc. (G?).
  914. *Tota pulcra es amica mea.* CC è B. concertato (F?).
Rayner de **Scarsellis** [Scarselli]. 790. *Quemadmodum desiderat cervus*, à 3. ATB (C♮.
J. H. **Schein.** 688. Nun ist das Heil, à 5 è 9, con Capell. cplicata. (C♮).
  761. Die Aufferstehung Christi. Concert in Fest. Pentecostes, à 6. CCCATB con
    Cap. à 6. (G?).
Joh. **Schelle.** 69. An den Waßern zu Babel saßen wir v. weineten, Ψ. 137. Dca X.
  p. Trin. à 15 ou 20. 4 Viol. Fag. 2 Corn. 3 Tromb. CCATB con Cap. (E).
  150. Das ist meine Freude, Ψ 73, 28, à 4. 2 Violin. Fag. Canto solo (A♮).
  183. Der Herr hat seinen Engeln befohlen über dir. Ψ. 91, à 18 ou 23. 4 Viol
    Fag. 2 Corn. 3 Tromb. 2 Clarin. Tymp. CCATB Conc. 5 in Rip. (C).
  193. Die Liebe Gottes ist ausgegoßen. In Fest. Pentec., à 10 ou 16. 5 Viol. Fag.
    CATTB. (E♮).
  200. Dieß ist der Tag den der Herr gemacht hat. Auff Pfingsten, à 12 ou 16. 2 Clarin.
    Tymp. 4 Viol. Fag. CATB. 4 in Rip. (C).
  245. Erkenne deine Mißethat. Dom. X. p. Trin. à 12. 6 Viol. CCCCCC. (C?).
  313. Gehet herauß v. schauet ihr Tochter Zion. In der Fasten, à 10 ou 15. 5 Strom.
    CCATB. in Conc. 5 Voc. in Rip. (C?).
  317. Gelobet sey der Herr den er hat erhöret die Stimme, à 8 ou 12. 1 Violino
    4 Viol d'Gamb. CCB con Cap. CATTB. (G?).
  422. Ich dancke dir Gott. Dom. 11. p. Trin., à 15. 4 Strom. Fag. 2 Cornett. 4 Tromb.
    CATB. in Conc. 4 Voc. CATB. in Rip. (E♮).
  445. Ich hebe meine Augen auff, à 6. 5 Strom. Canto Solo. (D?).
  448. Ich hielte mich nicht dafür. In den Fasten, à 8. 4 Baß. 4 Tromb. (D♮).
  563. Lobe den Herrn meine Seele, à 26. 5 Viol. 2 Corn. 3 Tromb. 4 Clarin. Tymp.
    CCATB. in Conc. CCATB. in Rip. (C).
  581. Lobet ihr Knechte des Herrn, Ψ. 113. In Festo Joh. Bapt., à 6. 4 Viol. 1 Fag.
    C. Solo (G♮).
  938. Unß ist ein Kindt gebohren, à 23. 4 Viol. Fag. 2 Cornett. 3 Tromb. 2 Clarin.
    Tymp. CCATB. in Conc. con in 5 Rip. (C♮).
Melchior **Schildt.** 35. Ach mein Hertzliebes Jesulein, à 4. 3 Strom. C. Solo. (F?).
  89. Ach Herr straff mich nicht. C Solo con B. continuo Simpl. (G?).
  90. *Adoro te Jesu mi.* C. ou Ten. (D).
  395. Hosianna machet die Tore weit. Auff Advent, à 6. 3 Strom. CCT. (G?).
  490. Joseph lieber Joseph mein, CATB con Strom. (F?).
  529. Kom Heiliger Geist, à 5. CCATB. con capell. à 5. CCATB (F?).
  578. Lobet den Herrn in seinem Heiligthumb, à 6 ou 8. (F?).
  820. Sey gegrüßet Maria du Holdselige. In Fest. Annunc. Mariae, à 6. 4 Viol. C.
    è T. (H).

930. Undt Jesus ging aus von dannen. Dom. Reminiscere, à 5. 2 Violin. CTB. (D).
999. Wen du es wüßtest, was zu deinem Friede dienet, à 5. (G?).

J. Schimrock*. 575. Lobet den Herrn alle Heiden, à 18. 2 Clarin. Tymp. 2 Cornett. 3 Tromb. 2 Viol. Fag. 2 Violae CCATB (C♯).
936. Unser Wandel ist im Himmel. 4 Viol. Fag. CATB. con Cap. à 4. (H).

Sam. Schlocki*). 282. *Exultate Deo adjutori nostro*, à 3. A. Solo 2 Violin. (G).

J. H. Schmeltzer. 555. *Kyrie eleison*, à 12. 2 Violin. 2 Violen, 2 Clarin. CCATTB. (C♯).

Georg Schmetzer. 83. *Audite Sancti, fortes Electorum*, à 5. 2 Violin. CCB. (E).
497. *Jesus orat, Jesus plorat*, à 7 ou 12. 4 Viol. 1 Violon. C. è Baßo con Cap. à 5. (D).
756. *O mentes augustae, & animae justae*. Canto Solo con 5 Strom. 2 Violin. 2 Viol. & continuo. (G?).
793. *Quicquid vivit sub Sole*, à 6. 2 Violin. CATB. (E♯).
906. *Terra triumphans jubila*. Auff Ostern, à 7. 2 Violin. 1 Tromb. CATB. (G♯).
963. *Venite* [unleserlich], *transeamus usque in Bethlehem*. In Fest. Nativ. Christi, à 6. TT. 4 Strom. (G♯).
1083. *Inquietum est cor meum*, à 8. 4 Viol. CATB. (G?).

Sal. Schmieden*). 322. Gott du bist unser König, durch dich wollen wir, à 6. CCATTB. (G?).

N. Schnittelbach. 653. *Magnificat*, à 7. 2 Violin. è 5 Voc. (G♯).

Heinr. Schütz. 70. An den Waßern zu Babel, V. 137, à 8. 4 Strom. 4 Voc. (D).
121. *Canticum 3 puerorum*. In Fest. Michaëlis, à 5, 10, 15 & 20. (D?).
188. Der Windt beeist das Landt, à 2 Ten. (D).
195. Die sieben Worte unsers Herrn J. C. am Stam des Creutzes gesprochen, à 10 ou 15. (E).
203. Diß Ohrt mit beumen gantz umgeben. C Solo con Continuo. (A).
230. *Domine labia mea*, à 5. C. è T. Cornett. Tromb. Fagotto (G).
236. Einsmahls der Hirte Coridon, à 2 è 4. CC. 2 Violin (G?).
237. Einsmahls in einem schönen Thahl, à 2 è 6. (D).
242. Erbarm dich mein ò Herre Gott. C solo con 4 Violin. (E).
258. Es gingen zwene Menschen hinauff, CCAB. (G♯).
297. Freue dich des Weibes deiner Jugendt, à 9. Trombett. Corn. 3 Tromb. CATB. (D.
306. *Factum est praelium magnum*. In Festo Mich., à 9. (C).
341. Herr der du bist vormahls gnädig gewest, V. 85, à 17. 5 Viol. 3 Trombon. CCATB con Capella à 4, CATB (E).
376. Herr unser Herrscher. (G?).
378. Herr warumb trittestu so ferne, V. 10, à 8, 12 ou 18. (E).
540. Kyrie Gott Vater in Ewigkeit, à 18. 6 Strom. 6 Voc. in Conc. 6 Voc. in Rip. (E♯).
561. Liebster sagt in süßen Schmerzen, à 4. 2 Violin. CC. (G).
585. Lobsinget Gott ihr Menner von Galilaea. In Fest. Ascens. Christi, à 10, (D♯).
654. *Magnificat*. 5 Strom. 4 Voc. con Cap. (G♯).
655. *Magnificat*, à 10. 2 Violin. 3 Tromb. Fag. CTB. con Cap. à 4. (D♯).
760. *Partitura* der siegreichen Aufferstehung unseres Heilands J. Christi. (D).
809. Saget den Gästen, meine Mahlzeit. Dom. 20. p. Trinit., à 7. 4 Voc. 3 Strom. 2 Viol. Fag. (F?).
810. Sag ò Sonne meiner Seelen, à 4. duplic. (G♯).
902. Tugendt ist der beste freundt, à 4. 2 Violin. CC. (D).
921. Vater Abraham erbarme dich mein, à 7. 2 Violin. CCATB. (A).
928. Vier Hirtinnen gleich jung gleich schön, à 4. CCAT. (G?).
942. Von Gott will ich nicht laßen, a 5. 3 Voc. 2 Viol. (G?).
992. Weib was weinestu. Dialogus von der Aufferstehung Jesu Christi, à 8 con B. Contin. (D).

1010. Wer ist der so von Edom kömt, à 10 ou 18, per Choros (D).
1045. Wo der Herr nicht das Hauß bauet, à 14. 5 Strom. 5 Voc. in Concert. CCATB. 4 Voc. in Capell. CATB. (C♯).

H. Schwemmer. 715. O Sünden Mensch bedenck den Todt. Aria, à 5. A Solo con 4 Strom. (C?).
863. *Salvete cives coelici.* In Fest. Ascens. Chri. à 10. 5 Strom. 5 Voc. CATB con Cap. & Baßo Continuo (D♯).
986. Was mag einen freudig machen. 5 Viol. C. ou T. Solo (E).

G. Schwenckenbecher. 662. *Magnificat,* à 12. 7 Strom. 5 Voc. con Continuo. (D♯).

Joh. Sebastiani. 88. All unser Schuldt vergieb uns Herr. 4 versus ult. super Vater unser, à 12 Contrap. (D).
165. Der Herr erhöre dich in der Noth, V. 20, à 19. (A).
254. Es erhub sich ein Streit, à 5 (F?).
436. Ich hab den Herrn allezeit für Augen, V. 16, à 14. (B).
683. Nun dancket alle Gott, V. 46, à 17. 2 Clarin. è Cornett. 4 Viol. Tymp. 8 voc. in Conc. 4 Voc. per Capella (C♯).
778. *Paratum cor meum,* à 3, un Ten. è due Violin: variato per quattro Voci (C♯.
1054. Wohl dem der den Herrn fürchtet, à 8 (C♯).

Dan. Selichius. 106. *Benedicamus Domino, Deo dicamus gratias,* à 6. (G♯).

Thomas Selle. 162. Der Heilig Geist vom Himmel kam, à 7. (B).
199. Diß ist der Tag, den der Herr gemacht hat. In F. Pentecost., à 6 ou 12. CCATTB. 2 Clarin. (C).
208. Du bist aller Dinge schön, à 3. Ten. Solo con 2 Violin. (G?).
247. Es war ein Mensch der macht ein groß Abendtmahl. Evang. Dominic. XI. p. Trin. Luc. XIV, à 3. CCB. (G?)
289. Evangelium am ersten Sonntage nach Trinit. Vom reichen Man. Luc. XVI à 5. ATB. con 2 Viol. Fag. è Cap. (A).
291. Evangelium am 23. Sontag nach Trinit: Da gingen die Pharisaeer hin, à 4 in Dialogo. CCTB. (G?).
349. Herr Gott dich loben wir, à 8, 12, 18, 22 &c. cum Tubis (E).
453. Ich ruff zu dir Herr Jesu Christ, con Strom. & voc. (D?).
772. *Paßio Domini Nostri Jesu Christi secundum Matthaeum* mit Instrumenten, (fast 3 Buch Papier) (F?).
815. Schaffe in mir Gott, à 8, per 2 Choros. (A).
824. Sey mir gnädig, à 5 (E).
854. Stehe auff meine freundin, à 5 (D?).
932. Unser Keiner lebet ihm selber, à 8. (E).
939. Vom Himmel Hoch da kom ich her, à 8. (F?).
1000. Wenn meine Sünde gleich Blutroth ist, à 8. (F?).
1012. Wer mich Liebet, der wirdt mein Wort halten, à 8 (C?).
1066. Zion spricht der Herr hat mich verlaßen, à 8 (G?).
1086. *Deus misercatur nostri,* à 8 (A).

L. Seyler*). 475. Jesu liebster Schatz der frommen, à 9. 4 Viol. Fag. CATB. con Cap. (H).

Joh. Stadelmeier. 614. *Laudemus Dominum, quem laudant Angeli.* In Fest. Michaël. à 14. 8 Voc. è 6 Strom. (F?).

Const. Steingaden. 755. *O Jesu mi dulcissime.* Ten. Solo con 4 Strom. 3 Violin con Fagotto overo Viol. d'Gamb. (E).

Jac. Stephanicus*). 231. *Domine quis habitabit,* à 5. 2 Violin. ATB. (C?).

G. Chr. Strattner. 210. Du Friedenfürst Herr Jesu Christ, à 13. 4 Viol. Fag. CATB. 4 in Rip. (E).

[N. A.] Strunck. 196. Diese sindts die kommen sindt aus, à 4. CATB. (D♯).

226. *Dixit Dominus*, à 20 ou 22. 4 Viol. Fag. 2 Corn. 3 Tromb. 6 Voc. in Conc. CCATTB. 6 in Rip. CCATTB. (G♯).
454. Ich ruff zu dir Herr Jesu Christ à 5. 2 Violin. 1 Viol. Violon. Canto Solo (E♯).
692. Nun treten wir ins neue Jahr, à 6. 2 Violin. 4 Voc. (F?).

Thom. **Stratius.** 926. Verleih uns Frieden gnädiglich, à 5. 2 Viol. CC è B. (G?).

Felician. **Suevi** (Suevus). 280. *Estote fortes in bello*. à 3 B (F?).
805. *Regnum mundi & omnem ornatum secali*. CATB. (F?).
949. *Vanitas vanitatum*. Conc. à 3 C. (G♯).

Joh. **Theile.** 6. Ach daß ich hören solte, daß Gott der Herr redete, Ψ. 85, à 6. 4 Strom. Fag. Con T. Solo (G?).
9. Ach Herr ich habe gesündiget. C ou Ten. Solo con 3 Strom. (C?).
15. Ach Herr straff mich nicht, Ψ. 6. Canto Solo con 3 Viol d'Gamb. (G?).
145. Dancket dem Herrn vnd prediget seinen Nahmen, Ψ. 105, à 12 ou 17. CCATB. 2 Violin. 3 Tromb. 2 Clarin. con 5 Voc. in Rip. (C♯).
194. Die Seele Christi heilige mich. C ou T. Solo con 3 Viol. (E♯).
198. Diß ist der Tag, den der Herr gemacht hat. Auff Pfingsten, à 15 ou 20 (C).
327. Gott sey mir gnädig nach deiner Güthe, Ψ. 51, à 9 ou 13. 5 Viol. CATB. con 4 Voc. in Cap. (C?).
328. Gott sey mir gnädig, à 7. 2 Violen, 2 Viol d'Gamb. CCT. (E♭).
347. Herr Gott dich loben wir, à 23. 5 Viol. 3 Tromb. 2 Clarin. Tymp. CCATB. in Concerto. CCATB. in Ripieno (C).
387. Hertzliebster Jesu was hastu Verbrochen. Tempore Paßionis, à 10 ou 15. 5 Violen, 5 Voc. in Conc. CCATB. 5 Voc. in Rip. (C?).
426. Ich freue mich im Herrn v. meine Seele, à 12 ou 17. 2 Flaut. 2 Violin. 2 Brazz. Fag. CCATB. con Cap. à 5. (C).
452. Ich preise dich Herr denn du hast mich erhöhet, Ψ. 30, à 10 ou 15. 5 Strom. 5 Voc. CCATB. in Conc. CCATB. in Rip. G♯.
467. Ich will den Herrn loben, à 10 ou 15. 5 Viol. 5 Voc. in Conc. 5 Voc. in Rip. (D♯).
624. Meine Seel erhebt den Herrn, à 18 ou 21. Chor. I, CATB. con 5 Strom. Chor. II, CATB. con 5 Strom. zum Echo (B).
649. *Magnificat*, à 12 ou 17. 2 Violin, 2 Cornett, 2 Viol d'Braz. Fag. CCATB. in Conc. CCATB in Ripieno (F?).
958. *Veni sancte Spiritus*, à 10 ou 15. 4 Viol. Fag. CCATB. in Concerto. 5 Voc. in Ripieno. (C♯).

Clemens **Thieme.** 7. Ach Herr unsere Mißethaten habens ja verdienet. Dom. X. p. Trinit., à 7. TTB. con 2 Corn. ou Violin è 2 Tromb. (D).
74. Auß der Tieffen ruff ich Herr, à 5. 4 Strom. B. Solo (C?).
102. *Beatus vir qui timet Dominum*, à 10 ou 15. 5 Strom. 5 Voc. in Conc. 5 in Rip. (B).
170. Der Herr ist mein Hirte, à 4. 2 Violin. CC. (G?).
530. Komt her undt schauet, à 23. 2 Violin. Tromb. 2 Cornett, 4 Tromboni, 7 Voc. in Conc. CCAATTB. 7 Voc. in Rip. CCAATTB. (C?).
551. *Kyrie eleison*, à 17 ou 23. 2 Clarin. 2 Cornett. 5 Viol. 1 Tromb. 1 Fag. CCAATB. con cap. à 6. (C♯).
565. Lobe den Herrn meine Seele, à 6. 2 Violin. 1 Tromb. ATB. (A♯).
629. Meine Seel erhebt den Herrn, à 16 ou 22. 7 Viol. 3 Tromb. CCAATB in Conc. con cap. à 6. CCAATB. C♯.
835. Sie ist fest gegründet, à 9 ou 14. 2 Violin. 2 Clarin. Tymp. 3 Tromb. CCATB. in Conc. con 5 in Rip. (C♯).

Simpl. **Todeschi.** 1080. *Exaltabo te.* TT (G?).

Torquati*. 762. *Qui amant, veniant, qui diligunt currant*, à 4. CATB. (D).

P. **Torri.** 609. *Laudate pueri Dominum*, à 3. B. solo con 2 Violin. (D♯).

Vinc. **Tozzi.** 784. *Plaude Christias Christo victori*. In Fest. Ascensionis, à 6. 2 Violin. 1 Violon, CAB. (D).

Fr. Tunder. 350. Herr Gott, dich loben wir, per 3 choros con 2 Violini (C).
M. Uccellini. 101. *Beatus vir qui timet.* à 3. ATB (C?).
Gio. Valentini. 738. *O Jesu Christe*, à 3. CCB con Contin.
Sim. Vesi. 71. *Ante oculos tuos Domine.* Canto Solo (H).
   85. *Ave Jesu Christe*, à 3. B. solo con 2 Viol. (D?).
  275. *Egredimini amatores.* A Solo con 2 Violin. (D?).
  604. *Laudate Dominum.* à 7. A. Solo con 6 Strom. (E).
  613. *Laudate pueri Dominum.* C. Solo con 6 Strom. (C?).
  699. *Nisi Dominus.* T Solo con 6 Strom. (F?).
  962. *Venite gentes, properate fideles*, à 3. A. Solo con 2 Violin. (D).

Joh. Vierdanck. 182. Der Herr hat seinen Engeln befohlen, Ψ. 91. In Fest. Michaël. à 9. 5 Strom. (G?).
  250. Es wirdt das Scepter von Juda, à 8. 5 strom. TT. (D).

Matthias Weckmann. 41. Ach schöne Braut, wer spannet den Bogen. Weltliches Concert, à 6. 2 Viol. CCTT (A).
  127. *Colloquium Tobiae, Angeli & Raguelis*, à 5. 2 Viol. ATB. (D).
  177. Der Herr hats gegeben, der Herr hats genommen, à 8. 2 Violin. 3 Viol d'Gamb. 3 Voc. CCB. (D?).
  255. Es erhub sich ein Streit im Himmel, à 14. 5 Strom. 5 Voc. Conc. CCATB. con Cap. CATB. (C).
  346. Herr es sindt Heiden in dein Erbe gefallen, Ψ. 79, à 6 (E).
  451. Ich preise dich Herr (Ps. 30), à 3. A. solo con 2 Violin. (A).
  477. Jesu meine Freude, à 6. 2 Violin. 1 Viol d'Gamb. Fag. C è B. (D).
  571. Lobe den Herrn meine Seele, à 2 Violin. Canto Solo. (G?).
  633. Mein freundt ist mein. C è T. (F?).
  651. *Magnificat.* C ou Ten. Solo con 2 Violin. (A).
  681. Nun dancket alle Gott, à 12 con Capell. si placet (D).
  804. *Redemti à Domino.* 2 Violin. C ou T. Solo (A).
  905. *Te Deum laudamus.* à 7. 2 Violin. CCATB. con Continuo (E).
 1032. Wie liegt die Stadt so wüste. Dominica X. p. Trinit., à 7. 2 Violin. 2 Viol. d'Braz. 1 Viol d'Gamb. 2 Voc. C. è Baßo (A).
 1068. *Domine Deus meus.*
 1069. Herr wie Lang.
 1070. Ich bin schwartz aber gar Lieblich, à 3. CCB.
 1082. *Gratias tibi ago.* 2 Violin. è Corn. C ou Ten. (D?).

Joh. Jul. Weiland. 75. Aus der Tieffen ruffe ich zu dir, Ψ. 130, à 7. 6 Strom. con B. solo. (E).
  361. Herr ich hoffe auff dich, à 6. A. Solo con 4 Viol. Fag. (A).
  557. *Lamentatio* über die Nicht- und flüchtigkeit des menschlichen Lebens: Ach wie gar nichts. 5 Viol. Canto Solo. (C?).
  566. Lobe den Herrn meine Seele, à 8. 2 Viol. d'Brazz. 2 Viol d'Gamb. CATB. (D?).

A. Werkmeister. 184. Der Mensch vom Weibe gebohren. Job. 14, 12, à 6. Wobey der Choral: Was ist der Mensch ein Erden Kloß, it: Ich habe hie wenig guter Tag. CCATB. (A).

Christoph Werner.[1] 253. Es erhub sich ein Streit im Himmel, à 18 è 22. (C).
  416. Ich bin eine Blume von Saron, à 11 ou 16. 2 Corn. 2 Viol. Fag. Violon ou Diorb. 5 Voc. CCATB con Cap. à 5. (C).

J. Wichmann [Weichmann]. 605. *Laudate Dominum omnes gentes*, à 8. 2 Violin. 6 Voc. (C?).

---

[1] Vgl. *Incerti* No. 124.

Dan. **Wiebe**[*]). 444. Ich hebe meine Augen auff, à 7. 2 Violin. 1 Violett. 2 Braz. Fag. B. Solo. (D♮).
672. Nach dir Herr verlanget mich, V. 25, à 5. CCATB. (D).
679 Nun dancket alle Gott, à 8. 2 Violin. (Viol d'Gamb) CTB con Cap. à 4. CATB (D♮).
1055. Wohl dem der den Herrn fürchtet, à 6. 2 Violin. CATB. (A♮).
Eman. **Witte**[*]). 510. *In te Domine speravi*, à 5. 2 Violin. C è A. con Continuo (F♭).
J. C. **Witte**[1]). 38. Ach was soll ich Sünder machen, ach was soll ich fangen an, à 10 6 Strom. CATB. (A).
Tobias **Zeutschner**. 33. Ach du Tochter Jerusalem, wem soll ich dich vergleichen, ex. Thren. Jer. 11, 13, à 6. 2 Violin. CATB (E).
354. Herr hebe an zu segnen das Hauß, à 6. 2 Violin. CATB. (D).
355. Herr hebe an zu segnen. CATB. con 2 Viol. (D♮).
626. Meine Seel erhebt den Herrn, à 13 ou 19. 2 Violin. 3 Tromb. 2 Clarin. 6 Voc. in Conc. CCATTB. 6 voc. in Rip. CCATTB. (C♮).
657. *Magnificat*, à 6. CATB con 2 Violin. (E).
848. Stehe auff meine Freundin, à 12. 2 Viol. 2 Corn. 4 Tromb. CATB. (G♭).
869. *Sanctus*, à 13 con Tubis. (C♮).
904. *Te Deum laudamus*, à 7, 10 ou 14. 2 Violin. 3 Tromb. 5 Voc. in Conc. CCATB. con Cap. à 4. (A♮).
J. Chr. **Ziegler**, 173. Der Herr ist mein Hirte, à 10. 5 Strom. Fag. CATB. (G♭).
284. *Exurgat Deus & Dissipentur*, V. 68, à 5. 1 Violin. 2 Viol. Fag. B. Solo. (D♮).
J. G. **Zingl** [?]. 442. Ich hebe meine Augen auff, V. 121, à 9 ou 13. 5 Strom. CATB. con Cap. à 4. (A♮).

Hugo Riemann, Handbuch der Musikgeschichte.
Zweiter Band. 1. Teil. Das Zeitalter der Renaissance (bis 1600). Leipzig, Breitkopf und Härtel. 1907.

Dieser Band behandelt die Zeit von etwa 1300 bis 1600, die Zeit, die man neuerdings, hauptsächlich nach Riemann's eigenem Vorgang, für die musikalische Renaissance in Anspruch nehmen will. Gerade für die frühe Zeit von 1350 bis 1450 etwa, die ja dank den Forschungen von Johannes Wolf, Ludwig, Steiner, Wooldridge, Aubry und Riemann selbst in den letzten Jahren so viel deutlicher erscheint, haben Riemann's Darlegungen interessante Ergebnisse. Ob oder wie weit sie tatsächlich in vollem Umfange aufrecht zu erhalten sind, darüber können eine begründete Meinung nur die wenigen Spezialforscher über dieses Gebiet haben, die mit den Quellen selbst genau vertraut sind. Ich gehöre nicht zu diesem Kreise, muß also ein sachliches Urteil über diesen ersten Teil des Riemann'schen Buches den eigentlichen Sachkennern überlassen. Es seien daher nur die wichtigsten Ergebnisse, zu denen Riemann's Interpretation der Quellen führt, in Kürze aufgezählt. Zunächst seine neue Einteilung der Renaissanceepoche:

1. Kunstvoll von Instrumenten begleitete Liedkomposition, 14.—15. Jahrhundert, von Florenz ausgehend nach Frankreich, Spanien, Niederlanden. Anwendung der neuen Schreibart auf die Kirchenmusik.
2. Einschränkung der Instrumentalbegleitung, Übergang zum a cappella Stil des 16. Jahrhunderts.
3. Der Kampf gegen den Kontrapunkt, Wiedererscheinen der begleiteten Monodien gegen 1600. (Seite 16).

---

1) Chr. Fr. Witt?

Dazu einige Bemerkungen. Einander widersprechend sind die Angaben auf S. 14 und 16. Da heißt es (S. 14) von der Literatur des 15. und 16. Jahrhunderts: sie gehöre überhaupt nicht dem a cappella Stil an, sondern sei »eine höchst respektable Blüte eines kunstvollen Gesang mit Instrumentalbegleitung verbindenden Stils«, an anderer Stelle dagegen (S. 16) wird der a cappella-Stil als »spezielle Signatur des 16. Jahrhunderts« bezeichnet. Wie reimt sich das zusammen? S. 20 wird die Hypothese ausgesprochen, daß Dunstable durch die italienische Weise beeinflußt ist, die über Frankreich nach England kam, daß Dunstable nicht als Schöpfer des Stils in dem er schreibt anzusehen ist. S. 111 wird diese Annahme dahin eingeschränkt, daß Dunstable als »der repräsentative Schöpfer des kunstvoll bearbeiteten Kirchenliedes« anzusehen sei.

Beispiele wie diese zeigen die Gefahren, die immer mit Urteilen verknüpft sind, die klipp und klar über unserer Anschauung so fernstehende Künstler und Kunstwerke gefällt werden. S. 35ff. wird der Traktat des Adam von Fulda mit Hinsicht auf Behandlung der Akzidentalien interpretiert; diese meines Wissens ganz neue Anschauungsweise ist von großer Wichtigkeit für unsere Kenntnis der Musik des 14. und 15. Jahrhunderts, indem sie, falls sie richtig ist, alle Zweifel behebt bezüglich Anwendung der im Original als selbstverständlich fortgelassenen Akzidentalien. Bei früheren Gelegenheiten schon hat Riemann gezeigt, wie wesentlich das Aussehen einer Komposition verändert werden kann durch Weglassen der notwendigen chromatischen Zeichen, und hat an den Interpretationen der Trienter-Codices-Ausgabe in dieser Beziehung Kritik geübt. Es folgt eine eingehende Darstellung der jetzt wohl allgemein anerkannten Schreibweise für Solostimmen mit reicher instrumentaler Begleitung. Besonders wertvoll ist das Kapitel über die »Formen der Liedkomposition des 14. bis 15. Jahrhunderts«, indem hier das gesamte aufgehäufte Material gesichtet und nach verschiedenen Typen eingeteilt wird. S. 58—63 bringen die Nachweise über 6 verschiedene Rondotypen; darauf folgt Betrachtung der zahlreichen Balladenabarten. Es eröffnet sich hier ein Blick auf einen Reichtum von Formen, der ebenso neu wie überraschend ist. Das geschichtliche Ergebnis, zu dem Riemann hier kommt, ist eine Stärkung der Hypothese, daß französische Kunst direkt aus der italienischen ars nova herausgewachsen sei (S. 82). Nicht minder bedeutend ist das folgende Kapitel: »Die Kanonkünste vor und um 1400«, in dem der Nachweis geliefert wird, daß in Italien und Frankreich, nicht, wie man früher annahm, in den Niederlanden die kanonischen Künste heimisch waren. So weist Riemann auf eine ganze Klasse von Kompositionen (S. 84), die im Text versteckte Anspielungen haben auf eine vollere Ausführung, andere als die Notierung angibt. Dies bezieht sich nicht nur auf Rätselkanons mit beigeschriebenem Motto, sondern oft auch auf andere Formen (s. z.B. die zweistimmig notierte Ballade von Ciconia, S. 89, für die Riemann aus Andeutungen des Textes auf eine dreistimmige Ausführung Anspruch erhebt). Diese jedenfalls sehr beachtenswerte Hypothese verdient in der Praxis ausprobiert zu werden.

Dankenswert ist der »Versuch einer chronologischen Ordnung der Komponisten des 14.—15. Jahrhunderts« (S. 95—109). In den Haufen von Namen, die in den verschiedenen Handschriften vorkommen, wird hier zum ersten Male nach Möglichkeit Ordnung gebracht. Für eine spätere Geschichtsschreibung ist hier eine wertvolle Vorarbeit geleistet. Das Kapitel: »Das paraphrasierte Kirchenlied« (S. 109—130) hat seinen Schwerpunkt in der Betrachtung von Dunstable's Schreibweise. Die eingehende Analyse des vierstimmigen *Veni sancte spiritus* führt zu ganz überraschenden Ergebnissen; sie zeigt eine raffinierte formale Technik, eine komplizierte Variationenform, wie man sie gegen 1400 kaum würde vermuten haben. Kaum minder interessant ist die Analyse von Brasart's *O flos fragrans*, die erkennen läßt, wie hier nach Art der Florentiner Madrigalisten Instrumental- und Vokalpartien zu »einem kunstvoll gestalteten Ganzen verwoben sind, in welchem zwar bei weitem der Löwenanteil der Arbeit den Instrumenten zufällt, aber dennoch das Wort, die beseelte Menschenrede mit ihren bestimmten Vorstellungen weckenden Symbolen, dem Ganzen erst Sinn und Bedeutung gibt« (S. 127). Solche Untersuchungen bringen uns erheblich weiter in der Kenntnis dieser so merkwürdigen Kunstepoche. Dieses Kapitel samt den folgenden: »Motette und Messe vor Okeghem« (S. 131 bis 197), »der Satz Note gegen Note« S. 194—211), »Jean d'Okeghem und seine Schule« (S. 225—272) bilden den Kern des ganzen Buches, indem sie nicht nur Zusammenstellungen des früher schon Bekannten und geistreiche Hypothesen geben, sondern wirklich neue, gut fundierte Anschauungen. Warum freilich Heinrich Isaak, Stoltzer, Agricola in das Kapitel» Mottete und Messe vor Okeghem« gestellt sind, begreife ich nicht recht. So viel ich sehen kann, ist ihr Stil im wesentlichen niederländisch, d. h. sie gehören eigentlich in die Schule Ockeghem's. Mit Recht wird dagegen ein vom niederländischen Stil unabhängiger deutscher Stil aufgewiesen, der bei Adam von Fulda ganz deutlich zu erkennen ist, aber noch bei Fink uud Senfl Spuren hinterlassen hat.

Zur Kenntnis Ockeghem's trägt Riemann hier mehr bei, als irgend einer der Vorgänger. Als Hauptresultat erscheint die These, daß sehr wahrscheinlich Ockeghem's Verdienst die endgültige Durchbildung des durchimitierten Satzes war. Von besonderem Interesse ist die Mitteilung jenes schon mythisch gewordenen 36 stimmigen Kanons von Ockeghem. Etwas gar zu sehr im Großen und Ganzen wird die Ockeghem'sche Schule, Mouton, Josquin und ihr Anhang erledigt.

Das Kapitel »Überblick über die Komponisten der Zeit 1450—1600« (S. 272—343) gibt in lexikalischer Art kurzgefaßte Angaben über Leben und Werke der einzelnen Komponisten. Ein paar Anmerkungen zu dieser sehr sorgfältigen, fleißigen Zusammenstellung seien hier eingefügt. Bei Loyset Compère (S. 276) hätte wohl dessen berühmtes »Sängergebet« genannt werden können. Bei Mouton (S. 292) wäre hinzuzufügen: Neudrucke in Bohn's Neuausgabe von Glarean's *Dodekachordon*, im III. Bde. der *Oxford History of music*, in Ch. Bordes' *Anthologie*, bei Hawkins. Eine Manuskriptpartitur von 22 Motetten aus Mouton's Sammlung v. J. 1555 bei LeRoy und Ballard besitzt das britische Museum. Also durchaus nicht ein so absoluter Mangel an Partituren, wie Riemann annimmt. Von Pipelare (S. 293) veröffentlichte Maldeghem in seinem *Trésor* ein sehr bedeutendes Stück für sieben Stimmen: *Hymnus de septem doloribus dulcissimae Mariae virginis*, das Einflüsse von Josquin's *Stabat mater* her aufweist. Von Richafort (S. 303) findet man einige bedeutende Motetten bei Maldeghem und im 2. Bde. der *Oxford History of music*. Zu S. 318: Palestrina war 1554 noch nicht drei Jahre Kapellmeister der Peterskirche gewesen — einen so hohen Posten hätte man wohl dem 25 jährigen, noch ganz unbekannten jungen Musiker aus dem Landstädtchen Palestrina kaum anvertraut — sondern er war nur Lehrer der Chorknaben an der Kapelle Giulia, hatte also eine untergeordnete Stellung inne. M. Brenet war wahrscheinlich, daß Palestrina's Lehrer nicht, wie Riemann meint, der etwas mythische Gaudio Mel war, sondern Tommaso Cimello. Zu S. 319. Ob wirklich Ingegnieri's Stil dem Palestrina's zum Verwechseln ähnlich ist, halte ich nicht für eine so klar ausgemachte Sache. Eine genauere Kenntnis von Felice Anerio's Werken (S. 319) dürfte auch ergeben, daß die traditionelle Behauptung, er sei ein »Doppelgänger« Palestrina's, stark einzuschränken sei. Neudrucke bei Proske und Commer. Er starb nicht 1630, wie Riemann angibt, sondern 1614. Seine Teilnahme an der *Editio Medicaea* des gregorianischen Chorals hätte wohl zum mindesten erwähnt werden können. Bei Giov. Fr. Anerio (S. 320) fehlt Erwähnung eines seiner wichtigsten Werke, des *Teatro Armonico spirituale* v. J. 1619, das in der frühen Geschichte des Oratoriums eine Rolle spielt. Haberl gibt im Kirchenmusikalischen Jahrbuch 1886 ein alphabetisches Verzeichnis sämtlicher Kirchenstücke von Anerio, im ganzen mehr als 300 Kompositionen. Die Tatsache, daß Costanzo Porta einer der größten Virtuosen des Kontrapunkts war (viel mehr als Palestrina), daß er groß ist in der strengen Behandlung des Chorals, wäre auf S. 319 zu berücksichtigen. Entschieden zu kurz gekommen ist Giovanni Gabrieli mit 14 Zeilen (S. 323), zumal da im ganzen Bande an keiner andern Stelle Gabrieli's Name mehr als beiläufig genannt wird. Einen der größten Meister aller Zeiten sollte ein ausführliches »Handbuch der Musikgeschichte« nicht so dürftig abspeisen. Die 14 Zeilen geben von seiner Bedeutung nicht im geringsten hinlängliche Vorstellung. Winterfeld's reiches Material hätte mit leichter Mühe nutzbar gemacht werden können, auch ohne weitläufige neue Forschungen. Die zahlreichen Neudrucke bei Winterfeld, Commer hätten erwähnt sein müssen. Ebenso dürftig behandelt sind Marenzio (S. 325) mit 17 Zeilen zusammenhängender Darstellung im ganzen Buch, und der Fürst von Venosa mit 9 Zeilen — zwei der interessantesten Musiker, die jemals gelebt haben. Welche Ausbeute hätten allein diese beiden für die Abschnitte über Chromatik bieten können, in denen sie ganz fehlen! Bei Marenzio wäre nachzutragen: Madrigale im Neudruck bei Hawkins, Kiesewetter, Winterfeld (Gabrieli und sein Zeitalter), Barclay Squire (Madrigale berühmter Meister). Verzeichnis von mehr als 600 Madrigalen nach ihren Textanfängen in Vogel's Bibliographie. Sämtliche vierstimmige Motetten neu herausgegeben als Beilage zum Kirchenmusikalischen Jahrbuch 1900—1903. Neuere Partituren von Madrigalen Venosa's bei Padre Martini, Choron, Burney, Hawkins, Kiesewetter. Prince de la Moskowa, Torchi. Auch Hassler (S. 336) hätte wohl etwas ausführlicher behandelt werden können. Seine Bedeutung und die Menge der vorliegenden Partiturausgaben rechtfertigen diese Forderung. An diesem Kapitel hätte ich außerdem aber noch auszusetzen, daß es seinen Zweck nicht erfüllt. Eine angenehme Lektüre wird niemand diese trockene Zusammenstellung von Namen, Daten und Tatsachen nennen wollen. Nun braucht ja eine lexikalische Übersicht keine angenehme Lektüre zu sein; aber sie muß zum mindesten so eingerichtet sein, daß man sie zum Nachschlagen bequem benutzen kann. Sich darin zurechtzufinden ist jedoch eine etwas umständliche Sache, weil in den einzelnen Unterabteilungen kein Prinzip der Zusammenstellung erkenntlich ist. Weder alphabetische, noch chronologische Reihenfolge ist durchgeführt. Ganz willkürlich, zufällig folgt ein Name dem andern. Wenn schon die Neudrucke in jedem einzelnen Falle angegeben sind, dann hätte auch ein Hinweis auf die wichtigste Literatur über den betreffenden Meister nicht fehlen dürfen: man hätte an einer Stelle sämtliche Nachweise über jeden der erwähnten Meister zusammen haben müssen, damit man nicht an zehn Stellen zu suchen braucht. Nun gibt Riemann zwar bogenlange Zusammenstellungen der Literatur, allein auch diese sind so unpraktisch angeordnet, daß ihre Benutzung mit großer Mühe und viel Zeitverlust verbunden ist. So hat schließlich dieses lange, mit großer Mühe zusammengestellte Kapitel nicht halb den Wert, den es leicht hätte haben können.

Zu den wertvollsten Teilen des Buches gehört das Kapitel über das neue Madrigal (S. 343—416). Es werden zunächst die Liedformen um 1500 geklärt; der Unterschied wird aufgewiesen zwischen den begleiteten Rondeaux und Balladen der Dufay-Epoche und den a cappella-Liedern der Ockenheim'schen Schule. An wertvollen Beispielen werden die Eigentümlichkeiten der neuen Chansons gezeigt, die Unterschiede zwischen *frottola* (S. 351 ff.), *strambotto* (S. 355 f.); die wichtige Tatsache wird hervorgehoben, daß die neuere französische *chanson* des Jannequin und Genossen ihre Wurzeln habe in dieser italienischen *frottole*-Literatur (S. 358). Mit ebenso interessanten Beispielen wird das frühe Madrigal des 16. Jahrhunderts belegt. Es wird dabei auch die für das Madrigal so wichtige Chromatik berührt. Die Polemik gegen Kroyer's Untersuchungen (S. 377) erachte ich nicht für gerechtfertigt. Riemann schreibt: »Keinesfalls möchte ich Kroyer beipflichten, wenn derselbe in dem allmählichen Auftreten der Akzidentalen für *as, dis, des, ais, his, eis, ces, ges* Etappen der Entwicklung der Chromatik zu sehen glaubt. Er verkennt dabei gänzlich die Natur von transponierten Tonsätzen viel älterer Zeit, für welche ein großer Teil dieser Töne für den Verlauf der Stücke längst selbstverständlich ist.« Ich habe Kroyer's Darlegungen nie in Riemann's Sinne aufgefaßt. Nicht daß etwa ein *ais* gesungen worden ist, erscheint neu, vielmehr die Tatsache, daß es notiert wird. In irgend einer Transposition, die unserm *H* oder *Fis* dur entspricht, ist natürlich *ais* schon von jeher gesungen worden. Das Wesentliche der neuen Chromatik ist aber doch, daß der chromatische Ton der jeweiligen Tonart fremd ist, nicht etwa als (weggelassenes) subsemitonium ihr angehört. Ein *ais* in einem *d* moll-Satze ist sehr verschieden im Wesen von einem *ais* in *H* dur. Nur auf den ersteren Fall, glaube ich, beziehen sich Kroyer's Äußerungen, und mit Bezug darauf bleiben sie meiner Schätzung nach auch zu Recht bestehen. Dagegen trifft Riemann's Interpretation von Willaert's seltsamem chromatischen Stück »*Quidnam ebrietas*« (S. 374 ff.) wohl das Richtige, entgegen Kroyer's Auffassung. Die von früheren Forschern (Peter Wagner, Kade) mit Mißtrauen betrachteten seltsamen Akzidentalien gerade bei Willaert erklärt Riemann sehr glücklich und ungezwungen als einen Nachklang der ältesten italienischen Madrigale (S. 383 f.). Zu dem ziemlich absprechenden Urteil über den Künstler Willaert jedoch (auf S. 384) berechtigen die wenigen jetzt zugänglichen Stücke Willaert's wohl keineswegs. Wenn Riemann von Willaert mehr kennt, als allgemein zugänglich ist, so hätte er zur Stütze seiner Behauptung dies anführen sollen. Riemann vertritt die Ansicht, daß von einer bestimmten Form des neuen Madrigals nicht die Rede sein kann, daß es vielmehr eine Anzahl verschiedener Gattungen im Madrigal gebe (S. 388). Als Hauptkennzeichen des Madrigalstils bezeichnet er die Durchimitation, will dementsprechend auch deutsche Lieder dieser Art von Isaak, Senfl etwa der Gattung Madrigal einordnen. Es ist aber meiner Ansicht nach doch ein erheblicher Unterschied zwischen deutschen Liedern, niederländischen chansons und den Madrigalen von Ciprian da Rore, Marenzio, etwa, indem eben die Lieder sich auf eine mehr oder weniger molisierte Volksliedmelodie oder etwas dieser nachgeahmtes stützen, während die Madrigale ganz freie Erfindung des Komponisten sind und mit einem *cantus firmus* überhaupt nicht rechnen oder nur ganz ausnahmsweise. Warum sollte man diesen naheliegenden Unterschied fallen lassen? Ein köstliches Stück von Arcadelt *Il ciel che rado* dient als Beleg für die aus dem Tanzlied abgeleitete Madrigalgattung (S. 400). Sehr mit Recht notiert Riemann das Stück so, wie es klingen soll, ohne Rücksicht auf die Schreibweise des Originals, die eben irreführend wird, wenn wir ihr die Einteilung in regelmäßige Takte aufzwingen. »Die törichte Opposition gegen die das geschriebene Notenbild dem gehörten entsprechend gestaltenden Bestrebungen sollte doch endlich einmal aufhören«, ist ein Satz, den ich Wort für Wort unterschreibe. Aber nun sollten auch die Konsequenzen aus dieser Überzeugung gezogen werden. Wenn Riemann z. B. (S. 349) eine chanson des Loyset Compère originalgetreu wie folgt notiert, so entspricht diese Notation nicht dem musikalischen Sinne. Die im ³/₄ Takt notierte Melodie ist eben für das Ohr (solche Fälle kommen zu hunderten vor!) ein ³/₈ Takt; der Tenor dagegen ist im ³/₄ Takt. Da die alten Komponisten uns nicht den Gefallen tun, die Rhythmen immer in allen Stimmen zugleich wechseln zu lassen, so bleibt nichts übrig, als ein Ausschreiben in Partitur, denn in Art eines Klavierauszuges lassen sich solche rhythmische Verhältnisse nicht deutlich machen. Riemann's Notation:

verstehe ich wie folgt:

Wie reizvoll kapriziös die Einkeilung des $^3/_4$ Taktes im Tenor, das Wechselspiel der Accente gegen das Ende der Phrase! Davon merkt man nichts in der gewöhnlichen Art der Notation.

Daß die deutschen mehrstimmigen Lieder ganz und gar übergangen sind, finde ich kaum entschuldbar. Nicht einmal der Name »Lochhamer Liederbuch« ist erwähnt, auch von der kolossalen Liedliteratur des 16. Jahrhunderts nichts. Daß Meister wie Isaak, Fink, Senfl u. v. a. auch deutsche Lieder geschrieben haben, davon erfährt der Leser kaum ein Wörtchen, geschweige denn, daß diese Literatur einen Höhepunkt der deutschen Musik bedeutet.

Das Kapitel »Palestrina-Stil« (S. 416—442) versucht eine Darlegung der Eigentümlichkeiten des eigentlichen, von instrumentalem Beiwerk gereinigten a cappella-Satzes. Die Verehrer Palestrina's werden wohl nicht sehr erbaut sein über die Art und Weise, wie Riemann den großen Meister in Bausch und Bogen abtut; diese paar Bemerkungen, selbst wenn sie in jeder Hinsicht zutreffend sein sollten, sind denn doch nicht genügend, auch nur von Palestrina's technischem Verfahren eine zulängliche Vorstellung zu geben.«, Hier, wie überhaupt in dem ganzen Buche vermisse ich Berücksichtigung des Vokalsatzes nach Seite des rein Klanglichen hin; die Kenntnis der Klangwirkungen gehört doch auch zur Technik, und gerade nach dieser Seite hin hat die Literatur des 16. Jahrhunderts eine raffiniert virtuose Technik aufzuweisen (Palestrina, Lasso, Gabrieli, Marenzio, Venosa!!), die bis zum heutigen Tag ihresgleichen noch nicht wiedergefunden hat. Ähnlich unzulänglich sind die Bemerkungen über

Orlando di Lasso (S. 429 f.). Wie herablassend heißt es dem größten Meister der Motette gegenüber: »Wooldridge geht jedenfalls zu weit, wenn er Lasso's reiferen und charakteristischeren Werken Schönheit der Melodie abspricht«. Aber auch für Riemann wird Lasso in seinen Kirchenwerken »immer konservativer«, er ist aber doch wenigstens »melodisch reicher, als Palestrina«. Wie ein paar derartige Phrasen sich den Tatsachen gegenüber aufrecht erhalten lassen, verstehe ich nicht. Dreiviertel Seiten über einen Meister, von dem gegenwärtig an die 600 Motetten in Partitur vorliegen, darunter Dutzende der allergenialsten Stücke in dieser Gattung! Besser fährt Gallus, dem mit Recht »eine allererste Stelle« unter den Zeitgenossen eingeräumt wird. Nicht einverstanden bin ich jedoch mit der Behauptung, daß sein »Kontrapunkt hinter dem keines anderen« zurückstehe. Gegen den Kontrapunkt Lasso's ganz entschieden; ich möchte sogar den Sinn für Kontrapunkt als die am wenigsten hervorleuchtende Begabung des Gallus nennen. Gallus merkwürdiges chromatisches »*Mirabile mysterium*« wird durch Riemann's scharfsinnige harmonische Analyse der Mysterien entkleidet. Beiläufig fällt hier (S. 433) eine auf den ersten Blick bestechende Bemerkung über Palestrina, daß sein Stil »in der bewußten Wegwendung von der Identität mit dem weltlichen Madrigal, in der Herausbildung eines unterschiedenen eigentlichen Kirchenstils« bestehe. Ob diese Ansicht den Tatsachen stand hält, ist mir keineswegs sicher. Sie würde auf Andrea Gabrieli etwa ebenso zutreffen oder auf englische Meister wie Tallis, Bird; aber auch schon viele Niederländer, wie Gombert, Clemens non Papa, sogar schon Josquin, machen einen sehr merklichen Unterschied zwischen geistlichem und weltlichem Stil. Im Gegenteil: die volle Identifizierung des Motetten- und Madrigalstils fällt erst in die Zeit gegen und nach 1600. Heinrich Schütz' *Cantiones sacrae* vom Jahre 1625 sind ein klassisches Beispiel dafür[1]). S. 439 wird die Reform des gregorianischen Chorals, die *Medicaea* gar zu kurz gestreift. Wenigstens die Namen Guidetti, Zoilo, Anerio, Soriano, Igino (Palestrina's Sohn) hätten erwähnt sein können.

Auf der Höhe wiederum steht das Schlußkapitel »Die ersten Formen der Instrumentalmusik« (S. 442—473), das zum ersten Male eine zusammenhängende Darstellung der Instrumentalmusik des 16. Jahrhunderts gibt. Sehr wertvoll ist der Abriß der Geschichte des *Ricercars* (S. 444—461), der von den alten spanischen Lautenmeistern über Willaert hin zu Buus, Merulo, Gabrieli verfolgt wird. Ähnlich wird die *Canzon da sonar*, die *sonata* bis zu Gabrieli's schon sehr reich entwickelten Gebilden in ihrem Gange betrachtet. Von der Suite wird hier allerdings nicht gesprochen. Ich nehme an, daß der folgende Band des Handbuchs im Zusammenhang auch auf die Anfänge der Lauten-Suite im 16. Jahrhundert zurückgreifen wird. Eine kurze Darlegung der Meistersingerlieder gemäß den neuesten Forschungen von Runge und Münzer beschließt das Buch.

Im Ganzen ist dies Handbuch eine der gewichtigsten musikhistorischen Arbeiten des letzten Jahrzehnts, zwar nicht in allen Teilen gleichwertig, aber doch sehr reich an neuen Gesichtspunkten, an positivem Zuwachs von Kenntnissen, voll von Anregungen. Die Nutzbarmachung vieler neuer Quellen, der Reichtum an ausführlichen, praktischen Beispielen aus schwer zugänglichen Musikwerken ist ein besonderer Vorzug. Der erste Teil, umfassend die Geschichte der Musik bis etwa 1450, dürfte wohl noch viel umstritten werden; jedenfalls dürfen Riemann's Hypothesen und Vorschläge der ernstesten Beachtung sicher sein. Ganz auf festem Boden steht die Betrachtung der Ockenheim'schen Epoche und der Zeit unmittelbar vorher; hier findet man die Fülle von gut begründeten neuen Ergebnissen. Weniger befriedigend finde ich die Behandlung der a cappella-Zeit des 16. Jahrhunderts; der Lücken sind zu viele, die Urteile sind nicht genügend begründet. Vom 16. Jahrhundert als Gesamtepoche bietet das Buch ein nicht entfernt zulängliches Bild. Die Schwierigkeiten der Aufgabe liegen in der ungeheuer weitläufigen Literatur, andererseits aber ist gerade für das 16. Jahrhundert eine Fülle von Material leicht zugänglich, wie für keine frühere

---

1) Es sei gestattet zur näheren Begründung auf meine soeben erschienene »Geschichte der Motette« zu verweisen.

Epoche. Ich glaube dieses Material hätte mehr ausgenutzt werden können. Vorzüglich gelungen ist dagegen der letzte Teil, die Geschichte der frühen Instrumentalmusik.
Berlin.   Hugo Leichtentritt.

Die sächsischen Kantoreien.
(Ein Wort zur Abwehr.)
Von
Arno Werner.
(Bitterfeld.)

Gegen Ende des Jahres 1902 veröffentlichte ich die Ergebnisse jahrelanger Forschungen über die »Geschichte der Kantoreigesellschaften im Gebiet des ehemaligen Kurfürstentums Sachsen« als Beiheft 9 der IMG. Da der beschränkte Raum der Beihefte nicht überschritten werden durfte, konnte ich leider nur einen Teil des mir zur Verfügung stehenden Materials zur Drucklegung bringen, und auch dieses nur in gedrängter Form und unter Weglassung des genaueren Nachweises in minder wichtigen Punkten.

Ungefähr ein halbes Jahr nach Veröffentlichung meiner Arbeit erschien eine Dissertation von Johannes Rautenstrauch: »Die Kalandbrüderschaften, das kulturelle Vorbild der sächsischen Kantoreien« (Dresden 1903, Ramming). Später hat der Verfasser mit Unterstützung der König Johann-Stiftung und des evangelischen Landeskonsistoriums umfassende Studien getrieben, deren Ergebnisse niedergelegt sind in dem Werke: »Luther und die Pflege der kirchlichen Musik in Sachsen« (Leipzig 1907, Breitkopf & Härtel)[1].

Der Verfasser glaubt mir nachgewiesen zu haben, daß ich mich in verschiedenen Punkten, deren einige nicht unwesentlich sind, geirrt habe. Der Zweck dieser Zeilen ist, zu zeigen, daß in bezug auf die nachfolgend berührten Punkte ein sachlicher Anlaß zur Bemängelung nicht vorlag.

1. Die Tatsache ist unbestritten, daß sich die sangeskundigen Mitglieder des Delitzscher Kalands 1440 zu einer neuen Brüderschaft zusammenschlossen, die sich verpflichtete, die Messe durch Chorgesang zu verschönen. Diese durch den Kaland ins Leben gerufene Gesellschaft nenne ich eine »Nebengründung des Kalands«. Indem er das als »Irrtum« hinstellt, sagt Rautenstrauch:

»Als eine neuorganisierte Kalandsbrüderschaft und nicht als eine Nebengründung erscheint auch die im Jahre 1440 entstandene »Gesellschaft der gelahrten Bürger« in Delitzsch . . . Schon die Bezeichnung »Neue Gesellschaft« weist auf eine ähnliche Vereinigung früherer Zeit zurück, deren Stelle die gelahrten Bürger einnehmen wollen.«

Wenn auch das Ganze über einen Wortstreit kaum hinausläuft, so sei doch folgendes festgestellt. Der Kaland bestand nach der Gründung des neuen Vereins weiter bis zu den Zeiten der Reformation. Neben ihm wirkte selbständig diese Gesellschaft der »Korsenger« oder »gelahrtn Bürger«; sie hatte gesonderte Kassenführung und mit der Muttergesellschaft nur insofern Verbindung, als ihre Mitglieder sich vornehmlich aus Kalandkreisen rekru-

---

[1] Diese beiden Schriften werden nachfolgend mit *R* I und *R* II bezeichnet; *R* und *W* bedeuten die Namen der beiden Autoren (Rautenstrauch, Werner).

tierten. Von einem »Irrtum« meinerseits kann keine Rede sein. Der Verfasser urteilt absprechend über andere, obgleich ihm damals (1903) von eigentlichen Kantoreiarchiven nur die zu Oschatz und Großenhain bekannt waren (*R* I, Vorwort). Er stützt sich fast durchweg auf die von mir gebrachten Beispiele, so daß ein angesehener Kritiker[1]) sagen mußte: Die Abhängigkeit von der Werner'schen Schrift ist evident.«

Stellen wir die Forschungsergebnisse über die Vorgeschichte der Kantoreien nebeneinander!

W: »Der Kaland steht den Kantoreien schon näher; tatsächlich wurzeln diese in den geistlichen Bruderschaften, jenen religiösen Gilden des Mittelalters, die gleichsam die Urform des gesamten Zunftwesens darstellen.« (S. 3.)

R I: Titel und Vorwort bezeichnen die »Kalandbruderschaften« als das kulturelle Vorbild der Kantoreien.

R II: Das kulturelle Vorbild der Kantoreien sind die katholischen Bruderschaften.

Die Sachlage ist also diese. Nach Erscheinen seiner ersten Schrift sammelte *R* Material zur Vorgeschichte der Kantoreien. Auf Grund desselben konnte er den in *R* I ausgesprochenen Satz in seiner Einseitigkeit nicht mehr aufrecht erhalten; er verallgemeinerte ihn in *R* II und kam somit auf die Auffassung zurück, die ich vor dem Erscheinen seiner ersten Schrift bereits ausgesprochen hatte.

2. In *R* I, S. 38 und II, S. 127 heißt es:

»Die jüngst aufgestellte Behauptung[2], daß sich die Friedländer Gilde durch ihre rein zunftmäßige Verfassung wesentlich von den Kantoreien unterscheidet, bedarf der Berichtigung.«

Daß es bereits von mir geschehen war (S. 2), verschweigt *R*. Er bringt also noch zweimal eine Berichtigung (*R* I, S. 38 u. 39, *R* II, S. 127 u. 128), die nach Inhalt und Form abhängig von der meinigen ist.

Als Beweis nur ein Satz:

W: Der Stadtpfeifer — nur in wenig Kantorei-Städten war vor der Reformation ein solcher — gehörte der über das ganze Land gehenden Musikanten-Gilde an, er selbst aber konnte keine besondere Zunft darstellen.

R: Die Stadtpfeifer, an den meisten Orten nur in der Einzahl vertreten, erscheinen zwar als Mitglieder der über das ganze Land verbreiteten Musikantengilde, treten aber nirgend zu einer geschlossenen städtischen Zunft zusammen.

Um ein Versehen kann es sich nicht handeln, denn der Fall, daß *R* abschreibt, ohne die Quelle anzugeben, steht nicht einzig da. Seiffert weist Taubert's Meinung, »die Meistersingerzünfte seien das kulturelle Vorbild der Kantoreien«, zurück[3]. *R* tut das noch einmal, indem er — ohne Quellenangabe — Seiffert's Begründung nahezu wörtlich wiederholt:

S[4] »Ihr (der Meinung Tauberts[4]) steht aber vor allem die befremdende Tatsache gegenüber, daß die beiden Einrichtungen in den wesentlichsten Punkten gerade differieren, statt übereinzustimmen.«

---

1) Johannes Wolf in der »Monatsschrift für Gottesdienst und kirchliche Kunst« 1904, S. 202.
2) Sammelbände der IMG I. S. 142 ff.
3. S. d. IMG. I. S. 148.
4 = Seiffert.

R. »Dieser Annahme (Tauberts) steht noch die Tatsache gegenüber, daß sich die beiden Einrichtungen gerade in den Hauptpunkten wesentlich voneinander unterscheiden.«

S. »Bei den Meistersingern handelte es sich um die Erziehung zur selbständigen Produktion in Dichtung und Musik, bei den Kantoreien dagegen um einfache Reproduktion;«

R. »Die Meistersinger sind selbständig produktiv in Musik und Dichtkunst. Die Kantoreien hingegen bescheiden sich mit einer reproduktiven Tätigkeit.«

S. »Dort herrschte das einstimmige Lied, hier die mehrstimmige Motette.«

R. »Dort herrscht das einstimmige Lied, scheinbar ohne Melodie und Rythmus, hier die polyphone Motette.«

S. »Was Taubert vorschwebte, mag eine gewisse Ähnlichkeit der gesellschaftlichen Verhältnisse gewesen sein, die darin liegt, daß Laien, d. h. nicht berufsmäßige Musiker, sich der Pflege der Musik annahmen.«

R. »Immerhin ist nicht zu verkennen, daß zwischen Meistersingergilden und Kantoreien neben verschiedenen andern Berührungspunkten eine Ähnlichkeit der gesellschaftlichen Verhältnisse besteht, insofern als sich beide Vereinigungen vorwiegend aus dem Laientum rekrutieren.«

3. *R* II, S. 118:

»Als die »älteste und eigentliche Stammkantorei für ganz Sachsen« ist die Wittenberger Kantorei hingestellt worden.«

Eine Fußnote besagt, daß ich der Sünder gewesen bin (*W*, S. 10).

R glaubt überhaupt nicht an das Vorhandensein einer solchen Vereinigung, da die Wittenberger Chronisten nichts davon berichten. Daß sie »die älteste« ist, habe ich nicht behauptet, *R* hat diese Worte frei hinzugefügt und sie dann als meinen Ausspruch hingestellt. In dem Ausdruck »Stammkantorei« liegt nicht die unbedingte Notwendigkeit, daß sie auch die Erstgründung sei. Es ist, wenn auch nicht wahrscheinlich, so doch immerhin möglich, daß die Torgauer Kantorei um einige Jahre älter ist.

Nachfolgend bringe ich Beweise für die Tatsache, daß Wittenberg eine Kantorei, und zwar nicht bloß eine Schulkantorei, sondern einen Chor besaß, der, wie ich wiederhole, »aus Schülern, Studenten und wohl auch aus Bürgern bestand« (*W* S. 10) und dessen Leiter eine Art Oberkantor des gesamten Kurkreises war.

Zwei junge Wittenberger Theologen, Thomas Berger und Wolfgang Faust, werden 1539 als Rektor bezw. Kantor nach Delitzsch berufen, wo sie auf Melanchton's Anweisung die alte Delitzscher Sängergilde in eine evangelische Kantorei nach dem Wittenberger Vorbilde umwandeln.

Eine ausführliche Chorordnung aus dem Anfange des 17. Jahrhunderts, die Musikalien desselben Jahrhunderts, die im Besitz der Stadtkirche sind, und das von mir veröffentlichte Dokument über die Einführung der »*Concerten-Music*« in Wittenberg[1]) müssen alle Zweifel an der Richtigkeit meiner Angaben schwinden lassen.

Man beachte auch folgendes. Laurentius Hofmann, ein gelehrter Musikus und Schüler Luther's, wird 1543 Kantor an der Fürstenschule in Meißen, und Luther's Famulus, Thomas Kunath, übernimmt 1544 das

---

1. Sammelbände der IMG 1908, S. 310ff.

Kantorat in seiner Vaterstadt Colditz[1]). Durch eine Prüfung vor dem Wittenberger Kantor erwarben sich junge Theologen die Anstellungsfähigkeit für ein Kantorat, wie aus einem Einkommenverzeichnis des Wittenberger Chorleiters von 1637[2]) hervorgeht. Hier heißt es:
»Wenn ein Cantor im Churkreise befördert wird, hat er *pro examine* auch sein *accidenz*.«

4. *R* 2, S. 134:
»A. Werner a. a. O. S. 14 irrt in der Annahme, daß »die Mehrzahl der Sängerchöre« während der ersten Zeit ihres Bestehens »ohne feste Organisation« geblieben« sei. Die Tatsache, daß die Oschatzer Kantorei 1541 von 2 Vorstehern geleitet wird, spricht dagegen.«
So leicht macht es sich *R* mit der Widerlegung von »Irrtümern«.

Unter der »festen Organisation« verstehe ich — das geht aus meinen Ausführungen S. 14 klar hervor — die Annahme geschriebener Vereinssatzungen. Solche hatte die Mehrzahl der späteren Kantorei-Gesellschaften vor dem Jahre 1570 nicht[3]). Daß trotzdem die Sängerchöre bestanden auch ohne das feste Band der Statuten, beweisen die folgenden typischen Fälle.

a) In der Kämmereirechnung von Grimma heißt es 1561: »50 g. der Cantorey zur Verehrung zu einem Viertel Bier«. Die Form einer Gesellschaft mit gegenseitigen Pflichten nimmt der Sängerchor erst 1586 an mit der Aufstellung eines Statuts. Von diesem Zeitpunkte ab rechnet man erst das Bestehen der Gesellschaft. Das besagt folgender Titel:
»Gesetz und Ordnung der Löblichen Gesellschaft der Cantorey zu Grimma. Erstmalig aufgerichtet und geordnet den 11. August 1586, ... renoviert ... 1602«[4]).

b) Die Kantorei zu Lützen stellt 1570 das erste Statut auf. Absatz II beginnt:
»Domit aber die gesellschaft bestetiget werde, Soll ein Jeder so vil der Cantorei bißanher beigewohnet, Zum Anfang Zwei gröschen Inn die laden geben.«

c) Die Stadt Leisnig gewährt 1543 »den *Cantoribus*, die das ganze Jahr über an großen Festen, wenn man figurirt singet, helfen und sonst nichts davon haben«, 35 Groschen für ein Viertel Bier. Erst 1581 werden die Pflichten und Rechte der Mitglieder schriftlich fixiert[5])

d) Die Gründung der Weißenfelser Kantorei erfolgt 1590, aber schon von 1558 an wird »den Herren »*Cantoribus*«, den »*Cantoristen*«, der »*Cantorey*« eine Verehrung gegeben[6]).

5) Auf S. 38 führe ich die Sitte, dem gastgebenden Mitgliede bei dem vorhergehenden Konvivium einen Kranz als Wahrzeichen der Gastlichkeit zu

---

1) Vollhardt, Geschichte der Kantoren und Organisten im Königreich Sachsen, Berlin 1899. Daraus lassen sich die Beispiele leicht vermehren.
2) In den ungeordneten Akten in der Ordinantenstube der Stadtkirche in Wittenberg.
3) Vergleiche die Verzeichnisse bei *R* und *W*.
4) Lorenz, Die Stadt Grimma. Der Verfasser führt eine Reihe andrer Städte an, in denen die Gründung von Kantoreien in ähnlicher Weise verlief.
5) Müller, Cantorei zu Leisnig. 1881. Auch hier hebt der Verfasser hervor: »Die Kantoren vor 1581 müssen schon, ehe noch an eine Cantorei gedacht wurde, ihre Singchöre und außer den Chorknaben ihre erwachsenen Sänger ... gehabt haben«.
6) Stadtrechnungen zu Weißenfels, die bis 1558 zurückreichen.

überreichen, auf einen Brauch zurück, der in den Schützengesellschafter der Kantoreistädte herrschte. *R* ist damit nicht einverstanden, er findet es »wahrscheinlicher« (*R* II, S. 214), daß die Meistersinger diese Sitte veranlaßt haben, weil sich in einer alten Schulordnung ein ähnlicher Brauch findet. Was lag wohl den Kantoreien näher, die Schützengesellschaften, deren Feste sie mitfeierten und auch verherrlichen halfen, oder die Meistersingergilden, die nur in Süddeutschland heimisch geworden sind und von deren Existenz sicher viele Adjuvanten garnichts wußten?

6) *R* II, S. 246:

Kämmerei und gemeiner »Kasten« zahlten, sobald der Friede wieder hergestellt war, dieselben Summen wie vorher.

R II, S. 384:

»Kirche und Stadtverwaltung gewährten bereitwillig die von Alters her bewilligten Beneficien.« Fußnote: »A. Werner a. a. O. S. 67 behauptet das Gegenteil vermutlich in Ermangelung genügender archivalischer Studien.«

Von der »Kirche« ist in meinen Ausführungen überhaupt nicht die Rede. Gegen *R*'s Behauptung, die Städte hätten bereitwillig ihre früheren Beiträge weitergewährt, spricht folgende kleine Auswahl von Beispielen, die ich aus meiner allernächsten Umgebung gewählt habe.

In Delitzsch wuchs die städtische Unterstützung der Kantorei im Jahre 1621 auf 30 Thlr.; sie fiel jedoch nach dem großen Brand- und Plünderungsjahre 1637 für immer weg, obgleich der tüchtige Kantor Schulze im Jahre 1647 ein neues *Collegium musicum* ins Leben rief[1]). Die Beihilfe des Zahnaer Rats an die Kantorei (1 gut Schock) wird im 18. Jahrhundert nicht mehr geleistet[2]). Aber auch wiedergewährte Benefizien werden zurückgezogen.

Der Bitterfelder Rat zog um 1672 die nach dem Kriege wiedergewährte Unterstützung zurück. Die Sänger beantworteten diese Unfreundlichkeit mit einer Resolution, nach der sie keine Einnahmen aus der Figuralmusik und das Tranksteuerbenefizium nicht mehr in die allgemeine Kasse legen, sondern unter die verteilen wollten, die die Arbeit verrichteten.

»Sollte aber ins künfftige das *Cantorey*-Bier vom Rathe der *Cantorey* wieder gegeben werden, so können alsdann auch die 6 Schock Biersteuer wieder *in fiscum* kommen und bey dem *Cantorey*-Biere aufgewendet werden.«

Die Weißenfelser Kantorei erhebt 1676 beim Herzog August Klage gegen die Stadt, die sich fortgesetzt weigert, das althergebrachte Kantoreigeschenk von 8 Schock zu geben. Die Klage hatte Erfolg, denn der Stadt wird anbefohlen, die genannte Summe künftig zu zahlen und auch die noch rückständigen Beträge nach und nach an die Kantorei abzuführen.

Doch bereits 1709 stellte der Rat seine Zahlungen aufs neue ein. Auf die Beschwerde der Kantorei antwortete derselbe am 24. Dezember 1711, die Unterstützung sei eine freiwillige gewesen, die Kantorei sei bei veränderten Zeiten »auf andern Fuß gestellt und die Schwedische Pression habe das ‚Stadt-aerum' sehr geschwächt«[3]). Auf die »Vermutung« *R*'s, es mangle mir an genügender Kenntnis der Archive, die allzuhart das persönliche Ge-

---

1) Herr Lehrer und Archivar Reime in Delitzsch bestätigt diese Tatsachen.
2) Akten d. Kantorei zu Zahna.
3) Aktenstücke im Stadtarchiv zu Weißenfels.

biet streift und die geeignet ist, die Glaubwürdigkeit meiner Forschungsergebnisse in Frage zu stellen, gehe ich nicht ein.

7. Über die Zeit des größten Tiefstandes der Kantoreien um 1800 fälle ich folgendes Urteil:

»Gegen Ende des Jahrhunderts waren aller Orten und Enden die Kantoreien abgestorben; nur vereinzelte führten meist um der Nebenzwecke willen, noch ein Scheinleben.« (S. 67.)

Ferner sagte ich:

»Die geringe Zahl der noch bestehenden alten Gesellschaften hatte sich durch den frischen Zug, der durch das musikalische und gesellige Leben ging, nicht berühren lassen. Sie sangen an den wenigen Festtagen in althergebrachter Weise mit Orchesterbegleitung ihre Gesänge.. und hielten .. mit Gewissenhaftigkeit ihr Konvivium.« (S. 72.)

In R II, S. 405 wird die erste Stelle zitiert »aller Orten und Enden«, durch den Druck hervorgehoben und mein Urteil als »unzutreffend« bezeichnet. Nun folgt der Nachweis, daß in manchen Vereinen doch noch musikalisches Leben pulsiert, nur schade, daß sich R fast ausnahmslos auf die erste Hälfte des 18. Jahrhunderts bezieht. R's Forschungsergebnisse über den Anfang des 19. Jahrhunderts — sie stehen vorsichtiger Weise zwanzig Seiten von meinem Urteil entfernt — stimmen mit den meinigen so überein, daß man auch beim besten Willen einen Gegensatz nicht herauskonstruieren kann.

Stehen auch die Fraternitäten an den meisten Orten zu Ausgang dieses Jahrhunderts noch im Dienste der Kirche, so macht sich doch in ihren Leistungen auf dem Gebiete des kirchlichen Gesanges ein weiterer Rückgang bemerkbar. Ihr Kunstinteresse soweit ein solches noch vorhanden ist gilt mehr oder weniger der Pflege der Instrumentalmusik.

S. 434. Musikalisches Leben pulsiert zu Anfang des Jahrhunderts nur in wenig Fraternitäten und beschränkt sich meist auf die Pflege der Instrumentalmusik.

Erst dann griff ich zur Feder, als ich mich nach dem Erscheinen des zweiten Werkes von P des Eindrucks nicht mehr erwehren konnte, als sollten meine Arbeiten auf diesem Gebiete um jeden Preis diskreditiert werden. Jedenfalls kann von Gerechtigkeit und voraussetzungsloser Wissenschaft — wenigstens in Hinsicht der berührten Punkte — bei R nicht die Rede sein.

Kleine Mitteilungen.

Nachrichten über Johann Samuel Schein. Von Johann Hermann Schein's Söhnen hat nur einer, der am 24. Mai 1619 geborene Johann Samuel, Mannesalter erreicht. Es ist uns bekannt, daß er 1636 die Landesschule Pforta verließ, sich die folgenden Jahre in Leipzig aufhielt und 1657 von Halle aus das Thomaskantorat zu erlangen suchte[1]. Über seinen musikalischen Bildungsgang und seine vergeblichen Bemühungen um die Domorganistenstelle in Magdeburg gibt folgender Brief einigen Aufschluß[2].

»Dem Ehrenvesten, Vorachtbaren, Wohlgelahrten und Kunstreichen Abraham Rinckeln Vice Organisten im Thumb zu Magdeburg meinem insonders vielgönstigen Herrn und werthen Freunde.

Ehrenvester Vorachtbarer Herr, werther Freundt, nechst anerbiethung meiner zwar unbekanten, iedoch aber bereitwilligen Dienstes gebe demselben Ich hiermit dienstfreundlichen zu vernehmen, wie daß ein Chur-Printzens Ihrer Hchf. Dchl. Herzog Johann Georgens zu Sachßen Organist Herr Matthias Weckmann *de dato* den 21. Aprili aus Magdeburg, so wohl dero Thiorbanist Herr Philipp Stoll *de dato* den 24. May aus Hamburg mir jüngsten zu erkennen gegeben, welcher gestallt der Organisten-Dienst daselbsten zu Magdeburg im Thumb *vaciren* thete, die Thumbherren auch eine gute *qualificirte* Person dazu gerne haben und ihme Jährl. 100 Thr Bestallung nebenst der Kost oder Tisch geben und machen wollten, worzu denn sie beyderseits weiland des *Cantoris* zu Leipzig Seel. Herr Johann Hermanns Scheins Sohn (welcher allhier über 4 Jahr bey obgedachten Weckmann *continuè* gelernet, und bey Fürstl. Beylagern, Kindtauffen, Zusammenkünften, so wohl in der Hoff *Capell* stetigs mit aufgewartet und gebraucht, seine *Fundamenta* auch also gefasset und begriffen, daß er seine *profession* gebührender massen wol *defentiren* und einer Kirchen mit ruhm dienen und aufwarten kann, vorschlagen.

Wann dann ermelten Schein auf beyder gedachten Zuschreiben Ich diese *Condition* angedeutet, Er auch, da solche annoch *vaciret*, auf der Thumbherren erfodern und uncosten mit sicherer Gelegenheit zu Ihnen Sich zubegeben und allda hören zulassen, gäntzlichen entschlossen, und alsdann derer *judicia* und *resolutiones* hierüber zu erwarten, Alß habe meinen vielgönstigen Herrn erwehnten Weckmanns und Stollens, bevorab Scheins wegen Ich dieses zu wissen machen, auch seiner gegen Antwort mich ehists wiederümb zu würden zugleich bitten, und uns allerseits in Göttliche Obacht zu seiner beharrlicher *affection* aber mich dienstlichen empfehlen wollen und verbleibe Seines Vielgünstigen Herrens dienstwilliger

Hannß Klemm. Churfr. Sächß. Hoff Organist *mpria* bey Herrn Caspar Weißen in Schallers Brauhause in der M(N?)aßengaße zu erfragen

Datum Dreßden den 9. Juniy Ao. 1643.«

Die gewünschte Wirkung der Empfehlung blieb aus. Nicht Schein, sondern ein gewisser Martin Scholle wurde Domorganist. Doch bald darauf (1644) finden wir Schein als Organist in Bautzen[3], das er aber 1647 wieder verläßt, um nach seiner Vaterstadt Leipzig zurückzugehen.

Bitterfeld. **Arno Werner.**

---

1) Prüfer, Johann Hermann Schein, Leipzig 1895.
2) Staatsarchiv Magdeburg. Kultusarchiv 17, Vol. I.
3) Vollhardt, Geschichte der Kantoren und Organisten in den Städten des Königreichs Sachsen, Berlin 1899.